KB220250

우리는 맥락 속에서 산다. 같은 나지만, 학교에서 나는 집에서의 나와 노는 모습이 다르다. 우리의 말도 그렇다. 같은 말이라도 주어진 맥락에 따라 의미의 색조를 바꾸며 그에 맞는 역할을 수행한다. 당연한 말인데, 우리는 은혜와 같은 무거운 말 앞에서는 이를 망각한다. 이 책의 저자는 고대 그리스-로마 및 유대교에 대한 방대한 지식을 동원하여 은혜라는 말이 드러내는 다양한 색조의 스펙트럼을 선명하게 구별해낸다. 그는 은혜의 서로 다른 색조를 부각시키려는 경향이라는 흥미로운 관점에서 바울에 관한 오랜 논쟁의 역사를 읽어준다. 더 나아가 저자는 갈라디아서와 로마서를 핵심 텍스트로 삼아, 바울이 은혜라는 다색의 팔레트에서 어떤 선택과 조합을 거쳐 자신의 메시지를 형성하는지 설득력 있게 보여준다. 특히 저자는 선물의 비순환성 개념이 바울과 무관한 현대적 편견임을 강조한다. 이 당연하면서도 때늦은 지적은 바울 및 기독교 복음에 대한 우리 자신의 입장을 새로이 곱씹게 만든다.

권연경 | 숭실대학교 기독교학과 신약학 교수

존 바클레이의 『바울과 선물』은 지금까지 출간된 연구서 중에서 바울 서신에 사용된 "은혜"와 "선물" 개념을 이해하는 데 독보적인 공헌을 한다. 당대 "선물" 개념이 현대인이 생각하는 것처럼 무조건적이고 보상을 바라지 않는 일방적인 것이라는 통념을 여지없이 무너뜨리면서 고대 사회에서 이 개념이 가진 여섯 가지 다양한 의미를 분석해낸다. 저자는 이러한 분석을 토대로 당대 사회의 선물 개념과 바울의 은혜 및 선물 개념이 갖는 유사성과 차이점을 분석해냄으로써 바울 해석의 지평을 넓혀준다. 특히 저자는 초기 유대교에서의 은혜와 선물 개념의 다양성을 토대로 샌더스가 언약적 율법주의 패턴으로 분석해낸 초기 유대교에 관한 획일화된 은혜 개념의 한계를 명쾌하게 해부해낸다. 무엇보다 바울 신학에 있어서 "그리스도-사건" 및 "유대인과 이방인의 하나 됨이라는 선교적 상황"이 은혜와 선물 개념의 중심부에 있다고 주장함으로써 바울의 은혜 개념을 좀 더 명확하게 이해하도록 돕는다. 바울이 그토록 자주 사용하는 은혜 개념을 선명하게 이해하고자 하는 이들은 반드시 읽어야 할 책이다.

김경식 | 웨스트민스터신학대학원대학교 신약학 교수

바울의 은혜/은사론에 관한 저술 중 최신, 최대, 최고의 역작이다. 저자는 아우구스티누스부터 마르틴 루터와 장 칼뱅과 칼 바르트 신학의 중심 논제였던 바울의 은혜/은사 문제를 인류학적·유대교적 배경하에서 다룬다. 저자는 두 바울 서신을 철저하게 주석해서 바울의 은혜/은사론을 새롭게 해석해낸다. 결국 이 문제에 관해서 특히 바울에 관한 새 관점 학파와 그 반대파를 함께 비판하면서 자신만의 대안을 제시하고 있다. 본서는 바울의 은혜/은사론을 통해서 바울 신학의 핵심적 문제를 철저하게 다룬 것으로, 바울 서신을 이해하려는 학자, 목회자, 신학생에게 필독서다.

김동수 | 평택대학교 신약학 교수, 한국신약학회 전 회장

성서학은 성서가 기록될 때의 역사, 사회, 문화, 경제, 종교, 정치 등의 맥락을 정교하게 재구성하고 그 배경에서 성서 본문을 읽는다는 기본적인 원칙에 서 있다. 성서의 언어는 편견과 무지에 둘러싸여 있을 뿐 아니라 한편으로는 위대한 신학의 틀에 의해서도 왜곡되기 때문이다. 바클레이의 이 작품은 성서학의 본령이 무엇인지를 보여준다. 바울의 근본 주제인 "은혜"를 고대 지중해 세계의 "선물 인류학"의 맥락에 놓는 동시에 현대 서구의 "선물" 개념과 거리를 두면서 바울의 주요 본문을 요령 있게 해석한다. 바로 그때 바울의 "은혜/선물" 개념이 무엇인지 선명해질 뿐 아니라 그의 개념이 동시대의 그것과 어느 지점에서 갈리고 겹치는지도 드러난다. 나아가 바울의 "은혜/선물"에 대한 여러 학자들의 해석사를 구조적으로 정리하여 이해의 지형도를 제시한다. 현대 성서학의 고전의 반열에 오를 만한 책이다.

김학철 | 연세대학교 학부대학 신약학 교수

루터의 종교개혁은 신약성서에서 은혜를 재발견함으로 시작되었다. 그런데 개신교 5백년을 지나오는 동안 하나님의 은혜가 "값싼 은혜"로 전락해버리고 말았다. 바클레이의 『바울과 선물』은 신약성서의 배경이 된 유대교와 로마 사회 그리고 이후 성경이 해석되어온 역사를 탐구하여 은혜 개념이 어떻게 이해되었고 또 변화되었는지 추적한다. 본서를 통해 바클레이가 밝혀주는 것은 은혜가 다면적인 개념이며, 따라서 "은혜"를 말하는 사람마다 서로 다른 의미를 이 표현에 담아왔다는 사실, 그리고 현대 시장경제에 따른 선물 관행의 변화가 성경의 은혜 개념을 왜곡시켜왔다

는 사실이다. 그 과정에서 지대한 영향을 미친 인물이 다름 아닌 루터 자신이었다. 이 책은 왜곡된 바울의 이미지를 교정함으로써 개신교 신학과 윤리의 근본적인 재정향을 요청한다. 바울 신학뿐 아니라 신학 모든 분야의 연구자들이 반드시 거쳐가야 할 책이다.

안용성 | 그루터기교회 목사, 서울여자대학교 기독교학과 겸임교수

1세기 지중해 사회와 제2성전기 유대교의 현실에서 선물과 은혜의 의미가 제대로 해명되지 않을 경우, 바울의 은혜 신학에 대한 이해가 미궁에 빠질 수밖에 없음을 지적하는 바클레이(John M. G. Barclay)의 논지는 매우 명료하다. 저자는 선물 개념의 다양성을 두고 벌어지는 고대 사회의 역학관계 그리고 갈라디아서와 로마서의 분석에 터해 은혜와 관련된 복합적인 함의를 그리스도-사건이 갖는 특수한 관점에서 정교하게 분석하여 이전 학자들의 벽견(僻見)을 재정립한다. 특히 새 관점 학파의 한계를 바울의 선물 개념에 따라 정확히 비판함으로써 바울 신학의 이정표를 새롭게 제시한다. 결국 설교자와 성서 연구자에게 본서의 독서는 지체할 수 없는 시급한 과제가 되었다.

윤철원 | 서울신학대학교 신학대학원 신약학 교수

이 책은 존 바클레이의 학문적 성과에 정점을 기록할 작품이다. 앞으로 많은 바울신학자가 이 책을 인용하게 될 것이다. 그는 고대사회와 제2 성전기 유대 문헌에 나타난 다양한 선물의 의미를 다루며, 갈라디아서와 로마서에서 은혜와 선물에 관한 바울의 부조화를 이해할 수 있도록 도와준다.

이민규 | 한국성서대학교 신학대학원 신약학 교수

존 바클레이는 『바울과 선물』을 통해 자신이 더럼 대학교 신학과 라이트푸트 석좌교수로서 크랜필드(C. E. B. Cranfield)-바레트(C. Kingsley Barrett)-던(James D. G. Dunn)의 계보를 잇는 신학자임을 확실하게 보여주었다. 그는 사회과학비평을 대표하는 학자답게 선물/은혜 개념에 인류학 방법론을 적용하여 은혜의 여섯 가지 속성들을 분석한 후, 제2성전 시대 문헌들을 통하여 은혜 개념의 다가성(多價性)을 증명한다. 수용

사적 관점에서 아우구스티누스로부터 종교개혁자들에 이르기까지 바울에 대한 해석사를 비평한 후, 새 관점의 "언약적 율법주의"조차도 은혜의 한 측면만을 강조한 것으로 격하시킨다. 이어 그는 하나님의 선물로서의 "그리스도-사건"에 초점을 맞추어 갈라디아서와 로마서에 등장하는 바울 신학의 주요 이슈들을 재해석한다. 『바울과 선물』은 바울의 핵심 주제 중 하나인 은혜 개념을 통해 바울 해석의 주요 주장들을 마치 스냅사진을 찍듯이 일목요연하게 정리해주면서, 맹렬한 전투 후에 교착상태에 빠진 바울에 대한 구 관점과 새 관점을 넘어서는 설득력 있는 대안을 제시하였다. 이 책은 앞으로 수십 년 동안 바울 신학의 중요한 필독서로 자리 잡게 될 것이다.

이상일 | 총신대학교 신약학 교수

이신칭의"의 주제에 초점을 맞춘 전통적인 바울 신학의 주제는 이른바 "새 관점"을 주장하는 일군의 성서학자들이 만든 지형 가운데 지난 수십 년간 숱한 파동을 만들어왔다. 그 가운데는 "새것 콤플렉스"에 기댄 과도한 상찬과 맹목적 추종도 있었지만 일단 1세기 유대교의 사상적, 종교적 현황을 폭넓게 재조명할 수 있는 기회를 제공했다는 점에서 긍정적이었다. 그러나 "pistis Iēsou"의 실체적 의미에 대해서는 여전히 해석과 의견이 분분하다. 나아가 이 관점의 핵심 개념 중 하나인 "언약적 율법주의"(covenantal nomism)의 정체와 이를 추동한 "은혜"(charis)의 범주 역시 수상하기는 마찬가지였다. 존 바클레이의 이 책은 새 관점 학파의 이러한 허술한 틈새를 촘촘히 살펴 바울 신학과 당대 유대교의 "은혜"의 의미망을 인류학적 "선물"의 관점에서 포괄적으로 재조명하여 상당한 설득력을 발휘하였다. 방법론적으로 탄력적이고 해석사의 압축과 펼침이 정치하다. 우리는 루터의 "이신칭의"를 내세워 "값싼 은혜"(본회퍼)를 남발해온 오류를 새 관점 바울 신학의 자장 안에서 아프게 성찰하듯이, 새 관점을 넘어서 존 바클레이가 연구한 입체적인 "은혜" 신학의 거울 앞에서 하나님의 은혜를 납작하게 만들어 하나의 단면만을 지나치게 강조하고 다른 부분을 외면해온 경솔함을 서늘하게 담금질하게 된다. 금세기 들어 생산된 바울 신학 분야의 최고 역작이다.

차정식 | 한일장신대학교 신약학 교수, 한국신약학회 회장

사람을 외모로 판단하면 안 되듯이 책을 제목으로 판단하지 말아야 할 때가 있다. 존 바클레이의 『바울과 선물』이 바로 이런 경우에 해당한다. 시종일관 이 책의 초점은 갈라디아서와 로마서가 보여주는 "하나님의 은혜" 개념의 역동성이다. 독자들은 "선물"이란 프레임 안에서 인류학적 렌즈를 끼고 유대-그리스-로마 조명 아래 다채로운 빛깔의 "은혜들"을 감상하게 된다. 마침내 형형색색의 하나님의 선물은 예수 그리스도께 클로즈업되고 온 인류는 그분 안에서 또 하나의 신비로운 선물로 태어난다. 바로 세상 속의 교회다. 바클레이는 "선물"이란 모티프를 잠시 클릭하더니 이내 바울 신학 거대담론의 거점들을 하나 둘 파헤치기 시작한다. 바울의 "선교적 동기"에 따른 "하나님의 은혜"에 대한 해석학적 재인식이 바울 신학의 옛 관점과 새 관점을 각각 극복한다는 저자의 제안은 도전적이며 창의적이다. 단어적·주제적 접근법을 취하면서도 이처럼 역사적·주석적·교회사적·해석학적·신학적 연계성을 잘 도출해낸 작품은 보기 힘들다. 개인적으로도 좀 더 꼼꼼히 읽어보고 싶은 책이다. 신약성서를 사랑하는 모든 이에게 임한 "선물"이 아닐 수 없다.

허주 | 아세아연합신학대학교 신약학 교수, 한국복음주의신약학회 부회장

바울 서신에 등장하는 "은혜"라는 용어에 대해 뭔가 더 할 말이 남아 있을까? 우리는 이 책을 통해 아직도 해야 할 말이 상당히 많다는 것을 깨닫게 된다. 존 바클레이는 바울의 동시대인들이 은혜(선물)라는 표현을 이해하는 방식이 호혜성 및 수혜자의 가치 문제를 포함하여 얼마나 다양한지에 대해 우리가 거의 아무것도 모른다는 사실을 밝혀준다. 결과적으로 본서는 바울 신학의 연구방향을 재설정하는 신약학계의 이정표가 되었다. 반드시 소유하고, 읽고, 곱씹어야 할 책이다.

비벌리 로버츠 가벤타 | 베일러 대학교

이 탁월한 저서에서 존 바클레이는 유대교와 그리스-로마 사상의 맥락에서 인간적
·신적 수여에 관한 바울의 사상을 탐구한다. 지금까지 사람들이 당연하게 여겨왔던
견해와는 다르게, 저자는 바울이 하나님의 은혜를 "값없는" 것이나 "무조건적인" 것
이라고 가르치지 않았다고 주장한다. 차라리 하나님의 은혜는 "비상응적"이다. 다시
말해 신분이나 가치와 같은 관습적인 기준을 고려하지 않고 주어지는 것이다. 해석
학적으로 정교하게 다듬어진 본서는 바울 신학의 핵심 주제에 관해 새로운 관점을
열어줌으로써 신약학계의 논쟁을 특징 짓곤 하는 정형화된 입장을 넘어서게 해준다.

프랜시스 왓슨 | 더럼 대학교

내용상으로나 방법론적으로나 역작이라 할 만하다. 바클레이의 연구는 "선물"이라
는 용어와 관련하여 인류학, 고대 유대교 및 그리스-로마 문화, 그리고 성서 본문 주
해라는 각각의 분석 영역에서 가져온 통찰들을 한데 엮어 바울의 사상에서 "은혜"
개념이 갖는 의미를 밝힌다. 고전적인 신학자들과 현대 바울 연구가들과의 깊이 있
는 소통은 본서의 논의를 더욱 풍성하게 만들어준다. 최상의 신학자에 의한 인상적
인 연구서는 우리 모두에게 많은 것을 가르쳐준다. 미래의 바울 학자들은 이처럼 초
충만한 학문적 선물로 인해 바클레이에게 커다란 빚을 지고 있다.

더글러스 A. 캠벨 | 듀크 대학교 신학대학원

Paul & the Gift

John M. G. Barclay

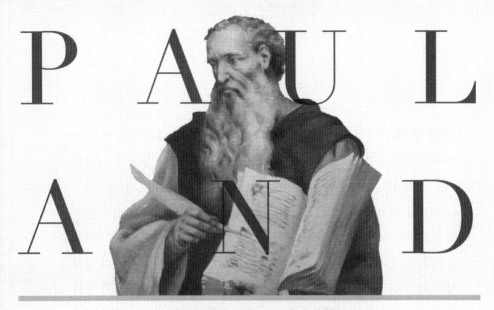

PAUL AND THE GIFT

사도 바울의 은혜 개념 연구

바울과 선물

존 M. G. 바클레이 지음 | 송일 옮김

새물결플러스

한국어판 서문

"우리 주 예수 그리스도의 은혜를 너희가 알거니와"(고후 8:9). 우리가 이 은혜를 정말 아는가? 은혜는 기독교 신학에서 핵심적인 주제다. 하지만 은혜의 의미는 무엇인가? 더 구체적으로 말하자면, 우리가 신학을 하거나 기도를 하거나 예배를 드리거나 설교를 할 때 사용하는 이 단어는 무엇을 의미하는가? 이 책에서 나는 이 주제를 이해하는 새로운 방식을 제시한다. 인류학과 선물의 역사로부터 시작하여, 은혜가 이해된 여러 방식과 은혜가 신학 역사에서 최종 단계에 이르게 된("극대화된") 다양한 방식을 구분한다. 기독교 신학자들은 개신교 배경을 가졌든 혹은 가톨릭 배경을 가졌든 간에, 2장에서 제시한 "극대화"에 대한 분류 체계가 우리가 은혜에 관해 수 세기에 걸쳐 격렬하게 논의했던 이유를 이해하는 데 도움이 된다고 말했다. 무엇보다도 이러한 분석은 종종 혼동되어왔던 두 가지를 구분할 수 있게 한다. 만약 은혜가 전제 조건 없이 과분하게 주어지는 것이라면, 은혜는 아무런 대가를 바라지 않는다는 의미에서 "무조건적"이기도 한가? 이 책에서 나는 이 두 가지가 각기 다른 문제임을 주장한다. 바울은 은혜의 비상응성(incongruity; 자격에 상관없이 주어짐)을 역설하지만, 신자들이 은혜로 변화를 받는 가운데 은혜에 반응할 것을 기대한다. 그는 "값싼 은혜" 내지 "용이한 신앙주의"(우리가 원하는 대로 살도록 허용해주는 죄 용서)를 옹호하지 않는다. "너희가…은혜 아래에 있음이라"(롬 6:14). 바울이 지지하고 실천하는 은혜의 비상응성은 수혜자의 인종이나 사회적·도덕적·지적 가치와 무관하게 주어지는 것이다. 그러한 급진적인 메시지는 지중해 권역에 퍼져 있는 새롭고 반문화적인 교회에 영감을 주었다.

　　여러 사람이 이 책이 바울 학계의 "지평" 어디에 자리하는지 문의했다. 앞선 어떤 패러다임과도 맞지 않기 때문이다. "오래된 관점"(아우구스티누스에서 종교개혁자들까지)처럼 이 책은 은혜가 바울의 신학과 실천에 있어 핵심적이라고 본다. 그렇다고 해서 전통적으로 상정되었던 유대교와의 대조를 지지하지는 않는다. 은혜가 고대 유대교에 만연했지만 전부 같은 생각을 가졌던 것은 아니라고 이 책에서 주장하기에 그렇다. "새 관점"처럼 이 책은 바울의 이방인 선교의 중요성을 주목하며 바울의 신학이 사회적 실천 속에 자리 잡고 있음을 보여준다. 나는 은혜의 이러한 실천이 단순히 교회의 민족적 통일성이나 아브라함 약속의 상속에 대한 관심이 아니라 은혜에 근거한다는 점을 추적한다. "묵시론적 바울"처럼 나는 인간의 상속 조건이나 가치에 상관없이 주어진 그리스도라는 선물이 야기한 체제 전복적인 영향력을 강조한다. 그러나 나는 (적어도 로마서에서) 바울이 어떻게 이 선물을 하나님이 태초부터 종말까지 이스라엘을 다루심과 연결시키는지 보여준다. 바울의 신학을 선물/은혜라는 기본 비유에 다시 연결하는 일은 하나의 관점으로 제한됨 없이 이 모든 관점의 장점을 한데 모을 수 있도록 한다. 제2권에서 보여주길 바라지만, 그러한 작업은 세상을 해방시키는 하나님의 지속적인 은혜에 신자들이 자신들의 관대함을 통해 참여한다는 바울의 이해로부터 많은 것을 깨닫도록 해준다.

　　나는 이 책을 한국어로 번역하기로 결정한 분들에게 큰 감사의 마음을 전한다. 특히 번역하느라 오랫동안 애쓴 분들에게 감사한다. 이제 더 많은 독자를 찾아감에 따라 이 책이 우리의 생각을 자극할 뿐 아니라, 그리스도인의 삶이 전적으로 의존하는 급진적이고 변혁적인 은혜 속에서 기독교의 실천을 새롭게 조율하는 데 도움이 되길 바란다.

존 바클레이
영국 더럼
2018년 10월

차례

II부 제2성전 시대 유대교에서 하나님의 선물

인사말

이 책은 완성되기까지 최소 10년이 걸렸고, 마지막 4년은 오로지 집필에만 할애되었다. 나는 이 기간 동안 선물에 대해 많은 것을 배웠다. 그래서 나는 여러 방법을 통해 이 프로젝트를 격려해주고, 명확하게 해주고, 지지해준 많은 사람들에게 감사의 빚을 지고 있는데, 나는 이 빚을 절실히 느끼고 있다.

나의 더럼 대학교 동료들—특히 프란시스 왓슨(Francis Watson), 루츠 도어링(Lutz Doering), 제인 히스(Jane Heath), 도로시 베르트쉬만(Dorothee Bertschmann), 스티븐 바튼(Stephen Barton), 빌 텔포드(Bill Telford), 월터 모벌리(Walter Moberly), 로버트 헤이워드(Robert Hayward)—은 내게 격려와 지원을 아끼지 않았으며, 더럼 대학교의 신학 종교학과는 예상했던 것보다 시간이 오래 걸린 이 책의 완성을 서두르지 말라고 관대하게 권면했다. 더럼 대학교의 몇몇 박사 과정 학생들—개리 그리피스(Gary Griffith), 데비 왓슨(Debbie Watson), 딘 핀터(Dean Pinter), 벤 블랙웰(Ben Blackwell), 카일 웰스(Kyle Wells), 존 굿리치(John Goodrich), 수전 매튜(Susan Mathew), 웨슬리 힐(Wesley Hill), 지넷 헤이건(Jeanette Hagen), 데이빗 브리오네스(David Briones)—은 각기 다른 수준에서 이 연구에 참여했으며, 동료로서 우정과 조언, 그리고 연구에 대한 지원을 제공했다. 다른 세 사람, 곧 매튜 스캇(Matthew Scott), 조너선 리니버(Jonathan Linebaugh), 오리 맥팔랜드(Orrey McFarland)는 특별히 중요한 공헌을 했는데, 그들은 개인적으로 나에게 큰 도움을 주었을 뿐 아니라 텍스트와 아이디어를 분석하는 일에도 크게 기여했다. 그들은 박사과정 연구기간과 그 이후에도 개인적인 만남이나 이메일을 통해 이 프로젝트와 관련하여 헤아릴 수 없이 많은 심도 깊은 대화를 나눴다. 그들의 의견에는 항상 엄청난 가치가 있었다. 이 연구의 기초는 2009-10년 뉴질랜드 더니든(Dunedin)에서의 연구년 기간에 마련되었는데, 나는 폴 트레빌코(Paul Trebilco)와 오타고 대학교 신학 및 종교학과가 내게 베푼 환대에 감사한다. 또한 나는 2010년에 오타고 대학교에서 드 칼 렉처 시리즈(De Carle Lectures)를 강연하는 특권을 누리기도 했다. 그 이후에 나는 멜버른, 시드니, 밴쿠버, 시카고, 싱가포르, 코펜하겐, 베른, 하이델베르크, 그로닝엔, 그리고 영국의 여러 대학교에서 있었던 강의, 세미나, 학회지를 통해 이 책의 여러 요소들에 대한 피드백 및 건설적 비판을 받을 수 있었다. 그 가운데 주목할 만한 강의로는 맥마스터 대학교의 후커 렉처(온타리오 주의 해밀턴), 국제성서해석센터에서 진행된 연례 강의(글로스터셔 대학교), 사회-과학 성서연구센터 창립 강연(런던의 세인트매리 대학교), 닐 달 렉처(오슬로 대학교), 이델 우드 렉처(런던의 킹스 칼리지)가 꼽힌다. 청중들은 나에게 매번 도전적인 질문을 던지고 유익한 방향을 제시해줄 만큼 충분히 친절했고, 나는 지금까지 그중 일부만을 연구할 수 있었다. 이 프로젝트가 전개되면서, 나는 다음과 같은 사실을 깨달았다. 선물-상호성 곧 선물의 주고받음이라는 인간적 수준에서는, 이 책이 다 다룰 수 없을 만큼의 다양한 선물 수여 측면이 바울 서신에 존재하고 있음을 말이다. 향후 나의 저서에서 이러한 측면들을 다루게 되길 희망한다. 영국 학술원(British Academy)은 영국 학술원 연구개발상 계획(the BARDA schme)에 따라 내게 1년의 연구 휴가(2010-2011년)를 지원해주었는데, 이에 대해 나는 감사를 표한다. 이 지원이 없었다면 이 프로젝트는 초기 단계를 넘어서지 못했을 것이다. 전 세계에 흩어져 있는 많은 친구들도 이 긴 여정 동안 내게 혜안과 지원을 아끼지 않았는데, 그중에서도 다음 인물들에게 특별한 감사를 전한다. 수전 이스트만(Susan Eastman), 베벌리 가벤타(Beverly Gaventa), 배리 매트록(Barry Matlock), 스티븐 체스터(Stephen Chester), 루 마틴(Lou Martyn), 스티븐 웨스터홈(Stephen Westerholm), 트로엘스 엥베르크-페데르센(Troels Engberg-Pedersen, 그는 이 책의 제목을 제안했다), 톰 라이트(Tom Wright, 그의 저서 Paul and the Faithfulness of God은 늦게 출간되어 이 책에서 다룰 수 없었다).

나의 아내 다이아나(Diana)는 내가 이 책에 지나치게 몰두하는 상황을 기꺼이 감내해주었다. 그리고 이뿐만이 아니라 다른 많은 것에 대해서도 나는 그녀에게 깊고 진정어린 감사의 마음을 전한다. 어드만스 출판사(Eerdmans)의 마이클 톰슨(Michael Thomson)과 그의 동료들은 오래 지연된 이 책을 인내하며 기다려주었다. 나는 이 프로젝트에 대해 그들이 처음부터 보여준 집념과 헌신에 깊이 감사한다. 오리 맥파랜드(Orrey McFarland)가 내 원고의 최종 편집을 맡아준 것은 엄청난 행운이었다. 그는 많은 오류들을 바로잡아 주었고(그럼에도 여전히 남아 있는 오류는 모두 내 책임이다), 이 주제에 대한 해박한 지식으로 수년 동안 나의 훌륭한 대화 상대가 되어주었다. 나는 본문 및 참고문헌에 대한 그의 편집 작업에 감탄했고, 세부사항에 대한 그의 세밀함과 집중력에 큰 빚을 졌다. 마지막으로 태비스 볼링어(Tavis Bohlinger)는 원고 교정과 색인 작업에 있어 내게 엄청난 도움을 주었다. 그에게 진심으로 감사한다.

글라스고우 대학교에서 거의 20년간 나의 동료 신약학자였고, 무엇보다 나의 멘토이자 친구였으며, 바울의 수용 역사를 탐구하고 기독교 전통 안에서 바울 서신이 그렇게도 비옥한 토양이 된 이유를 생각해내도록 영감을 불어넣어준 존 리치스(John Riches)에게 이 책을 바친다.

2015년 부활절에

서언

바울이 "선물"(gift)이라는 용어를 사용하여 그리스도에 대해 말하고 있다는 것은 잘 알려져 있다. 바울은 "말할 수 없는 그의 은사(gift)로 말미암아 하나님께 감사하노라"(고후 9:15)라고 고백한다. 여기서 은사 곧 선물은 그리스도의 생애와 죽음, 그리고 부활을 가리킨다. 은사 곧 선물을 주시는 분은 바로 "이 악한 세대에서 우리를 건지시려고 우리 죄를 대속하기 위하여 자기 몸을 주신"(갈 1:4) 그리스도다. 바울의 담론은 매우 다양한 "선물" 용어로 채워져 있다. 그중 일반적으로 선물 또는 호의를 가리키는 그리스어 단어 카리스(χάρις)가 전통적으로 (라틴어 그라티아[gratia]를 거쳐) "은혜"로 번역되어왔다. 바울은 고린도 교인들에게 이렇게 상기시킨다. "우리 주 예수 그리스도의 은혜(χάρις)를 너희가 알거니와…"(고후 8:9). 그리고 갈라디아의 교인들에게는 다음과 같이 상기시킨다. "내가 하나님의 은혜를 폐하지 아니하노니…"(갈 2:21). 바울을 통해 회심한 자들은 "은혜로 부르심을" 받았고(갈 1:6), 또한 바울 자신도 동일하게 은혜로 부르심을 받았다(갈 1:15; 참조. 고전 15:9-10).

바울이 미치는 영향 아래서 선물과 은혜라는 언어는 전통적인 기독교 신학의 핵심이 되었다. 바울의 이와 같은 핵심 주제에 대한 급진적 해석들—이와 관련된 몇몇 저명한 인사들로는 아우구스티누스, 루터, 칼뱅, 그리고 바르트가 있다—은 기독교 신학사에서 획기적인 변화들을 야기했다.

기독교 신앙 안에서 은혜라는 언어는 기도와 찬송들 속에 깊이 새겨지게 되었다. 그리고 이 은혜라는 언어는 은혜를 받기에 부적절하거나 가치가 없는 인간들에게 값없이 선물을 주시는 하나님의 주도권을 인정하는 수단으로 깊이 자리 잡게 되었다. 많은 신자들이 하나님의 "놀라운 은혜"를 인격적으로 찬양할 때, 바로 그때가 그들이 바울 신학과 가장 깊게 통하는 순간이다. 바울은 이방인의 사도로 잘 알려져 있다. 그는 로마 제국의 여러 도시에 살고 있던 이방인들에게 "기쁜 소식"을 선포했던 선교 신학자였으며, 이방인 개종자들에게는 남성의 할례나 정결(*kosher*) 음식법과 같은 유대교의 관습이 요구되지 않는다고 주장함으로써 물의를 일으켰다. 현대의 학자들은 일반적으로 (칭의 신학, 그리고 "그리스도를 믿는 믿음"과 "율법의 행위"의 유명한 반명제가 포함된) 바울 신학이 이러한 이방선교에 관한 도식과 설명을 통해 가장 잘 이해될 수 있다는 점에 주목한다. 바울의 의도 및 역사 이해에 있어서 핵심이 되는 것은 그리스도 안에서 유대인과 이방인으로 구성된 새로운 공동체의 건립이었다. 왜냐하면 바울은 이 새로운 공동체를 통해 하나님이 아브라함에게 주셨던 약속의 성취와 이스라엘에 대한 소망의 표시를 확인했기 때문이다.

이러한 바울의 두 가지 측면, 곧 그의 은혜 신학 측면과 유대인과 비유대인 사이의 분리된 관계를 이어주는 교회 건립 측면이 서로 양립하는가? 바울의 은혜 신학은 혁신적 공동체를 형성하는 사회적 실천을 수반하는가? 바울 신학은 그것이 원래 속해 있는 정황에서 볼 때 인격적 변혁에 관한 관심만큼이나 사회적 변혁에도 관심을 두고 있는가? 그래서 그리스도 안에서 주어지는 하나님의 선물은 기존의 당연한 규범들을 무너뜨릴 수 있는 공동체를 생성하는 데 근거가 될 수 있는가?

기독교 전통에서, 바울의 은혜 신학은 종종 유대교와 대립하는 것으로 해석되고 있는데, 이러한 해석은 바울 당시의 유대교가 성서의 은혜 신학을 "행위에 따른 의"와 보상이라는 구원론으로 훼손시켜놓은 것처럼 보이게 만든다. 기독교 내부의 논쟁에서 파생된 미묘한 의미(nuance)를 지니고 있는 바울의 언어는 기독교와 유대교를 대립된 것으로 구분 짓고, 유대교를 폄하하는 데 동원되고 있다. 이렇게 볼 때, 바울은 "후기" 유대교의 "율법주의", 곧 자율 구원(auto-salvation)에 해당하는 행위 기반의 종교에 저항했던 최초의 은혜주의 신학자였다. 최근 몇십 년 동안 유대교에 대한 이러한 부정적 이미지는 유대교를 "은혜의 종교"로 제시하는 반대 이미지로부터 도전을 받게 되었다. 유대교 연구자들은 제2성전 시대의 거의 모든 문헌에서 은혜를 찾아내어, 이 은혜가 이스라엘이 하나님과 맺고 있는 언약 관계의 기초이자 율법이 준수되는 틀임을 주장한다. 따라서 많은 학자들이 볼 때, 바울은 은혜에 관하여 특별히 주목할 만한 무언가를 말하고 있지 않다. 바울 신학이 어떤 면에서건 바울 자신이 속해 있던 유대교 전통에서 벗어나 있다면, 이는 은혜와 아무 상관이 없는 일이다. "은혜"가 하나님의 자비, 선하심, 긍휼을 칭송하는 제2성전 시대 유대교의 모든 곳에서 발견된다면, 이는 유대교가 아닌 다른 어디에서도 동일한가? 유대교가 제시하는 은혜의 형태는 획일적인가? 아니면 "은혜의 종교"라는 명칭을 붙이는 것은 유대교 신학의 지형도를 지나치게 단순화하는 것인가? 하나님의 긍휼과 선하심에 대해, 그리고 이 속성들과 공의와의 관계에 대해 다양한 해석이 존재할 수 있지 않은가? 하나님의 관대하심, 그것을 표현하는 방식들, 그 수혜자들, 그리고 그의 관대하심의 분배 방식과 관련하여 다양성이나 더 나아가 논쟁의 증거가 있는가? 있다면, 바울은 유대교의 그런 다양성 안에서 어느 위치에 놓여야 하는가?

보다 근본적으로 말하자면 우리는 "은혜"를 어떤 의미로 말하고 있는가? 기독교 전통 속에서 "은혜"의 본질은 격렬한 논쟁의 주제였고, 논란 가운데 새롭게 정의되어왔다. 이 용어는 특정한 함의에 의해 그 뜻이 과도하게 결정된 채 우리에게 다가온다. 따라서 본서의 전략은 바울과 그 당시의 동료 유대인들이 각각 사용했던 관련 용어들 및 개념들을 "선물"(gift)의 범주 안에 두는 것이다. 그렇다고 우리가 고려하는 모든 어휘에 대한 가장 좋은 해석이 "선물"이라는 말은 아니다. 분명히 그렇지 않은 몇몇 경우가 존재하고 카리스(χάρις)도 이러한 경우에 해당한다. 이 책의 전략은 오히려 다양한 용어를 사용하여 우리가 연구하고 있는 개념 영역이 선물의 인류학적 범주에 의해 가장 잘 포착된다고 주장하는 것이다. 이 범주는 광범위하지만, 자발적이고 인격적인 관계의 영역을 포함한다. 여기서 말하는 자발적이고 인격적인 관계는 어떤 혜택이나 호의 제공에 담겨 있는 선의(goodwill)를 그 특징으로 한다. 또 자발적이고 인격적인 관계는 관계의 지속을 위해 자발적이고 필수적인 모종의 상호 답례를 이끌어낸다. 이에 따라 우리의 연구는 하나의 용어(특별히 "카리스"라는 단어)에 한정되지 않는다. 우리 연구의 초점은 단어가 아니라 개념에 맞추어져 있다. 다른 무엇보다도 선물이라는 범주를 통해 "은혜"(카리스) 주제에 접근함으로써, 우리는 "은혜"의 특정 신학적 의미와 어느 정도 분석적 거리를 두길 희망한다. 심지어 우리가 은혜라는 용어를 계속 사용하고 있는 지점에서도 말이다.

모스의 인류학 고전인 『증여론』의 등장 이후, 선물을 사회에 기본이 되는 상호성의 한 형태로 보는 개념이 인류학자와 역사학자들을 매료시켰는데, 이 학자들은 선물 범주를 사용하여 사회 구조 및 그 구조가 오랜 기간에 걸쳐 변화하는 과정을 분석했다.[1]

데리다가 "선물" 개념을 전개한 이후로 "선물" 주제에 대한 철학적 분석이 바람처럼 휘몰아쳤고, 이 바람은 현상학에서부터 경제학에까지 이어졌다. 반면에 신학자들은 "선물"을 더 광범위한 신학적 주제들을 탐구하기 위한 준거 틀(framework)로 받아들였다.[2] "선물" 개념은 서구 포스트

----

1   M. Mauss, "Essai sur le Don: Forme et Raison de l'Echange dans les Societes Archaiques," in *Sociologie et Anthropologie* (Paris: Presses Universitaires de France, 1950), 145-279 (초판 1925년). 영역. M. Mauss, *The Gift*, tr. W. D. Hall (London: Routledge, 1990). 선물에 관한 유명한 역사적 연구 가운데 하나는 N. Zemon Davis, *The Gift in Sixteenth-Century France* (Oxford: Oxford University Press, 2000)이다. 선물의 인류학과 역사에 대한 상세한 설명은 아래의 제1장을 보라.

2   J. Derrida, *Given Time*, 1권, *Counterfeit Money*, tr. Kamuf (Chicago: University of Chicago Press, 1992). 참조. J.-L. Marion, *Being Given: Towards a Phenomenology of Givenness*, tr. J.L. Kosky (Stanford: Stanford University Press, 1997). K. Tanner, *Economy of Grace* (Minneapolis: Fortress Press, 2005). 최근에 밀뱅크의 신학도 이 주제를 중심으로 전개되었다. J. Milbank, *Being Reconciled: Ontology and Pardon* (London: Routledge, 2003)을 보라.

모던 자본주의의 현재적 특징에 이르기까지 수 세기 동안의 지적·사회적 동향을 파악하는 데 사용되어왔다.[3]

이 역사에 유념하는 것은 적어도 우리가 "대가 없는" 선물에 관한 현대적 가정들(assumptions)로부터 벗어남에 있어 매우 중요하다. 그러나 여기서 관심의 초점은 바울과 그의 동시대 유대인들이 살았던 시기에 선물이 어떤 역사적인 의미를 갖고 있었는지 파악하는 일이다. 최근의 많은 책들이 바울의 신학과 은혜의 실천을 그리스-로마 세계의 선물 및 자선이라는 맥락에 위치시킴으로써, 우리가 지금 하고 있는 연구에 매우 가치 있는 공헌을 했다.[4] 이와 같은 정황적 접근은 바울과 그의 동시대인들이 "은혜"를 어떻게 이해했는지에 대한 학문적 연구의 기나긴 역사에 새로이 추가할 수 있는 요긴한 정보일 것이다.[5]

인류학적 접근은 선물 수여라는 일이 얼마나 복잡하고 다면적인지를 보여준다. 이것은 전통적으로 함께 융합되어 있는 "은혜"의 여러 국면들을 각각 분리시키는 데 도움이 된다. 은혜 연구는 때로는 수여자의 인격에, 때로는 선물의 본질에, 때로는 수여자와 수혜자의 관계에 주의를 기울인다. 하나님은 너무도 자비하셔서 심판이나 진노를 전부 배제하실 정

---

3   J. Leithart, *Gratitude: An Intellectual History* (Waco: Baylor University Press, 2014)는 광범위하면서도 세부적 내용을 잘 소개하는 최근의 개관이다.

4   예를 들어 다음을 보라. S. Joubert, *Paul as Benefactor: Reciprocity, Strategy, and Theological Reflection in Paul's Collection* (Tübingen: Mohr Siebeck, 2000), J. R. Harrison, *Paul's Language of Grace in Its Graeco-Roman Context* (Tübingen: Mohr Siebeck, 2003). 이에 더하여 이 책의 3.7.3을 보라.

5   이 분야의 고전으로는 다음의 작품을 들 수 있다. G. Wetter, *Charis: Ein Beitrag zur Geschichte des Ältesten Christentums* (Leipzig: Hinrichs, 1913), J. Moffatt, *Grace in the New Testament* (London: Hodder and Stoughton, 1931), J. Wobbe, *Der Charis-Gedanke bei Philon und Paulus* (Münster: Aschendorff, 1932). 최근의 작품으로는 D. Zeller, *Charis bei Philon und Paulus* (Stuttgart: Katholisches Bibelwerk, 1990), 그리고 B. Eastman, *The Significance of Grace in the Letters of Paul* (New York: Peter Lang, 1999) 이 있다.

도로 "은혜로우신가?" 은혜는 능력, 결정, 선물, 이 가운데 어느 하나인가? 아니면 이 세 가지의 조합인가? 은혜는 창조에서 발견되는가, 아니면 역사적 사건들 속에서 발견되는가? 아니면 창세 전 하나님의 예정 속에서 발견되는가? 은혜는 풍성하다는 점에서 "무료인가?" 아니면 합당한 자와 합당하지 못한 자에게 똑같이 적용된다는 점에서 "무료인가?" 아니면 보답을 요구하지 않는다는 점에서 "무료인가?" 우리가 연구하면 할수록, 은혜라는 주제의 복잡성도 그만큼 더 커진다.

당신 앞에 있는 이 책의 내용은 광범위하지만, 그래도 한계가 있다. 『바울과 선물』이라는 제목은 두 가지 뉘앙스를 갖는다. 첫째, 이 제목은 모스(Mauss)를 암시하는데, 이는 곧 우리의 논의가 선물의 인류학 틀 안에서 진행됨을 암시한다. 둘째, 이 제목은 또한 우리의 1차적 초점이 하나님의 선물 수여에 있음을 지시한다. 바울에게 있어서 하나님의 선물 수여는 그리스도라는 선물(유일무이한 최고의 선물)에 초점이 맞추어져 있고 바로 이 선물 안에서 성취된다.

인간 차원에서의 선물 수여에는 다음과 같이 바울에게 의미 있는 여러 다양한 측면들이 존재한다. 상호성을 통한 공동체의 형성, 예루살렘 교회를 위한 연보, 성령의 은사들, 그리스도의 몸 안에서 발생하는 선물과 필요의 상호관계. 하지만 이 책에서 이러한 측면들은 다루어지지 않을 것이다. 처음에는 이러한 측면들도 이 책의 한 부분으로 계획되어 있었으나, 관련 내용을 보려면 나중에 출간될 책을 기다려야 한다.

당신 앞에 놓인 이 책은 "은혜"를 선물의 인류학과 역사 안에서 재고하고, 하나님의 자비에 관한 제2성전 시대의 유대교적 해석을 연구하며, 이러한 맥락에서 선물로서의 그리스도-사건과 관련하여 바울 신학을 갈라디아서와 로마서의 표현을 통해 새롭게 평가할 것이다.

이 책의 첫 부분은 나머지 부분의 기초가 된다. 이 책의 다른 부분을 훑어보려는 독자들은 최소한 1장과 2장은 읽어볼 것을 권한다. 1장은 우리의 주제를 선물의 인류학 안에서 형성하고, 또 (유대 세계를 포함하는) 그리스-로마 세계의 선물-호혜성이라는 역사적 현실 안에서 형성한다. 이어서 2장은 몇 가지 핵심적인 분석도구를 제공한다. 이와 함께 (어떤 개념을 극단까지 밀고 간다는 의미의) "극대화"(perfection) 개념을 소개하고, 특별히 하나님과 관련하여 선물 수여를 "극대화하는" **여섯 가지** 방법을 제시한다(일곱이었으면 더 좋았겠지만 말이다). 상당한 분량을 가진 3장도 기초를 이루는 내용이다. 3장은 바울 수용사의 여러 요점들을 제시하는데, 이 요점들은 은혜 주제에 대한 우리의 이해를 지속적으로 형성할 것이다. 이러한 요점들을 파악하는 일은 매우 중요하다. 특별히 아우구스티누스와 루터에 대한 부정확하고 폄하하는 투의 비평들이 신약학 분야 안에서 통용되고 있는 오늘의 시대에는 더욱 그렇다.[6] 은혜의 여섯 가지 극대화를 분류해서 살펴보는 것은 바울 수용사를 이해하는 데 유익하고, 은혜를 동일하게 강조하는 해석자들이 왜 은혜를 서로 다르게, 심지어 반대로 해석하는지도 설명해준다.

　　제2성전 시대 유대교가 이해했던 하나님의 선물에 관한 이 책의 II부(5-10장)는 샌더스의 유명한 저서 『바울과 팔레스타인 유대교』의 핵심 주제에 대한 하나의 대안을 제공한다.[7] II부는 신적 자비를 중심 주제로 다루는 다섯 편의 유대교 본문들을 선택하고, 그 안에 담긴 신학적 내용들을 깊이 분석한다. 이 분석의 결과는 획일성이 아니라 다양성으로, 이 다양성은 샌더스의 "언약적 율법주의"의 이미지와는 많이 다르다. 또 이 다양성은 다양한 은혜의 극대화를 분류함으로써 가시적으로 드러난다. 바울에게 주된 관심이 있는 독자들은 II부의 결론(10장)을 먼저 읽고 싶을지도 모른다. 그러나 나는 독자들이 그 자체로도 중요한 이 유대교 본문들에 대한

6　　여기서 나의 의도는 S. Westerholm, *Perspectives Old and New on Paul: The "Lutheran" Paul and His Critics* (Grand Rapids: Eerdmans, 2004)의 것과 비슷하다. 하지만 나의 초점은 주로 은혜라는 주제에 맞추어져 있다.

7　　E. Sanders, *Paul and Palestinian Judaism* (London: SCM Press, 1977). 『바울과 팔레스타인 유대교』(알맹e 역간).

연구 중 일부를 읽을 만큼 충분한 흥미를 갖게 되길 바란다. 또한 제2성전 시대 유대교를 연구하는 학자들도 여기서 몇몇 매력적인 본문에 대한 학문적 분석을 심화시켜주는 해석들을 발견하게 되길 바란다.

III부(11-14장)는 바울의 은혜 신학의 관점에서 바라보는 갈라디아서 본문들에 대한 해석을 제공한다. 물론 이 서신의 모든 부분을 상세히 논할 수는 없지만, 나는 아우구스티누스로부터 종교개혁에 이르는 해석학적 전통과 "바울에 관한 새 관점"을 모두 넘어서는 방식으로, 갈라디아서의 신학적 논리에 대한 통합적 해석을 제공한다. 갈라디아서에 관한 나의 이전 연구와 비교해볼 때,[8] 여기서 나는 보다 더 충실하고 어쩌면 보다 더 설득력 있는 서신 해석 방법을 제시하는데, 서신 해석 방법은 마틴, 던, 그리고 다른 학자들을 통해 이미 바울 연구의 핵심이 되어버렸다.

마지막 IV부(15-17장)는 로마서 해석으로 구성된다. 물론 어쩔 수 없이 로마서의 일부 선택된 본문만 다루지만, 나의 해석은 종종 전체가 아닌 단편들로 축소되어버리는 로마서에 일관성을 확립해보려는 의도를 지니고 있다. IV부는 의도적으로 로마서 9-11장에 관한 논의를 클라이맥스로 삼는데, 로마서 9-11장은 현재 대다수 학자들이 로마서의 중심으로 간주하지만, 많은 학자들은 바울이 이 부분에서 자기모순에 빠졌다고 판단한다. 또한 로마서와 갈라디아서 사이의 많은 **유사점 및 차이점**이 나의 이 로마서 해석에 등장한다. 비록 독자의 주된 관심사가 로마서의 이러저러한 단편적 부분에 있다 해도, 독자는 로마서 전체를 하나의 개체로 읽도록 권장된다.

결론은 이 책이 여러 분야에 핵심적으로 기여한 부분들을 규명함으로써 이 책을 하나로 묶는다. 이 긴 여정이 결국 어디로 향하는지 알고 싶은 독자는 결론 부분부터 읽기 시작해서 책의 정점을 향해 거꾸로 읽어

---

8   J. M. G. Barclay, *Obeying the Truth: A Study of Paul's Ethics in Galatians* (Edinburgh: T&T Clark, 1988).

나가도 좋다. 그게 아니면, 아래와 같이 이 책의 주제들을 짧게 요약해볼 수 있다.

1. "은혜"는 다양한 의미를 가진 개념이며, 그것에 대한 접근은 "선물"이라는 범주를 통할 때 가장 효과적으로 이루어진다. 은혜는 여러 가지 방법으로 "극대화"(개념 확장)에 쉽게 영향을 받지만, 이 여러 가지 방법이 은혜를 하나의 통일된 개념으로 묶어주지는 않는다. 은혜 주제를 다루는 몇몇 사람들은 은혜의 초충만성, 우선성, 유효성을 극대화시키려 하고, 다른 어떤 이들은 은혜와 은혜를 받는 자들 사이에 존재하는 가치의 비상응성(가치 없는 자에게 주어지는 선물)을 극대화시킬 것이다. 어떤 이는 은혜의 단일성(하나님은 언제나 은혜로우시다)을 강조하고, 어떤 이는 하나님의 선물은 "아무 조건 없이" 주어진다는 점에 주목할 것이다. 이런 개념들은 은혜를 규정하는 데 보다 더 좋거나 나쁜 해석이 아니라 다만 서로 다른 해석일 뿐이며, 은혜에 대한 정의(예. 은혜는 가치 없는 자에게 주어지는 선물이다) 없이 은혜를 말하는 것도 얼마든지 가능하다. 이런 극대화 개념들은 바울 수용사 속에서 다채롭게 사용되었으며, 바울 서신에서 어떤 개념은 다른 개념보다 더 큰 지지를 받았다. 이 여섯 가지 극대화 개념을 구별함으로써 유대인의 은혜 해석과 바울 해석사의 많은 내용이 명확해질 것이다.

2. 은혜는 제2성전 시대 유대교 문헌 모든 곳에서 나타나지만, 그렇다고 이 모든 곳에서 동일한 의미로 사용되는 것은 아니다. 관련 본문들을 상세히 검토해보면, 하나님의 자비(beneficence)에 대한 표현이 획일적이지 않고 다양하게 드러남을 보게 된다. 예를 들어 이 본문들은 하나님의 긍휼(mercy)이 그것을 받아들이는 자의 가치와 상관없이 적절하게 적용되고 있는지에 관하여 서로 의견이 다르다. 바울은 이러한 다양성의 한가운데 서 있다. 바울의 은

혜 신학은 유대교와 대립하지 않는다. 그렇다고 해서 일반적인 유대교의 견해와 완전히 일치하는 것도 아니다.

3. 바울의 은혜 신학은 받는 자의 가치와 상관없이 주어지는 "그리스도-선물"의 **비상응성**을 특색 있게 극단으로 몰아간다. 바울의 은혜 신학은 그의 이방인 선교 안에 그리고 그의 이방인 선교를 위해 분명하게 표현되어 있다. 그리고 바울의 은혜 신학은 인종과 그 밖의 다른 경계선들을 넘어서는 혁신 공동체 형성의 기반이 된다. 이 비상응적인 선물은 기존의 가치 체계를 무시하며, 결과적으로 기존의 가치 체계를 무너뜨린다. 이 선물은 이전까지 축적된 상징적 개념들을 등한시 하여, 결과적으로 ("그리스도-선물"로 인해 재설정된 규범을 갖는) 새로운 공동체의 생성을 가능케 한다. 은혜는 그 의미를 바울의 경험과 사회적 관행 속에서, 그리고 그 관행으로부터 취했다. 다시 말해 "선물"의 본질은 '새로운 사회적 실험'속에서 구현되고 명확해졌다. 이후 확립된 기독교 전통 안에서 이루어진 바울에 대한 해석을 볼 때, 은혜 모티프는 여러 다양한 역할을 수행했으나 대체로 다음과 같은 양상으로 변해갔다. 즉 은혜 모티프는 믿는 자들의 이전의 가치 기준을 약화시키는 양상에서, 그들이 기독교의 규범에 도달할 때 자신들에 대한 의존을 약화시키거나 이런 자기 의존의 노력을 구원의 필수적인 것으로 간주하는 그들의 이해를 약화시키는 양상으로 변해갔다.

내가 이 책에서 제공하는 바울 해석이 역사적으로 타당하고, 주석적으로 신뢰할 만하고, 자세한 신학적 정보를 지니고 있으며, 또한 (다음의 말은 미리 해놓는 편이 낫다) 해석학적으로도 유익한 것이 되기를 바란다. 자신만의 독특한 배경 지식이 배재되어 있는 해석이 없는 것처럼, 증거에 대한 이 책의 해석도, 다른 모든 것과 마찬가지로, 그것만의 정황과 관심사를 갖고 있다.

이 책은 정중하면서도 비판적인 바울 해석에 오늘날 신학적으로 중요한 자료들이 포함되어 있다는 확신에서 출발한다(비록 그 포함 방식들이 일반적인 해석의 틀을 넘어서고 있지만 말이다). 바울은 공동체와 그것의 사회적 정체성에 관해 사고할 수 있는 역량을 갖추었고, 다른 가치 기준들을 중지시키는 은혜 신학을 통해 공동체의 규범을 그리스도-사건에 입각하여 재설정할 수 있는 능력도 갖추고 있었다. 이런 도구들은 다원화 혹은 세속화의 정황 속에서 자기들의 정체성 및 사회적 위치에 대한 재고를 요청받고 있는 교회들에게 유용한 것으로 입증될 수 있다. 이상한 역설이겠지만, 바울의 의미는 오늘날 가장 중요할지도 모른다. 우리가 바울을 그가 원래 속해 있던 정황 속으로 최대한 주의 깊게 다시 위치시켜놓는다면 말이다.

PAUL
AND

I 부

선물과 은혜의 다양한 의미

THE

GIFT

제1장

선물의 인류학과 역사

"선물"은 하나의 단일한 현상도 아니고, 고정된 범주를 갖고 있지도 않다. 서로 다른 시대의 다양한 문화 안에서 수많은 대상, 행위, 관계들이 "선물"로 간주되었다. 마찬가지로, 세월이 흐르면서 (다른 교환 형태들과 구별되는) "선물"의 정의는 많은 문화 속에서 변화했다. 바울과 그의 동시대 사람들이 "선물" 언어를 사용하여 하나님의 자비나 인간의 자선에 관해 말했다면, 오늘날 선물 관련 용어들을 재현함에 있어서 우리는 그것들의 함의와 함의가 아닌 것에 대해 확실히 알아야 할 필요가 있다.

현대 서구의 사전적 의미에 따르면 "선물"은 "무상으로, 즉 값없이" 건네지는 어떤 것을 의미한다.[1] 그러나 고대 세계를 조금만 알고 있더라도, 그 당시에는 선물이 답례에 대한 강한 기대와 함께 건네졌음을 알게 될 것이다. 보다 정확히 말해, 고대 세계에서 선물이 주어진 이유는 선물에 대한 보답을 이끌어 내고, 그 결과 사회의 결속을 생성하고 강화하기 위함이었다. 현대 서구에서 성장한 우리는 아마도 오늘날의 비서구 문화권에서 행해지는 선물 관행에 놀랄 것이다(심지어는 충격을 받을 것이다). 우리가 고대의 선물 관행과 견해들을 접하게 된다면, 이와 비슷하거나 훨씬 더 놀라게 될 것이다.

나는 이번 장에서 세 가지 목적을 달성하고 싶다. 첫째, 인류학 분야에서의 풍성한 "선물" 논의를 살펴봄으로써 현대 서구 문화의 바깥 정황과 현대 서구 문화 이전의 정황에서 선물들이 어떻게 작용하고 또 작용했었는지에 관해 적절한 물음을 제기하는 것이다(1.1). 둘째, 바울 시대의

---

1   *Oxford English Dictionary*, s.v. gift. 참조. A. Rey 외 ed., *Dictionnaire historique de la langue francaise*, 전2권 (Paris: Dictionnaire Le Robert, 1992), s.v. don: "l'action d'abandonner gratuitement qqch. à qqn."

그리스-로마 세계에서 선물이나 자선이 지녔던 역할을 개관하는 것이다 (1.2). 셋째, 서구 근대성 안에서 "선물" 개념에 어떤 변화가 일어났는지 추적함으로써, 1세기 관행 및 관련 본문들에 대한 우리의 해석을 쉽게 왜곡할 수 있는 무의식적 가정들에 대하여 경종을 울리는 것이다(1.3). (이후 제 3장에서 바울의 "은혜" 해석과 관련된 중요 계기들을 검토할 때, 바울 신학의 수용과 선물 개념의 변화, 이 둘의 상관관계를 식별하는 일은 가능한 것으로 입증될 것이다.) 이 세 가지 목적을 추구하면서 "선물" 및 "은혜"의 의미에 대한 고찰을 시작해보자. 아울러 이 책 나머지 부분에서 계속 이어질 탐구를 위해 개념적·역사적 토대를 쌓아보자.

1.1. 인류학적 관점에서 본 선물

1.1.1. 모스(Mauss)와 "선물"

마르셀 모스의 유명한 저서 『증여론』(1925)은 선물이라는 주제를 독창적으로 다룬 작품으로서 올바르게 인정받고 있으며, 출간 후 수십 년 동안 광범위한 인류학적 연구 및 학술적 논쟁을 불러일으켰다.[2]

　　내용상의 불균형이 있지만 시사하는 바가 매우 큰 그의 저서에서 모스는 환태평양 주변의 다양한 지역(미국과 캐나다의 서부 해안, 멜라네시아 해안, 그리고 아오테아로아/뉴질랜드의 마오리족을 포함한 폴리네시아 군도)에서 활동하는 민족지(民族誌-현지 조사에 바탕을 둔, 여러 민족의 사회 조직이나 생활양식의

2　　이 에세이는 본래 *Année Socialogique*에서 출판되었다(출판연도가 1923-1924년으로 표시되어 있으나 실제로는 1925년에 출판되었다). 이 작품은 모스의 1950년 판 전집에서 가장 쉽게 찾아볼 수 있다. M. Mauss, "Essai sur le Don: Forme et Raison de l'Echange dans les societes Arch aiques," in *Sociologie et Anthropologie* (Paris: Presses Universitaires de France, 1950), 145-279. 가장 완벽한 영어 번역판은 W. D. Halls: M. Mauss, *The Gift* (London: Routledge, 1990)이다.

기술을 목적으로 하는 인류학 연구의 한 방법) 학자들의 연구 결과를 입수하여, 그것을 인도-유럽 전통의 고대 언어 및 관련 본문에 대한 자신의 해박한 지식으로 보완했다.

자신의 삼촌인 뒤르켐의 사회학적 전통을 재구성하면서, 모스는 상세하고 역사적으로 특수한 민족지학의 증거를 주의를 기울여 사용했으며, 이 증거를 토대로 고대 사회의 핵심적 특성에 관한 통합적 가설을 세웠다 (모스는 이 가설을 "수여법칙"[le regime du don] 혹은 "수여교환 체계"[le systeme des dons echanges]라고 부른다).[3] 모스의 분석은 사회를 그 안의 모든 부분들이 서로 연결되어 있고 상호 의존하고 있는 "총체성"(totality)으로 해석한다는 점에서 혁신적이었다. 그의 분석은 또한 고대 사회의 선물 체계가 현대에 이르러 어떻게 각기 분리되어 있는 모든 영역―경제, 법, 혈연관계, 종교, 미학, 의식(儀式), 정치―에 기초가 되었고, 이러한 각각의 영역들을 어떻게 하나로 결합시켰는지에 관하여 강력한 제안을 했다.[4] 에세이의 제목은 "수여"(le Don)에 대해 말하지만, 모스가 선호했던 용어는 프랑스의 전통적인 "은대"(恩貸; 이는 "의무적 사회봉사" 같은 것을 의미)였다.

여기서 논의되는 "선물"은 한편에서 다른 편으로 건네지는 사물(혹은 사람들)에 한정되지 않고, 다양한 호의 및 봉사도 포함하는데, 이 다양한 호의 및 봉사는 상징적이고 물질적이며 한 당사자가 다른 당사자를 위해 수행하는 것이다. 모스의 논지는 그런 사회에서 "은대"의 교환을 통해 사회 통합의 율동이 형성된다는 것이다. 그런데 이 사회 통합의 율동은 "우리에게 낯선 다른 형태의 모습으로, 그리고 우리에게 친숙하지 않은 다른

---

3   Mauss, "Essai sur le Don," 194, 197. 모스의 지성적 배경과 그의 작품에 대한 재평가는 W. James, N. J. Allen ed., *Marcel Mauss: A Centenary Tribute* (New York: Berghahn Books, 1998) 그리고 K. Hart, "Marcel Mauss: In Pursuit of the Whole. A Review Essay," *Comparative studies in Society and History* 49 (2007): 473-485에서 볼 수 있다.

4   Mauss, *The Gift*, 49, 101-102. 모스의 "총체적인 사회적 사실들"이라는 개념에 대해서는 A. Gofman, "A Vague but Suggestive Concept: The 'Total Social Fact,'" in James, Allen ed., *Marcel Mauss*, 63-70을 보라.

이유들로 인해" 형성된다.[5]

모스는 "총체적 은대 제도"(l'institution de la prestation totale) 속에서 다음과 같은 세 가지 핵심요소, 즉 주어야 하는 의무, 받아야 하는 의무, 그리고 보답해야 하는 의무를 규명했다.[6] 상호의존적인 이 세 가지 핵심요소는 각각 사회에 필요한 힘을 전달한다. 왜냐하면 이 세 가지 핵심요소를 통해 가장 중요한 사회적 결속(bonds)과 인간과 신들 사이의 관계적 결속이 형성되기 때문이다. 가족과 집단(종족)들은 선물을 주고받음으로써 내적·외적으로 함께 결속된다. 선물 받기를 꺼려하는 것은 적대감이나 불신의 표시다. "건네지는 물건들은 교환의 당사자들과 완전히 분리되지 않기" 때문에, "건네지는 물건들로 인해 확립된 당사자들 사이의 관계 및 결연은 상대적으로 해체되기 어렵다."[7] 선물 중심의 문화에서는 이런 결속이 응집의 주된 원천이 될 수도 있다. 비록 결속의 이러한 중요성으로 인해 종종 다툼과 경쟁이 발생하지만 말이다. 모스는 "포틀래치"(태평양 연안의 인디언들 사이에서 볼 수 있는 선물교환 행위)를 보면서 인디언들이 "호전적으로"(agonistic) 선물을 주고받는 극단적 모습에 매료되었다. 북미 서쪽 해안의 원주민들과 함께 살았던 민족지학자들이 보고한(어쩌면 오해한) 내용에 따르면, 포틀래치를 통해 엄청난 양의 부(富)가 버려졌고 심지어 파괴되기도 했다.[8]

모스가 바르게 지적한 것처럼 이런 맥락 속에서 관대함은 권력의 한

---

5   Mauss, *The Gift*, 43.

6   Mauss, *The Gift*, 16-17, 50-55.

7   Mauss, *The Gift*, 42. 모스는 브라민(높은 사회적 신분과 문화적 자긍심을 지닌 뉴잉글랜드 지방의 유서 깊은 귀족 가문) 사회에 이 원리가 남아 있는 것을 확인한 후에 이렇게 지적한다. "그러므로 선물은 행해져야 하는 것인 동시에 또한 받아야만 하는 것이지만, 그래도 실제로 받아들이기에는 위험한 것이다. 왜냐하면 주어지는 물건 자체가, 무엇보다도 그것이 식량일 때는, 쌍방 간에 돌이킬 수 없는 연대성을 구성하기 때문이다"(*The Gift*, 76).

8   Mauss, *The Gift*, 6-9.

형태이며, 상대방에게 그보다 더 큰 답례를 요구한다는 점에서 상대방의 명예에 도전하는 부(富)의 과시다.

모스는 다양한 문화적 정황 속에서 선물 수여가 어떻게 전쟁 대체제로 작용하는지에 주목했는데, 여기서 선물은 도전이나 반격을 불러일으킬 적대감을 완화하거나 순화시키는 기능을 한다.[9] 그런 체제에서는 선물을 어떻게 그리고 누구에게 주느냐가 매우 중요하다. 선물을 부적절하게 주는 것 그리고 잘못된 태도로 받는 것은 분노를 살 수 있고, 심지어는 적의를 불러일으킬 수도 있다(모스가 지적하는 것처럼 독일어에서 **선물**[das Gift]은 "독"을 의미할 수 있다).[10] 선물을 통해 창출되는 결속의 중요성을 감안한다면, 선물 받을 사람을 선택하는 일은 일종의 전략적 문제다. 모스는 트로브리안드 제도 지역에서 주고받는 "쿨라"라는 선물 관습을 설명하며 다음과 같이 지적한다. "그들은 반대편 부족 사람들 중에서 자신들에게 선물을 줄 최상의 상대를 찾아내려 한다. 이 일은 중대한 문제다. 왜냐하면 선물을 통해 생성코자 하는 제휴를 통해 관련 당사자들 사이에 일종의 혈연관계가 확립되기 때문이다."[11] 강자를 선물 수혜자의 대상에서 제외해버릴(그래서 기분을 상하게 만들) 위험이 있는 반면,[12] 선물을 받기에 적합하지 않은 자 곧 선물에 답례를 할 수 없거나 선물에 대한 답례를 기대할 수 없는 자를 수혜자의 범주에 포함시켜버릴 위험도 있다.[13]

모스의 책은 특별히 선물에 대한 **답례** 의무를 상세히 설명한다. 받은 선물보다 더 큰 가치는 아니라고 해도 최소한 동등하게 답례해야 한다

---

9   Mauss, *The Gift*, 47–48, 52–53, 95–96.

10   이 주제에 관한 모스의 논문은 A. D. Schrift, ed., *The Logic of the Gift: Toward an Ethic of Generosity* (London: Routledge, 1997), 28–32에 번역되어 있다.

11   Mauss, *The Gift*, 35–36.

12   Mauss, *The Gift*, 50–51.

13   Mauss, *The Gift*, 149 n. 175.

는 압박(법적인 강제는 아니어도 현실적인 압박)은 어디서 오는 걸까?[14] 왜 선물을 받는 일에 "부담이 수반되는 걸까?"[15] 이 질문에 대한 모스의 답변은 이렇다. 선물로 주어지는 물건이나 봉사는 선물 수여자와 분리될 수 없고, 선물 수여자와의 결속 관계는 오로지 답례의 선물을 통해서만 인정될 수 있기 때문이다. 이와 연계하여 모스는 마오리족 정보원의 보고를 훌륭하게 (그리고 논쟁적으로) 사용했는데, 이 마오리족 정보원은 선물의 수혜자가 그 수여자에게 반드시 선물로 답례해야 하는 마오리족의 관습, 곧 **하우**(hau)에 대해 이야기 했다.[16] 모스는 하우가 선물에 깃들어 있는 "영혼"을 가리킨다고 보며 다음과 같은 결론을 내렸다.

> 모든 사람은 실제로 자신의 본질이며 실체인 것의 중요 부분을 다른 사람에게 되돌려 주어야 한다. 왜냐하면 어떤 사람에게서 무엇인가를 받는다는 것은 그 사람의 영적 본질, 즉 그 사람의 영혼의…일부를 받는 것이기 때문이다. 주어진 선물은 비활동적인 것이 아니다. 생명을 덧입고 있으며 종종 개성(individuality)도 지니는 선물은 헤르츠가 "본적"(本籍, place of origin)이라 불렀던 곳으로 되돌아가려고 하거나, 선물을 보낸 종족과 본토를 대신하여 이 선물을 대체하는 다른 등가물을 만들고자 한다.[17]

다른 곳에서 모스는 답례를 강요하는 사회적 힘에 관해 말한다. 이

----

14 모스가 검토한 옛날 사회 속에는 뚜렷이 구별되는 "법"의 영역이 없고, 그래서 도덕적 의무와 법적인 의무 사이의 구별도 가능하지 않다. 테스타트의 모스 비판, 곧 법적 의무와 사회적 의무 사이를 구별하지 않았다는 비판은 선물에 대한 현대적 가정들을 채택할 때 일어날 수 있는 오해의 좋은 사례다. A. Testart, "Uncertainties of the 'Obligation to Reciprocate': A Critique of Mauss," in James, Allen, ed., *Marcel Mauss*, 97-110.

15 Mauss, *The Gift*, 53.

16 Mauss, *The Gift*, 13-16.

17 Mauss, *The Gift*, 16, "Essai sur le Don," 161.

사회적 힘이란 답례하지 못함으로 인해 발생하는 명예의 손실[18]이나 선물 수여자와 이로운 연대를 유지해야 하는 일반적인 필요[19]를 의미한다. 그러나 모스의 전반적 관심은 선물 자체가 단순한 물건이 아님을 강조하는 것이다. 즉 선물이 한 사람에게서 다른 사람에게로 전해지는 수동적이고 비인격적 사물이 아니라 오히려 "인격과 타고난 힘을 갖고 있다"는 것이다.[20] 모스는 소유와 인격의 분명한 구별이 늦어도 로마 시대 이후로 서구 법률 제도의 기본 특징이 되었지만, 그런 구별이 그가 분석하고 있는 고대 사회에는 없었다고 주장한다.[21] 다시 말해, 선물이 수여자에게 속해 있을 뿐만 아니라 수여자의 인격도 포함하고 있다는 것이다. 그리하여 모스는 자신의 분석에 대해 다음과 같이 평했다. 즉 자신의 분석은 현대 서구 문화의 "선물" 및 선물의 반대 개념과 연관되어 있는 범주와 가치를 혼합하거나 마구잡이식으로 결합하는 것을 필요로 한다고 말이다. 그의 저서를 처음 시작할 때 모스는 선물이란 "분명히 자유롭고 사욕이 없는 것처럼 보이지만 그럼에도 불구하고 상대방에게 구속력을 갖는 이기적인 것"이며, 그래서 마치 "의례적 허구(fiction)"나 "사회적 기만"의 일부처럼 보인다고 말한다.[22] 그러나 끝에 이르러서는 우리의 양극화된 범주들을 더 근본적으로 재평가할 필요가 있다고 제안한다.

> 다음과 같이 법과 경제 개념들을 대조하는 일은 우리를 기쁘게 한다. "자유" 대 "의무", "절약·이익·효용" 대 "후함·관대함·사치." 이 모든 개념들을 도가니 속에 한 번 더 집어넣는 것이 좋을 것이다.···이 [트로브리안드 제도

---

18 Mauss, *The Gift*, 54.

19 Mauss, *The Gift*, 94.

20 Mauss, *The Gift*, 63.

21 Mauss, *The Gift*, 61, 69.

22 Mauss, *The Gift*, 4.

의] 개념은 대가를 바라지 않으며 순전한 감사로부터 오는 어떤 총체적 봉사
["은대"]의 개념도 아니고, 순전히 유용한 것에만 관심을 두는 생산 및 교환
의 개념도 아니다. 이 개념은 과거에 번성했던 일종의 혼합물이다.[23]

이와 관련하여 모스는 말리노프스키(쿨라라는 선물 교환 관습과 관련된
주요 정보원)가 제공한 트로브리안드 제도의 선물 시스템의 표현에 대해 비
판한다. 말리노프스키는 다양한 종류의 선물을 구분했다. 그리고 자신이
"대가 없는" 또는 "순수한" 선물로 간주하는 것—"자발적으로" 건네지고
"답례의 의무가 없는" 선물—을 범주의 한쪽 끝에 위치시켜 놓았는데, 그
는 남편과 아내, 아버지와 아들 사이에서 이러한 선물이 작용하고 있음을
발견했다.[24] 모스의 주장처럼 선물의 이러한 도덕적 단계는 적용이 불가능
하고 부적절한 가정으로 채워져 있다. 말리노프스키 자신이 말하는 것처
럼, 남편이 아내에게 주는 선물이 그 문화 속에서 "성적인 봉사에 대한 일
종의 보수"로 간주되었다면, 그 선물은 과거의 의미 측면에서 볼 때와 마
찬가지로 현대적 의미에서 볼 때도 전혀 "대가가 없다거나" "순수한" 것
이 아닌 의무적 답례로서의 선물이다.[25] 결국 모스는 선물이란 "자발적"인
동시에 "의무적"인 것, "사욕이 없는 것"인 동시에 "자기 이익을 추구하는

---

23   Mauss, *The Gift*, 93, "Essai sur le Don," 267.

24   B. Malinowski, *Argonauts of the Western Pacific* (London: Routledge, 1922), 177-180.
      말리노프스키는 "원주민들"이 사실은 이 선물들로부터 "자유롭지" 않다는 사실, 곧 남편
      이 아내의 성적인 봉사와 아들을 낳아주는 것에 대한 보답이라는 "매우 저급한" 사고방
      식을 갖고 있다는 사실을 언급하지만, 이를 무시한다.

25   Mauss, *The Gift*, 93-94. 이에 따라 말리노프스키는 후속 책에서 "순수 선물"이라는
      범주를 철회했다. B. Malinowski, *Crime and Custom in Savage Society* (London: Kegan
      Paul, 1926), 40-41. 그럼에도 불구하고 일부 인류학자들은 마치 "선물이 대가 없이
      주어지지 않으면, 즉 선물이 수혜자에게 어떤 의무라도 부과하게 된다면 이는 선물이
      아닌 것처럼" 계속해서 말하고 있다. J. Pitt-Rivers, "Postscript: The Place of Grace in
      Anthropology," in J. G. Peristiany, J. Pitt-Rivers, eds., *Honor and Grace in Anthropology*
      (Cambridge: Cambridge University Press, 1922), 215-246, 특히 233.

것"이며, "대가 없는 것"인 동시에 "강제적인 것"일 수 있다고 주장한다. 여기서 우리가 혼란이나 터무니없음을 느낀다면, 이는 우리가 만들어낸 범주 때문일 것이다.

모스의 책은 과감하고 풍성한 내용을 담고 있는데, 그 이유 중에는 다음과 같은 그의 제안, 즉 그가 고대 사회들에서 확인한 "선물 교환의 경제"가 인도-유럽 사회의 뿌리에도 놓여 있고, 인도, 독일, 로마 문화의 초기 본문들과 관습들을 대충만 살펴보아도 확인된다는 제안도 포함된다.[26] 따라서 모스는 서로 다른 선물-문화들 사이에 절대적 대립이 아닌 일정한 **궤적**이 있다고 제안한다. 서구 문화는 이 궤적을 따라 공통된 "총체적" 선물 체계로부터 오늘날의 구별된 영역과 관습들로 진화했다는 것이다. 이 점에서 모스는 "인격에 관한 법과 재산에 관한 법을 구별하고, 상업적 판매를 선물 및 교환으로부터 구별 짓고, 도덕적 의무와 계약을 서로 분리했으며, 특히 제의, 법, 이익들 간에 존재하는 차이를 생각해냈던 사람들이 엄밀히 말해 아마도 북쪽과 서쪽의 셈족에 이어 등장한 로마인과 그리스인들"이었다고 주장한다.[27] 모스는 이 "중대한 혁명"을 전혀 한탄하지 않는다. 오히려 어떻게 그 혁명이 "값없이 주는" 선물과 의무적 교환(판매나 계약에 있어) 사이의 개념적 구분을 초래했는가에 주목한다. 이 혁명이 "사욕 없는" 관대함과 "실리적이거나" 답례에 의한 "이익 추구" 절차 사이의 개념적 구분을 초래했듯이 말이다. 모스는 자신의 저술 마지막 장에서 서로 협력하는 선물-관계를 "냉정하고 계산적인" 실리적 개인주의의 관습에 반대되는 것으로 공언하고, 그것이 1920년대의 정치적 논쟁에 도움을 주었다고 칭송한다. 그리고 이 칭송의 증거로 사회관계의 대안이 될 수 있는 체계들이 20세기 유럽에도 그 흔적이 남아 있으며, 다시 새롭게 창조될

---

26   Mauss, *The Gift*, 60-82.

27   Mauss, *The Gift*, 69. 원문 번역은 부분적으로 수정된 것임.

수도 있다는 사실을 제시한다.[28] 이런 식으로 모스는 선물-관계의 분석이 어느 사회에나 작용하는 구조적 관계를 드러내는 데 중대한 역할을 할 수 있다고 지적했다. 결과적으로 모스는 "선물"을 이후의 인류학적 분석 및 논쟁의 핵심에 놓았다.

모스의 저서 안에는 (그가 인정하는 것처럼) 불완전하고 애매한 요소도 많이 있지만, 그러나 (부분적으로는 그 이유 때문에) 미래의 사고 및 연구에 도움이 되는 많은 요소도 담고 있는 것으로 판명되었다.

고대 사회에 대한 모스의 분석을 모든 선물-관계에 적용 가능한 일종의 "모델"로 삼는 것은 잘못이다. 앞에서 우리가 보았듯이, 모스는 세월이 지나면서 "선물"의 역할과 그 이해에 변화를 일으킨 문화적 발전을 날카롭게 인식하고 있었다.[29] 모스의 연구는 다음의 내용과 관련하여 유익한 질문을 생성한다. 즉 선물-관계의 분석, 사회 내 선물의 기능, 선물과 다른 영역 간의 관계(선물의 범위가 넓지 않을 경우), 그리고 선물이 지니는 가치 및 역동적인 힘. 모스는 사회적 연대를 생성하는 선물의 역할과 선물이 대변하고 유발하는 의무의 패턴을 강조함으로써, 탐구에 중요한 고대의 선물/자선 측면들을 우리에게 환기시켜준다. 동시에 모스는 "선물"에 관한 현대적 가정(假定)들이 지니고 있는 문화적 상대성에 주의를 기울이는데, 현대적 가정들은 과거에 대한 우리의 관점을 왜곡해버리기 쉽다.

1.1.2. 모스 이후의 "선물" 인류학

모스의 『증여론』은 그것이 가진 상징적 지위로 인해 이후 벌어진 광범위

---

28   모스의 정치적 맥락과 참여에 대해 M. Fournier, *Marcel Mauss* (Paris: Fayard, 1994)를 보라.

29   모스는 특별히 자신이 하나의 모델을 제공하고 있다는 사실을 부인한다. 모스는 자신의 연구를 "실제로는 역사가와 민족지학자들에게 던지는 질문으로 여겼고, 문제를 해결하고 명확한 답변을 제공하기보다는 오히려 앞으로의 연구 주제를 제시하는" 것으로 보았다. *The Gift*, 100.

한 논쟁에서 다양한 안건을 다룸에 있어 수용과 비판을 동시에 받았다.[30] 이런 운명은 레비스트로스가 모스를 구조주의 문화 분석의 선두주자로 제시했을 때 이미 분명해졌다. 레비스트로스는 모스가 말하는 선물의 세 가지 운동(주는 것, 받는 것, 답례하는 것)이 단일 교환체계를 구성한다고 간주했다. 그런데 이 단일 교환체계는 인간 정신의 보편적이고 무의식적인 구조 속에 깊이 자리 잡고 있는 일종의 상호관계 체계다.[31] 레비스트로스는 모스가 마오리족의 하우(hau, 선물 속에 깃든 영혼)라는 관념에 부여한 역할에 대해 비판했다. "토착 신비화"인 하우는 선물-호혜(gift-reciprocity)의 구조 속에 세워진 답례 의무를 설명함에 있어 필수적이지 않다는 것이다.[32] 그러나 답례 의무에 관한 모스의 질문은 수십 년 동안이나 "선물" 논쟁에 끈질기게 따라붙었다. 마오리족의 **하우**에 대한 모스의 해석은 큰 논란이 되었다. 그리고 모스는 선물 수여자가 그 선물 속에 비물질적 방식으로 존재한다는 관념에 호소했는데, 이런 모스의 모습은 그러한 관념을 사회적 힘의 순진한 객관화로 치부하여 제거해버리고자 하는 자들을 불쾌하게 만들었다.[33]

....

30 모스의 『증여론』의 수용에 대해 L. Sigaud, "The Vicissitudes of *The Gift*," *Social Anthropology* 10 (2002), 335-58을 보라.

31 레비스트로스가 모스의 연구(1950년대 모스의 논문집)를 소개한 것은 번역어로 읽을 수 있다. C. Levi-Strauss, *Introduction to the Work of Marcel Mauss*, 번역. F. Baker (London: Routledge&Kegan Paul, 1987). "수여"에 관련된 부분은 Schrift, *Logic of the Gift*, 45-69에 재수록되어 있다.

32 Levi-Strauss, *Work of Marcel Mauss*, 45-60. 모스가 이 문제와 관련된 마오리족의 진술을 해석한 것은 이미 R. Firth, *Primitive Economics of the New Zealand Maori* (Wellington: A. R. Shearer, 1929), 393-432 (특히 420-421)에서 비판을 받았다.

33 살린스는 **하우**의 의미에 의문을 표시했다. M. Sahlins, *Stone Age Economics*, 2판 (London: Routledge, 2004), 149-184. 살린스는 선물 속에 깃든 것은 영혼이 아니라 선물을 통해 얻게 될 이익이라고 보았다. 이 논쟁은 명확한 해답이 없이 계속 진행되었다. 다음의 자료들을 보라. A. Weiner, *Inalienable possessions; The Paradox of Keeping-while-Giving* (Berkeley: University of California Press, 1992), 44-65. J. Parry, "*The Gift*, the Indian Gift and the 'Indian Gift,'" *Man* 21 (1986), 453-473, 특히 464-466. M.

선물을 받은 사람에게—단지 감사의 표시로 받은 선물인 경우에도 마찬가지로—그에 대한 답례라는 강력한(비록 법적 강제는 아니라고 해도) 의무가 지워짐은 모두가 동의하는 바다. 이러한 의무는 명예를 보존하기 위해서일까, 아니면 어떤 선물을 추가로 받고자 하는 열망에서 오는 것일까(즉 수혜자의 자기이익에서 기인하는 걸까)? 이러한 의무는 수여자의 힘, 곧 어떤 의미에서 선물에 내재하며 수혜자에게 답례를 요구하는 그런 힘을 나타내고 있는 걸까?[34] 이러한 형태의 설명들 사이에서 절대적 결정을 내리는 일은 불가능해 보인다. 그리고 선물에 대한 답례가 사회적 관계 재생산의 욕구를 나타낸다고 보는 일반적 결론이 최선일 수 있다. 각 당사자의 선물-관계는 어떤 의미에서 그들 사이의 교환을 통해 "생성되며", 사회적 관계는 교환의 지속적인 움직임에서만 유지되거나 재생산될 수 있다.[35] 이런 의미에서 답례의 선물은 좀처럼 관계의 끝을 의미하지 않는다. 왜냐하면 답례의 선물이 불균형적 관계를 안정적이고 균형 잡힌 관계로 대체하기 때문이다. 오히려 답례의 선물은 "되돌려줌"의 형태를 구성하는 경향이 있으며, 선물-관계에 지속적 추진력을 더해준다.

모스 이후로, 이러한 교환 관계에 대한 분석은 보다 더 정교하게 다듬어졌는데, 이는 다양한 전통 사회들에 대한 더욱 깊은 조사에 따른 결과이다. 바이너는 선물의 성(性)적 차원과 선물-관계에 중요하지만 종종 눈에 띄지 않는 여성의 역할을 전면에 내세웠다. 하지만 남성의 착취에 대한 그녀의 분석은 스트래턴의 도전에 직면했는데, 전자가 사용한 정체성

....

Godelier, *The Enigma of the Gift*, trans. N. Scott (Chicago: University of Chicago Press, 1999), 49-56.

34 토론을 위해 예를 들어 Sahlins, *Stone Age Economics* 그리고 Godelier, *Enigma of the Gift* 를 보라. 여기서 고들리에는 선물 속에 수여자가 현존한다는 모스의 개념과 매우 비슷한 지점으로 되돌아간다.

35 사회적 관계의 재생산에 대해 Weiner, *Inalienable Possessions* 그리고 M. Strathern, *The Gender of the Gift* (Berkeley: University of California Press, 1998)를 보라.

및 소유권에 대한 서구 관념에 후자가 의구심을 드러냈던 것이다.[36] 다양한 조사자들은 명예 혹은 명망의 중요성도 강조했다. 물질 선물이 명예의 형태로 보답되는 경우에, 그런 "상징적 자산"이 별것 아닌 답례로 무시되어서는 안 된다. 왜냐하면 명예를 소유함으로써 얻게 되는 권력이 바로 그 선물 수여의 목적일 수도 있기 때문이다. 모스가 이미 인지했던 선물 수여의 힘이 갖는 역학은 정말 많은 관심을 끌었다. 예를 들어 살린스는 선물과 답례 사이에 발생하는 시간 지연에 대한 중요성과 선물의 가치에 대한 부정확성이 갖는 중요성에 주목했다. 이 두 가지가 받는 자의 의무를 보류한 채, 선물 수여자의 힘을 강화시킨다는 것이다.[37] 따라서 선물 수여가 늘 순수하거나 우호적인 행위인 것도 아니며, 힘을 가진 자에 의해 쉽게 조작되는 것 역시 바로 이 선물 수여다. 그래서 살린스는 "세상 모든 곳에서 착취의 본래적 범주가 '상호 교환'이라고 냉소적으로 말한다."[38]

모스가 지적한 것처럼 "선물"이 아닌 몇몇 교환형태들이 존재한다. 예를 들어 모스는 트로브리안드 제도의 **쿨라** 선물 관습마저 인격적이고 지속적인 관계 형성과는 거리가 먼 일종의 거래(gimwali) 형태임을 말리노프스키로부터 배웠다.[39] 나아가 선물 교환 자체도 극단적으로 다른 형태를 취할 수 있고, 선물은 그것의 가치, 성질, 생산성, 그리고 선물과 답례 사이의 격차에 있어서 큰 차이를 보일 수 있다. 이와 관련하여 살린스는 서로

---

36   Strathern, *Gender of the Gift*를 보라. 이것은 스트래턴이 A. Weiner, *Women of Value, Men of Renown: New Perspectives in Trobriand Exchange* (Austin: University of Texas Press, 1976)에 반발하여 직접 파푸아뉴기니에서 행한 탐사 연구에 기초해 있다. 스트래턴의 정교한 분석은 다음의 사실을 보여준다. 그런 사회에서 사람은 안정된 인격적 정체성을 갖고 있지 못하며, 오히려 그것은 (점진적인 토대 위에서) 사회적 관계에 따라 구성된다. 그래서 그 정체성은 사람이나 사물에 내재하는 것이 아니라, 사회적 상호작용의 **결과**인 것이다.

37   Sahlins, *Stone Age Economics*, 206-208.

38   Sahlins, *Stone Age Economics*, 134.

39   "유용한 물건의 단지 경제적인 교환"에 대해 Mauss, *The Gift*, 28을 보라. 또한 말리노프스키의 교환관계 도표를 참조하라. *Argonauts*, 177-191.

다른 종류의 교환과 여러 유형의 교환 당사자들, 이 둘 사이의 상관관계를 유용하게 도표로 작성했다. 살린스는 직계 친족이나 절친한 관계에 있는 사람을 "일반화된"(혹은 "불특정한") 상호 교환 범주에 넣었는데, 거기서는 "답례가 시간, 양, 질에 따라 규정되지 않는다. 말하자면 상호 교환에 대한 기대가 정해져 있지 않은 것이다."[40] 중간 부분에는 "균형 잡힌 상호 교환" 범주 곧 "한정된 짧은 기간 내에, 받은 선물의 가치나 유용성에 걸맞은 답례를 규정하는 거래"가 있다.[41] 살린스에 의하면 이런 상호 교환의 범주는 우호적이지만 친밀함이 떨어지는 그러한 관계에 있는 개인 혹은 집단 사이에서 발생하는 경향이 있다. 살린스는 "부정적 상호 교환"을 "비사회적 극단"이라는 범주에 둔다. 이 범주에서 각 당사자는 대립된 이해관계의 경쟁 가운데 "상대방을 희생시켜 자신의 유익을 극대화"하려 한다.[42] 이 도표는 광범위한 민족지학적 자료에 따라 작성되었기에 단순화될 수밖에 없지만, 이 도표의 다음과 같은 본질적 요점은 타당하다. 즉 다양한 형태의 교환이 다양한 수준의 사회적 친분과 그로 인한 다양한 종류의 사회적 관계를 반영하고 생성한다는 것이다. 모든 선물-관계가 똑같지 않고, 모든 사람이 바람직한 당사자인 것도 아니다. 심지어 매우 관대한 수여자라도 무차별적으로 주지는 않는다. 다시 말해 선물은 사전 관계와 바라는 관계에 따라 조심스럽게 건네지거나 거부되며, 나아가 선물-관계에 의해 크게 좌우되는 사회일지라도 선물이 만들어내는 결속이 그 사회에 유익을 주지 못하거나 적당치 못한 것이 되어버린다면 선물-분배에 제약이 존재하게 된다.[43]

....

40 Sahlins, *Stone Age Economics*, 194.

41 Sahlins, *Stone Age Economics*, 194-195.

42 Sahlins, *Stone Age Economics*, 195.

43 먼 친족, 국외자, 또는 남에게 기생하는 "식객"으로 이름난 사람에게 선물(혹은 환대)을 주지 않는 사례에 관하여는 예를 들어 Sahlins, *Stone Age Economics*, 246 그리고 J. Johansen, *The Maori and His Religion in Its Non-Ritualistic Aspects* (Copenhagen:

선물에 대한 연구에서도 모든 것이 교환될 수 있는 것은 아니라는 사실이 드러난다. 단순히 넘겨줄 수 없는 것들이 존재하기 때문이다. 모스는 "포틀래치" 선물-관습에서도 가족의 소유물 가운데 어떤 것은 **신성한 것** (sacra)으로서 남에게 주어질 수 없다는 사실을 알게 되었다. 이와 같이 "양도불가"의 사물 관념은 더 많은 연구의 주제가 되었다.[44]

우리는 다른 종류의 "양도불가성"을 구분할 수 있다. 개인이나 집단의 정체성을 상실하지 않고서는 절대로 양도할 수(내줄 수) 없는 어떤 소유물이 있다. 또 어떤 의미에서 주어지기는 하지만, 다른 면에서는 여전히 수여자에게 속해 있는 소유물도 있다. 예를 들어 여자 가족이 결혼을 하더라도 그녀는 여전히 이전 가족의 누나나 언니, 또는 여동생으로 남게 된다. 어떤 집단은 재산이나 소유물이 "남에게 주어진" 이후에도 그것에 대해 강한 애착이나 관심을 가질 수 있다. 또한 다른 어떤 선물들은 그와 똑같은 것 혹은 거의 동등한 것이 답례로 주어질 것이라는 기대 가운데 건네진다. 고무줄에 매달려 있는 공처럼 그런 선물은 항상 원 수여자의 손으로 쉽게 되돌아올 수 있다. 주어질 수 있는 것과 없는 것 사이의 관계는 전통 문화 속에서 매우 다양하게 나타날 수 있다. 그러나 "양도불가"의 사물 개념은 선물 속에 수여자의 존재가 강하게 투영되어 있음을 상기시켜 준다.

앞에서 살펴본 것처럼 모스의 선물 수여 해석은 "답례가 필요 없는" 혹은 "답례가 요구되는" 교환 사이에 그리고 "순수한" 혹은 "이익을 추구하는" 교환 사이에 현대적 양극성의 개념이 혼합되어 있다고 주장했다. 그러나 현대의 이러한 도덕적 양극성의 개념이 그렇게도 자주 선물 인류학 속으로 되돌아왔다는 사실은 매우 놀랍다. 살린스는 특정 유형의 선물

....
Munksgaard, 1954), 54를 보라.

44 특별히 Weiner, *Inalienable Possessions* 그리고 Godelier, *Enigma of the Gift*, 108-210을 보라.

을 (그가 만든 도표의 "일반화된" 선물 말미에) "순수한" 그리고 "이타적인" 선물로 간주하였고, 이를 "이기적" 또는 "사익추구"의 교환 형태와 대립시켰다.[45]

물론 살린스는 자신의 저서 제2판(2004년)의 서언에서 경제생활을 "자기만족과 사회적 제약 사이의 경쟁"으로 평가한 것에 문제가 있음을 인정했다. 다시 말해, 그가 제기한 너무 많은 내용이 "각 개인들이 그들의 인격적 존재에 필요한 물질 수단을 어떻게 획득하고 처분하는지와 관련하여 철저히 부르주아적 입장"을 암시하고 있다는 것이다.[46] 하지만 살린스의 저서의 주요 내용은, 마치 범주들에는 아무런 문제도 없는 것처럼, 여전히 "다른 사람을 위한 희생" 대 "사적 이익 획득"의 대립, 또는 "의무" 대 "이타적 도움"의 대립으로 가득 채워져 있다.[47] 동일 범주들이 바이너의 분석을 지배하고 있고,[48] 카바일 족의 선물 수여 관습에 대한 부르디외의 유명한 분석에서도 이 동일 범주들은 교묘하게 재등장하고 있다. 선물 수여에서 파생되는 힘-역학에 매우 민감했던 부르디외는 선물 교환에

---

45 Sahlins, *Stone Age Economics*, 191-194. "도표 한쪽 끝에는 일상적인 친족, 우정, 이웃 관계의 작은 교환에서 값없이 주어지는 도움이 들어가 있고, 말리노프스키는 이를 '순수 선물'이라 불렀다.…다른 한쪽 끝에는 사리사욕이 들어가 있다"(191). "다른 말로 하면 교환 정신은 상호관계를 통해 다른 편의 당사자에게 사심 없는 관심을 보여주는 것과 자기이익을 추구하는 것, 이 둘 사이를 오고 간다"(193).

46 Sahlins, *Stone Age Economics*, xi.

47 예를 들어 Sahlins, *Stone Age Economics*, 196, 231.

48 예를 들어 Weiner, *Women of Value*, 212-223은 선물 수여가 위장된 통제의 한 가지 형태라고 해석한다. "자기들은 '사랑'이나 '관대함'을 교환한다고 말하는 트로브리안드 제도의 피조사자는 그 사회 안에서 자기이익의 실상을 숨기는 역할을 하는 신화를 따르고 있다. 따라서 이 행위를 '선물'로 부르기를 고집하는 인류학자는 트로브리안드 원주민의 신화를 답습하는 것으로 보인다"(211). 참조. L. Marshall, "Sharing, Talking, and Giving: Relief of Social Tensions among !Kung Bushmen," *Africa* 31 (1961), 231-249. 여기서 마셜은 쿵 부시맨 족속에게는 일방적인 선물이 거의 없다는 것을 발견하고, "진정한 관대함"의 증거가 거의 없다는 결론을 내린다. "이타주의, 친절, 동정, 또는 참된 관대함은 내가 그들의 행위 속에서 종종 확인한 특성이 아니었다"(231).

의도적인 애매함 곧 "이중적 실재"가 존재한다고 주장했다. "공적 실재"
는 관대함에 관한 것으로, 이 공적 실재에서 지연된 답례는 사심 없이 주
는 독자적 행위로 간주된다. 그러나 "객관적 실재"는 권력, 지배, "사익의
법칙"에 관한 것으로, 이러한 특징은 선물 관계에 의해 은폐되어 있다. 부
르디외의 견해에 따르면 이런 두 가지 측면을 사회적 "실재"로 간주하는
것이 중요하고, 한 측면을 위해 다른 한 측면을 무시하지 않는 것도 중요
하다. 그러나 부르디외는 객관적 실재가 작동하기 위해, 신중하고 심지어
의식적인 자기기만이라는 방책도 요구된다는 결론을 내린다. 지배가 노골
적으로 이루어지지 못할 때, 지배는 "매혹적 관계 곧 친족 관계라는 공식
모델의 베일 아래에서 위장된 채 이루어져야 한다. 사회적으로 인정받기
위해서는 지배가 잘못 인식되어야 한다."[49] 그래서 "사회 전체가 꿈이라는
가짜 동전으로 값을 지불하게 되는 것이다."[50] 이런 허상 속에서 모든 사
람은 각기 자기 역할을 한다. 부르디외의 마르크스적 분석이 양극적 대립
("이익을 추구하는 것"과 "사심이 없는 것", "의무적인 것"과 "비의무적인 것" 사이의
대립)의 미묘한 재적용을 요구하고 있다는 인상을 피하기 어렵다. 모스는
이 양극적 대립이 선물에 대한 우리의 인지를 쉽게 왜곡할 수 있다고 제
안했다. 모스의 주장처럼 전통 사회에서의 선물이 위의 **두 실재를 동시에
나타낸다면**(그래서 한 실재는 이 차원에서, 다른 실재는 다른 차원에서 나타내는 것
이 아니라면), 선물이 속한 문화적 정황에 모순되지 않는 특징들을 각 실재
에 서로 상충시키지 **않는** 것이 중요하다.

　　선물 인류학의 또 다른 경향을 여기서 언급해야 한다. 전통 선물-사
회가 여전히 일반 거래를 위한 장소를 유지하고 있다면, 그 장소의 중요성
은 매우 커진다. 왜냐하면 여기에서 서구의 상품 시장이 전통적으로 선물

49　　Bourdieu, *Outline of a Theory of Practice*, trans. R. Nice (Cambridge: Cambridge
　　　University Press, 1977), 191.

50　　Bourdieu, *Outline of a Theory of Practice*, 195.

을 중심으로 구축된 문화를 관통하고 있기 때문이다.[51]

　이 현상을 분석하는 가운데 서양의 "상품-경제"와 전통적인 "선물-경제" 사이의 구별을 "명확히 하려는" 경향이 일어났다. 여기서 서양의 상품-경제는 "냉정하고" "계산된" 교환을 통한 상품의 양도가 특징이고, 전통적인 선물-경제는 사람들과 재산이 긴밀하게 상호 연계되어 있는 인격적 관계가 특징이다.[52] 이 구별이 교환에 관한 우리의 가정을 검토하는 데 사용될 수 있다면, 이 구별은 가치를 지닌다. 그러나 이러한 구별에는 "선물"을 그와 같이 **모든 면에서** "상품"의 반대 개념으로 만들어버릴 위험과, 전통 사회나 고대 사회에서는 선물이 교환되는 것이었고 의무의 짐을 무겁게 지우는 것이었다는 사실을 망각하게 만들 위험이 존재한다. 현대 서구의 "선물"에 발생했던 현상은 우리가 아래에서 탐구할 주제 중 하나다(1.3). 하지만 지금 우리는 현대적으로 개념화된 "상품 대 선물"의 양극성을 전근대적 정황의 상품과 선물 간의 관계로 역행시키는 위험성에 주목해야 한다.

　전통적 선물 수여 인류학은 단순한 선물-관계의 "모형"을 제공하지 않으며, 이 책의 주요 주제인 바울과 그의 동시대인들의 세계에 직접 적용되지도 않는다. 이 인류학은 선물에 관한 "핵심을 말하는 데" 사용될 수 없고, 어떤 정의된 개념 혹은 명확하게 구분되는 개념을 제공하는 데도 사용될 수 없다. 그러나 전통적 선물 수여 인류학은 현대적 관점에서 놓치거나 오해할 수도 있는 가능성들에 대해 경고해 주는 귀중한 인지적 관점을

51　예를 들어 C. A. Gregory, *Gifts and Commodities* (London: Academic Press, 1982)에 있는 파푸아뉴기니에 관한 분석을 보라.

52　Strathern, *Gender of the Gift*는 서구적 범주들의 부적절함을 폭로하기 위해 이러한 대립적인 허구를 의도적으로 채택한다. 그런 양극화를 크리스토퍼 그레고리가 요약한 것을 보라. "상품 교환은 교환된 물건 사이에 양적인 관계를 확립하는 서로 독립된 상태에 있는 사람들 사이에 양도할 수 있는 물건을 교환하는 것이다.…선물 교환은 상호 의존 상태(이를 통해 거래자들 사이에 질적인 관계가 확립된다)에 있는 사람들 사이에서 이루어지는 양도불가한 물건의 교환을 의미한다"(*Gifts and Commodities*, 100-101).

생성하면서 날카롭고 민감한 질문들을 불러일으킨다. 보다 깊은 연구를 위해 우리는 아래의 내용에 주목해야 한다.

1. 호의, 수여, 그 외 다양한 종류의 봉사를 포함하는 "선물"의 폭넓은 정의를 연구에 적용하는 것이 유익할 것이다. 그런 봉사에는 명성이나 명예와 같은 중요한 형태의 "상징적 자산"이 포함될 수 있는데, 이는 특히 비대칭적 관계에서 보다 물질적인 선물 수여를 통해 기대되는 정확히 그런 종류의 "답례"가 될 수 있다. 이와 같은 선물과 답례는 권력의 중요한 매개체로 기능한다고 추정될 수 있다.

2. "선물"의 역할과 중요성을 더 큰 사회적 기반 내에서 파악하는 것이 중요하다. 즉 선물은 다른 거래 양식 혹은 교환 형태를 제외할 경우 어떤 중요성을 지니고 있는가? 사회 생활의 어떤 영역들이 선물 관계에 의해 영향을 받는가(또는 선물 관계와 별개로 유지되는가)? 그리고 선물은 거래 및 상품 교환과 어떻게 관련되어 있는가?

3. 선물-관계를 통해 어떤 형태의 관계가 만들어지고, 굳어지고, 재현되는지, 그리고 어떤 종류의 선물을 통해 그런 일이 이루어지는지를 파악하는 일도 마찬가지로 중요하다.[53] 예를 들어 가능하다면 선물-관계의 깊이와 이렇게 형성된 관계의 친밀감 또는 중요성 사이의 상관관계를 추적해야 한다. 선물 수여가 일어나지 **않는** 곳과 선물이 분배될 때 차별이 발생하는 곳을 관찰하는 것 역시 중

---

53   G. 알가지는 이렇게 표현한다. "선물은 주어져 있는 고정된 실체가 아니고, 사회적 거래의 경쟁적 구성물이다. 이 거래의 함축적 의미는 행위 자체에서 분명해지지도 않고, 그 행위 속에 내재해 있지도 않다. 그 의미는 사회적 행위자들 사이의 '협상에 따라' 정해진다." G. Algazi, "Introduction: Doing Things with Gifts," in G. Algazi, V. Groebner, B. Jussen, eds., *Negotiating the gift: Pre-Modern Figurations of Exchange* (Göttingen: Vandenhoeck & Ruprecht, 2003), 9-27, 특히 10.

요하다.

4. 강력한 반대 증거가 없는 한, 우리는 선물이 답례의 기대와 함께 주어진다고 가정해야 한다. 답례의 의무 강도와 성격은 면밀하게 살펴볼 가치가 있다. 선물 자체가 수여자와 "분리된다는"(혹은 그렇지 않다는) 의미도 면밀하게 살펴볼 가치가 있듯이 말이다. 어떤 형태의 상호 교환이 존재할 가능성이 높은데, 이는 선물이 일반적으로 사회적 유대를 생성하는 기능을 갖고 있기 때문이다. 그런데 이 사회적 유대는 오로지 답례를 통해서만 인식되고 재생산될 수 있다.[54] 그러나 사회적 유대가 취하는 형태와 사회적 유대에 수반되는 의무의 비중은 경우에 따라 크게 다를 수 있다.

5. "값없는" 혹은 "순수한"과 같은 가치 칭호를 선물과 연계하여 사용할 때, 우리는 이러한 칭호가 선물에 관한 현대적 관념을 내포하지 않도록, 그래서 그 명칭이 다른 문화와 정황에 적용될 수 없는 양극성을 함축하지 않도록 조심해야 한다. 따라서 우리는 다음과 같은 가능성에 열려 있어야 한다. 다시 말해, 선물이 "자발적"이면서 동시에 "의무적"이고, "사심이 없으면서" 동시에 "사심이 있고", "관대하면서" 동시에 선물이 표현하는 사회적 관계에 의해 "강요당할" 수 있다는 이런 가능성에 열려 있어야 한다. 어쨌든 파노프가 지적하는 것처럼 "생산적인 연구는 도덕적 평가에 기초한

---

54 최근에 모스의 연구가 번역되었는데, 이 번역서 서문에 있는 매리 더글러스의 다음과 같은 설명을 참조하라. "심지어 순수한 선물이라는 개념도 모순이다. 의무적인 선물이라는 보편적 관습을 무시하면, 우리는 사실상 우리 자신의 기록도 이해할 수 없게 된다. 세계 전역에서, 그리고 인류 문명사를 최대한 거슬러 올라갈 때도, 상품의 주된 이동은 선물에 대한 의무적 답례라는 순환과정에 따라 이루어졌다"(Douglas, Introduction to Mauss, *The Gift*, x). 이에 더하여 다음을 보라. H. van Wees, "The Law of Gratitude: Reciprocity in Anthropological Theory," in C. Gill, N. Postlethwaite, R. Seaford, eds., *Reciprocity in Ancient Greece* (Oxford: Oxford University Press, 1998), 12-49.

형식적 유형론의 정교함으로부터 도움을 받지 못할 것이다."[55] 동시에 고대 자료들 자체는 정서적 또는 도덕적 용어를 통하여 선물의 가치를 다른 형태의 교환과 관련된 선물의 상징적 의의를 나타내는 방식으로 평가할 수도 있다. 모스가 지적한 것처럼 "선물"의 본질 및 선물이 다른 형태의 교환과 맺고 있는 관계는 세월이 흐르면서 상당히 발전해왔다.[56] 그러므로 더 정확한 연구를 위해서는 "선물"이나 "자선"의 역할을 바울 당대의 그리스-로마 세계의 배경 속에서 개괄하고(1.2), 그다음 바울 시대 이래로 서구 문화에 발생한 변화에 주목하는 것(1.3)이 필요하다. 그러한 변화들은 (우리 자신을 포함한) 바울 해석자들이 선물과 "은혜"에 관한 바울의 이야기를 듣는 방식에 필연적으로 영향을 미치고 있다.

1.2. 그리스-로마 세계의 선물과 상호 교환

이 단락 제목에 사용된 복합 형용사인 "그리스-로마"는 1세기 지중해 연안 세계의 복잡한 역학관계를 나타낸다. 이 그리스-로마 세계에서는 로마의 정치적 힘이 "그리스" 전통을 둘러싸고 있으며, 이로 인해 문화적 전통 간에 복잡하고 사회적으로 계층화된 상호작용이 생성되었다. 그리고 이러한 상호작용은 세월에 따라 변했고, 동쪽 지역과 서쪽 지역에서 차이를 보였다. 우리는 그리스의 선물-답례에 관한 가정(假定)과 몇 가지 제도적 형태의 개관을 출발점으로 삼고, 로마의 독특한 "후견" 제도를 소개한 이후, 초기 로마 제국에서 선물이나 자선을 둘러싸고 있던 문제들을 개관할 것

---

55   M. Panoff, "Marcel Mauss's *The Gift* Revisited," *Man* 5 (1970), 60-70, 특히 63.

56   고대 사회에 대한 인류학적 분석(예. 살린스)이 로마 세계에 대한 해석으로 쉽게 이동하는 것은 Z. A. Crook, "Reflections on Culture and Social-Scientific Models," *JBL* 123(2005), 515-532에서 정당하게 비판된다.

이다.[57]

1.2.1. 그리스 세계의 상호 교환과 선물의 한계

인간들 사이의 관계와 인간과 신들 사이의 관계를 볼 때 그리스 사회관계의 근본원리 가운데 하나는, 선물, 호의, "좋은 행위"에 대한 답례를 기대하는 것이었는데, 이는 널리 알려져 있는 사실이다.[58]

이 문제에 관한 헤시오도스의 조언은 농부들의 일상생활에 잘 어울리는 것처럼 보인다.

> 식사 초대를 할 때,
>
> 친구는 부르되 원수는 부르지 마라.
>
> 누구보다도 이웃과 사이좋게 지내라.
>
> 집에 불상사가 생기면,
>
> 이웃은 금방 달려온다.…이웃에게 빌릴 때는
>
> 조심스럽게 판단하라. 빌린 만큼만 갚지 말고,
>
> 할 수 있는 한, 빌린 것 이상으로 갚으라.
>
> 그러면 그대가 어려울 때 친구를 가질 것이다.
>
> 나쁜 이익을 탐하지 마라. 부정직한 이익은
>
> 손해나 다름이 없기 때문이다. 친구를 사랑하라.
>
> 너를 찾아온 자를 방문하고,
>
> 주는 자에게 주며, 주지 않는 자에게는 주지 마라.

---

57   고대 세계에서의 선물을 이해하려 할 때 역사적 정황이 갖는 중요성에 대해서는 M. L. Satlow, ed., *The Gift in Antiquity* (Chichester: Wiley-Blackwell, 2003)을 보라.

58   이 주제에 관한 문헌은 매우 많다. 최근의 중요한 논문으로는 S. von Reden, *Exchange in Ancient Greece* (London: Routledge, 1995)와 C. Gill 외 ed., *Reciprocity in Ancient Greece* 에 실린 논문들이 있다. 이러한 논의는 모스의 선물 분석에 영향을 받아 핀리가 호메로스의 서사시 내에 존재하는 사회 세계를 분석한 것에서부터 시작되었다. M. Finley, *The World of Odysseus* (London: Chatto & Windus, 1956).

우리는 관대한 자(δώτης)에게는 주지만,

인색한 자(ἀδώτης)에게 주는 사람은 아무도 없다….

아낌없이 주는 자는 마음이 기쁘고,

그의 선물에 즐거워하지만, 만약 사람이

수치심을 잊고 무엇을 취하면,

아무리 작은 것이라도, 그 마음은 완고하고 냉랭해질 것이다.

(『일과 날』 342-359).[59]

평범한 상식으로 보면, 이 조언은 일상적 실존의 취약성을 날카롭게 인식하고 있음을 보여준다. 상호관계 가운데 서로를 돌보는 일은 삶을 즐겁게 할 뿐만 아니라 더 안전하게 만든다. 그러므로 관대하고 기쁜 마음을 갖는 것뿐만 아니라 분별력 있고 신중한 태도를 갖는 것도 중요하다. 인색한 자, 곧 갚을 수 없거나 갚을 의지가 없는 자에게 주는 것은 "바다 속에 씨를 뿌리는"것처럼 아무 소용이 없을 것이다(위[僞] 포실리데스 152). "움켜쥐는 것"으로 얻는 평판은 위험하다. 여러분이 선물을 받는 자일 때, (여러분이 그의 도움을 필요로 할 때를 대비하여) 가능하면 여러분의 친구에게 답

---

59 D. Wender, *Hesiod and Theognis* (London: Penguin, 1973), 69-70의 번역이며, 약간 개작되었다. 헤시오도스의 생존 연대는 알려져 있지 않다(대략 기원전 700년?). 헤시오도스의 사회적 지위는 농부와 귀족 사이의 중간쯤이었을 것이다. 상호적 선물 수여에 대한 모스의 분석과 유사한 점을 이끌어낸 이 본문에 대해서는 Millett, *Lending and Borrowing in Ancient Athens* (Cambridge: Cambridge University Press, 1991), 30-34의 설명을 보라. 여기서 나열된 사회적 규범들이 지중해 연안 세계에서 여러 세기 동안 변함없이 널리 통용되었다고 생각할 수 있는 이유는 많다. 키케로는 이 본문을 자신의 시대에도 여전히 매우 중요한 것으로서 인용한다(*Deoff.* 1.48). 헤시오도스보다 1천 년 후에 살았던 랍비들은 남편이 아내로 하여금 이웃에게 부엌 도구를 빌려주지 못하게 하거나 사별한 친구와 함께 슬퍼하지 못하도록 막을 때, 이 본문을 이혼의 근거로 삼았다(*y. Ketubbot* 7.5, 31b—나는 이와 관련하여 S. Schwartz, *Were the Jews a Mediterranean Society?* [Princeton: Princeton University Press, 2010], 14n. 26을 참고했다). 아내에게 그처럼 주는 능력이 없게 되면, 미래의 풍족한 삶에 필수적인 사회적 신용을 상실할 것이다.

례의 의무를 지울 수 있을 정도로 받은 선물보다 더 충분히 답례하는 것
이 중요하다. 그러한 평범한 답례의 호의에는 정확한 계산이 배제되지만,
누가 누구에게 답례의 의무를 지고 있는지에 대한 대략적인 인식이 요구
된다. 그럼에도 불구하고 그것은 선물이다. 상품 거래가 아닌 봉사의 교환
인 것이다. 이 교환이 "우정"이라는 따듯한 감정으로 채워져 있다는 것이
중요하다.

모든 사회적 상황에는 특유의 뉘앙스가 존재하지만, 이 상호성의 규범
들은 여러 종류의 그리스 자료들로부터 얼마든지 예증될 수 있었다. 결코
법률로는 명시되지 않았지만, 그 규범들(이것들은 마음속에 너무 깊이 새겨져
있고 너무 분명해서 법률적인 목적으로 정확히 산정될 수 없었다)은 대중적인 격언
과 수준 높은 문학의 소재였고, 사회적 소통의 일상적 예법일 뿐만 아니라
시민 발언의 공식 언어이기도 했다.

누구나 아는 두 가지 예는 다음과 같다. "한 손이 다른 손을 씻어
준다"(이에 해당되는 그리스 격언은 "네가 내 등을 긁어주면 나도 네 등을 긁어주
겠다"이다). "뭔가를 주면 뭔가를 얻는다"(에피카르무스, DK 30). 많은 대중적
격언을 통해 사람들은 "친구에게 호의를 베풀도록" 격려 받고, 동시에 반
드시 "호의에 보답하겠다"고 결심하게 된다.[60] 선물-답례의 규칙(곧 가치
있는 물건이나 봉사의 자발적 교환, 어떤 형태로 어느 시점에 답례해야 한다는 의무)
은 호메로스의 서사시로부터 비극, 희극, 소설에 이르기까지 그리스 문학
의 역동성에 기본이 된다. 소포클레스의 신중한 표현처럼, "하나의 호의는

---

60   J. R. Harrison, *Paul's Language of Grace in Its Graeco-Roman Context* (Tübingen: Mohr
      Siebeck, 2003), 44-45에 인용된 델포이의 격언(φίλῳ χαρίζου; χάριν ἐκτέλει 등)과 기
      원후 3-4세기 학교에서 쓰였던 모범 문장들을 보라. λαβὼν πάλιν δὸς ἵνα λάβῃς ὅταν
      θέλῃς (G. W. Peterman, *Paul's Gift from Philippi: Conventions of Gift Exchange and
      Christian Giving* [Cambridge: Cambridge University Press, 2005], 61). 모건은 자상한
      관대함에 관한 탁월한 속담과 격언(gnomai)에 주목하는 한편, 선물에 답례할 것으로 신
      뢰할 수 있는 자를 예의주시하라고 언급한다. T. Morgan, *Popular Morality in the Early
      Roman Empire* (Cambridge: Cambridge University Press, 2007), 41, 93-94, 142, 167.

항상 다른 호의를 낳는다"(χάρις χάριν γάρ ἐστιν ἡ τίκτουσ' ἀεί, *Ajax* 522).

답례-선물의 의미론적 영역에는 광범위한 용어들이 포함되지만, 그 중에서도 δωρ-어근에서 나온 명사들(δῶρον, δωρεά 등)과 이 명사들과 관련된 동사들(δίδωμι 그리고 짝을 이루는 ἀποδίδωμι), 그리고 χαρ-어간의 명사와 동사들이 함께 결합되어 있는 것이 두드러진다.[61] 여기서 후자(많은 명사들 가운데 예를 들어 가장 흔히 사용되는 χάρις와 그 복수형 χάριτες)는 대체로 자발적 자선이라는 선물의 정신(ethos)을 전달하지만, 종종 특정 자선 행위와 특별한 사물이나 행위를 통해 표현되는 호의에 대해서도 사용된다.[62] 소포클레스의 시(詩)가 명확히 밝히고 있듯이, 하나의 용어가 베푸는 호의와 답례의 호의에 동시에 사용될 수 있다는 사실은 선물 수여의 호혜성을 더욱 분명하게 만들었다.

은혜(χάρις)에 대한 답례가 주어질 때, 종종 "은혜"와 "감사"의 의미 (참조. χαριστήριον과 εὐχαριστία)를 구별하는 일은 어렵다. 왜냐하면 감사가 항상 답례의 선물로 표현되거나 최소한 답례하는 선물의 한 부분이기에 그렇다. 적어도 기원전 4세기경에는, 원 안에서 춤을 추고 있는 "삼미신"(Χάριτες, The Three Graces; Aglaia, Euphrosyne, Thalia이며 각각 광휘·기쁨·개화의 상징이다)의 심상이 선물과 답례(이 둘은 은혜롭고 서로 단단히 체결되어 있다)의 무한 순환을 표현하는 수사적 어구가 되었다(아리스토텔레스, *Eth. Nic.* 1133a2-4).[63] 선물에 답례해야 한다는 의무감은 특히 파피루스 편지

61   아래 "부록: 선물에 관한 사전"을 보라.

62   R. Parker, "Pleasing Thighs: Reciprocity in Greek Religion," in Gill 외 ed., *Reciprocity in Ancient Greece*, 105-125, 특히 108-114을 보라. 물론 저자들은 이 중요한 용어의 의미를 다양한 방식으로 배치하고 발전시킬 수 있었다. 이와 관련된 핀다르의 정밀한 분석에 대해서는 다음을 보라. L. Kurke, *The Traffic in Praise: Pindar and the Poetics of Social Economy* (Ithaca: Cornell University Press, 1991). 그녀의 분석은 "χάρις는 언제나 그런 것처럼 자발적이고 소중한 상호 교환을 지시한다"(67)는 가정과 함께 시작한다.

63   선물 교환을 통해 창조되는 사회적 연대성과 관련해서 모스가 제시한 선물, 받음, 답례라는 세 가지 "계기"를 상술하는 위(僞)-아리스토텔레스의 편지 4를 참조하라.

들 가운데 분명히 드러나는데, 이 편지들을 보면 사회 각계각층의 사람들이 자신들이 도움을 준 이들에게 답례의 호의를 요구하고, 우리에게는 너무 노골적이고 극단적으로 보이는 용어들로 감사를 표한다. 파피루스 편지의 저자들은 통상적으로 받은 선물에 대해 호의로 보답해야 할 의무가 있음을 제시한다. 위(僞)데메트리오스의 감사 편지 양식에 따르면 선물을 받은 자는 실제로 무제한적 의무를 져야 한다. "만약 당신이 내 소유의 무언가를 원한다면, 그것을 요구한다고 편지에 쓰지 말고, 보답하는 은혜(ἀπαιτῶν χάριν)를 요청하십시오. 나는 당신에게 빚을 진 사람이니까요(ὀφείλω γάρ)."[64] 여기서 빚이라는 언어의 사용은 채권-채무의 금전적 영역과 선물 수여-답례의 선물 영역이 공유하고 있는 공통의 뿌리를 암시한다.

앞으로 살펴볼 것처럼 두 가지 거래 분야 사이에는 유사점과 차이점이 있는데, 이는 선물이 갖는 문제점 가운데 하나가 될 것이다.[65] 인간과 신들 사이의 관계 형성은 그 관계가 심각하게 비대칭적이라고 인정되는 곳에서도 인간 수준에서의 선물-답례에 대한 기대와 밀접히 연관되어 있다. 그리스 종교의 구조에 근본이 되는 것은 신들을 수여자 곧 적절한 차별과 함께 (민족들, 도시들, 개인들에게) 은혜들(χάριτες)을 분배하는 자로 인정하는 것이며, 이때 인간들은 기도, 헌납의 선물, 그리고 무엇보다 제물

············

χάριτος ἀμοιβὴ καὶ δόσις συνέχει τοὺς τῶν ἀνθρώπων βίους, τῶν μὲν διδόντων, τῶν δὲ λαμβανόντων, τῶν δ᾽ αὖ πάλιν ἀνταποδιδόντων (M. Plezia, *Aristotelis Privatorum Scriptorum Fragmenta* [Leipzig: Teubner, 1977], 42-43).

64 A. J. Malherbe, *Ancient Epistolary Theorists* (Atlanta: Scholars Press, 1988), 40-41을 보라. 파피루스 편지들 속에 나타난 χάρις의 사용에 대해서는 Harrison, *Paul's Language of Grace*, 64-96을 보라.

65 선물을 받는 자는 받은 선물을 선물(χάρις)보다 빚의 청산(ὀφείλημα)으로 느낄 때, 답례에 미온적인 태도를 취한다는 페리클레스의 지적을 참조하라(Thucydides 2.40.4). 아리스토텔레스는 대부분의 사람들이 선물에 대한 답례를 빚을 갚는 것과 비슷하게 생각한다고 말한다. *Eth. Nic.* 1167b16-24.

을 통해 선물의 상호순환에 참여하게 된다.[66] 인간 사이에 발생하는 상호
교환의 일반적인 순환을 볼 때, 이 순환의 출발점이 늘 분명하거나 반드시
분명해야 하는 것도 아니다. 제물은 (이미 주어진 혜택에 대한) 답례의 선물
로, 또는 (미래에 주어질 혜택을) 유인하는 선물로, 또는 동시에 이 둘 모두로
간주될 수 있다.[67]

　　일반적으로 그리스(로마) 종교를 "*do ut des*"(나는 당신에게 받기 위해 당
신에게 준다)라고 표현하기도 한다. 이러한 표현은 고대의 종교 관습 안에
서 상호 교환의 정신을 인식한다는 점에서는 옳지만, 일방적으로 인간 수
여자를 선물-순환의 개시자로서 강조하고 상호 교환을 조잡한 상업주의
로 제시한다는 점에서는 옳지 않다. 친구들이 지속적인 혜택 교환의 순환
에 참여할 때, 누가 먼저 그 순환을 시작했는지 계산하지 않고 각각의 혜
택이 얼마나 가치가 있는지도 엄밀히 따지지 않는 것처럼, 그리스(로마) 종
교의 숭배자들도 신들과의 유대관계를 인지하고 지속하기 위해 신들에
게 공경, 감사, 선물을 바쳤는데, 그 관계는 언제라도 잘못될 수 있는 것이
었다.[68] 무엇보다도 신에게 바치는 이런 선물들을 통해, 신들이 그러한 교

66　특히 Parker, "Pleasing Thighs"를 보라. χάρις를 사용해서 표현된 신들과의 상호관
　　계에 대한 설명을 다음에서 보라. J. Gould, "On Making Sense of Greek Religion,"
　　in E. Easterling, ed., *Greek Religion and Society* (Cambridge: Cambridge University
　　Press, 1985), 15-16. S. C. Mott, "The Power of Giving and Receiving: Reciprocity in
　　Hellenistic Benevolence," in G. F. Hawthorne, ed., *Current Issues in Biblical and Patristic
　　Interpretation: Studies in Honor of Merrill C. Tenney* (Grand Rapids: Eerdmans, 1975),
　　64-67은 "신들과의 수여 관계"에 관한 그리스, 로마, 유대교 자료들을 적절하게 혼합시
　　켜 설명한다. 그렇게 할 수 있는 것은 세 가지 자료 모두에서 동일한 선물-답례의 역학
　　관계가 지배하기 때문이다.

67　세 가지 사례 모두에 관하여서는 Parker, "Pleasing Thighs"를 보라. 참조. J.-M. Bremmer,
　　"The Reciprocity of Giving and Thanksgiving in Greek Worship," in Gill 외 ed.,
　　Reciprocity in Ancient Greece, 127-137. Harrison, *Paul's Language of Grace*, 53-57.

68　특별히 A. J. Festugiere, "ΆΝΘ᾽ ῟ΩΝ: La Formule 'en échange de quoi' dans la Prière
　　Grecque Hellénistique," *Revue des Sciences Philosophiques et Théologiques* 60 (1976), 369-
　　418을 보라. 이 내용은 Bremmer, "Reciprocity of Giving"에 반영되어 있다. 그리스 전

환 가운데 합당한 상대(예. 경건하고 고마워하는 상대)에게 베풀려 하는 호의의 적합한 수혜자가 누구인지 분명히 밝혀졌다.[69]

호메로스 시대 이후로 우정이 선물-답례 관계의 전형이 되었다.[70] "친구들은 물건을 공유한다"(κοινὰ τὰ φίλων)라는 일반적인 문구는 친구들이 실제로 필요할 때마다 서로에게 혜택이나 호의를 요구할 수 있음을 가리켰다(이 경우에 "풀링"[pooling]이라는 개념이 더 높은 수준의 상호 교환을 묘사한다).[71] 이미 기원전 4세기에 "친구"라는 말은 상호관계를 폭넓게 가리키는 의미로 확장되었고, 이 중 어떤 상호관계는 극단적으로 불평등했다.

아리스토텔레스는 상호관계가 불평등할수록 친구라는 용어의 의미가 줄어든다고 지적한다. 하지만 그는 모든 상호관계에서 상호혜택의 원

통에 나타나는 신들의 행위의 예측 불가능성에 대해서는 Gould, "On Making Sense"를 보라. 아풀레이우스는 이렇게 제안한다. "악하고 무가치한 자 곧 분별력 있는 선택으로는 결코 아무에게도 호의를 얻지 못할 사람"에게 호의를 베푸는 것이 "눈먼 포르투나 여신"의 특징(*Metamorphoses* 7.2)인 반면에, 이시스 여신은 순결함과 믿음을 지녀서 자신이 주권적으로 보호하기에 합당한 자에게만 적절히 호의를 베푼다(11.6, 16)고 말이다.

69 수혜자의 가치에 대해서는 예를 들어 *SEG* 8:550과 *SIG*³ 708을 보라(Harrison, *Paul's Language of Grace*, 55-56에서 인용함).

70 Finley, *World of Odysseus*, 61-66. 호메로스 시대와 기원전 5세기 사이에 일어난 선물-관계의 변화에 대한 분석은 R. Seaford, *Reciprocity and Ritual: Homer and Tragedy in the Developing City-State* (Oxford: Oxford University Press, 1994)를 보라. 골드힐은 "필로스라는 명칭 또는 속성이 단순히 애정을 뜻하는 것이 아니라 일련의 복잡한 의무, 책임, 권리를 가리키는 데 사용된다"라고 바르게 주장한다. S. D. Goldhill, *Reading Geek Tragedy* (Cambridge: Cambridge University Press, 1986), 82.

71 풀링(pooling)을 "상호 교환의 조직 혹은 체계"로 보는 것에 대해서는 Sahlins, *Stone Age Economics*, 188을 보라. 친구는 상대방과의 관계가 더 친밀해질수록, "그는" 그만큼 더 "내게 요구한 호의를 얻지 못하는 법이 결코 없을 것"이라고 확신할 수 있다. 위(僞)-Demosthenes, *Nicostatus* 53.4. 그리스어 φιλία(우정)의 범주와 그 단어에 내포된 의미에 대해서는 다음의 자료들을 보라. Millett, *Lending and Borrowing*, 109-126. L. Mitchell, *Greeks Bearing Gifts: The Public Use of Private Relationships in the Greek World, 435-323 BC* (Cambridge: Cambridge University Press, 1997), 1-21. D. Konstan, "Reciprocity and Friendship," in Gill 외 ed., *Reciprocity in Ancient Greece*, 279-301. D. Konstan, *Friendship in the Classical World* (Cambridge: Cambridge University Press, 1997).

칙을 발견한다(*Eth. Nic.* 1158b13 이하). 자녀들은 부모에게 받은 (생명과 양육의) 혜택을 완전히 갚을 수 없다. 그러나 그들은 부모에게 감사하며 어떻게든 할 수 있는 대로 부모에게 봉사와 명예를 바치고자 힘쓴다. 명예는 확실히 낮은 사회적 지위에 있는 자가 높은 지위에 있는 자에게 줄 수 있는 답례의 주된 형태이다(*Eth. Nic.* 1163b1-4). 엘리트적이고 철학적인 정교함으로 아리스토텔레스는 즐거움에 바탕을 둔 우정, 실리에 바탕을 둔 우정, 친구들의 자질에 바탕을 둔 (최고의) 우정을 구분할 수 있다. 그러나 (실제로, 특히) 여기에서도 우정은 일방적인 것이 아니라 상호적인 것으로 이해된다. 오직 **서로** 사랑할 때, 곧 "친구들이 서로에게서 즐거움을 얻고 서로에게 혜택을 줄 때" 우정은 상호적인 것으로 불릴 수 있다(*Eth. Nic.* 1157b7-8).[72] 선물 수여에 내재되어 있는 호혜성 곧 의무감은 그리스 도시국가가 발흥할 때 문제가 되었던 특정 종류의 우정을 통해 생생하게 예시된다. 귀족을 지리적·민족적 분리를 초월하여 서로 결합시킨 우정(ξενία)은 그리스 세계의 국제 "외교"에 중요한 도구였다. 자국 내에서 외국인의 이익을 지원하겠다는 서약은 상호적인 것이었고, 정성스런 선물교환(선물과 값비싼 보조금 또는 호의)을 통해 선물 수혜자는 강력하고 지속적인 의무 아래 놓였다.[73] 이러한 동맹은 갓 등장한 그리스 도시국가에 큰 도움이

---

72   아리스토텔레스는 사람들이 친구에게서 어떤 것을 되돌려 받기 **위해** 주는 것이 아니라고 말했다. 왜냐하면 이는 우정을 실리적 요소와 분리시키기 때문이다(*Eth. Nic.* 1163a1-2). 그러나 그는 주저하지 않고 이렇게도 주장했다. 선한 사람에게 선을 행하는 것은 자기 자신에게 선을 행하는 것과 분리될 수 없으며, 그렇기에 자기-사랑은 나쁜 일이 아니라고 말이다(*Eth. Nic.* Book 9 등등). 이에 관한 상세한 분석은 C. Gill, "Altruism or Reciprocity in Greek Ethical Philosophy?" in Gill 외 ed., *Reciprocity in Ancient Greece*, 303-328을 보라. 여기서 길(Gill)의 올바른 주장에 의하면, 현대의 "이기주의"와 "이타주의", 이 둘 사이의 양극적 대립을 기준으로 삼으면, 우리는 아리스토텔레스의 윤리(그리고 그리스 사상 전체)를 평가할 때 아주 나쁜 판정을 내리게 된다. 즉 "다른 사람에게 베푸는 혜택"은 연대성과 호혜성의 지배를 받는 상호혜택의 총체적 구조의 한 부분이 되는 것이다.

73   특별히 G. Herman, *Ritualised Friendship and the Greek City* (Cambridge: Cambridge

될 수 있었지만, 선물 역사상 매우 중요한 의무 사이의 충돌도 야기할 수 있었다. 우리는 기원전 5세기와 4세기의 아테네 도시 지도자들이 외국의 왕이나 도시들로부터 선물을 받아 자국의 도시에 해를 끼쳤다는 이유로 비난을 받았던 많은 사례들을 발견한다. 그들은 외부 세력들과의 우정에서 비롯되는 의무로 인해 자국 시민의 이익을 양보하거나 약화시켰던 것이다. 그들이 이런 선물(δωροδοκία)을 받은 것은 우정의 규칙에 전적으로 부합했지만, 선물이라는 용어는 고국의 도시에 대한 또 다른 의무 체제와 충돌한다는 사실로 인해 부정적 뉘앙스를 얻게 되었다. 여기서는 다음의 사실을 알아차리는 것이 중요하다. 즉 선물이 그런 부정적 뉘앙스를 갖게 된 이유가 선물 자체가 불규칙하거나 음흉해서가 아니라 다른 공동의 이익과 충돌했기 때문이라는 것이다. 이런 선물(우리는 이를 "뇌물"이라 부른다)을 비판하는 자들은 지역 정치 공동체(아테네에서는 "시민들")가 우월한 권위를 가져야 한다고 주장한다. 이 선물이 매우 강력하므로, 비판하는 자들은 다음과 같이 주장한다. 즉 중앙집권적이고 비개인화된 권력("도시")이 당사자들에게 더 높은 요구를 하는 그러한 정황 속에서는 이 선물이 한계를 지니게 된다고 말이다. 그 결과 선물 교환을 삼가는 것(ἀδωροδόκητος가 되는 것)이 좋은 시민권의 표지가 되고, 연설과 시민 규례에서 호평을 받는 미덕이 되었다.[74] 허먼(Herman)의 언급처럼 "영웅적인 미덕을 부정하는 것이 청송의 말이 되고, 공동 이익을 개인 도덕의 새로운 표준으로 제공한 것이 아마도 시민 공동체가 영웅을 제압한 가장 중요한 승리 가운데 하나였을 것이다."[75]

University Press, 1987) 그리고 Mitchell, *Greeks Bearing Gifts*를 보라.

74   Herman, *Ritualised Friendship*, 75-80.

75   Herman, *Ritualised Friendship*, 78. 뇌물로 변질된 선물(그리스어에는 "뇌물"이라는 말이 없기에 선물이라는 명사는 바뀌지 않는다)에 대한 상세한 분석을 다음의 자료들에서 보라. D. M. MacDowell, "Athenian Laws about Bribery," *RIDA* 30 (1983), 57-78. Mitchell, *Greeks Bearing Gifts*, 181-186. Von Reden, *Exchange in Ancient Greece*, 94-97.

이와 비슷하게 선물-답례가 지닌 힘을 제한하는 경우가 사법 행정과 관련된 법에서 명확하게 나타난다. 선물은 답례를 기대하고 강요한다. 그렇기에 사법적 역할을 담당하는 재판관이 선물 관계에 깊이 연루되어 선물을 준 자에게 의무를 지게 되면, 법적 분쟁의 판결은 왜곡되기 쉽다. 그래서 기원전 5세기 아테네에서 페리클레스는 재판 공청회에 참여한 시민들이 국가로부터 보수(이는 참여자들을 도시의 이익에 헌신하게 만드는 원천이다)를 받게 만드는 획기적인 정책을 펼쳤는데, 이 제도는 시민들에게 선물을 주어 자신에게 신세를 지도록 만든 키몬의 권력을 제어하는 데 큰 역할을 했다.[76] 시민 관료들이 어떤 호의도 바라지 않고 자신들의 직무를 수행하겠다고 서약하는 모습을 볼 때마다, 그리고 재판관들이 선물을 거절하도록 요구받는 것을 볼 때마다, 우리는 다음과 같은 두 거래 체제 사이에 충돌이 벌어지는 것을 발견한다. 곧 충성심과 답례라는 강력한 인격적 결속력을 지닌 선물 체제와 시민-법의 권력 체제다(이 체제는 그것의 속한 영역 내에서 더 높은 권위를 주장한다).[77] 선물은 더 이상 "총체적인 사회적 사실"(total social facts, 모스)이 아니다. 한 곳에 집중되고 부분적으로 비개인화된 시민 권력은 삶의 일부 영역이 선물의 영향력을 넘어선다고 주장한다. **아테네 헌법**(*Athenian Constitution*)은 도시가 시민 배심원에게 주는 보상을 선물이 아니라 "보수"(μισθοφορά, 27.2, pay)로 규정하고, 그에 따라 선물 영역에 대한 또 다른 제한 곧 "보수" 및 거래와 구별되는 선물 개념을 불러일

---

76   Aristotle(?), *Ath. Pol.* 27.3. 로데스의 주석에 따름. J. Rhodes, *A Commentary on the Aristotelian Athenation Politeia* (Oxford: Oxford University Press, 1993).

77   고대 그리스의 운동가 양성 책임자(gymnasiarch)는 χάρις(선물)의 영향을 받지 말고 재판하도록 사람들을 속박한다. *SEG* 28:261(기원전 2세기. Harrison, *Paul's Language of Grace,* 37에서 인용함). 선물을 받은 재판관들에 대한 처벌은 *Ath. Pol.* 54.2(기원전 4세기)에서, 이와 평행을 이루는 유대 전통의 규칙은 출 23:6; 신 16:19; 27:25(역사적 기원은 불확실함)에서 볼 수 있다. 요세푸스는 "돈"과 "정의" 이 둘 사이의 갈등을 강조하지만(*Ant.* 4.196), 다른 곳에서 이것이 단순히 "돈"이 아니라 "선물"에 관한 문제임을 인정한다(*Apion* 2.207). 이 문제에 대한 요세푸스의 엄격성은 Plato, *Leg.* 955c-d를 반영한 것이다.

으킨다. 그리스 세계의 경제에서는 무역 거래가 점점 더 중요해졌으며, 비인격적 매개체인 동전을 교환 수단으로 사용하는 시장에서 많은 종류의 상품이 운송되고 교환되었다.[78] 사회 각층에서 선물 관계에 관여하고 있는 당사자들은 물질 상품을 계속해서 교환할 수 있다. 그러므로 선물과 거래라는 두 가지 교환 영역의 차이점은 상품 자체가 아니라, 교환의 정신 (ethos)과 그것의 사회적 함의에 놓여 있는 것이다.

예를 들어 스트라보는 아랍의 향신료 무역에 관해 설명하면서 다음과 같이 인정한다. 상인은 교역을 통해 "어떤 종류의 부"를 얻을 수 있다. "반면에 [호메로스 서사시에서 유명한] 메넬라오스는 왕이나 군주들에게 전리품이나 선물을 요구했는데, 이들은 메넬라오스에게 줄 수 있는 어떤 것을 갖고 있었을 뿐만 아니라 그의 저명함과 명성으로 인해 그에게 선물을 제공하려는 선의도 갖고 있었다"(*Geogr.* 1.2.32). 이 논평은 그리스와 로마 시대 전반에 걸쳐 (땅을 소유하고 있어서) 자급자족했던 엘리트들의 속물근성을 반영하고 있다. 말하자면 그들은 일반적으로 거래의 부침 (vicissitudes)에 취약하고 ("돈 자체를 위하여") 부당한 수단을 통해 이득을 취하는 것으로 의심되는 자들을 무시한다. 그러나 스트라보의 언급은 선물과 거래를 구별하는 정신의 차이도 반영한다. 왜냐하면 선물의 경우, 어떤 사람으로부터 받는지(메넬라오스는 자신과 같은 사회계층의 사람들로부터 선물을 받는다), 선물이 주어지는 이유가 무엇인지(메넬라오스에게 선물은 사회적 가치의 표시로서 주어진다), 그리고 어떤 정신(ethos)에 따라 주어지는지(εὔνοια, 메넬라오스가 받은 선물은 "선의"로 주어진다)가 정말 중요하기 때문이다. 우리

---

78   고대 경제에 관한 최근의 논의에 대해서는 다음을 보라. W. Scheidel, S. von Reden, eds., *The Ancient Economy* (Edinburgh: Edinburgh University Press, 2002). W. Scheidel, I. Harris, R. Saller, eds., *The Cambridge Economic History of the Greco-Roman World* (Cambridge: Cambridge University Press, 2007). 로마 시대의 거래에 대한 개관은 W. V. Harris, "Trade," in A. Bowman 외 ed., *The Cambridge Ancient History*, 10권: *The High Empire*, 2판 (Cambridge: Cambridge University Press, 2000), 710-740을 보라.

가 앞서 보았듯이, 거래 혹은 보수와 마찬가지로 선물에도 **호혜성**이 포함한다. 다시 말해, 거래, 보수, 선물 이 세 영역에는 답례로서의 호의라는 (*quid pro quo*) 공통 구조가 존재한다. 선물 영역의 특색은 선물의 "일방적 특성"이 아니라, 선물이 사회적 유대 곧 **인간**의 가치에 대한 상호 인정을 표현한다는 것이다. 선물은 감정으로 가득 차 있다. 왜냐하면 선물이 인격적·지속적·상호적 관계를 요청하기 때문이다. 선물의 이러한 정신은 종종 χάρις라는 용어의 사용으로 나타난다.[79] 이와 관련하여 μισθός와 같은 단어들의 의미에 미묘한 변화가 나타난다. 이 단어의 전통적 의미(그리고 선물 영역에서의 지속적 의미)는 영어의 "상"(prize)이나 "상급"(reward)과 같은 용어들로 전달될 수 있는데, 이 용어들은 혜택이나 선물의 가치를 인지하고 있는 표현들이다. 그러나 상품 교환이나 보수를 목적으로 하는 일의 영역에서 선물은 선물 영역을 벗어나는 (그리고 선물 영역보다 도덕적으로 열등한) 상업적 측면에서의 "임금"이나 "고용"의 뜻을 갖게 된다. 알렉산드로스와 고귀한 ξενία-우정을 누렸던 아이스키네스가 알렉산드로스의 μισθός에 지나지 않는다는 데모스테네스의 암시는 (*De Cor.* 51-52) 수사적으로 통렬한 조롱을 담고 있다.[80]

1.2.2. 시혜(euergetism)

최근 몇 년 동안 공적 선물-관계의 한 가지 형태인 "시혜"에 특별한 관심이 모아졌다. 시혜(euergetism)는 그리스 도시들의 비문 내용에서 두드러지

---

[79] 단순히 경제적인 관계를 넘어서 주어지거나 소유되는 것을 표현하기 위해 이 단어가 사용되는 것에 대해서는 Millett, *Lending and Borrowing*, 123-126을 보라.

[80] "추수하는 자와 μισθός를 위하여 어떤 일을 행하는 자와 같다"(51). 따라서 이 말은 사회 구조가 대규모로 변화하는 시기에 그 영향으로서(그 결과 일어난 관계 양식의 변경이나 해체와 함께) 단어의 의미에 변화가 일어난 모범적인 사례이다. 이 단어의 바뀐 의미에 대해서는 E. Benveniste, *Le vocabulaire des institutions indoeuropéens*, 제1권, *Économie, Parenté, Société* (Paris: Minuit, 1969), 163-170 그리고 Von Renden, *Exchange in Ancient Greece*, 89-92의 추가적인 논의를 보라.

며, 로마 시대에도 깊숙이 퍼져 있었다.[81] 그리스 도시 국가에는 왕이 백성에게 하사하는 선물에 뿌리를 둔 일종의 공적 자선 제도가 있었다. 그런데 이러한 도시 국가에서는 엘리트 가문의 구성원들이 집정관직을 포함한 다양한 공적 직무를 수행하면서 동시에 동료 시민들을 "자발적으로" 섬기는 일(λειτουργίαι)도 수행할 것으로 기대되었다.

시간이 지나면서 다음과 같은 방식으로 시민들을 위한 많은 공적 혜택이 성취되었을 것이다. 곧 공공건물의 건축 및 보수, 군사 장비 및 방어 제공, 신전 봉헌 및 증진(신들의 숭배와 관련된 공적 제사, 절기, 축제 포함), 오락 및 합창 경연을 위한 자금 지원, 체육관(김나지움) 장비 마련, 그리고 대사 직무, 제사장 직무, 공공 행정의 수행 등, 이러한 것들의 전부 또는 거의 대부분이 엘리트 가문들의 경비로 이루어졌다. 대부분의 도시에서 이런 "특수" 경비를 세금으로 조달하는 것은 적합하지 않았다. 이런 부담스런 경비는 소수의 부자 가문에 전가되었다. 바로 이런 봉사의 실천으로 인해 그들에게 불평등한 지위가 용인되었던 것이다.[82]

이러한 봉사는 일반적으로 의무가 아니라 선물로 간주되었다. 심지어 도시 당국이 비용의 일부를 대는 곳에서도 재임 중인 행정관이 기부금을 내는 것은 의무였다. 이런 점에서 엘리트 가문에 가해지는 사회적 압박은 엄청났다. 그러나 로마 시대에 이르러 이런 비용을 감당할 수 있거나 기꺼이 부담하려는 사람들을 찾는 것이 점점 더 어려워졌고, 그 결과 비용

---

81 "시혜"(euergetism)라는 문구는 Veyne, *Bread and Circuses* (London: Penguin, 1990)을 통해 대중화되었다(B. Pearce가 프랑스어 원문을 축약 번역했다). 비문들에서 수여자들은 보통 "에우에르게타이"로 묘사된다.

82 이 제도의 모든 특징에 대해서는 Veyne, *Bread and Circuses*, 70-200을 보라. 본문은 이 현상에 대한 고전적인 연구다. 관련 비문들의 선택에 대해서는 F. W. Danker, *Benefactor: Epigraphic Study of a Graeco-Roman and New Testament Semantic Field* (St. Louis: Clayton, 1982) 그리고 Harrison, *Paul's Language of Grace*, 26-63을 보라. 아리스토텔레스는 암묵적 사회계약에 관해 간결하게 설명한다. "사람들은…통치자들이 자신들의 품위를 위해 무거운 부담금을 내는 것을 볼 때, 그들이 누리는 특권을 공격하지 않을 것이다"(*Pol.* 1321a30).

조달을 위한 다양한 형태의 "설득"이 필요했다.[83] 그럼에도 불구하고 "시혜"(euergetism)에는 중대한 사회관계에 자발적으로 투자하는 선물 정신이 여전히 남아 있었다. 결과적으로 시혜에도 상호답례가 전제되어 있었던 것이다.[84] 이때 답례의 핵심 요소는 공적 명예였다. 공적 명예 안에는 공적 선언과 공표, 공공 행사의 앞좌석, 화환, 동상이 포함된다. 그리고 이 모든 것이 돌이나 금속에 새겨져 도시로부터 감사를 받았다는 영구적이고 공적인 기록으로 남게 되는데, 이 또한 공적 명예와 관련된 중요 요소였다. 지중해 연안 각지에서 수백 개 이상 발견된 이 비문들은 자선가의 관대함을 웅대하게 선포하며, 동시에 이 비문들을 그렇게 공개적으로 전시하는 목적에 대해서도 다음과 같이 분명히 밝히고 있다. 즉 비문의 공개 전시 목적은 기부자들에게 적절한 명예로 보답하고, 그렇게 해서 그 기부자들로 하여금 계속해서 선을 행하도록 자극하는 것이었다. 이와 동시에 비문들은 명예에 대한 경쟁적 사랑(φιλοτιμία)이 강력하게 작용하는 엘리트 사회계층의 자선사업에 드러난 기부자들의 정신을 모방할 것을 독려한다.[85] 동료들의 명예를 능가하는 사실상 영구적인 공적 명예가 바로 이처럼 매우 불균형한 교환 형태 내에서 자선가들이 추구했던 주된 답례였다. 아리스토텔레스가 지적하는 것처럼 사회적 지위가 높은 사람들은 무엇보다 명예

83 Veyne, *Bread and Circuses*, 134-142에는 2세기 헤르무폴리스(Hermoupolis)에 살았던 어느 한 부자와 관련된 적절한 예가 인용되어 있는데, 이 부자는 공적 요구로부터 벗어나기 위해 애를 썼다(*Rylands Papyrus* 2:77).

84 우리가 모스에게서 확인했던 것처럼 선물이 의무적이면서 동시에 자발적이라는 것은 모순이 아니다. 번이 주장하는 것처럼 시혜는 "임의적이면서 동시에 의무적이고, 자발적인 동시에 강제적이었다"(*Bread and Circuses*, 103). 수여자의 "자발적인" 참여를 중시하는 비문의 사례에 대해서는 Veyne, *Bread and Circuses*, 158 n. 14 그리고 187 n. 214를 보라.

85 쉽게 찾을 수 있는 사례들이 Harrison, *Paul's Language of Grace*, 37-63에서 제시된다. 여기서 지적하는 사실은 χάρις(은혜)라는 용어가 우리가 이미 예상하는 것처럼 수여자의 호의/선물 그리고 답례하려는 도시 당국의 호의/감사 양쪽 모두를 가리킨다는 것이다.

를 추구한다. 명예가 인간이 신들에게 바치는 최고의 찬사이듯이 말이다.

자선가들이 베푼 축적된 모든 물질적 혜택은 **상징적** 의미를 지닌다. 왜냐하면 우월한 지위가 다음과 같은 사실, 즉 엘리트 계층에게 주어지는 것이 경제적 보상이 아니라 사회적 보상이라는 사실에 의해 정확하게 입증되기 때문이다(*Eth. Nic.* 1123b16-24). 이와 관련하여 아리스토텔레스는 "가치"(ἡ ἀξία)에 관해 말하는데, 이 용어는 명망 높은 선물과 그 답례를 가리킬 때 자주 사용되는 개념이다. 아리스토텔레스처럼 비문들도 그런 공적 인정을 받기에 "가치가 있는" 자들 혹은 "자격이 있는" 자들에게 "적합한" 명예에 관해 자주 말한다. "위대한 인간들"에게 합당한(ἀξιόω, *Eth. Nic.* 1123b24) 것은 무엇보다 명예이지만, 호의를 입은 수혜자는 공동체에 유익을 가져다준 자들에게 "적합한 감사"(ἀξία χάρις)를 표하기 위해 신중을 기한다(예. SIG³ 834). 동시에 혜택의 수여자들은 그들의 자선을 받기에 "합당한" 자를 찾아내는데 신중을 기한다. 아리스토텔레스의 말처럼 잘 베푸는 사람은 아낌없이 주는 사람이지만, 그렇다고 아무에게나 무분별하게 주는 사람(τοῖς τυχοῦσι)은 아니다. "그래서 그는 적절한 때에, 그리고 그렇게 하는 것이 고상한 곳에서 합당한 사람들에게 베풀 수 있게 된다"(*Eth. Nic.* 1120b3-4). 물론 "고상한"(καλόν) 것이 무엇인지는 혜택 수여자의 가치체계에 따라 다양하게 규정될 것이고, 합당한 수혜자란 "존경할 만한 성품"을 가진 자(οἱ μέτριοι τὰ ἤθη, 1121b7)라는 아리스토텔레스의 정의에 모든 사람이 동의하지는 않을 것이다. 그러나 혜택 수혜자의 지위가 혜택 수여자의 가치를 강화하고 향상시키는 데 중요한 요소였음은 분명하다. 우리가 지금 여기서 논의하는 공적 자선은 도시, 더 정확히 말해 도시 시민들에게 주어졌는데, 이 공적 자선에 대한 시민들의 열렬한 반응은 그들의 도시가 "고국에서 가장 가치 있는 도시"라는 사실을 증명하는 데 큰 기여를 했다.[86] 때때로 혜택 대상 범위는 보다 포괄적인 모습을 보인다. 다

---

86   Veyne, *Bread and Circuses*, 132. 이곳에서 라오디게아 지역의 비문이 인용된다.

시 말해, 단순히 남성 시민만이 아니라, (예. 축제나 여행을 위해) 방문한 외국인들과 여성들도 포함되었다.[87] 경제적 위기를 해결하기 위해 혜택이 고안된 영역(예. 곡물 부족을 완화하기 위해 곡물 보조금이 제공됨)에서, "가난한 자들"(시민들)도 그 수혜 대상에 확실히 포함되지만—때때로 이는 명시적으로 표현되기도 한다—이때 그들은 시민의 자격으로 혜택을 받는 것이지 가난한 자의 자격으로 받는 것은 아니다. 그리스-로마 세계에서는 가난한 자들이 경제적으로 그리고 도덕적으로 가장 밑바닥 수준에 있는 사람들이라는 가정이 널리 퍼져 있었다. 여러 범주들의 혼합을 드러내면서 테오그니스는 야비한 가난한 자들'(δειλοί)에게 호의(χάριτες)를 베풀어주는 것이 헛되다고 경고하는데, 이는 "선한 자들"(ἀγαθοί)과 달리 가난한 자들이 도무지 답례하려 들지 않기 때문이다(Theognis, 105-112). 특별히 혹은 오로지 가난한 자들에게 주는 혜택은 답례 없는 선물이 되고 말 것이다. 왜냐하면 그들의 감사조차도 아무런 가치가 없기 때문이다. 아리스토텔레스는 높은 경지에서 다음과 같이 분명히 말했다. "위대한"(μεγαλοπρεπής) 자가 되려는 사람은 노숙자에게 종종 자선을 베푼다고 말하는 오디세우스와 같이 중요성이 낮은 대상에게 돈을 낭비하지 않을 것이라고 말이다 (Eth. Nic. 1122a26-27. 여기서 Homer, Odys. 17.420이 인용됨). 그러나 우리가 헤시오도스에게서 확인했듯이, 가진 것이 없는 자들에게도 답례에 "인색한" 자에게 호의를 베풀지 말아야 할 충분한 이유가 있었다.[88]

그리스의 공적 시혜 내에서 작용하고 있는 암묵적 사회 계약은 새로운 제도들이 등장할 때 그 제도들에 쉽게 적용되었다. 그래서 우리는 "단

---

87 예를 들어 Veyne, *Bread and Circuses*, 106-107, 144-147을 보라.

88 우정-관계에도 동일한 성찰이 적용된다. "친구를 선택할 때 우선적으로 고려해야 할 사항은 받은 봉사를 충분히 되갚을 수 있는 자발적인 마음과 능력이 있는가 하는 것이다." Millett, *Lending and borrowing*, 118. 밀레트는 자신의 논지를 강화하기 위해 데모크리토스의 말을 인용한다. "그대는 호의를 베풀 때, 그것을 받는 자가 악당이 아닌지, 그래서 선을 악으로 갚지는 않을지 먼저 면밀히 조사해야 한다"(DK 93).

체"나 "기관" 후원자들의 명예를 기리는 수많은 비문들에서 동일한 표현이 사용되고 있음을 발견한다. 그리스-로마 세계의 도시들에서 그런 단체와 기관들이 확산되면서, 부유한 개인들은 단체의 구내 시설을 건설하거나 장비를 구비해주고, 제사 비용을 보조해주며, 식사를 제공함으로써 명예를 얻을 수 있는 새로운 기회를 얻었다.[89] 부유한 개인들이 제공하는 이런 혜택들을 통해 단체들은 자신들의 가치―그들의 민족성, 거래, 지역 정체성, 또는 그들의 연합을 가져오는 다른 모든 것―를 과시할 수 있는 충분한 여지를 제공받는다. 동시에 이런 혜택들은 부유한 개인들을 칭송하는데, 이 칭송에는 그들의 관대함을 지속할 가치가 있는 것으로 만들어주는 용어들이 사용된다. 로마의 후견인들(sponsors)이 권력을 쥐고 출현하게되자, 선물-답례의 동일한 규칙이 자연스럽게 적용되었다. 왜냐하면 후견인 제도는 그리스인들에게 그랬듯이 로마인들에게도 즉각적인 의미가 있었기 때문이다. 1세기 로마 세계에서 궁극적인 보상은 당시 최고 자선가인 황제의 환심을 사는 것이었다. 그래서 속주들, 도시들, 기관들 그리고 개인들은 황제의 우월한 선물을 획득하고 이를 선전하기 위해 엄청난 공을 들였다. 황제의 권력은 엄청나게 컸고, 황제에 대한 감사의 반응은 아첨하는 과장으로 흐르는 경향이 있었다. 이를 감안할 때, 황제들이 원했던 원하지 않았던 간에 그들이 곧 신과 동등한 명예를 얻었다는 것은 놀라운 일이 아니다.[90]

---

89 이 주제에 관한 문헌들이 지금은 아주 많다. 최근에 선택된 비문들에 대해서는 다음을 보라. R. S. Ascough, A. Harland, J. S. Kloppenborg, *Associations in the Greco-Roman World: A Sourcebook* (Waco: Baylor, 2012). J. S. Kloppenborg, R. S. Ascough, *Greco-Roman Associations: Texts, Translations, and Commentaries*, 제1권: *Attica, Central Greece, Macedonia, Thrace* (Berlin: de Gruyter, 2011).

90 명예의 범주(학자들이 느슨하게 "황제 숭배"로 함께 묶는 범주) 그리고 그 바탕에 깔린 교환의 논리에 대해서는 특별히 S. R. F. Price, *Rituals and power: The Roman Imperial Cult in Asia Minor* (Cambridge: Cambridge University Press, 1984)를 보라. Veyne, *Bread and Circuses*, 292-482도 그 발전 과정을 세부적으로 추적한다.

1.2.3. 로마의 후견 제도

"후견"(Patronage)이라는 용어는, 동등하지 않지만 봉사와 호의의 교환을 포함한 채 지속되는 인격적 관계의 표지로서 사용될 수 있다. 또 이 용어는 로마의 사회적 거래 체계의 필수 요소였던 "후견인-피후견인" 관계를 구체적으로 언급하는 데 사용될 수 있다. 이 용어의 이렇듯 다양한 의미로 인해 초기 기독교 고전학자와 역사가들이 겪어야 했던 혼란을 감안해볼 때, 고대에 대한 우리의 논의에서 이 용어의 표지를 특별히 로마 시대의 현상으로 제한해놓는 것이 가장 좋아 보인다.[91] 샐러는 교차 문화(cross-cultural) 인류학에 의존하여 후견 관계를 재산과 봉사의 **상호** 교환 관계로 묘사했는데, 이러한 후견 관계는 **인격적·지속적·비대칭적**(따라서 다른 종류의 봉사 교환을 포함하는) 특징을 갖는다.[92]

---

[91] R. Saller, *Personal Patronage under the Early Empire* (Cambridge: Cambridge University Press, 1982) 이후에 벌어진 고전주의자들의 토론에 대해서는 다음을 보라. A. Wallace-Handrill, ed., *Patronage in Ancient Society* (London: Routledge, 1989) 그리고 C. Eilers, *Roman Patrons of Greek Cities* (Oxford: Oxford University Press, 2002). 신약학자들은 "후견"이 넓게 정의될 경우 수여의 어떤 형태와 중첩된다고 바르게 지적한다. 그래서 이 둘이 구별될 수 있는지 없는지에 대해 혼란스러운 논쟁이 뒤따라오기도 한다. 예를 들어 다음의 자료들을 보라. S. Joubert, *Paul as Benefactor: Reciprocity, Strategy, and Theological Reflection in Paul's Collection* (Tübingen: Mohr Siebeck, 2000), 58-69. Z. A. Crook, *Reconceptualising Conversion: Patronage, Loyalty, and Conversation in the Religions of the Ancient Mediterranean* (Berlin: de Gruyter, 2004), 59-67. A. Batton, "God in the Letter of James: Patron or Benefactor?" *NTS* 50 (2004), 257-272. 참조. J. K. Chow, *Patronage and Power: A Study of Social Networks in Corinth* (sheffield: JSOT Press, 1992). 마지막 저서는 놀랍게도 지역적 특수성에 초점을 맞추었다. 시간을 초월하는 구조적인 정의는 특수한 사회적 제도의 정확한 뉘앙스를 놓치기 쉽다. 로마의 후견제도는 로마 문화 속에서 매우 특수한 역할을 담당했고 세월이 흐르면서 변화를 겪었다. 로마의 후견제도는 초기 로마법에 대한 디오니시우스의 신뢰할 수 없는 보고와 같이 이상화된 설명으로부터 추정되어서는 안 된다(*Ant. rom.* 2.9-11). 나는 여기서 로마 공화정 후기와 초기 로마 제국에 초점을 맞출 것이다.

[92] Saller, *Personal Patronage*, 1. Wallace-Hadrill, ed., *Patronage in Ancient Society* 안의 일부 기고자들은, "자발성"의 이러한 특성을 덧붙이려고 하는데, 이것이 자유자(*libertus*)와 그의 이전(前) 소유자(후견인, *patronus*) 사이의 관계에는 적용되지 않음에도 불구하고 그

샐러는 또한 후견인(*patronus*)과 피후견인(*cliens*)이라는 말이 사용되지 않는 곳에서조차 이 후견 관계를 찾아볼 수 있다고 바르게 주장했는데, 그곳은 바로 애매하지만 보다 더 품격 있는 "우정"의 용어를 종종 요청하는 사회 예절이었다.[93] 그러나 앞서 보았듯이 많은 형태의 불평등한 선물 관계들(예. 신과 인간 또는 부모와 자녀의 관계)이 이렇게 광범위한 설명과 부합할 수 있었고, 그 결과 후견이라는 용어는 현재 분석적 정확성을 상실할 위험에 놓여 있다. 이러한 맥락에서, 나는 "후견"이라는 말을 원로원 가문 (원로원 가문은 로마 제국의 자원에 대한 접근권을 제공한다)에 의해(그리고 자연스럽게 황제에 의해) 운영되는 불평등하지만 개인화된 상호 선물 및 봉사의 관계를 가리키는 것으로만 언급한다.[94]

로마 공화국의 사회적·정치적 생활은 소수의 엘리트 가문들에 의해 지배되었다. 그들은 원로원에 접근할 수 있는 특권과 법적·정치적 영향력에 필수적인 기술을 손에 넣을 수 있는 특권을 지니고 있었는데, 이러한 특권들로 인해 소수의 엘리트 가문들은 빠르게 성장하고 점점 더 부유해져가는 "국가"의 모든 핵심 자원에 이르기 위해 없어서는 안 될 통로가 되었다. 그들의 경쟁자들은 경쟁적이고 종종 상속 가능한 정치적 관계망을

렇게 하려 한다. 후견의 주요 특징에 대한 샐러의 **설명**은 로마 후견제도의 정의로 사용되지 않는 것이 좋다. 왜냐하면 그의 설명에는 로마인들이 자신들과 비슷한 특성을 갖고 있다고 분명히 인정하려 들지 않는 많은 종류의 관련성이 포함되어 있기 때문이다.

93   Saller, *Personal Patronage*, 8-22. R. P. Saller, "Patronage and Friendship in Early Imperial Rome: Drawing the Distinction," in Wallace-Hadrill, ed., *Patronage in Ancient Society*, 49-62는 이 주장을 옹호한다.

94   나는 자유인들과 그들의 후견인 사이의 관계를 나중에 (피후견인[*clientes*]으로 불리지 않은) 자유인(*liberti*)에게 법적 의무를 부과하는 후견의 특수 형태로 따로 다룰 것이다. 원로원과 황제의 후견이 지녔던 사회적·정치적 기능에 대해서는 특별히 A. Wallace-Hadrill, "Patronage in Roman Society: From Republic to Empire," in Wallace-Hadrill, ed., *Patronage in Ancient Society*, 63-87을 보라. 물론 로마 시대에는 "후견 제도"와 상관없이 많은 형태의 선물 교환이 행해졌다. 이 명칭을 너무 폭넓게 적용하는 것에 반대하는 입장은 다음을 보라. M. Griffin, "*De Beneficiis* and Roman Society," *JRS* 93 (2003): 92-113.

구축했는데, 상대적으로 권력이 낮은 이들은 이 정치적 관계망 속에서 사회적·경제적·정치적 출세 수단으로서의 충성(*fides*) 혹은 의존 관계를 원했다.

그러므로 로마의 행정관이나 영향력 있는 원로원 인사는 다양한 사회 계층에 많은 피보호자들(protégés)을 두었다. 그리고 키케로의 언급처럼 신분상 매우 가까운 지위에 있는 사람들은 노골적으로 "피후견인"이라 불리는 것을 싫어했을 것이다(*De Off.* 2.69). 모든 경우에 지침이 되는 원칙은 양쪽 당사자 모두에게 이익이 되는 의무(*officia* 혹은 *operae*)와 혜택(*beneficia* 혹은 *merita*)의 상호 교환이었다. "후견인"은 법적 지지, 재정적 지원, 정치적 영향력, 그리고 일반적으로 권력 수단에 대한 접근을 제공했던 반면에, "피후견인"은 후견인의 권력 관계망을 확대시키고 정치적 지원(예. 투표)을 보장하며, 후견인의 측근으로서 도시를 돌아다니며 후견인의 명망을 강화했다.[95] 로마를 관찰했던 이들은 이런 후견제도의 가장 가시적인 측면(아침에 문안인사를 위해 문 앞에 모인 무리, 후견인의 집으로의 식사 초대, 극적인 경기와 같은 공공 오락의 후원)에 특별히 주목했다. 그런데 이런 후견제도의 권력망은 봉사와 감사의 보답이라는 상호성의 윤리(ethos)를 바탕으로 로마의 정치체제를 관통하여 퍼져나갔다. 강하고 독립적이며 공정한 관료주의가 없는 도시에서는 누구와 관계를 맺는지, 어떤 호의를 구하거나 요청할 수 있는지가 성공을 위한 결정적 기제(mechanism)였다. 현대적 관점에서 이는 거대한 부패와 부정이득(graft)의 체계로 묘사될 수도 있다. 로마의 권력이 지중해 전역으로 확산되면서, 동일한 권력 체계가 외국 출신의 "피후견인"을 받아들일 정도로 확장되었다. 로마 총독들과 지방 관리들은 신속하게 그리스 시혜 제도의 일원이 되었다. 그들은 시혜 제도의 상호 교

---

95   이런 맥락에서 문학적 후견은 우리가 가진 문학적 자료들에서 당연히 두드러지기는 하지만, 그 자체의 특수한 기대를 지닌 포괄적 사회-정치 현상의 한 단편에 지나지 않는다. B. K. Gold, ed., *Literary and Artistic Patronage in Ancient Rome* (Austin, TX: University of Texas Press, 1982)을 보라.

환 규칙을 잘 이해하고 있었다. 그러나 고대 자료들은 이 권력 관계망이 로마의 핵심 원로원 가문들로 돌아간 후기 공화정 시기에 로마의 후견제도가 개인들, 도시들, 그리고 이보다 훨씬 큰 규모의 집단들 사이에 존재했음을 말해준다.[96] 이런 선물-의무의 관계망(network)은 로마의 해외 이익을 하나의 권력 체계 안으로 통합시키는 역할을 했다. 그러나 이 관계망들로 인해 로마의 내정에 존재했지만 상대적으로 눈에 덜 띄었던 공익과 사익 사이의 충돌이 야기되었다. 지방 총독이 법적 또는 금전적 분쟁에서 자기 친구의 편을 들었을 때, 나아가 그 지방의 유지나 도시 전체를 (그들로부터 감사 선물을 보답으로 받으면서) 자신의 후견제도 안으로 끌어들였을 때, 이로 인해 **공화정**(res publica)인 로마의 명성과 이익에 가해질 잠재적 손실이 매우 컸다.[97] 로마의 강탈법(de repetundis)은 해외에 거주하는 힘 있는 로마인들의 후견제도 때문에 입게 될 공적 손실을 제한하려는 시도였지만, 이 강탈법의 비효율성은 악명 높았다. 그 이유는 바로 로마에 있는 후견 세력들 사이의 경쟁적 사리사욕으로 인해 강탈법이 조작되거나 강탈법의 힘이 무뎌질 수 있었기 때문이다. 키케로가 부패(corruptela)라고 부른 것이 시칠리아에서 키케로 자신이 보인 행위에 만연해 있었다. "부패"에 대한 키케로의 정의에서 놀라운 것은 부패를 국가에 손해를 끼치는 것으로 보지 않는다는 점이다. 오히려 그에게 부패란 금전적 불이익이 아니라, 미덕에 대한 보상으로 명예 획득을 추구하려는 사람들의 품위를 손상시키는 것

---

96   E. Badian, *Foreign Clientelae* (264-270 BC) (Oxford: Oxford University Press, 1958)을 보라. 이 내용은 E. S. Gruen, *The Hellenistic World and the Coming of Rome*, 전2권 (Berkeley: University of California Press, 1984), 제1권, 158-200에서 수정되었다. 이 맥락에서 이해되는 후견이라는 용어에 대해서는 J. Rich, "Patronage and International Relations in the Roman Republic," in Wallace-Hadrill, ed., *Patronage in Ancient Society*, 117-135를 보라.

97   이에 대해 D. Braund, "Function and Dysfunction: Personal Patronage in Roman Imperialism," in Wallace-Hadrill, ed., *Patronage in Ancient Society*, 137-152의 분석을 보라. Sallust, *Bellum Ingurthinum*은 북아프리카의 모범적인 사례를 제공한다.

이다(De Off. 2.52-53). 로마 공화정은 힘 있는 개인들이 정치적 우위를 쟁취하기 위해 국가의 공동이익을 희생시키면서 붕괴되었다. 이런 기능 불능의 다원주의가 판을 치는 곳에서 아우구스투스가 마침내 로마 국가의 최고 후견인으로서 등장했다. 비록 아우구스투스와 그의 계승자들이 로마 원로원의 후견제도가 지닌 영향력을 축소하고 직접 로마의 **평민들**을 후견하는 제도를 발전시킨 것은 틀림없지만, 그렇다고 황제의 보편적 후견으로 인해 후견제도 전체의 권력이 황제에 의해 독점되었다고 간주하는 것은 실수일 것이다.[98] 오히려 황제는 원로원 가문을 그의 친구 및 "친족"(familia)과 더불어 자신의 권력 중개인으로 삼음으로써, 본인의 이익을 확장하면서 후견 관계망(network)을 강화했다.

황제를 (아우구스투스의 『업적록』[Res Gestae]의 선례를 반영하는) 보편적 자선가로 칭송하는 지방 총독들도 그들이 황제의 친구로서 얻게 된 영향력을 통해 자신들의 친구들을 밀어주고 지역 주민을 피후견인으로 삼았던 것을 알 수 있다. 플리니우스(Pliny)가 트라야누스 황제를 위해 기록한 『찬사』(Panegyricus)와 그의 추천 편지들은 호의를 베풀면서 동시에 호의를 요청하는 바로 이러한 이중성에 대한 좋은 예이다. 이런 의미에서 볼 때, 샐러의 말처럼, 로마의 후견제는 로마 제국이 등장하면서 끝난 것이 아니라 단순히 재편된 것이다. 이제 국가 권력이 (황제가 직접 하사하거나 중개인을 통해 전해지는) 황제의 자선을 통해 작동하게 되었는데, 이 황제의 자선은 경의, 충성, "자발적인" 기부를 통해, 혹은 유산이나 수여의 방식을 통해 보답되었다.[99] 원로원 후견과 황제 후견, 이 둘 모두에게서 분명히 발견되는

98   Saller, *Personal Patronage* 그리고 Wallace-Hadrill, "Patronage in Roman Society"를 보라. 여기서 월리스-해드릴은 황제가 **보편적** 후견인이기는 했지만 로마 제국의 **유일한** 후견인은 아니었다고 바르게 주장한다.

99   Saller, *Personal Patronage*, 41-78. 이 논문은 F. Millar, *The Emperor in the Roman World*, 31 BC-AD 337 (London: Duckworth, 1977)에 기초하고 있다. 고(高)제국(the High Empire)에 대해서는 R. P. Saller, "Status and Patronage," in A. Bowman 외 ed., *The Cambridge Ancient History*, 제11권: *The High Empire*, 2판 (Cambridge: Cambridge

것은 로마 문화에 널리 퍼져 있던 상호 교환이라는 공통 체계였는데, 이 상호 교환 체계는 관련 당사자들의 불평등한 지위와 그들의 다양한 필요에 맞게 조정되었다. 이러한 "의무"(*officia*) 체계가 표현될 때마다, 어떤 혜택에 대해 답례를 기대하는 것은 당연시되었다. 물론 즉시 답례해야 하는 것은 아니었고, 또 답례가 반드시 받은 혜택과 동일한 종류일 필요도 없었다. 그리고 답례가 법적 요구사항은 아니었지만 매우 부담이 되는 요구였음은 분명하다.[100] 로마인들은 선물이 의무의 속박을 형성한다는 사실을 분명히 밝혔고, 이러한 사실에 대해 어떠한 거리낌도 없었다. "속박"(*obstringere, obligare*)이라는 용어는 이러한 정황 가운데 어디에서나 발견될 수 있다.[101] 이런 이유로 그들은 수여자가 수령자의 **가치**를 반드시 판단해야 한다고 주장한다. 달리 말해 수여자는 평판이 나쁘고 배은망덕하거나 그 외 다른 이유로 합당치 않은 수혜자와 결탁되는 것을 원하지 않

University Press, 2000), 817-854를 보라. 월리스-해드릴이 설명하는 것처럼 "국가 이익과 후견인의 이익, 이 두 이익 사이의 대립은 황제가 국가인 동시에 후견인이 되는 곳에서는 더욱 심각해졌다. 이 변화의 징후는 공화정에서와 달리 왕들이 주는 뇌물이 최고 권력 아래에서는 별 문제가 되지 않았다는 사실이다"("Patronage in Roman Society," 151).

100 키케로는 아마도 어떤 종류의 의무도 감사의 답례(*referenda gratia, De Off.* 1.47)보다 더 큰 압박을 줄 수 없다(*magis necessarium*)라고 주장하는 대표적인 사람일 것이다. 세네카에게서도 이 주장이 도처에서 발견된다는 사실에 대해서는 아래의 1.2.5를 보라. 비문들에 기록된 이와 동반되는 미덕들에 대해 E. Forbis, *Municipal Virtues in the Roman Empire* (Stuttgart: B. G. Teubner, 1996)를 보라. J. Michel, *Gratuité en droit romain* (Brussels: Université Libre de Bruxelles, 1962)은 로마법에서 법적 의무를 가진 계약과 선물의 차이를 명확하게 밝혔다. 선물에는 답례가 요구되고 예상되지만, 법적 강제는 없다는 것이다.

101 예를 들어 Pliny, *Ep.* 2.13, 6.18, 10.6을 보라. 여기서 키케로는 어떤 후견인이 수여를 통해 자신에게 의무를 지우거나 자신과 결합되는 것(*beneficiis suis obligare, Ad Fam.* 13.65)에 대해 말한다. 그런 모든 경우에 의무는 억울하게 여겨지거나 숨겨지는 것이 아니고, 오히려 호의를 베풀거나 요청하는 이유로서 적극적으로 홍보된다. 샐러가 지적하는 것처럼, "로마의 교환 윤리는 엄격하고 강력하다. 호의(*beneficium*)를 받은 자는 수여자에게 빚을 진 것, 곧 감사를 표현해야 할 의무를 진 것으로 간주되었다"("Status and Patronage," 839).

는다. 이 문제에 대한 키케로의 논의는 서로 다른 자선가들이 저마다의 가치기준을 사용할 것을 분명히 하고 있다. 대부분의 수여자는 자신의 혜택으로 형성되는 관계의 유용성을 토대로, 다시 말해 답례로 받게 될 금전적 유익이나 다른 유익을 토대로 판단할 것이다. 키케로는 철학자로서 도덕적 기준을 옹호한다. 비록 가난한 사람일지라도 선하다면 적합한(*idoneus*) 수혜자가 될 수 있다(*De Off.* 2.54, 69-71). 그러나 그에게 무분별한 선물이 좋은 평판을 얻지 못한다는 점은 분명하다. 키케로는 관대함에 관한 세 가지 규칙을 제시하는데, 그중 하나는 혜택이 "가치를 토대로"(*pro dignitate*, *De Off.* 1.42-45) 주어져야 한다는 것이다. 따라서 호의를 주고받는 것과 관련된 복잡한 예절에서(여기서 각 당사자는 감사의 공개적 헌신을 명확히 하고자 노력한다), 수혜자가 어떤 의미에서건 그 선물을 받기에 합당하다(*dignus*, *meritus*)고 주장하는 것은 일반적이다.[102] 이는 당연한 것이다. 왜냐하면 어느 누구도 자신의 사회적 자산의 품위를 떨어뜨리는 사람과 자신이 자발적으로 결탁했다고 생각하고 싶지 않기 때문이다.

1.2.4. 유대인은 달랐을까?

세스 슈워츠의 최근 주장에 의하면, 유대인들은 "지중해"의 답례 및 상호 교환 문화와는 전혀 다른 전통을 가지고 있었는데, 유대인들의 이러한 전통은 "답례의 거부"에 바탕을 두었고 "선물 자체에 심오한 조건(reservations)"을 품고 있었다.[103] 슈워츠는 호혜성(혹은 적어도 "우정"이나 "후견"과 같은 "제도화된 호혜성")을 불평등, 의존성, 억압과 연관시키는 한편, 토라 속에서 그리고 후기 유대교 문헌들 속에서도 "지중해 연안 세계의 사상"과 거의 완벽한 대조를 이루는 결속 및 평등사상을 어느 정도 찾아

---

102   예를 들어 다음을 보라. Cicero, *Ad Fam.* 2.6.1-2 (*meritus*), Pliny, *Ep.* 10.51 (*non indignus*).

103   Schwartz, *Mediterranean Society*, 5, 75. 슈워츠는 이 전통을 "반(反)호혜주의적"(10) 혹은 "비(非)호혜주의적" 전통(17)이라고 부른다.

낸다. 여기서 가난한 자에 대한 관심은 "선물"이 아니라 "자선(charitable) 기부"를 조장하고, "무조건적 사랑"으로 함께 결합된 공동체 안에서 오직 하나님께 대한 의존을 선호하는 한편 사람에 대한 의존은 거부한다.[104] 슈워츠는 자신이 베버의 관점에서 "이상적 유형들" 사이의 대조를 생성해놓은 것과 토라의 비전이 어느 정도 "유토피아적"임을 알고 있다. 실제로(그리고 그가 조사한 벤 시라, 요세푸스, 랍비들의 본문들 속에서) 두 가지 사고 체계는 서로 얽혀 있고 상호 의존적이다. 그럼에도 불구하고 슈워츠는 이 두 사고 체계의 결합으로 날카로운 긴장이 야기된다고 생각한다. 왜냐하면 유대인들에게는 일종의 "핵심 종교 이념"이 있어서 "순수하고 답례를 요구하지 않는 선물"이 이상적인 것으로 간주되었기 때문이다.[105] 유대인의 차이에 대한 이와 같은 설명에는 많은 특징들이 존재하는데, 이 특징들은 즉시 의문에 부딪힌다. 먼저 "결속" 및 "평등"이 왜 "호혜성"과 원칙적으로 대립되는지가 분명하지 않다. 왜냐하면 앞에서 보았던 것처럼 아리스토텔레스가 칭송했던 친족 사이의 일반적인 주고받기와 동등 신분의 사람들이 나누는 우정, 이 두 행위 모두 상호 교환의 기대 속에서 작동했기 때문이다.[106] 히브리 성서의 이야기들(narratives)이 선물의 상호 교환에 참여하고 있는 유대인과 비유대인들에 대해 묘사하고 있음을 감안해볼 때, 토라가 정말로 사회적 관계와 정반대되는 이념을 주입하는 것으로 적절하게 이해되고 있는지 의문을 제기할 수 있다.[107] 동시에 슈워츠가 "순수" 선물

104 Schwartz, *Mediterranean Society*, 18-19, 26.

105 Schwartz, *Mediterranean Society*, 15-16, 30-31, 41, 134.

106 슈워츠는 "풀링"(pooling)을 비(非)호혜주의적 연대성의 기초로 보는 개념과 관련해서 살린스로부터 영감을 얻었다고 주장한다(Schwartz, *Mediterranean Society*, 14, 18, n. 33). 그러나 살린스는 풀링을 호혜주의와 대립시키지 않았고 오히려 "호혜의 구조를 조직하는 것"으로 묘사했으며, 이것도 역시 일반적으로는 인류 평등주의가 아니라 권력의 극단적 계급구조의 지배를 받는다고 보았다. *Stone Age Economics*, 188-191.

107 슈워츠는 내러티브들 속에도 선물교환의 관계가 나타나 있다는 것을 인지했고, 그런 지엽적인 현상이 몇몇 학자의 비판의 대상이 되었다고 생각한다. 예를 들어 Schwartz,

이라는 용어를 사용할 때, 우리는 특별히 현대의 선물 구조와 개념이 과거로 투사되고 있는 것이 아닌지 묻게 된다(아래 1.3을 보라). 그럼에도 불구하고 슈워츠가 가난한 자의 돌봄과 관련된 토라의 규정에 뭔가 독특한 점이 있다고 보는 것은 옳다. 하지만 이 독특한 점은 선물에 관한 고대의 가정을 거부하는 것이 아니라, 상호 답례의 기대에 전적으로 의존하면서 다른 형태로 드러나고 있는 유대교적 **변조**(變調)로 가장 잘 이해된다.

가난한 자, 고아, 과부에 관한 토라의 규정(예. 출 22:25-27; 신 24:10-15; 19-22)을 통해 유대인의 "구제" 윤리가 생성되었다는 사실이 자주 그리고 바르게 언급되고 있다. 그런데 이 구제 윤리가 고대 세계에서 독특한 점은 그것이 **실질적으로** 가난한 자에게 초점을 맞추고 있으며 자선을 미덕에 포함시켰다는 점이다(예. 토빗서[Tobit] 등).[108] 이 현상에 관한 가장 좋은 설명은 유대인과 다른 민족 간의 구조적·이념적 차이에 호소함으로써 제공될 수 있을 것이다. 그러나 슈워츠가 제시하는 용어들로는 이 현상을 제대로 설명할 수 없다. 그리스 전통과 초기 로마 전통에서 "가난한 자"는

Mediterranean Society, 27-28, 58 n. 27을 보라. 그러나 히브리 성서의 내러티브들 안에서 통상적 교환의 사례들은 매우 많이 등장한다(예. 창 33:1-14; 출 2:16-22; 삼상 22-24장). 전쟁터에서 영웅이 자기를 희생시키는 행위는 호혜적 답례에 대한 거부가 결코 아니며(Schwartz, *Mediterranean Society*, 94-95[사울에 대한 부분]), 오히려 고대의 명예를 중시하는 문화의 중심요소다. 거기서 명예는 고귀한 선물에 대한 답례의 **주된** 형태다. C. Barton, *Roman Honor: The Fire in the Bones* (Berkeley: University of California Press, 2001)을 보라.

108   이러한 고전적인 논의는 H. Bolkestein, *Wohltätigkeit und Armenpflege im vorchristlichen Altertum* (Utrecht: Oosthoek, 1939)에 남아 있다. 특수한 기독교 정신(ethos)에 관한 베인(Veyne)의 서술은 그 정신이 유대교에 뿌리를 두고 있다는 사실을 최소한도에서만 인정한다. *Bread and Circuses*, 19-34. 또한 이 문제에 대한 미묘한 뉘앙스의 설명은 다음을 보라. B. W. Longenecker, *Remember the poor: Paul, Poverty, and the Greco-Roman World* (Grand Rapids: Eerdmans, 2010), 60-107. 하지만 롱네커가 긍휼(charity)을 정의할 때 동기의 기준에 관심을 둔 것은 그의 분석을 왜곡시킬 수도 있다. 그 자신도 지적하는 것처럼 "이타주의" 대 "자기 이익"이라는 현대적 양극성은 고대의 선물 윤리를 분석하는 데 아무런 도움도 주지 못한다. *Remember the Poor*, 95.

별개의 사회적 범주로 분류되지 않았다. 왜냐하면 그때의 사회적 범주가 경제적 지위보다는 정치적 지위에 더 의존했기 때문이다.[109] 이에 따라, 앞서 보았듯이, 경제적 구제를 포함한 대부분의 "시혜"(euergetism)적 혜택이 도시 그리고 (대부분의 경우) 시민들에게 주어졌다. 식량 구입 보조금 또는 무료 식량 배급은 가난한 시민들에게 확실히 도움이 되었겠지만, 그렇다고 이러한 혜택들이 특별히 가난한 자들을 대상으로 했다거나 가난한 자들에게만 한정되었던 것은 아니었다. 왜냐하면 무엇보다도 도시의 엘리트 계층이 시민들과 상호 교환의 관계로 묶여 있었기 때문이다(위 1.2.2를 보라). 우리는 빈곤층을 위한 대부분의 구제가 친족과 이웃에게서 왔다고 추측할 수 있는데, 이러한 종류의 구제는 헤시오도스가 옹호했던 낮은 수준의 지원이었다. 이런 지원이 부재하거나 부적절한 경우 거지들은 낯선 자들로부터 동전 몇 개를 기대할 수 있었다. 하지만 이러한 선물은 무작위적이고 비인격적이었기에, 그리고 일반적으로 거지들은 도덕적으로 비난받아야 할 대상(예. 게으르고 성가신 대상)으로 여겨졌기에, 이러한 형태의 구제에는 의미 있는 상호 교환의 도덕적 기품이 부여될 수 없었다.[110] 이와 대조적으로 이스라엘인/유대인 사회의 구조는 민족성에 기반을 두고

---

109   R. Osborne, "Roman Poverty in Context," in M. Atkins, R. Osborne, ed., *Poverty in the Roman World* (Cambridge: Cambridge University Press, 2006), 1-20이 서술하는 포괄적인 개요를 보라. 이 부분은 기원전 1세기 로마 **평민들**(*plebs*)의 규모 및 중요성이 이와 관련된 인식을 변화시키기 시작했다고 말한다.

110   로마 세계 안에서 구걸 그리고 구걸하는 자에 대한 태도에 대해서는 A. Parkin, "'You Do Him No Service': An Exploration of pagan Almsgiving," in Akins, Osborne, ed., *Poverty in the Roman World*, 60-82 그리고 Longenecker, *Remember the Poor*, 74-80을 보라. 아리스토텔레스는 거지에게 무엇인가를 주는 것(하찮고 비천한 대상에게 돈을 주는 것)이 "훌륭한" 자선에 포함되지 않는다고 여긴다(*Eth. Nic.* 1122a26-28). 또한 세네카도 거지에게 동전을 던져주는 것(*stips aeris abiecti*)을 선행(*beneficium*)으로 분류하지 않는다(*De Beneficiis* 4.29.2-3). 세네카의 견해에 따르면 그런 행위는 너무 하찮고 무분별하고 비인간적이어서 참된 "유익"으로 간주될 수 없다. 만약 선물이라는 용어가 사용되어야 한다면, 우리는 인간이 아닌 인간성(*non homini, sed humanitati*)에 대해 선물을 수여하는 것이다.

있었기 때문에, 내부적 구분은 (모든 유대인에게 동일했던) 정치적 신분이 아니라 부(富)의 수준에 기초하는 경향이 있었다. 따라서 "가난한 자들"은 (느슨하게 정의될 경우에만) 하나의 사회적 실체로 인식될 수 있었다.[111] 다시 말하지만, 빈곤층을 위한 대부분의 원조는 그들의 직계 친족 및 이웃들과의 정서적 유대에서 비롯될 일이었지만,[112] 공동 부의 재분배를 위한 노력이 이루어졌다는 징후들이 있다. 이러한 노력 가운데 부유한 자들은 보다 인격적 차원의 친족 관계 혹은 후견 관계와 상관이 없는 경우라 할지라도, 그들의 모든 민족적 "친족"과 "가난한 자들"에 대한 책임을 느꼈다.[113] 그리스-로마 시대에, 우리는 비유대적 현상에 상응하는 자선의 사례들을 디아스포라의 유대 공동체 안에서 그리고 이스라엘 본토의 유대 공동체 안에서 모두 발견한다. 그러나 유대인 공동체는 개인 후원자의 권력을 지역 사회 전체를 도와야 하는 부유층의 의무와 결합시켰기에, 모든 유대인 빈곤층은 사회적 지위가 높은 자들로부터 혜택을 받을 가능성이 더 높았다.[114] 자선의 관념과 관련하여, 그리스-로마 문화는 자비(φιλανθρωπία,

---

111   따라서 유대인의 사회적 배경은 후기 로마 제국의 사회적 배경, 곧 시민권의 구분이 점차 중요하지 않게 되고 하층민(humiliores)이 뚜렷이 구별되는 사회적 범주로 등장하기 시작했던 배경과 구조적으로 유사하다. Osborne, "Roman Poverty in Context"를 보라.

112   필론은 가난한 자는 보통 자신처럼 가난한 자들에게 의지한다고 추정한다. Spec. Leg. 2.107. 참조. 집회서 40:24. 시각 장애가 온 토빗은 자기 친척들의 보살핌을 받는다(토빗서 2:10).

113   "세 번째 십일조"에 대해서는 토빗서 1:8을 보라(이 구절은 신 14:28-29에 기초를 두고 있다). 토라가 명령하는 땅의 주기적 재분배와 빚의 탕감(예. 레 25장; 신 15장)이 한 번이라도 제대로 실천된 적이 있었는지의 여부는 확실치 않다. 디아스포라 공동체의 공동 식사에 대해 Josephus, Ant. 14.215-216을 보라. 아프로디시아스에서 유대인들이 설립한 자선을 위한 공동기금(3세기?)에 대해서는 J. M. Reynolds, R. Tannenbaum, Jews and Godfearers at Aphrodisias (Cambridge: Cambridge Philological Society, 1987)를 보라.

114   디아스포라 지역의 수여자들(예. 회당 건축을 후원하는 자)에 대해서는 T. Rajak, The Jewish Dialogue with Greece and Rome: Studies in Cultural and Social Interaction (Leiden: Brill, 2001), 373-391을 보라. 슈워츠는 요세푸스가 자기 자신을 어떻게 갈릴리 지역의 후견인으로 묘사하고 있는지에 관하여 언급했다. S. Schwartz, Josephus and the History

benevolentia)의 일반적인 정신(ethos)을 장려했는데, 이 정신을 실현하는 한 가지 방법은 도움이 필요한 자에게 생존을 위한 기본 필수품을 기부하는 것이었다.[115] 그리스-로마의 도시에서 구걸할 가치가 있었다는 사실은 궁핍한 자들을 동정하는 것이 일반적인 현상이었음을 나타내며, 거지들이 신전 주변에 몰려 있었던 것은 그 동정이 종교 의식의 정황 가운데 유발되었음을 암시할 수도 있다.[116] 그러나 그리스 전통 또는 로마 전통 내에서 종교의식의 실천이 종교에 관한 철학적(따라서 윤리적) 담론과 통합되어 있지 않았다는 사실은 가난한 사람들에 대한 자비(benevolence)가 오로지 철학적 영역에서만 신적 자비의 주제와 연관되어 있었음을 의미했다.[117]

그리고 가난한 사람들은 자비의 수여자에게 (그들을 "귀찮게 들볶는 일"

<hr>

....

of the Greco-Roman Period (Leidon: Brill, 2004), 290-308. 요세푸스는 아디아베네의 헬레나 왕비가 본토에 있는 유대인들에게 베푼 자선을 상세히 기록하고 크게 칭송했다 (예. *Ant.* 20.49-53). 타키투스도 유대인들이 서로 돕는 것(*apud ipsos…misericordia in promptu*, *Hist.* 5.5.1)과 요세푸스가 이 문제에 대해 어느 정도 자부심을 가진 것을 언급한다(*Apion* 2.207, 211-214, 283). 토빗은 이것이 일반적으로 다국적 관계에서 동료 유대인들("내 백성의 형제들", 1:3, 16; 2:2-3 등)을 돕는 문제임을 분명히 밝힌다. 토빗의 재산(예. 1:14)과 배고프고 헐벗은 동포 유대인들에 대한 언급(1:16-17; 4:16-17)이 분명히 제시하는 것처럼 여기서 연대성은 결코 평등의 문제가 아니다. 추가로 G. Hamel, *Poverty and Charity in Roman Palestine: First Three Centuries C.E.* (Berkeley: University of California Press, 1990)를 보라.

115 필요한 자들에게 불, 물, 음식을 주는 소위 "보우지게스의 저주"라고 알려진 규칙에 대해서는 U. Williams, "The Curses of Bouzyges: New Evidence," *Mnemosyne* 15 (1962): 396-398을 보라. 이 규칙은 키케로도 알고 있었고(*De Off.* 1.52, 3.54-55), 요세푸스의 윤리에도 영향을 미쳤다(*Apion* 2.211). 로마 세계의 가난과 그에 대한 반응이라는 주제와 관련해서는 Atkins, Osborne, ed., *Poverty in the Roman World*를 보라.

116 Longenecker, *Remember the Poor*, 96-104를 보라. 여기서 제우스의 전통적 명칭은 환대의 신으로 제시된다.

117 고대 종교의 다양한 담론("3부작 신학")과 매우 특수한 개념화 및 실천의 양식에 대해서는 다음을 보라. D. C. Feeney, *Literature and Religion at Rome: Cultures Contexts and Beliefs* (Cambridge: Cambridge University Press, 1998), 11-14, 92-97. M. Beard, J. North, S. Price, ed., *Religions of Rome*, 전 2권 (Cambridge: Cambridge University Press, 1998), 제1권, 30-41, 211-244.

을 멈추어주는 제한된 유익 외에) 가치 있는 그 어떤 것도 답례할 수 없었기에, 사회의 가장 가난한 자들에게 자비를 베풀고자 하는 동기는 상대적으로 약했다. 이와 대조적으로 유대 전통 내에서 율법, 윤리, 종교의례의 영역들은 보다 긴밀하게 통합되어 있었으므로, 가난한 자에게 자비를 베푸는 것은 (특이하게도) 법률적 문제이면서 동시에 삶의 모든 영역에 스며 있던 종교적 경건에 필수적이었다. 이런 맥락에서 모든 유대인은 가난한 자들에게 자비를 베푸는 행위를 통해 하나님께 대한 충성된 삶과 "의"에 헌신된 삶을 살아갈 것으로 기대되었다. 그리고 이 기대는 자선가가 지닌 자원에 따라 유연하게 조정될 수 있었기에 (토빗서 4:8 참조), 보유하고 있는 금전적 자원이 많든 적든 간에 누구나 이 종교적 의무를 수행할 수 있었다. 더욱이 가난한 자들에게 자선을 베푸는 것이 종교적 경건과 밀접히 관련되어 있었으므로, 자선가와 수혜자 모두는 자선의 가장 중요한 답례가 인간 수혜자가 아닌 **하나님**으로부터 온다고 판단할 수 있었다.[118]

선물에 대한 답례를 인간적이면서 **동시에 신적**인 것으로 강조하는 것은 이미 토라에 명백히 드러나 있고, 토빗서와 같은 후기 유대교 문헌에서도 두드러지게 나타난다. 토라를 보면, 호의를 받은 자가 "당신을 축복하거나"(신 24:13. 이는 호의를 베푼 자에게 하나님의 복을 기원하는 행위) 적어도 "당신 때문에 하나님께 울부짖지 않을 것"(신 24:15; 참조. 15:9)으로 예견되어 있다. 그래서 선물은 "네 하나님 여호와 앞에서 네 공의로움"이 될 것이다(신 24:13). 실제로 신명기 전반에 걸쳐 가난한 자들에게 선을 행하면

---

118 이 주제가 그리스-로마 전통에서 완전히 빠져 있는 것은 아니다. 예를 들어 Plutarch, *Nicias* 3.7, Seneca, *Ben.* 4.11.3을 보라. 여기서 수혜자가 인간적으로 답례할 수 있는 가능성이 없을 때, 그는 신들에게 자신이 받은 호의를 대신 갚아줄 것을 간청한다. 소렉은 팔레스타인 유대인들이 베푸는 자선의 동기 안에 하나님이 (죽음 이후에) 베풀어주실 보상이 포함되어 있다는 사실을 바르게 강조한다. 그러나 로마의 시혜 제도에서 확인되는 것처럼 현세에서 보상으로 인정받는 것이 그런 기대보다 훨씬 더 중시되었다. S. Sorek, *Remembered for Good: A Jewish Benefaction System in Ancient Palestine* (Sheffield: Sheffield Phoenix, 2010).

하나님의 축복을 받게 된다고 반복적으로 강조되고 있다(신 14:29; 15:4-5, 10; 24:19 등). 따라서 가난한 자들이 받은 선물에 견줄 만한 것으로 답례할 수 없다고 해도, 그들에게 선물을 주는 행위에 답례가 없는 것은 절대 아니다. 왜냐하면 **하나님으로부터** 오는 답례에 대한 기대가 그 행위를 뒷받침하고 정당화하기 때문이다.[119] 마찬가지로, 토빗서를 보면, 가난한 자들에게 필요한 것을 주라는 지침은 으레 보답에 대한 약속으로 뒷받침된다. 주는 행위는 "네가 곤경을 당하게 되는 날을 대비하여 좋은 보물을 쌓아두는 일이 되고"(4:9. 이는 아마도 인간적 답례에 대한 기대를 의미함), 그리고 틀림없이 하나님의 보답을 받게 될 것이다. 가난한 자들을 외면하지 않으면 하나님도 그들을 외면하지 않으실 것이다(4:6). 만약 네가 (너의 품꾼을 공정하게 대함으로써) 하나님을 섬긴다면, 하나님이 네게 갚아주실 것이다(4:14). 구제는 죽음에서 건져내고 모든 죄를 깨끗이 한다(12:9; 14:10-11).[120] 다시 말해 슈워츠의 주장과 달리, 가난한 자들에게 베푸는 유대인의 행위는 호혜성에 대한 기대로 완전히 사로잡혀 있으며, 이 행위의 독특한 요소들을 정당화하는 것은 "반(反)호혜주의" 정신(ethos)이 아니라, 호혜의 정신이 하나님이 주시는 호혜에 대한 기대로 조절되었다는 것이다.

이러한 유대교 관념은 답례가 결여된 "순수" 선물 정신에 의해서가

119 유대 전통 안에서 행해지고 기대되었던 자선 및 신적 보상에 관한 최근의 논의에 대해서는 G. A. Anderson, *Charity: The Place of the Poor in the Biblical Tradition* (New Haven: Yale University Press, 2013)을 보라. 유대 전통에서 선물 수여의 "끝없는 순환"에 하나님이 참여하신다는 사실은 J. Leithart, *Gratitude: An Intellectual History* (Waco: Baylor University Press, 2014)에서 강조되고 있다. 레이하르트가 말하는 것처럼 "하나님이 보상하실 것이라는 약속은 갚을 능력이 없는 자에게 자비를 베푸는 이스라엘의 경제관에 영향을 미쳤다"(61).

120 참조. 집회서 12:2. "하나님을 공경하는 자에게 선을 행하라. 그러면 보상을 받을 것이다. 그들이 보상하지 않더라도 지극히 높으신 이가 틀림없이 보상해주실 것이다." 집회서 저자는 또한 선물의 세심한 분배도 강조한다. "하나님을 공경하는 자에게 베풀고, 죄인은 도와주지 말라. 겸손한 자에게 선을 행하고 경건치 않은 자에게는 주지 말라"(12:4-5).

아니라, 하나님이 확실히 주시는 답례에 대한 강조로 뒷받침된다.[121] 유대인들은 비유대인들보다 거지들에게 필요한 것을 줄 가능성이 더 높았다. 이는 유대인들이 답례에 관심이 없었기 때문이 아니라, 그들이 더 강력한 관념적 근거를 갖고 거지가 아닌 하나님이 주시는 답례를 기대했기 때문이다.

1.2.5. 선물 문제에 대한 스토아적 해결책

선물에 대한 고대의 철학적 논의 가운데 가장 완전한 형태로 지금까지 존재하고 있는 예는 1세기 중반에 세네카가 저술한 『자선에 관하여』(De Beneficiis)로, 이 저술은 총 7권으로 구성되어 있다.[122]

황제의 "친구들" 중 한 명이었던 세네카는 엘리트적 입지에서 글을 쓰면서 선물, 접수, "이익"에 대한 답례(beneficia, munera, officia, dona)를 분석

---

121 이와 같이 하나님을 면류관, 돈, 혹은 공적 선언보다 더 큰 보상의 궁극적 원천으로 생각하는 것에 대해서는 Josephus, *Apion* 2.217-218을 보라. 이 사실은, 비록 유대교의 명예형식이 그리스-로마 문화의 그것과 동일할 수는 없을지라도(예. 수여자의 입상[立像] 제작을 거부하는 것), 그 형식이 **간단히 말해서** 명예나 답례의 포기를 가리키지 않는다는 것을 분명히 밝힌다. 하나님의 보상에 대한 기대는 받은 자선에 대응하여 동일하게 답례할 수 없는 가난한 자를 덜 비참하게 만들 수 있었다. 바튼의 지적처럼 고대에는 답례 없는 선물은 일반적으로 환영받지 못했는데, 그 이유는 그 선물이 수혜자를 계속해서 열등한 지위에 두기 때문이다(Barton, *Roman Honor*, 225). 하지만 수혜자가 적어도 수여자를 "축복할" 수 있다면, 하나님께 필요한 답례를 제공해주실 것을 기대할 수 있다.

122 이 작품의 문학적 전임자들─이들 대부분에 관하여 우리는 이름만 알고 있다─에 대한 개관은 다음을 보라. B. Inwood, "Politics and Paradox in Seneca's *De Beneficiis*," in A. Laks, M. Schofield, ed., *Justice and Generosity: Studies in Hellenistic Social and Political Philosophy* (Cambridge: Cambridge University Press, 1995), 242-243. 이와 관련된 아리스토텔레스와 키케로의 논문은 위의 책에 언급되어 있다. 『자선에 관하여』의 저술 연대(기원후 56-64년 사이)에 대해서는 M. Griffin, *Seneca: A Philosopher in Politics*, 2판 (Oxford: Clarendon Press, 1991), 399-400을 보라. 서론과 새로운 번역에 대해서는 *Seneca: On Benefits*, trans. M. Griffin, B. Inwood (Chicago: University of Chicago Press, 2011)을 참조하라.

하고, 주로 자신의 사회적 수준에서 사례들을 끌어낸다.[123] 그럼에도 불구하고 세네카가 묘사하는 호의와 봉사는 의도가 다양하다. 왜냐하면 그의 연구 대상이 어떤 하나의 사회제도가 아니라 "인간 사회를 연결하는 주된 요소"(quae maxime humanam societatem, 1.4.2)인 자발적 상호 교환의 전체 체계이기 때문이다.[124] 이 체계에 대한 세네카의 관점은 스토아적 관점인 것이 분명하며, 세네카의 권고가 그의 동시대 사람들의 의견을 대표한다고 여긴다면 이는 실수일 것이다. 오히려 그의 주장은 다음과 같은 세 가지 요소의 조합으로 이해되어야 한다.

(i) 선물-호혜성에 관한 대체로 공통된 가정을 선택적으로 재진술하는 것
(ii) 선물 교환의 문제점들에 대한 지능적 분석
(iii) 선물 교환의 문제점에 대한 특유의 스토아적 해결책 제공(이 해결책의 목표는 모든 사람의 유익을 위해 이익 교환 체계를 운영하는 것)[125]

---

123 그에 따라 우리는 로마의 귀족들이 법적 도움, 땅의 분배, 명예, 유산, 정치적 진보, 그리고 꽤 큰 재정적 보조와 같은 호의 행위를 행했다는 것을 매우 빈번하게 듣는다. 세네카의 사회적·정치적 입지에 대해서는 M. Griffin, "Imago Suae Vitae," in C. D. N. Costa ed., Seneca (London: Routledge & Kegan Paul, 1974), 1-38과 동 저자의 Seneca를 보라.

124 Griffin, "De Beneficiis"는 세네카가 다루는 범위가 후견인 관계를 포함하지만, 그 관계에 한정되지는 않는다고 바르게 주장한다.

125 로마의 엘리트 계층에서 나오는 이와 비슷한 진술들에 의존하는 그리핀의 다음과 같은 진술은 대체로 맞다고 할 수 있다. "세네카는 현실을 그릇되게 묘사하는 것이 아니다. 오히려 독자들에게 그들이 이미 공유하고 있었던 이상을 실현하라고 권면하고 있다"("De Beneficiis," 106). Inwood, "Politics and Paradox"는 세네카가 이 주제에 관해 스토아적 관점을 취하는 것(예. 그가 스토아적 역설을 두드러지게 사용하는 것)은 불가능할 정도로 높은 위치에 있는 이상을 제시하기 위한 것이 아니라, 통상적인 사회적 실천을 개선하기 위한 준거 틀을 제공하기 위한 것이라고 주장한다. 이에 더해 M. Griffin, "Seneca's Pedagogic Strategy: Letters and De Beneficiis," in R. Sorabji, R. W. Sharples, ed., Greek and Roman Philosophy 100 B.C.-200 A.D. (London: Institute of Classical Studies, University of London, 2007), 89-113을 보라.

우리는 이 각각의 요소들을 차례로 살펴볼 것이다.

세네카의 주장으로부터, 그리고 다른 본문들(문학적 및 비문학적 본문들)의 유사점으로부터 우리는 세네카의 『자선에 관하여』가 선물 상호 교환에 관한 많은 공통된 가정들을 재진술하고 있음을 알게 된다. 따라서 세네카는 선물 수여가 개인 윤리의 문제가 아닌 사회성의 문제(res socialis, 5.11.5)임을 당연시하고, 사람들을 빚이나 의무의 유대감으로 함께 묶는다 (그의 저술에는 동사 debeo와 obligo가 도처에 등장한다). 이 유대감의 강점은 선물이 어떤 형식으로든 보답되어야 한다는 강한(그러나 법적 강제는 없는, 3.6-17) 기대에서 비롯된다. "온 세상"은 배은망덕을 최악의 사회적 악덕으로 간주한다(3.1.1, 3.6.1-2). 세네카는 (크리시포스에게서 빌려온) 자신이 가장 좋아하는 한 가지 비유에서 선물 교환 체계를 공 잡기 놀이로 묘사한다. 이 놀이의 관건은 공(선물)을 계속 앞뒤로 순환시키는 것이다(2.17.3-5; 2.32.1; 7.18.1). 비록 세네카가 답례를 구성하는 것에 대한 특정 스토아적 정의를 제공하겠지만(아래를 보라), 그는 선물이 일방적인 것이 아니라 상호적이라는 가정을 모든 동시대인들과 공유하고 있다.[126] 세네카는 또한 다른 사람들과 마찬가지로 다음과 같이 강조한다. 즉 선물이나 호의가 어떤 의미에서 자발적으로 "자유롭게"(libenter, sponte sua) 주어질 때, 그리고 우호적 선의에서(a bona voluntate, 6.9.3) 주어질 때, 바로 이러한 때에만 선물과 호의로서 인정될 수 있다고 말이다. 동시에 그는 다른 사람들과 마찬가지로 선물이 "합당한" 수혜자에게 차별적으로 주어지는 것이 가장 좋다고 추정한다. 비록 세네카는 이런 개념에 약간의 스토아적인 뉘앙스를 부여하겠

---

126   세네카가 선물을 주는 것, 받는 것, 답례하는 것을 삼미신(three Graces)과 동일시한 후에 그 심상을 사용하고 있는 것(1.3.2)을 참조하라. 엥베르크-페데르센의 지적처럼 세네카의 설명이 모스가 확인하는 선물의 세 가지 "계기"와 정확하게 일치한다는 사실은 무척이나 흥미롭다. T. Engberg-Pederson, "Gift-Giving and God's Charis: Bourdieu, Senaca, and Paul in Romans 1-8," in U. Schnelle, ed., *The Letter to the Romans* (Lewven: Peeters, 2009), 95-111, 특히 98.

지만, 우리가 선물과 호의를 받기에 합당한 자(*digni*)를 선택해야 한다는 것은 기본이 되는 가정이다(1.1.2). 선물에 강한 의무적 성격이 부여되는 이유는 선물을 주는 행위 속에 자유와 인격적 선택이 결합되어 있기 때문이다 (1.7.1-3; 2.18.7-19.2). 세네카는 또한 선물이 지닌 힘에 대한 공통된 인식을 가정한다. 다시 말해 혜택을 베푸는 자들은 우월한 위치에 있으며, 그들의 수혜자들에게 모욕을 주거나 수혜자들의 심기를 불편하게 만드는 경향이 있다는 것이다(1.1.4-8; 2.4-5; 3.34.1).[127] 지위에 따른 이러한 힘의 차이로 인해, 수혜자는 종종 그리스-로마 문화에 기초한 경쟁 정신에 따라 먼저 받은 호의와 비슷하거나 혹은 그보다 나은 것으로 답례하려고 애쓴다(1.4.3-5; 3.36-38).

마지막으로 세네카는 선물 교환과 (대출 또는 판매시 발생하는) 상품-교환 사이에 일반적으로 느껴지는 유사점 **그리고** 차이점을 추정하고 발전시킨다. 빚과 호혜의 언어는 두 영역을 쉽게 비교할 수 있게 해주지만 선물 교환을 거래(*negotiatio*)나 대출(*feneratio*, 1.1.9; 2.31.2 등등)로 "환원"시키는 것도 부적절하다. 앞으로 살펴보겠지만, 세네카는 이러한 구분을 사용하여 선물-답례 개념에 독특한 스토아적 반전을 줄 수 있다. 하지만 여기서 그는 우호적 선물 교환과 "탐욕적" 금전 거래의 비인간적 계산, 이 둘 사이의 오래된 엘리트적 구분을 계속 유지한다(1.2.3; 3.15.4; 4.1). 그러나 세네카의 『자선에 관하여』는 당시의 일반적 관행과 신념을 묘사하는 것 그 이상의 것을 하도록 고안되었다. 즉 이 저술의 목적은 특히 선물 교환 체계 내에 서로 연관되어 있는 많은 역기능을 밝히는 것이다. 세네카의 인식에 따르면 선물 교환 체계의 동력, 즉 흔쾌히 선물을 제공하고자 하는 자선가의 의지는 수혜자가 적절한 답례로 보답하지 못하거나, 적절한 답례를 꺼려할 때 꺾이게 된다. 주는 것이 결실을 맺지 못할 때, 주려는 동기

---

127 이 점을 로마 사회 안의 통상적인 인식으로 보는 것에 대해서는 Griffin, "*De Beneficiis*," 102-104을 참조하라.

는 그냥 무너져 내릴 것이다.[128] 여러 방식으로 세네카는 당시에 통상적으로 행해지던 선물의 호의가 건강한 상호관계를 생성하지 못한다고―심지어는 파괴한다고―생각한다. 우선 그 책임의 일부는 현명치 못하게 (잘못 선택된 자들에게) 차별 없이(인격적 선의를 생성하지 못한 채), 또는 마지못해(감사가 아닌 원한을 유발하면서) 선물의 호의를 제공하는 이들에게 있다. 선물을 자기선전이나 그와 비슷한 이기적 목적을 위해 사용하는 자선가들, 그리고 자신들로부터 선물을 받은 자들을 끈덕지게 종용하는 자선가들 역시 선물 교환의 정신을 격하시키고 그 결과 선물 교환의 유익을 훼손시키는 데 책임이 있다(1.1.4; 2.11-13). 반면에 선물의 수혜자도 종종 잘못을 저지른다. 그들은 감사를 표현하는 데 주저하거나 더디며, 자신들이 받은 혜택을 자주 잊어버린다(2.26-28; 3.1-5). 때로는 자신들이 받은 혜택을 인정조차 안 하고, 힘이나 부의 불균형이 심한 경우 적절한 답례를 하지 못하는 자신들의 무능력에 절망하기도 한다(2.35.3). 선물은 어디서나 의무를 부여하기에, 수혜자들은 그들에게 사회적 빚을 의미하는 선물을 받지 않으려고 할 수도 있다. 이러한 상태에서 벗어나기 위해, 그들은 배은망덕하다는 평판과 빚진 수혜자라는 사회적 불명예가 두려워 지나치게 성급한 답례를 할 수도 있다(4.40.3-5; 6.41-43). 세네카는 자선 행위를 칭송하면서 자선 행위의 잠재력이 고갈되거나 나빠질 위험을 날카롭게 의식하고 있다. 그의 『자선에 관하여』는 아마도 모든 시대를 통틀어 선물 교환의 문제점에 대한 가장 완전하고 가장 예리한 분석일 것이다.

이러한 문제를 해결하는 데 있어, 세네카는 한쪽에서만 일방적으로 제공하는 선물을 옹호하지 않는다. 인간은 사회적 동물이고(7.1.17) 사회

---

128 이 문제는 1.1-3에서 즉시 강조되고 있고, 책의 앞부분(1-4권)에서 핵심적으로 다루어지는 기본 문제이며, 제7권의 마지막 부분에서 반복된다. 인우드는 이렇게 말한다. "첫 줄부터 제7권의 결론까지 세네카는 은혜를 갚지 못하는 것 그리고 은혜를 갚지 못하는 것이 자선을 베푸는 것에 미치는 영향, 곧 낙담케 하는 영향에 대해 끈질긴 관심을 두고 있다"("Politics and Paradox," 263).

는 이익의 상호 교환(*beneficiorum commercio*, 4.18.1-4)으로 구성되기 때문에, 세네카가 생각하는 이상(ideal)은 인격적 고립도 아니고 답례가 없는 선물도 아니다. 그의 이상은 관련 당사자들 사이의 우정과(2.18.5; 6,16) "공익"을 위한(7.16.2) 보다 더 나은 호혜성이다. 세네카는 자신의 논지를 위해 독특한 스토아적 가치 이론을 사용하고 있는데, 이 이론에 따르면 유일하게 참된 "선"은 덕스러운 것인 반면(*honestum*, 5.12.5), 일반적으로 "선"으로 간주되는 다른 모든 현상은 단지 선호되는 것으로 다시 설명된다. 여기서 세네카가 논지에 더하는 것이 눈에 띈다. 그것은 스토아적인 가치 이론이다. 이 이론에 따르면 유일하게 참된 "선"은 덕을 갖춘 것(*honestum*, 5.12.5)이며, 반면에 일반적으로 "선한 것"으로 간주되는 다른 모든 현상은 단순히 선호될 수 있는 것으로 재차 설명된다(1.7.2). 따라서 세네카에게 자선의 본질은 자선의 **내용**, 곧 한 당사자가 다른 당사자에게 전하는 호의(favor)나 선물에 있는 것이 아니라, 그 호의(favor)나 선물에 담겨 있는 **선의**다. 스토아 사상가로서 세네카의 주요 초점은 사물(*res*)이 아니라 정신(*animus*)에 있다(2.34-35, 6.2.1).

자선에 있어서 중요한 것은 **무엇**이 주어지는가 혹은 주어지는 것의 가치가 얼마인가가 아니라(이는 금전적 크기에 의해 좋은 것 혹은 나쁜 것으로 결정될 것이다), **어떻게** 주어지는가다(1.5.3). 인간관계는 바로 이렇게 가장 깊은 수준에서 가장 강력하게 형성된다. 이와 동시에 그리고 같은 이유로, 답례에 있어서 중요한 것은 답례로 무엇이 주어지는가가 아니라 받는 자의 감사하는 태도다. 스토아 사상가들은 모든 사물의 기원을 정신적인 것(*animus*, 2.31.1)으로 돌리기 때문에, 이익으로 간주되는 것은 답례로 주어지는 외적 선물이 아니라 내적 가치, 곧 감사다. "선물"에 대한 스토아 사상의 이와 같은 재평가가 물리적 혜택을 구성하고 있는 물질적·사회적·정치적 호의를 **전적으로** 무시하는 것은 아니다.

그리고 이러한 재평가는 교환되는 혜택과 완전히 무관한 수준에서 작용하지도 않는다. 그러나 이 재평가는 그러한 것들이 계속 교환되고 있는 체계의 문제점을 완화시키는 방식으로 제공된다.[129] 따라서 혜택의 수여자들은 가장 먼저 **감사**를 이끌어내는 것에 관심을 가져야 한다. "답례"에서 감사는 확실히 필수요소다(익명의 수여는 예외적으로 드문 경우에만 고려될 뿐, 이상적이지 않다; 2.10.1-4). 이는 무엇보다도, 혜택의 수여자들이 후하게 주되 반드시 분별력 있게 주어야 함을 의미한다. 물리적 선물을 (그것이 눈에 띄지 않는 곳에) 무작위로 뿌려버리거나 혹은 배은망덕한 것으로 알려진 자들에게 닥치는 대로 주는 것은 의미가 없다. 대신 우리는 "합당한 자"를 선택해야 한다. 여기서 합당한 자란 후하게 답례할 수 있는 부자가 아니라 충성과 감사를 보여줄 수 있는 도덕적으로 가치 있는 자를 의미한다(1.2.1; 1.15.3; 3.14.1-2). 세네카는 여기서 신중한 균형을 옹호한다(모든 덕은 수단이다; 2.16.2). 우리는 여기서 지나치게 까다로워서는 안 된다(세네카는 혜택을 제한하려는 것이 아니라 장려하길 원한다). 신들처럼 우리는 배은망덕한 자들에게도 그리고 실망한 이후에도 관대하게 베풀어야 한다(1.1.9-10). 반면에 우리는 감사할 가능성이 있는 자에게 선물을 주기 위해(또는 최소한 합당하지 못한 자에게는 가치가 떨어지는 선물을 주기 위해; 1.10.4-5, 4.9-11) 신중히 판단(*iudicium*) 해야 한다. 만일 신들이 모든 이에게 어떤 복을 베푼다면, 이는 태양과 비처럼 **오로지** 모든 사람에게 동시에 주어질 경우에만 선한 사람도 받을 수 있는 몇몇 복들이 존재하기 때문이다(4.28). 제대로 주어진 선물이란 눈에 띄고 지속되도록 고안된 가시적 선물일 것이다(1.3.5). 그런 식으로 수혜자는 항상 감사하는 마음을 가질 것이며, 이것이 진정한 선물의 의미다(1.12.1-2; 2.11.5).

---

129 덕의 수준(**영혼**[정신, *animus*]으로서의 수여) 그리고 교환되는 대상(사물[*res*]로서의 수여)의 관계에 대해서는 Inwood, "Politics and Paradox"를 보라. 특히 핵심이 되는 두 본문 5.12-17과 2.31-35의 면밀한 분석을 보라. 비록 사회적 규범에 의해 요구되는 물질적 교환이 엄격하게 은혜(*beneficium*)의 한 부분으로 언급되지 않는다 해도(은혜는 그것이 없어도 온전할 수 있다), 관련된 행위자가 가능한 한 **영혼**의 선한 의지를 동반해야 한다는 것은 그 교환의 추가적인 요소다.

자선의 수여자(giver)가 항상 물리적(res) 답례를 찾지 못하도록 막기 위해 세네카는 유명한 역설을 사용한다. 곧 자선가는 자신이 준 선물을 즉각 잊어야 하고, 수혜자는 항상 그것을 기억해야 한다는 것이다(20.10.4). 자신의 저서 마지막에서 세네카는 이것이 어느 정도 과장된 표현임을 인정한다(7.22-25). 여기서 세네카가 공격하고 있는 진정한 표적은 자신이 준 선물에 관하여 계속 떠벌이는 경향, 혹은 자신의 명예를 강화하고 선물의 수혜자를 모욕하며, 어떤 물질적 답례를 촉구하려는 욕망이다. 같은 맥락에서 세네카는 어떤 이익(utilitas)을 위해 행해지는 자선을 비판한다. 우리는 오로지 주는 것 자체의 선을 위해(1.2.3), 다시 말해 자신의 유익이 아니라 수혜자의 유익을 위해 주어야 한다(4.1-15).[130] 이 주장은 상거래 언어로 가득 차 있으며, 자선 행위를 대출, 판매, 또는 다른 "탐욕적" 거래와 뚜렷이 대조시킨다(4.1; 4.13.3). 그러나 이익(utilitas)의 포기가 단순히 답례의 포기를 의미하는 것은 아니다. 왜냐하면 감사가 답례로 추구되기 때문이다. 덜 엄격한 방식하에서, 세네카는 자선 행위(benefaction)가 행위자와 수혜자 **모두에게** 유익이 될 경우, 이 자선 행위가 감사를 통해 인정받게 됨을 허용할 수 있다(2.15.1; 6.12-24).

여기서 요점은 자선 행위가 다른 사람에게 유익을 주고자 하는 진정한 욕구(voluntas)로부터 분출된다는 것이다(2.35.1). 수여자가 물질적 답례를 받게 될 때 그는 매우 행복해야 한다(2.17.7). 물질적 답례가 선물을 "더럽히는" 것은 아니다. 그렇다고 해서 물질적 답례를 요구해서는 안 되며, 그런 답례를 염두에 두고 선물을 주어서는 안 된다. 중요한 것은 정신

---

130 비록 *utilitas*(유용성)가 종종 "사적인 이익"으로 번역되기는 해도(예. 그리스어와 라틴어의 고전 대역 문고인 Loeb Classical Library의 Basore의 번역), 이 용어는 물질적 혜택과 특별한 공명을 이룬다. 예를 들어 세네카는 주는 행위에서 오는 만족감이나 이런 미덕을 행사할 때 생기는 다른 어떤 혜택을 부인하지 않는다. 이 부분(4.1-15) 전체의 주된 목표는 쾌락이 모든 인간적 활동의 목표라는 에피쿠로스적 주장이다.

(*animus*) 곧 수혜자를 향한 선의(*benevolentia*)다.[131]

같은 이유에서 수혜자에게 가장 중요한 일은 감사다. 감사하는 자는 이미 답례를 한 것이다(2.31-35). 의식적으로 역설적인 이 진술의 목표는 다음과 같이 주장하는 것이다. 받은 혜택을 인정하지 않는 것에 대해서는 핑계가 있을 수 없고(물질적 보답을 할 수 없다고 해도 **누구나** 감사는 할 수 있다: 7.16.1-4), 또 충분한 답례를 할 수 없다고 해서 좌절할 필요도 없다고 말이다(2.35.3-4). 답례가 가능한 경우에는 답례의 선물이 주어져야 한다 (2.31.4-5). 이런 의미에서 감사는 빚에 대한 첫 할부금과 같다(2.22.1). 하지만 세네카의 주장에 따르면 감사는 빚의 유일한 **본질적** 부분이며, 받은 자가 빚을 졌다고 느낄지라도, 그는 이러한 느낌으로 인해 심적으로 눌리거나 불안해하지 않는다 (2.35.5). 세네카의 스토아적 권면은 미묘하지만 현실적이고, 복잡하지만 실천을 위해 고안되었다.[132] 세네카의 권면은 개인의 영혼(psyche)과 사회의 복지, 이 둘 모두를 위협하는 문제를 이해하고 **해결**하고자 하는 스토아적 목표의 훌륭한 사례.

혜택(*beneficium*)의 의미를 정교하게 다듬어보려는 세네카의 철학적 관심은 우리가 이 책 전반에 걸쳐 추적해볼 경향, 곧 선물(또는 은혜)의 관념을 다양한 형태로 "극대화"하려는 경향과 관련하여 다수의 사례를 제

---

131   T. Engberg-Pederson, "Gift-Giving and Friendship: Seneca and Paul in Romans 1-8 on the Logic of God's χάρις and Its Human Response," *HTR* 101 (2008), 15-44, 특히 18-22의 훌륭한 분석을 보라. 엥베르크-페데르센은 세네카가 (선의를 가진) 받는 편의 이익과 선물교환 체계가 적절히 작용하는 데서 오는 이익을 결합시킨다는 점을 지적한다. 후자의 이익은 "전체 체계 속에서 어떤 사익"을 허용하는 것이다(21). 이에 따라 엥베르크-페데르센은 세네카의 "유용성"(*utilitas*) 거부와 "순수 선물"의 현대적 개념 사이를 바르게 구분한다(이에 대해 아래의 1.3을 보라).

132   이에 따라 인우드는 다음과 같이 바르게 주장한다. "세네카는 명백하게 역설적이고 엄격한 윤리적 전제와 함께 시작하지만, 사회적 사상에 중요한 공헌을 하려는 입장에서 결론을 내린다. 하지만 그 과정에서도 여전히 스토아 사상의 전문적 입장과 일치를 유지한다." Inwood, "Politics and Paradox," 258.

공한다.[133] 몇 가지 요소가 선물의 주제를 세련되거나 과장된 형태로 묘사하는 경향에 기여한다. 첫째, 세네카는 철학자로서 종종 애매한 말들의 의미를 구별하려고 노력하고(예. 5.12-17), 그에 따라 그 말의 "실제"(real) 의미를 그 말이 일반적으로 가볍게 쓰이는 용법과 구별하는 것을 즐긴다. 따라서 세네카에게 "선물"은 물리적인 것(res)이라기보다는 마음의 의도(animus)다. 둘째, 세네카는 수사학적 극성의 힘을 이용하는 데 숙달되어 있다. 선물을 금전적 거래와 구별하기 위해 부단히 노력하는 가운데, 세네카는 이 두 거래 영역들 사이의 거리를 벌리고 선물을 "탐욕적" 거래의 함의들로부터 "정화시킨다." 셋째, 세네카는 자주 신들에 관련된 유비(analogies)를 사용하는데, 이 신들은 모방의 본보기로 간주된다. 대상에 제한이 없고 물질적 답례를 요구하지 않는 신들의 은혜에 대해 말할 때, 완전한 선물의 개념화는 극단으로 치닫는 경향을 보일 것이다. 그러므로 세네카는 선물에 관한 고대의 "극대화"에 대해 몇 가지 좋은 사례를 제공한다. 우리는 그 속성들을 제2장에서 분류할 것이다. 그러나 한 가지 놀라운 점은, 세네카가 선물 개념화와 관련된 모든 극단적 속성들(extremes)에 있어서 일방적이고 답례가 없는 선물을 **결코** 이상화하지 않는다는 것이다.

그는 답례를 특수한 방식(주로 감사 그 자체)으로 파악하지만, 사회적 유대를 창출하는 것이 선물의 요지라는 고대의 일치된 가정을 그대로 보존하고 있다. 따라서 **선물의 적절한 표현은 상호 교환이다.**

---

133   "극대화"(perfection)의 개념에 대해서는 이 책 제2장을 보라. 거기서 우리는 『자선에 관하여』(De Beneficiis)에서 나오는 몇 가지 사례를 다시 다룰 것이다.

1.3. "순수한" 서구 선물의 등장

위(1.1.1)에서 언급한 것처럼 모스는 세월이 흐르면서 선물의 의미가 변화하는 방식에 관심을 갖기 시작했다. 선물의 의미 변화는 경제적 변화(예. 화폐의 발명)와 다른 거래 방식(시장교환, 계약, 세금 등)과 비교되는 선물의 사회적 위상의 변화와 연관되어 있다. 모스의 영향으로 인해, 아주 단순화된 진화론적 내러티브를 말하는 것이 흔한 일이 되어 버렸다. 이 내러티브에 따르면 시장의 성장으로 인해 선물이 그 중요성을 잃게 되고, 현대사회의 감상적 주변부로 후퇴하게 되었다. 모스 이후로 이 진화론적 내러티브는 대개 엄격한 도덕적 어조를 취하고 있다. 그리고 이 내러티브는 오로지 실리적 이기심에 의해 "냉정하고 계산적인" 이득을 추구하는 가운데 연대성과 전통적인 관대함을 상실해버린 것을 한탄한다.[134] 그러므로 역사가들은 선물에서 시장으로의 "전환"이 서구 문명의 역사 가운데 언제 발생했는지 논쟁할 수 있었고, 11세기와 19세기 사이에 발생했다고 대답할 수 있었다.[135] 최근의 학자들은 "선물"과 "상품"이 상호 배타적이지 않다는 올바른 주장을 펼쳤다. 이 두 가지 상호작용 방식은 중첩되거나 상호 침투할 수 있으며(예. 급여에 "상여금"이 추가되듯이), 동일 항목이 거래의 한 형태에서 다른 형태로 이동할 수 있다.[136] 가족이나 친구들 사이의 조건 없는

---

134   예를 들어 Mauss, *The Gift*, 83-91을 보라. 이곳의 어조는 Godelier, *Enigma of the Gift*, 204-210에서 계속된다.

135   예를 들어 중세 시대에 대해서는 G. Duby, *The Chivalrous Society*, trans. C. Posten (Berkeley: University of California Press, 1977)을, 19세기에 관해서는 K. Polanyi, *The Great Transformation: The Political and Economic Origins of Our Time* (Boston: Beacon Press, 1944)을 보라. 근대 초기 변천사에 관한 역사가들의 논쟁에 대해서는 I. K. Ben-Amos, *The Culture of Giving: Informal Support and Gift-Exchange in Early Modern England* (Cambridge: Cambridge University Press, 2008), 1-4를 보라.

136   "선물"과 "상품"을 절대적으로 대조시키는 것은 크리스토퍼 그레고리(*Gift and Commodities*, 100-101; 위의 각주 52를 보라)가 제공한 이상적 유형의 정의(definition)에 의해 촉발되었다. 그러나 크리스토퍼 그레고리 자신은 품목들이 한쪽 형태에서 다

선물 및 상호 봉사는 선진 자본주의 사회에서도 시들지 않았다. 그럼에도 불구하고 현대 서구 사회에서는 선물이 이전 시대와 다른 그리고 더 제한된 역할을 맡고 있는 것이 분명하다. 이러한 변화는 선물의 이념적 구성에 중대한 변화를 동반한다. 우리의 목적을 위해, "순수" 선물의 개념, 곧 의무로부터 이상적으로 "자유롭고 **답례의 기대 없이** 일방적으로 주어지는 선물 개념의 출현을 추적하는 것이 특별히 중요하다. 앞에서 본 것처럼 고대에는 선물에 의무가 동반되고 그것이 어떤 형태의 답례를 이끌어내야 한다는 것이 당연한 것으로 받아들여졌다. 물질적인 답례를 부인하거나(아리스토텔레스) 물질적 이익을 경멸한(세네카) 철학자들조차도 선물/자선(benefactions)이 필연적으로 답례의 상호관계 속에 포함되는 것으로 간주했다. 그들에게는 일방적 선물의 현대적 이상화가 존재하지 않았다. 그런데 이 일방적 선물의 현대적 이상화는 특히 종교적 담론에서 "이타주의"라는 현대적 관념을 강하게 지지하고 있다. 이런 이념이 고대의 증거에 대한 우리의 이해에 영향을 미치는 경향을 감안해볼 때, "순수 선물" 관념의 기원을 추적하는 것은 중요하다. 일단 "순수" 선물을 문화적 산물로 이해하면, 우리는 이 순수 선물을 전형적인 선물의 자연적 혹은 필수적 구성으로 받아들이고 있는 현대적 경향에 저항할 수 있게 된다.

1.3.1. 선물 교환의 지속적인 방식

중세 유럽의 선물 교환에 관한 최근 여러 가지 연구들은 다양한 사회 문화적 맥락 내에 존재하는 여러 종류의 선물에 미묘한 관심을 기울이면서, 모든 사회적 수준에서(그리고 사회적 계층 전반에 걸쳐) 선물의 지속성 및 중

른 쪽 형태로 이동하는 방식에 주목했다. 중세 시대에 선물과 상품 사이의 혼합과 서로 겹치는 모호한 영역에 대해서는 예를 들어 다음을 보라. W. Davies, Fouracre, ed., *The Languages of Gift in the Early Middle Ages* (Cambridge: Cambridge University Press, 2010).

요성을 강조하고 있다.[137] 선물이 "일반적으로 사회적 관계와 어떤 형태의 상호관계(호혜성, reciprocity)를 함축하고 있었다"[138]는 것은 분명하고, 추구되거나 표현되는 관계에 따라 선물의 종류와 크기도 다양했다. 선물과 시장 판매 사이의 경계가 완벽히 구분되었던 것은 아니지만, 이 두 거래방식의 구별은 일반적으로 명확했다. 달리 말해, 판매에 대한 보수는 즉각적이고 확실하며 계산이 가능했지만, 선물은 지속적인 관계 곧 답례가 불확실하고 답례가 있다 해도 종종 원 선물과 어울리지 않는 그런 관계를 촉진했다. 선물은 조화뿐만 아니라 갈등을 일으킬 수 있으며, 어색한 사회적 상황에서 선물 교환은 다양한 선물 및 비선물 용어를 사용하는 그런 형태가 아닌 하나의 거래 형태로 협상될 수도 있다. 그러나 "뇌물"을 가리키는 특수한 어휘는 없었는데, 이는 "선물"이 이미 정치적 의사결정이나 판결에 영향을 미치고 있었기 때문이다. 법정에서 선물의 영향을 제한하기 위해 갖은 노력을 했음에도 불구하고 말이다. 중세 시대에는 교회에(또는 하나님께) 바치는 기부가 선물 수여의 중요한 영역이었지만, 이러한 기부 역시 답례에 대한 암묵적(때로는 명시적) 기대와 함께 작용했다. 하나님과 인간 사이의 지위적 차이와 하나님의 자족성으로 미루어볼 때, 하나님이 인간의 선물에 대해 어떤 의무를 갖는다는 것은 있을 수 없는 일이었다. 하지만 사람이 현세에 또는 더 중요하게는 내세에 (자기나 다른 사람을 위한) 어떤 보상을 바라고 "하나님과 거래"할 수 있다는 것은 분명했다.[139] 2000년에 출간된 제몬 데이비스의 유명한 저서 『16세기 프랑스

---

137 예를 들어 Algazi, Groebner, and Jussen, ed., *Negotiating the Gift* 그리고 Davies, Fouracre, *Languages of Gift*를 보라.

138 Davies, Fouracre, *Languages of Gift*, 246에서 인용된 위컴의 설명을 보라.

139 Davies, Fouracre, *Languages of Gift*, 244-245에 나오는 위컴의 다음과 같은 결론을 보라. "신학자들이 무엇을 생각하든지 간에 사람들은 안전의 느낌을 바랐으며, 하나님과 거래할 수 있을 것으로 생각했다. 8세기의 그레고리우스 예식서가 '주여, 우리가 당신에게 제공하는 성체를 받아주시고 이 거룩한 거래(*sancta commercio*)를 통해 우리의 죄의 사슬을 끊어주소서'라는 구절을 포함시킬 수 있었던 것으로 미루어볼 때, 교회의 지배적 계

에서의 선물』이 보여주고 있듯이, 근대 초기 유럽 역시 공식적·비공식적 선물 교환의 특징을 갖고 있었다. (다양한 종류의) 선물은 판매 혹은 세금과 구별되었지만, 계속해서 자발적인 것으로 그리고 의무를 주고받는 것으로 남아 있었다. 이는 모스가 이전 맥락에서 언급했던 바로 그 조합이다. 제몬 데이비스의 지적처럼, 선물이 시장의 규칙성과 계산을 벗어난 선택의 문제로서 "자유롭게" 주어졌다고 주장하는 것이 중요했다. 그러나 선물을 받은 자가 답례는 아니더라도 최소한 감사를 요구 당하는 의무 아래 놓인다는 사실도 관련된 모든 당사자들에게 분명했다. 즉 "하나의 호의가 또 다른 호의를 낳는다." 그리고 "제대로 건네진 것은 절대로 사라지지 않는다."[140] 제몬 데이비스의 추적에 의하면, 정치를 왜곡시키는 선물의 위력에 대한 염려가 16세기에 증가했다. 적어도 **왕**은 사법 및 정치 관료들을 통제하는 일에 염려가 컸는데, 이는 관료들의 충성심이 힘 있는 지역 유지들로부터 받는 선물로 약화될 수 있었기 때문이다. 제몬 데이비스는 또한 왕이 원하는 대로 베풀 수 있었던 권리가 16세기와 관련된 토론의 주제가 되었음을 지적한다. 어떤 견해에 따르면 왕의 절대 주권은 바로 **공로와 상관없이** 선물을 줄 수 있는 권리를 통해 정확하게 입증되었다. 공로와 상관없는 선물은 "주권적 은혜" 개념과 연결되는데, 우리는 칼뱅 신학에서 이 주권적 은혜에 해당하는 것을 발견하게 될 것이다(아래 3.4를 보라).[141]

근대 초기 영국에서의 선물 패턴을 추적해보면 비슷한 이야기가 드러난다. 그 당시에 선물은 사회의 모든 계층에 퍼져 있었고, 자선 기부도 감소되지 않았으며, 설령 감소했다고 해도 가난한 자를 보호하기 위한 공

층이 부분적으로 그런 견해에 동조했던 것은 틀림없다."

140   N. Zemon Davis, *The Gift in Sixteenth-Century France* (Oxford: Oxford University Press, 2000), 20(프랑스 속담). "의지와 의무 둘 다는 자선의 선물을 행하려는 정신을 고취시키는 역할을 수행하도록 기대되었다"(24).

141   제몬 데이비스는 다른 맥락에서 칼뱅을 논의한다(*The Gift*, 190-203). 우리는 그것을 아래서 살펴볼 것이다. 왕의 권력과 "뇌물"의 영향력에 대해 142-166을 보라.

공제도를 통해 이내 활성화되었다. 그리고 우정과 후견의 결속은 사회 발전을 위한 구조, 즉 상업, 정치, 교회 속에 계속 침투해 들어갔다(우리의 관점에서 볼 때, 당시 상업, 정치, 교회는 모두 심하게 "부패해 있었다"). 가난한 자들에게 베푸는 자선은 물질적 답례를 받지 못했지만, 이러한 자선은 일반적으로 미덕과 명예의 문제로 통했다.

심지어 "익명의" 선물도 고인의 장례 추모사에서 꼼꼼히 회상되었다.[142] 자선의 수여는 자발적이고 인격적인 특징을 유지했고, 지속적인 관계를 표현했으며, 사회 예절의 "수준 높은 표현"으로 간주되었다. 비록 답례가 명확하게 정의되지 않았고 확실하지 않았지만, 그럼에도 답례는 강하게 기대되었다. 왜냐하면 선물이 복지와 사회적 성공에 필요한 교환을 제공하면서 중요한 사회적 유대 관계로 계속 기능했기 때문이다.[143]

1.3.2. 현대의 사회적·이념적 변화

선물이 현대 서구문화에서 여러 방식으로 계속 번성하고 있지만, 선물의 작용과 개념이 지난 몇 세기 동안 현저히 바뀌었다는 사실을 부인하기는 어려울 것이다. 많은 사회적·정치적·경제적 요소들이 결합되어 이러한 변화를 초래했다. 그러나 우리는 여기서 이 변화를 심층적으로 분석할 수는 없다.[144] 요약하자면, 우리는 도시화, 이주, 대량 생산의 영향을 지적할

----

142 Ben-Amos, *Culture of Giving*, 242-276은 선물의 공개성과 익명성 사이에 놓인 긴장을 서술한다. 마 5:16은 전자를, 마 6:1-4은 후자를 정당화한다(답례는 거부되지 않고 하나님으로부터 주어질 것으로 기대된다). 벤-아모스 역시 자긍심으로 내면화된 명예와 함께, 자선에 대한 답례로서의 명예 및 공적 존경의 지속적인 중요성을 강조했다(195-241).

143 "예절과 적합성"(appropriateness)의 용어를 코드로 사용한 압축된 설명을 다음에서 보라. A. Appadurai, ed., *The Social Life of Things: Commodities in Cultural Perspective* (Cambridge: Cambridge University Press, 1986), 25.

144 이러한 발전과정을 추적하려는 시도에 대해서는 예를 들어 J. G. Carrier, *Gifts and Commodities: Exchange and Western Capitalism since 1700* (London/New York: Routledge, 1995) 그리고 J. T. Godbout, A. Caillé, *The World of the Gift*, trans. D.

수 있는데, 이러한 영향은 점점 더 "소외되고 있는" 개인들 사이에서 사회적 유대 관계의 수와 범위를 감소시켰거나, 적어도 생필품을 위해 가족 및 이웃의 관계에 의존하는 정도를 낮추었다. 동시에 중앙집권 국가의 힘과 권한의 증가로 인해 선물을 필수적이거나 합법적인 관계로 보는 범위가 제한되었다(그러나 선물 교환은 이렇게 제한된 범위 밖에서 여전히 성행했다). 지방세와 국세가 가난한 사회계층을 지원하는 데 사용되면서 "자선"의 패턴이 지역기관으로부터 대규모의 국가 혹은 국제 원조기구로 옮겨졌다. 그래서 공적 평판의 한 형태인 "답례"가 수혜자의 관점에서 볼 때 익명으로 그리고 인격적 관계와 무관한 자선의 형태로 이루어지는 것은 이제 거의 불가능하다. 비인격적 국가 관료체제가 필수 공공 서비스(폭력으로부터의 보호, 건강 보험, 교육 등)를 떠맡게 되었고, 이 국가 관료체제는 생존이나 진보를 위해 선물이 필요한 삶의 범위를 줄여놓았다. 더욱이 민주주의는 중앙집권 국가에게 공공 서비스 영역(이 공공 서비스 영역은 "객관적으로" 규제되고 공로에 기반을 두고 있다)에 대한 통제권을 부여했다. 그 결과 정치적 결정을 좌우할 수 있는 선물의 힘("뇌물")도 점차 단속의 대상이 되었다(이러한 단속의 성공은 그 정도에 따라 다양했다).[145]

우리는 앞에서 이미 5세기 아테네에 "이익 충돌"의 가능성이 있었음을 지적했다(1.2.1을 보라). 이 이익 충돌의 가능성은 이제 국가권력 대 가족(혹은 친구)에 대한 선물의 의무, 이 둘 사이의 싸움에서 핵심 쟁점이 된다. 지금은 대규모 공공영역에서의 발전으로 인해 사회는 더 이상 우정이나 후견 관계에 의존하지 않는다(또는 의존하지 말아야 한다). 심지어 사업

Winkler (Montreal: McGill-Queen's University Press, 1998)를 보라. 현대의 선물 개념에서 "이익"과 "대가 없음"의 차이에 대해서는 A. Caillé, *Don, intérêt et désintéressement* (Paris: La Découverte, 1994)를 보라.

145 현대 국가의 중앙집권적·독점적·비인격적 권력의 역할에 대한 분석은 M. Weber, *Economy and society: An Outline of Interpretative Sociology,* trans. Fischoff 외 (Berkeley: University of California Press, 1978)를 보라. "뇌물"의 역사에 대해서는 J. T. Noonan, *Bribes* (New York: Macmillan Press, 1984)를 보라.

도 "선물"과 "뇌물"의 회색지대에서 법률의 적용을 받는다. 이와 같은 깊은 사회적 변화는 선물의 범위를 제한할 뿐만 아니라 선물의 정체성도 바꾸어놓는다. 사회 거래의 방식들이 분리되어가는 과정에서, 선진 자본주의 사회의 선물은 이제 사회적 또는 금전적으로 필수적인 지원을 거의 제공하지 않는다. 선물이 단순히 상징적 역할(우정을 보존하고 인간관계를 감미롭게 하는 역할)을 담당하는 경우도 빈번한데, 이 상징적 역할에서 답례는 더 이상 필요하지 않다. 자선이 기본 필요를 공급하기 위해 운용되는 경우, 이 자선은 답례를 원하는 경우에도 답례가 불가능한 비인격적 채널을 통해 이루어진다. 모스의 "총체적 체계"와 거리가 먼 현대사회는 사적 선물을 공공 영역으로부터 분리하고, 인격적 선물을 시장의 비인격적 운용과 분리한다. 판매와 선물의 구분은 현대에 이르러 나타난 현상이 아니지만(이 구분이 그리스-로마 시대에 발생했던 현상임을 이미 지적했다), 이 두 거래 방식 사이의 간극은 단순한 구분이 아니라 이념적으로 양극화될 정도로 크게 벌어진 것이 틀림없다. 시장은 개인주의, 합리적 선택, 그리고 이익의 실용적 고려사항 측면에서 검토되고 분석된다. "선물의 경제"는 이와 정반대되는 특성 곧 연대, 정서, 사심 없음과 연계되어 있다. 따라서 패리가 주장했듯이, "대가를 바라지 않는 선물 관념은 순전히 이익을 위한 교환 관념과 병행하여 출현한다." 그리고 두 관념 모두 중요한 의미에서 **"우리의 발명품"**이다.[146] 결정적으로, 시장은 상호 교환(대가를 얻기 위한 과정)과 관련이 있는 반면, 선물은 **답례의 부재** 또는 **비교환**과 관련이 있다. 이것은 고상한 선물 대 "탐욕적" 거래라는 고대의 대립개념을 넘어서는 중요한 발전이다. 왜냐하면 앞서 보았듯이, 이 고대의 대립개념에서는 선물과 거래가 똑같이 상호 교환의 체계로 추정되었기 때문이다. 오직 현대에

---

146 Parry, *The Gift*, 458 (강조는 원저자의 것임). 이 논문은 선물에 관한 현대적 설명에 중요한 영향을 미쳤다.

만 답례 없는 선물의 이상(理想)이 나타난다.[147] 위에서 언급한 사회적 변화와 함께, 우리는 패리의 분명한 대립 개념에 크게 기여한 새로운 선물 관념(이 관념은 특별히 개신교에 기원을 두고 있다)을 추적할 수 있다. 기독교 전통은 유대교로부터 다음과 같은 노력, 즉 종교적 경건 과 윤리를 한데 묶고 이로 인해 특별히 종교적 기준 틀 안에서 선물 수여를 조망하려는 노력을 물려받았다. 또 기독교 전통은 (신약성서가 설명하고 있는 동일한 성서적 근거에 의거하여) 다음과 같은 유대교의 인식, 즉 답례하지 못하는(또는 답례할 수 없는) 자에게 주는 선물은 곧 하나님께 드리는 것이라는 인식, 혹은 이러한 선물 수여를 통해 적어도 이러저러한 형태로 하나님으로부터 보상을 받을 것이라는 인식도 물려 받았다.[148] 따라서 초기 기독교에서 중세에 이르기까지 지속적으로 표현되고 있는 자선에 대한 권고 및 동기에는 하나님으로부터 주어질 답례에 대한 소망이 담겨 있다.

교회와 가난한 자들에게 주는 헌물/선물은 그것이 땅의 축복이든 영혼의 구원이든 관계없이 어떤 보상을 가져오는 것으로 기대될 수 있었다. 오래된 프랑스 속담은 이렇게 말한다. "누구든지 주면, 하나님이 그에게 주신다."[149] 제몬 데이비스는 다음과 같은 칼뱅의 시도를 추적했다, 즉 칼뱅이 가톨릭의 "호혜성" 개념과 개신교의 "무대가성" 개념을 대조하면서 하나님과의 호혜주의(그리고 좀 더 나아가 동료 인간들 사이의 호혜주의)에 관한

---

147 Leithart, *Gratitude*, 143은 이 문제를 이렇게 요약한다. "시장 경제를 순전한 사적 이익의 영역 안에 위치시킨 후에, 17-18세기의 정치·경제 이론가들은 그와 반대로 순수한 이타적 자비를 사회적 관계의 영역으로부터 멀어지게 만들었다."

148 위의 1.2.4를 보라. 이 주제에 대한 신약성서의 표현으로는 마 6:1-4; 25:31-46; 눅 6:27-36을 들 수 있다.

149 "Qui donne Dieu luy donne" (Zemon Davis, *The Gift*, 18 그리고 228 n. 2에서 인용). 가난한 자에게 자선을 베풀 때(하나님으로부터 오는 보상 외에 다른 어떤 것도 기대하지 않으면서), 그리고 예배 시에 헌금을 내고 **영혼을 위해** 교회에 헌물을 바칠 때, 하나님으로부터 오는 답례를 기대하게 되는 것에 대해서는 Davis, *The Gift*, 83, 167-182을 보라. 초기 그리스도인이 남에게 베풀 때 하나님으로부터 오는 "답례"를 기대하는 것에 대해서는 예를 들어 제2클레멘스의 여러 곳을 보라.

이러한 관념을 깨뜨리려 했다는 것이다.[150] 그런데 한 가지 중요한 점에 있어서 칼뱅의 대조는 틀린 것 같다. 칼뱅은 실제로 하나님을 향한 감사의 답례를 크게 강조하면서, 그리스도의 측량할 수 없는 선물에 대한 보답으로 우리 모두 순종하는 삶과 거룩한 삶이라는 빚을 하나님께 지고 있다고 특별히 언급한다.[151] 그러나 이렇게 말하는 것이 맞다. 즉 종교개혁자들이 많은 노력을 기울여 하나님께 드리는 답례를 미래에 하나님으로부터 선물이나 호의를 얻기 위한 수단으로서가 **아니라** 완전하고 모든 것을 충족시키는 선물을 받은 우리가 한결같이 보여야 하는 유일한 반응으로 파악했다고 말이다. 그런 의미에서 인간의 찬양과 순종은 개신교 신학에서 결코 **수단이** 아니며, **반복 가능한** 선물-답례 패턴의 일부도 아니다. 마르틴 루터(1483-1546)는 이러한 관념적 단절의 설계자였고, 많은 면에서 "가장 순수하게" 이 관념적 단절을 대표하는 인물이었다. 아래에서(3.3) 더 깊이 분석하겠지만 루터는 인간과 하나님 사이의 관계 구축을 반복되는 선물-답례의 순환으로 보는 것에 이의를 제기했고, 그래서 인간의 공로 개념을 하나님으로부터 혜택을 이끌어내려는 수단이라고 반박했다. 루터의 신학은 **선물**을 중심으로 한다. 그가 말하는 선물이란 그리스도의 삶, 죽음, 부활 속에서 분명히 그리고 단번에 표현된 하나님의 선물(은혜)을 말하고, 자유롭게 주어지는 기독교적 봉사를 통해 다른 사람들에게 전해지는 그리스도의 선물/관용을 뜻한다. 오랜 세월에 걸쳐 형성된 전통에 반대하며 루터는 미사를 말씀과 성례 가운데 은혜를 받아들이는 예식으로 재정립했다. 미사가 하나님으로부터 유익(자신 또는 남을 위한 유익)을 얻기 위해 하나님께 바치는 제사가 아니라는 것이다. 다시 말해 하나님은 자유롭게 그

---

150   Zemon Davis, *The Gift*, 190-203.

151   아래의 3.4 그리고 특별히 다음을 보라. B. A. Gerrish, *Grace and Gratitude: The Eucharistic Theology of John Calvin* (Minneapolis: Fortress Press, 1993). J. T. Billings, *Calvin, Participation, and the Gift: The Activity of believers in Union with Christ* (Oxford: Oxford University Press, 2007).

리고 아무런 조건 없이 주신다. 그리고 믿는 자들도 이와 같이 해야 한다. 루터는 그리스도를 본받는 것, 더 나은 표현을 빌리자면, 그리스도-사건의 역동성에 참여하는 것을 크게 강조했다. 곧 믿는 자들은 (루터의 말처럼) 서로에게 "그리스도들"(Christs)이 되어야 하고, 그리스도의 무조건적인 사랑을 다른 이들에게 전해야 한다(아래 3.3.2를 보라). 루터에게 극히 중요한 것은, 이 무조건적 사랑이 어떤 보상이나 답례에 대한 계산 없이 행해지는 것이다. 이 사랑은 사심 가득한 혹은 도구적인 사랑이 아니다. 믿는 자는 "자기 자신이 아니라 오로지 남을 위해 살며…이웃의 필요 및 이익 외에 그 어떤 것도 고려하지 않는다."[152] 이렇게 자신을 내어주는 희생정신 역시 중요하다. 봉사는 마지못해 하거나 의무적으로 해야 하는 것이 아니라, 유쾌하고 기꺼이, 그리고 자유롭게 제공되어야 한다. 달리 말해 선물 수여는 순수한 행위이자 대가를 요구하지 않는 행위다. 또 선물 수여는 그리스도께서 이미 모든 것을 주셨다는 사실로 인해 무언가를 취할 필요로부터 해방된 행위이며, 타인에 대한 순전한 관심을 통해 이기주의적 태도로부터 자유롭게 된 행위다.[153] 이 전통은 임마누엘 칸트(1724-1804)가 그의 도

---

152   *Fredom of the Christian, LW* 31, 364-365.

153   멜란히톤(1497-1560)은 골 1:4의 주석에서 이러한 일방적 선물의 원리에 대한 한 가지 멋진 사례를 제공한다. "골로새 교인들은 성도들에게 선을 행할 때, 마치 자기가 돈을 빌려준 것처럼 작은 호의로 큰 유익을 사는 방식으로 행하지 않는다. 반면에 세상은 더 돌려받으려는 희망을 갖고 관대함을 베푼다. 속담에 있듯이 모든 선물은 탐욕이다. 마르티알리스의 적절한 표현에 따르면 '선물은 낚싯바늘과 같다.' 그러나 성도들이 선을 행하는 것은 그것이 하나님께서 원하시는 것임을 알고 있고, 하나님의 뜻을 약속된 상급보다 더 소중히 여기기 때문이다. 성도들의 행동은 답례로 어떤 것을 얻으려는 마음으로부터 촉발되는 것이 아니다. 왜냐하면 성도들은 모든 것이 이미 값없이 주어진 것을 알고 있기 때문이다. 그 모든 것은 어떤 인간적 공로를 통해 얻을 수 없으며, 인간적 공로는 그것에 대한 적절한 가치가 될 수도 없다.…따라서 상급의 크기가 골로새 교인들로 하여금 선을 행하게 한 것이 아니다. 그들은 더 충분한 복을 받으려 했던 것도 아니다. 그들은 자신들이 이미 매우 큰 복을 받았다고 믿고 있었고, 그에 따라 감사하는 마음을 하나님께 보여주기를 갈망했을 뿐이다." Melanchthon, *Paul's Letter to the Colossians*, trans. D. C. Parker (Sheffield: Almond Press, 1989), 34. 이 인용문에 관심을 갖게 해준 스티븐 체스

덕철학에서 다루고 있는 보편적 윤리 이상의 입장으로 옮겨졌다. 칸트의 정의에 따르면 미덕의 의무(곧 윤리)는 외적으로 부과되는 것이 아니고, 오로지 순수이성에 기초하여 **자유롭게 선택된** 제약을 조성한다. 이러한 의무는 신중한 고려사항에 의해 행하여지는 것이 아니라, 의무 그 자체를 위해 수행되어야 한다. "의무를 위한 의무라는 사고는 의무를 준수하는 모든 행동에 충분한 동기부여가 된다"(『도덕 형이상학』 6.393).[154] 핵심 의무는 자기완성(eigene Vollkommenheit)과 타자의 행복(fremde Glückseligkeit)이다. 결정적으로, 순전히 도덕적 의미에서의 자기 행복을 제외한 그 외 다른 의미에서의 자기 행복은 핵심 의무가 아니다. 따라서 우리는 다른 사람의 행복을 자기 자신의 행복을 얻기 위한 수단으로 삼아서는 안 된다. 의무는 답례에 대한 기대 없이 수행되어야 하는 것이다. "자선을 베푸는 것, 즉 자기가 가진 수단에 따라 어떤 답례도 바라지 않고 곤경에 처한 타자의 행복을 증진시키는 것은 모든 사람의 의무다"(6.453). 그 결과 자신에게 주어지는 유익은 우연의 산물로서 의무의 도덕적 범위 밖에 존재한다(그 유익은 신중히 고려할 만한 가치는 갖고 있지만 도덕적 가치는 갖고 있지 않다). 칸트는 선물이 선물의 수혜자에게 의무를 부과하고, 이 수혜자를 선물의 수여자에 비해 낮은 위치에 놓이게 할 수 있다는 사실을 잘 알고 있다. 하지만 그는 이 사실에 대해 도덕적 차원에서의 불편함을 느낀다. "우리가 베푸는 호의에는 타자의 행복이 우리의 관대함에 의존한다는 사실이 함축되어 있고 이로 인해 그 타자가 굴욕감을 느끼기에, 우리는 다음과 같은 의무를 갖게 된다. 즉 우리는 우리의 도움이 그에게 당연한 것처럼, 또는 단지 사랑의 작은 봉사에 불과한 것처럼 행동해야 하며, 그에게서 굴욕감을 덜

터(Stephen Chester)에게 감사한다.

154 나는 이 말을 M. Gregor: E. Kant, *The Metaphysics of Morals* (Cambridge: Cambridge: Cambridge University Press, 1996 [원본: 1797-1798])의 번역판에서 인용했다. 이어지는 인용문은 "Part Two: On Duties of Virtue to Others"에서 발췌한 것이며, 페이지 번호는 AK(독일어)판을 따랐다.

어주고 그의 자존감을 유지해주어야 한다"(6.448-449). 여기서 분명한 것은 개인의 자존감이 사람들을 하나로 묶어주는 관계의 의무보다 더 중요하다는 사실이다.

부자는 "타인을 속박하려는 어떤 모습이라도 신중하게 피해야 한다." 그렇지 않을 경우, "그 부자가 그 타인에게 베푼 유익은 참된 유익이 되지 못할 것이다." 부자는 상대에게 의무를 지우지 않도록 모든 수단을 강구해야 한다. 가능하다면 "완전히 비밀리에 자선을 실천하는 것이 더 좋을 것이다"(6.453). 따라서 칸트는 다음과 같은 선물, 즉 일방적이고 의무를 부여하지도 않고 되도록이면 익명으로 주는 선물에 대하여 강력한(그리고 종교와 쉽게 분리되는) 관념적 지지를 피력한다. 여기는 분명 세네카의 주장과 공통되는 주제들이 있다(세네카의 저작은 르네상스 이후의 유럽 사상에 큰 영향을 미쳤다). 다른 무엇보다도 미덕을 위한 미덕이라는 개념이 칸트와 세네카 사이에서 매우 유사하게 나타난다. 그러나 양자의 차이는 선물이 어떻게 전혀 다른 맥락 속에서 작용하는지를 보여준다. 앞에서 보았듯이(1.2.5) 세네카의 관심은 상호 답례의 선물을 통용시킴으로써 우정이라는 사회적 관계를 촉진하는 것이었고, 그래서 의무와 답례는 사회를 응집시키는 본질적 요소로 간주되었다. 반면에 칸트는 자율적 개인의 도덕적 청렴(integrity) 및 자존감을 우선시 한다. 칸트에 의하면 비록 사회는 여전히 서로 돕는 공동체의 특성을 갖고 있지만(6.453), 선물이 야기하는 의무를 축소하고, 나아가 제거하는 것이 도덕적으로 바람직하다. 사회적 관계를 구성하거나 강화시키는 선물의 기능을 언급하지 않더라도, 선물은 도덕적으로 가치가 있는 것으로 간주될 수 있다. 따라서 칸트는 일방적 선물을 정당화하고, 이 일방적 선물에 도덕적 이상이라는 보편적 정의(definition)를 부여한다.

이러한 관념이 위에서 개괄한 사회 구조적 발전 내에서 영향력을 발휘하게 될 때, "무상(無償)"으로 주어지는 선물을 칭송할 수 있는 조건들이 마련된다.

여기서 "무상"이라는 말은 선물이 자유롭게 의지적으로 주어진다는 의미와 더불어, 선물이 어떤 답례도 기대하거나 바라지 않는다는 새로운 의미를 지닌다.[155]

1.3.3. 현대의 "순수" 선물 개념

위에서 간단히 설명한 주장은 "순수" 선물이라는 현대적 관념이 특정한 역사적·문화적 형태에 대한 복합개념으로, 이것이 곧 현대 서구의 발명품임을 시사한다. 패리의 주장처럼 "시장에서 제약이 없고 자유로운 매매계약을 하는 사람은 또한 시장 밖에서도 제약이 없고 자유로운 선물을 주고받는다. 그러나 이러한 선물들은 시장의 거래관계가 아닌 것, 곧 이타적이고 도덕적이며 감정이 가득한 것으로 정의된다." 이러한 관념적 양극화에서, "**선물 교환**—이 안에서 사람과 사물 그리고 이익과 이익에 대한 무관심이 합쳐진다—은 다음과 같은 대립으로 분열된다. 즉 선물과 교환의 **대립**, 사람과 사물의 **대립**, 이익과 이익에 대한 무관심 사이의 **대립**이다."[156] 선물 인류학과 그리스-로마 시대의 증거를 통해 보았듯이, 사회적 관계를 창조하고 재생산하는 선물의 전통적 역할은 선물이 의무를 만들어내고 답례를 기대한다는 사실을 수반한다. 이는 선물의 전통적 역할로 인해 이익에 대한 무관심과 자기 유익에 대한 이기심이 현대의 범주를 혼란케 하는 방식으로 뒤섞여 있음을 의미한다. 순수 "이타주의"(이 용어는 19세기에 프랑스에서 만들어짐)라는 이상(理想)은 그런 전통적 요소들의 억압을 필요로 한다.[157]

그래서 누낭(Noonan)은 "수혜자에게 어떤 의무의 이행도 부과하지

---

155   이 주제에 관한 더욱 상세한 칸트 해석에 대해서는 Leithart, *Gratitude*, 154-160을 보라.

156   Parry, "*The Gift*," 466, 458 (강조는 원저자의 것임).

157   "이타주의"(프랑스어 altruisme)는 콩트(A. Comte, 1798-1857)가 만들어낸 말로서 그때 콩트의 표어는 "타인을 위하여 살라"(*vivre pour altrui*)였다. *Oxford English Dictionary*, *s.v.*를 보라.

않는" 선물을 "이상적인 사례"로 제시한다. "선물을 받은 자의 감사는 상호 속박의 망령에 불과하다. 선물이 강압적으로 작용한다는 것은 선물을 준 자에게 불쾌하고 고통스러운 일이며, 의도된 관대함을 파괴한다. 선물이 자유롭게 주어질 때, 이 선물은 수혜자를 자유롭게 해 준다."[158] 유사 맥락에서 하이드(Hyde)는 선물과 시장경제를 양극화하고 이 둘을 다음과 같이 상호 연관 짓는다. 정서적인 것 대 비인격적인 것, 역동적인 것 대 정적인 것, 관대한 것 대 이익을 축적하는 것, 과도한 것 대 모자라는 것. 이러한 여러 양극성들에 공통으로 스며 있는 또 다른 양극성은 자유 대 의무다. 선물이 의무를 부여하는 것으로부터 완전히 벗어날 수 없다면, 최소 둘 이상의 수여자들을 거쳐 선물이 건네지게끔 만들어 모든 직접적인 답례를 차단함으로써 선물에 대한 의무가 "사라지도록 하는 것"이 최선이다.[159] 이 관념이 많은 종류의 "선물"이 발생하는 현대 서구의 사회적 맥락에 어떻게 부합하는지 파악하는 일은 쉽다.[160] 대규모 비영리 단체를 통해 전달되는 자선 기부의 경우, 일반적으로 기부자와 수혜자는 서로 모르는 사이이고, 기부자는 수혜자로부터 어떠한 답례도 받지 못한다. 선물에 대한 답례가 있을 경우 (크리스마스 때나 직장 등에서), 선물은 대체로 단지 상징적 의미를 지닌다. 이런 답례는 경제적 혹은 사회적 생존에 좀처럼 필수적인 것이 아니므로 쉽게 사소한 것으로 치부된다. 자선 재단이나 부유한 개인이 "선한 대의"를 지지하는 현대적 형태의 "시혜"(euergetism)에서, (일반적으로 명예의 형태로 주어지는) 답례는 답례의 형태로서 거의 인지되지 않

---

158 Noonan, *Bribes*, 695.

159 L. Hyde, *The Gift: Imagination and the Erotic Life of Property* (New York: Vintage Books, 1979). "보이지 않게 된" 선물에 대해서는 16쪽을 보라.

160 현대의 자선(philanthropy)에 대한 분석, 그리고 현대의 자선과 선물 인류학의 관계에 대한 분석은, 예를 들어 다음의 연구들을 보라. D. J. Cheal, *The Gift Economy* (London: Routledge, 1988). I. Silber, "Modern Philanthropy: Reassessing the Viability of a Maussian Perspective," in W. James, N. J. Allen, ed., *Marcel Mauss: A Centenary Tribute* (New York: Berghahn Books, 1998), 134-150.

는다. 그래서 선물은 여전히 일방적 거래로 개념화될 수 있다. 이상적 선물은 익명으로, 일방적으로, 사심 없이 건네지는 선물이다. 이 경우 그 어떤 답례도 불가능하며 기대되지도 않는다. 티트머스의 유명한 헌혈 분석은 이 특별한 형태의 선물을 현대적 패러다임의 수준으로 높여놓았다.[161]

물론 모든 선물이 사심 없는 선물인 것은 아니고, 그럴 수도 없다. "순수" 선물 이론("이상향을 품고 있는 이론")[162]과 함께, 선물이 수혜자에게 의무를 부여하고 답례를 기대한다는 깊은 인식이 존재한다.[163] 후견, 호의, 우정의 선물은 계속해서 의무적·호혜적 관계를 창조한다. 몇몇 국가가 사업과 정치 분야에서 선물이 오가는 것을 엄격히 제한하는 이유는 바로 그런 역학관계를 인지하고 있기 때문이다. 그런 선물들은 의심을 사는데, 그 정확한 이유는 그것들이 지니고 있는 의무 부과의 힘 때문이다. "공짜 점심이 없다"는 건 누구나 아는 사실이다. 어떤 경우에 답례는 시간적으로 지체되거나 전혀 다른 종류로 주어져서 호혜성이 가려질 수도 있다. 호혜성이 그 자리에서 동시에 발생하는 경우(예. 크리스마스 선물 교환과 같은), 이 호혜성은 일방적인 선물에 상응하는 표현으로 여겨질 수 있다. 항상 그렇듯이, 표현의 개발 및 조작은 똑같은 거래를 "선물"의 영역 안에 넣거나

---

161 R. M. Titmuss, *The Gift Relationship; From Human Blood to Social Policy* (London: George Allen & Unwin, 1970). 티트머스의 결론은 자발적 헌혈(영국)이 실제로 매혈(미국)보다 의학적으로 더욱 안전했다는 것이다. 이 결론은 의료윤리 분야에서 이타주의 관련 논쟁에 폭넓은 영향을 미쳤다. 티트머스의 지적처럼 헌혈도 필요한 경우 혹은 어쩔 수 없는 경우에는 보상(레비스트로스의 정의처럼 일반화된 상호답례의 형태)의 희망을 통해 동기를 부여할 수 있다. 그러나 알지 못하는 사람에게 피를 "값없이 수여하는 선물"에는 "어떤 형식적인 계약도 없고…권력, 지배, 구속, 또는 강제의 상황도 없으며…감사에 대한 명령도 없고…보상이나 답례의 선물에 대한 명확한 보증이나 기대도 없다"(89).

162 Godelier, *Enigma of the Gift*, 208.

163 현대적 연대성의 형식들 안에서 행해지는 선물의 사회학적 분석에 대해서는 A. E. Komter, *Social Solidarity and the Gift* (Cambridge: Cambridge University Press, 2005)를 보라.

뺄 수도 있다. 캐리어의 언급처럼, 일반적으로 "명확히 표현되어 있는 문화적 가치 수준에서의 완전한 선물은 대가 없이 주는 선물일 것이다. 자선이 문화적·구조적 기대 수준과 일상적 행위 수준에서 생성해내는 의무는 강한 것일 수 있다."[164] 선물 수여의 예절은 언제나 섬세하다. 그러나 (현대적) 이상과 지속적 현실 사이의 이러한 괴리는 특정 서구 발전의 산물로 보인다.

이 괴리를 분석하려는 두 개의 이론적 시도는 완전히 사심 없는 선물에 대한 현대의 유혹을 반영한다. 위에서(1.1.2) 지적했듯이, 피에르 부르디외는 모든 선물 수여에 수반되는 구조적 "자기기만"을 분석하면서 "이익"과 "이익에 대한 무관심(disinterest)" 사이의 대립을 가정한다. 선물은 애매한 것이라고, 또 선물에는 "이중 진리"가 존재한다고 생각하면서, 그는 아래와 같이 주장한다.

> 한편으로 선물은 사욕, 이기주의적 계산의 거부, 그리고 관대함의 고양으로 경험된다(또는 의도된다). 곧 값없이, 대가를 바라지 않는 선물로 경험된다. 다른 한편으로 선물은 교환논리에 대한 인식과 억압된 충동에 대한 고백을 완전히 배제하지 못하거나 간헐적으로, 관대한 교환이 지니고 있는 또 다른 진리(그러나 부정되고 있는 진리)를 비난한다. 곧 선물의 구속적이고 대가를 치르게 하는 특성이 완전히 배제되지 않는다.[165]

부르디외는 선물의 이런 이중성이 선물과 답례 사이의 시간적 지연

Carrier, *Gifts and Commodities*, 157.

Bourdieu, "Marginalia—Some Additional Notes on the Gift," in A. D. Schrift, ed., *The Logic of the Gift*, trans. R. Nice (London: Routledge, 1997), 231. 이 논문은 Bourdieu, *Outline of a Theory*, 171-197 그리고 동 저자, *The Logic of Practice*, trans. R. Nice (Stanford: Stanford University Press, 1990), 98-121에서 탐구된 주제들을 요약하고 발전시킨다.

에 의해 생성되므로, 선물의 두 성향이 각각 독립적으로 이익에 완전히 무관심한 행위로서 나타난다고 주장한다. 이와 연관된 "잘못된 인식"이 반드시 의식적인 것은 아니지만, 이 잘못된 인식은 인격적 혹은 집단적 자기기만(이 기만은 선물 수여라는 노동의 일부다)의 깊은 차원에서 작용한다. 이런 관점에서, "이익에 완전히 무관심한" 선물은 사실 "객관적" 차원에서의 사심 가득한 권력 행위다. 그러나 사회는 사회 자체의 유익을 위해 달리 생각할 필요가 있다. 철학 차원에서, 이상과 현실 사이의 이러한 긴장은 자크 데리다가 제시한 매우 영향력 있는 선물 분석의 중심이 되었다. 데리다는 한편으로 선물이 필연적으로 답례와 의무가 특징인 순환 "경제" 안에서 작동한다고 생각한다. 그러나 그는 다른 한편으로 선물을 (경제적 교환과 반대되는 개념으로서의) **선물**로 만드는 것이 다음의 사실, 곧 선물은 **되돌아오지 않는다**는 사실이라고 생각한다. 다시 말해 "선물은 순환되지 말아야 하고, 교환되지 말아야 한다"는 것이다.[166]

> 선물이 존재하기 위해서는 호혜성, 보답, 교환, 답례 선물, 또는 빚이 있어서는 안 된다. 만약 다른 사람이 내가 그에게 주는 것을 내게 **되돌려주거나** 그렇게 해야 한다면, 또는 내가 그에게 준 것으로 인해 그가 내게 빚을 지게 된다면, 선물은 존재하지 않을 것이다. 그 반환이 즉시 행해지든, 아니면 오랜 시간의 지체나 시간적 간격을 두고 복잡한 계산을 통해 행해지든 관계없이 말이다.[167]

데리다는 이 생각을 논리적 한계까지 밀어붙이면서, 어떤 종류의 답례이건 선물을 파괴하거나 무효화시킬 것이라고 주장한다. 만약 수혜자

---

166   J. Derrida, *Given Time*, 제1권, *Counterfeit Money*, trans. Kamuf (Chicago: University of Chicago Press, 1992), 7.

167   Derrida, *Given Time*, 제1권, 12 (강조는 원저자의 것임).

가 자신이 받은 선물을 선물로 **인정한다면**(선물에 대한 감사는 말할 것도 없을 것이다), 만약 주고받은 선물이 수여자 혹은 수혜자에게 **선물로 비춰진다면**, 만약 수여자가 자신이 준 선물을 선물로 **알고 있거나 그렇다고 의도하고 있다면**(그래서 자축을 통해 보상을 받는다면), 만약 주고받은 선물이 어느 한편 당사자에 의해 의식적 혹은 무의식적으로 **기억된다면**, 이 모든 경우에 주고받는 선물은 무효화되고 선물이기를 멈춘다.[168] 선물은 필연적으로 순환과 연관되어 있고 또 순환에 의해 파괴된다. 이로 인해 선물은 "불가능한 것"이 되고(불가능할 뿐만 아니라 "불가능한 것의 전형"이 된다),[169] 그 결과 선물은 해체의 특성인 불확정적 개방성을 명확히 드러내는 본질적 도구가 된다. 선물을 이렇게 정의한 후, 데리다는 모스의 "기념비적인 연구"가 "선물 이외의 모든 것을 말한다고 주장한다. "모스의 연구는 경제, 교환, 계약(*do ut des*, 네가 주기에 나도 준다)을 다루고, 투자, 희생, 선물 **그리고** 답례에 관해 말한다. 간단히 말해서, 모스의 연구는 선물을 촉진하고 **그리고** 선물의 폐지를 촉진하는 모든 것을 다루고 있다."[170]

데리다에 대한 신학적 반응은 선물의 불가능성에 대한 그의 주장을 거부하는 것에서부터 선물의 개방성 및 충만성(이것은 하나님과 동일시되는 개념이다)을 즐기는 것에 이르기까지 다양했다.[171] 이 중심 종교 주제에 대

----

168   Derrida, *Given Time*, 제1권, 13-18. "죽음의 선물"과 관련해서 계속되는 이러한 통찰에 대해 J. Derrida, *The Gift of Death*, trans. D. Wills (Chicago: University of Chicago Press, 1995)를 보라.

169   Derrida, *Given Time*, 제1권, 7.

170   Derrida, *Given Time*, 제1권, 24.

171   전자(선물의 불가능성에 대한 그의 주장의 거부)에 대해서는 J.-L. Marion, *Étant donné: Essai d'une phénoménologie de la donation*, 2판 (Paris: Presses Universitaires de France, 1997) 그리고 J. D. Caputo, M. J. Scanlon, *God, the Gift, and Postmodernism* (Bloomington: Indiana University Press, 1999), 54-78에 있는 데리다와 메리언의 대화를 보라. 둘 사이의 중대한 철학적 문제에 관해서는 R. Horner, *Rethinking God as Gift: Marion, Derrida, and the Limits of Phenomenology* (New York: Fordham University Press, 2001) 그리고 Leithart, *Gratitude*, 196-214를 보라. 후자(선물의 개방성과 충만함을 즐

한 데리다의 도발적 분석은 선물에 관한 현대 기독교 신학의 논의들이 쏟아져 나오는 데 분명 촉매제가 되었다. 그러나 이에 관한 사항은 여기서 조사할 수 없다.[172] 우리의 현재 목적을 위해 주목해야 할 것은 선물의 불가능성에 대한 데리다의 구성이 다음과 같은 전제, 곧 선물이 **정의상** 호혜나 답례로부터 자유로워야 한다는 전제에 근거하고 있다는 점이다. 그러나 내가 앞서 주장했듯이, 이러한 정의는 현대에 만들어진 것으로서 선물에 대한 자연적 혹은 필연적 해석은 아니다. 이익과 무관하고 답례로 오염되어 있지 않은 순수한 선물은 선물의 극단적 "극대화"로서 자유와 의무, 이익과 이익에 대한 무관심 사이에 존재하는 현대의 관념적 양극화를 반영한다. 인류학적 관점에서 볼 때는 "순수 선물이라는 개념조차 모순"이다. 왜냐하면 익명의, 답례가 주어지지 않는 선물은 연대를 강화하는 데 아무런 도움이 되지 못하기 때문이다.[173] 오랜 역사적·인류학적 관점에서 볼 때, 우리는 선물의 난제에 대한 데리다의 해결방안이 "선물과 전혀 무관하다"고 반박할 수도 있다. 어쨌든 우리는 부르디외와 데리다의 막대한

거워하는 것)에 대해서는 J. D. Caputo ed., *Deconstruction in a Nutshell: A Conversation with Jacques Derrida* (New York: Fordham University Press, 1997) 그리고 Caputo, Scanlon, *God, the Gift, and Postmodernism*, 185-222에 있는 카푸토의 논문 "Apostles of the Impossible: of God and Gift in Derrida and Marion"을 보라.

172 이것은 밀뱅크 그리고 "급진적 정통주의"와 관계된 다른 학자들의 중심 연구주제였다. 예를 들어 다음을 보라. J. Milbank, "Can a Gift Be Given? Prolegomenon to a Future Trinitarian Metaphysic," *Modern Theology* 11 (1995), 119-161 그리고 Milbank, *Being Reconciled: Ontology and Pardon* (London: Routledge, 2003). 선물 수여를 자원들의 통합(pooling)으로 재규정하는 매우 다른 신학적 관점에 대해서는 K. Tanner, *Economy of Grace* (Minneapolis: Fortress Press, 2005)를 보라. 나는 후속 저서에서 이 문제를 다시 다루게 되길 희망하는데, 나의 후속 저서는(이 책에서처럼) 신적 선물에 집중하는 것이 아니라 바울과 기독교 윤리에서 선물이 차지하고 있는 사회적 위상에 초점을 맞출 것이다.

173 Douglas, introduction to Mauss, *The Gift*, x. 더글러스의 관점에 따르면 "대가 없는 선물이라는 관념 전체는 오해에 기초하고 있다." 왜냐하면 "답례의 거절이 자선 행위를 모든 상호연대성 외부에 위치시키기" 때문이다(ix).

영향력에도 불구하고, 호혜성과 "사익"의 부재를 선물의 본질로 삼는 것이 자의적 처사임을 의식해야 한다.

1.4. 결론

선물의 인류학과 역사를 통한 우리의 여정은 이 책에 근본적으로 중요한 다수의 문제들을 명확히 밝혀주었다. 우리는 "선물"이라는 광범위한 인류학 분야가 자발적·인격적·지속적 특징의 경향이 있는 사회적 관계의 공통 분야에서 많은 종류의 봉사, 호의, 기부를 포괄하는 데 가치가 있음을 발견했다. 이러한 "선물"과 다른 거래 방식 사이의 관계는 시간이 지남에 따라, 그리고 문화에 따라 달라졌다(그리고 복잡한 형태의 협상에 개방적일 수도 있다). 그러나 우리는 선물의 의미 영역이 현대 서구문화가 정한 선물의 의미 영역보다 더 광범위할 가능성에 유념해야 한다. 인류학은 선물에 관한 어떤 단일한 "모델"이나 "본질"을 제공하지 않는다. 그러나 인류학은 선물이 사회적 유대를 창출하거나 재생산하는 데 중요한 역할을 할 수 있음을 시사한다. 또한 인류학은 다음과 같은 가정, 즉 선물이 상호관계 속에서 작동하고, 당사자들의 지위가 평등한지 불평등한지 그 여부에 관계없이 답례에 대한 기대와 의무를 수반한다는 (그리스-로마 세계와 관련하여 그 근거가 충분한) 가정을 제안한다. 당사자들의 지위가 불평등한 경우, 명예 형태로 주어지는 답례는 종종 근대 이전 사회에서 선물 관계의 본질적 요소로 발견되는데, 이는 사회적·정치적 권력의 차이를 표현한다. 우리는 다음과 같은 가능성, 즉 선물로 인해 자유 대 채무, 선택 대 의무, 이익 대 이익에 대한 무관심처럼 우리에게 익숙한 양극적 대립들이 마구 뒤섞여 결합될 수 있는 가능성에 주목했다. 이를 토대로, 우리는 선물과 관련하여 "순수한" 혹은 "대가성 없는"과 같은 수식어의 사용에 주의하거나 최소한 선물의 의미를 명확하게 정의해야 한다는 것을 배웠다. 특히 선물 인류학은 "순수" 선물 곧 답례 없는 선물의 개념이 역사적으로나 문화적으로 서구가 고안해낸 특정 발명품일 가능성을 제시했다.

따라서 이 책의 나머지 부분에서 우리가 연구할 내용을 포함하여 선물/은혜에 관한 모든 담론을 상황화하기 위해서는 역사적 관점이 필요하다. 그리스-로마 세계에 속한 바울의 문화적 정황을 조사하면서, 우리는 인간 당사자들 사이, 그리고 인간과 신들 사이에 존재하는 선물의 유형과 정황이 매우 다양함에도 불구하고 선물-답례의 보편적 의미에 주목했다. 선물로 확립되는 유대 관계의 중요성과 답례에 대한 기대가 갖는 중요성을 볼 때, 왜 선물 수여자가 선물을 차별적으로 그리고 적절하게 전달하기 위해 "가치" 기준을 활용하여 선별적으로 선물을 분배하는 일이 중요한지 납득이 간다. 우리는 그리스-로마 세계의 모든 곳에서 선물이 갖는 힘을 확인했다. 그 힘은 수혜자에게 의무를 지우고, 그 결과 경쟁관계에 있는 사적 의무와 공적 의무 사이에 예측 가능한 충돌을 초래한다. 우리가 제안했듯이, 선물-관계에 대한 유대교의 이해는 구조적으로 특별하지 않았다. 비록 **하나님으로부터** 오는 (현세나 내세에서의) 답례 개념을 통해, 너무 가난하거나 보잘것없는 존재여서 일반적으로 선물을 받기에 합당치 못한 자들로 간주되는 이들에게도 선물을 주는 것이 정당화될 수 있었지만 말이다. 자선의 사회적 문제 및 잠재력에 대한 세네카의 스토아적 분석은 선물이 건네지고 수령되는 **정신**에 대한 세련된 스토아적 집중을 보여주었다. 그런데 그의 스토아적 분석은 최소한 부분적으로는 선물의 물질성에 무관심했고 답례를 통해 얻을 수 있는 유익에도 무관심했다. 그러나 세네카조차도 답례 없는 일방적 선물을 장려하는 데는 관심이 없었다. 왜냐하면 자선의 전체 핵심은 상호적 사회관계를 조성하는 것(또는 지속시키는 것)이기 때문이다. 이번 장의 마지막 부분에서 우리는 "순수" 선물이라는 현대 서구 개념의 등장에 대한 몇 가지 설명들을 간단히 언급했는데, 이 개념은 그 뿌리를 사회적·경제적·정치적 변화와 선물의 관념적 재형성에 두고 있다. 이로 인해 우리는 현대 서구 해석자들이 선물과 은혜에 대한 토론에 쉽게 적용해버릴 수 있는 범주 및 가정들에 민감한 주의를 기울여야 한다. 그 범주와 가정들은 우리의 주제가 시간을 초월하는 형태가 아닌 문화적으로 상대적인 형태를 갖추고 있음을 나타낸다. 사회적 상호작용의 복잡하지만 핵심적 형태로서, 선물은 여러 가지 방식으로 성찰과 실험의 대상이 되어왔다. 우리는 이 책에서 하나님의 자선에 주로 초점을 맞출 것이지만, 인간적 수준에서 작동하는 선물 관련 가정(假定)들이 하나님의 선물에 대한 기대를 형성하기 쉽다는 것은 분명하다. 우리는 다음과 같은 가능성, 즉 선물과 연관된 이런저런 주제를 급진적 표현의 지점까지 끌고 감으로써 선물에 대한 "생각"을 극단에까지 밀어붙일 가능성에 대해, 특히 세네카 및 데리다(이 두 인물은 서로 확연히 다르다)와 연계하여 여러 측면에서 지적했다. 이 가능성은 완전히 차별 없이 주어지고, 판매나 대출과 철저히 구분되며, 답례가 절대로 없는 선물에 관한 것이다. 그리고 이런 선물들은 이와 관련하여 우리가 주목했던 몇몇 역사적·문화적 형태들에 속한다. 분석이 진행되기 전에 우리는 선물의 "극대화"에서 무슨 일이 발생하고 있는지, 그리고 이러한 현상이 취할 수 있는 다양한 형태들은 무엇인지 명확히 밝힐 필요가 있다. 이와 관련하여 명확한 분류 체계가 확립될 수 있다면, 이로 인해 우리는 서로 다른 본문들(그리고 같은 본문을 서로 달리 이해하는 해석자들)이 저마다 모두 선물이나 은혜에 대해 말한다고 주장할 수 있지만 왜 이 용어들의 개념 이해에 있어서는 저마다 큰 편차를 보이고 있는 건지 그 이유를 파악하는 데 도움을 받을 수 있을 것이다.

제2장

"선물 혹은 은혜" 개념의 극대화

선물이란 무엇인가? 무엇이 선물을 대부, 판매, 세금, 급여가 아닌 선물로 만드는가? 전형적인 선물 혹은 내용뿐만 아니라 형식에 있어서도 완벽한 그런 선물이 존재하는가? 만약 하나님이 완벽한 선물을 주신다면, 무엇이 하나님의 선물을 완벽하게 만드는가? 관련 용어로 말하자면, 무엇이 하나님의 "은혜"를 은혜롭게 만드는가? 실제로 "은혜"란 무엇을 의미하는가? 우리가 "값없이 주는 은혜", "순전한 은혜" 또는 "순수한 은혜"라고 말할 때 그 의미는 무엇인가? 은혜 개념을 그처럼 극대화된 어떤 형태로 이끌어갈 때, 우리가 의도하는 바는 무엇인가?

제1장에서 살펴본 것처럼 데리다는 다음과 같은 사실, 즉 선물이 항상 선물-답례 패턴에 따라 순환하지만, (그가 볼 때) 가장 순수한 본질의 선물은 **답례도 없고** 보상도 없다는 사실 속에서 하나의 역설을 규명했다 (1.3.3을 보라). "순수한 선물"을 논리적 극단까지 확장하면서 데리다는 답례의 **모든** 가능한 요소와 더불어, 심지어 감사와 자축, 그리고 받았다는 의식까지도 제거하고 싶었다. 데리다는 이런 "완벽한 선물"이 불가능하다는 것을 잘 알고 있었다. 그런데 완벽한 선물이라는 것도 분명 문제가 있는 개념이다. 왜냐하면 완벽한 선물은 사회적 연대를 창출하거나 강화시키는 데 아무런 기여도 하지 못하기 때문이다. 따라서 데리다가 말하는 선물의 "극대화"는 지적으로는 매력이 있지만 개념적으로는 모호하며, "선물"을 구성하는 요소와 관련하여 하나의 가능한 기준을 충족하는 반면 다른 기준은 무시해버린다.

세네카의 혜택에 대한 논의(위 1.2.5를 보라)는 다른 종류의 "극대화"(perfection)를 제기했는데, 그것 역시 매력적이지만 동시에 문제가 있는 것이었다. 데리다와 달리 세네카는 선물을 원칙상 답례가 없는 것으로 "극대화"하지 않는다. 그는 물질적 답례는 무시하지만, 선물이 (적어도) 선의와 감사의 상호관계를 생성해내길 원한다. 그러나 세네카는 다음과 같은 질문, 곧 선물이 **모든 사람에게 주어질 때** 가장 완벽한 것인지, 다시 말해 최고의 자선에는 경계도, 사전 조건도 없는 것인지에 관하여 질문한다. 우리는 신들이 자신들의 무한한 자원을 통해 모든 사람에게 항상 후하게 베풀어줄 것을 기대한다. 확실히 신들이 베푸는 이런 관대함의 본질은 완전한 무차별성이다(*Ben.* 1.1.9-11). 세네카는 이 진리를 확증한다. 왜냐하면 신들이 (자연이 그러하듯) 좋은 선물을 선한 자와 악한 자 모두에게 주기 때문이다. 그러나 이런 차별 없는 자선으로 인해 신들은 도덕적으로 무관심한 존재로 비쳐진다. 그래서 세네카는 다음과 같이 주장한다. 신들은 합당한 자에게 유익을 주고자 하는 바람으로 어떤 선물(바람, 비, 해 등)을 모든 이에게 선사하는데, 그 이유는 이러한 선물을 모든 이에게 보편적으로 베풀 때에만 합당한 자들도 그 선물의 유익을 누릴 수 있게 되기 때문이다 (*Ben.* 4.28). 그러므로 세네카는 데리다가 탐구했던 극대화(답례 없는 완벽한 선물이 아닌 공로 없이 보편적으로 주어지는 완벽한 선물)와 차이를 보이는 다른 "극대화"를 고려한다. 비록 자신이 제시하는 이 "극대화"에도 문제가 있다는 것을 알고 있지만 말이다.

때때로 바울은 "은혜"(χάρις)를 정의하거나 적어도 제한하는 그런 설명을 제시하는 것처럼 보인다. 만일 무언가가 은혜(χάρις)로 된 것이면 "행위로 말미암지" 않음이니, "그렇지 않으면 은혜가 은혜 되지 못하느니라"(롬 11:6; 참조. 4:4-5; 고전 15:9-10). 이런 경우에 은혜(χάρις)가 은혜(χάρις)인 이유는 그것이 다른 무언가가 **아니기** 때문이다. 이러한 경향의 정의로 인해 바울 해석자들은 "은혜"의 본질을 파악하고, 은혜의 핵심 혹은 적절한 특성을 정의하도록 고무된다. 그러나 누구나 그 본질에 동의하는 것은 아니며, 우리가 아래(3장)에서 설명하겠지만, 기독교 신학 역사상 가장 큰 논쟁 중 일부는 바울 서신에 나타난 "은혜"의 의미를 중심으로 전개되었다. 어느 정도 명확성을 확보하기 위해, 우리는 먼저 어떤 개념을 "극대화하려는"(to perfect) 경향과 그런 경향이 왜 발생하는지 분석해야 한다(2.1). 이어서 "은혜"를 "극대화"할 수 있는, 아니면 최소한 "극대화"시켜온 다양한 방식(나는 여섯 가지 방식을 제시할 것이다)을 고려해야 한다(2.2). 이 분류는 이 책에 나오는 대부분의 분석 작업에 대한 분류법을 제공한다. 우리는 "은혜"의 다원성(polyvalence)에 대한 인식이 다음과 같은 모호성, 즉 이 주제를 둘러싸고 있으며 아직도 유대교와 바울에 대한 분석을 비난하고 있는 이러한 모호성을 어떻게 분명히 밝혀낼 수 있을지 그 방법을 제안하며 제2장을 마칠 것이다(2.3).

2.1. 개념의 극대화

"극대화"(perfection)라는 용어는 케네스 버크의 연구 저서에서 빌려온 것으로, 이 용어는 명확한 정의 혹은 수사적 또는 관념적 이점을 얻기 위해 어떤 개념을 그 말단이나 극단까지 끌고 가는 경향을 가리킨다.[1] 우리는 "완벽한 폭풍"(폭풍을 "험악하게" 만드는 모든 것이 극단적 형태로 결합되어 있는 곳)이나 "완벽한 골칫거리"(장애물이 가장 끈질기고 성가신 곳)에 대해 이야기한다. 그러나 "완벽한"(perfect)이라는 형용사를 사용하지 않는 곳에서도 우리는 종종 어떤 개념을 그것의 "논리적 결론"이나 "궁극적 환원"으로 "끌고 가는" 경향이 있다. 버크의 주장처럼 그런 경향은 정의라는 행위 바로 그 안에 내재되어 있다. "어떤 행위가 상징의 영역 안으로 옮겨지는 순간, 그 행위의 조건 안에서 매우 활발하게 이루어지는 이런 극단적 사변이 존재하게 된다. 상징적 자원의 논리는 보편적 정의 내에서 그 극단으로 치닫는다."[2] 따라서 개념들은 일반적으로 극단적 표현을 억제하는 다른 개

---

1   K. Burke, *Permanence and Change: An Anatomy of Purpose* (Berkeley: University of California Press, 1954), 292-294. 같은 저자, *Language as Symbolic Action: Essays on Life, Literature, and Method* (Berkeley: University of California Press, 1966), 16-20.

2   Burke, *Permanence and Change*, 292.

념들, 곧 균형을 잡아주고 한계를 정해주는 다른 개념들과 함께 사용되지만, 정의를 내리는 모든 작업은 어떤 "참된" 의미를 표현하기 위해 환원, 일반화, 또는 양극성을 사용할 가능성이 있다. "어떤 것을 '적절한' 이름으로 명명하고 독특한 방식으로 언어를 구사하고자 하는 단순 욕구는 본래 '완벽주의자'의 기질이다."[3] 어떤 것이 "정의상" 무엇인지 묻는 것은 그 어떤 것에 대한 절대적 혹은 "순전한" 형태의 표현을 요청하는 것이다.

이런 경향은 수사학이 어떤 극단적이거나 대립적인 구성을 필요로 할 때 더욱 두드러진다. 학자들은 흔히 자신들이 유용한 방식으로 세상에 관여하고 있다고 생각한다. 하지만 이에 반감을 갖고 있는 관찰자는 학자들의 학문적 공헌을 "순전히 학문적일 뿐"이라고 무시해버릴 수도 있다. 이때 그들은 "학문적"(academic)이라는 형용사를 극단으로 끌고 가서 "일상의 현실과 아무런 관련이 없는"이라는 의미로 사용한다. 수사학은 종종 극대화, 절대화, 분리화로 나아가는 경향을 보이며, 잠재적으로 양립 가능한 관념들을 개념적으로 대립시키기 위해 양극화나 역설을 사용한다. 일부 기독교 진영에서 **진정** "믿음으로" 사는 자들이란 예측 가능한 물질적 지원(예. 급여를 받는 고용) 없이 살아가는 자들이다. "믿음"을 이런 식으로 해석하여 극단으로 끌고 가면, 다른 그리스도인들로부터 인정과 환영을 받지 못하는 양극적 대립을 구축하게 된다. 이런 사례가 보여주듯이, "극대화"는 관념적 기능을 수행할 수 있다. 자신을 전통의 수호자로 정당화하고, 다른 사람들의 전통 수호 자격을 박탈하는 한 가지 방법은 "참되고" "적합한" 의미의 전통 개념을 자기 자신에게 적절히 적용하는 것이다. 이럴 경우 다른 사람들은 제한된 이해를 가지고 있을 뿐만 아니라 근본적 오류에 빠진 자들이 되어버린다. 달리 말해 **다른 사람들이** 의미하는 X는, 일단 이 X가 "극대화된" 특정 형태로 정의된다면, 더 이상 X가 아닌 것이다.

----

3   Burke, *Language as Symbolic Action*, 16.

이런 극대화의 경향은 언제나 가능하지만, 어디서나 행해지는 것은 아니다. 일상적 용법에서 용어들이나 개념들은 다른 용어들이나 개념들과 연결된 관계망에 의해 수정되며, 극대화된 어떤 형태로도 나타나지 않는다. 극대화가 등장하는 곳에서 용어들이나 개념들은 명확한 정의 혹은 양극적 수사학의 목적을 수행하는 경향이 있다. 극대화는 하나님과 관련하여 발생할 수도 있다. 하나님은 "최고로 완벽한 존재"(ens perfectissimum)이므로, 하나님에 관하여 사용되는 개념들은 가장 완전하고 극단적이며 절대적인 형태로 나타날 가능성이 높다. 따라서 선물과 관련하여, 하나님의 선물, 호의, 또는 은혜는 궁극적인 "선물" 곧 "은혜"에 대한 완전한 표현 혹은 정의 그 자체로 생각될 것이다.[4] 이런 이유로 우리는 하나님의 "선물/은혜" 주위에 이 (선물/은혜) 개념의 극대화를 가리키는 다양한 언어 기호들이 모여 있음을 발견할 수 있다. 하나님은 "순수한 은혜" 또는 "전적인 은혜" 가운데 역사하신다. 하나님의 선물은 "전적으로 값없이 주어지고", "완전히 무상으로 주어지며", "오직 은혜로 주어진다." 극대화는 양극적 대립에서 번성하므로, 하나님의 은혜는 다음과 같이 부정적인 용어로도 종종 정의된다. 즉 하나님의 은혜는 아무 공로 없이 주어지고, 다른 무엇과 섞여 있지 않고, 차별이 없고, 제한이 없으며 조건이 없다.

그런 주장은 단지 그렇게 주장하는 자의 (논쟁적 혹은 물질적) 이익에 기여할 뿐이다. 이러한 현상이 긍정적이든 부정적이든 그런 주장의 진실에 대하여 아무것도 말해주지 않지만, 어떤 형태로든 신적 은혜를 극대화(perfecting)할 때, 우위를 점하기 위한 다툼이 작용할 가능성에 대해 우리에게 경고한다. 어떤 신학적 주제를 극대화하는 것은 신학적 정확성에 대한 암묵적 혹은 명시적 주장을 구성하며, 그 결과 이 신학적 주제의 개념을 다른 방식으로 이해하고 있는 (심지어 극대화하는) 자들의 주장은 그 신뢰를

---

4 참고. 약 1:17. "온갖 좋은 은사와 온전한[완전한] 선물이 다 위로부터 빛들의 아버지께로부터 내려오나니, 그는 변함도 없으시고 회전하는 그림자도 없으시니라."

잃게 된다. 이러한 개념적 극대화가 사회 관습과 일치하는 곳에서, 개념적 극대화는 독특한 삶의 유형이 되고 종교적 전통을 정당화하는 데 매우 강력한 힘을 행사할 수 있다.[5]

선물 수여는 다면적 현상이므로, 선물이나 은혜는 다양한 방법으로 극대화될 수 있다. 수여자의 태도나 인격은 선물의 형태나 규모와 별개이고, 수여자와 수혜자 사이의 관계와도 별개다. 완벽한 선물이라고 말하는 것은 수여자의 "순전한" 자선과 "이익에 대한 무관심"에 관하여, 그리고 선물의 양과 질 혹은 선물을 주는 태도나 선물의 결과에 관하여 말하는 것일 수 있다. 이런 복잡성으로 인해, 선물/은혜가 어떤 단일한 형태로 극대화되는 경우는 절대 없고, 한쪽 측면의 극대화가 다른 측면의 극대화를 반드시 수반해야 한다는 법도 없다. 사실 우리는 적어도 선물에 대한 **여섯** 가지의 공통된 극대화를 구별할 수 있다. 선물과 관련하여, 우리는 규모와 영속성 측면에서 선물의 **초충만성**(superabundance)을 극대화할 수 있다. 수여자와 관련하여, 우리는 수여자가 베푸는 자선의 **단일성**(singularity)을 극대화할 수 있다(여기서 수여자는 이 속성, 오로지 이 속성만으로 규정된다). 주는 태도와 관련하여, 선물의 **우선성**(priority)은 그것이 건네지는 시점이 자유와 관대함을 나타내는 지점에서 극대화될 수 있다. 수혜자의 선택과 관련하여, 완벽한 선물은 수혜자의 받을 자격과 하등의 상관이 없다고 말할 수 있다. 따라서 완벽한 선물은 그것의 무조건성 혹은 **비상응성**으로 인해 칭송 받는다. 선물의 효과 측면에서, 우리는 선물의 **유효성**(efficacy), 곧 선물이 그것의 목적을 완벽히 성취하는 것에 대해 말할 수 있다. 마지막으

---

5 버크는 "어떤 주어진 용어에는 다양한 **함축성**이 있고, 사람들에게는 그러한 함의들을 실행하려고 하는 '완벽주의자적' 경향이 있다"고 주장한다. Burke, *Language as Symbolic Action*, 19. 이것은 불행한 결과를 초래할 수도 있고, 유용한 결과를 가질 수도 있다. 그래서 버크의 "인간에 대한 정의"는 사람이 "극대화에 의해 부패한다는" "냉소적 추가조항"으로 마친다. *Language as Symbolic Action*, 16. 그러나 내가 버크의 말을 사용할 때, 그 말은 그런 부정적 함의를 조금도 담고 있지 않다.

로, 데리다가 제시하는 것처럼 선물은 **비순환성**(non-circularity)을 띨 때 그리고 보상이나 답례로부터 벗어나 있을 때 가장 "순수한" 선물로 간주될 수 있다. 이와 같은 여섯 가지 형태의 극대화는 개별 분석을 필요로 할 만큼 서로 충분히 다르다. 이 여섯 가지 극대화의 개별적 특성이 드러날 때, 이것들을 "하나로 뭉뚱그려" 다룰 수 없다는 것이 분명해질 것이다. 우리는 선물 수여의 한 가지 혹은 몇 가지 측면을 극대화시킬 수 있지만, 모든 국면을 그렇게 할 수는 없다. "은혜"의 원리를 유지하거나 방어하기 위해 서로 경쟁하는 주장들은 서로 다른 강도를 지닌 강조가 아니라 서로 다른 종류의 극대화를 구성하는 것으로 밝혀질 것이다.

2.2. 은혜의 여섯 가지 극대화

1. **초충만성**(superabundance). 은혜의 첫 번째 가능한 극대화는 선물의 크기, 중요성, 또는 영속성에 관한 것으로, 우리는 이러한 측면들을 "초충만성"이라는 이름 아래 묶을 수 있다. 여기서 우리의 관심사는 하나님과의 관계에 있어서 매우 다양한 형태를 취할 수 있는 선물의 내용이 아니다. 여기서 강조되는 것은 선물의 크기다. 선물이 더 충만하고 포괄적일수록, 선물은 더 완벽하게 보일 수 있다. 최초의 인류학자들은 전통 사회의 선물 수여가 보였던 과도함에 매료되었는데, 전통 사회에서 "유력한 인물들"은 선물의 압도적 규모를 통해 자신들의 우월한 지위를 증명했다.[6] 동일한 현상이 다른 곳에서도 발견될 수 있는데, 특히 그리스-로마 시대의 통치자들의 과도한 수여에서도 발견된다.[7] 이런 점에서 신들/절대신(gods/God)이

---

6   포틀래치(potlatch, 초기 인류학자들이 잘못 예시한 것으로 보인다)에 대해서는 Mauss, *The Gift*, 6-9를 보라.

7   알렉산드로스가 행했던 큰 규모의 수여에 대한 세네카의 비판을 보라. *Ben.* 2.16; 5.6.1.

최고의 존재로 여겨진 것은 당연했다. 왜냐하면 신들/절대신(gods/God)은 항상 신적 포만감이라는 완전한 풍요로부터 모든 것을 베풀어주었기 때문이다. 이에 따라 세네카는 신들의 "아낌없고 그치지 않는" 자선에 대해 말하고(*Ben.* 1.1.9), 자연이라는 선물을 통해 날마다 부어주는 엄청난 유익들을 열거한다(*Ben.* 4.25.1-2). 이와 비슷하게 필론도 하나님의 은혜를 하나님께서 "끝없이 지속되는 샘에서 쏟아 부어주시는"(*Post.* 32, 127-128) "무한하고 광대한 부"의 보물창고(*Leg.* 3.163-64, *Sacr.* 124)라고 말한다. 과잉과 초충만성의 언어는 신적 은혜에 관한 필론의 묘사 어디에나 존재하고, 또한 바울 서신에서도 발견된다(롬 5:12-21; 고후 9:8, 11).[8] 이 초충만성의 극대화가 빠져 있는 신적 "선물 수여"에 대한 설명은 상상하기 어렵다. 그러나 은혜의 이러한 측면을 극대화하는 것은 "순수한 은혜" 혹은 "값없이 주는 은혜"가 일반적으로 의미하는 바를 표현하는 것이 아니다. 그렇기에 우리는 하나님의 은혜에 관한 다른 가능한 극대화들을 고려해야 한다.

2. **단일성**(singlularity). 이 속성에서 관심의 초점은 선물로부터 수여자에게로, 특히 선물이 건네지는 **기조**로 옮겨진다. 나는 "단일성"이라는 표현을 통하여 다음과 같은 개념, 즉 수여자의 **단독적이고 배타적인** 행동 방식이 자선이나 선함을 의미한다는 개념을 표현한다. 고대에 세네카와 같은 철학자들은 수여자의 동기에 대해 면밀하게 조사했다(1.2.5를 보라). 그 철학자들은 또한 신들/절대신의 성품이 독특하고 순전한 자비라는 점을 강조했을 가능성이 있다. 플라톤은 그리스 신화의 신들에 대한 모호한 표현에 반대하여 절대신이 최고의 존재 형태로서 도덕적으로도 가장 완벽하다고 주장했다. 또한 절대신은 순전히 선한 존재이기에, 그는 오로지 선하고 아름다운 일만 행한다(*Tim.* 29b-d; *Res* 379b-d). 이러한 가정에 따라, 그

---

8   필론에 대해서는 이 책의 제6장을, 바울에 대해서는 III부와 IV부를 보라.

리고 일반적 개념에 반하여, 신적 존재는 고통이나 해로움의 원인으로 간주될 수 없었다. 신은 (가능한 한) 순전히 그리고 전적으로 선한 것 외에 다른 어떤 것도 일으키지 않는다.[9] 이를 토대로, 세네카는 신들의 자선을 그들의 본성에서 비롯된 것으로 말하고, 신들이 필요한 이유에 대해서 말한다(*Ben.* 1.1.9; 4.25.1). 신들의 선물이 완벽하게 선한 이유는 신들이—정의상—자선 이외에 다른 것을 할 수 없기 때문이다.

우리는 그리스 철학 전통 내에서 교육 받았던 유대인들에게서 이러한 가정의 흔적을 추적해볼 수 있다. 행악자를 진멸하시는 하나님의 진노에 관한 성서의 이야기들에도 불구하고, 솔로몬의 지혜서는 하나님의 자선 방식을 강조하기 위해 모든 가능한 방법을 동원한다.

하나님은 결코 미워하시는 분이 아니고, 당신이 창조하신 모든 것을 사랑하시는 분이다(솔로몬의 지혜서 11:23-12:1; 아래 제5장을 보라). 이와 비슷하게 필론도 하나님은 오로지 선한 것의 원인이 되신다고 조심스럽게 주장한다. 하나님은 무엇이든 하실 수 있지만, 그가 원하시는 것은 도덕적으로 뛰어난 일이다(*Abr.* 268; *Spec.* 4.187). 필론의 철학은 확실한 한 가지 규칙, 즉 "하나님이 주시는 영원한 선물들(χάριτες)의 근원이 악한 것으로부터뿐만 아니라 악하다고 여겨지는 것으로부터도 자유로워야 한다"(*Conf.* 182)는 규칙의 지배를 받고 있다.

이처럼 하나님의 자선이 지닌 단일성(singularity)에 대한 강조가 유대-기독교 전통 안에서 아무 문제도 없는 것은 아니다. 이와 반대되는 성서적 증언들 그리고 고난 및 악에 대한 인간적 경험과는 별개로, "순수 자선"이라는 개념은 악의 처벌을 통해 권리의 확보를 필요로 하는 정의에 대한 기본 이해와도 쉽게 조화되지 않는다. 이런 이유에서 "은혜"의 단일

---

9   존재의 계층적 구조를 도덕적 가치의 등급과 관련시키는 이러한 가정들에 대해서는 D. Martin, *Inventing Superstition: From the Hippocratics to the Christians* (Cambridge, MA: Harvard University Press, 2004), 51-78을 보라.

성이라는 극대화가 모든 사람을 만족시키지는 못할 것이다. 하지만 은혜의 단일성은 고대로부터 오늘날까지 강한 관심을 끌고 있다. 하나님의 은혜가 "가장 순수한" 형태의 "은혜"로 나타나기 위해, 하나님의 은혜가 자선이라는 독특성 안에서 반드시 절대화되어야 한다고 생각했던 사람은 마르키온만이 아니었다(3.1을 보라).

3. **우선성**(Priority). 여기서의 초점은 선물이 건네지는 "시점"인데, 완벽한 시점이란 선물의 수여가 수혜자의 요구보다 언제나 앞서 발생하는 시점을 의미한다. 이런 추보적(chronological) 요소에는 많은 의미가 함축되어 있다. 개시 행동으로서, 먼저 건네지는 선물은 어떤 요구나 요청에 대한 반응이 아니다. 그래서 먼저 건네지는 선물은 자발적 관대함의 표현이 된다. 그리고 먼저 건네지는 선물은 이보다 앞서 건네진 선물로 인해 부과되는 어떤 의무와도 관계가 없으므로, 완전히 "대가 없는" 선물이 된다. 또 먼저 건네지는 선물은 수여자의 우월함을 나타내는데, 이는 수여자가 선물에 답례해야만 하는 예속적 위치에 있지 않기 때문이다. 부모는 종종 자녀에게 이런 식으로 자선을 베푸는 자들로 간주되었다. 부모의 절대적 우선성은 과연 자녀들이 부모에게 답례로 "되갚을 수 있을지" 의심하게 만들었다(예. Seneca, *Ben.* 3.29-38). 이것의 연장선상에서, 생명의 원천이신 하나님은 최초의 수여자로 간주되었고, 이러한 우선성은 선물에 대한 최고의 표현으로 극대화되었다.[10]

필론은 다시 한번 이 특별한 극대화를 대표하는 인물이다. 하나님이 모든 선한 것의 원천, 시초, 원인이라는 것은 필론의 종교철학에 근본이다. 다시 말해 하나님은 세상의 유일한, 최초의($\pi\rho\tilde{\omega}\tau\text{ov}$), 가장 근원적인

---

10   생명의 원천인 하나님에 대해서는 예를 들어 Seneca, *Ben.* 4.4.3을 보라. 선물 교환의 역사 속에서 최초의 선물(예. 조상들이 주는 최초의 대가 없는 선물)의 우월함에 관해서는 J. Parry, "*The Gift*, the Indian Gift and the 'Indian Gift,'" *Man* 21 (1986), 453-73, 특히 466을 보라.

(πρεσβύτατον) 원인이다(*Conf.* 123; *Ebr.* 73, 75). 이는 다음과 같은 인간적 교만, 즉 자신에게 공을 돌리려는 사악한 경향의 인간적 교만과 대척을 이루는 핵심 요소다. 필론에게 경건의 핵심은 신적 원인에 대한 인정이며, 이것은 하나님께 대한 감사의 마음과 감사의 말로 표현된다. 다시 말해, 삶 전체가 은혜의 신적 우선성을 인정하는 것이 특징이 되어야 한다(Her. 102-124). 따라서 필론은 인간의 행위를 강조하는 곳에서조차 하나님이 자신을 예배하러 나아오는 자를 고대하고(προαπαντάω) 계신다고 강조하는 경향이 있다(예. *Virt.* 185). 하나님의 특성은 언제나 현장에 먼저 계신다는 것이다. 앞으로 살펴볼 것처럼 우선성은 은혜 해석사에서 중요한 역할을 하고, 때때로 "선행"(先行) 또는 (추가적 함의를 지닌) "예정"으로 표현될 것이다. 어떤 형태들에서 이 극대화는 인간 행위자의 책임을 축소하거나 배제하는 데 문제가 있는 것처럼 보일 수 있다. 하지만 이 극대화는 하나님의 우월성과 은혜의 자유에 대한 표현으로서 이런저런 형태로 나타난다.

4. **비상응성**(Incongruity). 앞서 보았듯이, 선물은 차별이 불가피한 사회적 관계를 형성하므로, 선물이 관대하게 그러나 선별적으로 주어져야 한다는 것이 고대 사회에서 일반적으로 강조되었던 내용이다. 선물은 알맞고 합당하며 적합한 자에게 주어지도록 주의해야 한다(위 1.2를 보라). 그렇다고 이런 차별로 인해 선물의 의미가 축소되는 것은 아니다. 오히려 이런 차별은 건네지는 선물이 실제로 **좋은** 선물임을 보증해준다. 차별 없이 주어지는 선물은 무작위적인 것으로 혹은 하찮은 것으로 보일 수 있었다. 선물이 임의로 분배될 경우, 이 선물은 공정한 분배 기준을 충족시킬 수 없었다. 또 수혜자의 능력과 상관없이 주어질 경우, 그 선물은 경솔하거나 끔찍한 것으로 보였다.
그러나 선물의 이러한 제한이 온전한 관대함에 미치지 못한다고 주장하는 것은 언제나 가능했다. 조건 없이, 다시 말해 **받는 자의 가치를 고**

려하지 않고 주어지는 선물이 완벽한 선물로 간주될 수 있었다. 따라서 관대함이 너무 지나쳤던 자선가는 "자신이 베푸는 자선의 혜택을 받지 못하는 자가 없기를 원했기" 때문에, 다음과 같은 사실, 즉 자신이 음식과 포도주를 "모든 시민과 그 나라에 거주하는 모든 외국인, 그리고 그 나라에 재산을 소유하고 있는 모든 자에게" 나누어주었다는 사실을 선전할 수 있었다.[11] 세네카는 자선가가 선물을 받는 자를 너무 까다롭게 선택해서는 안 되고, 선물의 합당한 수혜자로 여겨지지 않는 사람에게 선물을 주는 위험을 감수해야 한다고 강조한다. 그리고 그는 신들이 차별 없이 자선을 베풀고 있는 본문(*Ben.* 1.1.9)을 인용하며 자신의 논지를 지지한다. 하지만 여기에서조차 세네카는 몇 가지 제한 사항을 소개하고 있다. 약소한 선물(곡물 수당과 같은 선물)은 모든 사람에게 주어질 수 있으나 보다 중요한 선물은 조심스럽게 주어져야 한다는 것이다. 신들이 비록 배은망덕한 자들에게도 혜택을 줄지라도, 신들은 오로지 선한 자들만을 염두에 두고 그 혜택을 제공하는 것이다(4.28).[12] 그러나 선물의 비상응성을 가장 훌륭한 것으로 극대화하는 것은 가능하다. 왜냐하면 비상응성이 극대화된 선물은 이전의 조건을 고려하지 **않기** 때문이다.

5. 유효성(Efficacy). 선물의 효과를 생각해볼 때, 선물의 원래 의도를 충분히 성취하는 선물, 바로 이러한 선물을 완벽한 선물이라 할 수 있다.

---

11   Veyne, *Bread and Circuses*, abr. and trans. B. Pearce (London: Penguin, 1990), 145-146에 인용된 기원후 1세기 프토이아(ptoia, Boeotia) 지방의 에파미논다스(Epaminondas)의 경우가 그러했다(*IG* 7.2712).

12   이와 평행을 이루는 필론의 다음의 설명을 참조하라. 소돔 이야기(창 18-19장)에서 볼 수 있는 것처럼 하나님은 합당하지 않은 자에게도 기꺼이 자비를 베풀어주실 준비가 되어 있으시지만, 그것은 오로지 합당한 자만을 위한 것이다(*Sacr.* 121-125). 피조물 전체에게 주어지는 창조의 선물은 보편적이므로, 온전한 자와 더불어 온전하지 못한 자에게도 주어진다(*Leg.* 1.33-34). 그리고 어떤 의미에서 하나님께 합당한 것으로 여겨질 수 있는 것은 아무것도 없다(*Deus.* 106). 그럼에도 필론은 심지어 (특히) 신적 혜택을 받는 수여자들에 대해서도 가치 여부를 주장하는 경향을 보인다. 이 책 6.3을 보라.

세네카는 어떻게 수혜자가 수여자에게 모든 것을 빚지고 신세를 졌다고 느끼게 되는지(*Ben.* 2.11), 어떤 종류의 혜택(자녀를 낳거나 사람을 죽음으로부터 구해내는 것)이 생명과 다름 없는 선물이 되는지, 그리고 어떤 종류의 혜택이 보답을 가져올 수 있는 선물이 되는지에 대하여 설명한다(*Ben.* 3.29.3). 다시 말해 유효성이라는 극대화는 하나님과 관련하여 흔하게 나타난다. 왜냐하면 신적 행위는 은혜를 받는 사람, 즉 인간 수혜자의 행위의 기초가 되고, 인간 수혜자의 행위를 포괄하며, 심지어 인간 수혜자의 행위의 원인으로 간주될 수 있기 때문이다. 따라서 세네카는 인간의 창의적 활동에 대한 자랑을 멈추게 만든다. 왜냐하면 "신이 우리 존재의 은밀한 곳에서부터 우리의 다양한 재능을 끄집어내기" 때문이다"(*Ben.* 4.6.4-5). 필론은 종종 미덕을 하나님의 행위에서 찾고 싶어 한다. 하나님에 대해 생각할 수 있는 영혼의 능력은 창조 시 하나님께서 "불어넣어주신 것"이고(*Det.* 86; 창 2:7에 관한 부분임), 인간의 미덕(족장들의 아내들에 의해 표현되는 미덕)은 신적 은혜로 "심겨진 것이다"(*Leg.* 2.46-48). 이와 관련하여 필론은 일반적으로 인간 행위자의 활발한 활동에 대해서 말하는 것도 즐거워한다. 그러나 한 유명한 본문에서 필론은 은혜의 유효성을 인간의 수동성 및 비활동성의 지점까지 확장하여, 모든 것을 하나님의 주권으로 돌린다.[13]

아우구스티누스는 유효성이라는 극대화의 발전과 관련하여 가장 유명한 인물로, 우리는 그의 은혜 신학을 아래에서 살펴볼 것이다(3.2). 하나의 극단적 형태에서, 신적 은혜의 전적인 유효성을 주장하게 될 경우(은

---

[13] 지금은 소실된 *Legum Allegoriae,* 4권에 나오는 단편이 J. R. Harris, *Fragments from Philo Judaeus* (Cambridge: Cambridge University Press, 1886), 8에 있고, J. M. G. Barclay, "'By the Grace of God I Am What I Am': Grace and Agency in Paul and Philo," in J. M. G. Barclay, S. J. Gathercole, ed., *Divine and Human Agency in Paul and His Cultural Environment* (London: T&T Clark, 2006), 140-157, 특히 145-146에서 논의되고 있다.

혜의 모든 극대화는 더 정교해질 수 있으므로) 결국 이러한 주장은 인간의 책임성을 사라지게 만드는 지점까지 축소시켜버릴 수도 있다. 따라서 유효성이라는 극대화의 발전에는 논란의 여지가 있다. 모든 사람은 이런저런 모습으로 하나님의 선물이 유효하다는 데 동의할 수 있다. 하나님의 선물이 인간의 반응을 유발함에 있어서 얼마만큼 유일하고 충분한 원인이 되는가는 이러한 은혜의 측면이 얼마만큼 극대화되는가에 달려 있다.

6. 비순환성(Non-Circularity). 선물을 선물로 정의하는 것은 다음과 같은 사실, 즉 그 선물이 호혜성과 무관하고, 또 판매, 보상, 대부로 특징되는 교환 및 보답 체계와도 무관하다는 사실인가? 앞서 확인했듯이, 이러한 사실은 "순수" 선물이라는 현대적 개념이다(위 1.3.3을 보라). 이 개념은 완벽한 선물에 대한 고대의 일반적 개념이 아니었다. 선물이 대출 또는 시장 거래와 구별되었던 점은 선물에는 그에 대한 답례가 요구되거나 강요될 수 없었다는 것이다. 그렇다고 선물이 교환 혹은 답례의 모든 개념과 분리되어 있었던 것은 아니다. 선물은 일방적인 것이 **아닐** 때에만 비로소 선물로서의 기능을 충분히 발휘할 수 있었기 때문이다(위 1.2를 보라). 철학자들은 우리가 답례에 대한 기대 없이, 베푸는 것 그 자체를 위해, 그리고 오로지 타인을 위해 베풀어야 한다고 주장했을지 모른다. 하지만 그들도 답례의 핵심 요소를 비물질적인 것 즉 명예의 제공이나 감사의 표현으로 간주할 수 있었다. 그러므로 일방적 기부로서의 완벽한 선물을 찾는 것은 드문 일이었다.

그렇다고 이러한 비순환성의 극대화가 고대 사회에서 상상할 수 없는 것이었다는 뜻은 아니다. 답례를 보장할 수 없었던 선물은 언제라도 상호유익을 주지 못한 채 결실 없는 것으로 남게 될 수 있었다. 곧 부사 δωρεάν(대가 없는, 값없는)이 "헛되이"나 "아무 효력 없이"라는 뜻으로 사용되고 있는 것(예. 바울이 갈 2:21에서 사용하고 있는 것처럼)을 통해 그럴 가능성이 증명된다. 앞에서 언급한 것처럼 익명의 선물은 드물기는 했지만,

아예 없었던 것은 아니었다. 선물 수여의 주체가 명확하여 수혜자를 굴욕적으로 만들게 되는 경우, 익명의 선물은 정당화될 수 있었다(세네카, *Ben.* 2.10). 답례로 주어지는 명예를 폄하하려 했던 증거도 있는데, 일부 랍비들의 주장에 의하면, 참된 보상은 가난한 자들로부터 선물의 답례로 축복을 받는 것이 아니라 오히려 저주를 받는 것이었다.[14] 다시 말하지만, 비순환성이라는 극대화는 신들에게 적용될 가능성이 가장 높았다. 왜냐하면 신들은 답례를 필요로 하지 않고 답례에 대한 기대 없이 베풀어줄 수 있기 때문이다. 그래서 세네카는 신들을 아무 대가나 유익을 바라지 않고 베풀어주는 자선가들로 묘사할 수 있다. 호의에 가격표(*ullum pretium*)가 부착되어 있어서는 안 된다. 우리에게는 아무 대가 없이 베풀어주는 신들이 존재한다(*gratuitos habemus deos, Ben.* 4.25.3). 그러나 여기서도 "대가 없이"는 "어떤 답례도 없는"이 아니라 "물리적 유익이 없는"을 의미한다. 왜냐하면 세네카는 신들이 인간의 감사를 받을 자격이 있고, 또 인간의 감사를 바란다는 점을 분명히 밝히고 있기 때문이다(1.6.3; 2.30.2). 이와 관련하여, 필론은 판매와 선물의 차이를 설명하며, 답례 없는 선물에 관한 가장 강력한 표현을 한다(*Cher.* 122-24). 여기서 필론은 자선가가 혜택을 "주는 것"이 아니라 "판매하는" 것에 대해 비판하는데, 그 이유는 자선가가 칭찬이나 명예를 답례(ἀμοιβή) 곧 자신의 선물에 대한 "지불"(χάριτος ἀντίδοσις)로서 추구하고 있기 때문이다. 필론은 다음과 같이 주장한다. "하나님은 판매자(πωλητήρ)가 아니라 모든 것을 주시는 분(δωρητικὸς δὲ τῶν ἀπάντων)으로서 선물의 영원한 샘들을 쏟아 붓고 답례를 바라지 않으신다. 하나님은 아무것도 필요로 하지 않으시고, 어떤 피조물도 하나님의 선물을 되갚을 수 없기 때문이다"(*Cher.* 124).

우리는 다른 곳에서 필론의 하나님이 매우 분명하게 감사와 찬양의 형태로 답례를 원하고 있음을 지적할 수 있다. 이는 엄밀히 말해 선물이

---

14   *Y. Pe'ah* 8.7, 21a. Schwartz, *Mediterranean Society*, 131-32에 인용되어 있음.

아니지만, 필론은 χάρις(은혜)의 이중 의미를 사용하여, εὐχαριστία(감사)를 χάρις에 대한 χάρις적 답례로 간주하는 것일 수도 있다(예. *Her.* 104). 이와 같이 필론은 두 가지 모두를 증언한다. 하나는 고대에도 선물이 완전히 "답례가 없는 것"으로 생각될 수 있었다는 것이고, 다른 하나는 그럼에도 불구하고 그런 이상적 선물이 주어질 수 있거나 주어져야만 하는 모든 관계를 일일이 규명하는 일이 어려웠다는 것이다. 일방적 선물은 관계를 형성하는 것이 아니라, 영속적이면서도 굴욕감을 줄 여지가 있는 의존을 형성하며, 수혜자를 모든 책임으로부터 해방시킨다. 그럼에도 불구하고 현대에 이르러 일방적 선물은 "순수" 이타주의나 이익에 대한 무관심과 동일시되었고, 매우 매혹적인 은혜의 극대화로 등장했다. 그 결과 일방적 선물은 비순환성을 우리가 앞서 개관한 다른 측면들과 나란히 놓으면서, 이 비순환성을 극대화된 선물의 중요한 한 측면으로 만들어놓는다.

2.3. 다원적 상징으로서의 은혜

위에서 지적한 것처럼 인간의 선물 수여와 하나님의 선물 수여, 이 둘 중 하나를 반드시 극대화할 필요는 없다. 위에서 간략하게 언급한 극대화 중 어떤 형태로 선물/은혜의 관념을 확장하거나 절대화하지 않으면서도 우리는 자비롭게 관용을 베푸시는 하나님 혹은 인간 행위자에 대해 말할 수 있다. 확실히 거의 모든 극대화는 공의, 상호성, 책임과 같은 몇몇 원칙을 문제가 있는 것으로 만들기에, 선물에 관한 통상적 담론에는 극대화를 부추기는 그 어떤 요소도 포함되지 않는다. 그러나 선물 수여 개념은 틀림없이 그런 극대화들 중 하나 혹은 둘 이상에 의해 영향을 받기 쉬우며, 특별히 그 개념이 수사학적 용도 혹은 정의를 내리는 용도로 사용될 때, 아니면 관련 담론이 궁극의 수여자이신 하나님에 관한 것일 때, 더욱 영향을 받기 쉽다.

그러나 우리의 분류처럼, 선물/은혜가 극대화될 수 있는 한 가지 이상의 방법이 존재한다. 위에서 개관한 여섯 가지 극대화는 각각 독자적으로 사용될 수 있다. **선물 수여의 한 측면을 극대화한다고 해서 다른 어떤 측면 혹은 모든 측면이 극대화되는 것은 아니다.** 따라서 우리는 하나님의 선물이 그 수혜자의 가치에 비상응적이라는 것을 암시하지 않고도, 하나님의 선물을 지극히 충만한 것 혹은 절대적으로 먼저 주어지는 것으로 말할 수 있다.

대신에, 하나님의 은혜는 받는 자의 가치와 전적으로 부합하지 않을 수 있으며, 이와 동시에 하나님의 은혜는 답례를 추구하지 않는다는 의미에서 "순수"하지 않을 수도 있다. 다음 장에서 살펴보겠지만, 특정 극대화들이 하나로 묶이는 것은 드문 일이 아니다. 예를 들어 하나님의 은혜의 우선성은 보통 유효성과 함께 묶이고, 은혜의 초충만성은 비상응성과 함께 묶인다. "오직 은혜로"(*sola gratia*)라는 개신교 슬로건은 여러 개의 극대화들을 하나로 묶는다. 하지만 여기서도 우리는 루터와 칼뱅 사이의 중대한 차이에 주목할 것이다(아래 3.3과 3.4를 보라). 중요한 점은 이 여섯 가지 극대화들이 하나의 "묶음"을 구성하지 않는다는 점이다. 다시 말해 한 극대화의 채택은 나머지 극대화들에 적극적으로 관여하지 않음을 의미한다. 따라서 루터와 칼뱅은 각각 은혜라는 주제를 극대화했지만, 이 주제의 해석에 있어서는 여전히 큰 차이를 보인다. 왜냐하면 양자는 각기 다른 측면을 극단으로 끌어가고 있기 때문이다.

은혜의 개념은—심지어 극대화된 형태에서도—다원적이기에, 일반적으로 극대화를 야기하는 용어들은 의미상의 깊은 차이를 감출 수 있다. "순수" 은혜에 대한 발언은 은혜의 단일성(하나님은 오직 자비로우신 분이시다)을 의미하거나 은혜의 비순환성(하나님의 은혜는 답례를 추구하지 않는다)을 의미할 수도 있으며, 또는 여섯 가지 극대화 중 다른 어떤 극대화를 의미할 수도 있다. 하나님의 은혜를 "대가 없는" 것으로 묘사할 때, 이는 많은 것을 의미할 수 있다. 예를 들어 대가 없는 하나님의 은혜는 이전 상황(우리의 용어로는 우선성)의 제약을 받지 않는다는 것, 받는 자의 가치와 관계 없이 주어진다는 것(우리의 용어로는 비상응성), 또는 뒤이어 발생하는 어떤 기대 없이 주어진다는 것(우리의 용어로는 비순환성), 또는 이 세 가지 내용이 결합된 것 등을 의미할 수 있다. 마찬가지로 "무조건적"(unconditional)이라는 형용사는 최소한 다음과 같은 두 가지 상태, 곧 전제 조건이 없는(따라서 비상응적인) 상태 또는 결과로 주어지는 의무가 없는(따라서 비순환적인) 상태를 가리킬 수 있다. 또 이 형용사는 이 두 상태 모두를 가리킬 수도 있다.

바울과 제2성전 시대 다른 유대인들을 이해함에 있어서 이 문제가 차지하고 있는 그 중심 위치를 고려해볼 때, "은혜"를 정의하는 세심한 분석이 거의 이루어지지 않았다는 점은 놀라운 일이다. 웨스터홈은 이를 샌더스의 유대교 분석에 존재하는 심각한 문제점으로 지적했다.[15] 그러나 이 문제는 이런저런 극대화가 은혜의 본질적 의미로 전제될 때 종종 간과된다. 우리는 바울과 유대교에 대한 최근의 연구로부터 두 가지 사례를 취할 수 있다. 반랜딩햄의 연구는 "은혜"를 "죄인의 구원 및 복의 수여에 현시되어 있는 호의, 곧 아무 공로나 대가 없이 베풀어주시는 하나님의 호의"로 적시하고 있는 (현대의) 사전적 정의에서 출발하고 있으며, 그의 결론은 다음과 같다. "하나님은 '은혜'를 결코 보상으로 주실 수 없으시다. 왜냐하면 은혜의 정반대가 바로 선행에 대한 보상이기 때문이다."[16] 이런 양극성은 아마도 세네카를 깜짝 놀라게 만들었을 것이다. 왜냐하면 세네카는 하나님이 모든 가능한 곳에서 합당한 자들에게 호의를 베풀어주신다고 간주했기 때문이다. 세네카(또는 필론)가 말하고 있는 합당한 자들

---

15   S. Westerholm, *Perspectives Old and New on Paul: The "Lutheran" Paul and His Critics* (Grand Rapids: Eerdmans, 2004), 341-51. 이 책 3.6.1에서 우리는 샌더스의 유대교 해석에 대해 분석할 것이다.

16   C. VanLandingham, *Judgment and Justification in Early Judaism and the Apostle Paul* (Peabody, MA: Hendrickson, 2006), 20. *Oxford English Dictionary*를 인용한다.

을 위한 초충만한 신적 선물이 "은혜"의 범주에 들지 못하는 경우는 은혜 **가 필연적 비상응성**을 지닌 것으로 정의될 때다. 같은 맥락에서 캠벨은 바울에 대한 특별한 이해를 촉진하기 위해 "은혜"에 대한 구체적 정의를 사용한다. 캠벨은 "'은혜'라는 말이 보통 다음과 같은 하나님의 행동, 즉 순수한 선물로서 아무 대가 없이 정해진 자에게 구원을 베풀어주시는 하나님의 **무조건적** 행동을 가리킨다"고 선언하며, 은혜의 비상응성("무조건성")과 비순환성("매여 있지 않음")을 함께 가정한다.[17] 이것을 기초로 해서 캠벨은 샌더스가 제2성전 시대 유대교의 "은혜"로 확인한 것이 정말로 그런 은혜인 것은 아니라고 부인한다. 왜냐하면 샌더스가 말하는 은혜에는 "조건"과 필수 반응이라는 요소들이 포함되어 있기 때문이다. 캠벨은 또한 바울에 관한 어떤 해석(롬 1-4장에 관한 주류 해석을 포함하여)은 바울의 적절한 "은혜" 교리와 명확히 양립할 수 없는 요소들을 바울 신학 안으로 도입하고 있다고 주장한다.[18]

　이런 사례들로 미루어볼 때, "은혜"의 정의가 상당 부분 위기에 처해 있다. 왜냐하면 은혜가 강력하고 사심이 깃든 해석 행위의 지배를 받고 있기 때문이다. 여기서는 "은혜"의 다양한 극대화들을 분류하고, 다음과 같이 서로 조화를 이루는 두 개의 가정에 대해 경고하는 것이 필수적이다. 첫 번째 가정은 일개 극대화일지라도(또는 여러 극대화들의 작은 부분조차도) 은혜에 대한 **특정** 정의를 자명하게 드러낸다는 것이고, 두 번째 가정은 은혜의 한 측면을 극대화할 경우 반드시 은혜의 다른 측면들도 극대화된다는 것이다.

17　D. A. Campbell, *The Deliverance of God* (Grand Rapids: Eerdmans, 2009), 100(강조는 원저자의 것임). 그 각주는 "무조건적"(unconditional)이라는 표현이 여기서 핵심 용어라는 사실과 "무조건적"이라는 말이 다음과 같은 의미, 즉 "이 선물에 대한 반응으로 호혜적 답례가 적절하지만 필수적인 것은 아니다"라는 의미임을 분명히 밝힌다(955-56 n. 14).

18　바울과 유대교에 관한 현대적 논의 속에서 "은혜"에 대한 이와 같은 해석 및 다른 해석들에 대한 상세한 설명을 이 책의 3.7.1에서 보라.

서로 다른 두 사람의 저자가 하나님의 자선이나 은혜에 관해 말하지만, 그 의미와 함의에 있어서 서로 일치하지 않을 때, 이는 단순히 한 저자가 다른 저자보다 은혜를 더 **강조해서가** 아니며, 한 저자가 "진정한" 의미를 포착하는 반면 다른 저자는 그렇게 하지 못해서도 아니다. 이러한 불일치의 이유는 그들이 각각 **은혜의 서로 다른 측면을 극대화하고 있기** 때문이다. 앞으로 살펴볼 것처럼 펠라기우스는 모든 인간적 행위보다 앞서 행해진 하나님의 은혜의 초충만성을 굳건히 고수했다. 그러나 (신학적인 이유에서) 펠라기우스는 아우구스티누스의 은혜의 비상응성이라는 극대화를 받아들일 수 없었다(아래 3.2.3을 보라). 아우구스티누스가 펠라기우스보다 은혜를 **더 많이** 믿었던 것은 아니다. 아우구스티누스는 단지 은혜를 펠라기우스와 **다르게** 믿었을 뿐이다.

선물/은혜의 극대화에 대한 이와 같은 분류 및 구별은 이 책의 남은 부분에서 분석적 도구로 사용될 것이다. 바울이 대조적 표현을 사용하며 강조하고 있는 하나님의 은혜에 관한 담론은 바울 해석자들로 하여금 은혜라는 주제를 극대화하도록 자극했다. 하지만 그들이 시도한 극대화의 모습은 다양하고 때로 서로 모순되는 방법을 취한다. 그 결과 그들은 바울이 **자신들의** 방식으로 은혜를 극대화한다고 이해하고, 본인을 제외한 다른 이들이 "은혜"의 본질을 포착하지 못하고 있다며 무시하는 경향이 있다.

방금 살펴본 것처럼 또 이 여섯 가지 극대화들은 제2성전 시대 유대교에서 행해졌던 하나님의 긍휼/은혜 분석에 학자들이 접근할 때, 그 접근 방식을 미묘하게 통제한다. 따라서 제2성전 시대 유대교(II부) 그리고 바울(III부와 IV부)에게서 나타나는 은혜 담론으로 넘어가기 전에, 우리는 은혜라는 바울 주제의 극대화와 관련된 중요 순간들을 분석할 필요가 있다(제3장).

이 작업의 목적은 은혜 수용사 속에서 은혜에 대한 이해가 형성되었던 순간들(충분히 중요하지만 가끔 충분히 이해되지 못하는 순간들)을 추적할 뿐만 아니라, 제2성전 시대 유대교 및 바울에 관한 해석에 계속해서 영향을 미치고 있는 깊고 근본적인 전제들을 널리 알리는 것이다. 우리의 목적은 (우리가 은혜 해석사의 영향을 전혀 받지 않고 은혜 주제를 논할 수 있다는 듯이) 은혜와 관련된 과거의 모든 내용을 제거해버리는 것이 아니라, 의식을 제고하는 것이다.

여기서 개발된 분류 체계를 갖추고, 우리는 다양한 바울 해석자들이 **어떻게** 그리고 **왜** 바울의 은혜 신학을 그토록 현저하게 다른 방식으로 이해하고 있는지 규명하고자 한다. 그리고 세월에 따른 "극대화"(perfections)의 변화 패턴들을 검토함으로써, 우리는 한편으로 **역사적 구성체**인 그 차이들을 원래의 정황 속에 위치시키려고 시도할 것이며, 다른 한편으로 그 차이들이 바울과 유대교에 대한 최근의 해석에 미친 영향을 추적할 것이다. 그로 인해 우리는 바울과 바울의 고대 유대교적 정황에 대한 이해에 있어서 보다 강한 자의식을 갖게 될 것이다.

제3장

바울의 은혜 해석:
극대화 패턴의 변천

"내가 하나님의 은혜를 폐하지 아니하노니, 만일 의롭게 되는 것이 율법으로 말미암으면 그리스도께서 헛되이 죽으셨느니라"(갈 2:21). 바울은 갈라디아서 논쟁의 첫 단계를 이렇듯 긴장을 고조시킨 채 마무리 짓는다. 여기서 **바울**은 하나님의 은혜를 거부하지(폐하지) 않는다. 하지만 그가 은연중에 말하고 있는 것은 다른 이들이 은혜를 거부하고 있다는 것이다. 이 은혜는 기독교 신앙의 핵심 상징인 그리스도의 죽음과 연관되어 있다. 바울처럼 그리스도의 죽음을 바르게 이해하는 것은 곧 하나님의 은혜를 이해하는 것이다. 이와 다른 이해는 그리스도와 은혜, 이 둘 모두를 오해하는 것이다(참고. 갈 5:4). 바울 해석자들은 바울을 바르게 이해하고 싶을 것이다. 그리스도와 구원에 대한 적절한 이해는 하나님의 은혜에 대한 적합한 이해와 불가분의 관계에 있다.

이번 장에서 우리는 은혜를 "올바르게" 해석하려고 애썼던 바울 수용사의 여러 사례를 살펴볼 것이다. 바울 본문이 지닌 논쟁적이고 대립적인 수사학으로 인해, 은혜 주제는 거의 2천년 이상의 해석을 거쳐 오면서 매우 다양한 방식이기는 하나 자주 "극대화"(극단으로 치달음) 되어왔다. 아래의 예들은 불가피하게 선별적이다. 하지만 2세기의 마르키온(Marcion)에서 20세기 마틴(Martyn)에 이르기까지 여기서 논의되는 각각의 저술가들이 가진 중요 의미와 영향력은 부정하기 어려울 것이다. 우리의 목표는 두 가지다. 첫째, 선별된 바울 해석자들이 바울의 은혜 신학을 **어떻게** 해석하는지, 그리고 어떤 차원 안에서 이 주제를 극대화하는지 살펴보는 것이다. 둘째, 그들의 해석을 역사적·사회적·이념적 정황 내에 위치시킴으로써, **왜** 그들이 은혜와 관련하여 이러한 특정 극대화들을 채택하고 있는지 그 이유를 파악하는 것이다. 지면의 제약으로 많은 요점이 단지 개괄적 수준에 그칠 수 있다. 하지만 우리의 목표는 은혜의 다양한 극대화들이 바울 수용사에서 어떻게 중요한 의의를 갖게 되었는지, 왜 은혜의 극대화들이 그토록 다양하고 서로 대립적인지, 그리고 은혜의 극대화들이 어떻게 그것들 자체의 역사적 국면과 신학적 관심사를 반영하고 있는지, 바로 이러한 내용들을 추적해 낼 수 있을 만큼의 충분한 정보를 제공하는 것이다.[1]

우리의 과거를 이해하는 것은 곧 우리 자신을 이해하는 것이다. 현대의 바울 해석자라면 그 어느 누구도 해석사에 무지할 수 없다. 왜냐하면 해석사는 우리가 인지하고 있는 것보다 더 깊은 차원에서 우리에게 영향을 미치고 있기 때문이다. 따라서 근대의 바울 수용을 형성해 놓은 아우구스티누스, 루터, 칼뱅에 대한 상세한 연구들이 이들의 해석을 거부하는 자들에게서도 발견된다.[2] 이 장의 마지막 세 부분(3.5-3.7)에는 20세기 해석들이 분석되어 있다. 20세기 해석들에서는 과거 극대화의 패턴들이 이따금씩 현대적 선물 관념의 영향하에서(1.3) 갱신되거나 변경되며, 발전하기도 한다. 이러한 해석들은 우리의 바울 수용에 관한 직접적인 맥락을 형성하고, 동시에 바울과 유대교 전통의 관계를 파악하는 방식에도 직접적인 맥락을 형성한다. 매우 혼란스러운 논쟁을 명확히 하기 위해, 나는 여기서 은혜의 극대화들이 "바울과 유대교"에 관한 현재의 논의를 어떻게 형성해놓았는지 추적할 것이다. 이런 방법을 통해 나는 은혜 주제를 새롭게 분석할 수 있는 보다 명확한 틀이 제공되길 희망한다. 그리고 이 희망은 II부(제2성전 시대 유대교) 그리고 III-IV부(갈라디아서 및 로마서에 나타난 바울 신학)에서 계속 추구될 것이다.

---

1   이번 장에서 개관하는 내용과 가장 유사한 최근의 연구는 S. Westerholm, *Perspectives Old and New on Paul: The "Lutheran" Paul and His Critics* (Grand Rapids: Eerdmans, 2004)의 3-87쪽(아우구스티누스, 루터, 칼뱅, 웨슬리 부분)과 101-258쪽(20세기의 바울 해석 부분)이다. 여기서 나의 초점은 몇몇 인물들에 맞추어져 있는데, 특히 그들의 "은혜" 해석에 초점이 맞추어져 있다.

2   은혜에 관한 바울 사상의 수용사에 있어서 또 다른 중요 인물들로는 예를 들어 아퀴나스, 멜란히톤, 얀센주의자들, 바우어 등이 추가될 수 있었을 것이다.

3.1. 마르키온

마르키온은 영원히 모호한 인물로 남을 것이다. 왜냐하면 마르키온의 저술들과 신학, 그리고 그의 해석학적 원칙들이 그의 주장을 표현하고 전달하는 선별적·논쟁적 형태들로 인해 왜곡되었기 때문이다. 다행히 우리는 마르키온의 주장을 공격하는 테르툴리아누스의 광범위한 반박 자료를 갖고 있다(*Adv. Marc.* 1-5권). 테르툴리아누스의 공격 대상은 로마에서 140-160년 사이 기존 교회와 다른 대안적 교회를 세웠던 마르키온 자신만이 아니라 마르키온주의자들도 포함했다. 이들은 테르툴리아누스와 동시대 인물들로 마르키온 사상을 추종했으며 테르툴리아누스가 마르키온에 대한 이 반박 자료들을 기록했던 곳(대략 기원후 210년대의 카르타고)에 살고 있었다.[3] 논쟁적 저술들의 "숨은 의도 파악"(mirror-reading)을 경고하는 현대적 경향으로 인해 마르키온의 신학을 재구성한 하르낙의 고전적 연구(이 연구는 또한 다음과 같은 확연한 특징들, 곧 루터주의 특징과 자유주의 특징으로 가득 채워져 있다)에 대한 비판이 점차 증가했다.[4] 그럼에도 불구하고 마르

---

3   이와 같은 재구성의 문제점은 Judith Lieu, *Marcion and the Making of a Heretic: God and Scripture in the Second Century* (Cambridge: Cambridge University Press, 2014)에서 상세히 다뤄진다. 또한 역사적 마르키온에 관한 조심스러운 주장에 관해서는 다음의 연구를 보라 J. M. Lieu, "'As Much My Apostle as Christ Is Mine': The Dispute over Paul between Tertullian and Marcion," *EC* 1 (2010), 41-59. 우리의 목적과 관련해서 마르키온과 그의 직접 계승자들 사이의 예견될 수 있는 차이는 중심 주제가 아니다. 왜냐하면 바울의 은혜 언어에 관한 해석은 그들 모두에게 서로 일치하는 공통적인 것으로 보이기 때문이다. 마르키온의 생존 연대에 관해서는 S. Moll, *The Arch-Heretic Marcion* (Tübingen: Mohr Siebeck, 2010), 25-46을 보라. 테르툴리아누스의 『마르키온 논박』의 본문은 E. Evans, ed. and trans. *Tertullian: Adversus Marcionem,* 제2권 (Oxford: Clarendon Press, 1972)에서 영어 번역과 함께 볼 수 있다.

4   A. von Harnack, *Marcion: Das Evangelium von Fremden Gott,* 2판 (Leipzig: J. C. Hinrichs, 1924). 최근의 연구에 대해서는 예를 들어 G. May, K. Greschat, ed., *Marcion and seine kirchengeschichtliche Wirkung* (Berlin: de Gruyter, 2002)에 수록된 논문들, 그리고 Moll, *Arch-Heretic*의 하르낙에 대한 논박을 보라. May and Greschat, *Marcion*에 있

키온 신학에 대한 간접적 증거의 양도 그의 신학적 핵심 요소들을 조명하기에 충분하다. 우리는 여기서 마르키온의 바울 해석에 초점을 맞출 것이다.

마르키온이 인정하는 기독교 정경은 누가복음(이라고 우리가 부르는 책의 편집본)과 갈라디아서로 시작되는 10개의 바울 서신으로 구성되어 있다.[5] 마르키온에게 누가복음과 10개의 바울 서신은 중요했다. 왜냐하면 누가복음은 관대함과 사랑(예. 눅 6:27-38)에 중점을 둔 예수의 생애 및 가르침을 묘사하고 있고, 바울 서신은 날카롭게 양극화된 개념적 틀을 사용하여 이 예수를 구속의 드라마 안에 위치시키고 있기 때문이다.[6] 갈라디아서 처음 몇 장(여기에 나오는 내용은 마르키온의 유일한 교회사 관련 지식이었다)은 이른 시기에 복음을 훼손시키려는 시도가 있었다는 주장과 (갈 1:6-9, 2:5-6), 다른 사도들은 믿을 만하지 않았다는 주장에 대한 증거였다(갈 2:11-14). 그러나 바울은 "복음의 진리"를 단호히 주장했는데, 이 복음의 진리는 인간이나 유대교 전승을 매개로 하지 않고 예수 그리스도의 계시를 통해 주어진 것이었다(1:10-16).[7] 갈라디아서의 반명제적 대립

는 많은 논문은 그 증거에 대한 새로운 평가를 제공한다.

5 마르키온이 수집한 바울 서신과 그 본문에 대해서는 U. Schmid, *Marcion und sein Apostolos* (Berlin: de Gruyter, 1995)를 보라. 슈미트는 그 수집이 이미 마르키온 이전에 완성되었다고 주장한다. 목회 서신은 무시된다(몰랐거나 거부되었을 것이다).

6 마르키온의 유명한 작품 『반명제들』(*Antitheses*)은 긍정적 내용을 주로 누가복음에서 이 끌어낸 것으로 보인다(이 저술은 테르툴리아누스가 마르키온의 바울 이해를 논박할 때 인용되지 않았다; *Adv. Marc.* 5). 그러나 마르키온 신학이 지닌 포괄적인 대립구조는 대체로 바울에게 의존하고 있는 것으로 보인다. 이 점에서 몰은 하르낙에게 과도하게 반발하고 있다고 할 수 있다. 몰은 바울이 마르키온에게 미친 중요한 영향력을 무시하고 있다(*Arch-Heretic*, 70-71, 84-86). 참조. B. Aland, "Marcion/Marcioniten," *TRE* 22 (1992), 93-94.

7 마르키온은 누가복음 10:22이 말하는 "아들의 소원대로 계시를 받는 자"가 바울을 가리킨다고 해석하는 것으로 보인다. 이 구절의 언어는 갈라디아서 1:15-16과 매우 비슷하다.

구조를 통해 마르키온은 "이 악한 세대"(갈 1:4; 6:5)로 침투해 들어온 새로운 실재로서의 복음의 특성을 보게 되었다. 여기서 "하나님 곧 예수 그리스도의 아버지"는 인간 전통 및 유대교 전통과 대립 관계에 놓여 있다(갈 1:1, 10, 13-14). 복음은 다음과 같은 현상들, 곧 복 대 저주(3:10-14), 자유 대 속박(2:4; 4:21-5:1), 믿음 대 율법의 행위(2:16; 3:2, 5), 새로운 피조물 대 "세상"(6:14-15)처럼 완전한 대립각을 이룬다. 이처럼 극단적으로 양극화된 그림은 로마서(예. 7:4-6; 8:1-11), 고린도전서(예. 1:18-31; 2:6-16), 고린도후서(예. 3:6-18; 4:3-6)를 관통하는 유사 대립구조들을 통해 확증되었다. 마르키온은 하나님의 "호의" 또는 "은혜"에 대한 바울의 현저한 강조를 바로 이러한 대립구조 안에 위치시키는데(갈 1:3,6,15; 2:21 등), 이 호의 또는 은혜에 따라 "자비의 아버지"(고후 1:13)께서는 경건치 않은 자와 약한 자를 위한 그리스도의 죽음 안에서 자신의 사랑을 계시하셨다(롬 5:6-11). 그리스도 안에서 계시된 이와 같은 신성은 "세상"(갈 4:8; 6:14)과 "이 세대"(고전 2:6), 혹은 보다 더 정확히 말해 "이 세대의 신"(고후 4:4)과 대립한다.

　　마르키온의 두 하나님―지극히 높으신 하나님(눅 6:35; ὕψιστος)과 창조주 하나님―은 최근에 새로운 연구 주제가 되었다. 하지만 우리는 테르툴리아누스와 하르낙이 제시한 이 주제의 여러 측면들에 대해 이미 질문했었다.[8] 우리의 목적과 관련하여 가장 중요한 것은 마르키온이 지극히 높으신 하나님을 **순전히 그리고 완전히 선하신** 하나님으로 묘사하고 있다는 점이며, 이점은 다행히도 마르키온의 주장에서 가장 확실한 내용이다. 테르툴리아누스의 어색한 반응에서 분명히 드러나듯이, 마르키온은 예수

8　예를 들어 다음의 연구들을 보라. E. Norelli, "Marcion: Ein Philosoph oder ein Christ gegen Philosophie?" in May and Greschat, *Marcion,* 113-130. W. Löhr, "Did Marcion Distinguish between a Just God and a Good God?" in May and Greschat, *Marcion,* 131-146. Moll, *Arch-Heretic,* 47-76. 논쟁의 중심은 창조주 하나님의 성품("의로운", "심판자" 또는 "악한")에 관한 질문이다.

그리스도 안에서 새롭게 계시되는 하나님이 완벽하고 순전한 선의의 하나님이라고 주장했다. 테르툴리아누스의 라틴어 표현에 따르면 이 하나님은 단순히 "선하신"(*bonus*) 것이 아니라 "최고로 선하시다"(*optimus*, *Adv. Marc.*, 1.6.1; 5.5.6 등). 다시 말해 하나님은 완전히 선하시고 선 그 자체시다 (*tantummodo* 혹은 *solummodo bonus*; *Adv. Marc.*, 1.24.7, 1.27.2, 2.11.3). 하나님은 그분이 지니신 최고의 그리고 특별한 선함(*summa et praecipua bonitate sua*) 가운데 인류를 그들의 덫으로부터 해방시키셨고(1.17.1), 그렇게 해서 자신의 우선적이고 완벽한 선(*principalis et perfecta bonitas*, 1.23.3; 참고. 1.24.6)과 유일하고 순수한 자비(*sola et pura benignitas*, 1.2.3, *solitaria bonitas*, 1.26.2)를 표명하셨다. 그런데 하나님의 이러한 자비를 구성하고 있는 것은 은혜의 충만함과 온전한 자비의 충만함이다(*plena gratia et solida misericordia*; 1.24.6. 참고. 5.5.6). 이 하나님, 곧 온화하고 용서해주시고 자비로운 하나님(1.26.3, 5.12.9 등; 참고. 눅 6:36; 고후 1:3; 롬 12:1)은 두려움의 대상이 아닌 사랑의 대상이다(1.27.3; 5.12.9; 참고. 롬 8:15).

예수 안에서 계시된 이러한 모습의 하나님과 병치되는(그리고 어떤 의미에서는 반대되는) 하나님이 바로 유대교 성서(구약성서)의 창조주 하나님이다. 그런데 대부분의 교회는 이 유대교 성서를 기독교가 믿는 동일한 하나님에 대한 권위 있는 증언으로 받아들였다. 유대교 하나님의 중요한 역할은 그가 물질세계의 창조자라는 것에 있지 않다. 비록 그의 성품과 능력이 물질세계의 명백한 결함으로 인해 어느 정도 손상을 입고 있지만 말이다. 그보다 마르키온에게 더 중요했던 것은 그 하나님이 심판자(*iudex*)로 행하시고, 이런 사법적 역할(예수께서 분명하게 거부하신 역할; 눅 6:37; 12:14)을 수행하시는 가운데 하나님 자신이 필연적으로 내리시는 처벌을 통해 해를 가하신다는 점이다. 비록 테르툴리아누스가 이 하나님을 자주 "의로운"(*iustus*; 예를 들어 *Adv. Marc.* 2.12; 이 형용어는 그의 논증적 목적을 돕는다) 분으로 묘사하기는 해도, 마르키온은 하나님의 심판자(*iudex*)로서의 사법적 역할을 최우선적으로 강조했던 것으로 보인다. 이 역할에 따라 율법이 제정되었고, 인간은 불가피하게 처벌을 받았다. 왜냐하면 창조주 하나님의 법은 육체의 연약함을 드러내고 심지어 죄를 불러일으키기 때문이다(롬 7:5-13).[9] 마르키온은 그런 하나님의 사법적 기능을 일련의 부정적 감정 및 결과와 연계시킨다. 그것은 분노, 두려움, 화, 가혹함, 복수, 잔인함, 처벌, 정죄, 파괴, 죽음과 연결된다(*Adv. Marc.* 2.13, 18, 27, 29). 마르키온이 보기에는 이것들 중 그 어느 것도 하나님의 선하심과 양립할 수 없다. 선하신 하나님의 목표는 그리스도 안에서 파괴하는 것이 아니라 구원하는 것이며, 정죄하는 것이 아니라 복을 내리는 것이기 때문이다. 유대교 성서의 하나님이 종종 다음과 같은 존재, 곧 일관성 없고 질투하며 편협하고 전쟁을 좋아하는 존재로 등장하고 있다는 사실은 상황을 더욱 악화시킨다(2.18-26). 테르툴리아누스의 진술(1.2.1)처럼 마르키온이 나무와 그 열매에 관한 주님의 말씀(눅 6:43-44: "못된 열매 맺는 좋은 나무가 없고")을 상당히 중시했다면, 선하신 하나님을 그처럼 부정적인 산물들과 연결 짓는 일은 불가능했을 것이다. 법을 제정하고 심판하는 하나님에 대해 어떤 말을 한다 할지라도, 이런 역할의 하나님은 분명 선하지 않다.[10]

따라서 마르키온의 바울 해석은 바울이 그리스도 사건을 하나님의 은혜 및 긍휼과 연결시킨 것을 **강조할** 뿐만 아니라, 이 관계를 **단일성**(singularity)의 방향으로 **극대화한다**(2.2를 보라). 이는 순전히 그리고 완전히

---

9   이와 같은 사법적 역할의 우선적인 중요성에 대해서는 예를 들어 Irenaeus, *Haer.* 3.25.2; Tertullian, *Adv. Marc.* 1.6.1; 1.26을 보라. 또한 Löhr, "Did Marcion Distinguish"도 보라.

10   그런 저급한 하나님이 악한 일들(*malorum factor*, Irenaeus, *Haer.* 1.27.2)의 원인일지도 모른다. 하지만 마르키온이 그런 하나님을 명백하게 혹은 본질적으로 악하다고 생각했는지, 나아가 모든 악의 근원으로 생각했는지는 분명하지 않다(Moll, *Arch-Heretic*, 47-76에 반하여). 창조주 하나님을 "의롭다"고 불렀을 때, 마르키온은 상식적 개념의 "정의" 속에, 다시 말해 선한 자는 보호하고 악한 자는 처벌하며 어떤 특정한 면에서는 긍휼에 호소하는 것을 반드시 거부하는 상식적 개념의 정의 속에 도덕적 난점이 포함되어 있음을 폭로한 것이다. 고대에도 이 난제가 이미 알려져 있었다는 사실에 대해서는 에스라 4서 7-8장(이 책의 9장에서 논의된다)을 보라.

선하신 하나님으로부터 심판과 관련한 모든 암시를 분리해내는 것을 뜻한다. 하나님이 악을 어떻게 다루시는지에 관해 바울이 때때로 불분명한 태도를 취하는 경우가 있는데, 이는 마르키온에게 큰 영향을 미쳤다. 마르키온에 의하면, 만약 바울 서신 본문들이 하나님의 사법적 역할을 부각시켰다면, 분명히 그 본문들은 복음을 처음부터 왜곡시킨 음모로 인해 일찍이 부패해 있던 것이다(갈 1:6).[11] 여기서 마르키온은 사실 양극화의 수사학 및 관념에 대한 일종의 패러다임을 제시하고 있다. 곧 하나의 단일 개념(여기서는 하나님의 자비하심)이 그 반대편에 이 단일 개념과 대립되는 부정적 개념을 형성함으로써 급진화되고, 정화되며, 내적 일관성을 갖추게 된다. 이와 같은 단일성의 극대화는 당시 그리스의 지적 전통 안에 폭넓게 퍼져 있던 관심사의 영향을 받은 것으로 보이는데, 이는 하나님/신들이 신적 속성(θεοπρεπές)에 "합당한" 방식으로 묘사되어 있는지를 보증하기 위함이었다. 또한 단일성의 극대화는 신적 존재란 정의상 완벽히 그리고 온전히 **선하다**는 일반적·철학적 개념의 영향도 받은 것으로 보인다.[12]

이런 공리는 특별히 플라톤적 전통과 관련되어 있지만(참조. 플라톤,

---

11 갈라디아서에서 하나님/예수는 심판과 직접 관련되어 있지 않다. 갈 5:10은 누가 심판을 행할 것인지에 대해서 암시하지 않는다. 갈 5:21도 육체의 일을 행하는 자가 어떻게 하나님의 나라에 들어가지 못하게 될 것인지는 언급하지 않는다. 6:8은 육체 그 자체가 파멸의 원인이라고 말한다. 로마서의 본문들은 오염되지 않은 원래 의미를 "회복시키기 위해" 외과수술을 필요로 했다(예. τὰ κρίματα를 제거하지 않았더라면 탁월했을 구절인 롬 11:33-35에서 이 τὰ κρίματα를 제거해버렸다. Tertullian, *Adv. Marc.* 5.14.9). 우리가 테르툴리아누스를 신뢰할 수 있다면, 마르키온의 순전히 선하신 하나님은 처벌이나 파괴를 통해서가 아니라 악을 금하고 자신에게서 악을 제거시키심으로써 악을 다루신다(*Adv. Marc.* 1.26-27)고 말할 수 있다.

12 이러한 전통을 유대인들이 전용(轉用)한 것에 대해서는 예를 들어 Josephus, *Ant.* 4.180, *Apion* 2.166, 238-54를 보라. 솔로몬의 지혜서에서는 지혜가 "하나님의 선하심"을 나타내는 형상이다(7:26). 필론에게 하나님은 τὸ πρῶτον ἀγαθὸν καὶ καλόν(가장 사랑이 많고 선하신 분)이시다(*Legat.* 5). 다른 초기 기독교 저술가들도 하나님의 형상을 "순화"(purify)시킬 필요성에 기꺼이 동조했다. 참조. Tertullian, *Apol.* 14; Origen, *Cels.* 5.14, 23-24.

Resp, 376e-392c: ἀγαθὸς ὅ γε θεὸς τῷ ὄντι, 379b), 하나님이 외관상 인간을 무정하게 다루시는 것을 정당화하거나 인간 실존의 고통으로부터 하나님을 완전히 분리시키려고 애쓴 모든 철학 학파도 그 공리를 공유하고 있었다. 테르툴리아누스가 마르키온을 후자에 해당하는 에피쿠로스 학파의 견해와 관련시킨 것은 잘못이다(*Adv. Marc.* 1.25.3). 그러나 마르키온이 주장하는 순전히 선하신 하나님은 분명 그리스도의 삶과 죽음을 통해 인간의 역사에 이미 개입하신 하나님이다. 신은 완전히 선해야 한다는 마르키온의 철학적 공리는 역설적으로 반철학의 입장을 취하게 된다. 달리 말해, 마르키온의 하나님은 자연 또는 질서 잡힌 "이성"의 목적과 연계될 수 없으며, 불가사의하게도 그리스도 사건을 통해 가려져 있던 상태에서 등장하셨다. 하나님의 선하심이 이성과 조화를 이루고, 결과적으로 악에 대한 질서 잡힌 처벌과 조화를 이루어야 한다고 주장하는 사람은 테르툴리아누스다. 하지만 이런 철학적 요청에 의존하지 않는 마르키온은 하나님의 은혜가 하나님께 속해 있지 않은 자들에게도 풍성히 주어진다는 점을 감안하며 그 은혜의 극대화 및 비합리성을 강조한다.[13] 그리스도 안에서 낯선 자들(*alieni*)에게 다가오시는 하나님 곧 예수 그리스도의 하나님은 인간적 관점에서는 전적 타자(*alienus*)이신 하나님이다. 이에 따라 하나님의 은혜의 **단일성**은 **비상응성**에 의해 보충된다. 왜냐하면 하나님은 여기서 자신의 창조물도 소유물도 아닌 그런 자들에게 선물을 주신다. 선물을 주셔야 하는 사전 의무가 전혀 없음에도 말이다. 유대교 성서에 나타난 도덕적 문제들에 대한 마르키온의 간결한 해결책과 그의 선(善) 개념(인간적인 선과 신적인 선)이 지닌 윤리적 순수성은 마르키온식 복음이 엄청난 인기를 끌었던 이유를 설명해준다. 만약 그 당시 로마에 있었던 교회들이 주로 이방인들로

---

13 이 문제의 토론을 위해서는 Norelli, "Marcion"을 보라. 수준 높은 교육을 받은 마르키온은, 비록 특수한 철학파의 사상을 취하지 않고 바울의 영향(고전 1-2장) 아래 오히려 철학적 이성에 치우치는 것에 대하여 반발했다 해도, "신화"에 대한 철학적 비판은 받아들였을 것이다. Aland, "Marcion/Marcioniten," 94, 98을 보라.

구성되어 있었고 사회적으로는 유대교 회당과 분리되어 있었다면, 율법에서의 자유에 대한 바울의 진술은 다음의 내용을 암시하는 것으로 해석되기 쉬웠을 것이다. 즉 교회가 받아들였던 유대교 성서의 유일한 기능이 복음을 부정적으로 반영하는 것이었다고 말이다.[14]

만약 그리스도인들이 사회적 편견과 학대의 희생자였다면, 이러한 현상은 바울의 용어를 빌려 설명해보자면 "이 세대의 신"이 복음을 본질적으로 반대하고 있는 것이다. 더욱이 마르키온의 주장을 따르는 교회들은 명백한 저항 가운데 창조주와 그가 만든 세상에 반대했는데, 이 저항은 중요한 지점에서 그들의 관습에 영향을 미쳤다. 그들은 성적 욕구와 결혼 및 출산에 반대함으로써, 일상에서 삶을 변화시키는 그러한 방식을 통해 바울이 말하는 영혼과 육체 사이의 투쟁에 가담했다. 성과 결혼으로부터의 결별은 육체적 해방의 표시, 곧 하나님의 지극히 높고 제한 없는 선하심이 그들을 모호하고 종종 유해한 창조세계의 상태로부터 구원하셨다는 표시였다. 이렇게 해서 하나님의 은혜의 단일성은 여기서 강력한 관념적 효력을 갖게 되었다. 그렇게 마르키온 종파는 덧없는 피조물과 분리되었고(고전 7:29-31), 또한 열등한 하나님—육체의 정욕을 창조하고 두려움을 일으켜 공경을 받는 유대교 성서의 하나님—을 공경함으로써 어리석게도 믿음이 희석되어버린 타락한 그리스도인들과도 분리되었다.

---

14   마르키온은 갈 4:24-25를 수정하여 그것으로부터 "유대교 회당"과 "거룩한 교회" 사이의 대립관계를 추가로 이끌어냈다. Schmid, *Marcion und sein Apostolos*, 317-318, Tertullian, *Adv. Marc.* 5.4.8.

3.2. 아우구스티누스

바울 해석자 가운데 그 누구도─나아가 그 어떤 기독교 신학자도─히포의 아우구스티누스(대략 354-430)보다 "은혜"란 주제에 대해 더 크고 깊은 관심을 보인 사람은 없다. 아우구스티누스는 그가 가지고 있던 성서 자료들 중 특히 바울 서신을 주도적으로 사용했는데, 그의 바울 서신 사용은 단편적 참조 수준에 그치는 것이 아니었다. 아우구스티누스가 로마서를 읽을 때, 그에게 이 서신의 거의 유일한 주제는 은혜였다(*Spir. et Litt.* 12). 그는 바울의 로마서가 은혜란 주제를 강조하고 있다는 것과 아울러 은혜를 명확하게 정의하도록 촉구하고 있음을 발견한다. 다시 말해, 은혜가 보수이거나(롬 4:4) 행위에 기반하여 주어진다면(롬 11:6) 이는 은혜가 아닌 것이다.[15] 마르키온의 경우와 마찬가지로, 바울의 대립 명제들은 아우구스티누스를 고무하여 은혜를 일군의 명확한 양극성의 대립구조 안으로 "극대화"(perfect)시키는데, 아우구스티누스의 극대화는 그 본질에 있어서 마르키온의 그것과 매우 달랐다. 아우구스티누스는 하나님의 은혜로부터 심판의 온갖 오점을 전혀 "제거하지" 않는다. 오히려 그의 은혜 개념은 하나님의 공의라는 어두운 막을 배경 삼아 더욱 밝게 빛난다. 모든 사람은 아담의 죄과를 공유하기에, 죄에 대한 형벌을 받아야만 한다. 이 형벌은 하나님이 정당하게 요구하시고 받으실 수 있는 빚이다. 헤아릴 수 없는 심오한 이유들로 인해 하나님께서 어떤 자들에게 "빚 탕감"의 호의(*indebita gratia*)를 베풀어주신다면, 그는 자신의 공의를 대신하시는 것이지 부정하시는 것이 아니다.[16] 이와 같이 **하나님이 자격 없는 자에게 비상응적인 선**

---

15 로마서의 메시지를 요약하고 은혜의 본질을 정의해주는 이 두 구절(롬 4:4; 11:6)의 중요성에 대해서는 *Spir. et litt.* 13, 16, 40 등을 보라. 참고. *Ad Simpl.* 1.2.2: *eo ipso quo gratia est evangelica operibus non debetur, alioquin gratia iam non est gratia.*

16 이러한 사고 노선은 *Ad Simpl.* 1.16에서 상업적 유비를 통해 예시되며, 그 이후에 자주 반복된다.

물을 베푸신다는 것이 아우구스티누스의 은혜 신학의 든든한 기반이다. 하지만 아우구스티누스는 이러한 자신의 신학을 해설하면서 다른 "극대화들"을 덧붙이며 결합시켰는데, 이는 오늘날에 이르기까지 바울 해석에 영향을 미쳐오고 있다. 아우구스티누스의 은혜 신학은 변화하는 역사적·논쟁적 정황 가운데서 발전하는 일종의 힘으로 가장 잘 이해된다.[17] 우리는 이 발전 과정을 아우구스티누스의 생애를 통해 추적할 수 있다. 그는 처음에 로마서에 몰두했으며, 396년(『심플리키아누스에게 보내는 글』)에서 중요한 발전을 거친 다음, 펠라기우스와의 논쟁 그리고 그 이후의 논쟁들을 통해 거듭 발전해 나갔다. 어떤 경우에는 나름의 은혜 신학을 갖고 아우구스티누스를 대적했던 자들(펠라기우스와 요한네스 카시아누스)을 공부함으로써 아우구스티누스가 제시하는 독특한 "극대화"(perfection)의 윤곽을 날카롭게 다질 수 있게 된다. 아우구스티누스의 신학과 그의 개인적 경험 또는 사회적 실천 사이의 상관관계를 추적해 보는 일도 일종의 현상, 즉 그가 믿었던 단순한 교리로서가 아니라 그가 살아가고 있는 실제로서의 현상(이 현상은 그에게 늘 실제였다)을 분석할 때 그 깊이를 더해 줄 것이다.

3.2.1. 로마서에 관한 초기 저작

아우구스티누스의 미완성 주석 『로마서 서언 해설』(*Epistolae ad Romanos inchoata expositio*)과 『로마서 명제 해설』(*Expositio quarundam propositionum ex*

---

17   이 신학의 초기 단계에 대해서는 다음을 보라. W. S. Babcock, "Augustine's Interpretation of Romans (A.D. 394-396)," *AugStud* 10 (1979), 55-74 그리고 C. Harrison, *Rethinking Augustine's Early Theology: An Argument for Continuity* (Oxford: Oxford University Press, 2006). 해리슨은 브라운과 프레드릭센 등에 반대하며 396년 의 *Ad Simpl*에서 실제로 일어난 변화가 거의 없다고 주장한다. 아우구스티누스의 작품 전체에 대해서는 다음의 연구들을 보라. J. Patout Burns, *The Development of Augustine's Doctrine of Operative Grace* (Paris: Études Augustiniennes, 1980); P.-M. Hombert, *Gloria Gratiae: Se glorifier en Dieu, principe et fin de la théologie augustinienne de la grâce* (Paris: Études Augustiniennes, 1996)를 보라.

epistula ad Romanos)은 기원후 394-395에 기록되었다. 이 저서들은 그가 마니교의 바울주의를 버리고 새롭게 바울을 해석하려 했던 첫 시도들을 보여준다.[18] 아우구스티누스의 바울 해석에 있어서 그 중심이 되는 많은 요소들은 그때 이미 자리를 잡았다. 바울이 "율법의 행위"를 반대했던 것은 유대교의 특정 "예식"을 겨냥한 것이 아니라 자기 행위를 자랑했던 유대교 신자들을 향한 것이었다. 이 유대교 신자들은 율법의 행위를 통해 자신들이 복음의 은혜를 받게 되었음을 자랑스러워했다(*ex. prop. Rm.* 60.13). 따라서 율법과 율법의 행위는 교만과 연결되어 있고, 아우구스티누스에게 교만이란 언제나 인간이 범하는 죄의 근본이었다. 바울은 다음과 같은 자들, 곧 마치 자신의 행위들을 스스로의 힘으로 행한 것처럼 자랑하며, 하나님께 영광을 돌리지 않고 "자신들의 공로"를 내세우는 자들을 공격했다 (*ex. prop. Rm.* 64).[19] 아우구스티누스는 미덕을 하나님의 호의를 이끌어내는 인간적 노력의 산물로 보는 일반적·합리적 평가를 거부했다. 그는 다음과 같은 신학, 즉 은혜가 모든 공로보다 **앞서며**, 어떤 의미에서건 은혜가 도덕적 미덕에 의존하는 것이 아니라 도덕적 미덕을 가능케 한다는 신학을 전개했다. 로마서 5:5은 그가 앞으로 몇 년간 몇 번이고 반복하게 될

---

18   본문과 번역에 대해서는 Fredriksen Landes, *Augustine on Romans* (Chico: Scholars Press, 1982)를 보라. 바울을 향한 아우구스티누스의 초기 관심에 대해서는 Harrison, *Augustine's Early Theology*, 115-163을 보라. 갈라디아서 주석(*Expositio Epistolae ad Galatas*)도 이와 같은 시기에 출간된다. 본문과 번역에 대해서는 E. Plumer, *Augustine's Commentary on Galatians: Introduction, Text, Translation, and Notes* (Oxford: Oxford University Press, 2003)을 보라.

19   해리슨은 교만을 그리스도께서 인간이 되심으로써 친히 보여주신 겸손과 반대되는 죄, 곧 인간의 본질적인 죄로 본다. Harrison, *Augustine's Early Theology*, 173-177. 다른 곳에서 해리슨은 아우구스티누스의 주장을 인용한다. 그리스도를 따르는 것은 "첫째도 겸손, 둘째도 겸손, 셋째도 겸손이다.…우리가 무슨 선행을 하든지 관계없이 교만은 우리가 그 선행을 즐거워하는 동안 겸손을 우리 손에서 빼앗아갈 것이다"(*Ep.* 118). 아우구스티누스는 이 원리를 토대로 삼아 모든 반대자들(마니교인들, 도나투스파, 펠라기우스주의자)에게 반박할 수 있었다. 결국 아우구스티누스는 바울을 언급하며 자신의 적대자들(유대인들과 그리스도인들)을 반박하기 위해 이 원리를 사용했다.

주요한 로마서 본문이다. "우리에게 주신 성령으로 말미암아 하나님의 사랑('하나님을 향한 사랑'을 의미)이 우리 마음에 부은 바 됨이니"(*ex. prop. Rm.* 26; 60.6-7, 10; 61.5 등).[20] 여기에 선물 곧 성령의 부어짐이 있고, 이 선물은 하나님께 순종할 뿐만 아니라 하나님을 사랑하는 믿는 자들에게 반드시 주어진다. 이때 성령은 그들의 마음속에 갈망이나 소원을 심어주시는데, 이 갈망과 소원을 통해 그들은 하나님의 목적과 존재 속으로 이끌려 들어간다. 아우구스티누스는 인간이 하나님의 뜻을 성취하려면, 하나님께서 직접 그분의 계명을 주셔야 한다고 주장한다. 이 주제는 『고백록』(기원후 397-401)에 명확히 설명되어 있지만, 이미 여기에도 함축되어 있다. "당신의 계명을 주시고, 당신이 뜻하는 바를 명하소서"(*da quod iubes et iube quod vis, Conf.* 10.29.40. 참고. 10.31.45, 10.37.60). 따라서 선물의 언어는 원천의 속성을 분명히 밝힌다. "이것은 우리 자신에게서 나오는 것이 아니라 하나님의 선물이다"(*non ex nobis sed dei donum*, 엡 2:8; 참고. *Ad Simpl.* 1.2.3, 6). 아우구스티누스는 바울이 인간의 교만, 자기 주장, 자만의 뿌리가 되는 그 근원을 공격하고 있다고 이해한다. 믿는 자들은 미덕을 행할 때도 자신의 것이 아니라 하나님의 것에 의존하고 있음을 인정해야 한다.

그러나 이것이 과연 믿음에 적용되는지, 또는 어떻게 믿음에 적용되는지를 결정하는 것은 또 다른 문제이다. 『로마서 명제 해설』에서 아우구스티누스는 잘 알려진 것처럼—비록 나중에 후회했지만—뒤따라오는 선행에 대해 우리가 뭐라고 말하든지 "믿음은 우리의 것"이라고 주장했다(60.12). 마니교의 결정론을 반박하기 위해 아우구스티누스는 최소한 여기서만큼은 자유의지의 여지를 남겨놓으려 애썼다. 그는 로마서 9장의 흐름을 거스르며 이 전제를 옹호했는데, 그러면서 하나님이 에서가 아니라 야

---

20   해리슨에 의하면 아우구스티누스의 저술 전체에서 이 구절은 200회 이상 인용된다. *Augustine: Christian Truth and Fractured Humanity* (Oxford: Oxford University Press, 2000), 96 n. 33. 이 구절이 암시되고 있는 곳은 훨씬 더 많이 발견될 것이다.

곱을 택하셨을 때 그 선택에 대한 어떤 기초가 있어야 한다고 주장했다. 그렇지 않으면 하나님의 선택이 자의적인 것이 된다는 것이다. 바울은 하나님의 선택의 근거로서 행위를 배제하고 있으므로, 하나님이 태어나기도 전에 야곱을 부르신 것은 야곱이 믿게 될 것을 미리 아시는 예지로부터 나온 것이 틀림없다(62.15). 자신의 이러한 해석을 요약하면서 아우구스티누스는 이렇게 말한다. "죄인이 파멸을 불러오는 것 외에 다른 아무런 공로도 갖지 못할 때, 그에게 미리 앞서 부르심이 주어져 있다는 것이 은혜의 본질이다. 그러나 어떤 사람이 소명을 따르도록 (자신의 자유의지를 통해) 부르심을 받는다면, 그는 또한 선을 행할 수 있도록 능력을 주시는 성령을 받게 될 것이다. 그리고 그가 (자신의 자유의지를 통해) 성령 안에 거하는 한, 그는 영원한 생명을 얻게 될 것이다"(*ex. prop. Rm.* 60.14-15).

우리는 아우구스티누스가 이미 여기서 "은혜"의 정의에 관심이 있음을 본다("은혜의 본질은~이다"). 은혜는 그 정의상 공로보다 **앞서고 죄인**에게 주어진다. 이처럼 **우선성**과 **비상응성**을 강조하는 것은 아우구스티누스의 생애 전반에 걸쳐 은혜를 특징짓는 요소다.[21]

여기서 아우구스티누스는 믿음에 대한 하나님의 선지식, 즉 하나님께서 누가 믿음을 갖게 될지 아닐지를 미리 알고 계신다고 주장하는데, 이는 은혜의 논리적 우선성이 아니라 시간적 우선성을 인정하는 것이다. 믿는 자가 장차 믿게 된다는 것, 그래서 믿음의 공로(*meritum fidei*)로 성령을 선물로 받게 된다는 것을 미리 아시는 하나님은 미래에 이루어질 믿음에

---

21   로마서의 중심 주제는 "은혜"라는 바울의 용어로 정의된다. 이 말은 "그 누구도 감히 자신의 과거의 삶의 공로에 기초해서(*vitae prioris merita*) 자신이 복음으로 인도되었다고 말할 수 없다는 것"을 의미한다. 다시 말해 은혜는 "죄인들을 정화하고 의롭게 한다"(*peccatores sanet et justificat, ep. Rm. inch.* 6). 하나님은 "모든 훌륭한 행위에 앞서 우리를 먼저 사랑하셨다"(*prior dilexit nos ante omnia merita, ep. Rm. inch.* 7.6). "죄인이 파멸을 당하는 것 말고 내세울 아무런 공로도 없을 때, 부르심이 그에게 먼저 주어진다는 것이 은혜의 본질이다"(*Est autem gratia, ut vocatio peccatori praerogetur, cum eius merita nulla, nisi ad damnationem praecesserint, ex. prop. Rm.* 60.14).

따라 믿는 자를 지금 미리 부르신다. 그러나 핵심은 다음과 같다. 즉 하나님의 은혜가 미덕의 공로보다 앞서며, 하나님은 이미 경건한 자가 아니라 아직 경건치 않은 자를 의롭게 하시기 때문에 하나님의 은혜는 본질적으로 그리고 그 효력이 발생하는 첫 순간부터 비상응적인(가치와 상관없이 주어지는) 선물이라는 것이다. 그러나 아우구스티누스에 의하면 이 선물의 목적은 그 기원과 다르다. 즉 하나님은 경건치 않은 자들을 **경건한 자들로 만들기 위해** 의롭게 하신다. 그리고 선물인 성령을 통해 가능케 된 그 이후의 선한 삶은 영생을 상속하기에 합당하고 적합한 자로 그들을 변화시킬 것이다(*ex. prop. Rm.* 21-22). 이처럼 비상응적인 상태에서 적합한 상태로 바뀌는 것은 성령의 역사이며, 성령의 역사는 믿는 자들의 마음속에 변혁을 일으킨다. 하나님은 비신자들이 죄를 짓게 하지 않으신다(그들을 죄 가운데 버려두실 뿐이다).

하지만 하나님은 믿는 자들이 선을 행하도록 도우시고 동시에 (어떤 면에서는) 그들의 선행을 "만들어내신다(facio)"(*ex. prop. Rm.* 61.12: *facit eum bene operari*). 아우구스티누스는 하나님을 향한 사랑이 하나님 자신이 일으키시는 효과적 역사로부터만 나올 수 있음을 이미 강하게 의식하고 있다. 이런 의식과 함께 그는 인간 행위의 근저와 그 속을 들여다보며 가장 깊은 차원에 존재하는 일차적 행위자가 바로 하나님이심을 발견한다.

아우구스티누스의 은혜 신학은 우선성, 비상응성, 효력이라는 이 세 가지 극대화를 축으로 회전하면서 더욱 긴밀한 통합을 이루게 된다. 은혜의 효력은 행위에 앞서 곧바로 믿음의 최초 행위에 역으로 작용하고, 그다음으로 믿음의 행위에 앞서 믿는 자의 예정에 역으로 작용할 것이다.

이에 더하여 은혜의 유효성은 앞으로 확장되어 삶 전체에 걸쳐 인내의 선물로 주어질 것이며, 자유로운 인간 행위자를 오로지 하나님께만 귀속시킬 수 있는 효율적 행위와의 결합으로 이끌어갈 것이다. 그러므로 은혜는 시간적·논리적으로 선행하는 것이 되고, 인간의 칭찬할 만한 행위를 낳을 수 있으나 그렇다고 그러한 행위로부터 나오는 것은 결단코 아니다.

아우구스티누스는 은혜의 비상응성(죄인들이 합당한 자격을 갖추기 전에 주어지므로)과 은혜가 가져오는 적합성(인간을 하나님께 적합한 자로 만드므로)이라는 이 이중 강조를 끝까지 유지한다. 아우구스티누스는 빚 혹은 공로와 같은 용어를 은혜의 근거로 사용하는 것에 강한 거부반응을 보이지만, 공로 혹은 보상이 믿는 자의 삶이 만들어 내는 산물이라고 자유로이 말한다. 왜냐하면 후자의 경우에 믿는 자들의 "공로"는 하나님의 선물 외에 다른 어떤 것이 아니기 때문이다.[22] 루터에게는 비상응성이 은혜의 지속적 본질이기에, 그는 아우구스티누스가 "공로"를 이렇게 이중적으로 다루는 것이 도움이 안 된다고 생각할 것이다. 그러나 아우구스티누스에 의한 극대화들의 혼합을 통해 인간의 공로 언어가 가능케 되고 적합해진다. 하지만 이는 공로가 은혜의 우선적 유효성 위에 안전하게 기초를 두고 있을 경우에 한해서만 가능하다.

3.2.2. 이어지는 로마서 9장과의 씨름: 『심플리키아누스에게 보내는 글』

아우구스티누스는 심플리키아누스의 질문에 답변하는 동안(기원후 396년), 자신의 생각이 변화한 것을 알아차렸다. 그런데 그때 아우구스티누스는 로마서 9:6-23에 나타난 바울의 매우 과격한 진술을 이해하려고 애

---

22 예를 들어 다음의 자료들을 보라. *Spir. et litt.* 40; *Grat. et Lib. Arb.* 13-20; *C. Jul.* 6.12.39(*ipsa bona merita nostra nonnisi dei dona esse fateamur*); *Ep.* 194.5.19(*cum Deus coronat merita nostra, nihil aliud coronat quam munera sua*). 아우구스티누스는 때때로 보상과 관련된 바울의 언어, 곧 하나님이 마지막 날에 그에게 전달하실(*reddo*) "의의 면류관"(딤후 4:7-8)에 대해 우려를 표명한다. 왜냐하면 이것이 은혜의 영역 안에서 "빚"(*debitum*)을 거부하는 것(롬 4:4)과 충돌하는 것처럼 보이기 때문이다. 이에 대한 아우구스티누스의 해법은 그리스도가 선물을 전달하시는 것이 아니라 주시는 것이라고(*non reddidit sed dedit*, 엡 4:8을 암시함) 주장하는 것이다. 다음과 같은 사실, 곧 바울이 "받지 **못할** 은혜를 먼저 받았다"라는 사실이 전제되지 않는다면, "빚"에 대해 결코 말할 수 없다. 비방자와 박해자였던 바울은 경건한 자가 아니라 경건하지 않은 자를 의롭게 하시는 하나님으로부터 긍휼을 얻었다. 물론 하나님의 목적은 "그를 의롭게 하심으로써 그를 경건케 하시는 것이다"(*ut justificando pium faciat, Ad Simpl.* 1.2.3).

쓰는 중이었다.[23] 물론 아우구스티누스는 계속해서 행위의 공로보다 앞서는 은혜의 우선성을 주장하며 이렇게 말한다. "선행이 은혜를 산출하는 것이 아니고, 은혜가 선행을 산출한다.…은혜는 모든 공로의 행위보다 앞선다.…그리스도는 경건치 않은 자들을 위해 죽으셨다"(*Ad Simpl.* 1.2.3; 1.2.7). 그러나 아우구스티누스는 "믿음이 우리의 것"이라는 주장을 더 이상 유지할 수 없음을 깨닫는다. 왜냐하면 "믿음 자체도 은혜의 선물 가운데 하나로 여겨져야 하기" 때문이다. 믿음이 (자유의지의 행사로 갖게 된) 우리의 것이라면, 믿음은 또한 하나님의 것이기도 하다. 왜냐하면 믿음은 하나님의 부르심이 낳은 산물이기 때문이다(1.2.7).

특별히 믿음과 관련되었다는 점—하나님의 부르심에 대한 자발적 동의—을 고려할 때, 아우구스티누스는 다음의 로마서 말씀에 깊은 인상을 받는다. "그런즉 원하는 자로 말미암음도 아니요 달음박질하는 자로 말미암음도 아니요, 오직 긍휼히 여기시는 하나님으로 말미암음이니라"(롬 9:16). 로마서의 이 말씀은 (라틴어 본문의 형태로) 이후 아우구스티누스 사고의 중심축이 되는 다음의 빌립보서 말씀과 결합된다. "너희 안에서 행하

---

23 이런 발전에 대해서는 *Retr.* 1.22.2-4를 보라. "나는 확실히 인간 의지의 자유로운 선택을 옹호하려 애썼으나, 하나님의 은혜가 이겼다"(*Retr.* 2.27.1). 보다 더 상세한 분석에 대해서는 다음의 자료들을 보라. Babcock, "Augustine's Interpretation"; Burns, *Development*, 2-51; Harrison, *Augustine's Early Theology*, 142-54, 265-80. 배브콕은 이 변화의 주된 요소가 롬 9장 자체가 아우구스티누스의 지성에 미친 영향임을 바르게 주장한다. "Augustine's Interpretation," 67-74z. 참조. Babcock, "Comment: Augustine, Paul, and the Question of Moral Evil," idem ed., *Paul and the Legacies of Paul* (Dallas: Southern Methodist University Press, 1990), 251-61. 이 내용은 다음의 책을 다룬다. P. Frederikson, "Beyond the Body/Soul Dichotomy: Augustine's Answer to Mani, Plotinus, and Julian," in Babcock, *Paul and the Legacies of Paul*, 227-251. 아우구스티누스가 자신의 회심에 대해 직접 해석한 것과 일치하는 내용에 대해서는 다음의 연구들을 보라. J. Wetzel, *Augustine and the Limits of Virtue* (Cambridge: Cambridge University Press, 1992), 150-60; Wetzel, "Snares of Truth: Augustine on Free Will and Predestination," in R. Dodaro and G. Lawless ed., *Augustine and His Critics: Essays in Honour of Gerald Bonner* (London: Routledge, 2000), 130-32.

시는 이는 하나님이시니, 자기의 기쁘신 뜻을 위하여 너희에게 소원을 두고 행하게 하시나니"(*deus est qui operatur in vobis et operari pro bona voluntate*, 빌 2:13; *Ad Simpl.* 1.2.12와 다른 곳에서 인용됨). 만약 하나님께 동의하기 위해 반드시 필요한 의지가 어떤 의미에서 하나님이 직접 만드시는 것이라면, 아우구스티누스는 더 이상 믿는 자유를 "우리에게 달려" 있는 것으로 분리시킬 수도 없고, 또는 믿음의 선택에 대한 하나님의 예지를 부르심의 근거로 주장할 수도 없다. 모든 선한 행위에 필요하고, 특히 하나님의 부르심을 기꺼이 받아들이는 데도 필요한 선한 의지(*bona voluntas*)는 그 자체가 하나님의 선물(*dei donum, Ad Simpl.* 1.2.12)이다. 이 중추적 저술의 목적과 관련하여 제기되는 일련의 수사적 질문들을 통해 우리는 아우구스티누스의 논리를 관찰할 수 있다.

우리는 성령의 선물을 받고 사랑으로 선한 일을 할 수 있음을 믿으라고 명령 받는다(참고. 롬 5:5). 그러나 어떤 부르심이나 진리의 증언과 접촉이 없다면(*tangatur*), 누가 믿을 수 있겠는가?(참고. 롬 10:14) 누가 자신의 의지를 믿음으로 이끌어주는(*moveatur*) 어떤 비전에 의해 마음에 감동을 주는 일(*tali viso attingi mentem suam*)을 스스로 행할 수 있겠는가? 누가 자기에게 즐거움(*delectat*)을 주지 못하는 것을 진심으로 환영할 수 있겠는가? 또한 누가 자기를 기쁘게 할 만한 것이 나타날 수 있도록 보장할 수 있으며 또 그렇게 등장한 것으로부터 즐거움을 누리게 된다고 보장할 수 있겠는가? 만약 하나님께 나아가도록 우리를 도와주는 일들로 인해 우리가 즐거워한다면, 이는 우리의 동의, 열심, 공로와 같은 행위에 기인한 것이 아니라 하나님의 은혜의 감동 및 공급(*inspiratur hoc et praebetur gratia dei*)에 의한 것이다. 우리의 의지가 동의(*nutus voluntatis*)한다는 것, 부지런한 수고가 있다는 것, 열심을 다해 사랑의 역사를 감당할 수 있다는 것, 이 모두는 다 하나님이 제공하고 공급하

여주시는 것이다(*ille tribuit, ille largitur*).[24]

이와 같은 추론은 아우구스티누스가 의지의 내적 작용, 의지의 분열과 상처, 하나님의 은혜를 접하지 못할 경우 악하고 유해한 것을 즐거워하는 왜곡된 의지를 성찰함으로써 얻게 된 산물이다. 이런 자기성찰이 아우구스티누스가 저술한 『고백록』의 진수다. 『고백록』은 인간적 의지의 동기와 성향에 대해 성찰하는 고대의 모든 작품 가운데 아마도 가장 날카롭고 (분명 가장 영향력 있는) 저술일 것이다. 자신의 깊은 경험과 폭넓은 성찰을 통해 아우구스티누스는 진리를 즐기는 데 필수적인 원인들의 연쇄관계를 『고백록』에서 재구성하고 있으며, 하나님의 은혜 없이 그 즐거움이 불가능함을 확인한다. 이 논리는 바울의 다음과 같은 전형적인 표현과 조화를 이루는데, 이 표현은 『고백록』에서 그리고 이후 아우구스티누스가 다루는 모든 은혜에 울려 퍼진다. "네게 있는 것 중에 받지 아니한 것이 무엇이냐?"(*quid enim boni habes quod non accepisti?* 고전 4:7; *Ad Simpl.* 1.2.9. 참고. *Conf.* 7.21.27). 인간 영혼의 심연으로 내려가면서, 아우구스티누스는 그 무엇도 바울의 이 질문으로부터 벗어날 수 없음을 발견한다.[25]

이와 같이 『심플리키아누스에게 보내는 글』은 하나님의 부르심이 믿는 자들에게 적합하며(*congrua*), 그들의 선한 의지를 야기하는(*effitrex bonae voluntatis*, 1.2.13) 효과적 원인이라는 개념을 개진한다. 아우구스티누스는 다양한 용어를 사용하여 이 효력의 본질을 표현한다 ("돕다", "접촉하다", "자극하다", "움직이다"는 가장 흔히 사용되는 용어들에 속한다). 그러나 중요한 단계는 인간의 지성이 지니고 있는 동기부여의 힘 깊은 곳까지 은혜의 유효성

---

24   *Ad Simpl.* 1.2.21. 버나비(Burnaby)의 수정번역.

25   웨스트홈(Westholm, *Perspectives Old and New,* 16)은 다음과 같이 말한다. "아우구스티누스는 바울의 이 물음을 공리로 격상시키는데, 이 공리는 모든 성서를 이해하는 원리가 되어야 하고, 모든 교리를 검증하는 기준이어야 하며, 나아가 모든 삶에 적용되어야 한다"(참고. *Praed. Sanct.* 8-9, *Retr.* 2.27.1).

을 추적하는 것이다. 이와 동시에 아우구스티누스는 하나님의 뜻이 좌절될 수 없음을 지적한다. 왜냐하면 "하나님은 그 누구에게도 헛되이 자비를 베푸시는 법이 없기 때문이다"(*Ad Simpl.* 1.2.13). 여기서 우리는 특정 은혜의 극대화, 곧 **유효성**이라는 극대화가 논리적으로 확장되는 것을 본다. 왜냐하면 유효성의 극대화가 좌절될 수 없는 뜻을 지니신 하나님께 귀속되기 때문이다. 아우구스티누스는 인간의 지성이 하나님에 의해 움직여질 때 활력적이고 의욕적이라고(진실로 가장 "자유롭게" 된다고) 계속 주장하지만, 여러 행위 주체들의 조합은 시간 및 효능측면에 있어서 언제나 신적 행위자에게 우선권을 부여할 것이다. 아우구스티누스는 (롬 9:21-23의 말씀을 좇아) 하나님께서 한 진흙덩이로부터 영광의 그릇과 멸망의 그릇을 만드실 수 있다는 개념에 의거하여 하나님의 효력 있는 부르심에 내재되어 있는 선택성을 정당화한다. 이제부터 "진흙덩이"는 하나님이 정당하게 멸망으로 정죄하시는 죄 덩어리(*massa peccati*) 또는 파멸 덩어리(*massa perditionis*)로 불린다. 은혜 안에서 이루어지는 하나님의 우선적이고, 비상응적이고, 효력 있는 선택을 강조하면 할수록, 아우구스티누스는 하나님의 불가해한 결정에 그만큼 더 호소하게 된다(*Ad Simpl.* 1.2.16. 참고. 롬 11:33). 그러나 일단 유효성이라는 은혜의 극대화가 인간의 지성 깊은 곳에 도달하면, 이 은혜의 영향력은 제한될 수 없다. 왜냐하면 이 은혜가 신적 능력과 함께 작동하기 때문이다.[26]

---

26   해리슨은 아우구스티누스가 여기서 자신의 초기 은혜 신학을 충분히 "명확하게" 전달하는 것 외에 다른 아무것도 행하지 않았다고 주장한다(이는 *Augustine's Early Theology*, 142-63, 238-87. *Retr.* 2.27.1에 나오는 아우구스티누스 자신의 진술을 고려한 판단이다). 하지만 우리가 이미 살펴본 것처럼 하나님의 은혜에 대한 호소는 다른 많은 것들을 의미할 수 있다. 여기서 우리가 분석하는 은혜의 다양한 "극대화"(perfections)들은 특별히 유용하다. 아우구스티누스는 은혜의 우선성을 강조하면서 이전보다 더 이상 나아가지 않는다. 그러나 여기서 그는 (믿는) 인간의 가치와 하나님의 은혜, 이 둘 사이에 존재하는 상관관계의 마지막 흔적을 제거하고 있으며, 은혜의 유효성을 믿음 행위의 시작(*initium*)으로 강조한다. 일단 은혜의 유효성이 이와 같이 포괄적으로 적용되고 나면, 우리는 하나님의 공의와 선택이라는 질문들에 직면해야 하거나, 이 질문들을 명백히 불

3.2.3. 펠라기우스 논쟁

아우구스티누스는 (412년부터 그가 세상을 떠난 430년까지) 카엘레스티우스, 펠라기우스, 에클라눔의 율리아누스와 논쟁을 벌이며 은혜의 비상응성이 구원의 모든 특징이라는 자신의 확신을 발전시켰다. 그의 관점에는 근본적인 변화가 없었다. 그러나 아우구스티누스와 위의 신학자들이 벌인 논쟁들은 은혜 신학과 그들의 사회적 정황, 이 둘 사이의 상관관계가 중요하다는 점 또한 드러낸다. 펠라기우스는 엘리트 그리스도인이었던 친구들을 도덕적 나태함과 미온적 헌신으로부터 일깨우려 애썼는데, 그에게 의미가 있었던 것은 히포의 주교 아우구스티누스에게는 설득력이 없어 보였다. 왜냐하면 당시 아우구스티누스가 속한 모임의 평범한 그리스도인들은 일상생활의 압박 및 유혹과 싸우면서 하나님의 용서와 보호를 매일 간구하고 있었기 때문이다.[27] 펠라기우스와 아우구스티누스는 둘 다 신중한 바울 해석자였고 은혜의 우선성을 강조함에 있어서 서로 일치했다. 이러한 일치로 인해 많은 동시대인들은 둘 사이에 본질적인 차이가 없다고 생각하게 되었다. 펠라기우스는 선을 행할 수 있는 능력(*posse*)을 은혜가 주는 주요 선물로 규명했다. 선을 행할 수 있는 이 능력은 하나님이 인간의 본성으로 주신 것으로, 이어서 계시의 지시를 통해 알려지며, 선한 사람들의 모범, 특히 비할 데 없는 그리스도의 모범을 통해 강화된다. 이러한 지식은 믿는 자들로 하여금 배운 것을 보다 더 쉽게 실천하도록 돕는다. 그

가해한 영역으로 분류해야 한다(예. *Ad Simpl.* 1.2). 해리슨은 다음과 같이 제대로 주장한다. 이 본문은 아우구스티누스의 신학이 완전히 바뀌었다는 표시도 아니고, 그렇다고 해서 원래의 은혜 신학으로 되돌아가 그것을 단지 "새로운 명확성 및 확실성"과 함께 제시한 것도 아니다(*Augustine's Early Theology,* 153-154). 이는 인간 주도권의 마지막 남은 요새로 은혜의 유효성을 확장하는 것이며, 이러한 확장으로 인해 마지막 단계는 중요한 결과를 낳는다.

27 펠라기우스의 후원자와 사회적 환경에 대해서는 Brown, *Religion and Society in the Age of Saint Augustine* (London: Faber and Faber, 1972), 183-226을 보라. 아우구스티누스가 살았던 히포의 배경에 대해서는 S. Lancel, *Saint Augustine,* trans. A. Neville (London: SCM Press, 2002), 246-70을 보라.

러나 선을 행하려는 선택이나 의지(velle)는 우리의 것이다. 행동(facere) 자체가 우리의 것이고 그 행동의 주체인 인간을 우리가 올바로 칭송하듯이 말이다. 하나님은 진리(예. 상급과 벌에 관한 진리)를 계시하시면서 도덕적 권고에 따라 그분의 의지를 갖고 행하신다. 그러나 펠라기우스는 하나님이 인간의 의지 및 행동에 직접적인 책임이 있다고 보아서는 안 된다고 확신했다. 그럴 경우, 인간 행위자의 자유가 손상되고, 하나님으로 하여금 선에 대해서뿐만 아니라 악에 대해서도 책임을 지도록 만들기 때문이다.[28]

펠라기우스의 목표는 "기독교적 권면을 통해 냉랭하고 나태한 영혼들을 일깨워 그들로 하여금 선한 삶을 살게 하는 것"이었다(아우구스티누스, *Nat. et Grat.* 68). 실제로 펠라기우스의 메시지는 엘리트 계층과 도덕적으로 타락한 그리스도인들에게 상당히 큰 영향을 미쳤는데, 이들은 자신들의 교육과 사회적 힘으로 인해 자기절제 및 도덕적 통제가 그들 손아귀에 있다고 생각하게 되었다. 하나님의 은혜는 인간이 악에 저항할 수 있는 조건들을 제공한다. 하지만 그 저항을 선택하고 실천하는 책임은 우리 자신의 몫으로 남게 된다. 이 과제를 위해 기독교 전통은 필요한 모든 유인책과 (과거에 범한 죄의 용서와 더불어) 외적 도움을 제공한다. 이런 맥락에서 아우구스티누스는 펠라기우스의 다음과 같은 진술을 인용한다. "우리는 창조주가 일반적으로 인간의 본성 속에 심어놓으신 자유로운 선택권을 갖고 있기에 본질상 죄를 피함에 있어 매우 강하고 단호하지만, 또한 하나님의 측량할 수 없는 자비하심으로 매일 같이 주어지는 도움에 의해 보호받는다"(*Grat. Christi* 1.29). 펠라기우스는 은혜의 **우선성** 및 **초충만성**

---

28 때때로 상세히 인용되는 펠라기우스의 견해에 대해서는 특별히 Augustine, *De natura et gratia* 그리고 *De gratia Christi, et de peccato originali*를 보라. 펠라기우스의 로마서 주석에 대해서는 T. de Bruyn, *Pelagius' Commentary on St. Paul's Epistle to the Romans* (Oxford: Clarendon Press, 1993)를 보라. 펠라기우스와의 논쟁에 대한 상세한 설명과 풍부한 이차 문헌들에 대해서는 다음의 자료들을 보라. G. Bonner, *St Augustine of Hippo: Life and Controversies* (Norwich: Canterbury Press, 1963), 312-93; Brown, *Augustine of Hippo* (New York: Dorset Press), 340-75; Lancel, *Saint Augustine,* 325-67.

(superabundance)을 분명히 믿었다. 그러나 그의 극대화들은 아우구스티누스에게겐 충분치 않았다.

아우구스티누스가 펠라기우스에게 그 즉시 제기하는 질문은 심오하다. "만약 우리의 자유로운 선택이 죄를 회피하는 일에 강력하고 매우 단호하다면, 우리는 왜 매일 같이 그런 도움을 필요로 하는가?"(*Grat. Christi* 1.29) 아우구스티누스에 의하면 은혜는 우리의 (타고난) 능력에서뿐만 아니라 우리의 의지 및 행위에 있어서도 반드시 작용한다. 왜냐하면 우리의 의지 및 행위가 지식과 의지의 자유뿐만 아니라 오로지 하나님만이 주실 수 있는 하나님을 향한 즐거움 및 사랑도 요청하기 때문이다(*Spir. et litt.* 4-5). 아우구스티누스는 계속해서 의지의 자유에 관해 말하며(의지가 적어도 하나님에 의해 자유롭게 된다는 의미에서, *Spir. et litt.* 52), 신적 원인을 제대로 이해하지 못하는 노골적인 표현은 피하려 한다(*Pecc. merit.* 1.31).

그러나 아우구스티누스에게 인간의 의지와 행동에 주어지는 하나님의 도움이 외적인 도움일 뿐만 아니라 내적인 도움이라는 것이 중요하다. 하나님은 우리가 선을 행하도록 **바로 우리의 의지 가운데** 역사하신다는 것이다(이와 관련하여 아우구스티누스는 빌 2:12-13을 빈번히 인용한다; 참고. *Spir. et litt.* 52-53, 58-60).

아우구스티누스의 견해에 따르면 우리의 자유로운 선택은 "강하지도" 않고 "단호하지도" 않다. 오히려 우리의 영혼은 상처를 입었고 연약하고 병들어 있으며, 가르침이 아니라 치유를 필요로 한다. 아우구스티누스는 다음과 같이 설득력 있는 표현을 통해 한탄한다. "인간의 영혼 속에는 비참한 그늘이 있다"(*Nat. et Grat.* 40). 이는 심각한 결함으로, 우리로 하여금 하나님께 반응할 수 없게 만들어버린다.

실제로 아우구스티누스는 먼저 주어지는 선물, 곧 죄의 용서에서 뿐만 아니라 상처 입은 신자에게 반복적으로 주어지는 선물들, 곧 치유와 도움에서도 은혜의 **비상응성**이 존재하고 있음을 강조한다. 은혜는 믿는 자들이 자기들 힘으로는 어렵게 할 수 있는 일들을 보다 더 쉽게 할 수 있도록 돕는 단순한 보조가 아니다. 믿는 자들의 능력 및 욕구에 걸맞지 않은 은혜의 비상응성은 오히려 처음부터 끝까지 구조적으로 반드시 필요한 구원 요소다. 인간의 무죄함에 관한 매우 미묘한 논쟁에서, 아우구스티누스의 주된 관심사는 인간의 무죄함이 불가능함을 선언하는 것이 아니라, 오로지 "우리의 연약함을 돕고 우리의 힘과 협력하시는" 성령의 부어짐을 통해서만 인간의 무죄함이 실현될 수 있다고 주장하는 것이다(*Nat. et Grat.* 69). 사실 아우구스티누스가 이해하는 "무죄함"이란 단순한 죄의 부재가 아니라 보다 적극적인 의미에서의 하나님을 향한 온전하고 완벽한 사랑을 뜻한다. 따라서 그는 이러한 삶의 상태 속에서 인간이 무죄할 수 있다는 가능성에 회의적이다(*Spir. et litt.* 64). 영혼의 어떤 그늘들은 이 땅을 살아가는 모든 신자들의 삶 내내 남아 있게 된다.

믿는 자들의 이처럼 병들고 불충분한 상태는 기독교 관습의 두 가지 현상을 통해 아우구스티누스에게 확증된다. 먼저 아우구스티누스는 펠라기우스와 그의 동료들에게 유아세례에 관하여 설명하라고 압박하는데, 이 유아세례는 북아프리카 교회의 전통 관습으로서 출생 후 며칠 되지 않은 유아에게 행해졌다.[29] 아우구스티누스에게 세례란 오로지 원죄에 대한 믿음의 필연적 결과로 이해되었는데, 이 원죄는 "무죄한" 아기들조차 아담의 죄 가운데 공유하고 있는 상속된 죄책감이었다(*Pecc. Mer.*의 여러 부분에 언급되어 있음). 세례는 정욕(영혼의 왜곡된 욕망)을 전혀 치명적이지 않은 것으로 만들어버리지만, 그렇다고 해서 정욕의 힘까지 제거하는 것은 아니었다. 따라서 유아세례는 결함 있는 존재 가운데 얽혀 있는 우리의 모습을 보여주는데, 이러한 우리의 모습은 우리가 자유의지를 행사하여 야기된 것도 아니고 우리의 자유의지 행사를 통해 해결 가능한 것도 아니었다.

---

29   아우구스티누스의 반(anti)펠라기우스 신학에서 유아세례가 갖는 중요성에 대해서는 Bonner, *St. Augustine*, 320-23, 381-84; Brown, *Augustine of Hippo*, 344, 350, 368-69를 보라.

그러나 이 입장이 지닌 논리는 보다 더 널리 퍼져 있는 두 번째 관습에 호소함으로써 더욱 두드러지고 설득력을 갖게 되었다. 이 두 번째 관습이란 매일 드리는 고백, 감사, 간구의 기도를 의미한다. 아우구스티누스가 인생 후반부에 제기한 주장을 보면, 기도에 관한 주목할 만한 언급이 지속적으로 등장한다. 믿는 자들이 주기도문(the Lord's Prayer)을 성실히 암송한다는 것은, 그들이 시험으로부터 구원해주는 도움을 간청하며 계속 용서를 구한다는 뜻이다.[30] 그러나 믿는 자가 자신의 삶 속에 강력히 개입하시는 하나님을 진정으로 의존하지 않는다면, 왜 그렇게 기도하겠는가? 기도의 논리를 교리의 논리와 통합시키면서 아우구스티누스는 기독교 경건의 근본이 되는 기도들을 통해 은혜에 의존하는 그리스도인들의 모습이 입증된다고 주장한다. "우리를 시험에 들게 하지 마시옵고 다만 악에서 구하시옵소서"라는 기도는 **하나님의 도우심을 통해** 미래의 범죄로부터 벗어나게 해달라는 뜻이다. "물론 이것은 우리의 의지의 협력 없이는 불가능하다. 그러나 우리의 의지만으로는 충분하지 않다. 따라서 이 목적을 위해 주님께 기도하는 것은 부질없는 짓도 아니고 죄를 짓는 일도 아니다. 만일 여러분이 능히 여러분의 힘으로 할 수 있는 것을 놓고 기도한다면, 그것만큼 어리석은 일이 어디 있겠는가?"(Nat. et Grat. 18) 아우구스티누스는 자신의 은혜 신학을 평범한 그리스도인이 드리는 일상의 기도와 결합시킴으로써, 펠라기우스의 교리를 단지 잘못된 것이 아닌 불경한 것으로 묘사한다. "펠라기우스주의자들은 의지에 너무 큰 힘을 부여한 결과, 기도를 종교적 의무로부터 제외시키려 한다"(Nat. et Grat. 58). 죄의 고백, 하나님의 도우심에 대한 감사, 하나님의 도우심을 간구하는 기도는 확실히 기독교 경건의 주된 요소다. 하지만 이런 논리를 아우구스티누스만큼 강력한 힘과 기술을 갖고 은혜의 교리적 정의 속으로 밀어붙인 사람은 없었다. 이 경건은 진실로 기독교적 겸손의 표현이기에, 아우구스티누스는 다음

---

30   예를 들어 *Pecc. Mer.* 2.3, 6, 28, 33; *Nat. et Grat.* 18, 58, 60, 68 등을 보라.

과 같은 교리, 곧 하나님께 대한 깊은 의존성을 인정하지 않으면서 선한 행위로부터 즐거움을 찾는 모든 교리에 반대하며, 이러한 교리에 내재되어 있는 자부심에 지속적으로 의혹을 제기한다(*Nat. et Grat.* 27). 일상의 실존인 고난과 유혹에 얽혀 살아가고 있던 믿는 자들의 교회에서, 아우구스티누스는 삶의 경험과 생생한 공명을 이루는 방식으로 은혜에 관하여 말했다. 비록 금욕적 그리스도인들과 수도사들은 아우구스티누스의 말이 위험천만하게도 악과 맞서 싸우고 선을 택할 수 있는 그리스도인의 능력을 폄하한다고 주장했지만 말이다.[31] 그러나 시편의 말씀을 실천하며 오랫동안 영혼을 찾는 중보기도의 삶을 살았던 아우구스티누스와 같은 사람에게 기도의 경건은 은혜의 효력 및 비상응성을 예시하는 가장 강력한 논증이었다.

3.2.4. 마실리아파에 대한 반대

아우구스티누스의 은혜 신학의 발전, 그 마지막 단계는 카시아누스와 마르세유 수도원과 결부된 일군의 펠라기우스 추종자들과 논쟁하는 가운데 일어났다. "반(semi)펠라기우스파"로 잘못 명명되었던 이들은 아우구스티누스의 신념 대부분을 공유하고 있었다. 아우구스티누스는 펠라기우스와의 논쟁을 거치면서 자신의 견해를 훨씬 더 포괄적인 형태로 확장하는 것이 자연스러운 일임을 발견했다. 그러나 "마실리아파"는 이러한 확장을 너무 극단적이라고 보았다. 아우구스티누스에게는 이제 어떤 교리의 진리를 증명하는 방법은 그 교리와 의견에 반대했을 때 "펠라기우스의 오류"에 빠지는지 아닌지 그 여부를 알아보는 것이었다(*Praed. Sanct.* 29). 아우구스티누스 사상의 이와 같은 마지막 단계의 발전은 은혜라는 기독교 주제

---

31 아우구스티누스의 설교와 편지들은 그의 교리적 논문들보다 그리스도인이 지속적으로 죄와 투쟁하는 가운데 종종 실패하는 교회적 현실을 더욱 분명히 예시한다. 아우구스티누스가 성적 범죄만큼 두드러지게 지적하고 있는 것은 교회 안에서 명예에 사로잡힌 사람들이 분노를 터뜨리는 일이다. *Ep. Rm. Inch.* 18.11.

의 한 가지 경향을 예시한다. 그것은 은혜의 극대화를 훨씬 더 완벽한 형태로 발전시키는 양극화 운동을 뜻한다. 요한네스 카시아누스는 은혜의 충만성을 온갖 말로 칭송할 수 있었다. 그러나 카시아누스와 그의 동료 수도사들은 아우구스티누스가 인간의 주도권을 격하하고 은혜의 비상응성을 지나치게 강조하는 것에 대해 만족하지 못했다. 카시아누스는 완고한 죄인에게 하나님의 은혜가 그러면 안 됨에도 불구하고 임하게 된다고 인정할지도 모른다. 그러나 그는 하나님이 도움을 청하는 자에게 응답하신다고 생각하는 것 역시 매우 적절하다고 본다. 그러나 아우구스티누스가 볼 때, 이러한 생각은 효율적 은혜의 **핵심인** 비상응성을 의심스럽게 만드는 것이다.[32]

아우구스티누스는 이제 믿음조차 하나님의 선물임을 그 어느 때보다 강하게 확신한다. 이 사실은 다른 모든 것과 함께 고린도전서 4:7("네게 있는 것 중에 받지 아니한 것이 무엇이냐?")의 논리에 포함되어 있다. 바울이 믿음을 위해 기도하고 감사한다면, 우리는 결코 그와 다르게 생각할 수 없다(*Praed. Sanct.* 1-8). 구원은 처음부터 끝까지 하나님의 선물이며, 인간의 의지 속으로 작용해 들어온다(하지만 구원은 인간의 의지로 산출되지 않는다). 심지어 우리의 생각도 하나님께 귀속된다(고후 3:5). 결정적으로, 이제 아우구스티누스는 자신의 초기 전제, 곧 하나님이 모든 사람의 구원을 원하신다(딤전 2:4)는 전제를 재고한다. 만일 믿음이 오로지 하나님의 은혜에 의해서만 그 효력을 발하게 된다면, 오직 하나님의 택함을 받은 자들에게만 믿음과 구원이 예정되어 있다고 생각하는 것이 보다 논리적이다. 왜냐하면 어떤 인간도 자신의 힘으로 하나님의 뜻에 영향을 미

---

32   베첼(Wetzel, "Snares of Truth," 127)은 다음과 같이 표현한다. "압도하는 은혜의 자리에서 카시아누스는 충만한 은혜를 찬양한다." 카시아누스에 대한 분석과, 카시아누스와 아우구스티누스와의 관계에 대한 분석은 O. Chadwick, *John Cassian*, 2판 (Cambridge: Cambridge University Press, 1968)을 보라.

치거나, 하나님의 뜻을 좌절시킬 수 없기 때문이다.[33] 따라서 하나님은 측량할 수 없는 선택을 통해 모든 사람이 아니라 일부 사람들에게 믿음의 선물을 주시며, 자신의 긍휼로서 그들의 의지를 준비시키고 우리의 능력이 아니라 그분 자신의 능력으로 약속을 이루어 가신다. 취소될 수 없는 하나님의 부르심이라는 바울의 주제(롬 11:29)가 성취될 수밖에 없는 하나님의 계획이라는 개념을 지지하기 위해 전개되는 동안, 여기서 (겔 36:27에 기초한) 사역동사("너희로…행하게 하리니)의 보다 강력한 용법이 등장하고 있다. 아우구스티누스가 이 지점에서 주장하는 것과 성도의 견인이 인간적인 선택에 의존하지 않는다는 확신은 매우 근접해 있다. 왜냐하면 인내 역시 하나님의 선물로서 이를 위해 우리가 습관적으로 간구하고 있기 때문이다(*Dono Pers.*).

이와 같은 마지막 저술들을 통해 아우구스티누스는 하나님의 은혜가 "무상으로" 주어지지 않을 경우 그것은 은혜가 아니라는 점을 재차 강조한다(예. *Praed. Sanct.* 43, *non nisi gratuita*). 여기서 "무상으로"라는 말은 그가 제시하는 다수의 독특한 선물-극대화들, 곧 **우선성, 비상응성, 유효성**을 가리킨다. (『심플리키아누스에게 보내는 글』이후로) 이제 그 어디에서도 은혜는 인간의 주도권에 부차적인 것 또는 그것에 대한 응답으로 주어지는 것으로 간주되지 않는다. 은혜가 우리의 공로보다 앞서듯이, 그리고 은혜가 우리의 공로에 대한 하나님의 응답이 아닌 것처럼, 또한 은혜는 우리의 믿음보다 앞선다. 하지만 은혜의 **우선성**에 대한 아우구스티누스의 이런 주장은 펠라기우스와 카시아누스도 공유했던 것으로, 은혜의 우선성을 주장하는 것 그 자체만으로는 전혀 충분하지 않으며 헤아릴 수 없는 초충만성을 추가적으로 함께 강조한다 해도 여전히 충분하지 않다. 아우구스티누스의 사고가 발전하면서, 은혜의 **우선성**은 유효성(즉 하나님이 자신의 선행하는 은혜에 우리가 응답하도록 만드심)과 점점 더 긴밀히 연관된다. 그리하여 은

---

33   더 많은 내용은 Burns, *Development*, 159-181을 참조하라.

혜는 모든 면에서 **비상응적인** 것으로 남게 되고, 결코 인간의 노력에 대한 보상이 될 수 없다. 아우구스티누스의 반대자들이 주장했던 것처럼, 왜 은혜가 이런 세 가지 차원(우선성, 비상응성, 유효성)에서 한꺼번에 극대화되어야 하는지, 이에 대한 **선재적**(*a priori*) 이유는 없다. 그리고 은혜를 이렇게 구성하는 것과 관련하여 진지한 신학적 반론이 제기될 수도 있다. 은혜의 이러한 구성은 평등과 인간의 책임성에 관한 통상적 관념과 배치될 뿐만 아니라, 성서적 지지도 애매하고 성서적 당위성도 떨어진다. 하지만 아우구스티누스는 자신의 은혜 신학을 인간의 미덕 그리고 일상의 기도라는 상식적 경건과 통합시켰고, 이렇게 통합된 "실천-교리"를 "펠라기우스적 오류"를 차단하는 강력한 무기로 삼았다. 따라서 아우구스티누스가 단단히 엮어 놓은 은혜의 극대화들을 "펠라기우스적 오류"를 범하지 않으면서 풀어내는 일이란 어려울 것이다. 하지만 이런 은혜의 정의가 기도의 규칙과 밀접하게 연관되어 있는 것은 "분명해" 보이고, 기독교 신앙에도 적절하다. "은혜"가 많은 신학자들에게 이 세 가지 극대화(우선성, 비상응성, 유효성)를 의미하게 된 것은 아우구스티누스의 영향이다. 하지만 강력한 은혜 신학이 이런 방식의 극대화를 요구하지 않음을 알기 위하여 우리는 통찰력이 필요하다. 은혜에 관련된 이러한 일단의 극대화들이 바울 신학에 필수적인지, 그리고 은혜의 우선성 및 비상응성이 현재의 다른 용어들을 통해 보다 더 충분하게 해석될 수 있을지, 이러한 것들의 여부는 공개되어야 할 질문들이다.

3.3. 루터

바울 서신에 깊이 심취되었던 마르틴 루터(1483-1546)는 이후의 모든 바울 해석자—이 개혁자를 칭송하든지 비판하든지 관계없이—에게 지울 수 없는 자국을 남겨놓았다. 은혜에 대한 루터의 독창적 해석은 아우구스티누스 및 중세 신학 전통과 크게 달랐고, 선물의 새로운 극대화를 등장시키는 데 기여했다. 이 새로운 극대화는 "순수 이타주의"로 근대에 큰 영향력을 미쳤다. 루터의 저작은 계속해서 발전하는 역동성과 다양한 장르에 속한 관심사를 갖고 있다. 그래서 사람들이 루터의 특징적인 관념이라고 인용하는 것과 외관상으로 혹은 실제로 일치하지 않는 내용을 루터의 진술에서 찾아내는 일은 거의 언제나 가능하다. 이런 유동성에도 불구하고 이어지는 분석은, 특별히 루터에 의한 은혜의 극대화들(perfections)을 새로운 방식으로 드러내기 위해, 루터 연구자들 사이의 일반적 해석을 수용한다.

3.3.1. 역사적 배경

루터의 신학적 배경은 복잡하고 다층적이다. 하지만 최근에 학자들은 루터의 진술을 토대로 그를 다음과 같이 서로 관련되어 있는 세 개의 신학적 전통 안에 위치시킨다. 이 세 개의 신학적 전통이란, 루터 자신이 직접 훈련을 받은 유명론(via moderna), 아리스토텔레스 및 아퀴나스와 관련된 포괄적 스콜라 전통, 서구 신학의 근간을 이루면서 특별히 루터의 초기 신학의 발전에 영향을 미친 아우구스티누스의 신학적 전통을 의미한다. 각각의 경우에 우리는 루터의 신학적 전환을 특징짓는 차이점을 루터의 저작에서 추적해볼 수 있을 것이다.

루터의 스승들(트루트페터와 폰 우징겐)은 가브리엘 비엘(?-1495)이 체계화한 유명론의 전통을 루터에게 가르쳤다. 이 유명론은 영원한 생명이라는 최종 은혜를 얻는 데 있어 하나님의 우선적 은혜와 인간의 책임성을 모두 강조하려 했다.[34] 하나님은 관대하고 제약 없는 결정에 따라 언약을 세우셨는데, 거기서 인간의 행위들은 존중 받고 그 행위들의 실제 가

---

34   다음의 자료를 보라. H. A. Oberman, *The Harvest of Medieval Theology: Gabriel Biel and Late Medieval Nominalism* (Cambridge, MA: Harvard University Press, 1963) 그리고 *The Dawn of the Reformation Essays in Late Medieval and Early Reformation Thought* (Edinburgh: T&T Clark, 1986), 1-103.

치보다 훨씬 더 큰 상이 베풀어진다. 세례를 통해 처음으로 부어진 은혜는 보통 치명적인 죄로 인해 상실되므로, 하나님은 우리가 은혜를 다시 얻을 수 있는 가능성을 다음과 같이 확립해 놓으셨다. 곧 하나님의 뜻을 성취하기 위해 우리의 약하지만 여전히 역량 있는 자연적 힘이 사용되어(*ex puris naturalibus*) 우리 안에 있는 것이 행하여질 때(*facere quod in se est*), 이것은 적어도 은혜를 다시 받기 위한 외적 요건으로 작용하게 된다. 그런 노력에 대해서는 적합한 보상(*meritum de congruo*)으로서의 은혜가 부어진다. 그 후, 우리는 성령과의 협력으로 하나님과 조화를 이루며 행할 수 있다. 그래서 공의와 관련하여 우리는 (정당한 공로[*meritum de condigno*]에 따라) 영원한 생명이라는 최종 보상을 받는다. 따라서 언약은 공의에 따라 질서 있게 작동한다. 달리 말해, 언약을 세우시는 하나님의 은혜는 자의적이지도 않고 불공평하지도 않은데, 이는 언약이 하나님의 율법의 정당성이 입증되고 책임 있는 인류가 공정하게 보상을 받는 최후 심판 때에 그 절정에 이르기 때문이다. 이와 동시에 언약의 전 체계는 은혜에 의해 창조되고 은혜로 가득 채워져 있는데, 이 은혜는 우선적이며(이는 선택에 있어서 하나님의 우선성을 강조하는 아우구스티누스적 주장이다) 과도하게 풍족하다.

그러나 루터는 이와 같은 "공로" 체계를 강력히 거부하고, 유명론을 공로의 언약 체계로부터 해석하며 유명론이 "펠라기우스 사상"이라고 노골적으로 혹평한다.[35] 유명론의 체계는 다음과 같이 널리 수용되는 가정, 곧 선한 선물이 합당한 자격이 있는 자들에게 공정히 배분된다는 가정에 따라 작동한다. 그리고 이 배분은 "지불"(pay)이 아니라 적절한 보상을 수반하는 "보수"(*quid pro quo*)의 원칙을 준수한다.[36] 하나님의 은혜는 적어도 최소한의 통회나 회개를 행하는 자들에게 주어지며, 이렇게 주어진 은혜

---

35   예를 들어 1535년 갈라디아서 주석 중 2:16에 관한 강론(*LW* 26.124-126, *WA* 40.1.220.4-223.28)을 보라.

36   루터는 유명론의 이런 체계가 하나님을 "행상인" 곧 자신의 상품을 값싸게 파는 판매원으로 만들 수 있다고 조롱한다. *Treatise on Good Works* (1520), *LW* 44.31, *WA* 6, 210.

로 인해 그들은 다음과 같은 행위, 곧 자신들을 영생에 합당한 자들로 만들어주는 행위를 할 수 있게 한다. 앞으로 살펴볼 것처럼 루터의 신학은 이런 사고와 다른 모든 형태의 **도구적 답례**로부터 결별한다. 여기서 도구적 답례란 은혜를 다음과 같은 체계, 곧 답례의 목적으로 주어지는 선물이나 보답의 체계 안에 두는 것을 의미한다[37] 루터에 의하면, 하나님의 은혜는 그리스도 안에서 단번에 영원히 주어졌고, 인간이 지금이나 미래의 심판 때 하나님의 은혜를 **이끌어내기 위해** 할 수 있거나 해야만 하는 일은 전혀 없다. 이런 방식으로 은혜를 조건화할 경우, 이는 루터가 볼 때 은혜를 **선물**이 아니라 일종의 **강요**로 만드는 것이다.[38] 그것은 가장 심각한 죄와 불신앙의 형태가 될 것이다.[39]

넓게 본다면 루터는 스콜라 전통의 중심요소들에 대해서도 반대한다. 그는 스콜라 전통이 아리스토텔레스의 인류학과 윤리학으로 신학을 부패시켰다고 간주한다.[40] 루터가 진정한 토마스 아퀴나스의 전통(예. 아퀴

---

37 앞으로 보게 되겠지만 루터 연구자들은, 신자들이 그리스도 안에서 주어진 하나님의 선물에 대해 감사와 신뢰를 돌려드린다는 점에서, 루터의 신학이 말하는 신-인 관계 안에는 **단순한 답례** 형태가 존재하고 있다고 제대로 주장한다. B. K. Holm, *Gabe und Geben bei Luther: Das Verhältnis zwischen Reziprozität und reformatorischer Rechtfertigungslehre* (Berlin: de Gruyter, 2006). 여기서 중요한 것은 이러한 인간적 활동이 언제나 하나님의 선물에 대한 **응답**이고, 더 많은 은혜를 **받으려는 목적으로** 제공되는 것이 아니라는 점이다. 이런 의미에서 그 답례는 결코 **도구적** 성격을 갖고 있지 않다.

38 *Against Latomus* (1522), *LW* 32.153.

39 갈 3:2의 주석에서 루터는 이렇게 말한다. "인간의 마음은 성령과 같은 크고 엄청난 상이 오로지 믿음으로 듣는 것을 통해서만 주어질 수 있다는 사실을 이해하지도 못하고 믿을 수도 없다. 오히려 인간의 마음은 이런 식으로 생각한다. '죄의 용서, 죄와 사망으로부터의 구원, 그리고 성령, 의, 영생을 허락받은 일은 모두 중요한 것이다. 그러므로 너는 이런 헤아릴 수 없는 선물을 얻기 위해 뭔가 큰일을 해야만 한다'(*ideo oportet te aliquid magni praestare, ut ista inenarrabilia dona consequaris*). 마귀는 이런 의견이 괜찮다고 제시하며 인간의 마음속에 그것을 확대시킨다"(*LW* 26.213, *WA* 40.1, 343.22-27).

40 이 문제에 관한 루터의 논증은 그의 초기 논문인 *Against Scholastic Theology* (1517) (*WA* 1 221-28)로부터 1535년 갈라디아서 주석(2.16 부분: *LW* 26.126-31, *WA* 40.1 225.25-231.19)까지 줄곧 이어진다.

나스의 은혜에 관한 논문, *Summa* II.1)을 어느 정도까지 또는 얼마나 이해했는지에 대해서는 의견이 분분하다. 루터는 "스콜라주의자들"이 다음과 같은 거짓된 가정, 곧 인간의 자유의지가 그 자체의 능력으로 선을 바랄 수 있다는 거짓된 가정을 유포했다고 비난한다. 그런데 그의 이러한 비난은 유명론 전통과 관계 없던 많은 중세 신학에는 적합하지 않았다. 하지만 루터는 인간의 영혼 속에 은혜가 주입된다고 보았던 구원론, 곧 중세 시대에 널리 통용되었던 구원론의 형태로부터 벗어나 있다. 아우구스티누스는 하나님의 은혜를 믿는 신자 속으로 들어가 그에게 힘을 주는 효과적 능력으로 이해했는데, 이런 그의 이해는 아리스토텔레스적 용어를 통해 영혼에 주입되는 어떤 특질로 쉽게 해석되었다. 그리고 하나님의 은혜는 영혼 속에 부어져서 그 영혼을 의의 상태로 변화시키고 그 결과 영혼을 구원에 합당한 것으로 만든다.[41] 신자에게 은혜라는 선물은 내적 형성을 가져오는 일종의 주입(*gratia habitualis*)이며, 이 은혜의 도움을 받아 신자는 점진적으로 의롭게 된다. 그 결과 그는 하나님께서 효과적으로 "받아들이실 수 있는" 자가 된다(*gratia gratum faciens*). 이것이 바로 최초의 칭의(죄의 용서)로부터 시작하여 성화의 여정을 따라 일어나는 점진적 과정으로, 이 과정은 신자가 위협적인 최후의 심판 날에 구원에 합당한 자로 서기 위하여 반드시 필요하다. 이 과정에서 믿음이 맡고 있는 역할이 분명히 존재한다. 그러나 라틴어로 기록된 갈라디아서 5:6(*fides charitate formata*, "사랑으로 말미암아 형성되는 믿음")을 볼 때, 믿음만으로는 불충분하다(*informis*, "형성되지 않는다"). 이 말은 결국 믿음이 사랑의 역사로 완성되고 형성되어야 함을 의미한다

---

41   은혜에 대한 아퀴나스의 견해는 매우 다양하게 해석된다. 주요 해석의 사례로 다음을 보라. B. Lonergan, *Grace and Freedom: Operative Grace in the Thought of thomas Aquinas* (London: Darton, Longman and Todd, 1971) 그리고 J. P. Wawrykow, *God's Grace and Human Action: "Merit" in the Theology of Thomas Aquinas* (Notre Dame: University of Notre Dame, 1995). 이러한 전통과 루터의 관계에 대해서는 B. Gerrish, *Grace and Reason: A Study in the Theology of Luther* (Oxford: Oxford University Press, 1962), 114-36을 보라.

(*informata per charitatem*).

한 측면에서 볼 때, 이와 같은 스콜라 전통에 반대하는 루터의 견해는 "믿음"의 정의와 갈라디아서 5:6에 대한 해석을 중심으로 전개된다. 여기서 루터는 갈라디아서 5:6을 그리스어 본문에 따라 "(사랑으로 인해 형성되는 믿음이 아니라) 사랑을 통해 역사하는 믿음"으로 해석한다.[42]

루터에 따르면 믿음은 하나님에 관한 명제들을 지적으로 동의하는 것이 아니라, 그리스도 안에 있는 하나님의 약속과 유익들에게 모든 것을 완전히 맡기고 신뢰하는 것을 뜻한다. 그렇기에 루터는 우리가 오로지 믿음 안에서 (또한 오로지 믿음으로) 칭의와 구원(루터의 담론에서 이 둘은 거의 동의어다)에 필요한 모든 것을 소유하고 있다고 주장한다. 행위로 믿음을 보충한다고 말할 경우, 이는 그리스도 안에서 하나님이 행하신 사역을 불충분하고 불완전하게 만들어버리는 일이 될 것이다. 이 점에서 루터는 그리스도인의 삶을 불확실한 미래를 향해 나아가는 여정으로 보았던 당시의 지배적 주장에 이의를 제기했다. 앞으로 살펴보겠지만 루터는 그의 독특한 변증법을 사용하여, 신자들이 **그리스도 안에** 있는 한 이미 목적지에 도달한 것으로 간주한다(비록 **그들이 실제로** 도달한 것은 분명 아니지만 말이다). 더 깊은 측면에서 볼 때, 루터는 은혜를 영혼 속에 부어진 특질(또는 "약"[medicine])로 보았던 중세의 이해도 거부했다. χάρις의 의미에 대한 에라스무스의 문헌학적 관찰(이 관찰은 멜란히톤을 통해 전달됨)에 의존하여 루터는 바울이 χάρις를 사용하여 하나님의 호의를 가리켰다고 주장했다. 다시 말해 χάρις는 인간의 영혼 속으로 부어져 작용하는 변혁의 능력이 아니라, 인간을 받아주시거나 나아가 환영하시는 하나님의 호의라는 것이다.[43] 그러므로 바울이 공표하고 있는 것은 인간을 궁극적 구원에 합

---

42 그리스어 원문은 이렇다. πίστις δι' ἀγάπης ἐνεργουμένη(여기서 분사는 아마도 능동과 수동의 중간태일 것이다). 1535년 갈라디아서 주석에 나오는 이 문제에 관한 논의를 보라. *LW* 27.28-31, *WA* 40.2, 34.10-39.15.

43 멜란히톤이 에라스무스로부터 (그리고 히브리어 *hen*과 관련하여 로이힐린으로부터) 도

당한 자로 만들기 위해 하나님이 인간 속에서 사용하시는 어떤 수단이 아니라, 인간을 있는 그대로 받아 주시기 위해 하나님이 그리스도 안에서 내리신 결정이었다. 사실 루터는 은혜의 유효성을 강조하는 아우구스티누스의 견해로부터 돌아서는데, 이는 아우구스티누스의 은혜가 아리스토텔레스의 윤리학을 거쳐 "영혼 속에 부어진" 어떤 실체 혹은 특질이라는 관념으로 발부되기 때문이다. 루터는 바울(그리고 성서)의 은혜를 **실체**가 아니라 **관계**로 여기기에, 성서적 담론과 맞지 않는 인간학적·존재론적 범주들을 사용하는 신학사상과 과격하게 결별한다.

물론 루터는 많은 측면에서 아우구스티누스에게 크게 의존했는데, 아우구스티누스의 신학은 1513년 이후로 루터의 사상에 주목할 만한 영향을 미쳤다. 리미니의 그레고리우스에 의해 형성된 전통 속에서 슈타우피츠로부터 받은 가르침, 그리고 아우구스티누스의 글을 직접 상세하게 읽은 것도 루터에게 깊은 영향을 주었다.[44]

움을 받은 것과 그가 루터에게 미친 영향에 대해서는 다음의 자료를 보라. R. Schäfer, "Melanchthon's Interpretation of Romans 5:15: His Departure from the Augustinian Concept of Grace Compared to Luther's," in T. J. Wengert, M. Graham, ed., *Philip Melanchthon (1497-1560) and the Commentary* (Sheffield: Sheffield Academic Press, 1997), 79-104. 비록 루터도 멜란히톤처럼 "은혜" 또는 "호의"를 (롬 5:15에 따라) "선물"로부터 구분할 줄 알았지만, 항상 그렇게 했던 것은 아니었다. 그러나 그렇게 구분한 곳에서 루터는 "선물"을 또한 믿음(또는 그리스도)으로 여겼고, 하나님은 그 믿음에 근거해서 그리스도와 연합한 자에게 "은혜"/"호의"를 보여주신다고 생각했다(예. *Against Latomus, LW* 32.227-29). 셰퍼의 주석처럼 "은혜가 이런 방식으로 오로지 하나님의 호의를 가리키는 것으로 정의될 때, 이는 은혜를 인간 속에 있는 일종의 특질로 보는 토마스주의의 견해와 일치할 수 없다"("Melanchthon's Interpretation," 95). *Against Latomus*에 나오는 *gratia*(은혜)와 *donum*(선물)에 대한 상세한 분석에 대해서는 다음의 연구를 보라. R. Skottene, *Grace and Gift: An Analysis of a Central Motif in Martin Luther's Rationis Latomianae Confutatio* (Frankfurt am Main: P. Lang, 2007).

44 루터와 아우구스티누스의 관계에 대해서는 E. L. Saak, *High Way to Heaven: The Augustinian Platform between Reform and Reformation 1292-1524* (Leiden: Brill, 2002)를 보라. 이와 관련해서 논란의 대상이 된 슈타우피츠의 역할에 대해서는 다음을 보라. D. C. Steinmetz, *Luther and Staupitz: An Essay in the Intellectual Origins of the Protestant*

죄의 노예가 되어 무능력에 빠진 인간 의지와, 하나님께 반역하는 인간 자아의 심각한 부패는 아우구스티누스로부터 유래하는 핵심적 신념이다. 루터의 초기 작품은 "바울과 성(聖) 아우구스티누스"에 대한 언급들로 가득 차 있고, 루터는 어느 정도는 자신이 당시 한창 기승을 부리던 "펠라기우스주의"와 맞섬으로써 과거 아우구스티누스가 벌였던 투쟁을 재현하고 있다고 보았다. 그러나 최소한 한 가지 중요한 점에 있어서 루터는 자신이 아우구스티누스의 핵심 사상에 반대한다고(또는 이를 넘어선다고) 보았다. 앞에서 본 것처럼 아우구스티누스가 은혜의 비상응성(하나님이 경건하지 않고 받을 자격이 없는 자에게 은혜를 주시는 것)을 강조한 것은 하나님의 공의의 체계 속으로 통합되었는데, 이 체계에 따르면 은혜는 경건치 않은 자들을 경건한 자로 만들기 위해, 다시 말해 그들 속에 하나님의 순수한 사랑을 부어줌으로써 그들을 궁극적으로 (현세에서는 불완전하다 해도) 영생에 합당한 자로 만들기 위해 마련된 것이었다. 이런 과정의 시작 지점에서 만약 믿는 자들이 자기 안에 아무런 합당한 것도 갖지 않고 출발한다면, 끝나는 지점에서 우리는 믿는 자들의 공로가―이 공로가 그 자체로 이해된다는 전제 아래―하나님의 선물인 은혜의 효과적인 작용을 통해 주어진 것(bona merita dei dona)이라고 자유롭게 말할 수 있을 것이다.

루터는 구원론의 맥락에서 행위의 공로에 관한 모든 언급을 거부할 것이다. 굳이 그런 용어가 사용되어야 한다면, 그 적용 대상은 믿는 자들이 아니라 오로지 그리스도뿐이다.[45]

Reformation (Durham, NC: Duke University Press, 1980), H. A. Oberman, *Luther: Man between God and the Devil* (New Haven: Yale University Press, 1986), 179-185. *De Spiritu et Littera*는 아우구스티누스의 저작 가운데 루터의 바울 해석에 가장 큰 영향을 준 작품이다.

45 그리스도의 공로가 믿는 자들에게 하나님의 선물과 은혜로 주어진 것에 대해서는 예를 들어 *Against Latomus*, *LW* 32.228을 보라. 인간의 편에는 "공로와 같은 것이 있을 수 없다"(*nullum esse meritum prorsus*, *WA* 18, 769.33). 중세 시대 공로 개념의 전개에 대해서는 A. E. McGrath, *Iustitia Dei: A History of the Christian Doctrine of Justification*, 전 2권

이것은 단순한 언어적 특수성이 아니다. 오히려 이것은 다음과 같은 루터의 독특한 주장을 대변한다. 곧 하나님의 은혜가 처음 주어질 때만 받는 자의 가치에 비상응적인 것이 아니고, 계속해서 비상응적인 상태로 남아 있으면서 그리스도인의 삶의 구조적 특징이 된다는 것이다. 루터에 의하면, 앞으로 살펴볼 것처럼, (최소한 하나님 앞에서 의로 간주되는) 믿는 자들의 의는 절대로 그들 자신의 것이 아니라 그리스도의 의로 남아 있게 된다. 믿는 자들이 그리스도 안에서 의를 소유할 때, 그것은 근본적으로 그들의 것이 아니라 타자의 것(alienus)이다. "가졌지만 아직 소유하고 있지 않음"이라는 이러한 변증법은 루터로 하여금 공로라는 아우구스티누스의 용어를 싫어하게 만들었다. 자신의 많은 특징적인 역설들에서 그러하듯이, 루터는 여기서도 은혜의 비상응성을 신자의 삶의 모든 분야에 적용시킬 수 있는 은혜의 본질적 특징으로 보존하려고 한다. 루터의 은혜 신학을 그 정황에서 두드러지게 만들고, 그 결과 루터주의자가 아니면 루터가 말하는 은혜를 파악하기 어렵도록 만드는 것은 **영원한 비상응성**이라는 "은혜의 극대화"(perfection of grace)다.[46] 이와 동시에—아우구스티누스의 은혜 신학이 교회의 전통적인 관습들과 조화를 이루고 그것들을 강화하는 역할을 했던 반면—루터의 은혜 신학은 그 당시 교회의 많은 관습들을 지지하는 가정들(assumptions)을 무너뜨렸으며, 점차 급진화되어 가톨릭교회와 루터의 관계는 파멸에 이르게 되었다. 이런 의미에서, 루터의 은혜 신학이 순전히 추상적인 것은 아니다. 루터의 은혜 신학은 서구 기독교 역사에 지속적인 영향을 미친 새로운 교파를 형성함으로써 구체화되었고, 그 교파에 속한 교회들의 지지를 받았다. 루터는 "하나님의 의"(롬 1:17)를 재평가하면서 자신의 바울 해석에 결정적인 변화가 있었다고 지적한다. 다시 말

(Cambridge: Cambridge University Press, 1986), 제1권, 109-119를 보라.

46 가톨릭 신학자들이 흔히 루터를 잘못 해석하고 있는 것에 대해서는 D. Hampson, *Christian Contradictions: The Structures of Lutheran and Catholic Thought* (Cambridge: Cambridge University Press, 2001)를 보라.

해 루터는 하나님의 의를 통해 "의인이 하나님의 선물 즉 믿음으로 살게된다"고 재평가한다.[47] 그러나 루터에게 이러한 변화가 발생한 때가 구체적으로 언제인지를 확정하는 것은 불가능하다고 판명되었다. 그의 초기 저작들에 대한 면밀한 분석은 루터의 성서 연구(특히 시편과 로마서)를 강력히 밀어붙인 점진적 추진력을 보여준다. 또 루터의 성서 연구를 촉진시킨 자체적 동기는 교회의 관습과 교황의 권위였다. 루터는 이 교회의 관습 및 교황의 권위에 대해 점점 환멸감을 갖게 되었다.[48] 이러한 논쟁의 정황 가운데, 루터는 바울의 몇 가지 반명제들을 통해 동시대인들과 맞설 수 있는 대안을 생각해내게 되었고, 그 가운데 "율법의 행위"와 "그리스도를 믿는 믿음"의 대립은 가장 중요한 반명제다(갈 1:26; 3:2; 롬 3:28 등). 이러한 양극적 대립의 분석을 통해, 우리는 루터 신학의 핵심에 도달하게 된다.

3.3.2. 율법의 행위가 아닌

아우구스티누스처럼 루터도 "율법의 행위"가 지닌 문제는 그것의 내용에 있는 것도 아니고 율법을 외적으로 행할 수 있는 인간의 능력에 있는 것도 아니라고 본다. 오히려 그 문제는 인간의 마음의 심층적인 부패에 있다. 그러나 아우구스티누스와 달리 루터는 강조점을 인간의 완고한 욕망보다는 인간의 관계 곧 자기 자신, 행위, 그리고 하나님과의 실존적 관계에 둔다. 수사(修士)였던 루터의 견해에 따르면 하나님의 계명을 외적으로 완전히 지킨다 해도 이 가면의 배후에는 율법에 대한 내적 울분 즉 하나님을 반대하는 거역(나아가 증오)이 숨겨져 있을 수 있다. 더 나쁜 것은

---

47   루터는 오랜 세월이 지난 후(1545년)에야 비로소 자신의 전집 제1권 서언에서 이런 결정적인 변화의 계기에 대해 말한다. *LW* 34.336-37; *WA* 54 185.12-186.20.

48   이와 같은 "종교개혁의 획기적 진전"에 관한 논쟁에 대해서는 다음의 연구들을 보라. Oberman, *Luther,* 151-74, B. Lohse, *Martin Luther's Theology: Its Historical and Systematic Development* (Minneapolis: Fortress, 2006), 85-95. O. Bayer, *Promissio: Geschichte der reformatorischen Wende in Luthers Theologie,* 2판 (Darmstadt: Wissenschaftliche Buchgesellschaft, 1989).

하나님이 되고자 하는 인간의 깊은 욕망이다. 인간은 하나님께서 그리스도 안에서 주신 유일하게 충분한 선물을 자신의 성취로 대체하려고 한다. 루터에 의하면 죄의 근저에는 인간이 자기 자신을 "향해 돌아서고"(turn in) 그 결과 하나님께 등을 돌리는(turn away) 오만한 자기신뢰, 곧 이기심이 놓여 있다. 루터에게 이것은 우상숭배, 곧 감사함으로 하나님의 사역을 인정하지 않는 "우상숭배"의 한 형태이고, 주제넘게 자신의 행위가 하나님의 상을 받게 할 만큼(심지어 요구하게 할 만큼) 충분한 것이며 구원을 가져오는 의의 한 형태라고 간주하는 것이다.

이와 같은 분석의 비판적 목표는 "율법 행위들"의 **내용**(이것은 하나님의 율법 전체와 최고 형태의 율법도 포함한다)도 아니고, 그 행위들을 수행하는 **행위자**도 아니다. 바로 이 점이 중요한 것이다. 여기서 문제는 행위자가 **누구**(하나님 또는 인간, 신자 또는 불신자)인가가 아니다. 같은 비판이 비그리스도인들과 마찬가지로 그리스도인들에게도 적용될 수 있고, 이에 따라 "자연의 힘, 인간의 힘, 자유의지, 혹은 하나님의 선물이나 능력으로" 준수된 율법 행위에도 적용될 수 있다.[49]

여기서 중요한 것은 "선한 일"을 행할 때 작용하는 **자기이해**인데, 자기이해는 해석학적으로 다음과 같은 세 가지 요소의 결합으로 구성된다. 행위자가 자신의 행위를 **잘못 이해**하는 것, 행위의 **부패한 동기**, 마지막으로 행위 시 **오만하거나 불손한** 태도를 보여주는 것이다. 첫째, 율법의 행위가 ("잘못된 의견에 의해") 구원의 **필수 수단**으로, 곧 칭의의 (결과가 아니라) 원인으로 이해된다. 둘째, 첫째의 결과로서 율법의 행위는 구원을 얻기 위한 불경건하고 이기적인 동기로 행해진다. 그것은 (순전히 하나님을 기쁘시게 하거나 육체의 절제를 훈련시키거나 또는 이웃에 유익을 주기 위함이 아니라) 자기 힘으로 유익을 얻으려는 동기다.[50] 셋째, 율법의 행위는 우리 자신의

---

49   *LW* 26.123, *WA* 40.1, 219.18-21.

50   루터는 이러한 해석 안에서 율법의 행위를 사람이 자기 자신의 유익을 추구하는 것으로

의를 전제하거나 신뢰하는 정신에 따라 행해지거나, 이 양극적 상태와 상호 연관된 특징인 걱정, 두려움, 의심 속에서 행해진다.[51] "신뢰"나 "의심"과 같은 용어는 루터가 믿음이라는 바울의 주제에 사로잡혀 있었음을 반영한다. 누구나 **무엇인가**를 신뢰한다. 그런데 여기서 제기되는 유일한 질문은 우리가 우리 자신을 신뢰하느냐, 아니면 그리스도 안에서 우리에게 비상응적인 선물로 주어지는 유익을 신뢰하느냐이다.

루터는 바울이 "율법의 행위"라고 쓸 때 그것이 모세의 율법을 가리킨다는 것을 잘 알고 있다. 아우구스티누스와 같이 루터도, 히에로니무스 (그리고 당대의 에라스무스)에 반대하여, 바울이 (그리스도께서 오신 이후에 단순히 낡은 것으로 여겨질 수도 있는) 구약성서 율법의 일부 "예식들"을 언급하고 있는 것이 아니라고 주장한다. 오히려 바울은 십계명과 하나님의 도덕법을 포함한 율법 전체를 가리키고 있다. 만약 바울이 이 율법 곧 가장 완벽한 율법에 의한 칭의를 공격한다면, 그 공격 대상에는 **모든** 율법의 행위와 교회가 제정한 규칙들도 포함될 것이다.[52] 따라서 바울의 갈라디아서와 로마서는 루터 자신의 정황에 즉각 적용될 수 있다. 우리는 오직 믿음으로가 아니라 "사랑으로 알려지는" 믿음에 의해 의롭다 함을 얻는다고 주장하는

간주하며, 이에 따라 자기 안으로 굽은 인간(*homo incurvatus in se ipsum*)의 모습을 근본적인 인간 질병의 징후로 본다. *Lectures on Romans* (1515-16), *LW* 25.291, *WA* 56 304. 참조. *Treatise on Good Works* (1520) *LW* 44.71, 73, *WA* 6, 242, 244.

51 "율법의 행위"나 "행위 자체"의 문제점에 관한 이러한 해석은 1518년 이후의 루터에게서 많이 나타난다. 예를 들어 교만 죄를 창조자에 대한 경배가 아니라 자기숭배로 보는 내용에 대해서는 *The Heidelberg Disputation* (1518), 7을, 하나님의 약속을 신뢰하지 않고 자기사랑의 행위를 통해 율법을 이룰 수 있다고 상상하는 자의 불신앙적 후속 죄(meta-sin)에 대해서는 *Freedom of a Christian* (1520), *LW* 31.350-51, *WA* 7, 24-25를 보라. 루터의 1535년 갈라디아서 주석은 이러한 분석을 그대로 간직한 채 이를 더 확대한다(예. *LW* 26.122-39). "율법을 신뢰하는 것"(*Fiducia legis*)에 대해서는 *LW* 27.17, *WA* 40.2, 19.27을 보라.

52 "율법"에 대한 이와 같은 보편적 해석(아우구스티누스를 따르는 해석)에 대해서는 예를 들어 *The Heidelberg Disputation* (1518), 1; *LW* 26.251; *WA* 40.1 395.15-23을 보라.

교황 무리가 바로 바울이 비판했던 "우리의 유대인들"(*nostri Iudaei*)과 같은 존재다.[53] 사실 바울 서신들은 이 점에 있어서 보편적 연관성을 지니는데, 인간은 모든 시대, 모든 정황 속에서 동일한 잘못에 빠지기 때문이다. 행위의 **내용**이 어떤 차이를 보이든지 중요한 것은 그 행위의 **의미**, 곧 위에서 간략하게 서술한 불경건한 이해, 동기, 태도다. "율법의 행위는 그 모양과 이름에 있어서만 변화를 보인다. 왜냐하면 율법의 행위는 여전히 행위이기 때문이다. 율법의 행위를 행하는 자는 그리스도인이 아니고, 다 삯군(문자적으로, '일꾼,' *operarii*)이다. 그들이 유대인, 이슬람교도, 교황주의자, 분리주의자, 또는 그 무엇으로 불리든지 말이다."[54] 루터의 견해에 따르면(이 견해는 훗날 루터교회의 유대교 이해에 영향을 미치는 주제가 됨) 특별히 경건한 자는 거대한 중죄를 저지르기 쉽다. 왜냐하면 그들은 자신들의 훌륭한 의의 행위들로 인해 하나님의 호의를 얻어낼 것이라고 더욱 확신하기 때문이다.[55] 바울 신학에 대한 이런 해석은 루터 자신이 직접 겪은 경험과 가혹한 논쟁들을 통해 형성되었는데, 이 논쟁들은 전통의 권위만이 아니라 교황의 권위까지 행사했던 교회 관습들의 타당성을 둘러싸고 벌어졌다. 수사로서 루터가 개인적으로 겪은 고통—그의 내적인 분노, 의심, 두려움—

---

53 *LW* 26.207; *WA* 40.1, 336.13.

54 *LW* 26.10, *WA* 40.1 49.20-23. 참조. *LW* 26.396 (*WA* 40.1 603.25-29). "그러므로 교황주의자, 유대인, 투르크인, 또는 어떤 분파주의자 사이에는 아무런 차이가 없다. 그들의 인격, 위치, 의식, 종교, 행위, 예배 형식 등, 이러한 것들은 물론 서로 다르다. 하지만 그들은 모두 동일한 이성, 동일한 마음, 동일한 의견과 관념을 갖고 있다.…'만약 내가 이런저런 것을 행한다면, 나는 나를 호의적으로 대해 주시는 하나님을 갖고 있고, 만약 행하지 않는다면 진노하시는 하나님을 갖고 있는 셈이다.'"

55 *Heidelberg Disputation* 16. "자신 안에 있는 것을 행함으로써 은혜를 얻을 수 있다고 믿는 사람은 죄에 죄를 더하며 두 배로 죄인이 된다"(그의 뿌리 깊은 죄에 "불손한 오만"을 추가한다). 루터는 다른 곳에서 이러한 환상을 일종의 "하얀 마귀"로 규정한다. "세상은 종교적이고(religiosi) 지혜롭고 학식 있는 사람들 속에서 최선의 상태가 될 것으로 보이지만, 실제로 세상은 그들 속에서 두 배로 더 악한 곳이 된다(dupliciter malus)"(*LW* 26.40, *WA* 40.1 95.19-96.11).

도 때때로 이 문제에 지나친 영향을 미쳤다. 그러나 이러한 고통들은 루터의 다음과 같은 신념, 곧 본질적인 종교적 문제가 하나님의 진노가 아닌 하나님의 은혜를 얻을 수 있게 만드는 수단이라는 신념을 확실히 강화시켰다. 오베르만이 강조한 것처럼 루터는 자신의 갈등(심리적·사회적 갈등)을 마지막 날에 교회에서 일어나는 종말론적 전쟁의 한 양상으로 간주했다. 루터의 이러한 간주는 바울의 반명제들을 마지막 때의 대안으로서 크게 강조하는 일종의 신념이었다. 그런데 이 대안은 간악한 마귀의 간계로 인해 지금은 숨겨져 있다.[56] 나아가 위에서 개괄한 율법의 행위의 대한 루터의 비판적 해석은 그가 그 당시의 교회 관습들을 공격하는 가운데 절박함과 명료함을 띠게 되었다. 초기 루터의 면죄부 비판은 곧바로 다수의 관습들(순례, 금식, 교회에 바치는 기부, 미사 예약, 금욕 서약 등)로 확대되었는데, 루터는 이것들의 실천적 동기가 "행위" 신학의 노예화에 따른 것이라고 의심했다. 루터는 "양심"과 "속 사람"을 강조하면서도, "율법"과 "은혜" 사이의 분명한 신학적 구분이 말이 아니라 실천으로 증명되어야 함을 분명하게 의식하고 있었다.[57]

　루터는 미사 행위를 노골적으로 공격했는데(예. 『교회의 바빌로니아 유수』, 1520), 이로 인해 미사에 대한 재평가가 다음과 같이 이루어졌다. 곧 미사는 신적 유익(자기 자신이나 다른 사람들을 위한 유익)을 얻어내기 위해 하나님께 드리는 행위가 아니라 말씀과 성례 안에서 은혜를 수용하는 행위인 것이다. 여기와 다른 곳에서 루터의 신학은 교회의 권력, 곧 신자들에게 특정행위를 막무가내로 요구하는 교회의 권력을 무너뜨리기 시작했으며, 또한 엘리트 신자들이 순결이나 가난을 통해 내세에서만 보상 받을 수 있는 것을 하나님께 바쳤던 경건의 등급 개념도 무너뜨리기 시작했다. 비록 루터는 교회개혁의 주장이 또 다른 형태의 필수 "행위"로 변질되지 않

56　특히 Oberman, *Luther,* 82-110을 보라.

57　*LW* 26.144; *WA* 40.1 251.27-28.

을까 염려했지만, 행위를 구원의 도구적 수단으로 보는 것에 대한 그의 비판은 다음과 같은 결과, 곧 은혜를 얻기 위한 공로의 능력에 전념했던 많은 교회의 관습들을 (비록 완전히 폐지하지는 못했지만) 상대화시키는 결과를 가져왔다. 1520년 12월 10일, 루터는 자신의 파문을 명하는 교황의 칙서뿐만 아니라 수 세기에 걸친 정경법을 담고 있던 교회법전(Decretales)도 불태웠다. 이때 바울의 은혜 신학 안에 모든 형태의 교회 권위를 전복시킬 수 있는 힘이 있다는 것이 루터의 손에 의해 분명해졌다. 이 전복적 힘이 일단 개신교 전통에 뿌리를 내리게 되면, 이 힘을 억제하는 일은 어려울 것이다.

3.3.3. 그러나 예수 그리스도를 믿는 믿음으로

루터에 의하면 복음의 핵심 진리는 예수께서 우리의 유일하고 부족함이 없는 구주가 되시며, 칭의와 구원에 필요한 모든 것을 이미 이루셨다는 것이다. 예수가 법률 제정자나 재판장이 아니라 구주(그리고 중보자 또는 중재자)시라는 것은 분명하다. 예수는 우리에게 **요구하지 않으시고**, 우리가 믿음 안에서 구원을 붙들고 있는 한 우리에게 구원을 **주신다**. 여기서 루터는 그 당시 만연했던 그리스도에 대한 인상, 곧 그리스도를 (말과 형상으로 표현함에 있어) 엄격한 지배자, 새 율법의 창시자, 최후의 심판자로 묘사하는 인상과 완전히 결별했다. 바울의 목소리를 반향하면서(롬 8:32-34), 루터는 그리스도가 언제나 "우리를 위하시는" 분이고 우리와 대립하는 심판자가 아니시라고 주장한다.[58] 더욱이 "하나님의 의"(iustitia dei)는 죄인에게 벌주

---

58   예를 들어 *LW* 26.8, 11, 37-38 등등. 루터는 자신의 복음서 주석 서론에서 그리스도의 가르침과 모범은 선물이라는 그리스도의 관점에서 이해되어야 한다고 조심스럽게 주장한다. 그리스도는 우리를 "무섭게 강요하거나 우리를 끌고 가는" 새로운 모세가 아니다. 우리는 오직 선물로 주어진 **그리스도로부터 나오는** 행위들 안에서 그리스도의 모범을 따른다. *A Brief Instruction on What to Look For and Expect in the Gospels, LW* 35.117-124.

고 의인은 상을 주는 공의로운 신적 행위가 아니라 그리스도 안에서 주어지고, 믿음으로 받게 되는 선물로 이해되어야 한다. 이 선물, 곧 이미 단번에(enimal) 주어졌고, 완전히 충분한 이 선물에는 그 어떤 불확실함이나 두려움에 대한 여지가 없다.[59]

이처럼 단순하고 쉽게 전달될 수 있으며 매력적인 메시지를 통해, 루터는 이익 지향적 순환 패턴을 근절시키려 했는데, 이러한 순환 패턴에 의해 하나님께 바쳐지는 인간의 행위는 미래의 유익이나 보상을 이끌어내는 것으로 이해되거나 의도되었다. 유일한 선물은 이미 주어졌으며, 오로지 믿음으로만 받을 수 있다. 믿음에서 나오는 행위들은 구원의 영역에서 그 어떤 도구적 가치도 지니지 않는다. 믿음은 확실히 하나님을 기쁘시게 한다. 왜냐하면 이 믿음을 통해 하나님이 주신 선물에 감사하며 하나님께 합당한 영광을 돌리게 되기 때문이다. 그러나 이 "답례"는 미래의 유익을 얻어내는 수단이 될 수 없고, 그런 의도를 가질 수도 없다.[60] 믿음은—정의상—자기신뢰가 아니라 오로지 그리고 전적으로 그리스도에 대한 신뢰 안에서 작동한다. 이런 의미에서, 비록 믿음이 인간 행위자에 의해 발휘된다 하더라도, 믿음은 "행위"가 아니다. 오히려 믿음은 "행위"로 대변되는 자기이해와 정반대를 이루는 개념이다.

루터가 믿는 자들은 "오직 믿음으로"(sola fide) 의롭다 함을 얻는다고 논쟁을 벌이면서 주장했을 때, 그는 믿음이 사랑(또는 비슷한 어떤 행위)에

---

59 Oberman, *Luther,* 153을 보라. "루터의 발견에 관련된 완전히 새로운 사실은 그가 하나님의 의를 그리스도의 의와 분리될 수 없이 결합되고 융합되어 있는 것으로 본다는 사실이다. 이미 **현재** 우리는 그 의를 믿음을 통해 얻고 있다"(강조는 원저자의 것). 참조. Oberman, *Dawn of the Reformation,* 104-25.

60 루터에게서 나타나는 이러한 "답례"의 요소에 대해서는 Holm, *Gabe und Geben*을 보라. 그러나 홀의 분석은 답례 관계를 정적 구조에 따라 재현한 것으로, 시간이 흐르며 펼쳐지는 선물-답례의 통시적(diachronic) 움직임은 고려하지 않고 있다는 약점을 보인다. 루터에게 중요한 것은 인간의 (신뢰와 찬양의) "보답"이 하나님으로부터 더 많은 선물을 이끌어내도록 고안된 지속적인 추진력에 속하지 않는다는 점이다.

의해 "형성된다거나" 보충될 필요가 있다는 개념을 배제시키고자 했다. 이것이 가능했던 유일한 이유는 루터가 믿음을 역사적 지식이나 공식과도 같은 신조에 대한 지적 동의가 아니라 그리스도 안에서 자기를 포기하고 하나님의 긍휼에 완전히 맡기는 것으로 이해했기 때문이다. 루터에게 믿음(fides)은 하나님의 약속과 그리스도의 사역에 대한 **신뢰**를 의미하기에, 믿음은 그리스도를 인격적으로 "붙들게" 한다. 믿음은 그 자체로서 중요한 것이 아니다. 왜냐하면 믿음은 어떤 우수한 정신적 또는 정서적 성향이 아니기 때문이다. 오히려 믿음은 그리스도와 맺게 되는 관계적 측면에서 중요하다. "믿음은, 그것이 참된 것이라면, 마음의 확실한 신뢰 및 확고한 수용(*certa fiducia cordis et firmus assensus*)을 의미한다. 믿음은 그리스도를 믿음의 대상으로, 혹은 믿음의 대상이라기보다는 믿음 자체에 임재하시는 하나님으로(*in ipsa fide Christus odest*) 확실히 의존한다(*quo Christus apprehenditur*).[61]

그리스도의 임재 그리고 믿음을 통한 그리스도와의 연합에 대한 이와 같은 강조는 처음부터 루터 신학의 핵심이 된다. 루터는 자신이 좋아하는 은유를 통해 그리스도인의 실존을 그리스도와의 결혼으로 설명한다(이 은유는 엡 5장과 아가서를 의존한다). 믿음이 곧 "결혼반지"를 의미하는 이러한 연합을 통해 그리스도에게 속해 있는 모든 것이 믿는 자에게 속하고, 믿는 자에게 속한 모든 것이 그리스도에 의해 취해진다.[62]

이 "행복한 교환"을 통해 믿는 자는 이미 (자신의 죄, 죄책, 더러움을 취하시는) 그리스도의 의, 거룩하심, 선을 소유하게 된다(possess). 여기서 "소

61   이 표현은 1535년 판 갈라디아서 강의에서 인용되었다. *LW* 26.129, *WA* 40.1 228.33-229.15. 루터의 그리스도 중심의 믿음에 대해서는 J. A. Linebaugh, "The Christo-Centrism of Faith in Christ: Martin Luther's Reading of Galatians 2:16, 19-20," *NTS* 59 (2013), 535-44를 보라.

62   결혼의 은유에 대해서는 예를 들어 *Two Kinds of Righteousness* (1518/1519)와 *Freedom of the Christian* (1520)을 보라.

유하다"가 "직접적인 소유"(own)가 아닌 것은 이 선물이 믿는 자에게 "주입되는" 것이 아니고 여전히 그리스도 자신의 것으로 남아 있게 되기 때문이다.[63] 이런 이유에서 루터는 그리스도의 의가 우리 밖에 존재하는(extra nos) 낯선(alienus, 타자의) 의라고 주장한다. 이와 동시에 그리스도의 의는 우리가 믿음으로 그리스도와 연합된 만큼 실제로 "우리의 것"이 된다. 최근의 분석이 올바로 보여주고 있듯이 루터는 바울의 두 가지 주제 곧 믿음으로 의롭다 함을 얻는 것과 그리스도에게 참여하는 것을 하나로 융합시킨다. 그런데 이 융합이 가능한 이유는 이후의 바울 해석에서 종종 발생하는 이 두 주제 사이의 양극적 대립이 존재하지 않기 때문이다. 루터가 "전가"(imputation) 언어를 사용할 때 그 언어는 순전히 "법정" 관련 은유도 아니고 그 어떤 "허구"도 포함하고 있지 않다. 왜냐하면 그리스도의 의는 실질적인 것으로, 믿는 자가 그리스도의 의를 실제로 공유하고 있기 때문이다.[64] 믿는 자들이 믿음으로 그리스도를 붙들고 있는 한 그들은 그리스도와의 연합을 통해 의롭다 함을 받게 된다. 이런 의미에서 루터에게 믿음은 "능동적"인 동시에 "수동적"인 현상으로, 다른 누군가의 선물을 받아

---

63   Oberman, *Dawn of the Reformation*, 120-25는 루터에게 알려진 로마의 결혼법에서 "소유"(*possessio*, 사용할 권리)와 "소유권"(*proprietas*) 사이를 조심스럽게 구분한다. 아내는 무언가가 법적으로(*de iure*)는 자기 자신의 것이 아니지만, 그 무언가를 "소유"(possess)할 수는 있다는 것이다.

64   그리스도에게 참여하는 것 그리고 칭의 안에서의 그리스도의 임재를 강조하는 것이 최근 핀란드 학파의 루터 해석의 특징이 되었다. 예를 들어 다음을 보라. T. Mannermaa, *Christ Present in Faith: Luther's View of Justification*, trans/ed. K. Stjerna (Minneapolis: Fortress Press, 2005) 그리고 C. E. Braaten, R. W. Jenson, ed., *Union with Christ: The New Finnish Interpretation of Luther* (Grand Rapids: Eerdmans, 1998). S. Chester, "It is No Longer I Who Live: Justification by Faith and Participation in Christ in Martin Luther's Exegesis of Galatians," N*TS* 55 (2009): 315-37은 루터를 비난하는 자들이 루터의 "칭의"와 "참여"를 분리된 사고구조, 나아가 사실상 양립할 수 없는 사고구조로 간주하는 경향을 갖고 있다고 바르게 비판한다. 그런 대립의 주장과 관련해서 가장 최근의 D. Campbell, *The Deliverance of God: An Apocalyptic Rereading of Justification in Paul* (Grand Rapids: Eerdmans, 2009)를 보라.

들이는 적극적 수동성을 지니고 있다.

"가지고 있지만 아직 가지고 있지 않다"는 역설, 곧 [자기 자신 안에] 없으므로 "[그리스도 안에서] 가지고 있다"라는 역설은 루터 신학의 다양한 특징들에 새겨져 있으며, 바울의 십자가 신학과 정교하게 결합된다. 루터는 일찍부터 "십자가의 걸림돌"(갈 5:11; 참조. 고전 1:18-25)이라는 바울의 묘사를 취하여 그리스도인의 삶의 핵심 원동력을 표현했다. 연약함과 미련함의 한복판에서 그리고 불의와 고난으로부터 하나님은 우리의 공허함 속에 들어오시고 그곳을 자신의, 오로지 그분 자신의 선물로 채우심으로써, 정반대의 상황을 만드신다. 정반대되는 상황들의 이러한 병치는 믿는 자의 실존의 영원한 특징으로 존재하게 된다. 사실, 이러한 대립 상황의 병치는 일종의 믿음의 삶으로도 존재하게 된다. 단, 이 믿음의 삶이 그리스도의 능력, 지혜, 의의 원천으로 간주되지 않는다는 전제하에, 그리고 심지어 그리스도의 능력, 지혜, 의가 선물로 이해되더라도 이 믿음의 삶이 그러한 선물의 원천으로 간주되지 않는다는 전제하에 말이다. 루터의 관점에서, 모든 "영광의 신학"은 동시에 자기칭의 신학이며, 이의 역도 성립한다. 다시 말해 우리는 비록 그리스도와의 연결을 통해 변화를 받지만(그렇다고 이 변화가 거룩함을 향한 어떤 내적 진전에 의한 것은 아니다), 삶의 마지막 순간까지 "거지"로 남게 되는 것이다.[65]

이 역설을 표현하는 루터의 유명한 공식—믿는 자는 의인인 동시에 죄인이다(*simul justus et peccator*)—은 그에게 우호적인 자들과 적대적인 자들 모두에 의해 끝없이 오해되어오고 있다.[66] 루터는 여기서 의와 죄의 불완

---

65 루터가 죽은 후에 친구들이 루터의 책상 위에서 다음과 같이 새겨진 글을 발견한 것은 우연이 아니었다. "Wir sind Bettler, hoc est verum"("우리는 거지이며, 이것은 사실이다", *WA TR* 5 318.2-3). 루터의 십자가 신학, 그리고 그의 영광의 신학의 비판과 관련된 토론에 대해서는 T. Mannermaa, *Two Kinds of Love: Martin Luther's Religious World*, trans. K. Stjerna (Minneapolis: Fortress Press, 2010)를 보라.

66 이 문구에 대해서는 예를 들어 *LW* 26.332, *WA* 40.1 336.26을 보라. Hampson, *Christian Contradictions* 이 개념에 관한 루터의 변증법적 및 비선형적 해석을 강조(24-

전한 정도를 말하려는 것이 아니고, 정반대되는 상황들의 동시적·영속적 병치 관계에 대해 말하고 있다. 우리는 그리스도에게 속해 있는 한, 하나님 앞에서 "의롭다." 하지만 우리는 우리의 의 안에서 (그런데 우리의 의는 우리 마음의 가장 부패한 차원에서 발생한다) "죄인"으로 남아 있게 된다. 이와 같은 변증법을 주장함으로써 루터는 은혜의 비상응성을 총제적 형태로 보존하려 한다. 믿는 자들이 (은혜를 통해) 본질상 "죄인"이 아닌 다른 어떤 존재가 된다는 주장은 은혜의 비상응성을 감소시켜버릴 것이고, 그 결과 루터의 눈에는 은혜의 취소로 비쳐질 것이다.

우리는 세례에 대한 루터의 견해에서 이러한 역학에 대한 중요한 표현을 발견한다. 세례를 "첫 번째 은혜"라는 단순한 지위로 격하시키고, 믿는 자의 성화의 여정에 있어서 세례가 더 이상 중요하지 않다고 여기는 전통에 반대하며, 루터는 세례를 그리스도인의 경험의 중심에 두려고 시도했다. 루터에게 세례라는 분리선은 믿는 자들의 삶의 과거와 현재 사이에 그어지는 것이 아니고, 죄와 은혜 사이, 육체와 성령 사이, 그리고 마귀와 하나님 사이에 존재하는 경계선상에서 지속적으로 살아가는 믿는 자들의 현재적 실존 그 중심을 통과한다. 이런 의미에서 루터는 그리스도인의 삶이란 계속해서 세례로 되돌아가는 삶이라고 본다. "그리스도인의 삶은 매일의 세례에 지나지 않는다. 세례는 이전에 시작되었지만, 영원히 계속되는 것이다. 우리는 끊임없이 항상 세례를 유지하여, 옛 아담에게 속한 것은 무엇이든 끊어내야 한다. 새 사람에게 속한 것이 무엇이든 나타날 수 있도록 말이다."[67]

물론 루터는 믿음의 진보에 관해 말하기는 했지만, 어떤 경우든 그리스도인의 진보가 자기행위나 자기보증으로 간주될 수 있는 의미의 성취 또는 만족에 대해서는 여전히 긴장하고 있다. 세례는 하나님의 약속들 그

----

35)하면서 이 주제를 논의한다.

67   *Large Catechism*, Holy Baptism 65, *WA* 30.1 218-20.

리고 그리스도께서 이미 이루신 사역을 가리키기에, 믿는 자가 항상 새롭게 되돌아가야 하는 믿음의 시금석으로 계속 존재하게 된다. 따라서 진보는 미덕 안에서 자라는 것이 아니라 그리스도를 믿는 믿음 속으로 더 깊이 들어가는 것이다.[68]

세례는 그리스도인의 경험에 중요하게 적용되며, 영혼이 죄나 의심으로 눌려 있을 때 힘과 위로를 준다. (그리스도인이 자주 경험하는) 이런 상황 속에서 루터는 다음과 같이 권면한다. "우리는 이렇게 반박해야 한다. '그러나 나는 세례를 받았다(baptisatus sum). 세례를 받았다면 나는 다음과 같은 약속, 곧 영혼과 몸이 모두 구원을 받고 영생을 얻을 것이라는 약속을 받은 것이다.'"[69] 이와 같이 세례는 개개인 신자에게 주어진 내적인 삶에 매일같이 깊은 영향을 미친다. 그러나 루터의 특징은 그리스도인이 행하는 행동의 사회적 또는 정치적 내용과 관련된 변화, 바로 이런 변화의 지표를 찾는 일을 거부했다는 점이다. "열광주의자들"이 이런 변화를 종교개혁의 필연적 성과로 촉구했을 때, 루터는 이를 "두 왕국" 사이의 혼란으로 이해하며 강력하게 비판했다. 그리고 "행위"를 구원의 영역 안으로 다시 포함시키는 것에 대해서도 강하게 비판했다.[70]

3.3.4. 루터에 의한 은혜의 극대화

루터는 신약성서의 복음서 주석 서론에서 "복음"이란 의에 대한 어떤 새로운 혹은 더 높은 기준을 의미하는 것이 아니라, 선물이라고 주장한다. "복음의 주요 항목과 기초는 다음과 같다. 곧 그리스도를 본으로 따르기

---

68   J. D. Trigg, *Baptism in the Theology of Martin Luther* (Leiden: Brill, 1994), 151-73에서
      이 주제가 논의된다. 여기서 트리그는 나선 이미지를 제시하는데, 이는 직선적 의미의
      진전과, 출발점과 동일한 지점으로 돌아가는 순환적 회귀를 결합시킨다.

69   *Large Catechism*, Holy Baptism 44, *WA* 30.1 217.26-29.

70   "두 왕국"에 대한 루터의 변증법적 이해에 대해서는 G. Ebeling, *Luther: An Introduction
      to His Thought*, 번역 R. A. Wilson (London: Collins, 1970), 175-91을 보라.

전에, 당신이 먼저 그리스도를 하나님께서 당신에게 주신 선물로, 그리고 그 선물이 당신의 것임을 받아들이고 인정하는 것이다."[71] 복음은 우리에게 가장 먼저 그리스도의 행위를 제공하는데, 이는 우리로 하여금 그 행위를 모방하게 하려는 것이 아니라 그 행위에 의존하도록 하려는 것이다. 왜냐하면 그리스도의 행위가 "하나님의 압도적인 선함과⋯우리의 마음 및 양심이 행복감, 안전감, 만족감을 느끼게 되는 우리를 향한 하나님의 위대한 사랑의 불길"을 표현하기 때문이다. 루터는 이사야 9:6("한 아들을 우리에게 **주신** 바 되었는데") 그리고 로마서 8:32(하나님이 "어찌 그 아들과 함께 모든 것을 우리에게 **주시지** 아니하겠느냐?")을 인용하면서 이렇게 외친다. "보라, 바로 당신 자신을 위해 당신에게 선물로 주어진 그리스도를 붙잡고 이 선물을 의심하지 않을 때, 비로소 당신은 그리스도인인 것이다." 이러한 선물을 토대로 다른 모든 것이 뒤따른다. 그러나 여기서 결정적으로 중요한 것은 다른 모든 것이 "**뒤따른다**"는 것으로, 다른 모든 것은 이 선물보다 앞서지도, 이 선물을 가능하게 하지도, 또는 이 선물을 유발하지도 않는다.

여러분이 그리스도를 구원의 기초와 최고의 축복으로 삼을 때, 다른 부분들은 당연히 뒤따라오게 됩니다. 그때 여러분은 그리스도를 모범으로 삼고 그리스도께서 여러분을 위해 자신을 헌신하신 것처럼, 이웃을 섬기는 일에 전념할 수 있을 것입니다. 보십시오. 거기서 믿음과 사랑이 전진하고 하나님의 계명은 성취되며, 우리는 행복하게 그리고 두려움 없이 모든 것을 행하고 모든 것을 견뎌냅니다. 그러므로 이 점에 주목하십시오. 곧 선물이신 그리스도는 여러분의 믿음을 자라게 하시고, 여러분을 그리스도인으로 만들어주십니다. 그리스도는 본보기로서 여러분 자신의 일을 행하여주십니다. 그러나 이 행하심이 여러분을 그리스도인으로 만드는 것은 아닙니다. 행하여진 일들은 사실 여러분 자신으로부터 나옵니다. 왜냐하면 여러분이 이미 그리스

---

71 *A Brief Instruction, LW* 35.119.

도인이기 때문입니다. 선물이 본보기와 크게 다른 것처럼, 믿음도 행위와 큰 차이가 납니다. 왜냐하면 믿음에는 그리스도의 행위와 생명 외에 다른 그 무엇도 존재하지 않기 때문입니다. 행위에는 여러분 자신에게 속한 무언가가 존재하지만, 그 행위는 여러분에게 속한 것이 아니라 여러분의 이웃에게 속한 것이어야 합니다.[72]

우리는 위의 간결하고 함축적인 단락 안에서 루터의 은혜 신학을 구성하는 대부분의 핵심 요소들이 요약되어 있음을 본다. 예를 들어, 그리스도 안에서 맺어진 하나님과 우리의 관계는 **선물**(그것도 순수한 선물)이다. 이 선물은 그리스도인의 삶 속에 있는 모든 것의 기초로서, 그리스도인과 관련된 다른 모든 것보다 우선할 뿐만 아니라, 그리스도인과 관련된 다른 모든 것의 기본이 된다. 이 선물은 어떤 의미에서 "우리 자신의 것"이 된다. 하지만 믿음 안에서 이 선물은 "그 자체로는 아무것도 소유하지 않고" 오로지 그리스도의 행위와 생명만을 소유한다." 그리스도-선물은 기쁨과 담대함으로 행해진 "행위" 가운데 발생하지만, 그렇다고 그리스도-선물이 이러한 행위 안으로 주입되거나 그것과 동일해지는 것은 아니다 ("행위에는 여러분 자신에게 속한 무언가가 존재합니다"). 마지막으로 그리스도-선물은 그리스도가 보여준 행위와 유사한 행위, 곧 이웃을 위해 자기 자신을 내어주는 행위를 가능케 하는데, 이것이 사실은 "행위"의 유일한 목적이다("이 행위는 여러분에게 속한 것이 아니라 여러분의 이웃에게 속한 것입니다"). 이에 따라 우리는 루터에 의한 은혜의 극대화들(perfections)을 결론적으로 이끌어낼 수 있다.

루터에 의하면, 신적 은혜의 **초충만성**(superabundance, "하나님의 압도적 선하심")은 하나님이 창조하신 피조물 혹은 자연이 아닌 **그리스도-사건**과 가장 먼저 동일시된다. 앞에서 보았던 것처럼 바울의 "은혜"라는 용어

---

72   *A Brief Instruction*, LW 35.120.

는 호의의 **관계**를 가리키는 것이지, 하나님의 성품에 속한 어떤 특성 혹은 인간에게 주입된 어떤 특질이나 능력을 가리키는 것은 아니다. 하나님이 인간과 맺고 계신 호의적 관계는 그리스도라는 선물을 통해 구현되는데, 그리스도는 무엇을 요구하는 율법 수여자 혹은 심판자로서가 아닌 **오로지** 베풀어주시는 구원자로서 우리에게 다가오신다.[73] 이 점에서 루터의 신학은 은혜의 **단일성**을 극대화하는 경향이 있다. 비록 (마르키온과 달리) 루터의 신학이 다음과 같은 하나님, 곧 명백한 모순 뒤에 "숨어 계시면서" "다른 한 손으로는" 우리를 심판으로 위협하시는, 이런 하나님의 율법과 변증법적인 관계 속에 있지만 말이다. 은혜의 **우선성**도 루터에게는 기본이 되는 개념이다. 루터는 아우구스티누스의 전통에 서서 선택 받은 자들의 예정을 크게 강조하지만, 이 당혹스러운 영역 속으로 들어가는 것을 경계한다. 왜냐하면 복음의 본질은 세상에 대한 하나님의 영원한 의향이 아니라, 개인의 삶을 직접 다루는 것이기 때문이다.[74] 복음의 중심에는 그리스도의 선물이 있는데, 이는 곧 "구원의 기초이자 가장 큰 축복이다." 아리스토텔레스의 말로 표현하자면, 일이 사람을 만드는 것이 아니라, 사람이 일을 행하는 것이다. 루터의 말로 표현하자면, 사람이 그리스도 안에서 전적으로 충분한 하나님의 선물을 받을 때, 그 사람은 비로소 재형성된다.[75] 따라서 **오직 은혜**(*sola gratia*)라는 표현에는, 구원의 모든 핵심이 그

---

73 LW 26.178, WA 40.1 298.19-20. *Itaque Christus non est Moses, non exactor aut legislator, sed largitor gratiae, Salvator, et miserator* ("따라서 그리스도는 모세도 아니고 징수자나 율법수여자도 아니며, 은혜의 분배자, 구주, 그리고 긍휼을 베푸시는 분이다". 선물과 요구 사이의 대조에 대해서는 *LW* 26.208-9, *WA* 40.1 336.33-337.22를 보라.

74 칼뱅과의 비교가 매우 중요하다. 아래의 3.4를 보라.

75 사람이 의로운 행위를 함으로써 의롭게 된다는 생각을 논박하는 루터의 견해에 대해서는 예를 들어 *Freedom of a Christian, LW* 31. 360-61, *WA* 7 31-32를 보라. 다른 곳에서 빈번히 언급되고 있듯이, 여기서도 나무와 그 열매의 비유(마 7:18)가 나타난다. 루터는 인간(*persona*)이 그리스도를 믿는 믿음으로 "선한" 자가 된다고 생각하지만, 여기에 도덕적 의미는 전혀 내포되어 있지 않다. Ebeling, *Luther*, 150-58을 보라.

리스도에게서 시작되었을 뿐만 아니라, 그리스도를 통해(*solus Christus*) 이미 성취되었다는 의미도 담겨 있다.

앞에서 살펴본 것처럼 루터의 은혜 신학의 특징은 은혜의 **비상응성**을 강조하는 것이다. 믿음의 삶 안에 "진보"가 일어날 때도, 이 특성은 결코 상실되지 않는다. 하이델베르크 논쟁의 마지막 논제(28)는 다음과 같다. "하나님의 사랑은 그 사랑이 보기에 좋은 것을 찾아내는 것이 아니라, 만들어낸다."[76] 루터는 보통 "칭의"를 "구원"과 동일시하기에, 처음부터 끝까지 구원의 역동적인 관계가 "경건치 않은 자의 칭의"로 이루어져 있다고 이해한다.[77] 이런 맥락에서 하나님의 은혜가 "순전하고" "대가 없는" 것이라고 말할 때, 이는 본질상 하나님의 은혜로부터 인간적 "공로"의 모든 흔적을 제거해버리는 것이다. 부단히 선을 행하는 삶일지라도 인간의 공로로는 하나님의 은혜를 절대로 얻지 못한다는 것이다. 그리스도인의 삶은 **의로우면서 동시에 죄악된** 삶에 머문다. 루터는 이런 대립된 상황들이 공존하는 상황에서, 그리스도인들이 구원과 관련하여 무언가 "소유하고 있다"라고 말한다면, 그것이 무엇이든지 간에 그들이 실제로 그것을 소유하고 있는 것이라고 주장한다. 단 그들이 오직 그리스도 **안에서** 그리고 그리스도**로부터** 살아가는 한 말이다. 루터는 구원의 어떤 가치라도 그것이 믿는 자 자신에게 내재되어 있다는 가정을 크게 경계한다. 자기 자신이 아닌 타자 속에서 살아간다는(참고. 갈 2:19-20) 이러한 삶의 의미는 그리스도인의 삶에 지울 수 없는 "기이한"(eccentric) 특성을 부여하고, 믿는 자들을 영원히 회심의 지점에 붙들어놓는다. 사람들이 믿는 자들

---

76   LW 31.57, WA 1 365 (*Amor dei non inventit sed creat suum diligibile*).

77   "무로부터 유를 창조하시는 것은 하나님의 본질에 속한다.…따라서 하나님이 받아주시는 사람은 다른 누구도 아닌 바로 버려진 자이며…건강하게 치료해주시는 사람은 다른 누구도 아닌 병든 자이며…경건한 자로 만들어주시는 사람은 다른 누구도 아닌 죄인이며…지혜로운 자로 만들어주시는 사람은 다른 누구도 아닌 미련한 자다. 요약하면 하나님께서 긍휼을 베풀어주시는 사람은 바로 비참한 자이고, 은혜를 베풀어주시는 사람은 바로 은혜가 없는 자이다"(WA 1 183.39-184.7).

의 "성숙"이나 "진보"에 대해 어떤 말을 하든, 그들은 자신들에게 합당치 않은 은혜에 영원히 의존하게 된다.

이런 이유들로 인해, 루터는 신자의 마음에 작용하는 은혜의 **유효성**에 대해 강조할 생각이 전혀 없다. 루터는 하나님, 성령, 그리스도께서 믿는 자의 내면에 행하시는 행위에 관해 분명히 말할 수 있고, 또 믿음을 하나님이 만드시고, 실행하시고, 증가시키신 선물로 분명히 말할 수 있다.[78] 나아가 루터는 믿음과 이 믿음에 기인하는 선행, 이 둘 모두에 작용하는 인간 행위에 관해서도 주저 없이 말한다. "수동적 의"의 언어는 "받다"만큼이나 믿음의 활력적 활동을 표현하는 일군의 동사들, 곧 "붙잡다", "잡다", "쥐다" 등의 동사들로 보충된다.[79] 능동적 믿음에 관한 이런 담론이 루터에게 전혀 이상하지 않은 이유는, 믿음이 붙잡고 있는 것이 정확히 말해 믿음 자체에 속해 있는 것이 아니라 그리스도에게 속해 있는 것이기 때문이다("믿음에는 믿음 고유의 것이라 할 만한 것이 하나도 없다"). 루터의 신학은 단순히 행위가 누구에게 귀속되느냐(예. "행하는 자가 우리인가, 아니면 하나님이신가?")에 초점을 두지 않으며, 오히려 인간이 주체가 되는 행동의 의미와 동기를 보다 더 깊이 해석하려고 한다. 이는 다음의 질문으로 다시 표현해볼 수 있다. 곧 우리가 행할 때, 우리는 우리의 구원의 근거로서 무엇을 고려하고 있는가? 루터에게 본질적 질문은 믿는 자가 행하느냐, 아니면 성령이 행하시느냐(또는 둘 사이에 어떤 형태의 협력 작용이 있을 수 있느냐)가 아니다. 오히려 그 질문의 핵심은 사람이 (오로지 그리스도에게 근거를 두고 있는) **신자로서** 행하는가, 아니면 (자신의 구원을 스스로 보증하기를 추구하는) **비신자로서** 행하는가다. 여기서 루터는 아우구스티누스의 면밀한 조

---

78   예를 들어 *LW* 26.44, *WA* 40.1 130.14-15.

79   모든 형태의 "능동적 의"에 반대되는 "순전한 수동적 의"(mere passiva iustitia)를 의미하는 믿음의 의에 대해서는 *WA* 40.1 40.15-51.34에 있는 갈라디아서 주석 서언을 보라. 그리스도를 "붙드는 것"(*apprehendo*)과 "포옹하는 것"(*involvo*)을 의미하는 믿음에 대해서는 예를 들어 *LW* 26.177, *WA* 40.1 297.30을 보라.

사, 곧 선(또는 하나님)을 향하는 마음의 내적 성향에 대한 면밀한 조사에서 벗어난다. 이는 루터가 은혜의 주입이 습관을 형성시킨다는 중세적 관념을 거부하는 것과 마찬가지다. 믿는 자는 소위 그리스도 안에 "다시 중심을 둠"(re-centered)으로써, **관계적으로** 재형성된다고 말할 수 있다.[80] 그런데 내적 판단과 욕망에 어떤 재형성이 발생한다 하더라도—루터는 로마서 7장을 (그리스도인의 경험으로) 간주하며 현세에서는 이러한 재형성이 결코 완성될 수 없다고 지적한다—이는 문제의 핵심이 될 수 없다. 왜냐하면 구원은 도덕적으로 혹은 영적으로 어느 정도의 개선을 보이느냐가 아닌 믿는 자들이 "그들 외부의 의" 곧 그리스도의 의에 실제로 참여하느냐의 여부에 달려 있기 때문이다.[81]

　　마지막으로 우리는 오랜 세월 동안 서구 개신교에 영향을 미친 인상적인 은혜의 극대화가 추가로 루터에게서 출현하고 있음에 주목해야 한다. 하나님의 은혜가 **값없이**(*gratis*) 주어진다면, 이는 하나님을 위한 어떤 답례나 유익을 이끌어내기 위함이 아니라, 오로지 인간 자신을 위한 것이다. 다시 말해 이러한 비이기적 사랑은 그 의도와 동기에 있어서 **비순환적**이다.[82] 같은 방식으로, 루터는 우리가 이웃에게 베푸는 사랑의 선행(이를 통해 우리는 그들에게 "그리스도"가 된다)이 이기심으로부터 완전히 벗어나야 한다고 주장한다.[83] 우리가 그리스도 안에서 선을 행하는 이유는 하나

80　루터에게 이와 같은 새로운 무게중심은 믿는 자의 내부가 아니라 "외부에" 놓여 있다. 곧 복음은 "우리를 우리 자신으로부터 낚아채서(*rapit nos a nobis*) 우리 자신 밖에(*extra nos*) 둔다. 그 결과 우리는 우리 자신의 힘, 양심, 경험, 인격, 또는 행위가 아니라 우리 자신 밖에 있는(*extra nos*) 것 즉 속이지 않는 하나님의 약속과 진리에 의존한다(*LW* 26:387, *WA* 40.1 589.25-28).

81　믿는 자의 삶 속에서도 죄가 계속된다는 루터의 비관주의(또는 현실주의)에 대해서는 특별히 *Against Latomus*를 보라.

82　하나님이 주기만 하시고 아무것도 답례로 받지 않으신다는 것에 관해서는 *Treatise on Good Works, LW* 44.64, *WA* 6 237을 보라.

83　그리스도 안에서 하나님이 우리를 도우시는 것같이 우리도 값없이 이웃을 도움으로써 서로에게 "그리스도들"이 된다는 생각이 루터의 *Freedom of the Christian*(그리스도인의

님으로부터 어떤 보답을 얻기 위함도 하니고(하나님의 은혜는 그런 도구적 호혜성을 조금도 일으키지 않는다), 다른 사람들로부터 어떤 유익을 얻어 내고자 함도 아니다. 그 이유는 바로 순전히 다른 사람들을 위함이다. 이렇게 하나님의 선물과 인간의 선물, 이 두 선물의 전체 패턴은 선물의 도구성이라는 덫과 부담에서 자유하게 된다. 이는 좀 더 자세한 설명이 필요할 정도로 중요하고 까다로운 문제다. 비록 우리가 감사함으로 하나님이 주시는 것을 받고, 우리의 행위로 하나님을 기쁘시게 해드리기를 원하지만, 그렇다고 우리가 어떤 유익을 얻고자 하는 것은 아니다.[84] 비록 이 관계에 호혜성이 있더라도, 이 관계는 루터의 관점에서 볼 때 도구적 목적에서 완전히 벗어나 있다. 왜냐하면 우리는 **무언가를 위해서**(in order that)가 아니라 단지 **그래서**(because)라는 **이유로** 하나님을 사랑하고 하나님께 순종하기 때문이다.[85]

하나님이 단번에 우리에게 주신 유일하고 완전한 선물을 가장 강조하면서, 루터는 하나님과의 선물-관계를 반복적 순환패턴으로부터 벗어나게 하려 한다. 비록 신자가 이후에 하나님과 맺게 되는 관계를 "순종"(obsequium)이라는 언어로 표현할 수 있기는 해도, 루터는 하나님의 선물이 새로운 종류의 "율법"이나 요구로 변질되지 않도록 극도로 조심한다. 이와 같은 새로운 순종에 있어서 모든 강조는 믿는 자가 사랑의 행위를 "바라고", "즐거워하고", "자유롭게" 행하는 것에 주어지는데, 이 사

자유)의 중심요소다. *LW* 31.367-368, *WA* 7 35-36.

84   믿는 자는 "유익도, 구원도 스스로 얻으려고 추구하지 않는다(*nihil quaerens aut commodi aut salutis*). 왜냐하면 그는 하나님의 은혜를 통해 모든 것을 이미 충만히 얻었고 또 구원 받았기 때문이다. 그래서 믿는 자는 이제 자신의 믿음으로 오직 하나님을 기쁘시게 하는 일만을 구한다." *Freedom of the Christian, LW* 31.361-362, *WA* 7 32.

85   이와 같이 혁신적이고 중요한 변화에 대해서는 Oberman, *Luther,* 154를 보라. "루터의 발견은 단순히 새롭다는 것에 그치지 않는다. 그것은 들어본 적이 없는 것이었다. 그것은 기독교 윤리 구조를 찢어놓았다. 오랫동안 논란 없이 모든 인간 행동의 기본 동기로 인정되었던 보상과 공로가 그 효력을 박탈당했다."

랑의 행위는 그리스도 안에 있는 새로운 중심으로부터 열매처럼 "자연스럽게" 그리고 자발적으로 맺히게 된다.[86] 있을 수 있는 오해의 가능성을 염두에 두고 루터는 반복해서 이 행위가 믿음으로부터 **나올 것**(will)이고, 그리스도인의 자연스러운 삶의 결과라고 주장한다. 그러나 루터는 이 행위가 믿음이나 칭의에 필수 요소가 아님을 단언하는데, 이는 이 행위가 다시금 구원의 필수 수단이 되어서는 안 되기 때문이다.[87] 따라서 도덕적 의무의 구조가 크게 변화한다. 이를테면 행위는 오로지 먼저 주어지는 선물로부터만 나오고, 하나님이 그리스도인을 호의적으로 보시게 함에 있어서 아무런 역할도 하지 못한다. 이런 제약에서 벗어난 믿는 자들은 자기 자신에 대한 이기적인 관심에서가 아니라 하나님께 대한 사랑으로 선을 행한다.[88] 기독교 윤리를 법적 요구의 언어로부터 분리시킨 후에, 루터는 감사, 자유, 사랑이라는 인격적 언어로 기독교의 의무를 다시 찾아내려

---

86 예를 들어 *Freedom of the Christian, LW* 31.359, *WA* 30을 보라. "믿음을 통해 하나님의 형상으로 지음을 받는 내적 인간은 그토록 많은 유익을 주시는 그리스도로 인해 즐겁고 행복하다. 그러므로 그의 유일한 직업은 기쁜 마음으로 자신의 유익을 조금도 생각하지 않고 제약 없는 사랑으로(*ut cum gaudio et gratis deo servat in libera charitate*) 하나님을 섬기는 것이다." 이 내용과 관련해서 "자원하여"(*sponte*)와 "즐겁게"(*hilariter*)라는 부사가 자주 반복된다.

87 이 문제에 관한 주의 깊은 설명에 대해서는 예를 들어 *LW* 26.136-137, 27.28-31, *WA* 40.1 239.14-241.16, 40.2 34.10-39.15를 보라. 다른 곳에서와 같이 루터는 여기서도 그리스도인의 내적 "생명"으로서의 믿음과 "외적" 영역으로서의 행위를 구분하는 경향이 있다. 칭의를 위해서는 오로지 "내적" 생명만이 중요하다. 행위가 "필수적"이라고 말할 수 있다면, 그 이유는 기껏해야 행위가 "우리가 의롭다 함을 얻었고, 내적으로 구원하는 믿음이 사람 속에 있다는 **증거를 보여주기**" 때문이다. *The Disputation Concerning Righteousness* (1535), *LW* 34.165, *WA* 39.1 96a. 앞으로 살펴볼 것처럼 행위가 이와 같이 증거로서 필수적이라는 생각은 칼뱅의 신학에서 훨씬 더 큰 역할을 담당한다(3.4.3을 보라).

88 Mannermaa, *Two Kinds of Love*, 77-87을 보라. 여기서 루터의 대조, 곧 하나님 자신을 위해 하나님을 사랑하고 찬양하는 사람 그리고 자기 자신의 이익을 위해 하나님께 아부하는 아첨꾼 사이의 대조(*LW* 21.309, *WA* 7 556.18-29)가 인용된다.

한다.[89]

그리스도인들의 이웃 사랑은 그리스도의 사랑에서 나오고 그 사랑을 본받는 것이기에, 이와 동일한 역학이 그리스도인들이 이웃을 섬기는 일에도 적용될 수 있다. 이때 섬김은 더 이상 그 답례로 유익이나 보상을 바라고 행해지는 그런 도구적 섬김이 아니다. 이러한 섬김은 루터의 말을 빌리자면 진실로 "자유로운" 섬김이다. 그리스도께서 낮아져서 우리를 위해 자신을 온전히 버리신 것처럼, 그 섬김은 전적으로 남을 위해 행해질 수 있다. 왜냐하면 그 섬김은 그리스도 안에서 이미 모든 것을 지니고 있으므로 (하나님이나 이웃으로부터 오는) 그 어떤 것도 "필요로 하지" 않기 때문이다. 믿는 자는 "오로지 이웃의 필요와 유익만을 생각하고 그 밖의 아무것도 생각하지 않으며…자기 자신을 위해서가 아니라 오로지 남을 위해 산다."[90] 비록 루터가 이러한 섬김을 여전히 호혜적 언어(바울의 표현으

---

89   "소교리문답"에서 루터는 "우리는 하나님을 두려워하고 사랑해야 한다. 따라서…"라는 문구로서 십계명의 각 항목을 설명하기 시작한다. 하나님의 선물의 효력은 "나는 하나님께 감사하고 찬송하고 섬기고 순종할 의무가 있다"는 것이다. 하지만 강조점은 이것이 이루어지는 방법에 놓여 있다. "그러므로 우리는 하나님을 사랑하고, 하나님께 의지하고, 하나님이 명하신 것을 즐겁게 행해야 한다"(*Book of Concord*, 344-345). 그러므로 만약 우리가 하나님을 향한 믿는 자의 "답례-선물"이 하나님이 그렇게 할 수 있도록 가능케 하신 것이라고 말할 수 있다면, 이것은 뒤를 바라보는 것(하나님의 선물에 대한 응답)이지, 결코 앞을 내다보는 것(미래에 은혜를 받기 위한 수단)이 아니다. 이 주제에 대한 바이어의 탁월한 분류를 보라. Bayer, *Martin Luther's Theology*, 282-308 그리고 Bayer, "The Ethics of Gift," *LQ* 24 (2010), 447-468. 바이어는 다음과 같이 제대로 주장한다. "하나님의 절대적인 선물은 피조물의 답례-선물을 배제하지 않고, 오히려 피조물에게 응답으로 답례-선물을 바칠 수 있는 능력을 주신다." 그렇다고 해도 "선물의 이런 방향성과 기대는 그것에 덧붙여진 조건으로 이해될 수 없고 그렇게 이해되어서도 안 된다. 다시 말해 그것은 선물의 목적인(causa finalis)으로 이해되어서는 안 된다." "Ethics of Gift," 458.

90   *Freedom of the Christian*, *LW* 31.364-365, *WA* 7 34. 같은 맥락에서 그는 다음과 같이 말한다. "그러므로 그리스도께서 나를 위해 자신을 내어주신 것처럼, 나도 하나의 그리스도로서 나 자신을 이웃에게 내어줄 것이다.…왜냐하면 믿음을 통해 나는 그리스도 안에 있는 온갖 좋은 것을 풍성히 갖고 있기 때문이다. 보라. 주 안에 있는 사랑과 기쁨이 이처럼 믿음으로부터 흘러나오고, 사랑으로부터 이웃을 기꺼이 섬기며, 감사와 배은망

로는 "서로 종노릇하라", 갈 5:13)로 말하고 있기는 해도, 답례는 이 섬김에 대해 더 이상 구조적 의의를 갖지 않는다. 그러한 모든 자선에서 자기이익과 자기관심이 배제되어야 한다면, 이는 이상적으로 자기를 비우는 **비순환적** 선물로 생각될 수 있다. 루터는 이와 같이 이웃 섬김을 자신을 내어주는 것으로 이해하고, 그 섬김에서 자기유익의 흔적을 철저히 제거하기 위해 애쓰며, 아무 보상도 없는 선물을 이상화한다. 그렇게 하는 가운데 그는 "이타적" 선물 수여 개념을 명확히 제시하는데, 이 개념은 "순수" 선물이라는 현대적 이상, 곧 답례를 바라거나 기대하지 않는 그러한 선물의 형성에 기여한다(참고. 1.3.3).[91]

오베르만의 강조처럼, "선행" 개념의 이런 변화는 급격한 결과를 초래한다.[92] 루터가 선행을 "수평화했다면"(즉 더 이상 선행을 하나님과의 지속적 거래의 일부로 볼 수 없게 만들었다면), 그는 모든 선행을 원칙적으로 동등한 가치를 지닌 것으로 만들어놓은 것이다. 만약 순결하고 가난한 삶을 살아도 신적 유익을 얻지 못한다면, 현세나 내세에서 선행은 귀족이나 기혼 신자로의 부르심과 동등한 개인적 소명으로 환원된다. 모든 믿는 자들은

덕, 칭송과 비난, 유익과 손실을 고려하지 않는 기쁘고 자발적이고 자유로운 정신이 흘러나온다. 사람이 다른 사람들에게 의무를 지우는 것은 그들을 섬기는 것이 아니기 때문이다.…감사하지 않는 자에게 모든 것을 낭비하게 되든지 혹은 상을 얻든지 관계없이, 자기 자신과 자신이 갖고 있는 모든 것을 자유롭고 기꺼이 바칠 수 있을 때, 비로소 섬긴다고 말할 수 있게 된다." *LW* 31.367, *WA* 7 36.

91 말리즈는 루터의 미사 신학이 하나님에 대한 인간적 감사의 비-도구적 답례를 함축하고 있다고 제대로 주장하지만, 루터의 "이웃을 위한 선물"을 답례 없는 이타주의적 경향으로부터 적절히 구분해내지 못한다. Malysz, "Exchange and Ecstasy: Luther's Eucharistic Theology in Light of Radical Orthodoxy's Critique of Gift and Sacrifice," *SJT* 60 (2007), 294-308. 루터의 답례 없는 선물의 윤리에 대해서는 B. Wannenwetsch, "Luther's Moral Theology," in D. K. McKim, ed., *The Cambridge Companion to Martin Luther* (Cambridge: Cambridge University Press, 2003), 124를 보라.

92 Oberman, *Luther*, 192. "선행이 거부된 것이 아니고, 단지 선행의 목표와 방향이 근본적으로 '수평화'되었다. 선행이 하늘에서 땅으로 내려온 것이다. 선행은 이제 하나님을 기쁘게 하는 것이 아니라, 세상을 섬기는 것이 되었다." 참고. 80, 179.

각자의 삶 속에서 각기 다른 지위를 사용하여 자신의 유익이 아니라 이웃의 유익을 구하도록 요청받는다. 여기서 특별히 결혼 및 일상의 직업 활동과 관련하여 개신교의 종교개혁이 일으킨 큰 변혁은 선물과 일에 대한 루터의 신학적 재구성으로부터 영향을 받는다. 루터의 이러한 신학적 재구성은 일상의 삶을 이웃 섬김의 영역으로 취하고 "공로"라는 짐에서 자유롭게 하며, 사랑에 대한 신학적 근거를 통해 위엄을 지니고 있다.[93] 루터는 가난한 자들을 위한 자선을 제도화하기 위해 새로운 시도들을 고무시켰는데, 이는 결코 우연이 아니다.[94] 자선은 구원의 영역에서 벗어나서, 그래서 특별하고 화려한 종교적 의무로부터도 벗어나서, 가난한 자들 자신을 위한 관점에서 재고될 수 있다. 그러므로 루터의 관점에서 자선 사업은 교회의 특별 관심사가 아닌 시민사회의 책임이 되어야 한다. 이런 변화는 가난한 자들에 대한 그리스도인의 관심을 확대하고 동시에 심화시키는 반면, 자선을 베푸는 자의 유익은 그 원천을 차단해버린다. 이러한 변화로 인해 자선은 오랫동안 기독교의 필수 요소로 강력히 자리매김했었다.

루터의 종교개혁의 핵심에는 바울의 은혜 신학에 대한 재구성이 놓여 있었다. 하지만 이 재구성에는 칼뱅이 전개했던 것과 완전히 동일하지는 않은 일단의 극대화들(perfections)이 포함된다. 루터는 은혜를 "재발견"한 것도 아니고(은혜는 사실상 모든 형태의 중세 신학의 중심이었다), 단순히 아우구스티누스 전통에 활력을 불어넣은 것도 아니었다. 일종의 고립된 표어인 **오직 은혜로**(*sola gratia*)는 루터의 견해에 관해 우리에게 정확히 말해 주는 것이 거의 없다. 루터의 독특한 점은 그가 은혜에 대해 끊임없이 기독론적으로 언급하고 있을 뿐만 아니라, 영원히 비상응적인 상태에 있는

---

93 (생업, 노동, 통상적 삶 속에서 일어나는) 평범한 선행에 새로운 가치를 부여하고 있는 "일상에 대한 예찬"에 대해서는 예를 들어 *Treatise on Good Works* (1520), *LW* 44.39, *WA* 6 217을 보라.

94 C. Lindberg, *Beyond Charity: Reformation Initiatives for the Poor* (Minneapolis: Fortress Press, 1993), 특히 95-127을 보라.

은혜에 대해서도 말하고 있다는 것이다. 이와 같은 근거로, 믿는 자들은 끊임없이 자기 밖에 있는 실재, 곧 오로지 그리스도 안에서만 향유되고 그리스도에게서만 나오는 하나님의 호의에 따라 산다. 그리고 믿는 자들의 행위적 주체성(agency)은 은혜의 주체성(agency)으로 다시 귀속될 필요가 없다. 왜냐하면 믿는 자들의 행위는 비도구적이고, 믿음 안에서, 즉 이미 주어진 구원에 대한 안심 가운데 행해지는 것이기 때문이다. 같은 근거로, 선물 수여는 태고적부터 그것의 이론적 근거에 기초가 되었던 도구적 호혜성을 벗어버리게 된다. 이런 의미에서 루터가 단순히 교회를 개혁했던 것만은 아니다. 그는 선물에 관한 새로운 신학적 정의를 제공했으며, 우리는 그 여파를 오늘날에도 계속 느끼고 있다.

3.4. 칼뱅

장 칼뱅(1509-1564)의 신학은 의식적으로 성서 전체로부터 이끌어낸 신학이지만, 그 가운데서도 바울 서신은 틀림없이 지배적인 역할을 했다. 칼뱅은 자신의 첫 번째 주석인 로마서를 소개하면서, 로마서가 해석학적 우선권을 갖고 있다고 강하게 주장한다. "만약 우리가 로마서를 바르게 이해한다면, 성서의 가장 깊은 보물로 나아가는 문이 열린 셈이다."[95] 신학적으로 가장 왕성한 활동을 하며 머물렀던 스트라스부르 시기(1538-1541)에 칼뱅은 로마서 주석을 완성했을 뿐만 아니라, 『기독교 강요』 초판(1536)을 근본적으로 개편했다. 그리고 재판(1539)과 이후 모든 판(1543, 1550, 1559)은 멜란히톤의 『신학총론』과 같은 인상을 주며, 특별히 바울의 사고 구조를 취하게 되었다.[96] 칼뱅은 로마서 주석(1540) 집필 이후 전

---

95   *Comm. Rom.* 5.

96   R. A. Muller, *The Unaccommodated Calvin: Studies in the Foundation of a Theological*

체 바울 서신에 관한 주석을 출판했고(1551년에 완성), 그다음에는 나머지 부분에 대한 주석으로 시선을 돌려 세상을 떠날 무렵에는 성서의 거의 모든 책을 주석했다. 이 주석들과 함께 『기독교 강요』 개정판이 출간되었는데, 이 개정판은 성서에 나오는 모든 내용을 바울의 주제로 구성하고 채색했다. 그렇더라도 칼뱅주의 전통은 바울 서신을 "정경 안의 정경"으로 요구하지 않을 것이다. 왜냐하면 칼뱅주의 전통이 정경 전체를 바울이라는 섬세한 렌즈를 통해 조망하고 있기 때문이다.[97]

"2세대 종교개혁자"로서 칼뱅은 그리스도 안에서 "대가 없이" 그리고 아무런 공로 없이 주어지는 하나님의 은혜를 강조했는데, 그의 강조는 루터와 멜란히톤의 영향을 받은 것이다. 루터와 마찬가지로 칼뱅도 아우구스티누스의 은혜 신학에 크게 의존했다. 특별히 아우구스티누스의 "반(anti)펠라기우스" 논문들이 칼뱅에게 영향을 미쳤는데, 이 논문들은 선택된 자들의 예정 및 견인에 나타나는 은혜의 유효성을 추적한다(위 3.2를 보라). 비록 칼뱅이 종종 아우구스티누스와 거리를 두더라도, 『기독교 강요』의 모든 독자는 칼뱅 신학에 아우구스티누스의 목소리가 강하게 반영되어 있다는 사실을 주목할 수밖에 없을 것이다.[98] 아우구스티누스와 마찬

<hr />

Tradition (Oxford: Oxford University Press, 2000), 101-39. 『기독교 강요』가 교리문답의 구조(1536)에서 주제별 구조로 바뀌면서 야기된 "바울의 논리"에 대해서는 J. T. Billings, Calvin, Participation, and the Gift: The Activity of Believers in Union with Christ (Oxford: Oxford University Press, 2007), 76-84를 보라.

97 "바울 신학자"로서의 칼뱅에 대해서는 A. Ganoczy, "Calvin als paulinischer Theologe," in W. H. Neuser, ed., Calvinus Theologus (Neukirchen-Vluyn: Neukirchener, 1976), 39-69를 보라.

98 『기독교 강요』(1559) 최종판에서 교부들의 진술이 800회에 걸쳐 직접 인용되는데, 그 가운데 거의 절반이 아우구스티누스이고 흔히 완전한 문장 전체로 상세하게 인용된다. 칼뱅의 작품 전체를 살펴보면 3,200회에 달하는 교부들의 명시적 인용 가운데 약 1,700회가 아우구스티누스의 것이다. 칼뱅은 자신이 아우구스티누스를 "모든 고대 인물들 가운데 최고로 신뢰할 수 있는 증인"(Inst. IV.15.26)으로 인용하고 있음을 잘 알고 있다.

가지로 칼뱅도 은혜의 그림을 가능한 한 넓은 캔버스에 그린다. 하지만 칼뱅이 하나님의 선하심을 성찰할 때, 그는 고전 철학에 대한 인본주의적 훈련으로부터 영향을 받는다. 칼뱅은 고대 철학자들을 자주 비판하지만 그와 스토아 사상의 깊은 관계는 세네카의 『관용론』에 대한 그의 초기 논평(1532) 훨씬 이후에도 계속되었다. 나중에 칼뱅은 고전 연구에 상당한 시간을 할애했는데, 우리는 성경적으로 굴절되어 있는 칼뱅의 섭리 및 신적 자비 신학에 고전이 미친 영향을 쉽게 추적할 수 있다.[99] 이와 동시에, 제네바를 개혁교회적 삶의 모델로 만들고자 했던 칼뱅의 노력(1541-1564)은 믿음의 발전 및 투쟁에 작용하고 있는 은혜를 반영해야 했다. 앞으로 살펴볼 것처럼, 칼뱅의 고전 관련 배경지식과 내구력 있는 교회적 경건의 성공적 구축은 우리가 루터에게서 추적했던 것과는 다소 차이를 보이는 다양한 강조점들을 부여했다.

3.4.1. 창조, 섭리, 역사 속의 은혜

칼뱅의 『기독교 강요』 1-2권은 하나님에 관한 이중 지식을 중심으로 정리되어 있는데, 이 이중 지식은 "창조주 하나님에 대한 지식"과 "그리스도 안에 거하시는 구속자 하나님에 대한 지식"을 의미한다. 칼뱅은 하나님의 넘치는 선하심을 주장하는데, 이 주장은 신학의 두 축, 곧 "창조주 하나님에 대한 지식"과 "그리스도 안에 거하시는 구속자 하나님에 대한 지식"을 결합시킨다. "은혜"(*gratia*)라는 말은 하나님의 "긍휼", "자비", "복", "선하심", "혜택"과 같은 풍성한 동의어들을 갖고 있다. 이러한 유익들은 하나님의 영광스러운 무대인 창조세계에 넘쳐난다. 비록 아담 이후로 인간이 이러한 유익들의 관대함을 인지하는 능력과 이러한 유익들의 관대함에 감사로 반응하는 능력을 상실했지만 말이다. 그러나 그리스도를 믿

---

99   이 점은 B. A. Gerrish, *Grace and Gratitude: The Eucharistic Theology of John Calvin* (Minneapolis: Fortress Press, 1993), 31-41에서 제대로 강조되어 있다.

는 믿음을 통해 우리는 이러한 유익들의 관대함을 인지하고, 이러한 유익들의 관대함에 감사로 반응할 수 있게 된다. "사실 하나님은 태초부터 자기 자신을 내어주셨다. 이제 하나님은 그리스도 앞에서 더 명확하게 보이도록 자기 자신을 다시 내어주신다."[100] 칼뱅은 그의 고전적 유산으로부터 하나님이 만물의 창조주이며, 특히 모든 선의 원천이라는 철학적 가정을 이끌어낸다. 이 주제는 최소한 플라톤까지 거슬러 올라가고, 스토아 학파를 통해 중재되었다.[101] 따라서 칼뱅은 "은혜"라는 용어를 자유롭게 사용하여, 인간이 만들어 놓은 틀에 외적·내적으로 존재하는 자연의 모든 혜택을 언급한다. 이러한 "하나님의 일반(generalis) 은혜"("공통 은혜")는 계속해서 넘쳐흐르고 있으며, 인류의 타락에도 불구하고 세상을 지탱해오고 있다(Inst. II.2.12-17). 반면에 특정 개인들은 타락한 인간임에도 불구하고 "특별한 은혜"—비범한 재능과 소질—를 받았다(II.3.4). 그런데 인류의 타락으로 그러한 선하심을 인지할 수 없게 되었고, 그 결과 적합한 헌신, 순종, 감사와 같은 응답도 사라지게 되었다(I.14.20-22). 자연적 선물은 인류 안에서 부패해버렸다(그러나 완전히 상실된 것은 아니다). 반면에 믿음, 하나님 사랑, 하나님의 영광을 위한 헌신, "거룩함과 의를 향한 열망"과 같은 "영적 선물"은 빼앗겨버렸다(II.2.12). 하지만 하나님의 은혜가 그리스도를 통해 자격 없는 인간에게 더욱 분명히 나타날 때, 바로 이때 회복되는 것은 그러한 영적 선물이다. 이때 하나님의 은혜는 믿는 자들 속에 믿음을 불러일으키고, 그들을 하나님과 알맞게 연합시킨다. 달리 말해, 믿는 자들은 하나님의 넘쳐흐르는 선하심에 감사하는 수혜자들로서 하나님의 형상 가운데 갱생된다(I.18.3). 하나님의 선하심은 창조 그리고 온 우주에 대한 하

---

100 1535년 올리베탕이 번역한 신약성서 서언에 나오는 말이다(CO 9.815). 하나님의 영광스러운 무대가 되는 창조에 대해서는 Inst. I.14.20을 보라. 모든 사람은 생명을 주시는 하늘의 은혜를 내적으로 느낀다(I.5.3). 아담의 죄는 자신에게 풍성하게 부어졌던 하나님의 은혜를 걷어차 버린 것이었다(II.1.4).

101 칼뱅이 이 전통에 가깝다는 것에 대해서는 Gerrish, Grace and Gratitude, 31-37을 보라.

나님의 통치에 필수 요소이므로, 단독으로 쓰이지 않는다. 칼뱅은 하나님을 "모든 선의 원천"으로 정의한 후에, 다음과 같이 덧붙인다.

> 나는 이 정의를 하나님이 자신의 한없는 권능으로 (이전에 우주의 기초를 놓으실 때처럼) 우주를 유지하시고, 지혜로 우주를 조절하시고, 선하심으로 우주를 보존하시고, 특히 의와 바른 판결로 인간을 다스리시고, 자비로 인간을 용납하시며 보호하심으로 인간을 보살펴주시는 것으로 여긴다. 또 이 정의는 지혜, 빛, 의, 능력, 옳음, 또는 참된 진리가 전적으로 하나님으로부터 흘러나온다고 보고, 하나님이 이 모든 것의 원인이 되신다고 본다(『기독교 강요』 I.2.1).

이 진술은 칼뱅 사상의 특징을 나타내는 최소한 두 가지 측면을 보여주는데, 이 두 측면은 주목할 가치가 있다. 첫째, 하나님의 선하심은 하나님의 능력 및 공의와 통합되어 있다. 고전에 관한 칼뱅의 지식으로 미루어볼 때, 하나님이 주시는 혜택이 공의의 요구사항을 반박하거나 훼손시킨다는 것은 칼뱅으로서는 상상할 수 없는 일이었을 것이다. 또한 칼뱅은 그리스도-사건의 은혜가 (하나님의 기묘한 선하심으로 말미암아) 완벽한 의를 만족시키지 못하는 상황을 절대로 허용하지 않을 것이다. 둘째, 칼뱅의 진술 안에는 **모든** 미덕과 그것의 **모든 "파편"**마저도 하나님께, 오로지 하나님께 귀속시키려는 강력한 추진력이 존재한다. 이것은 하나님의 범-인과성(omni-casuality)을 경건하게 인정하는 가운데 나타난다. 칼뱅이 하나님의 섭리가 (선하고 "악한") 삶의 모든 상황을 다스린다고 주장하게 되고, 그 결과 아우구스티누스의 예정론을 취하게 된 이유는 바로 그와 같이 모든 원인을 총체적으로 하나님께 귀속시킨 것 때문이었다. 예정론은 『기독교 강요』의 최종판에 이르기까지 섭리론 안에서 다루어졌다. 칼뱅은 예정의 주제를 과도하게 탐구하는 것에 대해 경고했지만, 바울의 본문을 토대로 자신의 입장을 취하고 그 문제를 힘있게 옹호했다(롬 9:6-23; 엡 1:4-5; *Inst.*

III.21-24). 아우구스티누스는 자신이 마니교의 목소리를 반영할까 봐 두려워했는데, 칼뱅은 이러한 두려움에 개의치 않고 하나님의 전능성, 자유로운 선택, 헤아릴 수 없는 공의에 관한 아우구스티누스의 논리를 마음껏 활용한다. 칼뱅은 이처럼 "문제 있는"교리와 관련하여 더 많은 논란을 불러일으킬 위험을 무릅쓰고 있는데, 이는 그의 신학이 하나님의 전권(omni-competence)과 인간적 성취의 무력함을 대조시키는 데 얼마나 심혈을 기울이고 있는지를 보여준다. 측량할 수 없지만 만물에 침투하는 하나님의 능력도 변화와 혼돈의 상태 속에서 "위로"와 "확신"을 주고자 하는 칼뱅의 관심사를 뒷받침한다.[102]

칼뱅은 성서에 대한 자신의 통합적 관점에 따라 이스라엘의 선택 받음을 그리스도 안에 있는 믿는 자들의 영원한 예정(선택) 안에 둔다(엡 1:4). 하나의 은혜 언약이 두 가지 방식으로 실행된다. 아브라함과 구약성서의 성도들은 약속을 믿었는데, 그 약속은 곧 그리스도였다(*Inst.* II.6.1-4). 여기서 칼뱅의 은혜 신학은 다시 한번 모든 것을 포용하는 동시에 기독론적인 특징을 갖는다. 특히 그리스도가 이스라엘 (그리고 모든 인간) 역사의 절정을 구성하는 한 칼뱅의 은혜 신학은 기독론적 특징을 지니게 된다. 과거에 존재했지만 모호했던 것이 이제 그리스도의 오심을 통해 완전히 명확해진다(II.9.4). 그리고 하나님의 자비하심에 대한 확신과 신뢰를 의미하는 믿음은 그리스도-사건이라는 부당한 은혜의 결정적 목적이 된다.[103] 같은 이유에서 "복음은 구원의 다른 방법을 제시하기 위해 율법 전체를 대체하지 않았다. 오히려 복음은 율법이 약속한 것은 무엇이든 확증하고 만

---

102 칼뱅이 하나님의 능력에 매료된 것에 대해서는 W. J. Bouwsma, *John Calvin: A Sixteenth Century Portrait* (Oxford: Oxford University Press, 1988), 162-176을 보라.

103 "만약 우리가 믿음을 우리를 향하신 하나님의 선하심을 아는 확고하고 확실한 지식, 다시 말해 그리스도 안에서 값없이 주어진 약속의 진리에 근거하고 성령을 통해 우리의 지성에 계시되는 동시에 우리 마음속에 봉인된 지식이라고 부른다면, 그때 우리는 믿음에 대해 올바른 정의를 내리게 되는 셈이다"(*Inst.* III.2.7).

족시켰으며, 그림자에 실체를 부여했다"(Inst. II.9.4). 이는 성서의 통일성에 관한 문제일 뿐만 아니라, 하나님의 공의와 선하심이 불가분적으로 얽혀 있음을 나타내는 표지이기도 하다. 하나님의 자비는 하나님의 율법을 어느 정도 "만족"시키지 않고서는 실행될 수 없다. 하나님의 긍휼의 목적은 율법 속에 명확하게 나타나 있는 하나님의 뜻이 그리스도의 완벽한 의 가운데서, 그리고 비틀거리지만 천천히 증가하는 믿는 자들의 의 가운데서 성취되는 것이다.

3.4.2. 칭의 안의 은혜

행위 없이 **오직** 믿음으로 의롭다 함을 얻는다는 칼뱅의 칭의 신학은 루터에게서 영감을 얻은 것이지만, 후에 칼뱅주의 전통을 확립해줄 특수한 패턴으로 명확하게 표현되었다. 비록 칼뱅의 완전한 진술은 『기독교 강요』에 있지만(III.11-18), 우리는 갈라디아서 2:15-21에 대한 주석에서도 그의 칭의 신학의 핵심 윤곽을 추적해낼 수 있다.[104] 여기서 주석가로서의 칼뱅의 능력—바울의 수사학을 미세하게 분석하고 언어학적 정밀함을 보여주며 명쾌하게 해설하는 능력—은 날카로운 논쟁적 어조와 결합되어 당시의 "교황주의자"들의 견해와 갈라디아서에 나오는 바울의 대적자들을 하나로 묶는다. 칼뱅은 개신교 신자들이 가톨릭 신자들에게 문제를 삼고 있는 것이 믿음을 통해 은혜로 주어지는 칭의가 **아님**을 예리하게 파악하고 있다. 갈라디아 교회에 있던 바울의 대적들과 마찬가지로 칼뱅의 대적자들도 "그리스도의 은혜를 완전히 배제한 것이 아니었으며, 다만 구원의 절반을 행위에 귀속시켰다"(45). 따라서 문제는 믿음과 행위, 이 둘 중에 하나를 직접 선택하는 것이 아니다. 오히려 문제는 칭의를 **오직 믿음만으로** 얻는지(39), 아니면 반대로 하나님의 은혜가 그리스도의 죽음이 가져

---

104   *Comm. Gal.*, 37-45. 이후의 본문에서 괄호 안의 숫자는 이 부분과 관련된 갈라디아서 주석의 쪽수를 가리킨다.

오는 용서와 결합되어 행위를 통한 구원의 가능성을 제공하고 있는지(45) 그 여부에 있다.[105] 성서 본문의 맥락에 근거해서 칼뱅은 (루터와 같이 그리고 오리게네스 및 히에로니무스와 달리) 바울의 "율법의 행위"가 단순히 "예식들"을 의미하는 것이 아니라 "도덕적 행위"를 포함하는 율법의 행위 전체를 가리킨다고 주장한다(38-39). 그러나 이 문제의 핵심은 다음과 같은 원칙, 곧 바울의 신학에 "반쪽짜리-의로움"(semi-righteousness)과 같은 것이 존재하지 않는다는 원칙이다(39). 구원 문제에 있어서 의는 전부가 아니라면 아무것도 아닌 것이 되고, 반드시 그래야만 한다. 우리의 **모든** 의는 그리스도에게 귀속되는 것으로, 우리 자신에게는 **전혀** 귀속되지 않는다. 그렇지 않다면 우리는 복음을 전혀 이해하지 못하고 있는 것이다. "우리는 믿음이나 행위에 모든 것을 귀속시키거나, 아니면 아무것도 귀속시키지 말아야 한다."(40). 이런 제로섬(zero-sum) 계산에 따라 "우리 자신의 의를 벗어버릴 때 값없이 주어지는 의의 기초가 확립된다"(40). 바울은 "행위에 한 치의 의도 허락하지 않는다"(45).

칼뱅은 인간의 자기신뢰에 대한 루터의 비판을 반영한다. 하지만 칼뱅이 "행위의 의"라고 부르는 것의 핵심 문제는 자기신뢰에 근거하여 구원을 얻으려는 희망(루터의 "행위" 분석처럼; 3.3.2를 보라)이라기보다는 인간의 의가 하나님 앞에서 중요한 의미를 지닐 수 있다는 자기기만적 견해다.

칼뱅주의는 전형적으로 이렇게 주장한다. "하나님 앞에서 의로 간주되는 것은 사람인 우리의 생각이 아니라 절대적으로 완벽한 것이다"(45). 철저한 완벽주의에 따라 칼뱅은 인간의 모든 미덕이 "얼룩지고", "오염

---

105 참조. *Inst*. III.14.11. "칭의의 시작"에 관해서는 다툼이 없다. 하지만 "스콜라 학자들"은 "칭의"의 항목에 "중생"을 포함시키기에 "거듭난 사람의 의에 대해 다음과 같이 설명한다. 일단 사람이 그리스도를 믿는 믿음을 통해 하나님과 단번에 영원히 화해하게 되면, 그 후에는 선행으로 하나님 앞에서 의인으로 인정되고 그 선행은 그들의 공로로 받아들여질 수 있다고 여겨야 한다"는 것이다. "성화"와 "칭의"의 사이의 범주적 구별(그럼에도 불구하고 분리되지 않는 구별)에 대한 칼뱅의 주장에 관해서는 *Inst*. III.11.14와 그 이하를 보라.

되고", "더럽혀지고", "부패된" 상태에 있다고 거듭 주장할 것이다. 우리의 이른바 최고의 성취가 절망적일 만큼 "불결하고" 우리의 가장 덕스러운 행위도 철저히 부적절한 동기로 얼룩져 있음을 확인하고 싶다면, 오금을 저리게 하는 하나님의 공의의 절대적 극대화(perfection)를 잠시만 생각해보면 된다.[106] 율법의 의는 이러한 극대화(perfection) 외에 다른 어떤 것을 요구하지 않는다. "행위"의 문제점은 그리스도 밖에서 의를 얻고자 부적절하게 시도하는 것이라기보다는 행위로 하나님의 기준에 도달하는 것이 완전히 불가능하다는 것에 있다. 이를 근거로, 바울은 행위를 통해 의롭다 함을 얻는다는 갈라디아서 2:16의 관점을 딱 잘라 거부하는데, 이거부는 로마서 1-3장(그리고 롬 7:7-25)에 상세히 기술되어 있는 인간의 보편적 죄성을 그대로 반영한다. "죽을 수밖에 없는 모든 인간은 율법의 의로부터 배제된다." 이는 "아무도 율법의 의에 도달할 수 없다"는 간단한 이유에서다(40). 유대인들은 그들이 선택받았다는 사실을 통해 어느 정도 "거룩하다"는 특권을 가지고 있다. 예를 들어 "본성의 부패"는 "성결케 하는 은혜의 치료"를 통해 해소된다(37). 그러나 그들은 "그리스도 밖에서 어떤 거룩함을 주장할 수 있다고 잘못 생각했다. 왜냐하면 그리스도 밖에는 거룩이 존재하지 않기 때문이다"(41). 칼뱅은 갈라디아서 2:15-17의 주석을 통해 유대인 그리스도인들도 이제 "죄로 오염된" 이방인들과 마찬가지로 자기들의 본성이 죄로 깊이 부패한 상태에 있다는 것을 깨닫게 되었다고 이해한다. "그리스도의 은혜는 유대인들을 이방인과 같은 수준에 위치시킨다"(40-41). 왜냐하면 그리스도께서 그들 자신 안에 의가 결여되어 있는 공통된 상태를 드러내시기 때문이다. 그들의 확신은 거짓이다. 왜냐하면 그들의 확신이 공허한 것이기 때문이다(*Inst.* 3.19.9). 그들의 오류는

---

106 *Inst.* III.12.1. 하나님의 공의는 "너무도 완전해서, 모든 면에서 온전하고 완벽하며 어떤 부패도 더럽혀지지 않은 것을 제외하고는 그 무엇도 받아들여질 수 없다. 이런 공의는 어떤 사람에게서도 발견되지 않았고 발견되지도 않을 것이다." 이런 관점에서 우리는 "공허한 확신"에 속지 말아야 하고 오히려 "두려워 떠는 법을 배워야" 한다(III.12.2).

실존의 중심을 잘못 조정한 것(중심을 하나님이 아니라 자신들 안에 둔 것)이라 기보다는 인간의 그 어떤 의도 하나님의 심판대 앞에서 한 순간도 버틸 수 없다는 객관적 진리를 인식하지 못하는 것이다.

칼뱅이 하나님의 은혜가 "자유롭다"(값없다)고 주장할 때, 이는 무엇보다도 이 선물이 하나님 편에서 그 어떤 "답례"(또는 "채무" 변제)의 요소도 포함하고 있지 않음을 뜻한다. 왜냐하면 인간의 타락한 상태 안에는 하나님이 보시기에 인간의 "가치"나 "공로"로 인정할 만한 것이 하나도 없기 때문이다. 그렇다고 하나님이 자신의 은혜 안에서 그들의 죄악을 단순히 무시하신다거나, 그들의 불의에도 불구하고 그들을 받아주기로 결정하신다는 뜻은 아니다. 그렇게 되면 하나님의 선하심에 필수인 공의를 타협해버리는 것이 된다. 오히려 하나님은 그들이 그리스도의 의로 "옷 입거나" 그 의에 "접붙여져" 있는 한 그들을 받아 주신다. 칭의는 그리스도의 의의 "전가"(imputation)를 필요로 한다. "우리는 우리 자신의 힘으로는 아무것도 할 수 없기에 하나님에 의해 그리스도 안으로 받아들여진다"(43). 루터와 마찬가지로 칼뱅의 칭의 신학도 그리스도와의 "연합"이라는 강력한 교리에 의존한다(*vera et substantialis communicatio*, 42-43). 그러나 칼뱅의 특징은 이런 구원 방식의 법적 논리를 강조하는 것에 있다. 믿음 안에서 이러한 의를 덧입은 자들이 하나님께 받아들여질 수 있는 이유는 그리스도가 십자가에서 하나님의 공의를 "만족시키셨고" 또 "완전한 순종"(롬 5:19)을 보이셨기 때문이다. 그래서 오직 완전한 자만이 하나님 앞에 설 수 있는 것이다. "그리스도에 참여하는 자"로서 믿는 자들은 완전히 의로운 자로 간주되는데, 이는 "그리스도의 순종이 마치 우리 자신의 것인 양 간주되기" 때문이다(*Inst.* III.9.23).[107]

---

107 칼뱅의 간명한 정의는 이렇다. 칭의는 "선하신 뜻으로 우리를 의인으로서 받아주시는 하나님의 수용이다. 그리고 우리는 칭의가 죄의 용서 그리고 그리스도의 의의 전가에 있다고 말한다"(*Inst.* III.11.2).

칼뱅에게 중요한 것은, 이러한 구속의 은혜는 자격과 상관없이 주어지는 하나님의 완전하고 총체적인 자비하심으로부터 나오고, 하나님께 대한 어떤 의무(법률적 의무이건 도의적 의무이건)로부터 나오는 것이 아니라는 점이다. 갈라디아서 2:20을 주석하면서 칼뱅은 다음과 같이 주목한다. "바울은 모든 것을 사랑에 귀속시킨다. 그렇기에 사랑은 값없이 주어지는 것이다"(44). 그러나 이러한 값없는 은혜가 무법한 것은 아니다. 왜냐하면 그리스도의 "공로"와 "완전한 순종"을 통해, 믿는 자들은 하나님이 호의적으로 그들을 정당하게 받아들이실 수 있는 위치에 놓이기 때문이다. 따라서 하나님의 공의와 거룩하심은 전혀 배제되지 않는다. 따라서 우주를 다스리시는 하나님의 의로운 통치 및 하나님이 그리스도 안에서 입양된 자들에게 베푸시는 부성애적 자비하심, 이 둘의 대조는 칼뱅에게 무의미할 것이다.[108] 칼뱅은 하나님의 은혜에 대한 자신의 강조가 다음과 같은 현상, 곧 루터의 역설에 빠진다거나, 하나님의 "공의"에 불편한 태도를 보이는 마르키온주의에 조금이라도 기울어진다거나, 또는 율법폐기론자들의 유혹에 문을 열어주는 것과 같은 현상에 빠지는 것을 절대 허용하지 않을 것이다. 그리스도-사건은 자격과 상관없이 주어지는 은혜인데, 이러한 그리스도-사건의 목적은 의롭고 거룩한 피조물로 다시 지음 받은 사람들에게 하나님의 의로운 자비하심을 보여주는 것이다. 오시안더와의 논쟁에서 칼뱅은 "하나님의 의"가 하나님께서 우리에게 베풀어주시는 의를 의미할 수 있음을 인정한다. 하지만 칼뱅이 주장하는 바는, 하나님의 의가 지닌 주요 의미가 "하나님이 승인하시는 의"라는 것과, 그 승인의 결과로 "우리가 그리스도의 희생적 죽음에 힘입어 하나님의 심판대 앞에 서게 된다"는 것이다(*Inst.* III.11.9).

108　바로 이러한 이유에서, 칼뱅이 하나님의 부성적 사랑을 강조할 때 믿음으로 얻는 칭의에 관한 그의 법률적 언어가 "자기파괴"에 이르고 있다는 게리쉬의 주장(*Grace and Gratitude*, 60)은 많이 엇나간 진술이다. 칼뱅은 하나님의 아버지로서의 사랑이 하나님의 공의를 무너뜨리는 것을 결코 허용하지 않으려 했다.

루터가 보기에, 이러한 점을 상기시켜주는 이미지로서의 하나님의 심판대는 완전히 잘못된 이미지다. 그러나 칼뱅에게 그 심판대는 다음과 같은 사실, 곧 자격 없는 자들에게 베푸시는 하나님의 사랑이 선하고 의로운 통치자로 말미암아 우주의 질서를 향하고 있다는 사실을 나타낸다.[109]

3.4.3. 성화 안의 은혜

칼뱅은 칭의가 행함 없이 믿음을 통해 이루어진다고 주장하지만, 칭의에 선행이 결여되어 있는 것은 아니라고 똑같이 주장한다. 칼뱅은 성화의 과정에 상당한 관심을 기울인다. 이와 관련하여, 칼뱅은 그 유명한 "이중 은혜"(*duplex gratia*)에 대해 이야기한다.

> 하나님의 자비하심으로 그리스도는 우리에게 주어졌고, 우리는 믿음으로 그리스도를 붙들고 소유할 수 있게 되었다. 그리스도에게 참여함으로써 우리는 원칙적으로 이중 은혜를 받는다. 첫째, 그리스도의 흠 없으심을 통해 우리는 하나님과 화목케 되고, 하늘에 계신 하나님은 우리에게 심판자가 아니라 자비로운 아버지가 되신다. 둘째, 그리스도의 영으로 거룩하게 됨으로써 우리는 흠 없고 순결한 삶을 살아갈 수 있게 된다(*Inst.* III.11.1).

칼뱅에게는 이러한 두 가지 작용이 서로 구별되지만 분리될 수 없다는 점이 중요하다. 태양이 발하는 열과 빛처럼 말이다(III.11.6). 고린도전서 1:30에는 여러 주제들이 결합되어 있는데, 이는 중요한 의미를 지닌다.

---

109 아리스토텔레스의 인과율의 범주들을 자신의 방식으로 해석하면서 칼뱅은 구원의 작용인(effective cause)을 하나님의 긍휼과 값없이 주어지는 사랑으로, 구원의 질료인(material cause)을 그리스도의 순종으로 확정한다. "이 순종을 통해 그리스도는 우리를 위한 의를 이루셨다." 나아가 칼뱅은 구원의 형식적 혹은 도구적 원인이 믿음이라고 말한다. 마지막으로 구원의 목적인은 "하나님의 공의에 대한 증언 그리고 하나님의 선하심에 대한 찬양"이다. *Inst.* III.14.17. 참고. III.11.7.

이 구절을 인용하며 칼뱅은 다음과 같이 주장한다. "그리스도는 당신이 의롭게 해주시는 자를 동시에 거룩하게 해주신다"(III.16.1).[110] 루터는 구원의 **내적** 믿음과 섬김의 **외적** 행위, 이 둘 사이를 구분하지만, 칼뱅은 루터의 이러한 구분을 따르고 싶어 하지 않는다. 왜냐하면 믿는 자의 선행은 그리스도에게 참여하기 위한 필수요소이기 때문이다. 이때 그리스도의 목적은 믿는 자들의 형상이 그리스도 자신의 형상으로 변화되는 것이고(롬 8:29), 그 결과 하나님의 거룩하심을 비슷하게라도 닮아가는 것이다(*Inst.* III.8.1).[111] 칼뱅의 과제(이는 그가 이룬 상당한 업적이기도 하다)는 선행을 구원의 계획 속에 위치시킬 때, 그것을 은혜를 얻어내거나 "유발하는" 도구로 취급하지 않는 것이었다. 다시 말해 은혜의 우선성과 비상응성을 훼손시키지 않는 것이었다. 그가 이룬 성과의 정도만큼이나, 칼뱅은 개신교 은혜 신학의 기초를 마련했는데, 이 개신교 은혜 신학의 특징은 도덕적 진보의 확장된 내러티브를 믿음의 삶의 필수요소로 예상하고 있는 것이다.[112]

칼뱅 신학의 깊은 구조는 칼뱅이 이 문제에 부여하는 중요성을 설명하는 데 도움이 된다. 구원의 목적이 거듭남—인간 속에 하나님의 형상의 회복—이라면, 칭의의 은혜는 "하나님의 의와 믿는 자들의 순종, 이 둘 사이의 조화 및 일치가 그들의 삶 속에 나타나지" 않을 경우 결코 충족될 수 없다(*Inst.* III.6.1). "회개"를 하나님의 뜻과 일치하기 위한 평생의 개혁으로 여기면서 칼뱅은 이렇게 주장한다. "과거의 잘못을 돌이켜 바른 길

---

110 고전 1:30("예수는 하나님으로부터 나와서 우리에게 지혜와 의로움과 거룩함과 구원함이 되셨으니")의 중요성에 대해서는 M. A. Garcia, *Life in Christ: Union with Christ and Twofold Grace in Calvin's Theology* (Milton Keynes: Paternoster Press, 2008), 219-26을 보라.

111 롬 6:2에 관한 주석에서 칼뱅은 이렇게 말한다. "믿는 자들은 거듭남의 선물 없이 결코 하나님과 화목할 수 없다. 확실히 이 참된 목적을 위해, 곧 그 이후에 순결한 삶으로 하나님을 경배할 수 있기 위해, 우리는 의롭다 함을 받는다"(*Comm. Rom.*, 122).

112 이중 은혜가 모두 그리스도와의 연합의 결과라는 사실에 대해서는 Garcia, *Life in Christ* 의 충분한 설명을 보라.

로 가고자 전심전력하지 않고, 회개하기 위해 모든 노력을 쏟지 않는다면, 그 누구라도 복음의 은혜를 받을 수 없다"(*Inst.* III.3.1). 이와 관련하여 디도서 2:11-14 그리고 에베소서 2:8-10과 같은 바울의 본문이 자주 인용된다. 디도서 2:11-14은 "…하나님의 은혜가 나타나 우리를 양육하시되, 경건하지 않은 것과 이 세상 정욕을 다 버리고 신중함과 의로움과 경건함으로 이 세상에 살고…"라고 말함으로써 은혜와 "경건한 삶"을 직접 연결한다. 에베소서 2:8-10은 선행이 은혜의 목적이라고 확정한다. "너희는 그 은혜에 의하여 믿음으로 말미암아 구원을 받았으니…우리는 그가 만드신 바라. 그리스도 예수 안에서 선한 일을 위하여 지으심을 받은 자니, 이 일은 하나님이 전에 예비하사 우리로 그 가운데서 행하게 하려 하심이니라."[113] 그런 선행이 그리스도인의 삶의 목표이며, 이러한 하나님의 뜻은 세월이 흘러도 변하지 않는다. 그래서 칼뱅은 "율법"이 본질상 그리스도인의 순종 안에 있는 은혜의 목적과 일치한다고 주장할 수 있었다. 율법은 그리스도와 관련이 없는 자에게는 실행이 불가능한 높은 기준을 의미하지만, 율법이 약속하는 복은 공허하지 않고 "믿는 자들의 행위"에 따라 주어진다(*Inst.* III.17.3). 사실, 그리스도인들의 교육을 위한 율법의 "세 번째 용도"가 율법의 주요 기능으로 간주될 수 있다(*Inst.* II.7.12).[114] 이는 "율법"과 "복음"의 조화를 구축하는데, 그것은 루터의 담론과는 전혀 다른 방식을 취한다. 따라서 하나님께 대한 **순종**은 그리스도인의 삶의 특징으로 나타난다. 비록 이 순종이 마치 아들이 그의 자비로운 아버지에게 자원하여 복종하는 것으로 조심스럽게 이해되더라도 말이다(*Inst.* III.19.5).

---

113   이 두 본문을 인용하는 대표적인 곳으로 *Inst.* III.7.3, III.15.7을 보라. 두 본문은 은혜를 이중적인 결과와 연관시키는데, 이것으로부터 칼뱅은 "이중 은혜"라는 표현을 만들어내게 된다.

114   영적 통찰력의 핵심적인 표지 가운데 하나는 "(하나님의) 율법의 규칙에 따라 우리의 삶을 영위하는 법을 아는 것"이다(*Inst.* II.2.18). "모든 율법과 비교할 때 복음은 다만 표현의 명료성에서만 율법과 차이가 있다"(II.9.4).

칼뱅은 선행을 구원의 목적으로 이처럼 강조하면서, 한편으로는 개신교 운동에 대한 강력한 반대를 저지하길 희망했다. 왜냐하면 당시 이 운동에 반대했던 자들이 이신칭의가 도덕적인 부분을 등한시하고 율법폐기론을 공식적으로 인정하는 경향이 있다고 주장했기 때문이다. 이와 더불어 칼뱅은 바로 그 주장을 통해 가톨릭 소속 반대자들이 종종 인용하는 성서 본문들, 곧 선행에 대한 보상을 약속하고 나아가 선행을 구원에 필수적인 것처럼 보거나 심지어 구원의 조건으로 보는듯한 성서 본문들을 다룰 수 있게 되었다. 루터와 달리 칼뱅은 이러한 성서 본문들을 "율법"이라 부르며 묵살하지 않는다. 칼뱅은 하나님께서 믿는 자들이 은혜로 말미암아 행하는 일들을 또 다른 은혜로 보상해주신다는 것을 인정한다("성령의 복과 선물", *Inst.* II.3.11). 하나님이 "자신을 기쁘게 하고 자신이 받아들일 수 있는 것"을 명예의 "합당한" 것으로 간주하시면서, 이에 대해 보상을 해주시는 일은 자연스러운 것이다 (*Inst.* III.15.4). 하지만 이러한 인지는 신중히 검토되어야 한다. 이러한 행위들은 하나님의 은혜의 **결과**일 뿐, 하나님의 은혜를 얻기 위한 주요 **수단**이 아니다. 만약 이 행위들이 먼저 언급이 된다면, 이는 **원인**이 아닌 **결과**를 표현하는 것이다(*Inst.* III.14.21). 그리고 **보상**(의무에 매이지 않은 수여자가 자유롭게 결정한 보상)과 **공로**(수여자에 대한 권리를 구성하는 공로, *Inst.* 15.1-7) 사이의 범주적 구분은 여전히 존재한다.[115]

동일하게 중요한 것은, 칼뱅이 믿는 자들이 행하는 선행 속에서 하나님의 은혜를 주의 깊게 추적하고 있다는 것이다. 여기서 칼뱅은 아우구스티누스에게 상당히 의존한다. 위(3.2)에서 살펴본 것처럼 아우구스티누스

115　칼뱅은 자신이 "공로"라는 용어의 오랜 전통에 반대하고 있음을 잘 알고 있었다. 칼뱅은 "보상"(reward)이라는 성서적 언어를 "보수"나 "공적"(功績)의 영역에서 "상급"(prize)의 영역으로 옮기려 시도한다. 이런 이동이 수여자로서의 하나님의 자유를 보존하고, 그 결과 완전한 순종에 대한 보상도 하나님의 주도적인 결정이 되기 때문이다(*Comm. Gal.*, 38). 현대에 이르러 이루어진 "상급"과 "권리"의 구분은 칼뱅이 유지시키려고 애썼던 이 구분을 어느 정도 표현하고 있다.

는 은혜의 **유효성**을 신자의 의지를 자극하고 그것을 실행할 수 있게 해주는 힘으로 강조했다. 따라서 하나님께서 믿는 자의 행위에 "면류관을 씌워주실 때" 이는 결국 하나님이 자신이 베푼 선물들에 대해 보상을 주시는 셈이다(*Inst.* II.3.11-14; 4.2; *Inst.* III.15.7). 그러나 칼뱅은 다음과 같은 사실, 곧 아우구스티누스 전통이 "공로"라는 용어를 사용하였고, 그 결과 은혜를 입은 신자 자신에게 공을 돌려버리기 쉽다는 사실을 잘 알고 있었다. 또 신자 자신에게 공을 돌리는 것이 다음과 같은 방식, 곧 영광을 하나님께 **온전히** 돌려드리는 것을 위협할 수 있고, 그 결과 은혜의 절대적 비상응성도 위협할 수 있는 그런 방식으로 이루어진다는 것도 잘 알고 있었다. 그러므로 칼뱅은 핵심 요점들에서 아우구스티누스로부터 거리를 두는 데 주의를 기울이며(예. *Inst.* III.11.15), 믿는 자의 행위가 아무리 선하다 해도, 그 행위는 죄의 오염으로 "얼룩져" 있다고 주장한다.[116] 루터는 신자들에게 귀속되는 그 어떠한 "의"도 그들 자신의 것이 아니라 오로지 그리스도의 것이라고 주장했는데(위 3.3.3을 보라), 바로 이 지점에서 칼뱅은 믿는 자들의 행위가—비록 의롭다 하더라도—항상 죄와 더러움으로 "얼룩져 있다"고 주장했다(*Inst.* III.14.5). 다시 한번 말하지만, 의를 **완전한** 의로 규정하는 것은 칼뱅 신학의 핵심이다. "하나님의 영이 우리에게 그러한 사랑을 형성해주실 때, 왜 그 사랑은 우리에게 의의 원인이 될 수 없을까? 그러나 다음과 같은 내용, 곧 성도들조차 그 사랑을 불완전하게 만들어, 그 사랑으로는 어떠한 보상도 유발하지 못한다는 내용은 제외되어야

---

116 칼뱅의 아우구스티누스 비판에 대해서는 Helm, *Calvin at the Centre* (Oxford: Oxford University Press, 2010), 202-7을 보라. 헬름에게 미안하지만 여기서의 중심 문제는 아우구스티누스가 단순히 (칼뱅의 용어로서) "칭의"와 "성화"를 구분하지 못한다는 것이 아니고, 아우구스티누스가 하나님의 행위를 믿는 자의 행위와 융합시켜 참된 "의"가 믿는 자에게 은혜로 (어느 정도) 주입되었다고 보는 경향이다. 칼뱅에 따르면 바울은 거듭난 신자의 행위도 칭의로부터 배제하려 했는데, 이는 단순히 그 행위가 칭의보다는 성화의 범주에 속해서가 아니라, 행위가 하나님 앞에서 홀로 의롭다고 간주될 수 있는 **완전성**을 보여주지 못하거나 그렇게 할 수 없기 때문이었다. *Comm. Rom.*, 71-72.

한다"(*Inst.* III.11.17).[117]

믿는 자의 행위를 받아주실 때 하나님의 은혜가 다시 한번 중요한 요소가 되는 이유는 행위의 이러한 불완전성 때문이다. 자상한 아버지와 같이 하나님은 "불완전하고 완료되지 않은, 심지어 결함 있는" 행위들을 은혜로 받아주시고(*Inst.* III.19.5), 그 행위들을 그리스도의 완전하심으로 "덮어주신다"(*Inst.* III.17.8). 더욱이 더 깊은 차원에서 볼 때 우리의 행위 중 **진실로 선한** 것은 전부가 하나님에 의한 것이지 우리에 의한 것이 아니다. "행위 속에 무엇이든지 칭찬할 만한 것이 있다면, 그것은 하나님의 은혜다. 우리가 우리 자신에게 마땅히 귀속시킬 권리는 단 한치도 없다.…사람에게 돌릴 것은 오직 이것뿐이다. 곧 사람이 본래 선했던 것을 자신의 부정으로 오염시키고 더럽힌다는 것이다"(*Inst.* III.15.3).

이러한 도식 안에서, 비록 행해지는 일의 **가치**가 하나님께 완전히 귀속된다고 해도, 믿는 자의 행위가 하나님의 행위 안으로 완전히 흡수되지 **않는다는** 점이 중요하다. 은혜의 비상응성이 보존되는 정확한 이유는 믿는 자들이 행위의 주체로서 부적절하기 때문이고, 이와 동시에 인간 선행의 선함에 대한 완전한 신뢰는 하나님의 효과적인 은혜로서 부여된다. 비록 믿는 자와 하나님의 관계에 대한 칼뱅의 해석에 있어서 행위 자체가 제로섬(zero-sum) 게임은 아닐지라도, 믿는 자들의 이중 행위에서 나오는 모든 선함(즉 완전함)은 확실히 제로섬 게임이 된다.

칼뱅은 신자들에게 그들의 선행을 그리스도 안에 있는 그들의 지위에 대한 "표지"와 "증거"로 삼고, 그들의 선택에 대한 가시적 예증으로 삼으며, 또한 그들의 위로와 힘의 원천으로 삼으라고 격려할 수 있었는데, 그 이유는 그가 믿는 자들을 단순한 수동적 존재로 전락시키지 않았기 때

---

117 참조. *Inst.* III.14.11. "하나님의 엄격한 판단에 따르면 경건한 사람의 모든 행위 중에서 저주에 해당하지 않는 행위는 없다." 따라서 "그들(신자들)이 아무리 훌륭한 행위를 남길지라도, 그것은 언제나 여전히 육체의 불순물로 더럽혀져 있고 부패되어 있는데, 말하자면 행위와 찌꺼기가 섞여 있는 셈이다"(III.14.9).

문이다(비록 그가 신자들의 행위의 **가치**를 하나님께 귀속시키고 있지만 말이다; *Inst.* III.14.18). 물론 칼뱅도 강력한 진보적 전망을 개신교적 삶의 방식 속에 투사한다. 루터와 대조적으로 칼뱅은 신자의 여정을 "진보", "성장", "투쟁"의 삶으로서, 그리고 평생의 "경주"로서 중시한다(예. *Inst.* III.3.9; 6.5; 9.5). 진보는 느릴 수 있지만 지속적이기에(III.3.8), 그리스도인의 삶은 의미 있는 선형 형태를 취한다. 다시 말해 그리스도인의 삶은 단순히 그 출발지점으로 영원히 복귀하는 것만을 염두에 두고 있는 것이 아니다.[118] 이러한 강조는 칼뱅의 신학적 노력에 반영되어 있는 사회적 정황과 일치하는데, 그의 의도는 제네바에 교회를 세워 이 교회가 평생교육 및 훈련을 제공하는 학교의 역할을 감당하도록 하는 것이었다(*Inst.* IV.1.4). 칼뱅은 교회 사역 안의 직분(교사, 목사, 장로, 집사의 사중 유형)을 재정리하고 기독교 교육 및 목회 감독을 제도화 하면서 모든 믿는 자의 경건이 진보할 수 있도록, 그리고 그 진보를 매일 같이 확인할 수 있도록 노력했다. 교사들은 학교와 (종국엔) 고등교육기관인 "아카데미"에서의 가르침과 더불어 교리문답 교육(1541년에 칼뱅이 쓴 새로운 교리문답서에 기반을 둔 교육)을 담당했다. 반면 목사들의 정규 설교(이 정규 설교는 매주 성경공부 모임을 통해 알려졌다)는 성서의 전체 진리 내에서 모든 믿는 지체들을 가르치기 위해 마련되었다.[119] 목

---

118 칼뱅의 롬 6:7에 대한 주석을 참고하라. "하나님의 이러한 일은 우리 안에서 시작된 날에 끝나는 것이 아니라 점차 증가하고 날마다 진보함으로써, 조금씩 완성을 향해 나아간다.…그러므로 여러분은 목적지에 도달할 때까지 그리스도의 죽음과의 깊은 교제를 계속 증가시키는데 힘써야 한다"(*Comm. Rom.*, 125-26). 다른 곳에 나오는 비슷한 주석에 대해서는 Bouwsma, *John Calvin*, 185-87을 보라.

119 T. H. L. Parker, *Calvin's Preaching* (Edinburgh: T&T Clark, 1992)을 보라. 칼뱅의 교회 질서와 그 영향에 대해서는 D. Wright, "Calvin's Role in Church History," in D. K. McKim, ed., *The Cambridge Companion to John Calvin* (Cambridge: Cambridge University Press, 2004), 277-88을 보라. 교리문답과 관련해서는 N. Watanabe, "Calvin's Second Catechism: Its Predecessors and Its Environment," in W. H. Neuser, ed., *Sacrae Scripturae Professor: Calvin as Confessor of Holy Scripture* (Grand Rapids: Eerdmans, 1994), 224-32를 보라.

사와 장로들이 "종교 법원"(Consistory)을 구성했고, 이 법원의 도덕적 감독을 통해 교인들의 일상적 삶에 권징이 부과되었다. 그리고 부적격자에게는 성만찬 참여가 불허되었는데, 이는 효과적인 제재로 작용했다.[120] 실제로 모든 신자들 사이에 책망과 권고의 교환이 기대되었는데, 이 믿는 자들의 경건을 형성했던 것은 찬송(제네바 시편)과 매일 드려지는 기도였다.[121] 칼뱅은 믿는 자들이 이런 모든 수단을 통해 특별히 "나태함", "냉랭함", "게으름"과 같은 시험과 날마다 맞서 싸움으로써 그들의 믿음과 순종이 점점 자라기를 기대했다. 칼뱅 자신도 팽팽하게 당겨진 활시위와 같이 매 순간을 적절히 활용하려고 노력했다. 그래서 그는 모든 그리스도인이 죽는 그 순간까지 자기와 마찬가지로 거룩함을 증진시키는 데 헌신해줄 것을 기대했다.

3.4.4. 칼뱅에 의한 은혜의 극대화

아우구스티누스와 마찬가지로 칼뱅도 자신과 자신의 대적들이 서로 다른 방식으로 "은혜"라는 용어를 사용하고 있음을 알았다. 그리고 아우구스티누스를 계기로, 칼뱅은 자신과 다른 방식의 은혜를 말하는 모든 자들을 "펠라기우스주의자"라는 명칭으로 손쉽게 낙인찍을 수 있었다 (*Inst.* III.11.15). 또 아우구스티누스처럼 칼뱅은 하나님의 은혜를 하나님의 심판과 진노, 곧 죄인들과 죄에 대해 하나님이 품고 계신 증오의 이면으로 만들어버렸다. 칼뱅은 로마서 1:17-18과 9:6-23에 나타나 있는 이원성을 따르면서 은혜를 **단일한**(singular) 은혜 곧 심판이 배제된 은혜로 극대화하

---

120 R. S. Wallace, *Calvin, Geneva, and the Reformation* (Edinburgh: Scottish Academic Press, 1988), 46-52를 보라. 참조. J. E. Olson, "Calvin on Social-ethical Issues," in Mckim, ed., *Cambridge Companion to John Calvin*, 153-72.

121 시편과 경건 기도의 관습에 대해서는 J. R. Beeke, "Calvin in Piety," in McKim, ed., *Cambridge Campanion to John Calvin*, 125-52를 보라. 이 관습은 *Inst.* III.20에서 상세하게 설명된다.

228 ◆ I부 선물과 은혜의 다양한 의미

고자 하는 어떠한 경향도 보이지 않는다. 하나님의 예정은 이중적인 것으로, 은혜는 의도적으로 그리고 차별적으로 배분되고, 공의는 공정하게(그러나 우리가 헤아릴 수 없는 방식으로) 배분된다.[122] 앞에서 살펴본 것처럼 칼뱅은 하나님의 은혜의 **우선성**을 크게 강조한다. 왜냐하면 하나님이 모든 실재의 창시자이시고, 창세 전에 이루어진 예정의 원천(엡 1:4)이시기 때문이다. 이런 점에서, 칼뱅은 특히 하나님의 의지 및 권능의 **자유**를 강조하려 한다(*Inst.* III.22.1-2). 예정하실 사람을 자유롭게 선택하실 때 하나님은 누군가가 이미 지니고 있는 가치의 상태에 결코 제한받지 않으신다. 사실 하나님의 자유로운 선택은 하나님이 어느 누구에게도 빚을 진 적이 없고, 어떤 보상을 치를 필요도 없으며, 결코 채무자나 이차 수여자일 수 없다는 사실에 의해 확립된다(*Inst.* III.21.1). 가치와 상관없이 은혜를 불평등하게 베풀어주시는 칼뱅의 하나님은 실제로는 당시의 절대 주권적 왕과 가장 많이 닮아 있다. 왜냐하면 당시의 왕도 다음과 같은 기대, 곧 선물을 받을 만한 자격이 있는 자들에게 선물이 주어진다는 일반적인 기대를 **무시함으로써** 자신의 관대함 및 위대함을 증명하려 했기 때문이다.[123] 누군가가 왕권이 유기의 원칙(the principle of desert)에 의해 조절되어야 한다고 생각했을지라도, 하나님의 "은밀하고 선한 기쁨"이 아무런 제약 없이 완전한 자유함 가운데 작용해야 한다는 것, 이것이 바로 칼뱅이 이해하는 전능하신 하나님의 본질이었다. 이처럼 칼뱅주의 전통이 은혜의 "주권성"을 강조하

---

122 칼뱅에 따르면 하나님의 "대가 없는 긍휼"에 대한 우리의 이해는 다음과 같은 경우에만 안전하다. 즉, "하나님이 모든 사람을 구원의 소망으로 차별 없이 택하시는 것이 아니라, 다른 이들에게는 허락하시지 않는 것을 어떤 특정한 사람들에게만 주신다"는 사실을 인정할 때 "대가 없는 긍휼"에 대한 우리의 이해는 안전하다(*Inst.* III.21.1). 다르게 말하면 칼뱅에게는 하나님의 긍휼의 **자유**가 그것의 보편성보다 더욱 중요하며, 이 자유는 바로 하나님의 긍휼이 보편적이 아니라는 사실을 통해 확립되는 것이다. "하나님의 은혜에 내재되어 있는 참된 불평등성은 하나님의 자유를 증명한다"(III.21.6).

123 16세기 당시 프랑스에서 벌어졌던 이 문제에 관한 논쟁에 대해서는 N. Zemon Davis, *The Gift in Sixteenth-Century France* (Oxford: Oxford University Press, 2000), 159-65를 보라.

게 된 것은 우연이 아니다.

방금 살펴본 것처럼 은혜의 우선성과 자유함은 은혜의 **비상응성**과 밀접히 연계되어 있다. 타락 이후 하나님의 모든 은혜는 분명하게 비상응성을 띠게 되지만, 그리스도 안에서 가장 명확하게 정점을 이루며 표현된다. 칭의에서 은혜는 받을 자격이 없는 자에게 주어지고, 그래서 칭의는 더욱 분명히 하나님의 은혜, 오로지 하나님만의 은혜. 그러나 성화와 관련해서도 믿는 자들의 모든 선행에 "들러붙어 있는 더러움"을 감안해볼 때, 그들의 행위의 가치는 그들이 실제로 행한 것과 부합하지 않는다. 하나님의 은혜의 비상응성이 (타락 이후 필연적으로 주어진) 우연한 특성인지, 아니면 본질적 특성인지는 분명하지 않다. 하나님이 베푸시는 혜택이 타락 이전에 아담에게 주어졌다면(I.15.3), 나아가 그리스도에게도 주어지고(III.11.10), 하나님의 선물은 분명히 그 선물 수혜자의 가치와 적합한 균형을 이룰 수 있다. 칼뱅은 이 문제를 자세히 살피려 하지 않겠지만, 죄인에 의한 은혜의 수용이라는 이러한 비상응성이 그들이 "덧입은" 그리스도의 의의 **가치**로 인한 결과라는 점은 주목할 만하다. 칼뱅이 믿는 공의의 하나님은 죄인과 절대로 거래를 하지 않으신다. "하나님은 죄인을 의인으로 만들지 않고서는 죄인을 은혜로 받아주거나 자신과 연합시키지 않으신다"(III.11.21). 앞에서 살펴본 것처럼 이것은 오로지 값없는 죄의 용서와 그리스도의 의의 전가를 통해서만, 다시 말해 오로지 하나님이 그리스도 안에서 죄인들에게 부여하시는 "가치"를 통해서만 일어날 수 있다. 하나님의 긍휼과 은혜가 하나님의 완전한 의에 대한 하나님의 정당한 요청을 조금도 감소시키지 않는다는 것이 칼뱅 신학의 특징적 주장이다.

이와 같이 칼뱅은 순종의 필연성을 강조하는데, 이는 그에게 있어서 믿는 자의 순종이 은혜의 **원인**이 아니라 **결과**임이 명확하기 때문이다(우리는 "바울이 말하는 은혜와 순종의 순서를 뒤집어서는" 안 된다; *Inst.* III.22.3). 앞에서 살펴본 것처럼 은혜의 **유효성**에 대한 칼뱅의 강조에는 아우구스티누스의 사상이 강하게 드러나 있다. 곧 믿음 그 자체가 선물일 뿐만 아니라,

믿는 자의 새로운 삶의 모든 가치 있는 특징은 성령의 선물로부터 나온다. 이것은 믿는 자의 행위의 **가치**가 전적으로 하나님께 귀속되어 있음을 보증한다. 그렇다고 칼뱅이 믿는 자의 행위 주체성을 무(無)로 만드는 **단동설**(monergism)을 옹호하는 것은 아니다. 또한 칼뱅은 독립된 두 주체의 의지적 협력이라는 신인협력설도 회피하며, 믿는 자의 행동이 전적으로 하나님의 행위인 **동시에** 전적으로 믿는 자들 자신의 행위라고 생각한다.[124] 만일 행위 주체에 관한 이런 견해에 어떤 명칭이 필요하다면, 아마도 **활동주의**(energism)가 가장 좋을 것이다. 믿는 자들은 성령을 통해 적극적·정력적으로 활동할 힘을 얻으며, 그런 활동 가운데 진정으로 "선한 것"이 발생할 경우, 그것이 무엇이든 그 원인을 하나님께 돌릴 수 있음을 인정한다. 칼뱅은 주저하지 않고 이러한 정력적인 활동을 하나님의 선물에 대한 믿는 자들의 답례로 묘사한다. 이 점에서 칼뱅은 선물의 비순환성을 극대화하지 **않는다**고 할 수 있다. 우리가 루터에게서 발견한 이런 극대화(위 3.3.4를 보라)를 칼뱅에게도 귀속시키는 것은 잘못이다.[125] "자신의 자비에 대해 말하는 모든 언약들 속에서 주님은 그분의 종들에게 답례로서 정직하고 거룩한 삶을 요구하신다"(*Inst.* 17.5). 칼뱅은 찬양과 순종을 하나님께 대한 답례의 형식으로, 그리고 사랑을 이웃에 대한 답례의 형식으로 이해할 수 있다. 그리고 그에 의하면 이런 답례의 형식을 통해 하나님이 주시는 선물에 겸손히 감사를 표하는 피조물의 목적이 성취된다. 이와 같은 맥락에서 칼뱅은 다음과 같이 조심스럽게 주장한다. "그 언약은 처음부터 자율 계약이었고, 영원히 그 상태로 남아 있게 된다"(*Inst.* 17.5).

하나님을 향한 신자들의 답례는 하나님의 은혜에서 나온 것으로, 하

---

124 신적 행위 주체와 인간적 행위 주체 사이의 비경쟁적이면서도 비분할적인 관계에 대해서는 Billings, *Calvin, Participation, and the Gift*, 47-49, 141-42를 보라.

125 이 점과 관련된 제몬 데이비스의 칼뱅 해석(*The Gift*, 189-203)은 Billings, *Calvin, Participation, and the Gift*를 통해 수정되었다. Gerrish, *Grace and Gratitude*에 나오는 감사의 "답례"를 참조하라.

나님이 베푸시는 최초의 은혜 혹은 후속적인 은혜를 이끌어내는 **도구적 수단**이 아니다. 그럼에도 불구하고 거룩을 향한 신자들의 적극적 헌신은 은혜에 의해 그들의 행위가 촉진되고 있음을 입증해주는 필수적인 표지다. 왜냐하면 바로 그러한 답례 안에서 하나님의 은혜가 그 목적을 달성하기 때문이다. 동일한 방식으로 칼뱅은 인간관계에서 발생하는 호혜성을 옹호하는데, 이는 각 사람이 자신의 몫을 상대방에게 내어주도록 권면 받기 때문이다.

이런 맥락에서 칼뱅은 몸의 지체들의 상호관계에 관한 바울의 주제를 적절한 자선에 관한 세네카의 권면과 결합시킨다(III.7.7). 비록 칼뱅이 제네바 시의 빈민구제 기관을 재조직하기는 했어도, 우리는 칼뱅에게서 현대의 "순수" 선물을 향한 동력 곧 루터에게서는 찾을 수 있었던 동력의 흔적을 발견하지 못한다.[126] 하나님의 은혜가 지닌 초충만성과 비상응성에 관한 칼뱅의 신학은 일방적인 수여를 이상화하는 것으로 끝나지 않았으며, 오히려 사회적 의무의 연대 속에서 인간의 선물들의 순환성을 강조한다. 이 순환은 하나님을 향한 순종과 의로움이라는 답례의 일부분으로, 이 순종과 의로움은 하나님의 선하고 정의로운 우주적 통치를 반향한다.

3.5. 바르트에서 마틴까지

3.5.1. 칼 바르트

바울의 은혜 주제를 다루었던 신학 연구사는 바르트의 『로마서』 출간으로 새로운 전환을 맞이했다. 바르트의 『로마서』 2판(1922)은 20세기 전체에

---

126 빈곤과 빈민구제의 실행에 관한 칼뱅의 신학에 대해서는 B. L. Pattison, *Poverty in the Theology of John Calvin* (Eugene, OR: Pickwick Publications, 2006) 그리고 E. A. McKee, *John Calvin on the Diaconate and Liturgical Almsgiving* (Geneva: Librairie Droz, 1984)을 보라.

걸쳐 주요 바울 학자들에게 영향을 미쳤다.[127] 불트만과 케제만, 그리고 케제만의 영향을 받은 마틴의 신학은 재치 넘치는 바르트의 로마서 해석이 촉발한 급격한 신학적 전환에 신세를 지고 있다.[128] 은혜의 **비상응성**에 관한 바르트의 해석은 분명 루터에게서 온 것이다.[129] 그러나 바르트는 당시의 지배적인 신학 양식들을 위기에 몰아넣기 위해 은혜 주제를 맹렬히 전개했는데, 그의 이러한 전개는 오늘날에도 여전히 강력한 힘을 발할 수 있는 형태로 은혜 주제의 파괴적 잠재력을 다시 활성화시켜놓았다.

바르트는 로마서를 하나님에 대해 말하고 생각하는 인간의 경향에 대한 근본적 비판으로 이해했고, 이러한 비판을 위해 로마서가 역사, 종교, 경험에 관한 인간의 개념에서부터 **시작하는** 방식을 취한다고 보았다. 바울은 인간의 죄와 무지를 배경으로 "하나님의 의"(롬 1:17, 3:21)에 대해 말하면서, 근본적 타자(the radically Other, 근본적 타자는 단순히 상대적으로 더 큰 존재나 인간을 차별하는 체계 내의 타자를 의미하지 않는다)에 대해 말하고 있다. 시간과 영원 사이, 즉 하나님과 인간 사이의 "무한한 질적 차이"를 강조하면서 바르트는 인간 편에서는 도저히 건널 수 없는 경계선, 한계 또는 단절에 대한 묘사를 로마서에서 찾아냈다.[130] 모든 인간적 지식, 역

----

127 K. Barth, *Der Römerbrief,* 2판 (1922, 재인쇄, Zürich: Theologischer Verlag, 1954). Digital Karl Barth Library에서 온라인으로 읽을 수 있다. 모든 독일어 본문의 인용은 여기서 왔다. 영문판 *The Epistle to the Romans,* trans., E. C. Hoskyns, 6판 (London: Oxford University Press, 1933).

128 바르트의 고린도전서 주석도 마찬가지로 중요하지만 우리의 주제에 있어서는 덜 중요하다. Karl Barth, *Die Auferstehung der Toten* (Munich: Chr. Kaiser Verlag, 1924), trans. H. J. Stenning, *The Resurrection of the Dead* (New York: Hodder and Revell, 1933).

129 *Epistle to the Romans,* 39, 42, 93, 106, 155, 185 등에서 직접 인용된 루터의 문구들을 보라. 바르트에 미친 루터의 영향에 대해서는 G. Hunsinger, *Disruptive Grace: Studies in the Theology of Karl Barth* (Grand Rapids: Eerdmans, 2000), 279-304를 보라.

130 『로마서』 2판의 서언은 이 원리를 바르트의 로마서 해석의 유일한 "체계"로 부각시키고, 그 부정적 의미와 함께 긍정적 의미도 제시한다. "하나님은 하늘에 계시고 그대는 땅에 있다"(*Epistle to the Romans,* 10).

사, 성취는 그 구분선의 이쪽 편에 있다. 그렇기 때문에, 이러한 인간의 역량 안에서 확장되고 발전되며 투사되는 관점으로 "하나님"을 상상하는 것은 인간의 가장 큰 실수다.[131] 여기서 바르트는 "자유주의" 신학 체계 전체를 가장 깊은 수준에서 도전하고 있는데, 자유주의 신학은 바르트 자신이 자라난 토양이었다. 자유주의 신학은 인간 의식의 관점에서 "하나님"을 인간 역사와 경험의 가장 깊은 실재로 말하는 경향이 있다.[132] 이와 대조적으로 바르트는 하나님은 알려질 수 없고 직관으로 알 수 없는 분이시고, 인간이 성취할 수 있는 존재가 아니라 인간적으로 불가능한 존재시며, 장벽의 **저편**으로부터 말씀하시고 행동하실 때에만 알려지실 수 있는 분이라고 주장했다. 하나님은 역사 **속에서**, 특별히 예수 그리스도의 (죽음 그리고) 부활 속에서 **이미 행동하고 말씀하셨다**. 그러나 이것은 역사**에 속한** 사건 곧 인간적 관점에 따라 인과적으로 설명할 수 있는 사건이 아니고, "수직적으로, 위로부터" 인간적 차원과 직각으로 교차하는 말씀과 행동으로서의 "순전한 기적"이다.[133] 이와 같은 근본적 초월 속에서 하나님은 인간적 능력의 연장이나 확장이 아니고 오히려 인간적 가능성에 대한 반박 곧 비판적 "아니오"이신데, 이 "아니오" 안에는 신적 계시와 구원으로서

---

131 "예술이나 도덕이나 과학으로부터, 아니 심지어 종교로부터도 하나님에게로 나아가는 직접적인 길이 있다고 가정하는 것은 감상적이고 자유주의적 자기기만에 불과하다"(*Epistle to the Romans*, 337).

132 잘 알려져 있는 것처럼 바르트는 헤르만 및 다른 학자들과 단절했는데, 이 단절은 제1차 세계대전이 발발했을 때 그들이 아무런 비판 없이 황제의 전쟁 정책을 지지했던 것에 바르트가 경악하면서 시작되었다. 바르트의 신학적 발전 단계에 대한 상세한 분석은 B. L. McCormack, *Karl Barth's Critically Realistic Dialectical Theology: Its Genesis and Development 1909-1936* (Oxford: Clarendon Press, 1995)을 보라.

133 예를 들어 *Epistle to the Romans*, 30, 50, 62를 보라. 바르트는 바울의 종말론을 "영원"과 "시간"이라는 용어를 통해 해석함으로써, 부활 곧 새 세상을 "탄젠트 접선이 원을 향해 나아가는 것처럼 원과 닿지 못하고 무한히 수렴하는 것"으로 말했다(30). 하나님과 시간 사이의 이런 관계 개념은 바르트가 나중에 포기한 것인데, 그 개념의 문제점에 대해서는 McCormack, *Dialectical Theology*, 241-90을 보라.

해방을 가져오는 "예"가 동시에 포함되어 있다. 이러한 신적 행위로 창조된 "새 사람"은 고양된 형태의 인간이 아니고, 부활에 기초를 두고 미래의 하나님 나라를 살아가는 기적의 새 창조다. 믿음은 내면의 경건이나 세련된 감성이 아니라, 하나님의 숨어 계심과 타자성을 증언하는 인간의 공허함, "폭탄 자국" 또는 "빈 공간"의 표시이다.[134]

이러한 맥락에서 "은혜"에 대해 말하는 것은 어떤 하나의 사건(신적 특성을 가진 것이 아니고, 인간적 체질을 가진 것은 더더욱 아닌 사건) 곧 절대적으로 자유하고 무조건적인 하나님의 행위를 말하는 것이다. 자신의 변증법적 신학의 방법에 따라 바르트는 은혜를 "그리스도의 선물"이라고 말한다. 그리스도는 "하나님과 인간을 분리시키는 심연을 드러내고, 이를 통해 하나님과 인간 사이에 존재하는 그 심연을 이어준다."[135] 이러한 심연의 폭로는 모든 인간적 성취, 특히 우리 스스로 그 심연 위로 다리를 놓을 수 있다는 오만한 망상에 대한 하나님의 심판을 의미한다. 이런 의미에서 은혜는 언제나 하나님의 "아니오"를 포함하고 있다. 하나님의 진노와 긍휼은 서로를 배척하지 않고, 오히려 오로지 서로 관련되는 가운데서 이해될 수 있다. 다시 말해 우리가 정죄 받는 바로 그곳에서 우리는 용서를 받게 된다.[136] 그러므로 (오로지 하나님 편에서부터) 그 심연 위로 다리가 놓이게 되는데, 이는 인간적인 어떤 조건 **때문에** 발생하는 것이 아니라, 오히려 언제나 그런 인간적인 조건에도 **불구하고** 발생하는 것이다. 바르트는 은

---

134   이러한 은유들에 대해서는 예를 들어 *Epistle to the Romans*, 29를 보라.

135   *Epistle to the Romans*, 31, *Römerbrief*, 7. "als Geschenk des Christus, der die Distanz zwischen Gott und Mensch überbrückt, indem er sie aufreißt."

136   "사람들은 오로지 하나님이 그들을 정죄하는 곳에서만 용서받는다. 생명은 오로지 죽음으로부터만 일으켜진다. 시작은 종말에 서고, '예'는 '아니오'로부터 나온다"(*Epistle to the Romans*, 112. 참조. 187). "하나님의 진노에 내재된 극한의 경계선을 드러낼 때, [그리스도의 죽음은] 깊이를 측정할 수 없는 하나님의 긍휼을 드러낸다"(162). 여기서 우리는 분명 이런 주제들에 대한 마르키온의 비변증법적 해석으로부터 아주 멀리 떨어져 있다(위의 3.1을 보라).

혜가 인간의 가치에 대한 인정 또는 그것의 결과라는 모든 생각에 반대하면서, 하나님의 행동이 결코 "그러므로"가 아니라 항상 "그럼에도 불구하고" 발생하는 것임을 강조한다. 은혜는 삶을 증진시키는 것도 의인에 대한 보상도 아니다. 은혜는 **죽은 자들에게서 나오는** 생명이며 **경건치 않은 자들의** 칭의다(참조. 롬 4:5, 17).[137]

바울의 은혜 유형에 따르면 하나님은 우리의 현재 모습(what we are)을 거부하시고 우리의 현재 모습이 아닌 것을 택하신다. "오직 은혜는 불가해한 것으로 인식될 때만 은혜다."[138] 이와 같이 바르트는 은혜의 비상응성을 매우 강조하면서 하나님의 은혜를 인간적 가능성의 조건들과 조화시키려는 모든 시도를 차단하려고 한다. 루터와 마찬가지로 바르트도 이러한 역동성을 믿는 자들의 삶에 적용시키는데, 이들은 믿음의 역설 속에서 살아간다. 왜냐하면 믿는 자들의 믿음이 그들의 현실이 아닌 다른 현실에서 유래하기 때문이다. 그리고 이를 가능케 하는 것은 다음과 같은 은혜, 곧 한 번 받은 이후에 영원히 소유하는 은혜가 아닌, 매 순간 계속해서 새롭게 받아야 하는 은혜다.[139] 은혜로 산다는 것은 하나님의 무조건

---

137 "하나님의 의는 바로 '그럼에도 불구하고!'이다. 이것에 의해 하나님은 우리를 하나님 자신과 결합시키시고, 자신을 우리의 하나님으로 선언하신다. 이와 같은 '그럼에도 불구하고'는 모든 인간적·논리적 '그러므로'와 대립하며 그 자체로 불가해하고, 어떤 원인이나 이유도 갖지 않는다. 왜냐하면 그것이 하나님의 '그럼에도 불구하고!'이기 때문이다"(*Epistle to the Romans*, 93). 독일어 원문. "Gerechtigkeit Gottes ist das Trotzdem! mit dem Gott sich erklärt als unser Gott und uns zu sich rechnet, und unbegreiflich, grundlos, nur in sich selbst, nur in Gott begründet, von allem 'Darum' rein ist dieses Trotzdem!" *Römerbrief*, 68.

138 *Epistle to the Romans*, 31(*Römerbrief*, 7; "Nur wenn sie als unbegreiflich erkannt wird, ist Gnade Gnade"). 은혜와 초기 바르트의 "위기" 신학 사이의 관계에 대해서는 M. Brintker, "Krisis und Gnade: Zur theologischen Deutung der Dialektik beim frühen Barth," *EvTh* 46 (1986), 442-56을 보라.

139 우리는 "공중으로 높이 들려졌다. 그래서 하나님의 보호가 없으면 서 있을 곳이 없다. 새 사람은 비실존을 제외하면 실존을 갖지 못한다. 왜냐하면 그의 탁월한 기원은 하나님의 기적 속에 놓여 있기 때문이다"(*Epistle to the Romans*, 163).

적인 명령에 따라 **무로부터**(*ex nihilo*) 창조된 "불가능한 가능성"(impossible possibility)의 삶을 살아가는 것을 뜻한다.

바르트의 『로마서』는 (바르트 자신이 볼 때) 유럽 문화를 자기확증의 오만 속으로 몰아넣은 자유주의적 신념을 폭넓게 비판하고 있으며, 이와 더불어 허세 가득한 "종교"의 주장을 특별히 겨냥하고 있다.[140] "유대인", "이스라엘", "율법"에 관한 바울의 진술은 "종교인" 혹은 "종교"를 지칭하는 것으로 간주되는데, 이러한 바울의 진술은 교회 혹은 기독교와 구별되지 않으며, 교회 안에서 종교가 표현되는 것과 정확히 일치한다.[141] 바르트의 담론 안에서 "종교"—이는 바르트가 당대의 정황 속에서 집중적으로 분석하고 높게 평가했던 주제다—는 인간과 하나님을 구분하는 경계선을 기준으로 정확하게 인간 쪽에 위치해 있다. 종교가 인간의 가장 고귀한 업적일 수 있지만, 종교는 다음과 같은 망상, 곧 그것을 통해 하나님께 나아가는 직접적인 경로가 형성된다는 궁극적 망상을 인간에게 조성한다. 루터는 "율법의 행위"가 인간을 자기칭의라는 궁극적 죄로 유혹한다고 분석했는데(위 3.3.2를 보라), 이와 마찬가지로 바르트도 "종교"의 오만을 신

---

140 서구 문화를 향한 비판적 진술에 대해서는 *Epistle to the Romans*, 68을 보라. 이 주석의 역사적 정황은 제1차 세계대전 이후에 일반화되었던 사상적 위기와의 유사함을 시사한다. 여기서 바르트가 특별히 목표로 삼았던 것은 하나님에 대해 잘못 말하고 잘못 생각하고 잘못 행동하는 그릇된 방식이었다.

141 "유대인"을 "종교적·교회적인 사람"("der religiös-kirchliche Mensch")으로 보는 것에 대해서는 *Epistle to the Romans*, 40(*Römerbrief*, 15)을 보라. 바르트는 『로마서』에서 (이후의 『교회교의학』 II/2에서와는 다르게) 롬 9-11장에 나오는 바울의 이스라엘 논의를 주로 교회에 관련된 설명으로 간주한다. 다음의 연구를 보라. W. Hill, "The Church as Israel and Israel as the Church: An Examination of Karl Barth's Exegesis of Romans 9:1-5, in *The Epistle to the Romans* and *Church Dogmatics* 2/2," *JTI* 6 (2012), 139-58. 비록 바르트가 가끔 기독교 외의 종교들에 관해 설명하기는 해도, "종교"에 관한 바르트의 진술이 현대적 관점에서 세계종교들에 초점을 맞추고 있다고 이해하는 것은 잘못일 것이다. 참조. J. A. di Noia, "Religion and the Religions," in J. Webster ed., *The Cambridge Companion to Karl Barth* (Cambridge: Cambridge University Press, 2000), 243-57.

랄하게 평가하고 복음을 통한 종교의 해체를 매우 중요하게 다루었다.[142] 사실 바르트도 종교의 긍정적 기능을 규명해낸다. 그러나 그가 규명해내는 종교의 긍정적 기능은 오로지 역설적 측면에서만 가능하다. 다시 말해 종교는 하나님의 은폐성에 대한 비유 또는 표지의 역할을 감당할 때 그 긍정적 기능이 인정된다. 바르트는 종교의 외부나 종교에 반대하는 인간의 입장을 취하는 것이 종교의 내부나 종교에 찬성하는 입장을 취하는 것보다 더 나을 것이 없다는 점을 분명히 밝힌다. 인간적으로 말해서, 종교의 안과 밖, 종교에 대한 반대와 찬성, 그 어디에도 믿는 자가 서 있을 만한 곳은 없다. 그러나 정확히 여기에서 하나님의 은혜는 영향을 미치고, 동시에 교회와 일치하지 않지만 언제나 교회 너머에 그리고 심지어 교회를 가장 혹평하는 자들 너머에 존재하는 복음에 대한 증언을 가능하게 한다.[143] 여기서 바르트는 다시 한번 계시와 계시의 인간적 매개, 이 둘 사이의 중요한 거리를 유지하길 원했다. 바르트는 "종교" 속에서 하나님을 우상으로 변질시키는 가장 큰 위험을 탐지한다. 여기서 말하는 우상은 인간의 경험이나 소원이 투사된 것을 의미한다.

이후 『로마서』를 돌아보면서 바르트는 그 책이 너무 일방적으로 부정적 요소만 부각시켰다고 판단하게 된다. 비록 부서진 잔해를 청소 하듯이 그렇게 하는 것이 필연적이기는 했지만 말이다.[144] 나중에 바르트는 이스라엘의 역사 속에서, 말씀의 성육신에서, 그리고 믿는 자들의 삶 속에서, 인류 역사에 **대한** 계시의 긍정적인 인상을 적절히 표현할 수 있는 방

---

142 이 맥락에서 *"Aufhebung"*(지양)이라는 단어의 번역이 큰 논쟁거리가 되었다. "abolition"(폐지)라는 영어 번역(*Church Dogmatics* I/2, 17)은 잘못일 것이다.

143 "교회와 복음의 대립은 최종적이고 모든 것을 포괄하는 무한한 것이다. 복음은 교회를 해체시키고, 교회는 복음을 해체시킨다"(*Epistle to the Romans*, 333). "Es ist klar, daß der Gegensatz von Evangelium und Kirche grundsätzlich und auf der ganzen Linie unendlich ist…Das Evangelium ist die Aufhebung der Kirche, wie die Kirche die Aufhebung des Evangelium ist"(*Römerbrief*, 317).

144 *Kirchliche Dogmatik* II/1, 715-16. 참조. McCormack, *Dialectical Theology*, 288-90.

법을 찾아낸다. 그러나 바르트의 은혜 신학의 기독론적 초점이 무엇보다 강렬해지는 반면, 바르트는 신적 은혜와 인간의 내재적 가능성 사이의 절대적인 **불일치**로부터 아무것도 감하지 않는다. 바르트는 은혜의 **단일성**(singularity)을 극대화시킬 필요를 느끼지 않는다. 비록 부활이 하나님의 철회될 수 없는 해결책 곧 은혜가 인간의 죄와 불신앙을 물리치고 승리하게 되는 결정적인 해결책을 예시하기는 해도, 하나님의 은혜는 그와 동시에 하나님의 심판에 대한 계시다.[145] 바르트는 신적 주체를 인간적 주체와 동일 차원에 위치시키는 것과 양자를 경쟁 구도에 놓는 것을 거부하기에, 믿는 자의 삶 속에 나타나는 은혜의 **유효성**을 말하는 방법을 놓고 오랫동안 고심한다.[146] 그러나 초기의 바르트가 "극대화"(perfection)의 고전적 사례에서 극단적으로 이끌어낸 은혜의 가장 중요한 특성은 인간의 능력과 가치에 비해 과분하게 주어지는 은혜의 비상응성이다. 은혜의 비상응성에 대한 강조는 루터의 느낌을 강하게 주지만 신학적 본질의 재평가를 요청하는 방식으로 다시 적용되고 있는데, 바로 이러한 강조가 바르트의 초기 연구에 놀라울 정도로 명확히 반영되어 있다. 또 이 강조는 이번 단락이 살피고 있는 바울 연구의 궤적도 형성해놓았다.

3.5.2. 루돌프 불트만

바르트의 『로마서』는 불트만의 바울 해석에 큰 영향을 미쳤고, 이것은 후

---

145 따라서 바르트 신학에 관한 일종의 "보편주의"가 전개되는데, 이 사상은 바르트의 그리스도 안에 있는 예정의 교리로부터 시작되어 결정적으로 칼뱅의 이중예정론을 넘어선다. B. L. McCormack, "Grace and Being: The Role of God's Gracious Election in Karl Barth's Ontology," in Webster ed., *Cambridge Companion to Karl Barth*, 92-110.

146 바르트의 후기 신학은 은혜가 하나님과의 언약적 협력 가운데 믿는 자의 자유, 온전함, 나아가 (한계 내에서) "자율성"의 토대가 되거나 심지어, 이것들을 생성해낸다고 말한다. J. Webster, *Barth's Ethics of Reconciliation* (Cambridge: Cambridge University Press, 1995). G. Hunsinger, *How to Read Karl Barth: The Shape of His Theology* (Oxford: Oxford University Press, 1991), 185-224.

에 불트만의 『신약성서 신학』의 중심에서 명확하게 표현되었다.[147] 불트만은 바르트가 그리스도-사건을 인간적 규범 및 성취와의 종말론적(따라서 궁극적) 대립으로 강조하는 것에 대하여 호의적인 반응을 보였다. 불트만은 이 강조를 "믿음과 은혜의 의미를 분명히 드러내주는 바울 성향의 단순한 급진주의"로 표현했다.[148] 그러나 1920년대에 이미 불트만은 바르트가 말하는 "불가능한 가능성"의 "과도한" 역설에 다음과 같은 불만을 표현하고 있었다. 만약 계시가 순전한 기적으로서 인간 의식 너머에 있는 것이라면, 어떻게 인간의 상태와 조금이라도 관련될 수 있겠는가? 바르트는 바울이 때때로 하나님이나 구원사건을 "객관적" 혹은 사변적 지식의 문제로 다루고 있는 유감스러운 경향을 충분히 인지하고 있는가(그리고 그 경향과 거리를 두고 있는가)?[149] 헤르만(W. Herrmann)이 이미 급진화시킨 루터

----

147   R. Bultmann, *Theologie des Neuen Testaments,* 제1권(Tübingen: Mohr Siebeck, 1948), [영역] *Theology of the New Testament,* trans. K. Grobel (London: SCM Press, 1952). 바울의 학문성에 관한 불트만의 비평("Zur Geschichte der Paulus-Forschung," *Theologische Rundschau* n.f.1 [1929]: 26-59), *ThWNT* 안의 몇 가지 핵심 항목(예. πιστεύω, καυχάομαι, γινώσκω에 관한 항목), 그리고 사전의 주요 항목("Paulus," in *Religion in Geschichte und Gegenwart* 4 [1930], 1019-45, [영역] "Paul" in S. M. Ogden ed., *Existence and Faith: Shorter Writings of Rudolf Bultmann* [London: Hodder and Stoughton, 1961], 111-46) 등이 이후의 연구의 토대가 되었다. 불트만의 바울 해석에 대해서는 C. Landmesser, "Rudolf Bultmann als Paulusinterpret," *ZThK* 110 (2013), 1-21을 보라. 나는 B. W. Longenecker, M. C. Parsons, ed., *Beyond Bultmann* (Waco: Baylor University Press, 2014), 79-99에 수록되어 있는 "Humanity under Faith"에서 불트만의 *Theologie*를 상세히 분석해놓았다.

148   바르트의 『로마서』 제2판에 대한 1922년 불트만의 서평을 보라. 이 서평은 J. Moltmann, ed., *Anfänge der Dialektischen Theologie,* 제1권 (Munich: C. Kaiser, 1962), 119-42에서 재인쇄되었다. (영역) "Karl Barth's *Epistle to the Romans* in Its Second Edition," in J. M. Robinson, ed., *The Beginnings of Dialectical Theology* (Richmond: John Knox Press, 1968), 100-120(104에서 인용).

149   위의 각주에서 언급한 바르트의 『로마서』 서평과 특히 바르트의 고린도전서 주석(*Die Auferstehung der Toten*)에 관한 1926년의 서평을 보라. 후자는 *Glaube und Verstehen. Gesammelte Aufsätze,* 제1권 (Tübingen: Mohr Siebeck, 1933), 38-64에서 재인쇄되었다. (영역) *Faith and Understanding,* ed., R. W. Funk, trans. L. Pettibone Smith

의 유산에 의존하면서 불트만은 "그리스도를 안다는 것이 그분의 유익을 아는 것"(멜란히톤)이라고 주장했다.[150] 바울은 구원사에 관한 어떤 이론적 사상체계 혹은 단순한 외적·사실적 설명의 제공에 시간을 할애하지 않았고, 오로지 인간의 상태와 관련되어 있고 믿음을 이끌어내는 것만을 다루었다. "하나님에 관한 모든 진술은 동시에 인간에 관한 진술이고, 그 반대도 마찬가지다. 이런 이유로 그리고 바로 이런 의미에서 바울의 신학은 동시에 인간학이다."[151] 이에 따라 불트만은 신자 개인에 대한 루터의 초점을 하이데거와의 대화를 통해 발전된 실존 개념과 융합시킨다. 그의 목표는 어떻게 구원에 대한 믿음의 이해 및 수용이 주로 인간 자신에 대한 새로운 이해가 되는지도 분명히 밝히는 것이다.[152]

....

(London: SCM, 1969), 66-94. 이런 주장에 근거해서 불트만은 (루터의 영향을 받아) 본문비평(*Sachkritik*, 주제에 입각한 비판적 본문 분석)에 몰두하게 되었고, 이것은 바르트와 불트만 사이의 간격이 더 벌어졌음을 암시했다. 두 사람 사이의 관계에 대해서는 K. Hammann, *Rudolf Bultmann: Eine Biographie* (Tübingen: Mohr Siebeck, 2009), 131-45 외 많은 곳을 보라.

150   바로 이 전형적인 표현은 예를 들어 "Glaube und Geschichte"(1948), (영역) "Grace and Freedom," in R. Bultmann, *Essays Philosophical and Theological,* trans. J. C. Greig (London: SCM, 1955), 168-81의 173쪽에서 인용된다. "objektivieren"(객관화하다)라는 동사와 "spekulativ"(사변적)이라는 형용사는 보통 바울의 신학이 **아닌** 것을 정의하는 데 사용된다(예. *Theologie,* 186-88).

151   *Theology,* 191; *Theologie,* 187. 다른 언급이 없다면 여기서 나의 인용은 그로벨(Grobel)의 번역이다.

152   불트만은 바울의 "실제 의도"를 명확히 이해하기 위해 바울의 진술들을 넘어서는 것이 필요하다는 사실을 의식하고 있다(예. *Theology,* 300-301; *Theologie,* 295-96). 그는 믿음의 이해를 내면화하고 개인화함으로써, 명확하게 **바울을 넘어** 루터의 발자취를 따른다. "루터가 바울을 넘어서며 나아간 것은…다음의 질문에 있다. 어떻게 **나는** 은혜로 우신 하나님을 얻는가? 바울은 믿음의 메시지에 대한 순종을 요청하지만, 어떻게 나는 순종할 수 있는가라는 질문은 그의 시야에 들어오지 않는다. 순종은 선포된 구원의 사실성과 하나님의 새로운 구원 규정을 인정하는 것이다. 교회의 참된 아들인 루터에게 이러한 인정은 자명한 것이었다. 하지만 루터는 순종이 실제로는 **그런 인정**에만 놓여 있지 않다고 보았고, 순종이 동시에 메시지의 인격적 수용과 계시에 대한 내적 복종이 아니라면 죽은 것이라고 믿었다"("*Barth's Epistle,*" 115).

이에 따라 『신약성서 신학』에서 제시되는 불트만의 유명한 바울 신학 분석은 인간의 상태에 관해 믿음이 계시하는 것에서부터 시작한다.[153] 불트만은 바울의 인간학적 용어를 취하여 인간 실존의 "존재론적"(ontological) 구조(본질적으로 인류에게 속한 것)와 인간의 "존재적"(ontic) 상태(실제로, 사실로, 사례로서 존재하는 상태), 이 두 가지 모두를 드러낸다. 존재의 실체성(이 실체성으로 인해 인간은 자기 자신과 관계를 가질 수 있다)과 욕망하고, 목적을 지향하고, 선택하고자 하는 인간의 능력은 존재론적으로 "이중의 가능성"을 계시한다. 이 이중 가능성은 "자기 자신과 하나가 될 가능성과 자기 자신과 뜻이 맞지 않아 자신으로부터 소원해질 가능성"을 의미한다.[154] 바울이 말하는 믿음의 관점에서 볼 때 인간 자아는 존재상으로는 (ontically) 사실상 이미 진정한 생명을 박탈당한 상태다. 왜냐하면 인간의 자아는 창조주 하나님께 의존할 때만 생명을 가질 수 있다는 점을 인식하고 있지 못하기 때문이다. 자기 자신으로부터 소외된 사람이 "자기 자신에게 되돌아가는 것"은 자기 자신이나 자신이 처분할 수 있는 그 무엇에 의해 가능한 것이 아니라 오로지 하나님으로부터만 가능하다. 사실 "육체"와 "죄"에 관한 바울의 담론은 다음과 같은 사실, 곧 죄의 본질이 하나님의 계명을 어긴 것이나 육체적 정욕에 있는 것이 아니라, 오히려 인간의 반역적 관념에 있다는 사실을 제시한다. 여기서 반역적 관념이란 인간이 자연적·피조물적 자원들을 토대로, 다시 말해 인간 자신의 능력과 성취(Leistungen)를 토대로 자신의 삶을 보장할 수 있다는 관념을 의미한다.[155]

---

153 불트만은 이 분석이 믿음으로부터 유래하고 있음을 분명히 한다. *Theology*, 191, 270; *Theologie*, 188, 266. 샌더스는 "불트만은 곤경으로부터 해결로 나아갔고, 바울도 자기와 똑같이 그랬던 것으로 가정한다"라고 말하며, 이것을 불트만의 "주요 실책"으로 간주한다. 이 점에서 샌더스는 불트만을 끈질기게 오해하고 있다. E. P. Sanders, *Paul and Palestinian Judaism* (London: SCM, 1977), 474.

154 *Theology*, 196; *Theologie*, 192. 성 감수성이 크지 않았던 지난 시대에는 이런 문제와 관련해서 남성 대명사가 표준이었다.

155 다른 곳에서 불트만은 보편적 "인지(recognition)의 필요성"과 우리 자신의 자원으로부

"그러므로 **실제**(real) **죄**는 다음과 같은 망상, 곧 생명을 창조주 하나님으로부터 받은 선물로가 아니라 자기 스스로 확보한 것으로 간주하는 망상을 스스로 드러내는데, 결국 이러한 망상은 하나님을 토대로 살아가는 것이 아니라 자신의 자아를 토대로 살아갈 수 있다는 그릇된 생각이다."[156]

이러한 자기신뢰적(eigenmächtige, self-reliant) 태도는 인간의 "자랑"을 낳는다. 곧 이방인의 지혜 자랑과 유대인의 율법 자랑이 이에 속한다. 불트만은 이러한 죄의 이해를 바탕으로 바울이 가하는 "율법의 행위"에 대한 비판을 해석한다.[157] 문제는 그런 행위의 내용도 아니고 그런 행위를 행할 수 없는 인간의 무능력도 아니다. 오히려 문제는 율법의 행위를 행하는 가운데 유대인이 이미 자신의 노력으로 "생명"(구원)을 얻고자 시도한다는 사실에 있다. 유대인은 자신이 가지고 있는 것과 특권에 의지하여 "자기 의"를 촉진시키는 죄를 범한다(롬 10:3; 빌 3:9).[158] 여기서 불트만은 루터의 "행위" 이해를 왜곡된 자기이해에 대한 바울의 간략한 표현(위 3.3.2를 보라)으로 발전시키는데, 이런 왜곡된 자기이해는 자급적 성취로 구원을 얻으려는 죄악된 욕망에 표현되어 있다. 불트만에 의하면, 바울은 율법의 열렬한 준수 속에서 (의식적으로나 무의식적으로) 은혜를 거부하는 가장 큰 잠재력을 발견한다. 행위를 요청하는 율법은 죄에 대한 균형추를 제공하

터 이것을 확립하려는 필사적인 시도에 관해 말한다. 예를 들어 "Grace and Freedom"과 "Christ the End of the Law," in Bultmann, *Essays,* 36–66을 보라.

156   독일어 원문은 다음과 같다. "*Als die eigentliche Sünde* offenbart sich also der Wahn, das Leben nicht als Geschenk des Schöpfers zu empfangen, sondern es aus eigener Kraft zu beschaffen, aus sich selbst statt aus Gott zu leben"(*Theologie*, 228. 강조는 원저자의 것임).

157   "바울의 율법에 관한 가르침을 결정하는 것은 죄의 본성을 꿰뚫는 그의 통찰력이다"(*Theology*, 264; *Theologie*, 260).

158   롬 7장에 명확히 서술되어 있는 인간의 곤경에 관한 불트만의 연구를 참조하라. "Römer 7 und die Anthropologie des Paulus," in W. Schneemelcher, ed., *Imago Dei* (Giessen, 1932), 53–62. (영역) *Existence and Faith*, 147–57.

는 것이 아니라 오히려 "죄인으로 살아갈 가장 큰 가능성"을 제공한다.[159] 물론 불트만은 이것이 유대교 자체의 관점이 아니라 유대교를 바라보는 바울의 관점임을 잘 알고 있다. 실제로 유대교는 하나님의 은혜를 주로 잘못된 길로 나아간 이스라엘에 대한 면죄부로서, 그리고 율법 성취를 목적으로 삼는 경건한 사람의 은혜로운 길잡이로 알고 있다.[160] 따라서 유대인은 "율법의 행위에 의한 칭의와 사람의 믿음 안에 전유(傳諭, appropriated)된 신적 은혜에 의한 칭의가 서로를 배척한다는 [바울의] 명제에 반대할 것"이다. 그러나 불트만은 "그것이 바울의 결정적 주제"라고 덧붙인다.[161]

여기서 "결정적인" 것은 바울이 이해하는 은혜다. 바울에게 은혜는 하나님의 면죄부도 아니고 신적 도움도 아니다. (마르키온에게는 실례지만) 복음은 진노하고 심판하는 그런 하나님 대신에 어떤 친절하고 다정한 하나님을 제시하는 것이 아니다. 사실 하나님의 은혜는 심판자의 은혜로만 파악이 가능한데, 이 심판자는 역설적이게도 죄인들을 의롭게 하기 위해 행동하는 존재다. 바울의 관점에서 은혜는 하나의 행위 곧 하나의 사건, 특별히 예수의 죽음과 부활이라는 종말론적(그래서 결정적) 사건이다. 이는 복음의 선포에서 나타나는데, 복음 선포의 목적은 듣는 자와 만나고, 그에게 다가가 말을 걸고, 그의 "마음을 두드리는 것이다." 선포되는 것은 하나님의 의의 선물(즉 도덕적 특질이 아닌 하나님과의 적극적인 관계)이고, 이 선물은 "완전히 값없이 주어지는" "순수한 선물"이며 "행위"에 조금도 의존하지 않는다. 그렇기에 복음은 듣는 자에게 다음과 같이 매우 중요한 질문을 던진다. "사람은 자기 자신에 관한 자신의 옛 지식을 기꺼이 포기하

---

159   *Theology*, 267; *Theologie*, 263.

160   "Christ the End of the Law," 46을 보라. 다른 곳에서 불트만은 제2성전 시대 유대교를 폄하하는 진술을 하는데, 이것은 그가 수용한 루터 신학이 그의 역사서술을 왜곡시켰음을 암시한다. Bultmann, *Primitive Christianity in Its Contemporary Setting*, trans. R. H. Fuller (London: Thames and Hudson, 1956), 59-71을 보라.

161   *Theology*, 263; *Theologie*, 259-60.

고, 이후로는 자기 자신을 오로지 하나님의 은혜를 통해서만 이해할 것인가?"[162] 불트만은 바르트의 "위기" 용어를 사용하고 있지는 않지만, 바르트의 위기 용어와 동일한 효과를 일으키고 있다. 정확히 말해 이러한 은혜는 인간의 상태와 전혀 어울리지 않으므로(하나님은 **죄인**을 의롭게 하신다), 인간의 모든 성취와 자랑의 뿌리를 잘라버린다. 그렇게 이해될 때, 은혜는 "행위"와 정반대 개념이다.

하나님의 선물의 선포는 "믿음"의 결단을 요청한다. 그 결단은 인간의 행동(Tat)이지만 사람들이 신뢰하는 성취의 의미에서 본다면 분명히 행위(Werk)는 아니다.[163] 사실 믿음이란 우리가 과거에 가지고 있었던 자기충족의 망상과 자기신뢰의 노력들을 포기하는 것이다. 믿음은 인간적 성취에 대한 근본적 거부를 의미한다.

> 신자가 믿음의 "고백"을 할 때 자기 자신으로부터 돌아서고, 자신의 현 상태 및 소유가 하나님의 행하심을 통해 주어진 것이라고 고백한다. 믿음은 행위나 태도일 수 있는 그 어떤 것에도 호소하지 않고, 믿음보다 앞서 선행하는 하나님의 은혜의 행위에 호소한다.[164]

믿음은 오로지 하나님의 은혜에 의해서만 가능하고, 말씀의 선포 안에서 경험된다. 믿음에는 인간의 능력을 주장하는 것이 아닌 인간의 능력을 거부하는 것이 수반된다. 그럼에도 불구하고 믿음은 **결단이다**. 곧 바

---

162 *Theology*, 301; *Theologie*, 296.

163 *Theology*, 283-84, 315-16; *Theologie*, 278-79, 311-12를 보라.

164 *Theology*, 319; *Theologie*, 314. 불트만에 대한 최근의 오해와 πίστις Χριστοῦ를 "목적격 소유격 용법"으로 보는 것에 대한 반론(예. 마틴의 반론; 아래 3.5.4를 보라)과 관련하여, 이 요점의 분명한 이해가 중요하다. 불트만에게 믿음은 구원의 "조건"이다. 하나님의 선물이 믿는 자들에게 강요되는 것이 아니라 자발적으로 수용되어야 한다는 의미에서 그렇다. 그렇기에 믿음은 어떤 특수한 인간적 능력이나 영적 또는 인지적 성취가 아니다.

울이 "믿음의 순종"이라고 부르는 것이다(롬 1:15). 선물(Gabe)로서의 은혜가 자기신뢰라는 죄에 타격을 입히므로, 은혜는 자아의 포기를 요구한다. 자아 포기는 순종, 곧 특수한 기독교적 실천이 아니라 하나님께 자기 자신을 맡기는 것(믿음)과 다른 사람들을 위해 자기를 내어주는 것(사랑)으로 표현되는 순종을 뜻한다. 이런 의미에서 불트만은 은혜가 믿는 자의 삶을 "규정하는"(bestimmen) "능력"이라고 말한다. 하지만 이는 강제적인 형식을 취하지 않는다. 그렇게 된다면 우리는 결코 순종에 대해 말할 수 없을 것이다. 비록 바울이 신화적 언어를 사용하여 영적 권세들과 성령의 인도하심에 관해 말하고 있다 해도, 바울은 이를 인간적 행위가 강제되거나 대체된다는 의미에서 말하고 있는 것이 아니다.[165] 오히려 하나님의 은혜-행위가 이루는 것은 참된 결단의 가능성을 개방시키는 것이다. 바울의 예정론적 언어(예. 롬 9장)는 하나님의 은혜가 "우리 밖에서" 그리고 "우리의 존재 이전에" 작용하고 있음을 지시하려 하지만, 그것을 문자적으로 받아들일 때 우리는 바울을 완전히 자기모순에 빠진 자로 만들어버리고 말 것이다.[166] 은혜는 신자에게 새로운 상황을 창조하는데, 이 새로운 상황은 신자가 자신의 자아를 새롭게 이해할 수 있는 가능성을 의미한다. 그렇다고 이 새로운 상황이 "인간의 실체 즉 인간 본성의 기초와 관련하여 마술적 혹은 신비적 변화를 의미하는 것은 아니다."[167] 그리스도의 몸, 죽음, 그

---

165 *Theology*, 257-59, 336-37; *Theologie*, 253-55, 332-33. "성령의 인도하심을 받는 것은 우유부단하게 질질 끌려가는 것(*ein entscheidungsloses Hingerissenwerden*)이 아니며… '육체' 아니면 '성령'이라는 직접적인 결단을 전제한다"(*Theology*, 336; *Theologie*, 333).

166 *Theology*, 329-30; *Theologie*, 325-26. 참조. *Theology*, 285-87; *Theologie*, 281-83(화해 사건 안에 하나님의 주도권으로 표현된 은혜의 "우선성"에 관한 부분).

167 *Theology*, 268-69; *Theologie*, 265. "…es findet keine magische oder mysteriöse Verwandlung des Menschen hinsichtlich seiner Substanz als seiner Naturgrundlage statt." 불트만은 은혜에 의해 열린 새로운 상황이 옛 상황으로부터 어느 정도 발전한 것은 아니지만, 그래도 믿는 자의 "새 실존은 옛 실존과 역사적인 연속성 안에 있다"는 점을 애써 강조한다(*Theology*, 269; *Theologie*, 265).

리고 새로운 생명의 공유를 말할 때 바울은 참여의 용어를 사용한다. 그렇지만 불트만은 이런 언어(영지주의 또는 신비종교들에서 파생된 용어)에는 신자가 어떤 "초자연적 실체"에 참여하고 있음을 가리키려는 의도가 전혀 없었다고 주장한다.[168] 객관화의 개념들을 사용하는 것은 여기에서도 그리고 그리스도의 부활에 있어서도 결코 적절하지 않다.[169] 은혜는 어떤 "사물"(thing)을 전달하지 않는다. 은혜는 가능성의 조건들을 변화시킨다. 그래서 은혜를 받은 인간은 자신의 진정한 실존을 성취하고, 더 이상 자기 자신을 따라 살지 않고 하나님의 선물인 은혜에 따라 살아간다. 하나님은 그리스도-사건의 선포 안에서 믿는 자들을 죄의 강력한 망상으로부터 값 없이 해방시키시는 분이다.

루터와 바르트의 영향을 받은 불트만은 은혜의 **비상응성**을 바울 신학의 핵심으로 삼는다. 은혜는 우리가 우리의 것으로써 하나님의 인정과 보상을 받고자 추구하는 왜곡된 인간적 욕망을 폭로하고 정죄하며 이를 극복한다. 불트만은 아우구스티누스의 예정 이해와는 거리를 두지만, 아우구스티누스가 중시했던 은혜의 **우선성**은 강조한다. 하나님의 은혜는 우선적인데(vorkommende), 그 이유는 하나님의 은혜가 사람의 반응을 미리 결정해놓아서가 아니라, 새로운 자기이해의 가능성을 열어놓기 때문이다. 불트만은 능력들에 관한 바울의 언어를 조심스럽게 다루고 자유, 결단, 순종을 강조하는데, 이는 그가 적어도 아우구스티누스와 칼뱅주의 전통에서 발견되는 은혜의 **유효성**을 극대화하는 것에 주저했음을 보여준다. 마르키

---

168 *Theology,* 302; *Theologie,* 297, "übernatürliche Substanz."

169 바울을 해석할 때 불트만이 겪은 가장 큰 어려움은 바울의 부활 언어와 관련되어 있다. 바울의 부활 언어는 바울이 부활을 역사적 사건으로 증명하기 위해 애쓰는 언어(고전 15:1-11)이며 그가 부활하신 그리스도의 생명을, 객관적으로 실재하고 믿는 자가 다가가서 공유할 수 있는 것으로 명확히 제시하는 개념을 뜻한다. 특별히 바르트의 *Die Auferstehung der Toten*(위 각주 149)에 대한 불트만의 서평과 그의 유명한 논문 "The New Testament and Mythology," in *The New Testament and Mythology and Other Basic Writings,* trans. and ed., S. Ogden (London: SCM, 1985), 1-43을 보라.

온이나 현대 자유주의 신학과 달리 (그러나 여기서는 아우구스티누스나 칼뱅과 같이) 불트만은 하나님의 은혜가 하나님의 진노 및 심판 개념과 양립할 수 없다는 의미에서 **특이한** 것이 아니라고 본다. 오히려 은혜는 의로운 심판자의 역설적 행위다. 또한 하나님의 은혜는 어떤 요구도 동반하지 않는다는 의미에서 **비순환적인** 것도 아니다. 말하자면 은혜의 **요구**와 믿음의 **순종**에 대한 불트만의 강조는 루터의 그것과—최소한 그 어조에 있어서— 뚜렷한 차이를 보인다. 불트만에게 "순수한 선물"이나 "급진적 은혜"에 관한 언급은 그 무엇보다 다음을 의미한다. 즉 하나님 앞에서 자랑할 이유가 우리에게 전혀 없다는 것이다. 왜냐하면 하나님의 은혜는 인간의 노력에 따라 주어지지 않고, 오히려 자신의 의와 가치를 내세우는 인간의 자기파괴적 욕구의 뿌리를 잘라내버리기 때문이다.

3.5.3. 에른스트 케제만

스승인 불트만에게 큰 영향을 받았고 불트만과 같이 루터 전통의 부흥을 이끌었던 케제만 역시 은혜의 **비상응성**을 바울 신학의 특징으로 삼는다. 케제만은 "경건치 않은 자의 칭의"(롬 4:5)를 핵심으로 내세우며, 하나님이 "죽은 자를 살리시며 없는 것을 있는 것으로 부르시는"(롬 4:17) 분이라는 바울의 정의를 자주 부각시킨다. 이러한 바울 해석은 루터의 "십자가 신학"과 결합되면서 은혜 안에 표현되는 하나님과 인간 사이의 불일치성을 강조한다. 다시 말해 하나님은 인간의 성취에 어떤 상을 주시거나 그 성취를 보완해주시는 분이 아니시며, 약한 것 속에서 강한 것을 증명하시고 "무로부터" 유를 창조하시기 위해 인간의 허세를 티끌로 돌리는 분이시다.[170] 나아가 우리는 케제만이 칼 바르트와 아돌프 슐라터의 영

---

170 이 티끌로 돌아감(*redigi ad nihilum*)과 무로부터의 창조(*creatio ex nihilo*)에 대해서는 E. Käsemann, "Der Glaube Abrahams in Röm 4," *Paulinische Perspektiven,* 2판 (Tübingen: Mohr Siebeck, 1972), 140-77(특히 149-54), (영역) "The Faith of Abraham in Romans 4," in *Pauline Perspectives,* trans. M. Kohl (Philadelphia: Fortress Press, 1971),

향을 받은 흔적도 추적할 수 있다. 이 두 사람은 인간과 전적으로 다른 주권적 타자로서의 하나님의 "신성"(Gottheit)을 강조했는데, 이는 케제만으로 하여금 구원을 새로운 자기이해의 가능성으로 보는 불트만의 경향을 거부하도록 만들었다.[171] 케제만은 때때로 바울 논쟁의 표적을 바르트의 용어인 "종교"로 표현하지만, 그보다 빈번하게 바울 논쟁의 표적에 "경건"(Frömmigkeit)이라는 꼬리표를 붙인다. 이것은 케제만이 독일 개신교사상의 개인화되고 보수적인 영성과 꾸준한 긴장관계에 있었다는 사실을 보여준다. 실제로 케제만이 가담했던 교회관련 논쟁들로는 먼저 1930년대에 "독일 그리스도인들"과 벌인 논쟁이 있고, 이어서 제2차 세계대전 후 여러 번에 걸쳐 전면에 나서서 벌인 논쟁들이 있었는데, 이것들은 그의 바울 해석에 중대한 영향을 미쳤다. 그리고 그의 바울 해석은 그것이 학

79-101(90-93)을 보라. 따라서 "하나님은 오로지 땅의 관점에서 보면 아무것도 존재하지 않는 곳에서만 창조하신다." E. Käsemann, *Commentary on Romans*, trams. G. W. Bromiley (London: SCM, 1980), 124; *An die Römer*, 4판 (Tübingen: Mohr Siebeck, 1980), 117. 이런 이유로 하나님의 은혜는 또한 인간의 망상에 대한 심판이다. "Zur Thema der urchristlichen Apokalyptik," in *Exegetische Versuche und Besinnungen*, 제2권 (Göttingen: Vandenhoeck & Ruprecht, 1965), 105-31(특히 123), (영역) "On the Subject of Primitive Christian Apocalyptic," in *New Testament Questions of Today*, trans. W. J. Montague (Philadelphia: Fortress Press, 1969), 108-37(123). "은혜는 오로지 심판자의 손으로부터 주어진다." *Romans*, 83; *An die Römer*, 78.

171 "오직 경건치 않은 자만이 의롭다 함을 얻는다. 예수의 십자가 아래서 이 교훈을 깨닫지 못하는 한, 하나님의 하나님 되심(*Gottes Gottheit*)은 진실로 인정되거나 존중되지 않았다. 그 결과 그런 인간은 아직 인간이 되지 못했다(*zur wirklichen Mensch-werdung des Menschen*)." "Paul and Israel," in *New Testament Questions*, 183-87(186); "Paulus und Israel," *Exegetische Versuche*, 제2권, 194-97(196). 바르트의 영향에 대해서는 D. W. Way, *The Lordship of Christ: Ernst Käsemann's Interpretation of Paul's Theology* (Oxford: Clarendon Press, 1991), 37-42를 보라. 케제만은 자신이 다음과 같은 바르트의 초기 논문을 몹시 몰두해서 읽었다고 고백했다. Karl Barth, "A Theological Review," *On Being a Disciple of the Crucified Nazarene: Unpublished Lectures and Sermons*, ed., R. Landau, trans. R. A. Harrisville (Grand Rapids: Eerdmans, 2010), xii-xxi(xv). 케제만과 슐라터의 관계에 대해서는 Zahl, *Die Rechtfertigungslehre Ernst Käsemanns* (Stuttgart: Calver Verlag, 1996), 135-47을 보라.

문적 형태를 지니고 있을 때에도 언제나 교회를 섬기는 것을 염두에 두고 있었다.[172]

케제만의 바울 해석은 광범위한 영향력을 행사했던 불트만의 실존주의적 해석과 한평생 대화하는 가운데 형성되었다. 케제만은 바울 신학에 담긴 타의 추종을 불허하는 인간학적 깊이를 인정하지만, 불트만이 인간학을 바울 신학의 출발점 및 그 중심으로 삼은 방식에 대해서는 이의를 제기했다. "하나님에 관한 모든 진술이 동시에 인간에 관한 진술이고 그 역도 성립한다면"(불트만, 위를 보라), 여기서 케제만은 "그 역"을 강조한다. 케제만에게 있어서, 인간이 "도전할 수 있는 존재 또 계속해서 도전을 받는 존재"라는 것은 실존의 본질적 요소다. "인간은 이 땅에서 순례자로 살아가도록 강제하는 하나님의 명령을 경험하고 있다는 점에서 피조된 존재다."[173] 따라서 인간에 관한 핵심 질문은 인간이 **자기 자신** 그리고 자신의 내적 목표와 **어떤 관계를 갖느냐**에 관한 것이 아니라, 인간이 **누구에게 응답할 수 있고** 누구에게 속해 있느냐에 관한 것이다. 구원의 결과로 야기되는 변화는 먼저 자기이해에 관한 변화가 아니라 "주되심"에 관한 변화다(Herrschaftswechsel).[174] 케제만은 바울에 대한 실존주의적 해석 안에 내재되어 있는 개인주의를 강하게 반대했다. 왜냐하면 그는 바울이 개인적 범주 내에서뿐만 아니라 집단적 범주 내에서도 사역을 감당했고 구원의 드라마 전체를 역사적 무대, 아니 우주적 무대 위에 위치시켰다고 확신했기 때문이다.[175] 이러한 신념은 바울의 교회론과 참여 신학을 다룬 케제만

----

172 1930년대에 겪었던 경험에 대한 케제만 자신의 설명에 대해서는 "A Theological Review," xvii-xxi을 보라. 교회와의 갈등에 대해서는 *Kirchliche Konflikte* (Göttingen: Vandenhoeck & Ruprecht, 1982)와 *On Being a Disciple*에 수록된 다수의 논문을 보라.

173 "On Paul's Anthropology," *Pauline Perspectives*, 1-31(5), "Zur paulinischen Anthropologie," *Paulinische Perspektiven*, 9-60(15).

174 "'The Righteousness of God' in Paul," *New Testament Questions*, 168-82(176), "Gottesgerechtigkeit bei Paulus," *Exegetische Versuche*, 제2권, 181-93(188).

175 그의 논문인 "On Paul's Anthropology"가 분명히 밝히고 있듯이, 케제만은 여기서 유럽

의 초기 연구에 드러나 있으며, 권세 영역에 관한 "영지주의적" 관념의 배경과 대조를 이룬다. 그러나 이 신념이 발생하게 된 또 다른 이유는 바울이 사용한 "몸"(σῶμα)이라는 용어의 의미를 놓고 케제만과 불트만이 서로 의견을 달리했기 때문이다. 케제만은 "몸"을 개인이 자기 자신과 갖는 관계(불트만)로 여기지 않고, 오히려 "몸"이 인간의 자아가 거대한 물리적·사회적 환경 속에 뿌리 내리고 있음을 나타낸다고 보았다. 이런 해석에 따르면 몸은 주권적 창조자이신 하나님이 주관하시는 "세상의 한 부분"이다.[176] 바울 신학의 범주는 결국 우주적 범주와 일치한다.

1940년대 후반부터 케제만은 바울 사상의 종교-역사적 "배경"을 영지주의가 아닌 유대교 묵시 사상으로 간주했다.[177] 비록 케제만의 "묵시"라는 용어가 때때로 묵시 문헌들과 느슨하게 연관되어 있기는 해도, "묵시 사상이 기독교 신학의 어머니"라는 케제만의 주제는—아무리 그 말이 "신비적"으로 들릴지라도—다음과 같은 의도, 곧 세상을 지배하고 억압하는 권세들에 대한 하나님의 예견된 승리가 바울 신학을 포함한 초기 기독교 신학을 태동시킨 원동력이었음을 강조하려는 의도를 갖고 있었다.[178] 초기 기독교의 "묵시문학"은 예수의 재림(Parousia)을 임박한 사건

사상의 지성적 지평의 변화에 반응하고 있다. 그 사상은 인간의 상태를 실존주의적 분석의 형태를 훨씬 벗어난 사회적·경제적·생물학적 관점에 따라 해석한다.

176   "세상의 한 부분"(*das Stück der Welt*)이라는 표현은 가끔 반복된다. 예를 들어 다음의 자료들을 보라. "Amt und Gemeinde im Neuen Testament," *Exegetische Versuche*, 제1권, 109-34(특히 111); "Ministry and Community in the New Testament," *Essays on New Testament Themes*, trans. W. J. Montague (London: SCM Press, 1964), 63-134(특히 65); *An die Römer*, 169.

177   이 변화에 대해서는 Way, *Lordship*, 53-176을 보라. 이 글에서 1949년 불트만에게 쓴 중요한 편지가 인용되며, 그 편지는 이 변화(아마 사해 사본의 발견으로 자극을 받은 것으로 보이는 변화)를 드러낸다.

178   묵시문학이 초기 기독교의 "어머니"라는 논쟁적 전제에 대해서는 "The Beginnings of Christian Theology," *New Testament Questions*, 82-107(특히 102), "Die Anfänge christlicher Theologie," *Exegetische Versuche*, 2권, 82-104(특히 100)를 보라. "묵시"라

으로서 기대했다. 하지만 그 믿음의 신학적 실체는 예수께서 우주를 위협하고 속박하는 능력들을 물리치시고 왕좌에 앉으시는 것이었다. 묵시문학의 매우 중요한 질문은 다음과 같다. "세상은 누구에게 속해 있는가?"[179] 묵시문학의 지평은 언약 공동체를 넘어 우주 전체로 확장되는데, 창조주 하나님은 바로 이 우주 전체에 신실하게 역사하신다. 묵시문학의 중심 드라마는 바울의 다음과 같은 개념, 곧 "하나님의 의"와 그리스도의 "주되심"이라는 개념에 표현되어 있는 주권에 대한 하나님의 주장이다. 고린도전서 15:20-28에 나오는 바울의 묵시 내러티브는 이러한 바울의 이해에 핵심이 되는 내용으로, 이 묵시 내러티브는 믿는 자들을 육체와 영, 이 둘 사이의 권력 투쟁 한복판에서 발견한다(갈 5:16-23). 여기서 "묵시"는 "실존주의적" 혹은 "개인주의적" 바울 해석과 대립되지만, 바울 안에서 "구속사"의 형태를 추적하는 해석들과 반드시 대립각을 이루고 있는 것은 아니다. 사실, 이후 세대를 거치면서 묵시는 초기 기독교 내러티브들의 기원으로 간주되고 있으며, 케제만은 이스라엘의 과거, 현재, 미래에 대한 바울의 관심(롬 9-11장)을 설명해줄 수 있는 "구속사"적 해석을 불트만에게는 불가능한 방식으로 신중하게 받아들였다. 여기서 우리는 구속사가 내재적 발전과정 혹은 인간적 연속성을 통해 진행되는 것이 아님을 명확히 해야 한다. 하나님의 "구원계획"(Heilsplan)은 분리와 재앙(Unheil)을 통해 진행되며, 따라서 오직 은혜의 기적으로만 작용하는 것이다. 다시 말해 구속사의 일반적 패턴은 (특권을 가진 자, 의로운 자, 혹은 경건한 자가 아니라) **경건치 않은 자**를 의롭게 하는 것이다.[180]

는 말은 이전의 신학적 용어인 "종말론"이라는 용어와의 결별을 표시하기 위해 선택되었다. "종말론"은 변증법적 신학에서 미래에 대한 기대라기보다는 모든 개인적인 믿음의 결단이 직면하는 성격, 곧 일상적인 믿음의 결단을 요청하는 궁극적 성격을 가리켰다. Way, *Lordship*, 174를 보라.

179 "Primitive Christian Apocalyptic," 135.

180 "Justification and Salvation History in the Epistle to the Romans," *Perspectives on Paul*,

은혜에 대한 케제만의 해석은 이와 같은 "묵시" 구조에 부합한다. 자신의 중추적이고 논쟁적 논문인 "바울에게서 나타나는 '하나님의 의'에 관하여"에서 케제만은 "하나님의 의"를 "선물"로 보는 해석(불트만의 견해를 포함한 루터 전통의 중심 사상)이 하나님의 의를 "권능"(Macht)으로 보는 해석을 통해 보충되어야 한다고 주장했다. 무엇인가를 주실 때 하나님은 구원을 일으키는 권능 곧 피조물에 대한 창조자로서의 권리를 나타내는 자신의 "의"와 함께 "무대에 오르신다"는 것이다.[181] 그러므로 은혜는 능력(은혜의 권능 혹은 은혜의 통치, Gnadenmacht or Gnadenherrschaft)으로도 이해되어야 한다. 은혜는 수혜자에게 건네지는(그래서 그들의 소유가 되는) 그 무엇이 아니다. 그것은 수여자와 분리될 수 없다.[182] 선물과 함께 그 선물의 수여자, 곧 주님도 함께 오는데, 수여자이신 주님은 선물을 통해 자신의 자비하심뿐만 아니라 자신의 권위도 행사하신다. 그 결과 선물 **자체**는 순종으로의 부르심이 될 뿐만 아니라 섬김의 능력도 된다.[183] 따라서,

구원은 우리에게 주어지는 어떤 것에 달려 있지 않다. 그것이 아무리 놀라운 것이라 해도 그렇다. 단순히 말해 언제나 구원은 우리를 위해 임재하시는 하

60-78 ("Rechtfertigung und Heilsgeschichte im Römerbrief," *Paulinische Perspektiven*, 108-39)을 보라. 이것은 약간 혼란스러운 면이 있지만, 스텐달(K. Stehndal, 아래 3.6.2를 보라)에 대한 대답을 제시한다.

181 "The Righteousness of God," 168-76. δικαιοσύνη θεοῦ("하나님의 의")라는 문구가 묵시문학 전통 안에서 고정된 형식이었다는 주장은 이 문구 안에서 하나님 자신의 주체적 행위가 환기된다는 주장보다 신뢰성이 더 떨어진다. 이 문구는 단순히 "하나님이 주시는 의"라는 의미만 갖고 있는 것이 아니다(그 의미를 포함하고는 있지만 말이다).

182 *Gnadenmacht*("은혜-권능"): "Gottesgerechtigkeit," 187, *Gnadenherrschaft* ("은혜-주권성"): *An die Römer,* 175. "Die hier mitgeteilte Gabe ist nicht and nie von ihrem Geber ablösbar"(여기서 전달되는 선물은 그것의 수여자로부터 결코 분리될 수 없다): "Gottesgerechtigkeit," 186.

183 우리의 인류학적 선물 연구가 이미 제시한 것처럼(위 1.1을 보라), 선물 그리고 수여자의 임재 및 능력 사이의 이런 연관성은 정확하게 우리가 예상했던 것이다.

나님 자신이다.⋯그러나 하나님이 나타나실 때 그분은 또한 우리의 주로서 그리고 심판자로서 우리와 만나신다. 우리는 하나님의 선물을 경험하지만, 그와 동시에 우리에게 요청하시는 그분의 능력 곧 피조물 전체에 대한 창조주의 주권적 권리도 경험하게 된다.[184]

케제만은 은혜 신학이 지닌 몇 가지 잠재적 문제점을 인지하고 반박했다. 케제만의 해석은 "값싼 은혜"(하나님은 답례에 대한 아무런 기대 없이 주신다는 것)에 반대했고, 하나님을 새로운 자기이해의 은혜로운 원천으로 환원시키는 것도 반대했다. 그는 또한 하나님의 선물이 세월이 흐르면서 인간적 특권이나 안전한 소유물로 취급되지 않도록 조심했다.

하나님의 의는 현재 작용하고 있는 구원의 능력(heilsetzende Macht)이며, 은혜와 요청의 지속적 원천인 것이다.[185] 유대교에도 신적 선물이 주어졌다(롬 9:1-5). 그러나 바울의 관점은 분명히 구별되어야 한다. 불트만과 마찬가지로 케제만도 바울이 "성취"(Leistungen)와 "자기 의"로서의 "행위"에 반대하는 논쟁을 펼친다고 보았다. 그러나 선물이 특권과 오만한 권리로 왜곡되는 것은 바울의 이러한 논쟁이 표적으로 삼고 있는 동일하게 중요한 한 측면이었다.[186] 케제만에 의하면 "근본 죄"(Grundsünde)는 인간이 하나님에게서 독립하려는 시도이며, 이러한 시도는 하나님의 주권에 대한 도전 그리고 권세나 능력에 대한 거짓 주장으로 구성된다.[187] 바울이 이스라엘에 대하여 비판하고 있는 내용은 인간의 보편적인 죄를 대표한다(바울의 목표는 우리 모두 안에 숨어 있는 유대인이다).[188] 그러나 이스라엘의

---

184 "Justification and Salvation History," 74-75 ("Rechtfertigung und Heilsgeschichte," 132-33).

185 예를 들어 "Gottesgerechtigkeit," 193.

186 "Paul and Israel," 185 ("Paulus und Israel," 195-96).

187 "Paul and Israel," 184-85 ("Paulus und Israel," 195).

188 "Paul and Israel," 186 ("Paulus und Israel," 196: "In und mit Israel wird der verborgene

"자랑"은 단순히 개인적인 자기 의의 형태가 아니다. 그것은 하나님의 선물을 자기들의 특권으로 바꾸는 집단적 왜곡으로, 이때 특권은 "과시적인 소유물"로서 교만과 "불순종"을 조장한다.[189] "바울이 실제로 맞서 싸운 율법주의는 무엇을 상징하는가?…그것은 하나님의 약속을 자신들의 특권으로 바꾸고, 하나님의 계명을 자기성화의 도구로 변질시킨 이른바 '경건한' 사람들의 공동체를 상징한다."[190]

　　은혜는 하나님의 임재와 권능의 구현이므로 결코 인간의 자산이 될 수 없다. 이 점이 바로 특별히 루터가 염려했던 부분이었다(위 3.3.3을 보라). "의와 공의는 오로지 하나님이 날마다 새롭게 그것들을 우리에게 주실 때―다시 말해 믿음 안에서―우리의 것이 될 수 있다. 고린도전서 10:1-13은 하나님의 선물(은사)이 계속 보장되는 것이 아니라고 말한다. 오히려 하나님이 주시는 선물의 중요성은 그것이 우리로 하여금 유일한 수여자이신 하나님을 향하도록 만든다는 것이다."[191] 바울의 인간학은 어떤 인간도 진실로 자율적이지 못하며, 구원의 선물은 역설적으로 새로운 섬김에 참여할 자유를 수반하고 있음을 드러낸다. 여기서 은사(Gabe, 선물), 임무(Aufgabe), 은혜(Gnade), 섬김(Dienst)은 서로 일치한다(롬 6:12-23을 보라). 그러나 순종의 결단은 매일 새롭게 계속되어야 하며, 영구히 반복해서 세례로 되돌아가야 한다(세례는 루터가 강조한 또 다른 주제다; 위 3.3.3을 보라).

　　케제만이 믿는 자의 순종 안에서 일어나는 신적 행위와 인간적 행위

Jude in uns allen getroffen"; 이스라엘 안에서 그리고 이스라엘과 함께 우리는 우리 안에 은폐되어 있는 유대인과 조우한다). 여기서 "유대인"이 죄의 표본이 되고 있는 방식은 이 전통에 있어서 크게 문제가 되는 한 가지 경향을 폭로하는데, 그것의 뿌리가 아우구스티누스까지 소급된다.

189　*Unbotmäßigkeit*: "Gottesgerechtigkeit," 192 ("Righteousness of God," 180).

190　"Justification and Salvation History," 72 (약간 수정된 번역임; "Rechtfertigung und Heilsgeschichte," 127-28).

191　"Paul and Israel," 185 ("Paulus and Israel," 196).

사이의 관계를 어떻게 이해했는지가 항상 분명하지만은 않다. 그는 우리의 삶을 "결정하는"(bestimmen) 능력에 대해서도 말했지만, 한편으론 은혜를 전유(傳諭, appropriate)하는 인간적 결단에 대해서도 말을 했다.[192] 하나님의 선물은 먼저 주어지고 능력을 부여한다. 믿는 자는 이 선물을 스스로 창조할 수 없고, 다만 그 진위를 증명하거나 행동으로 실증(bewähren)할 수 있을 뿐이다. 그러나 하나님의 능력이 믿는 자의 행위를 대체하거나 대신하는 것은 아니다. 믿는 자는 수동적 혹은 신비적으로 신적 행위 속으로 흡수되는 것이 아니라 능동적이고 책임 있는 순종으로 부르심을 받는다.

케제만에 의하면 믿는 자의 능동적인 참여는 "성"과 "속"을 잘못 구분하는 "종교"의 경계선을 넘어서며, 그 결과 하나님이 계속 개선시키시고 있는 세상 전체를 관통한다. 이와 같이 경계선을 건너는 "출애굽"(또는 "순례")은 사회적·정치적 표현을 취할 수도 있다. 특별히 대중적인 작품과 강연을 통해 케제만은 "경건치 않은 자의 칭의" 개념에 교회의 다음과 같은 사명이 함축되어 있다고 말했다. 즉 그는 예수의 사역에서 뽑아온 주제들을 가지고 바울의 메시지를 해석하며 교회가 고난 받는 자, 잃어버린 자, 변두리의 위치에 있는 자들을 품어야 할 사명이 있다고 역설했다(그 결과 그는 이 주제에 관한 학문적 관심을 불러일으켰다). 이런 정황 가운데, 보수적인 중산층 기독교에 대한 케제만의 인내심은 유럽, 남아프리카, 남미에서 벌어진 혁명 운동에 대한 그의 공감과 더불어 극에 치달았다.[193] 사실 케제만의 유산이 보존된 이유는 신학과 정치 둘 사이의 이러한 연계성 때문이다. 케제만은 경건하지 않은 자의 칭의와 은혜의 비상응성을 강조하는 개신교 사상을 다음과 같은 세대, 곧 이러한 주제들에 대한 불트만의 실존론적 해석에 신뢰를 잃어가던 세대에게 (그리고 이 세대 안에) 성공적으로

---

192   예를 들어 "Ministry," 79 ("Amt," 122).

193   예를 들어 "The Righteousness of God in Paul," 15-26에 있는 "제자도에 관하여"(On Being a Disciple)을 보라. 케제만의 딸 엘리자베스는 1977년에 군사정권에 반대한다는 이유로 아르헨티나 교도소에서 살해당했다.

전달했다(그리고 새롭게 했다). 루터 전통이 대체로 비상응적인 은혜의 작용을 개인적인 삶 속에서 찾아냈던 반면에, 케제만은 비상응적인 은혜의 사회적·정치적 의의를 이끌어내어 미국과 독일의 정치적 의식이 있는 새로운 세대에게 바울 신학을 활성화시켰다. 루터 및 불트만과 같이 케제만도 은혜의 **단일성**을 극대화하는(perfecting) 것에는 관심을 두지 않았다. 케제만에게 은혜는 항상 주님이신 동시에 심판자이신 하나님의 역설적 선물이기 때문이다. 또한 케제만은 루터 및 불트만과 마찬가지로(아우구스티누스 그리고 칼뱅과는 달리) 은혜의 **유효성**을 극대화하는 것을 꺼려했다. 이는 케제만의 강조점이 다음과 같은 순종, 곧 믿는 자들이 주를 섬기는 가운데 적극적으로 행하는 순종에 놓여 있었기 때문이다. 신화적 개념인 "권세들"이란 용어를 복구함으로써 케제만은 은혜를 수여하는 주체의 능력과 요청을 강조했으며, "값싼 은혜"를 조장하는 루터 전통의 위험스러운 경향과 더불어 은혜의 일방적 또는 비순환적 극대화(위의 3.3.4를 보라)에 저항했다. 은혜는 수여자의 선물만이 아니라 요청도 함께 전달한다. 아니 요청이 오히려 선물에 필수적이다. 그러나 은혜 수여자의 요청 내용은 다음과 같다. 즉 은혜의 수혜자를 변화시키고, 약한 자, 희망 없는 자, 소외된 자들을 하나님의 창조적 권능 안으로 이끄는 것이다. 케제만이 칭의를 무시하는 시도들(예. 스텐달)을 거부했던 이유는 단순히 루터 전통에 대한 충성 때문이 아니라 케제만 자신의 다음과 같은 바울 해석 때문이었다. 즉 그는 하나님의 은혜가 완전히 비상응적인 형태로, 그렇기에 기존 체제를 전복시키는 사회적 형태로 작용할 수 있다는 것이 이와 같은 바울의 주제(**경건치 않은 자의 칭의**)를 통해 가장 극명히 표현된다고 이해했다. 만약 바울 신학이 "혁명의 불꽃"과 함께 계속 타오르고 있다면, 이는 케제만 자신의 영향과 은혜의 비상응성에 관한 그의 정치적 해석과 큰 관련이 있을 것이다.[194]

194 케제만은 "과거 종교개혁의 혁명적 불길을 소멸시키고 지금은 석화된 용암 위에 보수적

3.5.4. J. 루이스 마틴

마틴의 바울 분석은 대략 샌더스가 『바울과 팔레스타인 유대교』(1977)를 출판한 이후에 발표되었다. 샌더스는 다음 단락(3.6.1)에서 다루게 될 것이다. 마틴이 개진한 신학 전통은 바르트와 케제만을 잇는 전통이다. 마틴은 "그리스도의 계시(묵시)"(갈 1:12, 16; 3:23)가 "저 위로부터" 세상 안으로 침투하여 인간의 "종교"가 만들어낸 망상과 차별을 파괴한다고 주장했는데, 이러한 주장의 배후에는 바르트의 다음과 같은 신념, 곧 바울의 복음이 인간의 인지나 성취와 연속선상에 있지 않은 관점에서 하나님의 행위를 선포하고 있다는 신념(위의 3.5.1을 보라)이 놓여 있다.[195] 동시에 마틴은 바울을 "묵시적" 신학자로 보는 케제만의 해석에 의존하여 개인에게 초점을 맞춘 바울 해석에 강하게 반발했고, 바울이 사용한 "권세들"이라는 용어의 탈신화화를 거부하며, 그리스도-사건과 그 사건의 여파를 인간적 "가능성"의 개시가 아닌 하나님의 권능의 행사로서 강조한다.[196] 마틴은 자신의 관점에 따라 바울을 "묵시" 신학자로 보는 견해를 새롭고 부가

으로 설계된 정원을 심고 있는 신학사를 직시하며" 종교개혁의 유산을 지키는 데 주력했다. "Justificantion and Salvation History," 90. 케제만의 생생한 수사학은, 심지어 그것이 불명확하게 들리는 곳에서도, 영감을 고취시키는 그의 능력의 중요한 요소로 남아 있다.

195   바르트의 용어인 "종교"를 마틴이 사용하는 사례들에 대해서는 예를 들어 J. L. Martyn, *Galatians: A New Translation with Introduction and Commentary* (Anchor Bible; New York: Doubleday, 1997), 37, 163-64를 보라. 이런 의미에서 바울과 갈라디아 교회의 "거짓 선생들" 사이의 구분은 "묵시"와 "종교"의 차이로 환원될 수 있다. *Galatians,* 38. "저편으로부터 침투하는 하나님의 활동"에 대해서는 J. L. Martyn, "The Apocalyptic Gospel in Galatians," *Interp* 54 (2000), 246-66, 특히 254를 보라.

196   이런 모든 주제에 대해서는 예를 들어 J. L. Martyn, "The Gospel Invades Philosophy," in D. Harink, ed., *Paul, Philosophy, and the Theopolitical Vision* (Eugene: Cascade, 2010), 13-33을 보라. 마틴과 케제만의 오랜 친분은 괴팅겐 대학교에서 풀브라이트 1년 장학생으로서 서로 만났을 때 시작되었다. "A Personal Word about Ernst Käsemann," in B. Davis, D. Harink, ed., *Apocalyptic and the Future of Theology: With and Beyond J. Louis Martyn* (Eugene: Cascade, 2012), xiii-xv에서 마틴은 케제만에게 찬사를 보낸다.

적인 형태로 발전시킨다. "묵시"라는 용어가 갖는 다양한 함축적 의미를 의식하면서, 그리고 유대 묵시 사상의 "법정적" 요소와 "우주론적" 요소, 이 두 요소 사이의 종교사적 구분에 의존하면서, 마틴은 갈라디아서에서 바울 특유의 우주론적 묵시 신학을 발견한다.[197]

"세대들"(aeons)간 대조를 그 내용으로 삼는 묵시적 주제가 이와 같은 해석에 근본이 된다. 바울이 "새 창조"를 "이 악한 세대"(갈 1:4)와 대립시킴으로써 그리스도-사건이 지닌 혁신을 공표하고 있다면, 갈라디아서에서 가장 중요한 질문은 "그때가 언제인가?"라는 것이다.[198] 바울의 묵시사상에서 새로운 것은 비밀의 "드러남"이 아니라 그리스도-사건을 통해 하나님이 우주에 침투하신 일이다. 그런데 하나님이 침투하신 이 우주는 현재 죄와 사망과 같은 하나님을 대적하는 권세들에 의해 결박되어 있다(갈 3:22).[199] 그러므로 바울의 묵시는 세 명의 배우가 출연하는 드라마라고 할 수 있다. 이 드라마에는 하나님과 인간뿐만 아니라 속박의 권세들도 출연하는데, 그리스도는 인간을 바로 그런 권세들로부터 해방시키시고, 믿는 자들은 그 권세들에 맞서 영과 육체 사이에 새롭게 벌어지는 전쟁에 참여

---

197 이러한 두 가지 "접근방법"은 M. C. de Boer, "Paul and Jewish Apocalyptic Theology," in J. Marcus, M. L. Soards, ed., *Apocalyptic and the New Testament: Essays in Honor of J. Louis Martyn* (Sheffield: Sheffield Academic Press, 1989), 169-90에서 확인되고 구별되었다. 이것은 마틴이 자주 참조했던 소논문이며, 부분적으로는 자신이 직접 구성한 인간적 행위와 신적 행위 사이의 대립구조에 의존하고 있다. 드 보어(de Bour)에 의하면 "우주론적-묵시적 종말론"의 의미는 세상은 악한 능력과 천사들의 능력의 통치 아래 있고 인간적 노력이 아니라 오로지 하나님의 개입으로만 구원받을 수 있다는 관념에 의해 지배되고 있다.

198 Martyn, *Galatians*, 104-5. 만약 그때가 그리스도의 계시(묵시) 이후라면, 결정적인 해방의 전쟁은 이미 시작된 셈이다. 여기서 임박한 그리스도의 재림(Parousia)은, 케제만의 경우와 마찬가지로, 중요한 문제가 아니다.

199 바울이 ἀποκαλύπτω라는 동사를 "드러내다"(unveil)가 아니라 "나타나다"(무대에 등장하다; come on the scene; 갈 3:23)의 의미로 사용하는 것에 대해서는 J. L. Martyn, "Apocalyptic Antinomies in Paul's Letter to the Galatians," *NTS* 31 (1989), 410-24(특히 424, n.29)를 보라.

하게 된다.[200]

마틴이 재구성한 "묵시"는 우주적 차원의 구원에 대한 케제만의 강조를 공유하며, 그리스도 안에서 더 이상 유효하지 않은 구분 곧 실재의 전통적("종교적") 구분을 반대하거나, 이러한 구분을 제거해버릴 수 있는 힘(갈 3:28)을 갖고 있다. 마틴은 이 현상의 인식적 차원을 강조하는데, 이 인식적 차원에는 실재의 완전한 재형성이 수반된다. 나아가 그는 갈라디아서를 기초로 그리스도-사건과 그 이전의 역사, 이 둘 사이의 "구속사적" 관계에 대해 케제만보다 더욱 심하게 반대한다.[201]

마틴은 "바울에 관한 새 관점"을 대변하는 일부 학자들의 "내러티브" 해석(아래 3.6.2를 보라)에 반대하며, 그리스도-사건을 이스라엘 역사에서부터 출발하는 맥락 만들기의 궤적 위에 올려놓으려는 시도에 깊은 반감을 드러낸다.[202] 우리의 목적과 관련하여 보다 더 중요한 것은 마틴의 관점에서 "묵시"가 신적 그리고 인간적 **행위 주체**(agency)에 관한 몇 가지 관련 질문들에 초점을 맞추고 있는 방식이다. 만약 "묵시"가 그리스도 안에서 일어난 은혜의 강력한 침투를 가리킨다면, 적어도 두 가지가 강조되어야 한다.

200　세 배우가 출연하는 드라마의 중요성에 대해서는 Martyn, "Gospel Invades," 26-29를 보라. 마틴의 "묵시" 해석에 대해서는 특히 *Galatians,* 97-105를 보라.

201　그러한 인식론적 변화에 대해서는 J. L. Martyn, *Theological Issues in the Letters of Paul* (Edinburgh: T&T Clark, 1997), 89-110에 다시 수록된 소논문 "Epistemology at the Turn of the Ages"를 보라.

202　마틴이 던에 반대하여 "구원-역사"를 의심하는 것에 대해서는 다음의 연구를 보라. "Events in Galatia: Modified Covenantal Nomism versus God's Invasion of the Cosmos in the Singular Gospel: A Response to J. D. G. Dunn and B. R. Gaventa," in J. M. Bassler, ed., *Pauline Theology,* 제1권 (Minneapolis: Fortress press, 1991), 160-79. "구원의 선형성"에 반대하여 마틴은 갈라디아서에서 아브라함과 그리스도의 구원에 관한 바울의 "시점적"(punctiliar) 제시를 강조한다. *Galatians,* 29-34에 있는 롬 9-11장에 대한 마틴의 간략한 주석은 그가 그런 반명제 관계를 부분적으로 수정했음을 보여주지만, 이는 단지 갈라디아서(로마서보다 반드시 우월하지는 않은)와만 관련되어 있다.

1. 구원의 동선은 실재를 변화시키는 행위 가운데 언제나 **먼저** 하나님으로부터 출발하여 인간에게로 나아가는 방향(역은 성립되지 않는다)을 취한다. 하나님은 인간의 결정으로 인간과 하나님 사이에 순환적 교환이 확립될 **여지**를 허락하지 않으신다. 이러한 여지는 갈라디아 교회의 거짓 교사들이 (그들의 전통에 기반을 둔 "종교적" 메시지를 통해) 제공했던 것이다. 그러나 이는 바울의 설교 내용과 정면으로 대치되는 것이다. 갈라디아 교회 교인들에게 강요된 "율법의 행위"는 그들(유대인이 아닌 이방인들)을 이스라엘로 **옮기는**, 곧 이스라엘로 편입시키는 한 가지 방법이었고, 따라서 하나님의 응답을 이끌어내기 위한 필수 조건으로서의 인간적 행위였다. 그러나 바울의 선포 내용은 하나님의 **선행하는** 행위, 곧 인간 편에서의 어떠한 움직임보다 **앞서** 발생하여 해방을 가져오는 우주로의 침투다.[203]

2. 하나님의 이러한 첫 번째 행위 후에 바울은, 마치 인간이 하나님의 구원 행위에 독립적으로 반응이라도 할 수 있는 것처럼, 분리 가능하고 자율적인 인간의 결단을 요청하지 않는다. 하나님의 행위는 인간의 반응에서도 현재 작용하고 있으며, 이 인간의 반응은 은혜를 통해 "생성되고", "도출되며", "점화된다." 다시 말해 신앙 공동체의 참된 의지와 행위에서 하나님의 행위는 과거와 미래의 행위일 뿐만 아니라, 또한 **현재적** 행위다.[204]

---

203 "순환적 교환"의 개념과 반대되는 이와 같은 앞선 "진행 노선"의 중요성에 대해서는 "Apocalyptic Gospel," 246-51을 보라. 갈라디아 교인들에게 "인간적 노력"을 통해 이스라엘로 "이적"하라는 거짓 선생들의 요구에 대해서는 *Galatians,* 269를 보라. 마틴은 이것이 유대교 자체에 대한 심판이 아니라 갈라디아의 이방인 교회들 속에 유대교를 심으려고 획책하는 거짓 선생들에 대한 심판을 수반한다는 점을 조심스럽게 지적한다. 그러나 마틴은 다른 곳에서 그리스도의 묵시(계시)와 "종교" 사이에 존재하는 "이율배반"이 바울에 의해 전반적으로 나타나고 있음을 지적하며, 유대교를 "종교"의 범주 속에 포함시키려고 한다. *Galatians,* 38.

204 마틴의 최근 작품 속에 넓게 나타나는 이러한 강조점에 대해서는 예를 들어 다음의 자료들을 보라. "Apocakyptic Gospel," 251-52. "Gospel Invades." "Epilogue: An Essay in Pauline Meta-Ethics," in J. M. G. Barclay, S. J. Gathercole, ed., *Divine and Human Agency*

행위 주체에 대한 이와 같은 해석은 바울의 애매한 표현인 πίστις Χριστοῦ(갈 2:16; 3:22 등)에 대한 마틴의 해석에 결정적 역할을 한다. 마틴은 이 표현을 주격 소유격 용법(그리스도 자신이 소유하시는 믿음)으로 해석하는 것에 찬성한다. 마틴은 이 소유격이 목적격의 용법("그리스도를 믿는 믿음")으로 이해될 때, 바울이 단순히 다음과 같은 두 가지 인간적 대안, 곧 율법의 행위 혹은 그리스도를 믿는 믿음만을 제공할 뿐이라고 확신한다. 그러나 갈라디아서 처음(1:1)부터 마지막(6:15)에 이르기까지 "이 두 가지 인간적 대안들 사이에서 행위 대 믿음과 같은 대조를 이끌어내지 않는다. 오히려 인간의 행위와 하나님의 행위, 이 둘 사이에서 대조가 도출된다."[205] 그러므로 마틴은 이 구절을 주격 소유격 용법("그리스도의 신실하심")으로 바르게 이해하는 것이 "엄청나게" 중요하다고 강조한다.[206] 인간의 믿음과 관련하여 무슨 말을 하더라도, 이는 앞서 존재하고 발생하는 그리스도의 믿음 혹은 신실함에 부차적 요소일 뿐이다. 인간의 믿음은 하나님의 능력에 의해 "자극을 받고" "점화 되는" 것이지, 인간의 어떤 독립적 혹은 자율적 결단이 될 수 없다.

이와 같이 마틴은 여러 가지 독특한 방식으로 은혜의 주제를 극대화한다. 케제만이나 종교개혁 전통에 속하는 다른 학자들의 경우와 마찬가지로, 마틴에게도 은혜란 본질상 명확하게 수혜자의 상태와 **어울리지 않게**(마틴의 용어를 빌리자면 "아무런 전제 없이" 그리고 "아무런 조건 없이") 주어지는 것이다.[207] 그러나 행위 주체에 대한 마틴의 초점은 특히 은혜의 **우선성**과 그것이 믿는 자들의 행위에 미치는 지속된 **유효성**에 맞추어져 있다.[208]

---

in Paul and His Cultural Environment (London: T &T Clark, 2006), 173-183.

205 Martyn, "Apocalyptic Gospel," 250.

206 "Apocalyptic Gospel," 250. 참조. *Galatians*, 263-75.

207 "Apocalyptic Gospel," 248, 263.

208 그러므로 하나님의 은혜는 믿는 자들을 창조하고 변화시키고 고취시키는 것에 그치지 않는다. 하나님의 은혜는 또한 어떤 면에서는 믿는 자들의 행위에 대한 "사역동

믿는 자들의 행동에서, 나아가 그들의 믿음에서도, 하나님을 우선되는 제일 중요한 행위자로 간주해야 한다는 것은 앞서 확인했듯이 아우구스티누스가 특별히 강조했던 내용이다(위 3.2를 보라).

마틴이 아우구스티누스에 비해 인간적 "의지"의 능력과 인간적 동기의 내면적 심리에 초점을 덜 맞추고 있지만, 그는 믿는 자들의 행위 주체성을 하나님께 귀속시키는 점에 있어서 자신과 아우구스티누스가 동일한 관심사를 공유하고 있음을 입증한다. 이와 관련하여 마틴은 몇몇 지점에서 이러한 강조가 믿는 자들을 "꼭두각시"로 만드는 것이 절대로 아니라고 주장한다. 하지만 하나님의 행위와 인간적 행위, 이 둘 사이의 관계는 다소 불분명한 상태로 남아 있다. 어떻든 마틴의 주된 관심사는 인간 행위자의 "자율성"을 부정하는 것이다. 심지어 이 인간 행위자가 은혜로 말미암아 자유하게 된 이후에도 말이다.[209] 이와 관련하여, 마틴의 암묵적 표적은 교회다(그리고 유대교는 확실히 아니다).[210] 마틴은 1960년대 이후로 미국 교회들이 가담해 오고 있는 해방운동을 지지하고 있지만, 한편으론 교회의 사회적·정치적 행동이 그것의 원천, 곧 하나님이 그리스도 안에서 행하시는 행동으로부터 분리될까봐 각별히 조심한다. 만약 그렇게 된다면 윤리가 신학의 자리를 대신하게 되며, 교회가 흔히 인식하는 것보다 훨씬 더 깊고 난해한 수준에서 충돌하고 있는 우주 속에서 우리는 인간의 행위

사"(causative)라고 할 수 있다. "Gospel Invades," 31, 33; "Epilogue," 182.

209   "꼭두각시가 아니다"에 대해서는 J. L. Martyn, "De-apocalypticizing Paul: An Essay Focused on *Paul and the Stoics* by Troels Engberg-Pedersen," *JSNT* 86 (2002), 61-102, 특히 92를 보라. 마틴은 "이중 행위 주체"(dual agency) 개념을 언급한다. 이 개념은 헌싱어와 웹스터가 바르트를 해석하며 전개한 것이지만("Gospel Invades," 28-31), 그 의미는 그다지 명확하지 않다.

210   홀로코스트로 인한 마틴의 민감한 감수성은 이 점에서 그를 케제만으로부터 어느 정도 멀어지게 했다. Martyn, *Theological Issues,* 77-84를 보라. 여기서 마틴은 갈라디아서가 "반(反)유대교" 본문이 아니라고 주장한다. 왜냐하면 갈라디아서의 지평은 유대주의가 아니라 유대인-그리스도인들이 세운 예루살렘 교회에 기반을 둔 선교이기 때문이다.

를 의존하게 된다. 마틴은 복음에 기초해 있지 않거나, 복음의 힘으로 움직이지 않는 도덕주의로 말미암아 교회가 약화되고 있음을 인지한다. 이러한 정황 가운데, 마틴은 은혜의 **우선성**과 **유효성**을 해방을 가져오는 비전으로 동시에 강조한다. 이 비전은 교회가 교회 자신을 의존하지 않고 담대히 행동할 수 있는 자유를 부여하며, 어떤 방해에도 불구하고 하나님의 은혜로운 능력이 결국엔 승리할 것이라는 소망을 전달한다.[211]

3.6. 샌더스와 바울에 관한 새 관점

3.6.1. E. P. 샌더스

1977년 샌더스가 『바울과 팔레스타인 유대교』를 출판하면서 은혜에 관한 바울 수용사에 중대한 변화가 일어났다.[212] 이 책의 목표는 부분적으로 부정적인데, 이는 이 책이 랍비(그리고 팔레스타인) 유대교를 "행위-의"의 종교로 보는 해석을 논박하고, 이런 해석이 19세기와 20세기 학자들이 만든 경멸적이고 신학적으로 조작된 구조물임을 폭로하고 있기 때문이다.

불트만과 불트만 학파에 강력한 영향을 미친 베버-부세-빌러벡 전통에서, 랍비 유대교는 일반적으로 구원이 선행을 통해 획득된다는 편협하고 형식적인 종교로 제시되어 있다. 율법의 명령을 지키면 구원에 필수적인 공로(Verdienst)를 자신의 힘으로 축적할 수 있는(또는 다른 사람들로부터 얻어낼 수 있는) 인간적 성취(Leistung)가 가능하다는 것이다. 먼저 값없이

----

211   바울에 대한 이러한 "묵시적 해석"은 몇 명의 주도적 바울 학자들(예. M. C. 드 보어, B. R. 가벤타, S. 이스트먼, D. 캠벨)에게 영향을 주었고, 마틴의 주석을 서구 신학의 새로운 다원주의적 맥락에 반응하는 바르트 신학의 한 형태와 결합시키려는 신학자들에게 큰 관심을 끌었다. 예를 들어 Davis, Harink, ed., *Apocalyptic and the Future of Theology*에 있는 관련 논문들을 보라.

212   E. P. Sanders, *Paul and Palestinian Judaism: A Comparison of Patterns of Religion* (London: SCM, 1977).

주어지는 하나님의 은혜에 관한 성서적 개념들은 일종의 보답(Vergeltung) 체계로 인해 무색해졌고, 그 결과 자기신뢰(Selbstvertrauen) 또는 미래의 심판에 대한 두려움과 염려를 가져왔다.[213] 이런 재구성은 깔끔한 박편을 만들어 이를 바울에게 입혔다. 샌더스가 지적하는 것처럼 이런 박편은 바로 종교개혁의 슬로건을 재생산할 때마다 만들어졌다. 유대교 안에서 은혜 개념이 확인되었으나, 그때마다 은혜 개념들은 공로나 신인협력설과 같은 개념들에 의해 손상되었다.[214]

    팔레스타인 유대교의 일차 자료들을 대규모로 분석한 결과 샌더스는 그와 같이 편견에 치우친 해석을 성공적으로 무너뜨렸다. 그리고 이때는 홀로코스트 이후의 학자들이 특별히 유대교에 대한 기독교의 잘못된 해석을 비판하던 시기였다.[215] 이런 상황에서, 샌더스는 팔레스타인 유대교 신학이 이스라엘의 선택 및 이스라엘에게 주어진 언약의 선물과 관련

---

213   *Paul and Palestinian Judaism,* 33-59, 164-165, 183-198, 212-216, 222-228, 394-397에서 관련 내용과 비판을 보라. 샌더스는 *Vergeltung*을 "보응"(retribution)으로 번역하는데(184, 234), 이로 인해 그는 *Vergeltung*의 신학적 뉘앙스, 곧 보상(recompence, *quid pro quo*)과 비-순환적 은혜 사이의 루터적 대립을 반영하는 신학적 뉘앙스를 놓치고 있다.

214   종교개혁적 투쟁의 반향에 대해서는 *Paul and Palestinian Judaism,* 55, 57, 97, 183-85(조상들의 공로를 "공덕[功德]의 행위"로 보는 것)를 보라. 거기서 인용된 디엘(*Paul and Palestinian Judaism,* 53 n.17)의 진술은 특별히 루터 전통을 명시적으로 환기시킨다.

215   예를 들어 다음의 자료들을 보라. R. Radford Ruether, *Faith and Fratricide: The Theological Roots of Antisemitism* (New York: Seabury Press, 1974). C. Klein, *Theologie und Anti-Judaismus* (Munich: Chr. Kaiser Verlag, 1975), trans. E. Quinn, *Anti-Judaism and Christian Theology* (London: SPCK, 1978). 샌더스가 인정하는 것처럼 그릇된 유대교 해석과 관련하여 이보다 앞선 선구자는 바로 1920년대 G. F. 무어였다. 무어는 랍비 유대교에서 이스라엘의 선택은 하나님의 "값없는 은혜"에 의한 것이라고 주장했다. 그 선택은 "행위로 얻은 보수가 아니라 선물 곧 하나님이 순전한 선하심에 따라 자신이 택한 백성들에게 나누어주시는 선물이며, 이것은 기독교에서 '영원한 생명'의 선물이 하나님이 택하신 개인들 혹은 교회의 지체들에게 주어지는 것과 같다." G. F. Moore, *Judaism in the First Centuries of the Christian Era: The Age of the Tannaim,* 제2권 (Cambridge, MA: Harvard University Press, 1927-30), 95.

하여 하나님의 은혜에 명확하게 기초해 있었다고 주장했다. 앞으로 살펴 볼 것처럼 유대교의 구조와 내용에 대한 샌더스의 분석은 주로 은혜의 **우선성**(priority)을 강조했는데, 이는 이스라엘 민족을 세우시고 이스라엘의 율법 준수를 정황화 하시는 하나님의 주도권을 뜻한다. 샌더스는 이런 식으로 이해되는 은혜가 제2성전 시대 유대교의 모든 곳에서 발견되고 있음을 성공적으로 예시했다.[216] 그러나 은혜의 다른 극대화들도 모든 관련 자료 속에서 발견될 수 있는지의 여부는, 앞으로 살펴보겠지만, 논쟁의 여지가 있다.

샌더스는 종교의 "유형들"(patterns)을 비교하면서 "구원론"에 초점을 맞추었고, 결정적으로 구원론을 일종의 **순서상**의 문제로 규정했다.[217] 종교 유형은 종교의 "출발에서 결론으로 이어지는 순서"인데(17), 이를 가장 잘 검토할 수 있는 방법은 종교 안에 "들어가는 것과 그 안에 머무르는 것이 어떻게 이해되는지"(17, 70) 즉 사람이 구원 공동체 속에 어떻게 "들어가고" 또 어떻게 그 안에 "남게 되는지"(178, 212, 237, 424)를 질문해 보는 것이다. 팔레스타인 유대교에 관하여서는, "택하심이 순종의 요청보다 선행하는 것으로 인식되었는지가 질문의 주된 요점이었고, 우리는 그렇다는 결론을 내렸다. 여기서는 일련의 순차적 단계들이 서로 맺고 있는 관계가 중요했다"(548).[218] 이로 인해 은혜의 **우선성** 문제에 가장 큰 방점이 주어

---

216 *Paul and Palestinian Judaism*에 나오는 팔레스타인 유대교에 관한 내용은 다른 형태를 지닌 제2성전 유대교의 다른 곳에서도 발견된다. E. P. Sanders, "The Covenant as a Soteriological Category and the Nature of Salvation in Palestinian and Hellenistic Judaism," in R. Hammerton-Kelly, R. Scroggs, ed., *Jews, Greeks, and Christians: Studies in Honor of W. D. Davies* (Leiden: Brill, 1976), 11-44 그리고 E. P. Sanders, *Judaism: Practice and Belief, 63 B.C.E.-66 C.E.* (London: SCM Press, 1992), 262-78을 보라.

217 *Paul and Palestinian Judaism*, 1-20. 이어지는 본문에서 삽입된 괄호 안의 숫자는 *Paul and Palestinian Judaism* 쪽수를 가리킨다.

218 순차적 사건들에 대한 또 다른 강조를 참조하라. E. P. Sanders, "Jesus, Paul, and Judaism," *ANRW* 2.25.1, 390-450, 특히 397.

진다. 무엇이 먼저 오는가가 매우 중요하다. 따라서 하나님의 선택이나 은혜가 율법의 요청보다 **먼저** 온다는 것은 정말 중요한 개념이다. 샌더스는 이것이 언약의 우선성을 통해 예시된다고 본다. 하나님과 맺은 언약 관계의 개념이 모든 유대교 형태의 근본 요소이고(비록 모든 곳에서 명백히 드러나는 것은 아니지만), 이스라엘에 대한 하나님의 선택은 "종교의 근간"이 된다 (177). 이스라엘을 향한 하나님의 사랑이 근간이 되는 것이다(104-5). 곧 하나님은 이스라엘을 선택하셨고, "그다음에야 비로소" 이스라엘에게 계명을 주셨다(87). 계명이 주어지기 전에 하나님은 "먼저 행하셨다"(101). 따라서 순종, 보상, 회개, 대속에 관한 모든 말들이 이미 존재하는 언약 곧 "우선적 은혜"의 산물인 언약의 틀 속에 자리 잡고 있다(178). 순종은 이스라엘을 택하고 언약을 세우신 하나님을 향한 적합한 반응이다(81-83, 104, 106). 순종은 구원을 "쟁취하고", "획득하고", "성취하는" 것으로 말해질 수 없다. 왜냐하면 순종은 사람이 어떻게 언약 속에 **들어가느냐**의 문제가 아니라, 어떻게 언약 속에 **남아 있느냐**의 문제이기 때문이다. 직설법 다음에 명령법이 나오게 된다(177-178). 다시 말해, "선물이 요구보다 앞서 존재하는 것이다."[219]

샌더스는 이러한 통상적 종교 유형을 "언약적 율법주의"라고 불렀는데, 그 내용은 아래의 서술에 자세히 정의되어 있다(422. 참조. 75, 236-37).

언약적 율법주의의 "유형" 또는 "구조"는 다음과 같다. (1) 하나님은 이스라엘을 선택하셨고 (2) 율법을 주셨다. 율법은 (3) 이스라엘에 대한 선택을 유지하겠다는 하나님의 약속과 (4) 순종의 요청을 모두 함축한다. (5) 하나님은 순종은 보상하시고 범죄는 벌하신다. (6) 율법은 대속의 수단을 제공하

---

219 E. P. Sanders, "Patterns of Religion in Paul and Rabbinic Judaism: A Holistic Method of Comparison," *HTR* 66 (1973), 455-78, 특히 461. 따라서 샌더스는 "은혜의 우선성"이 고대 유대교를 "은혜의 종교"로 규정하는 특성이라고 생각한다. *Judaism: Practice and Belief*, 275-78.

고, 대속은 (7) 언약 관계의 유지 또는 재확립의 결과를 낳는다. (8) 순종, 대속, 하나님의 긍휼에 의해 언약 관계 안에서 보존되는 자는 모두 구원받을 자의 모임에 속해 있다. 첫 번째(1)와 마지막 요점(8)에 대한 중요한 해석은 하나님의 선택과 궁극적 구원이 인간의 성취가 아닌 하나님의 긍휼을 통해 주어진다고 간주되는 것이다.

위의 정의가 분명히 밝히고 있듯이, 율법에 대한 순종은—이에 대한 보상과 범죄에 대한 처벌과 함께—종교 유형의 필수요소다. 하지만 그것들이 전반적인 유형 안에서 어떤 위치에 있는지를 파악하는 것이 중요하다. "순종은 사람이 계속해서 언약 안에 머물게 해준다. 하지만 순종 자체가 하나님의 은혜를 얻어내는 것은 아니다. 순종은 단순히 개인으로 하여금 하나님의 은혜를 받는 무리 가운데 머물도록 해줄 뿐이다"(420). 종교 구조의 측면에서 볼 때, 순종은 언약 **속에 남아 있기 위한** 조건이지 언약 **속으로 들어가는** 수단은 아니다. "순종, 특히 순종하려는 의도('고백')는 구원에 필수불가결한 조건이지만, 순종이 구원을 **가져오는** 것은 아니다"(141; 참조. 146-47, 178-80, 189-90 등). 그렇다고 완전한 순종이 요구되는 것은 아니다. 중요한 것은 순종하려는 의도다. 사람의 언약적 지위가 위험에 빠지는 이유는 언약을 위반해서가 아니라 언약을 근본적으로 부인하거나 하나님을 원칙적으로 거부하기 때문이다(147, 157, 168). 범죄에 대한 회개는 언제나 가능하다. 비록 이 회개가 하나님의 자비를 가져오는 "지위 확보" 행위가 아닌, 율법 안에 머물러 있고자 함을 보여주는 "지위 유지" 또는 "지위 복구"의 태도이지만 말이다(158-80). 따라서 "순종은…구원의 **조건**(범죄에 대한 회개와 짝을 이룰 때)이지만, 구원의 원인은 아니다"(371).

샌더스의 결론은 다음과 같다. "은혜와 행위는 구원에 이르는 양자택일의 길로 간주되지 않았다. 구원은—에스라4서를 제외하고서—항상 언약 속에 구현되어 있는 하나님의 은혜를 통해 온다. 그러나 언약의 조건들은 순종을 요청한다"(297). 은혜가 **우선성**의 측면에서 극대화 되는 한, 이는 완전히 이치에 맞는 말이 된다. 여기서 다소 불분명한 점은 은혜의 다른 극대화들, 특히 은혜의 **비상응성**에 말할 수 있는지의 여부다. 샌더스는 은혜의 서로 다른 극대화들을 구별하지 않기에, 우선성을 제외한 은혜의 다른 극대화들을 불러일으키는 용어를 사용하는 경향이 있고, 아울러 아우구스티누스와 종교개혁적 전통의 특징을 지닌 용어들도 사용하는 경향이 있다. 이에 따라 랍비 본문들과 관련하여 샌더스는 율법의 선포보다 순서상 먼저 발생하는 선택이 "완전히 값없이 주어지는 것"이라고 주장한다(87). 하나님은 이스라엘을 "순전한 긍휼"로 택하셨고(99), 하나님은 자신의 약속에 대해 믿을 수 있을 만큼 신실하시므로, 언약 자체는—비록 언약이 순종에 대한 의무를 함축하고 있을지라도—이스라엘의 순종에 달려 있지 않다(96-97, 177, 204-05). 은혜는 단순히 "공로 없이 주어지는 선택"으로 해석될 수 있고(328), 사해 사본은 "운명적 은혜"의 한 형태로서 "영원하고 불가항력적인 하나님의 은혜"(261)에 대한 증거를 제공한다(269, 312). 여기서 샌더스가 애써 주장하려는 것은 구원이 **궁극적으로는** 인간의 행위에 의해 좌우되지 않는다는 점이다. 따라서 위에서 말한 "언약적 율법주의"의 정의는 대립적 반명제("인간의 성취가 아니라 하나님의 긍휼")로 끝나며, 그 의미는 다른 곳에서 아래와 같이 명확하게 제시된다.

> 긍휼 주제는…선택과 궁극적 구원이 인간의 힘으로 얻어낼 수 있는 것이 아니라 오로지 하나님의 은혜에 달려 있음을 보장해주는 역할을 한다. 하나님이 보시기에 절대로 우리는 오직 은혜로**만** 주어지는 궁극의 선물을 받기에 충분히 합당한 자가 될 만큼 의로워질 수 없다. 나아가 의인이 최종적으로 **의지할 곳도 하나님의** 긍휼이라는 주제는 에스라4서를 제외한 모든 문헌에 등장한다(422. 강조는 덧붙여진 것임).

이러한 진술은 하나님의 은혜가 **우선적**일 뿐만 아니라 궁극적으로

비상응적이라는 것을 암시하는 듯하다. 비록 샌더스가 본문들 사이의 몇몇 차이를 인정하고 있지만(예. 사해 사본의 특수한 특징), 그가 자신이 논하는 모든 문헌(여기서 에스라4서는 제외된다)에 공통된 사실로 간주하는 것은 은혜에 대한 그런 이중적 이해다.

주목할 만한 두 가지 요점에서, 샌더스는 신적 은혜와 인간적 가치 사이에 어느 정도의 **상응성**이 존재하고 있음을 제안하고 있는 문헌 내용들과 마찰을 빚었다. 샌더스는 특유의 정직함으로 이러한 현상을 인정할 수 있었다. 하지만 그가 여기서도 은혜의 궁극적 비상응성을 주장했다는 것은 동일하게 그가 지니고 있던 일반적 관심사의 특징이 된다. 첫 번째 사례는 랍비들의 선택(예정) 신학이다(84-107). 여기서 샌더스는 먼저 "사례"(謝禮, gratuity)를 강조하는 본문들을 모으고, 은혜의 "우선성"("순전한 긍휼", 99)을 강조했는데, 이 은혜의 우선성에 의하면 긍휼 행위는 계명들보다 "선행"한다. 선택은 "전적으로 값없이 주어지는 것으로, 선택받는 자들에게는 이 선택을 받을 만한 어떠한 사전 원인도 존재하지 않는다"(87). 이에 샌더스는 이스라엘의 선택을 설명하는 다수의 본문들에 주목했는데, 그 가운데 많은 본문들이 은혜를 받은 자의 가치나 "공로"에 대해 언급하고 있다. 이스라엘 전체가 은혜를 받기에 합당했거나(이스라엘만이 홀로 언약을 수용했기에) 아니면 족장들, 출애굽 세대, 혹은 계명에 순종할 것으로 예견되는 미래 세대에게 은혜를 받을 만한 약간의 "공로"가 있다는 것이다(87-101). 샌더스는 "공로" 언어가 구원받음에 대한 (개신교적) 개념과 일치하지 않는다고 주장했지만(참조. 183-198; "조상들의 공로"에 관한 부분), "[랍비들이] 은혜와 공로를 서로 모순된 것으로 본 것 같지는 않다"고 인정했다(100).[220] "랍비들은 선택의 근거를 제시하기 위해 하나

---

220   샌더스는 서문에서 "우리는 랍비들이 먼저 주어지는 은혜에 관한 명확한 교리를 전개했다고 기대했을 것이다"라고 말한다. 이러한 사실은 샌더스가 은혜의 **비상응성**(incongruity)을 은혜의 **우선성**(priority)과 동등시하거나 혼동했음을 암시한다.

님의 값없는 은혜에 호소했고, 때로는 공로 개념에도 의존했다"(106). 샌더스의 제안처럼, 공로에 대한 호소의 기저에는 선택이라는 하나님의 은혜가 변덕스럽거나 임의적이지 않다는 것을 보여주고자 하는 관심사가 놓여 있다(91, 98; 참조. 182, 234, 422). 즉 하나님의 선물들은 공정하게 분배되며, 공의와 긍휼이 상호 관련되어 있어 하나님의 긍휼이 불공정하게 보이지 않도록 한다(127).

이 문제가 은혜의 우선성 및 비상응성을 구분했다면, 명확하게 조명될 수 있었을 것이다. 랍비들은 은혜를 하나님이 앞서 주신 선물로 강조했다. 그러나 그들은 타당한 이유로 은혜를 비상응성의 형태로 극대화하지 않았다. 이 점에 있어서 랍비들은 좋은 선물이 합당한 사람들에게만 차별적으로 주어진다는 고대의 가정과 완전한 조화를 이루고 있었다(위 1.4를 보라). 이러한 의미에서 은혜는 반드시 "완전히 값없이" 그리고 "어떤 앞선 원인 없이"(또는 최소한 어떤 앞선 이유 없이) 주어지는 것이 아니다. 그런데 샌더스는 이러한 구분을 하지 않았기에, 랍비들의 사고가 충분히 명확하지 않았다고 결론지을 수밖에 없었다. 샌더스에 의하면 공로는 하나님의 선택을 보증하는 "체계적 설명"이 아니며(99), 은혜와 "공로"(또는 공의)의 병치는 랍비들이 체계적으로 사고하지 않았음을 암시한다(참조. 120, 124, 132). 랍비들은 단순히 성서의 병치를 따랐거나(100), 아니면 어떻게 해도 설명될 수 없는 주제(선택)를 설명하려고 시도했던 것(101)이다. 결론적으로 샌더스는 이렇게 주장한다. 선택은 우선적인 동시에 "무조건적이며"(96-97), 개별 이스라엘 사람은 결코 언약 안에서 자신의 자리를 자기 힘으로 얻지 못한다(101). 만약 은혜가 그 수혜자의 가치와 일치하는 것으로 보인다면, 그것은 전혀 은혜로 여겨질 수 없다는 숨겨진 가정이 여기에 작용하고 있는 듯하다. 그러나 앞서(2장) 살펴본 것처럼 이는 결코 은혜의 극대화를 위한 필수요소가 아니다.[221]

---

221   샌더스가 지적하듯이, 랍비들은 의인이 받게 될 상급을 선물이라고 자주 말했다(171-

두 번째 요점은 **솔로몬의 시편**에 관한 것으로, 솔로몬의 시편은 하나님의 긍휼을 "경건한 자"나 "의로운 자"에게 주어지는 것으로 거듭 묘사한다. 여기서 샌더스는 브라운의 해석에 반대하는데, 브라운은 이 본문에 관한 자신의 논문에서 변증법적으로 병치되어 있는 긍휼의 두 가지 관점에 주목하며 이 둘 사이에 존재하는 대조를 규명했다. 한편으로 하나님의 긍휼은 전제 조건 없이, 그리고 "아무런 대가 없이 자유롭게 주어진다"(frei und umsonst zugewandte). 다른 한편으로 하나님의 긍휼은 "경건한 사람에 의해 취해진다"(vom frommen Menschen verdiente).[222] 브라운의 해석에 따르면 솔로몬의 시편은 이 두 극단 사이, 곧 "하나님을 믿는 믿음과 자기신뢰"(Gottesglauben und Selbstvertrauen) 사이에서 일관성 없이 흔들린다. 샌더스의 지적(392-97)처럼, 여기서 브라운은 루터의 구조를 적용하여 (순수)은혜와 인간의 "성취"(Leistung)를 대조시켰다. 그러나 이러한 루터적 구조의 토대─이 토대는 "은혜"와 "가치"가 정의상 양립할 수 없다고 가정한다─를 의심하는 대신, 샌더스는 공로라는 주제의 중요성을 경시하려 애쓰는 것 같다.[223] 샌더스의 주장에 따르면 의인이─심지어 의인이기 때

72, 176). 이와 관련된 랍비 신학에 대한 샌더스의 상세한 설명은 S. Westerholm, *Perspectives Old and New: The "Lutheran" Paul and His Critics* (Grand Rapids: Eerdmans, 2004), 343-50에서 볼 수 있다. 샌더스는, 그가 바르게 지적하고 있듯이, 여기서 은혜 언어를 정확히 찾아내지만, 은혜가 "완전히 값없이" 주어진다는 것은 과도한 주장이다. 웨스터홈의 견해는 이렇다. 만약 우리가 "아무 공로 없이 주어지는 호의", "완전히 값없이 주어지는 선물", 또는 "순전한 신적 긍휼"(우리의 용어로는 은혜의 비상응성)을 찾으려 한다면, 랍비 자료들은 이런 은혜의 관념을 거의 지지하지 않는다. 이에 따라 웨스터홈은 샌더스가 "루터의" 관점을 본문들에 투사하고 있는 것을 발견한다(348). 다르게 표현하자면 샌더스는 은혜가 아무 공로 없이 주어질 때만 은혜라는 불필요한 가정을 적용하고 있는 것이다.

222   H. Braun, "Vom Erbarmen Gottes über den Gerechten: zur Theologie der Psalmen Salomos," *Gesammelte Studien zum Neuen Testament und seiner Umwelt,* 2판 (Tübingen: Mohr Siebeck, 1967), 8-69.

223   샌더스는 브라운의 죄에 관한 가정에 영향력 있는 의문을 제기하지만, 은혜에 관련된 가정에 대해서는 그렇지 못한 것으로 보인다(396-97).

문에—**긍휼**을 입는다는 사실에는 사람이 자신의 공로로 무언가를 얻을 수 있음을 부인하려는 의도가 담겨 있다. 의인에게 하나님이 자비를 베푸신다는 언급은 "이스라엘의 선택과 보존에서 하나님이 공로 없이 자유롭게 베풀어주시는 은혜"를 훼손시키지 않는다(396). 하나님의 은혜의 수용자를 의로운 자로 규정한다고 해서 이와 같은 "본연적 선택의 은혜"(396)가 훼손되는 것은 아니다. 왜냐하면 "의인의 구원은 그들 자신의 공로에 기인하지 않고, **순전히** 그들을 선택하고 용서하시는 하나님의 긍휼에 기인하기" 때문이다(393; 강조는 덧붙여진 것임). 브라운과 마찬가지로 샌더스도 하나님의 은혜가 "자유롭고(값없고)…순전한 것이라면", 하나님의 은혜는 "공로와 무관해야 하고…근거에 입각하지 말아야 한다"고 가정하는 것처럼 보인다(394). 이러한 가정—비상응성이 은혜의 본질적 특성이라는 가정—은 아우구스티누스와 종교개혁 전통의 영향을 반영하지만, 선물이나 은혜에 관한 고대의 논쟁에서는 지나치게 일방적인 것으로 보였을 것이다. 샌더스는 종교 유형 측면에 있어서 바울 그리고 팔레스타인 유대교 사이에 중대한 차이가 있음을 발견했다. 바울에 의하면 사람의 구원은 하나님이 이스라엘과 맺으신 언약의 구성원이 됨으로써가 아니라 세상의 최후 심판자 되시는 주님, 곧 그리스도에게 참여함으로써 이루어진다(431-542). 그러나 깊은 차원에서 바울과 샌더스, 이 둘은 은혜와 행위의 이해에 있어서 아무런 차이가 없다. 종교개혁 전통, 특히 그에 대한 불트만의 표현을 강하게 반대하는 이러한 단언은 샌더스의 **주요** 강조점이 은혜의 **우선성**에 놓여 있다는 사실에서 유래한다.

> 많은 이들이 바울과 유대교 사이의 결정적 대조로 보았던 요점—은혜와 행위—에 있어서, 바울과 팔레스타인 유대교는 서로 일치한다.…**구원은 은혜로 얻으나 심판은 행위에 따른다. 행위는 구원 "안에" 머물기 위한 조건이지만, 행위로는 구원을 얻지는 못한다.**…여기서 요점은 하나님이 은혜로 구원하신다는 것이다. 그러나 은혜에 의해 확립된 그 틀 안에서 하나님은 선행

에는 보상을, 범죄에는 벌을 주신다(543; 강조는 원저자의 것임).

바울 신학이 근본적으로 언약 개념으로 구축된 것이 아닐지라도 (511-15), 바울은 은혜와 행위에 따른 심판을 모두 인정하며(515-18), 이 결합은 다른 유대교 본문들에서 발견되는 것과 정확히 일치한다. 다른 유대인들과 마찬가지로 바울도 은혜의 우선성을 인정하기에, 그는 은혜 주제에 있어서 다른 유대인들과 상충할 수 없으며, 심지어 믿음과 율법의 행위, 이 둘의 대립에 있어서도 다른 유대인들과 상충할 수 없다. "유대교의 잘못은 유대인들이 스스로 구원을 추구하는 가운데 자기 의에 빠진다는 것이 아니라, 그들의 구원 추구가 올바른 목표를 향해 있지 않다는 것이다"(550). "바울의 논쟁은 율법을 반대하고, 그 결과 율법의 행위도 반대하고 있는데, 이런 그의 논쟁의 기초가 되는 것은 배타적 구원론이다. 구원은 오로지 그리스도에 의해서만 가능하기에, 다른 **어떤** 길을 따르는 것은 잘못이다"(550; 강조는 원저자의 것임). 그리스도께서 모든 사람을 구원하러 오셨다는 사실은 유대교의 언약적 율법주의를 **사후적으로**(*a posteriori*) 폐기해버린다. 그러나 바울이 유대교의 은혜 개념에 내재되어 있는 결점을 비판하는 것은 아니다.[224]

샌더스는 고대 유대교와 바울을 연구하는 사람들에게 큰 도움을 주었다. 샌더스는 당시에 만연해 있던 유대교에 대한 희화화된 평가에 이의를 제기했는데, 이로 인해 그 이후 제2성전 시대 유대교에 대한 모든 설명이 바뀌게 되었고, 제2성전 시대 문헌들의 도처에 은혜에 관한 언급이 나타나 있다는 그의 주장은 폭넓은 영향력을 행사했다. 그럼에도 불구하고 샌더스가 행한 프로젝트의 핵심에는 은혜에 대한 바르고 명확한 정의가 결여되어 있다. 앞에서 살펴본 것처럼 은혜 안으로 "들어가는 것"과 그 안

---

224 따라서 다음과 같은 유명한 결론이 내려진다. "이것이 바로 바울이 유대교에서 찾아내는 잘못이다. 곧 유대교는 기독교가 아니다"(552).

에 "머무는 것"에 관한 샌더스의 구조 분석은 은혜의 **우선성**을 강조했다. 그러나 은혜의 다른 극대화들, 그중에서도 특히 **비상응성**이 우선성 개념의 한 부분으로 추정되는 경향이 있다. 유대교의 특성을 부정적으로 규정하는 관점에 반대하며 샌더스는 자신이 찾아낸 긍정적 평가를 다음과 같이 선언했다. "언약적 율법주의의 기본구조를 일관성 있게 유지함으로써, 하나님의 선물과 요청은 서로 건강한 관계를 유지할 수 있었다"(427).[225] 샌더스는 한 랍비의 기도를 칭송했는데, 그 기도는 "우선적 은혜의 교리를 함축하고 있는 것으로 보이고, 직설법과 명령법을 심지어 불트만주의자들도 인정할 만한 바른 관계 속에 두고 있다"고 말했다(178). 하지만 불트만의 주장 역시 은혜의 우선성에 그보다 훨씬 더 큰 관심을 갖고 있었다(위의 3.5.2를 보라). 또한 샌더스는 우선성과 은혜의 다른 극대화들을

---

225 다른 곳에서 샌더스는 다음과 같이 주장한다. 곧 랍비들은 "직설법과 명령법이 좋은 균형을 이루며 바른 질서 속에 머물도록 만들었으며"(97), "70년 이전의 유대교는 은혜와 행위를 올바른 관점에서 잘 보존했다"(427). 샌더스의 이런 칭찬은 뉴스너의 다음과 같은 불평을 가져오는 배후가 될 수 있다. 뉴스너는 샌더스가 "하나의 종교적 표현의 패턴 곧 바울의 패턴 안에 다른 패턴의 묘사를 부과하기" 위해 "루터 전통의 바울 연구"에서 유도된 유대교 자료에 관한 질문을 다루고 있을 뿐이라고 불평했다. J. Neusner, "The Use of Later Rabbinic Evidence for the Study of Paul," in W. S. Green, ed., *Approaches to Ancient Judaism II* (Chico: Scholars Press, 1980), 43-63, 특히 50-51. 그러나 하나님의 선물이 인간의 행동보다 앞서 주어지고, 나아가 인간 행동의 원천이라는 개념은 바울 혹은 루터에게 특수하게 귀속되는 것이 아니다. 샌더스의 사고 틀 속에 담긴 "은밀한 개신교사상"에 관한 논의는 R. B. Matlock, "Almost Cultural Studies? Reflections on the 'New Perspective' on Paul," in J. C. Exum, S. D. Moore, ed., *Biblical Studies/Cultural Studies: The Third Sheffield Colloquium* (Sheffield: Sheffield Academic Press, 1998), 433-59, 특히 444-447을 보라. "율법에 대한 은혜의 우위가 자명한 것이 아니라는" 알렉산더의 항변 그리고 "타나임 시대 유대교가 근본적으로 행위적 의의 종교로 간주될 수 있고 이보다 더 나쁜 것이 없다"라는 그의 주장은 학문성 속에 숨겨진 이념적 가정에 조심하라는 유용한 경고를 제공할 뿐, 중심적 개념들 자체의 상세한 탐구에는 실패한다. P. S. Alexander, "Torah and Salvation in Tannaitic Literature," in D. A. Carson, P. T. O'Brien, M. A. Seifrid, ed., *Justification and Variegated Nomism*, 제1권, *The Complexities of Second Temple Judaism* (Tübingen: Mohr Siebeck, 2001), 261-302, 특히 300을 보라. *JJS* 37 (1986): 103-6에 있는 샌더스의 *Jesus and Judaism*에 대한 알렉산더의 서평을 참조하라.

구분하지 못하기 때문에, 그 시기의 유대적 본문들 **역시** 은혜의 비상응성을 어느 정도 극대화하는지 혹은 그렇지 않은지, 이에 대한 여부를 불분명한 상태로 남겨둔다.

앞으로 살펴볼 것처럼 "은혜"의 의미에 대한 이와 같은 명확성의 결여는 샌더스에게 반응했던 바울 학자들과 고대 유대교 학자들 모두에게 상당히 큰 혼란을 일으켰다. 그 결여는 또한 샌더스로 하여금 하나님의 긍휼이나 은혜의 **다른** 개념들을 틀림없이 발전시키고 있는 제2성전 시대 본문들을 획일화해버렸다. 비록 샌더스가 자신이 다룬 본문들 사이에 존재하는 몇몇 차이를 인지하고, 특히 쿰란 공동체의 호다요트(1QHᵃ)에 나오는 예정을 독특하게 강조했지만, 그는 제4에스라의 경우를 제외하고 유대교가 말하는 하나님의 은혜에 "균일성"이 있음을 주로 강조했다(421). 샌더스는 유대교의 다음과 같은 이미지, 곧 은혜 개념이 없는 유대교 또는 부패한 유대교의 이미지를 논박하는 데 관심이 있었다. 이러한 관심사로 그는 은혜에 대한 개별 해석들을 구분하려 하지 않았으며, 은혜의 보편성, "건전성", 일치성의 강조에 주력했다. 유대 문헌들 도처에서 은혜를 발견한 이후, 샌더스는 은혜란 어디에서나 동일한 개념이고 한 극대화(우선성)에 반드시 다른 극대화(비상응성)가 수반된다는 인상을 남겼다. 제2성전 시대 본문들을 분석할 때(II부), 우리는 과연 그것이 사실인지 검토해볼 것이다. 그런 다음 우리는 바울이 그의 동료 유대인들과 비교하여 이 주제에 있어서 어떤 입장을 취하고 있는지 다시 한번 평가할 수 있을 것이다(III부와 IV부).

3.6.2. 바울에 관한 새 관점

샌더스의 『바울과 팔레스타인 유대교』가 몰아온 여파로 "은혜"를 바울이 그의 동료 유대인들과 논쟁을 벌인 사안으로 식별하는 것은 문제가 되었다. 샌더스는 제2성전 시대 본문들이 공통의 "언약적 율법주의"를 대변하고 있다고 획일화했고, 그 결과 그는 고대 유대교를 본질상 "은혜의 종교"로 간주하려는 경향을 보였다. 그렇기에 샌더스의 관점에서 바울의 은혜 신학은—우리가 다음과 같은 견해, 곧 유대교를 은혜가 결여된 율법주의 및 행위의 의의 종교로 바라보는, 이제는 신뢰를 잃은 견해로 돌아가려 하지 않는 한—더 이상 바울 자신과 다른 어떤 유대인들 사이의 차이를 나타내는 핵심요소로 취급될 수 없었다. 바울에 관한 "새 관점"(J. D. G. 던이 그렇게 부르기 시작했다)의 출발점은 바울과 제2성전 시대 다른 유대인들이 은혜와 관련하여 **일치된** 견해를 보였다는 것이다. 던은 이 문제를 다음과 같이 표현한다. "샌더스가 '언약적 율법주의'라는 세례명을 붙인 유대교는 지금은 훌륭한 개신교 교리를 선포하는 종교로 간주될 수 있다. 그 교리는 이렇다. 은혜가 항상 우선하고, 인간의 행위는 하나님의 주도권에 대한 반응이며, 선행은 구원의 뿌리가 아니라 열매다."[226] 여기서 던이 골라내고 있는 것이 은혜의 **우선성**이라는 점, 그리고 (오직?) 이것만이 은혜에 관한 "훌륭한 개신교적 교리"의 본질이라고 그가 가정하고 있다는 점에 주목할 필요가 있다. 실제로—앞서 확인한 것(3.2-3.4)처럼—"은혜가 항상 우선한다"거나 "인간의 행위는 하나님의 주도권에 대한 반응"이라는 진술은 아우구스티누스에게도 종교개혁자들에게도 충분치 않았다. 그들은 은혜의 다른 극대화들을 추가할 것을 주장했는데, 특히 은혜의 비상응성이 이에 해당했다. 샌더스와 마찬가지로 던도 은혜의 한 극대화(우선성)에 나머지 극대화들이 포함되어 있다고 보는 것 같다. 그런 가정에 따르면 은혜에 있어서 바울과 다른 모든 유대인의 견해가 완전히 일치하게 된다. 하지만 던은 이렇게 덧붙인다. "그것이 사실이라면, 바울의 입장은 어디에 있는가? 그때 이신칭의는 어디에 놓이게 되는가?"

이런 질문에 대해 던은 다음과 같이 답한다. 바울이 믿음으로 얻는 칭의와 율법의 행위로 얻는 칭의를 대립시키는 것은 "모든 개인이 자신

---

226 J. D. G. Dunn, *The New Perspective on Paul: Collected Essays* (Tübingen: Mohr Siebeck, 2005), 193 (1991년 소논문 "The Justice of God"에서 인용). 던에게 큰 영향을 미친 바

의 행위를 멈추고 단순히 하나님의 인정만을 신뢰해야 한다는 뜻이 **아니고**", **오히려** "칭의가 그들의 특수한 행위로 표시되는 것과 같이 유대인에게만 한정되는 것이 아니라 믿음을 통해 모든 사람에게 곧 유대인뿐만 아니라 이방인들에게도 열려 있음"을 뜻한다.[227] 이와 같은 던의 진술은 바울에 관한 새 관점이 지닌 부정적·긍정적 요지를 동시에 요약하고 있으며, 1960년대와 1970년대에 독일을 제외한 지역에서 일어난 바울 연구의 뿌리 깊은 변화에 의존하고 있다. 이 변화는 스텐달의 논문에 가장 잘 표현되어 있는데, 스텐달은 이 변화와 관련된 세 가지 중요한 요소를 제시하고 있다.[228]

(i) 바울이 말한 것이 모든 시대에 보편적으로 적용된다는 가정에 반대하여, 바울 신학의 **역사적 특수성**이 크게 강조된다. 역사적·해석학적 이유에서 스텐달은 "그때"와 "지금" 사이를 명확하게 구분할 것을 요구하고, 바울을 "현대화하는" 것에 관한 역사적 관점에서의 염려와 인간적 조건의 연속성 및 보편성을 가정하는 불트만의 추정에 관한 깊은 의혹, 이

울에 관한 새 관점의 뿌리에는 N. T. 라이트의 초기 연구가 놓여 있다. 1978년의 독창적인 한 논문에서 라이트는 다음의 내용을 제시하며 샌더스를 칭찬한다. "유대교는 행위의 종교와 대단히 거리가 멀고, 은혜에 대한 명확한 이해 곧 먼저 이스라엘을 특별한 백성으로 선택하신 은혜의 이해에 기초를 두고 있다. 선행은 단순히 감사에 불과하며, 단지 사람이 언약에 충실하다는 사실만을 나타낸다." "The Paul of History and the Apostle of Faith," *TynBul* 29 (1978), 61-88 (특히 80), 재출간, *Pauline Perspectives: Essays on Paul, 1978-2013* (London: SPCK, 2013), 3-20 (특히 15).

227   Dunn, *New Perspective,* 199(앞의 각주 226에 언급한 논문에서 인용).

228   스텐달의 1963년 논문 "The Apostle Paul and the Introspective Conscience of the West"는 K. Stendahl, *Paul among Jews and Gentiles* (London: SCM, 1977) 안에 다른 논문들과 함께 수록되어 있다. *Final Account: Paul's Letter to the Romans* (Minneapolis: Fortress Press, 1995)로 출판된 스텐달의 후기 로마서 강의를 참조하라. 이러한 경향을 대변하는 현대의 다른 학자들의 자료는 다음과 같다. M. Barth, "Jews and Gentiles: The Social Character of Justification," *JES* 5 (1968), 241-61. N. A. Dahl, "The Doctrine of Justification: Its Social Function and Effects," in *Studies in Paul* (Minneapolis: Fortress Press, 1977), 95-120 (원본은 1964년에 노르웨이어로 출판됨). G. Howard, *Paul: Crisis in Galatia* (Cambridge: Cambridge University Press, 1979).

둘을 하나로 결합시켰다. 이런 맥락에서 새 관점의 지지자들은 다음과 같이 주장한다. 바울의 칭의 신학이—마치 이방인과 유대인을 모두 포함하는 것이 단순히 보다 더 포괄적인 요점을 예시하는 하나의 사례가 되는 것처럼—이방인 선교의 **정황 안에서**뿐만 아니라, 그 선교를 옹호하고 촉진하기 **위해서도** 명확히 언급되었다는 것이다.[229] 여기서 강조점은 1세기 바울의 관심사에 내재되어 있던 환원 불가의 역사적 특수성에 놓이는데, 이 점은 "신학적"(예. 불트만의) 해석이 1세기 현실을 충분히 고려하지 못했다고 널리 의심하고 있던 견해와 결합되어 있다. 바울의 신학은 무시간적으로 일반화될 수 있는 것으로 추정될 수 없고, 최소한 일반적인 구원론의 관점에서는 더욱 그럴 수 없다.[230]

(ii) 그 변화의 두 번째 특징은 죄, 죄책, 그리고 **하나님과의 개인적 관계**에 사로잡혀 있는 "서구인들"에 대한 비판이다. 그 대신에 그 변화는 **집단들 사이의 사회적 관계**에 주된 강조점을 둔다. 스텐달에 의한 바울과 "서구의 내적 양심", 이 둘 사이의 날카로운 구별은 내면에 초점을 맞추고 있는 루터 사상에 가장 극명하게 반대하고 있지만, 나아가 루터 사상 배후에 놓여 있는 아우구스티누스 전통에 대해서도 이의를 제기하고 있

---

229   스텐달은 다음과 같이 표현한다. "바울의 신학적 작업에서 무게 중심은 바울 자신이 이 방인들을 향한 사도로 부르심 받았음을 알고 있다는 사실과 관련되어 있다." *Paul among Jews and Gentiles*, 15. 이러한 원래의 삶의 정황(*Sitz im Leben*)을 복원시키면, 바울의 본문들은 바로 이 본문들을 후대로 전달하는 전통을 (재차) 비판하게 된다. *Final Account*, 35, 40. 이방인 선교 **안에서**만이 아니라 이방인 선교를 **위해서도** 마련된 신학은 또한 기능주의적인 의미에서도 이방인 선교의 적법한 이념으로 묘사될 수 있다. 참조. F. Watson, *Paul, Judaism, and the Gentiles: Beyond the New Perspective*, 2판 (Grand Rapids: Eerdmans, 2007), 21, 51.

230   스텐달은 로마서가 "구원론이 아니라 선교론"에 관심을 두고 있다고 주장한다. *Final Account*, 41. 이 주장은 죄를 인간의 공통된 곤경으로 보고 이 곤경에 대한 신적 해결책으로서의 은혜에 초점을 맞추는 아우구스티누스 전통을 격하시키려는 의도를 갖고 있다. 스텐달과 새 관점을 지지하는 다른 학자들은 바울 신학의 현대적 관련성을 각기 다른 관점으로부터 찾아낼 준비가 되어 있었다(아래를 보라).

는 것이다. "칭의에 관한 바울의 사고는 주로 개인의 영혼 및 양심의 내적 긴장에 의해서가 아니라 다원주의로 찢겨져 있는 세상의 분열과 정체성의 문제로 촉발되었다."[231] 하지만 은혜 주제는 일반적으로 개인주의적 관점의 틀 안에서 형성되었다("죄인인 내가 어떻게 은혜로운 하나님을 찾을 수 있을까?").[232] 따라서 바울 신학에 대한 새로운 해석은 개인주의적 초점에서 벗어남으로써 은혜 주제를 중심에서 밀어냈다. 새로운 사회적·정치적 관심을 지닌 바울 해석자들은 유대인-이방인 문제를 갈라디아서와 로마서 모두의 핵심 문제로 간주했다. 양 서신에서 바울이 말하는 "율법의 행위"는 사람의 행위의 내적 태도와 관련된 것(루터는 그렇게 이해했다; 위 3.3.2를 보라)이 아니고, 문화적 전통의 사회적 실천과 관련되어 있다. 스텐달에 의하면, "이신칭의 교리는 매우 특수하고 제한적인 목적, 곧 이방인 개종자들도 하나님이 이스라엘에게 주신 약속들의 온전하고 참된 상속자가 될 권리가 있음을 옹호하기 위해 바울에 의해 강조되었다."[233] "평등성"이나 "포괄성"과 같은 말과 마찬가지로 "권리"라는 용어도 1960년대 및 그 이후에 변경된 신학적 지평과 일치했다.[234]

(iii) 변화된 분위기는 **바울과 유대교 사이의 관계**에 대해 훨씬 더 민감한 진술을 요구했다. 스텐달은 다음과 같은 관념, 곧 바울이 유대교에 불만을 품어 유대교를 율법주의 종교로 공격했다는 거짓된 관념이 기독교의 반유대주의 사상에 놓여 있다고 보았다. 유대교와 기독교의 관계는 스텐달에게 가장 중요한 문제였고, 그에 의해 유대교와 기독교의 관계

---

231 Stendahl, *Paul among Jews and Gentiles,* 40.

232 스텐달은 이 질문이 바울의 관심사가 아니라 전형적인 서구적 관심사라고 간주한다. 이 질문은 "괴로움을 겪는 양심"의 질문이다. *Paul among Jews and Gentiles,* 83, 131; *Final Account,* 14.

233 Stendahl, *Paul among Jews and Gentiles,* 2.

234 이방인의 "권리"에 대해서는 Stendahl, *Paul among jews and Gentiles,* 2, 130-31, "평등성"에 대해서는 29, 81, "포괄성"에 대해서는 28을 보라. "이방인의 권리"에 대해서는 Barth, "Jews and Gentiles," 246을 참조하라.

는 점점 더 기독교적 "제국주의"가 사라진 일종의 다원주의적 종교 신학이 되어버렸다.[235] 그의 주장에 따르면 바울의 칭의 신학은 논쟁적인 것이 아니라 변증적인 것이다. 다시 말해 바울은 유대교를 공격한 것이 아니라, 이방 선교를 향한 자신의 사명의 관점에서 오히려 유대교를 옹호했다는 것이다.[236] 9-11장을 로마서의 절정으로 간주하며 스텐달은 다음과 같이 지적했다. 즉 바울은 명시적인 기독론의 관점에서 "이스라엘 전체"의 구원을 서술하지 않았고, 이방인 그리스도인의 반(反)유대주의를 경고하며 이 문제를 비밀로 남겨두었다는 것이다.[237] 스텐달의 여파로, 많은 학자들은 율법에 대한 바울의 논쟁은 (유대인이나 유대인-그리스도인들이 아니라) 오로지 이방인-그리스도인들과 관련되어 있다고 주장했다. 또 그들은 바울이 유대인과 유대교에 대해 부정적인 태도를 전혀 갖고 있지 않았을 뿐만 아니라, 유대인의 구원이―이방인들과 그리스도의 관계와는 확연히 다르게도―하나님과의 언약 관계에 놓여 있는 것으로 확신했다고 주장한다.[238] 다른 학자들은 바울이 유대교의 일부 요소를 비판했지만, 이는 단지 유대교가 그것의 전통을 상실하거나 오해했던 경우에 한정된다는 사실을 발견했다.[239] 여기서 모두가 피하고 싶어 하는 것은 유대인이 "종교적이고",

---

235 Stendahl, *Paul among Jews and Gentiles,* 126-27, 132.

236 Stendahl, *Paul among Jews and Gentiles,* 130.

237 Stendahl, *Paul among Jews and Gentiles,* 85 (참조. 29; 롬 1-8장은 단순히 절정 부분인 롬 9-11장을 위한 서언이다). 스텐달은 *Final Account,* 7(참조. x-xi)에서 다음과 같이 주장한다. 곧 자신은 바울이 이스라엘의 특수한 길(*Sonderweg*)을 염두에 두고 있었음을 옹호할 의도가 없었는데, 이는 이 특수한 길이 하나님의 손에 달려 있는 비밀이기 때문이라는 것이다.

238 예를 들어 다음의 자료들을 보라. L. Gaston, *Paul and the Torah* (Vancouver: University of British Columbia, 1987); S. Stowers, *A Rereading of Romans: Justice, Jews, and Gentiles* (New Haven: Yale University Press, 1994); J. Gager, *Reinventing Paul* (Oxford: Oxford University Press, 2000); C. Johnson Hodge, *If Sons, Then Heirs: A Study of Kinship and Ethnicity in the Letters of Paul* (Oxford: Oxford University Press, 2007).

239 아래에서 던과 라이트의 견해를 보라. 이 변화를 나타내는 다른 징후로는 마틴의 주장

"경건하며", "율법주의적"이라는 전형적이고 해묵은 고정 관념을 지속시켜나가는 것으로, 이러한 고정 관념은 불트만과 케제만을 거쳐 루터 전통과도 연결되어 있다.

이처럼 세 가지 중요한 측면에서 아우구스티누스 그리고 종교개혁 전통과의 결별이 발생하면서 바울 신학 내에서 "은혜"가 차지하고 있는 위치와 중요성에 관한 분석에도 변화가 일어났다. 서로 다른 방법을 취하기는 했어도 함께 새 관점을 발전시켰던 사람들의 바울 신학 분석에 변화가 일어난 것이다.

어떤 학자들은 바울이 유대교와 벌인 논쟁에서 그 중심 주제가 은혜에 대한 이해의 문제가 아닌 이방인들을 포함하는 문제였다고 주장했다. 은혜 및 행위와 관련해서 바울과 유대교 사이에 일치점이 있음(위를 보라)을 확인한 샌더스는 바울의 배타적 구원론(만약 구원이 그리스도 안에만 있다면 율법을 포함한 다른 어떤 것에 구원이 있을 수 없다는 이론) 속에서, 그리고 믿음으로 얻는 구원이 유대인과 이방인을 포함한 모든 사람에게 차별 없이 열려 있다는 바울의 신념 속에서 핵심 사항들을 찾아냈다.[240] 바울은 "평등의 원칙"에 따라 이방인과 유대인이 "동등한 지위"를 갖고 "동등한 발판" 위에 서 있다고 주장한다. 만약 바울이 유대교를 비판한다면, 이는 자기 의라는 태도와 관련된 죄를 비판하는 것이 아니라, "유대인의 특권이라는 추정"을 비판하는 것이다.[241]

(위 3.5.4를 보라)과 왓슨의 주장이 있다. 마틴은 갈라디아서가 유대인이나 유대교를 비판적인 시각으로 다루지 않는다고 주장했고, 왓슨은 샌더스를 따라 바울에게는 율법 준수와 그리스도 신앙, 이 둘 사이에 (마치 유대교 회당과 기독교 공동체의 사이처럼) 단순히 환원될 수 없는 차이점이 있었을 뿐이고, 한쪽에서 해결된 것이 다른 쪽에서는 문제된다는 식의 관계가 아니었다고 주장했다. Watson, *Paul, Judaism, and the Gentiles*, 12-26.

240 Sanders, *Paul and Palestinian Judaism*, 489-90, 497. 동일 저자, *Paul, the Law, and the Jewish People* (Philadelphia: Fortress Press, 1983), 5, 18, 27.

241 *Paul, the Law*, 30-34, 38 등.

톰 라이트도 비슷한 의미에서 유대인과 이방인이 하나님의 백성 안으로 들어가는 "동등한 조건"과 이방인이 "2차적" 지위를 갖지 말아야 한다는 바울의 결정에 관해 말한다.[242] 라이트는 바울의 이런 관점을 신학의 포괄적 틀 안에 놓으면서, 바울이 아브라함 언약의 갱신과 성취를 선언하는 것으로 본다. 이 갱신과 성취 안에서 하나로 통일되어 있으면서 다민족으로 구성된 가족에 대한 하나님의 계획이 그리스도를 통해 이루어지는데, 그리스도는 메시아로서 이스라엘이 보이지 못한 순종을 하나님께 바치셨다. 이스라엘의 실패를 이끈 한 부분(이스라엘의 "후속 죄")은 민족적 혹은 국가적 특권을 유지하기로 한 결정이었다.[243] 이와 같은 해석에 있어서, "그들(유대인들) 자신의 의"에 대한 바울의 언급(롬 10:3; 참조. 빌 3:9)은 상당히 다른 의미로 여겨진다(그런데 이러한 바울의 언급은 인간이 성취하는 구원과 하나님이 선사하시는 구원, 이 두 구원 사이의 불트만적 대립[위 3.5.2를 보라]에 근본이 된다). 달리 말해, 바울이 여기서 거부하고 있는 것은 "민족적 의"로서, 이는 **모든** 민족에게 보편적으로 적용 가능한 의와 대립을 이룬다.[244]

비록 이 대립을 때때로 "은혜"와 "경주"의 차이로 설명하지만,[245] 라이트는 대체로 은혜를 바울 신학의 중심 주제로 삼지 않았다. 그리스도-사건은 선택(예정)을 재확인하기에, 그것은 구원에 대한 새로운 혹은 다른 뉘앙스를 가진 이해를 불러일으키는 것이 아니라 언약의 성취를 가져

---

242 N. T. Wright, *Paul: Fresh Perspectives* (London: SPCK, 2005), 30, 38; 동일 저자, "The Letter to the Galatians: Exegesis and Theology," in J. B. Green, M. Turner, ed., *Between Two Horizons: Spanning New Testament Studies and Systematic Theology* (Grand Rapids: Eerdmans, 2000), 205-36 (특히 222); 재출간, *Pauline Perspectives*, 191-215 (특히 205).

243 "메타-죄": N. T. Wright, *The Climax of the Covenant* (Edinburgh: T&T Clark, 1991), 240. "우상숭배의 이차적 형태"로서의 배타적 특권에 대해서는 *Fresh Perspectives*, 36을 보라.

244 Wright, "Paul of History," 82-83 (*Pauline Perspectives*, 16-17에 재수록).

245 예를 들어 *Climax of the Covenant*, 168, 240.

온다. 라이트는 은혜를 "자유롭고"(값없고) "아무런 공로 없이 주어지는 것"으로 묘사하는 반면에, 은혜에 대한 이런 해석을 바울의 믿음을 이해함에 있어서 또는 그리스도 안에서 하나님의 백성의 일원이 되는 것에 대한 바울의 정의에 있어서 핵심이 되는 특징으로 보지 않는다. 이 점에서 라이트는 위에서 다루었던 인물들과 차이를 보인다 (3.5를 보라).[246] 이렇게 볼 때 새 관점은 바울 선교의 보편성(유대 전통의 "제약"을 넘어서는 보편성)을 강조할 때와 마찬가지로, 바우어의 바울 신학의 재구성을 반영하고 있다. 그런데 바우어의 바울 신학의 재구성도 루터의 로마서 이해를 반대하는 것이었다.[247]

은혜 주제는 던의 바울 신학 이해에 있어서 중요하다. 하지만 던은 이 주제가 유대교와 대립을 일으키게 되는 것을 신중하게 피한다. 바울의 "회심"에 관하여 던은 이렇게 말한다.

바울이 회심을 통해 하나님의 은혜를 체험했다고 해서, 유대인인 그가 처음으로 회심의 이러한 기능을 알게 되었던 것은 아니다. 오히려 바울의 회심은 깨달음을 가져다주었는데, 그는 그동안 자신이 전형적인 유대인으로서 취했

---

246 바울의 은혜가 "값없는", "순수한", "순전한 선물", 그리고 "아무 공로 없이 주어지는 것"이라는 표현에 대해서는 N. T. Wright, "Romans," *The New Interpreter's Bible,* 제10권 (Nashville: Abingdon, 2002), 471, 492-93, 495를 보라. 이는 분명 은혜의 비상응성을 강조한다. 하지만 라이트는 롬 4장에서 "믿음, 은혜, 약속이 매우 중요하지만" "주된 주제는 아니라는" 점을 애써 주장한다(497; 참조. 485).

247 바우어는 로마서가 기독교의 보편주의를 모든 민족에게 확대되도록 추진함으로써, "유대교적 배타성"과 "편파성"을 제거하는 책이라고 생각했다. "로마서의 중요한 가치는 죄와 은혜에 관한 교리적 진술에 있다기보다는 당시에 매우 중요했던 논쟁 곧 유대인과 이방인 사이의 관계에 관한 논쟁에 실천적인 영향을 미친 것에 있다." F. C. Baur, *The Church History of the First Three Centuries,* 제1권 (Edinburgh: Williams and Norgate, 1875), 72. 새 관점과 바우어의 탈-계몽주의적 주제들 사이의 공명에 대해서는 Watson, *Paul, Judaism, and the Gentiles,* 40-47 그리고 D. Boyarin, *A Radical Jew: Paul and the Politics of Identity* (Berkeley: University of California Press, 1994)를 보라.

던 태도가 오히려 하나님의 은혜를 모호하게 만들었고 심각할 정도로 은혜를 곡해했다는 사실을 뼈저리게 깨달았던 것이다. 이로 인해 바울은 다시 한 번, 인간의 공로로 말미암아 하나님께 어떤 권리를 주장할 수 있다는 생각을 하지 않게 되었다. 다메섹 도상에서 바울이 절실하게 느꼈던 오류는 바로 이스라엘이 하나님과 특별한 관계를 맺고 있다는 주장으로 인해 그보다 훨씬 더 근본적인 하나님의 은혜에 대한 이해가 크게 왜곡되었다는 점이다. 다시 말해, 하나님의 은혜란 값없이 주어지는 은혜로서 유대인과 유대교로 개종한 이방인들만이 아니라 모든 사람에게 개방되어 있었던 것이다. 이런 방식으로, 그리고 바로 이런 의미로 바울은 다메섹 도상에서 은혜로 얻는 칭의의 진리를 재발견 했던 것이다.[248]

여기서 던은 겉으로는 역설로 보이는 현상을 요약하고 있다. 한편으로 바울은 자신이 속한 유대교 전통을 충분히 인정했고, 이미 있던 것을 단순히 "재발견"했을 뿐이다.[249] 다른 한편으로 바울은 하나님의 은혜를 "모호하게 만들고" "왜곡시켜버린" "유대인의 전형적인 태도"에 반대했고, 이 태도로 인해 "값없이" "모든 사람에게 열려 있는" 은혜가 오히려 "제한"을 받고 있다고 보았다.

이 말은 던이 종종 바울의 비판 대상을 특징짓고 있는 방식을 반영한다. 말하자면 바울의 대적자들은 인종적 혹은 국가적 경계선에 따라 언약의 구성원이 될 수 있는 자격을 "제한해버리고" 싶어 한다. 그들은 하나님의 계획을 "좁게" 이해하고, 그들의 선교는 이방인들에게는 "배타적이

---

248 Dunn, *New Perspective,* 369 (1997년 논문에서 인용).

249 다른 곳에서 던은 칭의를 "이스라엘의 언약적 은혜라는 특징을 통해 하나님과의 관계 속에 들어가는 것"으로 말한다. *The Theology of Paul the Apostle* (Grand Rapids: Eerdmans, 1998), 388. "하나님의 은혜가 지닌 주도권"에 관한 바울의 주장은 "단순히 그의 조상들이 지녔던 믿음의 첫 번째 원칙을 다시 진술한 것"에 불과하다(345). 던이 개혁파 신학에 근거를 두고 단일한 은혜의 언약을 강조하는 것("다양한 베풂의 방식 아래서 펼쳐지는 하나의 동일한 언약")에 관하여서는 *New Perspective,* 18을 보라.

며", 유대인과 이방인 사이에 "경계 표지"로 기능하는 관습들(할례나 음식 규례와 같은 관습들)을 이방인들에게 강요하려 한다. 이는 결국 "분리", "단절", "제한", 그리고 "분할"의 정책들로 이어지고, 혈통, 민족성, 인종적 정체성과 같은 "육체적" 노선을 반영하고 있다는 점에서 특히 터무니가 없다.[250]

　　"언약적 율법주의"가 은혜에 관한 "훌륭한 개신교 교리"를 선포했던 마당에(위를 보라), 어떻게 이런 정책이 유대교의 "전형"이 되었을까 하는 것은 던이 줄곧 붙들고 씨름하는 문제다. 샌더스의 경우와 마찬가지로, 이 문제는 은혜의 **우선성**과 **비상응성** 사이를 구분할 때 명확해질 수 있다. 은혜가 요청보다 먼저 주어진다는 우선성은 행위가 "뿌리가 아닌 열매"라는 던의 말에 대응한다(위 276-77을 보라). 은혜가 가치와 상관없이 선사된다는 비상응성은, 던이 은혜란 "값없고" "열려 있다"라고 말할 때 분명 염두에 두었던 것이다.[251] 던에 의하면 바울이 반대했던 것은 "인종적 기원과 정체성이 하나님의 은혜와 그 표현을 결정하는 요소가 된다는 잘못된 가정이다.…이러한 가정은 인간의 가치를 평가하는 또 다른 방법으로, 선을 행할 수 있는 능력에 관한 질문보다 더 근본적인 의미를 지닌다."[252] 이는

250　공간 은유들이 이미 이 주제에 관한 던의 초기 논문들 안에 두드러지게 등장하며("The New Perspective on Paul," *New Perspective*, 89-110에 재수록), 그 이후에도 지배적인 것으로 남아 있다. 던의 해석에 따르면 바울이 반대했던 것은 "신적 은혜를 좁게 제한하는 것"이었다. *New Perspective*, 69. "율법의 행위"가 단지(혹은 주로) 유대인과 이방인 사이의 특수한 "경계 표시"를 가리킨다고 보는 던의 논쟁적 해석은 *New Perspective*, 22-26에서 마지막으로 한 번 더 논의된다. 던은 자신의 바울 신학 해석에서 현대와의 많은 연관성을 발견하는데, 이러한 연관성은 특히 교회 분열과 세계 도처의 인종적·민족적 갈등과 관련되어 있다. 예를 들어 *New Perspective*, 199을 보라.

251　참조. *New Perspective*, 105. "바울의 이해에 따르면, 예수께서 자신의 죽음과 부활로 행하신 것은 은혜의 폭넓은 경험(할례 받은 유대인을 넘어)과 충분한 표현(의식적 정결에 대한 관심을 넘어)을 위하여 민족적으로 제한된 은혜의 장벽으로부터 은혜를 정당화함으로써 하나님의 은혜를 해방시키는 것이다."

252　J. D. G. Dunn, *The Theology of Paul's Letter to the Galatians* (Cambridge: Cambridge University Press, 1993), 142.

복음에 표현되어 있는 은혜의 무조건적 특성"을 묘사할 때와 마찬가지로 다음과 같은 내용을 암시한다. 즉 던은 바울이 은혜의 비상응성을 극대화 했다고 본다. 이 점에서 던은 루터 전통과의 연속선상에 서 있다.[253] 만약 바울이 그의 동료 유대인들과의 논쟁에 있어서 동의하지 않았던 내용이 행위가 은혜의 결과라는 사실이 아니라 하나님의 은혜의 "개방성"에 관한 것이었다면, 우리는 위에서 제공한 분석도구(2장)를 사용하여 왜 던의 해석에서 바울과 유대교와의 관계가 그렇게도 역설적으로 보이는지 그 이유를 보다 더 상세히 알아낼 수 있을 것이다. 그런데 그 이유는 누군가가 하나님의 은혜를 "모호하게 만들거나" "왜곡시키기" 때문이 아닐 것이다. 은혜의 다양한 극대화들 사이에도 차이가 존재하고 있으며, 문제는 단순히 다음과 같이 제시될 수 있다. 바울과 동료 유대인들은 은혜의 **우선성**에 있어서는 의견이 일치하지만, 은혜의 **비상응성**에 관해서는—최소한 인종적 가치와 관련해서는—불일치했다. 대체로 이러한 결론이 그 문제에 관한 던의 해석으로 보인다. 이것이 사실인지 알아보기 위해 우리는 본문들을 재검토할 필요가 있을 것이다. 그러나 이와 같은 해석에 있어서 분명히 해두어야 할 것은 은혜가 바울과 다른 유대인 저자들에 의해 극대화되는지 그렇지 않은지의 **여부**가 아니라, **어떻게** 극대화되는가에 관한 것이다.

---

253 J. D. G. Dunn, *The Epistle to the Galatians* (London: A&C Black, 1993), 265, 참조. 269. 던 자신도 루터 전통과의 이러한 관련성을 인정하려 할 것이다. 왜냐하면 던은 자신이 루터교의 핵심 강조점을 부정하고 있다고 여기지 않으며, 오히려 그 강조점의 본래 근거지인 사회적 영역 곧 바울의 고향까지 확장시켰다고 생각하기 때문이다. *New Perspective*, 17-22, 54, 87-88; *Theology of Galatians*, 140-43을 보라. 루터가 던의 바울 해석에 미친 영향에 대해서는 R. B. Matlock, "Sins of the Flesh and Suspicious Minds: Dunn's *New Theology of Paul*," *JSNT* 72 (1998), 67-90(특히 82-86)과 Westerholm, *Perspectives Old and New on Paul*, 184-89를 보라.

3.7. 바울과 은혜에 관한 최근의 설명

최근 몇 년간 바울의 은혜 신학은 크게 연관되어 있지 않은 세 가지 논쟁 맥락에서 다루어져 왔는데, 그 세 가지 논쟁 맥락은 다음과 같다. "새 관점"을 둘러싸고 얽혀 있는 논쟁, 프랑스 철학자 알랭 바디우의 새롭고 급진적인 바울 해석, 그리고 그리스-로마 세계의 정황과 관련하여 바울의 **카리스**(은혜) 용어를 살피는 새로운 연구. 우리는 이러한 세 가지 배경을 각각 살펴볼 것이다. 왜냐하면 이 세 가지 배경 모두 이 책의 II부와 III부에서 다루게 될 바울 해석에 대해 중요한 맥락을 제시하고 있으며, 나아가 이 세 가지 배경이 각각 앞선 제2장에서 전개된 분석도구, 곧 은혜의 여섯 가지 극대화라는 분석도구를 적용하여 조명될 수(부수적 혼동을 명확히 해소시킬 수) 있기 때문이다.

3.7.1. 새 관점 그 이후

바울에 관한 새 관점은 엇갈린 반응을 보였다. 다양하고 폭넓은 반응은 학문적 관점의 통상적인 다양성을 나타낼 뿐만 아니라 새 관점 자체가 다양한 구성요소와 다양한 대변자들을 갖고 있음을 반영한다.[254] 바울과 은혜, 이 두 주제에 대해 일종의 이중 불만이 표출되었다. 첫째, 새 관점은 바울의 구원론의 지평과 의미를 제한하는 것처럼 보였다. 다시 말해 바울은 유대인과 이방인 사이의 통일성과 평등성을 분명히 논하고 있지만, 많은 학자들이 느끼기에 그 논의의 근거들은 여전히 일반화가 가능한 은혜와 믿

---

254 영어권과 독어권 학계를 대표하는 학자들의 다양한 반응에 대해서는 다음의 연구들을 보라. Stuhlmacher, *Revisiting Paul's Doctrine of Justification: A Challenge to the New Perspective* (with an Essay by D. A. Hagner; Downers Grove: InterVarsity, 2001); M. Bachmann, J. Woyke, ed., *Lutherische und Neue Paulusperspektive: Beiträge zu einem Schlüsselproblem der gegenwärtigen exegetischen Diskussion* (Tübingen: Mohr Siebeck, 2005).

음 신학 속에 놓여 있다. 둘째, 은혜와 행위라는 주제에 대해 바울과 동료 유대인들 사이에 식별할 수 있는 차이가 전혀 없다는 샌더스의 주장이 점차 거부되었다. 우리는 샌더스가 언약적 선택에 나타나 있는 은혜의 우선성을 강조하고, 때때로 그것을 은혜의 비상응성과 연계시킨 것을 기억한다(위 3.6.1을 보라). 그러나 많은 학자들은 "언약적 율법주의"에 대한 샌더스의 분석에 설득력이 없거나 "은혜"의 본질적인 (바울적) 특성이 결여되어 있음을 알아챘다. 샌더스가 주장하는 유대교가 "훌륭한 개신교 교리"를 선포한다고 던이 극찬했던 바로 그 자리(3.6.2)에서, 다른 학자들은 "은혜"에 관한 **그 둘의** 이해가 전혀 사실이 아니라고 주장했다.

샌더스에게 반발하며 제2성전 시대의 본문들을 살펴본 카슨은 "공로 신학"의 증거를 찾아냈다.[255] 공로 신학은 "하나님의 선택이 인간의 공로와 가치를 무시하고 내려지는 것으로 이해하지 않고, 인간의 공로 및 가치를 신적 선택의 근거로 간주하는" 일반적 경향을 보인다. "인간의 공로", "대가를 치르고 얻은 상", "기계적으로 주어지는 징벌" 등은 그 정의상 "순전한 은혜"와 대립되는데, 순전한 은혜는 "[하나님] 자신이 자유롭게 주권적으로 선택하는 사랑 외에 다른 그 어떤 것으로부터 나오지 않는다."[256] 카슨은 제2성전 시대 본문들에서 "'은혜'와 '긍휼'의 가치가 희석된" 증거를 발견한다. 그리고 다음과 같이 말한다. 즉 "하나님은 자기 백성들에게 '은혜를 베풀어주실' 수 있지만, 이러한 은혜의 수여가 인간의 과실을 무시하고 단순히 하나님의 주권적 선하심에만 뿌리를 둔다면 그것은 더 이상 은혜가 아니다. 오히려 은혜는 일종의 공로에 대한 반응인 것이다."[257]

---

255 D. A. Carson, *Divine Sovereignty and Human Responsibility* (Atlanta: John Knox Press, 1981), 44.

256 Carson, *Divine Sovereignty*, 33. 참조. 50, 104.

257 Carson, *Divine Sovereignty*, 69, 참조. 108-9. R. H. Gundry, "Grace, Works, and Staying Saved in Paul," *Biblica* 66 (1985), 1-38; 다른 제목으로 추가적인 결론과 함께 재출

그 후 카슨은 제2성전 시대 문헌들을 검토하는 일련의 논문들을 저술하게 되는데, 마지막 결론으로 그는 샌더스의 주장에서 인간의 순종이 언약 "안에 남아 있기" 위한 필수조건으로 작용하고 있다는 사실을 강조한다. 카슨이 볼 때 이는 결국 "공로에 의한 의"와 "되갚음의 상호 교환"에 따라 작용하는 구원론일 뿐이다. "은혜는 공로 신학의 정 반대에 서 있다."[258]

개더콜과 에스콜라는 "언약적 율법주의" 안에서는 율법을 지키는 행위가 필수적이라는 것과 언약적 율법주의가 종말론적 심판에 구원론적 의미를 부여한다는 점에 연구의 초점을 맞춘다.[259] 개더콜에 의하면, 순종이 최종 구원의 수단(248)으로서 이런 "도구적" 역할(118)을 하는 것으로 간주될 때, 하나님이 이스라엘을 "은혜로 택하신 것"은 샌더스가 제시한 방법에 기초한 구원의 포괄적 원리가 될 수 없다. 그 대신 우리는 "선택"

<hr />

간된 동일 저자의 책 *The Old Is Better: New Testament Essays in Support of Traditional Interpretations* (Tübingen: Mohr Siebeck, 2005), 195-224를 참조하라. 건드리의 해석에 따르면 바울은 "은혜와 믿음의 부패"를 공격한다(12). 바울은 어떤 의미에서도 "은혜의 교리를 희석시키는" "신인협력설"을 지지하지 않았다(35).

258 D. A. Carson, P. T. O'Brien and M. A Seifrid, ed., *Justification and Variegated Nomism*, 제1권: *The Complexities of Second Temple Judaism* (Tübingen: Mohr Siebeck, 2001), 544-45. 엔스가 이 책 앞에서 내린 다음의 결론을 참조하라. 순종은 언약의 지위를 유지하는 데 필수적이므로 "선택이 은혜로 주어지는 반면 구원은 순종을 통해 주어진다고 말하는 것이 덜 혼란스러울 것이다"(98). 이 책에 기고한 많은 학자들은 은혜를 "아무런 공로 없이" 그리고 "받을 자격도 없이" 주어지는 것(14, 27, 37, 353) 혹은 "값없이" 주어지는 것(324, 353)으로 말하며, 나아가 구원이 "순전히" 그리고 "완전히" 하나님의 행동인 곳에서 은혜는 원칙적으로 "홀로" 작용한다고 말한다(37, 69, 95, 413). 그 논문들은 또한 "은혜"를 "공로"(16, 43, 156, 238), "율법주의"(396, 411), "행위의 의"(72, 97, 272 등), "구원의 획득"(32, 38, 51, 105, 378)과 자주 대립시킨다.

259 S. J. Gathercole, *Where Is Boasting? Early Jewish Soteriology and Paul's Response in Romans 1-5* (Grand Rafids: Eerdmans, 2002). 이어지는 본문에서 괄호 안의 숫자는 이 저서의 쪽수임. T. Eskola, *Theodicy and Predestination in Pauline Soteriology* (Tübingen: Mohr Siebeck, 1998), 특히 52-60, 267-75(일종의 "신인협력적 율법주의"로서의 "언약적 율법주의"에 관한 부분)을 보라.

과 "행위"의 이중 원리를 발견하는데(48-49, 67, 261-64 등), 거기서 양자는 해소되지 않는 긴장관계 속에 나란히 서 있게 된다 (151-56, 264). 한 가지 원리는 "은혜"(하나님의 "값없는 선택", 71; 바울의 경우에는 "순전한 은혜", 244)와 관련되어 있고, 다른 한 가지는 "교환적 정의"(249), "대칭적 심판"(66) 또는 "되갚음"(245)에 따라 작용하는 보상신학의 "공정한 보수"(64)와 관련되어 있다.[260] 게더콜은 이러한 "이중 구원론"(71)을 바울의 구원론과 구별한다. 바울의 경우에 순종이 믿는 자들의 정당성을 최종적으로 입증해 주는 결정적인 역할을 할지라도, 여기서조차 성령은 "내주하시는 하나님의 은혜"로서 믿는 자들의 순종을 가능케 하시고 또 그들에게 순종할 수 있는 능력을 주신다. 바울에게는 "신인협력설"이 들어설 여지가 없다(16, 132-35, 223-24).

이와 유사한 관점으로 샌더스의 주제를 다루면서 라토는 제2성전 시대 유대교에서 "인간의 성취"가 중요했음을 강조한다. 라토의 견해에 따르면 인간의 율법 준수 능력에 대한 신뢰는 "신인협력설"의 특징을 지닌 구원론을 설명해주는 요소다.[261]

인간의 자유에 대한 유대교적 믿음과 그에 따른 순종의 (또는 범죄 후에 회개할) 능력에 대한 유대교적 믿음을 감안할 때, 율법에 대한 순종은 오직 인간적 책임의 문제에 그치며 은혜를 필요로 하지 않는다. 반면에 바울의 비관주의는 인간 행위자가 성령을 통해 변화되고 능력을 받지 않는 한

---

260 콘드라의 주장을 참조하라. 그는 "하나님의 은혜"와 "인간적 선행", 이 두 가지 요소 그리고 이 둘의 결합만으로도 우리가 은혜에 대해 더 이상 논리적으로 말할 수 없음이 충분히 입증된다고 본다. "율법 준수라는 인간의 책임과 혼합된 하나님의 은혜는 은혜로운 구원론의 범주에서 벗어나게 된다." E. Condra, *Salvation for the Righteous Revealed: Jesus amid Convenantal and Messianic Expectations in Second Temple Judaism* (Leiden: Brill, 2002), 49, 참조. 47, 53-54, 196.

261 T. Laato, *Paulus und das Judentum* (Åbo: Åbo Akademis Förlag, 1991); (영역) *Paul and Judaism: An Anthropological Approach*, trans. T. McElwain (Atlanta: Scholars Press, 1995), 73-82, 185-211.

죄의 권세 아래 있다고 본다. 이런 의미에서 믿는 자들의 업적조차 은혜의 문제가 된다. "그리스도께서 그리스도인들의 선한 일을 행하신다"(Christus tut die guten Werke der Christen).[262] 비슷한 방식으로 다른 학자들은 다음과 같이 주장한다. 비록 행위심판에 관한 바울의 말이 구원이 인간 행동에 달려 있는 것처럼 보이게 하더라도, 실제로는 은혜가 믿는 자들을 하나님의 활동을 대신할 대리자(agent)로 변화시킨다. 더욱이 어떤 이들에게 있어서, "믿는 자들은" 오로지 성령의 내주하심으로 인해 "실질적으로 의롭게 되는 것 외에 다른 길이 없다."[263]

샌더스와 새 관점에 대한 이와 같은 반발이 일반적으로 종교개혁 전통에 속한 용어(행위의 의, 율법주의, 신인협력설, 공로, 오직 은혜)를 사용하고 있다거나, 최소한 암묵적으로 아우구스티누스와 펠라기우스의 논쟁에 호소하고 있다는 점에 주목할 만하다. 그러므로 그들은 그런 전통들을 반영하는 방식으로 은혜를 극대화하고 있다. 만약 구원이 (인간의 협력 없이 그리고 철저히 하나님께 의존하여) "오직 은혜로" 얻는 것이라면, 은혜가 단순히 **먼저 주어지는 것**이라고 말하는 것만으론 충분하지 않다. 은혜는 또한 받는 자의 가치와 **어울리지 않는 것**이어야 하고(최후의 심판에서도), 어떤 식으로든 (성령의 역사를 통해) 그 **유효성**을 나타내야 한다. 이 해석에 따르면 바울에게는 루터와 칼뱅, 이 둘 중 한명이 혹은 이 둘 모두가 찾고 있었던

---

262 Laato, *Paulus,* 203.

263 B. D. Smith, *What Must I Do to Be Saved? Paul Parts Company with His Jewish Heritage* (Sheffield: Phoenix Press, 2007), 3, 참조. 226, 239. 예정론적인 요소는 덜하지만 그와 비슷한 진술로서 C. H. Talbert, "Paul, Judaism, and the Revisionists," *CBQ* 63 (2001), 1-22를 보라(하나님이 가능하게 하시는 것과 능력을 주시는 것은 바울이 신인협력설이 아니라 일종의 단동설을 지지한다는 사실을 보증한다; 16-17, 20-22). 건드리(Gundry, "Grace, Works, and Staying Saved")와 같이 오브라이언도 칼뱅의 견해(위 3.4.3을 보라)를 반영하여 믿는 자들의 선행을 그들의 구원의 근거가 아닌 증거라 말한다. O'brien, "Was Paul a Covenantal Nomist?" in D. A. Carson, T. O'Brien, M. A. Seifrid, ed., *Justification and Variegated Nomism,* 제2권, *The Paradoxes of Paul* (Tübingen: Mohr Siebeck, 2004), 249-96, 특히 265-70.

은혜에 관한 모든 형태의 극대화가 존재하고, 반면에 제2성전 시대 유대교에서 확인될 수 있는 은혜의 다른 형태들은 "은혜"의 적절한 구성요소들을 갖추지 못한 것으로 판단된다. 유대교 문헌들이 은혜를 주변적인 것으로 만들었고,[264] "은혜를 희석시켰으며"(카슨), 아니면 "은혜"와 "보상"이라는 대립되는 원리를 "체계 없이 혼합시켜" 은혜를 그 반대 개념과 결합해놓았다고 말할 수 있다.[265] 여기서 고려되지 않고 있는 것은 은혜와 보상이 고대에는 매우 평이하게 결합된 채 사용되었는지의 여부(예. 합당한 자에게 주어지는 선물, 상으로서의 선물)이다.[266] 앞에서 살펴본 것처럼 이것은 자기모순이 아니다. 이는 단순히 은혜가 **비상응적인 선물**로서 극대화되는 것이 아님을 함축하는데, 이 견해는 아우구스티누스와 개신교 전통의 지지를 받는다. 여기서 언급되는 해석에 따르면 "은혜"에 대한 한 가지 특별한 정의가 당연한 것으로 여겨지고, 은혜의 다양한 의미들이나 (우리의 관점에서 볼 때) 은혜의 다양한 극대화들을 구분하려는 시도는 거의 없다.[267]

---

264 예를 들어 R. Bauckham, "Apocalypses," in Carson et al. ed., *Variegated Nomism*, 1.135-87을 보라. 여기에서 "강조점은 압도적으로 율법에 대한 순종의 행위로 얻는 구원에 놓여 있고, 그 결과 인간의 성취가 중심 무대를 차지하며, 하나님의 은혜는 전제되지만 결국은 주변으로 밀려나고 만다"(174).

265 이것은 아베마리가 전개한 논증이다. 아베마리는 랍비 문헌들이 양립할 수 없는 두 원리 곧 선택의 은혜(Gnadenwahl)와 보상(Veageltung)이라는 원리를 제시한다고 주장했다. F. Avemarie, *Tora und Leben: Untersuchungen zur Heilsbedeutung der Tora in der Frühen rabbinischen Literatur* (Tübingen: Mohr Siebeck, 1996); 동일 저자, "Erwählung und Vergeltung: Zur optionalen Struktur rabbinischer Soteriologie," *NTS* 45 (1999), 108-26.

266 그러나 개더콜은 선물을 행위에 대한 상으로 상상하는 것이 가능하다고 지적한다. Gathercole, *Where Is Boasting?*, 115.

267 세이프리드는 은혜에 대한 바울의 해석이 제2성전 시대 본문들의 해석과 다를 수 있음을 인정하지만("은혜에 관한 한 가지 놀라운 사실은 그것이 대단히 탄력적인 개념이라는 사실이다"), 그러나 그는 차이의 분석에 있어서는 이 점을 따르지 않는다. M. A. Seifrid, "Unrighteous by Faith: Apostolic Proclamation in Romans 1:18-3:20," in Carson et. al. ed., *Variegated Nomism*, 제2권, 105-45 (특히 144). 이 문제에 관한 가장 사려 깊은 설명은 *Perspectives Old and New*, 341-51에 있다.

논쟁에 가담했던 다른 학자들 역시 바울에 대한 논의에서 은혜의 특정 극대화들을 중시하고 있음을 볼 수 있다. 비록 그들이 종교개혁의 대립된 범주와 구조로 되돌아가지 않으면서 "새 관점을 넘어서려" 하고 있지만 말이다.

　　왓슨의 연구는 스텐달 이후 형성된 특징을 반영하지만(위 3.6.2를 보라), 바울에 관한 이해에 있어서 새 관점과는 구별된 주장을 펼친다. 그는 다음과 같이 주장한다. 즉 바울과 동료 유대인들 사이의 차이는 일반적이고 추상적인 구원론 원리에 의존하는 것이 아니라(이는 불트만이나 케제만과 같은 루터교 학자들과는 반대된다), 그리스도를 믿는 믿음으로 살아가는 공동체와 삶의 초점을 율법 준수에 두는 공동체, 이 두 공동체 사이의 구체적이고 현격한 차이에 의존한다고 말이다. 이러한 특수성은 "은혜"와 "행위"라는 일반화가 가능한 원리로 환원될 수 없다. 바울이 그리스도-사건을 기점으로 거꾸로 추론하고 있다는 샌더스의 확신(그리스도라면, 율법은 아니다)은 근본적으로 옳다. 다시 말해 유대교의 구원론 체계에 근거해볼 때, 바울은 유대교와 이론적으로 다른 의견을 갖고 있지 않다.[268] 다른 한편으로 바울은 이차적·부차적 수준에서 "은혜"라는 말을 상반된 문맥 가운데 사용하고 있는데, 이는 바울의 관점에서 볼 때 (바울의 관점이 반드시 유대교 전체의 관점일 필요는 없다) 그리스도-사건이 특수한 형태의 은혜를 증명하고 있음을 암시한다. 왓슨은 이를 한편으론 사회학적 관점에 따라, 또 한편으론 바울의 성서 해석학적 관점에 따라 설명한다.

　　사회학적 측면에서 바울은 은혜의 "정적" 형태(태어나면서 종교를 갖게 된 사람들에게 흔히 나타나는 형태)와 은혜의 "동적" 은혜 형태(회심한 자들의 활동에 흔히 나타나는 형태), 이 두 형태 사이에 나타나는 현저한 차이를 입증한다. 은혜의 동적 형태에서 하나님의 행위에 대한 경험은 직접적이고 변

268　이러한 강조는 *Paul, Judaism, and the Gentiles,* 2판 (Grand Rapids: Eerdmans, 2007)에서 나타난다.

혁적이다.[269] 해석학적 측면에서 바울은 믿음(인간이 하나님의 주도권을 인정하는 것)과 율법 준수(인간 행위의 결과) 사이의 현저한 차이를 성서 안에서 찾아내는데, 이러한 차이는 갈라디아서 3:11-12과 로마서 10:5-8에 명확히 나타난다.[270] 이는 아브라함의 약속들을 이해하는 바울의 특별한 방식을 부각시켜주는데, 그 약속들은 "먼저 주어졌을" 뿐만 아니라 "무조건적이고" "취소될 수 없으며" "일방적인" 것이다. 이는 다른 모세 오경의 본문들(예. 레 18:5; 신 30:19-20)이 구원을 "조건적" · "부수적"인 것으로 제시하고, 또 구원을 율법 준수라는 인간 행위의 성공 여부에 달려 있는 것으로 제시하는 것과 대조를 이룬다.[271] 왓슨은 마틴의 연구(3.5.4)와 유사한 방식으로 행위 주체의 문제를 중요하게 여긴다.[272] 비록 바울이 하나님의 행위와 인간의 행위, 이 둘 사이의 절대적 대조를 결코 강제하고 있지 않다고(믿는 자는 결코 수동적이지 않다) 왓슨은 조심스럽게 그러나 명확하게 밝히고 있지만 말이다. 마틴의 경우와 마찬가지로, **비상응성**(하나님의 은혜의 약속은 인간의 순종과 무관하게 주어진다)이나 **유효성**("하나님이 전적으로 책임지신다")[273]과 같은 은혜의 극대화들이 **비순환성**을 가리키며 작용하는 것처럼 보인다. 만약 "일방적" 은혜가 답례를 요구하지 않는 것을 의미한다면

---

269   *Paul, Judaism, and the Gentiles*의 초판에서 다루어진 이 주제는 또한 개정판에서도 이어진다(15-16, 126, 149-50, 265).

270   Watson, *Paul, Judaism, and the Gentiles,* 129-30; 동일 저자, *Paul and the Hermeneutics of Faith* (Grand Rapids: Eerdmans, 2004), 특히 314-53을 보라.

271   *Paul and the Hermeneutics of Faith,* 8, 183-208, 464-73.

272   *Paul and the Hermeneutics of Faith,* 69 n. 79, 218, 464. 신적 행위 주체와 인간적 행위 주체와 관련하여 은혜의 주제를 다루고 있는 다른 연구에 대해서는 다음을 보라. J. M. G. Barclay, S. J. Gathercole, ed., *Divine and Human Agency in Paul and His Cultural Environment* (London: Continuum, 2006, 특히 웨스터홈, 왓슨, 바클레이의 논문); J. Maston, *Divine and Human Agency in Second Temple Judaism and Paul* (Tübingen: Mohr Siebeck, 2010).

273   *Paul and the Hermeneutics of Faith,* 199. 그러나 아브라함의 약속들과 관련된 이 원리가 신자들의 삶 속에 작용하고 있는 은혜에 적용되는지는 분명치 않다.

말이다.

비순환성의 주제는 캠벨의 연구에 중요한 주제가 된다. 다양한 바울 해석들을 분석하는 가운데 캠벨은 **조건적**(계약적) 구원과 **무조건적** 구원 사이를 구조적으로 구분하는데, 이 구분은 "은혜"에 대한 "명확한" 정의를 요청한다.[274] 조건적 구원론에 대한 설명은 인간의 공로와 상관없는 하나님의 행위에서부터 **시작**될 수 있다(우리의 관점에서, 은혜는 먼저 주어지는 것 그리고 비상응적인 것일 수 있다). 그러나 인간의 어떤 응답이 구원의 효력을 일으키거나 완결시키기 위한 **필수요소**로 간주된다면(실제로 인간의 편에서 성취되어야 할 어떤 필수적 조건이나 기준이 있다고 한다면), 구원은 "계약적"인 것으로 드러날 것이다.[275] 반면에 무조건적 구원론은 "받을 자격이 없는 자"에게 구원이 주어짐을 의미할 뿐만 아니라, **구원에 어울리는 응답도 요구하지 않음을** 의미한다. 캠벨에 따르면 "'은혜'의 언어는 보통 하나님의 **무조건적** 행위를 가리킨다. 이 무조건적 행위는 아무 조건 없는 순수한 선물로서 관련 당사자에게 구원을 전달한다."[276] 인간의 응답이 적절한 수도 있으나, 그것이 구원에 **필수적인 것은 아니며** 구원을 가져오는 어떤 의미를 지니고 있는 것도 아니다. 하나님의 행동은 "그 자체로" 구원의 유

---

274 D. A. Campbell, *The Deliverance of God: An Apocalyptic Reading of Justification in Paul* (Grand Rapids: Eerdmans, 2009), 100-105, 955 n. 14.

275 따라서 캠벨은 샌더스의 언약적 율법주의의 모델(언약적 율법주의는 율법 준수가 언약 안에 머무르기 위한 필수요소라고 본다)이 이론적으로는 "율법주의"와 구별되지 않고, 구원을 "스스로 취득하는 것"으로 부적절하게 묘사하지도 않는, 일종의 조건적 구원론이라고 판단한다. *Deliverance*, 101-22.

276 Campbell, *Deliverance*, 100. 선물 인류학에 대한 앞선 설명(제1장을 보라)을 통해 우리는 여기서 현대의 특수한 선물 개념이 작용한다는 사실을 인정한다. 참조. *Deliverance*, 27. 만약 은혜가 단순히 아무 자격이 없는 자에게 주어지기만 하고 그와 동시에 무조건적이지 않다면, "우리는 그 의미가 보통 신학적으로 정의되는 관점에 따른 진정한 '은혜'인지 알 수 없게 된다." 이러한 "보통의" 정의와 관련하여 어떠한 인용도 언급되지 않는다.

효성을 가지며, 불확실성의 요소를 전혀 남기지 않는다.[277] 그러므로 무조건적 행위라는 표현은 (인간의 행위와 배제적 대조를 이루는 가운데) 모든 강조점을 하나님의 행위에 둔다(그리고 인간 행위와 배제적 대조를 이룬다).[278] 이에 따라 캠벨은 바울의 πίστις Χριστοῦ(갈 2:16; 3:22 등) 구절을 "그리스도를 믿는 믿음"(캠벨에 의하면 이는 믿음을 구원을 얻기 위한 인간적 기준으로 삼는 "인간중심적" 해석이다)이 아니라 "그리스도 자신의 믿음/신실하심"으로 이해한다(이 이해에 의하면 믿는 자는 먼저 발생하고 효력이 있는 그리스도의 믿음에 참여하게 된다).[279]

이와 같은 개념적 구조를 기초로, 캠벨은 구원론에 관한 바울의 "묵시적"이고 참여적인 해석과 "칭의론"적 가정들 곧 그가 종교개혁자들을 포함하여 대다수의 바울 해석자들에게 영향을 미쳤다고 보는 일련의 가정들(계약적·조건적·의지적·개인주의적 가정들)을 대조시킨다. 주석적 측면에서 캠벨은 이러한 일련의 가정들이 로마서 1-4장에 그 뿌리를 두고 있다고 간주한다. 이 본문은 "법정" 언어를 사용하여 심판과 칭의를 설명하고 있으며, 이 가운데 "하나님과 관련된 근본적으로 다른 두 개념", 곧 심판과 칭의, 이 둘 사이의 뚜렷한 구분이 등장한다. 칭의 모델에서 하나님은 징벌하고 보복하고 강압적으로 정의를 행하시는 "공의의" 하나님으로 간주된다. "묵시" 모델(로마서 5-8장)에서 하나님은 근본적으로 공의가 아니라 자비의 특성을 가지신 분으로 묘사된다.[280] 캠벨의 주장에 의하면, 바울의 복음이 회복될 수 있는 유일한 길은 묵시적이고 자비로운 하나님이

---

277 Campbell, *Deliverance,* 101을 955-956 n. 14와 함께 보라. 참조. 161, 956-57 n. 24.

278 Campbell, *Deliverance,* 64-65, 185, 212.

279 Campbell, *Deliverance,* 25-27, 256, 756. 캠벨은 다른 곳에서 이 주제를 확장시켜 다루고 있다. 예를 들어 *The Rhetoric of Righteousness in Romans 3:21-26* (Sheffield: JSOT Press, 1992); "Romans 1:17—A Crux Interpretum for the ΠΙΣΤΙΣ ΧΡΙΣΤΟΥ Dispute," *JBL* 113 (1994), 265-85를 보라.

280 Campbell, *Deliverance of God,* 15-16, 75-76. 참조. 184, 192, 1110 n. 72. 바울의 하나님은 "어떤 의미에서든 공의를 특징으로 하는 하나님이 결코 아니다."

실제로 바울이 옹호했던 하나님임을 인식하는 것이다. 반면에 "칭의론"이 말하는 "공의의" 하나님은 바울이 로마서에서 **반대하고 있는** 다른 이들의 견해를 나타낸다. 이러한 견해를 나타내는 로마서 1-4장의 내용은 바울의 목소리에 반대하는 "선생"의 목소리로 들려지거나, 아니면 마치 바울이 자신의 반대자들이 취하는 비논리적 입장을 폭로하는 것으로 들려져야 한다.[281]

캠벨의 개념적 도식은 "언약" 신학의 다양한 형태에 관하여 칼뱅주의자 진영 내에서 벌어진 논쟁으로부터 나온다.[282] 캠벨의 도식은 종교개혁의 논쟁들을 확장한 것으로서 현대 서구 신학에서 인지되고 있는 다수의 위험성을 언급하고 있다.[283] 사실 캠벨의 개념적 도식은 은혜에 관한 신학적 담론에서 특별히 "완벽주의적"(perfectionist)경향을 보여주는 좋은 사례다. 다시 말해 은혜 주제는 논리적 결론과 극단적 한계에 이르기까지 모든 면에서 도출되는데, 이러한 논리적 결론과 극단적 한계는 다른 대안적 해석들을 은혜에 관한 부적절한 또는 오해의 소지가 있는 정의들로 간주하여 수사학적으로 무시해버린다. 사실 이번 장에서 우리가 살펴본 모든 학자들 가운데 캠벨만이 유일하게 은혜의 여섯 가지 극대화(2장의 분석

---

281   Campbell, *Deliverance of God*, 469-761.

282   Campbell, *Deliverance*, xxiv, 14-15, 212, 939-40 n. 10을 보라. 여기서 캠벨은 토랜스(J. B. Torrance)의 "언약 신학적 칼뱅주의"(Federal Calvinism)를 분석한다. 캠벨은 때때로 토랜스의 조건적 구조 대 무조건적 구조의 대립이 명확하게 "서양"의 특성이라고 알고 있는 것처럼 보인다. *Deliverance*, 465.

283   이러한 현대적인 문제들은 *Deliverance*, 284-309에서 다루어진다. 캠벨은 자신이 루터교-개신교의 교리에 관한 보다 더 일관성 있는 통찰을 제공한다고 생각한다. *Deliverance*, 934. 루터와 칼뱅에 대한 캠벨의 비판은 250-76에 있다. 우리의 용어로 말하자면 루터는 비순환적 속성으로 은혜를 극대화하는 경향이 있고(3.3.4를 보라), 칼뱅은 효력의 속성을 통해 은혜를 극대화하는 경향이 있다. (칼뱅은 비순환성을 은혜를 완성시키는 속성으로 삼지 않는다. 곧 하나님은 믿는 자에게 성령이 일으키시는 순종을 **요구하신다**. 3.4.3을 보라.) 이에 대해 캠벨은 은혜를 극대화하는 두 가지 속성을 모두 취한다. 다시 말해 은혜에 요구되는 반응이란 **있을 수 없으며**, 그리고 어떤 경우에도 그리스도인의 삶이 행하는 행위들의 본질적 주체는 하나님이시다.

을 보라) **전부**를 주장한다. 캠벨에게 은혜는 **초충만**하고 **우선적**(근원적)이고, **비상응적**이고(과분하게 주어짐), **유효적**이며(하나님의 행위는 모든 것을 충족시킴), 또한 **단일**하고(singular, 하나님은 자비로우시지만 공의롭지는 않으심), **비순환적**이다(인간의 반응을 필수적으로 요청하지 않고 "부가되는 조건"도 없음). 캠벨이 은혜의 단일성(singularity)을 극대화할 때, 그는 마르키온과 가장 흡사해 보인다(실제로 캠벨은 마르키온이 사용했던 몇몇 단어들을 사용한다; 위 3.1을 보라). 은혜의 비순환성을 극대화 할 때, 그는 루터의 주제를 "순수 선물"이라는 현대의 특징적 형태로 전개한다. 우리가 살펴본 다른 모든 해석자들은 은혜의 여섯 가지 극대화 모두를 다 언급하지 않은 채 바울을 훌륭한 은혜 신학자로 간주했다. 이는 그들이 여섯 가지 속성 모두를 은혜의 의미에 필수 요소로 생각하지 않기 때문이다. 하지만 캠벨의 견해에 따르면 은혜는 이 여섯 가지 차원에서 모두 극대화될 경우에만 은혜이며, 바울은 이와 같은 현상의 완벽한 본보기로 간주된다.

이와 동일한 그러나 정반대의 접근도 가능하다. 곧 단 하나의 극대화를 은혜의 **특정한** 정의로 취하고, 그것이 제2성전 시대 유대교뿐만 아니라 (궁극적으로) 바울에게도 결여되어 있음을 찾아내는 것이다. 이것이 바로 반랜딩햄의 주장으로, 그는 하나님의 은혜에 대한 현대의 사전적 정의로부터 설명을 시작한다. 이 사전적 정의에 의하면 은혜는 "하나님이 죄인들을 구원하시고 그들에게 복을 베풀어주실 때, 그 가운데 표명되는 자유롭고 아무 공로 없이 주어지는 하나님의 호의"다.[284]

이 정의는 오로지 **비상응성**이라는 극대화 곧 선물과 선물 수혜자의 가치가 어울리지 않는다는 요소에만 의존한다. 반랜딩햄의 견해에 따르

---

284 *The Oxford English Dictionary,* 제4권 (Oxford: Clarendon Press, 1961), 326, C. VanLandingham, *Judgment and Justification in Early Judaism and the Apostle Paul* (Peabody, MA: Hendrickson, 2006), 20 n. 8에서 (다른 사전들의 정의와 은혜에 관한 현대적 설명들 가운데서) 인용함. 참조. 116. 여기서 은혜는 "관습적 규범에 의해 정의되는 것"으로 설명된다.

면 "순수한", "값없는", "공로 없는" 등과 같은 형용사들은 "주로 바울 서신에서 유래하며, 은혜의 전형적인 의미를 인간의 공로와 상관없이 주어지는 하나님의 호의 곧 오직 하나님의 주도권에만 귀속되는 호의로서 강조한다." 따라서 중요한 것은 다음의 사실이다. "하나님은 '은혜'를 보상으로 베풀어주실 수 없다. 왜냐하면 은혜의 반대가 선행에 대한 보상이기 때문이다."[285] 반랜딩햄은 은혜와 보상(또는 은혜와 보수) 사이의 대립에 기초하여[286] 제2성전 시대 유대교와 바울에게서 나타나는 선택과 구원의 구조들을 탐구하는데, 이 탐구는 샌더스의 "언약적 율법주의"의 모형(3.6.1을 보라)을 언급하며 이루어진다. 반랜딩햄은 성서 시대 이후 유대교 내 모든 곳에서 이스라엘의 선택, 나아가 족장들의 선택까지도 "하나님의 은혜의 선물이 **아닌** 선행에 대한 보상"이라는 증거를 찾아낸다.[287]

아브라함의 부르심은 아브라함이 하나님을 찾은 것에 대한 보상이라는 필론의 설명이 이와 관련된 핵심 사례다. "'은혜'가 무엇을 의미하는지…생각해보면, 아브라함의 선택에 대한 필론의 설명은 은혜의 특성을 갖는다고 볼 수 없다."[288] 율법에 대한 순종이 최종 구원에 필수적이기에, "구원은 획득되는 것이다. 적어도 하나님께 대한 현세의 순종과 내세의 영원한 삶 사이에 보상의 관계 혹은 인과관계가 존재한다는 의미에서 말이다."[289] 더욱이 반랜딩햄은 바울이 말한 행위에 따른 최후심판에도 이와 동일한 내용이 적용된다고 본다. 비록 바울이 용서(칭의)를 믿는 자의 삶이

---

285   이 두 가지 문구는 VanLandingham, *Judgment*, 20에서 인용한 것이다.

286   보수(*Quid pro quo*)는 온갖 형태의 보상, 공로, 공적, 인간적 "취득"을 망라한다. *Judgment*, 2 n. 1.

287   VanLandingham, *Judgment*, 18 (강조는 원저자의 것임). 참조. 333.

288   VanLandingham, *Judgment*, 27.

289   VanLandingham, *Judgment*, 333. 여기서 그리고 다른 곳(참조. 64-65)에서 반랜딩햄은 샌더스가 "자유로운"(값없는)과 "아무런 공로 없는"이라는 말을 은혜와 관련시켜 사용하고 있는 것에 예외를 둔다. 다시 말해, 샌더스가 유대교의 은혜를 우선적 속성뿐만 아니라 비상응적인 속성도 갖고 있는 것으로 극대화하고 있다는 것이다(위 3.6.1을 보라).

시작하는 그 시점에 비상응적으로 주어지는 은혜로 말하고 있지만, 종국에 구원은 (이신칭의가 아니라) 순종을 토대로 결정된다. 따라서 구원은 은혜가 아닌 공의와 보상의 문제가 된다.[290] 물론 바울 서신에서 "행위에 따른 심판"을 묘사하는 구절들(예. 롬 2:6-16)은 오랫동안 논쟁의 대상이었는데, 이 논쟁이 종교개혁 이후에만 벌어졌던 것은 아니다.[291] 반랜딩햄은 이러한 논쟁에 다음과 같은 논제를 추가한다. 곧 행위에 따른 심판을 묘사하는 본문들로 인해, 만약 은혜가 하나의 본질적 극대화에 의해 정의될 경우, 바울이 그의 서신에서 "은혜"를 말할 수 있는 모든 가능성이 배제된다는 것이다.

우리는 샌더스 이후에 벌어진 이처럼 격렬하고 종종 혼란스런 논쟁들에 관해 어떤 결론을 내릴 수 있을까? 큰 틀에서 보면 이 논쟁은 대체로 "은혜" 용어의 의미에 관한 검증되지 않은 가정들과 미리 정해진 판단들을 둘러싸고 펼쳐진다. 심지어 어떤 정의가 제시될 때도, 마치 그것이 모든 시대와 문화를 뛰어넘는 어떤 본질적 의미를 갖고 있는 것처럼, 그것의 역사적·문화적 뿌리는 일반적으로 검토되지 않은 채 남아 있게 된다. 샌더스가 "은혜"라는 말을 통해 의미하는 것은 선택 시 하나님이 갖는 주도권의 우선성이지만, 그가 때때로 덧붙이는 "공로 없이 주어지는"(즉 비상응적인) 은혜라는 말은 그 후 발생한 혼란의 원인으로 작용한다.

그러나 논쟁 주제에 구조적 역할을 부여하는 특정한 정의가 명백하

---

290 VanLandingham, *Judgment*, 175-335.

291 이 구절들에 관한 최근의 다른 토론에 대해서는 다음의 연구들을 보라. K. L. Yinger, *Paul, Judaism, and Judgment according to Deeds* (Cambridge: Cambridge University Press, 1999); K. Kim, *God Will Judge Each One according to Works: Judgment According to Works and Psalm 62 in Early Judaism and the New Testament* (Berlin: de Gruyter, 2010). 나는 다음과 같은 연구를 통해 최근의 딜레마에 대해 몇 가지 해법을 제공했다. J. M. G. Barclay, "Believers and the 'Last Judgment' in Paul: Rethinking Grace and Recompense," in H.-J. Eckstein, C. Landmesser, H. Lichtenberger, ed., *Eschatologie—Eschatology* (Tübingen: Mohr Siebeck, 2011), 195-208.

게 "전형적이고" "통상적인" 정의로 당연시되는 것 역시 흔한 경우다. 이 논쟁에서 사용되는 많은 용어들도 역시 애매한 것으로 드러난다. "값없는 은혜"라는 표현에서 "값없는"(자유로운)이라는 말은 수혜자가 앞선 조건으로부터 자유로운 것, 그 조건의 의무를 지지 않는 것, 혹은 그 조건에 의무를 지우지 않는 것, 이 셋 중에 어느 것을 의미하는가? 아니면 이 세 가지가 어느 정도 결합된 것을 의미하는가? "무조건적"이라는 말은 앞선 조건이 없다는 것과 후속적 의무가 없다는 것, 이 둘 중 어느 것을 가리키는가? 아니면 둘 다인가? 이 책 1장과 2장에서 분석한 작업을 통해 우리는 이처럼 학문적으로 큰 혼란 속에 있는 다양한 가정들을 명확히 드러낼 수 있고, 현재 진행되는 사태를 정확히 이해할 수 있게 된다. 결국 **다양한 학자들은 은혜의 다양한 극대화들을 가정하고 있다.** 그 결과 벌어지는 논쟁들은 (전적으로가 아니라) 부분적으로 종교개혁으로부터 유래하는 가정들에 기인한다. 더 깊이 들여다보면 그 논쟁들은 샌더스 이후의 모든 논쟁에 있어서 가장 중요한 개념인 은혜를 명확하게 분석하지 못했기에 발생했던 것이다. 나는 그 개념을 명확히 밝힘으로써, 바울에 대한 분석에서, 그리고 아래서 제공할 바울과 유대교의 관계에 대한 분석에서 그 논쟁을 확실히 넘어설 수 있게 되길 희망한다.

3.7.2. 알랭 바디우

유럽 철학자들 가운데 한 명으로, 최근에 바울에게 깊은 관심을 보여준 알랭 바디우는 은혜 신학을 포함한 바울 신학을 매우 폭넓게 연구했다.[292] 바

---

292   A. Badiou, *Saint Paul: La Fondation de l'universalisme* (Paris: Presses Universitaires de France, 1997); (영어판) *Saint Paul: The Foundation of Universalism,* trans. R. Brassier (Stanford: Stanford University Press, 2003). 이어지는 본문에서 인용과 쪽수는 프랑스어 판을 따랐고, 영어판(ET)의 쪽수는 괄호 안에 넣었다. 바울 연구와 관련된 이러한 새 물결에 기여한 다른 철학자들은 다음과 같다. G. Agamben, *The Time That Remains: A Commentary on the Letter to the Romans,* trans. Dailey (Stanford: Stanford University Press, 2005, 원본 2000), S. Breton, *A Radical Philosophy of Saint Paul,* trans.

디우는 무신론자였기에, 그리고 바울 신학의 핵심에 있는 "전설"과는 확연히 거리를 두기에, 바울을 "현대적 인물"로 되살리려는 그의 작업은 바울 사상의 종교적 내용보다는 오히려 그 사상의 **형식적 특성**에 대한 것으로 볼 수 있다(4-15). 특히 바디우는 바울의 설정 방식, 곧 진리가 **헤아릴 수 없는, 무조건적인 한 가지 사건**에 기초해 있다는 설정 방식과 관련하여 바울을 창의적 인물로 칭송한다. 그런데 그 사건으로부터 완전히 새로운 "전투적" 주관성이 발생하고, 이 주관성은 그 사건에 신실하며 (결정적으로) 문화적 특수성으로 인한 그 어떤 제한도 받지 않는다. 바디우는 세계화된 자본주의의 거짓된 "보편주의" 그리고 다양한 형태의 정체성 정책(인종, 국가, 또는 성에 기반을 둔 정책)에 반발하면서, 어떻게 바울이 그 기원이나 지평에 있어 어떤 공산주의적 사회집단("ensemble")에도 제한 받지 않는 그런 형태의 보편주의를 고안해내고 있는지 탐구한다. 하지만 이 보편주의는 사회문화적인 모든 차이를 지우는 것이 아니라 오히려 그 차이를 연결하고 관통함으로써 모든 이에게 전해진다. 바디우는 이러한 맥락에서 바울이 유용할 수 있도록 바울 신학의 "세속적" 버전을 제공한다. 이 버전에는 하나님에 대한 언급이 제외된 "은혜"의 해석이 포함되어 있다.[293] 그럼에도 불구하고 바울 신학의 구조에 대한 바디우의 날카로운 관찰은 바울에게 신학적 관심이 있는 자들을 포함하여 많은 바울 학자들의 갈채를 받았다.[294]

J. N. Ballan, W. Blanton의 서론 추가(New York: Columbia University Press, 2011, 원본 1998). 바디우의 바울 해석에 대한 다른 철학자의 반응에 대해서는 S. Žižek, *The Ticklish Subject* (London: Verso, 1999), 127-70을 보라.

293 바디우의 목표는 은혜를 "세속화하고", "은혜와 만남의 어휘를 종교적 제약으로부터 떼어놓는 것"이다. *Saint Paul,* 70 (ET: 66).

294 바디우의 주장에 대해 부분적으로는 비판적이지만 이를 매우 고맙게 받아들이고 있는 사례에 대해서는 다음을 보라. D. Martin and D. Boyarin, in J. D. Caputo, L. M. Alcoff, ed., *St. Paul among the Philosophers* (Indianapolis: Indiana University Press, 2009); S. Fowl and others, in D. Harin, ed., *Paul, Philosophy, and the Theopolitical Vision* (Eugene:

바디우의 철학(그리고 그의 바울 해석)의 핵심에는 역사를 파열시키는 사건 개념이 놓여 있는데, 이 사건은 기존의 사고와 실천의 범주 속에서 설명될 수 없고 심지어 이름도 붙일 수 없는 새로움으로 역사를 파열시 킨다.[295] 바울에게 그 사건은 그리스도의 부활이다(바디우는 그리스도의 부활을 특별히 중요시하며, 이를 십자가 죽음과 분리시킨다). 부활은 급진적인 새로운 출발점을 구성하며, 이 사건의 결과로 새로운 인간 주체가 형성된다("이제는 내가 사는 것이 아니요 오직 내 안에 그리스도께서 사시는 것이라"; 갈 2:20). 바디우는 사건의 **장소**(사건이 일어나는 역사적·문화적 정황; 바울에게 이 정황은 유대교 전통으로 이 전통을 통해 기독교 메시지가 표현되었다)와 **사건 자체**를 명확히 구분한다.[296] 현실에 균열을 일으키는 이 사건은 특수한 문화적·역사적 정황 **가운데** 발생하지만, 그 정황에 **의해** 구성되는 것은 아니다. 이 사건은 어떤 앞선 원인이나 규명할 수 있는 이유 없이 일어나며, 그래서 그것이 발생하는 정황의 제약을 받지 않는다. 독자들은 바디우가 그런 사건과 관련하여 **튀어나오다**(surgir)라는 동사를 매우 자주 사용하고 있음을 알아챌 것이다. 또한 바디우는 그 동사의 파생어인 **튀어나오는**(surgissant)이라는 형용사와 **튀어나옴**(surgissement)이라는 명사도 사용하고 있다(동사의 의미는 "분출하다", "갑자기 출현하다"처럼 다양하게 번역된다).[297] 그 사건은 이미 진행 중인 역사의 흐름 가운데 어떤 새로운 출발을 일으키는 단순히 그런 사건

Cascade Books, 2010).

295 A. Badiou, *L'être et événement* (Paris: Seuill, 1990), (영어판) *Being and Event,* trans. O. Feltham (New York: Continuum, 2005)을 보라. 바디우의 사상에 대한 간단하고 쉽게 다가갈 수 있는 설명은 A. Badiou, *Ethics: An Essay on the Understanding of Evil,* trans. Hallward (London: Verso, 2001)에서 볼 수 있다. 바디우의 철학에 대한 많은 비판적 평가 가운데 특별히 Hallward, *Badiou: A Subject to Truth* (Minneapolis: University of Minnesota Press, 2003)을 참조하라.

296 예를 들어 *Saint Paul,* 23-24, 26, 74-75 (ET: 22-23, 25, 70-71)을 보라. 바디우는 자신의 저서 *Logiques des Mondes* (Paris: Seuill, 2006)에서 이 어려운 문제를 다시 취급한다.

297 예를 들어 *Saint Paul,* 12, 19, 28, 29, 38 (ET: 11, 18, 27, 28, 36)을 보라.

이 아니다. 오히려 기존의 의미 구조와 적법성을 끊어 버리는 일종의 차단이다. 그 사건은 어떤 일반적인 진리나 이미 형성되어 있는 공동체로는 설명되지 않고 체계화되지도 않는다. 이 점에서 그 사건은 "절대적으로 새롭고", "한 시대의 서막을 알리며, 가능한 것과 불가능한 것 사이의 관계를 변화시키는 순수 사건"이다.[298]

그 사건은 이전에 이미 존재하는 조건이나 특성에 제한 받지 않으므로, 보편적 측면에서 극히 중요하다. 말하자면 그 사건은 전적으로 특이한("하나의") 사건인 동시에 "모두를 위한" 사건이다. 따라서 바울에게 그리스도-사건으로부터 유래하는 담론은 유대인이나 그리스인들의 담론으로부터 유래하는 것도 아니고, 그것들과 일치하는 것도 아니다(고전 1:18-25). 그리스도 사건은 그 당시에 이 사건에 신실했던 사람들의 작은 공동체로부터 나오지만, 그들이 전하는 메시지는 모든 사람을 위해 예정된 것이며 모든 사람에게 적용된다. 그러므로 그들의 메시지는 어떤 새로운 배타적 정체성을 형성하기 위한 것이 아니다.[299] 그 사건 자체는 기존의 모든 공동체로부터 "제외"되기 때문에, 결과적으로 모든 배타주의에서 분리된다. 다시 말해 그 사건은 어디서 유래하는 것이 아니므로, 어디든 적용된다. "그리스도인이라는 주체의 갑작스런 출현은 무조건적인 것이다."[300] 이에 따라 바디우는 바울 안에서 보편주의의 한 형태를 찾아낸다. 그가 찾아낸 보편주의는 "보편성"을 가장한(그래서 "보편주의"에 대한 포스트모던적 비판에 취약할 수밖에 없는) 또 다른 패권주의적 배타주의가 아니다. 바울의 보편주의는 일률적인 "동일성"을 부여함으로써 서로 다른 차이들을 지워버

---

298 *Saint Paul*, 46, 47: "absolument nouveau," "événement pur, ouverture d'une époque, changement des rapports entre le possible et l'impossible" (ET: 43, 45).

299 그래서 바디우는 바울의 교회들이 배타적인 분파 곧 그들만의 특수한 진리를 갖고 있는 하부 집단이 아니라, 제2차 세계대전 동안 벌어졌던 프랑스의 레지스탕스 운동과 같이 보편적 진리의 전달자라고 간주한다. *Saint Paul*, 21 (ET: 20).

300 *Saint Paul*, 19. "Le surgissement du sujet chrétien est inconditionné" (ET: 18).

리지 않는다. 이와 관련하여 바디우는 "대각선" 은유를 사용한다. 그 사건
으로 재형성된 자들이 선언하는 진리는 문화적·역사적 특수성을 긍정하
지도, 부정하지도 않으며, 단지 그것들을 "대각선으로" 가로지른다.[301] 그
사건은 사회·문화적 차이들 속에서, 그것들을 가로지르며 작용하지만, 그
런 차이들과는 무관하다. 왜냐하면 그 사건은 이런 차이들로 인한 구별 속
에서 그 어떤 "실재적"인 것도 인식하지 못하기 때문이다. 그래서 바울은
"모든 사람에게 모든 모습이 될 수 있고"(고전 9:22), 바울이 회심시킨 개종
자들은 자신들의 다양한 문화적 전통과 사회적 지위 안에 그대로 남아 있
으면서도 그것들에 의지하지 않고 진리에 충실할 수 있었던 것이다. 실제
로 그들은 하나의 혹은 고정된 정체성을 갖고 있지 않았다. 왜냐하면 그
들의 주체성은 그들이 속해 있는 "진리-과정"에 의해 분류되기 때문이다.
그들은 육체에 있어서도, 영에 있어서도 영원히 "변화"(becoming)하는 상
태 가운데 살아간다. 이는 그들이 고수하는 확신과 사랑의 수고를 통해 지
속적으로 활성화되는 상태, 곧 "~이 아니라 오히려 ~인"(not…but) 상태를
의미한다.[302]

　　이와 같은 사고구조에서 바울의 은혜 신학은 핵심 역할을 한다. 사
실 "은혜"는 그 사건을 지칭하는 한 가지 방법이고, 은혜에 관한 모든 말
은 그 사건의 특징을 지니고 있다("사건에 기초한 은혜"[la grâce événementielle]
67; "사건적 은혜"[eventual grace] 63). 바디우에게 "순전한 주어짐"으로서의
"은혜는 "과다" 혹은 "과잉"의 특징을 갖는다. 이러한 은혜는 알려질 수
있거나 계산될 수 있는 그 무언가의 풍성함을 의미하지 않고, 계량화될
수 있는 사고의 범주와 형태를 넘어서는 "헤아릴 수 없는 것이다."[303] 따라
서 그것은 강한 의미의 "과잉"(supernumerary)이다. 그것은 법과 관습의 구

301　*Saint Paul*, 15, 29, 46, 105-7 (ET: 14, 28, 43, 98-100).

302　*Saint Paul*, 59-68, 91-103 (ET: 55-64, 86-97).

303　*Saint Paul*, 60, 67-69, 82, 85 (ET: 57, 63-65, 78, 81).

조들(그리고 속박들)을 회피하고, 그래서 유대교 율법의 예식과 속박들로부터 벗어난다("너희가 법 아래에 있지 아니하고 은혜 아래에 있음이라"; 롬 6:14). 비종교적 관점에서 이해하자면 바울은 일종의 우연이나 우발적 사건에 대해 말하고 있으며, 이와 같은 성격의 사건이 어떤 사람에게 일어나면 이는 그 즉시 그의 실존적 구조를 구축하는 진리로 인식 가능하다(예. 사랑에 빠지는 것, 새로운 과학적 직관, 또는 1968년의 경우처럼 갑작스런 혁명 정책의 등장 등).[304] 바울의 관점에서 볼 때, 그는 율법의 특수성과 단정적 성향(이러한 성향으로 인해 율법은 그것이 통제하는 것을 정의하고 분할함에 있어서 반드시 제한적인 역할을 행사한다)으로부터 벗어나는 은혜에 관해 말하고 있다. 은혜는 또 다른 의미에서 "법을 초월하는데"(trans-legal), 이는 로마서 4:4-5가 분명히 말하는 것처럼 "정당한 보수 없이" 주어지기 때문이다. "이는 바울 사상에 관한 심원한 통찰로, 이 통찰은 하나님(the One)에 관한 보편적이고 법을 초월하는 이해를 통하여 해당 주체의 모든 특정한 통합이나 공산주의적 통합을 해제시킨다.…**주체를 확립시키는 것은 그 주체에 기인하는 것일 수 없다.**"[305] 그 주체는 정당한 보수와 상관없이 그리고 지정할 수 있는 특성이나 원인이 없이 "순수 선물"인 은혜에 따라 확립되므로, 바울의 메시지는 어떤 사회적·인종적·문화적, 또는 심리적 조건과 관계없이 **모든 사람**에게 전해진다. "바울이 볼 때, '모두를 위한' 보편적인 것과 '원인이 없는 것, 이 둘 사이에는 본질적 연계성이 존재한다. 원인 없이 존재하는 것에 따를 때에만 모두에게 해당하는 무언가가 존재하게 된다. 그러므로 완전히 대가 없이 주어지는 것만이 모두에게 전달될 수 있다. 오로지 은사

---

304 *Saint Paul,* 102, 113 (ET: 96, 106). 이런 사건의 네 가지 영역(과학, 사랑, 예술, 정치)에 관해서는 *Saint Paul,* 12-14 (ET: 12-13)을 보라.

305 *Saint Paul,* 81: "Il y a là une intuition profonde de Paul, qui défait, par sa compréhension universelle et illégalle de l'Un, toute incorporation particulière, ou communautaire, du sujet…. *Ce qui fonde un subject ne peut être ce que lui est dû*" (italics original; ET: 77). (강조는 원저자의 것임, ET: 77).

와 은혜만이 보편적인 문제에 해당한다."[306] 이와 같이 바디우는 우리가 **초충만성**과 **비상응성**으로 부른 은혜의 극대화들이 바울 사상의 핵심임을 발견한다. 초충만성은 바울 수용사에서 보통 특별한 언급 없이 전제된다. 하지만 바디우는 초충만성이 갖는 특별한 역할을 강조한다. 왜냐하면 그가 생각하는 초충만성이란 일반적인 사고나 관습의 규칙과 어긋나는 "과잉"(excess) 개념을 의미하기 때문이다. 너무 과도한 은혜는 단순히 우리가 이미 알고 있는 것보다 많은 그 무엇이 아니라, 우리가 모르고 있고 또 미리 알 수도 없는 그 무엇이다. 실제로 은혜는 한 인간을 다른 인간으로부터 분리시키는 미리 형성된 경계선과 특수성을 가로지르는 그 무엇이다. 과도한 것으로서 그리고 예외적인 "그러나"(but)로서, 은혜는 신실한 자들의 공동체를 포함한 그 어떤 공동체에도 국한될 수 없는 실존, 곧 한 곳에 매이지 않는 유목민과 같은 실존을 갖는다.[307] 이렇게 이해될 때, 초충만성의 개념은 은혜의 비상응성, 곧 당연한 것, 적절한 것, 가능한 것 또는 마땅한 것에 대한 기대와 어울리지 않는 은혜와 긴밀하게 연계되어 있다. 그러므로 은혜는 바울의 보편주의 곧 유대인뿐만 아니라 이방인에게도 복음을 전하는 그의 선교 사명의 열쇠가 된다. 왜냐하면 은혜는 자격이나 가치에 의해 제약을 받지 않기 때문이다. 바울이 민족적 또는 문화적 특수성이라는 제한 조건으로부터 자유로운 건 바로 은혜라는 원동력 때문이다. 바디우가 볼 때, "순수 선물" 곧 "대가를 전혀 바라지 않는 선물"은 이처럼 해방을 가져오는 비상응성을 의미하며, 현재 발생하고 있는 세계 자본주의와 폐쇄적 정체성 사이의 결합과 관련하여 대안을 제공한다. 은혜를

---

306 *Saint Paul*, 81: "Entre le 'pour tous' de l'universel et le 'sans cause,' il y a pour Paul un lien essentiel. Il n'y a d'adresse à tous qu'au régime du sans cause. N'est addressable à tous que ce qui et absolument gratuit. Seul le charisma, la grâce, sont à la mesure d'un problème universel" (ET: 77).

307 *Saint Paul*, 82는 "무상의 유목생활"(nomadisme de la gratuité)에 관해 말한다(ET: the "nomadism of gratuitouness," 78).

사건과 파괴로 해석한다는 점에서 바울 신학에 대한 바디우의 견해와 바르트, 불트만, 마틴의 견해 사이에는 유사점이 분명히 존재한다. 여기서, 그리고 또한 바울을 반(反)철학자로 보는 바디우의 해석에서도, 바울에 대한 이런 비신학적 해석과 루터교의 전통적 해석 사이에는 강한 공명이 존재한다. 놀라운 것은 바디우가 (케제만과 같이) **은혜의 비상응성**의 의미를 개인적 영역을 넘어 추적하고 있는 방식이다. 여기서 바디우는 바울이 행한 보편적 선교의 뿌리, 그리고 바울로 하여금 사회·정치 영역의 실재를 재형성할 수 있게 만든 자원을 발견한다. 바울에 대한 신학적 해석이 바울 개인에게 편중되어 있어서 문화적 특징이 상당히 손실되어 있는 이때에, 신학 전통 외부에 서 있는 정치철학자 바디우는 바울의 은혜 신학에 대한 하나의 해석을 제공한다. 그런데 그의 해석이 주목을 끄는 이유는 그것이 현대 세계의 사회정치적 딜레마와 관련되어 있기 때문이다.

3.7.3. 로마 세계의 은혜와 자선에 관한 새로운 연구

마지막으로 우리는 고대의 자선 및 후견제도(1장[1.2]을 보라) 정황 내에 바울 신학을 위치시켜놓은 최근의 연구 결과에 주목할 수 있다. 은혜(χάρις)의 용법을 헬레니즘과 "고대 근동"을 배경으로 검토했던 베터의 초기 연구[308]에 기초하여 학자들은 은혜 및 은혜와 관련된 용어들이 그리스나 로마의 후원자들을 기리는 비문들에 사용된 방식에 새로운 관심을 보였고, 또 바울이 이 은혜 주제를 독특하게 구성했는지의 여부와, 독특하게 구성했다면 어떤 측면에서 독특한 것인지에 대해서도 새로운 관심을 보였다.[309] 주버트는 혜택의 교환에 관한 해석학적 틀을 사용하여 예루살렘 교회를 위한 헌금의 종교적 차원을 강조한다. 바울은 이 거래에 하나님을

---

308   G. P. Wetter, *Charis: Ein Beitrag zur Geschichte des ältesten Christentums* (Leipzig: Hinrichs Buchhandlung, 1913), 6-200.

309   이에 관한 독창적인 저작은 F. W. Danker, *Benefactor: Epigraphic Study of a Greco-Roman and New Testament Semantic Field* (St. Louis: Clayton Publishing House, 1982)이다.

포함시킴으로써, 답례나 보상에 대한 통상적인 욕구로부터 관심을 멀리 이동시키는 삼자간 상호 역학을 확립한다.[310] 주버트의 견해에 따르면 바울은 수여자의 내적 성향을 강조하며, "수혜자 편의 반응과 상관없이" 일종의 비순환적 선물 곧 "이타적 수여"의 형식을 촉진시킨다.[311] 피터맨도 이와 비슷한 관점에서 인간 수여자에 대한 신적 보상(그의 견해에 따르면 이는 독특한 유대교적 개념이다)을 통해 대체로 선물의 수혜자에게 부과되는 채무 의식이나 의무감이 제거된다고 주장한다. 따라서 바울은 대단히 중요한 지점에서 통상적인 답례의 규칙을 수정하고 있는 것이다.[312]

해리슨은 바울 신학을 고대의 선물-답례라는 맥락에서 상세히 분석한다.[313] 그는 χάρις라는 단어가 그리스-로마의 수여체계에 있어서 어떻게 그 중심사상을 구성했었는지에 대해 상세히 기록하고 있으며, 이 기록에는 바울이 자신의 신학과 윤리의 기반으로 삼았던 일련의 연관 개념들도 함께 제시되고 있다. 그럼에도 불구하고 해리슨에 의하면 바울은 고대의 답례-이념을 "뒤엎어버리길" 원했다. 그리스-로마 세계의 정황 속에서 바울의 은혜 해석은 단순한 신학적 새로움이 아닌 사회적 **새로움**(novum)

χάρις라는 용어에 대한 폭넓고 문화적인 개관은 D. Zeller, *Charis bei Philon und Paulus* (Stuttgart: Verlag Katholisches Bibelwerk, 1990), 13-32에서 볼 수 있다.

310 S. Joubert, *Paul as Benefactor: Reciprocity, Strategy, and Theological Reflection in Paul's Collection* (Tübingen: Mohr Siebeck, 2000), 149-50, 201-3, 216.

311 Joubert, *Paul as Benefactor*, 7, 217. 참조. D. J. Downs, *The Offering of the Gentiles: Paul's Collection for Jerusalem in Its Chronological, Cultural, and Cultic Contexts* (Tübingen: Mohr Siebeck, 2008). 이 저작은 (바울의 "예배"와 "추수"의 은유를 통해) 헌금의 신학적인 측면을 강조하고, 선물에 대한 답례는 주로 수혜자인 인간이 아니라 하나님께 드려지는 것으로 본다(132-34, 158, 163-65).

312 G. W. Peterman, *Paul's Gift from Philippi: Conventions of Gift Exchange and Christian Giving* (Cambridge: Cambridge University Press, 1997), 157-60, 194, 199.

313 J. R. Harrison, *Paul's Language of Grace in its Graeco-Roman Context* (Tübingen: Mohr Siebeck, 2003). 이어지는 본문에서 괄호 안 숫자는 이 책의 쪽수를 가리킨다.

을 조성했던 것이다.[314]

바울의 은혜 신학("일방적", "값없는"[자유로운], "주권적", "공로 없이 주어지는" 등으로 불리는 신학)은 "그리스-로마 세계의 수여제도와는 근본적으로 다른" 대안적 체계를 구성했는데, 그것은 전형적인 "상호계약"의 개념과는 전혀 다른 것이었다.[315] 이러한 차이가 언제나 그리 단순한 것은 아니다. 바울은 때때로 "가문의 전통으로 내려오는 많은 상호 교환의 관습들(예. 빌레몬과 관계된 관습, 349)을 인정하며 신중하게 자신의 주장을 개진한다." 하지만 "바울이 상호 교환 규례들을 긍정하는 곳에서 보통 이 체계는 매우 특별한 방식으로 나타난다"(343). 그 문제는 섬세하고 분명하게 다룰 필요가 있다.

하나님의 선물 수여와 관련된 해리슨의 결론은 매우 강력하다. "오로지 그리스도의 은혜―이방 신들이나 인간의 수여와 날카롭게 대조되는 은혜―만이 상호적이지 않고 일방적이다"(288). 여기서 "상호적이지 않고"라는 말은 우선 의무가 없음을 의미하고, 하나님의 수여가 인간이 자신의 경건이나 선물을 통해 간청하거나 요청함으로써 일어나는 일이 아님을 뜻한다. 해리슨은 고대 세계의 종교적 선물과 희생제물이 신들에게 의무를 지우는 하나의 방법이었다고 제시한다(56-57, 87, 191, 211). 다시 말해 그것들은 신들로 하여금 인간에게 필요한 무언가를 수여하도록 "조종하는" 일종의 "계약" 체계였다는 것이다(245, 284, 350). 이러한 계약 체계 안에서 하나님은 공로에 상을 주시고, 칭의가 행위로 말미암아 주어진다(113, 123, 346). 반면에 바울의 하나님, 곧 "일방적으로" 언약의 은혜를 베풀어주시는 하나님(100-101, 345-46)은 자신의 선물을 감사하지 않는 자와 무가치한 자에게도 베풀어주신다(219, 225, 267, 351). 이런 "무조

---

314 *Paul's Language of Grace*, 287-88, 참조. 20-21, 343, 350. 해리슨은 이 맥락에서 고대의 수여 관습의 "어두운 면"에 관해서도 서술한다(166, 347).

315 *Paul's Language of Grace*, 287, 35. 열거된 호칭에 대해서는, 예를 들어 18, 35(일방적), 322(값없는), 123(주권적), 346(공로 없이 주어지는) 등을 보라.

건적 관대하심"(165)은 여기서 "일방적"(unilateral) 은혜라 불린다. 이것 역시 하나님의 선물이 답례를 요구하지 않음을 의미하는가? 어디에선가 해리슨은 케제만의 주장을 따르면서 이렇게 지적한다. "바울에 의하면 하나님의 수여를 받아들이는 것은 수여자에게 합당한 삶을 살아야 할 의무를 부과한다"(247, 참조. 287). 그러나 다른 곳에서 그는 다음과 같이 말한다. "바울은 그리스도의 은혜가 답례를 기대하지 않는다는 사실을 부각시킨다. 성육신의 굴욕과 자기희생은 철저히 타자 지향적이다"(266). 몇몇 다른 극대화들(우선성, 비상응성, 비순환성)이 하나님의 선물에 대한 해리슨의 분석에 작용하고 있지만, 이 극대화들이 명확히 설명되거나 구별되는 것처럼 보이진 않는다. 해리슨의 주장처럼 인간이 하나님께 답례하는 것은, 그것이 무엇이든 간에, 하나님의 선물에 견줄 만한 것이 될 수 없다(271, 284-85, 321). 그렇다고 이것이 그 자체로 하나님의 선물이 어떤 답례를 이끌어내는 것을 의도하는지 아니면 의도하지 않는지, 그 여부를 결정하는 것은 아니다.

인간의 선물 수여와 관련하여 해리슨은 바울이 "의무보다 은혜"를 더 강조한다는 사실을 발견한다(331). 수여는 자진하여 즐겁게, 그리고 자발적으로 이루어져야 하며, 답례라는 "수치스럽고 씁쓸한 의무"를 통해 수여자에게 무엇을 우려내는 것이어서는 안 된다(347, 참조. 246, 271). 앞에서(1.1-2) 지적한 것처럼, 비록 답례가 고대의 모든 선물에 공통된 개념이었다지만, "자유"와 "의무"의 개념은 결코 서로 대립하는 요소가 아니었다. 더 중요한 것은 해리슨의 다음과 같은 주장, 곧 인간 수여자가 베푼 은혜가 "무언가를 강요하지도 않고 동등한 답례를 기대하지도 않는다"는 주장이다(299). 그렇다 쳐도, 다른 사실을 암시하는 본문들이 존재한다. 해리슨은 바울에게서 다음과 같은 노력, 곧 "은혜의 자유와 이 자유가 부과하는 의무 사이에 적절한 균형을 이루려는 노력을 발견한다. 달리 말해, 이는 보상에 대한 기대 없이 섬기는 자유와 지속적으로 사랑의 빚을 갚고자 하는 의무 사이에 적절한 균형을 이루려는 노력이다"(331).

다시 말하지만 이와 같은 복잡한 얽힘(또는 혼동)은 선물의 다양한 극대화들을 올바로 구별함으로써 분명해질 수 있었다. 특히 해리슨이 여기 저기서 빈번하게 "은혜"와 "답례"를 대립시키는 것은 극대화를 위한 두 가지 속성을 하나로 융합시키는 것처럼 보인다. 하나님의 은혜가 **비상응적**이고 수혜자의 사전 가치에 제약을 받지 않는다고 말하는 것과, 하나님의 은혜가 (우리의 의미에서) 수혜자에게 어떤 의무나 요구를 부과하지 않는 **비순환적** 특성을 가지고 있다고 해석하는 것은 확실히 별개의 사실이다. "무조건적"이라는 용어와 마찬가지로 "일방적"이라는 말도 애매하게 들린다. 이 용어는 **사전 조건**의 부재 또는 **후속적 기대**의 부재를 가리킬 수 있으며, 둘 다를 가리킬 수도 있다. 다른 곳에서와 마찬가지로 여기서도 2장에 제시된 일종의 분석적 구별을 적용하여 많은 것을 얻어낼 수 있다. 따라서 이제부터 우리는 "은혜"가 무엇을 의미하는지, 혹은 의미하지 않는지에 대해 더욱 상세하게 살펴볼 것이다.

제4장

I부의 요약과 결론

서로 관련된 I부의 세 장(1-3장)은 "은혜"의 분석에 필요한 새로운 틀을 구성함으로써, 이 책의 다음 부분을 전개하기 위한 기초를 놓았다. 우리는 이 주제를 먼저 선물 인류학 안에 두었다. 그것은 대다수의 서구 문화가 "선물"이라는 꼬리표를 붙인 개념을 넘어서서 다양한 형태의 수여, 호의, 섬김을 포함하는 영역이었다(1.1). 바울도 당대의 사람들과 마찬가지로 관련 어휘의 광범위한 사전(辭典)적 지식으로부터 설명을 이끌어냄으로써 인간의 선물과 하나님의 선물을 동일한 용어로 묘사했다(이 책의 "부록: 선물에 관한 용어집"을 보라). 선물 인류학은 "은혜"에 관한 신학적 담론을 포함할 정도로 폭이 넓지만, 그것에 의해 제한을 받지는 않는다. 시작 부분에서 소개된 인류학적 요점은 또한 "은혜"에 부착되어 있는 특별한 함의들에 대한 관점을 우리에게 제공하지만, 그와 동시에 현대 서구세계의 문화적 가정과 분석적 거리를 둔다.

인류학은 "선물"에 관한 그 어떤 모델도, 특정한 정의도 제공하지 않는다. 그보다 인류학은 선물-관계에서 흔히 볼 수 있는 호혜성, 힘, 의무와 같은 역동성을 우리에게 알려주는데, 우리는 이 역동성을 쉽게 놓치거나 오해하고 있다. 현대 이전의 사회들에서 행해진 선물 수여 관습에 관한 연구는 고대의 자료들을 검증하는 합당한 질문을 제기함에 있어서 특별한 발견적(heuristic) 가치가 있다. 특히 우리는 다음의 사실에 주목했다.

(i) 일반적으로 선물은 사회적 유대관계를 창출하거나 재생산하기 위해 주어진다. 선물은 상호성을 육성하며, 이러한 이유로 대체로 일방적이거나 혹은 익명적이지 않다.

(ii) 상호 교환의 규칙은 답례에 대한 기대를 높인다. 이는 불평등한 사회적 관계 속에서도, 나아가 답례가 통상 양과 종류에 있어서

주어진 선물과 차이가 있더라도 그렇다.

(iii) 선물 수혜자는 법적 의무는 아니지만 그래도 강한 답례의 의무 아래 놓인다.

(iv) 선물은 종종 수여자의 인격과 연관되어 있으므로 어느 정도는 "양도할 수 없는" 것이다.

(v) 이러한 인격적 부여를 생각할 때, 선물은 대체로 자발적으로 주어지고 선의(善意)의 표현을 담고 있는 것으로 해석된다. 비록 선물이 앞서 존재하는 의무적 속박에 의한 것일지라도 말이다.

(vi) 따라서 선물과 이에 대한 답례는 자발적인 동시에 의무적일 수 있고, 마찬가지로 "이익을 추구하는 것"인 동시에 "사심이 없는 것"일 수 있다. 이러한 범주들이 뒤섞여 있는 것은 "이타주의", "순수한 선물" 그리고 "조건 없는 선물"이라는 현대적 개념과 일치하지 않는다.

이러한 관찰이 보편화될 수 있는 결과나 선물의 영원한 본질이 될 수 있는 "결과"를 구성하지는 않지만, 우리가 다루는 자료들 속에 존재할 수도 있는 역학 관계를 제시해준다. 그 외에 이 관찰들은 최소한 현대 서구 세계의 선물에 관한 가정들이 고대의 선물에 관한 언어와 관습의 분석에는 그다지 도움이 되지 않는다고 제안한다. 더 정확한 결과를 얻기 위해 우리는 그리스-로마 세계의 선물 및 답례 관습과 관념(이데올로기)을 개략적으로 살펴보았으며(1.2), 여기서 우리는 고대 유대교도—비록 유대교가 **하나님이 주시는** 답례의 확실성을 특별히 강조함에도 불구하고—그 범주에 포함시켰다(1.2.4). 우리는 선물과 선물-답례에 영향을 받는 사회관계의 일부를 소규모 이웃돕기의 관습에서부터 호화로운 공적 시혜 제도(euergetism), 그리고 로마의 원로원이나 황제의 후견제도에 이르기까지 선물과 선물-답례에 영향을 미친 사회적 관계들도 살펴보았다. 인간과 신들의 관계도 이와 비슷한 선물 교환의 패턴을 입증했다. 특히 우리는 그리스-로마 세계와 관련하여 아래와 같이 강조했다.

(i) 선물은 사회적 유대를 조성하는 것으로 가정되었고, 일반적으로 일방적인 혹은 답례를 바라지 않는 기부로서 주어지지 않았다.

(ii) 호혜성의 규칙은 수혜자에게 답례의 의무를 부여했다. 이 의무는 다른 사회적 책임과 충돌할 수 있었던 일종의 채무를 뜻했다(그리고 이 의무는 우리의 관점에서 볼 때 "뇌물"의 문제를 일으키게 된다).

(iii) 선물-관계는 일반적으로 대출, 판매, 지불과는 구별되었으나, 보수(*quid pro quo*)와 관련된 어휘는 일부를 공유하고, 보수의 상호관계적 구조와는 상당 부분을 공유했다. 선물은 인격적이고 지속적이며 자발적인 선의(善意)의 관계, 그리고 계산과 법적 집행을 피하는 것으로 특징지어졌다.

(iv) 선물은 유대감과 기대수익을 창출했기에, 수여자는 일반적으로 선물이 합당하거나 가치 있는 수혜자에게 차별적으로 분배되도록 확실히 했다. 여기서 "가치"는 다양하게 정의될 수 있으나, 심지어(또는 특히) 신들/절대신도 중요한 선물의 적절한 분배를 위해 신중하게 선택할 것을 요구받았다.

(v) 선물을 철학적으로 성찰하는 저서인 세네카의 『자선에 관하여』는 우리가 첫 번째로 다룬 모범적 작품이었다(1.2.5). 이 책은 자선을 실행할 때 많은 어려움이 따른다는 사실을 인정했으나, 선물 수여를 순환적 교환의 범주로부터 제외시키지는 않았다. 스토아 사상은 수여자(그리고 수혜자)의 정신에 초점을 맞추었고, 이는 선물의 물질적 가치와 답례의 실리적 이익에 대한 중요성을 약화시켰다. 그러나 선물은 서로 베푸는 관계를 증진시키기 위해 고안되었으며, 답례가 선물을 부끄럽게 하거나 무효화하는 것으로 여기지는 않았다.

이러한 매개 변수 내에서는 선물의 정의, 인식, 실행에 상당한 여지가 존재했다. 많은 형태의 교환은 선물이나 다른 형태의 거래로 해석될 정도로 충분히 모호했다. 인간관계 속에서(그리고 인간과 신들의 관계 속에서) 어느 한쪽 당사자는 자신의 관계를 "선물"로 **협상하길** 원할지도 모른다. 이에 따라 우리의 조사는 바울이나 그의 동시대인들이 선물로 간주할 수 있는 것을 **제한하지** 않았고, 그들에게 작용할 수 있었던 어휘들, 사회적 요소, 이념적 가정들이 무엇인지를 명확히 밝히는 데 주력했다. 그들이 이러한 영역에서 말하고 행동했던 방식은 전통적, 창의적, 보수적, 혹은 혁명적일 수 있다. 개별 사례에 대한 연구만이 그들이 각각 이 영역을 어떻게 통과해 나아갔는지 밝혀줄 수 있다.

고대의 선물 개념을 파악하려는 우리의 시도로 인해 현대의 가정들, 특히 "순수한 선물"이라는 서구의 개념(1.3)이 상대화되었다. 우리는 답례 없는 선물에 관한 현대의 이상(ideal)에 영향을 미치는 점진적 변화를 개략적으로 제시했다. 이 개략적 제시에서 대규모의 사회적·정치적·경제적 변화는 일방적 선물을 선호하는 경향이 출현하게 된 것과 관련이 있다. 일방적 선물은 아마도 루터 신학에 뿌리를 두고 있을 수 있지만, 이 일방적 선물이 보편화된 것은 외적으로 부과된 의무를 거부하는 칸트의 윤리학을 통해서였다. 그 결과 우리는 선물이란 진실로 아무런 보답이나 답례를 수반하지 않을 때만 선물이라는 데리다와 다른 학자들의 항변에 주의를 기울이게 되었다. 이 특이한 현대적 추정은 고대의 가정과 일치하지 **않는다.** 그리고 바울이나 그의 동료 유대인들이 하나님의 은혜나 선물을 무엇으로 이해했는지를 결정하기 위해 이 현대적 추정이 허용되어서는 안 된다.

I부의 두 번째 특징은 은혜의 다양한 "극대화들"(perfections)에 대한 분류법을 구축하는 것이다 (2장). 우리는 선물/은혜의 주제를―특별히 논쟁을 목적으로 할 때 그리고 하나님과 관련될 때―극단으로 끌어가는 경향에 주목했다. 그리고 그러한 "극대화" 경향이 취할 수 있는 다양한 형태

를 관찰했다. 선물 수여는 복잡한 사회적 관계이기에, 여러 가지 방법으로 은혜를 "극대화"(곧 은혜의 본질을 어떤 "순수한" 또는 "궁극적" 형태로 정의하는 것)할 수 있다. 우리는 여섯 가지 가능한 은혜의 극대화를 확인했다.

(i) **초충만성**: 선물의 최고 규모, 넉넉함, 또는 영속성.

(ii) **단일성**: 수여자의 태도는 전적으로 그리고 순전히 자비의 특징을 지님.

(iii) **우선성**: 선물 수여 시기가 수혜자의 결정보다 앞섬.

(iv) **비상응성**: 수혜자의 가치와 상관없이 선물이 주어짐.

(v) **유효성**: 선물이 수혜자의 본성이나 행위에 미치는 충격.

(vi) **비순환성**: 선물이 지속적인 상호주의의 순환에서 탈피함.

이러한 은혜의 극대화들은 모두 고대에서 혹은 선물/은혜 개념의 역사 속에서 입증되었으며, 이것들의 다양성은 은혜가 여러 가지 의미를 획득했음을 확실히 보여준다. 중요한 것은 은혜의 한 극대화가 다른 모든(또는 일부) 극대화들의 완성을 요구하거나 암시하지 않는다는 것이다. 은혜의 극대화들은 하나의 "묶음"(package)을 구성하지 않는다. 바울 해석자를 포함한 많은 신학자들은 종종 은혜를 이런저런 형태로 극대화했는데, 그렇다고 각각의 극대화가 언제나 같은 방식으로 이루어졌던 것은 아니다. 따라서 해석자들 사이의 차이는 종종 은혜를 강조하는 정도의 크고 작음에서가 아니라, 은혜의 **다양한 측면들에 대한 극대화**와 관련해서 나타난다. 그러나 해석자들은 은혜에 대한 자기만의 특수한 해석은 본질적이고 대표적인 은혜의 정의로 간주하면서 다른 속성들은 무시해버린다. 이런 현상은 은혜의 의미에 관해 오랫동안 진행된 논쟁을 설명하는 데 도움을 줄 수 있다. 예를 들어 두 사람의 학자가 은혜에 관해 말하지만 그 의미와 함의에 관해 서로 의견이 일치하지 않을 때, 이는 한 사람이 다른 사람보다 더 은혜를 "믿거나" 혹은 "강조하기" 때문이 아니고, 두 사람이 다차원적 개념인 은혜에 대한 각기 다른 극대화를 이끌어내는 것에 관심을 두고 있기 때문일 수 있다.

I부에서 가장 긴 제3장은 마르키온으로부터 오늘날에 이르는 바울 해석자들 사이에서, 은혜의 극대화가 변화한 패턴을 추적함으로써, 위에 말한 현상을 예시했다. 바울 수용사에서 선별되기는 했으나 중추적 인물들에 대한 심층 분석을 통해, 우리는 다음과 같은 몇 가지 목표를 달성했다.

(i) 과거로 돌아가보면 현재 벌어지고 있는 많은 논쟁들의 실체가 명확하게 밝혀진다. 그 논쟁들의 역사적 뿌리가 항상 명확히 설명되거나 이해되지는 않았다. 아우구스티누스와 루터는—심지어 그들의 유산을 거부하는 자들의 경우에도(사실은 특별히 그들에게)—바울에 관한 가장 최근의 논쟁들 배후에 서 있는 인물이다. 이와 같이 샌더스와 그의 비판자들은 일반적으로 은혜의 의미에 대해 이미 형성된 가정에 의존하고 있으며, 반면에 마틴을 이해할 수 있는 유일한 방법은 그가 자신의 유산을 바르트와 케제만에게서 물려받았고, 불트만에 대해서는 반대했음을 이해하는 것이다. 이러한 긴 안목을 갖지 못하면, 우리는 역사적으로 논란이 되어온 이 주제의 현대적 논쟁에 공헌은커녕, 이를 파악조차 할 수 없을 것이다.

(ii) 우리는 제2장에서 설명한 분류법을 사용하여 해석사 속에서 "은혜"가 극대화된 다양한 방식들을 풀어내고자 했다. 해석자들은 "은혜"의 본질을 다양한 방법으로 제시했는데. 이것은 χάρις(은혜, 그리스어)와 *gratia*(은혜, 라틴어)가 다의적 용어이기 때문이 아니라, 하나님의 선물 수여는 위에서 언급한 여섯 가지 방식 중 어느 것으로든 극대화될 수 있기 때문이다. 그래서 우리가 은혜를 "값없고"(자유롭고), "순수하고", "무조건적이고", "대

가를 기대하지 않으며", 혹은 "일방적"이라고 말할 때, 이것이 어떤 의미인지 자세히 탐구할 수 있는 능력을 얻게 되었다. 또한 불일치하는 점도 명확히 밝혀낼 수 있게 되었다. 앞에서 지적했던 것처럼 아우구스티누스와 펠라기우스는 모두 은혜 신학자였지만, 두 사람은 은혜 개념을 각기 다른 방식으로 극대화했다. 종교개혁자와 그 시대의 가톨릭 교도들 사이의 차이점, 루터와 칼뱅 사이의 차이점, 그리고 샌더스와 그의 비판자들 사이의 차이점, 이 모든 차이점들이 이러한 분석 도구를 사용할 때 명확하게 드러난다. 이 도구는 그것들 사이에 차이가 존재한다는 **사실**만이 아니라 **왜** 그런 차이가 있는지까지도 설명해준다. 우리는 조사를 통해 여섯 가지 모든 측면에서 은혜를 극대화하는 것이 필수적이지도 않고 통상적인 것도 아니라는 사실을 확인했다. 사실 캠벨만이 여섯 가지 모든 측면에서 은혜를 극대화하고자 시도했다.

(iii) 이로써 우리는 제2성전 시대의 유대교에 관해 다른 질문을 제기할 준비가 되어 있다. 하지만 문제는 유대교가 "은혜의 종교"인지, 아니면 유대교의 은혜 구조가 "희석되었는지"가 아니다. 우리의 질문은 한 번 더 복잡해지지만, 그 부담은 덜해진다. 곧 유대 문헌들이 하나님의 은혜나 자비에 대해 말하고 있는 곳에서, 이 유대 문헌들은 이 개념을 극대화하고 있는가? 만약 그렇다면, 어떻게 극대화하고 있는가? 이제 우리는 은혜에 대한 유대교의 **다양한** 극대화들을 관찰할 수 있다. 어떤 한 극대화가 필수적이거나 적절하다는 가정 없이 또는 모든 극대화가 똑같을 것이라는 가정 없이 말이다.

(iv) 제2성전 시대 유대교와 바울의 관계는, 현재 지나치게 단순화되어 있는 다음과 같은 두 가지 선택에 국한되어서는 안 된다. 하나는 바울이 은혜 없는 "율법주의적인" 유대교를 반대하고 은

혜를 옹호했다는 것이고, 다른 하나는 그가 은혜의 성격에 관해서는 모든 동료 유대인과 완전히 일치했다는 것이다. 우리는 여기서 다음과 같은 더 간단한 질문으로 시작할 수 있다. **바울에 의한 은혜의 극대화는 동료 유대인들에 의한 은혜의 극대화와 어떻게 비교되는가?** 만약 제2성전 시대 유대인들 사이에서 이 문제에 대한 다양한 견해가 존재했다면, 바울을 동료 유대인들과 **완전히 반대되는** 위치 혹은 그들과 **완전히 일치하는** 위치에 둘 필요가 없다. 우리의 과제는 은혜에 관한 어떤 본질적인 혹은 우월한 정의를 가정하지 않은 채, 단순히 바울의 위치를 복합적이고 다채로운 지도 위에서 찾아내는 것이다.

(v) 은혜의 어떤 극대화도 은혜의 핵심적 특성으로 혹은 은혜의 필수조건으로 간주될 수 없다. 그래서 우리는 바울이 은혜에 관한 어떤 "본질적" 의미를 갖고 있는지를 입증하거나 반증해야 할 압박을 받지 않는다. 또한 우리는 은혜의 극대화들이 많을수록 더 좋다고 가정할 수도 없다. 사실 우리는 각각의 극대화 위에 또 다른 극대화를 쌓거나 하나의 극대화를 더욱 극단적으로 확장하는 경향을 경계해야 한다. 이런 경향은 관념적 이익에 도움이 될 수 있지만, 극대화의 수가 많을수록 은혜 개념이 더 좋아진다고 생각할 이유는 전혀 없다.

(vi) 역사는 해석학적 자의식을 가르친다. 우리의 연구는 역사적·논쟁적 정황이 어떻게 다양한 은혜의 극대화들을 조장했는지를 제시했다. 모든 정의(심지어 사전적 정의조차도)를 상대화하기 위해 우리는 본문 해석에 대한 우리의 정황과 관심사를 의식하게 된다. 어떤 해석도 해석자 자신의 정황 및 관심사와 완전히 무관할 수 없다. 여기서 전개된 해석을 포함하여 모든 해석은 당대의 관심사와 책임을 반영한다. 이 책은 이와 달리 가장하려 들지 않는다(서언을 보라).

이제 I부에서 제공된 분석 자료들과 해석학적 자의식으로 무장하고, 본문들 자체로 나아갈 시점이다. 현재의 논쟁을 구성하는 가정들로부터 벗어나 우리는 우선 제2성전 시대 유대교 본문들을 먼저 탐구할 것이다(II부). 그 후 우리는 바울 서신으로 돌아가 갈라디아서(III부)와 로마서(IV부)에 나타나 있는 바울의 은혜 신학을 차례로 검토할 것이다.

PAUL
AND

II부

제2성전 시대 유대교에서
하나님의 선물

THE
GIFT

하나님은 아브라함 이야기의 시작 부분에서 명령과 놀라운 축복을 공포하신다. "너는 너의 고향과 친척과 아버지의 집을 떠나 내가 네게 보여 줄 땅으로 가라. 내가 너로 큰 민족을 이루고 네게 복을 주어 네 이름을 창대하게 하리니, 너는 복이 될지라"(창 12:1-2). 이러한 시작으로부터 그리고 이 명령에 대한 아브라함의 순종으로부터 무수히 많고 영원한 "후손" 및 그들에게 주어질 땅에 대한 언약의 약속이 시작된다. 이 언약의 약속은 그 후 하나님과 이스라엘, 이 둘 사이의 관계의 기초를 형성하는 대대손손의 "맹세"다. 우리는 하나님의 이러한 은혜 행위를 어떻게 이해해야 할까? 이 언약의 시초는 전적으로 하나님의 것이었는가? 아니면 아브라함의 가족이 이 언약이 주어지기 이전에 이미 순례를 떠났다는 사실(창 11:31-32)에 대한 반응이었는가? 왜 하나님은 아브라함에게 이처럼 엄청난 약속을 하셨던 걸까? 이 선택은 아브라함의 자질과 관계없이 무차별적으로 행해졌던 것인가, 아니면 하나님께 은혜를 입은 의로운 노아(창 6:8-9)처럼 부름 받을 만한 자에 대한 적절한 선택이었는가? 우리는 창세기 17:1에 따라 아브라함의 성품에 흠잡을 데가 없었다고 가정해야 할까, 아니면 흠이 없게 되는 과정에 있었다고 가정해야 할까? 창세기 22:15-18("네가 이같이 행하여…아니하였은즉")이 제안하듯이, 그 약속은 하나님께 대한 아브라함의 순종에서 시작되었던 걸까? 아니면 아브라함의 행위나 가치와 상관없는 무조건적인 것이었을까?

"네 조상들과 맺은 언약"을 되돌아보는 신명기의 첫 장들(신 4:31, 7:8, 9:5)은 "사랑"에 관한 하나님의 주도권을 크게 강조한다. 모세는 하나님께 불충한 역사를 지니고 있는 이스라엘 공동체를 다루면서, 하나님이 왜 그들에게 "마음을 정하셨는지"를 묻고, 그들에게 가나안 땅 입성이라는 승리를 주실 것인지를 묻는다. 그것은 그들의 큰 수효 때문이 아니었고

(신 7:7-8), 그들의 능력 때문도 아니었으며(신 8:17), 그들의 의로움 때문도 아니었다(신 9:4-6). 그것은 오로지 하나님의 언약의 약속과 그들이 대체하게 될 민족들의 죄악 때문이었다(신 7:8; 8:18; 9:5-7). 그렇다면 역사 속에 펼쳐지는 하나님의 행동은 이스라엘의 무가치함이 아니라 다른 민족들의 무가치함을 고려한 것일까? 하나님이 이스라엘을 선택하신 것은 자의적인가, 아니면 어떤 깊이 있는 근거가 있는가? 언약의 약속을 받은 조상들이 거듭 언급되는 것은 적어도 그들이 합당한 토대가 되었음을 암시하고 있는 걸까?

하나님의 행동이 하나님의 율법 속에 소중히 간직된 어떤 도덕적 질서를 따른다는 것은 이스라엘에 대한 하나님의 선택이 답례를 요구한다는 사실을 통해 암시된다. 모세는 신명기의 첫 장들에서 이스라엘에게 하나님의 율법을 지키라고 호소하며, 복과 저주를 그들 앞에 놓아둔다. 그들은 하나님의 계명에 순종하면 복을 받고, 순종하지 않으면 저주를 받을 것이다(신 11:26-27). 사랑의 하나님은 또한 "질투"와 분노의 하나님이시다. "자기를 사랑하고 자신의 계명을 지키는 자에게 천대까지 언약을 이행하고 인애(חסד; ἔλεος, 변함없는 사랑)를 베풀어주시지만, 자기를 미워하는 자에게는 그들의 인격에 따라 보응하시는"(신 7:9-10) 하나님이다. 악인은 처벌하고 자기에게 순종하는 자에겐 신실하신 하나님의 이러한 이중 이미지는 이미 십계명 안에 깊이 각인되어 있다(신 5:9-10; 참조. 출 20:5-6). 실제로 그 이미지는 시내산에서 율법이 극적으로 주어진 후에 즉각적인 여파로서 나타난다. 거기서 금송아지에 대한 우상숭배가 심판을 초래(출 32장)했을 뿐만 아니라, 하나님의 본성도 다음과 같이 계시되었다.

여호와께서 그의 앞으로 지나시며 선포하시되 "여호와라, 여호와라, 자비롭고 은혜롭고 노하기를 더디하고 인자와 진실이 많은 하나님이라. 인자를 천대까지 베풀며 악과 과실과 죄를 용서하리라. 그러나 벌을 면제하지는 아니하고, 아버지의 악행을 자손 삼사 대까지 보응하리라"(출 34:6-7).

이 이중 이미지의 두 반쪽에 동등한 중요성이 부여되어야 하는가? 아니면 다음과 같은 은혜의 속성들, 곧 선재하고 매우 다양한 은혜의 속성들은 하나님의 기본적이고 영속적인 속성이 자선과 자비임을 암시할까?[1]

이처럼 풍부하고 복잡하며 열려 있는 일련의 이야기들과 본문들을 통해, 우리는 하나님의 선하심과 인자하심에 대한 그 이후의 유대교 전통을 깊고 다양하게 성찰해볼 여지를 충분히 발견할 수 있다. 우리의 과제는 제2성전 시대 유대교 문헌들이 그런 본문들과 관련된 문제를 어떻게 다루었는지 탐구하는 것이다.[2] 유대교 문헌들은 우리가 2장에서 분류한 어떤 방식으로든 하나님의 자비하심을 "극대화시키고 있는가?" 만일 그렇다면 어떻게 극대화시키고 있는가? "선물/수여"와 "자비/긍휼"이라는 용어들 사이에, 그리고 그리스어 혹은 히브리어로 기록된 본문들 사이에 차이가 있는가? 그것들은 하나님의 자비하심을 동일한 방식으로 극대화하는가, 아니면 이 지점에 중요한 다양성이 존재하는가? 그것들은 모두 하나님의 "은혜"를 **우선적인** 것으로 간주하는가? 그리고 이 우선성은 역사 속에 뿌리를 두고 있는가, 아니면 하나님의 예정에 따라 창세 전에 이미 내려진 결정인가? 하나님의 선하심은 은혜의 **단일성**(singularity, 하나님의 유일한 특징)으로 극대화되는가? 아니면 악인에 대한 하나님의 처벌을 동등하게 강조하는 것과 균형을 이루는가? 하나님은 "어떤 조건도 없이"(비순환적 선물로서) 은혜를 주시는가, 아니면 자신의 선물에 순종으로 응답해야 하는 의무와 책임을 부과하시는가? 하나님의 선하심은 **유효성**을 가지고 있어서 그 수혜자들의 행위 주체성을 변화시키는가? 하나님의 은사와 자비는 **초충만한 것인가?** 만일 그렇다면 그 범위는 어디까지인가? 마지막으로 하

---

1   시 86:5; 103:8-10; 145:8-9; 욜 2:13; 욘 4:2 등에 이 본문이 반영되어 있는 것을 참조하라.

2   여기서 "제2성전" 시대는 기원후 70년을 넘어 1세기가 끝날 무렵까지 펼쳐진 기간으로 탄력적으로 규정된다. 여기서 선택한 본문들은 모두 이 두 세기(기원전 100년부터 기원후 100년까지)의 기간으로부터 유래한 것이다.

나님의 자비하심은 수혜자의 가치와 상관없이(비상응적인 은사로서) 주어지는가, 아니면 이런저런 근거에 따라 합당한 자격이 있다고 간주되는 사람들에게만 차별적으로 분배되는가?

앞으로 확인할 것처럼 제2성전 시대 유대교 문헌들은 이와 같은 모든 질문에 대해 논의한다. 하지만 이 모든 질문이 추상적인 경우는 드물며, 오히려 이 모든 질문은 해당 유대교 문헌들이 기록된 정황 곧 정치적으로 소란스럽고 지적으로 비옥한 정황과 관련하여 제기된다. 역사적 경험과 철학적 교육은 모두 하나님이 이스라엘을 선택하신 근본 이유가 무엇인지 질문했고, 또 하나님의 선택이 취소될 수 없는 것인지, 취소될 수 없다면 왜 그런지도 질문했다. 이스라엘에 대한 하나님의 "인애"(지속적 사랑)가 결국 아무 조건도 없는 것이었는지, 또는 이성과 도덕의 보편 가능한 질서 안에서 의미가 있었는지를 결정하는 것도 중요했다. 하나님의 공의와 자비가 어떻게 연관되어 있었고, 인간에게 악을 초래하는 하나님의 진노와 죄의 처벌을 말하는 것에 문제가 있었던 걸까? 정치적으로 낙담했던 시대, 특히 기원후 70년 이후 이스라엘을 향하신 하나님의 "확고한 사랑"이 실패한 것은 아닌지, 혹은 그 사랑이 회복될 것인지, 회복된다면 누구에게 회복될 것인지를 묻는 질문은 자연스러웠다. 하나님의 자비하심이 이스라엘의 의인에게만 제한되어 있었는가? 그런 범주는 실제로 존재했는가? 하나님은 남은 자 곧 이스라엘-안의-이스라엘을 선택하셨는가? 만약 그렇게 하셨다면, 그 선택은 이스라엘이라는 집단의 가치에 따른 선택이었는가? 아니면 오로지 하나님의 은혜로운 뜻 말고는 정당화되지 않는 비상응적인 자비의 행위였는가?

이러한 질문들의 깊이와 복잡성은 단순한 분석 행렬로의 환원에 저항한다. 샌더스의 "언약적 율법주의" 모델은, 유대교에 대한 경멸적인 표현을 추방시켰다는 장점을 갖고 있음에도 불구하고, 지나치게 단순해서 위의 문제를 다루는 데는 유용하지 않은 것으로 드러난다. 샌더스의 연구를 분석한 결과(위 3.6.1을 보라), 우리는 순서("들어가는 단계"와 "머무르는 단계"의 구분과 함께)에 대한 그의 강조가 어떻게 은혜/자비의 **우선성**에 일차적 관심을 기울이게 되었는지, 또 어떻게 은혜의 우선성을 팔레스타인 유대교의 공통분모로 규명할 수 있었는지를 증명했다. 그러나 이에 따른 관련 본문들의 동질성은 실제 본문들의 다양성과 복잡성을 정당하게 평가하지 못한다. 우리의 관점에 따르면 하나님의 자비하심의 우선성에 대한 공통된 강조는 은혜의 여섯 가지 극대화들 가운데 하나를 다룬 것에 불과하다. 은혜가 모든 곳에서(틀림없이) 선행한다 해도, 이것이 곧 은혜가 모든 곳에서 똑같다는 뜻은 아니다. 은혜의 단일성, 유효성, 또는 비상응성과 관련하여 다양한 견해의 여지가 충분히 존재한다. 앞에서 확인한 것처럼 샌더스는 사실 은혜와 공적이 원칙적으로 양립할 수 없다는 깊은(그러나 검증되지는 않은) 가정에 근거하여 언약의 은혜 역시 비상응적인 것이라고("공로 없이 주어진다고") 추정하는 경향이 있다. 그러나 우리의 인간학 및 역사학 연구에서 알 수 있듯이, 하나님이 주시는 은혜의 선물이 아무 공로 없이 무조건적으로 주어져야 하고, 상급, 보상, 혹은 가치에 대한 원칙과 대립 관계에 놓여 있다고 가정할 이유가 전혀 없다. 만약 우리가 은혜에 대한 그런 (현대의 사전적) 정의를 거부한다면, 우리는 본문들이 이 점과 관련해서 어디서 차이를 보이는지를 자유롭게 관찰할 수 있게 된다. 그때 몇몇 본문들은 은혜의 비상응성을 극대화하지만, 대부분의 본문들은 나름의 합당한 이유를 갖고 은혜의 비상응성을 극대화하지 않는다.

앞에서(3.7.1) 살펴본 것처럼 샌더스가 다룬 "은혜"는 제2성전 시대 유대교의 본질에 대한 후속 논쟁에서 상당한 혼란을 불러일으켰다. 어떤 이들은 은혜의 우선성을 취해 유대교를 "은혜의 종교"("행위의 의"를 주장하는 종교와 반대되는 종교)로 규정했다. 다른 이들은 보상과 조건적 선물의 특징적 측면을 찾아낸 다음, 유대교의 은혜 이해에 존재하는 결함 또는 관점들 사이의 해소시킬 수 없는 긴장을 추론했다. 숨겨져 있던 기독교의 가정들이 이러한 논쟁에서 종종 드러나는데, 과중한 범주들("오직 은혜로", "신인협력설", "펠라기우스주의"와 같은 범주들)의 전면적 배치를 통해 그렇게 되며, 그 결과 다른 형태의 분석이 더욱 절실하게 요청된다. 이제 우리는 샌더스의 "언약적 율법주의" 모델로부터 벗어나는 대안적인 분석 틀을 제공할 수 있게 되었다. 우리는 인간학 및 역사학 연구(1장)를 발판으로 은혜의 "극대화들"에 관한 분류표를 제공했고(2장), 거기서 부담은 적고 복잡성은 더 큰 탐구 방식을 인식했다. 우리는 은혜의 "본질" 또는 우월하거나 열등한 은혜의 형태를 가정하지 않고서, 앞으로 다룰 본문들이 어떤 방법으로 이 은혜 주제를 극대화 하는지 평가하고 또 그 이유를 분석할 것이다.

나는 II부에서의 분석을 위해 다섯 가지 본문(또는 저자)을 선택했다. 이것들은 제2성전 시대 유대교에서 나오는 다섯 가지 다른 목소리들이다. 나는 이 본문들이 제2성전 시대의 전체 관점을 대표한다고 주장하지는 않는다. 우리는 분명 은혜를 중심 주제로 삼고 있는 다른 본문들을 추가할 수 있을 것이다.[3] 나는 원래 히브리어와 그리스어로 함께 기록된 팔레스타인과 디아스포라 지역에서 나온 본문들을 선정했다(언어 연구에 대해서는 부록을 보라). 이는 서로 다른 문화적·언어적 환경이 어떻게 이 주제에 관한 유대교의 은혜 신학에 영향을 미칠 수 있었는지를 염두에 둔 것이다. 우리가 선택한 본문들은 기원전 1세기 본문(쿰란 공동체의 호다요트와 솔로몬의 지혜서)부터 기원후 100년경의 본문(에스라4서)에까지 다양하다. 하지만 나는 두 디아스포라 저자들(솔로몬의 지혜서와 필론)을 먼저 다루고, 그다음에 팔레스타인 출신의 세 저자(위[僞] 필론의 『성서고대사』, 쿰란 공동체 호다요트, 에스라4서)를 다룰 것이다. 우리는 우리의 연구 결과를 함께 도출하여 II부(10장)를 마무리할 것이다. 그때쯤이면 은혜의 극대화에 대한 우리의 분류법이 그 가치를 명확히 지니게 되길 바란다.

---

3   예를 들어 솔로몬의 시편, 집회서, 아리스테아스의 편지, 바룩2서 등을 생각할 수 있다. 제2성전 시대 후기에 나타난 랍비 문헌들은 이 주제의 더 깊은 논쟁을 위한 사례들을 풍성하게 제공한다. F. Avemarie, *Tora und Leben: Untersuchungen zur Heilsbedeutung der Tora in der Frühen rabbinischen Literatur* (Tübingen: Mohr Siebeck, 1996)을 보라.

제5장

솔로몬의 지혜서

솔로몬의 지혜서는 유대교의 전통과 장르를 능숙하게 결합시켜놓은 것으로, 이 저술의 문체와 주제는 본문의 다양한 내용들의 기원이 어떠하든지 간에 일관된 전체로 분문을 읽도록 권면한다.[1] 저자가 조심스럽게 이음매를 봉합했기에 정확히 단원을 구분하기가 어렵고 그런 구분 자체가 무익하기는 해도, 대다수의 해석자들은 다양한 초점 때문에 대체로 3부로 이루어진 구조를 생각한다.[2] 통치자들을 향한 첫 부분은 삶의 무익함과 불공정함을 옹호하는 세계관을 폭로하고 논박한다(1:1-6:5). 중간 부분은 우주의 질서를 주관하는 지혜를 의인화하고 칭송하며, 솔로몬과 같이 진지하게 지혜를 갈망하는 자들에게 구원의 지식을 제공한다(6:12-10:21). 마지막 부분은 출애굽의 이야기를 다른 형태로 전해주는데, 하나님의 자비로운 공의의 공평한 구조를 예시하기 위해 마련된 7중 비교 안에서 재앙과 구원의 수단을 일치시키고 있다(10:15-19:22). 끝에서 이집트인들이 "타국 사람들을 미워한 것"(19:15)과 그들이 누렸던 "권리"가 취소된 것(19:6)을 언급하는 내용 때문에, 대다수의 해석자들은 이 본문이 로마 제국의 이집

---

1   자료 비평에서 통일성과 일관성에 대한 가정으로 그 연구 방향이 옮겨진 것에 대해서는 D. Winston, "A Century of Research on the Book of Wisdom," in A. Passaro, G. Bellia, ed., *The Book of Wisdom in Modern Research: Studies on Tradition, Redaction, and Theology* (Berlin: de Gruyter, 2005), 1-18을 보라.

2   구조에 관한 논의를 다음의 연구들에서 보라. D. Winston, *The Wisdom of Solomon* (New York: Doubleday, 1979), 9-12; M. Kolarcik, *The Ambiguity of Death in the Book of Wisdom 1-6* (Rome: Pontifical Biblical Institute, 1991), 1-28; L. L. Grabbe, *Wisdom of Solomon* (Sheffield: Sheffield Academic Press, 1997), 18-23; M. Gillbert, "The Literary Structure of the Book of Wisdom: A Study of Various Views," in Passar, Bellia, ed., *Book of Wisdom*, 19-32(참고문헌). 이어지는 부분에서 나는 부분들이 중첩되는 것을 허용한다. 왜냐하면 저자가 정교한 구분을 무시하는 방식으로 이음매를 처리하려는 의도를 가진 것으로 보이기 때문이다.

트 통치(기원전 30년부터 시작)가 시작된 시기에 기록된 것으로 본다. 그때는 시민권과 과세에 관한 논쟁으로 알렉산드리아에서 유대인과 다른 민족 사이에 적대감이 생겼을 때였다.[3] 저자의 교양 있고 세련된 그리스어 실력, 그리고 필론의 철학적 주제 및 논쟁적 수사와 유사한 내용은 솔로몬의 지혜서의 기원이 알렉산드리아임을 암시하고, 기록 연대는 대략 기원전 20년에서 기원후 70년 사이의 시점으로 추정된다.[4] 이 저술의 첫 번째, 세 번째 부분에서 반응하고 있는 위협감은 작품 전체의 수사학적 분위기를 설정한다. 솔로몬의 지혜서는 역사에 대한 하나님의 정의로운 통치를 독자들에게 납득시키기 위해 기록되었고, 그 틀 안에 있으며, 그 목적을 위해 하나님의 선하심, 관대하심, 자비하심에 대해서도 논의한다.

5.1. 죽음과 공의의 문제 (1:1-6:11)

솔로몬의 지혜서의 첫 부분은 "땅의 통치자들"(1:1-11, 6:1-11)에게, 지금 다루려는 문제들이 보편적 중요성을 갖고 있고, 인간의 능력을 우주의 통치 원칙과 일치시키는 가치에 관한 것임을 알려준다. 이 작품은 헬레니즘 시대의 모든 유신론적 전통(유대교의 지혜 문학을 포함하는 전통)에 존재하

---

3   그 당시 알렉산드리아 유대인의 역사에 대해서는 J. M. G. Barclay, *Jews in the Mediterranean Diaspora from Alexander to Trajan (323 BCE-117 CE)* (Edinburgh: T&T Clark, 1996), 48-71 그리고 E. Gruen, *Diaspora* (Berkeley: University of California Press, 2002), 54-83을 보라. 기원후 39-41년에 발생한 위기 상황의 정확한 연대가 본문에 의해 정당화되는 것처럼 보이지는 않으며(Winston, *Wisdom of Solomon*, 20-25에는 실례지만), 현재 대다수 해석자들은 로마 시대 초기에 알렉산드리아에서 벌어졌던 유대인의 권리에 관한 논쟁과 보다 더 일반적인 관련이 있다고 주장한다. 예를 들어 M.-F. Baslez, "The Author of Wisdom and the Cultural Environment of Alexandria," in Passaro, Bellia, eds., *Book of Wisdom*, 33-52와 53-82를 각각 보라.

4   참조. J. J. Collins, *Jewish Wisdom in the Hellenistic Age* (Louisville: Westminster John Knox Press, 1997), 195.

는 문제점을 붙들고 씨름한다. 죽음에 사로잡혀 있는 세상 곧 선한 사람들이 불의로 인해 고통을 겪고 인간의 취약한 삶이 너무 자주 미덕을 무의미한 것으로 만들어버리는 이러한 죽음의 세상에서, 하나님의 섭리적 질서를 믿는 것은 가능한가?[5] 사멸성과 불의라는 두 가지 문제를 하나로 결합시키면서, 본문은 부도덕한 권력자들의 손에 의인이 죽임을 당하는 불의를 생생하게 묘사한다(2:1-5:14). 하지만 이런 경험적 증거에 반하여 본문은 하나님의 공의가 마침내 승리할 것이라고 주장한다. "의인은 영원히 살 것이다"(5:15). 그리고 창조 권능으로 무장하신 하나님은 마침내 원수들을 패배시키고 공의를 세우실 것이다(5:17-23).[6] 본문은 죽음이 아닌 생명에 그 뜻을 두고 계신 하나님의 **선하심**을 강조하며 시작한다. 하나님은 죽음을 창조하지 않으셨고, 살아있는 생명체의 멸망을 기뻐하지 않으신다(1:13). 하나님은 만물을 살도록 창조하셨고(죽도록 창조하신 것이 아니다; 1:14), 우주의 생성력은 (멸망의 힘이 아닌) 구원의 힘이다 (σωτήριοι αἱ γενέσεις τοῦ κόσμου, 1:14). 그러므로 눈에 보이는 현상과 인류의 자기 파괴적 본능에도 불구하고(1:12, 16; 또는 마귀, 2:24), 우주의 근본 설계는 생명과 공의를 위한 것이다.[7] 하나님은 인간을 부패하지 않도록 창조하셨고(2:23), 우

---

5   솔로몬의 지혜서가 공의의 문제를 중심으로 다루고 있는 것에 대해서는 M. F. Kolarcik, "Universalism and Justice in the Wisdom of Solomon"과 F. Raurell, "From ΔΙΚΑΙΟΣΥΝΗ to ΑΘΑΝΑΣΙΑ," in N. Calduch-Benages, J. Vermeylen, ed., *Treasures of Wisdom: Studies in Ben Sira and the Book of Wisdom* (Tübingen: Mohr Siebeck, 2010), 289-301과 331-56을 각각 보라.

6   여기서 전통적인 지혜문학의 표현을 위해 묵시 주제를 사용하는 것에 대해서는 J. J. Collins, "The Reinterpretation of Apocalyptic Traditions in the Wisdom of Solomon," in Passaro, Bellia, ed., *Book of Wisdom,* 143-57을 보라.

7   본문에 따르면 이러한 덧없는 현상을 만들어내는 장본인은 마귀다("마귀의 시기를 통해 죽음이 세상 속으로 들어왔다"). 참조. *Vita Adae* 12-17. 도슨은 솔로몬의 지혜서가 죽음이 세상에 들어온 사건과 하나님, 이 둘 사이에 아무런 관계가 없다고 주장하고 있는 것에 우려를 표명한다. J. R. Dodson, The *"Powers" of Personification: Rhetorical Purpose in the* Book of Wisdom *and the Letter to the Romans* (Berlin: de Gruyter, 2008), 56-68을 보라.

주에 스며 있는 지혜는 "인간 친화적인 영"(φιλάνθρωπον πνεῦμα, 1:6)이다. 이 "인자하심"은 출애굽기 34:6-7과 유사한 이중성을 갖고 있으며, 악에 대한 심판과 나란히 놓인 채 서로 연결되어 있다. 곧 지혜는 사람의 말과 사람의 가장 깊은 감정을 꿰뚫어보며, "신성 모독자들을 그들의 말로 인한 죄책감으로부터 해방시키지 않을 것"이다(1:6). 인간에 대한 하나님의 선하심은 방종이 아니다. 하나님의 선하심은 잘못을 감지하고 심판하는 정의 속에서 정확하게 표현된다.

공의의 승리에 대한 주장은 때 이른 혹은 불의한 죽음을 포함하는 죽음의 편재성에도 불구하고 여전히 유지되고 있다. 나아가 이 주장은 힘이 정의라고 외치는 견유주의 사상을 반대한다(2:11). 의인의 죽음은 시금석을 형성한다(2:17-20). 이 시금석은, 비록 폭력에 희생되었거나 자식이 없이 일찍 죽었다 해도, 그 의인의 정당성이 입증 될지 여부를 반드시 증명해야 한다. 솔로몬의 지혜서는 의인의 정당성이 마땅히 증명될 것이라고 주장하는 것으로 유명하다. "의인의 영혼은 하나님의 손에 있고, 어떤 고통의 불길도 그들을 건드리지 못할 것이다"(3:1). **죽음을 넘어선 곳에서** 하나님과 함께하는 삶에 대한 전망은 우주의 선한 질서를 예증하고, 그 안에서 때 이른 죽음에 대한 이유가 주어질 수 있으며(예. 의인을 부패로부터 보존하기 위한 것, 4:10-15), 자손 없이 죽는 자들에게 보상이 주어질 수도 있다(3:13-4:9). 솔로몬의 지혜서는 세상에 대한 대안적 해석들을 진열해서 보여주는 상상의 시나리오를 구성한다. 불의한 자들에게 두 번에 걸쳐 긴 연설이 주어진다(2:1-20; 5:2-14). 첫 번째는 혼돈에 대한 그들의 환상을 상세히 설명하고, 두 번째는 그들의 자기 성취적 노력들의 무익함에 대해 깊이 숙고한다.[8] 이러한 연설 사이에 샌드위치처럼 끼여 있는 저자

---

8   두 번째 연설에서 예레미야서와 이사야서 본문을 창조적으로 다시 사용하는 것에 관해서는 S. Manfredi, "The Trial of the Righteous in Wis 5:1-14 (1-7) and in the Prophetic Traditions," in Passaro, Bellia, ed., *Book of Wisdom*, 159-78을 보라.

는(3:1-5:1) 전체적 결론(5:15-6:11)에서 다음과 같은 확신, 즉 하나님이 보
장해주시는 도덕적·자연적 질서에 따라 세상이 합당하다는 확신을 제공
한다.[9]

여기서 결정적으로 중요한 것은 참된 인식(perception)과 거짓 인식
(2:1, 21; 3:10; 4:14, 17)의 문제이다. 세상이 신적 공의와 도덕적 균형으로
구조화되어 있다고 보는 것이 세상을 바르게 보는 것이다. "사악한 자" 혹
은 "경건치 않은 자"는 궁극적으로 자신들이 마땅히 받아야 할 것을 정
확하게 받게 된다. 그들은 스스로 계약을 맺은(συνθήκη, 1:16) 죽음에 처하
게 되고, 죽음의 벗이 되기에 "적합하거나" "합당한"(ἄξιοι) 자들이다(1:16;
참조. 2:24). 그들은 바로 그들 자신의 생각에 따라 정확하게 처벌받을 것
이다(3:10-11). 그들이 죽음 때문에 삶이 무익해진다고 생각한다면(2:1-5),
그들의 죽음은 그들이 상상했던 것처럼 의미가 없을 것이다(5:9-14). 이와
대조적으로 의인은 "성결의 보상"(μισθὸς ὁσιότητος, 2:22; 참조. 5:15)을 받
게 될 것이다. 여기서 μισθὸς는 "지불"(pay)을 의미하지 않고(그 관계는 계
약이나 임금의 관계가 아니다), 적합한 보상이나 포상을 의미한다.[10] 적합한 사
람이 하나님으로부터 적절한 대접을 받는다는 것이 솔로몬의 지혜서 전
체 관념에 매우 중요하다. 의인의 고난은 징벌이 **아니었다**. 그 고난은 훈
육이었고, 장차 하나님이 그들에게 베풀어주실 보상과 비교할 때 사소한
것이며(3:4-6: ὀλίγα παιδευθέντες μεγάλα εὐεργετηθήσονται), 하나님이 그들을
"하나님 자신에게 합당한 자"로 입증하기 위한 수단으로 고안된 것이었다
(εὗρεν αὐτοὺς ἀξίους ἑαυτοῦ, 3:5).

----

9   **에녹서**와 유사한 내용을 이끌어내고 있는 이 부분에 대한 최근의 탁월한 분석을 보라. J.
     A. Linebaugh, *God, Grace, and Righteousness in Wisdom of Solomon and Paul's Letter to the
     Romans: Texts in Conversation* (Leiden: Brill, 2013), 25-42.

10   μισθὸς(상)가 κόποι(수고)의 대가로 주어진다는 10:17은 과도한 번역일 수 있다. 거
     래로서의 "상"이 세월이 흐르면서 선물 교환의 관계로부터 상업적 지불 관계로 의미
     가 바뀐 것에 대해서는 E. Benveniste, *Le vocabulaire des institutions indo-européennes: 1.
     Économie, Parenté, Société* (Paris: Minuit, 1969), 163-70을 보라.

그렇다면 삶의 결과는 우연의 산물이 아니고(2:2), 궁극적으로 부당한 것이 아니다. 경건치 않은 자는 도덕적·사회적 또는 합리적으로 적합한 것에 따라 마지막에는 죽음에 처해질 것이며(1:16), 반면에 경건한 자는 불멸을 기대할 수 있다(3:4). 경건한 자는 "하나님을 만날 때 빛을 발할 것이고"(3:7), 그때 하나님의 권세 아래서 통치권을 받게 될 것이다(3:8). 이와 같이 "신실한 자는 사랑 안에서 [하나님과] 함께 거할 것이다. 왜냐하면 호의, 은혜, 자비가 하나님의 택함 받은 자들에게 주어지기 때문이다."(χάρις καὶ ἔλεος τοῖς ἐκλεκτοῖς αὐτοῦ, 3:9; 참조. 4:15, 이 본문은 "주님은 자신의 거룩한 자들을 지켜보신다"라고 덧붙인다).[11] 여기서 택하심은 하나님의 자의적인 선택이 아니라, 도덕적·합리적 질서에 해당한다. "은혜와 자비"는 하나님의 관대하심과 선하심의 결과이지만, 차별적으로 분배되고 있으며 또 그래야만 한다. 이와 마찬가지로 악을 행하지 않았거나 악한 것을 생각지도 않은 환관에게는 그의 신실함(πίστις, 3:14)에 대해 "특별한 은혜"(χάρις ἐκλεκτή)가 주어져야 한다.[12] 여기서 "은혜"와 "보상"은 완벽하게 양립할 수 있다. 선물의 적절한 분배가 선물을 좋은 것으로 만들어준다.[13]

이러한 도덕적 질서는 솔로몬의 지혜서가 우주적 규모로 추적하는 것과 관련이 있다. 말하자면 지혜는 우주 속에 스며들어 있고, 통치자들의 계획을 비롯한(1:1-11) 전 우주를 감시한다. 그리고 하나님은 피조물을 사

---

11   3:9의 사본들은 부연 설명을 다양하게 덧붙이거나 생략하기도 한다.

12   이 주제에 대한 성서적 근거로서 사 56:4-5을 참조하라. 같은 맥락에서 솔로몬의 지혜서는 의인의 "몫"(κλῆρος, 3:14; 5:5)을 우연의 산물이 아니라 공의의 산물로, 다시 말해 선한 수고의 "열매"로 간주한다(3:13, 15).

13   그래서 라그랑주는 "무상의 보상", "지혜의 책, 최후의 마지막 교훈"에 관해 말한다. M.-J. Lagrange, *RevB* 4 (1907), 85-104, 특히 95 (Linebaugh, *God, Grace*, 38-39에서 인용됨). 여기서 "긴장"과 "이중 구원론"을 확인하려 한다면, "은혜"는 반드시 무조건적이고 비상응적인 것으로 전제되어야 할 것이다. S. J. Gathercole, *Where Is Boasting? Early Jewish Soteriology and Paul's Response in Romans 1-5* (Grand Rapids: Eerdmans, 2002), 71. 또한 위의 3.7.1을 보라.

용하여 악인을 처벌하실 것이다(5:17-23). 따라서 하나님의 권능과 공의는 우주의 원래 계획을 보장해준다. 이와 같이 하나님의 섭리는 힘 있는 자들이 도덕적이고 우주적인 체제, 즉 율법(6:4), 계획(6:4), 그리고 그들보다 더 강력한 진리(5:6)에 책임을 지도록 함으로써 모든 사람들에게 확장된다(6:1-11). 솔로몬의 지혜서는 안정성, 평등성, 균형에 초점을 맞추고 있는데, 이는 임의적이고, 불공정하거나 혼돈에 빠져 있는 우주를 암시하는 증거에도 불구하고 의인을 안심시켜주는 역할을 한다. 이런 정황에서 하나님의 선하심과 자비하심은 하나님의 공의의 수단으로 작용할 수는 있지만, 우주의 구조에 모순을 일으킬 것으로는 기대하기 힘들다.

5.2. 지혜, 궁극의 선물(6:12-10:21)

솔로몬의 지혜서 중간 부분은 지혜의 성격, 지혜를 얻는 법, 그리고 세계의 역사에 작용하고 있는 지혜의 구원 활동에 대한 확장된 명상을 제공한다. 여기서도 그 배경은 앞부분만큼이나 넓다. 중심인물은 매우 특별하지만(솔로몬 왕이 중심인물로 암시되어 있다. 9:7-8), 그가 요청하고 칭송하는 지혜는 모든 존재의 지배 원칙이다. 지혜는 창조 형태의 기획자이며(8:6), 자연법칙과 우주의 물리적 구조(7:17-21; 8:5-6)뿐만 아니라 과거와 현재의 역사의 비밀(8:8)도 알고 있다. 지혜는 또한 하나님의 율법과 공의의 원리이고(6:18; 9:5; 9), 그래서 적절한 정치적 질서(8:9-15)와 미덕(8:7)의 형판이다. 다시 말해 지혜는 우주를 다스리는 거룩한 질서의 건축가다. 이 질서 안에서 자연적·사회적·도덕적 질서가 논리적으로 응집된다. 지혜는 만물에 질서를 부여하고 그 안에서 작용하며(8:1, 5), 그렇게 볼 때 유신론적인 의미로는 하나님의 마음이다(9:13-17).[14] 신적 존재로서 지혜는 모든

---

14   솔로몬의 지혜서가 중재자-인물에 관한 중기 플라톤적 관념에 의존하고 있는 것

것을 자상하게(χρηστῶς, 8:1) 배열하며, 자애롭고 인도적이어서(εὐεργετικόν, φιλάνθρωπον, 7:23) 인간에게 우주를 이해할 수 있는 능력과 우주를 안전하게 잘 헤쳐나갈 수 있는 수단을 제공한다.

솔로몬의 지혜서의 이와 같은 중간 부분이 강조하는 것은 지혜란 **선물**이며, 날 때부터 갖는 인간적 특성에 속하지 않지만 구하는 자는 쉽게 접근해서 얻을 수 있다는 점이다. 지혜는 자유롭게 이용할 수 있는 선물이다. "지혜를 사랑하는 자는 지혜를 쉽게 식별하고, 지혜를 찾는 자는 지혜를 쉽게 발견한다. 지혜는 자기를 찾는 자들을 기대하고 그들에게 자신을 알려준다"(6:12-13). 어떤 이는 이 선물을 받지만, 다른 이는 받지 못한다는 사실을 분명히 깨달아야 한다. 지혜는 기도로 그것을 구하는 자(7:7; 8:21; 9:1-18)에게, 지혜를 바라고 찾는 자(6:11-13, 17, 20; 8:2, 18)에게, 지혜를 사랑하고(6:12, 17; 8:2) 존중하고(6:21) 친구로 삼기로 결정하는 자(8:9)에게 주어진다. 솔로몬의 지혜서는 행위의 **우선성**이 누구에게 있는가에 대한 주장에는 특별한 관심이 없는 것처럼 보인다. 통상적으로는 먼저 간구가 있고, 그다음에 지혜의 선물이 주어진다(7:7; 8:21). 그러나 지혜가 먼저 자기를 알림으로써, 자신의 수용자를 **기대한다**(φθάνει, 6:13)고 말할 수도 있다.[15] 지혜의 우선성보다 더욱 중요한 것은 지혜의 적합성이다. "모든 세대에 걸쳐 지혜는 거룩한 영혼들의 일부가 되고, 그들을 하나님의 친구로 만든다"(7:27). 여기서 우리는 다시 한번 ἄξιος라는 말이 도덕적 의미에서 "합당하다"는 뜻만이 아니라 "적합한, 알맞은, 적절한"이라는 뜻도 갖고 있음을 발견한다. 지혜는 "그것에 합당한"(ἄξιοι αὐτῆς, 6:16) 자,

---

은 R. Cox, *By the Same Word: Creation and Salvation in Hellenistic Judaism and Early Christianity* (Berlin: de Gruyter, 2007), 56-87을 보라.

15   고어링은 지혜의 선물을 구하는 과정에서 인간적 주도권을 강조하지만, 이 요점은 그의 주장만큼이나 중요해 보이지는 않는다. G. S. Goering, "Election and Knowledge in the Wisdom of Solomon," in G. G. Xeravits, J. Zsengéller, ed., *Studies in the Book of Wisdom* (Leiden: Brill, 2010), 163-82, 특히 166-68.

곧 지혜로 알맞은 집을 짓는 자를 찾아다닌다(지혜의 주도권에 주목하라). 여기서 솔로몬의 지혜서의 관심사는 지혜의 인과성이나 우선성이라기보다는 지혜의 **친화성**이다. 고대 세계의 책임 있는 후원자들처럼, 하나님도 선물을 기꺼이 받을 수 있는 사람들에게 선물을 주시며, 선물과 수혜자 사이의 이러한 적절한 "적합성"은 선물을 좋은 선물로 만들고(이것은 전적으로 그렇다), 낭비되거나 효과가 없거나 부적절하지 않은 **좋은 선물**임을 보증한다.

솔로몬의 기도(9:1-18)는 이런 역학 관계를 예증한다. 다른 모든 형태의 상징적 자원보다 지혜가 더욱 독보적이고 우수한 유익을 갖고 있다는 사실을 제대로 인식한 후에(7:8-14), 솔로몬은 지혜의 **필요성**을 의식한다. 성서에 있는 내용(왕상 3:7-9)을 전개하면서 솔로몬의 지혜서는 하나님께 기도하는 솔로몬의 모습을 묘사한다. 솔로몬은 자신이 약하고 한계가 있음을 알고 있고, "당신으로부터"(ἀπὸ σοῦ, 9:5-6; 참조. 7:7) 오는 이 한 가지의 선물이 없으면 자신이 아무런 가치가 없음을 인정한다. 인간의 비상응성에 관한 이런 강력한 진술은 지혜의 선물이 필수적이며, 그것도 완전히 그리고 전적으로 **하나님으로부터 오는 선물**임을 분명히 한다. 이때 솔로몬은 하나님을 "조상들의 하나님이자 자비의 주님"이라고 부른다(9:1). 그러나 기도의 서문은 또한 지혜를 구하는 간구가 적합한 것이라는 사실도 분명히 말해준다. 솔로몬은 자신이 선천적으로 은사를 받은 자라고 말한다. "태어날 때 내게는 좋은 영혼이 나의 몫으로 주어졌다. 아니, 내가 선한 존재로서 순결한 몸 안으로 들어왔다"(8:19-20).[16] 이처럼 미리 형성된 "좋은 영혼"(ἀγαθὴ ψυχή)의 특질이 솔로몬의 기도가 응답된 이유 중 하나인 것처럼 보인다. 솔로몬이 기도했다는 바로 그 사실이 그의 혜

---

16 지혜가 "거룩한 영혼" 속으로 들어가는 것에 대해서는 7:27-28을 참조하라. 8:19-20에서 선재하는 영혼의 개념을 찾아내는 것에는 충분한 근거가 있다. C. Larcher, *Études sur le Livre de la Sagesse* (Paris: Gabalda), 270-79; Winston, *Wisdom of Solomon,* 25-32, 198-99를 보라.

안(φρόνησις, 8:21)의 한 표지였다. 솔로몬의 지위(9:7-8), 곧 하나님의 "아들과 딸들"을 다스리도록 선택받은 왕으로서의 지위는 그가 지혜의 선물을 받기에 적합한 자임을 보여주는 또 다른 측면으로 보인다. 지혜가 선물(χάρις)임을 아는 것, 그리고 그것을 주시는 분이 누구신지 아는 것은 솔로몬의 통찰력의 표지였다(8:21). 그러나 지혜는 결코 임의적이거나 부당한 것이 아니었다. 결국 지혜의 목적은 "거룩함과 공의"가 지배하는 질서를 만드는 것이다(9:2-3).[17]

지혜와 그것의 수혜자 사이의 이와 같은 친화성은 솔로몬의 지혜서 10장에 나오는 초기 성서(세계) 역사에 대한 조사에서 지배적인 원칙이다.[18] 하나님의 구원 계획에 관한 초기 진술(1:14)에 따라 여기서 지혜는 아담에서 출애굽에 이르는 은혜의 패턴으로 그 수혜자를 구하고 보존하고 번영시키는 역할을 행한다(참조. 9:18). 이에 대한 일곱 가지의 사례가 예시된다. 아담(10:1-2; 자신의 범죄에서 구원을 받음), 노아(10:3-4; 가인의 죄로 발생한 홍수로부터 구원을 받음), 아브라함(10:5; 바벨탑 세대로부터 구원받고 이삭에 대한 연민을 극복함으로써 강해짐), 롯(10:6-9; 다섯 도시[아다마, 고모라, 소돔, 스보임, 소알] 거주민들의 죄로부터 구원을 받음), 야곱(10:10-12; 자신의 형, 그리고 압제자들과 원수들로부터 구원을 받음), 요셉(10:13-14; 죄와 거짓 고소인들로부터

---

17   참조. Linebaugh, *God, Grace*, 60. "그러므로 의인과 경건치 않은 자에게 각각 합당한 운명의 배후에 놓인 논리(솔로몬의 지혜서 1-6장)가 신적 지혜인 χάρις(은혜)의 슬기로운 분배에 반영되어 있다. 신적 지혜의 선물은, **선물**로서, 반드시 애써서 얻어내는 것이 아니어야 한다. 하지만 또한 이 선물은, **좋은** 선물로서, 반드시 설명될 수 있어야 한다. 인간적 가치와 신적 χάρις는 서로 결합되어 하나님이 주시는 혜택과 인간적 수혜자 사이의 적절한 적합성을 보증한다"(강조는 원저자의 것).

18   10장이 묘사하는 지혜의 행위 주체는 이 책의 중간 부분에 속하지만, 이 지혜의 행위 주체의 역사적 초점(이는 출애굽 사건에서 절정에 도달한다)은 마지막 부분으로 자연스럽게 건너가는 이음매를 제공한다. 이 부분의 시작 지점(아마도 9:18)과 결론(아마도 11:1 또는 11:4)에 관해서는 A. Schmitt, "Struktur, Herkunft und Bedeutung der Beispielreihe in Weish 10," *BZ* 21 (1977), 1-22를 보라.

구원을 받음), 이스라엘(10:15-21/11:1; 박해자와 원수들에게서 구원을 받음).[19] 여기서 지혜의 수혜자들이 어떻게 묘사되는지에 주목하는 것이 중요하다.[20] 첫 번째 사례인 아담에서 우리는 관련된 기준이 포함되어 있다는 사실을 놓치기 쉽다. "지혜는 아담이 이 세상의 최초의 조상으로서 홀로 지음 받았을 때, 그를 보존했다. 지혜는 아담을 범죄로부터 건지고 그에게 만물을 다스릴 수 있는 힘을 주었다"(10:1-2). 아담은 분명 그의 뒤에 오는 의인들과는 달리 의로운 자로 인정받을 수 없다. 하지만 지혜의 자비에 근거가 없는 것은 아니다. 곧 "세상의 조상"으로서의 그의 지위는 지혜가 아담을 위해 개입하는 것을 충분히 정당화해준다.[21] 아담 이후 지혜에 의해 구원을 받은 다섯 명의 인물들(노아, 아브라함, 롯, 야곱, 요셉)은 모두 사회적 가치뿐만 아니라 도덕적 가치에도 부합했다. 홍수 동안에 지혜는 "그 의인(ὁ δίκαιος)을 하찮은 나무 조각에 실어 나름으로써" 세상을 구원했다(10:4). 바벨탑 사건 이후에 지혜는 의인 아브라함을 인정하고, 그를 하나님 앞에서 흠 없는 존재로서 보존했다(10:5). 또한 지혜는 의인 롯을 다섯 도시를

....

19 종종 지적되는 것처럼 이 본문의 내적 구조는 반복적으로 사용되는 αὕτη("이것")라는 용어를 통해 드러난다. 그러나 주석가들은 대체로 여기서 ἀποστὰς ἀπ᾽ αὐτῆς("그의 [동생] 죽였을 때", 10:3)라는 문구가 포함되어 있다는 것을 놓친다. M. Mcglynn, *Divine Judgement and Divine Benevolence in the Book of Wisdom* (Tübingen: Mohr Siebeck, 2001), 130 n. 114를 보라. 이 책은 일곱 가지의 구원 활동의 사례들에 반영되어 있는 칠중 어법을 완전하게 제시한다.

20 Linebaugh, *God, Grace*, 48 n. 23을 보라. "솔로몬의 지혜서의 관심사는 인간이 **어떻게** 자신들의 구원에 기여하는가(인과율)에 있는 것이 아니라, 지혜가 **누구**를 구원하는가 (즉 합당한 가치)에 있다."

21 내포되어 있는 회개의 행위를 여기서 굳이 찾아낼 필요는 없다. 비록 왓슨이 이와 관련된 병행문구를 인용한다고 해도 그렇다. F. Watson, *Paul and the Hermeneutics of Faith* (Grand Rapids: Eerdmans, 2004), 388-89 n. 53. 인류의 첫 사람(참조. 7:1)과 우주의 "아버지"로서의 아담은 지혜의 도움을 정당화할 수 있을 만큼 충분히 높은 유일무이한 지위를 갖고 있다. 참조. Philo, V*irt*. 203, 아담 부분: "아담은 고상함(εὐγένεια)에서 어떤 다른 사멸적 존재와 비교될 수 없다." 10장의 패턴 상 아담은 **어떤 것**으로부터 구원받아야 하기에, 유일한 위협 곧 아담 자신의 죄를 언급하는 것은 자연스럽다.

멸망시킨 불길로부터 구원했다(10:6-8). 이런 구원의 패턴은 야곱(형의 분노를 피해 도망친 의인, 10:10-12)과 요셉(구원받은 또 다른 의인, 10:13-14)의 사례로 계속 이어진다. 본문은 이러한 구원받은 의인들의 목록을 돋보이게 하는 역할로서 각각의 사례에 악인들도 언급한다. 이들은 지혜를 버리고 (10:3) 악에 개입했거나(10:5, 6-8), 또는 의인을 학대한(10:11-12, 14) 인물들이다. 많은 경우에 이들이 마땅히 받아야 하는 심판이 자세히 묘사되어 있다. "거룩한 백성과 흠이 없는 민족"(10:15)을 압제자들의 손에서 구하기 위해 무대가 마련되었는데, 이 무대는 서로 대립하는 두 무리의 배우들을 중심으로 깔끔하게 나눠져 있다.

10장을 지배하는 원칙은 그 중심에서 다음과 같이 주제화된다. "지혜는 자신을 섬긴 자들을 곤경으로부터 구원했다"(10:9).[22] 이와 같은 원칙을 이끌어내기 위해서는 성서 내용과의 신중한 협상이 필요하다. 성서의 내용에 따라 노아는 "의인"으로 묘사되는데(창 6:9), 솔로몬의 지혜서는 노아가 의인이라는 사실이, 나아가 오로지 그 사실만이 그가 홍수로부터 구원받는 것을 정당화해준다고 매우 합리적으로 가정하고 있는 것처럼 보인다. 또한 본문은 소돔을 위한 아브라함의 기도로부터 롯과 그의 가족이 악으로 점철되어 있던 도시들에 살고 있던 소수의 의인들이었다고 추론한다(창 18:22-33). 우리는 또한 창세기에서 하나님이 아브라함에게 베풀어주시는 호의가 아브라함의 가치에 합당한 것이었다고 간주할 만한 충분한 이유를 찾을 수 있다. 하나님이 아브라함에게 그의 "상급"(창 15:1; 70인역: μισθός)에 관해 말씀하실 때, 창세기에서 유래하는 "완전하다"(창 17:1)는 표현이 솔로몬의 지혜서 10:5에서도 발견되는데, 우리는 상급을 받을 만한 어떤 것이 아브라함에게 있었다고 추론할 수 있다. 이와 같은

---

22 10장의 중간 지점에 나오는 이 구절의 위치에 대해서는 U. Schwenk-Bressler, *Sapientia Salomonis als ein Beispiel frühjüdischer Textauslegung* (Frankfurt am Main: Peter Lang, 1993), 58-59, 77-78을 보라.

궤도에서 저자는 다음 순서로 넘어가 자신이 매우 잘 알고 있었던 야곱과 요셉 이야기를 도덕적 관점에 따라 제시한다. 이 이야기들은 도덕적으로 애매하여 그 해석이 악명 높게 어렵거나 매우 다양하지만, 우리는 솔로몬의 지혜서 10장에서 이처럼 어색하거나 다루기 힘든 내용에 강제적으로 부과되고 있는 해석적 패러다임을 추적해낼 수 있다. 가장 중요한 것은 이전 장들에서 명확히 밝혀진 거룩한 질서가 역사의 청사진임을 명확히 하기 위한 노력이라는 점이다. 다시 말해 어떤 이는 멸망하고 어떤 이는 파멸로부터 구원 받는 이유가 항상 존재하며, 이러한 도덕적 혹은 사회적 원칙의 분별을 통해 역사는 포괄적이고 희망적인 것이 된다.

5.3. 출애굽 사건에서 나타나는 하나님의 공평하심(10:15-19:22)

솔로몬의 지혜서에서 가장 긴 마지막 부분은 일곱 조각의 그림으로 구성되어 있고, 경건치 않은 자에 대한 처벌(이집트에 내린 재앙)이 의인의 구원 또는 훈련(이스라엘의 광야 경험)과 대조된다.[23] 앞으로 살펴볼 것처럼, 성서의 내러티브를 단순히 재배열하는 것보다 훨씬 더 많은 것이 여기에 관여되어 있다. 달리 말해, 많은 이야기들이 그것들의 요점을 밝히기 위해 확대되고 변경되거나 개작된다. 솔로몬의 지혜서의 저자가 제시하고자 하는 주장이 도덕적인 만큼 신학적이므로, 저자가 **하나님이 활동하시는 양상**(*modus operandi*)과 특히 하나님의 자비과 공의의 관계를 설명하기 위해 일찍감치 이 순서에서 벗어나고 있다는 것은 놀라운 일이 아니다(11:21-

---

23   최근의 논의에 대해서는 다음의 연구들을 보라. Schwenk-Bressler, *Sapientia;* McGlynn, *Divine Judgement,* 170-219; Watson, *Paul and the Hermeneutics of Faith,* 380-411; Linebaugh, *God, Grace,* 61-80; S. Cheon, *The Exodus Story in the Wisdom of Solomon* (Sheffield: Sheffield Academic Press, 1997). 참조. 출 15:25-26. 여기서 하나님은 어떤 이에게는 재앙을 내리고 다른 이에게는 치료를 베풀어주시는 분으로 묘사된다.

12:22). 따라서 우리는 일곱 조각의 그림들의 연결부위를 지배하는 대칭적 균형을 요약한 다음, 특별히 형성적 특징을 지닌 이 본문(11:21-12:22)을 숙고하는 데 초점을 맞출 것이다.[24]

솔로몬의 지혜서의 저자에게는 역사가 도덕적·합리적 규범에 따라 작동하고, 성서가 말하는 출애굽의 재앙들과 광야의 시험들이 무작위로 주어졌거나 부당하게 일어난 것이 아님을 보여주는 것이 매우 중요하다. 가장 기본적인 균형은 죄와 벌 사이의 균형이다(11:16). 저자는 하나님이 바로의 마음을 완고하게 하셨다는 모든 언급을 생략하면서 이집트의 죄 책을 희석시키지 않고, 각각의 재앙이 어떻게 이집트의 특정한 죄악과 맞 물려 있는지 보여주고자 한다. 예를 들어 나일강이 피로 더럽혀진 것은 이 스라엘 유아들의 학살을 명한 잔인한 법령에 대한 징벌이다(11:6-7). 이 집트의 장자들의 죽음도 마찬가지다(18:5). 짐승의 재앙은 이집트 사람들 이 어리석게도 짐승 모양의 신을 숭배하는 것에 대한 합당한 처벌과 융합 되고 일반화된다(11:15-16; 15:18-16:4; 16:5-14). 흑암의 재앙은 세상에 빛 을 전하는 통로인 하나님의 자녀들을 옥에 가둔 것에 대한 보복이다(17:1- 18:4). 홍해에서 몰살당한 것은 이집트인들이 이스라엘 백성을 환대하지 않은 것에 대한 징벌이다(19:13-17). 저자는 이런 많은 요점들과 관련해서 출애굽기를 넘어서며, 출애굽기의 재앙이 발생한 이유를 고안하여 하나님 의 행위들이 의로운 것임을 독자들의 마음에 심어준다.[25] 저자는 하나님이 그러한 처벌을 **받을 만한** 이유가 없는 자를 거의 벌하시지 않을 것이라고 주장한다(12:15, 20).

---

24   라인보우(*God, Grace*, 63-69)의 지적처럼, 이 본문 그리고 우상숭배에 관한 긴 설명 (13:1-15:17)을 "여담"으로 보는 전통적인 결론은 그것들이 솔로몬의 지혜서 내에서 지니고 있는 중요성을 바르게 평가하지 못한다.

25   많은 사례들에서 저자는 성서 본문에 대한 기존의 주석적 확장에 의존한다. P. Enns, *Exodus Retold: Ancient Exegesis of the Departure from Egypt in Wis 10.15-21 and 19.1- 19* (Atlanta: Scholars Press, 1997)을 보라. 필론은 다른 방식으로 범죄와 처벌을 일치시 킨다(예. *Mos.* 1.98).

그러나 일곱 조각의 그림들은 보다 더 정교한 균형을 형성한다. 경건치 않은 자는 의인에게 유익을 주는 **바로 그 동일한 수단에 의해** 처벌을 받는다(11:5). 예를 들어 이것은 물의 주제(나일강물이 피로 더럽혀진 것은 하나님이 광야에서 물을 공급하신 것에 상응한다, 11:1-14)와 불의 주제(우박이 떨어지며 불이 임한 재앙은 불에도 견디는 만나의 복에 상응한다, 16:15-29), 그리고 밤의 주제(이집트 사람들이 두려워할 때와 이스라엘 사람들에게 임한 유월절 구원이 서로 상응한다, 18:6-19)에 적용된다. 솔로몬의 지혜서 저자에게는 이런 균형이 단순히 뒤늦게 관찰된 것이 아니라, 참여자들에 의해 확인되었다는 것(연대기의 관점에서 이것이 아무리 비현실적이라고 해도)이 중요했던 것처럼 보인다. 경건치 않은 자들은 그들이 받는 처벌이 그들 스스로 저지른 범죄와 정확히 일치한다는 것을 반드시 **알아야** 하며(예. 11:12, 16; 16:18; 18:18-19), 그들이 경험하는 것 속에서 하나님의 행동을 **인지해야** 한다(11:13; 12:27; 16:8; 18:13). 이와 동시에 경건한 자들은 자신들이 받는 유익이나 훈련의 이유를 반드시 **이해해야** 한다(예. 11:8-9; 16:4; 21-23, 26; 18:21-22).[26] 다시 말해 공의는 모든 측면에서 행해져야 할 뿐만 아니라 반드시 **행해진 것으로 확인되어야** 하고, 우리 독자들(이러한 교육적 설명은 바로 우리 독자들을 위해 존재한다)은 다음과 같은 우주, 곧 완전히 이해 가능한 공의의 기준에 의해 규제되는 일관된 우주를 주시하면서 만족감을 얻어야 한다.

솔로몬의 지혜서는 이러한 드라마 속에 등장하는 당사자들을 직접 "이집트인"과 "이스라엘 자손"으로 부르지 않지만, 성서 본문의 다양하고 난해한 암시와 "당신의 자녀들"(예. 12:7, 19; 16:10, 21, 26; 18:13)이나 "당신의 백성"(예. 12:19; 15:14; 16:20)에 대한 빈번한 언급은 그들이 누구인지를 아주 분명히 밝혀준다.[27] 민족적 표식이 없다고 해서 솔로몬의 지혜서

---

26 이 교육적 주제는 이미 출애굽 재앙에 대한 성서의 설명 속에 들어 있다(예. 이집트인에게 주는 교훈, 출 7:5, 17; 8:10, 19, 22; 9:14-16. 이스라엘 백성에게 주는 교훈, 출 10:1-2. 광야 경험에 관해서는 신 8:2-10을 참조하라).

27 본문의 10장처럼 여기서도 성서적 전통을 잘 모르는 사람은 거의 이해할 수 없는 암시

의 범주가 보편화된다든지, 또는 이스라엘 민족이 다른 민족의 "전형"이 되는 것은 아니다. 출애굽 이야기의 특수성이 가려질 수 없고, 이 세상 모든 "의인들"과 관련될 수 없듯이 말이다.[28] 오히려 민족에 대한 명칭 대신 도덕적·종교적 별칭을 사용하고 있는 모습은 하나님의 백성이 구원을 받고 그들의 원수는 처벌받게 되는 이유가 그들의 민족성(즉 이스라엘 사람이나 이집트 사람이라는 이유) 때문이 아니라, 도덕적 또는 합리적 측면에서 그들의 운명이 각각 그런 대접을 **받을 만했기** 때문임을 암시하기 위해 의도된 것처럼 보인다.[29] "경건치 않은 자들"에게 재앙이 임하는 정확한 이유는 그들이 경건하지 않기(ἀσεβεῖς) 때문이다. 그들은 아무 가치도 없는 짐승을 숭배할 정도로 매우 미련하고, 무죄한 나그네를 괴롭힐 정도로 잔인하다. 이와 비슷하게 "의인"이 받는 복이나 시험도 적절한 근거를 갖고 있다. 이스라엘 조상들에게 주어진 "서약"이나 "약속"에 대한 언급(12:21;

들로 가득 차 있다. 이런 기법은 그 당시 알렉산드리아의 문학적 기법에 어느 정도 의존하고 있을 것이다. Winston, *Wisdom of Solomon,* 139를 보라.

28 솔로몬의 지혜서가 "의인"과 "경건치 않은 자"의 유형을 만들어낸다는 사실이 빈번히 제안되는데, 이 의인과 경건치 않은 자의 유형은 성서적 인물들이나 이스라엘 백성에 제한되지 않고 보편화될 수 있는 패러다임을 구성한다. 예를 들어 다음의 문헌을 보라. Schmitt, "Struktur," 18-19; J. J. Collins, "Cosmos and Salvation: Jewish Wisdom and Apocalyptic in the Hellenistic Age," *HR* 17 (1977), 121-42, 특히 127. 그러나 언급의 특수성은 필연적이고(내러티브 자체가 매우 특수한 이야기와 연계되어 있다), 익명성도 성서의 이야기들을 탈역사화하거나 탈특수화하지 않으며, 단지 하나님이 행동하시는 근거를 명확하게 밝힌다. Linebaugh, *God, Grace,* 78-79, 82-83을 보라.

29 이와 같이 고유명사가 아니라 일반적인 도덕적/종교적 지칭을 사용하는 것은 역사가 우주의 도덕적/종교적 구조와 일치한다는 것을 보여주려는 교훈적 의도를 드러낸다. 그러므로 솔로몬의 지혜서 신학은, 그것이 묘사하려는 진리가 우주적/보편적 수준의 진리(그래서 저자 자신이 살았던 시대의 "하나님의 백성" 곧 이스라엘에 적용할 수 있었다)라는 의미에서, "보편주의 신학"이라 할 수 있다. 그렇다고 이것이—고어링("Election and Knowledge")에게는 실례지만—이스라엘의 상황이 다른 민족들에게도 똑같이 유효하다는 의미를 함축하고 있는 것은 아니다. 유대인과 유대교 개종자들을 제외하고서 13-15장이 제시하는 경건의 기준(유일무이하고 초월적인 창조의 신을 우상 없이 경배하는 것)에 적합한 사람이 있다는 것은 거의 상상하기 어렵다.

18:6, 22)과 함께, 저자는 그들이 창조자를 알아보고 우상숭배의 어리석음을 피할 수 있는 훌륭한 감각을 지닌 지구상의 유일한 민족이라는 점을 지적하기 위해 시간을 들인다. 이스라엘의 조상들은 원칙적으로, 그리고 바로 이러한 이유에서 의를 행하는 민족이다(13:1-15:17).[30]

하지만 이스라엘의 광야 경험에 대한 내러티브(금송아지 숭배[출 32장] 및 재앙[민 16장]과 같은 사건이 포함된)를 해석할 때, 위의 주장을 유지하기가 어려울 것이라고 생각할 수 있다. 실제로 저자는 이 부분에서 자신이 인용하는 성서 내용들을 재구성하기 위해 심혈을 기울인다. 금송아지 사건은 완전히 생략되고(15:1-4의 희미한 암시는 예외; 아래를 보라), 광야에서 일어난 모든 사건은―비록 성서적으로 묘사되어 있지만―복 혹은 (최악의 경우에는) 경고나 징계의 계기로 재구성되고 있다. 이런 맥락에서 마라에서의 물 공급 사건(출 15장; 민 20장)은 이스라엘 자손이 하나님을 "원망하거나" 시험한 것에 대한 언급 없이 재 진술된다. 물 공급은 단지 의인들을 시험하고 징계하고 경고하기 위해 주어지고(11:9, 10; 참조. 3:5-6), 그들로 하여금 원수들의 갈증이 그들 자신의 갈증보다 얼마나 더 심한지 알게 하기 위해 주어진다(11:8, 14). 메추라기 사건(출 16장; 민 11장)도 이스라엘 자손의 불평이나 하나님의 진노에 대한 그 어떤 암시도 없이 제시되며, 단순히 그들의 원수들이 어떻게 "고통을 겪었는지"를 보여주고 있을 뿐이다(16:4). 민수기 21장의 놋뱀 사건은 이스라엘의 죄와 그 이후의 회개에 대한 언급 없이 단지 교육적인 용도로 제시된다. 하나님의 진노가 언급되지만(16:5) 그 이유는 제시되지 않으며, 어쨌든 그 진노는 오래 가지 않고 불완전했다. 이 모든 사건은 하나님의 율법(16:6, 11)과 자비에 대한 좋은 경험(16:10)을 "상기시킬" 뿐이다. 심지어 광야에서 "죽은 자들"(민 16장의 재

---

30   지적 오류(잘못된 추론)와 도덕적 실패(악함) 사이의 연관성은 아주 긴밀하다. 예를 들어 11:15; 14:12-27, 30-31; 15:14; 19:3을 보라. 합리적 구조와 도덕적 구조 사이의 이와 같은 정렬은 우주의 일관성을 바라보는 저자의 관점에 필수적이다.

앙)이 "시련"(18:20, 25)을 겪은 것에 대해서도 그들의 앞선 반역은 언급되지 않고 아론이 진압한 위험만 언급된다. 진노가 언급되지만, 그것은 비인격적인 것으로 간주되며(하나님께 귀속되지 않고), 어쨌든 그 진노는 오래 가지 않는다(18:20).[31] 물론 성서에도 이처럼 광야의 경험을 세탁하여 좋게 묘사하는 몇몇 선례가 존재하는데(예. 신명기와 시 105편), 이는 지금 우리가 다루고 있는 논문의 구조에 매우 중요하다. 저자는 이스라엘이 그들의 죄**악에도 불구하고** 복을 받았던 반면, 이집트인들은 그들의 죄로 인해 징벌을 받은 것에 만족할 수 없었을 것이다. 그러므로 한 범주의 사람들(불의한 자, 경건치 않은 자, 신학적으로 우둔한 자)이 궁극적으로 "처벌을 받고"(11:5, 8, 13 등), "채찍질 당하고"(16:16), "고통을 겪고"(11:9; 12:23 등), "정죄 받는"(11:10) 반면, 다른 범주의 사람들(의인, 경건한 자, 하나님의 백성)은 "자비를 입거나"(11:5, 13; 16:2 등) "경고만 받고"(11:10; 16:6), 또는 최악의 경우라 해도 "시험을 당하거나"(11:10) "징계를 받고"(11:9; 12:22), "교훈을 얻는"(12:19) 정도에 그치고 마는지, 이를 설명해 줄 충분하고 분명한 이유가 반드시 존재해야 한다.

만약 하나님의 자비 및 자애로운 훈육(discipline)의 수혜자가 "하나님의 자녀"(9:7; 12:7; 19-21; 16:10; 18:4 등) 혹은 "당신의 백성"(12:19; 15:14; 16:2, 20 등)으로 불리고, 그들의 조상과 맺은 "서약" 및 "언약들"에 대한 언급이 있다면(12:21; 18:6, 22), 솔로몬의 지혜서의 담론 구조는, 그들이 하나님의 백성으로서 갖고 있는 특별한 지위가 어떤 임의적 선택에서 파생되는 것이 아니라, 그들이 하나님과 우월한 종교적·도덕적 결합을 맺고 있기 때문에 주어진 것임을 분명히 한다. 13:1-15:17의 불경건함에 대한 긴 분석에는 다양한 형태의 하나님에 대한 "무지"(13:1), 철학적 오류, 노

----

31   이런 사건들에 나타나는 솔로몬의 지혜서의 전략에 대한 통찰력 있는 분석은 Watson, *Paul and the Hermeneutics of Faith*, 398-404에서 보라. 여기서 성서의 주제들이 한편으로부터 다른 한편으로 옮겨진 것이 입증된다. 하나님을 행위와 분리시키는 로고스 및 진노의 의인화에 대해서는 Dodson, "*Powers*," 82-100을 보라.

골적인 미련함이 포함되지만, 다음과 같은 두 가지 고발로 요약된다. 그것은 하나님에 관해 잘못 생각하는 것과 (그 결과로서) 도덕관념이 없거나 부도덕한 삶의 방식을 취하는 것(14:12, 30)이다. 바로 이런 이유로 그런 불경한 사람들에게 닥치는 형벌이 "의로운" 처벌로 간주된다(14:30). 반대로 15장은 출애굽기 34:6-7에 나오는 하나님의 자비에 대한 묘사를 두드러지게 반향하며 시작된다. "우리 하나님은 인자하시고 진실하시고 오래 참으시고, 만물을 자비로 다스리신다"(Σὺ δέ, ὁ θεὸς ἡμῶν, χρηστὸς καὶ ἀληθής, μακρόθυμος καὶ ἐλέει διοικῶν τὰ πάντα, 15:1).[32] 그다음 구절(15:2)은 "우리"를 "당신의 것"(σοί ἐσμεν)으로 지칭하고, "당신의 것으로 여겼다"(σοὶ λελογίσμεθα)라고 거듭 말하는데, 이 역시 출애굽기 34:9의 반향이다(70인역: ἐσόμεθα σοί, 34:9).[33]

> 죄를 지을 때조차도 우리는, 당신의 힘을 알기에, 당신의 것입니다.
> 그러나 우리가 당신의 것으로 여겨진다는 것을 알고서 죄를 짓지는 않을 것입니다.
> 왜냐하면 당신을 아는 것은 완전한 의를 이루는 것이며
> 당신의 힘을 아는 것은 불멸의 근원이기 때문입니다.
> 그렇기에 사람들의 악한 의도가 우리로 하여금 길을 잃게 만든 적이 없으며
> 망상에 빠진 화가의 부질없는 수고도 그렇게 하지 못했습니다…(솔로몬의 지혜서 15:2-4).

----

32 이 묘사가 특별히 이스라엘에게 적용되는 반면에("우리의 하나님"), 하나님의 자비는 보편적인 것으로 칭송된다는 점("만물을 자비로 다스리시고", 11:21-12:22에 대한 아래의 설명을 참조하라)이 주목할 만하다. 출 34장의 반향에 대해서는 다음의 연구들을 참조하라. C. Larcher, *Le Livre de la Sagesse, ou, La Sagesse de Salomon*, 전 3권 (Paris: Gabalda, 1983), 제3권, 847-49; H. Hübner, *Die Weisheit Salomons* (Göttingen: Vandenhoeck & Ruprecht, 1999), 183-84.

33 σοὶ의 반향과 가능한 의미에 대해서는 Larcher, *Livre*, 제3권, 849-50을 보라.

여기에는 금송아지 숭배 사건에 관한 언급("죄를 지을 때조차도")이 아주 희미하게 암시되어 있다. 하지만 저자는 출애굽기 34장의 맥락에 대한 이러한 암시를 상세히 설명하기 위해 자신이 만들어내고 있는 깔끔한 반론을 망칠 수밖에 없었다.[34] 다시 말해 여기서의 요점은 "우리"가 우상을 숭배하지 **않는**다는 것이다. 왜냐하면 "우리"는 하나님을 알고 하나님의 능력을 인식하고 있기 때문이다(솔로몬의 지혜서 15:2-3).[35] 하나님의 선택을 받은 백성이라는 것과 하나님의 능력을 안다는 것(즉 우상숭배를 삼가는 것)은 상호 함축적이다. 즉 선택받은 백성이라는 것은 하나님의 능력을 아는 것을 의미하고, 하나님의 능력을 아는 것은 하나님의 백성이 되는 것을 의미한다. 다시 말해 이 저자에게 매우 중요했던 것은 언약과 선택이라는 성서적 전통이 우주의 도덕적·지적 구조에 부합한다는 점이었다. 하나님이 벌을 주시거나 혜택을 베푸실 때, 이는 무작위적 선택이나 임의적인 선호를 따르는 것이 아니라 아름다운 패턴으로 구성된 계획을 따른다.

5.4. 긍휼과 공의의 상관관계 (11:21-12:22)

첫 번째 그림은 하나님이 인류를 다루실 때 나타나는 공평성을 계획된 프로그램의 형태로 제시한다. 다시 말해 의인은 (갈증으로) 시련을 당할 때 즉 "자비로 훈육을 받을 때"(ἐν ἐλέει παιδευόμενοι), 경건치 않은 자가 하나님의 진노 가운데 고통 받게 되는 방식을 (나일 강물이 피로 변하는 것을 통해) 배웠다. "당신은 부모가 자녀를 경고하는 것처럼 그들을 시험하셨

---

34   이와 관련된 상세한 설명에 대해서는 J. M. G. Barclay, "'I Will Have Mercy on Whom I Have Mercy': The Golden Calf and Divine Mercy in Romans 9-11 and Second Temple Judaism," *Early Christianity* 1 (2010), 82-106을 보라.

35   윈스턴은 다음과 같은 그의 연구에서 제대로 된 주장을 한다. *Wisdom of Solomon*, 281-82; Gathercole, *Where Is Boasting?* 166-68.

지만, 다른 사람들에 대해서는 준엄한 왕처럼 그 죄를 엄히 다스리셨습니다"(11:9-10). 두 번째 그림은 "동해보복법"의 또 다른 실례로 시작된다. 말하자면 경건치 않은 자는 미련하고 무가치한 짐승들을 숭배했고, 그래서 그들은 똑같은 대가로 처벌받았다(11:15-16). 그러나 여기에 문제가 있다. 그것은 하나님이 자신의 강력한 저주를 곧바로 시연할 수 있는 강한 짐승들로 처벌하지 않으시고 다양한 **곤충들**로 처벌하심으로써, 이 문제에 있어서 "준엄한 왕"과 같이 행하시지 않는 것처럼 보였다는 것이다(11:17-20). 출애굽 사건의 재앙 기사들 안에서 이미 왜 하나님이 이집트인들을 단번에 처단하지 아니하셨는가 하는 이유가 제시된다. "내가 손을 펴서 돌림병으로 너와 네 백성을 쳤더라면 네가 세상에서 끊어졌을 것이나, 내가 너를 세웠음은 나의 능력을 네게 보이고 내 이름이 온 천하에 전파되게 하려 하였음이니라"(출 9:15-16). 그러나 곤충들이 어떻게 하나님의 능력을 증명할 수 있었던 걸까?

이 수수께끼로 인해 우리의 저자는 하나님의 능력, 자비, 공의에 대해 매우 뚜렷한 방식으로 어느 정도 깊이 있게 숙고할 기회를 얻는다 (솔로몬의 지혜서 11:21-12:21).[36] 하나님의 "전능하신 손"(11:17)의 범위와 능력에 관해서는 의문의 여지가 없다. "당신은 언제든지 그 큰 힘을 보여주실 수 있습니다"(11:21). 그러나 그 능력은 즉시 **자비를 베풀 수 있는 능력**으로 정의된다. "당신이 만인에게 자비로우신 것은 당신이 무엇이든 하실

---

36 이 "보충설명"의 위치에 대해 주석가들은 혼란을 느꼈다. 그것이 매우 이른 지점에 등장하여 연속되는 일곱 조각의 그림들의 진행을 방해하는 것처럼 보였기 때문이다. 그러나 우리가 앞에서 살펴본 것처럼 일곱 조각의 그림들은 하나님의 공의와 자비의 체계를 가르치려는 강한 교육적 목적을 갖고 있었고, 상대적으로 하찮은 동물들에 의한 처벌과 관련된 두 번째 그림조각의 첫 부분은 왜 하나님의 공의가 그렇게 도출되었고 처음에는 그렇게 제한적이었는지, 이에 대한 질문을 제기한다. 같은 질문이 동일한 주제와 관련하여 필론에게서 나타나는 것(벼룩 재앙, *Mos.* 1.109-112)은 우리의 저자가 전통적으로 유대 철학에서 논란이 되었던 주제를 따르고, 나아가 확대시키고 있음을 지시한다. 보충설명의 첫 부분(οὐ γάρ, 11:17)은 저자가 논쟁의 핵심을 취하고 있음을 암시한다.

수 있기 **때문입니다**"(ἐλεεῖς δὲ πάντας, ὅτι πάντα δύνασαι, 11:23; 참조. 12:16). 여기서 솔로몬의 지혜서는 제2성전 시대 유대교의 다른 본문에서 논의되고 있는 주제를 반영하고 있는데, 이 주제는 그리스와 초기 로마의 왕권에 대한 논의에도 잘 알려져 있다. 이 주제의 내용은 다음과 같다. 곧 통치자의 주권은 권력을 행사할 때 적나라하게 드러나는 것이 아니라, 오히려 악을 행한 자에게 자신의 분노를 통제하고 자비로운 인내를 보여줄 때 드러난다는 것이다.[37] 이에 따라 본문은 하나님의 사랑과 자비의 보편성을 크게 강조한다. "당신은 존재하는 모든 것을 사랑하시고, 당신이 지으신 그 어떤 것도 미워하지 않으십니다"(11:24). "당신이 만물을 보존하시는 것은 만물이 당신의 것이기 때문입니다. 주님, 당신은 살아 있는 것을 사랑하십니다. 왜냐하면 당신의 불멸의 영이 만물 속에 들어 있기 때문입니다"(11:26-12:1). 어떤 이에게는 자비를 베풀어주시고 다른 이에게는 진노를 쏟으시는 11:9-10의 이원성에도 불구하고, 우리의 저자는 또한 자비의 **보편성**을 강조하고 싶어 한다.[38]

따라서 이집트를 심판하실 때 하나님이 하찮은 동물들을 사용하신 목적이 분명해진다. 하나님은 죄를 짓는 자들에게 그들의 죄의 본질(동물 숭배)을 상기시킴으로써, "조금씩"(κατ᾽ ὀλίγον) 그들을 교정하시고, 그 결과 "그들이 죄악에서 벗어나 주님, 당신을 신뢰하게 하십니다(ἵνα

---

37   예를 들어 *Letter of Aristeas*, 188-215와 254를 보라. 하나님은 분노 없이 인자하심으로 우주를 다스리시므로, 왕 역시 그렇게 나라를 다스려야 한다. 여기서 하나님의 공의, 온유(ἐπιείκεια), 자비가 반복해서 언급되며, 특히 회개를 촉구하는 가운데 반복되고 있다(188). G. Boccaccini, *Middle Judaism: Jewish Thought 300 B.C.E. to 200 C.E.* (Minneapolis: Fortress Press, 1991), 169-74의 설명을 보라. 이 구절을 헬레니즘 시대의 왕권과 관련 짓고 있는 다음의 연구를 보라. O. Murray, "Aristeas and Ptolemaic Kingship," *JTS* 18 (1967), 337-71. 통치자의 분노 조절과 관용(*clementia*)의 행사는 세네카의 *De Ira*와 *De Clementia*에서 황제에게 적용될 때 더욱 확장된다.

38   πας라는 어근에서 나온 단어들이 11:21-12:1에서 5회, 12:13-16에서는 4회 사용된다.

ἀπαλλαγέντες τῆς κακίας πιστεύσωσιν ἐπὶ σέ, κύριε, 12:2).[39] 이 원칙은 하나님이 가나안 족속들을 다루시는 사건들로부터 예시될 수 있다(12:3-11). 70인역(출 23:28)은 하나님을 죄를 범하는 이스라엘 자손 앞에 "말벌"을 보낼 것을 약속하시는 분으로 제시한다. 우리는 하나님이 왜 이런 다소 기괴한 형태의 형벌을 사용하시는지를 물어볼 수 있다. 그 목적은 그들에게 회개할 시간과 기회를 주는 것이었다(솔로몬의 지혜서 12:10; 참조. 12:19-20). 파괴가 서서히 진행되는 형태("조금씩", 12:8, 10)는 또한 "구원"의 한 형태이기도 하다(12:8). 우리의 저자는 가나안 족속들의 악에 대하여 상세히 말한다(12:3-7). 그들은 사람을 먹고 어린아이를 제물로 바쳤는데, 이는 보편적으로 가장 혐오 받는 죄악들이다. 나아가 하나님은 그들의 죄악이 타고 난 것으로서 근절할 수 없다는 것을 알고 계셨다. 그들은 처음부터 저주받은 종족이었다(12:10-11). **그럼에도** 하나님은 그들에게 관대하셨다. 그리고 이처럼 극단적인 상황들 가운데 나타나는 하나님의 자비는 하나님이 인간을 위해 어디까지 배려하실 것인지 그 한계를 보여준다.[40] 하나님은 모든 사람을 사랑하시기에, 그들에게 회개할 기회를 주시고자 그들의 죄를 간과하신다(11:23).

따라서 하나님의 주권은 이중으로 표현된다. 이 주권은 그 누구도 비

---

39 "조금씩"이라는 주제는 하나님이 가나안 족속들을 다루시는 사건에 대한 묘사(출 23:30; 신 7:22; κατὰ μικρὸν μικρόν)에서 여기로 옮겨졌으며, 우리의 저자는 더 자세한 설명을 위해 즉각 이 말을 사용한다(12:2-11). 저자는 하나님의 공의의 행사가 지연되는 것에 관한 철학적 논의에 민감했던 것으로 보인다. 이는 하나님의 섭리가 현실적이고 활동적이라고 주장했던 모든 사람에게 중요한 문제였다. 이 문제에 관한 플루타르코스의 평론이 분명히 밝히고 있듯이, 악에 대한 즉각적 심판이 내려지지 않는 한 가지 설명은 하나님이 인자하고 자비하신 분으로, 회개의 가능성이 조금이라도 있을 경우, 악을 행한 자에게 변화할 시간을 주신다는 것이다. *Mor.* 550d-551c.

40 이러한 논리에는 약간의 대가가 따른다. 즉, 하나님이 그들이 변하지 않으리라는 것을 미리 아신다면, 그들에게 회개할 기회를 주신다는 것은 별다른 의미가 없다는 것이다. 우리의 저자가 이와 같은 일관성 없는 논리의 위험을 무릅쓰고 있는 것은 그가 하나님의 과도한 자비를 강조하고 싶어 한다는 하나의 표지가 된다.

난할 수 없는 공의와 관대한 자비로 작용하며, 이 둘은 서로를 보강한다. 솔로몬의 지혜서 본문은 하나님의 능력에 대한 논의(하나님이 가나안 족속들을 아주 오랫동안 벌하지 않고 버려두신 것은 정말로 다른 어떤 사람들을 고려해서였는가?, 12:11b)[41]로 돌아가 결정적인 단락에 도달한다. 거기서 하나님의 능력은 하나님의 공의 및 자비와 관련을 맺는다(12:12-18). 일련의 수사학적 질문("누가 감히 주님께 '어떻게 이런 일을 행하셨습니까?'라고 말하겠는가?", 12:12)을 통해 솔로몬의 지혜서는 하나님이 아무에게도 책임을 지실 필요가 없지만, 그럼에도 불구하고 하나님의 공의가 절대적으로 공정하다고 주장한다(12:13). 하나님의 **자비하심에는** 공의가 있다. 왜냐하면 자비를 통해 악인에게 회개할 충분한 시간을 주시고, 그래서 정말로 도저히 고칠 수 없는 악한 자를 살피시기 때문이다. 여기서 요점은 하나님이신데, 그분은 모든 사람을 보살피시는(12:13) 유일무이하신 분이시다. 그분은 만물을 의롭게 다스리시고, 그래서 "처벌당할 이유가 없는 사람을 정죄한다는 것은 그분 자신의 능력에 어울리지 않는 일로 여기신다"(12:15). 따라서 하나님의 자비는 공의를 늦추기도 하지만, 또한 공의를 **증명하기도** 한다. 반면에 비난할 수 없는 하나님의 공의는 확실히 하나님의 자비를 따르고 하나님의 자비를 극대화한다. 결국 회개하지 않는 자에게는 "극도의 정죄"(τὸ τέρμα τῆς καταδίκης)가 주어질 것이다(12:27). 하나님의 선하심과 자비에 대한 이러한 성찰의 요점은 하나님의 선하심과 자비가 죄인에 대한 하나님의 공정한 심판을 손상시키는 것이 아니라 오히려 정확히 확증한다는 것이다. "하나님의 부드러운 책망이 주는 경고에 주의하지 않는 자는 하나님의 합당한 심판(ἀξία κρίσις)을 겪을 것이다"(12:26)[42] 우리의 저자는 하나

---

41 슈미트는 12:11b에서 일어나는 이러한 초점의 전환을 제대로 인정했다. A. Schmitt, *Das Buch der Weisheit* (Würzburg: Echter Verlag, 1986), 107.

42 ἄξιος라는 말은 나중에 징벌이 주어지는 곳에서 거듭 나타난다. 15:6; 16:1, 9; 18:4; 19:4(참조. 19:13). 의인을 하나님의 거룩한 땅의 "합당한"(ἀξία) 거류민으로 보고 있는 12:7을 참조하라.

님의 공의와 자비를 조화 불가의 긴장관계에 빠뜨리는 대신, 이 둘을 우주의 적합한 질서를 표현하는 것으로 이해하면서 양자를 **서로 연관 짓기 위해** 애를 쓴다.

자비와 공의에 관한 이처럼 흥미로운 설명으로부터 많은 도덕적 교훈이 도출된다(12:19-22). 하나님의 백성은 친절하게 판단하는 법을 배울 뿐만 아니라(12:19), 징계나 심판을 받을 때 하나님의 자비를 바라보는 법도 배운다. "그래서 우리는 남을 판단할 때 주님의 선하심을 생각해야 되고, 심판을 받을 때는 주님의 자비를 기대할 수 있다"(12:22).[43] 자비 없는 심판은 없고 심판 없는 자비도 없다. 우주의 도덕적 원리를 확립한 후에 이어지는 그림조각에서 그 원리를 더 자세히 설명하는 동안, 우리의 저자가 심판을 **배제하거나 무효화하기** 위해 자비를 사용하고 있다고 말할 수는 없다. 자비는 심판의 실행을 수정하고 지연시키고 완화시키며, 최종적으로는 정당화한다. 마지막 때에 하나님은, 비록 큰 배려와 관대하심으로 그렇게 하실지라도, "죽어 마땅한" 자들(ὀφειλόμενοι θανάτῳ)을 처벌하셔야만 한다(12:20). 이 문제가 성찰의 서문에 다음과 같이 실려 있다. "당신[하나님]은 모든 것을 잘 재고, 수를 헤아리고, 무게를 달아 질서 있게 배

---

43 12:22a에서 본문에 대한 어려운 문제가 제기된다. 본문은 ἡμᾶς οὖν παιδεύων τοὺς ἐχθροὺς ἡμῶν ἐν μυριότητι μαστιγοῖς로 되어 있다. 만약 이 진술이 역사의 직접적인 맥락과 관련되어 있다면, 이러한 "일만 배의" 징벌이 신적 자비를 매우 강조한 다음 부분에 들어가 있는 것은 부적합해 보이고, 12:22b의 결론과도 거의 어울리지 않는다. 게다가 μυριότης는 그리스어 본문의 *hapax legomenon*(단 한 번만 나오는 단어)이다. 반 호예는 (G. 쿤을 따라) μετριότητι로 수정할 것을 제안하고(A. Vanhoye, "Mesure ou démesure en Sap. 12,22," *RSR* 50 [1962], 530-37), "당신의 징벌의 척도에 따라"라는 의미를 부여했다. J. Ziegler(70인역 본문의 편집자)가 제시한 이러한 추정의 긍정적인 수용에 대해서는 Winston, *Wisdom of Solomon*, 244를 보라. 이를 지지해 주는 추가 논증에 대해서는 Larcher, *Le Livre de la Sagesse*, 제3권, 736을 보라. 그러나 포괄적인 맥락을 고려한다면, 마땅히 처벌을 받아야 할 자에게 주어질 극단적인 처벌이 완전히 부적절해 보이지는 않는다(참조, 11:9-10; 12:23-27).

열하셨습니다"(πάντα μέτρω καὶ ἀριθμῷ καὶ σταθμῷ διέταξας, 11:20).[44] 하나님의 우주 통치에는 비례, 측정, 통제가 존재하는데, 이는 자비의 작용에 의해 공정해지는 일종의 공의다. 그러나 마찬가지로 인간의 악에 대한 적절한 보응과 경건한 자에 대한 적절한 보상도 존재한다. 보편적 자비를 베푸시는 하나님 역시 반드시 의로운 분이시다. 그렇지 않다면 우주의 구조는 무너져 버릴 것이다.

하나님의 자비와 공의에 대한 이와 같은 심오한 성찰은 철학적 관심을 가졌던 제2성전 시대 유대인들이 단순히 하나님의 선하심과 자비만을 주장하지 않았음을 분명히 지시한다. 그들은 하나님의 그러한 속성을 성찰했고 이를 하나님의 공의와 적극적으로 관련시키고자 열심히 노력했다. 물론 하나님의 자비의 범위나 깊이를 제한하는 것은 용납될 수 없었다. 하지만 악한 것을 심판하고 파괴하는 하나님의 능력과 권리를 위태롭게 만드는 방식으로 하나님의 자비를 구성하는 것 역시 동일하게 용납될 수 없었다. 우리의 저자는 하나님의 능력이 어떻게 하나님의 공의 못지않게 하나님의 자비와도 연결될 수 있는지를 제시하고, 하나님의 자비와 공의가 자기모순적 관계에 빠지지 않고 서로를 조명해 줄 수 있는 경로를 찾아내고자 노력한다.

이러한 토대 위에서 솔로몬의 지혜서는 하나님의 자비 혹은 은혜의 주제를 매우 독특한 방식으로 극대화한다. 앞에서 살펴본 것처럼 우리의 본문은 하나님의 선하심과 자비하심에 대한 언급으로 가득 차 있는데, 하나님의 이러한 선하심과 자비하심의 **초충만성**은 우주와 인간 영역에서

----

44   이러한 철학적 인용구는 우주의 물질적 질서가 분명한 도덕적 교훈을 포함한다는 가정하에 물리적 균형질서와 도덕적 균형질서를 모두 표현한다. Winston, *Wisdom of Solomon*, 234-35; McGlynn, *Divine Judgement*, 39-42를 보라. 우주의 물리적 질서가 가져오는 정치적 및 도덕적 귀결은 Plato, *Laws* 756e-758a에 충분히 묘사되어 있다. 거기서 차별 없는 평등(모두가 똑같은 것을 소유하는 평등)은 실제로는 불의의 한 형태이고, 더 나은 사람들은 (당연히 그럴 자격이 있으므로) 더 많이 소유하고 교육(!)을 제대로 받지 못한 사람들은 덜 소유해야 비로소 공의가 보존된다고 주장된다.

명확하다. 지혜는 그것을 구하는 자에게 값없이 그리고 충분히 주어진다. 하나님은 본인이 지으신 **모든 것과 모든 사람**에게 자신의 보편적 능력의 한 가지 기능인 사랑과 구원으로 작용하신다. 지혜를 추구하는 자들을 지혜 스스로가 예견한다는 사실에 은혜의 우선성이 암시되어 있다(6:13). 그러나 이것이 솔로몬의 지혜서의 지배적인 주제처럼 보이지는 않는다. 이와 비슷하게 지혜가 인간의 구원에 책임이 있지만, 인간의 의지를 형성시키거나 인도하는 지혜의 **효력**에 대해서는 거의 언급이 없다. 우리의 저자가 은혜의 **단일성**을 극대화하는 것은 분명 불가능할 것이다. 왜냐하면 악에 대한 하나님의 즉각적인 심판이 우주의 작용을 선한 것으로 만들기 때문이다.[45]

그리고 하나님의 자비나 은혜의 **비상응성**에 대해 명확한 한계를 정해준 것도 (박해 아래 있는 공동체를 안심시켜 줄 필요와 함께) 우주의 공정하고도 비자의적인 통치에 대한 이와 같은 강조였다. 가나안 족속의 사례가 예시하는 것처럼 하나님의 자비는 극단적 한계까지 죄인들을 관용하고, 납득이 안 갈 정도로 오랫동안 하나님의 심판을 지연시키고 유예하는 역할을 한다(12:3-11). 그러나 우리의 저자는 결국엔 어떤 비상응적인 자비에 의해 그가 이해한 우주가 지배받는 것을 허용하지 못하는데, 이와 관련하여 그에게는 매우 타당한 이유가 있다. 그 이유는 바로 하나님이 비할 데 없이 그리고 넘치도록 선하셔서 다음과 같은 체계, 곧 어리석고 회개하지 않는 악인은 마땅히 받아야 할 것을 받고, 적절하고 적합한 수혜자들에겐 하나님의 선물이 주어지는 도덕과 이성이 균형 잡힌 체계를 보장하시기 때문이다. 만약 "은혜"가 정의상 가치 없는 자에게 주는 선물이라는 편견에서 벗어날 수 있다면, 우리는 제2성전기 문헌인 솔로몬의 지혜서가 은

---

45 비록 하나님의 사랑이 미움을 명백히 배제한다 해도(11:24; 12:4도 참조하라), 그 사랑은 심판과 저주의 실행(마르키온과 다른 사람들은 이것이 필수적이라고 여겼다)을 배제하지 않으며 또 배제할 수도 없다.

혜의 초충만성으로 극대화된 강력한 은혜 신학을 지니고 있음을 알 수 있게 된다. 그러나 솔로몬의 지혜서는 도덕적, 합리적 공평성의 훼손 없이 은혜의 비상응성을 극대화하지 못하고 극대화할 수도 없다. 상과 벌 사이의 이러한 "상응성"은 은혜가 **결여**되어 있다거나 "행위의 의"를 통해 은혜가 희석되었다는 것을 가리키는 것은 아니고, 다만 우주가 적절하고 도덕적인 질서를 갖추고 있다는 기본적인 유신론적 가정을 표현할 뿐이다. 우주가 이런 대칭성과 비례성에 따라 운행되지 않는다면, 우주는 분명 자의적이고 혼돈에 차 있고 매우 불공평하게 보일 것이다.[46] 솔로몬의 지혜서 저자는 실제로는 그렇지 않음을 우리에게 확신시키며, 이 확신을 성서적 전통과 일치시킨다. 저자는 만일 현실이 이와 같지 않다면, 삶은 참을 수 없이 무의미하거나 견딜 수 없이 슬퍼질 것이라는 점을 알고 있다.

---

46   하나님의 인내에 관한 논의에서 플루타르코스는 우주의 질서가 다음과 같은 도덕적 교훈을 가르친다고 주장한다. 예를 들어 우리는 어떤 대가를 치르더라도 악과 오류의 근원인 무작위적이거나 임의적인 행동(τὸ εἰκῇ καὶ ὡς ἔτυχεν)을 피해야 한다(*Mor* 550d). 같은 취지를 지니고 있는 플라톤의 영향력 있는 진술(*Tim* 47a-c)을 참조하라.

제6장

알렉산드리아의 필론

알렉산드리아 출신의 유대인 철학자 필론(대략 기원전 20년-기원후 50년)은 성서에 대한 철학적 해석에서 하나님의 관용(generosity)을 하나의 중심주제로 삼는다. 그러나 이 주제에 관한 그의 주석은 매우 풍부하고 폭넓기에, 그의 주석을 해석하는 데는 많은 어려움이 따른다. 필론은 몇 가지 방식으로 글을 쓰고, 다양한 주석 방법과 상이한 관심사를 가지고 성서 본문(그리스어 본문)에 접근한다. 필론의 다양한 논문들은 서로 다른 독자층을 염두에 둔 것일 수 있다.[1] 그의 철학은 일반적으로 주석을 통해 펼쳐지고 성서로부터 어휘를 가져오기에, 그의 관념은 다양한 언어 형태를 취하게 된다. 더욱이 필론은 철학적으로 절충적 입장을 취하고 있어서, 플라톤이나 스토아 사상의 주제를 자신의 목적에 맞게 활용한다.[2] 필론은 제2성전 시대 저술가 중에서 철학적으로 가장 박식하고 엄격한 지성적 태도를

---

1   필론의 작품은 보통 다섯 장르로 분류된다. "질문", "비유적 주석", "율법 해석", "변증적 및 역사적 작품" 그리고 "철학적 작품"이 그것이다. J. R. Royse, "The Works of Philo," in A. Kamesa ed., *The Cambridge Companion to Philo* (Cambridge: Cambridge University Press, 2009), 32-64를 보라. "질문"과 "비유적 주석"은 철학 교육을 받은 유대인 엘리트 계층을 대상으로 하지만, 다른 작품들은 "일반 대중", 심지어 이방인 독자들까지도 염두에 두었다는 사실이 일반적으로 인정된다. 이 문제와 관련된 논의에 대해서는 다음의 연구들을 보라. V. Nikiprowetzky, *Le commentaire de l'Écriture chez Philon d'Alexandrie: Son Charactère et sa portée* (Leiden: Brill, 1977), 192-202; E. Birnbaum, *The Place of Judaism in Philo's Thought* (Atlanta: Scholars Press, 1996), 17-20; C. Noack, *Gottesbewußtsein: Exegetische Studien zur Soteriologie und Mystik bei Philo von Alexandria* (Tübingen: Mohr Siebeck, 2000), 18-26, 216-48 그리고 참고문헌.

2   필론의 철학 분야 관련 성과물은 쉽게 분류되지 않는다. J. Dillon, *The Middle Platonists: A Study of Platonism 80 B.C. to A.D. 220* (London: Duckworth, 1977), 182를 보라. 필론은 "본질상 주석의 목적에 도달하기 위해, 스토아 사상과 피타고라스주의의 영향을 깊이 받은 당시의 알렉산드리아 플라톤주의를 자신의 본질적 관점으로 선택했다." 참조. G. Sterling, "Platonizing Moses: Philo and Middle Platonism," *Studia Philonica Annual* 5 (1993), 96-111.

취했지만, 그의 일관성은 계속해서 표현되는 정확한 명제들에 있지 않고, 그가 드러내는 신학의 근본 원칙들 또는 "문법"에 있다. 따라서 우리의 분석은 그의 다양한, 심지어 서로 모순되는 표현들 안에서 최대한의 강조점, 가장 큰 신중함, 일관된 원칙 등의 표지들을 추적할 필요가 있다. 이는 하나님의 자선에 관한 필론의 풍성한 담론의 규칙적인 패턴과 독창적인 경계선을 드러내는 데 도움이 될 것이다.[3]

필론의 모든 작품은, 비록 최소한의 신상 정보를 제공하지만, 그가 처해 있던 역사적·사회적 정황의 흔적들을 담고 있다.[4] 필론의 사고는 추상화되고 보편화되었을 때조차 알렉산드리아에 있는 유대인 공동체의 유익을 위했다. 필론은 이 유대인 공동체에 지적·정치적 리더십을 부여했는데, 그 예로 그는 특별히 심각한 정치적 위기의 시기에 로마 황제 가이우스 칼리굴라에게 파송된 대표단에 포함되기도 했다(기원후 39-41). 필론의 형제인 알렉산더는 매우 부유한 거상(巨商)으로서 로마 당국과 강한 밀착 관계를 유지했고,[5] 필론이 쓰는 모든 글(그리고 글을 쓰기 위해 필요했던 여가)은 엄청난 부가 뒷받침되었음을 암시한다. 필론은 "하층민"의 궁핍을 돕는 것과는 하등의 관계가 없었는데, 하층민은 필론이 사회적·도덕적으로 경멸하는 자들이었다.[6] 필론은 "엔시클리아"(encyclia)와 그리스 철학적

---

3   이어지는 부분은 내가 예전에 필론에 관해 연구한 내용의 일부를 확대하고 재구성한 것이다. 다음의 연구들을 보라. J. M. G. Barclay, *Jews in the Mediterranean Diaspora from Alexander to Trajan, 323 BCE-117 CE* (Edinburgh: T&T Clark, 1996), 158-80; 동일 저자, "By the Grace of God I Am What I Am': Grace and Agency in Philo and Paul," in J. M. G. Barclay, S. J. Gathercole, ed., *Divine and Human Agency in Paul and His Cultural Environment* (London: T&T Clark, 2006), 140-57; 동일 저자, "Grace Within and Beyond Reason: Philo and Paul in Dialogue," in Middleton, A. Paddison, K. Wenell, ed., *Paul, Grace and Freedom* (London: T&T Clark, 2009), 9-21.

4   최근의 분석에 대해서는 D. R. Schwartz, "Philo, His Family, and His Times," in Kamesar, ed., *Cambridge Companion to Philo*, 9-31을 보라.

5   Josephus, *War* 5.205, *Ant.* 18.159, 19.276을 보라.

6   oἱ πολλοί("많은 사람들", 하층민)의 하찮은 힘에 대해서는 예를 들어 *Abr.* 147을 보라.

전통에 대한 폭넓은 훈련을 바탕으로 문화적 융합이라는 알렉산드리아의 유대교 역사를 정점으로 이끌었다. 필론은 그리스어로 기록된 모세 오경에 뿌리를 둔 "유대교 철학"을 성공적으로 창시했는데, 이는 본문의 세부사항을 다룰 때와 마찬가지로 본문의 건축 구조에 있어서도 인상적이었다.[7] 필론은 **유대교 전통**이 그리스 철학과 동등한 것이 아니라 더 우월하다고 굳게 확신한다(아래의 6.4를 보라). 유대교 전통이 그리스 철학의 근원으로서 혹은 더 높은 수준으로서, 최상의 그리스 철학자들이 불완전하게 표현했던 진리와 가치를 더 일관성 있게 혹은 더 낫게 실행한 형태라는 것이다. 완벽한 현자인 모세를 조상으로 둔 유대교는 탁월한 경건과 훌륭한 미덕의 길을 예시하는 경전과 문화적 관습을 축복으로 받았으며, 온 세상을 위해 그러한 경건과 미덕을 행사했다는 것이다. 비록 필론이 이와 같은 측면에서 설명이 필요 없는 유대인일지라도, 그는 또한 **철학자**였고, 철학자로서의 지적 역할에 어울리는 사회적 전제들을 고수한다. 철학자로서 필론은 교육의 가치와 내적인 삶에 우선권을 두었다. 필론은 다음과 같은 고대의 철학적 전제를 공유한다. 즉 이성이 감정보다, 영혼이 육체보다, 내면의 선이 삶 속에서 구현된 외면의 "선"보다 더 우월하다는 것이다.[8] 필론의 가치 체계는 그의 특권층 입지에서 볼 때 사회적 엘리트 계

도시의 소란과 오물통을 피하려는 필론의 욕망에 대해서는 *Decal.* 2-13을 보라. 필론은 방탕한 대연회에 참석하고 싶은 욕망을 억제하기 위해 애쓰는 한편(*Leg.* 3.156), 음식, 물, 안식처는 누구나 쉽게 얻을 수 있다고 가정하고 있으며(*Praem.* 99), 거지의 옷과 같은 사소한 문제에 신경을 쓰는 것은 하나님의 존엄을 폄하하는 것이라고 주장한다(*Somn.* 1.92-101, 출 22:26-27에 대한 부분).

7 필론의 교육에 대해서는 A. Mendelson, *Secular Education in Philo of Alexandria* (Cincinnati: Hebrew Union College Press, 1982)를 보라. 그리스 문화와 결합된 알렉산드리아의 유대교 전통에 대해서는 Barclay, *Jews in the Mediterranean Diaspora*, 19-228을 보라. 로마가 필론에게 미친 영향을 추적하는 연구에 대해서는 M. Niehoff, *Philo on Jewish Identity and Culture* (Tübingen: Mohr Siebeck, 2001)를 보라.

8 참조. F. Siegert, "Philo and the New Testament" in Kamesar, ed., *Cambridge Companion*, 175-209. "필론은 순수 지성인들, 즉 물리적 욕구가 없는 독자를 위해 글을

층의 전형적인 계급제도를 재산출하며, 이때 합리적이고 능동적이며 사회적으로 강력한(따라서 남성 중심적인) 요소를 비합리적이고 수동적이며 종속적인(따라서 여성 중심적인) 요소보다 더 높게 평가한다.[9] 앞으로 살펴보겠지만, 필론이 지니고 있던 유대교의 우월성에 대한 전제, 그리고 가치의 위계적 범주는 하나님의 선물에 대한 그의 담론에 중요한 영향을 미친다.

6.1. 하나님의 선물에 대한 해석의 기본 원칙

χάρις(은혜)는 필론이 하나님의 선물과 관련하여 사용하는 여러 단어 중 하나이지만, 그가 저술한 『데우스』 86-110에 나오는 창세기 6:8에 대한 설명은 우리의 주제로 진입하는 데 유용한 지점을 제공한다. 창세기 6:8은 70인역 성서에서 χάρις라는 단어가 처음으로 사용되는 곳이다("노아는 여호와 하나님에게서 호의를 발견했더라"[εὗρε χάριν]). 히브리어 관용구에 익숙하지 않았던 필론은 "발견하다"라는 동사에 먼저 초점을 맞춘 후에, "위대한 맹세"(민 6:2-12)에 예시되어 있는 하나님의 선물에 대한 "재발견"(rediscovery)과, 알려져 있지 않고 예기치 않은 하나님의 혜택들에 대한 "발견"(discovery)을 분석한다. 여기서 하나님의 혜택들은 약속의 땅에서 이스라엘에게 선물로 주어진 성읍 및 가옥들(신 6:10-11)로 설명된다. 이러한 재발견 및 발견, 두 경우 모두에서 필론은 이 선물들의 유일하고 특정한 **원인**이 하나님이심을 강조한다. "위대한 맹세"에서 이스라엘은 하나님 자신이 동역자 없이(μηδενὸς συνεργοῦντος) 홀로 땅의 생산성, 인간의 건강, 자손을 포함하는 모든 좋은 것들의 원인(τὸ αἴτιον ἀγαθῶν)이 되신다는 점

쓴다"(207).

9   필론의 엘리트주의적 가정이 남자와 여자에 관한 그의 서술에 미친 영향에 대해서는 D. Sly, *Philo's Perception of Women* (Atlanta: Scholars Press, 1990)을 보라.

을 인정한다(87). "성읍"과 "집"은 하나님이 지혜를 나누어주실 때 인간의 그 어떤 수고나 노력 없이 생겨나는 (일반적이고 구체적인) 미덕을 표상한다 (91-96). 하지만 하나님이 그토록 많고 다양한 선물을 인간에게 주신다는 사실은 다음과 같은 어려운 질문을 불러일으킨다. 본문(창 6:8)은 왜 하나님께 "호의를 입은" 인물로 하필이면 노아를 선택하고 있는가(104)?[10] 이는 오직 노아만 하나님께 호의(또는 은혜, χάρις)를 입었다(ἔτυχεν)는 뜻일 수는 없다. 왜냐하면 하나님의 호의는 실제로 모든 피조물, 심지어 아주 단순한 요소로 구성된 생물들에게도 주어졌기(δεδώρηται) 때문이다. 곧 모든 것이 하나님의 호의를 받을 만한(ἠξιωμένα) 것으로 간주되었던 것이다 (104). 그런데도 노아가 유일하게 호의를 받을 만한(χάριτος ἄξιος ἐνομίσθη) 자로 평가되었던 걸까? 필론은 원인자(τὸ αἴτιον)가 거룩한 마음 곧 하나님의 흔적을 지니고 있는 내면의 "동전"을 수치스러운 행동으로 "손상시키지" 않는 자를 선물의 합당한 수혜자로 판단하는 것이 불합리한 일이 아니라고 생각한다(105). 그러나 필론은 잠정적으로(ἴσως) 그런 해법도 역시 무시한다. 어떤 사람이 하나님의 호의를 받기에 합당한 자로 간주되려면 도대체 얼마나 훌륭한 자가 되어야 할까? 온 세상에서 하나님의 일을 감당하는 데 첫손으로 꼽히고 가장 위대하고 가장 완벽한 사람일지라도 (참조. 플라톤, *Tim.* 92c) 감히 그런 지위를 주장하지 못할 것이다(106). 따라서 필론은 자신의 담론의 더 넓은 맥락에 부합하는 세 번째 설명을 발전시킨다. 노아는 자신의 열렬한 탐구로 "은혜를 입은" 교양 있는 개인(ὁ ἀστεῖος)의 대표자다. 그가 만물이 하나님의 은혜나 은사라는 사실을 최고의 진리로 발견했다는 의미에서 그렇다. 하나님은 그럴 필요가 전혀 없으

---

10   필론은 다른 곳에서도 똑같이 질문했는데, 이는 다른 방향을 가리킨다. 노아가 χάρις를 얻은 이유는 온 인류가 하나님이 베푸시는 혜택을 향유했던 반면, 오직 그만이 홀로 하나님께 감사했기(εὐχάριστος) 때문이다. 노아가 합당한 호의를 받았다는 것은 특별한 의미를 지니고 있는데, 이는 그의 가족이 새로운 인류의 씨가 되었고, 따라서 인류의 끝인 동시에 시작이 되었다는 것이다(QG 1.96).

시지만, 세상에게 존재를 선사하셨다. 이는 세상이 선물을 받기에 합당하기 때문이 아니라, 하나님의 유일한 선하심에서 비롯된 것이다. 다시 말해 선함(εὐεργετεῖν, 107-108)은 하나님의 복된 본성이다. 따라서 누구든지 세상이 창조된 이유(αἰτία)가 무엇인지 묻는다면, 그는 순전히 하나님의 선하심(ἀγαθότης)에서 그 이유를 발견하게 될 것이다(108).

계속 진행하기 전에 필론은 자신의 본문에서 다른 한 가지 세부 사실을 지적한다. 노아는 "야웨(주) 하나님" 앞에서 χάρις(은혜)를 입었다. "야웨 하나님"이라는 호칭은 다른 곳에서와 마찬가지로 여기서도 존재하시는 일자(τὸ ὄν)의 두 가지 권세와 동일시되는데, 이는 모세(출 33:17)와 대조를 이룰 수 있다. 모세는 야웨(주) 하나님이라는 호칭의 언급 없이 하나님께 χάρις를 입었다고 전해진다. 따라서 노아는―이차적 지혜로서―단순히 권세들에게만 대우를 받는 반면, "스스로 존재하는 자"(ὁ ὤν)는 자신의 행위를 통해 모세의 최고의 지혜가 은혜나 호의에 합당하다고(ἀξιοῖ χάριτος, 109-110) 판단하셨다는 것이다.

다양한 측면을 지닌 이 본문은 필론의 선물 신학에 대한 몇 가지 핵심 요소들을 보여준다.[11] 첫째, 하나님을 세상과 선한 모든 것의 **유일한 원인**으로 크게 강조한다. 하나님은 원인자(τὸ αἴτιον, the Cause)로 불리고, 세상을 창조하실 때, 인간의 본성 속에 지성을 각인시키실 때, 그리고 인간의 미덕을 형성하실 때, 유일무이한 원인 역할을 담당하신다. 필론이 노아에 관하여 가장 강조하고 싶은 것은 노아가 간절한 탐구 끝에 하나님의 선하심이 모든 것의 유일한 원인임을 발견했다는 점이다 (107). 이 선하심은 많은 용어로 설명될 수 있다. 여기서 χάρις는 선물, 선하심, 자선에 대한 다른 용어들과 밀접하게 연관된다. 이러한 하나님의 선물은 다음과 같

---

11   이 내용에 대한 주석으로는 D. Winston, J. Dillon, *Two Treatises of Philo of Alexandria: A Commentary on* De Gigantibus *and* Quod Deus Sit Immutabilis (Chico: Scholars Press, 1983), 320-35를 보라.

은 영역들, 즉 우주의 창조, 인간의 형성, 인간 미덕의 발전과 같은 다양한 영역들에서 추적 가능하다. 그 범주는 무생물의 우주만큼 보편적이거나, 혹은 개인의 지혜만큼 특별할 수 있다. 둘째, 우리는 "가치"(ἄξιος, ἀξιόω)라는 단어가 선물이라는 단어를 어떻게 수반하고 있는지에 주목하게 된다. 가치의 적절함을 의심하는 정황에서도 필론은 가치라는 용어를 반복적으로 사용하고 있는데, 이는 그의 담론에서 다반사로 일어나는 현상이다. 여기서 필론이 제기하는 질문은 가치라는 단어에 대한 두 가지 오해를 막으려는 의도를 갖고 있다. 1) 만약 "가치"가 선물과 그것의 수혜자 사이의 어떤 동등함을 시사한다면, 창조자이신 하나님은 자신의 선물의 수혜자와 결코 **동등할 수 없음**을 분명히 밝혀야 한다(106). 그 수혜자가 첫 번째 창조된, 최고로 훌륭한, 가장 완벽한 하나님의 선물인 세상일지라도 하나님과 동등할 수 없음이 명확히 밝혀져야 한다. 2) "가치"는 인과적 의미에서 하나님의 선물을 **설명하는 데** 결단코 사용될 수 없다. 하나님이 세상에게 존재의 선물을 주신 것은 세상이 "가치가 있기" 때문이 아니라, 순전히 하나님의 선하심 때문이다(108). **오로지 하나님만이 원인이라는** 확신을 타협하는 것은 절대로 허용될 수 없다. 이와 같은 경계선 안에서, 그리고 이 경계선으로 인한 망설임에도 불구하고, 필론은 "가치"라는 단어를 선택하고 있으며, 세상과 관련하여(104), 이성을 발전시킨 사람인 노아(최소한 합리적 제안으로서)와 관련하여(107), 그리고 최고 지혜의 모범인 모세와 관련하여(110) "가치"라는 단어를 사용하고 있다. 수혜자의 가치가 하나님과 피조물 사이의 무한한 거리를 줄이지 못하고, 하나님의 선물의 원인도 아니며, 다만 선물의 특수한 분배를 위한 한 가지 **조건**이라는 것이 분명한 한, 필론은 하나님의 선물이 적합한 혹은 합당한 수혜자에게 분배된다고 말하는 것이 적절하며, 나아가 필요하다고 본다.

이 본문에 담긴 세 가지 세부 사항은 필론의 은혜 담론에서 중요한 주제들을 나타낸다. 세상의 창조를 설명할 때 필론은 하나님이 주신 좋은 것들의 "충만함"(ἄφθονα τὰ ἀγαθά, 108)에 관하여 말한다. 충만함은 은혜의 극대화로, 이 은혜의 극대화는 이 책 어딘가에서 두드러지게 다루어질 것이다. 필론은 또한 하나님의 선하심(ἀγαθότης)에 있는 이 선물의 근원, 곧 하나님의 "행복하고 복된 본성"의 본질에 대해 말한다(108). 이것은 다른 본문들에서 추적 가능한 또 다른 극대화, 곧 하나님의 은혜의 단일성을 암시한다. 마지막으로 서로 다른 가치들의 차이, 곧 하나님의 "가장 위대한" 선물로서의 세상(106)과 "최고의" 형태 또는 "부차적" 형태로 존재하는 지혜(108)에 대한 언급은 선물과 지위의 계층구조를 암시하는데, 이는 하나님의 자선에 대한 필론의 구성에 있어서 중요한 것으로 입증될 것이다.

이어지는 부분에서 우리는 이러한 단서들을 필론의 작품 전체에 걸쳐 추적할 것이다.[12] 우리는 먼저 필론의 중심 주제인 선의 신적 원인에 초점을 맞춘 다음, 선의 단일성과 충만함을 탐구할 것이다(6.2). 이어서 "가치"의 언어를 살펴보며 그것의 원리와 한계를 보다 면밀히 살펴볼 것이다(6.3). 그다음에 아브라함과 이스라엘이 어떻게 지혜롭고 덕 있는 자들을 경건한 모습으로 대표하고 있는지를 탐구할 것이다(6.4). 그들은 자신을 우주와 인간에 대한 하나님의 계획과 일치시킴으로써, 합당한 상을 받는다. 이를 토대로 우리는 필론이 어떤 종류의 은혜의 극대화들을 촉진하고 어떤 것들을 촉진하지 않는지, 그리고 그 이유는 무엇인지 명확히 제시할 수 있을 것이다(6.5).

---

12 필론의 이 주제와 아주 유사한 것을 다루고 있는 다음의 연구들을 참조하라. D. Zeller, *Charis bei Philon und Paulus* (Stuttgart: Verlag Katholisches Bibelwerk, 1990), 33-128; O. McFarland, *The God Who Gives: Philo and Paul in Conversation* (박사학위 논문, Durham University, 2013).

6.2. 넘치는 선의 유일무이한 원인이신 하나님

『데우스』(*Deus*) 86-110에서 우리가 받게 되는 인상, 곧 선의 유일한 원인이신 하나님이 필론 철학의 근본 규칙이라는 점은 더 광범위한 연구를 통해 충분히 뒷받침된다. 필론이 이 문제에 민감하다는 것은 그가 전치사들을 적절히 사용하고 있는 모습과 행위 주체와 관련된 이 전치사들의 함의를 논하고 있는 모습을 통해 쉽게 설명된다. 창세기 4:1-2에 대한 논의에서 필론은 아담이 "하나님을 통해"(διὰ θεοῦ; *Cher.* 125-130) 자신의 아들 가인을 얻었다고 말한 것에 대해 비판한다. 여기서 διά(through)라는 전치사는 하나님이 가인의 출생의 원인(αἴτιον)임을 말하는 것이 아니라, 단순히 도구(ὄργανον)였다는 사실만을 암시하기 때문이다. 이에 대해 필론은 아리스토텔레스의 원인 이론에 호소하며 만물은 하나님을 통해서가 아니라 하나님에 **의해**(ὑπὸ θεοῦ) 창조되었다고 주장한다(하나님은 형식적 혹은 도구적 원인이 아니라, 유효적 원인이시다). 나아가 만물의 최종 원인(αἰτία)은 창조주의 선하심이다(125-127).[13] 여기서는 신학적 문법이 정확한 어법보다 더 중요하다. 그리스어 모세 오경의 본문을 따르는 필론은 동일한 교훈을 한 사건에서 분명히 발견하는데, 그 사건은 모세가 이스라엘로 하여금 가만히 서서 "야웨(주)로부터"(παρὰ τοῦ κυρίου, 출 14:13; *Cher.* 130) 오는 구원을 바라보라고 권면했던 일이다. 표현이 어떠하든 간에 이것은 오류 없는 철학(ἀψευδὴς φιλοσοφία, 129)을 따르는 자들에게는 협상불가의 원칙이다. 우주에 있어서, "구원"에 있어서, 심지어 인간의 정신 활동에 있어서조차

---

13 플라톤의 신적 선하심에 적합한 아리스토텔레스의 도식에 대해서는 콜린이 LCL 특별판에서 언급하고 있는 내용을 보라. 필론이 의존하는 "명제적 형이상학"에 대해서는 다음의 연구들을 보라. Dillon, *Middle Platonists*, 137-50; D. Runia, *Philo of Alexandria and the Timaeus of Plato* (Leiden: Brill, 1986), 171-74; G. Sterling, "Prepositional Metaphysics in Jewish Wisdom Speculation and Early Christological Hymns," *SPA* 9 (1997), 219-38.

(128) 하나님은 창조주시고, 장인(匠人)이시며, 원인이시다.[14]

『술취함에 관하여』(*Ebr.*) 105-110의 유사 본문(창 14:22-23에서 아브라함이 선물을 받아들이는 것을 거절하는 본문)도 여기서 필론의 관심사가 철학적·세부적 정확성이 아니라 아브라함의 경건한 마음에 있음을 입증한다. 이 본문에서 아브라함은 세상으로부터(ἀπό), 또는 세상의 어떤 한 부분으로부터, 심지어 자신의 육체적 능력으로부터 나온 것은 아무것도 없음을 제대로 인정했다. 참된 근원은 자신의 자비로운 능력(χαριστήριοι δύναμεις)을 모든 곳에 미치게 하고 그 능력을 통해 도움을 베풀어주시는 유일한 지혜자, 곧 하나님뿐이다(106). "존재하시는 일자(the Existent One)에 대한 비전을 가진 자는 바로 그분이 원인자(the Cause)이심을 알고 있다"(107). 이는 "지각 가능한 세계가 모든 것의 원인이라고 생각하는 "시각 장애인"의 경우와 대조를 이룬다. 그런 사람들은 물질을 "신"으로 삼고, 세상을 우상으로 채운다. 그들의 다신론은 일종의 무신론을 구성하는데, 이것은 참된, 그러나 볼 수 없는 원인자(the Cause)에 대한 경외를 거부한다(108-110). 이 주제는 십계명의 첫 두 계명에 대한 필론의 주석(*Decal.* 52-81)에서 상세히 전개된다. 거기서 필론은 솔로몬의 지혜서 13-15장과 유사한 구조를 제시하며 우주의 신격화에서부터 이집트의 동물 숭배에 이르기까지 다양한 거짓 종교들의 스펙트럼을 고찰한다. 그런 모든 거짓 종교들의 공통요소는 "보이지 않는 개념적 원인자"(ἀόρατον καὶ νοητὸν αἴτιον)를 깨닫지 못하는 것인데, 이는 몸 안에 있는 영혼을 인식하지 못하는 것과 유사하거나 그 정도로 근본적인 잘못이다(*Decal.* 59-60). 거짓 종교들은 우주의 한 요소를 신격화하거나, 별을 숭배하거나, 신들의 형상을 만들거나, 신성한 동물에게 경의를 표한다. 이런 형태의 종교들(실제로는 모든 비유대 종교들)은 모두 자연에 관한 기본 사실을 놓치고 있다.

---

14   필론은 흔히 하나님을 세상의 "제일"(πρῶτον) 원인, 가장 근원적인(πρεσβύτατον) 원인, 유일한(μόνον) 원인으로 묘사한다. 예를 들어 *Conf.* 123; *Ebr.* 73, 75; *Leg.* 3.32-35.

다시 말해 "그것들은 진실로 존재하는 분, 원초적이고 가장 완전한 선(τὸ πρῶτον ἀγαθὸν καὶ τελεώτατον)이신 분에 대한 지식이 전혀 없다. 하지만 각 각의 특별한 선은 그분으로부터 세상과 세상 안에 있는 자들에게로─마 치 샘에서 흘러나오듯이─흘러넘친다"(*Decal.* 81).

십계명의 처음 두 계명은 필론에게 근본적으로 중요하다. 존재하는 모든 것의 근원/머리(ἀρχή)가 하나님이신 것처럼, 경건(εὐσέβεια)은 모든 덕의 근원/머리다(*Decal.* 52). 그 경건이 적절한 종교적 실천을 통해 표현되 어야 한다는 것은 틀림없지만, 필론에게는 정신적 태도도 중요하다. 여기 서 핵심 과제는 "모든 것을 하나님께 돌리는 것"이다. 그래서 사건들이 어 떤 자동적인 과정에 따라 일어난다고 생각하거나, 우리 자신의 지적 능력 으로 사건들, 기술들, 문화들을 창조한다고 생각하는 것은 하나님을 등지 는 것이다(*Leg.* 3.29). 우리 자신이 원인이라고 생각하는 것, 곧 인간의 자 만심은 필론이 계속 겨냥하고 있는 표적이다. 필론은 "인간이 만물의 척 도"라는 프로타고라스의 단언을 인간 지성이 인간적 능력의 원인이라고 보는 어리석은 견해의 전형으로 본다(*Post.* 33-39). 인간이 겪는 재앙은 항 상 자기중심적 자만심(φιλαυτία)의 결과다. "자만은 선물 주는 것을 즐거하 시고 완전케 하시는 하나님을 모든 좋은 것들의 원인으로 인정하는 것을 견디지 못한다"(*Agr.* 173, 신 8:18에 관한 설명: "그가[하나님이] 네게 재물 얻을 능 력을 주셨음이라").

필론은 기적적인 출생에 관한 성서 내러티브들을 통해 이 요점을 강 화할 충분한 기회를 얻는다. 그 내러티브들이 수태에 하나님의 역할이 포 함되어 있음을 나타내기 때문이다(하나님이 잉태하지 못하는 자의 "태를 열어 주신다"). 필론은 모든 인간의 출생의 기원은 인간적 부모가 아니라 모든 것을 존재하게 하시는 참된 원인자(the Cause)에게 있다는 것을 글자 그대 로 참된 사실로 간주한다(*Spec.* 1.10, 이는 할례가 의미하는 진리 중 하나다). 그 러나 이런 본문들을 유비적으로 해석하면, 이 원칙은 인간의 영혼 내의 미 덕, 사상, 행복이 "탄생하는 것"에도 적용된다. 이는 예를 들어 라헬과 레아(창 29-30장; *Leg.* 2.46-48), 한나(삼상 1-2장; *Deus* 5-15), 사라(예. *Leg.* 3.217-219; *Migr.* 139-142)의 이야기를 유비적으로 해석할 때 입증된다.[15] 필론은 "낳으시는" 하나님에 관한 발언이 지나치게 문자적인 해석으로 치우칠 위험이 있음을 인식하고 있다(이런 용어는 단지 "초보자들" 사이에서만 사용되는 말이다, *Cher.* 40-47). 하지만 유비적 주석들은 이런 과감한 발언에 충분히 안전한 환경을 제공한다. 사실 하나님이 심으신 자손에 관한 이야기는 하나님이 자비로운 원인이 되신다는 중심사상을 전달해주는 완벽한 도구가 된다. "그때 씨를 뿌리는 자는 바로 그분이다. 그래서 그분이 뿌린 것의 열매는 그분 자신의 것이며, 그분은 그것을 선물로 주신다"(δωρεῖται, *Cher.* 44).[16]

필론 신학의 근본 원칙은 명백하게 인간이 성취한 업적에 대해서도 하나님이 그 원인이 되신다고 말한다. 그러나 필론은 이 개념의 한계와 미묘함을 표현하려고 고심한다. 하나님은 **선한 것에 대해서만** 원인이고, 악한 것에 대해서는 원인이 아니라는 것이다. 이 원칙은 하나님의 뜻과 그 결과에 모두 해당한다. 다시 말해 하나님은 무슨 일이든 **하실 수 있지만**, 하나님이 하실 수 있는 일은 오로지 훌륭한 것뿐이다(*Abr.* 268; *Spec.* 4.187). 여기서 우리는 플라톤의 영향을 찾을 수 있다. 플라톤은 신이 순수한 선으로서 오로지 아름답고 선한 것만 행할 수 있다고 주장했다(*Tim.* 29b-d, *Res* 379b-d). 이에 따라 필론도 명확한 구분을 주장한다. 하나님은 만물의 무차별적인 원인이 아니라, 오로지 선한 것에 대해서만 원인이 되신다(μόνων τῶν ἀγαθῶν, *Agr.* 129; 참조. *Post.* 80).[17] 하나님을 광야에서 이스라엘에게 "고

---

15   *Praem.* 158-60은 사 54:1에서 동일한 주제를 발견한다. 이 본문은 또한 바울에게도 중요했다(갈 4:26-27).

16   더 자세한 내용은 Zeller, *Charis*, 79-83을 보라.

17   이와 유사한 요점을 위해, 필론은 플라톤의 *Theaet.* 176c를 인용한다. 하나님은 절대로 또는 어떤 방법으로도 불의하지(ἄδικος) 않으시며, 모든 존재 중에 가장 의로운 존재이시다(*Fug.* 82). 참조. *Spec.* 4.187. 하나님과 하나님의 자비로운 능력은 항상 악한 자의

통을 주신"(ἐκάκωσε) 분으로 묘사하는 신명기 8:2에 강력히 반발하면서 필론은 하나님을 악의 원인으로 간주하는 것은 노골적인 불경이라고 주장한다. 왜냐하면 하나님은 선하신 분, 선한 것의 원인자, 은혜를 베풀어 주시는 분, 구원자, 자비로운 수여자이시기 때문이다. 다시 말해 본문(신 8:2)은 유비적으로 이해되어야 하고, 그 동사에 "훈육"이나 "경고"의 의미가 주어져야 한다는 것이다(*Congr.* 170-174). 이런 이유에서(마찬가지로 플라톤, *Tim.* 42d에 따라) 필론은 하나님과 피조물 사이, 곧 인류와 같이 도덕적으로 혼란스런 현상을 보이는 피조물과의 사이에 격차를 둔다. 필론은 창세기 1:26의 특수한 복수형("우리가 사람을 만들고")을 집중적으로 활용하여 하나님이 인간을 창조하실 때 동역자들을 이용하셨던 단서를 찾아낸다. 따라서 인간이 바르게 생각하고 행동할 때, 그 생각과 사고는 하나님께 귀속된다. 하지만 인간이 올바른 것과 반대되는 것을 행할 때, 그것은 하나님께 예속된 종들에게 책임이 있다. "왜냐하면 아버지는 자기 자손에게 악의 원인이 되실 수 없기 때문이다"(*Opif.* 72-75; 참조. *Fug.* 68-70; *Mut.* 30-31).[18]

이 "종들"은 하나님의 "세력" 또는 "능력"(δύναμεις)이고, 종종 "하나님"(θεός)의 자비로운 능력 혹은 창조적인 능력, 또는 다스리거나 처벌하는 "주님"(κύριος)의 능력과 동일시되었다.[19] 그러므로 성서의 처벌과 형벌

잘못을 변화시켜 그들을 더 좋은 자로 만든다.

18 다음의 자료들을 보라. C. Termini, *Le Potenze di Dio: Studio su δύναμις in Filone di Alessandria* (Rome: Institutum Patristicum Augustinianum, 2000), 139-52; D. Winston, *The Ancestral Philosophy: Hellenistic Philosophy in Second Temple Judaism* (Providence: Brown Judaic Studies, 2001), 128-34.

19 이 주제는 복잡하며, 필론의 표현은 어느 정도 유동적이다. 다음의 연구들을 보라. Zeller, *Charis*, 43-48; 이에 더하여 C. Termini, "Philo's Thought within the Context of Middle Platonism," in Kamesar, ed., *Cambridge Companion*, 95-123, 특히 100-101; F. Calabi, *God's Acting, Man's Acting: Tradition and Philosophy in Philo of Alexandria* (Leiden: Brill, 2008), 73-109. 언급된 본문에 따른 변화들에 대해서는 예를 들어 *Plant.* 85-88; *Cher.* 27-29; *Sacr.* 59-60; *Fug.* 94-95를 보라.

은 일반적으로 "존재하시는 일자"(the Existent One) 자신에게 소급되는 것이 아니라, 그분의 능력들 가운데 하나로 귀속된다(예. *Conf.* 168-82의 바벨탑 사건에 대한 하나님의 반응에 관한 부분). 논의되는 본문에 따라 그 용어가 다양하지만 다음과 같은 동일한 관심사가 전체적으로 명확하다. 곧 존재하시는 일자는 "자신의 대리자들을 통해 좋은 선물을 주시는 분으로서 현존하지만, 자신에게 반대하는 세력의 활동은 그분을 섬기는 능력들의 손에 순전히 맡기시는 것이 적절하다. 그분이 주로(προηγουμένως) 악한 것의 원인이 아니라 선한 것의 원인으로 간주될 수 있도록 말이다"(*Abr.* 143).[20] 필론에게는 이 문제가 분명 거북하다. 필론이 어떤 능력들에게 하나님 앞에서 독립적으로 혹은 하나님께 반대해서 활동할 수 있는 권한을 허용한다면, 그 자신의 일신론은 손상될 수밖에 없는 것이다. 그러나 필론은 하나님의 순수한 선하심의 의미를 조금도 희석시킬 수 없다. 악의 원천이 확인되어야 한다면, 그것은 창조세계의 소멸성과 이와 관련된 인류의 도덕적 부패에 있는 것이다(*Congr.* 84; *Plant.* 53; *Fug.* 79-80).[21] 이 설명이 철학적으로 적합하든지 않든지 간에, 필론의 담론은 "하나님의 영원한 선물들(χάριτες, 은사들)의 근원이 악한 것만이 아니라 악하다고 생각되는 것으로부터도 벗어나 있어야 한다"는 확고한 규칙의 지배를 받고 있다(*Conf.* 182).

두 가지 "능력"에 대한 이와 같은 필론의 언급은 제2성전 시대의 유대교 안에 하나님의 공의와 선하심/긍휼 사이의 관계에 대한 성찰이 있었음을 입증하는 또 하나의 표시다. 이 주제에 대한 필론의 접근 방법은 솔로몬의 지혜서에 나타난 긍휼과 공의에 관한 설명(위의 5.4를 보라)에서 우

---

20   부사 προηγουμένως의 뜻은 매우 애매하다. 다른 가능한 번역어는 "주로" 혹은 "직접"이다.

21   참조. *Mos.* 2.147. 죄는 피조물에게 고유한 것이다(συμφυές). 이는 단지 피조물이 지음을 받은 존재이기 때문이다. 필론의 신학에 나타나는 악의 문제에 대해서는 R. Radice, "Philo's Theology and Theory of Creation," in Kamesar, ed., *Cambridge Companion*, 124-45, 특히 130-31을 보라.

리가 확인한 것과 다르지만, 중심 주제는 비슷하다. κύριος(주님)으로서의 신적 능력처럼(또는 그 능력에 있어) 하나님은 세상을 공의로 다스리시는데, 이는 죄에 대한 심판과 처벌을 반드시 포함하는 역할이다. 하나님의 "진노"라는 용어는 하나님이 인간적 존재 혹은 감정에 예속된 존재로 보이지 않도록 조심스럽게 다뤄져야 한다.[22] 그러나 성서 본문들이 계시하는 것처럼 하나님이 공의를 행사하지 않고서 우주를 통치하신다고 상상하는 것은 가능하지 않다. 이와 동시에 필론은 하나님의 자비하심을 최대한 강조한다. 그래서 선하심, 선물, 자비와 같은 말은 공의의 징벌적 요소들보다 필론의 신학에 통합시키기가 훨씬 더 쉽다.[23] 하나님의 긍휼은 죄인들에 대한 하나님의 심판을 완화시키고, 반드시 그렇게 해야 한다. 그렇지 않으면 모든 사람이 정죄를 받아야 하기 때문이다. 이런 의미에서 하나님은 합당치 않은 자에게도 자비하심을 보여주시는데, 그분의 자비는 결코 공의에 부차적인 것이 아니다. 하지만 긍휼은 세상을 향한 하나님의 입장의 주요 특징으로, 하나님의 긍휼은 공의보다 "더 오래된" 것이다(Deus 74-76).

위의 내용과 관련해서 하나님의 자비하심이 갖는 의미의 영역은 넓다. 선물이라는 용어(χάρις, δωρεά, 그리고 동족어들)는 하나님의 선하심(ἀγαθότης), 자비하심(εὐεργεσία), 부요하심(πλοῦτος), 보살피심(ἐπιφροσύνη), 인자하심(χρηστότης), 섭리(πρόνοια)에 대한 언급과 자유롭게 섞인다. 성서 본문이 제시하듯이 이러한 어법은 특별히 인간의 고난, 약함, 또는 죄에 대한 하나님의 반응과 연관되어 있는 말들, 곧 신적 긍휼(ἔλεος), 인자(οἶκτος), 자비(ἵλεως로서의 하나님)의 언급을 통해 보충된다.[24] 그러나 필론에게 "긍휼"이 중심 주제 혹은 가장 중요한 주제인 것은 아니다. 그렇게

---

22   Winston and Dillon, *Two Treatises*, 222-26에서 딜런의 글을 보라.

23   참조. *Legat*. 6-7. 여기서 처벌 능력이 조심스럽게 자비의 범주 아래 놓인다(왜냐하면 처벌에는 교정 목적과 잠재력 개발이 내재되어 있기 때문이다).

24   예를 들어 *Det*. 93, 146; *Deus* 74; *Conf*. 166을 보라. *Fug*. 95에서 긍휼은 하나님이 행하시는 다섯 가지의 능력 가운데 하나다.

된다면 이는 아마도 "선물"과 "수여"라는 말과 비교할 때 범위가 너무 제한되고, 너무 감정 지향적인(그래서 철학적으로는 낯선) 개념이 되고 말 것이다. 사실 필론은 하나님에게 잘 사용되지 않는 형용사 φιλόδωρος("선물을 사랑하는")를 25회나 사용한다. 앞에서 살펴본 것처럼 이런 선물 수여의 범위는 세상 자체와 그 안의 모든 요소들(*Deus* 108, *Mos.* 2.148)로부터 시작해서 인간 능력의 전체 영역에 이르기까지 확장된다. 하나님과 자연(φύσις)은 쉽게 식별될 수 있기에, 생명, 탄생, 결실과 같은 모든 자연적인 선물은 궁극적으로, 그리고 그것들의 극대화에 있어서, (인간 농부나 부모가 아닌) 하나님께 귀속된다(*Her.* 114-122).[25] 인간 영역에서 으뜸인 선물은 이성이다(필론과 같은 철학자에게 이성은 인간이 하나님과 "닮았다"는 표지이다, *Opif.* 77). 하지만 필론은 감각의 사용을 포함하여 영혼의 모든 활동을 선물로 간주했다(*Sacr.* 72-73; *Ebr.* 119-20). 우리가 모든 미덕과 덕 있는 행동을 "가치의 첫 번째 자리"에 두는 한, 그렇게 간주할 수 있다는 것이다. 하나님의 은혜는 보물 창고와 같고, 거기서 모든 것이 쏟아지되(*Leg.* 3.163-164), 하나님의 "한량없고 무한한 부"(ἀπεριόριστος καὶ ἀπερίγραφος πλοῦτος, *Sacr.* 124)로부터 쏟아진다. 필론이 좋아하는 물의 은유를 사용해서 말하자면, 그것은 비와 같이 쏟아지거나 샘으로부터 흘러나오되, 아무리 써도 다 쓸 수 없이 계속 흘러나온다(예. *Post.* 32, 127-28; *Her.* 31-32; *Decal.* 81; *Det.* 55; *Plant.* 89). 이와 관련하여 필론은 넘침, 충만, 그리고 한량없는 자비와 같은 용어를 빈번히 사용하며(περιττός, ὑπερβάλλω, ἀφθονία; 예를 들어 *Leg.* 1.34; *Virt.* 6; *Legat.* 118), 이와 포괄적으로 관련된 부사, 형용사, 명사를 쌓아 올린다. "하나님은 항상 모든 곳의 모든 사람에게 평강의 모든 좋은 것을 풍부하게 그리고 흔쾌히 베풀어주신다"(*Decal.* 178). 하나님의 자비하심이

---

25   창조세계에 대한 필론의 약간 애매한 태도에 대해서는 C. A. Anderson, *Philo of Alexandria's Views of the Physical World* (Tübingen: Mohr Siebeck, 2011)를 보라. φύσις(자연, 본성) 그리고 κόσμος(우주)라는 단어는 일반적으로 긍정적인 뉘앙스를 풍긴다.

지닌 초충만성에 대해 이보다 더 강하게, 더 일관되게, 그리고 더 웅변적으로 강조하고 있는 표현을 찾는 것은 어려울 것이다.

세상이 선물로 구성되어 있다면, 인간의 가장 큰 의무는 하나님께 감사(εὐχαριστία)를 드리는 것이며, χάρις(은혜)에 χάρις로 화답하는 것이다(*Her.* 104). 물론 하나님 자신은 아무것도 필요하지 않으시고, 우리는 다만 이미 하나님의 것인 그것을 하나님께 드릴 수 있을 뿐이다(*Deus* 4-7). 필론은 어떤 한 곳에서 수여자이신 하나님을 인간 수여자, 곧 판매원과 같이 대가를 바라고 자기 물건을 아낌없이 나누어주는 인간 수여자와 수사적으로 대조시킨다. 그렇게 하면서 필론은 하나님이 세일즈맨이 아니라 "모든 것을 주시는 분"이라고 말한다. 하나님은 영원한 선물의 샘을 흘러넘치게 하시고 답례(ἀμοιβή)를 조금도 바라지 않으신다. 그 이유는 하나님은 아무것도 필요로 하지 않으시고, 창조된 것은 그 어떤 것도 하나님께 선물(δωρεά)로 되갚을 수 없기 때문이다"(*Cher.* 122-23). 그러나 보상 가능한 선물 교환이 결코 있을 수 없다는 사실을 우리가 인정하는 한, 피조물이 창조주께 **답례할 수 있는** 유일한 것이 감사라고 생각하는 것은 전적으로 적절하다. 사실 감사에 가장 적절한 행위(οἰκειότατον *Plant.* 130) 그 자체도 하나님의 선물이다(*Leg.* 1.82).[26] 필론에 의하면 이것이 하나님께 드리는 모든 제물, 특히 "첫 열매"의 적절한 의미다(예. *Sacr.* 72-75, *Somn.* 2.75-77). 필론은 첫 열매를 모든 좋은 것의 원천이신 그분께 드리는 감사의 답례로 해석한다. 하나님이 아브라함에게 "나를 위하여 가져오라"(λαβέ μοι, 창 15:9; *Her.* 102-24)라는 지시를 언급하면서, 필론은 우리가 가진 모든 좋은 것이 우리 자신의 것이 아니라 타자, 곧 하나님이 제공하신 것이라고 말한다(*Her.* 103). 우리가 (하나님으로부터) 취하는 것은 우리 자신을 위한 것이 아니라 하나님을 위해 취하는 것이다. 달리 말해, 우리는 우리 자신의 이기

26 　따라서 찬송, 희생제사, 기도, 그리고 다른 감사의 표현들은 모두 하나님께 대한 "답례"(ἀμείβεσθαι)의 형태들이다(*Spec.* 1.224).

적 목적을 위해 취하는 것이 아니라 하나님으로부터의 신뢰가 감사함으로 그분께 돌아가도록 취하는 것이다. 다른 곳(출 25:1-2)에서 비슷한 표현을 찾아낸 필론은 그 요점을 다음과 같이 확장한다. 우리가 "하나님을 위해 취하는 것"은 첫 열매(ἀπαρχαί)인데, 이는 하나님이 자연의 모든 선물과 인간의 모든 미덕의 시작 혹은 근원(ἀρχή)이실 뿐만 아니라, 완성시키시는 분이기도 하다는 사실을 인정하는 행위다(Her. 113-124).[27] 여기서 모든 것의 원인이신 하나님이 다시 한번 필론 신학의 근본 원칙으로 등장한다. 그것은 경건의 주된 표현, 곧 하나님께 대한 감사의 표현과 일치한다.[28]

6.3. 적합한 선물

위에서 살펴본 것처럼(6.1), 어떤 식으로든 하나님의 선물을 수혜자의 "가치"에 대한 언급과 연관시키는 것이 필론의 특징이다. 하지만 가치라는 용어는 최소한 두 가지 측면에서 제한되거나 질문이 제기되어야 한다. 첫째, 이 맥락에서 어떤 말을 하더라도, 거기에는 하나님과 하나님의 선물의 수혜자 사이의 상응성(commensurability)이 함축되어서는 안 된다(그런 의미에서 수혜자에게는 하나님의 선물을 받을 만한 어떠한 "가치"도 없다). 둘째, 조건에서 원인으로 슬쩍 빠져 나가서는 안 된다. 왜냐하면 오로지 하나님만이 항상 유일한 원인이시기 때문이다. 이 주제는 분명 보다 더 많은 고찰을 필

---

27 이 본문에 대한 조심스런 분석에 대해서는 다음의 소논문을 보라. C. Noack, "Haben oder Empfangen: Antithetische Charakterisierungen von Torheit und Weisheit bei Philo und bei Paulus," in R. Deines, K.-W. Niebuhr, ed., *Philo und das Neue Testament: Wechselseitige Wahrnehmungen* (Tübingen: Mohr Siebeck, 2004), 283-307.

28 이 주제의 중요성에 대해서는 J. LaPorte, *Eucharistia in Philo* (New York: Edwin Mellen Press, 1983); J. Leonhardt, *Jewish Worship in Philo of Alexandria* (Tübingen: Mohr Siebeck, 2001)을 보라.

요로 한다.[29]

필론은 주목할 만한 한 본문(*Leg.* 3.65-106)에서 우주의 합리성과 정의에 도전하는 것처럼 보이는 일련의 사례들을 검토한다. 그가 주석하고 있는 내용은 바로 창세기 3장의 수수께끼다. 하와의 경우, 그녀에게 혐의(αἰτία)가 주어지고, 이어서 당연한 것처럼 변호의 기회가 주어진다. 그러나 뱀의 경우에는 하나님이 단순히 저주를 선포하시는 것으로 끝난다(창 3:14). 그 이유는 뱀―쾌락의 상징―은 본래 악하고(ἐξ ἑαυτῆς μοχθηρά) 미덕의 흔적을 찾을 수 없기 때문임이 틀림없다. 따라서 뱀에 대한 노골적인 심판은 완전히 적합하다(65-68). 이와 유사한 사례는 엘(Ei)의 경우다(창 38:7). 이 본문은 아무런 설명도 없이 엘(유다의 장자)에게 "악하다"고 선언하며, 하나님은 어떤 명확한 비난이나 이유 없이(χωρὶς αἰτίας περιφανοῦς, 69-76) 엘을 즉각 죽이신다. 그러나 엘이라는 이름은 "가죽"을 의미하고, 그는 육체를 상징하는데, 육체는 본질상 악한 것이고(πονηρὸν φύσει) 죽기 전에 이미 시체다. 필론은 이렇게 결론을 내린다. 하나님은 영혼 속에 본래 결함이 있고 비난받아야 하는 어떤 본성들을(φύσεις) 만들어놓으셨고, 다른 한편으로 모든 면에서 훌륭하고 칭찬받을 만한 다른 본성들도 만들어놓으셨다는 것이다. 마치 하나님이 어떤 식물과 동물은 해로운 존재로 만드시고, 다른 것들은 유익한 존재로 만드신 것처럼 말이다(75-76). 필론의 해석 방법은 유비적이고 본문의 인물들은 역사 속의 개인이 아니라 영혼의 특성을 대표하는 상징적 존재들이다. 여기서 필론은 하나님이 선한 자와 악한 자를 창조하셨다고 주장하는 것이 아니다. 오히려 그가 묘사하는 현상들은 실제 영혼에서 목격되는 특징들, 곧 신성하게 유발된 특징들처럼 보인다.

이 논증은 이와 유사하게 "명확한 이유나 원인(αἰτία) 없이" 주어지는

---

29 이 주제의 미묘한 차이에 대한 주의 깊은 설명은 Zeller, *Charis*, 65-72 그리고 McFarland, *God Who Gives*를 보라.

하나님의 **축복에 대한** 사례를 요구한다. 그래서 필론은 성서가 어떤 성과나 행한 일(ἔργον, 77-103)에 대한 언급 없이 하나님의 복을 선언하고 있는 사례들을 제공한다. 이 목록에 나오는 일곱 명의 인물—노아, 멜기세덱, 아브람, 이삭, 야곱, 에브라임, 브살렐—은 세부적으로는 조금씩 다르지만, 복이나 약속이 그들의 행위 이전에 주어졌다는 사실로 연결되어 있으며, 이 중 두 명(이삭과 야곱)의 경우에는 태어나기도 전에 복 또는 약속을 받았다. 그러나 하나님의 이런 엄청난 판단이 아무런 이유도 없이 내려질 수 있었다고는 상상하기 어렵다. 그래서 필론은 하나님의 원칙을 드러낼 수 있는 한 가지 요소에 초점을 맞춘다. 그것은 바로 그들의 이름이다. 모세오경 자체가 관심을 갖고 있는 그 이름들의 의미에 따라 필론도 유비적으로 각 이름 속에서 복을 받기에 합당한 것을 암시하는 어떤 본래적 특성이나 속성의 상징을 찾아낸다. 노아는 어떤 행위를 하기에 앞서(심지어 "의인"으로 불리기도 전에, 창 6:9) 하나님의 호의를 발견했다고 말해지는데(창 6:8), 이는 그의 **이름**이 안식(죄악으로부터의) 혹은 의로움을 의미하기 때문이다. 그 이름이 칭찬받을 만한 기질과 본성(σύστασις καὶ γένεσις)을 상징한다는 것이다(77). 이런 인물이 하나님의 호의를 얻게 되는 것은 "필연적인 것"(ἀνάγκη)으로 판명된다(77). 비록 이런 χάρις의 "발견"이 그가 하나님께 큰 기쁨을 주었다는 것을 뜻할 뿐만 아니라, 그가 세상에 있는 모든 것과 세상 자체를 하나님의 은혜의 선물(δωρεὰ καὶ εὐεργεσία καὶ χάρισμα, 78)로 알고 있음을 의미하지만 말이다. 마찬가지로 멜기세덱도 자신의 어떤 행한 일에 대한 언급 없이 제사장 직분에 합당한(ἄξιος) 자로 밝혀진다. 그의 이름("의로운 왕") 자체가 그의 고결한 품성을 지시하고 있듯이 말이다(79-82).

이어지는 각각의 사례에서 필론은 본문 내용의 순서에 주의를 기울인다. 아브람은 그의 업적에 대한 어떤 언급이 있기 **이전에** 먼저 하나님으로부터 약속을 받는다(창 12:1-3). 아브람의 성품은 그의 이름이 "고매한 아버지"(칭송받을 만한 표지, 83)를 의미하기에 "존경받기에 합당했다"(σπουδῆς ἄξιον). 이삭 및 야곱과 관련된 약속은 심지어 그들이 태어나기도 전에 주어졌다. 이삭의 경우(창 17:19), 하나님은 그가 태어나기도 전에 그의 좋은 운명을 위해 올바르게 형성하시고, 배치하시고, 선택하신다. 이는 그가 태어나기 전에 지어진 이름이 "기쁨"을 의미하기 때문이고, 여기서 기쁨은 예상되는 사건 안에서와 마찬가지로 예기(anticipation) 안에서 이미 작용하는 영혼의 상태를 가리킨다(85-87). 다른 논증이 필요한 야곱의 경우, 관련 설명은 하나님의 예지(미리 아시는 것)에 초점을 맞춘다(88-89). 그들이 아직 태중에 형성되기도 전에 하나님은 야곱과 에서 각각의 능력, 행위, 감정을 미리 알고 계셨다. 하나님은 미덕이나 악의 작은 낌새도 감지하시고 이를 태아의 판결에 반영하신다(89; 참조. 창 25:23).

　"행위"에 대한 기록이 빠져 있는 이러한 각각의 사례들에서 필론은 이름이라는 방편을 통해, 하나님의 인정을 받고 혜택이나 은혜를 받기에 적합한 것으로 간주되는 "본성"에 이르기까지 행위를 이면에 배치시킨다. 이 논의에서 형용사 ἄξιος(합당한)와 동족어 동사인 ἀξιόω(합당하다)가 반복하여 등장한다(79, 83, 87, 93, 94, 106). 필론은 하나님과 세상의 상호작용에 있어서 그 어떤 임의성의 기미도 피하려 한다. 하나님은 결코 무작위로 선택하지 않으시고 아무런 근거 없이 심판하지 않으시기 때문이다. "가치" 관련 언어는 하나님이 내리시는 복의 공정성과 합리성을 보호하는 역할을 하는데, 이는 결코 무작위로 혹은 아무런 차별 없이 주어질 수 없다. 동시에 이런 조건 요소는 결코 **원인**이라는 하나님의 특권을 침해하지 않는다. 왜냐하면 필론은 그들의 가치를 구성하는 것이 무엇이든지 간에 이미 그것이 하나님의 행위의 결과임을 분명히 하고 있기 때문이다. 심지어 상을 주시는 하나님의 선한 본성들도 하나님 자신이 일으키신 결과의 산물이다(77). 인과관계에 대한 이와 같이 강력한 진술은 신정론 문제로 이어질 수 있다. 즉 하나님이 선한 본성들의 원인이라면, 또한 악한 것들의 원인이기도 하신가? 이 부분의 결론(104-6)에서 필론은 하나님이 두 가지 종류의 본성, 곧 본래부터(ἐξ ἑαυτῆς) 해로운 본성과 본래부터 유용한 본성을 "형성하시는"(πλάττω) 분임을 인정한다. 필론은 어떤 행위보다 앞서 있는, 그리고 어떤 경우에는 태어나기도 전에 존재하는 "본성"(φύσις)을 지적함으로써, 이 특성을 인간의 행위에 귀속시키는 것을 불가능하게 만든다. 그 책임은 형성자인 하나님에게 주어져야 한다는 것이다. 물론 필론은 이 요점에서 자신이 끌어들이고 있는 신학적 위험을 알고 있는 것처럼 보인다. 하지만 그는 그 논의를 희망적인 언급으로 결론짓는다. 필론은 독자들에게 "하나님께서 우리에게 하나님 자신의 보물 창고는 열어놓고"(참조. 신 28:12), 악한 것들이 담긴 창고는 닫아주실 것(참조. 신 32:34-35)을 기도하라고 권면한다. 성서 본문은 이러한 **두** 종류의 신성한 인과관계를 제시하지만, 악한 것들이 담긴 창고는 "봉인되어 있기"(신 32:34) 때문에 최종 강조점은 하나님의 선하심에 놓여 있다(105). 하나님은 수혜자들을 예견하시고서 좋은 것들은 재빨리 주시지만, 나쁜 일들은 천천히 가하심으로써 실족한 자에게 "회개와 치유의 시간을 허락하시고 그가 다시 일어설 수 있도록" 기회를 주신다(106).

필론은 하나님이 악한 본성의 원인이 되신다고 거의 인정하는데, 이는 하나님이 항상 원인이 되신다는 자신의 원칙의 힘과 중요성을 보여주는 하나의 표지다. 이런 이유로 하나님의 선물-배분의 근거를 설명해주는 가치의 언어는 인과관계의 영역을 결코 침범하지 않는다. 인간을 하나님이 베푸시는 자선의 합당한 수혜자로 만드는 것은 하나님이 앞서 행하신 행위의 결과다. 앞으로 살펴보겠지만, 가치 기준 중 하나인 인간의 미덕 영역에서도 필론은 인간이 그 공로를 가로채도록 내버려두지 않을 것이다. 미덕은 분명 인간이 수고한 결과지만, 특별히 (철학자 필론에게는) 육체의 욕망을 억제하고 지성의 지배와 미덕을 극대화하려는 금욕적 노력, 그리고 덕을 향해 나아가는 노력조차도 하나님께 귀속되어야 한다. "영혼은 미덕을 위한 수고를 영혼 자신에게 돌리지 말아야 한다. 대신 영혼은 미덕을 위한 수고를 영혼 자신에게서 떼어내어 하나님께로 돌려야 한다. 고상한 미덕을 얻게 되는 것이 영혼 자체의 힘이나 능력을 통한 것이 아니라, 오로지 그 미덕에 대한 사랑을 허용해주신 하나님에 의한 것임을 고백하면서 말이다"(*Leg.* 3.136). 어디에선가 필론은 다음과 같이 주장한다. 즉 모세에 대한 **적절한** 해석에 의하면(이 해석은 미숙한 자에게는 알려질 수 없다), 하나님이 우리에게 행동을 권면하실 때만 인간의 용어로 말씀하신다는 것이다. 왜냐하면 "제일의 보다 더 나은 원칙"에 따라 모세는 "모든 것의 능력과 원인을 하나님께 돌리고, 창조된 존재에게는 어떤 행위의 여지도 남기지 않을 뿐만 아니라 그 행위를 비활동적이고 수동적인 것으로 제시하기 때문이다."[30] 하지만 이러한 구절에서조차 필론은 계속해서 수혜자의 "가치"에 관해 말하고 있는데, 이는 가치의 원칙을 통해 어떤 인과적 의미에서의 선물의 근거가 구성되는 것이 아니라, 선물의 적합성이 구성되는 것임을 분명히 지시한다.

필론에게 선물의 적합성은 왜 중요할까? 본질적으로 하나님께서는 반드시 차별을 두고 실행하시며 가치에 따라 상을 베풀어주시기 때문이다. 필론은 어떤 행함이 옳고 적절하고 합당하고 가치 있는 것임을 지시하기 위해 ἄξιον(ἐστιν)이라는 말을 규칙적으로 사용한다(예. *Post.* 22, 91; *Mut.* 236). 반면에 동사 ἀξιόω는 "적합하게 보이다" 혹은 "결정하다"를 의미하며, 적절하거나 적합한 것을 식별한다. 따라서 형용사 ἄξιος는 중요성, 특질, 유용성, 또는 가치의 기준에 따른 평가나 심판(이 말은 자주 동사 κρίνω[판단하다] 혹은 νομίζω[합리적으로 생각하다]와 연관되어 사용된다; 예를 들어 *Congr.* 5, *Somn.* 1.212)의 의미를 함축한다. 이 형용사는 일련의 평가 규범을 불러일으키는데, 이 평가 규범들은 질적인 기준으로 가정된다. 하나님의 은사들이 ἄξιοι 곧 합당한 사람들에게 주어진다면, 이 합당한 사람들은 하나님이 중요하게 여기시는 가치들을 대표하며 유지한다.

필론이 구상하는 질적 기준은 종종 **지위**의 계층 구조를 반영하고, 이

---

30   소실된 *Leg.* 4에서 나오는 이 본문에 대해서는 Barclay, "By the Grace of God," 145-46을 보라.

질서는 선물들의 불평등한 배분에 의해 적절히 인식된다. 앞에서 언급했던 것처럼 필론은 세상 자체보다 더 가치 있는 선물은 없다고 생각한다. 세상이야말로 "하나님의 작품 중 첫 번째 가는 가장 훌륭하고 가장 완전한 작품"이다(*Deus* 106; 참조. *Cher.* 112). 첫 번째 것, 가장 중요한 것, 가장 완전한 것에 우선성을 부여하는 순위의 일부 척도는 필론이 사용하는 ἄξιος와 이것의 동족어들 사용에 널리 퍼져 있다. 첫 사람이자 유일한 세계 시민인 아담은 세상을 다스리기에 합당한(ἀξιωθείς) 지위를 갖고 있고, 하나님은 아담을 자기 자신에 이어 두 번째 지위에 합당한(ἠξίου) 자로 간주하셨다(*Opif.* 142, 148). 연장자는 공경, 특권, 높은 지위를 차지하기에 합당하다(ἐπάξιος, *Sacr.* 77). 야곱의 경우처럼 특별한 이유에서 연소자가 연장자의 지위를 차지하기에 합당한 자로 판단되지 않는 한 말이다(*Sacr.* 42; 참조. *Sobr.* 22). 노년은 탁월함에 합당하다고(ἀξιόω προνομίας, *Spec.* 2.238) 판단되지만, 엄밀한 의미에서 오로지 하나님만이 명예를 받기에 합당하시다(ἄξιος τιμῆς, *Somn.* 1.246). 어떤 숫자들은 자연적으로 특출함에 합당하다고 판단되고(*Opif.* 54, 숫자 4에 관한 부분), 불멸의 지성, 이성의 보고(寶庫)도 자유를 생성하신 하나님 아버지에 의해 자유의 가치가 있는 것으로 판단된다(*Deus* 47; 참조. *Sacr.* 29의 영혼에 관한 부분).

지위의 가치는 **조건, 성품, 업적**과 관련된 가치로부터 멀리 분리되어 있지 않다. 모세는 그의 우월한 지혜로 인해 하나님의 자기계시에 합당한 자로 인정받았고(*Deus* 109), 지혜 또는 이성은 생명이나 상을 받기에 합당하다(이는 필론에게 아주 분명하다, *Plant.* 44, 69; *Ebr.* 72). 신명기 4:6-7은 이스라엘을 "지혜롭고 이해력이 있는 민족"으로 묘사하며, 하나님은 이런 이스라엘에게 가까이 다가가신다. 필론에 의하면 이는 지당하다. 왜냐하면 이스라엘이 "(하나님의) 도움을 받는 데 합당한"(ἄξιοι ὠφελεῖσθαι, *Migr.* 56-58) 지혜와 지식을 사랑하기 때문이다. 필론에게 지혜는 미덕에 필수적이다. 지혜로운 행동은 "칭찬받기에 합당하다." 모세는 (하나님의) 호의를 받기에 합당한(ἀξιοῦται τῆς χάριτος) 자로 판단되는데, 이는 모세가 미덕을 위해 정욕(=이집트인들, *Leg.* 3.14-15)과 맞서 전투를 벌이기 때문이다. 악한 행동이 불명예, 처벌, 신적 진노, 죽음에 합당한(예. *Opif.* 156; *Fug.* 74, 84; *Deus* 171, *Decal.* 141) 것과 마찬가지로 상과 선물(μισθοὶ καὶ δωρεαί)을 받기에 합당(ἀξιόω) 것으로 판단되는 사람들도 있다. 왜냐하면 그들은 미덕을 습득하기 위해 힘썼거나(*Ebr.* 94), 선물로 받은 본성이 악에 오염되지 않도록 잘 지켰기(*Abr.* 37) 때문이다. 그와 같이 하나님께 소중한 의인이었던 노아는 옛 인류의 마지막 조상이자 새 인류의 첫 조상이 되기에 합당한 자로 간주되었다(*Abr.* 46). 반면에 선을 사랑하시는 하나님은 모세에게 그의 미덕과 문명화된 가치(ἀρετῆς ἕνεκα καὶ καλοκαγαθίας, *Mos.* 1.148)로 인해 그에게 합당한 보상(γέρας ἄξιον αὐτῷ)을 베푸셨다. 이런 경우들에서 "가치"라는 개념은 "공적"(功績)의 의미와 거의 비슷하다. 그렇다고 이것이 합당한 자가 받는 선물의 성격을 손상시키거나 제한하는 것은 결코 아니다. "상"과 마찬가지로 선물도 받을 자격이 있는 자에게 주어진다. 현대에 이르러 선물과 보상을 날카롭게 대립시키는 것은 여기에 적용되지 않는다. 오히려 반대로 수혜자의 합당한 가치가 선물의 근거를 명확히 하고, 선물의 적합성을 정당화한다.[31]

선물의 적합성이 필수적이므로 "가치"의 언어가 필론의 담론 곳곳에 등장하고 있다. 현재와 미래에 하나님의 선물(χάριτες τοῦ θεοῦ)이 가치 있는 자들(ἄξιοι, *Leg.* 3.164)에게 아낌없이 분배된다는 것이 그의 믿음이다. 하나님은 은사를 받기에 합당한(ἄξιοι χάριτος) 수혜자가 있을 때 그에게 즐거이 선물을 주신다. 다시 말해 칭찬받을 만한 삶을 사는 사람은 예의 바른 아이가 부모님을 기쁘게 하는 것처럼 하나님을 기쁘시게 한다(*Somn.* 2.176). 하나님은 이삭(웃음)을 아브라함에게 주시는데, 이는 하나님이 자신의 뜻을 따르고 정욕과 악덕에서 벗어나는 합당한 자(ἄξιοι)에게 기쁨을

---

31 고대의 선물 개념과 그 개념이 현대 서구세계에서 겪은 변화에 대해서는 본서 1장을 보라.

주시는 일에 인색하지 않으시기 때문이다(*Abr.* 200-204). 같은 이유에서 (항상 그렇듯이) "언약"을 "선물"로 해석할 때 필론은 "언약이 선물을 받기에 합당한 자를 위해 맺어진다"고 가정한다(*Mut.* 52. 참조. 58, 창 17:2에 관한 부분). 아브라함의 후손과 관련해서 우리는 자연스럽게 누가 하나님의 복을 받기에 "적합한/합당한 상속자"(ἄξιος κληρόνομος)인지 묻게 된다(*Her.* 33). 중보기도 시 희생제물을 갖고 오는 사람은 자신이 간구하는 그 복에 합당한 자임을 확실히 해야 한다(*Spec.* 1.283-284). 영혼은 하나님이 거하시는 장소가 될 수 있으므로, 하나님이 거하시기에 합당한(ἀξιόχρεων) 아름다운 거처가 되어야 한다(*Cher.* 98-100; 참조. *Leg.* 3.27). 출애굽기 33:17-23의 하나님의 자기계시에 대한 주석에서 하나님이 모세에게 보여주시는 반응("나는 은혜 베풀 자에게 은혜를 베풀고")은 "나는 받는 자에게 적합한 것(τὰ οἰκεῖα)을 주고(χαρίζομαι), 그래서 선물을 받기에 합당한 자(τῷ χάριτος ἀξίῳ)에게 그가 받을 수 있는 모든 것을 줄 것이다"(*Spec.* 1.43)라는 의미로 이해된다. 이처럼 받을 수 있는 능력은 가치의 개념과 연관되거나 그것의 한 부분이 될 수 있으나(참조. *Post.* 139; *Deus* 80), 이것이 은혜의 의미를 소진시키는 것은 아니다.[32] ἄξιος라는 용어는 가치체계와 질적 지표를 불러일으키고, 이에 따라 하나님의 선물들은 차별적으로 주어지고, 그 결과 적절히 분배된다.

『데우스』로부터 확인한 것처럼(6.1) 가치의 원칙은 절대적이지 않으며, 신적 비교불가성이나 신적 원인과 같은 필론 철학의 다른 기본 원칙들과 충돌할 위험이 있는 곳에서는 양보되어야 한다. 하나님과 하나님의 선물 수혜자 사이에 비교라는 것은 있을 수 없고, 그런 비교 관점에 따르면 인간에게는 아무런 가치도 존재하지 않는다. 말하자면 희생제사를 드리는 자가 재를 뒤집어쓰는 것처럼, 역설적이게도 희생제물을 바치는 데 합

---

32   Winston and Dillon, *Two Treatises*, 223에 있는 딜런의 논문을 참조하라. 거기서 신플라톤주의적인 "받음의 적합성"이라는 개념과의 유사성이 제시된다.

당한 유일한 사람은 자신이 아무런 가치도 없다는 것(μηδενὸς ἄξιος, *Somn.* 1.210-212)을 알고 있는 사람이다.[33] 다음과 같은 세 종류의 헛된 자가 있다. 자기가 하나님으로부터 왔다는 사실을 잊고 있는 자(신 8:12-14에서 예시된다), 교만하게도 자기 자신이 좋은 사건들의 원인(αἴτιον)이라고 생각하는 자(신 8:17-18에서 비난받음), 하나님이 선의 원인임을 알고는 있으나 자기의 덕으로 하나님의 호의를 얻기에 합당한 자가 됨으로써 선을 "정당하게"(εἰκότως) 획득했다고 생각하는 자(*Sacr.* 54-57). 필론은 세 번째 범주의 헛된 사람에 반대하여 중요한 본문(신 9:4-5)을 인용하는데, 이는 이스라엘의 미덕을 하나님의 선택의 이유로 보는 것을 부인하는 본문이다. 하나님이 이스라엘을 선택하신 것은 이스라엘의 의나 미덕 때문이 아니라 "하나님이 우리 조상들에게 맹세하신 언약을 확립하기" 위해서였다. "언약"은 하나님의 "선물"(χάριτες)을 의미하고, 이 선물은 온전하고 완전하다. 그렇다면 우리는 미덕의 근원을 부분적으로는 인간 행위자에게 그리고 부분적으로는 하나님께 귀속시킬 수 없으며, 온전히 그리고 순전히 신적 수여자에게만 귀속시켜야 한다.[34] 다시 말해 "가치" 개념은 위험한 것이 된다. 만일 가치 개념이 하나님이 인간적 미덕을 포함한 선의 유일한 원인이 되신다는 내용에 이의를 제기한다면 말이다. 그러나 그 경계선 안에서 가치 개념은 수용 가능하고, 실제로 그것은 필론의 담론에 필수적이다.

필론 신학의 다른 원칙들도 보호해주는 가치 개념에는 추가적인 한계가 있다. 하나님의 선심(bounty)에는 경계가 있을 수 없기에, 최소한 하나님의 선물 가운데 몇 가지는 합당한 자와 합당하지 못한 자, 그리고 중요한 자와 중요하지 않은 자 모두에게 전달될 것이다(*Sacr.* 124; *Leg.* 1.33-34; *Migr.* 186). 이와 동시에, 인간은 어쩔 수 없이 죄를 범할 수밖에 없기에

---

33   그 무엇도 하나님과 비교될 수 없다는 원칙에 대해서는 *Leg.* 2.1, *Somn.* 1.73을 보라.

34   이 논리는 완전히 명확하지는 않지만, 온전함(wholeness)에 대한 강조가 이 해석의 의미를 가장 명확하게 밝혀준다. 특별히 콜슨(Colson)의 언급과 Birnbaum, *The Place of Judaism*, 134-35를 보라.

하나님의 자비는 합당치 못한 자에게까지 확장된다. 그렇지 않으면 아무도 저주 외에 다른 어떤 것도 받지 못할 것이다(*Deus* 70-76). 따라서 어떤 측면에서, 그리고 어떤 수준에서 하나님은 합당하지 못한 자에게도 선물을 주신다고 할 수 있다. 그러나 필론은 이런 예외를 정당화하려고 무던히 애를 쓴다. 소돔 이야기가 암시하는 것(하나님은 열 명의 의인을 위해 소돔을 기꺼이 구원하실 것이라는 것)처럼, 하나님은 합당치 못한 자들에게도 자신의 부를 나누어주시지만, 이는 오로지 합당한 자들 때문이다(διὰ τοὺς ἀξίους, *Sacr.* 121-25).[35] 만약 하나님의 선물이 불완전한 자들에게도 주어진다면, 이는 그들로 하여금 미덕을 행하도록 장려하기 위함이다(*Leg.* 1.33-34). 우주의 선물에 참여하는 모든 피조물에게는 최소한의 재능이 존재하는데, 특히 인간에게 이러한 재능은 이성이라는 형태로 부여된다(*Mos.* 2.61). 그러나 선별적으로 주어질 수 있는 선물, 그리고 하나님을 향한 비전으로 인간을 이끄는 선물은 가치에 따라 주어질 것이다. 외부에 존재하는 물질 역시 하나의 선물로, 이는 세상이 제공하는 것들 중 하나다(*Mos.* 2.53, 148, *Ebr.* 117-118). 그러나 필론의 가치 체계 안에서 가장 중요한 선물인 지혜와 미덕은 합당한 사람들에게 선별적으로 주어진다(*Ebr.* 119; 참조. *QG* 2.75).

하나님의 자비하심은 도덕적으로 무관심하지 않다. 하나님의 선물은 하나님이 우주에 만들어놓으신 질서를 반영한다. 만약 세상이 비례적 형평성 가운데 계층적으로 질서 정연하게 정렬된 일련의 가치에 의해 지배된다면, 하나님이 자비로운 선물을 수여하시면서 스스로 이런 규범 체계를 무시하신다는 것은 결코 상상할 수 없는 일이다.[36] 우리가 하나님께

---

35   이 내용은 스토아 사상이다. Seneca, *Ben.* 4.28을 보라. 필론은 아브라함 안에서 이방 민족들에게 주어지는 복(창 12:3)을 다음과 같이 이해한다. 즉 하나님은 자신의 선물을 온전한 자(아브라함)에게 주시는 동시에 그를 통해 다른 사람들에게도 선물을 주신다는 것이다(*Migr.* 118-127).

36   스토아 사상의 담론과 일치하는 그리스어 용어 ἄξιος는 때때로 정의와 관련해서 등

보다 더 가까이 나아갈수록, 하나님의 선물이 인정하고 창출하는 적합성은 더 커진다. 인간이 추구하는 완전함의 목표가 "가능한 한 하나님처럼 되는 것"(*Fug.* 63, 플라톤, *Theaet.* 176a-b에서 인용)이라면, 하나님은 당연히 자기 자신을 가장 많이 닮은 자에게 상을 주실 것이다.[37] 그러므로 하나님은 그를 보기를 갈망하는 하는 자들에게 은혜롭게 자신을 보여주신다(*Fug.* 141). 하나님의 은혜의 샘은 미덕의 삶을 사랑하는 "갈급한 자들"에게 열려 있다(*Virt.* 79). 사람들이 스스로 짓는 죄와 육체의 정욕으로부터 자신을 깨끗하게 할 때, 하나님의 합당한 거처가 되고(*Cher.* 98-101), 하나님의 합당한 "분깃"이 된다(*Mut.* 25-26). 죄로 오염되지 않고 육체로부터 해방되어 하나님의 비전을 보기 위해 위의 것을 찾으며, 하나님께 가까이 나아가는 자에게는 더욱 적합한 선물이 주어진다(*Mut.* 219). 위로 나아가는 이러한 길에서 보상으로 주어지는 가치들이 필론의 사회적 가정들과 일치하는 것은 당연하다. 그의 사회적 가정들이란 첫 번째 것, 더 오래된 것, 자유로운 것, 남성적인 것, 능동적인 것과 같이 "자연스러운" 우선성에 관한 가정들로서, 이것들은 합리성, 영혼, 도덕성, 불가시성을 선호하는 필론 자신의 철학과 결합되어 있다. 이러한 두 단계는 필론의 엘리트적 지위를 반영한다. 물론 하나님은 우수한 "성품"을 지닌 사람들에게 선물을 주신다. 이와 다르게 생각한다면, 이는 모든 것의 원인이신 하나님이 자기 자신과 모순된 행동을 하시도록, 그리고 자신의 본성을 폄하하시도록 기대하는 것과 마찬가지이다.

장한다. 선물들이 합당한 자들(τοῖς ἀξίοις)에게 주어지는 것처럼, 정의도 "합당함에 따라"(κατ᾽ ἀξίαν) 분배된다(*Mos.* 2.9. 참조. *Leg.* 1.87, *Sobr.* 40; among Stoics, *SVF* 3.262). 플라톤(*Tim.* 30a)을 따라 필론도 창조된 세상 안에서 완벽한 균형과 조화를 이루는 신적 질서를 찾아낸다(*Opif.* 22; *Spec.* 4.187).

37 "신과의 동화"라는 플라톤 사상의 주제를 필론이 사용한 것에 대해서는 G. van Kooten, *Paul's Anthropology in Context: The Image of God, Assimilation to God, and Tripartite Man in Ancient Judaism, Ancient Philosophy, and Early Christianity* (Tübingen: Mohr Siebeck, 2008), 181-98을 보라.

6.4. 이스라엘과 지혜롭고 덕 있는 자의 상급

신명기 10:12-15은 이스라엘의 선택에 관한 중요한 진술을 담고 있다. 비록 온 세상, 곧 하늘과 땅이 야웨께 속해 있다고 해도 "여호와께서 오직 네 조상들을 기뻐하시고 그들을 사랑하사 그들의 후손인 너희를 만민 중에서 택하셨음이 오늘과 같다"(15절). 왜 그런가? 필론은 이 본문을 주석하며 이렇게 설명한다. "하나님은 전체 인류 가운데서 진정으로 인간적인 자들(τοὺς πρὸς ἀληθείαν ἀνθρώπους)을 특별히 뛰어난(ἀριστίνδην) 존재들로 택하시고, 그들을 모든 섭리(προνοίας)에 합당한(ἠξίωσε) 자로 판단하시며,[38] 하나님 자신을 섬기도록 그들을 부르셨다. 하나님은 좋은 것들을 뿜어내는 영원한 샘으로, 이 샘으로부터 하나님은 다른 미덕들을 부어주신다"(Spec. 1.303). 이 설명은 필론이 하나님의 백성의 지위를 어떻게 이해하고 있는지 요약해준다. 곧 이스라엘이 특별한 민족인 이유는, 이스라엘이 (유일하신 초월적 하나님을 경배하는) 우주의 진리와 적절히 연계되어 있고, 그 진리에 따라 미덕을 수용하고 행사함에 있어서 인류의 가장 고결한 형태를 띠고 있기 때문이다.

필론은 모세가 "이스라엘"에게 주는 말(신 10:12)을 지성(διάνοια, Spec. 1.299)에 적용시켰다. 만약 이스라엘이 "진정 인간적이라면", 이는 지성의 소명, 곧 인간 형성에 있어서 "진정으로 인간적이며" 가장 높은 요소인 지성의 소명을 성취하기 때문이다(참조. Plant. 42; Fug. 71). 필론은 다른 곳에서 당시 위기에 처해 있던 알렉산드리아의 이스라엘 사람들에게 하나님의 "섭리적 돌보심"을 예시한다. 하나님은 "탄원하는 무리"(τὸ ἱκετικὸν γένος)를 특별히 보살피시기 때문이다. 그들의 이름 "이스라엘"은 "하나님을 보는 자"를 의미하며, 하나님을 보는 것, 곧 불가시적이고 신성한 하

---

38   모든 사본은 προνοίας("섭리")로 되어 있으며, 콜슨(LCL, 같은 곳)을 따라 προνομίας("탁월함")로 수정할 필요는 없을 듯하다.

나님을 향해 "모든 피조물 위로 날아오르는 것"은 인간이 가진 가장 보배로운 가능성이고 미덕 및 훌륭한 가치들(ἀρετὴ καὶ καλοκαγαθία, *Legat.* 3-5)의 가장 큰 근원이다. 일반적으로 필론은 "이스라엘"이라는 명칭을 오로지 유비적 연구에서만 사용한다("율법 해설" 연구에서는 사용하지 않는다). 필론은 거기서 하나님의 비전을 언급하는데, 하나님의 비전은 그로 하여금 성서 본문에서 영혼이 하나님을 향해 나아가는 여정 이야기를 발견하게 해주며, (플라톤적) 시각 은유에서 그 절정에 도달한다. 그러나 역사적 연구에 이스라엘이라는 명칭을 사용하는 것은 문자적 의미를 유비적 의미와 관련시키는 필론의 능력을 반영하는데, 이 두 의미는 동일하지도 않고 완전히 구별되지도 않는다. 성서 본문에 언급되는 사람들은 철학적 의미에서 하나님을 보는 자("환상을 보는 무리"라는 의미에서 τὸ ὁρατικὸν γένος, 예를 들어 *Deus* 144)로서 **그리고 동시에** 당시 유대인들의 조상 및 모범("보는 사람들"이라는 의미에서 τὸ ὁρατικὸν γένος, 예를 들어 *Mos.* 2.196)으로서 하나님께 특별한 존재들이다.[39] 이 모호함 때문에 여기서 그들의 "고상함"(εὐγένεια, "선한 γένος")은 단지 혈통만이 아니라 영혼의 특질에 따라 정의되는 개종자들도 포함한다(*Virt.* 187-227). 그러나 『가이우스 황제에게 보내는 사절』(*Legat.*) 3-5에서 필론은 역사적 국가로서의 유대인들에 대한 표현을 더 풍성하게 만드는 "이스라엘"의 유비적 의미에 만족한다. 왜냐하면 유대인들(그리고 유대교로 개종한 자들)이 갖고 있는 능력 곧 하나님에 관한 진리를 "보는" 독특한 능력(참조. *Mos.* 2.271, *Spec.* 1.54, *Virt.* 179, 221)은 필론이 그들의 특별한 지위와 역할을 이해함에 있어서 핵심이 되기 때문이다.[40]

....

39   γένος(성별, 계통)의 모호한 의미와 이 어구의 비유적 의미에 대해서는 Birnbaum, *Place of Judaism*, 52-58을 보라.

40   비른바움(Birnbaum, *Place of Judaism*)의 설명은 비유적이고 보편적인 "이스라엘"과 문자적이고 특별한 "유대인" 사이를 분리시키려는 경향이 있고, 그 결과 필론이 결합시키는 것을 떼어놓으려 으름장을 놓는다. 비록 필론의 유비적 방법이 본문을 "탈유대화시킬" 잠재적 가능성을 갖고 있기는 해도, 그의 연구의 목표는 자신의 철학적·해석학적 자원들을 통해 유대교에 기여하는 것이다. Barclay, *Jews in the Mediterranean*

아브라함(아브람)은 "조상들" 중 첫 번째로 유대인의 특수한 자질에 대한 근본 패러다임을 제공한다. 아브라함 이야기는 이동과 변화의 이야기다. 우르에서 (하란을 거쳐) 가나안으로 이동하며(창 11:31; 12:1-6), 하갈에서 사라로 이동한다(창 16-18장). "아브람"에서 아브라함으로 변화하며(창 17:5), 정점에 도달했을 때 곧 하나님으로부터 오는 환상을 받게 되었을 때, 아브라함은 완전하라는 지시를 받는다(창 17:1). 필론에게 이러한 내용들은 아브라함 이야기가 하나님의 비전에서 절정에 이르는 이야기 곧 완전을 향해 나아가는 인간의 진보에 관한 이야기임을 입증해주는 단서다. 아브라함은 역사적 인물인 동시에 또한 유대 민족의 "창시자"(ἀρχηγέτης, *Mos.* 1.7, *Praem.* 57) 혹은 "지도자"(*Her.* 279)이며, 유비적 측면에서 보면 영혼의 세 가지 유형 가운데 하나인 가르침을 주는 영혼의 원형(ἀρχέτυπος, *Abr.* 54, 88)이었다(다른 두 가지 형태는 본래 미덕을 갖춘 이삭의 영혼과 미덕의 실천자인 야곱의 영혼이다). 그러므로 아브라함이 배우는 것은 유대교의 근본 지식이 되고 모든 사람을 위한 모범이 된다. 말하자면 아브라함 이야기는 진리와 미덕의 두 가지 교훈을 요약하고 있다(*Praem.* 27).[41]

우선, 아브라함이 우르를 떠나 가나안으로 가는 여정은 세상과 하나님에 관한 **진리**로의 이주다. 이 이주를 세부적으로 분석하면, 단일 움직임(갈대아인의 점성술에서 원인자인 하나님에 대한 숭배로의 움직임, *Somn.* 1.160-161; *Virt.* 211-19)으로 환원시킬 수 있고, 또는 우르(점성술)로부터 하란(자아/몸에 대한 시험)까지, 그리고 그곳으로부터 하나님에 관한 진리에 이르기

Diaspora, 170-180을 보라. 도슨이 말하는 것처럼, 필론의 유비는 "유대인의 정체성을 그리스 문화 속에 용해시키는 것이 아니라, 그리스 문화를 유대 문화로 만들려는 노력의 일환이다." D. Dawson, *Allegorical Readers and Cultural Revision in Ancient Alexandria* (Berkeley: University of California Press, 1992), 74.

41 여기서 나는 필론의 다양한 연구에 등장하는 아브라함 관련 여러 표현들로부터 공통이 되는 내용들을 한데 모으고 있다. 다양한 주석 방법과 다양한 독자들의 관점에 따라 필론의 논문들을 구별하려는 시도들에 대해서는 M. Böhm, *Rezeption und Funktion der Vätererzählungen bei Philo von Alexandria* (Berlin: de Guyter, 2005)를 보라.

까지로 나뉘는 두 단계의 여정(예. *Migr.* 176-95; *Abr.* 68-80)으로 분류될 수 있다. 천체에 대한 갈대아인의 관심은 사람들이 일반적으로 범하는 오류를 대표한다. 곧 세상 자체가 사건들의 원인이 된다는 신념과 그 결과 원인자(αἴτιον)인 신이 내재적이고 창조되고 가시적 존재라는 신념이 바로 그들이 범하는 오류다(*Migr.* 179). 필론은 이런 신학적 유물론을 공격하면서, 스토아 사상만이 아니라 모든 형태의 "다신론적 견해" 및 우상숭배를 표적으로 삼는다(*Virt.* 214, 219). 그런 것들은 경건에 대한 가장 기초적인 시험, 곧 창조되지 않으셨고 눈으로 볼 수 없는 유일무이한 원인자에게 명예를 돌려드려야 한다는 기준도 통과하지 못한다. 필론은 자신이 속한 종교적 환경 속에서 엄청난 오류를 찾아낸다. 대중은 말할 것도 없고 심지어 철학자들도 이 오류에 사로잡혀 있는데, 이 철학자들은 신들의 형상을 숭배하고 로마 세계에 편재한 다신론적 담론 가운데 말하는 자들이다. 아브라함은 이러한 망상의 안개로부터 진리의 빛에 이르는 전형적인 이주자로서, 유대 민족의 창시자가 되었다(*Abr.* 78).

　"하란"은 문자적으로 "구멍들"을 의미하고, 결과적으로 감각들이 통과하는 신체의 "구멍들"을 의미하기에, 필론은 아브라함이 하란을 떠나 이동하는 것을 인간 존재구조의 분석과 연관 짓고, 이와 더불어 인간이 합리적·비물질적·비가시적 지성에 의해 지배를 받고 있음을 발견한다. 이 사실로부터 우리는 세상 밖에서 지배하고 있는 지성(Mind)의 존재를 추론할 수 있다(*Migr.* 184-91; *Abr.* 72-76). 이와 같이 모든 것은 그 자체를 넘어 유일무이한 원인자(the Cause)를 지시하고 있으며, 진리를 향해 위로 빠르게 나아가는 이성도 마찬가지다(*Abr.* 88). 하나님의 명령에 따라 촉발된 이 이동은 인간의 지각(ἔννοια)과 신적 영감(ἐπιθειασμός, *Virt.* 214)에 따라 좌우된다. 여기서 필론은 인간적 행위와 신적 행위에 모두 호소하는데, 그 가운데 어느 하나를 특별히 더 강조하지는 않는다. 이때 지성은 하나님의 조명을 받아(*Praem.* 25), 철이 자석에 이끌리는 것처럼(*Praem.* 58), 진리의 빛을 보기 시작한다(*Abr.* 70). 여기서 절정은 하나님이 "보이는" 순간(ὤφθη,

즉 자신을 계시하시는 순간, *Abr.* 77-80)이다. 필론은 하나님에 대한 비전, 혹은 최소한 그분의 능력에 대한 비전을 신비주의자가 특별한 신적 주도권에 힘입어 진리의 궁극적 차원까지 올라갈 때 부여 받게 되는 특권("빛으로부터 나오는 빛"으로 간주한다(*Fug.* 166-76; *Deus* 77-79; *Praem.* 36-46).[42] 그러나 이러한 순례의 첫 단계는 세상과 세상의 원인에 관한 가장 단순한 사실에 기꺼이 다가서고 관심을 갖는 것이다. 유대인들은 이 길을 따라 여행함으로써, 현실과 독특하게 조화를 이루고 그 결과 독특하게 경건한 존재가 된다.

둘째, 그러나 아브라함의 이동은 영혼이 **미덕**을 향해 가는 과정이고, 영혼이 육체와 육체적 정욕의 속박으로부터 벗어나는 과정이다. 아브라함에게 고향과 친척과 아버지의 집을 떠나라고 명령하는 것은 유비적 차원에서 보면, 영혼에게 육체, 감각, 언어를 떠나라고 명령하는 것이다(*Migr.* 1-6; *Det.* 159). 물론 이것은 완전히 떠나라는 것(이것은 죽음으로 행복한 해방을 맞이하기 전에는 불가능하다)이 아니라, 육체적 쾌락이나 감각적 인상에 굴복하지 말고 오로지 지적인 삶에 투자하라는 것이다(*Migr.* 7-12). 아브람이 온전한 상태에 근접하자(창 17:1), 그의 이름은 아브라함으로 바뀐다(창 17:5). 이는 그의 성품이 향상되었다는 표지다(*Mut.* 70). "택함 받은 완전한 아버지"인 아브라함이 선택된 이유는 다음과 같다. 즉 그는 이제 교화된 인물(ἀστεῖος)로서 "자신의 탁월함에 근거하여 모든 사람 가운데서 선택"(ἐπικριθεὶς ἐξ ἁπάντων ἀριστίνδην, *Abr.* 83)을 받게 되었다. 미덕을 향한 아브라함의 진보는 창세기 16-18장에서 그가 하갈로부터 사라에게로 이동한 것, 즉 회람(encyclical) 교육에서 철학으로 이동한 것과 일치한다(*Congr.* 도처). 이 방법을 통해 아브라함은 미덕(유비적으로는 "사라"를 의미)과 만족

---

42 이와 같은 신비적 상승에 관한 유명한 분석에 대해서는 E. R. Goodenough, *By Light, Light: The Mystic Gospel of Hellenistic Judaism* (Amsterdam: Philo Press, 1969 [1935])를 보라. 이 분석은 지금 Noack, *Gottesbewußtsein*을 통해 보충되고 균형을 갖추게 되었다.

스럽게 "짝을 이룰 수" 있었다. 다시 말해 그는 특별한 미덕과 믿음을 특징으로 하는 공의, 용기, 절제, 지혜와 더불어 경건함과 짝을 이루었다(*Abr.* 도처).[43]

미덕과 진리는 밀접하게 연관되어 있다. 육체와 외부의 "물질"에서 지적인 삶으로의 이동은 모든 좋은 것의 근원인 영원한 지성이 물리적 세계를 넘어 존재한다는 깨달음에 기초한다. 참된 것과 선한 것은 자연(φύσις)의 진리와 선, 다시 말해 실재의 영원한 질서다. 이 질서는 영혼에 대한 육체의 속박과 인간 이성의 실패로 인해 가려지지만 그럼에도 불구하고 보이지 않는 유일한 원인자(the Cause)의 이성과 선하심에 뿌리를 두고 있다. 아브라함의 믿음(창 15:6; 미덕의 첫 번째 사례, *Virt.* 216)은 이렇게 견고하고 흔들리지 않는 실재에 대한 그의 확신을 가리킨다(*Leg.* 3.228; *Abr.* 262-72; *Her.* 90-93). 아브라함의 삶이 지성적 진리와 도덕적 미덕을 향한 전형적인 순례가 되는 이유는, 그가 이 자연스러운 상태를 올바르게 "보고 있기" 때문이다(*Abr.* 60-61).

이 순례의 한 측면은 아브라함이 규례와 법령을 포함한 하나님의 명령에 순종한 것이었다(창 12:4; 22:18; 26:5). 필론은 이러한 성서 본문을 통하여 다음의 내용을 지시한다. 즉 아브라함(그리고 다른 족장들)이 글로 기록되지 않은 자연법(모세 율법은 이 자연법의 사본이다)을 따르고 구체화했다는 것이다 (*Abr.* 1-6, 276). 이것은 필론의 모세 오경 분석과 조화를 이루는데, 그는 모세 오경이 우주론, 족장들의 삶, 율법 제정의 세 부분으로 구성되었다고 보았다. 만약 이 세 가지 요소가 (당연히 그래야만 하는 것처럼) 일치한다면, 이는 기록된 법률이 다음과 같은 우주의 법칙, 곧 현실의 본질에 내재되어 있고 족장들의 삶에 "새겨져 있는" 우주의 법칙을 요약하고 있기 때문이다(*Opif.* 1-3; *Mos.* 2.46-52). 비록 모세의 율법과 "자연" 간의 관

---

43 S. Sandmel, *Philo's Place in Judaism: A Study of Conceptions of Abraham in Jewish Literature* (Cincinnati: Hebrew Union College Press, 1971), 96-212를 보라.

계가 다양한 방법으로 표현될 수 있기는 해도, 중요한 것은 다음과 같은 기본 원칙이다. 유대인이 일상적으로 지키는 것은 민족적으로 특수한 법률도 아니고, 자의적 관습은 더더욱 아니며, 오히려 우주적 질서에 대한 유형(有形)의 예시다.[44] 율법을 지키는 것은 우주의 결(grain)을 따르는 것이다. 따라서 율법을 지키는 자는 분명히 하나님을 가장 기쁘시게 하고 하나님의 선물을 받기에 가장 합당한 자다.[45]

바로 이러한 확신이 필론으로 하여금 개종의 현상에 기뻐하도록 만들었다. 아브라함의 이동과 비슷한 유형으로 이동하는(Virt. 219) 개종자들(ἐπήλυται)은 참으로 존재하시는 일자(the Existent One)에게 공경하러 나아올 때 신학적 오류에서 벗어나게 된다. 그런 개종자들은 배우지 못한 큰 어리석음 속에 있다.[46] 필론은 조상 대대로 물려받은 "헛된 것"을 포기하는 것이 엄청난 사회적 고통을 가져올 것이라는 점을 잘 알고 있지만(Spec. 1.52; 4.178; Virt. 102), 그럼에도 "깊은 어둠"으로부터 "작은 진리의 빛"으로 나아가는 이동을 칭찬한다(Virt. 221, 다말에 관한 부분). 필론에게 있어서 유대교를 채택하는 것은 실재를 더욱 근본적으로 받아들이는 것이다(Spec. 1.51, 309; Virt. 178). 개종자들이 보다 더 나은 "존재구조"를 채택하는 것은 유대교의 "감독관"이 진리이기 때문이다(Virt. 219). 다른 말로 하면 유대교 신학이 뛰어난 것은 그것이 유대적이기 때문이 아니고, 보다 더 오래되었기 때문도 아니며, 신적 신탁들에 기초를 두고 있기 때문도 아니다. 이유는 단순히 그것이 참되기 때문이다. 달리 말해 유대교 신학이

----

44   모세 율법과 "자연법"의 관계에 대해서는 H. Najman, "The Law of Nature and the Authority of Mosaic law," *StPhA* 11 (1999), 53-73 그리고 동일 저자의 "A Written Copy of the Law of Nature: An Unthinkable Paradox?," *StPhA* 15 (2003), 54-63을 보라.

45   필론이 그리스의 "도덕률"(불문법, 자연법, 혹은 왕의 "살아 있는 법") 개념을 유대인들에게 맞도록 변경시킨 것에 대해서는 J. W. Martens, *One God, One Law: Philo of Alexandria on the Mosaic and Greco-Roman Law* (Leiden: Brill, 2003)을 보라.

46   예를 들어 우화는 많은 신을 믿는 믿음(πολυαρχία, *Spec.* 4.178, *QE* 2.2), 실존하지 않는

진실로 현존하시는 하나님(ὁ ὄντως ὢν θεός, *Virt.* 102), 곧 만물의 유일한 원인자(the Cause)이자 아버지가 되시는 분(*Virt.* 221, *QE* 2.2)께서 세상을 다스리고 계시는 방법에 부합한다는 것이다. 개종자들은 "하나님께로 도망쳤고"(*Praem.* 152), 그 결과 "경건으로 넘어가게 되었다"(*Spec.* 1.51, 309).

진리에 기반한 경건은 도덕적인 결과를 가져올 수밖에 없다. 무지가 악덕의 뿌리이듯, 현존하시는 하나님에 관한 정확한 지식은 모든 미덕을 조장할 것이다(*Virt.* 180-82). 이에 따라 필론은 개종자의 회심을 웅장한 "삶의 재조정" 곧 현재의 "비상응적인 상태"(ἀναρμοστία, *Virt.* 183)에서 현실에 상응하는 "더 나은 질서"(ἀμείνων τάξις, *Spec.* 1.51)로의 전이로 이해한다. 삶이 이렇게 진리를 통해 재편성되면 자연스럽게 보상이 주어진다. 개종자는 하나님을 적절히 예배하는 자로서 합당하게(ἀξίως) 신적 섭리의 보호를 받으며(*Spec.* 1.309), 그들에게 주어지는 "위대한 상" 가운데 하나는 천국의 거처이다(*Praem.* 152). 필론은 신명기 30:11-14을 해석하면서 이러한 재조정은 입술, 마음, 손이 조정되는 한 얻기 어려운 것이 아니고, 이런 재조정 가운데 개종자는 하나님의 사랑을 받는(θεοφιλής) 자가 되는 동시에 하나님을 사랑하는(φιλόθεος, *Virt.* 183-84) 자가 된다고 주장한다. 이 관계의 이중적 역동성—하나님을 사랑하고 하나님의 사랑을 받는 것—은 신명기 26:17-18에 요약되어 있다. "네가 오늘 여호와를 네 하나님으로 인정하고, 여호와께서도 오늘 너를 그의 보배로운 백성이 되게 하시고…"(*Virt.* 184). 필론은 여기서 "선택의 영광스런 상호성"(παγκάλη τῆς αἱρέσεως ἀντίδοσις)을 발견한다. 인간은 현존하시는 하나님을 서둘러 경배하고, 하나님은 정직하고 신실하게 자신을 경배하러 나아오는 자들을 기대하시면서(προαπαντᾶν) 탄원하는 그 사람을 지체 없이 자신에게로 이끄신다(*Virt.* 185). 베푸시는 행위에 내재되어 있는 하나님의 열심, 심지어

신을 공경하는 습관(τοῖς οὐ θεοῖς, *Virt.* 179), 그리고 생명 없는 형상들을 섬기는 미련한 관습(*Virt.* 102, 219-21) 등을 어렸을 때부터(*Spec.* 1.51, 309) 가르쳤다.

우선성까지도 인간 영혼의 준비된 상태와 열망에 의해 합리적으로 조절된다.

동일한 측면에서, 하나님이 이스라엘을 선택하신 것도 합리적이고 합당하다. 하나님은 자신과 가장 가깝고 가장 잘 조화를 이루는 것을 자신의 "분깃"으로 삼으신다. 신명기 4:6-7의 말씀처럼 이스라엘은 "지혜와 지식이 있는 백성"이다. 따라서 하나님은 이스라엘의 성결한 기도를 들으시고, 그들이 자기를 외쳐 부를 때 그들을 자신의 곁으로 가까이 이끄신다(Migr. 56-59; Praem. 82-84). 이는 이스라엘의 수효가 많아서가 아니다(신 7:7). 하나님의 사랑을 받는 자들은 많은 무리가 아니라, 이성의 지배를 받아 정돈된 삶을 살아가는 소수의 무리다(Migr. 60-63). 하나님이 이스라엘을 택하신 이유는 이스라엘이 의로운 백성이어서가 아니다(신 9:4-5). 우리는 교만을 미연에 방지하기 위해 다음과 같이 주장해야 한다. 즉 선택은 다른 민족들의 죄악이나 이스라엘의 조상들과 맺은 언약에 기초하며, 하나님의 선물을 상징하는 언약은 오직 하나님만이 미덕의 근원이심을 가리킨다고 말이다(Sacr. 54-57). 다시 말해 이스라엘이 하나님의 선택을 받은 것은 **이스라엘의** 의로움 때문이 아니다. 하지만 하나님이 의의 근원과 원인으로 인정되는 한 상대적 의는 분명히 결정적인 조건이 된다. 이스라엘은 자신의 지식과 미덕을 기초로 해서 하나님께 가장 가까이 나아가고 "하나님의 가장 친밀한 사랑을 받는"(θεοφιλέστατον) 민족이 된다. 이스라엘은 "전체 인류를 대표하여 제사장과 예언자의 역할을 얻었다"(Abr. 98). "시스"(Sheath) 예식과 관련된 두 가지 요소(Spec. 2.162-167)는 다음과 같은 사실, 곧 "도시 국가에 대한 제사장의 관계가 온 세상에 대한 유대 민족의 관계와 같다"는 사실을 지시한다(162). 첫째, 유대인은―제사장처럼―육체의 쾌락과 영혼의 충동에 휩쓸리지 않도록 자신을 매우 엄격히 통제함으로써 순결을 지킨다(163). 둘째(이 둘째 내용이 더 강조되고 있다, 164-67), 유대인은 다신론의 오류를 탁월하게 회피함으로써 하나님과 특별한 관계를 맺는다. 유대인은 피조물을 섬기지 않고, 창조되지 않은 존재이자 영원하신 통치자, 곧 조물주이신 하나님을 섬기기로(θεραπεία) 선택했다. 우상을 제거한 일신론의 유대교가 유대인들로 하여금 진정으로 하나님을 경배하는 유일한 민족이 되게 했으며, 그 결과 그들은 진실로 존재하시는 하나님(ὁ ὄντως ὢν θεός)만을 섬긴다. 이 섬김은 다른 민족들에게도 의무였으나, 그들은 이 의무를 비난하며 회피했다.[47]

위의 구절에는 변증적 어조가 담겨 있다(이 구절은 왜 유대인이 "비인간성"으로 인해 비난 받고 있는지에 대한 답을 제시한다, 167). 하지만 이 본문은 필론의 통상적이고 고집스러운 주장을 대변하는데, 이 주장의 내용은 유대인, 그것도 오로지 유대인만이 우주의 진리를 제대로 지향하고 있으며, 보이지 않는 만물의 원인자께 적절한 명예를 돌려드린다는 것이다. 그 결과 히브리 민족은 만물의 조물주이자 아버지이신 하나님께 "속하게 된다"(προσκεκληρωμένοι, 또 이로 인해 히브리 민족은 혐오의 대상이 된다, Virt. 34). 히브리인들은 평범한 민족이 아니고, 만물의 조물주이자 아버지이신 분에게 간청(ἱκεσία)할 수 있는 최고의 권리(ἐπάγγελμα)를 갖고 있다(Virt. 64). 필론은 "가장 훌륭한 철학"을 탐구하는 자들이 이처럼 자존하는 제일원인을 알고 있을지도 모른다는 것을 인정한다(Praem. 43-44; Spec. 2.44-48). 그러나 유대인의 우월함은 이 진리가 그들의 관습과 율법에 내재되어 있다는 사실에 있다(Virt. 65). 안식일마다 회당에 모일 때, 그들은 "지식"과 "자연의 진리"에 몰두한다. 그들은 "인간적 의무와 신적 의무를 식별해주고 올바른 길로 이끌어주는 분별력, 용기, 절제, 정의, 경건, 거룩함, 그리고 모든 미덕"을 잘 배우게 된다(Mos. 2.216; Decal. 96-101; Spec. 2.61-63). 유대인의 고립성은 그들이 예외적이고 매우 엄격한 율법에 따라 살고 있다"는 사실에 의해 설명된다. "왜냐하면 이 율법이 유대인들에게 가장 높은 기준의 미덕(πρὸς τὴν ἄκραν ἀρετήν, Spec. 4.179)을 반복적으로 가르

---

47 유대교 일신론의 반(反)우상적 차원이 지닌 중요성에 대해서는 Barclay, *Jews in the Mediterranean Diaspora*, 429-34를 보라.

치고 있기 때문이다." 따라서 유대인이 다른 민족들과 다른 점은 환원불가의 민족적 특수성에 있는 것이 아니라, "미덕"이라는 공통된 척도에서의 보다 엄격한 표현과 보다 높은 수준의 표현에 있다. 만일 이것이 "쾌락을 추구하는 인간 집단"으로부터 유대인이 인기가 없는 이유를 설명한다면, 이는 또한 유대인이 우주의 통치자에 의해 특별히 보호받는 이유도 설명해준다. 유대인은 조물주이자 아버지이신 하나님을 위해 모든 인류 가운데서 따로 선별된 일종의 "첫 열매"다(*Spec.* 2.180).[48] 지혜(하나님을 경배하는 지혜)와 분별력(인간의 삶을 규제하는 분별력)으로 묶여 있는 유대인은 하나님께 이끌린다(*Praem.* 64-65; 79-81).[49]

필론은 여기서 유대인들의 "족장들", 특히 아브라함, 이삭, 야곱의 경건과 미덕으로부터 그들에게 주어지는 복을 의식하고 있다(*Praem.* 61-66). 아브라함은 "유대 민족의 수장"(ethnarch)으로서 식물의 뿌리, 곧 하나님을 보고 경배하는 민족의 뿌리다(*Her.* 279). 필론은 그들이 하나님께 소중한 이유를 "이스라엘 족장들의 매우 귀중한 의로움 및 미덕"으로 본다. 이스라엘 민족은 "그들의 후손을 위해 썩지 않는 열매를 맺는 불멸의 식물과 같이 살아남으며, 모든 면에서 구원과 은혜를 받게 된다. 그들이 치유 가능한 방식으로 죄를 범한다면 말이다. 그러나 그들의 죄가 치유 불가능한 것이라면 그들은 구원과 은혜를 받지 못하게 된다"(*Spec.* 2.181).[50] 여기서 중요한 것은 최종 자격이다. "고상함"(εὐγένεια)은 영혼의 문제이

---

48 참조. *Mos.* 1.278-279. 이 부분은 유대인을 특별히 의로운 민족으로 만드는 그들의 독특한 관습을 언급하면서, 유대인들의 영혼은 하나님과 유사한 신적인 씨앗으로부터 나왔다고 말한다.

49 자세한 내용은 McFarland, *God Who Gives*, 102-104를 보라. 이 부분은 유비적 의미와 문자적 의미의 "이스라엘"에게 하나님의 선물이 합당하게 주어지는 것을 다루고 있다. 맥팔랜드가 말하는 것처럼 "이스라엘은 하나님이 합당한 자에게 혜택을 베풀어주시는 것을 자명한 이치로서 표현한다"(104).

50 뿌리라는 은유에 대해서는 *Praem.* 172를 참조하라. 재앙 속에서도 살아남는 "뿌리"가 있다면, 그것은 영혼에 남아 있는 작은 미덕의 씨앗과 같이 큰 나무를 만들어낼 수 있다.

지 조상의 문제가 아니다(*Virt.* 187-207). 그래서 개종자는 이스라엘 족장들의 유산을 공유할 수 있는 반면, 유대인은 조상들의 미덕을 신뢰하지(πεποίθησις προγονικῆς ἀρετῆς, *Virt.* 226) 말라는 경고를 받는다. 우주의 도덕적 구조에 전념해 있던 필론은 이스라엘의 조상들로 인한 유익이 후대에 확실한 보상으로 수여된다는 것을 인정할 수 없었다. 실제로 유대 민족에게도 저주와 축복(레 26장; 신 26-28장) 모두가 미래에 대한 기대에 적용될 수 있다(*Praem.* 79-172). 저주와 형벌은 의와 경건의 율법을 무시하고 다신론적 신화에 미혹된 자들에게 합당한(ἄξιον) 것이다(*Praem.* 162). 반면에 영적일 뿐만 아니라 "외적인" 성서의 모든 축복이 미덕과 거룩한 율법을 함양하는 자들(*Praem.* 119), 곧 경건하고 훌륭하고(σπουδαῖος) 검소하고 현명하고 복과 구원에 합당한(ἄξιοι εὐλογίας/σωτηρίας, *Praem.* 87, 113) 자들에게 쏟아 질 것이다.[51] 필론의 결론은 다음과 같다. "이것들은 자신의 행실(ἔργα)로 율법을 지키는 선한 사람들(ἀγαθοὶ ἄνθρωποι)이 받게 되는 복이고, 이 복은 선물 주기를 좋아하시는 하나님의 은혜(χάρις)에 의해 완성될 것이다. 하나님은 탁월한 것을 높이 평가하시고 보상해주시는데, 그 이유는 탁월함이 하나님의 속성과 닮았기 때문이다(τὰ καλὰ διὰ τὴν πρὸς αὐτὸν ὁμοιότητα σεμνοποιοῦντος καὶ γεραίνοντος, *Praem.* 126).

---

51 이와 같은 미래에 대한 정확한 윤곽이 완전히 명확한 것은 아니다(참조. *Praem.* 162-72; *Mos* 2.44; *QE* 2.76). 메시아 사상의 한 가지 형태에 대한 암시가 있다(*Praem.* 95의 민 24:7에 관한 부분). 그러나 또한 하나님이 개입하실 것이고 이스라엘 자신의 미덕이 보편적인 존중을 받게 될 것이라는 확신도 존재한다. 참조. U. Fischer, *Eschatologie und Jenseitserwartung im hellenistischen Diasporajudentum* (Berlin: de Gruyter, 1978), 187-213.

6.5. 은혜의 극대화를 위해 필론이 선택한 속성

필론은 모든 좋은 것의 원인이자 수여자이신 하나님이 베풀어주시는 자비하심에 대해 무척 기뻐했으며, 이 기쁨으로 인해 그는 하나님의 은혜를 다양한 측면으로 극대화했는데, 우리는 제2장에서 이러한 은혜의 측면들을 분류해놓았다. 끊임없이 쏟아지는 하나님의 선물이 우주 속으로 끊임없이 넘쳐흐르고 있기에, 필론은 우리가 앞서 보았던 하나님의 자비의 **초충만성**에 대해 열변을 토한다. 하나님은 모든 선의 근원으로서 그 어떤 의미에서도(심지어는 벌을 주실 때도) 악의 원인이 될 수 없다는 철학적 관심으로부터 필론은 성서적 본문이 허용하는 한 은혜의 **단일성**을 강조한다. 동시에 그는 하나님이 원인자시라는 단호하고 굳건한 주장에 기초하여 은혜의 **우선성**도 강조한다. 이와 동일한 강조는 또한 다음과 같은 내용을 수반한다. 즉 필론은 덕 있는 사람들의 (금욕적) 노력을 강조하지만, 그가 철학 입문자들에게 했던 어떤 발언을 보면, 그는 여기서 미덕의 신적 원인을 일종의 **유효성**의 형태로 밀어붙이고 있다는 것이다. 또 이 유효성으로 말미암아 인간 행위자가 —최소한 하나님께 가장 높이 나아가는 지점에서— 전적으로 수동적인 존재가 된다는 것이다. 앞에서 보았듯이 하나님이 주시는 행위와 상업적 거래를 구분하고자 하는 욕구로 인해, 필론은 하나님이 베풀어주시는 혜택이 답례의 선물을 바라거나 요구하지 않는다고 주장할 수 있었다. 그러나 필론은 일반적으로 감사를 하나님께 대한 적절한 답례로 간주하고, **답례를 바라지 않는** 선물을 현대적인 선물 형태로 이상화하지 않는다. 그러나 우리의 연구가 분명히 확인한 것처럼 하나님의 선물은 일반적으로 그리고 충분한 이유에서 수혜자의 자격과 **어울린다**. 비록 이 규칙에는 한계가 존재하지만, 특히 "가치"가 하나님과의 비교나 선물의 인간적 원인을 암시할 경우, 필론은 선물의 **비상응성을 극대화하는** 데 대체로 관심을 두지 **않는다**.

　이와 같은 사실들에 뒤따라오는 함축적 의미를 분명히 이해하는 것이 중요하다. 수혜자의 가치에 **상응하지 않는** 선물도 여전히 선물이다. 이 비상응적인 선물은 수혜자가 선행을 통해 "취득하는" 일종의 보수의 형태로 "전락"하지 않는다. 신적인 은혜는 원칙적으로 인간의 가치 혹은 자격과 무관하다고 가정하는 필론 논평가들이 있는데, 그들은 필론이 신적 은사와 인간적 가치를 결합시키고 있는 것이 모순(은혜로 얻는 구원과 자기구원의 위치를 자의적으로 교체하는 모순)이며, "신인협력설"의 한 가지 형태 혹은 단순히 기이한 견해에 불과하다고 주장했다.[52] 그러나 우리가 다음과 같은 가정, 즉 신적 은혜가 정의상 **합당하지 못한 자**에게 주어진다는 가정을 없애버린다면(그런데 이 가정은 [관념적 이유에서] 은혜의 한 극대화를 은혜를 규정하는 특징으로 만들어버린다), 비록 필론이 은혜의 비상응성을 극대화하지 않더라도, 우리는 필론을 얼마든지 심오한 은혜 신학자로 칭송할 수 있다.[53] 앞에서 보았듯이 필론이 하나님께서 "합당한 자"에게 선물을 주신다고 본

---

52 다음의 개별 연구들을 보라. H. Windisch, *Die Frömmigkeit Philos und ihre Bedeutung für das Christentum: Eine Religionsgeschichtliche Studie* (Leipzig: J. C. Hinrichs, 1909), 10-23; W. Völker, *Fortschritt und Vollendung bei Philo von Alexandrien: Eine Studie zur Geschichte der Frömmigkeit* (Leipzig: J. C. Hinrichs, 1938), 115-32; 카슨은 필론의 표현인 "은혜에 합당한"이라는 말을 믿지 못하겠다는 뜻이 담긴 *sic*(원문에 따르면)로 표시하고, 필론의 "선택" 개념에 "순전한 은혜"가 결여되어 있다고 본다. D. Carson, "Divine Sovereignty and Human Responsibility in Philo: Analysis and Method," *NovT* 23 (1981), 148-64, 특히 160-62. 빈디슈 및 푈케르와의 논쟁 가운데 등장한 이 주제의 논의에 대해서는 Zeller, *Charis*, 65-72 그리고 McFarland, *God Who Gives*를 보라. 참조. J. R. Harrison, *Paul's Language of Grace in Its Graeco-Roman Context* (Tübingen: Mohr Siebeck, 2003). 이 책에서 해리슨은 이 주제에 관한 학문적 논의들을 개관하고 (114-20), 필론이 수여라는 용어를 사용한 것을 강조한 후에, "언약의 은혜에 관한 구약성서의 이해"가 "그리스-로마 세계의 공로 이해"의 침투로 "왜곡되었다"는 결론을 내린다(133). 그러나 우리가 살펴본 것처럼 "선물"과 "공로"(Birnbaum, *Place of Judaism*, 143, 183) 혹은 "인간적 공로"와 "신적 은혜"(Termini, "Philo's Thought," 123, 양자는 "협력" 속에서 만난다)를 대조시키는 것은 필론의 사상적 구조를 곡해하는 것이다.

53 참조. H. A. A. Kennedy, *Philo's Contribution to Religion* (London: Hodder & Stoughton, 1919), 142-57. 하지만 필론의 은혜 신학이 바울의 은혜 신학과 동일하다는 결론은 부당하다. 우리는 이 점을 III부와 IV부에서 살펴볼 것이다.

데는 충분한 이유가 있는데, 그 이유는 "신인협력설", "율법주의", "행위의
의" 혹은 다른 범주와는 아무런 관계가 없다. 세상이 하나님이 직접 제정
하신 가치 체계에 의해 질서정연해졌다면, 그리고 만일 우월한 가치들이
하나님의 본성 및 하나님 자신과 가장 가까운 미덕들을 대표한다면, 하나
님은 마땅히 자기 자신과 가장 닮은 것들에게 은혜의 선물로 보상해주셔
야 한다.[54] 원칙상 이와 다르게 행하신다면 하나님의 자비하심은 하나님의
선하심과 모순을 이루게 되고, 이는 우주의 가치에 반하는 임의적 혹은 자
멸적 수여가 되고 말 것이다. 그러나 하나님은 임의적 수여자가 아니시다.
하나님은 자신이 친히 세우신 가치들에게 상을 주신다. 따라서 하나님은
자신이 인간들로 하여금 성취할 수 있도록 은혜롭게 설계해놓으신 극대
화에 올바른 명령을 받은 인간들이 도달할 수 있도록 보장하신다.

---

54   이런 맥락에서 필론은 "가치"의 원칙과 관련하여 솔로몬의 지혜서(제5장을 보라)보다
      더 강력하고 깊은 **신학적**(그리고 또한 철학적) 근거를 제시한다. 비록 둘 사이에 공통점
      도 많지만 말이다.

제7장

쿰란 호다요트(1QHª)

쿰란 공동체의 감사 찬송인 호다요트는 하나님의 자비하심을 획기적으로 표현하고 있으며, 종파 공동체의 뚜렷한 특성을 지니고 있다. 이 찬송이 특히 반복적으로 강조하는 것은 하나님의 선하심에 대한 넘쳐흐르는 감사의 표현이다. 가사는 여러 절로 변형되면서 감사와 함께 하나님의 이름을 다음과 같이 부른다. "당신의 인자하심으로 말미암아"(בחסדיכה), "당신의 자비의 충만하심에 따라"(רחמיכה כהמון), "당신의 충만하신 선하심" 때문에(רוב טובכה), 그리고 "용서하심"을 통해(סליחות, 예를 들어 1QHᵃ XII.38; XV.33; XVII.34).[1] "충만"이라는 용어는 이 주제에 대한 거의 강박적인 표현을 반영하는데, 이는 모든 가사의 특징적 음조가 지식, 의, 능력, 영광—이것들은 구원의 영역 전체를 가리킨다—등을 하나님께 귀속시키는 것과 일치한다. 이와 동시에 긍휼을 얻는 수혜자의 무가치함도 똑같이 강조된다. 이는 인간의 물질적·사회적·도덕적 특질로는 이처럼 쏟아지는 은혜에 대한 근거를 제시할 수 없음을 집요하게 주장하는 것이다. 이와 같이

---

1   슈테게만과 슐러가 함께 완성한 현재 1QHᵃ의 최종판인 DJD판(C. 뉴섬 번역)이 나온 이후로, 나는 모든 본문을 *1QHodayotᵃ* (DJD XL, Oxford: Clarendon Press, 2009)의 열과 줄 번호를 따라 인용했고, 거기에 수록된 뉴섬의 번역을 사용했다. S. Holm-Nielsen, *Hodayot: Psalms from Qumran* (Aarhus: Universitetsforlaget, 1960)과 M. Mansoor, *The Thanksgiving Hymns* (Leiden: Brill, 1961), 그리고 1990년대까지 모든 학자의 작품에서 사용되었던 수케닉(Sukenik) 번호 체계는 이제 대체된다. 가르시아 마르티네즈(F. Garcia Martinez)와 티그첼라(E. J. C. Tigchelaar)의 번역(*The Dead Sea Scrolls Study Edition*, 전 2권 [Leiden: Brill, 1997-98])은 스테게만(그리고 푸에쉬) 번호 체계를 사용하지만 오래된 줄 번호를 따랐으며, 지금은 슈테게만-슐러 판의 등장으로 폐기되었다. 1989년까지의 호다요트에 관한 학문적 참고자료에 대해서는 N. Lohfink, *Lobgesänge der Armen* (Stuttgart: Katholisches Bibelwerk, 1990), 126-36을 보라. 또 다음의 자료들을 참조하라. E. M. Schuller, L. DiTommaso, "A Bibliography of the Hodayot, 1948-1996," *DSD* 4 (1997), 55-101; E. M. Schuller, "Recent Scholarship on the *Hodayot* 1993-2010," *CBR* 10 (2011), 119-62.

쿰란 찬송은 하나님의 은혜와 인간적 가치를 가능한 한 강렬하게 대조시키며(필론의 견해와는 확실히 반대된다), 이 점에서 쿰란 찬송은 바울 서신을 제외하고 제2성전 시대 모든 문헌을 통틀어 발견할 수 있는 양극성보다 더 극단적인 양극성을 만들어낸다. 우리는 이러한 극단적 양극성에 담긴 논리가 만들어내는 신학적 의미에 주목하고 이를 분명히 이해해야 한다. 먼저 우리는 쿰란 찬송과 그것의 개념을 소개한 다음(7.1), 인간의 무가치함(7.2)과 하나님의 선하심(7.3)을 대조시킬 것이며, 이어서 이 찬송가 가사의 편집자가 이런 변칙에 담고 있는 논리를 탐구할 것이다(7.4).

7.1. 서론

1QH^{a}의 감사 찬송(호다요트)은 여러 편의 찬송들 혹은 시편들을 묶어 놓은 선집(選集, Anthology)이다. 이것들은 주제와 강조점에 있어서는 서로 비슷하지만, 찬송하는 자가 자신의 지위를 드러낸다는 점에 있어서는 어느 정도 다양성을 가진 찬송들이다. 동굴 4에서 이 선집의 여섯 개의 다른 단편들이 발견되었는데, 이는 이 선집에 고정된 내용이나 순서가 없었음을 암시한다. 하지만 이 다양한 선집에서 발견되는 개개의 찬송은 거의 완전히 동일하다.[2] 여기서 우리의 초점은 기원전 1세기에 편집된 것으로 추측

---

2   E. Chazon 외, *Qumran Cave 4, XX: Poetical and Liturgical Works, Part 2* (Oxford: Clarendon Press, 1999), 69-254, 421-32에 있는 E. 슐러의 논문과 72-73에서 제시되는 선집들 사이의 관계 도표를 보라. 이 내용에 따르면 어떤 선집은 1QH^{a}의 순서를 따랐지만(예. 4QH^b), 다른 어떤 선집은 따르지 않는다(4QH^a). 반면에 우리는 1QH^a 속에 연구자들이 "지도자 찬송"(Leader Hymn)으로 지칭하는 찬송들만 포함시켰다(4QH^c; 아래를 보라). 개별 찬송들의 가사 내용에 약간의 변형이 있다는 사실은 그 찬송들이 제한적이고 권위적인 목록을 구성한 후에 충실하게 필사되었지만, 또한 다양하게 선별되고 편집되었다는 사실을 암시한다. 본문 자료의 개관은 Schuller, "Recent Scholarship," 122-31에서 볼 수 있다. 이 부분의 결론은 다음과 같다. "신학적 혹은 이념적 동기에서 비롯된 지속적인 교정 작업이 있었다는 증거는 사실상 없다"(131).

되는 1QH[a]의 호다요트에 집중될 것인데, 이 선집은 최상의 상태로 가장 충실히 보존되어 있다.[3] 이 선집 안에서 X-XVII 절을 구성하는 찬송들은 찬송하는 자의 지위가 지도자임을 보여준다. 그는 비록 반대에 둘러 싸여 있지만 공동체의 관문이자 신적 계시의 매개체다. 이런 특징 때문에 학자들은 호다요트를 "지도자 찬송"과 "공동체 찬송"으로 구분하고, 1960년대 이후부터 현재에 이르기까지 "의의 교사"로 알려져 있는 이 지도자의 신원에 대해 긴 논쟁을 벌였다.[4] 우리의 목적을 고려해볼 때, 이 논쟁에 참

---

3   기록 연대에 대해서는 다음의 문헌들을 보라. D. K. Falk, "Prayers and Psalms," in D. A. Carson, T. O'Brien, M. A. Seifrid, ed., *Justification and Variegated Nomism*, 제1권, *The Complexities of Second Temple Judaism* (Tübingen: Mohr Siebeck, 2001), 7-56, 특히 27; 그리고 Schuller, "Recent Scholarship," 132 (1QH[a]는 우리가 갖고 있는 필사본 가운데 가장 오래된 것으로, 기록 연대는 초기 헤롯 시대 곧 기원전 30-1년이다). 랑게는 최초의 찬송가들이 기록된 시기를 기원전 2세기 후반부로 잡는다. A. Lange, *Weisheit und Prädestination: Weisheitliche Urordnung und Prädestination in den Textfunden von Qumran* (Leiden: Brill, 1995), 201-2.

4   이러한 지도자 찬송들이 다른 곳에서 "의의 교사"로 알려져 있는 공동체 설립자에 의해 지어졌다는(혹은 그의 성품을 대변한다는) 논지가 1960년대의 일련의 박사 학위 논문들에서 전개되었다. G. Jeremias, *Der Lehrer der Gerechtigkeit* (Göttingen: Vandenhoeck & Ruprecht, 1963); J. Becker, *Das Heil Gottes: Heils- und Sundenbegriffe in den Qumrantexte und im Neuen Testament* (Göttingen: Vandenhoeck & Ruprecht, 1964); H.-W. Kuhn, *Enderwartung und gegenwärtiges Heil* (Göttingen: Vandenhoeck & Ruprecht, 1966). 그리고 잠시 회의적인 시기를 거친 후에 이 주제는 M. Dauglas, "The Teacher-Hymn Hypothesis Revisited: New Data for an Old Crux," *DSD* 6 (1999), 239-66에서 새로운 논증과 함께 부활했다. 이 주제에 반대하는 주요 견해는 이 찬송들이 억압당하는 지도자들 전반에 관한 포괄적 **신화**를 대변한다고 주장한다. 즉, 그런 신화가 다양한 세대와 다양한 형태의 지도자들에게 유용하게 적용되었을 것이고, 그런 적용을 수용한 결과로서 공동체 전체 곧 지도자와 일반 구성원들의 **에토스**(*ethos*)를 형성하는 데 도움을 주었을 것으로 추정된다는 것이다. 예를 들어 다음의 연구들을 보라. Lohfink, *Lobgesänge*; C. Newsom, *The Self as Symbolic Space: Constructing Identity and Community at Qumran* (Leiden: Brill, 2004), 287-346. 최근 논의에 대해서는 S. Hultgren, *From the Damascus Covenant to the Covenant of the Community* (Leiden: Brill, 2007), 410-16; A. K. Harkins, "Who Is the Teacher of the Teacher Hymns? Re-examining the Teacher Hymns Hypothesis Fifty Years Later," in E. Mason et al., ed., *A Teacher for All Generations: Essays in Honor of James C. VanderKam* (Leiden: Brill, 2012),

여하는 것은 불필요하다. 왜냐하면 이 두 가지 찬송 유형은 하나님의 자비의 역동성에 있어서 크게 다르지 않기 때문이다. 지도자 찬송을 공동체 호다요트 전집에 삽입하여 한 권의 선집을 만들었다는 점, 그리고 지도자 찬송 안에 있는 무가치함의 고백이 다른 곳에서 발견되는 것과 동일하다는 점(예. XII.31-XIII.6; XV.29-36)은 이 선집을 만들어 사용했던 사람들이 이 두 가지 유형의 찬송 사이에 그 어떤 일반적 차이도 보지 못했음을 암시한다. 기원이 어떠하든지 간에 이 두 가지 찬송은 서로 결합되어 당시의 목적에 기여했다.[5]

그 목적이 무엇이었을지를 결정하는 것이 또 하나의 과제다. 호다요트가 지식과 진리에 관한 독특한 종파적 관념을 반영하고 가르치고 있다는 점에는 의심할 바가 없다.[6] 비록 성서적 찬송가(시편) 전통에 서 있다고 해도, 호다요트는 이런저런 성서의 표현을 매우 특이하게 개작하는데, 이는 다른 말씀의 첨가, 수정, 새로운 배치(이는 성서 주제들의 전체적인 재구성을 의미)를 통해 이루어진다.[7] 우리는 호다요트가 조심스럽게 구성된 담론적 레퍼토리를 갖고 있다는 인상을 받는다. 이 레퍼토리의 꾸준한 사용은 사용자의 의식과 감성을 형성시키는 데 기여할 것이다. 이 찬송들에 암시되어 있는 야하드(yaḥad, 총회)에 대한 우리의 피상적인 지식을 감안할 때, 이 용어가 어디서 발생했는지 말하는 것은 어렵다. 이 본문들이

449-67을 보라.

5   자료비평 분석은 위의 "무가치함"의 구절이 지도자 찬송 속에 이차적으로 삽입되었다고 추정했다. Becker, *Heil Gottes*, 54-55; Douglas, "Teacher-Hymn Hypothesis," 245, 249. 하지만 여기서 우리의 관심은 이 선집의 개연적 편집 단계들이 아닌, 현재 형태에 놓여 있다.

6   "종파"(sectarian)라는 명칭에 문제가 없는 것은 아니다. 하지만 여기서는 쿰란 *yaḥad*(총회)에 의해 구성되거나 개정된 작품을 가리키는 데 사용된다.

7   이 본문들과 그것의 기초가 되는 성서 본문들 사이의 관계에 대해서는 예를 들어 Holm-Nielsen, *Hodayot* 그리고 J. A. Hughes, *Scriptural Allusions and Exegesis in the Hodayot* (Leiden: Brill, 2006)를 보라.

"예전"(liturgy)에 사용되었다는 초기의 주장은 예전적 "삶의 자리"를 분명히 지니고 있었던 쿰란 공동체의 기도문이 출판되면서 의문시되었고, 지금은 이 찬송들을 막연하게 정의된 "개인적 헌신"의 범주 안에 포함시키는 것이 통상적이다.[8] 일부 공동체 찬송의 기원은 XX.14의 화자인 "마스길"에게 귀속된다(V.12; VII.21; XX.7; XXV.34). "마스길"과 관련된 비슷한 **호다야**가 "공동체 규정"의 몇몇 버전 끝에(1QS X.1-XI.22) 등장하는데, 이는 이 찬송들이, 일인칭 단수 시점임에도 불구하고, 단순한 사적인 기능 그 이상을 수행했음을 암시한다. 만약 이 찬송들이 마스길 및 다른 지도자들과 연관되어 있다면, 이 찬송들은 공동체 정신(ethos)과 자기이해를 형성하는 교육적인 목적에 기여했을 것이다.[9] 규칙적인 기도시간에 대한 내적 언급(XX.7-12; 참조. 1QS X.1-5)을 감안할 때, 이 찬송들은 공동체 구성원들이 사용하도록 승인된 기도문일 수 있으며, 공동체 구성원들이 이 찬송들을 구두로(확실히 알아듣도록 크게) 반복함으로써 종파적 특권과 운명의식이 형성되었을 것이다.[10] 아마도 야하드(총회) 구성원들의 내적 형성에 있어서

---

8   예전이라는 주제에 대해서는 Holm-Nielsen, *Hodayot*, 332-48을 보라. 쿰란 공동체의 "제의" 혹은 "예전"적 기도문과의 보다 더 명확한 대조에 대해서는 B. Nitzan, *Qumran Prayer and Religious Poetry*, trans. J. Chipman (Leiden: Brill, 1994), 321-51을 보라. "개인적 헌신"이라는 가정에 대해서는 예를 들어 J. J. Collins, "Amazing Grace: The Transformation of the Thanksgiving Hymn at Qumran," in H. Attridge, M. E. Fassler, ed., *Psalms in Community: Jewish and Christian Textual, Liturgical, and Artistic Traditions* (Atlanta: Society of Biblical Literature, 2003), 75-85를 보라. 휴스는 그 논쟁을 간략히 요약하고 있다. Hughes, *Scriptural Allusions*, 12-34. 4Q427(=4QHᵃ) 단편 7의 마지막 부분에서 예배로 부르는 명확한 외침의 내용이 "예배 예식"의 배경에 대한 질문을 다시 불러일으켰다. 관련된 최근 논의에 대해서는 A. K. Harkins, "The Performative Reading of the Hodayot: The Arousal of Emotions and the Exegetical Generation of Texts," *JSP* 21 (2011), 55-71을 보라.

9   이 찬송들의 공동체적 맥락에 대한 증거는 다양한 모습으로 나타난다. 예를 들어 VI.28-30에서 화자의 (입회) 맹세가 암시되고 있는 것에 주의하라.

10   쿰란 공동체의 기도에 관한 포괄적 연구는 D. K. Falk, *Daily, Sabbath, and Festival Prayers in the Dead Sea Scrolls* (Leiden: Brill, 1998)에서 볼 수 있다. 포크가 지적하는 것 (100-103)처럼 어떤 찬송들은 예배와 교훈의 주제를 결합시키는 것처럼 보인다(예.

그들이 하나님께 전하는 말의 형식과 내용보다 더 중요한 실천은 없었을 것이다. 이런 호다요트의 언어를 흡수한 자는 그것을 통해 쿰란 공동체 안에서 자신들이 처한 사회적 지위를 설명하고 확고히 하는 특별한 방법을 배웠을 것이다.[11]

우리의 초점이 특별히 하나님의 자비에 관한 담론에 맞추어질 때, 호다요트 안으로의 진입을 가능케 해주는 많은 요점들이 제공된다. 왜냐하면 이 주제는 실제로 어디에나 존재하기 때문이다. 우리는 대표적인 찬송(사실은 찬송에 관한 찬송)으로 시작할 수 있는데, 이 대표적 찬송가는 우리가 여기서 살펴볼 많은 주제를 소개해준다(XIX.6-17).

[6] 오! 나의 하나님, 티끌로 놀라운 일을 행하시고 흙으로 만든 피조물과 함께 그렇게도 강력한 일을 행하신 것을 감사드립니다.

제가 무엇이관대 [7] 당신의 진리의 은밀한 경륜을 제게 가르쳐주시고, 당신의 놀라운 행위에 관한 통찰력을 제게 주시고, 제 입술에 감사의 말을 두시고 제 혀에 찬양을 두시고, [8] 그리고 제 입술의 말을 기쁨의 근거로 삼으셔서 제가 당신의 인자하심을 노래하고 온종일 당신의 강하심을 묵상하며 살아가게 하셨습니까? [9] 저는 계속 당신의 이름을 송축하고 당신의 영광을 사람들 속에서 선포하겠습니다. 당신의 크신 선하심 안에서 [10] 내 영혼은 즐거워합니다.

당신의 계명이 진리라는 것, 당신의 손에 의가 있고 [11] 당신의 생각 속

V.12-23). "함께 기도하는" 관습에 대해서는 1QS 6.7-8을 보라.

11   여기서 나의 접근방법은 대체로 뉴섬(Symbolic Space)의 덕을 보고 있다. 그녀는 호다요트가 이 찬송을 부르는 사람들의 특수한 주체성을 창조하고 유지시키는 방법을 매우 효과적으로 탐구했다. 물론 그녀는 여기서 "나"라는 화자가 공동체에 속해 있다는 점을 인정한다. 그리고 나도 어느 요점들에서 이 기도들의 사회적 기능을 부각시키려 할 것이다. 1QH*의 신학에 대한 오래되었으나 여전히 가치가 있는 연구로서는 J. Licht, "The Doctrine of the Thanksgiving Scroll," *IEJ* 6 (1956), 1-13, 89-101 그리고 Holm-Nielsen, *Hodayot*, 273-300을 보라.

에 모든 지식이 있으며, 당신의 힘 속에 모든 능력이 있다는 것, 그리고 모든
영광이 당신에게 있다는 것을 저는 알고 있습니다. 당신의 진노 속에 온갖
처벌의 심판이 있으나 [12] 당신의 선하심 속에는 충만한 용서가 있고, 당신
의 연민은 당신의 선한 호의를 받는 모든 자녀를 위한 것입니다.

　왜냐하면 당신은 그들에게 당신의 진리의 은밀한 경륜을 알려주셨고 [13]
당신의 놀라운 비밀에 대한 통찰력을 보내주셨기 때문입니다. 당신 자신의
영광을 위하여 당신은 사멸적 존재를 죄로부터 정화시키셨고 [14] 그래서
그가 당신을 위하여 온갖 불순하고 가증한 것들과 부정한 죄악으로부터 자
신을 성결케 하도록 하셨고, 그가 당신의 진리의 자녀들과 연합하여 [15] 당
신의 거룩한 자들과 운명을 같이하도록 하셨으며, 또 시체에 들끓는 구더기
가 티끌로부터 일어나 당신의 진리의 연회 속으로, 그리고 왜곡의 영을 벗어
나 당신에게서 나오는 지식으로 상승할 수 있도록 하셨고 [16] 그가 영원한
천군천사와 [영원한] 영(들)과 함께 당신 앞에서 (그의) 자리를 잡게 하셨고,
그가 현재 존재하는 모든 것 [17]과 앞으로 존재할 모든 것, 그리고 공동으
로 즐거워할 지식을 가진 자들과 함께 새롭게 될 수 있도록 하셨습니다.[12]

　예상대로 이 감사 찬송은 하나님의 "놀라운 행위"에 대한 찬양으로
가득 차 있고, 하나님이 찬송하는 자를 위해 베풀어주신 구원의 행위를 자
세히 나열한다. 또한 공동체에 관한 특별한 특징도 즉시 알아볼 수 있다.
찬송하는 자는 "티끌"(עפר)과 "흙으로 만든 피조물"(יצר חמר, 6)로 규정
되며, 자기 자신을 비하시켜 가리키는 이 두 가지 중심 용어는 호다요트
의 곳곳에 흩어져 있다. 따라서 "놀라운 행위"는 그 비상응성으로 말미암

12　이 본문은 Stegemann, Schuller, *1QHodayot*ᵃ, 247-48을 뉴섬이 번역한 것이다. 이 본문
　의 구조와 시학에 대한 분석에 대해서는 Kuhn, *Enderwartung*, 78-92 그리고 B. Kittel,
　The Hymns of Qumran: Translation and Commentary (Chico: Scholars Press, 1981),
　109-19를 보라. 이것은 더 긴 호다요트의 시작부분일 수 있다. Stegemann, Schuller,
　*1QHodayot*ᵃ, 242-43.

아 극적으로 묘사된다. 그 행위는 "시체에 들끓는 구더기"와 같은 우둔하고 저급한 물질을 티끌로부터 일으켜 "천군천사" 및 "영원한 영들"과 함께 하나님 앞에 서도록 높여주시는 특별한 사역(15-16)이다. 이러한 극적인 상승에 대한 인지 내용 또한 호다요트의 특별한 특징이다. 곧 하나님의 "행위"의 가장 중요한 첫 번째 측면은 "[하나님의] 진리의 은밀한 경륜"(7, 12), "통찰력"(דעה), "지식"(שכל), 그리고 "이해"(בינה) 안에 담긴 "교훈"인데, 이것들은 하나님으로부터 오는 은사다(7, 12, 15). 이런 인식론적 특권은 구원의 핵심 내용이자 구원을 제대로 인식할 수 있는 능력이다. 쿰란 공동체 구성원이 하나님의 비밀을 계시하는 분을 찬양할 준비가 되어 있는 이유는 그가 자신이 그 비밀을 알고 있음을 **인식하고 있기** 때문이다(7-10).

본문의 중간 부분은 하나님께 우주를 통제하는 계획이 있음을 언급한다(10-12). 하나님의 명령은 "진리"(אמת) 곧 현실의 적절한 질서이고,[13] 그분의 손에는 "의"(צדקה) 곧 하나님의 진리의 정확한 시행이 있고, 하나님의 "생각"(더 낫게 말하면 "계획", מחשבת)에는 모든 지식이 들어 있다(10-11). 이에 따라 하나님의 능력은 진노하심과 하나님의 선하심이라는 이중 패턴으로 펼쳐지는 보편적 계획의 성취를 향해 행사되고, 그 성취 속에 하나님의 영광이 투영된다. 여기서 하나님의 진노하심은 "처벌의 심판"으로, 하나님의 선하심은 "충만한 용서"(רוב סליחות, 11-12)로 나타난다. 물론 하나님의 능력의 이와 같은 이중적인 효과는 성서적 패턴을 반영한다(예. 출 34:6-7; 시 145:20, 호다요트 본문의 저자들에게는 이 두 구절이 무척 중요하다). 하지만 쿰란 공동체가 하나님의 능력을 두드러지게 변

---

13   바른 질서로서의 "진리"에 대해서는 예를 들어 XIV.28-29(사 28:17에서 빼낸 구절)과 XVIII.32를 보라. 하나님의 계획은 측량줄이 건축물의 "참됨"을 보증한다는 의미에서 "참되다"(측량줄의 은유에 대해서는 IX.30-31; XVI.22-23을 보라). 뉴섬의 설명처럼 "그 종파에게 진리는 바른 질서와 결코 분리될 수 없는 것이었다." Newsom, *Symbolic Space*, 136.

형시킨 점은 두 번째 범주에 덧붙여진 다음의 해설 문구에서 분명히 드러난다. "당신의 인자하심은 당신의 선한 호의를 받는 모든 자녀를 위한 것입니다"(ורחמיכה לכול בני רצונכה, 12). "진리의 자녀"(בני אמת, 14)와 같이 "당신의 선한 호의(혹은 "선호", רצון; 아래를 보라)를 받는 자녀"도 특별한 종파적 표식이다. 그들의 정체성은 민족("이스라엘")이나 조상("아브라함의 자손")이라는 조건에 따라 정의되지 않고 하나님의 선택에 따른 것이며, 그 선택은 하나님의 계획 속 깊은 곳에 놓인 "선호"를 나타낸다.

본문의 나머지 부분은 하나님의 계획의 외부적 성과를 묘사한다. 하나님은 "은밀한 일"과 "놀라운 비밀"에 대한 지식을 주신다. 그 결과 순결함이 동반되고, 사회적 관점에서 "당신의 진리의 자녀들과 연합하게 되며"(להוחד עם בני אמתך, 14), "당신의 거룩한 자들과 운명을 같이하는"(בגורל עם קדושיכה, 14-15), 즉 그 종파적 공동체에 참여하는 사람이 된다.[14] 여기서 "운명"이라는 용어는 미리 결정된 신적 계획 속에 있는 선택을 암시하고, 수사적 피날레로서 찬송하는 자는 이 특별한 계획의 전체 파노라마를 관망하기 위해 뒤로 물러난다. "거룩한 자들"은 "존재하고 있고 앞으로 존재할 만물"의 신적 갱신이 이루어질 때, 그 갱신의 한 부분으로서 "새롭게" 되어 하늘에 있는 영원한 "영들"과 나란히 자리를 잡게 될 것이며, 그때 우주는 영원한 찬양의 합창과 같이 하나로 통일될 것이다(16-17).[15]

이와 같이 간략한 발췌문에서조차도, 하나님의 은혜와 하나님의 은

---

14   "거룩한 자들"의 의미를 공동체 자체로 보는 것에 대해서는 Kuhn, *Enderwartung*, 90-93을 보라.

15   천사들의 무리가 우주적 찬양에 참여한다는 생각은 "안식일 희생제사에 관한 노래" 안에서 극적으로 예시된다. 다음의 연구들을 보라. B. Frennesson, *"In a Common Rejoicing,"* *Liturgical Communion with Angels in Qumran* (Uppsala: Uppsala University Press, 1999); E. Chazon, "Liturgical Communion with the Angels at Qumran," in D. K. Falk et al. eds., *Sapiential, Liturgical, and Poetical Texts from Qumran* (Leiden: Brill, 2000), 95-105.

혜를 수반하는 인간의 자기비하에 관한 극단적 진술, 이 둘의 병치를 제외할 경우, 그리고 만약 우주의 예정된 질서에 대한 언급을 빼버릴 경우, 우리는 분명히 호다요트가 하나님의 자비하심을 얼마나 특별히 강조하고 있는지 이해할 수 없을 것이다. 그런데 앞으로 살펴볼 것처럼, 하나님이 무가치한 자에게 자비를 베푸신다는 이러한 변칙적 상황은 바로 우주의 예정된 질서에 의해 설명된다. 그러나 이 놀라운 신학적 복합체(complex)가 특수한 사회적 맥락과 긴밀히 관련되어 있는 것 또한 분명하다. "온종일" 그리고 "계속"(8-9) 감사의 표현에 몰두하는 사람은 자신이 말하는 일종의 특권적 지식을 강화하거나 어떤 의미에서는 이러한 특권적 지식을 **만들어낸다.** 어떤 면에서 본다면 이러한 경험은 매우 개인적인 것이지만, 다른 면에서 볼 때, 찬양으로 고백된 언어와 고착되고 반복된 레퍼토리는 종파의 구성원들에게 "하나님이 선호하시는 자녀"라는 공통된 정체성을 형성함으로써 그들을 "공동의 기쁨" 가운데 결합시킨다. 하나님의 자비에 관한 이러한 특별한 진술이 어떤 식으로든 그것을 표현하는 종파의 특이한 정황과 관련이 없다면, 우리는 이로 인해 놀라게 될 것이다.

7.2. 인간의 무가치성

호다요트의 특징 가운데 하나는 하나님에 대한 찬양이 찬송하는 자의 자기분석에 의해 수시로 중단된다는 것이다. 거기서 그는 자신의 능력과 가치에 대한 의심을 토로한다. 여기서는 "토로"한다는 동사가 적절하다. 찬송하는 자는 과도한 경멸을 통해 여러 형태의 부정적 자기평가를 쌓아올리고, 하나님 앞에서 자신을 거듭 낮춘다. 진부한 어휘와 정해진 문구의 제한된 모음이 "비하의 찬송"(Niedrigkeitdoxologie)[16]에 관한 이런 다수의 감

---

16   "비하 찬송"은 Kuhn, *Enderwartung*, 27에 나오는 용어다. 이런 문구들의 용어에 관한 상

탄사를 만들어낸다. 아래의 찬송이 대표적인 사례다(XX.27-38).

> [27] 저로 말하자면 [당신은 저를] 티끌로부터 취하셨고 더러움과 수치스러
> 운 치욕의 원천인 [흙으로부터] 저를 만드셨습니다. [28] 저는 티끌 더미와
> [물로] 반죽된 것, 구더기 집단, 어둠의 거처로 만들어졌습니다. [29] 그리
> 고 당신의 진노가 임할 때 흙으로 만들어진 피조물은 티끌로 돌아가고, 티끌
> 은 [30] 그것이 취해졌던 것으로 되돌아갈 것입니다. 티끌과 재가 당신의 심
> 판에 대해 어떻게 왈가왈부할 수 있겠습니까? 그리고 그것들이 어떻게 [31]
> 당신의 행위를 이해할 수 있겠습니까? 그것들이 어떻게 자신을 꾸짖으시는
> 분 앞에 설 수 있겠습니까?…[33] 아무도 당신의 꾸짖음에 대답할 수 없습
> 니다. [34] 당신은 의롭고 당신에게 상응할 수 있는 자는 아무도 없기 때문
> 입니다. 그렇다면 티끌로 돌아가야 하는 자는 무슨 존재이겠습니까? [35]
> 저는 잠잠히 있겠습니다. 이에 대해 제가 무슨 말을 할 수 있겠습니까? 내가
> 방금 말한 내 지식에 따르면, 피조물은 흙을 혼합하여 지어진 존재입니다.
> [36] 당신이 제 입을 열어주지 않으신다면, 제가 무슨 말을 할 수 있겠습니
> 까? 당신이 통찰력을 주지 않으신다면, 제가 어떻게 이해할 수 있겠습니까?
> 당신이 저의 마음속에 계시해주지 않으신다면, 제가 무슨 [말을] 할 수 있겠
> 습니까? [37] 당신이 저의 걸음을 정해주지 않으신다면, 제가 어떻게 곧은길
> 을 가겠습니까? [38] 당신이 저의 걸음을 굳게 붙들지 않으신다면, 제가 어
> 떻게 서서 걷기나 하겠습니까?

다른 곳처럼 여기서도 이 종파(쿰란 공동체)의 구성원은 우주의 가장
하찮은 요소를 통해 자신을 묘사한다. 그는 단지 "티끌"(עפר, 28),[17] "흙으

세한 분석은 H. Lichtenberger, *Studien zum Menschenbild in Texten der Qumrangemeinde*
(Göttingen: Vanderhouck & Ruprecht, 1980), 73-98에서 볼 수 있다.

17 "티끌"이라는 말은 1QH^{a}에서 30회 이상 나오고, 그것에는 "티끌로 이루어진 피조
물"(יצר עפר, XXI.25)과 "티끌과 재"(עפר ואפר, 참조. XVIII.7) 같은 어구가 포함되어

로 만들어진 피조물"(יצר חמר, 29), "물로 반죽된 것"(מגבל במים, 28), 또는 단순히 "육체"(בשר, 예를 들어 15절과 다른 곳에서 25회 이상 나온다)에 불과하다. "티끌"은 인간의 사멸적 성격을 강조하는 지칭이다. 인간은 우주에서 아주 하찮은 작은 얼룩으로서 "자신의 티끌로 돌아가야 하는"(אל עפרו שב, 34) 숙명을 지닌 일시적 피조물이다. 그러나 이것이 전부가 아니다. 그는 또한 "더러움의 원천"(또는 '불순함,' נדה מקור, 28)이고, 이것은 여기서 "치욕"(קלון, 28)과 연관된 상태이며, 다른 곳에서는 "왜곡된 영"(רוח נעוה, V.32, VIII.18 등)과 "불법"(עוון, IX.24, XII.30 등) 및 "죄"(חטאה, XIX.23, IX.24 등)와 관련되어 있다.[18] 물론 이런 용어들의 대부분은 구약성서로부터 왔으며(예를들어 창 2:7; 3:19; 6:3; 사 29:19; 시 51), 자신의 하찮음을 선언하는 것은 욥기가 인간성을 규정하는 것과 매우 가깝다(예. 욥 4:17-21; 14:1-4; 15:14-16). 그러나 이런 용어들이 여기서 축적되어 확대되는 방식과, 호다요트의 전체 내용이 이 주제로 부단히 되돌아가고 있는 것은 제2성전 시대 문헌들 가운데서도 독특한 점이라 할 수 있다.[19] 이와 함께 그 용어들은

....

있다.

18 죄악에 관한 내러티브적 설명에 대해서는 XV.37-XVI.4를 보라. "육체의 영"(רוח בשר, IV.37; V.15, 30)이라는 말이 사용되고 있는데, 이는 호다요트 안에는 "영-육" 사이의 인간학적 이원론이 없다는 사실을 지시한다. H. Hübner, "Anthropologisher Dualismus in den Hodayoth?" *NTS* 18 (1971-1972), 268-84. רוח(루아흐, 영, 호흡)는 인간의 "성품", "기질", 또는 추진력을 가리키며, 이것들은 "왜곡되거나" "거룩하게" 될 수 있다 (후자는 하나님이 주시는 것이다). 쿰란 공동체가 רוח(루아흐)라는 용어를 사용한 것에 대해서는 A. E. Sekki, *The Meaning of Ruah at Qumran* (Atlanta: Scholars Press, 1989)을 보라. 그리고 בשר(바사르, 육체)에 대해서는 J. Frey, "Flesh and Spirit in the Palestinian Jewish Sapiential Tradition and in the Qumran Texts: An Inquiry into the Background of Pauline Usage," in C. Hempel et.al., ed., *The Wisdom Texts from Qumran and the Development of Sapiential Thought* (Leuven: Leuven University Press, 2002), 367-404를 보라.

19 호다요트가 창 2:7과 3:19을 독특하게 연결시키고 있는 것에 대해서는 J. Maston, *Divine and Human Agency in Second Temple Judaism and Paul* (Tübingen: Mohr Siebeck, 2010), 88-94를 보라. 인간 존재론의 이러한 구조 속에서 이루어진 욥기의 특수한 사용 및 성서 자료의 특별한 강조에 대해서는 N. A. Meyer, "Adam's Dust and Adam's Glory:

인간의 **어긋나 있음**(*misalignment*)과 **무능력**을 묘사하고, 그 종파의 구성원들이 우주의 계획 속에서 **비상응적인** 위치에 있다는 사실을 강조한다. 인간의 상태에 관한 세 가지의 관련 국면들이 상세히 검토될 필요가 있다.

어긋나 있음 또는 "옹고집"과 "불신앙의 죄"(אשמת מעל, XIX.14)라는 주제는 인간을 하나님의 뜻을 향한 길로부터 벗어나 탈선한 존재로 묘사한다. 하나님의 "의"가 세상에 대한 하나님의 적절한 질서를 나타낸다면, 완고한 인간은 지금은 아니더라도 종말에는 틀림없이 하나님의 "심판"(משפט)을 받게 될 것이다(예. IX.25). 이러한 제시는 관련된 찬송의 화자에게 영향을 미치는데, 이 화자는 우리가 (위에서) 살펴본 본문에서와 마찬가지로 하나님의 "비난"이나 "꾸짖음"을 대면하는 것이 어떤 것인지 예상하고 있다. 이 예상이 끔찍한 것은 인간의 말문이 완전히 막히게 될 것이기 때문이다. 즉 인간은 심판자의 위엄에 압도되고, 죄책감으로 인해 스스로를 변명할 수 없게 될 것이다. 다음과 같은 일련의 수사학적 질문은 이 상황의 절망감을 강조한다(예. 위에 인용된 XX.34-38). 피조물인 인간이 뭐라고 답변할 수 있겠습니까? 내가 어떻게 설 수 있겠습니까? 내가 어떻게 말할 수 있겠습니까? 이런 가혹한 질문은 자주 불순함을 나타내는 단어를 통해 강화된다. 오염된 피조물은 하나님의 거룩하심을 전혀 다루지 못한다.[20] 이런 어긋남은 인간의 상태에 필수적인 것으로 보인다. 비록 "어둠의 거처"(XX.28-29)와 "왜곡된 영"의 "지배"(V.32)에 대한 언급이 "두 영에 관한 논문"(1QS III.13-IV.26)에서 제시되는 원리와 부분적으로 비슷하지만, 어떤 이론적인 설명을 제공하려는 시도는 전혀 없다. 특히 거부의 수사학은 우리의 예상처럼 쿰란 공동체 밖에 있는 "악을 행하는 자"와 "속이는 사람들"에게만 적용되는 것이 아니라 화자 자신에게도 적용된다.

Rethinking Anthropogony and Theology in the Hodayot and the Letters of Paul" (박사학위논문, McMaster University, 2013)을 보라.

20   쿰란 공동체가 죄를 불순함으로 보는 것에 대해서는 J. Klawans, *Impurity and Sin in Ancient Judaism* (Oxford: Oxford University Press, 2000), 67-91을 보라.

쿰란 공동체의 구성원들조차 이 모든 부정적인 특성에 부합하지만, 이 부정적인 특성에 부합하지 않는 한 가지 중요한 요소는 바로 하나님의 행위다. 우리가 위에서 살펴본 본문처럼 "~하지 않으신다면"(כיא אם, XX.36-37)이라는 불변사가 추가로 들어가 있고, 동사들의 주어가 바뀌면서 결국 자기를 의심하는 질문이 다른 양식으로 바뀌게 된다. "저에게 **당신이 통찰력을 주지 않으신다면**…제가 어떻게 이해할 수 있겠습니까?"(XX.36). 어긋남은 인간의 평생 조건으로 존재하게 된다(참조. XII.30-31). **하지만** 인간의 인식적·도덕적 입장을 재조정하는 신적 행위자에게는 그렇지 않다.

그와 같은 주어의 변경은 인간의 무가치함의 두 번째 특성, 곧 하나님 앞에 선 인간의 **무능력**과 관련된다. "~하지 않으신다면, 누가/어떻게?"라는 수사학적 공식은 다음과 같은 진술, 곧 "인간의 길은 하나님이 영을 통해 그 길을 세워주지 않으신다면(כי אם), 설 수 없다"(XII.32)는 진술에 해당한다. 같은 맥락에서 그 찬송은 "인간에게는 아니지만…하나님께는"이라는 대조적 공식을 배치한다. "저로 말하자면, 저는 의가 인간에게는 속하지 않고(לא לאנוש צדקה), 사멸적인 것을 완성시키는 속성에도 속하지 않는다는 것을 알고 있습니다. 오히려 의의 모든 행위는 지극히 높으신 하나님께(לאל עליון) 속해 있습니다"(XII.31-32). 능력에 대한 이와 같은 부정은 인간 활동의 대부분에 적용된다. 하나님이 없으면, 찬송을 부르는 "나"는 "말할 수" 없고(자기변론이나 찬양을 할 수 없고), "이해할 수" 없고, "걸을 수" 없고, "설 수"도 없다(하나님 앞에서 견고하게 서거나 자리를 잡을 수 없다). 하지만 이것으로 인간의 행위가 소멸되는 것은 아니며, 이 종파 구성원들이 수동적 또는 비활동적 상태에 빠지는 것도 아니다. 오히려 그와 반대로 그 구성원은 이제 활력적으로 "언약을 굳게 지키고"(XII.40), "완성시키는 길"을 따라 걷게 된다. 이 종파 구성원들의 행위는 자율적이지 않지만, 활동적이다. 이러한 대립-명제적 공식의 요점은 인간 주체가 "곧은 길을 따라 걷는 것"을 가능하게 해주는 상태를 찾아내는 데 있다(XX.37). 이 찬송이 하나님 안에 놓인 원천을 추적하기 위해 인간의 능력을 부정할 때, 그 목적은 인간의 행위와 신적 행위의 두 가지를 상호배타적인 것으로 규정하는 데 있지 않다. 오히려 그 목적은 모든 종파적 행위를 하나님의 뜻과 주도권에 달려 있는 것으로 규정하는 데 있다.[21]

그렇다고 해도 그 행위들(신적 행위와 인간적 행위)이 나란히 병렬될 때,[22] 하나님과 인간 사이의 거리는 가능한 한 크게 벌어진다. XVII.15-18에서 저자는 인간들 사이에 의, 지혜, 명예, 힘과 관련하여 상대적 차이가 있음을 인정한다. 그러나 하나님과 인간 사이의 차이는 절대적이다. "한 영이 다른 영보다 강하다는 것은 입증될 수 있을지 모릅니다. 그러나 당신의 힘과 비교할 때, 능력에서 (당신의 권능과 동등한) 것은 아무것도 없고, 당신의 영광도 마찬가지이며, 당신의 지혜는 결코 측량할 수가 없습니다"(XVII.16-17). 인간과 하나님 사이에는 무한한 차이가 존재하는데, 이 찬송들은 반복하여 이 주제로 돌아온다. 일련의 수사학적 자기비하가 언급된 후, 다른 "호다야"(hodayah, 인정)가 터져 나온다(XVIII.10-14).

[11] 보십시오, 당신은 신들의 군주, 명예로운 자들의 왕, 모든 영의 주님, 모든 피조물의 통치자이십니다. [11] 당신 없이 행해지는 것은 아무것도 없습니다. 당신의 뜻이 없이 알려질 수 있는 것은 없습니다. 그리고 당신이 없다면, 아무것도 존재하지 않습니다. [12] 힘에서 당신 곁에 설 수 있는 자는 아무도 없고, 당신의 영광과 비견할 자도 없으며, 당신의 권능에 대해서는 어떤 값도 매길 수 없습니다. [13] 당신의 놀라운 위대한 피조물들 가운데 누가 당신의 영광 앞에 설 만한 힘을 가졌겠습니까? [14] 그렇다면 티끌로 돌아

---

21 Maston, *Divine and Human Agency*, 94-110은 그렇게 제대로 주장한다. 매스턴이 말하는 것처럼 "찬송을 부르는 자의 능동적 행위의 중요성이 감소되지 않는 것은 그 행위가 하나님의 행하심 속에 뿌리를 두고 있기 때문이다. 따라서 그 행위는 엄밀히 말해 찬송 부르는 자로 하여금 실행을 결심하도록 만들기 위해 하나님이 행하신 것이다"(96-97).

22 호다요트에서 찬송하는 자를 "단순한 행위자가 아니라, 그를 통해 하나님이 일하시는 인간 행위 주체"로 보는 것에 대해서는 Newsom, *Symbolic Space*, 207을 보라.

가는 자가 어떻게 그런 힘을 모아 끌어낼 수 있겠습니까? 당신이 이 모든 일을 행하신 것은 오로지 당신의 영광을 위한 것입니다.

11-12절에서 "아니"라는 부정어의 반복은(אין...ואין...ואין...אין...ולא...לא)은 다음의 사실을 그 이상 더 강조할 수 없다. 곧 인간이 나중에 이 장면에 등장할 수 있다면, 이는 오로지 하나님의 "의지"(רצון, 11)의 보편적 도달과 총체적 효력 때문에 가능한 것이다.

이와 같은 대조는 인간 비하(Niedrigkeit)의 세 번째 국면, 즉 하나님의 계획 속에 자격 없는 인간이 참여하는 **비상응성**을 부각시킨다. 이 국면은 사람이 그보다 더 큰 문학적 맥락 안에서 자기비하를 외침으로 고백할 때 극명하게 드러난다. 예를 들어 칼럼 IX(앞으로 살펴볼 것이다)에서, 인간의 일반적인 폄하(IX.23-25)가 언급되기 직전에 우주의 계획이 포괄적으로 묘사된다(IX.9-22). 찬송하는 자의 무가치성은 그의 "귀가 열려" 이런 "놀라운 비밀들"을 깨닫게 된 것에 대한 자신의 놀라움을 강조한다(IX.23). 같은 방식으로서 칼럼 V 끝에 나오는 질문, 곧 "당신의 그 큰 두려운 행위들의 한가운데 있을 때, 여자에게서 태어난 자는 무엇이겠습니까?"(V.31)라는 질문은 하나님의 우주적 계획의 묘사로 확대된(하지만 유감스럽게도 단편적인) 수사학적 수식(foil)이다. 그 계획은 창세 전에 세워졌고, "당신의 무수한 영들과 [천상의 존재들]의 회합"으로부터 우주의 모든 층을 거쳐 "바다와 그 깊은 곳"에 이르기까지 존재하는 모든 실재를 포괄한다(V.24-26). 이렇게 엄청나게 큰 규모는 공간적인 것만큼 또한 시간적으로도 매우 인상적이다. 그 계획은 "옛날 옛적에 수립되었고", "모든 영원한 시대와 하나님의 영속적인 출현"을 위한 것이다(V.26-27). 이는 다음과 같은 질문의 배경과는 반대가 된다. "육체의 영"이 도대체 어떻게 "이 모든 것을 이해하고", "여자에게서 태어난" 자가 과연 무슨 존재이겠는가(V.30-31)? "티끌 더미" 주제에 우주의 비밀에 내밀히 관여한다는 것, "영원한 평화 속에서 넘쳐흐르는 기쁨과 함께 영광을 받고 통치권을 갖는 것"(V.34-35), 그리고 "영속하는 천군천사와 영원한 영들과 함께 당신 앞에 서는 것"(XIX.16)은 터무니없이 믿기 어려운 일처럼 보인다. 그러나 확실히 말하자면 바로 그것이 이 찬송들의 주장이다. 이 찬송을 부르는 자가 느끼는 경이로운 감정은 우주의 영원성과 "무익한 인간"의 덧없음(XV.35) 사이에서 반복되는 광활한 초점의 변동을 통해 명확하게 진술되는데, 이 무익하고 덧없는 인간은 어떻게든 하나님의 영원한 계획에 참여하게 된다.

이와 같이 헤아릴 수 없는 하나님의 위대하심만이 아니라, 더욱더 특히 인간 지성을 초월하는 하나님의 계획의 엄청난 규모도 인간의 무가치함을 이처럼 장황하게 설명하게 만드는 문학적·신학적 틀을 제공한다. "티끌로 구성되고 물로 반죽된 것"(V.32)이 우주적 드라마 속에 위치하게 되며, 그 대본(하나님의 말씀)은 "결코 취소되지 않을 것이다"(V.35, 36). 이런 맥락에서 모든 행위를 하나님께 귀속시키는 전치사 "레"(ל, 하나님께[לאל] 의로운 모든 행위가 속해 있다)도 만물이 하나님의 목적을 향해 정립되어 있음을 표현한다. "오! 나의 하나님이시여, 인간을 위해서가 아니라(לכה א[ל]ל[י] ולא לאדם) 당신 자신을 위하여 만물을 지으셨고, 의인과 악인을 창조하셨습니다"(XII.38-39). 하나의 글자 속에 원인론과 목적론이 결합되어 있고, 이 종파의 구성원은 태초와 종말, 원인과 목적 사이에 자신의 자리를 두며 자신이 적극적으로 그 계획의 일부를 구성할 뿐만 아니라 또한 그것을 이해할 특권을 갖고 있다는 사실에 크게 기뻐하고 놀라는 마음을 갖게 된다.

캐럴 뉴섬은 호다요트 안에서 자아가 어떻게 "자신의 무성(無性)을 하나님의 존재와 급진적으로 대조시키는지"에 관하여 민감한 관심을 갖고 연구했다. 그 순간에 자아는 "인간적 허무함으로 사라지는" 동시에 "교묘하게도 하나님 속으로 사라진다."[23] 이 과정은 두 가지의 대조되는 역동

---

23   Newsom, *Symbolic Space*, 220-21. 참조. 172-74. 거기서 뉴섬은 "자기학대의 숭고

성이 교차하는 지점에서 불안한 자아를 생성시키고, 이 자아의 극단적 양극성으로 인해 이 종파의 구성원은 자신의 부족함을 유일하게 채워줄 수 있는 신적 충만함으로부터 단절된 상태로 떨어진다. 그러나 뉴섬은 또한 이 찬송들(지도자 찬송만이 아니라)이 쿰란 공동체의 **사회적** 관심사도 표현하고 있음을 인정한다. 사실 우리는 이처럼 인간의 무가치함에 대한 이런 고백이 이 종파가 공동체의 경계선을 강화하는 데 도움을 주었다고 단정할 수 있다.[24] 자기 자신을 어긋난 존재로 정죄하고 약함 가운데 자신을 낮추며, 우주 속에서 자신의 비상응적인 위치를 조롱함으로써 이 종파 공동체의 구성원은 "야하드"(고백)의 관점에서 정의된 것을 제외한 자신의 모든 "가치"를 무효화하고, 그렇게 하여 공동체 밖으로 나가는 모든 출구를 안에서 걸어 잠근다. 공동체 밖에는 가치의 기초가 될 수 있는 것이 전혀 없다. 실제로 다수의 본문에서 상징적 자원의 대안적 원천이 되는 부의 가치가 강하게 거부된다(예. VI.30-32; VII.35-37; XVIII.24-33). 만약 인간이 물로 반죽한 티끌이고 왜곡되고 불순한 존재 외에 다른 아무것도 아니라면, 따라서 공동체 안에서 부여받은 신적 은사들 **외에** 다른 아무것도 아니라면, 공동체 밖에서 가치 있는 것은 아무것도 없는 셈이 된다. 호다요트의 몇몇 구절들로부터 배교는 공동체에 위협이 된다(XIII.20-XV.5에서도 특히 XIII.22-25를 보라)는 표현이 등장한다. 그 종파 구성원이 언약에 진입할 때 강력히 선포되는 저주로 인해 우리는 확신이 없어 실족하기 쉬운 구성원에 대한 특별한 염려를 인지할 수 있다(1QS II.16-18; 참조. VII.15-25). 이 찬송들을 반복해서 부르는 것은 그 위험을 감소시키는 데 도움이 되었을 것

함"(masocistich sublime, 피터 버거의 "자기학대의 신정론"[masochistic theodicy]을 변화시킨 용어)의 계발에 관해 말한다.

24   참조. Newsom, *Symbolic Space*, 193-94, 269, 275, 349-50. 뉴섬의 주석처럼 "자아에 관한 명확한 담론을 향상시키면, 사람들은 사회에서 지배적인 자아의 언어 혹은 이전의 자아의식으로부터 점차 멀어지게 된다. 이렇게 해서 형성된 새로운 주체성의 내용과 구조는 지배적 문화에 대한 결집된 비판으로서 작용한다"(294).

이다. 조상들 그리고 자신의 개인적 과거를 거부함으로써(XII.35-36; 참조. 레 26:40), 심지어 자신의 현재 상태를 "흙으로 만들어진 구조"와 "불결한 샘"으로 규정함으로써, 이 종파의 구성원은 자신이 하나님의 능력과 긍휼에 전적으로 의존하고 있다는 사실을 수사학적으로 강화한다. 그의 유일한 가치는 "[하나님이] 선호하시는 자녀"에 속한다는 사실이다.

7.3. 하나님의 선하심

장르, 어법, 그리고 특징적 구문에서, 호다요트는 일관되게 하나님의 선하심과 긍휼을 지향하고 있다. 대부분의 찬송은 "오! 주여, 당신께 감사합니다"(אודכה אדוני, 예를 들어 XV.9)라는 공식적 문구와 함께 시작하고, 이어서 대개 설명어인 "왜냐하면"(כי)이 뒤따라온다. 반면에 다른 찬송들(그리고 많은 하위 부분들)의 시작은 "당신에게 복이 있으니…"(ברוך אתה, 예를 들어 VII.21; VIII.26)로 시작된다.[25] 찬송하는 자는 감사하는 태도를 갖고 모든 좋은 것의 원천을 향해 눈을 들어올리며, 다양한 구문 형식들(행위 동사; 사역형; 전치사 어구 등)을 사용하여 하나님의 행하심을 강조한다. 1QHᵃ VI.19-27에 따르면 "당신의 종의 마음속에" 이해력을 "주시거나" "두시는"(הנותן) 분 그리고 인간의 운명에 대해 "당신의 종에게 통찰력을 일으키시는"(תשכל עבדך) 분은 하나님이시다(VI.22). 찬송하는 자가 "저는 압니다"라고 말하는 곳에서 이것은 의식적으로 다음과 같은 한정된 의미를 지닌다. "저는 당신에게서 오는 지식을 통해 압니다"(ידעתי מבינתך, VI.23). 찬송하는 자와 하나님의 친밀함이 하나님의 계명에 충실하여 악을 멀리하려는 그의 열심을 통해 표현된다. 그러나 이는 오로지 "당신이 그를 당

---

25 이 찬송들을 이렇게 구분하는 것은 오랜 세월에 걸쳐 논란이 되어온 불확실한 문제였다. 나는 여기서 슈테게만과 슐러(Stegemann and Schuller)의 *1QHodayotᵃ*의 결론을 따른다.

신의 지식으로 가까이 인도하시기"(תגישנו לבינתך, VI.24-25) 때문에 가능하다. 모든 점에서, 그리고 모든 수단을 통하여 찬송하는 자는 자신의 행위가 더 큰 인과적 역학의 틀 안에 위치하게 되는 것을 원한다.[26]

이와 같은 인과적 역학의 뿌리에는 하나님의 능력만이 아니라, 더욱 특별히 하나님의 선하심"(טוב), "인자하심"(חסד), "긍휼"(רחמים)이 놓여 있다. 이런 유사 동의어들은 호다요트 전체에 걸쳐 매우 빈번하게 언급된다. 그것들은 종종 위 아래로 함께 묶여서 언급되거나, 크기와 충만함을 더하는 한정사와 함께 결합되어 사용된다. "당신의 크신 인자하심"(חסדיך גדול); "당신의 풍성하신 선하심"(רוב טובך); "당신의 충만하신 긍휼"(또는 "연민", המון רחמיך) 등을 예로 들 수 있다.[27] 때때로 성서의 원천적 구절이 이런 표현에 미친 영향을 추적하는 것도 가능하다. 어떤 맥락은 하나님이 자기를 사랑하고 자신의 계명을 지키는 자들에게 베풀어주시는 "인자하심"(חסד, 출 20:6; 신 5:10)을 생각나게 하지만(예. VIII.31, 35), 출애굽기 34:6-7의 하나님의 은혜로운 속성들의 목록은 다른 본문들의 형성에 강력한 영향을 미쳤다(예. VI.34-36; VIII.34-35).[28] 그러나 호다요트에서 눈에 띄는 것은 그러한 용어의 편재성 및 탁월성뿐만 아니라, 이 용어를 자비의 대상이 지니고 있는 무가치함과 나란히 병치시킴으로써, 그 개념을 "극대화 하고 있다"는 점이다.[29]

이 찬송가 선집에서 가장 짧은 곡 가운데 하나가 하나님의 선하심에

---

26   Newsom, *Symbolic Space*, 204-21을 보라.

27   이상의 세 가지 용어는 인간의 삶 속에서 경험되는 하나님의 자비를 표현하는 말로서 훨씬 더 자주 사용된다(רחמים[긍휼]과 חסד[인자하심]은 각각 현존하는 본문 속에서 35회에 걸쳐 나타난다. 그리고 "선하심"[טוב]은 14회에 걸쳐 나타난다). 이와 비교할 때 어근 חנן(하난)에서 나온 단어들은 드물다(명사와 형용사는 각각 1회씩만 나타나고, 동사는 단지 6회에 그친다).

28   Holm-Nielsen, *Hodayot*, 225, 239-40; Stergemann, Schuller, *1QHodayot*, 69 (IV.24 부분)을 보라.

29   (K. 버크로부터 온) "극대화"(perfecting) 개념은 Newsom, *Symbolic Space*, 266-67에서

감사하는 그런 수사적 표현의 좋은 사례가 된다(XV.29-36).

[29] 오! 주님, 당신께 감사드립니다. 당신은 당신의 진리로 저를 가르쳐주셨고 [30] 당신의 놀라운 비밀을 제게 알려주셨으며, 죄 많은 인간을 향한 당신의 인자하심과 마음이 뒤틀린 자를 향한 당신의 풍성하신 자비를 알려주셨습니다. [31] 오! 주님, 신들 가운데 당신과 같은 자가 누구겠습니까? 누가 당신의 진리와 같은 것을 갖고 있겠습니까? 심판을 받을 때 누가 당신 앞에서 의로운 자일 수 있겠습니까? [32] 한 순간도 당신의 꾸지람에 대답할 말이 없고, 그 누구도 당신의 진노 앞에 설 수 없습니다.

그러나 당신의 모든 진리의 [33] 자녀들에게 당신은 당신 앞에서 용서를 베풀어주십니다. 당신의 크신 선하심을 통해 그들을 죄악에서 깨끗하게 해주십니다. [34] 그리고 당신의 흘러넘치는 자비를 통해 그들이 영원토록 당신 앞에 설 수 있도록 하십니다.

당신은 영원하신 하나님이고 당신의 모든 길은 세세토록 [35] 확정되어 있기에, 당신으로부터 떨어져 있는 것은 아무것도 없습니다. 그러니 무에 속하여 헛된 것을 소유한 사람이란 무엇이겠으며, 그는 [36] 당신의 위대한 일들을 얼마나 많이 성찰해야 하겠습니까?

이 찬송의 시작과 마침 부분은 쿰란 공동체의 탁월한 소유물을 확인시켜준다. 그것은 "지식"이다. 진리 안에 있는 교훈을 배우는 것이 하나님께 감사함으로써 받는 복의 첫 번째 요소다(29). 그리고 이 찬송은 이 종파의 구성원이 하나님이 행하신 놀라운 일들을 충분히 인지하며 성찰하는 것으로 마무리된다(35-36). 지식과 이해는 구원의 유익 중 하나에 그치는 것이 아니라 나머지를 위한 **기초**이자 **틀**이 된다. 지식이 주어짐으로써 이 종파의 구성원들은 구원에 무엇이 뒤따라오는지, 그리고 구원이 어떻게

도 그와 같은 맥락에서 사용된다.

하나님의 계획에 적합한 것인지를 이해한다. 이 종파의 구성원이 여기서 자신들을 "진리의 자녀"라고 묘사하는 것은 우연한 일이 아니다(32-33). 그들은 무엇보다도 가장 먼저 인지적 공동체. 지도자 찬송(칼럼 X-XVII 단원에 나오는 찬송)이 분명히 밝히고 있듯이, 특별히 바로 이 "진리"를 나누고 해석하는 일에, 그리고 공동체의 지식을 검증하고 평가하는 일에 책임을 지는 특정 인물들이 있다(예. X.15-16). 은혜로 수여받은 그 지식이 하나님의 "놀라운 비밀"(רזי פלאכה, XV.30)을 열어젖힘으로써, 이 종파의 구성원은 우주의 은밀한 작용에 관해 독특하고 놀라운 지식을 갖게 된다.[30]

바로 그 놀라운 비밀들 속에 전적으로 무가치한 인간들을 향한 하나님의 "인자하심"과 "연민"이 숨어 있다. 하나님의 "풍성하신 연민"은 마음이 "뒤틀려 있고", 냉혹한 하나님의 심판 앞에서 절대적으로 아무것도 변명할 것이 없는 자들에게 제시된다(XV.30-32). 연민에 필수적인 것은 하나님이 죄를 "용서하시는 것"(סליחות, 33)과 죄악을 "깨끗하게 해주시는 것" 곧 인간을 나쁜 상태로 전락시키는 불순함을 제거해주시는 것이다. 다른 곳에서 이것은 죄책을 "덮는 것"(כפר)으로 해석될 수 있으나(XII.38; XXIII.33), 호다요트는 은혜가 하나님의 진노 앞에 "설" 수 없는 죄인들을 하나님 앞에 영원히 "세울" 때(또는 "그들을 서게 만들 때", העמידם), 그 은혜가 주어지는 방법보다는 그것의 특별한 현상 자체에 더 큰 관심을 갖는다 (XV.34). 이와 같은 "서 있음"(standing)은 호다요트에서 다양한 의미를 갖고 있다. 어떤 측면에서 "서 있음"은 하나님의 법과 길에 대한 결연한 헌신을 의미한다. 그것은 "진리와 의를 선택하고", 하나님을 자유롭게 사랑하고, 하나님이 사랑하는 모든 것을 사랑함으로써(예. VI.34-40) 언약을 굳게 지키며 "온전히 서는 것"(XIII.11)이다. 다른 측면에서 "서 있음"은 지도

---

30 호다요트에서 구원의 본질적 핵심이 되는 지식에 대해서는 다음의 자료들을 보라 Kuhn, *Enderwartung*, 139-75; E. P. Sanders, *Paul and Palestinian Judaism* (London: SCM Press, 1977), 260-61; Maston, *Divine and Human Agency*, 113-17.

자 찬송들이 몰락과 안정, 해체와 굳건함에 관한 생생한 은유를 담고 있는 것(예. XI.6-41)처럼, 안정과 인내, 그리고 시험과 고통을 견디는 능력을 불러일으킨다. 그러나 또 다른 측면에서 볼 때 "서 있음"은 죄로부터 깨끗하게 되어 "무수한 천군천사들"과 함께 자신의 자리(מעמד)를 차지하고, "하늘의 자녀들" 및 "지식의 영들"과 교제를 나누는 이 종파에 속한 구성원의 "지위"를 의미한다(XI.22-24). 이 찬송을 부르는 자에게 하나님의 풍성한 연민의 가장 놀라운 결과는 바로 이처럼 고양된 영원한 운명이다.

하나님의 진노가 모든 죄와 충돌할 때, 그 하나님이 "무에 속한 사람"에 대한 연민을 가지시는 것, 그래서 그 사람이 영원토록 하나님 앞에 설 수 있게 되는 것은 어떻게 발생할 수 있을까(XV.32-35)? 보다 더 예리하게 질문하자면, "나를 향한 당신의 풍성한 연민으로 죄악을 용서하시고", 그다음에 "당신의 의를 통해"(בצדקתכה, XII.38) "사람을 죄책에서 깨끗하게" 하시는 것은 어찌된 일일까? 우리는 의의 특성을 통해 하나님이 죄인을 심판하시고 정죄하실 것을 예상하는데(예. IX.32), 그것이 여기서는 용서하고 깨끗하게 하시는 하나님의 수단으로 작용하는 것은 어찌된 일일까? 이러한 놀라운 변화를 어느 정도라도 설명하지 않은 채, "의"라는 용어를 단순히 "배분적 정의"로부터 "은혜로움"에 이르기까지 그 의미가 다양하다고 말하는 것만으로는 충분치 않아 보인다.[31] 어떤 사람들은 "살육의 날"에 정죄를 받지만, 똑같이 무가치한 다른 사람들이 하나님 앞에 의로운 자로 "서는" 것이 하나님의 "의"라면, 이 단어의 의미가 변경된 것인가, 아니면 추상적 "공의"의 개념과는 다른 어떤 논리가 반영되어 있는 것

<hr />

31   Newsom, *Symbolic Space*, 267-68을 보라. Sanders, *Paul and Palestinian Judaism*, 310-
11을 참조하라. 1QH³에 나타나는 어근 צדק(의)에 대한 설명을 다음의 자료들에서
보라. Becker, *Heil Gottes*, 149-55; O. Betz, "Rechtfertigung in Qumran," in J. Friedrich,
W. Pöhlmann, Stuhlmacher, ed., *Rechtfertigung. Festschrift für E. Käsemann* (Tübingen:
Mohr Siebeck, 1976), 17-36; E. Zurli, "La Giustificazione 'solo per grazia' in *1QS* X,
9-XI e *1QH³*," *Revue de Qumran* 79 (2002), 445-77.

인가? 위에 인용된 본문(XV.29-36)으로부터 우리는 "세대에 걸쳐 확립된 (יכוננו)" 하나님의 "길들"을 참조함으로써(XV.34-35) 그 논리에 대한 힌트를 얻게 된다. 이는 죄인들에 대한 하나님의 연민이 "공의"와 "자비" 사이에서 임의로 변하는 자의적 결정이 아니라, 영원 전에 세우신 계획과 목적에 상응하는 것임을 암시한다. 다시 말해 호다요트에서 "의"란 하나님이 자기 자신보다 더 근본적인 공정성의 규범에 따라 정의를 베풀어주시는 배분적 정의 체계가 아니다. 오히려 하나님의 "공정성"은 하나님 자신이 만드신 규칙에 따라 정의된다. 하나님이 "의로우신" 것은 자신이 작성한 시나리오를 완전히 지키시기 때문이다.[32] 따라서 "의"는 절대적 속성이 아닌 상대적 속성이다. 곧 의란 하나님 자신의 규칙, 약속, 혹은 결정에 대한 올바른 또는 적절한 정렬을 의미한다. 그리고 이 규칙 혹은 영원한 "길들"은 인류가 다른 "운명"에 빠지기 전에 미리 확립되었다(참조. XV.37). 그러므로 하나님이 어떤 사람들에게는 그들이 죄인임에도 불구하고 연민을 가지시고, 다른 사람들에게는 무자비한 진노로 정죄하시는 것은 "옳다."

이와 같은 예정론적인 배경은 찬송하는 자가 하나님의 자비와 긍휼을 송축하는 거의 모든 맥락 속에서 드러난다. 하나님의 연민과 은혜를 충분히 언급하는 어느 구절(VIII.22-36)에서 이 종파의 구성원은 이렇게 고백한다. 당신이 [당신의] 의로운 행위를 통해 어떤 사람의 기업을 번성케 하신 것은 그 사람을 향한 "당신의 선하신 뜻(더욱 적절한 용어로는 선호; [ד]ברצונו)에 따른" 것입니다(VIII.22). "당신이 의인의 영을 기록하신 것을 알고 있기에, 저 자신은 당신의 뜻 (כרצו[ד], VIII.28)에 따라 제 손을 깨끗

---

[32] "공정성/진실"(אמת)과 "의"(צדקה) 사이의 밀접한 관계에 대해서는 예를 들어 VI.26, 36-37; IX.28-29, 32; XIX.10; 1QS 4.24; 9.17; 11.14를 보라. 참조. "당신의 진리의 판단"(משפט אמתכה, 1QHᵃ XXV.12). 진리는 "분별"(נכון, XVII.32)이고, 이것은 측량줄과 저울추가 건물의 "참됨"을 보증하는 것과 같다(IX.30-31; XI.28; XVI.22-23을 보라). Hultgren, *Damascus Covenant*, 431-43은 호다요트 안에 하나님의 "의"와 언약에 대한 하나님의 신실하심, 이 둘 사이에 연관성이 있다고 주장한다.

하게 하기로 정했습니다." "라촌"(רצון)이라는 핵심 단어는 "뜻", "선의", "호의" 등으로 다양하게 번역될 수 있다. 이는 하나님이 뜻하시는 것(즉 바라시는 것)이나 그에 대한 하나님의 의지(하나님의 선호 혹은 선택)를 의미하고, 결과적으로 되풀이 되는 세상의 깊은 구조를 지시하게 된다.[33] 찬송하는 자는 "하나님이 [그에게] 주신 영을 통해" 하나님께서 자신의 인자하심을 완성하시도록 호소한다.

> 당신이 제게 보여주신 크신 인자하심(בגדול חסדיד)에 따라 당신의 거룩한 영으로 저를 깨끗하게 하시고, 당신의 선한 호의("선호", ברצונך)로 저를 당신께 더 가까이 인도하시는 것, 그리고 저의 발이 당신의 선한 호의(רצו[נ]ד])의 완전한 진지 안에 서게 하시는 것, 이 모든 것이 당신을 사랑하는 자와 당신의 계명을 지키는 자를 위해 당신이 선택하신(בח[ר]תה) 것입니다 (VIII.30-31).

여기서 하나님이 "자기를 사랑하고 계명을 지키는 자"에게 보여주시는 헤세드(חסד)에 대한 고전적인 성서 본문(출 20:6; 신 5:10; 7:9)이 선별, 선택, "선호"를 나타내는 일련의 문구를 통해 서문으로 제시되고 해석되며 부연 설명되고 있다.[34] 이러한 부연 설명은 하나님의 인자하심의 작

---

33   이 단어는 1QHᵃ에서 26회 나타나며, 때로는 하나님이 원하시거나 바라시는 것(즉 하나님의 뜻의 대상들; 예를 들어 IV.35; VI.21; VIII.28)을 가리키는 의미로, 때로는 하나님의 뜻이나 소원(즉 동명사로서 그 대상들에 대한 하나님의 의지, 예를 들어 VI.24, 38; IX.17, 22)을 가리키는 의미로 사용된다. 이 단어는 추상적 의미의 "뜻"을 가리키는 것이 아니라, "선별적 선호" 곧 하나님의 적극적인 선택과 그 결과로서의 호의를 가리킨다. 이에 대한 간략한 토론을 다음 문헌에서 보라. N. Walker, "Critical Note: The Renderings of RASON," *JBL* 81 (1962), 182-84; E. H. Merrill, *Qumran and Predestination: A Theological Study of the Thanksgiving Hymns* (Leiden: Brill, 1975), 17-18.

34   Holm-Nielsen, *Hodayot*, 240을 보라. 이 익숙한 성서 문구는 다음과 같이 통합되지만 부연 설명이 뒤따른다(강조체 부분이 성서의 내용이다). "당신이 제게 **보여주신** 크신 인자

용을 뒷받침해주고 최종적으로 설명해준다. 다시 말해 이 종파의 구성원에 대한 하나님의 긍휼은 하나님이 예전에 행하신 영원한 선택에 대한 역사적 표현이다. 이전에 확립된 이 "선호"(רצון)는 하나님의 뜻의 결정이며, 영원 전에 행해졌으나 하나님의 자비하심을 통해 지금 실행되고 있는 것이다.

7.4. 예정 그리고 우주의 설계

하나님의 자비가 합당하지 못한 인간에게도 주어진다는 결정론은 많은 주목할 만한 구절에서 충분히 그리고 완전히 표현되어 있다. 가장 인상적인 찬송은 일종의 "이중 예정" 형태로서, 이는 인류를 대조적인 두 집단으로 나누고 있는데(VII.21-39), 그 핵심 내용은 아래와 같다(VII. 25-33).

> [25] 저에 관해 말하자면, 저는 당신에게서 오는 지식에 의존하여, 개인이 자신의 길을 완성할 수 있는 것은 육체의 능력에 의한 것이 아님을 알고 [26] 또 사람은 자기 발자취를 스스로 지시할 수 없다는 것도 압니다. 그리고 저는 당신의 손안에 모든 영의 성향이 있고, 또 당신이 [27] 영을 창조하시기도 전에 영의 모든 활동을 이미 결정하셨다는 것도 압니다. 누가 당신의 말씀을 변경시킬 수 있겠습니까?
>
> 오로지 당신만이 홀로 [28] 의인을 창조하셨고, 당신은 모태로부터 그를 위해 좋은 때를 준비하셨으며, 그래서 그 의인이 당신의 언약에 주의하고 당

하심에 따라…당신의 선한 호의로 저를 당신께 더 가까이 인도하시는 것, 그리고 저의 발이 당신의 선한 호의의 완전한 진지 안에 서게 하시는 것, 이 모든 것은 **당신을 사랑하는 자와 당신의 계명을 지키는 자를 위해** 당신이 선택하신 것입니다." 이렇게 확장된 부연 설명은 하나님의 "인자하심"이 하나님의 선택적 "선호"라는 틀 안에 놓여 있음을 암시한다.

신의 모든 길을 따라 걸으며 [29] 당신의 풍성한 인자로 그를 앞서 가게 하시고, 그가 영혼의 온갖 고통에서 벗어나 영원한 구원과 영속하는 평강을 부족함 없이 누리도록 하셨습니다.

그러나 당신은 당신의 진노의 목적과 대상으로 악인들을 창조하셨고, 모태로부터 그들을 살육의 날에 넘겨주셨습니다. [31] 왜냐하면 악인들은 선하지 않은 길을 가고 당신의 언약을 멸시하며, 그들의 영혼은 당신의 법규를 싫어하기 때문입니다. 악인들은 [32] 당신이 명하신 것 가운데 한 가지도 즐거워하지 않고, 오히려 당신이 미워하는 것을 선택합니다. 그래서 당신은 그들에게 당신의 진노의 때를 정하셨는데, 그것은 [33] 당신의 모든 피조물이 지켜보는 앞에서 악인들에게 큰 심판을 행하셔서 모든 피조물이 당신의 영광과 크신 권능을 알 수 있게 하고, 영원한 세대에 표징과 징조를 주기 위함이었습니다.

이 찬송은 "모든 영"의 성향(יצר)이 하나님께로 소급되고 그것들이 창조되기 이전에 이미 철회될 수 없이 "결정되어 있음"(כון)을 소개한(25-27) 후에, 이어서 "의인"에 대한 예정(27-30)을, 그다음에는 "악인"에 대한 예정(30-33)을 나란히 묘사한다. 이는 인류의 한 집단은 "영원한 구원"의 운명을 맞도록, 다른 집단은 "살육의 날"이라는 운명을 맞도록 확고히 분리되어 있음을 나타낸다(참조. VI.22-23; XII.39).[35] 이 두 집단은 의지적 행위의 뚜렷한 패턴을 갖고 있다. 의인은 하나님의 언약에 주목하고 하나님의 길을 따라 "걷는다"(28). 반면에 악인은 하나님의 언약을 멸시하고 하나님이 미워하시는 것을 선택한다(31-32). "걷기"와 "선택"(בחר, 32; 참조. VI.21; XII.18)이라는 용어는 인간 행위자가 수동적이지도 자동적이지도 않음을 나타낸다. 그러나 "걸음"의 이러한 성향 및 패턴 그 자체는 이

---

35   이 본문의 구조와 시학에 대한 상세한 분석을 Hughes, *Scriptural Allusions*, 63-95에서 보라.

미 "결정되어 있다." 호다요트에서 흔히 등장하는 단어 가운데 하나(50회 이상 나타난다)인 동사 쿤(כון)은 특별히 이 본문에서 아주 빈번하게 되풀이되고 있으며(VII.26, 27, 28, 32, 34, 35), 인간의 운명 그리고 그에 상응하는 행위 곧 하나님의 일에 속하는 행위가 고정되어 있음을 나타낸다. 더욱이 인간 영의 이와 같은 "결정"은 그 영이 창조되기 **이전에** 이미 정해진다 (27). 다시 말해 두 가지 형태의 인간성은 "모태로부터" 각각의 운명에 할당되었다(28, 30). 따라서 그들의 행위에 대한 선택이 그들의 운명을 아무리 많이 **보여줄 수** 있다 해도, 그 선택이 그들의 운명을 결정하거나 변경시키지는 못한다. 여기서 묘사된 인류는 이미 대본이 완성된 드라마의 자발적인 연기자로, 저자의 설계에 따른 이 드라마의 시작, 전개, 결론은 절대로 돌이킬 수 없다. 그러므로 "누가 당신의 말씀을 변경시킬 수 있겠습니까?"(27).[36]

이런 결정론의 표시는 호다요트 본문 전체에서 찾을 수 있다. 비록 인간이 "선택한다"고 말할 수 있지만, 더 깊은 수준에서 하나님은 이미 인류 가운데서 자신의 것, 곧 "의의 선민"(בחירי צדק, X.15; 참조. IV.33; VI.13, 26, XVIII.28)을 "선택하셨다". 이렇게 택함 받은 자들이 받을 "유산"(נחלה, VI.30; VIII.22; XVIII.30)에는 등급이 있는 것처럼 보인다. 하지만 그들의 "운명"(גורל)은 다른 방향이 아니라 한 방향으로 정해져 있는 것이 분명하다. 말하자면 "비열한 자"나 "부정한 집단"과 함께하는 자가 아니라 (XI.26; XV.37) "지식의 영"과 "하나님 앞의 천사들"과 함께하는 자로 예정

---

36   쿰란 공동체에서 나타나는 결정론에 대한 설명들(예. Merrill, *Qumran and Predestination*)은 대체로 예정을 "자유의지"(현대의 자율성과 같은 의미)와 반대되는 것으로 본다. 샌더스(*Paul and Palestinian Judaism*, 257-70)는 이 문제가 사해 사본의 주된 주제가 아니었다는 것을 올바로 의식했으나, 그들의 신학이 일관적이지 않다고 간주했다. 매스턴은 그 문제가 "자유의지"에 관한 현대적 가정으로부터 나오는 것이지 호다요트에는 적용되지 않는다고 정확하게 주장한다. Maston, *Divine and Human Agency*, 110-13.

되어 있는 것이다(XI.23; XIV.16; XIX.14).[37] 우리는 이미 하나님의 "뜻"이나 "선호"(רצון)가 갖는 결정적 효과에 주목했는데, 이는 지금 우리가 다루고 있는 본문에 다시 반영된 개념으로, 이 본문은 의인들이 모태로부터 "선호의 때"(למועד רצון, VII.28)를 위해, 즉 하나님이 미리 예정하신 선호가 효력을 발휘할 때를 위해 준비되었다고 주장한다.[38] 비록 이 "선호"가 이 종파 구성원들의 삶 속에서 역사적인 형태를 취하고는 있지만, 그들은 자신들의 공동체의 기원이 그들의 불확실한 삶을 초월하여 그 전에 이미 확립된 설계 내에 있다는 것을 인식한다.

여기서 "자비"(רחמים), "인자하심"(חסד), "선하심"(טוב)이라는 말이 자주 등장하기는 해도, 이 말들이 인간의 운명에 대한 시간 이전의 (혹은 출생 이전의) 결정과 관련해서는 절대로 사용되고 있지 않다는 점에 주목해야 한다. 인간의 "운명"에 대한 "선택"과 "결정"은 하나님의 "인자하심"이나 "선하심"이 아니라 하나님의 "선호"(רצון)에 의해 이루어지는 것이 특징이다. 이에 따라 우리는 하나님의 자비하심의 두 가지 차원을 묘사하는 두 부류의 어휘를 구분할 수 있다. 호다요트의 저자들은 자비/인자라는 용어를 하나님께서 인간을 그들의 무가치함, 연약함, 죄 등의 곤경으로부터 구원하시는 것을 묘사하는 데 사용한다. 하지만 하나님의 호의를 미리 정해진 "진리의 아들들"의 운명과 관련시켜 말할 때, 그들은 하나님의 "긍휼"이 아니라 하나님의 "선호"라는 표현을 사용한다. 하나님의 긍휼은 "하나님이 선호하시는 그때" 경험되지만(VII.28; 참조. 사 49:8), "선호" 그 자체는 "긍휼"의 행위가 아니며, 하나님의 뜻에 따라 실행된 선택성을 나

---

37   사해 사본에 등장하는 예정과 관련된 다른 어휘들과 함께 "운명"(גורל)에 대한 설명은 F. Nötscher, *Zur theologischen Terminologie der Qumran-Texte* (Bonn: Hanstein Verlag, 1956), 169-73에서 보라.

38   XXIV.13에 나오는 유사 표현인 "당신의 호의의 시간"(קץ רצונכה)을 참조하라. 단순히 미래인 것이 아니라 현재에도 해당하는 이 시간에 대해서는 Kuhn, *Enderwartung*, 103-11을 보라.

타낸다.[39]

이러한 차별화된 어휘들이 하나님의 "긍휼"을 그분의 영원한 "선호"의 더 큰 틀에 위치시킨다면, 이때 선호는 그 자체로 모든 공간과 시간을 규제하는 우주적 계획에 필수적이다. 이 종파의 구성원들이 우주의 규칙성에 굉장히 큰 감명을 받았고, 그 규칙성을 통해 실재의 포괄적인 질서를 표현하려 했음을 암시하는 증거가 있다. 그들의 운명은 상호 연결된 구조들의 거대한 그물망 속에서 단지 하나의 작은 요소에 불과했다.[40] 이러한 창조적인 그물망(matrix)은 칼럼 IX의 찬송에서 특별히 분명하다. 비록 시작 부분의 행들은 크게 훼손되었지만 10행 이후로 모든 인간 영의 형성과 결정이 우주의 포괄적 지도 위에 놓여 있음이 분명해진다. 이 지도에 따르면 하나님의 뜻/선호(רצון, 10, 12, 17, 22)는 하늘과 땅을 다스리는 세력들을 동등하게 결정해 놓았다(כון, 11, 12, 16, 19, 21, 30). 하늘에서는 "강한 영들"이 하나님의 "법"의 지배를 받으며, "거룩한 천사들"과 "영원한 영들"의 "지배권"도 그렇게 결정되고, 해와 달과 별들, 바람, 저장소들(the storehouses)은 그것들이 간직한 "비밀"과 "직무"에 따라 각각 그렇게 배열된다(11-15). 보다 낮은 차원에서는, 땅, 바다, 땅속 깊은 곳이 하나님의 뜻

---

39   이와 같이 하나님의 연민은 "하나님이 선호하시는 자녀들"(בני רצונו, XII.33-34; XIX.12)에게 행사되는데, 이 선호는 이미 그 이전에 확정된 것이다. "저는 당신의 용서를 소망을 갖고 기다립니다. 왜냐하면 당신이 친히 당신의 종의 영을 형성하셨고, 당신의 뜻에 따라 나를 결정하셨기 때문입니다"(וכרצ[ונכה הכינותני], XVIII.23-24). 참조. VI.24; VIII.22, 30; IX.21-22; XIV.9; XVII.14.

40   동굴 4에서 나온 달력 본문들(예. 4Q 달의 위상 [4Q 317], 4Q 달력 문서 E [4Q 326-27] 그리고 4QMishmarot[4Q 320-25, 328-30])이 특별히 이 점을 명확히 드러내고 있다. S. Talmon et. al, *Qumran Cave 4: XVI, Calendrical Texts* (Oxford: Clarendon Press, 2001)를 보라. 점성술과 관상학의 연관성에 대해서는 M. Popovic, *Reading the Human Body: Physiognomics and Astrology in the Dead Sea Scrolls and Hellenistic-Early Roman Period Judaism* (Leiden: Brill, 2007)을 보라. 뉴섬이 말하는 것처럼 "달력의 시기는 조화 곧 우주와의 '동시성' 유무에 관한 유력한 상징이 될 수 있다." Newsom, *Symbolic Space*, 181.

에 따라 설계되고 질서를 갖추며 확립된다(15-17). 우주의 이런 질서는 하나님의 설계에 따라 최종 목적지를 향해 어김없이 운행되는 역사적 "시기"와 "계절"의 반복을 통해 보충된다(17-21). "계획"(מחשבה, 1515, 16)이라는 단어가 여기서 두드러지게 나타나는데, 이 말은 다른 곳에서도 자주 등장한다(예. V.17,26; XVIII.3; XIX.10-11; XXI.8). 공간과 시간에 대한 청사진, 우주의 모든 세부사항과 우주적 운행의 모든 순간은 창조 이전에 이미 결정되어 있다. "당신의 지식 속에 있는 지혜에 따라 당신은 그것들이 존재하기도 전에 그것들의 운명을 결정하셨습니다. 당신의 뜻에 따라 모든 것이 이루어지고, 당신 없이는 아무것도 할 수 없습니다"(IX.21-22).[41]

이 찬송가에 사용된 단어는 창세기 1장의 내용을 반영하며, 피조물의 가시적 현상의 **배후에** 원시적 청사진이 놓여 있음을 암시한다. 순서 및 통치의 가시적 구조는 사전 프로그래밍된 설계의 물리적 흔적이다.[42] 쿰란 공동체 구성원 자신들에 대한 하나님의 선택 그리고 인류의 갈라진 운명은 이러한 우주적 계획을 특별히 명확하게 드러낸다. 이 청사진보다 앞서는 것은 아무것도 없기에, 해가 낮에 비치고 달이 밤에 뜨는 이유를 설명할 필요가 없듯이, 우리는 하나님이 왜 자신이 택하신 자들을 선호하시는지 그 이유에 대해서도 설명할 필요가 없다.[43] 이 쿰란 "야하드"(총회)의

---

41 이 본문에 대한 보다 더 상세한 분석에 대해 Lange, *Weisheit und Prädestination*, 204-29를 보라. 랑게의 지적처럼 여기서 선재하는 지혜가 우주의 물질들 속에 "새겨 넣어진 것"으로 묘사된다.

42 Newsom, *Symbolic Space*, 86-87에서 1QS III-IV 부분을 참조하라. 이 부분은 스스로를 "창세기 1장보다 앞선 본문"으로 확증한다.

43 호다요트에서 "놀라운 비밀들"이 여러 번 언급되고 있는데, 이는 쿰란 공동체의 구성원들이 그 계획을 이해할 수 없었다는 것이 아니라, 오직 그들만이 실재의 모든 수준과 시간의 모든 "시기"를 넘어 그 계획을 **이해하고 있었다는 것**을 가리킨다. 그 계획이 알려질 수 있는 정확한 이유는 그것이 미리 정해진 것이기 때문이다(IX.23). "의의 아들들"의 선택은 우주적 계획의 한 부분이기에, 하나님이 먼저 인간을 창조하시고 이어서 그들 가운데서 선택하셨다면, 그에 대한 설명은 군이 필요하지 않을 것이다. 하나님의 뜻은 "하나님이 선호하시는 아들들"을 "악한 자의 운명"과 구분해서 형성하고 탄생시키는 것

구성원들은 자신들이 하나님의 긍휼을 입어 이 거대한 설계와 조화를 이루게 되었다고 이해했던 것 같다. 그래서 그들의 기도 일과는 빛과 어둠이 반복되는 일상의 패턴과 일치한다. 이는 계절과 "절기의 주기가 그 표지에 따라 고정되어 있는 것"과 마찬가지인데, "모든 지배가 하나님의 명령에 따라 적절한 순서로, 확실하게 정해지기 때문이다"(XX.7-12). 뉴섬의 설명처럼 "창조세계를 하나님의 계획의 표현으로 표시해주는 것은 창조세계가 나타내는 순종적이고 규칙적인 활동이다.…창조주와 피조물은 대칭적으로 배열되어 있다."[44] 자연 세계의 예측 가능한 규칙성에 대해 경외의 마음을 품고 있던 이 종파의 구성원들은 "하나님의 명령"(혹은 그 명령에 대한 정확한 해석)을 따르는 자연 세계의 "적절한 질서"에 복종했다. 그래서 그들은 그런 우주적 균형에 자신들을 맞추어갔고, 그 지식에 전율을 느끼며 만물의 아름다운 질서에 적응했다.

호다요트가 "존재하는 것과 앞으로 존재할 것"에 대한 창조 설계(XX.12)를 가리키며, 그것이 "당신의[하나님의] 지식의 지혜"로 결정된다(IX.21)고 말할 때, 우리는 존재하는 것과 앞으로 존재할 것들이 쿰란에서 발견된 지혜문학 자료들의 우주적 관심사와 일치하고 있음을 감지하게 된다.[45] 4QInstruction에서 발견되는 결정론적인 창조 신학[46] 그리고 "두

인데, 이는 빛과 어둠을 나누어 "낮"과 "밤"을 만드신 것(창 1:14-19)과 같다.

44   Newsom, *Symbolic Space*, 224. 1QS X-XI(174-86)의 마스길의 기도에 나오는 시간 통지에 관한 뉴섬의 논의를 참조하라.

45   지혜문학 자료들에 대한 최근의 논의에 대해서는 예를 들어 M. J. Goff, *Discerning Wisdom: The Sapiential Literature of the Dead Sea Scrolls* (Leiden: Brill, 2007)을 보라.

46   1QHᵃ가 사실은 4QInstruction을 인용한다는 주장(예. 1QHᵃ XVIII.29-30이 4Q418 55.10에서 인용되었다는 주장)에 대해서는 Lange, *Weisheit und Pradestination*, 46, 226을 보라. 하지만 4QInstruction의 특징인 נהיה רצי라는 어구는 1QHᵃ에서 발견되지 않는다. 1QHᵃ의 결정론적 신학에 대해서는 Lange, *Weisheit und Pradestination*, 45-92과 E. J. C. Tigchelaar, *To Increase Learning for the Understanding Ones: Reading and Reconstructing the Fragmentary Early Jewish Sapiential Text 4QInstruction* (Leiden: Brill, 2001)을 보라(호다요트와의 연관성을 암시하는 부분은 194-207이다).

영에 관한 논문"(1QS III.13-IV.26)에 상술되어 있는 예정론적 계획 사이에는 큰 유사성이 있는데, "두 영에 관한 논문"은 이 종파와 관련 없는 본문에서 발췌되어 "공동체 규칙"(1QS)의 한 판본에 삽입된 것으로(혹은 변형되어 도입된 것으로) 보인다.[47] 이 논문이 1QS에 통합되었다는 것은 이 논문이 우주에 대한 해석으로서 쿰란 야하드(yaḥad)에게 가치가 있었음을 나타낸다. 도입된 내용은 찬송들의 신학적 가정과 놀랍게도 비슷하다. "지식의 하나님으로부터 존재하는 모든 것과 앞으로 존재할 모든 것이 생겨납니다. 그것들이 존재하기 전에 하나님께서 그것들 전체에 대한 계획을 세우셨습니다(ולפני היותם הכין כול מחשבתם). 그리고 그것들이 각기 정해진 시기에 존재하게 되었을 때, 모든 일을 그분의 영광스러운 계획(כמחשבת כבודו)에 따라 어느 것 하나도 바꾸지 않고 행할 것입니다"(1QS III.15-16).[48] 호다요트에서 "빛의 왕자"와 "어둠의 천사" 사이의 적대감이 입증되고 있진 않지만, 인류를 그에 상응하는 경로를 따라 대립적 "운명"(גורלות)으로 갈라놓는 포괄적 분리와 이 찬송들이 지니고 있는 인간학적 이원성 사이에는 어느 정도의 유사성이 존재한다.[49] 적어도 이 두 본문은 이 종파의 구성원

47 동굴 4의 "세레크"(Serekh) 판의 발견과 메초의 주장을 따라 많은 학자들은 1QS의 이 부분이 후대에 공동체 규칙 속으로 삽입된 것으로 본다. S. Metso, *The Textual Development of the Qumran Community Rule* (Leiden: Brill, 1997) 그리고 *The Serekh Texts* (London: T&T Clark, 2007). 다른 견해로서는 Alexander, "The Redaction-history of the Serekh ha-Yahad: A Proposal," *RevQ* 65-68 (1996), 437-53을 보라. 그리고 전체 본문(적어도 그 가운데 일부 층이) 쿰란 공동체보다 앞서 나타났거나 혹은 쿰란 공동체의 문헌들에 기원을 두지 않는다고 보는 것도 가능하다. Lange, *Weisheit und Prädestination*, 121-70을 보라. 그 삽입이 1QS에 통합시킨 사람들에 의한 것으로 보는 본문 편집에 대해서는 C. Hempel, "The *Treatise on the Two Spirits* and the Literary History of the *Rule of the Community*," in G. G. Xeravits ed., *Dualism in Qumran* (London: T&T Clark, 2010), 102-20을 보라.

48 García Martínez, Tigchelaar, *Dead Sea Scrolls*, 1.75의 번역.

49 "운명"과 "상속"(נחלה)의 대조에 대해서는 1QS IV.15-16, 24-26을 보라. 1QS의 결정론적 신학에 대해서는 Alexander, "Predestination and Free Will in the Theology of the Dead Sea Scrolls," in J. M. G. Barclay, S. J. Gathercole, ed., *Divine and Human Agency in*

들이 자신들의 미리 정해진 운명, 우주에서 자신들이 맡고 있는 특별한 역할, 그리고 하나님의 "뜻/선호"에 따라 영원 전에 확정된 자신들의 적절한 "때"를 감지하고 있었음을 증언한다.[50]

하나님의 이와 같은 영원한 "선호"는 수혜자의 무가치함과 하찮음을 극단적으로 강조하는 동시에, 또한 이 찬송들이 하나님의 긍휼과 인자하심을 어떻게 송축할 수 있는지를 설명해준다. 하나님이 합당하지 못한 자에게도 관대하시다는 것은, 앞에서 살펴본 것처럼, 하나님의 "은혜"에 대한 필수적 혹은 공통적 해석은 아니다. 하지만 그 사실은 실제로는 하나님의 인자하심에 대한 근거에 관하여 긴급한 질문을 제기한다. 만약 존재론적 혹은 도덕적 가치를 전혀 갖추지 못한 자가 하나님의 인자하심의 혜택을 받았다면, 하나님은 그 수혜자의 비상응성을 자의적으로 무시하신 채 자신의 인자하심을 분별없이 나누어주신 것이 아닐까? 하나님의 은혜가 **정의상** "아무런 공로 없이 주어지는 것"이라고만 가정할 경우, 우리는 이 종파의 구성원들이 그처럼 비천하고 무가치한 대상에게도 그처럼 상상할 수 없는 특권들이 주어졌다는 사실을 통해 표현해 내고 있는 경이로운 느낌과 충격을 놓쳐버릴 수 있다. 그들이 자신들의 무가치함을 강조하면 할수록, 충격의 강도는 그만큼 더 커진다. 하지만 이러한 문제에 대한 설명이 존재한다. 하나님이 **이처럼** 무가치한 인간 족속들에게도 자비를 베푸시는 것은 이치에 맞는 일이다. 왜냐하면 하나님이 그들의 특별한 지위를 우주의 규정에 기록해놓으셨기 때문이다. 그들은 항상 그런 특권적 역할을 누리도록 이미 예정되어 있는 것이다. 따라서 이 종파의 구성원들은 자신들을 변칙적 존재로 보지 않았고, 오히려 우주의 구조에 있어서 주목할

Paul and His Cultural Environment (London: T&T Clark, 2006), 27-49를 보라. 1QH V와 두 영에 관한 논문의 관계에 대해서는 Stegemann, Schuller, *1QHodayot*, 78을 보라. 특히 1QS III-IV에 나타나는 쿰란 공동체의 이원론에 대해서는 G. G. Xeravits, *Dualism in Qumran* (London: T&T Clark, 2010)을 보라.

50   (빛의 영을 즐거워하시는 하나님에 관한) 동사인 רצה에 대해서는 1QS IV.1을 참조하라.

만한 설계적 특징의 표현으로 보았다. 호다요트의 예정설은 고립적이거나 불필요한 주제가 아니라 일종의 구조로서 호다요트의 나머지 신학적 신념들은 예정설이라는 이 구조 안에서 타당성을 얻게 된다.

7.5. 결론

뉴섬의 주장처럼 호다요트는 단순히 읽기 위한(혹은 읽어서 들려주기 위한) 문헌이 아니다. 호다요트는 불려야 하는 찬송이고, 이러한 실천 자체가 이 찬송의 수사적 힘을 측정하는 훌륭한 척도를 구성한다. 이 찬송을 (아마도 규칙적으로) 반복해서 불렀을 때, 이 종파의 구성원들은 아마도 중요한 많은 신학을 흡수했을 것이며, 더하여 그들 자신이 화자로서 이 찬송 속에 등장하는 "나"와 함께 찬송에 참여했을 것이다. 그 결과 그들은 그들 자신을 이 찬송이 묘사하는 무가치하지만 하나님의 은혜를 받은 피조물로 간주했을 것이다. 이런 찬송을 반복해서 진실하게 불렀을 때, "흙으로 지음 받은 피조물"이 하나님의 무한한 인자하심에 힘입어 경이롭게 교정되고 용서를 받아 고양된 존재가 **되는** 일은 일어날 수밖에 없다. 더욱이 이런 찬송을 부르는 일은 결코 사소한 문제가 아니다. 왜냐하면 찬양을 명확하게 말로 표현하는 것은 이 종파의 구성원들이 가졌던 최고의 소명이며, "공동의 즐거움"이라는 우주적 합창에 동참하는 운명의 성취를 의미하기 때문이다. 이런 찬송은 현대인의 귀에는 "단조롭게" 들릴 수도 있다.[51] 하지만 이 찬송의 신중한 구성은 그러한 예배를 올바르게 하기 위한 노력이 기울여졌음을 암시한다. 또한 이 찬송의 가사가 만물의 질서와 일치하는 수학적 계산 혹은 시적 "측정"을 따르고 있다는 암시도 존재한다 (IX.29-33). 이 찬송은 어떤 문구들을 임의로 모아놓은 것이 아니다. 다시 말해

---

51   참조. Licht, "Thanksgiving Scroll," 2.

호다요트는, 비록 장르와 지적 표현에 있어서 우리의 학문적 "신학" 개념과는 매우 다르지만, 제2성전 시대 유대교 신학을 가장 세심하게 표현한 문헌 중 하나다.

앞에서 살펴본 것처럼 이 찬송 속에서 하나님의 "은혜"라는 의미의 해석은 미묘한 윤곽으로 나타난다. 하나님의 "긍휼"과 "자비"에 관한 전통적이고 성서적인 주제들이 많은 횟수로 강조되고 반복되지만, 다양하고 독특한 방식으로 "극대화되고 있다."[52] 하나님의 선하심과 긍휼의 **충만성**은 여러 가지 방식으로 명확하게 표현되었다. 그러나 하나님의 이러한 충만성은 분명 하나님의 진노와 "처벌의 심판"을 대체하는 것이 아니라 오히려 이것들을 돋보이게 하는 작용을 한다. 우리가 필론(그리고 마르키온)에게서 발견한 것과 같이 하나님의 자비하심의 **단일성**(singularity)을 극대화하는 움직임은 없다. 그러나 1QH^{a}에서 독특하고 중심적인 것은 신적 자비의 **비상응성**, 곧 하나님의 긍휼과 그것의 대상인 인간 사이의 현격한 차이다. 여기서 인간은 약하고 죽을 수밖에 없고 오염되고 비열한 상태에 있는 끝없이 부정적인 존재로 정의된다. 이 극단적 양극성은 이 찬송을 가득 채우고 있는 "경이"를 자극한다. 또 이 극단적 양극성은 하나님 앞에서 기도할 때 가져야 할 시적인 태도나 경건한 태도일 뿐만 아니라, 이 찬송에 대한 의식적 근본 교리라고 생각할 만한 충분한 이유가 있다.[53] 그러나

---

52 샌더스는 이렇게 설명한다. "유대교나 기독교로부터 유래한 문서들 가운데 하나님의 은혜를 1QH만큼 강조하는 것은 거의 없다." E. P. Sanders, *Paul and Palestinian Judaism*, 298. 그러나 I부에서 확인한 것처럼 은혜 분석에 있어서 중심 문제는 강조의 상대적 정도가 아니라 은혜를 극대화하는 차별적 방식이다.

53 샌더스는 호다요트가 하나님의 은혜에 대한 강조를 찬송이라는 장르의 한 가지 기능으로(하나님께 건네는 말과 자신과 하나님과의 비교로) 설명한다는 사실을 권면이나 "할라카"(halaka)에서 인간의 능력을 낙관적으로 보는 가정과 대비시킨다. E. P. Sanders, *Paul and Palestinian Jusaism*, 288-89, 292, 297, 328. 샌더스의 주장은 C. VanlLandingham, *Judgment and Justification in Early Judaism and the Apostle Paul* (Peabody: Hendrickson, 2006), 131-35에서 수용되고 확대되었다. 그러나 이 찬송의 많은 특징은 또한 교훈적이고(참조. V.12-14), 비열한 인간이 하나님의 긍휼에 전적으

이 비상응성에 무엇이 함축되어 있고 함축되어 있지 않은지를 분명히 드러내는 것이 중요하다. 비상응성에 함축되어 있는 것은 이 종파의 구성원들이 하나님께 더 이상 행해야 할 의무가 없다는 것이 아니다(하나님의 은혜는 **비순환적** 은혜가 아니다). 다시 말해 용서, 정화, 통찰이 그들에게 주어졌는데, 이는 그들이 "새롭게 되어" 율법을 지키는 공동체 안에서 하나님의 "거룩한 자들"과 교제하며 신실하고 순결한 삶을 살아가도록 하기 위함이다. 만약 합당하지 못한 자가 그런 삶을 통해 합당한 자가 된다면, 호다요트는 하나님이 주시는 힘, 지식, 영을 통해 하나님의 자비하심의 **효력**을 설명하는 내용으로 가득 차 있다고 말할 수 있다. 앞에서 살펴본 것처럼 이처럼 강력한 하나님의 행위는 정화된 이 종파 구성원들의 행위를 배제하거나, 그 행위와 경쟁하는 방식으로 표현되지 않는다. 하나님이 베풀어주시는 힘은 그 힘을 받는 수혜자들의 자발적 의지의 순종을 억압하는 것이 아니라 오히려 활성화시킨다. 하나님의 은혜와 인간의 행위 사이, 곧 비상응적인 대상에게 주어지는 하나님의 긍휼과 인간의 분투하는 율법 준수 사이에 필연적 모순이 존재하는 것은 아니다.[54]

호다요트는 신적 자비의 비상응성을 주제로 삼아 하나님을 송축할 때, 그 주제를 인간의 지성이 단순히 움츠리며 뒤로 물러나야 하는 난해한 비밀로 버려두지 않는다. 오히려 그와 반대로 이 비밀의 이해, 곧 하나님의 목적의 깊이를 파악하는 지식이 이 찬송들 대부분의 지배적 주제다. 왜

로 의존하는 것은 찬송하는 자가 얻는 "통찰력"의 한 부분인 것으로 보인다. 쿰란 두루마리 속에는 이런 양극성을 보여주지 않는 기도들도 많이 있다. 이에 대해서는 Nitzan, *Qumran Prayer,* 그리고 Maston, *Divine and Human Agency*, 80을 보라. 후자는 드물게 4Q 504-506을 유사한 자료로 인용한다. 구약 시편들에 사용된 용어와의 비교에 대해서는 Newsom, *Symbolic Space*, 269-73을 보라.

54 샌더스는 호다요트에서 제시되는 이 결합이 문제가 되지 않음을 인정한다. E. P. Snaders, *Paul and Palestinian Judaism*, 261-70. 하지만 그는 저자들이 "체계적 신학자가 아니었다"고 변명해야 할 필요성을 느낀다(265). 이 문제는 Maston, *Divine and Human Agency*, 94-122에서 더욱 효과적으로 다루어진다.

냐하면 이 종파의 구성원들은 하나님의 영을 통해 하나님을 아는 지식에 다가갈 수 있는 유일한 특권을 받았기 때문이다. 이런 "교훈"을 통해 계시되는 사실은 우주에 관한 원초적 계획이며, 이 계획 속에는 하나님이 무가치한 인간 존재들로부터 하늘의 찬양에 참여할 수 있는 지식이 풍성한 자들을 창조하기로 하신 결정이 포함되어 있다. 하나님의 선하심과 무가치한 인간 사이의 간격에 다리를 놓는 것은 이와 같은 예정론적 틀이다. 왜냐하면 하나님의 놀라운 긍휼은 우주의 설계에 적합하기 때문이다. 앞에서 보았듯이, 이에 따른 한 가지 효과는 어휘 자체의 구별이다. 말하자면 하나님은 자신의 "선호"(רצון)에 따라 인간의 운명을 결정하신다고 말할 수 있으나, 그렇다고 이 현상이 하나님의 "긍휼"이나 "인자하심"에 귀속되는 것은 아니다. 여기서 "긍휼"과 "인자하심"이라는 용어들은 이차 현상, 곧 하나님이 이 종파의 구성원들의 삶에 개입하시는 현상을 묘사하는 데 사용된다. "은혜"라는 말을 하나님의 자비의 이와 같은 두 가지 차원에 구분 없이 적용시킨다면, 호다요트의 독특한 윤곽을 놓치게 될 것이다.

호다요트가 이러한 신학을 특별히 강조하는 데는 저자들이 갖는 특별한 사회적 지위가 반영되어 있다. 민족성이나 조상이 아니라 하나님의 "선호"에 따라 "진리의 자녀"가 된 그들은 다른 "악한" 유대인들과 차별화된 의식을 강하게 가졌고, 이러한 차별화를 위해 비록 완전한 차단은 불가능할지라도 명확한 경계를 사용했다.[55] 자주 언급되는 것처럼, 사전에 정해진 운명이라는 관념은 이 "종파"의 정신을 뒷받침한다.[56] 내가 주장한 것처럼 이 관념은 인간의 무가치함과 하나님의 긍휼을 극단적으로 대비

---

55   참조. D. Dombrowski Hopkins, "The Qumran Community and 1QHodayot: A Reassessment," *RevQ* 10 (1981), 323-64. 홉킨스는 (외부 사람을 받아들이고 내부 사람이 나가는 것을 허용하는) 경계의 완전한 차단이 불가능하므로 쿰란 공동체가 자신들이 부분적으로는 악을 행하는 자의 범주 속에 들어가 있는 것으로 생각했다는 잘못된 결론을 내린다. 경계를 넘어서지 말아야 한다는 강한 의식에 대해서는 예를 들어 XVI.5-16을 보라.

56   Sanders, *Paul and Palestinian Judaism*, 257-70을 보라.

하여 표현할 때 필수적이며, 이는 유일하게 특권적 지위를 가진 공동체인 이 종파의 정체성을 유지하고 배교를 막는 데 도움을 준다. 감사 기도의 형태로 이러한 신학을 표현하는 것은 특히 적절하다. 다시 말해 이 관점에 따라 구성된 신학은 감사 기도의 형태를 취할 때 가장 잘 표현된다. 우주의 비밀스런 목적들을 독특하게 통찰하도록 운명지어진 경건한 유대인들의 특별한 집단으로서, 이 찬송의 저자들은 "은혜"에 관한 이처럼 독특한 윤곽의 담론을 개발했는데, 이는 다른 제2성전 시대 유대인들이 제시했던 것과 확실히 그 강조하는 바가 달랐다.

이처럼 독특하게 결합된 극대화들(풍성하고 우선적이고 유효하고 비상응적인 은혜)을 "언약적 율법주의"의 공통된 "패턴" 속에 억지로 집어넣을 경우(샌더스), 이는 호다요트의 윤곽을 단조롭게 만들어 놓을 것이다. 연속 관계(구원의 "단계들"; 위 3.6.1을 보라)를 명확히 밝히는 데 관심을 가졌던 샌더스는 무엇보다 먼저 하나님의 은혜의 우선성과 "특별한 선물인 은혜"의 선택적·언약적 정황을 증명하는 것을 목표로 삼았는데, 이러한 정황에서는 율법 행위에 대한 쿰란 공동체의 심화된 강조도 적절히 배치되어야 한다.[57] 샌더스는 쿰란 공동체가 예정을 특별히 강조하고 있으며 택함 받은 자(이스라엘 민족 전체가 아니라)에게 하나님의 긍휼이 주어진다고 확언하고 있는 것에 주목하지만, 그의 주된 관심은 율법에 순종하는 행위를 "구원"에 이르는 수단이 아니라 언약 안에 머문 **결과**이자 **언약 안에 남아 있기 위한 요청**으로 보는 것이었다. 랍비들도 갖고 있었던 이런 "종교적 패턴"을 규명하기 위해서는 단지 "은혜"를 인간적 순종보다 **앞서는** 것으로 식별하는 것만이 요청되었다.[58] 그러나 이런 입장을 취하면 호다요트의 독

---

57   Sanders, *Paul and Palestinian Judaism*, 287-98, 316-21을 보라.

58   앞에서 살펴본 것처럼(위의 3.6.1) 샌더스는 은혜를 또한 "아무 공로 없이 주어지는 것"으로 가정했다(사해 사본에 관해서는 *Paul and Palestinian Judaism*, 328을 보라). 그 결과 호다요트에 등장하는 은혜의 비상응성이라는 놀라운 극대화는 일반적으로 가정될 수 있는 것의 과장된 표현으로 보았다.

특한 풍미를 놓치게 되며, "은혜"를 너무 느슨한 일반적 개념으로 만들어 진지한 분석 작업을 행할 수 없게 될 것이다. 하지만 샌더스에 반대하여 하나님의 은혜와 인간의 행위, 이 둘의 관계를 똑같이 일반적인 말로 다시 서술함으로써 얻는 것은 거의 없다.[59] 각각의 본문에 특수한 "은혜"의 해석과 용어를 인정하는 것 외에도, 여기서 필요한 것은 은혜라는 다면적 개념의 다양한 차원과 그 개념이 각각의 본문과 저자들에게서 갖는 특수한 강조점과 기능을 인식해내는 분석 형태다. 앞에서 주장한 것처럼 은혜를 극대화하는 다양한 속성들을 해체시키면 더욱 풍성하고 깊은 분석이 가능해질 것이다. 앞에서 우리는 은혜의 **우선성**이 "은혜"의 한 차원에 불과하며, 결코 유일하거나 가장 중요한 특징이 아니라는 점을 지적했다. 호다요트는 이 점과 관련하여 특유의 관점을 명확히 표현한다. 하나님이 처음으로 행동하신 것은 족장들을 부르실 때, 혹은 이스라엘과 언약을 맺으실 때가 아니다. 하나님의 첫 행위는 역사 속에 있지 않다. 하나님의 첫 행위가 이루어진 때는 하나님이 영원 전에 우주의 설계에 대해 결정하셨던 때다. 은혜의 우선성에 대한 이러한 해석은 호다요트의 정말로 놀라운 특징, 곧 하나님의 선하심/긍휼 그리고 택함 받은 자의 빈곤하고 더러운 상태, 이 둘 사이의 **비상응성**을 뒷받침하고 설명해준다는 점에 있어서 매우 중요하다. 이처럼 "아무 공로 없이 주어지는" 하나님의 자비에 대한 강조는 솔로몬의 지혜서 저자에게는 아마도 충격을 줄 것이다. 왜냐하면 이 저

---

59   예를 들어 다음의 연구들을 보라. S. J. Gathercole, *Where Is Boasting? Early Jewish Soteriology and Paul's Response in Romans 1-5* (Grand Rapids: Eerdmans, 2002), 91-111; C. VanLandingham, *Judgment and Justification*, 102-35; M. Sprinkle, *Paul and Judaism Revisited: A Study of Divine and Human Agency in Salvation* (Downers Grove: InterVarsity Press, 2013), 125-44. 쿰란 공동체의 일반적인 구원론에 대해서는 다음의 연구들을 참조하라. M. A. Seifrid, *Justification by Faith: The Origin and Development of a Central Pauline Theme* (Leiden: Brill, 1992), 81-99, 255-57; Falk, "Prayers and Psalms," 31-34. 호다요트에 나타나는 은혜를 바울 그리고/혹은 루터의 분석 범주에 적용시킨 초기 논의에 대해서는 S. Schulz, "Zur Rechtfertigung aus Gnaden in Qumran und bei Paulus," *ZTK* 56 (1959), 155-85를 보라.

자의 도덕적 우주는 하나님의 은혜가 적절한 보상이라는 공정한 운영 속에 수용되어야만 지속 가능하기 때문이다. 필론은 호다요트에서 신적 인과율과 통찰의 선물에 대한 강조뿐만 아니라 그가 인정할 만한 많은 것을 발견했을 것이다. 그러나 필론은 선물 수여에 적합한 가치를 창출해내는 신적 인과율에 대한 자신의 철학적 해석으로 인해, 하나님의 자비하심과 선택된 자의 무가치함, 이 둘 사이의 극단적 양극성에 망설였을 것이다.[60] 세 가지 본문(저자들)은 모두 "은혜"를 상당히 강조하지만, 각기 독특한 방식으로 그렇게 한다. "은혜"와 "행위" 사이의 연속되는 관계에 일차원적으로 초점을 맞출 경우, 단지 제한된 유익만 얻게 된다. 하지만 은혜의 극대화들을 구별하고, 그렇게 하여 제2성전 시대 유대교가 바로 이 핵심적인 **신학적 명제**를 설명할 때 동반하게 되는 다양한 목소리를 확인한다면, 훨씬 더 큰 유익을 얻을 수 있다. 은혜의 비상응성을 극대화한다고 해서, 호다요트의 은혜 해석이 "더 고결하고" "더 순전"하며, 더 큰 강조점을 갖게 되는 것은 아니다. 그러나 호다요트는 이 주제를 다른 제2성전 시대 유대인들과 다르게 표현하며 그들과 다른 신학적 원리를 제공하는데, 만일 이 원리가 없었다면 하나님은 자의적이거나 부당하신 분이 되어버렸을 것이다.

---

60 인격적 (혹은 신화적) "선호"(רצו)라는 용어는 하나님의 행동에 관한 합리적 이유를 찾아내는 훈련을 받았던 필론과 같은 철학자에게는 미심쩍고 자의적인 의미로 들렸을 것이다.

제8장

위(僞)필론, 『성서고대사』

이 작품에는 전통적으로 『성서고대사』(*Liber Antiquitatum Biblicarum*)라는 이름이 붙여졌고, 한때는 필론의 작품으로 잘못 알려져 있었다. 이 작품은 아담에서부터 사울의 죽음에 이르기까지의 성서 내러티브를 해석적으로 재구성한 것이다.[1] 많은 언어적 특징으로 미루어볼 때 우리가 갖고 있는 (4세기?) 라틴어 본문은 히브리어 원문으로부터 (아마도 그리스어로 번역되는 중간 단계를 거쳐) 유래한 것으로 생각되며,[2] 다른 팔레스타인 유대교 본문들과 비교해볼 때 이 작품은 기원후 첫 세기에 저술된 것으로 추정된다. 죄, 하나님으로부터의 버림받음, 하나님의 자비에 의한 회복이라는 이스라엘의 반복된 순환에 대한 여러 언급들과(예. 9.4; 12.6; 9-10; 13.10; 30.1-7), 사

---

[1] 16세기에 언급되었던 이 작품은 19세기 말에 콘(L. Cohn)이 그 가치를 재발견했고, 최근에 이르러서야 비로소 마땅히 받아야 할 주목을 받게 되었다. 프랑스어 번역과 주석이 실린 (D. J. 해링턴의) 라틴어 본문의 최종판에 대해서는 C. Perrot, -M. Bogaert, *Pseudo-Philon: Les Antiquités Bibliques* (SC 229, 230, Paris: Gabalda, 1976)를 보라. 제이콥슨은 이 작품을 재발간했으나 그의 영어 번역판은, 그의 매우 상세한 주석에 설명되어 있듯이, 그 자신이 직접 재구성한 히브리어 원문을 반영한다. H. Jacobson, *A Commentary on Pseudo-Philo's* Liber Antiquitatum Biblicarum, 전 2권 (Leiden: Brill, 1996)을 보라. 독일어 번역과 주석으로는 C. Dietzfelbin, *Pseudo-Philo: Antiquitates Biblicae (Liber Antiquitatum Biblicarum)* (JSHRZ II/2; Güterloh: Gerd Mohn, 1975)이 있다. 원작품이 지금 끝나는 그곳에서 실제로 끝나고 있는지에 관해서는 계속 논란이 이어지고 있다. 다음 자료들을 보라. L. H. Feldman, "Prolegomenon," in M. R. James, *The Biblical Antiquities of Philo* (New York: Ktav, 1971[1917]), ix-clxix, 특히 lxxvii; Jacobson, *Commentary*, 253-54(26.12-15에 근거해서 저자는 연대기적으로 솔로몬의 성전이 건축되기 전의 인물로 추정되고 있다).

[2] L. Cohn, "An Apocryphal Work Ascribed to Philo of Alexandria," *JQR* 10 (1898), 277-332, 특히 307-13이 처음으로 이렇게 주장했고, Jacobson, *Commentary*, 215-24에서 추가적인 논증과 함께 지지를 받았다. 제이콥슨은 때때로 혼동되거나 애매한 라틴어 본문에 기초가 된 히브리어 본문을 재구성하려고 하지만, 어떤 지점에서는 그 역시 좌절하고 만다. 이런 문제가 있는 언어적 상황 때문에 우리가 재구성한 『성서고대사』의 의미는 때때로 불명확하다.

사 시대에 주어진 특별한 관심으로 인해, 많은 학자들은 『성서고대사』가 절망적인 배경, 아마도 외세의 지배를 받는 상황 가운데 기록되었다는 인상을 받는다. 그러나 성전에 대한 몇 가지 단편적인 언급으로 인해 학자들은 기원후 70년의 중대한 분기점(예루살렘 멸망 사건)과 이 작품의 관계와 관련하여 그 의견이 나누어졌다.[3] 이스라엘에게 주신 하나님의 언약의 약속이 **영원하다**는 것, 그리고 하나님의 진노는 단지 "잠깐"만 지속된다는 확신이 계속 반복되고 있다는 것(아래를 보라)은 이 작품의 의도가 의기소침해 있는 민족, 곧 다시 한번 하나님의 호의를 받을 수 있을지 의심하고 있는 민족에게 용기를 북돋기 위함임을 암시한다.[4] 이런 맥락에서 『성서

---

3   12.4에서 멸망하는 성전은 솔로몬 성전이다(그러나 그 당시 역사의 반영일 수도 있다). "네 번째 달의 열일곱째 날"에 그 "장소"가 파괴되고 포위되는 것(19.7)은 티투스(Titus)의 제2성전 파괴에 대한 랍비들의 날짜와 관련되었다(콘은 Jacobson, *Commentary*, 199-210의 강력한 지지를 받으면서 이렇게 주장한다). 또는 성전에 대한 관심이 비교적 드문 것과 본문이 솔로몬의 성전 건축 이전에 끝나는 것처럼 보이는 것은 팔레스타인 유대교가 성전 대신 회당 예배에 초점을 맞추는 법을 배우고 있었던 시기(기원후 70년 이후)를 암시하고 있다(참조. 11:8, 안식일의 목적을 위하여). 다른 이들은 70년 이전 시기를 주장하기도 한다. 다음의 연구들을 보라. D. J. Harrington, "Pseudo-Philo," in J. Charlesworth, ed., *Old Testament Pseudepigrapha*, 전 2권 (London: Darton, Longman & Todd, 1985), 제2권, 299; Perrot and Bogaert, *Pseudo-Philon*, 68-74. 다음의 또 다른 이들은 미결 상태로 남겨둔다. E. Reinmuth, *Pseudo-Philo und Lukas: Studien zum Liber Antiquitatum Biblicarum und seiner Bedeutung für die Interpretation des lukanischen Doppelwerks* (Tübingen: Mohr Siebeck, 1994), 17-26; B. Fisk, *Do You Not Remember? Scripture, Story. and Exegesis in the Rewritten Bible of Pseudo-Philo* (Sheffield: Sheffield Academic Press, 2001), 34-45.

4   『성서고대사』의 목적에 대해서는 다음의 연구들을 보라. Fisk, *Do You Not Remember?* 327-31; Jacobson, *Commentary*, 253; F. J. Murphy, "The Eternal Covenant in Pseudo-Philo," *JSP* 3 (1988), 43-57, 특히 54. 니켈스버그는 『성서고대사』가 하나님의 약속들에 대한 의심을 단호히 강조하며 부정하는 것(하나님은 이스라엘이 철저히 멸망하도록 버려두지 **않으실** 것이다)은 『성서고대사』 본문이 "국가로서의 자기 실존을 두려워하며" "자기들이 하나님에게서 완전히 버림받았을지도 모른다고 생각하는 자들에게 말해지고 있음"을 암시한다고 주장한다. G. W. E. Nickelsburg, "Good and Bad Leaders in Pseudo-Philo's *Liber Antiquitatum Biblicarum*," in J. J. Collins, G. W. E. Nickelsburg, ed., *Ideal Figures in Ancient Judaism: Profiles and Paradigms* (Chico: Scholars Press, 1980), 49-65,

고대사』는 "자비"[5]라는 성서적 용어를 사용하여 하나님의 그치지 않는 자비가 제2성전 시대의 유대교에서도 발견되고 있음을 단호하게 주장한다.

성서 본문에 대한 설명과 보충으로 가득 차 있는 『성서고대사』의 문학적 장르를 우리가 어떻게 규정하든 간에, 이 작품에는 성서의 뒤섞여 있는 전통들 가운데 등장하고 있는 확연히 다른 사건들을 이와 관련이 전혀 없는 주제들과 **연결**시키고자 하는 주목할 만한 관심사가 존재한다. 필론은 성서의 그런 다양한 무용담들(sagas)의 토대가 되고 이 무용담들을 결합시키는 철학적 의미를 강조하지만, 위(僞)필론의 『성서고대사』는 성서 본문들을 내러티브 차원에서 종합하고 통합하는 문학적 반향, 유사성, 예측, 성취를 찾아낸다. 예를 들어 모세의 120년의 수명은 하나님께서 노아의 홍수 이후에 인간의 수명을 제한하셨던 사건 속에 이미 예견된 것으로 밝혀진다(9.8; 신 34:7을 창 6:3과 연결시킴). 아론이 선택한 지팡이는(민 17장) 야곱이 자신의 양들에게 보여주었던 지팡이(창 30장)를 상기시킨다(『성서고대사』, 17.3).[6] 이런 사례는 단순히 독자를 즐겁게 하려고 선택한 문학 기법이 아니다. 그것은 본문을 통해 흐르는 다음과 같은 강력한 주제, 곧 하나님이 역사의 과정을 위한 계획을 갖고 계시고 이 계획은 반드시 성취되며, 이 계획의 목적이 결코 "헛되이" 좌절되지 않는다는 주제를 예증하고 강화시킨다. 인간의 의도는 종종 좌절되지만, 하나님의 말씀(하나님의 예언, 맹세, 약속)은 전적으로 신뢰할 수 있다. 심지어 이야기의 세부적인 사실(예. 입다가 자신의 딸을 제물로 바칠 것이라는 하나님의 이상한 예언)을 통해서도 하나님은 "나의 말이 성취되고 나의 계획은 절대로 좌절되지 않도록" 사건들

특히 62를 보라.

5   "긍휼"과 "선물" 사이의 언어적 관계에 대해서는 이 책 마지막에 있는 부록을 보라.

6   『성서고대사』 전체에 걸쳐 전개되는 "이차 성서"의 해석학적 중요성에 대해서는 Fisk, *Do You Not Remember?*를 보라. 라인머스는 성서의 내용들이 엮여 짜이면서 서로 관련된 하나의 이야기의 상상(vision)이 만들어지는 과정을 상세히 예시했다(*Pseudo-Philo*, 27-127).

을 철저히 주관하신다(40.4; 참조. 39-11).[7] 예언 및 사건으로 짜여 있는 이런 섬세한 직물(tapestry)의 중심에는 하나님의 언약의 약속들과 이스라엘에 대한 파괴불능의 서약이 놓여 있다. 바로 이 주제가 여기서 우리가 논할 논의의 초점을 형성해줄 것이다.

8.1. 절대적으로 신뢰할 수 있는 언약의 약속

『성서고대사』 저자는 성서 내러티브를 결합시키는 일관된 패턴이 언약의 주제라고 생각한다. 이는 철저히 신뢰할 수 있고 결코 실패할 수 없는 하나님의 약속(commitment)이다. 언약 주제는 가장 일반적인 계약 관계, 즉 하나님이 홍수 이후에 노아와 인류에게 주신 약속과 함께 시작된다.[8] "여러 세대"와 계보적 연결 고리를 나열한 후, 『성서고대사』가 본격적으로

---

7   하나님의 예언의 성취에 대한 이와 유사한 일반적 언급에 대해서는 18.3; 27.13; 46.1; 47.2; 51.6을 참조하라. 하나님의 목적은 절대로 "헛될 수"(*in vano* 혹은 *in vanum*) 없다는 사실이 거듭 강조된다. 예를 들어 9.4; 12.4, 9; 15.5; 18.11; 23.13을 보라. 『성서고대사』 안에서 나타나는 이러한 두드러진 주제에 대해서는 다음의 연구들을 보라. F. J. Murphy, "Divine Plan, Human Plan: A Structuring Theme in Pseudo-Philo," *JQR* 77 (1986), 5-14; 동일 저자, "God in Pseudo-Philo," *JJS* 19 (1988), 1-18; E. Reinmuth, "'Nicht vergeblich' bei Paulus und Pseudo-Philo, *Liber Antiquitatum Biblicarum*," *NovT* 33 (1991), 97-123. 피스트가 지적하는 것처럼 "이스라엘 역사 전체에 걸친 하나님의 신실하심에 관한 위(僞)필론의 **명시적** 진술과 그의 **암묵적** 주장—이차 성서의 전개에 따라 점차 개진되는 주장, 곧 이스라엘의 역사는 자기 해명적, 자기 해석적이며 내적 일관성을 갖고 있다는 주장—사이에는 주목할 만한 균형이 존재한다." *Do You Not Remember?* 327.

8   28.6-9에 나오는 그나스(Cenaz)의 신비한 환상은 홍수 이전에 있었던 인류 역사의 시기(7,000년)에 대한 훨씬 더 기초적인 예언을 시사한다. 『성서고대사』에 나오는 다양한 언약들의 통일성에 대해서는 J. R. Levison, "Torah and Covenant in Pseudo-Philo's *Liber Antiquitatum Biblicarum*," in F. Avemarie, H. Lichtenberger, ed., *Bund und Tora: Zur theologische Begriffsgeschichte in alttestamentlicher, frühjüdischer und urchristlicher Tradition* (Tübingen: Mohr Siebeck, 1996), 111-27을 보라.

다루고 있는 첫 번째 내러티브는 홍수 이야기이다. 홍수 이야기는 하나님이 "의롭고 흠 없는" 노아와 언약을 맺으신 것에 대해 상술한다(3.4; 참조. 3.11, 14). 홍수로 세상을 멸망시키신 후에 하나님께서는 다시는 "땅을 저주하고" "살아 있는 모든 피조물을 멸망시키지" 않겠다고 약속하신다 (3.9). 『성서고대사』는 성서 본문(창 8:21-22)에 중요한 설명을 덧붙이면서 **심판**과 **멸망**을 특별히 구분한다. 인간은 죄를 범할 것이며, 그 결과 반드시 심판받을 것이다(기근, 칼, 불, 질병, 포로 등에 의해). 그러나 땅은 결코 홍수로 멸망하지 않을 것이다.[9] 물론 노아와 맺으신 언약의 표징은 무지개이고(3.11-12), 이 표징의 중요성은 이후 내러티브에서의 반복된 언급을 통해 확인된다(4.5, "언약의 기념물"; 13.7-8). 특히 중요한 것은 저자가 노아의 무지개와 모세의 지팡이, 이 둘 사이에서 유사점을 이끌어내고 있다는 점이다(19.11). 두 가지 표징은 모두 백성들이 죄를 범한 후에 필연적으로 심판이 임할 때, 하나님의 약속이 심판보다 더 오래 지속된다는 것을 상기시킨다. "내가 너의 지팡이를 상기시키고, 나의 긍휼에 따라 그들을 보존할 것이다"(19.11). 노아 언약과 모세 언약은 비슷한 형태를 갖는다. 두 언약 모두 인간의 죄와 하나님의 심판을 예상하지만(사실은 예언하지만), 범죄와 처벌의 불가피한 순환을 **넘어서는** 하나님의 자비를 보장한다.

아브라함에게 주어진 언약의 약속이 취소될 수 없는 것도 그와 비슷하다. 아브라함은 일찍이 4.1부터 "온전하고 흠 없는 자"로 간주되고 있으며(참조. 창 17:1), 우상숭배적 바벨탑 건설과의 타협을 거부하는 아브라함에 관한 긴 내러티브는 창세기 12장을 창세기 11장과 연결시키는 역할을 하고, 또 건국 선조들의 성품과 하나님을 **신뢰**하는 그들의 특별한 덕을 강조한다(6.11). 언약이 파기될 수 없다는 것은 처음부터 분명하다. 아브라함이 맺은 "언약은 깨어지지 않을 것이며, 아브라함의 자손은 영원히 번성

<hr />

9   Jacobson, *Commentary*, 322는 하나님의 처벌 수단에 관한 랍비들의 논의에 주목하지만, 『성서고대사』의 구분은 심판과 멸망 사이의 엄정한 차이에 관한 것이다.

할 것이다"(4.11).[10] 성서 본문이 미묘하게 변경되면서 아브라함에게 사라를 통한 "영원한 후사"(*sempiternum semen*, 8.3)[11]가 약속되고, 이는 모세의 아버지 아므람 이야기에서 성서의 내용을 생생하게 확대시키면서 뚜렷이 확인된다(9.1-16). 아브라함과 맺어진 언약에 의지하여 아므람은 다음과 같이 주장한다. "곧 세상이 영원히 멸망하거나 우주가 헤아릴 수 없는 별들의 심연 속으로 잠겨 그곳에서 별들과 접촉하는 일이 일어날 것인데, 이 일은 이스라엘 자손들의 족속이 멸망하기 전에 발생할 것이다"(9.3). 하나님은 이집트의 경고에도 불구하고 자녀를 낳겠다는 아므람의 주장을 존귀하게 여기시고, 독보적 특권을 받은 모세의 아버지가 되는 명예를 아므람에게 허락하셨다(9.7). 아므람의 이런 행동은 다음과 같은 확신에 기초하고 있다. "하나님은 계속해서 진노하지 아니하시고 자기 백성을 영원히 잊지 않으시며, 이스라엘 족속을 땅에서 무로 되돌리지도 않으실 것이다. 하나님은 우리 조상들과 언약을 헛되이(*in vanum*) 맺지 않으셨다"(9.4).

이 언약은 시내산에서 받은 율법의 계시를 통해 "영원한 언약의 법"으로 더 자세히 규정되고 "사라지지 않을 영원한 계명들"로 구성된다(11.5). 이어서 『성서고대사』는 내러티브의 반복되는 패턴을 통해, 그리고 계속되는 직접 표현을 통해 이스라엘 백성의 죄에 관한 **이중** 진리를 거듭 강조한다. 곧 이스라엘의 죄는 하나님의 버림과 심판을 불러일으킨다. **그리고** 자기 백성을 버리지 않고 자신의 약속을 영원히 잊지 않겠다는 하나님의 약속을 가져온다. 이 이중 진리는 성서 본문에 그 선례가 존재한다(예. 출 32-34장; 신 31-32장). 하지만 그럼에도 불구하고 『성서고대사』 내러

---

10   참조. 7.4. "나는 내 언약을 그와 맺고, 그의 자손에게 복을 베풀며, 그는 나를 영원한 하나님이라고 부를 것이다"(여기 그리고 다른 곳의 번역들은 Jacobson, *Commentary*에서 빌려온 것이다).

11   창 17:16의 개작에 대해서는 Jacobson, *Commentary*, 387-88을 보라. 창 17:7, 13에 나오는 "영원한 언약"을 참조하라. 『성서고대사』에서 **땅**의 약속이 정교하게 다루어지는 것에 관해서는 B. Halpern-Amaru, *Rewriting the Bible: Land and Covenant in Postbiblical Jewish Literature* (Valley Forge: Trinity Press International, 1994), 69-94를 보라.

티브에서 이 이중 진리를 중심으로 삼고 있는 것은 주목할 만하다. 실제로 이 내러티브의 모든 화자는 이러한 패턴을 증명하고 있다. 하나님 자신도 지겨우신 듯 이스라엘 백성의 죄를 지적하시고 그들을 버릴 것이라고 예언하시지만, 한편으론 자신이 "다시 돌아와 그들과 화해하실 것"을 약속하신다(12.6; 아래를 보라). 하나님은 모세에게 이스라엘이 하나님 자신이 정해 놓으신 길을 따라 살게 될 경우 번성케 된다는 잠재력을 가르치시는 한편, 그들의 실패 **그리고** 자신의 신실하심을 예언하신다. "그러나 나는 그들이 자기 길로 가서 부패하게 된다는 것, 그래서 내가 그들을 버리게 된다는 것, 그리고 그들이 내가 그들의 조상들과 세운 언약을 잊어버리게 된다는 것을 확실히 알고 있다. 그럼에도 불구하고 나는 그들을 영원히 잊지 아니할 것이다"(13.10).[12] 심지어 불순종하는 이스라엘 자손도 이 역사의 패턴에 다음과 같이 주의를 기울일 것이다. 그들은 하나님이 자신의 말씀을 이루시기 직전에 그 약속에 대한 하나님의 신실하심을 명백히 의심하거나(10.2-3; 15.4) 하나님이 처벌과 회복이라는 끊임없는 반복을 멈추시고 단번에 그들을 끝장내버리시기를 바랄 것이다(35.2; 49.6). 그러나 하나님이 죄를 처벌하실지라도 자기 백성을 영원히 버리지는 아니하신다는 메시지를 전해야 할 주요 대변인은 이스라엘 역사 속에 등장하는 지도자들이다. 우리의 저자는 이들 가운데 몇몇은 성서에 나오는 역할과 관련하여 상세히 다루지만, 다른 이들은 저자 자신의 경험이나 전통들에 비추어 대충 다루고 있다. 여호수아는 하나님의 언약의 약속들이 적절한 때에

---

12 여기서 본문은 하나님의 신실하심에 대한 언급으로 끝난다("나는 내가 말하는 것을 신실하게 지킨다"). 하지만 이것은 더 심각한 죄와 버림에 관한 예언 다음에 오고, 엄밀하게 무엇을 가리키는지는 분명하지 않다. Jacobson, *Commentary*, 525를 보라. 하나님이 자신의 약속에 신실하실 것을 추가로 말씀하시는 것에 대해서는 다음의 구절들을 보라. 14.2("내가 그들의 조상에게 말한 것을 조금도 감하지 않을 것이다"), 23:11("내가 너희 조상들과 맺은 내 언약을 다 이루었다"), 15.5("보라, 이제 내게서 나온 계획이 결코 헛되지[*in vano*] 않을 것이다"). 하지만 15:5는 완고한 민족을 **벌하시는** 하나님의 계획에 보다 더 초점을 맞춘다.

성취된 것을 상기시키며("여호와께서 자신이 우리에게 말씀하신 모든 것을 행하셨다"), "여호와의 언약이 너희와 함께 있고, 그 언약이 파기되지 않도록" 기도한다(21.9-10). 흥미롭게도 저자는 하나님의 약속의 성취가 모든 세대에 증언되지 못할 수도 있다고 인정한다. 곧 하나님이 계획하시는 기간은 인간의 수명에 국한되지 않으며 "우리가 무덤에 있을지라도 하나님은 자신의 말씀을 이루실 것이다"(21.4).[13] 그 결과 하나님의 말씀의 확증(반드시 성취되어야 하고 또 성취된 것이 사람들의 눈에 보여야 하는 확증)은 조상들이 죽은 후에, 즉 그들의 영혼이 새로운 세상을 위한 준비가 되어 있을 때 그들에게 전해질 수 있다("그들은 내가 헛되이[in vanum] 너희를 선택하지 않았음을 알게 될 것이다", 23.13). 그러나 그나스(Cenaz)의 확증처럼, 하나님은 이스라엘의 죄에도 불구하고, 또는 그 죄를 넘어서서 하나님 자신의 약속과 "수고"를 **성취하실** 것이 분명하다. "목자가 자기 양떼를 아무 이유 없이, 자기에게 죄를 범하지 않았는데도, 멸망시키겠는가? 그러나 하나님은 자신의 풍성한 긍휼에 따라 우리를 보존하실 분이다"(iuxta abundantiam misericordiae suae). 왜냐하면 하나님은 지금까지 우리를 위해 엄청난 수고를 하셨기 때문이다(28.5).

이 반복되는 주제는 모세와 드보라의 이야기 안에서, 특히 모세와 드보라가 각각 이스라엘 민족에게 주는 고별 설교 안에서 아주 상세히 설명된다. 모세는 이 순환 패턴을 다시 진술하면서 설교를 시작한다. "너희가 일어나서 나를 통해 너희에게 주어진 말씀을 저버리고, 이로 인해 하나님께서 분노하사 너희를 버리시고 너희의 땅을 떠나실 것을 나는 알고 있다. 그리고 하나님은 너희 원수들을 너희에게로 불러들여 그들이 너희를 지

---

13   여기서 "한 세대보다 다른 세대를 더 좋아한다"는 진술의 의미는 약간 애매하다. 하지만 하나님의 영원성에 대한 강조("세상 이전에도 계시고 세상 이후에도 살아 계시는 당신")는 자신들의 평생의 경험을 토대로 "하나님은 자신을 위해 택하신 백성을 멸망시키신다"고 결론짓는 자들을 논박하기 위해 고안된 것으로 보인다(21.4). Jacobson, *Commentary*, 681-82를 보라.

배하도록 하실 것이다. 그러나 그것이 영원히 계속되지 않음은 하나님께서 너희 조상들과 세우신 언약을 기억하실 것이기 때문이다"(19.2). 하나님은 이 예언을 확증하신다. "이 백성들이 일어나 나를 찾지 않을 것이고, 그들은 자신들에게 깨달음을 가져다주는 나의 법을 잊을 것이며, 나는 한동안 그들의 후손을 버릴 것이다"(19.6). 이 제한—한동안—은 모세의 지팡이가 보증하는 상징을 통해 확정된다. "그들이 죄를 범할 때 나는 분노하겠지만 너의 지팡이를 상기하고 나의 긍휼에 따라 그들을 보존할 것이다. 너의 지팡이를 내 앞에 두고 영원히 상기할 것이며, 이 지팡이는 내가 노아와 맺은 언약에서 무지개와 같을 것이다"(19.11). 놀랍게도 여기서나 다른 곳에서는 신명기의 회개 주제에 거의 비중이 주어지지 않는다. 다시 말해 궁극적으로 중요한 것은 인간의 회개가 아니라 하나님의 깨뜨릴 수 없는 약속이다.[14] 그래서 드보라는 이렇게 주장한다. "오늘 여호와께서 너희에게 호의를 베풀어주실 것인데, 그것은 너희 때문이 아니라 너희 조상들과 맺으신 언약과 그들을 영원히 버리지 않겠다고 맹세하신 서약 때문이다"(30.7. 참조. 35.3). 드보라는 아브라함 언약과 시내산 언약에 초점을 맞추어 이스라엘 역사를 개관하면서(32.1-9), 하나님이 기억하신다는 주제를 반복하여 제시하고("하나님께서 자신의 새로운 약속과 이전 약속을 기억하사 우리에게 구원을 베풀어주셨다", 32.12), 온 세상과 천사들에게 다음과 같이 부탁한다. 곧 천사들이 각자의 영혼의 방에 들어가 있는 조상들에게 "하나님께서 자신이 우리에게 주신 약속들을 결코 잊지 아니하셨음"(32.13)을 전해달라고 말이다. 다른 모든 지도자와 마찬가지로 드보라도 이스라엘이 율법을 지킬 능력이 있을지에 관하여 냉소적이지만(30.7), 그럼에도 불구하고 미래에 대해서는 확신을 갖고 있다. 드보라는 별들의 군사적 지원에 관한 성서의 언급을 확대하면서(삿 5:20), 이스라엘 민족이 곤경에 처

---

14   Murphy, "The Eternal Covenant"를 보라. 그러나 회개에 대한 약간의 언급도 있다(예. 21.6).

했을 때 별들이 이스라엘을 대신해 하나님께 나아가는 사절단(embassy)을 이루게 될 것이라고 상상한다. "그리고 하나님은 그날을 기억하사 자신의 언약에 따른 구속을 허락하실 것이다"(32.14).

하나님이 자신의 말씀에 신실하시다는 것, 미래를 아시는 하나님이 실현되지 못할 일을 예언하실 리 만무하다는 것(참조. 18.4; 50.4), 그리고 하나님의 "수고"에 아무 소득도 없다는 불온한 생각을 거부하는 것, 이 모두는 **이스라엘의 불순종에도 불구하고** 하나님이 자신의 언약의 약속들을 반드시 이루실 것이라는 저자의 확신 속에 담겨 있는 요소들이다. 아울러 저자는 하나님이 자신의 명성을 보호하신다는 성서의 주제(출 32:12; 민 14:13-16; 신 9:28)를 또 하나의 요소로 추가한다. 하나님은 다른 이들의 말을 주시하시며(20.4; 22.5; 23.12; 36.4), 자신의 "이름"을 소중히 여기신다(10.4; 28.4; 49.7). 그러나 탐구해야 할 몇 가지 기본적인 것이 아직 남아 있다. 하나님은 왜 이 언약의 약속들을 **바로 이 특별한 백성**에게만 주셨을까? 왜 이스라엘만 특별하여 다른 모든 민족들 가운데서 선택을 받은 걸까? 이스라엘 백성에 대한 하나님의 약속은 자의적인가? 아니면 모든 민족과 온 세상을 지으신 하나님께서 이처럼 결정적으로 하나의 백성을 택하신 것에는 어떤 원칙이 있는 걸까? 이것들이 이제 우리가 다루어야 할 질문들이다.

8.2. 이스라엘은 왜 특별한가?

『성서고대사』의 다양한 사건들(여기에는 『성서고대사』가 확대하고 연결하는 성서 이야기들이 포함된다)을 연결해주는 실마리는 이스라엘의 특별한 지위다. 민수기의 이야기처럼 『성서고대사』에 나오는 발락과 발람에 관한 신비로운 이야기는 이스라엘의 특별한 지위를 명확하게 표현하는 데 도움을 준다. "지극히 강하신 분이 심으신 것을 뿌리 뽑거나 그분의 포도나무를 파괴하는 것보다, 하늘과 하늘의 모든 공간을 제거하고 태양의 빛을 소멸시키고 달빛을 어둡게 하는 것이 더 쉽다"(18.10). 우리의 저자는 포도나무 은유(성서에서 선택한 것으로서 예를 들어 사 5장; 시 80편; 겔 17:5-10 등; 참조. 1QHᵃ VI.15)를 매우 좋아하고(참조. 12.8-9; 18.11; 23.11-12; 28.4; 30.4; 39.7), 수시로 하나님의 이름을 따서 지은 바로 이 한 그루의 포도나무에 대한 선택을 특별히 강조한다(28.4). 저자가 좋아하는 또 하나의 은유는 이스라엘을 양떼로 비유하는 것(예. 17.3; 28.5; 30.5; 참조. 렘 13:17; 겔 34장), 혹은 양떼를 이끌도록 택함 받은 숫양으로 비유하는 것이다. "당신[하나님]은 모든 민족들과 나라들을 땅 위에 흩으셨을 때 이스라엘만 선택하셨고, 양떼 앞에서 양떼를 인도하는 숫양을 제외하고는 이스라엘을 다른 어떤 짐승으로도 비유하지 않으시지 않았습니까?"(31.5). 이스라엘이 다른 모든 민족 가운데서 그리고 "땅의 모든 족속으로부터 바로 이 유일한 백성"(30.2)으로 선택되었다는 사실이 거듭 강조된다. 하나님이 이스라엘 민족을 택하신 이유는 "당신이 다른 모든 민족보다 그들을 사랑하셨기 때문입니다"(19.8; 참조. 35.2). 그러나 왜 이스라엘은 하나님의 "분깃"(hereditas, 12.9; 19.8; 참조. 신 9:26, 29)이고, 심지어 (그렇게도 자주) 잘못된 길로 나아갈 때도 그 분깃이 영원한 것일까(28.4)?

하나님이 완고한 자기백성에게 호의를 베풀어주시는 이유가 "너희 때문이 아니라 하나님이 너희 조상들과 맺으신 언약 때문"이라고 말하는 드보라를 볼 때(30.7), 우리는 이스라엘 민족의 기원에 관심을 돌리게 된다. 이스라엘 민족의 기원은 천사가 기드온에게 전달한 다음과 같은 메시지, 곧 하나님께서 "이스라엘 백성에게 다른 어느 누구도 갖지 못한 자비를 베풀어주실 것인데, 이는 너희 때문이 아니라 잠자는 자들 때문이다"라는 메시지에 의해 강화된다(35.3). 여기서 잠자는 자들은 분명 처음 세대를 가리킨다. 우리는 아브라함이 "온전하고 흠 없는 자"로 지명 받고 있는 것에 주목했다(4.11). 바벨탑을 쌓는 동안 아브라함이 보여준 하나님에 대한 독특한 신뢰는(6.1-18) 이후의 내러티브에서 한 번 이상 언급된다(23.5; 32.1). 땅과 자손에 관한 언약은 특별히 아브라함과 관련되어 있고(7.4; 8.3; 9.3), 아브라함이 이삭을 제물로 바친 사건은 이스라엘의 선택에 근본이 되는 사건으로 언급된다. "나는 그의 제물을 열납했고, 그 피에 대한 대가로 나는 그들을 선택했다"(18.5). 그러나 이것이 창세기 22:15-18에 나오는 언약의 약속들에 대한 **확증** 그 이상을 반영하고 있는지는 의심스럽다.[15] 그리고 본문이 아브라함의 선택과 이스라엘 민족의 선택을 결합시킬 때(32.1), 이는 이스라엘 민족이 단지 아브라함 **때문에** 선택받은 것이 아니라, 아브라함이 선택받은 이 민족의 기초와 시조가 되기에 충분했음을 의미할 것이다.[16] 같은 방식으로 모세도 태어나기 전부터(9.6) 죽는 순간까지(19.16) 하나님의 특별한 종으로 선별된다. 주님의 사랑을 받고(24.3; 25.3 등), 그 누구보다 더 큰 명예를 누린(9.16) 모세는 많은 특출한 능력과 특권을 부여받았다(9.8). 그러나 모세의 역할은 다른 민족들 가운데서 이미 선택받은 한 민족에게 하나님의 율법과 구원을 전달하는 것이었다.[17] 여기서 설명이 필요한 것은 이스라엘이 모세가 살아 있을 동안에도 하나님께 순종하지 못하고 그 이후에도 반복적으로 순종하지 못했음에도, 하나님이 왜 굳이 (아브라함을 통해) 이 민족을 선택하시고 (모세를 통해) 구원하시기로 결정하셨는가 하는 것이다. 솔로몬의 지혜서에서 하나님이 이스라엘을 **의로운 존재로** 택하시는 것이 우주의 도덕적 구조를 확증해주는 명백한 의미를 지닌다면(위 5장을 보라), 『성서고대사』는 **이스라엘로서의** 이스라엘(Israel *qua* Israel)이 반복적으로 우상숭배 및 불순종을 범

---

15 Jacobson, *Commentary*, 583-84를 보라.

16 이와 마찬가지로 하나님이 "그의 행위 때문에" 야곱을 사랑하고 에서를 미워하셨다는 진술(32.5)도 하나님의 선택이 (자의적인 것이 아니라) 합당한 것임을 암시하지만, 왜 이 민족을 가장 우선적으로 선택하셨는지, 그 이유는 설명해주지 않는다.

17 어떤 특권들은 미리암, 아론, 모세 "때문에" 이스라엘에게 주어진다(20.8). 이는 합당한 선물의 모범들로 보일 뿐, 왜 선물이 바로 이 특수한 민족에게 주어져야 하는지의 이유로는 보이지 않는다.

함에도 불구하고 하나님께서 그들에 대하여 지속적으로 신실하신 이유를 어떻게 설명할 수 있을까?

이 질문에 가장 잘 들어맞는 것은 『성서고대사』 제12장에서 발견된다. 거기서 저자는 금송아지 사건을 설명한다. 금송아지 사건에 대해 침묵하는 솔로몬의 지혜서와 달리, 제12장에서 금송아지 내러티브는 자세히 다루어지고 있으며, 이후에 다시 언급된다(19.7; 22.5; 25.9). 그 사건은 단발적 죄가 아니라 이스라엘 백성의 실패에 대한 반복적 패턴의 시작으로 간주된다. 비록 아론(12.3)을 비롯하여 두려움으로 인해 우상숭배에 가담했던 백성들(12.7)의 결백을 입증하려는 노력이 행해졌지만(12.3),[18] 이스라엘이 금송아지를 만든 죄(12.3)와 둘째 계명을 어긴 죄(11.6)가 상세히 설명되고 있다.[19] 이어서 출애굽기 32:7-10의 하나님의 말씀을 각색하여 하나님이 자기 백성들의 "부패함"에 불평하시는 내용이 서술되는데, 하나님은 이 불평을 통해 그러한 부패가 그들이 조상에게 약속된 땅에 들어가기 **이전에** 이미 발생했으므로, 그들이 그 약속된 땅에 들어간 이후에는 그 부패의 정도가 훨씬 더 악화될 것임을 예견한다(12.4).[20] 이와 같이 하나님의 반응을 제시하는 것은 효과적인데, 그 이유는 이를 통해 하나님께서

---

18 민 5장의 쓴 물을 마시게 하는 징계의 상호텍스트적(intertextual) 반영에 대해서는 Fisk, *Do You Not Remember?* 176-90을 보라. 피스크가 지적하는 것처럼 이 주제는 어느 정도 이스라엘의 유죄와 처벌의 범위를 제한하지만, 하나님의 말씀과 모세의 말은 이스라엘이 하나님의 백성으로서 책임이 있고 심각한 위험에 처해 있음을 분명히 밝힌다.

19 이 사건의 전후에서 바벨탑 사건을 명확하게 언급하는 것(12.3; 참조. 7.2)과 이스라엘이 "다른 민족들과 같이 되고 싶어 하는" 욕망(12.2)은 이스라엘이 우상숭배로 바벨탑을 세운 우상숭배자들과 완전히 동일시되고 있음을 암시한다. Reinmuth, *Pseudo-Philo und Lukas*, 52-53; Fisk, *Do You Not Remember?* 145-52. "위(僞)필론에게는 시내산(금송아지) 사건이 아브라함의 자손으로서 선택된 이스라엘의 지위를 사실상(*de facto*) 거부하는 것을 의미했다"(151).

20 라틴어 본문에 대한 이 해석과 관련해서는 (해링턴에 반대하는) Jacobson, *Commentary*, 487-88과 Dietzfelbinger, *Pseudo-Philo*, 134를 보라. 여기서 우상숭배에 대한 유혹은 이스라엘이 약속의 땅에 정착했을 때 훨씬 더 커졌을 것이라고 가정하는 것처럼 보인다.

아브라함의 민족을 다른 민족으로 완전히 대체해버릴 수도 있다는 성서적 주장을 피하게 되고,[21] 또 그 땅에 들어간 후 이스라엘의 악한 행동이 지속되고 더욱 악화될 것이라는 점이 예견되기 때문이다. 이는 반복되는 위기의 형태를 취하게 되는데, 이 위기의 형태 속에서 이스라엘 자손의 중대한 죄는 하나님에 의한 이스라엘의 버려짐으로 이어지고, 이어서 하나님의 화목이 뒤따르게 된다. "그래서 이번에는 내가 그들을 버릴 것이다. 하지만 다시 돌이켜 그들과 화목하고, 그리하여 그들 가운데 나를 위하여 집을 세울 것이다. 하지만 그 집은, 그들이 내게 죄를 범할 것이므로 파괴될 것이다"(12.4). 따라서 하나님은 이스라엘이 범하는 죄의 미래에 관하여 예견하실 뿐만 아니라, 그 죄에 대한 자신의 반응도 예언하신다. 말하자면 모든 인간의 무가치함에 대한 하나님의 마지막 언급("인간은 내게 주전자에서 떨어지는 한 방울의 물처럼 되고 [뱉어내는] 침으로 간주될 것이다"; 참조. 7.3-4; 사 40:15)이 불순종으로 말미암아 이처럼 무가치한 민족들의 지위로 전락할 이스라엘의 미래를 암시하고는 있지만, 하나님은 다음과 같은 패턴, 곧 범죄, 일시적 버림, 회복으로 이어지는 이런 패턴을 용납하고 계신 듯하다.[22]

모세는 이스라엘 백성이 만든 금송아지 형상을 보고 망연자실했다

---

21   피스크가 예시하는 것처럼 위(僞)필론은 아브라함에게 주신 하나님의 약속을 모세에게로 옮길 것이라는 출애굽기의 경고(출 32:10; 참조. 창 12:2)를 하나님이 그 땅에 관한 약속에 계속 헌신하실 것이라는 내용(창 12:7)으로 교묘하게 대체한다. "출애굽기 32:10의 수치스런 메시지를—후대의 성서에 반영된 수치의 메시지를 포함하여—은폐하는 위(僞)필론은 본문이 암시하는 언약의 보다 더 큰 맥락을 설명하는데, 이는 그 땅의 택함 받은 상속인 이스라엘의 안전한 지위를 손상시키는 것이 아니라 오히려 보호하기 위함이다." *Do You Not Remember?*, 161. 하나님이 자신이 선포한 언약의 약속을 깨뜨리겠다고 말하는 것은 위(僞)필론에게는 분명 생각조차 할 수 없는 수치스런 일이었다. 다음의 연구들을 보라. C. Begg, "The Golden Calf Episode According to Pseudo-Philo," in M. Vervenne, ed., *Studies in the Book of Exodus: Redaction—Reception—Interpretation* (Leuven: Leuven University Press, 1996), 577-94, 특히 581-84를 보라.

22   F. J. Murphy, *Pseudo-Philo: Rewriting the Bible* (Oxford: Oxford University Press, 1993), 71; Fisk, *Do You Not Remember?* 164-74를 보라.

(12.5). 하지만 하나님의 말씀으로부터 용기를 얻고, 이스라엘을 위해 탄원한다. 모세는 "비록 그들이 죄를 범했지만, 높은 곳에서 내게 선언된 것은 결코 헛되지(*in vano*) 않을 것"이라고 추론한다(12.6). 12.8-9에 나오는 모세의 중보기도는 출애굽기 32:11-13의 내용을 확대하고 다양하게 보충한 것이다.[23]

이제 보소서, 오! 하나님, 당신은 이 포도나무를 심고 그 새싹이 그 뿌리를 깊은 곳에 두고 당신의 높은 자리까지 미치게 하셨으며, 지금 이 순간에도 그것을 보고 계십니다. 왜냐하면 이 포도나무가 열매를 내놓았으나[24] 자신을 재배하신 분을 인식하지 못하기 때문입니다. 그리고 지금 만약 당신이 이 포도나무에 분노하여 그것을 뿌리 깊은 곳으로부터 뽑아버리고, 그 새싹을 당신의 높고 영원한 자리에서 말라 죽게 하신다면, 깊은 물이 더 이상 그것에게 영양분을 주지 않을 것이며 당신의 보좌도 당신이 멸하신 그 포도나무를 시원하게 해주지 않을 것입니다.

　당신의 모든 것은 빛이시고, 당신은 당신의 집을 보석과 금으로 꾸미셨습니다. 당신은 당신의 집에 향료, 향수, 향유, 계피, 몰약을 뿌리셨습니다. 또 그 집을 갖가지 음식과 많은 달콤한 음료들로 채우셨습니다. 그러므로 만약 당신의 포도나무에 긍휼을 베풀어주지 아니하시면, 주여, 모든 것이 헛될 것이며(*in vano*) 당신을 영광스럽게 할 자가 아무도 없게 될 것입니다. 그리고 당신이 다른 포도나무를 심는다 해도 그 나무는 당신을 신뢰하지 않을 것입니다. 왜냐하면 당신이 이전의 포도나무를 멸하셨기 때문입니다. 당신이 진정으로 세상을 버리신다면, 당신이 하나님으로서 말씀하신 것을 누가 당신을

23　여기에 반영된 출 32:11-14의 요소는 하나님은 자신이 반드시 지키실 약속만을 주셨다는 것, 하나님은 이스라엘을 위해 이미 수고하셨다는 것, 그리고 하나님의 명예가 위태로워졌다는 것이다. 여기서 중요한 것은 하나님 자신이 이미 언약의 약속의 내용을 언급하셨다는 것이다(12.4).

24　제이콥슨은 "내놓았다"(*emisit*)라고 해석한다. 하지만 대부분의 다른 편집자들은 다른 해석을 따른다(*amisit*, "잃어버렸다"; 참조. 28.4). Jacobson, *Commentary*, 497-98을 보라.

위하여 행하겠습니까? 그러하오니 이제 당신의 분노를 당신의 포도나무에게서 거두소서. 오히려 당신이 이전에 말씀하신 것과 앞으로 말씀하실 것이 이루어지게 하시고, 당신의 수고가 헛되지(*in vanum*) 않게 하소서. 당신의 분깃이 값싸게 팔리지 않게 하소서(12.8-9).

이 놀라운 논증에 대한 하나님의 반응은 긍정적이며("내가 네 말에 따라 자비를 베푸는 것[*misericors factus sum*]을 보라", 12.10) 이 논증의 논리에 주의를 기울일 가치가 있다. 먼저 모세는 포도나무인 이스라엘이 우주의 구조와 의미에 필수적이라고 제안한다. 뿌리가 "깊은 곳"에 박혀 있고, 꼭대기의 새싹이 하나님의 보좌에 닿아 있는 포도나무는 우주를 가로질러 밑바닥에서 위로 뻗어 있으며 창조세계의 중심적·구조적 특징을 이룬다. 하나님은 이 우주를 온갖 화려한 장식물―보석, 향료, 음식, 음료―로 꾸미셨다.[25] 하나님이 이 포도나무를 긍휼히 여기지 않으신다면, 그 모든 것은 무용지물이다. 아마도 그 포도나무가 창조세계의 온갖 풍성함에 대해 의미와 목적을 부여하기 때문일 것이다. 이것이 모세의 진술의 논리가 이스라엘과 나머지 우주 사이의 관계에 관한 진술을 통해 강화되는 이유다. 앞에서 이미 언급한 것처럼 아므람(9.3)과 발람(18.10)은 "이스라엘 족속"이나 "지극히 강하신 분이 심으신 것"이 파괴되는 것보다 세상이 더 빨리 붕괴될 것이라고 암시한다. 따라서 우리는 이 말이 그런 재앙의 불가능성을 나타내는 비유일 뿐만 아니라, 우주의 구조에 대한 이스라엘의 중심성을 나타내는 표시임을 알 수 있다. 하나님의 나무가 파괴된다면, 우주는 정말로 그 존재 이유를 상실하게 되어 꼼짝 못하게 될 것이다. 다른 곳에서 우리는 "세상이 있기 전, 곧 사람이 존재하지 않고 세상 속에 죄악이

---

25   비록 이 요소들이 때때로 성전이나 낙원과 연결되고 있지만, 여기서 *domus*("집")는 세상 전체를 뜻하는 것으로 보는 것이 좋다. Harrington, "Pseudo-Philo," 12.8-9. 그리고 Jacobson, *Commentary*, 499-502도 그렇게 본다.

전혀 없었을 때" 하나님이 인류라는 포도원과 선택된 이스라엘이라는 포도나무를 이미 계획하셨다는 것을 알게 된다(28.4). 이스라엘은 바벨탑 사건 이후에 추가로 생각해낸 것이 아니라, 인간의 창조 이전부터 하나님의 목적의 중심이었다.[26] 아담의 갈빗대를 취하시면서 하나님은 "그 갈빗대로부터 이스라엘이 탄생할 것"을 알고 계셨다(32.15). 창세기의 창조 기사에는 일반적인 인류만이 아니라 특수한 이스라엘도 이미 예견되어 있다. 율법이 주어질 때 우주의 요소들이 강하게 현재하는 것은 놀랍지 않다(11.1, 5; 23.10; 32.7-8). 마치 창조세계가 출애굽 사건과 그 이후로 여러 차례 이스라엘을 위해 이적을 일으켰던 것처럼 말이다(15.5; 30.5; 32.9-10; 14-15). 진실로 이스라엘은 세상을 지으신 이를 위한 민족으로서 이 세상의 목적이자 목표다. 그러므로 우리는 사람들이 이렇게 기도하는 소리를 듣고 놀라지 않는다. "주여, 당신이 택하신 백성을 주목하고, 당신이 심으신 포도나무를 멸하지 마소서! 그들은 당신이 **태초부터** 그리고 항상 선호하셨던 민족이고, 그들을 위해 당신은 거주할 수 있는 세상을 만드셨고 그들을 약속하신 땅으로 인도하셨으며, 당신 앞에서 분깃이 되어야 할 민족입니다"(39.7).[27] 이스라엘에게 주신 하나님의 약속은 취소될 수 없다. 이스라엘이 우주 전체의 존재 이유를 구성하기 때문이다. 따라서 이스라엘을 영원히 버리는 것은 "세상을 버리는 것"이 된다(12.9).[28]

12.8-9에 나오는 이와 관련된 모세의 두 번째 주요 논쟁은 이스라엘이 하나님을 섬기는 일에 있어서 차지하고 있는 독보적 지위에 관한 것이다. 만약 하나님이 이스라엘을 멸망시키신다면, 하나님 자신을 영화롭게 할 자는 한 명도 남지 않을 것이다. 어떤 다른 민족도 이스라엘의 자리

----

26   마찬가지로 율법도 [하나님이] "세상을 창조하실 때 이미 준비하신 지식의 기초"로 묘사된다(32.7).

27   강조는 덧붙여진 것임. 하나님이 이스라엘을 위해 세상을 창조하셨다는 것과 유사한 랍비들의 생각에 대해서는 Jacobson, *Commentary*, 953을 보라.

28   반대로 이스라엘의 번영은 우주의 번영을 동반한다(13.10; 23.10-13).

를 대신하지 못한다(하나님이 이스라엘에 대한 자신의 약속을 취소하신다면, 누가 하나님을 신뢰하겠습니까?). "누가 당신을 위하여 당신이 하나님으로서 말씀하시는 것을 행하겠습니까?"(12.9). 이스라엘은 하나님의 영광을 지닌 유일한 민족이다. 하나님은 이스라엘 민족 가운데 자신의 영광을 두시고 자신의 길을 선포하신다(9.7). 그리고 이스라엘을 통해 "세상에 빛"을 비추실 때 곧 자신의 율법을 조명하실 때, 그들을 "다른 모든 민족보다 더 영광스럽게 하실 것이다"(11.1).[29] 하나님의 영광은 특별한 방식으로 성막 안에 거하고(11.15; 참조. 15.6; 21.6), 보다 일반적인 방식으로는 하나님의 백성 가운데 임한다. "내가 땅의 모든 족속으로부터 한 백성을 택하여 나의 영광이 그 백성과 함께 이 세상에 거하도록 할 것이다"(30.2).[30] 하나님은 이스라엘 안에 자신의 "위엄"을 두시고, 그들 가운데 자신의 영원한 빛을 비추셨다(19.4). 이스라엘은 하나님의 이름을 지닌 백성이다(28.4; 49.7). 이스라엘이 영원히 사라진다면, 하나님의 임재, 하나님의 영광, 하나님의 율법도 흔적을 찾기 어려울 것이다. 이스라엘은 지구상에서 대체 불가능한 하나님의 대표자다. 만일 남은 것 전부가 다른 무익한 민족들(침처럼 가치 없는 민족들, 7.3; 12.4)뿐이라면, 하나님은 인간의 죄를 싫어하시기에 그 창조세계 전체를 "뿌리째 뽑아내버리실 것"이다(44.6, 8). 따라서 이스라엘이 심판을 받고 특정한 세대가 멸망한다 해도, 하나님은 반드시 이 민족을 긍휼로 **회복시키셔야 한다**. 이스라엘이 없다면 피조물은 더 이상 가치 없는 존재가 되고 말 것이다.

몇 가지 점에서 『성서고대사』는 확실히 피조물을 넘어 "세상의 때가 찰 때" 창조될 새로운 세상을 바라본다(3.10). 그런 종말론적 환상에는 최

---

29   참조. 20.4. 여기서 하나님이 다른 민족들을 택하지 않으신 사실은 죄의 처벌에 있어서 하나님께서 이스라엘에 대해 관대하지 않으시다는 사실(그리고 "사람들을 높게 평가하지" 않으신다는 사실)과 균형을 이루고 있다.

30   아브라함(7.4)과 이스라엘을 모든 민족 가운데서 선택(*eligere; electio*)했다는 표현(18.5, 6, 11; 21.4; 23.13; 28.4; 30.2; 31.5; 32.1; 35.2)이 매우 자주 등장한다.

후의 심판이 포함된다. 그때 하나님은 각 사람을 그들의 행위에 따라 심판하시고(3.10), 모든 사람은 아마도 자신에 대해 책임을 져야 하며 다른 사람의 공로에 의존할 수 없을 것이다(33.1-6). 현세에서 죄를 지은 자라도 적절히 회개하면, 하나님이 죽은 자들을 부활시키실 때 어느 정도 긍휼을 얻게 되리라는 소망이 있다(25.7). 그러나 "너희 모두는 영원한 삶을 살 것이다"(23.12)라는 모호한 진술의 의미를 강하게 수용하지 않을 경우, "온 이스라엘"이 이러한 미래 세계를 향유하게 될지는 분명하지 않다. 이 문제의 모호성은 다음을 지시한다. 즉 (다음 장에서 다룰 에스라4서와 달리) 『성서고대사』에서 현재 세계는 여전히 중요하며, 이 땅에 펼쳐질 이스라엘의 미래 역시 여전히 긴급한 관심사라는 것이다. 현재의 불행과 실망이 무엇이든지 간에 『성서고대사』 저자는 이스라엘에 대한 하나님의 심판이 영원히 지속된다는 것을 받아들일 수 없다. 오히려 하나님의 언약의 약속은 반드시 지켜져야 한다. 하나님의 계획은 궁극적으로 "헛된 것"일 수 없다. 하나님의 명성, 하나님의 일관성, 자신의 말씀에 대한 하나님의 신실하심은 바로 이와 같은 사실에 의존한다. 하나님이 열심으로 창조하신 우주의 목적과 가치도 바로 이 사실에 의존한다. 이스라엘이 길을 잃을 때 하나님께서 자비를 베풀지 않으신다면, 하나님은 차라리 모든 창조세계를 버리시는 편이 낫다.

8.3. 하나님의 긍휼

이스라엘을 회복시키고 보존하겠다는 하나님의 약속에서 우리는 "자비"가 하나님의 중심 속성임을 여러 번 발견했다. "긍휼"(*misericordia, misereor*, 등)에 대한 반복된 언급은 아마도 히브리어 "헤세드"(חסד)나 "라하밈"(רחמים)으로 거슬러 올라갈 것이다.[31] 이 단어들은 종종 거의 같은 의

31　우리의 라틴어 본문에서 가장 흔하게 발견되는 관련 용어는 다음과 같다. *miseratio*

미를 지닌 "오래 참음"(longanimitas)이라는 용어로 보충된다(19.8, 9; 39.5; 49.3).[32] 자비는 흔히 "땅에 가득한 것"(39.6), 즉 **풍성한** 것으로 묘사된다 (19.14; 21.4; 28.5). 그러나 자비가 하나님의 **유일한** 속성인 것은 분명 아니다. 자비는 자주 하나님의 분노나 심판과 나란히 배치되거나 그 결과로 이어진다(예. 11.6; 25.3; 28.2; 43.10). 우리는 많은 사례들 안에서 하나님의 자비가 수혜자의 보잘것없는 가치와 비교할 때 명확하게 **비상응**적이라는 점을 지적했다. 이스라엘이 죄를 범하고 하나님으로부터 버림을 받았던 바로 그때, 하나님께서는 그들에게 자비를 베풀어주셨다(예. 12.10; 19.9). 이와 같이 받을 자격이 없는 자에게 주어지는 하나님의 자비가 없었다면, 이스라엘에게는 결단코 미래가 없었을 것이다(12.9). 그렇다고 항상 그랬던 것만은 아니다. (영어 단어 "mercy"와 라틴어 단어 *misericordia*로부터) 우리가 예상할 수 있는 의미에도 불구하고, 하나님의 자비는—실제로는—자주 매우 적합한 자에게 주어진다. 출애굽기 20:5-6이 반영되는 본문처럼, 질투하시는 하나님은 조상의 죄를 그들의 자손에게서 찾으시지만 "나를 사랑하고 내 계명을 지키는 자에게는 천 대까지 은혜를 베풀어주신다"(11.6). 이와 유사하게 인애(참조 חסד; 일반적으로 그리스어 ἔλεος로 번역됨)를 뜻하는 광범위한 의미의 "자비"가 다른 본문들 속에 퍼져 있다. 하나님은 이렇게 선언하신다. "만약 그들이 내 길을 따라 걷는다면, 나는 그들을 버리지 아니하고 항상 그들에게 긍휼을 베풀어줄 것이다"(13.10; 참조. 3.4, 노아 관련 부분; 50.4, 한나 관련 부분). 어떤 계획적인 진술에서 죽이기도 하고 살리기도 하시는 하나님은 공의의 심판을 통해 악인은 죽이고 의인은 자비로써

(19.8; 21.4), *misereor* (12.9; 13.10; 15.7; 19.9; 22.7; 25.7; 31.2; 35.3); *misericordia* (3.4; 11.6; 13.6; 15.7; 19.8, 11, 14; 21.4; 22.5; 24.3; 28.5; 39.6; 51.5; 59.4); *misericors* (12.10; 22.6).

32 15.7d에 있는 "피에타스"(*pietas*) 그리고 베풀어주시고(53.13) 용서하시는(35.4; 62.6) 하나님에 대한 언급을 참조하라. "그라티아"(*gratia*, 감사)는 실제로는 히브리어 관용구인 "호의를 입다"(3.3; 6.10; 42.8)의 번역어로 한정된다.

살려주실 것이다(51.5). 다시 말해 "자비"가 항상 자격 없는 자에게 은혜가 주어진다는 의미를 함축하는 것은 아니다. 자비는 단어 자체의 독립적 연상이 아니라, 사용되는 맥락에서 특별한 뉘앙스를 취한다. 이스라엘의 죄에도 **불구하고**, 혹은 다른 어떤 보상의 요인 **때문에** "자비"가 베풀어지는 다수의 사례들이 있는데, 그 한 예는 다음과 같은 확신, 즉 "그 누구도 이스라엘 백성들에게 자비를 베풀지 않지만" 하나님이 "지금의 이스라엘 백성들 때문이 아니라 잠자는 자들로 인해 그들에게 자비를 베풀어주실 것이다"라는 확신이다(35.3; 참조. 30.7; 35.4).

그러므로 우리가 살펴보고 있는 『성서고대사』 본문은 비상응성을 자비의 본질적 또는 적절한 특성으로 칭송하지 않는다. 그럼에도 불구하고 본문은 하나님이 불순종하고 완고한 민족에게 친히 약속하신 대로, 그리고 이스라엘 지도자들이 예언한 대로 긍휼을 베풀어주셨고 또 베풀어주실 것이라는 사실을 거듭해서 예시한다. 하나님은 금송아지 우상숭배 사건 이후에 모세의 기도에 응답하시고 이스라엘에 자비를 베풀어주신다(12.10; 참조. 22.5; 민 14:20). 그 후에 이스라엘이 범죄하고 하나님께서 정당하게 진노하실 때도, 모세의 지팡이를 상기시키시고 자신의 자비에 따라 이스라엘을 보존하실 것이다(19.11; 참조. 19.14). 인간의 완고함을 깊이 깨달은 모세는 하나님께 이렇게 호소한다. "당신에게 죄를 짓지 않은 사람이 과연 누구이겠습니까? 당신이 오래 참지 않으신다면, 당신이 자비를 베풀어주지 않으신다면, 어떻게 당신의 분깃이 안전하겠습니까?"(19.9; 참조. 15.7). 비록 하나님의 자비는 부지중에 죄를 범하거나(22.6) 죽기 전에 죄를 자백하면(25.7) 더 크게 주어질 수 있기는 해도, 많은 경우에 자비는 단순히 죄와 나란히 배치된다. 이는 하나님께서 "내 백성이 죄를 범하더라도, 그럼에도 불구하고 내가 그들에게 자비를 베풀 것이다"라고 보증하고 계시기 때문이다(31.2; 참조. 39:6). 이스라엘이 계속 유지되고 그 결과 세상이 자신의 가치와 목적을 보존하기 위해서는, 다음과 같은 자비의 확장, 곧 하나님이 신실한 자들에게 인자하심을 베풀어주시는 것을 넘어서서 죄인들까지도 용서하고 회복시키는 자비의 확장이 필수적이다. 우리는 이 점을 이미 확인했다. 다시 말해 비상응성은 하나님의 긍휼의 본질적인 요소가 아니라, 하나님의 돌이킬 수 없는 약속과 취소될 수 없는 계획을 성취하는 일에 본질적인 요소인 것이다. 1QH³에서처럼(앞 장을 보라) 은혜의 비상응성은 칭송되고 선포될 수 있으나, 그것은 결코 자명한 현상이 아니므로 심오한 논거를 필요로 한다. 하나님이 **심지어** 죄를 범한 이스라엘에게조차 자비를 베풀어주신다는 것은 하나님이 인간과 달리 오래 참으시는 인내로써 자신을 통제하실 수 있음을 나타낸다(39.4-5). 더 깊은 의미로 말하자면, 만약 우주의 목적이 **이스라엘을 통해** 하나님이 그들에게 정하신 대로 성취되려면, 자비의 비상응성은 필수 요소가 된다.

이와 같이 하나님의 자비의 비상응성에 대한 가장 기본적인 정당화는 우주의 설계에서 이스라엘이 지니고 있는 대체 불가능성이다. 이 신화적 기초는 어떤 면에서 1QH³에 나오는 창조 당시 하나님의 선택의 원칙과 유사하다. 하지만 여기서 수혜자는 우연한 선택의 결과로서 이스라엘 내에 존재하게 된 자들이 아니라 이스라엘 민족이다. 역사의 도덕 질서를 보존하기 위한 하나님의 은혜의 **상응성**(congruity)을 강하게 주장하는 솔로몬의 지혜서와 달리 『성서고대사』는 우주의 도덕적 혹은 합리적 구조를 전혀 전제하지 않는다. 사실 『성서고대사』의 우주는 창조에서 이스라엘이 갖는 구조적 역할과 그에 따른 하나님과의 독특한 관계에 의해 신화적으로 정당화된 **이스라엘로서의** 이스라엘(Israel qua Israel)에 치우쳐 있다. 이러한 틀 안에서 자비는 죄인에게 베풀어질 수 있다는 관념을 통해 극대화될 수 있다. 만약 『성서고대사』가 이스라엘의 실패를 의식하는 가운데 기록되었고, 의인의 박해가 아닌 하나님의 심판을 겪고 있는 독자들을 그 대상으로 삼고 있었다면, 이 작품은 하나님이 이스라엘에게—심지어 이스라엘이 이런 관대한 대접을 받을 자격이 없을 때조차—자비를 베풀어주실 것이라는 성서적 주제를 극대화하여 독자에게 위로를 주어야 할 충분한 이유가 있었다.

제9장

에스라4서

에스라4서(에스드라2서 3-14장)는 제2성전 시대 이후(정확히 제2성전 시대가 끝난 직후) 이스라엘의 역사와 소망에 대해 가장 깊이 신학적으로 성찰하는 작품들 가운데 하나다. 기원후 1세기 말에 기록된 에스라4서 본문은 예루살렘 멸망(기원후 70년)으로 갑자기 찾아온 믿음의 위기를 반영하고 있으며, 이스라엘에 대한 하나님의 약속의 진정성과 창조세계에 대한 하나님의 목적의 타당성에 의문을 제기하는 깊은 애도의 목소리를 낸다.[1] 이러한 질문들은 "에스라"라는 존경받는 인물에 의해 유창하게 울려 퍼지고 하나님의 긍휼과 공의에 관한 길고 미묘한 논쟁에서 그 절정에 도달한다. 여기서 에스라의 의심이 동정적으로 다루어지고 있다는 것이 중요하고, 또 (앞으로 내가 주장할 내용처럼) 그 의문들이 최종적으로는 명확하고 일관성 있게 해소된다는 것도 동일하게 중요하다. 신학 작품으로서 에스라4서는 유대교 묵시사상 범주에 드는 지적 업적으로, 그리스어 자료를 사용한 필론이나 솔로몬의 지혜서의 업적만큼이나 인상적이다.

에스라4서의 해석을 어렵게 만드는 많은 요소들이 존재한다. 비록 현존하는 에스라4서 역본들은 (아마도 히브리어로 기록된) 원문과 경미한 차이만을 보이고 있고,[2] 에스라4서 본문 연구가 높은 수준의 정교함에 도달

---

1   에스라4서의 기록 연대는 "예루살렘이 멸망한 후 30년"이라는 첫 부분의 언급(3.1; 겔 1:1의 반영)보다는 (로마) 독수리의 "세 개의 머리"에 기초한다. 이는 독수리 환상(11.29-35; 12.22-28)의 마지막 특성으로 플라비아누스라는 이름을 가진 세 명의 황제를 가리키는 것으로 보인다. 다음의 연구들을 보라. J. M. Myers, *I and II Esdras*, AB 42 (Garden City: Doubleday, 1974), 129-31, 299-302; J. Schreiner, *Das 4. Buch Esra*, JSHRZ 5/4 (Güterloh: Mohn, 1981), 291-306; M. E. Stone, *Fourth Ezra*, Hermeneia (Minneapolis: Fortress Press, 1990), 9-10, 363-65.

2   에스라4서의 모든 역본(라틴어판, 시리아어판, 조지아어판, 에티오피아어판, 아르메니아어판 등)이 모두 (몇 가지의) 그리스어 역본에서 유래했다는 것은 일반적으로 인정되는 사실이다. 그리스어 역본은 아마도 히브리어 원문에서 왔을 것이다. Stone, *Fourth*

했다 하더라도 여러 점에 있어서 원문 내용에 관한 불확실성이 여전히 존재한다. 또한 본문의 일관성에 관한 지속적인 질문도 존재하는데, 특히 다양한 종말론적 기대들과 관련된 본문과 관련하여 지속적인 질문이 제기되고 있다. 급진적 자료비평 가설들은 이제 "본문의 본질적 통일성을 찾아내려는 연구"에 의해 제대로 대체되었다.[3] 물론 메시아 왕국 및 최후 심판으로 묘사되는 "마지막 때"에 관한 환상이 근본적으로 일관성이 있는지 아니면 국가 차원의 "차안적" 관점과 개인 차원의 "피안적" 관점, 이 두 관점의 느슨한 결합을 나타내는지, 이에 관해서는 의견이 서로 다르다.[4]

Ezra, 1-11을 보라. 여기에 인용된 라틴어 본문은 A. F. J. Klijn, *Der lateinische Text der Apokalypse des Esra* (Berlin: Akademie-Verlag, 1983)에서 재구성된 것이다. 독일어 번역을 첨부한 A. F. J. Klijn, *Die Esra-Apokalypse (IV. Esra)* (Berlin: Akademie Verlag, 1992)도 참조하라. 최근 번역들, 예를 들어 NRSV(영어) 또는 Schreiner, *4. Buch Esra* (독일어)의 독자들은 Stone, *Fourth Ezra*의 번역도 참조해야 한다. 이 역본은 다른 모든 역본을 사용하고 있으며 본문 주해의 지지를 받는다.

3   초기의 자료비평 가설들(폴크마르, 카비슈, 박스, 외스터레이)은 대체로 본문의 일곱 가지 에피소드에 흐르고 있는 사상의 통일적 전개를 추적하는 연구로 대체되었다. 이런 연구 동향을 가장 충분히 예시하고 있는 연구들은 다음과 같다. E. Brandenburger, *Die Verborgenheit Gottes im Welgeschehen: Das literarische und theologische Problem des 4. Esrabuches* (Zürich: Theologischer Verlag, 1981); Stone, *Fourth Ezra* (참조. B. W. Longenecker, *2 Esdras* [Sheffield: Sheffield Academic Press, 1995]). 이 연구의 개관에 대해서는 Stone, *Fourth Ezra*, 11-23을 보라. 스톤은 에스라4서가 기존의 자료들(예. 바다에서 나온 사람의 환상, 13.1-50)을 결합시킨 것이기는 하지만 정교한 문학작품이라고 결론짓는다. 최근 연구에 관해서는 K. M. Hogan, *Theologies in Conflict in 4 Ezra: Wisdom Debate and Apocalyptic Solution* (Leiden: Brill, 2008), 9-35를 보라.

4   이 주제에 대한 스톤의 연구는 이전의 연구들에 팽배했던 오해에 기초한 단순한 이분법을 넘어서고 있다. 예를 들어 다음의 연구서들을 보라. M. E. Stone, "Coherence and Inconsistency in the Apocalyses: The Case of 'The End' in 4 Ezra," *JBL* 102 (1983), 229-43(카비슈와 컬러스에 대한 대답); 동일 저자, *Features of the Eschatology of IV Esra* (Atlanta: Scholars Press, 1989), *Fourth Ezra*, 204-7. 이런 이분법은 다음의 연구들 속에도 잠재해 있다. A. L. Thompson, *Responsibility for Evil in the Theodicy of IV Ezra* (Missoula: Scholars Press, 1977); B. W. Longenecker, *Eschatology and the Covenant. A Comparison of 4 Ezra and Romans 1-11* (Sheffield: JSOT Press, 1991). 후자의 연구는 전통적인 유대의 "민족주의적" 언약주의와 개인주의적 "율법주의" 사이의 대조로 구성되

하지만 에스라4서는 다른 수준의 독자들에게 도전을 제기한다. 에피소드 1-3(3.1-9.25)은 명백한 권위를 지닌 두 인물, 곧 에스라와 우리엘(하나님의 대변인)의 대화로, 이 대화에서 그들은 근본적으로 서로 다른 관점을 갖고 하나님이 이스라엘과 세상을 다루시는 것에 관하여 논쟁을 펼치는데, 이 둘의 대화를 우리는 과연 어떻게 받아들여야 할까? 독자는 어느 한 인물과, 아니면 두 인물 모두와 공감해야 하는가? 에피소드 1-3 본문은 에피소드 4-6(9.26-13.58)의 다른 양태로 전환되면서 앞선 대화에서 제기된 문제들을 해결하지 못하는가? 아니면 에스라는 에피소드 4(9.26-10.59)를 기점으로 처음에는 하나님께 불평했지만(3.6-36) 마침내 하나님께 대한 찬양(13.57-58)으로 이동하는 이해의 여정을 떠나고 있는가? 우리는 여기서 에스라가 자신을 모세와 동등한 계시의 전달자로 간주할 때까지(14.1-50), 그가 자신의 가치를 점점 더 인식하게 되는 과정(6.32-34; 7.76-77; 8.47-48; 10.39; 12.35-36)을 추적해야 하는 걸까?

일반적으로 말해, 이 주제들에 대한 나의 해석은 스톤이 제시한 신중한 해결책과 일치한다. 저자의 관점을 에스라나 우리엘 가운데 한 사람의 관점과 일치시키는 것은 현명하지 않기에, 스톤은 대화의 두 관점이 서로 반응하면서 어떻게 전개되는지를 분석하고, 서로 다른 두 가지 세계관에 있어서 결정적으로 중요한 것이 무엇인지를 명확히 밝힌다.[5] 이 대화에 나타나는 에스라의 관점을 반대파(Gegenpartei)의 대변자 또는 시종일관 회의적·이원론적 관점의 대변자로 다루는 것은 만족스럽지 않다.[6] 오히

어 있다. Longenecker, *2 Esdras*는 부분적으로 이러한 대립관계로부터 물러서 있으며, 에스라4서가 유대의 언약 전통을 포기하는 것이 아니라 다시 정의하고 있음을 인정한다.

5　예를 들어 Stone, *Fourth Ezra*, 231을 보라.

6　하니쉬에게는 실례가 되는 주장이지만, 그는 E. Brandenburger, *Adam und Christus: Exegetisch-religionsgeschichtliche Untersuchung zu Röm.* 5,12-21 (Neukirchen: Neukirchen-Vluyn, 1962)의 주장에 기초하여 에스라의 불평 속에서 그 시대의 회의적·운명론적·원론적(어떤 면에서는 영지주의와 비슷한) 사상의 흐름을 찾아냈다. 에스라4서 저자가 이런 사상을 가지고 (우리엘과) 논쟁하는 대화에 임했다는 것이다.

려 우리는 에스라가 우리엘의 관점을 이해하고 우리엘의 관점을 공유하게 되었을 때, 하나님을 신랄하게 비난하는 당황스런 태도에서 애절하게 탄식하는 입장으로 바뀌는 방식을 추적해야 하고, 점점 잦아드는 이 탄식이 어떻게 에피소드 4-6의 환상들로 대체되어 에스라 자신이 대화(14.28-36) 가운데 우리엘의 관점과 일치하는 권면을 명확히 표명하게 되는지도 추적해야 한다.[7] 앞으로 살펴보겠지만, 정점을 이루는 세 번째 대화(에피소드 3:6.26-9.35)에서 두 관점 모두 똑같이 진지하게 다뤄지지만, 같은 결과에 도달하는 것은 아니다. 곧 에스라가 그다음의 "회심"에 관해 말하는 것

W. Harnisch, *Verh ngnis und Verheissung der Geschichte: Untersuchungen zum zeit- und Geschichtsverständnis im 4. Buch Esra und in der syr. Baruchapokalypse* (Göttingen: Vandenhoeck & Ruprecht, 1969), 19-60. 비록 브란덴부르거가 이후에는 이렇게 재구성된 일부 요소 그리고 다른 학자들의 잘못된 해석으로부터 거리를 두고 있지만(*Die Verborgenheit Gottes*, 42-50, 159-60), 그와 하니쉬가 에스라4서의 "에스라"를 택하고 있는 이유는 신학적 오류를 나타내기 위함이지, 다음과 같은 비전, 곧 두 세계를 동시에 볼 수 있는 우리엘의 관점과 동일한 깊이의 관점을 필요로 하는 제한된 비전을 나타내기 위함이 아니다. 하니쉬의 견해에 대한 비판은 A. Hayman, "The Problem of Pseudonymity in the Ezra Apocalypse," *JSJ* 6 (1975), 47-56; K. Koch, "Esras erste Vision. Weltzeiten und Weg des Höchsten," *BZ* 22 (1978), 46-75, 특히 55-58을 보라. 여기서 헤이먼은 에스라를 "반대파"(Gegenpartei)가 아니라 보다 더 나은 지식을 필요로 하는 논쟁의 당사자로 보고 있는데, 이는 옳은 견해다. 에스라4서의 "에스라"는 문학적으로 창작된 인물이므로, 본문의 증거에 따라 본문 밖의 사상적 흐름을 역사적으로 재구성하려는 것은 위태롭게 보인다(Brandenburger, *Die Verborgenheit Gottes*, 161에서 이는 단지 부분적으로만 인정된 난제이다). 호건은 에스라와 우리엘의 대화에서 일반적으로 통용되는 지혜 논쟁의 증거를 찾아내지만(*Theologies in Conflict*, 101-57), 마지막 세 편의 에피소드에서 세 번째 종류의 신학을 주장하고 있는데, 이는 이전 에피소드들에 요약되어 있는 우리엘의 종말론적 소망, 바로 이 종말론적 소망의 연속성을 과소평가하는 것이다.

7   이와 같은 점진적인 전개는 E. Breech, "These Fragments I Have Shored against My Ruins: The Form and Function of 4 Ezra," *JBL* 92 (1973), 267-74에서 부분적으로 설명되며, Stone, *Fourth Ezra*에서 상세히 탐구된다. 샌더스(E. P. Sanders)에 의한 에스라4서의 연구는(*Paul and Palestinian Judaism* [London: SCM PRess, 1977], 409-18) 지금은 시대에 뒤처져 있는 자료-이론들을 토대로 하고 있으며, 언약의 은혜와 "율법적" 행위의 의라는 이제는 맞지 않는 개신교적 이분법을 적용시키고 있다. 위 3.6.1을 보라.

은 매우 극적일 수 있으나, 에스라의 입과 에스라4서 본문을 결정적으로 지배하고 있는 것은 우리엘의 두 세계 관점이다.[8] 그러나 대화에서 두 목소리는 구별되어야 하기에, 그리고 에스라4서 본문이 에피소드 내외의 진행을 추적하기에, 고립된 개별 본문을 저자의 "관점"으로 취하는 것은 특별히 위험하다. 오히려 우리는 에피소드 1부터 에피소드 7에 이르기까지, 본문의 변증법적 패턴을 순서대로 추적해야 한다.[9]

---

[8] 대화의 두 당사자에게 같은 비중을 두기를 선호하는 궁켈은 두 당사자가 저자의 내적 갈등을 나타낸다고 보았다. H. Gunkel, "eine zerrissene Natur": "Das vierte Buch Esra," in E. Kautsch, ed., *Die Apokryphen und Pseudepigraphen des Alten Testaments* (Tübingen: Mohr Siebeck, 1900), 제2권, 331-401, 특히 343. 최근의 많은 영어권 학자들도 궁켈과 비슷하게 에스라4서에서 저자의 사적인 긴장이나 발전과정을 추적했다. 그 결과 스톤은 에피소드 4에서 저자의 개인적 회심과 비슷한 경험을 찾아낸다. Stone, *Fourth Ezra*, 28-33, 326-27; 참조. J. J. Collins, *The Apocalyptic Imagination: An Introduction to Jewish Apocalyptic Literature*, 2판 (Grand Rapids: Eerdmans, 1998), 205-6, 211; Hogan, *Theologies in Conflict*, 38-40. 그러나 본문이 그 속에 나타나 있는 긴장과 진전을 마치 암호화된 자서전인 양 저자의 심리적·종교적 갈등에 대한 묘사로 보는 것은 지나치게 단순한 결론으로 보인다. 궁켈의 학문적 유산에 대한 비판은 Brandenburger, *Die Verborgenheit Gottes*, 37-52를 보라. 스톤에 관해서는 F. Esler, "The Social Function of *4 Ezra*," *JSNT* 53 (1994), 99-123, 특히 110-13을 보라. 에피소드 3에 대한 왓슨의 훌륭한 해석(F. Watson *Paul and the Hermeneutics of Faith* [London: T&T Clark, 2004], 475-503)은 에스라의 "회심"이라는 견해를 제대로 거부하지만(477-8), 본문이 에스라와 우리엘, 이 둘의 견해상 충돌을 해결하지 않은 채 그대로 버려둔다는 잘못된 결론을 내린다(502-3). "공정한 심판자"에 의한 최후의 심판에 호소하고 있는 에스라의 고별사 (14.28-36, 왓슨은 이를 언급하지 않으나 Brandenburger, *Die Verborgenheit Gottes*는 이를 제대로 강조한다)는 에스라가 우리엘의 현실적 비전을 받아들였음을 충분히 명확하게 제시한다. 우리엘은 하나님을 위하여 말할 뿐만 아니라 종종 **하나님으로서** 말하기에, 그것은 우리가 예상하게 되는 결론과 정확하게 일치한다.

[9] 나는 다음과 같은 일곱 개의 에피소드로 구분하는 통상적 분류를 따른다(내가 이것들을 "환상"[vision]으로 부르지 않는 것은 처음 세 개의 에피소드와 일곱 번째 에피소드가 환상의 요소를 거의 갖고 있지 않기 때문이다). 에피소드 1(첫째 대화, 3.1-5.20); 에피소드 2(둘째 대화, 5.21-6.35); 에피소드 3(셋째 대화, 6.36-9.25); 에피소드 4(어머니/시온의 환상, 9.26-10.59); 에피소드 5(독수리 환상, 11.1-12.51), 에피소드 6(바다에서 나온 사람의 환상, 13.1-58); 에피소드 7(계시의 전달자로서의 에스라, 14.1-50). 상세한 구조 분석에 대해서는 Stone, *Fourth Ezra*, 50-51과 각각의 주요 부분에 대한 스톤의 서론을 참조하라.

9.1. 시온의 황폐화와 다가올 세상(에피소드 1): 3.1-5.20

첫 번째 대화는 두 번째 대화에서 반복되고 세 번째 대화에서 조정되는 패턴을 설정한다. 에스라가 하나님께서 이스라엘을 다루시는 방법에 대해 의심하고 공개적으로 불평한 후에(3.4-36), 우리엘은 에스라와 논쟁적 대화를 시작하며(4.1-25), 그 결과 미래가 예언된다(4.26-32). 에스라는 종말론적 시간표를 묻는 비교적 거슬리지 않는 질문으로 이 예언에 반응하고(4.33-52), 그다음의 대화는 마지막 때의 표징에 대한 우리엘의 묘사로 마무리된다(5.1-13).[10] 에스라가 처음부터 갖고 있던 오래된 불평은 창조에서 이스라엘 역사의 핵심 단계들(선택, 시내산의 율법 수여, 예루살렘 건설)을 거쳐 포로기(3.4-36)에 이르는 역사를 분석한다. 이 불평은 "시온의 황폐화"(3.2)와 하나님의 백성이 포로로 잡혀가는 예외적인 사건에서 비롯되는데, 이 사건은 이스라엘 백성들의 죄보다 훨씬 더 무거운 죄를 짓고도 승승장구하는 바벨론에 의해 발생한다(3.28-36). 불평의 정점(3.28-36) 부분에서는 미덕이나 악덕에 비례하여 상이나 벌이 주어진다는 하나님의 성실한 공의에 심각한 의문이 제기된다.[11] 그러나 이 주제는 역사 전체를 주관하시는 하나님에 관한 더 깊은 일련의 질문과 결합되어 있다. 에스라는 세상의 창조와 시내산 계시에서 하나님이 쏟으신 수고를 추적하지만(3.4-6, 17-19), 이 수고에 아무런 결실이 없었음을 보여준다. 아담

---

10 Stone, *Fourth Ezra*, 60-61, 80-81, 91-92, 107-8을 보라. 이 내용은 4:26-32의 핵심적 예언 가운데 어느 쪽이든 관계없이 대화의 논쟁적 부분과 지식 전달의 부분을 구분한다. "지극히 높으신 이의 길"에 초점이 맞춰져 있는 이 에피소드에 대한 탁월한 분석인 Koch, "Esras erste Vision"을 보라.

11 에스라가 역사 속에서 바라는 공의는 비례 보상의 원칙에 따라 작용한다. 비록 이스라엘이 죄를 범한 것은 틀림없지만(3.25-27, 34), 다른 민족들은 하나님께 죄를 범하고 하나님을 무시하는 일에 있어 상대적으로 더 악하다(3.29, 33-36). 반면에 이스라엘의 "수고"는 "열매"나 "보상"(merces, 3.33)을 얻지 못했다. 우리엘도 이런 관점을 취하고는 있지만, 이를 역사가 아닌 최후의 심판에 적용할 것이다(4.35).

의 죄(3.7), 홍수 세대에 반복된 죄(3.8-10), 그리고 시내산 율법 수여 이후(3.20-22)와 예루살렘 건설 이후(3.25-27)에 이스라엘의 역사에서 저질러진 죄는 오직 죽음과 고난을 가져왔을 뿐이다. 이스라엘의 역사를 포함한 역사 전체는 "악한 마음"(*cor malignum*)에 의해 망쳐졌고, 악한 마음은 인간의 선함을 말살했지만(3.20-22), 그런데도—에스라의 주장에 따르면—하나님은 이 악한 마음에 맞서지도 않으시고 이 악한 마음을 제거하지도 않으실 만큼 태만하셨다(3.8, 20).[12] 여기서 에스라는 포로기의 두려움보다 더 깊고 큰 하나의 문제를 규명한다. 그것은 인류 전체가 다음과 같은 질병, 곧 인간의 모든 역사를 고통과 죽음의 무익함으로 파멸시키는 것처럼 보이는 "질병"(*infirmitas*, 3.22)에 걸려 있다는 것이다. 에스라가 구하는 해결책은 이스라엘의 정치적 몰락을 직설적으로 바로잡는 것보다 더욱 근본적이어야 하는데, 이는 그가 인간이 처한 곤경을 그런 관점(후에 우리엘은 "악한 씨"라는 발언으로 이 관점을 확증한다, 4.27-31)에서 진단하고 있기 때문이다. 예루살렘의 회복과 성전 재건이라는 현재의 소망이 여기서 미묘하게 훼손된다.[13]

논쟁적 대화 속에서 우리엘의 대답(4.1-25)은 인식론적 충격을 안겨

---

12   3.28-38에서와 달리 이러한 비난은 하나님의 공의에 대한 의문을 품지 않는다(Stone, *Fouth Ezra*, 60, 61에는 반대되는 의견이다). 왜냐하면 에스라는 일반적으로는 인간이, 특수하게는 이스라엘이 하나님의 계명을 위반했고, 그 위반이 당연히 심판을 초래한다는 것을 인정하기 때문이다(3.7-10, 25-27). 그러나 하나님의 비-활동에 대한 두 가지 진술(*non prohibuisti*, 3.8, *non abstulisti*, 3.20)은 하나님이 개입하실 수 있었으나 그렇게 하지 않으셨음을 암시한다. 하나님이 "악한 마음"의 원인이라는 암시는 전혀 없고, 그것의 기원은 비밀로 남아 있다(4.4).

13   거의 같은 시기에 활동했던 저술가 요세푸스는 성전의 회복을 가정했던 것으로 보인다. *Ant.* 4.314, *Apion* 2.193. 참조. J. M. G. Barclay, *Flavius Josephus, Translation and Commentary*. Volume 10: *Against Apion* (Leiden: Brill, 2007), ad loc; *Sib. Or.* 5.418-433 그리고 기독교 진영에 속한 *Barn.* 16.3-4. 성전 파괴에 대한 입장에 관해서는 J. Hahn, *Zerstörungen des Jerusalemer Tempels: Geschehen—Wahrnehmungen—Bewältigungen,* with the assistance of C. Ronning (Tübingen: Mohr Siebeck, 2002)을 보라.

준다. 에스라는 세상 그 자체를 이해하지 못한다. 과학적 사실 차원에서도 이해를 못하고, 세상의 보다 깊은 원리 차원에서는 더더욱 이해를 못한다("지극히 높으신 이의 길", 4.4, 11, 21; 참조. 3.31). 에스라의 무지를 이렇게 부각시키는 것은 역사를 "신비화"하기 위함이 아니라, 종말론적 관점에서만 역사가 이해될 수 있다고 주장하기 위함이다. 우리엘이 지상의 관점과 하늘의 관점, 이 두 관점의 차이(4.21)에 관해 말할 때, 에스라는 이를 공간적으로 이해하고 이스라엘의 역사적 고통에 대해 계속 질문한다(4.22-25). 그러나 우리엘의 구분은 사실 "현세"에 대해 **단일 초점을 갖는 관점**과 **이중 초점을 갖는 관점**, 이 둘 사이의 구분을 의미한다. 이 이중 초점의 관점을 통하여 우리는 현재의 슬픈 시대와 장차 임할 세상을 나란히 바라보게 되고, 추가적 관점으로 현재의 슬픈 시대를 보게 된다 (4.26-32). 따라서 우리엘은 평범한 역사 속에서 이스라엘의 곤경을 해결하고자 하는 희망을 차단한다. 달리 말해 현 시대는 하나님의 약속을 성취시키기엔 너무 약하고 비극적이다(4.27). 중요한 점은 그 약속들을 수용한 자들이 "의인"(*iusti*, 4.27; 참조. 4.35, 39)으로 표현되고 있다는 것이다. 우리엘이 의인에게 주어지는 상(*merces*, 4.35)에 대해 말할 때, 그는 덧없는 현 시대를 넘어서는 관점을 취한다(4.26). 그 "의인"들이 에스라가 염려하는 "이스라엘"과 어떻게 관련되어 있는지는 아직 명확하지 않지만, 담론의 차이는 커 보인다. 에스라는 통상적으로 진행되는 역사 안에서 이스라엘과 민족들에 관해 질문하지만, 우리엘은 "의인"을 위한 궁극적 공의에 대해 이야기함으로써 대답한다. 앞으로 살펴볼 것처럼 이는 우리엘이 이스라엘에 대해 관심이 없다는 의미가 아니라, 현실을 이중 초점으로 바라보는 그의 관점에 따라 이스라엘의 미래가 주의 깊게 선택된 용어로 설명되어야 함을 시사한다. 그러나 이제 우리엘은 의인들이 자신들의 "보화"를 기다리고 있다는 비전(4.35-37)을 넘어, 현재의 나쁜 역사가 갈수록 더욱 악화될 것이라고 예언할 뿐이다(5.1-12). 첫째 대화는 역사의 불의와 무의미함을 충분히 탐구함으로써, **평범한 역사**가 재앙의 역사(Unheilsgeschichte) 외에 다른 어떤 것을 산출할 수 없음을 확증했다. 에스라가 이 영역에서 전도유망한 미래에 대한 잘못된 기대로부터 벗어날 수 있는 경우에만, 그는 "지극히 높으신 이의 길"을 엿볼 수 있게 된다.[14]

9.2. 선택과 미래의 심판(에피소드 2): 5.21-6.35

에피소드 1 마지막 부분에서 "보다 더 큰 일"을 듣게 되는 것에 대한 언급(5.13)은 새 에피소드(에피소드 2)가, 비록 비슷한 지점에서 시작되는 것처럼 보이기는 해도, 결국엔 마지막 에피소드의 토대 위에 세워질 것을 나타낸다. 세 가지 대화는 마치 나선형처럼 각각 공통된 주제로 되돌아가지만, 결정적인 순간에 한 에피소드에서 다음 에피소드로 독자를 인도한다. 두 번째 대화는 첫 번째 대화와 매우 비슷하게 구성되어 있다. 에스라의 불평(5.23-30) 이후에 우리엘은 논쟁적 대화를 통해 에스라의 무지를 부각시키는데(5.31-40), 이는 마지막 때에 관한 질문(5.41-6.10)을 이끌어내고, "표징들"에 관한 이야기(6.11-28)에서 그 절정에 달한다. 그러나 둘째 대화는 내용에 있어서 첫째 대화를 넘어선다. 하나님의 심판이 새로운 주제로 소개되고, "표징들"은 최후의 재앙을 넘어 결정적인 심판과 "내가 속한 세상의 종말" 너머의 상태를 묘사하게 된다.[15]

에스라의 불평은 선택의 불가해성에 초점을 맞추고 있다(5.23-30). 4.22-25의 주제들(자기 백성을 향한 하나님의 사랑과 그들과 맺으신 언약에 관

---

14 에스라4서 저자의 "두-시대" 관점, 그리고 저자가 통상적 역사 안에서의 구원이라는 소망을 상실한 것에 대해서는 Harnisch, *Verh ngnis und Verheissung*, 89-178을 보라. 이 에피소드의 마지막 부분에 나오는 발디엘의 중재(5.16-19)는 독자들에게 이스라엘에 대한 염려가 아직 사라지지 않았음을 상기시킨다. 에스라가 발디엘의 중재를 거부하고 있는 모습은 그가 자기에게 맡겨진 "양떼를 보살필 수" 있기 전에 더 많이 배워야 함을 암시한다. 마지막 에피소드는 에스라가 바로 그렇게 행하는 모습을 보여줄 것이다.

15 심판이라는 새로운 주제는 Koch, "Esras erste Vision," 70-72에서 제대로 확인된다.

한 주제들)을 전개하면서, 에스라는 다양한 은유를 사용하여 하나님에 의한 이스라엘의 선택을 강조한다. 하지만 이는 현재 이스라엘의 부패한 상태와 대조되는 사실이다. 앞에서 선택에 관해 말할 때(3.13-16; 4.23-25)와 같이 여기서도 하나님의 선택에 대해 아무런 설명이 없다는 점이 중요하다. 조상들의 미덕도, 하나님의 긍휼도 언급되지 않고 단순히 하나님의 사랑에 관한 사실만 언급된다(4.23; 5.27). 이러한 중요한 빈틈으로 인해 이스라엘의 지위에 대한 다양한 해석의 문이 열린다. 하나님은 이스라엘의 죄를 넘어서서 그리고 그 죄에도 불구하고 이스라엘 전체에게 무조건적으로 헌신하시는가, 아니면 이스라엘을 향한 하나님의 사랑은 의인들에게 상을 베풀어주시는 공의의 규정 안에서 작용하는가? 우리엘은 하나님이 이스라엘을 사랑하신다는 사실을 아주 분명하게 알고 있으며(에스라 이상으로, 5.33), 하나님이 자기 백성에게 약속하신 그 사랑의 목적(*finis*)을 예상한다(5.40). 달리 말해 이스라엘(또는 시온, 6.19)에 대한 저자의 관심이 어떤 "보편주의적" 종말론으로 대체되는 것은 아니다.[16] 그러나 우리는 그 "목표"가 평범한 역사("현 시대")의 조건 안에서 성취되지 않으리라는 것을 알고 있다. 이는 에스라가 아직 그것을 이해할 수 없다는 것을 의미한다(5.35-40).

그러나 그런 구조를 적절하게 이해할 수 있는 한 가지 단서가 "심판"에 대한 새로운 강조로부터 제공된다. "지극히 높으신 이의 길"을 파악하려는 에스라의 관심(5.34; 참조. 4.1-4)은 이제 "하나님의 심판(*iudicium*, 5.34)의 일부를 조사하려는" 갈망과 결합된다. 심판이라는 용어는 우리엘의 대답에서 반복되며(5.40), 5.41에서 시작되는 교육적 대화의 초점이기도 하다(예. 5.42-43). 하나님의 심판은 여기서 논의되는 "종말"의 핵심 측면으로 우리엘의 완곡한 은유("나의 심판은 면류관과 같다", 5.42)는 다음의 내용을 암시한다. 비록 이런 종말이 어떤 의미에서 시간의 마지막 지점이지

---

16   Longenecker (*Eschatology and the Covenant*, 73-74)는 그렇게 제대로 말한다.

만, 이 종말은 모든 인간 삶의 초점으로서 그 의의가 역사의 모든 순간과 "등거리"에 있다는 것이다.[17] 우리엘은 다른 설명 방식을 사용하여 "종말"이 심지어 창세 전에 미리 계획되고 정해졌다고 주장한다(6.1-6). 이것이 하나님이 세상을 다루시는 방식에 관한 최고의 결정적 사실이다. 이 관점에 따르면 "야곱의 수고"를 포함한 인간 역사의 모든 슬픔(5.35)은 단순히 전주곡에 불과한 것으로 보인다. 그래서 우리엘은 다시 한번 에스라에게 현재를 "회고적으로" 바라볼 것을 요청한다. 다시 말해 미래의 관점에서 볼 때, 죄와 믿음이 섞여 있는 "현 시대"(6.5)는 "이전 시대"를 구성하게 되는 것이다(6.34).

이 두 시대의 관점이 이제 점점 더 명확해진다("언제 첫 시대의 종말이 오고 그다음 시대가 도래할 것인가?", 6.7). 두 시대 사이의 연결을 표시해줄 "종말"(6.6) 또는 "도래"(5.56; 6.18)는 혼합된 은유들로 묘사되고, 이 은유들은 이어지는 에피소드들 안에서만 해명될 것이다. 어떤 요소들은 시온의 정당성이 입증될 때(6.19, 25; 참조. 6.8-10, 만약 "야곱"이 이스라엘을, "에서"가 로마를 대표한다면) 하나님의 구원을 보게 될 남은 자가 존재할 것(5.41; 6.25)을 암시한다. 다른 요소들은 시간이 정지되고 인간의 마음이 재창조되는(6.24-26) 우주의 완전한 재형성을 제안한다(5.45; 6.14-16). 어느 경우든 "종말"에 관한 본질적 사실은 최종적으로 공의가 공개적·가시적 심판을 통해 수립되고(6.20), 이와 함께 죄의 처벌, 악의 완전한 근절, 진리의 완전한 입증이 이루어진다는 것이다(6.19-20, 27-28).[18] 실재의 의미이기도 한

17　Stone, *Fourth Ezra*, 151의 주장과는 반대로, 여기서 요점은 원이 시작이나 끝을 갖고 있지 않다는 것이 아니라 원주 위의 모든 지점은 원의 중심(여기서는 중요성의 중심)으로부터 동등한 거리에 있다는 것이다. Harnisch, *Verhängnis und Verheissung*, 293-94의 (결론 없는) 설명을 참조하라. 관련 문맥은 그것이 종말론적 심판이며, 현세에서 이루어지는 것이 아님을 분명히 한다. 이는 Stone (*Fourth Ezra*, 131, 150)에게 계속해서 반대되는 주장이다.

18　에스라4서의 "종말"에 관한 다양한 의미에 대해서는 Stone, "Coherence and Inconsistency": *Features of the Eschatology*, 83-97; 그리고 *Fourth Ezra*, 103-4를 보라.

이러한 종말이 없다면, 역사는 이해할 수 없는 상태로 남게 된다. 그러나 바로 그때 불신앙과 신앙 사이의 현재적 혼란을 넘어서는(6.5, 28) 승리, 곧 하나님이 판결하시는 진리와 공의의 확고한 승리가 명확히 드러날 것이다. 에스라는 이 깊은 진리를 파악할 수 있다. 왜냐하면 그 자신이 하나님께서 신원해주실 의인에 속하기 때문이다(6.31-33; 참조. 6.5). 그러나 에스라는 먼저 "이전 시대"에 관한 "헛된 사고"를 멈춰야 하는데(6.34), 이 과정은 에피소드 4에서 그의 관점이 확실히 바뀔 때까지 그다음 대화(에피소드 3)에서도 계속될 것이다.

9.3. "두 시대의 틀" 속에서 작용하는 긍휼과 공의 (에피소드 3): 6.36-9.25

셋째 대화는 단연코 가장 긴 대화로, 앞선 두 대화와 비교해보면 어디서 분량이 늘어났는지 알 수 있다. 익숙한 에스라의 불평으로 시작되고(6.38-59) 우리엘의 첫 번째 답변(7.1-16)이 주어진 후에, 예상되는 논쟁적 대화가 7.17에서 시작하여 거대한 분량의 7장을 거쳐 8.62까지 계속되고, 그 뒤로 "표징들"에 관한 평범한 표지(9.1-13)가 이어진다. 비록 이 논쟁의 중간에 교육적 대화의 한 단락(7.75-101)이 들어 있지만, 이 단락은 에스라와 우리엘의 논쟁 사이에 놓여 있다(후반부 직전의 7.102-8.62). 그리고 이

6.27-28의 정교한 진술의 형식과 내용에 대해서는 Stone, *Fourth Ezra*, 115를 보라. 여기서 묘사되는 두 가지 시나리오—남은 자의 존속과 우주의 재형성—는 공의를 결정적으로 입증한다. 이 두 시나리오가 본문의 이 지점에서 융합되는 것은 이 시나리오들의 본질적 기능이 에스라(그리고 이 본문의 독자들)의 시각을 이스라엘의 역사적 신원의 기대로부터 궁극적 공의에 대한 신뢰로 이동시키는 것이기 때문이다. 이 두 시나리오의 차이와 시간적 연속 관계는 나중에 이르러서야 분명해진다. 본문의 종말론적 소망에 대해서는 J. A. Moo, *Creation, Nature, and Hope in 4 Ezra* (Göttingen: Vandenhoeck & Ruprecht, 2011), 105-59를 보라.

대화의 주도적 분위기가 논쟁적 분위기임을 보다 자세히 지시해주는 요소로서, 마지막 종결부(9.14-22)는 중심 주제 가운데 하나인 소수의 구원받은 자에 관한 주제를 반복하고 있다.[19] 이와 같은 마지막 세 번째의 가장 긴 대화가 에스라4서의 정점을 구성한다. 그래서 우리는 세 번째 대화에서 벌어지는 에스라와 우리엘의 논쟁에 저자의 중심적 관심사가 분명히 나타나 있음을 예상할 수 있다.

에스라의 불평(6.38-59)과 우리엘의 답변(7.1-16)을 통해 에스라4서의 핵심 주제의 구조가 확고히 다져진다. "세상"은 "이 세상"과 이 세상 너머에 있는 "더 큰 세상"으로 이루어진 이원적 실재(entity)로 간주되어야 한다(7.12-13; 참조. 7.50).[20] 에스라는 하나님이 인간을 위해 6일 동안 세상을 창조하실 때 보여주신 보살핌(6.55-59)과 "세상"이 이스라엘을 향해 지음 받았다는 하나님의 약속(6.55-59)을 반복해서 말함으로써, 현재 이스라엘이 겪고 있는 정치적 종속이라는 현실과 이 약속을 대조시킨다. "만약 세상이 정말로 우리를 위해 창조되었다면, 우리가 우리의 세상(*nostrum*

---

19   이에 따라 나는 다음과 같은 구조를 제안한다. 에스라의 불평(6.38-59); 두 세계에 관한 우리엘의 답변(7.1-16); 하나님의 종말론적 공의의 작용에 관한 우리엘의 답변을 이끌어내는 에스라의 세 가지 발언(7.17-74, 본문의 이어지는 설명을 보라); 죽음 직후의 상태에 관한 지식을 제공하는 대화(7.102-8.62, 본문의 설명을 보라); 마지막 자비의 가능성을 탐구하고 우리엘의 강력한 거부 반응을 일으키는 에스라의 여섯 가지 진술(7.102-8.62, 본문의 설명을 보라); 종말에 관한 표징들(8.63-9.13), 마지막 결말(9.14-22). 이와 다른 구조 분석에 대해서는 예를 들어 Stone, *Fourth Ezra*, 50-51을 보고, 스톤의 이 주석에 나와 있는 관련 내용을 보라. Longenecker, *Eschatology and the Covenant*, 75-76을 참조하라. W. Harnisch, "Der Prophet als Widerpart und Zeuge der Offenbarung: Erwägungen zur Interdependenz von Form und Sache in IV. Buch Esra," in D. Hellholm, ed., *Apocalypticism in the Mediterranean World and the Near East* (Tübingen: Mohr Siebeck, 1983), 460-93에 있는 에피소드 3에 대한 분석은 나의 분석과 거의 일치한다.

20   에스라4서에 나타난 "세상" 혹은 "시대"(age, *saeculum*)의 의미에 대해서는 Stone, *Features of the Eschatology*, 54-56; 동일 저자, *Fourth Ezra*, 218-19; Moo, *Creation, Nature, and Hope*, 97-99를 보라.

saeculum)을 유산으로 차지하지 못할 이유가 무엇이겠습니까?"(6.59). 우리엘은 그 약속이 여전히 유효하다고 주장한다(7.10). 유산은 상속될 것이다(7.9). 하지만 "세상"이라는 용어는 두 가지 수준으로 해석되어야 한다. "이 세상"은 아담의 죄로 타락했고, 슬픔, 악, 고난이라는 저주를 받았다(7.11-12; 참조. 창 3:14-19). 그래서 이 세상은 그동안 "유보되었던 것들"(*reposita*)을 진실로 수용하게 될 "더 큰 세상" 속으로 들어가는 좁은 문을 구성한다(7.13-14; 참조. 7.1-9). 이중 시각에 대한 이러한 주장은 셋째 대화의 나머지 부분에 토대가 된다(참조. 7.50; 8.1-3; 9.17-22). 만약 에스라가 이 관점을 견지하고 자신의 우선적 관심을 "지금 현재 존재하는 것"이 아닌 "앞으로 다가올 것"에 둔다면, 그는 현재와 미래에 대한 하나님의 논리적 근거를 이해하게 될 것이다(7.16).

이어지는 부분(7.17-74)에서 에스라는 우리엘의 두-세계-관점을 취하지만(7.18, 47, 66), 정신을 집중하라는 우리엘의 충고를 거부하고 다가올 세상으로부터 아무런 유익도 얻지 못할 현재의 많은 불경건한 사람들에 관해 질문한다. 세 번에 걸친 발언에서 에스라는 경건치 않은 자들의 곤경을 숙고하고, 각각의 경우 하나님의 공의가 어떻게 작용하는지에 관한 우리엘의 대답을 이끌어낸다(7:17-18은 7.19-44; 7.45-48은 7.49-61; 7.62-69는 7.70-74을 이끌어낸다). 첫 번째 발언에서 에스라는 율법이 변경될 수 없음을 인정한다. 의인은 약속된 좋은 것을 상속받겠지만, 경건치 않은 자는 멸망할 것이다(7.17; 참조. 신 30:15-17). 하지만 그 결과 경건치 않은 자들은 장차 임할 "더 큰 일들"(7.18)을 보지 못한 채, 현 시대의 악을 겪게 된다. 우리엘은 즉시 심판자이신 하나님의 우월한 공의에 호소한다("너는 주님보다 더 나은 심판자도 아니고, 지극히 높으신 이보다 더 지혜롭지도 않다" 7.19). 하나님의 율법에 깊이 새겨져 있는 공의는 진실로 우주 최고의 법칙이다. "살아 있는 많은 사람들 앞에 하나님의 율법이 놓여 있는데, 이 율법이 그들 앞에서 무시당하게 하지 마시고 차라리 그들을 소멸시키소서"(7.20). 우리엘은 하나님의 명령이 "세상에 태어난 자"라면 누구나 지킬 수 있는 것이라고 주장한다(7.21; 참조. 3.7-8). 신명기에 나오는 생명과 저주의 선택(신 30:16-18)은 모든 사람에게 주어진 기회인데, 이는 세상에 대한 하나님의 공정한 심판이 하나님 앞에서 모든 사람이 똑같이 책임을 질 것을 요청하기 때문이다. 그러므로 하나님의 율법을 고의적으로, 의식적으로 거부하는 "많은 사람들"이 그로 인해 처벌을 받게 되는데, 이는 마땅한 것이다.[21] 이와 같이 세상은 평등의 원리에 의해 지배된다. 곧 비어 있는 자에게는 비어 있는 것이, 채워져 있는 자에게는 채워진 것이 주어진다(*vacua vacuis et plena plenis*, 7.25). 그 외의 것은 공의의 요구사항을 무시하는 것이 될 것이다.

종말에 일어날 일에 관한 우리엘의 예언(7.26-44)이 이어지는데, 여기서 성과 땅을 포함하는 메시아 왕국이 "종말" 직전에 세워질 것이라는 점이 처음으로 분명해진다(아래 에피소드 5와 6을 보라). 그러나 그 강조는 최후 심판의 무대에서 펼쳐질 공의의 절대성에 있다. 지극히 높으신 이가 공의의 자리에 앉으실 때 "연민은 사라지고(*misericordiae pertransibant*) 자비는 멀어지며, 인내(*longanimitas*)는 철회될 것이다"(7.33).[22] 여기서 "사라지다"(*transire*)라는 말은 현재의 세상이 "사라짐"을 상기시킨다(예. 6.20). 연민은 다가올 다음 세상에서는 지속 불가능한 현세만의 특징이다. "오직 심판(또는 공의, *iudicium*)만이 남게 되고 진리가 굳게 설 것이며, 신실함은 크게 자랄 것이다"(7.34). 이러한 순수한 공의는 최종적으로 상급(*merces*)과 보상의 분배를 보증할 것이며(7.35), 악인은 자신들이 받는 고통의 이유를 정확히 파악할 것이다(7.36-38). 진실로 이러한 결정적 공의는 하나님의 충분한 영광으로 심판의 날을 비출 것이다(7.38-44). 공의가 마침내 행해지고, 이렇게 행해진 공의를 마침내 보게 되는 것보다 더 훌륭한 일이 무엇

---

21   에스라4서는 율법이 인류 전체에 닿을 수 있지만 인류에 의해 거부되었다고 추정한다. 참조. K. M. Hogan, "The Meanings of tora in 4 Ezra," *JSJ* 38 (2007), 530-52; Moo, *Creation, Nature and Hope*, 71-82.

22   재구성된 본문과 번역에 대해서는 Stone, *Fourth Ezra*, 202를 보라. 이 문장은 이 대화의 후반부의 중심 주제 곧 최후 심판 시 긍휼과 공의가 양립 불가하다는 주제를 예견한다.

이겠는가?

이 단락에서 행해지는 에스라의 두 번째 발언은 바로 그 영광스러운 심판에서 "거의 모든 사람"이 정죄를 받게 될 것이라는 반론이다(7.45-48). 에스라는 앞에서 진단한 **악한 마음**(cor malignum)에 기초하여(7.48; 참조. 3.20-26; 4.28-31) 죄의 보편성에 대해 성찰한다. "다가올 세상은 소수의 사람에게는 즐거움을 주겠지만, 대다수에게는 고통을 안겨줄 것이다"(7.47). 우리엘은 그것이 정확하게 옳다(올바른 동시에 공정하다)고 판단한다. 하나님이 하나가 아니라 두 개의 세상을 만드신 것(7.50)을 기억한다면, 우리는 의인과 악인이 섞여 있는 현재의 세상이 왜 질적 수준이 높고 가치 있는 사람들로 이루어진 다른 세상으로 대체되어야 하는지를 이해할 수 있다(7.52-61). 그들의 희귀성은 그들의 자질(quality)에 대한 지표다. 누가 은과 금을 제쳐놓고 흔하고 평범한 물건을 선택하겠는가(7.54-57)? 우리는 우리의 자질을 살피시는 하나님이 최후 심판 날에 구원 받은 소수의 사람들로 인해 기뻐하시는 것 외에 다른 무엇을 하실 것으로 기대할 수 없다(6.60). 쓰레기가 불타 없어지는 것을 슬퍼하는 사람은 아무도 없을 것이다(6.61). 그래서 우리엘은 **양**(quantity)에 대한 에스라의 관심을 **질**(quality)에 역점을 두며 논박한다. 그리고 공의의 심판자가 의인을 인정하고 상을 베풀어주시는 것 말고 다른 무언가를 어떻게 행하실 수 있는지 알아내기란 어려운 일이다.

에스라의 세 번째 발언(7.62-69)은 지금까지 한 발언 가운데 가장 감정적이다. 에스라는 장차 멸망할 것이지만 (짐승들과는 달리) 그 멸망이 자신의 운명임을 인지할 수 있는 지성을 가진 인간적 무리의 운명을 슬퍼한다(7.64-66). 우리엘의 답변은 통렬하게 정곡을 찌르고(7.70-74), 자신에 대한 에스라의 반대를 뒤집어놓는다(7.71). 인간들이 자신의 죄에 책임이 있는 이유는 바로 그들에게 지성이 있기 때문이다. "이런 이유로 이 땅에 사는 자들은 고통을 받을 것이다. 왜냐하면 그들이 알면서도 불법을 저질렀기 때문이다"(7.72). 죄를 운명의 문제로 보는 에스라의 슬픔(7.68)에 담긴 암시에 반하여, 우리엘은 죄가 고의적인 것이고, 알면서 행해지는 것이며, 전적으로 비난받을 만한 것이라고 주장한다. 그러므로 심판 날은 하나님께서 가능한 한 오랫동안 자비로움으로 지연시키고 계신 불행한 재앙이 아니다. "인내"가 길어지는 것은 다만 그때가 미리 정해져 있기 때문이다(7.74). 심판 날은 사실 모든 역사가 향하고 있는 "목적지"(*telos*)다. 이것은 우리엘의 진술과 같다. "지극히 높으신 이가 세상과 아담과 아담에게서 나온 모든 자손을 창조하셨을 때, 먼저 심판(날) 그리고 심판 및 공의와 관련된 모든 일을 준비하셨다"(7.70). 이는 하나님의 공의의 실행이 역사와 우주에게 방향을 제시해주는 최고 목표임을 아주 분명히 밝힌다. 여기서 하나님은 최종적으로, 결정적으로 세상을 그 정해진 목표로 끌고 가실 것이다.[23]

에스라4서의 주석가들은 이 대화(에피소드 3)에서 흔히 에스라 편을 들며 우리엘의 대답이 너무 강경하고 무정하며 가혹하다고 불평한다. 에스라의 반박은 확실히 동정심을 불러일으킨다(그의 말이 "이단"으로 일축될 수 없다는 뜻이다). 그의 주장은 원고가 피고에게 추정되는 유죄를 입증하면서 품을 수 있는 온갖 감정을 보여준다.[24] 그러나 우리엘의 답변에 대한 우리의 혐오감은 우리엘의 발언을 공정하게 평가한 결과가 아니라, 현대인이 갖고 있는 본능의 산물이다.[25] 앞에서 살펴보았듯이, 각각의 경우 우리

---

23 따라서 하나님이 심판 날을 예정하신 것에 관한 스톤의 해석은 너무 약하다(*Fourth Ezra*, 229, 234). 그런 언어의 기능은 단순히 심판의 그날이 "예견된다"고 선언하는 것이 아니라, 그날을 우주에 대한 하나님의 계획의 중심에 두는 것이다.

24 에스라는 끊임없이 자기 자신을 죄인 가운데 두고(7.48, 67-69, 75에서 "우리"라는 용어의 사용을 보라), 이런 전략에 대해 비난을 받은 후에도 여전히 그렇게 한다(7.76-77; 이는 8.47-49에서 더욱 부드러운 말로 반복된다). 에스라는 변호를 위한 조언을 구하지만 우리엘은 심판자의 관점을 명확히 제시한다. 그러나 이 경우에 조언자는 "유죄" 외에 다른 어떤 것을 주장할 수 없으며, 그의 수사학은 심판 날에 마땅히 작용하는 공의의 법칙에 대한 더 충분하고 명확한 진술을 이끌어내기 위해 마련된 것으로 보인다.

25 이 요점은 Thompson, *Responsibility for Evil*, 137, 143에서 부분적으로 인지되고 있다.

엘은 자신의 "가혹한" 판단의 정당성을 논리적으로 조심스럽게 제시하는데, 이로 인해 에스라는 우리엘의 관점이 부당하다고 불평하지 못한다. 사실 공정함 또는 공의는 우리엘의 관점의 핵심 주제이며, 만약 우리엘이 우리의 동의를 얻지 못한다면 이는 단지 우리가 공의에 대한 우리엘의 근본적인 열정을 공유하고 있지 않기 때문일 것이다. 공의가 율법에 불순종하는 자를 고의로 정죄하지 않고서도 시행될 수 있다고는 생각하기 어렵다. 그 죄가 신적/우주적 법을 무시한다면, 어떻게 이러한 무시가 재앙의 결과를 초래하지 않을 수 있는지도 상상하기 어렵다. 그런 처벌이 대다수의 인간들에게 미친다는 것은 충격을 줄 수 있으나, 우리엘의 관점에 따르면 그것은 결코 부당하다고 생각될 수 없다.

영혼의 사후 상태에 관한 지식을 제공하는 그다음 대화 부분(7.75-101)은 기존 자료들에 의존하고 있을지 모르지만, 위치상 잘못된 곳에 있는 것은 아니다.[26] 우리엘의 설명에 따르면 모든 영혼은 사후에 예비된 고통이나 즐거움을 7일 동안 미리 맛본다.[27] 영혼의 두 가지 범주(지극히 높으신 이의 길을 조롱한 자와 지킨 자, 7.79-87, 88-99)와 조심스럽게 어울리는 이 묘사는 최후 심판에서 시행될 공의를 암시한다. 경건치 않은 자들은 자신들에게 정확하게 합당한 것을 얻겠지만 의인들은 그들의 상을 받을 것이며, 두 당사자들은 진행되는 일을 정확하게 보고 이해하게 될 것이다. 이렇게 깔끔하게 정돈된 패턴은 지금까지 우리엘의 중심 주제였던 공의의 엄격성을 암시한다. 비록 이러한 최종 결산이 최후 심판 이전에는 일어나지 않는다 해도, 이는 최소한 죽음으로 인해 육체가 그 존재를 멈추는 순간 모든 영혼에게 예견되는 현상이다.

이 지점에서 에스라가 최후 심판 때 있을 중보에 관해 질문함으로써

---

26   Stone, *Fourth Ezra*, 238-39를 보라.

27   그런 의미에서 심판은 모든 인간에게—그가 역사 속에서 어떤 단계에서 살아가고 있더라도—똑같이 가깝다. 5.42의 "왕관" 은유를 참조하라.

(7.102-3), 대화는 새롭게 전환되고, 그 맥락에서(8.62까지 계속되는 여섯 단락 안에서) 에스라는 긍휼을 얻을 가능성에 대해 우리엘과 긴 논쟁을 시작한다.[28] 에스라와 우리엘의 충돌은 이 긴 부분에서 에스라의 웅변적이고 힘 있는 항변을 통해 정점에 도달하고, 여기서 핵심적인 신학 문제, 곧 신적 긍휼과 신적 공의, 이 둘 사이의 관계가 극적으로 제시된다(참조. 위 5.4에서 논의된 솔로몬의 지혜서 11:21-12:22). 이 논쟁에서 양쪽 당사자의 입장을 주의 깊게 살펴볼 때, 우리엘이 에스라에게 요청하는 변화, 곧 세상을 바르게 보기 위해 요청되는 변화가 무엇인지 알아낼 수 있을 것이다.

의인이 심판 날에 경건치 않은 자를 위해 중보할 수 있는지를 묻는 에스라의 첫 번째 질문(7.102-3)은 우리엘에게서 무뚝뚝하지만 뜻 깊은 답변을 얻게 된다. 각 사람은 의나 불의에 대해 각자 자신의 짐을 져야 한다(7.104-5)는 것이다.[29] 이는 사회적 혹은 민족적 연대보다 개인주의를 일반적으로 더 선호한다는 말이 아니라, 우리엘의 법적 틀이 어떻게 작용하고 있는지를 보여준다. 우리엘은 다른 개인주의적 영역들로부터 유사한 경우를 찾아내지만(7.103), 개인적 책임에 대한 그의 주장은 우리가 정확하게 예상할 수 있는 것이다. 그런 지배적 은유가 법정에서 벌어지는 판결

---

28 7.102-3은 7.104-5의 우리엘의 답변(중보라는 표현은 적절하지 않다)을 촉발한다; 7.106-11은 7.112-15의 우리엘의 답변(중보/긍휼은 이 세상에 적합하며 다음 세상에는 그렇지 않다)을 촉발한다; 7.116-26은 7.127-131의 우리엘의 답변(현세는 비극이 아니라 경쟁이고 생명을 선택할 수 있는 기회다)을 촉발한다; 7.132-40은 8.1-3의 우리엘의 답변(많은 자에게 긍휼을 베풀어주시는 분으로서의 하나님 이미지는 내세가 아니라 현세에 적합하다)을 촉발한다; 8.4-36은 8.37-41의 우리엘의 답변(많은 자에게 긍휼을 베풀어달라는 탄원은 내세에 적합하지 않고 내세에는 소수의 의인에게만 적합하다)을 촉발한다; 8.42-45은 8.46-62의 우리엘의 답변(긍휼에 대한 최후의 간청은 하나님이 내리시는 공의의 결정을 굴절시킨다)을 촉발한다. 에스라4서의 이 단락의 주제와 긴밀히 관련된 유사한 주제들에 대해서는 R. J. Bauckham, *The Fate of the Dead: Studies on the Jewish and Christian Apocalypses* (Leiden: Brill, 1998), 132-48을 보라.

29 위(僞)필론, 『성서고대사』 33.4-5에 있는 드보라의 주장을 참조하라. 거기서 드보라는 사자(死者)를 위해 기도하지 못한다.

이라고 가정해본다면 말이다. 나아가 이것은 평범한 판결이 아니라 결정적이고 확정적인 최후의 심판이다. "심판 날은 결정적이고(*audax*), 모든 사람에게 진리의 약속을 드러낸다"(7.104). 공의의 요구대로(참조. 7.34) 모든 사실들이 마침내 밝혀질 때, 그 어떤 사실도 다른 사람의 덕으로 인해 숨겨질 수 없다. 중보는 진리를 드러내는 것이 아니라 불의를 숨김으로써 진리를 덮어버릴 것이다. 우리엘의 반응이 "가혹하다면", 이는 충분히 드러나버린 현실 자체의 가혹함을 가리킨다.

다음 단락은 두 세계를 바라보는 우리엘의 관점의 중요성을 예시한다. 에스라는 아브라함으로부터 히스기야에 이르기까지 의인의 중보를 다루는 성서의 많은 사례에 호소하며, 부패가 이토록 심각한 지금(*modo*)은 중보가 허용되는 반면, 그때(*tunc*) 곧 심판 날에는 왜 허용되지 않는지 그 이유를 묻는다(7.106-11). 에스라는 "지금"과 "그때"를 구분하고 있는데, 이는 이미 우리엘의 대답을 구성해놓는다(7.115에서 *tunc*를 참조하라). 우리엘은 **현 상태의 세상에서** 중보(또는 자비)가 적당하다는 것을 부정하지 않는다. 하나님의 영광을 충분히 드러내지 못하는 부패한 현 세상은 강한 자가 약한 자를 위해 기도할 수 있는 적절한 영역이다(7.112). "그러나 현 세상이 종말인 것은 아니다"(7.112). "현 시대"와 "다가올 불멸의 시대", 이 두 시대를 연결해 주는 심판의 날은 완전한 영광의 미래가 죄의 흔적으로 오염되는 것을 용인할 수 없다. 절대적 공의와 진리의 날(7.114)인 심판 날은 어떤 방향으로든 심판이 수정되는 것을 허용할 수 없다. 말하자면 정당하게 정죄를 받은 자에게는 긍휼이 있을 수 없고, 올바른 자로서 적절한 판결을 받은("승리한", 7.115) 자에게는 형벌이 있을 수 없다. 이 논리는 분명하고 완벽하다. 여기서 **긍휼은 죄와의 타협을 의미할 것이다. 그런 타협은 불완전한 이 세상에서는 필수적이지만, 공의와 진리가 최대한의 효력을 나타내는 미래의 세상에서는 긍휼이 자리할 곳이 없다.** 만약 심판이

진실로 **최종적**이라면, 아무도 심판의 결과에 대해 왈가왈부할 수 없다.[30]

에스라는 이 땅에 죄 많은 인류가 존재하고 있음을 후회하면서, 그리고 "전 인류"가 영원한 행복을 절대로 얻지 못할 것이라는 고통으로 슬퍼하면서(7.116-26, 이 부분은 7.62-69와 유사하다) 한탄하기 시작하는데, 이는 그가 우리엘의 바로 그런 분석을 이해하고 심지어 수용하고 있기 때문이다. 현재의 관점으로부터 현실 전체를 바라보면서, 에스라는 오직 죄덩어리, 도달할 수 없는 미래, 위협적인 심판, 따라서 구제할 길 없는 슬픔만을 본다. 우리엘의 대답(7.127-31)은 미래의 관점이나 보상 받은 의인의 관점과는 상당히 다른 관점을 제시한다. 이러한 관점에서 볼 때, 이 땅에서의 삶은 모든 사람이 태어나면서부터 들어가는 경쟁(*certamen*)으로 나타난다.[31] 패자들은 에스라가 분류한 목록에 따라 틀림없이 고통을 겪게 될 것이다. 하지만 우리엘은 승리한 자 곧 **자기 자신이** 묘사한 것을 받게 될 승리자에게 초점을 맞춘다(7.127-28). 거의 숙명론에 가까운 에스라의 비관주의적 결론(7.116-17)에 반대하여 우리엘은 인간이 선택권을 갖고 있다고 주장하고, 모세가 이스라엘에게 베푸는 권면을 인용한다. "네가 살기 위하여 생명을 택하라"(신 30:19).[32] 이 관점에 따르면 에스라는 단지 슬픔만을 보는 반면, 우리엘은 "믿는 자가 얻는 생명의 기쁨"을 강조한다(7.131).[33]

우리는 이러한(7.102 이후의) 세 번의 의견교환을 통해, 최후 심판 시 자비를 바라는 그의 희망이 단념되길 바랐을 수도 있다. 그러나 실제로 에스라는 이어지는 세 번의 발언(7.132-140; 8.4-36; 8.42-45)에서 이 주제로

---

30 이러한 이유로 현세에서는 회개가 언제나 가능하지만(7.133, 9.11), 사후에는 불가능하다(7.82).

31 "경쟁"과 "승리" 은유에 대해서는 3.21; 7.92, 115도 보라.

32 참조. Watson, *Paul and the Hermeneutics of Faith*, 475-503. 왓슨은 세 번째 대화 전체에 걸쳐 등장하고 있는 신명기 본문의 영향을 바르게 강조한다. 참조. 7.17-21.

33 Stone, *Fourth Ezra*, 253. 라틴어 역본이 아닌 다른 역본을 따름.

돌아가고, 이 세 번의 발언은 모두 다양한 방법으로 하나님 자신의 성품에 호소하며, 그 결과 본문에서 가장 강렬한 **신학적** 계기를 형성한다. 첫 번째 발언(7.132-40)은 출애굽기 34:6-7의 하나님에 관한 묘사와 주석인데, 이 본문은 종종 유대 전통에서 하나님의 성품을 정의하는 데 사용된다.[34] 에스라는 성서 본문에서 핵심 용어들을 선정하고, 강조하며, 보충 및 해설한다.

> 나는 지금 사람들이 지극히 높으신 이를 자비로운(*misericors*) 분이라고 부르는 것으로 알고 있는데, 이는 그분이 세상에 태어나지 않은 자들도 긍휼히 여기시기 때문이다. 그를 은혜로운(*miserator*) 분이라고 부르는 것은 그분이 회개하고 자신의 율법으로 돌아오는 자들에게 은혜로우시기 때문이다. 또 오래 참으시는(*longanimis*) 분이라고 부르는 이유는 그분이 죄를 지은 자들을 그분 자신의 피조물로 여기고 인내를 보여주시기 때문이다. 관대하신(*munificus*) 분이라고 부르는 이유는 그분이 빼앗는 것보다 오히려 주려고 하시는 분이기 때문이다. 그분을 인자가 풍성하신(*multae misericordiae*) 분이라고 부르는 것…그리고 수여자(*donator*)라고 부르는 이유는, 만약 그분이 죄악을 저지른 자들이 죄악에서 구원받을 수 있도록 자신의 선하심을 베풀어주지 않으신다면, 인류의 1만 분의 1도 생명을 얻지 못할 것이기 때문이다. 그리고 그분을 심판자(*iudex*)라고 부르는 이유는, 만약 그분이 자신의 말씀에 따라 지음 받은 자들을 용서하고 그들의 무수한 죄의 얼룩을 지워주지 않으

---

34 성서에서 이 본문이 반영된 구절로는 시 86:5, 15; 103:8; 145:8-9; 욜 2:13; 욘 4:2; 나 1:3; 느 9:17을 들 수 있다. 우리는 위에서(356) 솔로몬의 지혜서 15.1-2에 나타난 반향을 지적했다. 7.132-40을 출 34:6-7의 주석으로 보는 것에 대해서는 다음의 자료들을 보라. D. Simonsen, "Ein Midrasch 4. Buch Ezra," in M. Brann, J. Elbogen, ed., *Festschrift zum Israel Lewy's 70. Geburtstag* (Breslau: Marcus, 1911), 270-78; Stone, *Fourth Ezra*, 256; Watson, *Paul and the Hermeneutics of Faith*, 500-502; 7.132-140의 유대교 예전과의 관련성에 대해서는 D. Boyarin, "Penitential Liturgy in 4 Ezra," *JSJ* 3 (1972), 30-34를 보라.

신다면, 아마도 무수한 무리 가운데 남아 있을 자가 거의 없을 것이기 때문이다(7.132-140).

"자비"와 "연민"(compassion)이라는 용어가 여기서 특별히 "선물"(은사)이라는 단어와 혼합되어 사용되고, 긍휼과 연민, 이 두 용어는 출애굽기 34장에 대한 미묘한 주석에서 하나님의 본질적 특성으로 간주된다. 에스라는 단호히 하나님의 자비/선물의 적절하고 필수적인 **비상응성**을 강조하며, 이를 통해 수혜자의 죄악을 부각시킨다. 이에 더하여 에스라는 출애굽기 34:6-7의 하나님의 공의에 관한 결정적 진술("그러나 벌을 면제하지는 아니하고…")을 하나님의 긍휼의 다른 표지로 바꾸는데, 여기서 하나님은 바로 "심판자"로서 죄인을 용서하는 분이시다! 성서가 확증하는 하나님의 긍휼의 속성은 여기서 **인간의 죄에 직면하며** 정확하게 칭송을 받는다. 이것이 죄로 얼룩진 세상을 지금까지 유지해왔고 앞으로도 유지시킬 수 있는 유일한 수단이다.

그러나 우리엘과 관련하여 에스라는 다음과 같은 자신의 첫 마디에서 모든 것을 인정했다. "나는 지금(*nunc*) 사람들이 지극히 높으신 이를 자비로운 분이라고 부르는 것을 알고 있는데…"(7.132). "지금"과 "그때"는 별개의 시간이다(참조. 위 7.111-15). "지극히 높으신 이는 많은 사람을 위해 **이 세상**을 만드셨지만 **다가올 세상**은 단지 소수의 사람을 위해 만드셨다"(8.1). 확실히 **이 세상**은 하나님의 긍휼에 의해 유지된다. 에스라의 주장처럼 하나님이 은혜를 베풀어주시기 때문에 무수한 죄인들이 이런 조건하에서 살아갈 수 있다. 그러나 **다가올 세상**은 다른 조건하에서 운영되며, 모든 면에서 그 특성은 (사금과 같이) 소중하다(8.2). "많은 사람이 지음을 받고 [타협된 현 세상에서 계속 살 수 있는 허락을 받았는데 이는 하나님의 은혜다]. 하지만 오직 소수의 사람들(하나님의 공의를 의롭다고 평가하는 사람들)만이 구원받을 것이다"(8.3). 우리엘은 에스라가 7.132-140에서 하나님의 비상응적인 은혜─그것이 이 세상에 국한되어 있는 한─에 관해 주장하고 있는 모든 것을 인정한다. 그러나 다가올 세상에서는, 자질에 따른 선별을 요구하는 하나님의 공의는 **합당하지 못한 자**에게 주어지는 선물로서의 자비 개념을 포기할 것을 요청한다.

그다음의 의견교환(8.4부터 8.62까지)은 이 대립(현재 피조물에게는 긍휼이, 다가올 세상에서는 공의가 적용된다는 대립)이 더욱 심화되고 있음을 보여준다. 에스라의 긴 발언(8.4-36)은 인간 창조에 깃든 보살핌(8.4-14)과 자기 백성이자 기업인 이스라엘에 대한 하나님의 투자(8.15-19)를 강조한다. 에스라가 심판에 대해 들은 것에 비추어볼 때, 이 모든 것은 진정 무용지물이 되고 말까? 에스라는 이런 전망 때문에 어쩔 수 없이 기도하게 되고(8.20-36) 자비에 강하게 호소한다. 다섯 번씩이나(8.26-30) 에스라는 하나님께 (그 허물이 훨씬 더 가중한 형태로 묘사되는) 죄인을 "지켜보지" 마시고, 하나님을 섬기고 하나님의 계명을 지킨 의인을 "기억하시고" 보살펴 달라고 요청한다. 에스라는 물론 **그들 덕분에** 나머지 사람들이 구원을 받을 수 있다고 제안한다. 방식을 바꾸어 에스라는 하나님이 **자비**의 하나님으로서 갖고 계시는 명성에 호소한다. "만약 당신이 선을 행하지 않는 우리에게 연민을 보여주실 마음을 갖고 계신다면, 당신은 자비로운 자로 불리실 수 있을 것입니다.…이 점에서, 오! 주여, 당신의 선하심은 당신이 선행을 전혀 갖고 있지 않은 자에게 자비를 베풀어주실 때 선언될 것입니다"(8.32, 36).[35] 여기서 에스라는 세 번(8.31, 32, 36)에 걸쳐 하나님의 자

---

35   이는 당신의 공의(*iustitia tua*)가 없는 당신의 선하심(*bonitas tua*)이라는 문구의 해석이다. Stone, *Fourth Ezra*, 270. 에스라는 하나님의 선하심과 긍휼을 강조한다. 그러나 이제 그는 "공의"가 다른 편에 있다는 것을 알아야 한다. 에스라의 주장은 종종 일관성이 없는 것으로 판단되는데, 죄의 보편성에 관한 그의 진술(예. 8.35)이 의인에 관한 그의 말(예. 8:33)과 양립할 수 없는 것처럼 보이기 때문이다. Stone, *Fourth Ezra*, 271-72를 보라. 그러나 죄가 보편적이라는 에스라의 주장은 항상 수사학적인 과장이다. 왜냐하면 그는 처음부터 소수의 의인이 존재하고 있음을 인정하기 때문이다(예. 3.11; 7.45-48). 우리엘의 지적처럼 그런 수사법은 겸손함의 훌륭한 표지이지만, 문자적으로 이해되어서는 안 된다(8.47-49).

비에 호소하고, 자신이 앞서 주석한 본문(출 34:6-7)에 의존한다(7.132-40). 각각의 경우에 자비는 **죄인에게 자비**를 베풀어주신다는 완전한 비상응성으로 극대화 되는데, 이는 하나님께서 선행을 축적하여 그에 따른 합당한 "상"(merces, 8.33)을 받게 되는 의인을 다루시는 방식과 대조를 이룬다. 절정에 이른 이 기도는 에스라의 마지막 신학적 시도로서, 인간에게 그럴 만한 가치가 **없음에도** 하나님의 자비를 호소한다.

우리엘의 답변은 지금까지는 예언자적이고 확실한 일관성을 갖고 있다. 미래의 프리즘을 통해 현실을 바라보는 우리엘은 죄인들과 그들의 멸망에 관심을 두지 않는다.[36] 왜냐하면 가장 중요한 것은 오직 의인, 곧 "의인의 순례, 의인의 구원, 그리고 의인이 상(merces)을 받는 것"이기 때문이다(8.39). 농부는 수확에 관심이 있지, 썩어 사라지는 모든 씨앗에 관심을 갖지는 않는다(8.41). 우주의 **목적**이 진실로 의인의 추수(소수이기는 해도)라면, 하나님이 줄곧 결실을 맺지 못하는 요소들로 인해 조바심을 내신다고 생각할 수 없다.

에스라의 여섯 번째 발언은 가장 열렬하다. 씨앗과 하나님의 형상으로 지음을 받은 인간은 전혀 다르다. "당신의 백성"이자 "당신의 기업"인 이스라엘 역시 씨앗과 엄연히 다르다. 물론 하나님은 자신의 피조물에게 자비를 베풀어주실 것이다(8.42-45). 그러나 하나님이 (농부가 아니라) 창조주라는 이유로 씨앗이 결실을 맺지 못하는 책임이 부분적으로 하나님께 귀속될 수 있는가("만약 그것이 적절한 때 **당신이 내리시는 비**를 받지 못했다면…", 8.43)? 우리엘의 긴 대답(8.46-62)은 하나님의 냉담하심이나 부당하심에 관한 주장을 모조리 일축한다. 에스라가 피조물에 대한 사랑으로 사

---

36   우리엘은 에스라의 말을 교묘하게 비튼다. 하나님은 진실로 사람들의 죄를 "지켜보지" 않으실 것인데, 이는 에스라가 말하는 의미(하나님이 죄를 무시하신다는 의미)가 아니고, 다른 의미(하나님은 죄인들에 대한 심판 때문에 방해받지 않으신다는 의미)다. 여기서(그리고 그 다음의 본문 8.41-44에서) 비슷한 의미의 동사들이 교환되고 있는데, 이는 본문의 정교한 구성과 그에 상응하는 정밀한 신학적 내용을 암시한다.

로잡혀 있다 해도, "그것은 내가 내 피조물을 사랑하는 것에 훨씬 더 못 미친다"(8.47). 미래의 목적(*telos*)에서 본 하나님의 관점은 이 세상을 무시하지 않고 그것이 여전히 **하나님의** 피조물임을 강조하지만, 항상 계획되어왔고 준비되어온 것, 곧 의인을 위해 마련된 완전함과 영광에 더 집중한다(8.51-54). 이 세상에서 나오는 "폐기물"은 오로지 죄인들 자신의 책임이다. 우리엘은 여기서 죄인들이 선택의 자유(*libertas*, 8.56. 참조. 7.129)를 갖고 있는 것과 그들이 알면서도 하나님을 반대하는 결정을 내린 것(8.58, 7.126의 에스라의 주장과는 다르게), 이 둘을 강조한다. 누구라도 멸망하는 것은 하나님의 뜻이 결코 아니었으나, 피조물인 인간들 자신이 생명을 향한 하나님의 목적을 스스로 파괴했다(8.59-60). 여기서 방어에 나서지 않을 수 없는 우리엘은 "많은 사람"의 비극적 운명에 대해 하나님께 아무 책임이 없다는 점을 분명히 한다. 하나님이 그들의 멸망에 대해 크게 슬퍼하지 않으신다 해도, 이는 오로지 그들 스스로 책임져야 하는 일이라는 것이다.[37]

현재와 미래의 차이를 다시 한번 강조하면서(8.46) 우리엘은 에스라에게 두 번이나 관점을 바꾸라고 재촉한다. 우리엘에 의하면 에스라는 현재의 관점(그 초점이 다수의 죄인들에게 맞추어져 있고 미래의 심판이 두려움을 가져온다는 관점)으로부터 미래를 보지 말고, 현재를 미래의 관점(그 초점이 현재의 싸움에서 승리함으로써 상을 받게 되는 소수의 의인에게 맞추어져 있는 관점)으로부터 보아야 한다. "그대 자신의 경우를 생각하고 그대 자신과 같은 사람들의 영광에 관해 질문하고"(8.51), "멸망당할 대다수 사람들에 대해서는 이제 묻지 않기를 바란다"(8.55). 이 권면은 종말의 징조들에 대한 최

---

37 에스라가 7.118에서 인정하는 인간의 유책성은 우리엘의 진술에서 반복되는 주제이지만(참조. 7.19-25, 37, 70-74, 78-87, 127-131), 여기서(그리고 그 다음 9.9-13에서, "자유" 주제는 9.11에서 인용된다) 가장 강하게 부각된다. 하니쉬는 에스라4서 저자에게 죄는 운명(*Schicksal*)이 아니라 책임(*Schuld*)이라는 점을 제대로 강조한다. Harnish, *Verhängnis und Verheissung*, 142-98.

종 설명에서 계속되는데(9.1-13), 거기서 에스라는 다음과 같은 권면을 듣는다. "경건치 않은 자가 어떻게 멸망할지에 대해 관심을 갖지 말고, 의인이 어떻게 구원받을지를 궁금하게 여기라! 이 세상은 그들에게 속해 있고 온 세상이 그들을 위해 지음을 받았다"(9.13). 이 권면은 에피소드 4에서 일어나는 관점의 큰 변화(현존하는 예루살렘의 관점으로부터 미래의/천상의 예루살렘으로부터 바라보는 관점으로 바뀌는 변화)를 위한 길을 예비한다. 그 권면은 지금 에스라에게 요청되는 근본적 전환을 대변한다. 다만 이 관점은 소수의 사람들에게만 허용될 것이고(7.44; 8.62), 그가 자신과 같은 사람을 위해 설계된 미래로부터 현실을 바라보는 것(8.51-55)은 적합한데, 이는 그가 바로 의인들 가운데 속해 있기 때문이다(8.47-51).

현재로서는 에스라가 자신의 관점을 우리엘의 관점으로 바꾸는 것이 완벽하지 않다. 에스라는 하나의 세상이 아니라 두 개의 세상을 보는 법을 배웠고, 심판 날에 하나님의 흠잡을 데 없는 공의가 자비의 가능성을 배제한다는 점도 분명히 받아들였지만, 여전히 많은 사람들의 관점에서 세상을 보고 있기에 구원받는 자들의 수가 적다는 이유로 유감을 표명한다(9.14-16).[38] 이 설명은 우리엘의 입장에 대한 최종적이고 압축된 진술을

---

38 에스라가 이 서언을 다음과 같은 진술, 곧 "지금까지 그렇게 말했고, 지금도 그렇게 말하고, 앞으로도 그렇게 말할 것이다"(9.15)라는 진술로 시작하고 있다는 사실에 근거해서 많은 해석자들은 에스라의 입장이 전혀 바뀌지 않았고, 그 결과 대화가 관련된 모든 문제를 해결하지 못한 채 끝나고 있다는 결론을 내렸다. 그 다음 에피소드에서 에스라는 단순한 논리적 사고의 노력을 포기하고(9.39; 10.5) 환상 경험을 통해 설득 당하는 모습을 보여줄 것이다. Esler, "The Social Function of *4 Ezra*," 110-13; Watson, *Paul and the Hermeneutics of Faith*, 498, 502-3; Collins, *The Apocalyptic Imagination*, 203-4, 209-211; Hogan, *Theologies in Conflict*, 42, 234-35. 그러나 (1) 그렇다고 하면 우리엘이 에스라를 아무 결실 없는 막다른 길로 이끌고 그 결과 그가 조목조목 제시한 세심한 모든 논증이 아무 소용이 없게 될 텐데, 이는 신중한 사상가로 입증된 저자와 관련하여 볼 때 기이한 결론이 될 것이다. (2) 9.14-16의 어조는 불평이나 항변이 아니라 체념의 슬픔이다. 궁휼에 관한 여섯 가지 질문 다음에 궁휼의 주제가 사라져 버리는데, 이는 주목할 만한 현상이다. 따라서 9.14-16이 부분적으로 7.45-48의 내용을 반영한다 해도, **아무 변화도 없는 것 같지는 않다.** (3) 에스라는 한 번 더 이런 식의 슬픈 탄식을 반복하겠지

이끌어낸다(9:17-22). 곧 하나님은 선한 창조를 준비하셨으나, 인간은 그것을 망쳐놓았다(9.18-19). 땅은 이제 돌이킬 수 없이 불행한 운명을 맞게 되었다(*perditum*, 9.20). 공의는 보상을 통해 작용한다(뿌린 대로 거둔다, 9.17). 그리고 하나님은 미래 시대를 염두에 두시면서 큰 수고로 "포도넝쿨로부터 포도 한 송이를, 큰 숲으로부터 한 그루 나무"를 살리시듯 몇몇 사람들을 보존하셨다(9.21). "그러므로 헛되이 태어난 다수의 무리는 멸망하도록 놔두고, 내 포도와 내 나무는 구원을 얻게 할 것이다. 내가 큰 수고로 그들을 온전케 했기 때문이다"(9.22). 따라서 하나님의 시선은 현재의 재앙으로부터 미래에 있을 양질의 수확으로 이동한다. 이러한 모범적 사례를 따르라는 명령이 에스라에게 주어진다.

다음 에피소드로 나아가기 전에 우리는 이 중요한 대화에 기초하여 몇 가지 결론을 이끌어낼 수 있다.

(1) 대화가 진행되는 동안 우리엘은 에스라에게 두 가지 실천을 요청하는 비전(vision)을 상세히 설명했다. 에스라는 (a) 하나의 세상이 아니라 두 개의 세상을 고려해야 한다. 단지 이 세상만 생각할 것이 아니라 심판으로 시작되고 심판에 기초를 둔 다가올 세상에 대해서도 생각해야 한다. (b) 전체 현실은 현재의 관점(멸망당할 다수의 죄인들에게 초점을 맞춘 관점)에서가 아니라 미래의 목적이라는 관점(소수의 의인이 받게 될 상에 초점을 맞추는 관점)에 따라 조명되어야 한다. 비록 에스라가 현재에 기초한 관점의 잔재를 표명하며 근심 속에서 대화를 마치고 있지만, 그가 나아가야 할 방향과 그 방향으로 나아가야 하는 이유는 이제 분명하다.[39]

만(9.29-37; 여전히 "괴로운" 그의 마음의 표현으로서, 9.27; 10.10), 현재에 뿌리를 둔 그의 관점의 마지막 흔적은 에피소드 4에서 드디어 사라질 것이다. 따라서 에스라의 변화는 미묘하고 점진적이다. 총체적 변화가 일어난 한 시점을 확인하려는 것이 잘못이라면, 이 시점에서 연속성의 일부 요소를 근거로 아무것도 변하지 않는다는 결론을 내리는 것도 잘못이다.

39 에스라와 우리엘이 아직은 관점의 일치를 이루고 있지 못하지만, 에스라는 자비에 호소하는 태도를 강하게 보이다가 마침내 이러한 태도에서 벗어난다. 본문은 정적(靜的) 상태

(2) 에스라의 길고 강력한 항변은 여전히 중요한 역할을 수행한다. 그 항변은 우리엘의 입장을 이끌어내어 분명케 하며, 우리엘로 하여금 자신의 입장을 정당화하도록 계속해서 압박을 가한다. 아울러 그 항변은 공통의 상식적인 세계관을 명확히 드러내는데, 에스라4서의 저자가 그 세계관을 충분히 노출시키고 있는 것은 이 세계관이 보완되고 수정되어야 하는 이유를 입증하기 위함이다. 하나님의 자비와 이스라엘이 다시 번성할 것이라는 기대는 기원후 70년 이후에도 널리 퍼져 있었던 것으로 보인다. 종말의 때에 드러날 것처럼(14.29-37), 에스라4서의 저자는 이스라엘에게 미래 세계와 최후의 심판 날에 더 초점을 맞추라고 권면함으로써, 독자들이 그들의 현재 과제 곧 엄격한 율법 준수라는 과제의 방향을 재설정하게 되길 바란다.[40]

(3) 미래에 기반한 우리엘의 세계관은 우주의 준거점이 하나님의 공의여야 한다고 요청한다. 하나님의 공의는 의인에게 주는 상(3.33, 4.35, 7.33-35, 83, 98, 8:33, 39)을 수반한다. 그 상에서 하나님이 은혜로 주시는 행위(구원과 다가올 세상의 유산)는 수혜자의 합당함과 균형을 이룬다. 하나님은 포도넝쿨로부터 포도송이 하나를 어렵게 "보존하셨고"(*peperci*, 9.21-22), 이 수고의 결과는 하나님 자신을 존귀하게 여기고(7.60) 자신의 언

에 있거나 한 장소에 고정되어 있지 않다. 남아 있는 긴장은 본문을 다음 에피소드로 황급히 나아가게 한다.

40 R. J. Bauckham, "Apocalypses," in D. A. Carson, T. O'Brien, M. A. Seifrid, ed., *Justification and Variegated Nomism*, 제1권, *The Complexities of Second Temple Judaism* (Tübingen: Mohr Siebeck, 2001), 135-87, 특히 164를 참조하라. 이스라엘을 향한 하나님의 언약의 자비에 대한 에스라의 포괄적 관점은 "매우 공감이 가고 아울러 설득력을 갖도록 제시되어 있으므로, 이 관점이 충분한 비중을 갖도록 하는 것이 에스라4서의 수사학적 전략의 한 부분으로 인정되어야 한다. 이 책은 저자가 최종적으로 지지하는 관점을 결코 애매하게 설명하지 않는다. 그러나 에스라의 입장이 바뀌려면 상당한 시간이 필요하다. 만일 그의 입장이 다른 입장으로 대체되어야 한다는 필요성이 사람들(에스라는 예루살렘 멸망에 대한 이 사람들의 반응을 표명한다)에게 설득력 있게 제시될 수 있다면 말이다."

약을 신뢰하며(7.83) 순결한 삶을 산(7.122) 합당한 자에게 미쳤다. 그 상은 "상환"이 아니고, 경쟁에서 승리하여(3.21; 7.92, 115) 합당한 선물을 받는다는 의미에서(참조. 14.34) "자비를 얻기에 합당한"(4.24) 자에게 주어지는 상이다. 이는 하나님의 자선에 대한 완벽하게 자연스럽고 일반적인 해석이다. 특별히―앞의 제I부에서 살펴본 것처럼―하나님의 자선은 공의의 요청에 의해 형성된다. 그것은 "선물"이지만, 비상응성의 극대화와는 상관이 없는 선물이다.[41]

그러나 세 번째 대화에서 에스라는 "자비"와 "자선"에 대한 다른 관점―긍휼이 **비상응성**으로 극대화 되는 관점―을 강하게 역설했다(이 두 단어는 7.132-40에서 섞여 나타난다). 앞서 보았듯이, 에스라는 자비에 관한 자신의 견해를 정당화하기 위해 성서에 등장하는 선례들(7.106-11)과 하나님의 성품에 관한 성서의 표현(7.132-40)에 호소했다. 나아가 에스라는 하나님의 선하심과 자비가 비상응적으로 베풀어지는 바로 그때, 비로소 진정한 선하심과 자비로 불리게 된다고까지 주장했다. 그의 견해에 따르면 자비는 오직 죄인에게 베풀어질 때만 진정한 **자비**(mercy)가 된다. "그런즉, 오! 주님, 당신의 선하심은 선행이 없는 자들에게 자비를 베풀어주실 때 선언될 것입니다"(8.36; 참조. 8.31-32). 에스라는 세상에 살고 있는 자들이 살아남게 된 이유가 이러한 종류의 비상응적인 자비 때문이라고 주장한다(7.137-38). 만약 하나님이 그들의 죄를 제거하지 않으신다면, 보배로운 자로 남아 있을 자는 거의 없을 것이다(7.140). 우리엘은 **현 세상과 관**

---

41 롱네커는 종말의 때에 하나님의 자비가 "율법과 일치하는 자신들의 행위를 통해 하나님의 호의를 얻는 자들에게만 주어질 것(다시 말해 은혜는 은혜를 필요로 하지 않는 자에게 주어질 것!)이라는 사실"을 거부한다. Longenecker, *Eschatology and the Covenant*, 271. 여기서 그의 거부는 자비/은혜가 정의상 합당하지 못한 자에게 주어지는 비상응적인 선물이라고 추정한다. 하지만 이는 최후 심판에 관한 우리엘의 비전에 따르면 전혀 사실이 아니다. 다시 말해 자비(성서의 "헤세드")는 적합한 관계의 선물이나 비상응적인 관계의 선물, 둘 중 어느 쪽으로도 해석이 가능하다. Moo, *Creation, Nature, and Hope*, 112-13을 보라.

련해서는 에스라의 이 주장을 충분히 받아들인다. 그러나 이 비상응성의 긍휼이 최후의 심판에서는 베풀어질 수 없다고 주장한다. 왜냐하면 그것이 최종적으로 하나님의 공의와 부합하지 않기 때문이다. 물론 최후의 심판에서 살아남을 자는 정말 적을 것이다. 그러나 바로 그것이 우리가 공정하고 식별력 있는 심판자로부터 예상하는 것이고, 심지어 바라는 것이다.[42]

(4) 우리엘이 요청하는 관점의 변화는 이스라엘에 관한 질문을 포기하는 것이 아니라 그 질문을 철저히 재구성한다.[43] 에스라는 이 대화에서 이스라엘을 위해 호소하면서(6.55-59; 8.15-19, 26, 45), 이스라엘을 인류 전체의 맥락에 위치시키고 있는데, 이는 이스라엘의 죄악으로 인해 이스라엘을 특수한 경우로 다루는 것에 문제가 있기 때문이다. 그러나 다가올 시대의 관점에서 (이스라엘의 역사를 포함한) 현재의 역사를 바라보는 우리엘의 틀은 분석의 범주를 바꾸는데, 그 결과 그의 담론에서는 "의인"과 "경건치 않은 자"가 결정적인 명칭이 된다. 이는 이스라엘이 망각되었다거나(7.10) 혹은 본문이 민족적 이익에서 인류 전체의 개별화된 곤경으로 옮겨감을 의미하지 않는다.[44] 오히려 이스라엘의 구원에 대한 이야기는 의인의 구원이라는 틀 안에서 진술된다. 이스라엘이 구원받는다면, 이는 "이스라엘"의 자격에 의한 것(*qua*)이 아니라 "(소수의) 의인들"에 의한 것(*qua*)이다.[45] 이

---

42   이는 Watson, *Paul and the Hermeneutics of Faith*, 502-3에 반대되는 주장이다. 왓슨은 이 논쟁이 해결되지 않은 채 단지 팽팽하게 맞서고 있는 것으로 본다. 왓슨은 두 종류의 세상에 대한 우리엘의 강조를 고려하지 않는다. 자비가 왜 이 세상에서는 작용하지만, 다음 세상에서는 작용하지 않는지, 이에 대한 이유(예. 8.1-3)를 생각하고 있지 않는 것이다. 문제는 하나님이 **지금** 자비하신지 아닌지가 아니고, **그때** 자비하실 것인지(그리고 자비하셔야만 하는지)에 있다.

43   Stone, *Fourth Ezra*, 174는 "보다 더 포괄적인 혹은 다른 준거 틀"을 지시하지만, 변화의 이유를 충분히 설명하지는 못한다.

44   이는 Sanders, *Paul and Palestinian Judaism*, 409-18 그리고 Longenecker, *Eschatology and the Covenant*에 반대되는 주장이다.

45   따라서 구원은 의인과 경건치 않은 자들로 구성된(5.30) 포도넝쿨의 자격(5.23)에 따른

는 이 대화(9.7-8) 안에서 소망이 표현될 수 있고, 땅, 시온, 메시아 왕국에 관한 이어질 에피소드들(4-6)에서 보다 더 명확히 표현될 수 있음을 의미한다. 그러나 이 소망은 이제 재구성되었고, 따라서 "남은 자들"은 그들의 민족적 조상 때문이 아니라 그들 자신의 행위와 믿음 때문에 살아남게 된 자들이다(9.7).[46]

9.4. 두 세계 비전으로의 획기적 도약(에피소드 4): 9.26-10.59

에스라4서의 문학적 통일성을 인정하는 독자들은 한 목소리로 에피소드 4가 내러티브의 경첩(hinge)이라고 주장한다. 에피소드 4는 괴로워하는 에스라의 진술로 시작되며(9.27-37), 이어서 에스라는 슬퍼하는 한 여인을 만나(9.38-10.4) 그녀를 위로하려 애쓴다(10.5-25). 그다음에 에스라는 그 여인이 웅장한 성읍으로 바뀌는 놀라운 환상을 보게 된다(10.25-28). 우리엘은 이 장면을 인간의 터 위에 세워지지 않은 시온에 관한 환상으로 해석한다(10.30-59). 이 에피소드는 뒤(형식과 내용에 있어서)와 앞(이 환상이 뒤

것이 아니라, 의로운 "소수"(5.23) 곧 한 송이의 포도로서의 자격(9.21) 덕분인 것이다. M. A. Elliott, *The Survivors of Israel: A Reconsideration of the Theology of Pre-Christian Judaism* (Grand Rapids: Eerdmans, 2000), 341-43은 이 "포도"를 사실상 이스라엘에 속해 있는 의로운 "남은 자들"로 바르게 해석한다. 그러나 여기서 지시 대상인 이스라엘이 축소되어 다시 정의되고 있다면, 이는 저자의 미래 세계에 대한 신학적 비전으로부터 오는 것이지, 단순히 이스라엘의 "민족적" 신학에 대한 반발에서 오는 것이 아니다.

46   이런 의미에서 롱네커(Longenecker, *2 Esdras*)는 다음과 같은 올바른 견해로 자신의 초기 연구(1991)를 넘어선다. 곧 민족과 언약의 범주가 포기되는 것이 아니라 "재정의" 된다는 것이다(참조, Bauckham, "Apocalypses," 166-75). 하지만 에스라4서의 비전(미래로부터 뒤돌아보는 관점)이 왜 현실의 범주를 다시 범주화하여 이와 같은 재정의를 필요로 하고 있는지, 이를 이해하는 것이 중요하다. 이에 따라 세상이 이스라엘을 위해 창조되었다고 보는 에스라의 관점(6.55-59; 위 8.2에서 다룬 위[僞]필론의 『성서고대사』를 참조하라)은 먼저 두 세계라는 의미에서 재정의되고(7.1-16), 이어서 재형성된다. 우리엘의 관점에 따르면 세상/시대는 **의인들**을 위해 창조되었다(9.13).

따르는 두 개의 환상으로 이어진다는 점에서, 10.55-59)을 이어주는 연결고리로 서 이 에피소드를 과도기적인 것으로 표시한다. 하지만 이 과도기의 정확한 본질이 무엇인지는 여전히 논란 가운데 있다.[47] 현재 널리 인정되고 있듯이, 에스라의 위치, 태도, 음식의 변화(9.23-25)는 그 사이에 일어난 다른 변화들을 가리키는 상징이다. 에스라의 처음 진술이 여전히 문제가 있고 비관적이기는 해도(9.27; 참조. 3.3, 5.21), 그의 처음 진술이 질문이나 불평을 제기하는 것이 아니라 인간의 운명을 받아들이고 율법의 영원성을 인정하고 있다는 점(9.36-37; 참조. 7.20의 우리엘)은 주목할 만하다. 여기서 분명히 어떤 변화가 일어나고 있다. 그렇다고 해도 9.39와 10.5(에스라가 여인을 만나고 난 후 성찰을 멈추었던 곳)를 마음이 변화한 신호로 취하는 것은 현명한 태도가 아니다. 왜냐하면 에스라가 여인에게 건네는 말을 볼 때, 그는 여전히 이 세상의 관점, 그리고 파멸의 운명에 처한 대다수 세상 사람들의 관점으로부터 현실을 바라보고 있기 때문이다(10.10; 9.14-16의 반영). 비록 그 여인에게 하나님을 믿으라고 권면하지만(10.16, 24), 에스라는 그녀에게 미래의 영광스러운 세상에 대한 우리엘의 비전을 아직 제시하지 못한다. 우리엘의 관점은 이 에피소드의 중심에 해당하는 장면, 곧 여인이 성읍으로 변화할 때(10.25-28) 비로소 에스라에게 주어진다. 따라서 이 에피소드의 앞부분은 10.25-28에서 주어질 비전상의 변화에 에스라가 준비되어 있음을 나타내는 것으로 해석하는 것이 최선으로 보인다. 10.38-39가 암시하고 있듯이, 에스라의 애도가 나타내는 올바른 입장으로 인해, 그는 비전을 받아들이기에 적절한 상태에 있게 된다.

에스라가 꽃-식사(9.26)에 만족한다는 사실은 그가 이스라엘의 상태에 관해서는 매우 비관적이지만(9.29-37), 분위기상 이제는 이를 체념

---

47   특히 다음 자료들을 보라. Brandenburger, *Die Verborgenheit Gottes*, 58-90; Longnecker, *Eschatology and the Covenant*, 99-112; 동일 저자, *2 Esdras*, 59-69(더 나은 해석); Stone, *Fourth Ezra*, 311-12; 318-21; 377. 여기서 스톤이 발견한 "심리학적인 깊은 통찰"(320-21, 326-27)에는 의문의 여지가 존재한다.

하고 받아들이고 있음을 알려주는 신호가 된다. 앞선 진술들에서와 달리 여기서 에스라는 이스라엘의 비정상적인 상태를 비난하지 않고, 질문이나 불평을 제기하지도 않는다. 에스라의 기분은 죄인들과의 연대로 확실히 슬픈 상태에 있다. "율법을 받았으나 죄를 범한 우리는 멸망할 것이다"(9.36). 실제로 가족을 잃은 어떤 어머니에 대한 에스라의 "위로"는 주로 그녀의 슬픔을 시온에 대한 근심과 온 땅에 대한 슬픔의 정황 속에 담아두는 것으로 구성된다(10.5-17). 인류와 관련해서는, "거의 모든 사람이 파멸을 향해 달려가고, 대다수는 멸망하게 될 것이다"(10.10). 하지만 이것은 분노와 좌절을 넘어선 체념의 근심이다. 예루살렘과 성전의 멸망에 관한 길고 고통스러운 묘사(10.20-23)는 예루살렘이 회복될 때가 언제인지를 묻는 것으로 끝나지 않는다. 에스라는 예루살렘의 역사적 회복에 대한 소망이 완전히 차단되었음을 인정했고, 아마도 우리엘이 에스라를 칭찬한 것은 에스라가 보여준 체념적 슬픔 때문일 것이다(10.39, 50).[48] 비록 하나님의 "뜻"(decree, 법령)을 신뢰한다는 언급과(10.16) "고난으로부터의 해방"을 희망하는(10.24) 언급이 있지만, 에스라는 미래로부터 현재를 되돌아보는 비전을 아직은 분명히 밝히지 못한다. 에스라의 유일한 준거점은 율법이 아무리 이 세상에서 열매를 맺을 수 없다 해도 결국은 영광 속에 존속하게 될 것이라는 확신이다(9.34-37). 여기서 에스라가 율법의 우월성에 주목하는 것(참조. 7.17-20)은 이 세상 속에 이미 하나님의 공의를 볼 수 있게 만드는 표지가 존재함을 암시하며, 이는 에스라가 마지막 에피소드(14.28-36)에서 제시할 교훈의 토대가 된다.

에스라는 평범한 역사 속에서 이스라엘의 곤경이 해결되기를 바라는 소망을 포기함으로써, 이 에피소드의 중심 사건에 대한 준비를 하고 있다.

---

48 H. Najman, "Between Heaven and Earth: Liminal Visions in 4 Ezra," in T. Nicklas, et al ed., *Other World and Their Relation to this World: Early Jewish and Ancient Christian Traditions* (Leiden: Brill, 2010), 151-67, 특히 158-59를 보라.

에피소드의 중심 사건은 그 여자가 에스라의 눈앞에서 거대한 성읍으로 변하는 것이다(10.25-28). 우리엘은 그 성읍이 "집이 하나도 세워져 있지 않은" 들판에서 나타난다는 사실을 강조한다(9.24; 참조. 10.51-52). 그런데 "이 들판에는 건물의 기초가 전혀 존재하지 않았는데, 이는 인간의 그 어떤 건축물(*opus aedificit hominis*)도 지극히 높으신 이의 성읍이 계시되는 곳에서는 존속할 수 없기 때문이다"(10.53-54). 다시 말해 그 성읍은 역사적 차원에서 벌어지는 인간적 계획의 전개나 완성을 의미하는 것이 아니라, **하나님의 창조를 가장 단호하게 의미한다. 따라서 에스라는 이 에피소드에서 우리엘이 줄곧 그에게 요구해온 사항을 수용하게 된다.** 이는 두 세상의 존재를 인정하는 것으로, 오직 미래의 세상으로부터 현재를 바라보는 것(또는 천상으로부터 땅을 내려다보는 것)이다. 에스라가 현실을 바르게 보기 시작하는 시점은 그가 슬퍼하는 여자 대신에 그 성읍을 바라봤을 때다(10.42). 시온, 곧 "지극히 높으신 이의 성읍"(10.54)은 미래 하늘의 실재이면서 동시에 현재 하늘의 실재라고 말할 수 있다.[49] "다가올 세상"(8.1)이 이미 계획되고 약속되고 준비되고 보존되어 있기에(4.27; 7.14, 60, 83-84; 8.52["성읍이 세워지다"], 59), 다가올 세상은 계시되어야 할 미래의 실재일 뿐만 아니라 모든 실재의 배후에 놓여 있는 진리이기도 하다. 시간적(미래)·공간적(하늘) 은유들은 실재를 바라보는 방법, 즉 상식적·경험적 관점의 한계에서 벗어나 우주적 진리를 파악할 수 있는 태도를 취하는 방법을 정해준다. 에스라에게 계시된 "많은 비밀들"(10.38)은 역사보다 더 깊은 곳에 기초하고 있는 관점에 따라 역사를 바라보는 새로운 방식이다. 에스라가 마지막으로 준비하는 것은 이와 같은 인식론적 변화다(참조. 4.1-25). 세상을 미래로부터/위로부터 바라볼 때(즉 하나님이 세우신 시온의 비전으로부터 시온의 이야기를 바라볼 때), 모든 것이 이해되기 시작한다.[50]

....

49   스톤(Stone)은 *Fourth Ezra*, 335에서 이처럼 제대로 이해하고 있다.

50   에피소드 4의 **논리**에 대한 이와 같은 분석은 여기서 논증을 포기한 채 단지 "신비로운

그것이 무엇을 의미하는지는 우리엘의 앞선 진술에서 이미 제시되었고, 앞으로 전개될 에피소드에서 더 많이 설명될 것이다. 그러나 중요한 것은 이어지는 두 환상을 바르게 파악하는 일이다. 우리엘이 분명히 말하고 있듯이, 독수리 환상(에피소드 5)과 바다에서 나온 사람 환상(에피소드 6)은 궁극적 종말(최후의 심판과 그 이후)에 관한 환상이 아니라 그 이전에 일어날 일, 곧 "지극히 높으신 이가 마지막 때에 땅에 거하는 자들에게 행하실 일"(10.59)에 관한 환상이다. 신성한 "시온"의 관점에서 에스라는 이 땅에서의 "마지막 때"를 엿볼 수 있다. 하지만 그 일들이 "시온"이 표상하는 완전한 혹은 최종적인 현실은 아니다. 어느 정도 "시온의 찬란한 영광과 뛰어난 아름다움"(10.50)에 대해 언급하는 것 외에 이 "시온"의 내용에 관해서는 별로 말할(또는 글로 드러낼) 것이 없다. 이 본문에서 계시되고 있는 것은 마지막 날들이 메시아의 주도권 아래 어떤 모습으로 형성될 것인지(에피소드 5와 6), 그리고 율법에 순종하여 현재 행해져야 할 것은 무엇인지(에피소드 7)에 대한 언급이 전부다.[51] 중요한 것은 시온이 무엇을 담고 있느냐(그 안에 들어갈 수 있는 것에 한계가 있다, 10.55-56)보다 "시온"이 존재한다는 것이고, 에스라가 이제는 이 환상을 통해 세상을 현재의 혼란 및 모호함이 아닌 하나님의 완벽함이라는 관점에서 파악할 수 있게 되었다는 사실이다.

변화"(브란덴부르거)나 "경험" 또는 "목회적 필요성"의 힘으로 논증을 대체하려는 해석을 거부한다. Collins, *The Apocalyptic Imagination*, 210-11을 예로 들 수 있다. "우리는 믿을 필요가 있기 때문에 믿는다.···만일 우리의 문제가 해결될 수 없다면, 우리는 그 문제로부터 시선을 돌리고 긍정적인 것을 성찰해야 한다"(211).

51   에스라4서의 자매편인 **바룩2서**는 이 점과 관련하여 대비되는 의미를 밝혀주는 대조를 갖고 있다. **바룩2서**에서 궁극적 시온이 종말론적 미래의 문제임에도 불구하고(4.1-7), 저자는 이스라엘이 회개하고 역사적으로 회복될 때 성전도 함께 역사적으로 회복되리라는 매우 분명한 소망을 갖고 있다(6.1-9; 32.1-7; 68.1-8).

9.5. 메시아적 미래(에피소드 5와 6): 11.1-13.58

에피소드 5와 6의 두 환상은 전통적인 다니엘서 자료를 재작업한 것으로
(11.9; 참조. 단 2장과 7장), "종말 이전"에 세워질 "메시아 왕국"의 일부 특징
들을 강조하기 위해 선별적으로 해석된다. 앞의 에피소드들은 최후 심판
이전 시대의 상태에 관한 힌트를 제공했다. 이때 "살아남은 자들"(*derelicti*)
은 "땅"에서 메시아 시대와 관련된 한시적인 "표적"과 "이적들"을 보기
위해 괴로움을 견뎌낼 것이다. 그리고 그 이후에 최후의 심판이 있을 것
이다(6.25-28; 7.26-29; 9.7-9). 이런 암시들은 이제 사자가 포악한 독수리
를 정죄하는 환상(에피소드 5)과 어떤 남자가 자기와 맞서 싸우는 "무수한
무리"를 파멸시키는 환상(에피소드 6)으로 가득 채워진다(동사의 연결, 11.46;
12.34; 13.16-20; 47-50). 이 "시대의 마지막 사건들"(12.9)은 세속 시대의
"끝"을 표상하지만, 그것들은 분명 앞의 에피소드들에서 논의된 심판 날,
곧 궁극적 "종말"의 전편(prequel)이 된다(12.34; 참조. 7.29-34).[52]
    두 가지 형태의 "종말"은 모두 하나님의 개입을 의미하는데, 이는 역
사의 일반적인 과정을 통해서가 아니라 하나님의 공의를 단번에 재건하
는 심판 행위를 통해 이 땅의 결점들을 해결하려는 결단을 나타낸다. 사
자는 다윗 계보에 속한 메시아이며, 하나님은 종말이 올 때까지 여러 시
대 동안 그를 "지켜주셨다"(12.32; 13.26). 메시아의 주된 사역은 최후의 우
주적 심판, 그 끝에서 두 번째 진술에 해당하는 예비적 정죄와 심판이다
(11.37-46; 12.33). 여기서 역사적 이스라엘에 의한 정치적·군사적 행동에
는 아무런 역할이 없다. 비록 메시아의 통치가 하나님의 백성의 "남은 자
들"(*residuum*), 곧 마지막 때까지 기뻐하고 있을 마지막 세대(12.34)를 포함

---

52   궁극적 종말 바로 이전에 오는 메시아적 왕국에 대해서는 Stone, *Fourth Ezra*, 204-210,
362-363을 보라. "종말"이라는 용어의 다양한(그러나 맥락으로는 일치하는) 용법에 대
해서는 Stone, "Coherence and Inconsistency"; 그리고 동일 저자, *Fourth Ezra*, 103-5를
보라.

하고 있지만 말이다. 그 남자는 신비한 근원에서 나와(13.3, 51-52) 그 기원을 알 수 없는 산을 깎는데(13.7), 이 산은 "사람의 손으로" 준비되고 세워지지 않은 "시온"으로 확인된다(13.36). 이는 인간이 아닌 하나님에 의해 생성된 에피소드 4의 "시온"을 반향한다(10.51-54). 우리의 저자는 "평화로운 다수"를 강조할 때(13.12-13, 39, 47)와 마찬가지로 여기서도 이 환상을 일반적인 정치적·군사적 기대로부터 거리를 두려고 애쓰는 것처럼 보인다.[53] 놀랍게도 열 지파가 포함된 "남은 자들"을 모으는 일(13.39-50)은 본문이 이스라엘에 대한 기대를 아직 포기하지 않았으며, "보편적" 혹은 "개인주의적" 종말론으로 옮겨갔음을 가리킨다.[54] 그러나 그러한 "생존자들"의 중요한 특징은 그들이 율법에 전적으로 헌신하고 있다는 것이다(13.42). 그들은 하나님을 향한 "행위와 믿음"을 통해 하나님의 보호를 받기에 적합한 수혜자가 된다(13.23; 참조. 9.7). 따라서 우리는 본문에 나타나는 이스라엘에 대한 소망과 "의인"에 대한 약속을 서로 대립시킬 필요가 없다. 메시아적 사건들과 최후의 심판 날은 하나님의 공의의 규범에 따라 작용하고, 그 결과 "이스라엘"은 "의인"으로 간주되는 만큼만(그리고 그 정도까지만) 구원을 받게 될 것이다.[55] 에스라 자신이 12.46-49에서 분명히

---

53   Bauckham, "Apocalypses," 165-66을 보라.

54   이것은 롱네커와는 다른 견해다. 롱네커는 사람들을 향한 에스라의 진술(12.40-51과 14.27-36)을 "오도하는" 말, "거짓된" 말로 여기고, 전통적 기대에 대한 단순 "립 서비스" 정도로 간주한다. Longenecker, *Eschatology and the Covenant*, 119-21. 보컴은 하나님이 이스라엘에 지속적으로 신실하시다는 표지로서 이 열 지파를 올바르게 강조한다. Bauckham, "Apocalypses," 166-69.

55   우리는 우리엘에 의한 소수의 의인에 대한 강조(예. 8.3, 창조된 많은 사람으로부터)가 이 환상들 가운데 언급되고 있는 "다수"(13.12-13)와 어떻게 일치할 수 있는지 물을 수 있다. 그 "다수"는 정죄받아야 하는 "셀 수 없이 많은 다수"와 비교해볼 때, 아직은 "소수"에 불과하다고 답하는 것이 가능하다(13.5; 참조. Bauckham, "Apocalypses," 167). 어쨌든 저자에게 중요한 것은 숫자의 많고 적음이 아니라, 하나님이 최종 공의로서 의인을 택하실 때 요청되는 원칙이다. 이 환상들에 나타나는 "남은 자들의 신학"에 대해서는 Elliott, *The Survivors of Israel*, 502-14, 561-69를 보라.

밝히고 있듯이, 그리고 마지막 에피소드(14.27-36)에서 예시될 것처럼, 중요한 것은 이스라엘 자손이 "투쟁"에 전적으로 몰두한다는 것이다(12.47). 이 투쟁은 율법에 순종하면서 악과 맞서야 하는 필연적 항변이다(참조. 7.92, 115, 127-31). 하나님은 아브라함에게 주신 자신의 약속들(3.15)에 신실하실 것이다. 하지만 하나님의 공의는 구원이 의인에게 주는 상이 될 것을 요구한다(7.83, 98; 8.33, 39 등). 구원은 출생으로 보장되는 것도 아니고, 죄인에게 차별 없이 주어지는 것도 아니다.

9.6. 계시의 대리자인 에스라(에피소드 7): 14.1-50

에피소드 6의 결말은 에스라가 불평(3.4-36)에서 경배(13.57-58)로 나아가는 여정을 다 마쳤음을 암시한다. 에스라는 이제 하나님의 율법을 추구하면서 하나님의 길과 지혜에 헌신한 자로 인정받는다(13.53-56). 마지막 에피소드에서 에스라가 천사의 중보를 더 이상 필요로 하지 않고 직접 하나님과 만나며, 단순히 계시를 수용하는 자가 아니라 계시를 대리하는 자로 활동한다는 해석은 적절하다.[56] 에스라는 이제 명확하게 모세와의 유사점을 보이면서 하나님의 지혜를 전달하는데, 이때 지혜의 어떤 부분은 모든 사람에게 공개적으로 가르쳐주고, 다른 부분은 지혜로운 자를 위해 남겨둔다(14.1-6, 44-46; 참조. 신 29:29). 내러티브 앞 두 지점에서 우리는 발디엘을 통해(5.16-18) 그리고 "모든 사람"의 우려를 통해(12.40-50) 에스라가 폭넓은 독자를 염두에 두고 있음을 감지했다. 그래서 에스라가 마지막으로 그들에게 직접 말씀을 전하는 것은 적절해 보인다. 실제로 우리는 여

---

56   스톤(Stone)은 *Fourth Ezra*, 408-12에서 마지막 에피소드를 전체 내러티브의 절정으로 바르게 다루고 있다. 마지막 에피소드는 단순히 에스라의 권위를 합법화하는 것에 그치지 않는다.

기서 미래에 나타날 하나님의 공의에 대한 계시와 함께 본문의 약속된 도덕적 결과를 보게 된다(12.49; 14.13). 왜냐하면 이 미래의 공의가 율법을 준수하도록 현재에 영향을 미치고 있다는 것이 여기서 명백히 드러나고 있기 때문이다.[57] 백성들의 절망에 대한 응답으로(12.40-45) 에스라는 그들에게 "생명의 율법"을 상기시킨다(14.30; 참조. 7.129). 생명의 길을 제공하는 것은 율법(또는 성서 전체, 14.45)인데(14.21-22), 그 이유는 율법이 최후 심판 날에 공의의 기준이 되기 때문이다. "생명의 율법"을 주신 하나님은 또한 "공의의 심판자"이시고(14.30, 32), 하나님의 공의는 우주의 궁극적 청사진이다. "만약 그대가 그대의 지성을 다스리고 그대의 마음을 연단시킬 수 있다면, 그대는 살 것이며 죽은 후에도 긍휼을 얻을 것이다. 왜냐하면 죽음 이후에 심판이 있고, 그때 우리는 부활하기 때문이다. 그 후 의인들의 이름이 분명히 드러나고 경건치 않은 자들의 행위가 폭로될 것이다"(14.34-35). 우리는 공의에 관한 이 마지막 시나리오에서 "자비"가 비상응적인 자에게 주어지는 선물이 아니라 의인에게 주어지는 적합한 수혜라는 것에 놀라지 않는다. 이러한 마지막 말과 함께 에스라는 현재의 삶 전체가 심판의 궁극적 기준인 율법에 대한 순종을 통해 어떻게 종말론적 공의의 지배를 받을 수 있는지를 보여준다. 동시에 에스라는 악한 마음(*cor malignum*)의 문제도 사실은 해결 불가능한 것이 아님을 암시한다. 비록 "지혜 있는 자들"이 하나님의 공의가 어떻게 효력을 발휘하게 될지, 이를 설명해줄 만한 책 70권을 더 갖고 있다 해도, 그들의 "지혜"는 율법을 **넘어서는** 것이 아니라 율법을 탐색해 **들어가는** 것이다(13.54). 하나님의 공의의 궁극적 승리는 동시에 하나님의 율법의 정당성을 입증한다(7.20). 이 본문의 가장 시급한 실천적 호소는 역사를 하나님의 비밀스러운 인도하

---

57   14.6에서 신 29:29이 반영된 것도 이 방향을 지시한다. 공적 영역에 속해 있다는 것("우리와 우리의 자녀에게 **영원히**")은 "이 율법의 모든 말씀을 지키는 것"이다. 율법 중심성에 대해서는 M. Knowles, "Moses, the Law, and the Unity of 4 Ezra," *NovT* 31 (1989), 257-74를 보라.

심에 맡기고 하나님이 명령하신 "길"을 지킴으로써, 미래의 심판에 비추어 살아가는 것이다(14.31).

9.7. 결론

에스라4서는 하나님의 선하심 또는 자비(여기에는 두 의미의 영역이 얽혀있다, 7.132-40)에 대한 주제별 논의의 또 다른 예를 제시하는데, 이는 다른 제2성전 시대 본문에서 추적한 것과 견줄 만하지만, 중요한 측면에 있어서는 독특한 방식으로 이루어지고 있다. 우주의 궁극적 준거점으로 정의를 바라보는 에스라4서의 비전은 우리에게 다음과 같은 결론을 요구한다. 즉 하나님의 길을 지키고 자기의 마음을 단련시키는 의인들에게 하나님이 적합하게 베풀어주시는 자선이 바로 자비라는 것이다(14.33-36). 에스라가 하나님의 심판과 자비를 위해 기도할 때(11.46), 이 둘, 곧 하나님의 심판과 긍휼은 율법에 지속적으로 충실했던 남은 자들(12.34)에게 하나님이 베풀어주시는 자비의 역사 속에서 결국 서로 연관될 것이다. 여기서 공평성의 원칙이 에스라4서의 지배적 주제로 나타난다. "비어 있는 자에게는 빈 것이, 채워져 있는 자에게는 채워진 것이 주어진다"(7.25). 몇 가지 점에서 에스라 자신이 이 원칙의 본보기라는 것이 명백해졌다. 에스라에게 주어진 계시는 (그의 죄악에 대한 겸허한 항의에도 불구하고) 그가 하나님의 율법에 헌신함으로써 얻게 되는 합당한 상이다. 에스라의 간청이 응답을 받았던 것은 바로 그런 이유에서고(12.7), 그에게 이 환상들이 허락된 것(6.31-32; 8.62; 10.38-39, 50; 13.53-56)도 같은 이유에서다.[58] 이와

---

[58]   다음과 같이 빈번히 등장하는 간청하는 내용의 도입을 참조하라. "만약 제가 당신의 눈에 호의를 입었다면"(4.44; 5.56; 6.11; 7.75, 102; 8.42; 14.22). 이 간청은 7.104에서도 나타나는데, 공허한 형식에 그치는 것이 아니다.

같이 에스라는 "행위의 보화"를 갖고 있는 의인의 패러다임으로서 작용한다(7.76-77; 참조. 8.33). 의인은 죽음의 순간에 즉시 그들을 위해 준비된 상을 보게 된다(7.76-101). 그때 하나님을 향한 그들의 충성, 그리고 율법에 순종했던 절제된 섬김은 궁극적 결실을 거두게 될 것이다. 이러한 합당한 보상을 일종의 "율법주의" 혹은 "행위의 의"[59]—아우구스티누스와 개신교 신학을 명확히 반영하고, 은혜를 자격 없는 자들에게 주어지는 비상응적인 선물로 극대화 하는 것을 자연적이고 필수적인 것으로 추정하는 전문용어—로 치부해야 할 이유는 전혀 없다. 의인의 행위는 그들의 "믿음"(신실함)과 하나님 섬김에 대한 표현이며(참조. 6.5; 9.7; 13.23),[60] 그들의 "상"(merces)은 자선에 대한 다음과 같은 일반적 해석을 나타낸다. 즉 자선이란 자비하신 하나님께서 자격 있는 자에게 혜택을 나누어주시는 것이다(참조. 12.9, 36; 13.14).

동시에 에스라4서는—에피소드 3에서 에스라가 행한 호소를 통해—자비를 자격 없는 자에게 비상응적으로 베풀어주는 자선으로 보는 또 다른 해석을 극적으로 표현했다. 그의 호소는 제2성전 시대에 "은혜"의 이런 극대화가 가능했음을 제시하며, 따라서 은혜가 이처럼 극대화될 때 자비가 하나님의 공의와 조화되기 어렵다는 날카로운 인식도 제시한다. 앞에서 살펴본 것처럼 에스라와 우리엘의 대화는 이 문제에 대한 깊이 있는 토론이며, 이 문제점은 특히 하나님께 전하는 탄원과 기도 가운데 표현된다. 에스라는 성서의 선례들과 하나님에 관한 성서의 핵심적 묘사들에

---

59   이 점은 Sanders, *Paul and Palestinian Judaism*, 409-18의 견해와 다르다.

60   W. Mundle, "Das religiöse Problem des IV. Esrabuches," *ZAW* n.f. 6 (1929), 222-49, 특히 229-31을 보라. 회개에 대한 언급(7.82; 9.11)은 "완전한" 율법 준수(7.89)를 문자적으로 이해하지 말아야 함을 암시한다. 이처럼 바른 주장을 펼치고 있는 연구들은 다음과 같다. Bauckham, "Apocalypses," 171-72; J. A. Moo, "The Few Who Obtain Mercy: Soteriology in *4 Ezra*," in D. M. Gurtner, ed., *This World and the World to Come: Soteriology in Early Judaism* (London: T&T Clark, 2011), 98-113, 특히 110. 참조. Harnisch, *Verhängnis und Verhaissung*, 155 n. 1.

의존하여 하나님께 탄원했다. 인간의 죄악을 비관적으로 바라보는 에스라의 관점에서 볼 때, **어느 누구든지** 만약 살아남는다면 이는 오로지 하나님께서 죄인들에게 자비를 베풀어주시기 때문이다(7.137-40). 이런 의미에서 자비는 자격 없는 자들에게 주어지는 하나님의 선물로서 하나님이 이 세상에서 인간을 대하시는 적절한 방식이자 필요한 방식으로 해석될 수 있다. 그리고 현세에서의 생존에 관한 한, 우리엘이 에스라의 주장을 인정하고 있는 것은 중요하다.

우리엘은 그런 비상응적인 자비가 우주 질서에 있어서 하나님의 **최종 결론**이 될 수 있다는 것을 인정하지 않을 것이다. 다가올 세상으로 인도하고 그 세상의 토대가 될 최후 심판의 때, 다시 말해 세상에 대한 하나님의 본래적·궁극적 목적을 드러내는 완전한 상태에서는 하나님이 **의인에게만** 베풀어주시는 공정하고 적합한 자비가 작동 원칙이어야 한다. 그 심판은 하나님이 준비하신 첫 번째 일이며(7.70), 세상을 하나님이 원래 의도하셨던 상태로 회복시킬 것이다. 중간 시대 즉 현재의 악한 상태하에서는 하나님의 비상응적인 자비가 세상을 유지시키는 필수 수단이다. 그러나 그것은 공정성과 율법에 의해 적절하게 규제되고 있는 우주에 대한 하나님의 최종 처분을 나타낼 수 없다. 마지막 시대에는 의가—비록 의인들이 사금처럼 드물다고 해도—널리 지배할 것이다. 영원히 지속되는 것은 율법이지, 율법이 심겨진 인간이라는 타락한 그릇이 아니다(9:31-37). 에스라가 이스라엘에게 율법을 지키라고 마지막으로 호소하는 모습(14.27-38)은 율법이 우주의 영원한 준거점이라는 본문의 주장을 대변한다. 아무 자격이 없는 자에게 베풀어주시는 하나님의 자선으로서 자비를 극대화 하는 것은 강력한 정서적 호소력을 지니고 있는 것으로 인정받는다. 그러나 최종 분석에서 이런 극대화는 적합한 구원 행위에 있어서 하나님이 의롭게 처신하신다는 사전적·궁극적 약속에 의해 제한되어야만 한다.

이와 같이 에스라4서는 그렇지 않아도 복잡한 우리의 제2성전 시대 신학 지도를 더 복잡하게 만든다. 인간의 죄악에 대한 에스라4서의 비관주의는 호다요트에서 말하는 인간의 비참한 타락에 가깝다. 그러나 에스라4서는 "악한 마음"에도 불구하고 율법을 지킬 수 있는 소수의 의인들(비록 극소수라 해도)에 관한 이미지를 보존하고 있다. 또 에스라4서가 하나님의 율법에 기초한 정의의 우주적 질서를 신뢰하는 것은 솔로몬의 지혜서 혹은 필론의 사상과도 유사하다. 물론 개념적 범주와 종말론적 틀은 전혀 다르다. 솔로몬의 지혜서처럼 에스라4서도 하나님의 자비와 공의의 관계를 깊이 탐구한다. 하지만 에스라4서는 양자의 관계를 다르게, 즉 "이 세상"에서 행해지는 하나님의 **비상응적인** 자비와 다음 세상에서 실현되는 하나님의 필수적이고 완전한 공의를 대조시키는 방식으로 다르게 설명한다. 종말에 상을 받는 자가 반드시 **의인**이어야 한다는 에스라4서의 주장은 솔로몬의 지혜서의 주장과 가깝다. 하지만 하나님이 **이스라엘로서의** 이스라엘(Israel *qua Israel*)에게 새롭게 된 그리고 새롭게 될 수 있는 긍휼을 베풀어주실 것이라는 기대는 "이스라엘"의 미래의 구원을 탐구함에 있어서 다른 길을 취하고 있는 『성서고대사』와는 거리가 멀다. 우리가 살펴본 네 개의 본문들 가운데 에스라4서는 하나님의 자비나 선물이 자격 없는 자들에게 주어지는 비상응적인 혜택으로 극대화될 경우 이와 관련된 신학적 문제들을 가장 공개적으로 드러내고 있다. 에스라4서는 "은혜"가 제2성전 시대 유대교 신학에 있어서 단순한 주제도, 논란이 없는 주제도 아니었음을 상기시켜준다.

제10장

제2성전 시대 유대교와
은혜의 다양한 역학

II부의 다섯 장(5-9장)은 제2성전 시대 유대인들이 하나님의 자비하심에 대하여 숙고했던 다양한 방법의 견본을 제공했다. 이것은 결코 초기 유대교의 관점들을 다 망라하고 있지는 않다. 그렇더라도 우리가 다룬 주제의 복잡성 그리고 그 주제를 다룬 다양한 어휘와 틀과 관심 등을 어느 정도 보여주기에는 충분하다. 결론에 도달하기 위해 나는 먼저 각 장의 주요 내용을 요약하고(10.1), 이어서 관련된 다른 종류의 다양성과 이 본문(문헌)들이 언급되고 있는 유대교 내의 논쟁을 언급할 것이다(10.2). 여기서 우리는 지난 40년 동안 제2성전 시대 유대교의 구원론에 관한 분석의 틀로서 지배적 역할을 해온 샌더스의 "언약적 율법주의"를 어떻게 그리고 왜 넘어서게 되었는지 확인하게 될 것이다(10.3). 마지막으로 나는 우리가 다룬 본문(문헌)의 유대인 저자들이 **각기** 다른 관점에 따라 말한 것처럼 그렇게 독특한 방식으로, 신적 자비에 관한 이 유대교적 토론 **안에서** 바울이 차지하고 있는 위치를 설명할 것이다(10.4).

10.1. 요약

솔로몬의 지혜서는 당시 알렉산드리아의 정치적·사회적 불의에 대응하여, 보편적 지혜에 따라 온전히 규제되는 우주관에 따라 선은 무익하고 "힘이 곧 정의"라는 인식에 반대한다. 모든 인류를 향한 하나님의 관대하심이 솔로몬의 지혜서 전체에 걸쳐 칭송되고 있다. 그러나 솔로몬의 지혜서는 공정하고 질서 있는 우주를 강조하기 때문에 하나님의 선물은 그 선물을 받기에 "합당한" 자에게 공정하게 분배되어야 한다. 지혜는 지혜를 바라고 구하는 자에게 값없이 주어지는 선물이고, 온갖 좋은 선물과 같이 지혜도 합당한 자에게 주어진다. 솔로몬의 지혜서는 "의인"에 관한 지혜의 구원적 역할을 추적한다. 왜냐하면 "지혜가 자기를 섬기는 자를 환난에서 구했기 때문이다"(10.9) 솔로몬의 지혜서는 이런 현상을 근거로 삼고 이를 예증하기 위해 성서의 출애굽 사건 및 광야 경험에 관한 기사를 각색하여 신적 보상이 역사 속에서 공정하게 작용한다는 사실을 증명한다. 다시 말해 악인은 자기들이 저지른 악에 대하여 매우 엄격히 처벌을 받지만(심지어 그들이 죄를 범하는 데 사용한 그 수단을 통해), 하나님의 의로운 자녀는 항상 "징계"와 더불어 상을 받는다. 여기서 이스라엘 백성은 "경건한 자"와 "의인"으로 재구성된다. 왜냐하면 그들에게 베풀어지는 하나님의 자비가 어떤 자의적인 선호(preference)를 반영하는 것이 아니라, 우상숭배의 오류와 부패한 악덕을 피하고 진리와 덕을 제대로 가까이 하는 자에게 주어지는 합당한 상을 반영하기 때문이다. 솔로몬의 지혜서는 신적 긍휼과 공의의 관계를 반영하면서(둘 다 신적 능력의 한 표현이다), 자비가 우주를 유지시키는 공의를 손상시키면서까지 합당하지 못한 자에게 확대될 수는 없지만, 자비는 전 인류를 향한 하나님의 사랑이 어떻게 하나님의 공의를 특별히 완화시키고 지연시키는지를 증명한다. 따라서 하나님의 "은혜"(때로는 'χάρις'로, 때로는 'ἔλεος'로 지칭되는)는 규모와 범주에 있어서 초충만한 상태 속에 있으나 결론적으로 비상응적인 것이 아니며, 우주의 형평성을 위태롭게 하거나 청중이 지켜야 하는 정당화에 대한 희망을 꺾지 않고서는 비상응적인 것이 될 수 없었다. 솔로몬의 지혜서는, 비록 은혜의 우선성을 때때로 명시하고 있지만, 비상응성을 특별히 극대화하지 않으며 은혜의 다른 극단적 속성들(유효성, 단일성, 비순환성)을 전혀 언급하지 않는다.

필론은 알렉산드리아의 유대교 공동체 지도자로서 수준 높은 철학적 식견을 사용하여 그리스어 성서 본문 속에 깊이 숨겨진 진리를 찾아낸다. 필론의 철학적 신학 중심에는 하나님을 모든 좋은 것의 원인으로 보는 관점이 놓여 있다. 하나님의 선물들('χάριτες,' 'δῶρα' 등)이 지나치게 과도한 상태에서 우주에 넘쳐흐르고 있으며, 우리는 하나님이 모든 선의 근원이라는 인지와 감사한 마음을 갖고 하나님의 선물들을 인정해야 한다. 하나님과 악의 원천을 분리시키기 위해 애를 쓰고 있는 필론은 하나님이 자신의 "능력들", 특히 공의의 통치 능력과 관대한 선의 능력을 통해 역사하신다고 본다. 그럼에도 불구하고 필론은 인간의 덕조차 하나님께 돌려져야 한다고 주장함으로써 인간 행위의 영역 속에 신적 원인의 유효성이 매우 깊이 스며들어 있음을 강조한다. 하나님의 선물은 무작위로 주어지거나 불공정하게 주어지지 않으므로, 필론은 하나님이 자신의 혜택을 받기에 "합당한" 자에게 선물을 베풀어주실 것이라고 전제한다. 가치(합당함)는 하나님의 베풀어주심의 조건이지만 결코 그 원인은 아니다. 그래서 필론은, 만약 가치가 자만을 부추기거나 수혜자를 하나님과 동등한 자로 보이게 만들 경우, 이를 위험한 개념으로 인식한다. 그러나 하나님은 반드시 합리적이고 덕스러운 것으로 보상해주신다. 왜냐하면 하나님이 우주를 지배하는 가치들을 귀히 여기시기 때문이다. 그래서 진리와 덕을 좇는 순례자 아브라함은 언약-선물로 상을 받고, 아브라함의 길을 따르는 이방인 개종자들도 똑같은 상을 받는다. "이스라엘"은 하나님(하나님에 관한 진리)을 "보는" 자를 상징하고, 그들은 덕을 받아들이고 육체적 욕망을 억제하면서 진리를 향해 나아간다. "선물 주시기를 좋아하는 하나님의 은혜는…자기 자신을 닮았기 때문에 훌륭한 것을 존중하시고 상을 베풀어주신다."(Praem. 126). 따라서 하나님의 특이한 선하심이나 관대하심은 가치 체계를 유지하고, 필론은 이를 자신이 정한 가치 체계에 반영시킨다. 따라서 필론은 은혜의 우선성(하나님을 우선적 원인으로 보는 것), 은혜의 단일성(하나님은 선하시고, 오직 선하시다), 은혜의 유효성(하나님은 인간 행동의 기준이 되는 덕 창조하신다)을 극대화한다. 필론은 또한 다른 어떤 유대인보다 더 강력한 말로 은혜의 초충만성을 극대화한다. 그러나 여기서 언급한 이유들로 인해 은혜의 비상응성은 극대화하지 않는다. 물론 그렇다고 해서 이것이 하나님의 선물을 "대가"의 한 형태로 만드는 것은 아니다. 필론은 현대 서구인의 생각으로는 양립불가의 원리인 선물과 보상이 고대의 완벽한 선물 개념에서는 어떻게 양립가능한지, 이를 예증한다.

쿰란 공동체의 호다요트(1QH˵)는 이 "종파" 공동체, 곧 일반적으로 더럽고 무지한 세상 속에서 하나님의 택하심을 받은 소수의 무리의 실존을 설명하고 유지하기 위해 고안된 신학을 명확히 설명한다. 호다요트는 하나님의 선하심(טוב), 인자하심(חסד) 그리고 긍휼(רחמים)에 대하여 하나님을 아낌없이 송축한다. 또한 완전히 의로운 하나님과 하나님의 은혜를 받았지만 육체적으로나 도덕적으로 완전히 무가치한 인간, 이 둘 사이의 극단적인 대립을 주장함으로써 이 신적 자비의 비상응성을 극대화한다. 호다요트의 저자(저자들)는 하나님의 경이로운 은혜를 상세히 진술하고, 구원에 대한 통찰력과 순종으로 보답할 수 있는 능력을 부여 받은 자들에게 일어난 특별한 변화를 오로지 하나님께만 귀속시킨다. 호다요트는 필론과 같이(그러나 필론의 철학 용어는 사용하지 않으면서) 하나님의 선하심이 지니고 있는 유효성을 제시하는데, 이는 오직 하나님만이 호다요트의 화자에게 하나님의 길을 따라 살 수 있는 능력을 주시기 때문이다. 그러나 필론과 달리(그리고 필론의 철학적 감수성이 결여된 채) 호다요트는 하나님의 선하심의 단일성을 옹호하는 데는 관심이 없다. 말하자면 하나님의 자비는 죄에 대한 하나님의 가차없는 처벌의 이면이기에 더욱 놀랍다. 호다요트가 찬미하는 은혜의 비상응성이 필론과 솔로몬의 지혜서 저자에게는 충격적인 것으로 보였을 것이다. 필론과 솔로몬의 지혜서 저자는 안정된 세상이 하나님의 선물과 선물 수혜자 사이의 적합성에 의존한다고 본다. 그러나 이런 비상응성은 무작위로 또는 아무 원칙 없이 이루어지지 않는다. 하나님의 "의"(이 "의"는 피조물의 질서를 위한 하나님의 대본이다)는 선별적 선호(רצון) 사상을 확립시켰고, 이 사상의 뿌리는 창조의 근원으로 거슬러 올라간다. 하나님은 빛과 어둠, 낮과 밤, 택함 받은 자와 택함 받지 못한 자 사이의 우주적 구별을 미리 정해 놓으셨다. 하나님이 합당하지 못한 어떤 존재에게 선별적 자비를 베풀어주시는 것은 우주의 법칙에 내재되어 있다. 이에 대한 설명은 철학적이기보다는 "신화적"이므로 필론을 만족시킬 수 없었을 것이다. 그러나 이는 하나님의 자비하심이 수혜자의 질과 일치하지 않을 경우 어떤 설명이 필요함을 보여준다. 따라서 호다요트는 "은혜"를 필론이나 솔로몬의 지혜서와는 다르게 극대화한다. 하지만 그 설명은 다수의 극단적 속성들(은혜의 초충만성, 유효성, 우선성. 그러나 은혜의 단일성은 예외다)을 필론과 공유하고 있다.

위(僞)필론의 『성서고대사』는 분명히 기원후 70년경 이스라엘에 만연해 있던 국가적 낙심과 자기비판의 분위기 속에서 기록되었다. 『성서고대사』의 핵심 관심사는 하나님께서 이스라엘 민족이 신실한 자로 남아 있지 못하는 거듭된 실패에도 불구하고, 또 이 거듭된 실패를 넘어, 그들에게 돌이킬 수 없는 약속을 이행하셨음을 확인하는 것이다. 『성서고대사』는 죄에 대한 하나님의 분노 및 처벌보다 더 오래 지속되는 영원한 언약의 약속을 강조하면서, 죄와 일시적 버림의 순환을 넘어서는 하나님의 긍휼(misericordia)을 자주 언급한다. 솔로몬의 지혜서와 달리 『성서고대사』는 이스라엘이 범한 우상숭배의 불순종을 덮으려고 시도하지 않는다. 오히려 『성서고대사』는 자기 백성을 절대로 또는 완전히 버리지 아니하실 것이라는 하나님의 기본적 결정을 입증하기 위해 하나님의 긍휼 주제를 이스라엘 역사 속에 확대시킨다. 이 "그럼에도 불구하고"의 이야기는 하나님의 긍휼을 그 긍휼의 수혜자의 가치와 어울리지 않는 것으로 극대화하는데, 이는 호다요트에서 우리가 추적한 비상응성과 유사하다. 비록 호다요트에는 인간의 불완전함에 대한 극단적 제시가 없지만 말이다. 『성서고대사』는 호다요트와 달리 하나님의 충만하신 자비가 이스라엘 내 선택 받은 소수에게만 적용되는 것이 아니고 이스라엘 민족 전체에 적용된다고 본다. 그런데 이러한 하나님의 자비는 반드시 모든 세대에 적용되는 것은 아니지만 오랜 역사에 걸쳐 적용된다. 이스라엘이 하나님의 자비의 특별한 수혜자인 이유는 (솔로몬의 지혜서에서처럼) 그들의 의 때문도 아니고, (필론의 경우처럼) 그들이 하나님과 가깝기 때문도 아니다. 그 이유는 그들이 세상에 대한 하나님의 계획에서 중심 역할을 하는 민족이기 때문이다. "포도나무"로서 이스라엘은 우주의 구조에 필수불가결한 존재다. 이스라엘은 꼭대기에서 맨 밑까지, 처음부터 끝까지, 오직 이 민족을 통해서만 성취될 수 있는 우주적 계획의 중심부에 있다. 하나님이 피조물에 대한 계획을 포기하지 않으시는 한, 하나님은 절대로 이스라엘을 버리실 수 없다. 『성서 고대사』의 저자는 호다요트의 예정 논리를 갖고 있는 것도 아니고 필론의 철학적 관점을 받아들이고 있는 것도 아니다. 그러나 그럼에도 불구하고 하나님이 비상응적인 은혜를 임의로 적용한 것처럼 보이는 것에 대한 신학적 설명을 제공한다. 때때로 "자비"는 수혜자의 질에 맞춰 주어지는 것처럼 보이지만 이스라엘의 전체 이야기는 그들의 완악한 죄와 비교해볼 때, 무제한으로 베풀어지는 하나님의 긍휼로 가득 차 있다. 이 자비는 또한 이스라엘 역사(창조 목적의 한 부분)보다 앞선 것으로 극대화되고 과도한 규모를 갖고 있지만 우리가 제시한 다른 극단적 속성들(단일성, 유효성, 또는 비순환성)에서는 자비를 이렇게 다루고 있지 않다.

에스라4서는 기원후 70년 예루살렘이 멸망하고 난 직후의 이스라엘의 절망적인 분위기를 반영한다. 이 세상의 상태와 인간(이스라엘을 포함하여)을 손상시키는 허물에 관해 에스라4서가 보여주는 비관주의는 호다요트를 연상시킨다. 비록 호다요트의 비관주의는 다른 신학적 수단을 통해 표현되고 있지만 말이다. 에스라4서는 상충되는 관점 사이의 대화 형태를 사용하면서, 다가올 세상의 관점에 비추어 역사를 바라볼 필요가 있음을 주창한다. 여기서 다가올 세상의 관점은 이중 비전으로 새로운 세상에 대한 하나님의 계획의 성취를 연기하는데, 이 새로운 세상은 완전하고 최종적인 계산을 토대로 세워진다. 여러 번에 걸친 대화에서, 특히 정점을 이루는 세 번째 대화에서, 우리엘은 하나님이 의로운 자들에게 적합한 자비를 베푸실 것이라고 주장한다. 비록 의인들의 존재가 쓸모없는 토양의 사금처럼 드물기는 하지만 말이다. 반면에 에스라는 출애굽기 34장과 이런 비상응성의 의미를 가진 하나님의 "자비로운" 성품에 의존하여 **아무 자격 없는 자**에게 하나님이 자비나 연민을 베풀어주시는 것을 강조한다. 우리엘은 이런 비상응적인 하나님의 자비가 **현세**에는 필수적이고 적절한 현상이지만 **다가올 세상**으로 이끄는 최후 심판 시에는 그렇지 않다고 주장한다. 우리엘의 명백하게 "가혹한" 관점은 합리적인 의미를 지니고 있다 (충분히 정의로운 세상에서는 죄와의 타협이 있을 수 없다). 에스라는 자신의 애도를 통해 이 두 시대 관점을 공유하게 되고, 의인에 대한 하나님의 궁극적인 옹호에 소망을 두게 된다. 그 의인의 수가 아무리 소수일지라도 말이다. 이스라엘에 베풀어주시는 하나님의 사랑은 변함없이 그대로 남아 있고, 메시아 왕국과 다가올 세상에서 확연히 드러날 것이다. 하지만 이미 구원받은 자는 어떤 감정이나 임의적 선호를 근거로 구원을 받는 것이 아니라 의인과 율법을 준수한 자의 자격으로 구원을 받을 것이다. 진리와 공의는 그것들의 차별적인 능력을 행사해야 한다. 곧 "비어 있는 자에게는 비어 있는 것을, 채워져 있는 자에게는 채워져 있는 것을 주라"(7.25: *vacua vacuis et plena plenis*). 따라서 하나님의 자비하심은 제한된 방식으로 극대화된다(이는 은혜의 초충만성에만 해당한다). 에스라4서에는 비상응적인 "은혜"에 대한 강력한 감정적 호소가 담겨 있지만, 하나님이 적합하게 소수의 의인에게는 상을 베푸시고 다수의 죄인에게는 벌을 내리신다면, 에스라4서는 이 개념이 최종 권위를 갖도록 허락할 수 없다.

10.2. 다양성과 논쟁

우리가 다룬 이상의 다섯 문헌(솔로몬의 지혜서, 알렉산드리아의 필론, 위[僞]필론의 『성서고대사』, 쿰란 공동체의 호다요트, 에스라4서)은 모두 공통 문화 전통에 대한 공유된 담론에 참여하고 있다. 이 다섯 본문은 다양한 방식으로 동일한 성서 자료들에 의존한다. 곧 솔로몬의 지혜서는 족장과 출애굽 이야기를 각색하고 해석한다. 필론은 그리스어로 기록된 오경을 자신의 철학의 기초적 본문으로 삼는다. 쿰란 공동체의 호다요트는 성서 언어로 가득 차 있고, 성서 언어로 보충되거나 재배치되어 있다. 『성서고대사』는 성서 역사에 대한 재해석을 제공한다. 에스라4서는 하나님의 선하심을 다루는 성서의 중심 본문(출 34:6-7)에 호소하는데, 이 본문은 호다요트에서도 중요하다. 이 다섯 본문은 각각 하나님의 자비하심을 중심 주제로 삼고, 이 자비하심은 (그리스어, 히브리어 또는 라틴어로) "선물", "자비" 또는 "선호" 등의 말로 표현된다. 이 다섯 문헌 사이의 차이는 이 문헌들이 하나님의 자비 주제를 강조하고 있는 정도에 있지 않다. 하나님의 자비 주제는 다섯 문헌 모두 매우 중요하게 다루고 있으며, 우리는 호다요트가 필론보다 하나님의 선하심에 더 중점을 두고 있다고 또는 그 반대라고 결코 말할 수 없을 것이다. 그럼에도 불구하고 이 다섯 문헌은 헤아릴 수 없을 정도로 다양성을 갖고 있다. 이 다섯 본문을 다 "은혜 종교"의 산물로 규정하는 것은 거의 빛을 발하지 못할 것이다. 이 다섯 문헌의 다양성은 부분적으로는 이 문헌들이 사용하고 있는 용어들에 있는데, 어떤 문헌은 "선물" 언어를 사용하고 다른 본문은 "자비" 언어를 사용한다. 그러나 같은 용어가 또한 다양하게 해석될 수 있고, 이 용어들의 개별 신학적 **틀**과 **범위**에 있어서도 상당한 차이가 존재한다. 앞에서 확인한 것처럼, 이 다섯 문헌 가운데 어떤 문헌은 하나님의 자비하심을 인류의 역사에서 추적하고(필론, 『성서고대사』), 다른 문헌은 이 역사를 종말론적 지평선과 연관 짓는데, 이 종말론적 지평선에서 이 역사의 문제들이 마침내 해결된다(솔로몬의 지혜서, 에스라4서). 또 다른 문헌들은 역사보다 창조 이전의 계획을 더 강조하는데(호다요트), 이 창조 이전의 계획은 역사에서 발생하는 신적 선호에 대한 원칙을 제공한다. 우리가 다룬 이 다섯 문헌 다 이 신적 자비를 제시함에 있어, 이스라엘(또는 신적 자비의 일부)을 그 중심에 두고 있다. 그러나 이 "이스라엘"은 다양하게 정의되고, 우주 전체와 다채롭게 관련되어 있다. 호다요트에서는 하나님의 자비하심의 범위가 하나님이 미리 정해놓으신 선택에 의해 제한된다. 즉 나머지 인류는 하나님의 자비하심의 범위 밖에 존재한다. 반면에 필론에 따르면 넓은 의미에서 전체 우주가 하나님의 선물이다. 유대인은 유일하게 우주의 진리와 조화를 이루고, 따라서 유일하게 신적 자비의 수혜자가 된다. 그러나 이 특별한 지위는 주로 조상에게 주어진 언약의 약속이 아니라 진리와의 관계에 근거한다(『성서고대사』의 경우처럼). 이런 이유로 필론은 비유대인이 (개종자로서) 진리를 향한 아브라함의 순례 속에 포함된 것을 찬미할 수 있다. 『성서고대사』와 에스라4서에서 비유대인은 하나님의 사랑의 매개변수(parameters)에서 벗어나 있는 것처럼 보인다.

신적 자비의 범주를 이처럼 다양하게 규정하는 것은 다섯 저자들의 개념 구조에 뚜렷한 차이가 있음을 암시한다. 어떤 저자는 그리스 철학 전통에 의존하고 있고, 다른 저자는 성서 자체의 "신화적" 설명으로 만족한다. 이런 차이점 외에, 각 문헌의 다양한 역사적 및 사회적 배경도 신적 자비에 대한 저자들의 설명에 영향을 미친다. 알렉산드리아의 학자(필론), 쿰란 "공동체"의 예배, 성공적인 디아스포라 공동체의 확신 또는 유대 전쟁 이후 유대인들의 조국에 대한 절망 등을 연구해 보면, 하나님의 자비나 선하심에 대한 호소가 각기 다르게 작용하고 있는 것을 보게 된다. 다양한 문제와 우려를 해결해주는 하나님의 관대하심 혹은 자비는 각 문헌의 전략들 속에서 각기 다른 수사적·실용적 역할을 담당한다.

그러나 중요한 것은 우리가 확인한 다양성이 신적 자비의 **의미**에도 영향을 미친다는 것으로, 이는 우리가 신적 자비 개념을 "극대화한" 다양한 방법을 추적해봄으로써 파악하게 된 현상이다. 이런 극대화들—신적 자비 또는 은혜를 순전한 형태나 총체적 형태로 만드는 방법들—은 저자들이 그들의 주제를 강조함에 있어서 그 정도가 다르다는 것을 나타내는 것이 아니고, 이 다원적 개념의 **다른 국면들**을 다양한 극단으로 끌고 가 전개하는 것을 의미한다. 본서 2장에서 설명한 은혜의 6중 구조 극대화들을 사용하여, 우리는 우리가 다룬 이 다섯 본문이 어떤 면에서는 서로 일치하지만 다른 면에 있어서는 큰 차이가 있음을 확인했다. **이 다섯 본문은 모두** 신적 "은혜"의 초충만성을 극대화하고, 하나님의 선물이 세상 속에

과하게 부어지거나 신적 자비 및 선하심의 "충만함"이 다양한 방식으로 확대되었음을 강조한다. 반면에 다른 일치점을 보면, **이 다섯 문헌 가운데 어느 것도** 은혜의 비순환성을 극대화하지 **않는데**, 이 비순환성이란 하나님이 답례에 대한 기대 없이 은혜를 베풀어주신다는 개념을 뜻한다. 비록 필론이 하나님과 보수에 따라 활동하는 세일즈맨을 구분하고는 있지만, 그도 하나님의 선물이 일방적인 것이 아님을 가정한다. 다른 저자들과 마찬가지로, 필론의 경우에도 "은혜"는 감사, 경배, 순종을 이끌어낸다. 그러나 저자들은 이 두 가지 점에서 일치하지만, 극대화의 형태에 있어서는 큰 차이를 보인다. 어떤 저자(예. 필론)는 하나님의 자비하심의 단일성(선의 유일한 원인이신 하나님)에 치우치는 경향이 있고, 다른 저자(예. 호다요트)는 하나님의 자비를 그분의 진노 및 처벌의 심판과 극명히 대조시킨다. 또 어떤 저자(예. 필론과 호다요트)는 은혜의 유효성을 제시하고 하나님의 은혜가 일으키는 인간의 반응을 하나님께 귀속시킨다. 그리고 다른 저자(예. 솔로몬의 지혜서)는 어떤 식으로든 인간의 행위를 제한하는 데는 관심이 전혀 없다. 어떤 저자들은 하나님의 자비하심의 우선성을 강조하는데, 이 강조는 창조 전에 미리 결정된 인간의 운명을 통해 이루어지거나(호다요트), 모든 인간 행위의 앞선 원인이 되시는 하나님을 통해 이루어진다(필론). 그리고 우리의 연구에서 가장 두드러지게 그리고 가장 중요하게 나타나는 것은 어떤 저자(예. 호다요트와 『성서고대사』 그리고 에스라4서의 에스라)는 신적 긍휼의 비상응성을 강조하는 반면, 다른 저자(예. 필론, 솔로몬의 지혜서 그리고 에스라4서의 우리엘)는 그렇지 않다는 것이다. 이는 어떤 저자가 다른 저자보다 은혜에 대하여 "더 높고", "더 순전한" 견해를 갖고 있기 때문이 아니다. 이는 다만 여섯 가지 가능한 극대화 가운데 하나이고, 비상응성을 "은혜"의 필수 조건으로 미리 정해놓는 것은(현대의 사전적 정의[그리고 기독교 전통]가 좋아하기 때문에) 처음부터 우리의 분석을 왜곡시켜 놓을 것이다. 우리가 다룬 이 다섯 문헌은 이 점에서 신적 선하심을 어떻게 구성하는지에 대해 서로 다른 의견을 보여주고 있다. 그리고 은혜의 비상응성이 제2성전 시대 유대교 모든 곳에서 발견되었다고 보는 것은 비상응성이 은혜의 극대화 목록에 없다고 간주하는 것과 똑같은 오판이 될 것이다.

사실 은혜의 상응성이나 비상응성이 제2성전 시대 유대인들 사이에서 **논란이 된** 여러 가지 관련 문제들 가운데 하나였다고 생각할 만한 이유가 있다. 필론은 하나님의 선하심의 단일성을 강조하면서 그리고 하나님이 악의 원인이라는 주장을 피하면서, 그리스 전통에 대한 훈련을 통해 자신에게 익숙하면서도 어려운 철학적 문제를 조심스럽게 언급한다. 솔로몬의 지혜서는 하나님의 보편적 자비하심을 많이 강조하고 있는데, 이는 비슷한 감수성을 드러낸다. 비록 솔로몬의 지혜서가 필론의 강압적인 경우와 달리 하나님을 악인의 처벌과 무관한 것으로 간주하고 있지는 않지만 말이다. 이것이 (호다요트와 같은) 다른 문헌들(이들은 하나님의 격노에 찬 심판이라는 특별한 상황에서 하나님의 선하심이 지니고 있는 위대함을 강조한다)에서 논쟁거리가 안된다는 사실은 자비의 문제가 그리스 철학의 영향을 받은 지성인들 사이에서 가장 쉽게 느껴질 수 있었음을 암시한다. 오직 필론만이 하나님의 "능력"이라는 개념을 사용하여 하나님을 악의 원인에서 분리시킨다. 하지만 그 주제는 철학적으로 민감한 다른 신학자들의 관심사로 국한되었고, 이후의 랍비 문헌과 마르키온을 통해 다른 형태와 다른 해결책으로 나타날 것이다(위 3.1을 보라).

이와 인접한 문제는 하나님의 공의와 자비, 이 둘 사이의 관계에 관한 것이다. 앞에서(위 5.4를 보라) 확인한 것처럼, 솔로몬의 지혜서는 이 문제를 붙들고 씨름하고, 신적 공의와 자비, 이 둘 모두에게 여지를 주는 방식으로 조화를 시도한다. 필론이 말하는 "통치하는" 능력과 "자비를 베풀어주는" 능력도 어느 정도 이와 동일한 기능을 수행하지만 에스라4서의 세 번째 대화에서 에스라와 우리엘 사이에 벌어진 논쟁은 이 주제가 어떻게 다른 유대교 문헌에서도 중요한 주제가 되었는지를 보여준다. 출애굽기 20:5-6과 출애굽기 34:6-7과 같이 기초가 되는 성서 본문들의 모호함은 이 문제에 대한 논의에 도움이 된다. 하나님의 자비가 공의의 요구에 의해 설정된 한계를 갖고 있는지 또는 하나님의 자비가 끝없이 무한한 범위 안에서만 신성한 것인지는 분명 복잡하지만 논의에 있어서 중요한 문제였다. 유대교 문헌들을 하나로 묶어 주는 것은 이 주제에 관한 만장일치의 관점이 아니라 이 주제를 신학적 문제로 보고 이를 해결하기 위해 고심하는 것이다.[1]

이 논의는 분명히 은혜의 적합성 질문에 영향을 미쳤는데, 우리가 다룬 다섯 문헌은 이 질문을 다양하게 다루고 있다. 하나님의 자비 또는 호의는 단지(아니면 주로 아니면 최소한 결국) 이런저런 면에서 받기에 합당한 자에게만 주어졌는가? 또는 가치와 상관없이 비상응적으로 주어졌는가? 적합한 선물에 대한 근거는 다음과 같이 명백하다. 베푸는 자들은 선물을 나누어주는 것으로 자신들의 가치를 보여주는데, 우리는 하나님이 악인에게 선물을 주심으로써 자신의 정체성을 보여주신다고 예상할 수 없다. 말하자면 하나님의 선물을 좋은 것으로 만드는 것은 도덕적 차별이다. 선물은 또한 수혜자에게 적합해야 한다. 적합하지 않은 선물은 부적당하고, 심지어는 잔인한 것이 될 수도 있다. 대부분 우리는 하나님이 합리적이고 공정한 방법으로 행하신다고 예상할 것이다. 무작위로 또는 자의적으로 행하는 것은 잘못이거나 악한 일이므로(참조. 필론, *Tim.* 47a-c), 또 공의는 악이 아니라 선을 요청하므로, 상을 받으려면 신적 은혜와 이 은혜를 받는 인간의 가치 사이에 적합성이 있어야 한다는 것이 고대의 기본 가정이었다(본서 1장을 보라).

적합한 선물 논리에 따르면, 하나님의 은혜는 보상과 대립하는 것이

---

1   팔레스타인 유대교와 관련하여 이 주제를 다루고 있는 다음의 연구들을 보라. E. Sjöberg, *Gott und Sunder im Palästinischen Judentum* (Stuttgart: Kohlhammer, 1938). 또한 B. D. Smith, *The Tension between God as Righteous Judge and as Merciful in Early Judaism* (Lanham: University Press of America, 2005)의 너무 틀에 박혀 있는 설명도 보라. 스미스는 너무 성급하게 자비와 공의가 "기껏해야" 불안한 타협 속에서 공존하고 있다고 판단한다.

아니고 선물이자 **동시에** 상이다. 여기서는 선물과 공로, 이 둘 사이에 대립이 전혀 없다. 은혜와 보상은 대립 관계가 아니라 결합 관계에 있다. 이는 선물을 선물 이하의 것 또는 "보수"(pay)와 같은 어떤 것으로 만들지 않는다. 선물을 받을 자격이 있는 자들은 여전히 자발적으로 그리고 어떤 법적 요구 없이 선물을 받게 된다. 그들은 선물이 주어지게 만드는 **원인**이 아니다(선물 수여는 항상 베푸는 자의 의지의 문제다). 그러나 그들은 본인들이 선물을 받기에 합당한 자임을 증명하고, 그래서 선물이 적절히 분배되는 조건을 제공한다. 우리는, 우리의 본능에 반하여, 고대인들이 하나님의 신성한 은혜의 한 형태를 알고 있었고 이 형태를 칭송할 이유가 있었다고 주장해야 하는데, 이 형태에 따르면 자유롭고 풍성하게 주어지는 은혜를 받기에 적합한 자들에게 상이 주어졌다.

필론이 증명하는 것처럼, 하나님이 합당한 자에게 선물을 주신다고 주장하게 되면 불안한 마음이 일어날 수 있었다. 필론은 가치 관념으로 인해 인간이 신적 수여자와 동등하다거나 하나님의 선물의 원인이 된다는 인상이 주어지지 않을까 고심했다. 또한 필론은 선물의 차별적 분배가 선물의 범위를 제한시켰음을 알았고, 피조물의 더 기본적인 선물이 합당한 자와 합당하지 못한 자에게 공통으로 주어졌다고 주장했다(위 6.3을 보라). 이 문제에 대한 가장 생생한 분석이 에스라4서에 나오는데, 에스라4서는 오직 **비상응적인** 자비만이 불의한 인간의 죄를 덮을 수 있다고 인정한다(에스라4서 8.26-36). 양편 모두 인정하듯이, 대부분의 인간(그리고 대부분의 이스라엘)은 매우 불의하기 때문에 이는 결정적으로 중대한 문제다. 따라서 신적 은혜의 필수적인 상응성(하나님의 자비는 오직 의인에게만 주어진다)을 고수하게 될 경우 은혜의 범위가 급격하게 축소된다. 그러나 다른 무엇보다 에스라4서에서 우리엘은 이 은혜를 얻기 위해 치러야 할 대가에 관하여 언급하는데, 이는 다른 길 곧 죄와 타협하는 것이 궁극적으로 더 큰 대가를 치르도록 만들기 때문이다.

신적 선물을 당연히 상응적인 것으로 간주하는 사람들은 다른 사람들만큼이나 하나님의 관대하심에 집착한다. 말하자면 그들은 모두 단순히 하나님의 자비하심을 다른 방식으로 극대화한다. 아무도(심지어 바울도) 신적 자비의 풍성함, 지나침, 초충만성에 관해 필론만큼 웅변적으로 표현하지 않는다. 그리고 아무도(확실히 바울은 아님) 필론만큼 인간의 덕을 포함하여 좋은 모든 것에 대하여 신적 원인을 더 크게 강조하는 자가 없다. 그러나 필론은 합당한 이유를 갖고 비상응성의 극대화를 강요하지 **않는다**. 필론이 이처럼 상응적인 신적 자비에 사용하는 어휘와 하나님의 선물을 비상응적인 것으로 간주하는 다른 이들이 사용하는 어휘 사이에는 차이가 전혀 없다. 필론과 바울 모두 하나님의 χάρις에 관하여 말한다. 이는 에스라4서가 이 세상에서 받는 하나님의 비상응적인 긍휼과 최후 심판 시 받게 되는 상응적인 자비에 대해 동일한 용어(라틴어로, *misericordia*)를 사용하고 있는 것과 같다. 우리가 이데올로기적 명령에 의해 "은혜"를 바울의 개념으로만 취하기로 결정하지 않는 이상, 우리에게는 바울이 말하는 χάρις를 "은혜"로 번역하고, 필론이 말하는 χάρις를 "은혜"가 아닌 다른 어떤 뜻으로 번역할 권리가 없다. **비상응적인 은사와 상응적인 은사 사이, 이 둘의 차이는 은혜와 비은혜 사이의 절대적 차이가 아니라 은혜의 한 가지 극대화에 나타나는 상대적 차이다.**

하나님의 은혜가 비상응적인 것으로 간주될 수 있다는 것은 호다요트에서뿐만 아니라 『성서고대사』의 언약 신학에서도 명확히 나타났다. 에스라4서는 비상응적인 은혜를 현 세상에 존재하는 하나님의 자비의 한 특징으로 인정한다. 그러나 우리엘은 비상응적인 은혜가 최후 심판에는 적용될 수 없다고 주장한다. 따라서 하나님의 비상응적인 선물 개념("공로와 상관없이 주어지는 은혜")은 확실히 제2성전 시대 유대교에서 가능했던 은혜의 한 가지 극대화로, 바울에게만 유일한 개념이었던 것은 아니다. 그러나 이 관념에 자의적 요소나 부정적 요소가 함축되지 않도록 보호하기 위한 강력한 근거가 필요하다. 호다요트를 보면, 하나님의 특별한 인자하심은 하나님의 예정에 대한 호소를 통해 설명된다. 곧 하나님이 자신의 "선호하는 자녀"를 택하시는 것은 우주의 설계에 미리 포함되어 있었다. 『성서 고대사』를 보면, 하나님이 합당하지 못한 자기 백성에게 반복해서 긍휼을 베풀어주시는데, 이는 하나님이 족장들에게 주신 언약의 약속에 신실하심을 나타낸다. 바로 이 약속으로 인해 세상을 향한 하나님의 계획은 변경이 불가능하다. 세상의 멸망이 이스라엘의 멸망보다 더 빠를 것이다. 이런 식으로 하나님의 은혜의 비상응성은 정당화될 수 있다. 그러나 눈에 띄는 것은 이 두 경우 모두 하나님의 은혜의 비상응성을 정당화하기 위해 선물 자체를 넘어서는 어떤 것을 필요로 한다는 점이다. 그 어떤 것이란 바로 겉으로 보기에 임의적인 하나님의 행동을 우주 차원에서의 더 깊은 합리성과 일치시키는 이론적 근거를 말한다.

비합리성과 불의가 비상응적인 은혜의 두 가지 문제점이고, 이 문제점 때문에 상응적인 은혜를 가장 의미 있는 것으로 보게 된다. 이는 하나님의 특별한 선물에 걸맞은 선물의 배분이 보편적인 것이 아니라 선택적일 경우 특별히 그렇다. 만약 그러한 선물의 수혜자들이 다른 자들보다 더 적합하지 않다면, 왜 하나님은 특별히 그들에게 선물을 주셔야 하는 걸까? 무작위성을 싫어하는 오래된 감정과 우주의 공정성을 보존하기 위한 간절한 열망으로 인해 하나님의 비상응적인 선물의 사례들을 더 큰 이유의 틀에 넣어야 할 필요가 있다. 그렇게 하지 않으면 우리는 공의나 섭리에 관해 거의 말할 수 없게 된다. 세상이 **궁극적으로** 공정해야 한다는 것이 우리엘의 신념이기 때문에, 그는 현세에 어떤 관대함이 주어지든지 최후 심판 때에는 의롭지 않거나 회개하지 않는 자를 위한 특별한 탄원 없이 공의가 지배해야 한다고 단언한다. 따라서 비상응적인 은혜를 하나님이 세상을 다루시는 궁극적 원리로 삼거나 또는 최소한 독립적인 설명으로 취해서는 안 되는 강력한 근거가 존재하게 된다. 하나님이 원리상 완전히 합당하지 않은 자에게 자신의 가장 큰 선물을 주셔야 한다는 것은 얼핏 보아도 기이하다. 아니, 기이한 정도가 아니라 신학적으로 위험하다. 이것이 가장 좋은 또는 가장 완전한 형태의 은혜라는 것은 결단코 분명하지 않다. 비상응적인 은혜 관념은 베푸는 이, 곧 하나님의 선하심을 손상시킬 위험이 있기 때문에 종종 특이한 현상으로 배제되거나 다루어진다. 더 깊은 이론적 근거 없이, 이 관념은 유신론 자체를 본질적으로 전복시킨다. 이처럼 위험한 길을 모색하지 않고도 하나님의 자비하심을 극대화할 수 있는 많은 방법이 있다.

10.3. 언약적 율법주의를 넘어

E. P. 샌더스의 "언약적 율법주의" 관점이 제공한 유대교의 구원론에 관한 분석을 우리가 어떻게 넘어섰는지, 그리고 지난 40년 동안 이 관점을 둘러싸고 격렬하게 벌어진 논쟁을 우리가 어떻게 넘어섰는지 이제 분명히 제시할 수 있다. 위에서 (3.6.1을 보라) 확인한 것처럼, 샌더스는 제2성전시대 유대교에 대한 희화화를 논박하는 데 탁월한 기여를 했는데, 유대교에 대한 희화화는 종교개혁의 범주에 따라 유대교를 행위의 의를 가르치는 종교로 폄하했다. 샌더스는 하나님의 은혜가 당시 유대교의 대부분의 표현에서 중심이었고 실제로는 근본이었다고 제대로 주장했다. 그러나 샌더스가 구원론을 **연쇄 단계**(처음에는 "들어가는 것", 그 다음에는 "머무르는 것")로 분석하고 있는 것은 그의 초점이 명백히 은혜의 **우선성**에 달려 있음을 의미했다. 다시 말해 은혜는 구원을 얻거나 성취하는 수단이 아니라, 언약 안에 머무르기 위해 주어진 수단, 곧 율법 준수라는 후속 요구에 선행하고 또 그 요청의 근거가 된다는 것이다. 샌더스는 은혜의 우선성이 "언약적 율법주의"의 기본 특성을 구성한다는 이유로 이 구원 방식을 유대교의 모든 문헌(에스라4서를 제외하고)에서 찾아냈다. 이러한 "일치" 안에서 문헌들 간의 차이는 단지 **강조의 정도**가 다름을 의미할 뿐이다(예. 사해 사본이 은혜

를 "특별히 강조하고", 은혜의 "높은 의미"를 제시하고 있는 것).[2] 앞에서(위 3.6.1을 보라) 지적한 것처럼, 샌더스는 또한 은혜가 정의상 "아무 공로 없이" 주어진다는 의미에서 "자유롭다[값을 요구하지 않는다]"고 진술 혹은 암시했다. 본문들 속에 공로나 상이 언급되어 있는 곳에서, 샌더스는 그곳에 "비체계적" 사고를 나타내기 위해 공로나 상을 은혜와 나란히 놓았다. 깊은(그리고 종종 숨겨진) 차원에서, 샌더스는 은혜가 적어도 어떤 면에서 **비상응적**이라고 가정했고, 또 이 비상응성이 은혜 개념을 정의하는 데 필수적이라고 가정했다.

유대교의 다섯 문헌/저자들(5-9장)에 관해 분석한 결과를 따르고 여섯 가지 은혜의 "속성"으로 이루어진 분석 구조(2장)를 사용하게 될 때, 우리는 샌더스의 "언약적 율법주의"를 **넘어설** 수 있게 된다. 샌더스가 은혜의 **우선성**에 주목하고 있는 것은 타당하지만 은혜의 우선성은 여섯 가지 가능한 은혜의 극대화들 중 **단지 하나일** 뿐이며, 중요한 것은 이 극대화가 다른 극대화들을 전혀 수반하지 않는다는 것이다. **은혜가 선행하는 것이라 해도, 이것이 은혜가 반드시 비상응적임을 가리키는 것은 아니다.**[3] 은혜의 우선성(곧 언약적 토대)에 기초를 두고 제2성전 시대 유대교의 "공통 패턴"을 규명하는 일은 곧 제2성전 시대 유대교의 일치성을 보여주는 일차원적 분석을 제공하는 것으로, 이러한 일치성은 다른 모든 차이를 무시함으로써만 가능하다. 은혜가 모든 곳에 있다는 샌더스의 말은 옳다. 그러나 이 말은 은혜가 어디에서나 똑같다는 것을 의미하지 않는다. 은혜의 의미를 탐구하고 은혜의 다양한 속성들을 분해해본다면, 우리는 우리가 살펴본 유대교 문헌들이 (주로) 은혜에 **중점을 두고 있는 정도**에 있어

---

2   E. P. Sanders, *Paul and Palestinian Judaism* (London: SCM Press, 1977), 296-98을 보라. 여기서 사해 사본은 랍비 본문들과 비교되고 있다. 언약의 기초와 관련된 유대교의 "균일성"에 대해서는 421쪽을 보라.

3   우리가 다룬 유대교 본문들(예. 필론) 외에 아우구스티누스와 펠라기우스 사이의 논쟁도 이 점을 충분히 명확하게 보여준다. 위 3.2.3을 보라.

서가 아니라 그 본문들이 설명하는 은혜의 극대화 **형태**에 있어서 다르다는 것을 발견하게 된다. 우리가 살펴본 다섯 문헌 가운데, 어떤 문헌은 은혜의 비상응성을 극대화하고, 다른 문헌은 (그만한 이유를 갖고) 그렇게 하지 않는다. 이는 어떤 본문은 "은혜를 믿으나" 다른 본문은 은혜를 믿지 않아서가 아니다. 그러므로 우리는 은혜가 **정의상** 비상응적이라는 가정과 은혜가 비상응성의 형태로 극대화되지 않을 경우 "희석되거나" "부패하게 된다"는 가정을 거부해야 한다. 이 가정은 역사적 이유들로 말미암아 "은혜"에 관한 현대의 사전적 정의에 포함되어 있다. 그리고 이 가정은 최소한 아우구스티누스 이후로, 바울의 영감하에, 은혜에 대한 **기독교적 견해에** 필수 요소가 되었다. 그러나 은혜의 비상응성은 단지 은혜의 가능한 여러 속성 가운데 하나일 뿐이지, 은혜 용어가 사용될 때 언제나 필수적으로 나타나는 것은 아니다.

은혜의 가능한 극대화들을 분해할 때 우리는 이 주제에 관한 제2성전 시대 유대교의 다양성을 이해할 수 있는데, "언약적 율법주의"는 이 다양성을 가려버릴 뿐만 아니라 개념적으로 파악할 수 없게 만들어버린다. 앞에서 확인한 것처럼, 이 다양성은 은혜를 강조하는 본문과 은혜를 무시하거나 부정하는 본문 간에 나타나는 것이 아니다. 오히려 이 다양성은 은혜에 대한 다른 해석들과 은혜의 다른 극대화들 사이에 존재한다. 제2성전 시대 유대교 내에서 발견되는 이러한 차이는 유대교를 "은혜의 종교"로 규정하는 것에 제약을 준다. 곧 유대교를 은혜의 종교로 부르는 것은 유대교가 은혜가 없는 종교라는 구시대적 조롱을 논박하지만, 이 부름에는 분석력이 거의 없다. 더 적극적으로 말해, 이러한 발견을 통해 우리는 바울을 **제2성전 시대 유대교의 다양성 내** 어느 곳에 배치할 수 있는지 새롭게 물을 수 있게 된다. 오랜 대립에서 해방된 바울이 유대교의 "희석된" 은혜 형태들과 반대되는 "참된" 은혜를 나타내고 있는지 묻는 것은 무의미하다. 또한 은혜와 행위의 주제에 관해, 마치 팔레스타인 유대교가 일률적으로 통일되어 있다는 듯이 "바울이 팔레스타인 유대교와 일치한다"고 말하는 것도 정확하지 않다.[4] 여기서 더 흥미로운 질문은 다음과 같다. 바울은 신적 자비란 주제를 어떻게 극대화하고, 또 바울의 주장은 그의 다양한 유대교적 정황에서 다른 사람들의 주장과 어떻게 비교되는가?

샌더스의 연구를 비판하는 자(3.7.1을 보라)는 다음과 같이 추정하는 경향이 있다. 곧 그들은 은혜의 **한** 극단적 속성인 비상응성이 은혜를 정의하는 기본 특성이라는 가정에 따라, 만약 구원에 인간의 행위나 가치가 수반된다면 최초의 택하심이나 마지막 구원에 대하여 말할 때 우리가 "은혜"를 "값없는" 것으로, "순전한" 것으로 또는 "순수한" 것으로 적절하게 말할 수 없다고 추정한다. 제2성전 시대 본문들이 보상, 상급 또는 어떤 형태의 보수가 선물이나 자비 언어를 수반할 때 그 신학은 일관성이 없거나 긴장으로 가득 차 있다고 종종 추정된다. 이 추론에 따르면, 은혜가 어디에나 있다는 샌더스의 주장은 하나님의 은혜가 수혜자의 가치에 따라 조건지어졌다는 증거에 의해 반박될 수 있는데, 이는 결과적으로 전혀 "은혜"가 아니다. 우리는 이제 이런 논쟁들이 왜 효력이 없는지 알 수 있다. 샌더스는 은혜의 한 가지 극단적 속성(은혜의 우선성)을 은혜의 기본적인 정의로 취하여 은혜를 모든 곳에서 찾아내지만, 그는 때때로 증거에 반하여 이 정의에 다른 극단적 속성(은혜의 비상응성)이 포함되어 있다고 추정했다. 그러나 이 다른 극단적 속성(은혜의 비상응성)을 은혜의 참된 본질로 취하는 샌더스의 비판자들은 상응적인 은혜에 대해 말하고 있는 유대교 문헌들을 강조했고, 이 본문들이 은혜를 결코 일관성 있게 말하고 있지 않다고 결론지었다. 그러나 어느 쪽도 자기들이 "은혜"를 어떤 뜻으로 사용하는지, 그리고 왜 자기들이 은혜를 자기들이 정의한 대로 정의했는지 그 이유를 충분히 주의 깊게 탐구하지 않았다. 은혜를 "아무 공로 없이 주어지는 호의"로 정의하는 것은 은혜에 대한 초시간적 정의가 아니라 역사적으로 특정된 정의다. 우리는 본서 3장에서 이 정의의 몇 가지 원천, 이

---

4   *Paul and Palestinian Judaism*, 543. 위 3.6.1에서 인용함.

정의와 경쟁하는 다른 해석들, 그리고 이 정의가 이런 비중을 갖게 된 이유를 제시했다. 이 역사적 관점은 다음과 같은 추정과의 분석 거리를 확보하는 데 필수적인 것으로 입증되었다. 즉 여기서 말하는 추정은 인식할 수 없는 형태로 바울과 제2성전 시대 유대교에서 은혜 주제를 중심으로 벌어지고 있는 사실상 모든 현대 논쟁에 계속 영향을 미치고 있다.

은혜의 의미에 관한 이 추정에서 벗어난 우리는 제2성전 시대 유대교 안에 은혜에 관한 다양한 해석이 있었음을 인정할 수 있다. 바울은 진행 중인 유대교적 대화의 참가자 중 하나로 등장하는데, 이 대화에서 은혜 주제는 단일한 혹은 지배적 형태 없이 다양한 방식으로 극대화 된다. 따라서 바울은 유대교를 거스르지도 않고, 모든 동료 유대인들과 구별 없는 합의를 하지도 않으면서 자신의 역사적 위치를 회복한다.

10.4. 바울의 혼합적 위치

하나님의 은혜에 관한 제2성전 시대의 대화 속에서 바울이 차지하고 있는 위치를 예비적으로 지시할 수 있는데, 이는 로마서 9-11장의 주요 주제들을 우리가 II부에서 연구한 각 문헌들과 비교함으로써 가능하다. 우리는 아래에서 로마서의 절정을 이루는 이 본문을 다루겠지만(본서 17장), 여기서의 간략한 개관은 다른 제2성전 시대 문헌들에서 중요한 것으로 간주되는 동일한 질문들을 바울이 어느 정도로 논하고 있는지를 나타내는 데 도움을 줄 것이다. 또 이 간략한 개관은 바울이 각별히 강조하고 특별히 관심을 두고 있는 주제가 무엇인지 어느 정도 밝혀줄 것이다. 우리가 확인한 것처럼, 제2성전 시대 **모든** 문헌은 그 자체로 각기 다르고, 바울의 독특한 특징을 규명하는 것은 바울을 유대교의 대화 **밖에** 두는 것이 아니고, 단순히 그 대화 안에 있는 다양한 목소리 가운데 하나로 간주하는 것일 뿐이다.[5] 로마서 9-11장에서 바울은 우리가 다룬 다른 저자들과 마찬가지로 눈에 띄게 같은 영역에 서 있다. 바울은 심지어 아니 오히려 특별히 "그리스도 안에서…말하지만"(롬 9:1), 자기를 의식적으로 "이스라엘인"으로 소개하고(롬 11:1), 또 강력히 다른 이스라엘 사람들을 "나의 형제 곧 골육의 친척"(롬 9:3. 참조. 11:14)으로 대한다. 바울은 이스라엘의 미래에 각별한 관심을 갖고 있고, 우리가 다룬 다른 다섯 저자들과 매우 흡사한 방식으로 유대교 성서(구약성서)에 깊이 의존하고 있다. 이런 문화적 모체(matrix) 안에 서서 바울은 신적 은혜란 주제를 다룬다. 이를테면 은혜를 "긍휼(자비)"(롬 9:15-18, 11:28-32), "은사/은혜"(롬 11:5-6, 11:29), "선택/부르심"(롬 9:6-12, 11:28), "사랑"(롬 9:13, 25)으로 다양하게 지칭한다. 이 형태는 다른 유대인들이 사용한 형태와 눈에 띄게 비슷하다. 하지만 동시에 독특하고 특징적인 바울의 방식이기도 하다. 로마서 9-11장의 핵심 주제와 우리가 다룬 다섯 문헌의 내용을 각각 비교해보면, 주요 유사점과 차이점을 어느 정도 찾아낼 수 있다.

로마서 9-11장은 이스라엘의 운명에 대한 위기의식, 당혹감 그리고 (마지막으로) 소망으로 채워져 있고, 이 점에서 에스라4서의 분위기와 유사하다.[6] 앞에서 확인한 것처럼(위 9장을 보라), 에스라4서에 나타난 위기는 "시온의 황폐화"(3.2) 및 성전의 파괴(10.19-23)로 말미암아 야기된 것이

---

5   유대교 내부의 다양성과 그 다양성 안에 위치한 바울에 대해서는 F. Watson, *Paul and the Hermeneutics of Faith* (London: T&T Clark, 2004)를 참조하라. 바울이 어떤 면에 있어서 동료 유대인들과 불일치하는 것을 보고 우리가 바울이 유대교 "밖에" 서 있다고 지적할 필요를 느끼게 되는 때는, 오직 우리가 유대교를 완전히 일률적인 것으로(또는 "가장 작은 정수의 공통분모"로 환원시킬 수 있다고) 부당하게 가정할 때뿐이다. 이와 똑같은 오류로 말미암아 우리는 다음과 같은 동일하게 잘못된 정반대의 가정에 이르게 된다. 즉 바울이 유대인으로서 말하고 있기에, 그가 제2성전 시대의 유대교와 다른 것, 유대교를 벗어난 것, 유대교 안에서 논쟁이 될 만한 어떤 것을 말한다는 것은 상상할 수 없다는 가정이다.

6   이에 관한 상세 비교는 B. W. Longenecker, *Eschatology and the Covenant: A Comparison of 4 Ezra and Romans 1-11* (Sheffield: JSOT Press, 1991)을 보라.

지만, 사실은 더 심각한 문제의 결과다. 즉 고질적으로 이스라엘이 하나님께 불순종하도록 만든 "악한 마음"(3.4-36)의 산물이다. 그래서 바울도 이스라엘에 대한 한탄으로 시작하고, 자신의 "친척"을 위하여 "큰 근심과 그치지 않는 고통"이 있다고 표현한다(롬 9:2-3). 에스라와 같이 바울도 이스라엘의 구원을 위하여 기도하고(롬 10:1), 율법에 대한 순종을 가로막는 죄의 능력에 관하여 똑같이 비관적이다(롬 3:9-20, 5:12-21, 7:7-25). 그러나 바울은 위기를 가져온 사건이 예루살렘의 멸망이 아니라 역설적이게도 이스라엘에게 "걸림돌"로 작용하는 사건, 즉 이스라엘의 메시아가 오신 것이라고 본다(롬 9:30-33).

에스라가 이스라엘의 특별한 지위에 호소하고 있듯이(에스라4서 5.23-30, 6.55-59), 바울도 자신의 [골육의] 친척이 "이스라엘 사람이라, 그들에게는 양자됨과 영광과 언약들과 율법을 세우신 것과 (성전) 예배와 약속들이 있고, 조상들도 그들의 것이요, 육신으로 하면 그리스도가 그들에게서 나셨다"(롬 9:4-5)고 인정한다. 에스라4서에서처럼 문제는 이 특권들에 수반되는 약속의 타당성 여부가 아니라 어떻게 그 약속이 현재의 위기를 넘어 실현될 수 있는가다. 우리엘이 에스라에게 하나님이 자기 백성에 대한 사랑을 포기하지 않으셨음을 확신시키는 것처럼, 바울도 하나님의 약속이 실패할 수 없다고 생각한다(롬 9:6). 에스라와 같이 바울도 하나님이 자기 백성을 버리셨는지 묻는다(롬 11:1). 우리엘과 같이 바울도 "그럴 수 없느니라"라고 대답한다(롬 11:1).

에스라4서에서 하나님이 이스라엘에게 보여주시는 신실하심은 하나님이 의로운 남은 자(에스라4서 7.26-29, 9.7-8) 곧 "포도 한 송이에서 따낸 한 개의 포도"(9.21)에게 적합한 자비를 베풀어주심으로써 이루어질 것이다. 이 의로운 남은 자에 실종된 열 지파가 포함되어 있다는 것이 드러나지만, 모든 경우에 포함의 기준은 율법에 대한 신실함이다(7.17-20, 127-131, 14.28-36). 바울도 "남은 자"에 관해 말한다(롬 9:27-29). 엘리야 시대의 7천명과 같이 "이와 같이 지금도 남은 자가 있다"(롬 11:5). 그러나 바울이 묘사하는 이 시나리오에는 두 가지 내용이 두드러진다. 첫째, 바울은 남은 자가 "행위가 아니라 은혜로"(롬 11:6) 택함 받았음을 강조한다. 바울의 이 명확한 표현은 남은 자의 구속이 "행위와 믿음"에 따라 이루어진다는 에스라4서의 표현(9.7-8, 13.23, 14.28-35)과 확연히 다르다. 둘째, 바울에게는 남은 자의 구원이 이야기의 끝이 **아니다**. 현재 이스라엘은 자기들이 구하고 있는 것을 얻지 못했다(롬 11:6). 그러나 하나님의 목적은 이 "걸림돌"을 넘어 회복에 이르고(롬 11:11-15), 부분을 넘어 전체에 이르는 것이다(11-12). "이방인의 충만한 수가 들어오기까지 이스라엘의 더러는 우둔하게 된 것이라, 그리하여 온 이스라엘이 구원을 받으리라"(롬 11:25-26). 에스라4서는 이스라엘을 향한 하나님의 사랑이 반드시(그리고 공정하게) 소수의 의인의 구원을 통해 이루어질 것이라고 보지만, 바울은 하나님이 "모든 사람을 순종하지 아니하는 가운데 가두어 두심은 모든 사람에게 긍휼을 베풀려 하심이라"(롬 11:32)는 역설적 계획을 찾아낸다. 에스라4서는 (우리엘의 음성으로) 공의가 죄와 자비의 타협을 조금도 용납하지 않을 때 하나님의 목적이 성취된다고 본다. 그러나 바울은 미래에 비상응적인 자비가 승리할 것이라고 상상한다(11:15-28).

이 주제와 관련된 대조점을 살펴보면, 에스라4서의 이스라엘에 대한 관심은 나머지 세상에는 소망이 없음을 함축하고 있다. 곧 "하나의 포도나무"는 하나님 앞에서 "아무것"도 아니며 "[내뱉는] 침과 같은"(6.56-57) "모든 민족들 가운데서" 택함 받았다(에스라4서 5.21-27). 기원후 70년 이후의 정황 속에서, 이 민족들은 이스라엘을 "지배하고" "집어삼키는" 존재로 간주된다(3.28-36, 6.57-59). 그러나 바울은 이스라엘의 미래에 이 "민족들"이 포함되는 것으로 보고 있다. 한 "감람나무"가 (강제적으로) 접붙여진 이방인을 포함한다(롬 11:17-24). 바울의 정황으로 작용하고 있는 것은 그의 성공적인 이방인 선교로(롬 10:9-18, 11:13-15), 이 이방인 선교의 성공은 이스라엘의 회복을 희생시키는 것이 아니라 이스라엘이 일어설 수 있는 수단이 되고 있다(롬 11:11-16). 이방인과 유대인 모두 하나님의 비상응적인 자비 속으로 포용된다(롬 9:24-26). 시온에서 온 메시아적 구속자의 임무(롬 11:26-27)는 포학한 민족들을 멸망시키는 것이 아니라 (참조. 에스라4서 11-13장) 이방인을 포함한 모든 불순종하는 자들에게 자비를 베풀어주시는 하나님의 목적 안에 이스라엘이 포함되도록 하는 것이다.

하나님의 은혜에 대한 필론의 해석은 바울의 해석과 유사점 및 차이점을 다양하게 보여준다.[7] 필론은 족장들을 비롯한 다수의 성서 인물들에게 임의로 분배되고 있는 것처럼 보이는 하나님의 은혜를 다루고 있는데, 우리는 그가 하나님의 은혜를 다루고 있는 방식을 하나의 전형으로 지적했다(*Leg.* 3.65-106. 위 6.3을 보라). 필론에 따르면 은혜의 임의적 분배에 대한 하나님의 근거를 수혜자의 이름에서 찾아볼 수 있다. 왜냐하면 이름은 성품을 나타내고, 하나님의 선물은 좋은 성품을 지니고 있거나 앞으로 지니게 될 사람들에게 적절히 주어지기 때문이다. 그래서 필론은 하나님(은혜 받을 만한 본성을 "형성하시는" 분)의 은혜의 우선성을 강조하는 동시에 선물과 수혜자 간의 상응성도 주장한다. 바울도 똑같은 족장 이야기에 관심을 갖고 있는데(롬 9:6-18), 이 이야기는 이스라엘의 정체성에 있어 근본적인 의미를 지니고 있다. 그리고 바울은 하나님의 판결이 심지어 출생 전에 이미 선언된다는 사실에 이끌린다(롬 9:11. 참조. 필론, *Leg.* 3.85-89). 필론과 같이 바울도 하나님의 택하심이 행위와 상관없이 주어진다고 결론짓는다. 그러나 필론과 달리 바울은 에서나 야곱의 "능력, 행위, 열정"에 대한 하

---

7   이 주제와 관련된 바울과 필론의 견해를 충분히 비교하고 있는 O. McFarland, "The God Who Gives: Philo and Paul in Comparison" (박사논문, Durham University, 2013)을 보라. 나는 이 주제에 관하여 두 편의 논문을 썼다. "'By the Grace of God I Am What I Am': Grace and Agency in Philo and Paul," in J. M. G. Barclay, S. J. Gathercole, eds, *Divine and Human Agency in Paul and His Cultural Environment* (London: T&T Clark, 2006), 140-57; "Grace within and beyond Reason: Philo and Paul in Dialogue," in P. Middleton, A. Paddison, K. Wenell, eds, *Paul, Grace, and Freedom: Essays in Honour of John K. Riches* (London: T&T Clark, 2009), 9-21.

나님의 예지에 호소하지 않고, 출생 전 그들의 성품에 형성된 덕이나 악덕의 흔적에 호소하지도 않는다. 바울의 강조점은 전적으로 그리고 필론의 관점에서는 위험스럽게, 하나님의 **불가해한** 주도권에 놓여 있다. 즉 바울은 상응하는 가치의 상태와 상관없이 하나님이 행하시는 선택과 예정에 강조점을 둔다(롬 9:11-12). 사실 바울은 하나님의 선택을 받을 만한 수많은 자격 기준을 배제한다. 출생(후손의 자연적 권리), 지위(상대적 "위대함"), 행동("행위")이 그런 기준이다. 필론은 본문을 검토할 때 "가치"의 흔적을 찾아내지만 바울은 반대로 신적 선택의 독자성 및 자율성을 찾아내어 제시했다. 따라서 바울은 이렇게 질문한다. "하나님께 불의(αδικία)가 있느냐(롬 9:14)?" 우리가 아래에서(17.2) 살펴보겠지만 바울의 대답은 하나님의 자비를 조절하는 유일한 요소가 하나님의 자비 그 자체임을 암시한다(롬 9:15-18).

필론과 비교해볼 때 여기서 눈에 띄는 것은 바울이 하나님의 자비와 그 수혜자들 사이의 어떠한 적합성도 추적하려 들지 않는다는 점이다. 비록 이를 통해 하나님을 자의적인 존재나 부당한 존재로 만드는 위험성이 있더라도 말이다. 또한 바울은 하나님이 해를 입히실 수 있다는 주장을 부정하는 데도 거의 관심을 보이지 않는다. 필론은 하나님의 "악의 창고"가 "봉인된"것(신 32:34에서처럼)을 증명하는 데 심혈을 기울였지만, 바울은 하나님을 "미워하시는 분" 그리고 "완악하게 하시는" 분으로 묘사할 때도 전혀 당황하지 않는다(롬 9:13, 17-18). 은혜의 다양한 극단적 속성들 가운데 바울의 일차적 관심사는 은혜의 **비상응성**이다. 바울은 은혜의 **단일성**을 극대화하는 데에는 거의 관심이 없다.

필론과 같이(그리고 에스라4서와 달리) 바울은 이방인을 이스라엘 "연방"(필론) 또는 "그 뿌리"에 추가하는 일에 열정을 보인다(롬 11:17-24). 로마서 9:6-18에서 확인되는 "부르심"은 "내 백성이 아닌" 자를 "내 백성"으로 전환시키는 과정에서(롬 9:25-26) "유대인과 이방인" 모두에게 적용된다(롬 9:24). 필론이 이방인 개종자를 진리로 넘어온 자로 환영한 이유는 그들이 이스라엘과 마찬가지로, 유일하고 불가시적인 우주의 창조자에 관한 보편적 진리를 인정했기 때문이다. 그러나 바울은 이스라엘이 그리스도에 대한 언급 없이 하나님에 관한 진리를 "볼 수 있다고"는 생각하지 않는다(롬 10:2-3). 바울은 유일하신 하나님(유대인과 이방인의 하나님. 참조. 롬 3:29)에 관해 말하면서, "주의 이름을 부르는 것"에 대한 요엘의 언급을 기독론적인 관점에서 재해석한다. 이 재해석에 의하면 "주의 이름을 부르는 것"은 믿음으로 고백된 "주 예수"를 몸으로 표현하는 것이 된다(롬 10:9-13). 따라서 이방인은 진리가 본성에 속하는 것으로 보지 않고 하나의 사건에 속하는 것으로 본다. 말하자면 하나님이 예수를 죽은 자 가운데서 살리시고 그를 "주"로 지명하신 사건에 진리가 속한다고 본다(롬 10:9. 참조. 1:3-4).

바울은 하나님의 은혜의 비상응성을 각별히 강조하는데, 이는 필론에게 충격을 주겠지만 쿰란 공동체 호다요트의 저자들에게는 충격을 주지 않을 것이다.[8] 앞서 보았듯이, 인간의 (물리적·사회적·도덕적) 무가치성을 하나님의 영광 및 의와 병치시키는 것은 호다요트의 한 가지 특징이다. 바울은, 확실히 호다요트와 똑같은 관점에서 인간의 무가치성을 다루고 있지는 않지만(참조. 롬 3:10-18, 5:12-21, 7:7-25), 호다요트와 똑같이 인간을 "육신"(9:8)과 "진흙"(9:20-21)으로 비유하고, 구원을 오로지 하나님의 긍휼에 귀속시킨다(참조. 롬 11:36). 심지어 바울의 대조적 문체조차도 호다요트의 찬송들을 연상시킨다. 호다요트의 저자들은 확실히 "그런즉 원하는 자로 말미암음도 아니요 달음박질하는 자로 말미암음도 아니요 오직 긍휼히 여기시는 하나님으로 말미암음이니라"(롬 9:16)는 바울의 발언을 지지했을 것이다.

---

8   최근에 바울과 호다요트를 비교한 다음의 자료들을 보라. J. Maston, *Divine and Human Agency in Second Temple Judaism and Paul* (Tübingen: Mohr Siebeck, 2010); N. A. Meyer, "Adam's Dust and Adam's Glory: Rethinking Anthropogony and Theology in the Hodayot and the Letters of Paul" (박사논문: McMaster University, 2013).

호다요트에서처럼 **오직** 하나님께만 구원의 능력을 귀속시킴으로써 바울은 인간의 운명을 하나님의 행동에서 찾는 신적 결정론으로 이끈다. 호다요트의 이중 예정에 따르면, 하나님은 의인과 악인을 다 창조하고, 의인에게는 "은혜의 때"를, 악인에게는 "살육의 때"를 준비하셨으며, "그리하여 모든 자가 하나님의 영광과 하나님의 크신 힘을 알게 하셨다"(1QHᵃ VII. 25-33). 마찬가지로 바울도 출애굽 사건을 빌려 하나님이 바로를 세우셨고, 그렇게 하심으로써 "너로 말미암아 내 능력을 보이고 내 이름이 온 땅에 전파되게 하셨다"(롬 9:17)고 말한다. 바울은 바로 자신의 행위를 언급하지 않고, 하나님이 자신이 하고자 하시는 자를 긍휼히 여기시는 것처럼, 자신이 하고자 하시는 자를 또 완악하게 하시는 것에 대하여 말한다(롬 9:18). 바울은 가능한 반론을 상정한 다음, 신적 행위에 대한 강력한 진술을 결코 수정하지 않은 채, 하나님께 책임을 돌리는 관념을 논박한다(롬 9:20). 그러나 결국 하나님이 "진노의 그릇"으로 무엇을 하실지는 여전히 불명확하게 남겨져 있다(롬 9:22). 특히 바울의 눈은 두 대립적인 운명의 결말을 보고 있는 것이 아니라, 이방인과 유대인의 부르심 가운데 하나님께서 나타내고 계시는 "자신의 영광의 부요함"을 보고 있는 것 같다.

사실 이 유사점 속에 구조적 차이가 들어 있다. 쿰란 공동체의 예정론은 우주적 계획에 대하여 명확히 설명하는데, 이 우주적 계획은 우주 설계의 일부로서 창조에 그 뿌리를 두고 있다. "쿰란 공동체 구성원"에게 주어진 하나님의 자비는 영원히 확립된 "선호"(רצון)의 한 표현이었다. 로마서 9-11장에서 바울 역시 하나님의 선택(ἐκλόγη, 9:11, 11:5, 28) 곧 "긍휼(자비)의 그릇"에 대한 하나님의 "목적"(πρόθεσις, 9:11)과 "예비하심"(προετοιμάζω)에 관해 말한다(9:23. 참조. 8:29-30). 그러나 여기서 선택은 본성의 구조에서 비롯되지도 않고 우주의 분할이나 변경과 결부되어 있는 것도 아니다. 오히려 하나님의 목적은 현세에서 현실화되는 우주의 분열 및 변화에 맞춰 조정된다. 바울은 당대에 경험한 그리스도-사건과 이방인 선교를 통해 하나님의 계획의 핵심 원동력은 본성에 의해 구성되는 것이 아니라 한 사건에 의해 구성되며, 또 원초적인 우주적 계획에 의해 구성되는 것이 아니라 복음의 세계적 전파를 통해 나타난 하나님의 "영광"의 시행으로 구성된다고 확신했다(참조. 롬 10:14-21). 하나님이 유대인과 이방인을 부르시는 것은 하나님의 약속이 확실히 실현되었음을 의미한다(롬 9:8). 하지만 바울이 신학적으로 추리하는 방향은 영원한 과거로부터 현재로 나아가는 것이 아니라 현재로부터 현재를 예견한 과거로 나아가는 것이고, 또 그 예견의 완성을 향해 나아가는 것이다. 로마서 9:30-10:21은 그 앞선 장들과 마찬가지로 다음의 내용을 지시한다. 즉 바울에게 있어서 현재의 결정적인 순간이 그리스도 사건이라는 것이다. 좀 더 구체적으로 말해, 현재의 결정적인 순간이 그리스도의 죽음 및 부활, 그리고 전 세계에 걸친 그리스도의 죽음 및 부활의 선포라는 것이다.

솔로몬의 지혜서와 같이 바울도 로마서 9-11장에서 세상의 의와 지식이 역설로 가득 차 있다고 말한다(롬 9:30-10:21).[9] 솔로몬의 지혜서는 독자에게 공의로운 도덕 질서를 보장하는데, 여기서 공의로운 도덕 질서는 일종의 지혜로서, 이 지혜의 의로운 지배는 자연에 스며 있고 역사를 지배하며 합당한 자에게는 상을, 합당하지 못한 자에게는 벌을 준다. 바울도 모든 인류(유대인과 비유대인, 10:12)를 포용하는 실재에 관해 말하는데, 이 실재를 알려주는 것이 온 세상에 널리 퍼져 있다(10:18). 그러나 바울의 관심의 초점은 그리스도 사건을 통해 일어난 역사를 **재편성하는 것**이다. 솔로몬의 지혜서는 이스라엘이 하나님에 관한 지식을 갖고 있음을 확신하지만(솔로몬의 지혜서 15:1-4), 바울은 이스라엘이 그리스도의 생애, 죽음, 부활로 시행된 하나님의 의를 알 때까지는 그리고 그 의를 알지 못하는

---

9   최근에 폭넓은 비교를 시도한 J. A. Linebaugh, *God, Grace, and Righteousness in Wisdom of Solomon and Paul's Letter to the Romans: Texts in Conversation* (Leiden: Brill, 2013)을 보라.

한, "하나님을 아는" 것이 아니라고 본다(롬 10:5-13. 참조. 3:21-31). 여기서 하나님의 의는 그리스도(롬 10:4)와 믿음(롬 10:6, 10)을 가리키는 것으로 다시 정의된다. 율법의 접근 가능성에 관한 중요 성서 본문(신 30:12-14)은 철저히 재해석되어 그리스도를 추정된 탐구의 대상으로 삼고 있으며(롬 10:6-7), 가까이 있는 "말씀"은 곧 선포되는 "믿음의 말씀"을 의미한다(롬 10:8). 심지어는 '퀴리오스'라는 호칭도 "주 예수"라는 언급으로 새롭게 정의된다(롬 10:9). 바울은 물려받은 자신의 전통을 재구성한다. 다시 말해 그는 솔로몬의 지혜서와 공유하고 있는 것을 기독론적 관점에서 재구성한다.

솔로몬의 지혜서와 같이 바울의 관점도 보편적이고 포괄적이지만, 이 둘은 매우 다른 근거를 가지고 있다. 솔로몬의 지혜서는 규칙적인 우주 질서 곧 만물이 따르는 기존 실재의 보편적 진리에 의존한다. 바울은 한 사건에 의존한다. 즉 모든 사람에게 전파되는 예수의 부활과 예수의 "주"로서의 지위에 의존한다(롬 10:12). 이 사건은 민족적 가치나 다른 어떤 가치와 상관없이 주어진, 무조건적인 "부"의 선물로서(롬 10:12) 유대인과 이방인을 "차별 없이"(롬 10:12) 포함한다. 호다요트와 『성서고대사』의 자비의 구성과 견줄 만한 이 선물의 비상응성은 하나님의 세상 통치에 균형이 있음을 보여주려는 솔로몬의 지혜서의 관심과 대조된다. 바울의 시나리오에서는 의를 추구하지 않은 이방인이 의를 얻었으나(롬 9:30) 율법을 추구한 이스라엘은 무지하고 불순종하는 자로 판명된다(롬 9:31, 10:3, 21). 하나님은 하나님을 찾는 자에게 찾아지지 않고(참조. 솔로몬의 지혜서 6:11-13) 하나님을 찾지 않는 자에게 찾아진다(롬 10:20). 이사야서 65장을 인용하여 바울은 이스라엘을 불순종하고 완고한 민족으로 제시하는데(롬 10:21), 이때 이스라엘은 솔로몬의 지혜서가 말하는 징계는 받으나 의로운 하나님의 자녀와는 전혀 다르다. 따라서 이스라엘이 결정적으로 구원을 받는다면 그것은 의인이나 경건한 자의 자격으로 구원을 받는 것이 아니라 (역설적으로) 불순종하는 자의 자격으로 구원을 받게 될 것이다(롬 11:25-

32). 바울은 솔로몬의 지혜서에서 구조화된 도덕적 우주 대신 하나의 실마리, 곧 하나님의 자비에 모든 소망을 걸어 놓은 것처럼 보인다.

이스라엘의 미래를 끈질기게 소망하면서 그리고 이와 관련하여 하나님의 자비를 강조하면서, 로마서 9-11장은 그 내용에 있어 특히 『성서고대사』의 신학과 가깝다. 앞에서 확인한 것처럼, 위(僞)필론은 죄를 지음-하나님이 처벌을 통해 버리심-하나님이 자비로 회복하심으로 이어지는 반복 패턴을 제시한다. 달리 말해, 이스라엘의 거듭된 불순종에도 불구하고 하나님의 언약의 약속은 취소할 수 없고, 하나님의 수고는 "헛된" 것이 될 수 없다. 그런데 바울도 일종의 패턴 요소들을 발견한다. 곧 엘리야 시대와 바울 시대 사이에 유사점이 있다는 것이다(롬 11:5-6). 성서는 현재의 완고함과 똑같은 완고함을 선언한다(롬 11:8-10). 『성서고대사』와 같이 바울도 궁극적으로 하나님께서 긍휼을 베풀어주실 것을 확신하고, 그 확신이 "언약"(롬 11:27), "족장"(11:28), "선택"(11:5, 28)에 의존하는 것을 지지한다. "하나님의 은사와 부르심에는 후회하심이 없느니라"(롬 11:29)라는 표현은 『성서고대사』에서 유래했을 수도 있다. 『성서고대사』의 "포도나무"와 유사하게, 바울은 "감람나무"를 역사 속에서 하나님이 행하신 일을 가리키는 핵심 은유로 사용한다(롬 11:17-24).

『성서고대사』에서, 포도나무인 이스라엘은 다른 민족들과 구별되는데, 이 다른 민족들은 하나님 앞에서 보잘것없는 가치를 지닌 존재로 간주된다("주전자에서 떨어지는 한 방울의 물과 같이…[뱉어낸] 침으로 간주되었다", 『성서고대사』 7.3-4, 12.4). 그러나 바울이 사용하는 이와 유사한 은유는, 비록 희망이 원가지들에게 남아 있지만, "돌감람나무"인 비유대인들이 수분이 많은 원 감람나무의 줄기에 접붙임되는 과정을 언급한다(롬 11:17-24). 확실히 바울의 이방인 선교는 이 신적 계획의 핵심 요소를 구성한다. 이스라엘의 죄는 이방인을 구원하는 도구가 되어, 세상을 풍성하게 만든다(롬 11:11-12). 반면에 바울의 이방인 선교는 유대인을 시기 나게 함으로써 유대인을 구원하는 도구가 된다(롬 11:11, 14). 따라서 이스라엘의 미래에 관한 바울의 관점에는 이방인의 "충만한 수"의 구원이 포함되어 있다(롬 11:25). 하나님이 이스라엘에 베풀어주시는 자비는 하나님이 민족들에게 베풀어주시는 긍휼을 통해 일어난다(롬 11:28-32). 따라서 여기서 바울의 이스라엘에 대한 소망은 위(僞)필론의 신학에서 중심 역할을 하고 있는 땅에 관한 약속으로부터 나온다.

『성서고대사』에서는 이스라엘이 피조물의 목적을 이루는 데 반드시 필요하고, 하나님의 긍휼의 기능은 이 계획 속에서 이스라엘이 차지하고 있는 적절한 위치를 **회복시키는** 것이다. 족장들의 부르심에 대한 바울의 해석(롬 9:6-13)은 이와 미묘한 차이가 있다. 곧 하나님의 자비는 이스라엘 역사의 원천으로서 그 근원과 뿌리까지 내려간다. 이 점에서 바울에게 하나님의 자비는 회복의 자비일 뿐만 아니라 **창조의** 자비이기도 하다. 자비는 "화목"과 "죽은 자 가운데서 생명"을 창조함으로써 다른 것으로는 불가능한 것을 만들어낸다(롬 11:15). 『성서고대사』에서처럼 하나님의 자비는 그 자비의 수혜자의 가치와 일치하지 않고 상응하지도 않는다. 로마서 9-11장은 하나님의 자비가 비상응적이어야 하는데, 이는 오직 그것이 (보편적 불순종에도 불구하고) 그래야 할 뿐만 아니라 이스라엘이 형성될 때에도 그랬고 이방인과 유대인의 구원에서도 여전히 그래야 할 것이기 때문이라는 점을 암시한다.

이상의 다섯 문헌과의 비교가 암시하듯이, 바울은 이스라엘과 세상을 향한 하나님의 자비와 관련된 수많은 유대교적 대화에 참여한다. 이때 바울의 주제, 질문 그리고 다양한 답변은 다른 제2성전 시대 유대인들의 그것들과 매우 유사하다. 바울이 당시의 다른 어떤 유대인보다 **더** 은혜를 강조한다고 말하는 것은 별 의미가 없을 것이다. 하지만 바울의 견해가 앞에서 다룬 다른 저자들의 견해와 동일하지 않다는 것은, 그들 사이에 불일치가 있는 것으로 보아 분명하다. 만약 바울의 목소리가 일관되게 구별된다면, 그 차이는 그리스도-사건 및 이방인 선교와 관련이 있고, 이 둘이 하나님의 비상응적인 자비와 맺고 있는 관계와도 관련이 있다. 적어도 이

것이 로마서 9-11장에 기반을 두고 우리가 급히 비교해본 연구에서 받게 되는 인상이다. 여기서 우리의 과제는 갈라디아서와 로마서를 더 완벽하게 해석하고 바울의 은혜 신학을 더 깊이 분석하는 것이다. 은혜를 해석할 수 있는 다양한 방법들—은혜의 다양한 속성들, 제2성전 시대 유대교에 의한 은혜의 다채로운 전개, 바울의 수용사 속에서 특히 일부 속성들에게 주어진 중요성—이 있다는 점을 염두에 두고, 이제 바울이 은혜 주제를 어떤 맥락에서 그리고 어떤 목적을 갖고 극대화하는지, 극대화한다면 어떻게 극대화하는지를 묻기 위하여 바울의 핵심 본문들을 새롭게 해석해보자. 하지만 시야를 좁혀 하나의 관점에 초점을 맞추게 되면, 분명히 매우 제한된 결과를 낳게 될 것이다. 그리고 바울 신학을 능숙하게 이해하려면, 우리는 로마서와 갈라디아서, 이 두 서신을 전체적으로 연구해야 한다. "은혜"의 의미에 관한 선입견들을 경계할 때, 그리고 샌더스와 그 이후 학자들의 논쟁을 통해 제공된 분석 조건들에서 벗어날 때, 우리는 비로소 다음의 질문을 새롭게 던짐으로써 바울 서신에 접근할 수 있게 된다. **"바울이 말한 은혜는 어떤 의미였는가?"**

PAUL AND THE GIFT

III부

갈라디아서:
그리스도—선물과 가치의 재조정

제11장

갈라디아서 구성하기

11.1. 갈라디아서에 나타난 선물

바울의 논쟁 편지인 갈라디아서는 선물 언어로 가득 차 있다. 편지 양식에 따라 첫 인사말이 "은혜"(χάρις)라는 말과 함께 시작된다. "우리 하나님 아버지와 주 예수 그리스도로부터 은혜와 평강이 있기를 원하노라"(χάρις ὑμῖν καὶ εἰρήνη ἀπὸ θεοῦ πατρὸς ἡμῶν καὶ κυρίου Ἰησοῦ Χριστοῦ, 1:3). 끝 인사는 이와 어울리는 축복 기도로 끝난다. "형제들아, 우리 주 예수 그리스도의 은혜가 너희 심령에 있을지어다"(ἡ χάρις τοῦ κυρίου ἡμῶν Ἰησοῦ Χριστοῦ μετὰ τοῦ πνεύματος ὑμῶν, ἀδελφοί, 6:18). 바울은 이런 식으로 갈라디아서의 처음과 끝을 묶음으로써, 갈라디아서의 내용을 하나님(그리고 그리스도)께서 갈라디아 교회 교인들에게 주시는 은혜의 역사 속에 둔다. 곧 갈라디아서의 모든 주장과 호소는 편지의 수신자에게 하나님의 은혜에 관해 알려줄 뿐만 아니라 그 주장과 호소를 은혜의 변혁적 역동성 안에 놓으려는 의도를 갖고 있다.[1] 첫 인사말은 이 "은혜"(χάρις)를 예수께서 자기 자신을 바치신 행위(τοῦ δόντος ἑαυτὸν ὑπὲρ τῶν ἁμαρτιῶν ἡμῶν, "우리 죄를 대속하기 위하여 자기 몸을 주셨으니", 1:4)와 동일시하고 있는데, 이 말("우리 죄를…주셨으니")은 초기 기독교 전승에서 유래된 어구로 보이지만 바울에게는 매우 중요했을 것이다. 바울은 나중에 이 말을 각색하여 "나를 사랑하사 나를 위하

---

1   이 점에서 갈라디아서는 전형적인 바울 서신의 형태를 지니고 있다(예. 고전 1:3; 16:23; 빌 1:2; 4:23; 몬 1:3, 25를 참조하라). 그럼에도 불구하고 이러한 현상은 특이하고 고대 저술가들 가운데 바울만의 유일한 특징이다. 1:3의 인사 형식에 관해서는 아래 12.1을 보라. 복음-사건으로서의 갈라디아서(구두 낭송을 포함한)에 관해서는 J. L. Martyn, *Galatians: A New Translation with Introduction and Commentary*, Anchor Bible 33 A (New York: Doubleday, 1997), 23을 보라.

여 자기 자신을 버리신 하나님의 아들"(τοῦ ἀγαπήσαντός με καὶ παραδόντος ἑαυτὸν ὑπὲρ ἐμοῦ, 2:20)이라고 말한다. 이처럼 그리스도께서 자기 자신을 주시는 것 곧 "그리스도-선물"은 하나의 사건(부정과거 시제에 주목하라)이고, 여기서는 특별히 죽음으로 자기를 수여하신 것을 가리킨다. 바울은 갈라디아서 2:20의 진술 뒤에 직접 다음과 같이 덧붙인다. "내가 하나님의 은혜를 폐하지 아니하노니(οὐκ ἀθετῶ τὴν χάριν τοῦ θεοῦ) 만일 의롭게 되는 것이 율법으로 말미암으면 그리스도께서 헛되이 죽으셨느니라"(2:21).[2] 여기서 하나님의 은혜와 동일시되고 있는(또는 하나님의 은혜로 간주되고 있는) 자기를 주신 그리스도의 죽음은 다른 의 곧 "율법으로 말미암는 의"를 배제한다. 바울이 갈라디아 교회 교인들에게 할례를 받지 말라고 촉구할 때도 동일한 대립 구조가 나타나는데, 이는 할례에는 율법 전체에 대한 헌신이 수반되기 때문이다. "율법 안에서 의롭다 함을 얻으려 하는 너희는 그리스도에게서 끊어지고 은혜에서 떨어진 자로다"(κατηργήθητε ἀπὸ Χριστοῦ οἵτινες ἐν νόμῳ δικαιοῦσθε, τῆς χάριτος ἐξεπέσατε, 5:4). "그리스도"와 "은혜"(그리스어에서 이 두 단어는 유음으로 서로 연계됨: Χριστός와 χάρις)는 수사적으로 그리고 논리적으로 융합되어 있다. 따라서 둘 중 어느 하나를 잃으면 다른 하나도 잃게 된다.[3] 이 둘은 결합되어 "율법의 의/칭의"를 배제하고, 그렇게 갈라디아서의 중심 대립 가운데 하나가 제시된다.

선물 언어는 신자의 경험을 묘사할 때에도 두드러지게 등장한다.

---

2   "헛되이"(δωρεάν)는 선물 영역에 속한 또 하나의 용어다. 이 부사는 선물이 답례를 보증할 수 없고, 그래서 "아무 효력이 없는 것"으로 규정될 수 있다는 인지로부터 그 의미를 발전시켰다. 만약 갈라디아 교회 성도들이 이런 의미에서 하나님의 선물의 변혁적 효력을 거부함으로써 하나님의 선물을 "헛된"(δωρεάν) 것으로 만들었다면, 이는 하나님의 선물을 조롱하는 것이 되고 말 것이다. 바울이 일반적으로 이 부사를 보다 더 단순하게 "선물로서"라는 의미로 사용하고 있는 것에 대해서는 롬 3:24; 고후 11:7을 보라.

3   두 단어의 유음 현상은 5:4의 측면 구절들 사이에서 교차되고 있는 대구 관계를 창출한다. "너희는 그리스도에게서 끊어지고…은혜에서 떨어진 자로다"(κατηργήθητε ἀπὸ Χριστοῦ…τῆς χάριτος ἐξεπέσατε).

바울은 "그리스도의 은혜로 너희를 부르신"(τοῦ καλέσαντος ὑμᾶς ἐν χάριτι Χριστοῦ, 1:6) 이를 떠난 것에 대하여 갈라디아 교회 교인들을 꾸짖는다.[4] 바울은 몇 구절 뒤에서 하나님이 태어나기 전에 나를 택정하고 "그의 은혜로 나를 부르신"(καλέσας διὰ τῆς χάριτος αὐτοῦ, 1:15) 자신의 경험을 직접 묘사한다. 두 경우에 그들과 그의 "부르심"(곧 이방인 및 유대인의 부르심)은 그리스도에 관한 선포나 계시 속에 들어 있는 신적 선물 또는 은혜의 행위다. 신자들은 약속된 성령(3:14)을 받게 되는데(ἵνα...δοθῇ τοῖς πιστεύουσιν, 3:22), 이는 이전에 약속을 통해 아브라함에게 선물로 주어진 그 유업의 시작을 의미한다(τῷ Αβραὰμ δι' ἐπαγγελίας κεχάρισται ὁ θεός, 3:18). 반면에 율법은 "선물로 받은 것"이 아니라 [범법함으로] "더하여진 것"으로 묘사된다(3:19).[5] 마지막으로 바울은 "자비"(ἔλεος)라는 말을 고립된 용어로 사용하면서 "자비"가 "하나님의 이스라엘"에게 임하기를 바란다(6:16). 이 본문의 해석은 여전히 뜨거운 논쟁으로 남아 있다(아래 13.3.3을 보라). 따라서 갈라디아서에서 신적 자비를 가리키는 주요 어휘는 "선물" 혹은 "호의"를 뜻하는 일반적인 그리스어 용어인데, 6:16의 성서적으로 공명이 있는 표현은 유일한 예외가 된다.[6]

---

4   어떤 사본들(P[46vid], G, H[vid] 그리고 일부 서방 교부들)에는 τοῦ Χριστοῦ라는 말이 빠져 있는데, 아마 필사자가 1:16의 말과 맞추기 위해 생략했을 것이다. 보다 더 강력한 외적 증거는 "그리스도 안에서 행해진"을 의미하는 또는 (동격으로) "곧 그리스도"라는 표현을 의미하는 이 소유격의 포함관계를 지지한다. M. C. de Boer, *Galatians: A Commentary*, New Testament Library (Louisville: Westminster John Knox Press, 2011), 96-97을 보라.

5   3:21에서 바울은 다음과 같은 가설적인 시나리오를 생각한다. "만일 능히 살게 하는 율법을 주셨더라면"(εἰ γὰρ ἐδόθη νόμος ὁ δυνάμενος ζῳοποιῆσαι), 의는 율법을 통해 왔을 것이다. 그러나 이것은 사실이 아니었고, 따라서 "선물"은 오직 "약속" 및 "믿음"과 결합되어 있다(3:21의 ἐδόθη가 3:22의 δοθῇ와 짝을 이룬다). 갈라디아서에 관한 한, 주목받고 있는 유일한 신적 혜택들은 1) 그리스도-사건에서 성취된 아브라함에게 주어진 약속과 2) 성령의 역사 가운데 임하는 그 사건의 변혁적 효력이다.

6   이 책의 부록에서 선물에 관한 사전적 정의를 보라.

하나님의 선물의 기독론적 특성은 갈라디아서 첫 문장에서부터 분명히 드러난다. 바울은 갈라디아서 전체에 걸쳐 유대 전통을 재구성하고, 갈라디아서의 중심 장들은 구약 본문의 인용과 인유로 가득 차 있다. 그러나 바울은 유대교에서 칭송하고 있는 신적 자비를 그리스도-사건의 프리즘을 통해 해석한다. 바울은 이 주제 곧 우리가 "그리스도-선물"로 부를 수 있는 것을 어떻게 사용하고 있으며, 이는 갈라디아서의 논리에서 어떤 역할을 하는가? 바울은 우리가 확인한 방식으로(2장을 보라) 은혜를 "극대화"하는가? 만약 그렇다면, 어떻게 그리고 왜 극대화하는가? 2:21과 5:4에 나타나 있는 "은혜"와 "율법으로 말미암은 의/율법 안에 있는 의", 이 둘 사이의 양극성은 갈라디아서의 구조 원리를 나타내는가? 만약 그렇다면, 이는 무엇을 의미하는가? 만약 바울이 "은혜"를 자기 자신에 대한 부르심 및 이방인에 대한 부르심과 연계시킨다면, 이는 그가 분명히 비방을 받으면서까지 이방인 선교를 행하고, 율법이 아닌 "그리스도의 법"을 성취하는(6:2) 공동체를 구성하고 있는 이유를 설명해줄 수 있을까?

이어지는 장들(12-14장)은 크든 작든 갈라디아서의 주장을 연쇄 관계에 따라 새롭게 이해함으로써 이 질문들에 대한 답변을 제시한다. 물론 이 분야는 주석 논쟁으로 논란이 뜨겁고 혼란스럽다. 여기서는 그 중에 몇 가지만 다룰 것이다. 먼저 무대를 설치하려면 갈라디아 교회에서 바울이 겪은 갈등의 본질을 파악해야 한다(11.2). 이어서 바울의 갈등을 지배하는 양극성 곧 갈라디아서를 어떻게 읽든 해석에 결정적인 역할을 하는 대립 구조들을 살펴보아야 한다(11.3). 그리고 마지막으로 네 가지 중대한 갈라디아서 해석(루터, 던, 마틴, 칼의 해석)을 살펴보는 것으로 11장을 마칠 것이다(11.4). 이 네 견해의 차이는 바울의 은혜 신학의 의미와 효력에 관한 우리의 질문을 날카롭게 다듬고 심화시키는 데 도움을 준다.

11.2. 갈라디아 교회의 갈등

바울은 갈라디아 교회 교인들(그들은 원래 갖고 있던 것과 다른 "복음"을 받아들였다[1:6])에게 편지를 쓰는데, 이때 그는 그들과 멀리 떨어져 있음으로 인해 좌절과 낙심 가운데 빠져 있다(4:20). 여기서 우리가 얻는 정보의 원천은 이 격정적인 편지 곧 갈라디아서에 담긴 내용이 유일한데, 이로 인해 우리는 갈라디아 교회의 상황을 상세히 알지 못할 뿐만 아니라 알 수도 없는 상태에 있다. 그럼에도 불구하고 우리는 부분적인 재구성에 필요한 단서들을 충분히 갖고 있다.[7] 주로 비유대교 배경을 가진 갈라디아 교회 신자들(4:8)은 유대교 문화 전통의 핵심 요소들, 그중에서도 특히 (남자에게 행해지는) 할례(5:2-6, 6:12-13. 참조. 5:12)를 행하도록 종용받고 있다.[8] 바울은 그들에게 이 종용이 갖고 있는 함의에 관해 경고한다. 곧 할례의 종용은 율법 전체를 준수할 의무를 지우는 것이다(5:3). 그러나 그들 가운데 많은 이가 율법 준수를 원하는 것으로 보인다(4:21).[9] 이러한 경향을 일반적인 용어로 명명하면서, 바울은 "율법 안에서 의로운 자들로 간주되는" 사람들에 관해 말하고 있는데(5:4), 이는 율법이 하나님의 가치 기준을 정의

7　"거울-읽기"의 문제점과 가능성에 대해 J. M. G. Barclay, "Mirror-Reading a Polemical Letter: Galatians as a Test Case," *JSNT* 31 (1987), 73-93을 보라. 참조. J. L. Sumney, *Identifying Paul's Opponents: The Question of Method in 2 Corinthians* (Sheffield: JSOT Press, 1990); 동일 저자, "*Servants of Satan*," "*False Brothers*," *and Other Opponents of Paul* (Sheffield: Sheffield Academic Press, 1999). 현재 대다수 학자들은 우리가 이어서 재구성하는 갈라디아 교회의 갈등을 대체로 지지하지만, 갈라디아서의 내용은 종종 애매하다(예. 예루살렘 교회와의 관계 등). 많은 학자들이 가장 확실한 증거로부터 벗어나 지극히 사변적인 결론을 이끌어내려는 유혹을 받고 있다.

8　J. M. G. Barclay, *Obeying the Truth: A Study of Paul's Ethics in Galatians* (Edinburgh: T&T Clark, 1988), 45-60과 추가 문헌을 보라.

9　5:3과 6:13과 같은 애매한 본문 때문에 어떤 학자는 이 재구성에 이의를 제기했으나, 율법의 규범적 권위에 반대하는 바울의 일관된 논증은 이 재구성을 옹호하는 강력한 증거다. Barclay, *Obeying the Truth*, 60-72를 보라.

한다는 그들의 평가를 의미한다(아래 12.5를 보라). 4:10("너희가 날과 달과 절기와 해를 삼가 지키니")은 어떤 이들이 자연의 구조와 일치하는 율법을 수용하면서 유대교의 달력을 지키는 경향이 있음을 암시한다.[10]

이러한 추세는 바울이 "너희를 교란하는 자"로 부르고 있는(1:7. 참조. 5:10) 사람들의 영향을 받는다(그들이 "억지로 하게 한" 것이다, 6:12). 그들이 바울을 어떻게 보았는지는 분명하지 않다. 그들은 바울의 시각에서만 그의 "반대자"였던 것일 수 있다.[11] 갈라디아 교회에 있는 이 다른 선교사들 역시 그리스도를 믿는 사람들이었다는 징후가 있다. 바울은 그들의 메시지를 "다른 복음"(ἕτερον εὐαγγέλιον, 1:6)이라고 부른다. 이 다른 선교사들이 최소한 그리스도에 관해 말하지 않았다면 바울은 "다른 복음"이라는 이 표현을 사용하지 않았을 것이다. 게다가 바울이 유대인 신자들과 벌인 토론 및 논쟁이 2:1-14에 언급되어 있는 것은 아마 그 토론과 논쟁이 갈라디아 교회에서 벌어진 토론 및 논쟁과 유사하기 때문일 것이다(2:5를

---

10   4:10에서 사용된 용어는 (골 2:16과 대조해볼 때) 구체적이지 않고, 어느 종교력에나 거의 모두 적용시킬 수 있는 것이다. J. Hardin, *Galatians and the Imperial Cult*, WUNT 2.237 (Tübingen: Mohr Siebeck, 2008), 116-147은 (T. Witulski, *Die Adressanten der Galaterbriefes: Untersuchungen Zur Gemeinde von Antiochia ad Pisidiam* [Göttingen: Vandenhoeck & Ruprecht, 2000]을 따라) "황제 숭배" 종교력에 대한 인유를 발견한다. 그러나 이 일반적 용어는 분명 황제 숭배의 종교력을 지시하지 않으며, 바울의 수사적 비난에 어울리도록 고안된 것 같다. 곧 갈라디아 교회 성도들은 유대 종교력을 취함으로써, 이전에 이방인이었을 때 자기들이 따랐던 것과 같은 역법의 규례를 복원시키고 있다는 것이다. 따라서 그들은 "우주의 요소들"에 "종노릇"하는 것으로 되돌아가고 있다 (4:8-9). M. C. de Boer, "The Meaning of the Phrase τὰ e τὰ e τὰ στοιχεῖα τοῦ κόσμου in Galatians in Galatians," *NTS* 53 (2007): 204-224를 보라.

11   이 문제는 갈 1-2장에 기록된 바울의 내러티브가 어감상 어느 정도까지 변증적으로 이해되는가에 달려 있다. 바울은 자신의 이야기를 다르게 해석하는 것을 분명히 반박한다(1:20). 하지만 그 해석이 바울에게 적대적이었는지는 분명하지 않다. 명칭 문제에 관해서는 M. D. Nanos, *The Irony of Galatians: Paul's Letter in First-Century Context* (Minneapolis: Fortress, 2002), 115-31을 보라. 여기서 나노스는 "영향력을 행사하는 자들"(influencers)이라는 중립적 용어를 사용한다. 마틴(*Galatians*)은 이와 다르면서도 부담스럽지 않은 "그 선생들"(the Teachers)이라는 용어를 대중화했다.

보라).[12] 이 다른 선교사들이 예루살렘 교회 출신인지 또는 예루살렘 교회의 영향을 받았는지는 불확실하다. 그들을 안디옥에서 바울을 따른 자들로(2:11-14), 또는 유대교 출신의 지역 신자들로, 또는 새로 할례를 받은 자들로(6:13) 보는 것은 모두 가능하다.[13] 여기서 우리의 목적에 비추어 가장 중요한 것은 그들이 그리스도-사건이 왜 율법의 권위를 감소시키거나 상대화하는지 그 이유를 알지 못했다는 것이다. 만약 그들 역시 아브라함에게 호소했다면, 아브라함은 그들에게 본보기가 될 수 있었을 것이다. 필론(위 6.4를 보라)이 우상숭배에서 경건으로, 악덕에서 덕으로 "이동"한 것처럼 말이다(이는 나중에 모세 율법에 기록된다). 이 관점에 따르면, 유일하신 참 하나님을 경배하는 자로 이미 개종한 이방인이 아브라함이 가진 할례

---

12 나노스는 "유력한 자들"이 그 지역의 믿지 않는 유대인들이었다고 주장하고, 그래서 갈 1-2장의 내러티브가 갈라디아 교회의 상황과 별다른 유사점을 갖고 있지 않다고 판단했다. Nanos, *Irony of Galatians*, 62-72. 2:5에 관해서는 147-52를 보라. 나노스의 주장처럼 바울이 언급하는 "다른 복음"(1:6) 속에는 아이러니가 들어 있다. 하지만 "복음"(εὐαγγέλιον)은 나노스의 재구성에 내포되어 있는 것처럼(*Irony of Galatians*, 11, 51-53, 141-42), 단순히 "좋은 소식"을 가리키는 것이 아니라 소식의 선포를 가리킨다. 그리스도의 복음을 "변하게 하려는"(μεταστρέψαι) 시도는 마치 어떤 공통된 기독교의 전제들로부터 시작된 것처럼 보인다(이는 Nanos, *Irony of Galatians*, 52-59, 285-316의 주장과 대조된다).

13 6:13의 현재분사(수동태 또는 중간태)인 οἱ περιτεμνόμενοι 때문에 어떤 학자들은 갈라디아 교회에서 할례 운동을 주도했던 지도자들이 새로 할례를 받은 자들이었다고 결론 내렸다. J. Munck, *Paul and the Salvation of Mankind*, trans. F. Clarke (London: SCM, 1959), 87-89. 현재 이런 주장은 Nanos, *Irony of Galatians*, 234-42, 277-82에서 되살아났다. 그러나 이에 대한 증거는 극히 불분명하다. 왜냐하면 본문의 불확실성 외에도 이 분사를 해석하는 방식과, 이 절이 이 분사의 앞뒤 절들과 맺고 있는 관계를 해석하는 방식이 다양하기 때문이다. 상세한 설명은 Barclay, *Obeying the Truth*, 42-43을 보라. 갈라디아 교회에 등장한 선교사들과 예루살렘 교회와의 관련성은 F. C. 바우어의 초기 기독교 해석에 있어서 근본적인 역할을 했고, 마틴(*Galatians*), F. 왓슨(*Paul, Judaism, and the Gentiles: Beyond the New Perspective* [Grand Rapids: Eerdmans, 2007]), 그리고 다른 많은 학자들이 갈라디아 교회의 갈등을 재구성할 때도 중심적인 역할을 담당했다. 그러나 바울은 그들의 정체성에 대해 상당히 불확실하게 묘사하고 있으며(3:1; 5:10), 우리가 예상할 수 있을 만한 예루살렘 교회와의 지리적 또는 개인적 관련성도 언급하고 있지 않다. 하딘은 그들이 갈라디아 지역 출신임을 주장한다(*Imperial Cult*, 92-94).

의 표를 채택하고 아브라함-모세 언약에 필수적인 순종, 곧 하나님의 명령에 순종했던 데는 충분한 이유가 있었다.[14] 그리스도-사건은 언약의 정점을 이루었다. 다시 말해 세상을 구속하려는 하나님의 계획의 마지막 장을 구성했다. 갈라디아 교회 개종자들의 시작은 좋았다. 그러나 그들의 개종은 완전치 못했다(3:3).[15]

갈라디아의 사회적·문화적 정황에서 이 논쟁을 제기하려는 시도는 문제의 "갈라디아"에 관한 불확실성으로 인해, 그리고 갈라디아 교회의 개종자와 그들의 사회적·종교적 정황에 관한 증거의 부족으로 인해 제한을 받게 된다. 최근의 몇몇 독자 관련 해석들은 갈라디아의 정황에 호소함으로써 이 선교사들의 설득이 갖고 있는 매력을 설명하고자 노력했다.[16] 유대교 "체계"의 고대성, 사회적 인정, 포괄성은 확실히 그들의 메시지에 중요성을 부여했을 것이다.[17] 황제에게 주어진 종교적 명예가 그 위기 속

---

14   갈라디아 교회의 갈등 속에서 아브라함이 갖는 중요성에 대해서는 다음의 연구들을 보라. Barclay, *Obeying the Truth*, 52-55; G. W. Hansen, *Abraham in Galatians: Epistolary and Rhetorical Contexts* (Sheffield: Sheffield Academic Press, 1989); N. Calvert-Koyzis, *Paul, Monotheism, and the People of God: The Significance of Abraham Traditions for Early Judaism and Christianity* (London: T&T Clark, 2004).

15   따라서 갈라디아서에 나타난 논쟁들은 부분적으로 이자테스의 할례와 관련하여 아디아베네 법정에서 벌어진 분쟁과 유사한 측면이 있다. Josephus, *Ant.* 20.17-96; 참조. Barclay, *Obeying the Truth*, 55-56. 프레드릭센은 종말에 이방인에게 할례나 율법 준수를 명하지 않으면서 그들을 구원에 포함시킬 수 있는 근거로 성서 전통들에 호소한다. P. Fredriksen, "Judaism, the Circumcision of Gentiles, and Apocalyptic Hope Another Look at Galatians 1-2," *JTS* 42 (1991), 532-64. 그러나 프레드릭센은 갈라디아에서 바울의 경쟁자들이 왜 이런 요구를 해야 했는지, 그 이유에 대해서는 충분히 설명하지 못한다.

16   예컨대 S. Elliott, *Cutting Too Close for Comfort: Paul's Letter to the Galatians in Its Anatolian Cultic Context* (London: T&T Clark, 2003)에 등장하는 아나톨리아의 모신(母神) 숭배에 대한 묘사를 보라. 또 Hardin, *Imperial Cult*, 5-11에 있는 이 숭배에 대한 설득력 있는 비판도 보라.

17   디아스포라 유대인의 자기표현 사례에 대해서는 Barclay, *Obeying the Truth*, 56-60, 70-72; 동일 저자, *Flavius Jospehus: Translation and Commentary*, 제10권: *Against Apion* (Leiden: Brill, 2007)을 보라.

에서 그 선교사들이나 바울의 개종자들에게 어떤 특별한 역할을 했을지, 그 여부는 의심스럽다.[18] 그러나 자기들이 전통적으로 지켜온 종교 관습을 포기한 이방인 신자들은 확실히 사회의 압력에 굴복하기 쉬웠고, 우리는 그리스도-사건에 기초하고 있으나 그 전례나 사회적 유사성이 전혀 없는 공동체의 생활방식을 만들고, 규제하고, 옹호하기 위해 고군분투하는 갈라디아 교회 신자들을 상상해볼 수 있다. 그들이 바울의 메시지를 받아들였을 때, 이는 자기들의 이전 습관을 비롯한 과거의 전통적 관습 및 요소들과 다툼을 일으켰다. 그러나 그들은 아직 강력한 대안을 개발하지 못했다. 따라서 이처럼 한계가 명확하고 불확실한 상태에서는 그들이 새로 갖게 된 예수에 관한 신념과 그들이 성령에 관해 새로 갖게 된 경험을 유대교 전통의 확립된 틀 안에 두는 것이 매력적으로 보였을 것이다.[19]

---

18 B. W. Winter (*Seek the Welfare of the City: Christians as Benefactors and Citizens* [Grand Rapids: Eerdmans, 1994], 123-44; 동일 저자, "The Imperial Cult and Early Christians in Pisidian Antioch [Acts XIII 13-50 and Gal VI 11-18]," in T. Drew-Bear et. al., *Actes du Ier Congrès International sur Antioche de Pisidie* [Lyon: Kocaeli, 2002], 67-75)그리고 Hardin (*Imperial Cult*, 85-115)은 이 선교사들의 박해 회피와 "육체의 모양을 내고자 한" 시도가(6:12-13) 그들이 "황제 숭배"를 거부한 이방인들과 결탁한 것에 충격을 받은 국가 당국으로부터의 압력을 반영한다고 주장한다. 참조. B. Kahl, *Galatians Reimagined: Reading with the Eyes of the Vanquished* (Minneapolis: Fortress Press, 2010), 81-82, 226-27. 그러나 갈라디아서는 유대인에 의한 "박해"만을 증언한다(1:13, 23; 4:29; 5:11). 안디옥에서 베드로가 그랬던 것처럼(2:12), 이 선교사들도 아마 동료 유대인들로부터 이방인 신자들과의 관계를 끊으라는 압력을 받았을 것이다(4:17). 갈라디아 지역의 이방인들은 할례를 받으면서까지 "유대인화"되었는데, 이는 그들 자신이나 그들의 선생들에게 주어지는 이교도적 압력을 줄일 수 없었을 것이다. 왜냐하면 대대로 지켜온 오랜 전통을 포기하고 민족을 배반했다는 비난을 심각하게 받은 것이 다름 아닌 이러한 개종자들이었기 때문이다. Juvenal, *Sat.* 14.96-106; Tacitus, *Hist.* 5.5.2; Josephus, *Ant.* 20.17-96; 참조. Dio 67.14.1-2. 황제 숭배는 이방인 종교 체계의 전체적인 맥락 안에서 아주 강력한 사회적 힘으로 작용했다. J. M. G. Barclay, *Pauline Churches and Diaspora Jews* (Tübingen: Mohr Siebeck, 2011), 345-62를 보라. 그러나 황제 숭배가 바울을 통해 회심한 자들에게 특별한 위협이 되었다는 증거는 갈라디아서에 존재하지 않는다.

19 아직 명확하게 확립되지 않아서 쉽게 무너질 수도 있는 초기 기독교의 기풍(ethos)에 대

11.3. 바울의 양극성

갈라디아서는 뚜렷한 **대립** 수사학이 그 특징이다. 곧 바울은 대체로 청자들 앞에 오직 두 가지 대안만을 제시한다. 갈라디아서는 양극성으로 갈라지고, 해석자들에게 주는 가장 큰 도전은 이 두 극단이 어떻게 서로 연결되어 있는지 그리고 이 두 극단이 무엇을 의미하는지를 파악하는 것이다. 첫 구절에서 벌써 "인간"과 그리스도/하나님 사이의 대립이 나타난다. "사람들에게서 난 것도 아니요 사람으로 말미암은 것도 아니요 오직 예수 그리스도와 그를 죽은 자 가운데서 살리신 하나님 아버지로 말미암아 사도 된 바울은"(1:1). 몇 구절 뒤에서 바울은 자신이 사람이 아닌 그리스도를 섬기는 자라고 주장한다. 곧 바울이 전하는 복음은 인간의 기준과 일치하지 않는다. 또 사람의 행위를 통해 받는 것이 아니라 그리스도의 계시로 말미암아 받는 것이다(1:10-12). 여기서 "하나님-인간" 대립 관계는 기독론적 "묵시"에 따라 기독론적 언어로 형성된다(1:13, 16). 그러나 이것은 갈라디아서의 유일한 이원성이 아니며, 다른 이원성들도 더해져 그림이 매우 복잡해진다. 바울은 분리적·대립적 형태로 자신의 이야기를 서술한다(1:11-17). 이전에 유대교에 있을 때, 바울은 "하나님의 교회"를 박해했다(1:13). 그런데 지금은 도리어 자신이 멸하려고 애썼던 "믿음"을 전파한다(1:23). 여기에 중립성이나 무관심의 여지는 전혀 없다. 오직 두 입장이 있고, 바울은 한 입장에서 다른 입장으로 이동했을 뿐이다. 예루살렘에서는 하나의(오직 하나의, 1:6-7) 복음(2:1-10)을 대표하는 두 가지 선교

해서는 S. Chester, *Conversion at Corinth: Perspectives on Conversion in Paul's Theology and the Corinthian Church* (Edinburgh: T&T Clark, 2003)의 고린도 교회 분석을 참조하라. M. Murray, *Playing a Jewish Game: Gentile Christian Judaizing in the First and Second Centuries C. E.* (Waterloo, Ont.: Wilfrid Laurier University Press, 2004)가 제시한 것처럼 처음 두 세기 동안 많은 이방인 신자들은 "유대인답게 되는 것"을 사회적 그리고 종교적으로 훌륭한 의미로 받아들였다.

가 일치를 이룰 수 있다. 그러나 갈라디아에서는 "자유"와 "종노릇" 사이에 대립이 있는데(2:4-5), 이 대립은 4장(4:1-7, 9, 21-31)에서 울려 퍼지고 있으며 5:1에서 절정의 표현에 달하는 양극성을 의미한다. "그리스도께서 우리를 자유롭게 하려고 자유를 주셨으니 그러므로 굳건하게 서서 다시는 종의 멍에를 메지 말라." 아울러 갈라디아 교회 교인들에게는 중간 입장도, 중간 상태도 없다. 율법을 "진전시키는" 것(3:3)은 "종노릇"으로 **퇴보하는** 것이 될 것이다.

바울은 안디옥에서 벌어진 논쟁을 배경으로 또 하나의 대립 관계를 소개한다. 말하자면 칭의는 "ἐξ ἔργων νόμου"(율법의 행위로") 아니면 "ἐκ (또는 διὰ) πίστεως Ἰησοῦ Χριστοῦ"(2:16. 지금은 내가 번역하지 않고 놔두는 논란이 많은 어구)로 가능하다. 다양한 형태로 나타나는 이 대립은 갈라디아서 전체에 걸쳐 반복되고 있으며, "율법" 또는 "율법의 행위"를 믿음, 그리스도 또는 은혜와 대립 관계에 놓는다(2:19-21, 3:2, 5, 11-12, 23-25, 5:2-6). "육체"와 "성령" 간의 양극성도 분명히 관련이 있는데(3:3, 4:23, 29), 이 대립은 5:13에서 6:10에 이르는 충고를 구성하고 있다. 갈라디아서 절정 부분의 추신 내용(6:11-18)은 더 많은 것을 소개한다. 어떤 이는 "너희의 육체"를 자랑하지만 바울은 오직 십자가만을 자랑한다(6:13-14. 참조. 5:11). "세상이 나를 대하여 십자가에 못 박히고 내가 또한 세상을 대하여 그러하니라"(6:14). 여기서 처음으로 "세상"과 대립되는 "새 피조물"에 관한 말이 등장한다("새로 지으심을 받는 것", 6:15).

하나님-사람, 성령-육체, 자유-종노릇, 그리스도-율법, "πίστις Χριστοῦ-ἔργα νόμου", 새 피조물-세상, 이런 이원적 대립이 갈라디아서 전체에 걸쳐 울려 퍼지고 있고, 갈라디아 교회 교인들의 선택지들을 수사적으로 양극화한다. 한편, 다른 명백한 이원적 대립은 중요하지 않게 된다. 할례와 무할례 사이의 구별은 바울의 경쟁자들에게는 중요하지만 바울은 이를 별로 중요하지 않은 것으로 과감하게 선언한다(5:6, 6:15). 반면에 3:28의 세례 공식은 다른 종류의 이원적 대립이 그리스도 안에서 중요하지 않다고 천명한다("너희는 유대인이나 헬라인이나 종이나 자유인이나 남자나 여자나 다 그리스도 예수 안에서 하나이니라"). 민족, 신분, 성별의 차이가 여기서 "그리스도로 옷 입은" 자에게는 중요치 않은 것으로 간주된다. 마치 "복음"에 의해 새롭게 만들어진 양극성이 일반적으로 당연하게 여겨졌던 사회적 분리와 계급들을 무효화시켜 놓은 것처럼 말이다.

따라서 바울의 갈라디아서는 새로 만들어진 구별을 통해 전통 범주들을 모호하게 만들 수 있는 제작법으로 실재를 다시 제작한다.[20] 이 양극성들은 그리스도-사건에 따라 각각의 입장이 결정된다. 곧 "자유", "성령", "은혜"(심지어는 "하나님"도)와 같은 일반 용어들은 여기서 기독론적 지시 대상과 관련된다. 여기서 해석자들이 직면하는 과제는 이 다양한 양극성들이 언제나 확연한 대립과 연결되어 있는 것은 아니고, 이 확연한 대립으로 해결되지 않는다는 사실에 있다. 우리는 단순히 병치되어 있는 것을 어떻게 서로 연관시키고 통합시켜야 할까? 하나의 양극성이 다른 양극성들을 포용하고 조직하는가? 만약 그렇다면 어떤 양극성이 다른 어떤 양극성들을 그렇게 하는가? 갈라디아서는 풍성한 해석 역사를 낳았고, **모든 해석은 갈라디아서의 양극성을 어떻게 구성하고 조직하느냐에 따라 결정된다.**[21] 이 현상은 우리가 갈라디아서에 관한 네 가지 대표적인 해석을 살펴볼 때 분명해질 것이다(11.4). 그런 다음에 우리는 갈라디아서를 조직하는 주제들에 대한 우리 자신의 해석을 제공할 것이다(12-14장).

---

20 J. L. Martyn, "Apocalyptic Antinomies in Paul's Letter to the Galatians," *NTS* 31 (1985), 410-24를 보라. 마틴이 "안티노미"(대립)로 부르는 것은 단순한 수사적 구성물이 아니라, 바울이 실제 사례들을 재서술할 때, 그 수단이 되는 실재의 범주들이다.

21 이 점에 대한 훌륭한 개관은 J. K. Riches, *Galatians Through the Centuries* (Oxford: Blackwell, 2008)이다. M. Meiser, *Galater* (Göttingen: Vandenhoeck & Ruprecht, 2007)는 교부들의 글을 편집해서 수록했다. 중세 시대의 관련 문헌에 대해서는 I. C. Levy, *The Letter to the Galatians* (Grand Rapids: Eerdmans, 2011)를 보라.

11.4. 네 개의 갈라디아서 해석

갈라디아서는 근본적으로 무엇에 관한 것인가? 우리는 여기서 이 질문에 대한 네 가지 다른 답변을 살펴볼 텐데, 각각의 답변은 아래에 이어지는 해석의 대화 상대가 될 것이다.

11.4.1. 루터의 해석

마르틴 루터의 갈라디아서 해석은 개신교의 바울 해석에 엄청나게 큰 영향을 미쳤고, 오늘날까지도, 특히 20세기 초의 신(新)루터 부흥 운동을 통해, 그 영향력이 계속되고 있다.[22] 우리는 이미 루터의 바울 해석을 분석하고 배경에 따라 설명했다(위 3.3을 보라). 그 분석에 의존하여 여기서 우리는 루터가 1531년에 행한 갈라디아서 강론(1535년에 출판됨)에 초점을 맞춘다.[23] 루터가 특별히 갈라디아서를 좋아했던 이유는 그가 갈라디아서의 양극화 형식에 공감했기 때문이다. 말하자면 바울의 날카로운 양극성이 루터가 매우 혼란스럽게 생각했던 문제들을 명확히 구분하고자 하는 관심사를 만족시켰기 때문이다.

---

22 불트만과 케제만의 분석에 대해서는 위 3.5를 보라. 루터/불트만 전통의 갈라디아서 주석에는 H. D. Betz, *Galatians*, Hermeneia (Philadelphia: Fortress Press, 1979) 그리고 H. Schlier, *Der Brief an die Galater*, KEK (Göttingen: Vandenhoeck & Ruprecht, 1971)이 포함된다. 의도적으로 루터 전통에 의존하는 다른 학자들의 주석으로는 R. N. Longenecker *Galatians*, Word Biblical Commentaries (Dallas: Word, 1990); S. Westerholm, *Perspectives Old and New on Paul: The "Lutheran" Paul and His Critics* (Grand Rapids: Eerdmans, 2004); 그리고 M. Silva, "Faith versus Works of Law in Galatians," in D. A. Carson, P. T. O'Brien, M. A. Seifrid, eds., *Justification and Variegated Nomism*, 제2권, *The Paradoxes of Paul* (Tübingen: Mohr Siebeck, 2004), 217-48의 주석이 포함된다. 여기서 뒤의 두 주석가(웨스터홈과 실바)는 "새 관점"에 따른 내용을 덧붙이지만, "루터의" 바울로부터 멀어지지 않기 위해 의식적으로 노력한다.

23 독일어로 기록된 *WA* 40.1과 40.2의 영어 역본인 *LW* 26-27. 초기(1516-1517)에 나온 갈라디아서 강론 시리즈는 1519년에 루터가 직접 출판했고, 1523년에 개정되었다 (*LW* 27을 보라).

루터는 서론에서 갈라디아서의 기본 논증으로 생각하는 "능동적" 의와 "수동적" 의 사이의 양극성을 정의한다. 능동적 의는 (인간적·신적) 율법에 대한 순종에서 나오는 의로 그 자체로는 잘못이 아니다. 그러나 이 능동적 의는 복음에서 말하는 의 곧 그리스도로 말미암아 하나님이 자유롭게 베풀어주시는 것이기 때문에 우리가 단순히 받기만 하면 되는 "수동적 의"와 "명확히 대조된다."[24] 여기서 루터는 복음을 그리스도 안에서 주어진 **하나님의 비상응적인 선물**로 명확히 정의한다. 말하자면 복음 안에서 그리스도는 심판자도 아니고 율법 수여자도 아니다. 그는 자유롭게[값없이] **자신의** 의를 (영원히) 합당치 못한 죄인들에게 베풀어주시는 구원자시다.

따라서 루터는 "의"(칭의) 주제를 강조하고, 바울이 역설한 "율법의 행위"와 "그리스도를 믿는 믿음", 이 둘 사이의 양극성(2:16, 3:2, 5, 3:11-12, 5:4-6)을 중심으로 갈라디아서를 해석한다. 2:16에 나타나는 이 대립의 반복은 루터가 반대했던 구원론의 형태를 강하게 비판하고 있다.[25] 루터는 바울이 갈라디아서에서 할례(그리고 다른 **유대교** 관습들)에 관해 말하고 있는 것을 잘 알고 있으나, 신자들의 유대교 "의식" 준수 여부를 유일한 문제로 보는 히에로니무스의 견해에 동조할 수 없다.[26] 루터에게 문제가 되는 것은 율법의 내용(적절한 위치에 있으면 선하고 옳은)이 아니라 행위를 **하나님의 은혜를 이끌어내는 수단**으로 보는 해석이다. 바울은 여기서 하나님의 율법(십계명을 포함하여 율법 전체)에 관해 말하지만, 바울의 말은 율법이 구원의 필수 수단으로서 순종을 요구하는 한, 어떤 율법에도(심지어는 교회가 만들어낸 법에도) 확장 적용이 가능하다. 바울은 "유대인들을 거

---

24   *LW* 26.4-12. "여기서 우리는 아무것도 행하지 않고, 하나님께 아무것도 바치지 않는다. 우리는 다만 받기만 하고, 우리 안에서 어떤 분 곧 하나님께서 일하시도록 허용할 뿐이다"(5; *WA* 40.1 41.4-5).

25   *LW* 26.122-41; *WA* 40.1 217-47.

26   *LW* 26.122-23; *WA* 30.1 218-19.

부하고, 유대인들처럼 행위를 통해(operarii) 구원을 받으려 하는 자들을 쫓아낸다." 바울은 보편적 오류를 공격하고 있으므로, 그의 신학은 "죄 사함, 의, 영생을 얻기 위해 어떤 규칙, 전통 또는 의식을 지키는" 모든 자들을 ("그들이 교황주의자든 유대인이든 투르크인이든 어떤 종파주의자든 상관없이") 대상으로 한다.[27] 위에서(3.3.2를 보라) 지적한 것처럼, 루터가 온전히, 완전히 그리고 단번에 그리스도 안에서 **주어진** 구원에 대한 적절한 이해와 대립시키고 있는 것은 이런 행위를 행하는 사람의 자기이해(그 행함에 수반되어 있는 잘못된 이해, 부패한 동기, 불안한 또는 오만한 태도)다.

바울이 "율법의 행위"와 대립시키는 "그리스도를 믿는 믿음"이라는 말은 "믿음" 때문에 중요한 것이 아니라—루터에 따르면 누구나 어떤 것을 믿는(의지하는) 믿음을 갖고 있다—믿음이 이해하고 받아들이는 대상 곧 그리스도 때문에 중요하다. "그러므로 믿음은 이 보화 곧 현존하는 그리스도를 붙잡고 소유하기 때문에 의롭게 한다.…그러므로 믿음에 붙들려 믿는 자의 마음속에 살아 계시는 그리스도가 그리스도인의 참된 의이고, 그 의 때문에 하나님은 우리를 의롭다고 간주하고 우리에게 영생을 베풀어주신다."[28] 획득한 것이 아니라 전가된 이 "외부의" 의는 믿음으로 그리스도와 연합될 때 생겨나고, 그래서 바울은 "이제는 내가 사는 것이 아니요 오직 내 안에 그리스도께서 사시는 것"(갈 2:20)이라고 말할 수 있다. 갈라디아 교회 안에서 활동하던 경쟁자들에 대한 바울의 격렬한 반응은 루터가 복음을 "파괴하는 자"에게 보여준 반응과 일치한다. 두 경우 모두 구주이신 그리스도의 온전하고 충분한 사역이 행위에 대한 오만한(또는 무

---

27   *LW* 27.9; *WA* 40.2 17-21.

28   *LW* 26.130; *WA* 40.1 229.22-30. 루터의 "목적격 소유격 용법"에 대한 이해를 명확히 설명해주고 있는 최근의 연구 J. A. Linebaugh, "The Christo-Centrism of Faith in Christ: Martin Luther's Reading of Galatians 2.16, 19-20," *NTS* 59 (2013), 535-44를 보라.

모한) 확신으로 말미암아 파괴되었음을 보여준다.[29] 칭의의 열매이자 신앙의 결과로서 선행이 위치하는 자리가 있다.[30] 그러나 가장 중요한 것은 칭의(구원) 자체가 인간의 행위에 달려 있지 않고 "오직 믿음"으로(sola fide) 완성된다는 것을 분명히 하는 것이다(왜냐하면 칭의는 오직 그리스도로[solus Christus] 말미암아 발생하기 때문이다). 이런 의미에서 믿음은 사랑과 구별되어야 한다. 왜냐하면 "이 믿음이 사랑이 없어도 그리고 사랑보다 먼저 의롭게 하기(haec fides sine et ante charitatem iustificat)" 때문이다.[31]

루터는 갈라디아서의 다른 대립들과 이 핵심 양극성을 서로 관련시킨다. "새 창조"("새로 지으심을 받는 것", 6:15)는 믿음으로 그리스도와 연합함으로써 형성된 "새 피조물"을 의미한다. 은혜는 하나님 앞에 안전하게 설 수 있는 "새 사람"을 일으킨다. 이 "새 사람"은 여전히 "육체 가운데" 살고(2:19-20), 사는 동안 육체를 통제하기 위해 율법의 징계를 필요로 한다. "육체"와 "성령"은 그리스도인의 삶에 반드시 필요한 두 실재다(5:17). 사실 "육체"는 다른 곳에서 다른 것들을 의미할 수 있으나 가장 일반적인 의미로는 "세상이 가질 수 있는 것 가운데 가장 높은 의, 지혜, 경배, 종교, 이해, 의지"를 의미한다.[32] 이 모든 것은 제자리에 있을 때 아무런 문제가 없다. 하지만 그리스도 안에서 양심의 안전함을 보장하는 복음의 의와 지혜를 이 "육체"와 혼동해서는 안 된다. 따라서 루터는 바울이 제시하는 다양한 대립들을 한 쌍의 동시적 실재에 대한 변증법적 표현으로 이해한다. 육체를 입은 남자와 여자로서 신자들은 그들 자신의 인격 속

---

29 "그러므로 기독교의 의로부터 멀어진 자는 반드시 능동적 의에 다시 빠지게 될 것이다. 달리 말해, 그리스도를 잃어버린 자는 자기행위를 신뢰하는 길(fiducia operum)에 분명히 빠질 것이다"(LW 26.9; WA 40.1 48.31-33).

30 따라서 루터는 자신의 교리가 선행(善行)에 무관심하다는 비판에 반발한다. 나무와 그 열매에 관한 일반적 은유에 대해서는 예를 들어 LW 26.155; WA 40.1 265.32를 보라.

31 LW 26.137; WA 40.1 239.16.

32 LW 26.140; WA 40.1 244.21-22.

에서는 죄인이고, 그래서 반드시 율법에 종속되어 있으며, "옛 세상"의 거민이다. 그러나 그들이 그리스도와 연합되어 있는 한, 그들은 의롭다 함을 얻었고 율법으로부터 자유로우며 내적으로는 안전하다. 이로 인해 실제 삶 속에서 극적인 변화가 일어났다. 다른 무엇보다 복음은 금욕에 대한 근거를 약화시켰다. 그러나 이 복음의 핵심 목표는 "양심" 즉 "내적 인간"이다. 갈라디아서에 따르면, 자유의 자리는 바로 양심이다. "그리스도께서 우리를 자유하게 하신 것은 정치적 자유나 육체의 자유를 위해서가 아니라 신학적 또는 영적 자유를 위해서였다. 곧 다가올 진노를 두려워하지 않도록 우리의 양심을 자유하게 하고 기쁘게 하려는 목적에서였다."[33] 여기서 바울의 은혜 신학이 해방의 복음으로 경험되어야 하는 곳은 다른 무엇보다 이 개인적 양심이다.

11.4.2. 던의 해석

바울에 관한 "새 관점" 견해를 전형적으로 표현하고 있는 제임스 던의 갈라디아서 해석은 갈라디아서의 역사적 상황 속에서 민족적 역학을 규명하고 있는 것이 그 특징이다. 말하자면 바울이 직면한 상황은 이방인 개종자들에게 특별히 유대교의 정체성 표지들을 취하도록 요구함으로써 "복음을 일률적으로 **유대교의** 관점에 맞추어 이해하려는 시도"였다(28).[34] 갈라디아에서 벌어진 선교 경쟁으로 말미암아 제기된 질문은 어떻게 "이

---

33   *LW* 27.4; *WA* 40.2 3.22-24.

34   던의 갈라디아서 해석은 복잡하지만 일관성을 갖고 있다. 예를 들어 "The New Perspective on Paul," *BJRL* 65 (1983), 95-122; *The Theology of Paul's Letter to the Galatians* (Cambridge: Cambridge University Press, 1993); *The Epistle to the Galatians*, Black's New Testament Commentaries (London: A&C Black, 1993)을 보라. 주된 변화는 "율법의 행위"에 관한 그의 해석에 있다. 이에 대해서는 Dunn, *The New Perspective on Paul: Collected Essays* (Tübingen: Mohr Siebeck, 2005), 22-26을 보라. "새 관점"의 특징에 대해서는 위의 3.6.2를 보라. 괄호 안의 모든 숫자는 Dunn, *Theology of Paul's Letter*의 쪽수를 가리킨다.

방인들이 아브라함의 유산에 참여하고", "이스라엘의 이야기" 속에 들어
갈 수 있었느냐와 관련되어 있다(65). 바울의 신학은 경쟁자들의 신학과
다르다. 하지만 그렇게 달랐던 이유는 바울이 "반유대주의자"였기 때문이
아니다. 바울의 "부르심"은 유대인을 유대교로부터 "회심시키려는 사명"
이 아니라 이방인에게 복음을 전하라는 사명이었다(40-41). 그리고 바울
은 예수 이야기가 "이스라엘 이야기를 절정과 정점으로 이끌기 위하여 그
이야기에 첨가된" 것이라고 이해한다(44). 심지어 바울이 강조하는 "믿음
으로 얻는 칭의"도 바울의 반대자나 유대인이 일반적으로 갖고 있는 가정
과 단절된 것이 아니라고 주장한다. 모든 유대인이 하나님과의 언약 관계
속에서 "우선적으로 주어지는 은혜"를 믿었기 때문에, "우리는 바울의 '이
신칭의' 교리가 철저히 유대인의 교리라는 것을 인정할 수 있다. '그리스
도 예수를 믿는 믿음으로'라는 기독교의 표어는 유대인 바울이나 유대인
베드로의 사고 속에 어떤 근본적인 변화가 일어났음을 표시하는 것이 아
니다"(76).[35]

바울과 갈라디아 교회의 다른 선교사들 간의 차이는 이방인 개종자
에게 요구되는 문화적 관습과 관련되어 있었다. 할례는 "유대인의 정체성
을 구현하고 표출했기" 때문에 이방인 개종자가 할례를 받게 되면 "이방
인 고유의 정체성을 버리고 유대교 개종자의 지위로 완전히 동화되거나
흡수될 것"이 요구될 것이다. 그런데 이 요구는 "유대교의 이념적, 민족적
제국주의"의 형태를 띨 것이다.[36] 바울이 "그리스도를 믿는 믿음"을 "율법
의 행위"와 대조시킬 때 후자는 스스로의 힘으로 구원을 얻는 교리를 나
타내는 것이 아니고 유대인의 언약 의무 준수를 나타낸다. 문맥상(갈 2:11-
16) 율법의 행위라는 말은 특히 음식법, 할례, 안식일 준수를 통해 비유대

---

35   샌더스는 은혜의 우선성을 강조하는 "언약적 율법주의"를 주장했다. 던은 샌더스의 그
      런 주장에 의존하고 있는데, 이에 대해서는 위 3.6을 보라.

36   Dunn, *Galatians*, 265, 267.

인과의 **구별**을 유지하는 것을 가리킨다. 바울은 원리상 유대교의 율법을 반대하지 않았고, 율법은 신자들의 삶 속에서 "지속적인 기능"을 갖고 있었다(45, 114-116의 갈 5:14에 관한 부분). 바울이 반대한 것은 그리스도께서 오신 이후에도 그 경계를 보존하는 관습들이 계속되고, 동포 유대인들 가운데 이 정체성 표지들을 "과대평가하는" 것이었다(95). 이 "과대평가"는 하나님의 복음에 관해 "좁고", "제한적이고", "배타적인" 정의를 부여하고, "분리", "구별", "분할"을 요구함으로써 율법에 대한 "오해"를 보여준다.[37] 바울은 "육체"와 "성령"을 대립시키고 있는 데, 이는 하나님의 백성에 속한 자의 외적, 민족적, 인종적 정의와 사람의 성품의 내적 변화, 이 둘 사이의 대조를 나타낸다(112-114, 130).[38]

갈라디아서의 신학적 논리는 다음과 같은 두 가지 요소에 의해 좌우된다. 1) 바울의 성서 해석(아브라함에게 주어진 약속은 **모든 족속**을 위한 것이라는 것, 3:8), 2) 그리스도께서 그 약속이 성취된 시대를 열어놓으셨다는 바울의 확신.[39] 십자가는 이러한 변화를 표시하는데, 이는 그리스도께서 "저주를 받아" 이방인과 같은 외인들 가운데 계셨기 때문이다(86-87).[40] 물론

---

37   참조. Dunn, "New Perspective"의 여러 관련 부분; *The Theology of Paul the Apostle* (Grand Rapids: Eerdmans, 1998), 119, 147 등. 던의 "새 관점"에서 발견되는 공간적 은유들에 대해서 그리고 이 은유들이 1960년대 및 1970년대 사회정치적 관심사와 맺고 있는 관계에 대해서는 위 3.6.2를 보라. 던은 때때로 경계-유지를 율법의 "사회적 기능"으로 취하고(예. *New Perspective*, 112-15), 이로 인해 경계-유지를 사회학적 필연성으로 간주하지만, 대체로 그것을 유대인의 "오해"로 생각한다. 던에게 중요한 것은 이 경계-유지가 태도상의 오류로서 율법과 유대교 일반에 내재되어 있는 본질적 결함을 제거해버린다는 것이다. R. B. Matlock, "Sins of the Flesh and Suspicious Minds: Dunn's New Theology of Paul," *JSNT* 72 (1998), 78-86을 보라.

38   따라서 바울이 언급하는 "자유"는 "다양한 맥락 속에서 다양한 강조점을 갖고 다양하게 [복음을] 표현하는" 자유다. *Theology of Paul's Letter*, 28.

39   던은 이 변화를 "묵시적 변화"로 간주한다. *Theology of Paul's Letter*, 61, 97. 그러나 던의 "묵시적"이라는 형용사 사용은 마틴에게서 발견되는 것과 뚜렷한 공명을 이루지 않는다. 아래 11.4.3을 보라.

40   참조. Dunn, *New Perspective*, 112-30.

갈라디아의 다른 선교사들도 아브라함과 그리스도의 십자가에 관해 말을 하지만, 바울은 자신의 **성령에 대한 경험**을 기초로 그리스도의 오심을 더 근본적인 변화로 간주한다. "그러한 실존적 능력에 대한 실현된 종말론은 이전에 임했던 모든 것을 상대화시켜 놓을 수밖에 없었다"(95). 따라서 바울이 경험 곧 자기 자신(1:13-17)과 자기를 통해 회심한 자들(3:1-5)의 경험에 호소하고 있는 것은 갈라디아서의 논쟁 능력에 결정적인 기여를 한다.

갈라디아서는 역사적으로 특수한 배경 속에서 기록되었다는 것, 갈라디아서의 초점은 개인적 관계가 아니라 집단적(여기서는 민족적) 관계에 맞춰져 있다는 것, 그리고 바울의 관심은 "유대교"와 거리를 두는데 맞춰져 있지 않다는 것이 던의 "새 관점" 해석의 특징이다(위 3.6.2를 보라). 갈라디아서의 양극성은 한 가지 질문으로 귀착된다. 곧 이방인이 하나님의 백성에 속하기 위해 "유대인답게" 되는 것은 필수인가(2:14)? 비록 "새 관점"이 일반적으로 "루터" 전통에 반하는 것이지만, 던은 둘 사이에서 몇 가지 공통 근거를 발견한다. 말하자면 던은 이 두 사상이 "믿음의 충분함"을 공통적으로 강조하고 있음을 확인하고(140-143), "복음 속에 표현된 은혜의 무조건적 성격"에 호소한다.[41] 그러나 던에 따르면, 바울의 논증은 행위를 구원의 수단으로 보는 일반화된 해석(루터)을 겨냥한 것이 아니라 "민족적 기원과 정체성이 하나님의 은혜를 결정하는 한 요소라는 가정"을 겨냥한 것이었다(142). 던의 이러한 주장은 "행위"에 대한 루터의 비판을 구체적으로 적용한 것이 아니며, 양심, 신뢰, 동기 부여와 같은 실존 문제

---

41   Dunn, *Galatians*, 265. 자신의 연구를 요약하면서 던은 그의 관심사가 개신교의 그것과 근본적으로 맞지 않는 것은 아니라고 주장했다. *New Perspective*, 17-22, 87-88. 이에 관한 분석 및 평가에 대해서는 Matlock, "Dunn's New Theology," 82-86 그리고 Westerholm, *Perspectives*, 183-89를 보라. 루터의 관점에 따라 바울을 해석하는 학자는 일반적으로 던의 주장을 논박한다. 예를 들어 P. Stuhlmacher, *Revisiting Paul's Doctrine of Justification: A Challenge to the New Perspective* (Downers Grove: InterVarsity, 2001)를 보라.

가 아니라 민족성, 공동체, 경계에 대한 사회적 태도에서 바울 신학의 초점을 찾는다. 던은 갈라디아서의 갈등에 관한 자신의 역사적 해석을 기초로 이 갈등이 바울의 문제였다고 주장한다. 그리고 바울의 이러한 문제들이 현대와 관련이 있다는 점도 분명히 중요하다.[42]

11.4.3. 마틴의 해석

J. 루이스 마틴의 갈라디아서 해석 역시 바울과 갈라디아의 경쟁자들("그 선생들") 간의 갈등을 역사적으로 정확히 재구성하는 것에 기초를 두고 있다.[43] 이는 최소한 두 가지 면에서 매우 중요하다. 첫째, 마틴은 바울이 그 선생들의 말이나 생각을 반영하고 있는 부분을 여러 번에 걸쳐 확인하고, 이를 토대로 이루어진 재구성은 결정적인 문제들을 해결하는 데 중대한 역할을 한다.[44] 둘째, 마틴은 바울과 그 선생들의 논쟁을 교회 안에서 벌어진 갈등으로 간주하면서 갈라디아서의 지평을 다음과 같이 제한한다.

42　"새 관점"의 현대적 적용에 대해서는 예를 들어 Dunn, *New Perspective*, 16-17, 34-36, 95-96, 196-97을 보라. 비판의 대상에는 기독교의 반유대주의, 인종 격리 정책, 교회 안의 내적분열 등이 포함되어 있다.

43　마틴의 갈라디아서 해석은 예를 들어 다음의 자료들에 가장 잘 나타나 있다. J. L. Martyn, "Events in Galatia: Modified Covenantal Nomism versus God's Invasion of the Cosmos in the Singular Gospel: A Response to J. D. G. Dunn and B. R. Gaventa," in J. M. Bassler, ed, *Pauline Theology*, 제1권: *Thessalonians, Philipians, Galatians, Philemon* (Minneapolis: Fortress Press, 1991), 160-79; Martyn, "The Apocalyptic Gospel in Galatians," *Interp* 54 (2000), 246-66. 그의 갈라디아서 해석은 Martyn, *Galatians*에 상세히 기록되어 있다. 마틴의 연구는 최근의 많은 갈라디아서 해석에 영향을 미쳤다. R. B. Hays, "Galatians," in *New Interpreter's Bible*, 제11권 (Abingdon: Nashville, 2000), 181-348; S. Eastman, *Recovering Paul's Mother Tongue: Language and Theology in Galatians* (Grand Rapids: Eerdmans, 2007); 그리고 de Boer, *Galatians*가 여기에 포함된다.

44　마틴이 (갈라디아에서 바울을 반대하는) 선생들의 메시지를 재구성한 내용에 대해서는 *Galatians*, 117-27, 302-6, 399-400을 보라. 여러 가지 측면에서 마틴의 "절제된 자유"는 많은 학자들이 허용하는 것보다 더 많은 증거를 제시하고 있다. 마틴의 재구성은 바울이 "그 선생들의 신학적 지도를 깨끗이 하고, 그들의 기준 틀을 완전히 거부하고 있음"을 보여준다. "Events in Galatia," 175.

바울은 유대인이나 유대교를 겨냥하는 것이 아니라 유대인 기독교 선교사들을 겨냥하고 있으며, 바울의 문제는 어떤 면에서든 "반유대적인" 것으로 이해되어서는 안 된다.[45]

마틴의 해석에 따르면, 갈라디아서의 핵심적 양극성은 하나님의 행위와 인간 행위 간의 대립으로(1:1, 10-12), 이 대립은 "율법의 행위"와 "그리스도의 신실하심"(πίστις Χριστοῦ에 대한 마틴의 번역, 2:16, 3:2, 5, 22) 간의 대립으로 요약된다. 이 대립을 뒷받침하는 것은 "묵시"와 "종교" 사이의 안티노미인데,[46] 마틴은 이 두 용어에 특별한 의미를 부여했다. "묵시"(1:16, 2:2에서는 명사형이 사용되고, 3:23에서는 동족 동사가 사용된다)는 새 창조 사건으로 "드러나는 것"이 결코 아니다. 바울에 따르면 묵시는 하나님이 그리스도를 보내심으로써 세상에 강력히 "침투하시는 것"이다. 따라서 바울의 "묵시" 신학은 그리스도의 오심으로 우주 속에 일어난 변화를 설명한다. 다시 말해 죄와 육체와 같이 악의적이고 속박하는 "능력들"과 하나님 사이에 전쟁이 발발했음을 가리킨다.[47] 묵시의 반대는 "종교"다. "종교"라는 말은 "인간적 시도", 특히 인간이 "하나님을 알아내고 하나님께 영향을 미치기 위해" 시도하는 것을 가리킨다.[48] 갈라디아서에서 바울

---

45 유대교에 대한 기독교의 적대감을 바울에게서 제거하려고 애쓴다는 점에서 마틴은 던이나 칼(아래를 보라)의 감성을 공유한다. "교회와 회당 주제는 갈라디아서의 지평을 넘어선 것이다"(*Galatians*, 40).

46 "대체로 종교와 묵시 사이의 우주적 대립(antinomy)이 갈라디아서의 특정 중심 문제이다"(*Galatians*, 38). 마틴이 사용한 "대립"(안티노미)에 대해서는 *Galatians*, 23, 570-74를 보라.

47 마틴이 정의하는 "묵시적"이라는 말은 임박한 미래가 아닌 현재의 종말론적 "전환"과 그 전환을 출범시키는 투쟁을 강조한다. Martyn, *Galatians*, 97-105와 위 3.5.4에서 제시한 마틴에 관한 분석을 보라.

48 Martyn, *Galatians*, 37 n. 67, 38-41, 163-164. 참조. 동일 저자, "Apocalyptic Gospel," 248 n. 4. "나는 '종교적' 그리고 '종교'라는 말을 인간이 신들이나 하나님을 알고 행복한 관계를 이루기 위해 추구하는 다양한 공공적, 제의적 수단 ―항상 성속의 구분을 함축하는― 을 가리키는 데 사용한다.…종교는 인간적 시도이고, 따라서 그리스도 안에서 하나

은 하나님이 그리스도 안에서 세상을 해방시키는 활동을 선언한다. 바울이 반대하는 것은 그 선생들이 이방인 신자들에게 율법의 준수를 통해 이스라엘 백성으로 **이동하라**고 요청하는 것이다. 이것은 새로운 가능성을 위해 하나님이 제공하시는 **조건**에 인간이 반응하는 것으로, 하나님을 향한 인간적 활동이다.[49]

이 두 대안은 갈라디아서 2:16에 요약되어 있고, 거기서 바울은 하나님이 율법의 행위로 말미암음이(ἐξ ἔργων νόμου) 아니요 오직 예수 그리스도의 믿음으로 말미암아(ἐκ πίστεως Χριστοῦ) "의롭게 하시는"(δικαιόω) 것에 관해 말한다. 여기서 "ἔργα νόμου"("율법의 행위")는 구원의 의미를 갖고 있는 "단순한 인간적 행위"를 나타내기 때문에 배제된다.[50] 이와 대조되는 말 "πίστις Χριστοῦ"는 전통적으로 이해되는 것처럼 다른 인간적 행위("그리스도를 믿는 믿음")를 의미할 수 없다. 이 말은 오히려 "그리스도의 믿음(또는 신실하심)", 특히 그리스도의 십자가 죽음을 의미한다(2:21).[51] "하나님은 인간을 옳게 만드시기로, 즉 교정하시기로 선택하셨는데, 이는 인간이 행하는 어떤 것—곧 율법의 준수[행위]—을 통해 이루어지지 않는다. 인간의 교정을 위하여 하나님이 택하신 수단은 그리스도의 믿음이라는 신적 행위다."[52] 바울은 인간적 믿음에 관해 말할 수 있으나(2:16에서처럼) 이는

님이 행하시는 묵시적 행위와는 정반대의 자리에 위치한다." 마틴의 이 말의 용법과 이 말의 바르트적 기원에 대해서는 위 3.5.1과 3.5.4를 보라.

49 마틴에 따르면 이러한 동선은 (유대인들이 실천하는) 율법 자체가 아니라 이방인들에게 요구되는 것이다. 그 선생들은 "이방인이 율법의 준수를 통해 언약 공동체 안으로 이동할 수 있다"고 주장한다. "Events in Galatia," 167(강조는 원저자의 것임). 참조. *Galatians*, 100 n. 57. "여러 곳에서 이 동선은 바울 신학과 그 선생들의 신학, 이 두 신학 사이의 근본적인 차이를 분명하게 보여준다."

50 Martyn, "Events in Galatia," 165; *Galatians*, 251.

51 Martyn, "Apocalyptic Gospel," 250. "갈라디아서 처음부터 끝까지 바울은 행위와 믿음이라는 두 개의 인간적 대안 사이의 대조가 아니라, 오히려 인간이 행한 행위와 하나님이 행하신 행위, 이 두 행위 사이의 대조를 이끌어낸다"(1:1; 6:15).

52 Martyn, *Galatians*, 252.

인간이 주도권을 갖고 있는 것(이에 따라 하나님이 반응하시는)이 아니라, 하나님이 주도권을 갖고 그리스도 안에서 행하신 행위로 말미암아 일어나고 촉발된 인간의 반응을 의미한다.[53]

갈라디아서에 나오는 다른 "대립들"은 이 핵심적 양극성을 중심으로 모여 있다. 성령과 육체 간의 싸움(5:17)은 우주적 싸움을 반영한다. 갈라디아서 5-6장을 "두 방법" 사이에서 인간의 선택을 제시하는 것으로 해석한다면, 이는 실수일 것이다. 갈라디아서의 추신은 묵시적 관점에 따라 "우주"의 끝과 새 창조의 시작을 선언한다(갈 6:14-15). 십자가는 그 중점에서 그리스도 이전에 시작된 (이스라엘에 관한) "직선적" 이야기의 절정이 아니라 이례적이고 "일회적인" 시간의 중단을 표시한다.[54] 새 창조가 "외부로부터" 들어오는 하나님의 개입을 의미하므로[55] "은혜"에는 "아무 전제가 없고", "사전 조건도 없다."[56] 복음은 그리스도의 오심 속에 나타나 있는 인류를 향한 하나님의 이 우선적이고 생성적인 하나님의 활동을 선언한다. 복음은 인간이 유효하게 또는 독립적으로 하나님을 향한 활동을 할 수 있다는 거짓 기대를 소멸시킨다.[57]

마틴은 갈라디아 교회에 위기를 가져온 특정 사항들에 각별히 주의를 기울인다. 그렇다고 이러한 특정성이 갈라디아서의 메시지를 제한하는 것은 아니다. 비록 "율법의 행위"가 이방인들에게 요구되는 특수한 율법-준수를 뜻한다 해도, 율법의 행위는 그리스도가 오신 이후에 인간의 상황

53   Martyn, *Galatians*, 271, 276, 289.

54   Martyn, "Events in Galatia," 166-76.

55   Martyn, *Galatians*, 39.

56   Martyn, "Events in Galatia," 177; *Galatians*, 164, 271. 참조. *Galatians*, 87-88. "복음이 하나님의 은혜인 것은 인간의 행위와 상관없이, 그리고 특히 종교의 발전에도 불구하고, 하나님이 그리스도 안에서 사람들을 새 창조의 '공간' 속으로 이끌고 오신 것에 대한 기쁜 소식이기 때문이다.⋯인간이 행할 수 있는 것 가운데 인간의 구원의 근원으로 작용할 수 있는 것은 하나도 없다."

57   마틴의 은혜의 신학에 대한 더 깊은 분석을 위 3.5.4에서 보라.

을 이해하지 못한, 일반적인 실패를 **나타낸다**.[58] 하나님-인간 양극성은 정반대의 **원점**(하나님이나 인간으로부터 시작하는 동선)과 관련되어 있고, 루터가 말하는 것과 같이 다른 **신뢰의 대상**과 관련되어 있는 것이 아니다. 행위 문제, 특히 인간의 행위를 발생시키는 위치가 일차적 비중을 차지한다. "πίστις Χριστοῦ"를 "그리스도를 믿는 믿음"으로 보는 전통적 해석과 마틴의(그리고 다른 학자들의) "주격 소유격 용법"에 입각한 해석("그리스도의 신실하심") 간의 차이는 "엄청난" 것으로 간주된다.[59] 왜냐하면 갈라디아서의 전체 신학이 여기에 달려 있기 때문이다. 바울의 양극성 한편에는 일회적인 사건 곧 하나님이 그리스도의 오심을 통해 역사 속에 개입하신 사건이 서 있다. 그리고 다른 한편에는 "단순히 인간적 활동"을 나타내는 **하나님을 향한 어떤 시도**가 놓여 있다.[60] 루터와 달리 마틴은 각 개인들이 자신과 자신들의 행위를 어떻게 이해하고 있는지에 초점을 맞추지 않고, 그들의 양심의 자유나 종노릇에도 초점을 맞추지 않는다. 그러나 마틴은 바울을 언급하며 인류와 하나님 사이의 일반적인 관계 구조를 다루고 있는데, 이는 우주의 객관적 구조를 바꿔놓은 어떤 한 행위가 가져온 결과로서, 결과적으로 이 어떤 한 행위는 "신-인 대립 가운데 인간 편"에서 이루어지는 모든 행위를 의미하게 된다.[61] 갈라디아서에 대한 이런 해석은 쉽게 보편화된다.

---

58   따라서 마틴에 따르면 갈라디아서의 중심 질문은 (던과 같이) "이방인이 어떻게 하나님의 백성 속에 들어가는가?"가 아니라 "그때가 언제인가?" 혹은 "우리는 실제로 어떤 우주에서 살고 있는 걸까?"이다(*Galatians*, 23). 던의 갈라디아서 해석에 대한 마틴의 반응은 특히 Martyn, "Events in Galatia"를 보라.

59   Martyn, "Apocalyptic Gospel," 250.

60   Martyn, "Events in Galatia," 165.

61   Martyn, "Events in Galatia," 165.

11.4.4. 칼(Kahl)의 해석

브리지트 칼의 갈라디아서에 관한 "문맥적 재구상"[62]은 "갈라디아"라는 이름이 바울의 로마 환경 속에서 일단의 문화적인 수사 표현을 불러일으킨다는 전제로부터 시작된다. 칼에 따르면 "갈라디아"는 "야만적 무법 상태"에서 "문명"에 가해지는 위협을 나타내는데, 이 위협은 죽어가는 갈리아/갈라디아 사람들의 시각적 표현 속에서 그리고 버가모의 대 제단에 표시되어 있는 거인에 대한 신들의 승리 속에서 상징적으로 제압되어 있다. 이런 위험한 가시적 문화를 묘사한 다음, 칼은 바울의 "복음"을 신의 정치적 개입으로 해석한다. 여기서 세상은 패배자의 관점 곧 정복당한 "갈라디아 사람들"의 관점에서 로마 제국의 질서에 대한 도전으로 간주된다. 칼에게 있어서, 바울의 다양한 양극성들을 하나로 묶어 주는 것은 다음 두 가지 사이의 광범위한 대조다. 1) 경쟁, 폭력, 정복으로 규정되는 로마 제국의 "전투 질서", 2) 사랑, 포용, 유대성에 관한 공동의 비전 그리고 "타자"와의 연대.[63]

칼은 바울이 유대교의 어떤 형식을 반대하고 있다고 보는 일반적인 갈라디아서 해석에 반발하고, 갈라디아에서 벌어지고 있는 갈등을 **로마 제국의** 질서에 대한 타협 또는 반대와 관련된 것으로 해석한다. 바울을 반대하는 다른 선교사들은 할례와 율법 준수를 옹호하고 있는데, 이는 사실 유대교적 이유 때문은 아니다. 이 선교사들은 로마 제국이나 시민 당국자로부터 받는 압박 아래에서 바울의 복음 전파를 통해 회심하고 황제 숭배를 거부한 갈라디아 개종자들에게 다음과 같이 권면한다. 합당

---

62   Brigitte Kahl, *Galatians Reimagined*, 75. 이하의 괄호의 숫자는 Kahl, *Galatians Reimagined*의 쪽수를 가리킨다.

63   바울을 "정복당한 자의 사도"로 보는 비슷한 해석에 대해서는 D. C. Lopez, *Apostle to the Conquered* (Minneapolis: Fortress Press, 2008)를 보라. 탈식민지 이론에 의존하여 바울을 정치적 성향의 인물로 해석하는 사례에 대해서는 C. Stanley, ed., *The Colonized Apostle: Paul through Postcolonial Eyes* (Minneapolis: Fortress Press, 2011)를 보라.

한 유대인이 됨으로써 자기들의 지위를 올바로 유지하라고 말이다.[64] 그러므로 기본적으로 바울의 문제는 율법 준수와 관련되어 있지 않고 로마 제국의 통제 아래 활동하던 타협한 유대교와 관련되어 있다. 바울은 "율법의 행위"를 거부할 때 무엇보다 먼저 "(황제의) 법적 행위"(205), "제국의 법"(207) 그리고 수혜를 베풀고 정치적 복종을 강요하는 로마식 시혜의 "선행"(10, 196)을 공격하는 것이다. "바울이 반대하는 율법은 유대교의 율법 자체가 아니라 로마 제국의 법에 강제로 예속되어 있는 유대교의 율법이다"(227).[65]

따라서 갈라디아서에서 바울이 실제로 치른 싸움은 로마, 보다 정확하게는 로마 "제국의 질서"와 맞선 싸움이다. 칼은 "제국의"라는 형용사를 자유롭게 사용하면서, 바울이 겨냥한 것은 하나의 역사적 제국이 아

---

64   6:12-13에 대한 이 해석(Kahl, *Galatians Reimagined*, 81-82, 226-27)은 Hardin, *Imperial Cult*, 85-115에 의존하고 있다. 관련 비판에 대해서는 위의 각주 18을 보라.

65   Hardin, *Imperial Cult*와 같이 칼도 갈 4:10-11을 황제 숭배로의 회귀에 대한 묘사로 간주한다(220-21, 225). 갈라디아서 그 어디에도 로마에 대한 언급이 없으므로, 칼은 스코트의 "숨겨진 저항"(hidden transcript) 관념에 호소한다. "숨겨진 저항" 관념이란 학대받는 자가 공개적으로 내세울 수 없는 메시지를 가리키는데, 이에 대해서는 J. C. Scott, *The Weapons of the Weak: Everyday Forms of Peasant Resistance* (New Haven: Yale University Press, 1985); *Domination and the Arts of Resistance: Hidden Transcripts* (New Haven: Yale University Press, 1990); 그리고 Kahl, *Galatians Reimagined*, 48, 82, 250-52를 보라. 이는 바울 서신이 첩보자와 밀고자에게 감시당하고 있었다는 가설을 요구하며(251-52, 257), 그 결과 우리는 바울이 실제로 자신의 복음에서 어떤 정치적 함의를 생각하고 있었는지 알 길이 없게 된다. 내가 다른 곳에서 주장한 것처럼(Barclay, *Pauline Churches*, 382-83) 스코트의 관점은 내부자들에게 보내진 편지들에는 적합하지 않으며, 나아가 바울 서신이 바울이 진실로 생각하고 있는 것(또는 개인적으로 말하려는 것)을 숨기고 있다고 의심할 하등의 이유가 없다고 생각된다. 칼의 전제는 바울이 스스로 한 번도 이름을 거론하지 않은 어떤 대상을 겨냥하고 있다는 가정을 요구하며, 이 가정은 추가로 왜 바울이 그 이름을 결코 말하지 않는지에 관한 가설을 필요로 한다. 이런 가정과 가설이 주석에 미친 압력은 칼이 갈 3:19의 "중보자"를 "카이사르나 다른 어떤 황제 통치자"로 해석하고 있는 것에서 분명히 드러난다. *Galatians Reimagined*, 227, 238, 283. 이 해석은 주석적으로 지지할 수 없는 견해로 보이는데, 여기서 전해진 율법은 이미 430년 전에 아브라함에게 주어진 것이기 때문이다(3:17).

니라 폭력, 경쟁, 계급, 축출을 자행하는 "제국의" 권력 체계라고 본다. 바울은 유대교 전통의 한 하나님("아브라함과 사라의 비제국적인 하나님", 223)에게 충성하기 때문에 온갖 형태의 "우상숭배", 특히 황제 숭배를 반대한다. 이 "우상숭배"는 "황제 일신론"(130)을 전체적으로 그리고 배타적으로 주장하고, "제국의 법과 질서"(224)의 이익에 따라 "황제 구원의 복음"(225)을 제공하는 하나의 "이념"을 구성한다(245). 바울은 패배자 그리스도 곧 하나님에 의해 수치스러운 죽음에서 다시 살아난 그리스도에게 충성하고 있으므로 "제국의 전투 질서와 제국의 정복과 예속의 법"(259)에 반대한다. 따라서 칼에 따르면, "로마"는 모든 "차별, 경쟁, 전투에 관한 제국의 법"(302), 특히 "서양의 호전적인 자아"(6) 그리고 "서양의 전투 기호학"(15)을 구현한다. 칼은 이 "서양의 전투 기호학"이 "콘스탄티누스" 기독교에서 복제되고, 정복, 식민주의 그리고 모든 형태의 "타자화[othering]"의 뿌리에 잠재되어 있는 것으로 본다(6-17).

이 해석에 따르면, 갈라디아서는 사회정치적 이념들의 충돌을 표현하는 작품이다. (갈 5-6장에 상세히 제시되고 있는) 바울의 공동체 비전은 평화를 만들고 경계를 허무는 포용을 표방하고, 이 안에서 경쟁적인 "자랑"은 금지되며 자아는 타자를 위하여 자기를 내어줌으로써 성취된다.[66] 갈라디아서 5-6장에 적절한 비중을 두고 있는 최근의 동향에 맞추어, 칼은 이 본문을 "갈라디아서의 절정"으로 주장한다(269). 따라서 칼은 "현실을 떠난"(27) 또는 "초자연적인" 신학(256)을 조장하는 "추상적이고" "비정치적인" 해석 전통을 비난한다. "대안 공동체 및 사회"에 대한 바울의 비전(246)을 회복시키면서, 칼은 바울의 신학을 가난한 자, 희생된 자, 소외된 자와의 자기희생적이고 비폭력적인 연대성을 정당화하는 것으로 받아들인다.

---

66   특별히 "유일자-타자의 메시아적 질서"라는 도표를 보라. *Galatians Reimagined*, 268. 이 도표는 무법 상태의 "타자성"에 반대하는 제국의 질서를 표시하기 위해 다른 곳에서 사용된 "전투 대형"(combat squares, 방진대)과 대조를 이루고 있다.

여기에 네 가지 대조적인 갈라디아서 해석이 있고, 이 해석들은 각기 나름대로 갈라디아서에 대하여 중대한 통찰력을 갖고 있다. 하지만 여러 가지 면에서 이 네 가지 해석은 분명히 서로 양립할 수 없다. 이 네 가지 해석은 갈라디아서의 원래 문맥에 대한 그 강조의 정도가 다른 것으로 그치는 것이 아니라 문맥을 해석하는 방식도 다르며, 문맥과 해석자의 당대에 대한 관심사 간의 관련성도 각기 다르다. 이 네 가지 해석은 갈라디아서의 양극성들을 각기 다른 방식으로 통합시키고, 심지어는 핵심 양극성에 관한 관점이 서로 일치하는 곳에서도 이 양극성을 서로 다르게 해석한다. 물론 각 해석자가 갈라디아서의 다양한 주제들을 서로 관련시키려고 애쓸 때 그들에게서 **건설적인** 해석 작업을 찾아내는 것은 어렵지 않다. 이제 이어서 살펴볼 갈라디아서 해석(12-14장)은 당연히 건설적인 해석 작업이다. 우리는 그리스도 안에서 주어지는 신적 선물이 갈라디아서 전체 신학을 어떻게 구성하고 있는지에 특별한 관심을 기울이면서, 갈라디아서가 진정으로 무엇을 이야기하고 있는지 다시 질문해보아야 한다. 루터는 바울이 갈라디아서에서 은혜의 비상응성을 극대화하고 있다고 결론짓는데, 이 결론은 옳았던 걸까? 만약 옳았다면, 루터는 이것으로부터 올바른 추론을 이끌어냈는가? 던이 민족적 분열을 갈라디아서의 초점으로 삼은 것은 옳은가? 또 던은 이방인의 "유대화"에 대한 바울의 저항을 그리스도-선물의 영향과 연결시키는 방법을 규명했는가? 바울이 하나님 대 인간의 양극성에 대해 무엇을 암시하고 있는가? 마틴이 행위와 "활동의 선"을 갈라디아서의 핵심 문제로 삼는 것은 옳은가? 바울은 어떻게 갈라디아서에서 공동체 정신을 형성시키는가? 그리고 칼은 갈라디아서의 사회정치적 요소를 정확히 파악했는가?

이어서 나는 다음과 같이 주장할 것이다. 곧 갈라디아서의 바울 신학은 **가치와 상관없이 주어진** 신적 자비의 확고한 행위로서 그리스도-선물에 대한 바울 자신의 확신 및 경험을 통해 뚜렷하게 형성되었다고 말이다. 그리스도-사건은 율법이 규정하는 "의"와 더불어 인간의 기준에 비상응적이고, 유대교나 비유대교의 가치 전통과 매우 다른 방식으로 운영되는 공동체를 창출함으로써 모든 가치 체계를 재조정했다. 이 비상응적인 선물은 상징적 자본에 대한 이전의 척도를 무너뜨리고, 더 이상 율법의 권위에 의존하지 않는 가치 및 명예의 기준을 확립했다. 따라서 **선물로서의** 그리스도-사건은 바울이 행한 이방인 선교의 기초이고, 이 기초 안에서 바울은 이미 전제되어 있는 민족적 또는 사회적 가치 계급을 재구성하려는 시도에 저항하며, 이 이례적인 사건에 따라 자기들의 태도를 결정하는 다른 공동체를 형성한다. 이런 갈라디아서 해석은 위에서 개관한 네 가지 해석과 여러 가지 면에서 중첩될 것이다. 하지만 네 가지 모든 해석과 차이도 있을 것이다. 여기서 요구되는 것은 주석적으로 튼튼하고, 역사적으로 개연성이 있고, 갈라디아서의 다양한 양극성을 성공적으로 통합시키는 것이다. 그러나 이렇게 제시된 해석이 우리 자신의 현대적 맥락에서 논리적이며 생산적인지, 그리고 적어도 부분적으로는 갈라디아서의 폭발적인 힘을 복제해낼 수 있는지 묻는 것도 적절하다.

제12장

그리스도-선물과 규범의 재조정
(갈라디아서 1-2장)

12.1. 은혜의 문안 인사(1:1-5)

갈라디아서의 서두(1:1-5)는 편지의 표준 방식을 따르고, 기본적인 기독교 용어로 가득 차 있다. 하지만 바울은 이 서두를 자신의 "복음"을 특징짓는 원동력에 대한 표현으로 형성했다.[1] 바울은 자신의 사도 직분이 어디서 유래했는지 그 근원을 직접 제시한다. "사람들에게서 난 것도 아니요 사람으로 말미암은 것도 아니요 오직 예수 그리스도와…하나님 아버지로 말미암아"(1:1). 이 표현은 논란이 구구했던 자신의 사도 직분에 대한 다른 설명들을 반박하는 것 외에도,[2] 바울 자신—그리고 바울이 사도로서 전한 "복음"—을 1:3-4에 선언된 신적 주도권 곧 "우리 하나님 아버지와 주 예수 그리스도로부터" 나온 "은혜"(χάρις) 및 평강(εἰρήνη)의 주도권과 결부시킨다. 이 표현은 단순히 갈라디아 교회 교인들에게 주어진 소원(또는 복)으로 이해될 수 있다(이와 일치하는 6:18의 종결부를 참조하라). 그러나 갈라디아서 서두가 독특하게 그리스도-사건에 대한 진술로 시작하고 있다는 사실은, 끝맺는 송영(1:5)과 함께, 바울이 자기 자신과 갈라디아 교회를 같은

---

[1] 초기 기독교의 공식 문구에는 아마 다음의 말들이 포함되어 있었을 것이다. "죽은 자 가운데서 [예수를] 살리신 하나님"(1:1); "은혜와 평강"(1:3); "자기 몸을 주셨으니"(1:4; 참조. 2:20); "우리 죄를 위하여"(1:4); "영광이 그에게 세세토록 있을지어다"(1:5). 나는 εὐαγγέλιον (1:6, 11 등)을 그리스어 의미를 보존하기 위해 "좋은 소식"(good news)으로 번역하는데, 이는 보편적 진리에 관한 선포가 아니라 특수한 한 가지 사건에 대한 선포를 암시한다.

[2] 바울의 사도 직분이 안디옥이나 예루살렘에서 나왔다고 상상하는, 다른, 그리고 어쩌면 적대적인 견해가 있을 수 있다. M. C. de Boer, *Galatians: A Commentary*, New Testament Library (Louisville: Westminster John Knox Press, 2011), 67-71을 보라. 1:10과 1:20의 부정도 역시 변증적 목적을 지닐 수 있다. 참조. H. D. Betz, *Galatians*, Hermeneia (Philadelphia: Fortress Press, 1979), 도처.

내러티브 안에 그리고 같은 경험적 관계 안에 두고 싶어 한다는 것을 암시한다. 곧 "하나님-그리고-그리스도"로부터 나오는 은혜는 결정적으로 우주를 변화시켰고 "현재의 악한 시대로부터 벗어나는 구원"을 제공함으로써, 그 답례로 하나님께 영광을 돌리는 인간들의 송영을 불러일으킨다. 자기 자신과 갈라디아 교회 교인들을 이러한 선물이나 호의의 공동("우리") 수혜자로 삼으면서, 바울은 공동체의 "아멘"을 촉구하는데, 이 "아멘"은 그들이 함께 이 변혁적인 사건에 그들의 실존을 빚지고 있음을 긍정하는 것이다(1:5).[3]

은혜와 평강(χάρις καὶ εἰρήνη)이라는 어구(1:3)는 바울의 독특한 편지 인사법으로, 이 어구에는 그리스도-이야기 특유의 의미론적 내용이 가득 담겨 있다.[4] 바울은 "하나님 아버지와 주 예수 그리스도로부터 은혜(χάρις)와 평강(εἰρήνη)이 있기를" 원한다(또는 선포한다). 여기서 하나의 전치사(ἀπό)가 하나님 아버지와 주 예수 그리스도, 두 인격에 함께 작용하

---

3   참조. J. L. Martyn, *Galatians: A New Translation with Introduction and Commentary*, Anchor Bible 33 A (New York: Doubleday, 1997), 92, 106. 갈라디아서에는 하나님께 "감사"를 표하는(살전 1:2 등) 통상적인 표현이 없으므로, 이 송영도 "은혜의 순환" 안에서 이루어지는 답례 행동을 명확히 표현한다(답례 행동은 인간들 사이에서 하나님으로부터 나온 은혜로 인해 하나님께 감사와 찬양을 돌리는 것이다). 말하자면 하나님께 영광을 돌리는 것은 하나님께 감사하는 것과 동등하다(롬 1:21). 만약 갈라디아 교회 교인들이 지금 하나님의 은혜를 "거부한다 면"(2:21), 이 선물-순환의 운동을 벗어나게 되고 하나님과 단절된 궁핍한 상태로 되돌아갈 것 이다(4:8-11).

4   이와 가장 유사한 표현은 바룩2서 78.2에 나오는 "너희에게 긍휼과 평강이 있을 것이다"라는 문구다(그리스어 원문은 아마 엘레오스 카이 에이레네[ἔλεος καὶ εἰρήνη]였을 것이다). L. Doering, *Ancient Jewish Letters and the Beginnings of Christian Epistolography* (Tübingen: Mohr Siebeck, 2012), 406-15에서 이에 관한 명확한 설명을 보라. 여기서 바울이 사용하는 용어의 기원과 관련된 모든 가능성이 검토되며, 바울이 카리스(χάρις)라는 선물-용어를 선택하는 것과 유대인의 전통적 인사법을 자신의 기독론에 맞추어 수정하고 있다는 것이 부각된다. 추가로 J. M. Lieu, "Grace to You and Peace: The Apostolic Greeting,'" *BJRL* 68 (1985-1986), 161-78; F. Schnider, W. Stenger, *Studien zum neutestamentlichen Brieffformular* (Leiden: Brill, 1987), 28-33도 보라.

고(참조. 1:1), 이는 은혜와 평강의 근원이 하나님이자 동시에 예수님이심을 뜻한다.[5] 더욱이 하나님이 "그를[예수를] 죽은 자 가운데서 살리신 아버지"(1:1)로서 일찍이 예수와 관련되어 계셨던 것처럼, 이 선물은 기독론적 내용(그리스도께서 "우리의 죄를 대속하기 위하여 자기 몸을 주셨으니", 1:4)을 담고 있다. 따라서 이 선물은 예수의 죽음과 부활에 관한 특수한 이야기에 초점이 맞추어진 선물-사건으로 간주된다. 이 사건은 명확히 하나님-사건(하나님이 예수를 일으키셨다, 1:1, 예수의 구원 사명은 "하나님 곧 우리 아버지의 뜻을 따라" 주어졌다, 1:4)이자 예수-사건(이 사건은 예수의 죽음과 부활에서 일어난다)이고, 그러기에 그리스도는 여기서 "하나님의 정체성과 활동에 필수적이다."[6] 이 기독론적 해설은 매우 구체적이고, 유대교의 관점에서 보면 결코 전례가 없는 "은혜"에 대한 해석이다. 하나님의 자비하심은 여기서 자연의 선물들에서 찾아지는 것도 아니고(필론), 이스라엘의 언약 역사 속에서 찾아지는 것도 아니며(『성서고대사』, 또는 솔로몬의 지혜서의 의에 관한 개념), 심지어는 율법의 선물에서 찾아지는 것도 아니다(에스라4서). 하나님의 자비하심은 특수하지만 세상을 변화시키는 한 사건 곧 그리스도의 죽음과 부활에서 주어졌다.[7]

5   이 말들은 카리스(χάρις)와 크리스토스(Χριστός)를 바깥쪽 짝(유음으로 연결됨. 참조. 5:4)으로 두고, "평강"과 "하나님"을 안쪽 짝(참조. 롬 5:1-2)으로 둠으로써, 교차대구법으로 배열될 수 있다. 이 결합은 하나님과 그리스도를 함께 지배하는 동일한 전치사를 통해 더욱 강력해진다.

6   De Boer, *Galatians*, 78.

7   바울은 수사적 속기 용어나 제유법을 사용한다. M. M. Mitchell, "Rhetorical Shorthand in Pauline Argumentation: The Function of 'the Gospel' in the Corinthian Correspondence," in L. A. Jervis, P. Richardson, eds., *Gospel in Paul: Studies on Corinthians, Galatians, and Romans for Richard N. Longenecker* (Sheffield: Sheffield Academic Press, 1994), 63-88을 보라. 이때 이런 요소들 가운데 하나(그리스도의 "보내심", 탄생, 생애, 죽음, 부활)를 통해, 또는 그것들 모두를 관통하는 힘(자기를 주신 것)을 통해 그리스도 이야기 전체를 가리킬 수 있다. 갈라디아서는 십자가 죽음에 특별한 강조점을 두고 있는 것이 특징이고(2:19-20; 3:1, 13; 5:24; 6:14), 이는 그리스도-사건으로 창출된 단절을 암시한다. 부활(1:1)은 "생명"(참조. 2:19-20; 3:21; 5:25; 6:8) 혹은 이 생명으로부터 형

여기서 하나의 유일한 선물이 유대인(바울)과 비유대인(갈라디아 교회 교인들)을 품고, 그들을 "이 악한 세대"의 속박에서 구속한다(참조. 6:14). 그런데 어떤 원리로 구속이 이루어지는가? 왜 그리스도-선물은 이처럼 불행한 수혜자들에게 주어져야 하는가? "이 악한 세대"에 대한 바울의 비관주의는 에스라4서의 내용(위의 9장을 보라)과 유사하고, 극소수의 의로운 개인들을 위한 여지를 남겨둘 수도 있다. 그 기초에 따라 그리스도는 "포도 한 송이에서 하나의 포도를, 큰 숲에서 한 나무를" 구원하실 것이다(에스라4서 9.21). 그러나 "복음"에 관한 바울의 이 서두 진술은 의인의 이런 선택과 관련하여 아무런 암시를 주지 않고, 갈라디아서 나머지 부분도 그리스도-선물을 받은 자가 그 선물을 받을 자격이 있었다는 점을 조금도 암시하지 않을 것이다. 하나님이 이처럼 덫에 걸린 죄 많은 수혜자에게 자비를 베풀어주시는 것에는 미리 제정되어 있는 어떤 숨겨진 원리가 있는 걸까? 또는 바울의 복음을 그토록 창의적이게 하는 것은 바로 그런 근거의 부재 때문인 걸까?

12.2. 복음 그리고 신적 규범과 인간적 규범의 분리 (1:6-12)[8]

갈라디아서 첫 부분에서 바울이 "그리스도의 은혜로 너희를 부르신 이"로부터 "떠난 것"을 책망하고 있는 것(1:6-7)은 그의 관점에서 볼 때 오직 하나의 "복음" 곧 "그리스도의 복음"만 있다는 것(1:7)을 분명히 한다. 이 복

성된 "새 창조"(6:15)의 원천으로서 갈라디아서 전체에 전제되어 있다.

8   수사학적 분석에 따르면 갈라디아서의 새로운 단락은 1:11("내가 너희에게 알게 하노니")에서 시작되고, 여기서 2장으로 이어지는 바울의 생애에 관한 설명이 개시된다. 그러나 1:11-12는 1:10과 같이 전환의 기능을 갖고 있고, 1:10의 신-인 사이의 양극적 대립을 공유한다. 주석가들은 바울의 논증의 흐름이 어디서 중단되는가에 대해 의견이 엇갈린다. Betz, *Galatians*, 44-46; de Boer, *Galatians*, 63-65, 76을 보라.

음은 비교 불가의 특이한 효력을 지닌 한 사건을 선언한다. 1:8-9의 저주는 바울이 이 복음의 전달자가 누구인지를 염려하고 있는 것이 아니라, 이 복음의 내용에 대하여 염려하고 있음을 암시한다. 말하자면 바울이나 천사가 전할지라도 가짜 복음이라면 저주를 받게 된다(1:8). 여기서 결정적으로 중요한 문제는 이 복음의 근원이다. 왜냐하면 근원이 복음의 내용을 결정하고 복음의 규범을 확립하기 때문이다. 비록 인간 대리인을 통해 전해진다 해도, 그리스도의 복음(1:7)은 그리스도의 계시로부터 나온다(1:12. 참조. 1:1, 16). 그러므로 복음은 수혜자를 그리스도에게 은혜를 입는 자로("그리스도의 종"으로, 1:10) 만든다. 그리고 단순히 인간적 관점에 따라 정해진 다른 가치들을 취소시킨다(1:10). 바울은 하나님의 본성이나 우주의 구조에 관한 일반 진리를 증언하는 것이 아니라, 현실 전체를 재정의하고 재분할시킨 "하나의 보편적" 사건이면서 동시에 특수한 역사적 사건인 한 사건을 증언한다.[9]

갈라디아 교회 교인들이 그리스도-사건을 꼭 붙들지 못하고 흔들렸을 때, 그들은 바울이 아니라 "그리스도의 은혜로 너희를 부르신 이"를 떠난 것이다(1:6).[10] 이 "부르심"은 하나님이 발하신다(참조. 1:15, 5:8, 살전 5:24, 고전 1:9, 7:17-24). 실제로 "부르심"(καλέω, κλῆσις)은 구원의 주도권이

---

9 하나의 무조건적 사건에 의해 창조되는 "보편주의"에 대해서는 A. Badiou, *Saint Paul: La Fondation de l'Universalisme* (Paris: Presses Universitaires de France, 1997)을 보라. 참조. E. T. *Saint Paul: The Foundation of Universalism*, trans. R. Brassier (Stanford: Stanford University Press, 2003, 위 3.7.2에서 논의됨). 바울이 실재를 재정의하고 재분리하는 것에 대해서는 J. L. Martyn, "Apocalyptic Antinomies in Paul's Letter to the Galatians," *NTS* 31 (1985), 410-24를 보라.

10 투 크리스투(τοῦ Χριστοῦ)를 포함하는 본문에 대해서는 위 11장의 각주 4를 보라. 전치사 엔(ἐν)은 도구적 용법("은혜를 통해"; 참조. 1:15, διὰ τῆς χάριτος) 혹은 위치적 용법("그리스도-선물의 영역 안에서")으로 사용될 수 있다. 첫 번째 용법의 선택에 대해서는 R. N. Longenecker, *Galatians,* Word Biblical Commentaries (Dallas: Word, 1990), 15를 보라. 두 번째 용법의 선택에 대해서는 Betz, *Galatians,* 48; de Boer, *Galatians,* 100을 고전 7:15과 살전 4:7에 대한 언급과 함께 보라.

하나님께 있음을 증명하기 위해 바울이 즐겨 사용하는 용어로, 이 부르심에 따라 능력, 지위, 도덕적 가치와 상관없이 새로운 실재가 창조된다(참조. 롬 4:17, 9:6-12, 고전 1:26-28, 7:17-24).[11] 비상응적인 부르심의 역동성은 갈라디아 교회 교인들의 경우를 보면 증명된다. 그들은 "부르심" 받기 전에 하나님을 몰랐고, "하나님이 아닌 자들"에게 종노릇했다(4:8-9). 이방인으로서 그들은 율법과 상관없는 "죄인"이었다(2:15). 그들은 이제 하나님을 알게 되었으나, 이는 자기들의 인식론적 능력에 근거하지 않는다. 바울이 4:9에서 갈라디아 교회 교인들의 역사를 설명할 때, 그는 자기 자신이 교정 받은 사실을 제시한다. "하나님을 알 뿐 아니라 더욱이 하나님이 아신 바 되었거늘"(γνόντες θεόν, μᾶλλον δὲ γνωσθέντες ὑπὸ θεοῦ). 따라서 바울은 진리에 대한 인간적 진보와는 아무런 관계없이 펼쳐지는 하나님의 주도권을 제시한다.[12] 갈라디아 교회 교인들은 하나님의 영을 받았다. 하지만 이는 그들이 율법의 실천을 통해 사전에 (부분적이나마) "의"와 결부되었기 때문은 아니다(3:2, 5). 하나님의 부르심은 오직 그리고 단순히 "그리스도의 은혜로"(ἐν χάριτι Χριστοῦ) 주어진다. 바울의 강론을 보면, χάρις가 한 특수한 속성을 획득한 것처럼 나타난다. 곧 χάρις는 수혜자의 가치와 관계없이 작용하는 것이다.

따라서 갈라디아 교회 교인들의 경험은 그리스도-선물이 반직관적 성격을 갖고 있음을 암시한다. 바울은 비난과 저주를 발함으로써(1:6-

---

11   "부르심"이라는 바울의 용어에 대해서는 S. Chester, *Conversion at Corinth: Perspectives on Conversion in Paul's Theology and the Corinthian Church* (Edinburgh: T&T Clark, 2003), 59-112를 보라. 롬 9-11장에서 사용된 "부르심"이라는 용어에 대해서는 B. R. Gaventa, "On the Calling-into-Being of Israel: Romans 9:6-29," in F. Wilk, J. R. Wagner, eds., *Between Gospel and Election: Explorations in the Interpretation of Romans 9-11* (Tübingen: MohrSiebeck, 2010), 255-69를 보라.

12   반면에 필론은 개종자를 (아브라함과 같이) 진리를 향해 나아가고, 이에 따라 하나님으로부터 합당하게 상을 받는 자로 묘사한다(위 6.4를 보라). 이방인도 우주의 관찰을 통해 하나님의 본성을 추론해낼 수 있다고 보는 솔로몬의 지혜서 저자의 신념에 대해서는 그 책 13.1-10을 보라.

9), 의식적으로 다음과 같이 통상적인 인간의 담화 속에 들어 있는 설득력의 기준을 무시한다. "이제 내가 사람들에게 좋게 하랴, 하나님께 좋게 하랴"(1:10). 수사학을 사용하는 모든 이와 마찬가지로 바울도 "설득"은 오직 청중이 소중히 여기는 규범적인 기준을 제시할 때에만 효과적인 것임을 익히 알고 있었다(참조. 고전 1:18-2:16). 철학자들은 바로 이런 근거에 따라 수사학을 비판하고, 대중적이고 저속한 규범에 호소하는 "궤변적인" 담화를 비난했다.[13] 이런 철학자들과 같이 바울도 사람들을 기쁘게 하는 말을 피한다. 하지만 여기서 바울이 무시하고 있는 그런 의견을 가진 "사람들"은 무지한 군중이 아닌 인류 전체를 가리킨다. 곧 바울의 논증은 사람들 사이에서는 별로 존중받지 못하고 하나님 앞에서 그 중요성을 갖는다.[14] 바울의 수사적 표현도 그의 실제 삶과 마찬가지로 그리스도에게 충실하다. "내가 지금까지 사람들의 기쁨을 구하였다면 그리스도의 종이 아니니라"(1:10). 비록 바울이 "그리스도 예수 안에서 우리가 갖고 있는 자유"를 선포할지라도, 이처럼 일찍이 "종노릇"을 선언하는 것으로 보아 분명한 것은 그가 말하는 자유가 그리스도 안에서 새로 구축된 규범에 충성함으로써 주어진 결과라는 것이다.

---

13   고전 1-2장과의 관계에 대한 설명은 B. Winter, *Paul and Philo among the Sophists: Alexandrian and Corinthian Responses to a Julio-Claudian Movement*, 2nd ed. (Grand Rapids: Eerdmans, 2002); D. Litfin, *St. Paul's Theology of Proclamation: 1 Corinthians 1-4 and Greco-Roman Rhetoric* (Cambridge: Cambridge University Press, 2004)에서 볼 수 있다.

14   바울이 하나님을 "설복시키는 데"(또는 기쁘시게 하는 데) 전념하고 있다는 사실(즉 1:10a의 "또는"이 진실로 이접 접속사라는 것)은 그 직후에 사람을 기쁘게 하는 것과 그리스도를 섬기는 것 사이의 대립을 언급하고 있는 것에서, 그리고 1:1, 11-12의 하나님-인간의 양극적 대립이 나타나는 것에서 분명히 드러난다. 참조. 살전 2:4-6. 다음의 자료들을 보라. Martyn, *Galatians*, 137-40; de Boer, *Galatians*, 139-41; B. G. Lyons, *Pauline Autobiography: Toward a New Understanding* (Atlanta: Scholars Press, 1985), 136-46. 이 자료들은 다음의 연구들과 그 견해를 달리한다. Betz, *Galatians*, 54-55; J. D. G. Dunn, *The Epistle to the Galatians*, Black's New Testament Commentaries (London: A&C Black, 1993), 48-50.

따라서 "복음"은 바울의 충성을 재편성하고 재조정한다. 다시 말해 바울이 그리스도 안에서 주어진 비상응적인 선물을 선포하는 것은 인간적 가치 체계를 지배하는 통상적 관습과 맞지 않는다. 그러므로 1:11은 다음과 같이 강력히 진술한다. "내가 너희에게 알게 하노니 내가 전한 복음은 사람의 뜻을 따라 된 것이 아니니라(οὐκ ἔστιν κατὰ ἄνθρωπον)."[15] 이 부정은 갈라디아서 신학에서 중요한 의미를 갖는다.[16] 이는 "복음"과 인간의 사상 또는 행위의 전형적 구조 사이에 비상응적인 관계, 아니 심지어는 모순 관계가 있음을 암시한다.[17] 복음이 사람의 규범을 불신하는 이유는 복음의 기원이 인간의 영역 밖에 있기 때문이다. 복음은 사람의 권위로부터 받은 것도 아니고 사람의 가르침으로부터 전해진 것도 아니다. 복음은 "예수 그리스도의 계시로 말미암아" 왔다(1:12). 바울의 메시지는 인간적 추론의 결과가 아니다. 바울의 메시지는 모든 인간적 관념에 기반한 문화적 산물이 아니다. 바울의 메시지는 "다른 것"에 그 기원을 두고 있는데, 이는 바울의 메시지가 지닌 인식적, 행동적 규범에 "타성(他性)"을 확립한다. "사람[의 규범]을 따라 나지 않은(οὐ κατὰ ἄνθρωπον)" 바울의 뜻은 모든 가치 체계와 바울 자신의 전통을 포함하여 사전에 형성된 모든 전통에 도전을 주는 복음의 능력을 가리킨다.

바울은 자신이 **지금까지** 사람들의 기쁨을 구한 것을 부정하면서

---

15   NRSV는 이해할 수 없게도 이 말을 "인간적 기원에 속하지 않느니라"로 번역하고, 그 다음 구절 (1:12)에 나오는 파라 안트로푸(παρὰ ἀνθρώπου, "사람에게서")와 일치시킨다. 많은 주석가들이 이 번역을 따르고 있다. 예를 들어 de Boer, *Galatians*, 162.

16   바울은 다른 곳에서 카타 안트로폰(κατὰ ἄνθρωπον, "사람[의 뜻]을 따라")을 인간의 발화 유형(갈 3:15; 롬 3:5; 고전 15:32) 또는 인간적 행위(고전 3:3; 9:8; 롬 7:22)와 관련하여 사용한다. 마틴의 의역("이것은 사람들이 '복음'에 관해 말할 때 통상적으로 염두에 두고 있는 것이 아니니라")은 그 개념상 바울의 메시지와 맞지 않는 해석을 불필요하게 가져온 것이다. *Galatians*, 136, 142, 참조. 146-48.

17   이 원칙은 바울이 로마 제국의 패권주의 체계를 비판할 수 있는 능력을 포함하지만, 그렇다고 해서 그 원칙이 이런 범주에 국한되는 것은 아니다. 따라서 칼의 갈라디아서 해석(위의 11.4.4를 보라)은 은연중에 바울의 비판적 관점의 범주를 제한한다.

(1:10), 이전에는 즉 이제 묘사할 "과거의" 삶 속에서는, 그와 같이 행했다는 점을 넌지시 암시한다.[18] 복음은 신적 규범과 인간적 규범을 구별하므로, 이어지는 내러티브의 표현은 아주 놀랍다. 곧 하나님에 대한 충성이 예기치 않게 바울의 교육 및 전통과 확연히 다르다는 것이 입증되었다(1:13, 14). 바울이 기독론에 따라 정의된 "하나님"과 "사람" 간의 양극적 대립을 자신의 인생 이야기의 표제로 삼고 있으므로, 우리는 이 내러티브가 바울의 동료 유대인들의 기준에서 볼 때, 매우 이상한 내용을 담고 있음을 예상할 수 있다.

12.3. 바울의 부르심, 곧 비상응적인 선물에 관한 드라마(1:13-24)

1:13에서 시작되어 2:21까지 계속되는 이 내러티브에는 의심할 여지없이 변증적 요소가 담겨 있는데(참조. 1:20), 이는 바울 이야기가 경우에 맞추어 다양하게 서술되었음을 암시한다(1:23. 참조. 행 8-26장). 그러나 바울은 또한 본보기도 제공한다. 그 이유는 갈라디아 교회 교인들이 바울의 이야기를 유대인이나 사도로서 본받을 수 있었기 때문이 아니라 바울의 일대기와 바울 사역의 패턴을 그리스도를 만난 사람들에게 일어난 재조정의 본보기로서 본받을 수 있었기 때문이다.[19] 바울의 이야기에 대한

---

18   만약 바울이 여기서 자신의 문화적 배경에 알맞은 삶의 방식을 따르고 있다는 비판에 대해 스스로 반박하고 있는 것이라면, 여기에 변증적 어조가 추가로 나타날 수 있다. Dunn, *Galatians*, 48-49를 보라. 그러나 사람이 아닌 하나님에게서 칭찬을 받는 "유대인"으로 (재)정의하고 있는 로마서 2:29의 유사 내용은 바울이 자신의 가치 체계의 변화를 폭넓게 생각하고 있음을 시사한다.

19   이러한 모범적 사례의 목적은 Lyons, *Pauline Autobiography*에서 인지되고 있다. 그러나 라이언스는 바울이 자기 자신을 이상적인 모범 사례로서 제시하고 있다고 잘못 주장한다. 보다 더 나은 해석에 대해서는 다음의 연구들을 보라. J. H. Schütz, *Paul and the Anatomy of Apostolic Authority* (Cambridge: Cambridge University Press, 1975), 114-58; B. R. Gaventa, "Galatians 1 and 2: Autobiography as Paradigm," *NTS* 28 (1986),

대표적 반응은 **하나님을** 찬양하는 것이므로(1:24), 그리고 바울의 이야기의 전환점이 **하나님의** 결정과 부르심으로 말미암아 이루어지므로(1:15), 바울의 이야기의 취지는 자기 칭찬이 아니라 증언에 있다. 바울 이야기는 복음의 외적 기원 곧 복음이 "인간적 원천에서 나오지 않음"(οὐ παρὰ ἀνθρώπου, 1:12)을 증언할 뿐만 아니라 복음의 인간적 가치 체계와의 독립성 곧 복음이 "사람의 규범을 따라 된 것이 아님"(οὐ κατὰ ἄνθρωπον, 1:11)도 증언한다. 만약 바울이 이제는 이전에 신봉하던 "유대교"의 전통들에 의존하지 않는다면, 그리고 바울이 인간 당국이나 전통적 권좌로부터 어떠한 정당성도 구하지 않는다면, 이는 하나님께서 바울을 "은혜 안에서 부르심"으로써 그의 정체성이 바뀌게 되었고, 그의 가치 기준이 다시 정의되었기 때문이다. 바울은 이제 "복음의 진리"로 나아가는 길을 독자적으로 걷는다(2:5, 14).

바울이 자신의 "이전 행위"(ἀναστροφή)에 대해 묘사하고 있는 내용을 통해, 우리는 두 가지 강력한 인상을 받게 된다. 하나는 "하나님의 교회"를 **박해한** 것에 대한 인상이고(1:13), 또 하나는 더욱 "열심을 낸" 것에 대한 인상인데, 둘 다 "유대교"(Ἰουδαϊσμός)와 관련되어 있다. 바울이 "하나님의 교회"를 박해한 것은 설명되지 않는다(단순한 함축에 그친다, 1:14. 참조. 빌 3:6). 여기서 요점은 놀랍게도 이 두 사실의 인상적인 병치에 있다. 말하자면 이 행위가 "유대교에 있을 때에" 일어났다는 사실과 이 행위가 하나님(의 교회)을 박해한 것이라는 사실이 병치된다. 바울이 신적 부르심을 받게 된 것은 그가 섬긴 "유대교" 때문이 아니었다. "유대교에 있을 때에" 바울이 한 행위는 하나님을 위한 행위가 아니라 하나님을 노골적으로 **반대하는** 행위였다. 바울이 이전에 더욱 열심을 낸 것(1:14)은 이전의 문

309-26; B. Lategan, "Is Paul Defending His Apostleship in Galatians?" *NTS* 34 (1988), 411-30. 이 구절에 대한 이전의 설명은 J. M. G. Barclay, "Paul's Story: Theology as Testimony," in B. W. Longenecker, ed., *Narrative Dynamics in Paul* (Louisville: Westminster John Knox Press, 2002), 136-46을 보라.

화적 자산의 관점에서 볼 때, 자신의 탁월한 모습을 보여준 것이다(참조. 빌 3:2-11). 이 자산은 "유대교에"(ἐν Ἰουδαϊσμῷ) 투자되었다.[20] 유대교라는 칭호는 "이우다이오이"(Ἰουδαῖοι)의 민족적 전통을 불러일으키는데, "이우다이오이"는 한 민족(γένος)을 가리키는 표현으로 이 민족의 연속성은 "조상의 전통"(πατρικαὶ παραδόσεις, 1:14)을 유지하는 모습 속에 잘 설명되어

....

20 이우다이스모스(Ἰουδαϊσμός, 유대교)라는 용어는 바울 서신 가운데 오직 여기에서만 나타나고, 그 외 마카비 문헌(마카베오2서 2:21; 8:1; 14:38; 마카베오4서 4:26)과 로마의 후기 비문에서만 발견된다. Y. Amir, "The Term Ἰουδαϊσμός: A Study in Jewish-Hellenistic Self-Definition," *Immanuel* 14 (1983), 34-41. 모든 경우에 이 용어는 유대의 문화적 전통을 다른 것들과 병치시킨다. 곧 (로마의 경우가 아니라) 마카비 시대의 경우에 유대 문화 전통은 "헬레니즘"과의 배타적 관계 속에서 병치된다. 따라서 이 용어는 유대인이 하나님께 신실한 것과 관련하여 "외부적"(etic) 관점을 보여준다. 이는 유대의 전통을 외부인의 준거 틀에서, 외부인과 비교하여 볼 수 있는 능력을 의미한다. 여기서 이 용어는 "유대인의 삶의 방식"을 가리키는데(2:14에서 관련된 개념인 "유대인답게 사는 것"을 참조하라), 이때 바울은 모든 인간 "전통"을 새로운 비판적 빛 아래에 두는 관점에서 그 삶의 방식을 상대화한다. 여기서 이방인들에 대한 유대인의 태도에 관해서는 아무것도 언급되고 있지 않기에, 이 용어를 "극단적·민족주의적" 입장을 가리키는 것으로 간주할 이유는 없다(이것은 던과 상반되는 주장이다. Dunn, *Galatians*, 56). 물론 오늘날 우리가 "유대교"라는 말을 통해 가리키는 것은 바울이 이 용어를 사용했던 의미와는 단지 부분적으로만 중첩되고, 그래서 줄곧 인용 부호로 표시될 것이다. 바울은 "이전에 유대교에 있었을 때의 자신의 삶"에 관해 말한다(1:13). 그 말에 대한 우리의 정의에 따르면, 바울은 여러 가지 면에서 유대교 안에 남아 있는 것으로 이해된다. 나는 이우다이오스(Ἰουδαῖος)와 이우다이스모스(Ἰουδαϊσμός)를, 비록 "유대인"(judean)과 "유다사상"(Judeanism)으로 번역되는 강력한 사례가 있기는 해도, "유대인"(Jew)과 "유대교"(Judaism)로 번역한다. S. Mason, *Josephus, Judea, and Christian Origins* (Peabody: Hendricson, 2009), 141-84. 그리고 D. R. Schwartz, "'Judean' or 'Jew'? How Should We Translate ioudaios in Josephus?" in J. Frey, D. R. Schwartz, S. Gripentrog, eds., *Jewish Identity in the Greco-Roman World* (Leiden: Brill, 2007), 3-28을 참조하라. 어떤 영역도 충분히 적절하지 않고, 다양한 본문은 이 용어들을 사용할 때 서로 다른 뉘앙스를 담고 있다. 요세푸스의 경우에 "유다인"이 알맞은 것처럼 보이기는 해도(J. M. G. Barclay, *Flavius Josephus, Translation, and Commentary*, 10권: *Against Apion* [Leiden: Brill, 2007], lxi), 바울과 관련해서는 꼭 그렇게 보이지도 않는다. 왜냐하면 바울에게는 이우다이아(Ἰουδαία, 유다)의 지리적 관련성이 이우다이오(Ἰουδαῖο, 유다인)에는 필수적인 것처럼 보이지 않기 때문이다("Judaea"에 대해서는 갈 1:22; 살전 2:14; 롬 15:31을 보라).

있다.[21] 이 전통은 가치 기준을 확립했는데, 이 가치 기준에 의하면 바울은 자신의 동시대인들을 능가했다. 역사, 공동체, 민족성 그리고 도덕적 우수성은 그 자체로 탁월한 가치를 지니고 있는 문화적 자산으로 결합된다. 우리는 바울이 "하나님의 교회"를 박해하는 잘못에 빠졌음에도 불구하고 (1:13), 이 자산 때문에 하나님의 부르심을 받을 만한 가치를 갖고 있었다고 추정할 수 있다.

그러나 사실은 이와 정반대다. 바울의 기사에 따르면, 다음에 일어난 일은 유대인으로서의 자신의 정체성이나 "유대교에 있을 때" 했던 자신의 이전 행위의 가치와는 상관없이 일어난 한 사건이었다. 1:15-16에 묘사되어 있듯이, 바울의 "부르심"의 세 가지 특징은 유대교와의 이 결별을 암시한다. 첫째, 다음에 일어난 일(ὅτε δέ)은 "유대교" 안에서 바울에게 펼쳐진 또 다른 한 단계가 **아니었다**. 말하자면 그의 열심이 한 단계 더 깊어진 것이 아니었다. 오히려 그것은 신적 결정(εὐδόκησεν [ὁ θεός]… ἀποκαλύψαι, "[하나님이]…나타내시기를 기뻐하셨을 때에")의 결과였다. 주어의 변화는 1:13-14와 1:17 이하에서 바울의 행위를 묘사하는 일련의 동사들을 방해하고, 이는 이 사건이 바울의 주도권이나 통제권 밖에서 비롯된 것이라는 사실에 주의를 환기시킨다. 둘째, 이 계시는 "내 어머니의 태로부터 나를 택정하신 [하나님]"(ὁ ἀφορίσας με ἐκ κοιλίας μητρός μου)으로부터 나왔다. 이 말은 예언자의 부르심에 관한 내러티브들(렘 1:4-5, 사 49:1-6)을 반영하고, 바울의 "민족들[이방인]" 선교를 예언자들의 부르심과 마

---

21   조상의 전통은 성문 율법에 덧붙여진 바리새인의 "구두 전통"을 가리키는 것이 아니고(Dunn, *Galatians*, 60과는 상반된 견해다), 그리스어를 사용하는 환경 속에서 유대인과 비유대인 모두가 사용했던 말로서 토라와 토라의 생활방식을 가리킨다. 예를 들어 Josephus, *Ant.* 14.235, 258; B. Schröder, *Die 'väterlichen Gesetze': Flavius Josephus als Vermittler von Halachah an Griechen und Römer* (Tübingen: Mohr Siebeck, 1996)를 보라. 그러나 바울이 하나님을 이런 전통의 근원으로 간주하지 못하는 것은 그가 지금 자신의 이전의 삶을 새로운 관점으로부터 바라보고 있음을 강력히 시사한다.

찬가지로 이스라엘의 종말론적 소망 속에 둔다.[22] 그러나 이는 또한 하나님의 결정을 바울의 출생보다 앞선 것으로 간주함으로써, 그래서 바울이 "유대교에 있을 때에 행한 이전 행위"의 틀 밖에 둠으로써, 1:14에 묘사된 긍정적 자산(바울의 열심)을 약화시키고, 또 1:13에 묘사된 부정적 자산(바울의 박해)을 전복시킨다. 우리가 로마서 9:6-13과 관련하여 보게 될 것처럼(아래 17.2), 바울은 사람이 태어나기 전에 하나님이 말씀하시거나 행하시는 것에 각별한 관심을 두고 있는데, 이는 그것이 출생이나 그 이후에 축적된 가치의 정의들을 무너뜨리기 때문이다. 셋째, 바울은 하나님을 "그의 은혜로 [나를] 부르신 이"(ὁ…καλέσας διὰ τῆς χάριτος αὐτοῦἐκ κοιλίας μητρός μου)로 묘사하는데, 이 말은 앞에서 비유대인 개종자들에게 사용된 "부르심" 언어(1:6)와 일치한다.[23] 바울의 부르심(사도로서의 그의 사명을 포함하여)이 아무리 독특하더라도, 이는 율법을 준수하는 유대인들과 "죄인인" 비유대인들이 함께 공유했던 "은혜(χάρις)로 받은 부르심"에 기초를 두고 있다(참조. 2:15-16). 바울의 "부르심" 역시 태어나기 전에 이루어졌든지(ὁ ἀφορίσας…καὶ καλέσας라는 어구에서 정관사가 암시할 수 있는 것처럼) 아니면 "그리스도의 계시" 가운데 일어났든지(1:16), 바울의 삶을 변화시킨 것은 후자인 그리스도의 계시였다. 따라서 바울에게 하나님의 "부르심"은 그가 예수 그리스도를 경험한 것과 불가분하게 결합되어 있었다.[24]

---

22   K. O. Sandnes, *Paul—One of the Prophets? A Contribution to the Apostle's Self-Understanding* (Tübingen: Mohr Siebeck, 1991)을 보라.

23   O. McFarland, "'The One Who Calls in Grace': Paul's Rhetorical and Theological Identification with the Galatians," *HBT* 35 (2013), 151-65.

24   던은 바울의 부르심이 "이스라엘의 부르심에 내재되어 있는 은혜의 속성에 대한 적절한 이해를 상기시킨다"라고 말한다. 이로써 던은 기독론적 특수성을 배제한다. *Galatians*, 63. 이와 같은 그리스도의 부르심이 이스라엘의 부르심과 어떻게 관련될 수 있는지는 오로지 롬 9-11장에서 분명히 밝혀질 것이다(17장을 보라). 바울은 자신의 삶에 관한 이야기에서 은혜 안에서의 진보를 찾아내지 못한다(그의 "진보"는 오로지 "하나님의 교회"에 대한 반대로 이끌었을 뿐이다). 따라서 하나님이 그리스도를 계시하신 것은 하나님이 사전에 바울에 관해 결정하신 것과 충분한 조화를 이루고 있지만, 바울의 행실이

1:15-16의 이 세 가지 특징은, 1:13-14과 결합되어 그리고 1:13-14의 결론으로서, 다음의 내용을 지시한다. 즉 바울의 생애를 재구성해놓은 것이 그의 민족성, 전통, 훌륭함과 상관없이, 또 그가 이전에 하나님을 박해한 것과도 상관없이, 전적으로 하나님의 은혜의 행위였다는 것이다. 바울이 자신이 "이전에 유대교에 있을 때에 행한 일"(τὴν ἐμὴν ἀναστροφήν ποτε ἐν τῷ Ἰουδαϊσμῷ, 1:13)[25]에 관하여 말하고 있는 것은, "하나님의 아들의 계시"(1:16)로 인해 바울의 문화적 규범(바울은 한때 이 문화적 규범을 권위 있는 것으로 간주했다)에 대한 충성이 약화되었음을 가리킨다. 우리가 바울이 **신자로서**(어쩌면 "유대교"의 한 변칙 형태로서) 행한 일을 어떻게 규정하든지, 바울은 더 이상 전통의 지배를 받지 않기 위해 그리스도 안에서의 삶을 선택했다. 비록 그가 계속해서 자기 자신을 "유대인"이라 부르고(2:15), 자신을 "유대인들"과 동일시하며(1:14. 참조. 아래 13.3), 복음의 흔적과 공명하는 "유대교" 성서(구약성서)의 내용을 발견하고 있지만 말이다.[26] 신자

나 가치와는 조화를 이루고 있지 않다. 참조. Barclay, "Paul's Story," 140; S. Eastman, *Recovering Paul's Mother Tongue: Language and Theology in Galatians* (Grand Rapids: Eerdmans, 2007), 41.

25 이 구절은 한 단위이고, 바울이 지금은 "유대교 안에서 다른 행위 규범"을 갖고 있다는 것을 함축하지 않는다(이는 다음의 연구들과는 다른 견해다). M. D. Nanos, "Paul and Judaism: Why Not Paul's Judaism?" in M. D. Given ed., *Paul Unbound: Other Perspectives on the Apostle* (Peabody: Hendrickson, 2010), 141-144와 J. D. G. Dunn, *The New Perspective on Paul: Collected Essays* (Tübingen: Mohr Siebeck, 2005), 181, 갈 2:15. 1:23의 "포테 …눈"(ποτε…νῦν) 표현을 참조하라. 그리스도 안에 있는 바울의 현재 삶의 방식은 그의 과거로부터 이어지는 궤적에 놓여 있지 않고, 그 어디에서도 "유대교 내"에 있는 것으로 묘사되지 않는다(참조. 고전 9:19-23).

26 바울이 계속 "유대교" 안에 머물러 있었는지에 관한 현재의 논쟁은 대체로 바울이 유대인으로서 연속적 정체성을 가졌다고 잘못 이해하고 있으며, 동족 이스라엘의 미래에 대한 바울의 헌신을 "유대적" 삶의 방식의 권위적 규범에 대한 지속적 충성을 암시하는 것으로 잘못 해석한다. 최근의 사례에 대해서는 C. Johnson Hodge, *If Sons, Then Heirs: A Study of Kinship and Ethnicity in the Letters of Paul* (Oxford: Oxford University Press, 2007); P. Eisenbaum, *Paul Was Not a Christian* (New York: HarperCollins Press, 2009); Nanos, "Paul and Judaism"을 보라. 유대인이지만 유대인답게 살지 않는 것은 바울이

로서 바울은 이제(그의 관점에서 볼 때) "유대교 안에" 머물지 않는 "유대인"이다. 바울의 민족성은 그리스도-사건으로 확립된 정체성과 그리스도에 대한 충성으로 말미암아 포기된 게 아니라, 그리스도-사건 안에 포함되었다(참조. 2:19-21). 이제 "조상의 전통"은 더 이상 바울에게 중요한 가치 자산이 아니다.

따라서 바울은 하나님이 자신의 삶 속에 개입하실 때 보여주신 은혜의 **비상응성**을 명확히 하려고 하나님의 은혜의 행위와 행위의 우선권을 강조한다. 바울의 변화는 바울 자신의 행동 때문도 아니고 바울이 이전에 갖고 있던 가치에 따른 것도 아니다. 바울의 변화는 그리스도 안에서 주어진 하나님의 무조건적인 선물의 결과였다. 바울은 자신의 이전 삶이 의를 추구하면서 불경하게도 자기 자신을 의지했던 삶이라고 보지 않는다. 또 자신의 과거의 삶이 일종의 "종교" 곧 인간이 주도권을 갖고 하나님께 나아가는 종교를 구성한 것으로 보지도 않았다.[27] 바울이 자신의 조상의 전통에 지나치게 열심을 낸 것은 하나님이 이스라엘과 맺으신 언약을 "좁게" 해석한 것과 관련이 없다.[28] 오히려 1:13-14과 1:15-16 사이의 대조는 하나님의 행위의 비상응성과 이 행위가 문화적 규범들의 "객관적" 가

안디옥에서 명령했던 이례적인 정책이다(2:14). 의심할 바 없이 다른 (일반) 유대인 신자들과 같이 바울도 (때때로) 주를 공경하며 율법을 지켰다(고전 7:17-24; 9:20-21; 롬 14:1-12). 그러나 할례는 더 이상 바울의 가치를 규정하지 못했고(갈 5:6; 6:15), 그리스도에 대한 충성이 율법에 대한 충성보다 우선권을 갖게 되었다(갈 2:14-21; 고전 9:20-21). 바울은 율법의 권세로부터 자유를 선포하지만(갈 2:19; 5:1, 13, 18), 동시에 성령의 인도를 받는 삶 속에서 "성취되는" 율법의 특성들을 통합시킨다(5:13-14).

27 마틴은 "종교"의 범주로 시선을 돌린다. 바울은 "유대교가 이제 종교로 드러났다고 보았는데", 왜냐하면 "그리스도의 오심은 종교의 끝이기 때문이다"(*Galatians*, 164). 바르트의 범주와 그것이 마틴에게 미친 영향에 대해서는 위 3.5.1; 3.5.4; 11.4.3.을 보라.

28 이것은 Dunn, *Galatians*, 60-62과 상반되는 견해다. 비록 율법을 옹호하려는 "열심"이 종종 유 대교의 완전한 보존과 관련되기는 해도, 바울의 본문(이곳 혹은 빌 3:6)에서 그의 열심이 특별히 유대교의 경계선에 대한 위협과 연관되어 있었다는 암시는 찾아볼 수 없다.

치에 미친 극적인 결과를 나타낸다. 바울은 잘 정비된 "유대교"의 규범에 따라 열광적인 삶을 살았으나 하나님이 바울을 "은혜로 부르신 것"은 바울이 유대교의 규범을 잘 지킨 것과는 아무 상관이 없었다. 1:6에서처럼 "은혜"(χάρις)는 하나님의 부르심이 수혜자의 사회적 가치에 어떠한 제한도 받지 않음을 암시한다. 말하자면 은혜는 우월한 민족성, 지위 또는 문화적 위상과 무관하게, 또 하나님에 대한 죄악, 무지, 필사적 반대와 같은 부정적 가치와도 무관하게 주어진다. 그 결과 이전에 자명했던 규범들이 일시적으로 중지되고, 상대화되고, 또는 재조정된다. 다시 말해 그리스도 안에서 새로이 생성된 삶 속에서 과거의 규범은 우월한 규범인 "복음의 진리"에 종속된다(2:5, 14).

바울은 부르심을 받고 새로운 사명을 받게 된다. "그를[그리스도를] 복음으로 이방에 전하기 위하여"(ἵνα εὐαγγελίζωμαι αὐτὸν ἐν τοῖς ἔθνεσιν, 1:16). 이 사명이 즉시 시작되었는지 그리고 처음에 어떤 조건에 따라 시작되었는지는 알 수 없으나, 바울은 이제 이 계시와 부르심을 "이방인"(문자적으로, "민족들." 이 말은 "비유대 민족들"을 가리킴)에게 나아가는 사명과 연계시킬 뿐만 아니라 그들을 "유대인답게" 만들려는 시도들을 거부한다(2:14). "바울에 관한 새 관점"이 정확히 주장하고 있듯이, 이처럼 과거의 규범을 깨뜨리는 사명은 바울 신학에 필수적이다. 그러나 우리는 이제 갈라디아서 1:15-16에서 바울 신학의 근본 원리를 확인할 수 있다. 바울이 "은혜로 부르심 받은 것"은 그의 가치와 무관하므로 그가 가지고 있던 이전 "유대교"의 결정적 가치들에 대한 확신을 약화시켰다. 이제 바울에게는 유대인이 아닌 자까지 포함시킬 정도로 경계가 확대될 수 있는 안정된 유대교 전통이 존재하지 않는다. 오히려 반대로 바울은 유대인과 비유대인 모두의 정체성을 재형성하는 한 사건을 선포한다.[29] 바울이 이방

---

29 Johnson Hodge, *If Sons, Then Heirs*는 바울을 통해 회심한 이방인 개종자들이 "유대인"이 되지 않아도 아브라함의 새로운 "친족"이 된다고 바르게 주장한다. 그러나 바울이 갈

인 선교를 행할 때 갖고 있는 근본 방침은 "민족주의"를 거부하는 것이 아니다. 바울의 이방인 선교는 그리스도의 비상응적인 선물이 가져온 충격적인 결과다. 바울에게 그리스도-사건은 "유대교"에서의 그의 진전을 지속시키지도 않고 완성시키지도 않는 신적 개입으로 경험되므로, 이 그리스도-사건은 "조상의 전통"이라는 민족적 틀 안에 포함될 수 없다. 그리스도-사건은 유일하고 특별하지만, 동시에 무조건적인 사건으로서 인류의 특정 집단에 속해 있는 것이 아니라 전 인류를 위한 것이다. 아무도 자신의 민족적 가치에 근거하여 그리스도-선물을 받지 못하므로, 어느 민족에 속하든 모든 사람은 그리스도-사건의 범주에서 제외되지 않는다.

그리스도-선물에 대한 바울의 이런 해석이 다메섹 경험에서 충분히 형성되었다고 보는 것은 개연성이 없다. 바울은 율법을 지키지 않았음에도 불구하고 성령을 선물로 받은 이방인 개종자들과 함께 수 년 후에 이 관련성을 재구성한다(참조. 갈 3:2-5). 바울의 경험, 성서적 재해석, 그리스도 이야기에 대한 생각 그리고 "비유대적" 신자들과의 확대된 교류가 서로 결합되어 비상응적인 선물에 관한 바울 신학이 확립되었다. 바울의 선교가 본토나 디아스포라의 유대 공동체로 제한되었다면, 바울의 신학이 어떻게 이런 형태를 가질 수 있었을지 상상하기 어렵다. 바울의 이방인 선교는 그의 사상을 구현한 것이었을 뿐만 아니라 그의 사상을 형성시킨 것이기도 했다. 신학과 실천은 오랜 변증법적 관계 가운데 서로를 보강했는데, 이 변증법적 관계는 이방인을 위한 그의 사도적 부르심을 그가 전하는 "복음"의 중심으로 만들어놓았다.

3-4장에서 제시하고 있듯이, 그리스도 안에서만 가능한 행위, 곧 하나님이 자신의 "양자"로 삼으시는 행위를 통해 유대인과 아브라함의 관계 역시 재구축된다(4:1-6). 따라서 1:10-16의 바울 이야기는 2:19-21에서 그가 다른 사람들의 모범적 사례가 될 정도로 유대인으로서 그가 갖고 있는 정체성이 재구축되었음을 시사한다. 바울의 안디옥 방침(2:11-14)이 이방인들을 가르쳤던 유대인 "선생들"에게만 적용된다고 간주해야 할 이유는 없다(이것은 하지의 주장과 상반된 견해다. Johnson Hodge, *If Sons, Then Heirs*, 58, 123-25).

바울이 부르심을 받고 난 후 그의 몇 년간의 행적이 매우 개략적으로 언급되고 있지만, 여기에는 장소를 비롯하여 경험의 중요성을 알려주는 세부 사항이 충분히 제시되어 있다. 바울이 예루살렘과 거리를 두고 14년 (또는 17년) 동안 예루살렘을 한 번 방문한 것(1:18, 2:1)은 바울이 "혈육과 (즉 어떤 사람과도, 1:16) 의논하지 않았다"는 주장을 지지하는 근거로 인용된다.[30] 바울의 메시지는 사람[의 규범]을 따르지 않은(οὐ κατὰ ἄνθρωπον, 1:11) 것이므로, 기존 규범과의 일치 여부를 점검받을 필요가 없었다. 바울은 자신의 판단과 행위 규범을 새롭게 확립하는 그리스도-사건의 권위에 복종하기 때문에 인간적 권위에 의존하지 않는다. 여러 해 동안 바울의 습관은 예루살렘 밖에서 곧 "유대의 교회들"과 멀리 떨어진 곳에서(1:22) 형성되었다. 바울이 아라비아, 다메섹, 수리아, 길리기아 지방에서 무엇을 하고 있었든지(1:17, 21), 중요한 것은 바울이 예루살렘이 아니라 **거기에** 있었다는 점이다. 비록 예루살렘이 바울의 "조상의 전통" 안에서 권위의 중심 위치를 차지하고 있었지만, 그곳은 이제 바울의 주요 기준으로 작용하지 않았다. "그리스도의 종"(1:10)으로서 바울은 자유로운 영혼이 아니지만, 예루살렘은 이제 다른 곳에서 파생된 권위를 인정할 때에만 중요하다 (2:7-9). 이제 바울의 모(母)도시는 "위에 있는 예루살렘"이다(4:26). "은혜의 부르심"으로 인해, 바울의 삶은 모든 인간적 제도와 구별되는 현실에 멈추게 된다.

---

30 "인간"을 가리키는 의미로 "혈육"(1:16)이라는 성서적 표현을 사용하게 되면 "성령"과 정반대의 짝을 이루는 "육체"(σάρξ)라는 중요한 말을 도입하게 되는데, 이런 대조 형태는 이후의 장들 (3:3; 4:29; 5:13; 6:8, 12-13)에서 "인간-하나님"을 양극화하는 새로운 형태로 지속된다.

12.4. 예루살렘과 기존 문화적 자산의 상대화(2:1-10)

바울은 예루살렘 회의의 합의에 대해 부분적으로 언급하고 있는데, 이는 모든 면에서 복음이 할례 관습을 통합하거나 무시할 수 있다는 데 초점을 맞추고 있다. "그리스도 예수 안에서 우리가 가진 자유"를 양보하라는 압력이 바울에게 가해졌지만(2:4), 바울은 그리스인이었던 디도에게 "억지로 할례를 받게 하지 않았다"고 기쁘게 보도한다(2:3. 6:12과 대조해보라). 유대 전통 안에서 할례가 차지하는 가치를 감안할 때, 우리는 예루살렘 회의에서 체결된 협정의 중요성을 과소평가해서는 안 된다. 지금과 같이 그때도 민족성의 표지와 구별의 표징으로서 남성의 할례는 유대인의 정체성에 있어서 결정적 요소였다. 또한 할례는 유대인의 남성상에 있어서 필수 요소였고, 성 및 출산과 관련해서는 유대인 자손이 "순수" 혈통을 유지하도록 동족결혼 관습을 보존하는 역할도 했다.[31] 바울은 하나님이 베드로를 "할례의 사도"(또는 할례자의 사도, 2:8, 9)로 삼으신 것을 인정한다. 그리스도-사건은 이 문화적 표지를 더 이상 우월한 지위의 표징으로 삼지 않는다(참조. 5:6, 6:15). 그러나 이 유대교 관습은 해도 그만, 안 해도 그만인 문제이므로, 유대인이 이 관습을 유지하는 것을 굳이 막을 필요는 없다(참조. 고전 7:17-20). 그러나 그리스도-사건은 또한 이방인을 위한 사도 직분의 근거이고(2:8), 이는 "무할례에게"(또는 "무할례자에게") 복음을 전하

---

31 할례를 다룬 최근의 연구들은 많다. 예를 들어 다음의 연구들을 보라. H. Eilberg-Schwartz, *The Savage in Judaism: An Anthropology of Israelite Religion and Ancient Judaism* (Bloomington: Indiana University Press, 1990); L. Hoffmann, *Covenant of Blood: Circumcision and Gender in Rabbinic Judaism* (Chicago: University of Chicago Press, 1996); A. Blaschke, *Beschneidung: Zeugnisse der Bibel und Verwandter Texte* (Tübingen: Francke Verlag, 1998); M. Thiessen, *Contesting Conversion* (Oxford: Oxford University Press, 2011). 할례, 출산, 혈통의 관련성에 대해서는 J. M. G. Barclay, *Jews in the Mediterranean Diaspora from Alexander to Trajan* (323 BCE-117 CE) (Edinburgh: T&T Clark, 1996), 411-12, 438-40을 보라.

는 것(τὸ εὐαγγέλιον τῆς ἀκροβυστίας, 2:7)"을 수반한다. 무할례를 저급한 타자성 또는 역겨운 치욕의 한 표지로 간주하는 사회적 분위기가 전혀 없는 현대의 이방인 독자는 일반적으로 다음과 같은 모순적인 표현에 충격을 받지 않는다. "무할례(foreskin) 복음"은 유대 문화에 작용하고 있는 가치 체계에 충격적인 도전이 된다.[32] 여기서 유대 전통 안에 있는 문화적 자산의 중심 표지가 이방인 선교 시에는 폐지될 수 있는 것으로 확인된다. 그 이유는 확실히 이방인 선교가 덜 중요해서도 아니고, 이방인 개종자가 유대인 개종자보다 그 지위가 더 낮아서도 아니다. 그 이유는 바로 다른 선교 형태에서와 마찬가지로 이러한 선교 형태에서도 **하나님이 활동하시기** 때문이다(2:8). 예루살렘 교회 사도들은 바울과 바나바의 "무할례 선교"의 타당성을 인정하라는 요구를 받고 있는 셈이다. 왜냐하면 그들이 신적 가치 평가를 (허가하라는 것이 아니라) 인정하라는 요구를 받고 있기 때문이다. 바울에 따르면, 하나님이 이 두 선교 방식에서 모두 "역사하셨다"는 사실이 인정되었는데, 이는 (예루살렘 교회의) "기둥과 같은 사도들"이 "내게[바울에게] 주신 하나님의 은혜"를 인정했기 때문이다(2:9). 이 두 선교 방식은 이 두 선교에 참여하는 자들의 통제를 벗어난 것으로, 그들이 선택하지 않은 조건에 따라 이루어졌다. 또 바울은 복음의 기원과 역동성에 있어 신적 행위를 강조하는데, 이는 인간적 행위를 축소하는 것이 아니라 인간 행위자가 지닌 인간적 가치 기준을 전복시킨다.

바울은 "할례자"에게 하나님이 역사하신 선교와 그 선교가 (예루살렘 교회의) "기둥과 같은 사도들"에게 위임된 것을 충분히 인정한다(2:9). 확실히 바울은 "내가 달음질하는 것이나 달음질한 것이 헛되지 않게 하려고" 그들에게 자신의 복음에 대한 관점을 제시했음을 인정한다(2:2). 바울

32　칼은 이 표현을 "깜짝 놀랄 정도로 과감한 말"로 간주하는데, 이는 옳다. Kahl, *Galatians Reimagined: Reading with the Eyes of the Vanquished* (Minneapolis: Fortress Press, 2010), 275. 이 말은 "경건하지 아니한 자를 의롭다 하시는 것"(롬 4:5)과 동등한 갈라디아서의 표현이다.

은 자신의 복음의 관점에 대하여 [예루살렘 교회의 사도들에게] 굳이 인정받을 필요가 없었다(참조. 1:17). 그렇지만 복음의 열매, 특히 자신이 세운 이방인 교회들에 대하여 예루살렘 교회의 사도들로부터 인정을 받고자 하는 마음이 있었다.[33] 그들의 인정을 못 받을 경우 바울의 사역은 "헛된" 것으로 돌아간다. 왜냐하면 바울의 사역이 하나님 앞에서 무효한 것이 될 수 있어서가 아니라(참조. 2:7-9), 유대인과 이방인 교회들이 서로의 타당성을 인정하고, 그로 말미암아 그리스도에 대한 공통의 충성을 통해 그들의 차이를 상대화시킬 때에만 바울의 사역이 완성될 수 있기 때문이다. 바울에게는 유대인을 향한 성공적인 선교의 존재가 매우 중요하다. 바울이 바라는 것은 유대인 신자들로부터 독립된 이방인 교회의 형성이 아니라, 유대인과 비유대인이 그리스도 안에서 서로 교제하는 공동체를 세우는 것이다. 이 "친교의 악수"(2:9)는 이방인 선교가 유대 전통의 경계를 넘어 펼쳐질 수 있음을 인정하는 것일 **뿐만 아니라**, 유대인 선교도 유대 전통 안에서 이루어질 수 있음을 인정하는 것이기도 하다. 바울은 "가난한 자들을 기억할" 것을 약속하는데(2:10), 만약 이 약속이 특별히 예루살렘 교회의 "가난한 자"와 관련되어 있다면, 유대인 신자들 및 유대인 선교에 대한 바울의 헌신은 예루살렘 회의의 마지막 인상으로 남아 있다.[34] 나는 다음과 같이 제안할 것이다. 이 헌신은 갈라디아서 마지막 부분인 "하나님의 이스라엘"에게 긍휼을 베풀어주실 것을 구하는 바울의 기도(6:16. 아래 13.3.3을 보라)에서 그 흔적을 발견하게 되고, 로마서 9-11장에서 바울이 이스라엘에 대한 소망을 품고 그들을 위해 기도하는 것에서 두

---

33 Martyn, *Galatians*, 190-93을 보라. 바울이 "계시에 따라"(κατὰ ἀποκάλυψιν, 2:2) 예루살렘으로 간 것은 자신의 방문이 예루살렘 교회의 소환이나 안디옥 교회의 위임에 의한 것이 아니었음을 암시한다. Martyn, *Galatians*, 190 그리고 de Boer, *Galatians*, 216-18을 보라.

34 이것은 2:10에 대한 일반적 해석으로서, 예루살렘의 정황과 롬 15:26의 "예루살렘 성도 중 가난한 자들"에 대한 언급은 이와 같은 해석을 지지한다. 추가 논증에 대해서는 de Boer, *Galatians*, 243-46을 보라.

드러지게 나타난다고 말이다.

이처럼 할례자 선교와 무할례자 선교를 똑같이 인정하게 되면, 복음의 본질적 요소로서 우월한 가치를 갖고 있는 조건이 절대로 없다는 결론이 수반된다. 바울은 어느 쪽이든 실천을 무시하지 않는다. 하지만 양측이 행하는 실천의 가치를 상대화하고, 이 상대화에 "자유"라는 정서적 꼬리표를 붙인다(2:4). 문맥상 이 "자유"는 내면의 "영적" 상태가 아니라 어떤 단일한 문화적 전통의 경계와 요소들로부터 "해방되는 것"임을 암시한다.[35] 우리가 요세푸스를 통해 알게 되었듯이, 율법의 문화적 권위는 "자유자"가 경멸하는 일종의 "폭정"으로 표현될 수 있었다. 요세푸스가 시므리(Zambrias)의 동기를 상상할 때, 그는 시므리를 모세의 "폭정"을 한탄하는 배반자 유대인으로 묘사한다. 물론 요세푸스의 평가에서는 "자유"를 위한 노력이 단지 스스로 발급한 허가증을 위장하는 것에 지나지 않지만 말이다(*Ant.* 4.145-149). 바울도 갈라디아서에서 비슷한 말을 사용하지만 그 말에 다른 수사적 의미를 부여한다. 곧 바울은 "우리"(유대인과 비유대인)가 "그리스도 안에서" 누리는 "자유"를 찬미하고, "강제적이거나" "종으로 삼거나" "복종"을 강요하는 온갖 시도들은 거부한다(2:3-5). 이런 의미가 담긴 어휘가 다양한 형태로 이후 단락 속에서 계속 나타날 것이다(3:23-4:7, 4:21-5:1, 5:13-14). 여기서 "그리스도 예수 안에서 우리가 가진" 자유(2:4)는 문화적 경계를 넘어서는 자유, "조상의 전통"(1:14)을 거역하는 자유, 또 율법이나 어떤 다른 문화적 규범에 의해 전개된 최종적 권위의 주장들을 거부하는 자유를 의미한다. 이 자유는 "그리스도 예수 안에" 있다. 왜냐하면 그러한 제약들에 영향을 받지 않는 그리스도-사건이 새로운 형태의 삶을 세우고 새로운 삶의 방향을 지시하기 때문이다. 그리스

---

35 S. Vollenweider, *Freiheit als neue Schöpfung: Eine Untersuchung zur Eleutheria bei Paulus und in seiner Umwelt* (Göttingen: Vandenhoeck & Ruprecht, 1989)에서 이 논의의 배경과 바울의 어법에 관한 설명을 보라.

도-사건의 결과는 절대적 자유가 아닌데(참조. 1:10, 5:13, 18, 25), 그 이유는 이 자유가 추상적으로 생각되는 것이 아니기 때문이다. 이를테면 "그리스도 예수 안에서" 갖는 자유는 "진리에 대한 순종"을 수반한다(5:7). 그러나 이방인이 율법 전통이나 기존의 어떤 문화적 규범을 받아들여야 한다고 주장하는 것은 비상응적인 선물로서의 복음의 본질적 특성을 부인하는 것으로, 결국은 복음의 진리를 부인하는 것이 될 것이다(2:5).

이 "자유"의 범주는 바울이 공인된 지위의 속성에 담대히 이의를 제기함으로써 이미 제시되었다. 바울은 네 번에 걸쳐 예루살렘 교회의 지도자들을 "유력한 자들"(οἱ δοκοῦντες, 2:2, 6[2회], 9)로 지칭하고, 아이러니하게도 그들의 지위와 관련된 명예와는 거리를 둔다. 그들의 높은 신임("저유력한 이들은 내게 의무를 더하여 준 것이 없고", 2:6)에도 불구하고,[36] 본질적인 사실은 "하나님은 사람을 외모로 취하지 아니하신다는"(πρόσωπον [ὁ] θεὸς ἀνθρώπου οὐ λαμβάνει, 2:6) 것이다. 다시 한번 바울은 하나님의 기준이 "사람[의 뜻]을 따라 된 것이 아님"(οὐ κατὰ ἄνθρωπον, 1:11) 분명히 한다. 하나님은 인간의 관점으로 측정된 자격이나 상징적 자산에 관심을 두지 아니하신다. 이런 통상적 명예 체계의 해체는 5:13-6:10(여기서 δοκ-어근으로부터 파생된 단어들이 두드러지게 등장한다, 5:26, 6:3-4)에서 명확해지는 바와 같이, 공동체의 구성에 엄청난 중요성을 갖고 있다. 명예와 가치가 복음의 진리로 재조정되는 곳에서 공동체는 전통적 신분 계급을 무시하고, 문화

---

36 포테(ποτε, "본래", 2:6)가 바울이 이전에 그들의 명예를 인정한 것을 가리킨다는 던의 주장 (Galatians, 102-103, 클라인의 견해를 따름)은 설득력이 없다. 바울은 가족이나 제자의 유대관계를 통해 그들이 이전에 예수와 맺었던 관계로부터 유래하는 지위를 암시하고 있는 것으로 보인다. 참조. Schütz, Apostolic Authority, 142. "바울에게는…그들의 지위가 다른 어떤 것이 아니라 복음의 진리에 복종하는 것에 의존한다." 바나바가 안디옥에서 "야고보에게서 온 어떤 이들"이 이르기 전에 베드로의 본을 따른 것(2:12-13)은 이 "기둥들"의 권위가 심지어 예루살렘 밖에서도 행사되었음을 암시한다. C. K. Barrett, "Paul and the 'Pillar' Apostles," in J. N. Sevenster, W. C. van Unnik ed, Studia Paulina (Haarlem: De Ervem F. Bohn, 1953), 1-19를 보라.

를 거슬러 ("무가치하고") 가난한 자들에게 관심을 줄 수 있게 된다(2:10).[37]

12.5. 안디옥 사건과 규범으로서의 율법의 정지(2:11-21)

12.5.1. 안디옥 사건

바울이 게바/베드로와의 충돌에 대해 기록한 내용에는 하나의 담화가 포함되어 있는데, 이 연설은 2:14에서 시작되어 2:17까지 "우리"-형태로 지속되다가 2:18-21에서는 일인칭 단수형으로 바뀐다. 비록 담화 끝에 이르면 베드로를 직접 겨냥하는 그 정도가 약해지기는 해도, 이 본문은 전체적으로 바울이 베드로에게 항의하고, 바울이 의존하는 "복음의 진리"를 전개한다(2:14). 2:14-21에서 바울이 베드로에게 실제로 말했던 내용이 (만약 있다면) 얼마나 되는지 불명확하지만, 이로 인해 2:11-21이 하나의 문학적 수사 단원이라는 사실이 모호해져서는 안 된다.[38] 바울의 입장에서 볼 때 안디옥 논쟁은 역사적 자료로서만 중요한 것이 아니라, 이 논쟁을 통해 바울이 정확히 이러한 관점에서 "복음"을 설명할 수 있기에 중요하다.

바울의 내러티브는 꼭 필요한 내용으로 축소되고, 그래서 많은 세부

---

37   2:10을 (단순히 예루살렘 "성도 가운데 가난한 자"가 아니라) 가난한 자들 전체에 대한 관심을 가리키는 것으로 해석하는 것에 대해서는 B. W. Longenecker, *Remember the Poor: Paul, Poverty, and the Greco-Roman World* (Grand Rapids: Eerdmans, 2010), 157-219를 보라. 그러나 우리가 2:10의 지시 대상을 어떻게 이해하는지와는 관계없이 롱네커는 가난이 경멸적인 관심이 아니라 자비로운 관심을 이끌어내는 공동체적 특징이라는 사실을 올바로 강조한다. L. L. Welborn, "'That there May Be Equality': The Contexts and Consequences of a Pauline Ideal," *NTS* 57 (2012), 73-90, 고후 8:13-14에 나타난 "평등" 부분을 참조하라.

38   물론 2:15-21도 이어지는 장들에서 사용될 용어를 소개하는데, 이로 인해 베츠는 2:15-21을 수사적 명제로 간주한다. *Galatians*, 113-14. 사실 바울은 갈라디아 교회의 상황을 처음 두 장(참조. 2:5) 전체에 걸쳐 제시하고 있다.

사실이 불확실한 상태로 남겨진다. 베드로는 왜 안디옥에 있었을까? 베드로는 왜 "야고보에게서 온 어떤 이들"이 오자 떠났을까(2:12)? 이들은 누구이고, 어떤 압력을 행사했을까? 베드로가 두려워 한 자("할례자들", οἱ ἐκ περιτομῆς)는 이들일까, 아니면 다른 이들일까?[39] 이 질문들은 대체로 답변이 불가능하다. 왜냐하면 바울의 관심사는 이러한 질문들과 관련이 없기 때문이다. 바울에게 가장 중요했던 것은 베드로가 안디옥에서 비유대인과 함께 습관적으로 식사를 했으나(συνήσθιεν은 습관적 행동을 암시한다, 2:12), 후에 압력을 받아("두려워하여") [식사 자리에서] "떠나" "물러감으로써" "남은 유대인들"과 "바나바까지" 그의 "외식[위선]"으로 끌어들였다는 점이다(2:12-13).

우리는 어떤 조건하에서 베드로가 비유대인과 함께 식사를 했는지 알 수 없다. 학자들은 누가 식사를 대접했고, 어떤 종류의 음식이 있었고, 이 식사가 어느 정도까지 유대 전통을 따랐는지 혹은 따르지 않았는지에 대해 추측한다.[40] 바울의 논증에서 중요한 것은 그가 베드로를 책망하는 내용

---

39 "할례자들"(호이 에크 페리토메스, οἱ ἐκ περιτομῆς)로 불리는 자는 (그리스도를 믿거나 믿지 않거나) 분명히 유대인들이다. 이 말은 문화적 기원이나 자기인식의 지점을 어디에 두고 있는지를 암시하고, 아래에 나오는(3:9) "믿음으로 말미암은 자"[οἱ ἐκ πίστεως]와 대조를 이룬다. 이와 유사한 바울의 약칭 용어의 사례들에 대해서는 갈 3:10; 롬 4:12, 14, 16; 골 4:11; 딛 1:10을 참조하라. 이 용어를 "할례를 찬성하는 자들"로 번역할 이유는 없다. 이는 다음의 연구와 상반되는 견해이다. M. D. Nanos, *The Irony of Galatians: Paul's Letter in First-Century Context* (Minneapolis: Fortress, 2002), 287-92.

40 J. D. G. Dunn, *Jesus, Paul, and the Law: Studies in Mark and Galatians* (London: SPCK, 1990), 129-182(1983년에 초판 발행)가 최근 논쟁의 파장에 불을 붙였다. 이방인과 "함께 먹는 것"은 이방인이 주인이었다는 것을 함축하는가? 식사에 "주의 만찬"이 포함되었는가? 이 식사는 율법을 명백히 무시했는가, 아니면 어느 정도 유대 전통을 준수했는가? 율법이 대체로 계속 준수되었다는 것은 다음의 자료들에서 다양한 형태로 주장되고 있다. Dunn, "The New Perspective on Paul," *BJRL* 65 (1983), 95-122; M. D. Nanos, "What Was at Stake in Peter's Eating with Gentiles' at Antioch?" in M. D. Nanos, ed., *The Galatians Debate* (Peabody: Hendrickson, 2002), 282-318; M. Zetterholm, *The Formation of Christianity in Antioch: A Social-Scientific Approach to the Separation between Judaism and Christianity* (London: Routledge, 2003), 129-166.

이다(2:14). "네가 유대인으로서('Ιουδαῖος ὑπάρχων) 이방인을 따르고 유대인 답게 살지 아니하면서(ἐθνικῶς καὶ οὐχὶ Ἰουδαϊκῶς ζῇς) 어찌하여 억지로 이방 인을 유대인답게 살게 하려느냐(πῶς τὰ ἔθνη ἀναγκάζεις ἰουδαΐζειν)." 이 책 망은 베드로의 "외식"을 비난한다(2:13). 곧 베드로는 자신도 일관되게 실 천하지 않는 유대인의 삶의 방식을 이방인들에게 취하도록 압력을 가하 고 있다. 우리는 이 압박이 얼마나 컸는지 잘 모른다.[41] 그런데 여기서 바 울은 이방인에게 특별히 "유대인의" 규범을 취하도록 요구하는 것을 반 박한다. 또한 베드로의 식사 습관이 어떤 면에서 "이방인 속에서 유대인 답게 살지 않는 것"을 구성했는지도 분명하지 않다.[42] 무엇보다 중요한 것

41 이것이 남자의 할례를 포함하는지 제외하는지의 여부는 드물게 사용되는 동사 "유대 인답게 살다"(ἰουδαΐζειν)라는 말의 뉘앙스에 달려 있다. 이 동사는 다른 곳에서 유대 전통에 맞추어 사는 것을 가리키지만, 그 의미는 다양하며 반드시 남자의 할례를 함축 하는 것은 아니다. 다음의 자료들에서 이 논쟁에 관한 내용을 보라. Dunn, *Jesus, Paul, and the Law*, 149-50; P. F. Esler, *Galatians* (London: Routledge, 1998), 137-40; S. J. D. Cohen, *The Beginnings of Jewishness: Boundaries, Varieties, Uncertainties* (Berkeley: University of California Press, 1999), 179-97; Nanos, "What Was at Stake," 306-10. 만약 할례가 분명히 요구되었다면, 바울은 예루살렘 회의의 합의를 어겼다는 이유로 베 드로를 비난할 수도 있었을 것이다.

42 던은 베드로가 이방인들과 함께했던 친교 식사가 음식 규례를 완전히 무시했다는 점에 의혹을 품었다. 던은 베드로의 친교 식사가 "노아의 일곱 가지 법"에 따라 진행되었으나 바리새인의 정결과 십일조 기준에 적합하지 않았고, 이 이유에서 "야고보에게서 온 어떤 이들"에게 충격을 주었다고 주장했다. *Jesus, Paul, and the Law*, 156, 158, 179. 이에 대 한 답변으로 샌더스는 바리새인의 정결과 십일조 규례가 디아스포라 유대인에게 적합했 는지에 관한 의문을 올바르게 제기했다. "Jewish Association with Gentile and Galatians 2.1-14," in R. T. Fortna, B. R. Gaventa, eds., *The Conversation Continues: Studies in Paul and John in Honor of J. Louis Martyn* (Nashville: Abingdon Press, 1990), 170-88. 나노 스의 최근 주장에 의하면 베드로가 이방인과 식사를 나눈 것이 율법의 규정을 어긴 것 은 아니었지만, 야고보에게서 온 사람들은 이방인들이 손님이 아니라 개종자로 간주된 사실에 충격을 받았다. "What Was at Stake," 300-311. 그러나 유대교의 식사 관습이 개종자와 비개종자 이방인들에게 각기 다른 지위를 부여했다는 증거는 어디에도 없다. 베드로가 처음에 이방인들과 식사한 사건의 문화적 일탈을 최소화하려는 다른 연구들 에 대해서는 Zetterholm, *Formation of Christianity*, 129-66("유대인답게 살지 아니하면 서"라는 말에 대한 언급을 생략함) 그리고 Hodge, *If Sons, Then Heirs*, 121-25를 보라.

은 베드로의 민족적 정체성 말고 다른 어떤 것이 그의 행위 규범을 결정하는 데 작용을 했는가. 베드로가 식사와 관련된 유대 전통을 끊었는지 또는 비유대인과 친교 식사를 자주 가졌는지를 막론하고, 바울은 상속된 가치 체계에 도전할 수 있는 베드로의 능력에 주목하고 박수를 보낸다.[43] 베드로와 다른 이들이 "복음의 진리를 따라 바르게 행하지 아니했다"(οὐκ ὀρθοποδοῦσιν πρὸς τὴν ἀλήθειαν τοῦ εὐαγγελίου, 2:14)고 비난받은 것은 그들이 이 방침을 철회하고 이방인들에게서 떠나, 이방인들에게 유대 전통을 따르도록 압력을 행사했기 때문이다.[44]

따라서 바울은 안디옥 사건을 두 규제 구조 사이의 충돌로 제시한다. 말하자면 유대 전통의 규범에 따라 정의된 구조와 "복음의 진리"에 따라 형성된 구조, 이 두 구조 간에 충돌이 일어난 것으로 본다. 베드로는 이방인 신자들과 함께 식사를 하다가 그들에게서 떠나 물러감으로써 유대 전통을 최고의 규범 구조로 다시 세웠고, 다른 신자들에게 자신의 유대교적 삶의 규례를 따르라고 요구하는 결과를 초래하고 말았다. 그러나 바울의 관점에서 볼 때, 베드로는 이로 말미암아 **최고의 규범**으로서 다른 규범들을 철회시킬 수 있는 "복음의 진리"에 신실하지 못함을 증명한다. 그리스도-사건과 결합된 자에게는 "유대교의 삶의 방식"이 더 이상, **심지어는 유대인에게도**, 의로운 행위의 절대 기준이 아니다. 베드로와 바울은 계속

---

43   "네가 유대인으로서 이방인을 따르고[현재 시제] 유대인답게 살지 아니하면서"라는 진술은 야고보가 베드로를 반박하는 것을 가리키는 것이 아니고(이는 Dunn, *Galatians*, 128과는 상반된 견해다), 바울이 베드로의 일반적인 태도(잠시 그의 "외식"으로 가려진 태도)를 반박하는 것을 나타낸다.

44   오르토포데인(ὀρθοποδεῖν)이라는 동사는 전치사 프로스(πρός)와 결합되어 어떤 목표나 규범과 적절히 일치되는 것에 대한 개념을 불러일으킨다. 나중에 바울은 "규례[기준]"(카논[κανών], 6:16; 참조. 5:25)에 따라 "나아가는 것"(스토이케인[στοιχεῖν])에 관하여 말한다. BAGD 도처와 G. Kilpatrick, "Gal 2.14 ὀρθοποδοῦσιν," in W. Eltester, ed., *Neutestamentliche Studien für R. Bultmann*, 2nd ed. (Berlin: A. Töpelmann, 1957), 269-74를 보라. 이 은유에 대해서는 1QHᵃ XV.17을 참조하라("나의 발걸음을 의의 길로 인도하시는").

유대인으로 살아가지만(2:14-15) 유대교적 삶의 방식에 관한 규범적 주장은 이처럼 충돌이 발생하는 경우 그들의 삶이 "복음"을 지향해야 한다는 보다 높은 요구에 종속된다.[45]

그리스도-사건의 더 높은 권위가 공동체 활동의 배경에서 분명하게 드러나는 것은 우연이 아니다. 베드로가 이 "진리"에 부합하고 있는지의 여부는 그리스도 안에서의 식탁 교제, 공동체를 위한 가능성의 조건, 그리고 상호성을 통해 시험된다. 차별적 가치의 보편적 기준에서 벗어난 상호적 사회관계를 구축하는 것은, 갈라디아서 5:13-6:10에 분명히 나타나 있듯이, 갈라디아서에 나타난 바울의 비전에 필수적이다. 그러나 만약 공동체 지체들이 함께 식사를 할 수 없다면 "짐을 서로 지며"(6:2) "그리스도의 법"에 의지하는 공동체를 만드는 일은 불가능하다. 바울이 문제로 보고 있는 것처럼, 베드로가 식자 자리에서 떠나 물러간 것은 공동체가 유대 전통의 규범적 조건 안에서만(이방인을 "유대인답게 만드는" 것으로, 2:14) 회복될 수 있음을 함축한다. 따라서 베드로가 떠나 물러간 것은 식사 자리를 사회적 차별 현장으로 만들어버린 유대 전통을 특별히 드러내고 보여준다. 당시 디아스포라 지역에서 유대인들은 비유대인들과 다양한 삶의 영역에서 자유롭게 교제할 수 있었으나 제사 관습, 결혼, 식사와 같은

---

45   "복음"의 우월한 권위는—다른 상황들 속에서도—이방인 신자들에게 그들의 행동을 유대인 신자들의 행동에 맞추라고 요청할 수 있다. 그것이 유대인 신자들이 그리스도에 대한 충성을 보존하는 데 필요한 경우라면, 그렇게 할 수 있다(롬 14:1-15:13). 그러나 이 것은 다만 두 당사자가 유대교의 관습이란 것이 그리스도를 믿는 믿음의 부차적인 표현이라는 것을 인정할 때만 사실일 것이다(14:1-11). 그들의 믿음이 더 강해질수록 이 인정도 보다 더 심화된다. 아래 16.4를 보라. 참조. J. M. G. Barclay, "Faith and Self-Detachment from Cultural Norms: A Study of Romans 14-15," *ZNW* 104 (2013), 192-208. 따라서 바울은 원칙적으로 유대인들이 유대 전통에 따라 행하는 것을 절대로 막지 않는다. 그러나 그는 유대 전통을 보다 더 높은 충성의 요구에 예속시키는데, 이 요구는 항상 잠재적으로 그리고 때로는 실제적으로 율법의 요구와 일치하지 않는다(참조. 갈 2:19-20, 바울의 모범적인 "율법에 대한 죽음" 부분).

일부 민감한 분야에서는 교제가 제한되었던 것으로 알려져 있다.[46] 음식을 먹거나 교제를 유지하는 것과 관련된 친교 식사에서는 이 제한이 반드시 엄격히 지켜진 것은 아니었다. 그리고 이 제한이 지켜졌다면, 때로 특별한 조치를 통해 이방인과 함께 식사를 했음에도 불구하고 유대인의 도덕 관념이 확실히 유지될 수 있었을 것이다.[47] 그러나 유대인들이 "조상의 전통"을 신실하게 지켜 보통 일부 음식(안디옥에서 이방인이 만든 기름을 비롯하여)을 먹지 않고 이방인과 따로 식사를 했다는 증거가 있다.[48] 물론 그들은 이 관습을 전혀 다르게 평가하겠지만, 이교도와 유대인 자료 모두 이와 관련하여 유대교의 분리주의를 지적한다.[49]

46 식사 관습과 관련된 증거의 요약에 대해서는 Barclay, *Jews in the Mediterranean Diaspora*, 434-37을 보라. 에슬러의 조사(P. Esler, *Community and Gospel in Luke-Acts* [Cambridge: Cambridge University Press, 1987], 73-86)는 지나치게 일반화하는 경향이 있고 샌더스(Sanders, "Jewish Association")의 비판은 일반적·사회적 상호작용과 친교 식사의 친밀함을 구별하지 못한다. B. Holmberg, "Jewish versus Christian Identity in the Early Church？" *Revue Biblique* 105 (1998), 397-425에 지적된 구별에 대해서는 특히 Josephus, *C. Ap.* 2.209-210 그리고 Barclay, *Flavius Josephus* 주석을 보라.

47 디아스포라 유대인의 느슨한(때로는 배교자로 판단될 정도의) 태도에 대해서는 예를 들어 마카베오3서 7:10-11 그리고 J. M. G. Barclay, "Who Was Considered and Apostate in the Jewish Diaspora？" in G. N. Stanton, G. Stroumsa, eds., *Tolerance and Intolerance in Early Judaism and Christianity* (Cambridge: Cambridge University Press, 1996), 80-98을 보라. 유대인을 구별하기 위해 식사 때 지켜야 하는 실천적 규정들에 대해서는 예컨대 Josephus, *Vita* 185 그리고 Barclay, *Jews in the Mediterranean Diaspora*, 435를 보라.

48 시리아에서 생산되는 이방인의 기름에 대해서는 Josephus, *Vita* 74, *B. J.* 2.591 그리고 M. Goodman, "Kosher Olive Oil in Antiquity," in P. R. Davies, R. T. White, eds., *A Tribute to Geza Vermes* (Sheffield: JSOT Press, 1990), 227-45를 보라.

49 이교도의 자료에는 다음의 자료들이 포함되어 있다. Diodorus 34.1.2; Tacitus, *Hist.* 5.5.2; Philostratus, *Vit. Apoll.* 33. 디아스포라 유대인은 때때로 이 구별을 자신들의 우수함을 드러내는 표지로 자랑했다(예. *Let. Aris.* 139-42; 마카베오3서 3:4; Josephus, *C. Ap.* 2.173-74; 209-10, 234, 아폴로니우스 몰론의 비판에 반박하는 부분; 그리고 Barclay, *Flavius Josephus*, 도처를 보라). 이런 증거를 통해 유대인이 일반적으로 비유대인과 함께 식사하는 것이 금지되었다고 결론 내리는 것은 "유대인의 배타성에 대한 전통적 고정관념"에 굴복하는 것이 전혀 아니다(이는 나노스와 상반된 견해다; Nanos, "What Was at Stake," 297).

바울은 베드로가 식사 자리에서 떠나 물러간 것을 유대인들이 반사회적이거나 비인간적이었다는 근거에 따라 비판하지 않는다.[50] 문제는 민족 전통의 "편협함"(던)에 있는 것이 아니다. 베드로의 태도는 "복음의 진리"에 비추어볼 때에만 부족함이 발견된다(2:14). 이 복음의 진리는 그리스도-사건과 무관한 기준에 그 기초를 두고 있는 모든 가치 판단을 정지시킨다. 유대인과 비유대인 모두 비상응적인 은혜로 말미암아 그리스도께 속한 공동체로 "부르심"을 받는다. 민족적 구별을 부각시키는 문화적 규범에 기초를 둔 그들의 서로에 대한 그리고 그들의 전통에 대한 이전 평가는 기존의 가치 기준을 존중하지 않는 하나의 사건에 의해 무너진다. 그러므로 그들은 다른 가치의 차이와 마찬가지로 민족적 평가를 인지하지 못하는 상호 인정의 연합 안으로 이끌린다(3:28). 유대교의 사회 규례를 복원시키게 되면, "복음의 진리"에서 파생될 수 없는 특수한 규범으로 인해 이 교제가 제한받게 될 것이다. 사실 복음은 유대인과 이방인이 가지고 있는 기존의 가치 기준이 무시될 때, 바로 그때 유익하다. 곧 복음은 은혜의 비상응성에 따라 서거나 넘어진다. 그리고 이는 2:15-21이 계속해서 설명하고 있는 논리이다.

12.5.2. 갈라디아서 2:15-21의 논리

2:15-21의 진술은 고도로 압축되어 있다. 하지만 이 진술은, 갈라디아서 나머지 부분에서 아무리 상세히 설명된다 해도, 안디옥 사건의 시나리오와 관련하여 가장 잘 이해될 것이다.[51] 2:14과 2:15 사이에는 진술의 끊김

50 　이런 이유에 따른 유대인에 관한 비판에 대해서는 K. Berthelot, *Philanthrôpia Judaica: Le débat autour de la "misanthrôpie" des lois julves dans l'Antiquité* (Leiden: Brill, 2003), 79-184를 보라. 살전 2:15(이 절이 바울의 기록이 맞다면)은 바울 서신 안에서 이런 비판적 노선을 취하는 유일한 사례다. 고대에 유대인에 대해 적대감을 갖도록 만든 문화적 원천에 관해서는 J. M. G. Barclay, *Pauline Churches and Diaspora Jews* (Tübingen: Mohr Siebeck, 2011), 157-77을 보라.

51 　이 구절에 대한 최근의 두 가지 설명은 매우 충분하고 여러 가지 면에서 깨달음을 주

이 전혀 없다. 이 두 구절은 단절 없이 "유대인"과 "이방인"을 원활히 설명한다. 나아가 일인칭 복수형("우리")이 2:15에서 2:17까지 주어로 계속되기 때문에, 비록 바울의 진술이 갈라디아에 합당한 배경에 따라 구성되어 있다 해도, 우리는 이 진술이 안디옥 사건과 관련되어 있다고 추정해야 한다.[52] 2:14과 2:15-17 사이의 많은 동사적·주제적 연계는 2:15-17이 안디옥에서 벌어진 문제를 상세히 설명하고 있음을 가리킨다. "네가 유대인으로서"(σὺ Ἰουδαῖος ὑπάρχων, 2:14)는 "우리는 본래 유대인이요 이방 죄인이 아니로되"(ἡμεῖς φύσει Ἰουδαῖοι καὶ οὐκ ἐξ ἐθνῶν ἁμαρτωλοί, 2:14)에서 복수형으로 반영되어 있다. "이방인을 따르고"(ἐθνικῶς, 2:14)라는 말은 "이방 죄인이로되"(ἐξ ἐθνῶν ἁμαρτωλοί, 2:15)에 반영되어 있고, 둘 다 "우리가 죄인으로 드러나면"(εὑρέθημεν καὶ αὐτοὶ ἁμαρτωλοί, 2:17)이라는 진술을 조명해준다. 이런 연결은 "우리"가 "이방인처럼" 살면서 "죄인"으로 분류될 수 있음을 암시한다. 그러므로 베드로가 "유대인답지 않게"(οὐχὶ ἰουδαϊκῶς, 2:14) 살았다는 말은 "율법의 행위에서 나지 않은"(οὐκ [이 부정어는 3회 반복되고 있다]…ἐξ ἔργων νόμου, 2:16)이라는 표현이 염두에 두고 있는 내용일 가능성이 가장 크다. 심지어 "살다"(ζῆς, 2:14)라는 언급도 2:19-20에 나오

는데, 이는 놀랍게도 독일학계로부터 나왔다. 그들의 분석은 2:15에서 시작된다. M. Bachmann, *Sünder oder Übertreter: Studien zur Argumentation in Gal 2,15ff* (Tübingen: Mohr Siebeck, 1992) 그리고 H. -J. Eckstein, *Verheissung und Gesetz: Eine Exegetische Untersuchung zu Galater 2,15-4,7* (Tübingen: Mohr Siebeck, 1996)을 보라.

52 이 단락이 뒤로는 안디옥, 앞으로는 갈라디아를 가리키는 이중적 지시대상을 갖고 있다는 점은 일반적으로 인정되고 있다. 그렇기에 어떤 이들은 2:15-17의 "우리"가 갈라디아 교회 안의 다른 선교사들을 가리키거나, 심지어는 그들을 "우선적으로 가리킨다"고 생각하게 되었다. de Boer, *Galatians*, 267. 그러나 갈라디아서는 다른 어느 곳에서도 이 인물들을 언급하고 있지 않다. 또한 여기서 수신자의 변화에 대한 암시는 전혀 없다. 베드로에게 말할 때 바울의 진술은 그리스도 안에 있는 모든 유대인 신자들을 포함하지만, 여기서 갈라디아 교회에 있었던 바울의 경쟁자들이 남긴 신학의 흔적, 심지어 어휘의 흔적도 찾을 수 있다는 보증은 없다(이는 드 보어의 주장과는 상반된 견해다. M. C. de Boer, "Paul's Use and Interpretation of a Justification Tradition in Galatians 2.15-21," *JSNT* 28 [2005]: 189-216).

는 "생명"(ζάω [이 단어는 여기서 5회 반복되고 있다])에 대한 재정의 속에 반향되어 있다.

이런 맥락에 따라 우리는 2:15-21의 내용을 바울이 베드로를 책망하는 이유에 대한 설명으로 이해하게 되고, 이때 바울은 이방인 신자들과 아무 조건 없이 계속 친교 식사를 갖는 근거로서 그리스도 안에서 함께 갖고 있는 지식("복음의 진리")에 호소한다. 요약하면 2:15-21은 다음과 같이 바꿔 말할 수 있다.

여러분과 나, 베드로는 유대인으로, 여기서 유대인이라는 말은 우리 자신을 "이방인 죄인"과 범주적으로 분리된 존재로 생각하는 데 사용되었다. 그러나 우리는 (신념과 경험을 통해) 사람(이방인이나 유대인을 막론하고)은 율법 준수("유대인답게 사는 것")에 따라서가 아니고, 그리스도(하나님이 그리스도 안에서 행하신 것)를 믿는 믿음으로 하나님께 가치("의")를 인정받는다는 것을 알고 있다. 우리는 하나님께서 율법의 순종을 통해서가 아니라 그리스도 안에서 우리를 가치 있는("의로운") 존재로 인정해주시기를 바란다. 그리고 비록 (안디옥 사건과 같은 상황 속에서) 결과적으로 우리의 행동이 우리를 "죄인"("이방인답게 사는 것")처럼 보이게 할지라도, 하나님은 그리스도 안에 있는 우리를 의롭게 여기신다. 그러면 이는 그리스도께서 우리를 죄로 인도하셨음을 의미하는가? 절대로 아니다! 다만 율법을 가치("의")의 심판자로 복귀시킨다면, 그리스도 안에서 "이방인답게 사는 것"이 "범죄"로 간주될 것이다. 사실 (나 자신을 본보기로 취하면) 나는 율법에 대하여 죽었다. 율법은 더 이상 나의 가치 기준을 구성하는 것이 아니다. 왜냐하면 나는 그리스도 안에서 재구성되었기 때문이다. 나의 옛 실존은 십자가에 못 박히신 그리스도와 함께 끝났다. 나의 새 삶은 그리스도-사건으로부터 시작되었고, 그러므로 나를 사랑하사 나를 위하여 자기 자신을 버리신 그리스도의 죽음을 믿는 믿음으로 형성된다. 나는 이 신적 선물을 결코 거부하지 않을 것이다. 만약 "의"가 율법에 따라 측정된다면, 그리스도의 죽음은 무익한 것이 되고 말 것이다.

위의 해석에 내포된 수많은 주석적 판단들은 여기서 개략적으로만 변론될 수 있다. 2:16을 중심으로 몇 가지 문제가 대두되지만 결단코 이 구절에만 문제가 있는 것은 아니다. 사실 2:16에 비중을 두고 있는 해석 전통으로 인해, 이 구절은 관련 논쟁 맥락에서 부적절하게 분리되었다. 최근에는 "율법의 행위"와 애매한 표현인 πίστις Χριστοῦ(2:16 [2회])의 해석에 모든 관심이 집중되어 있다. 그러나 2:16의 주석적 난제는 위에 제시된 방향을 따라 2:14-21의 논쟁적 흐름을 추적해 봄으로써 해결될 수 있다.

12.5.3. 갈라디아서 2:15-16

베드로가 유대인이지만 이방인 신자들과 "이방인답게" 식탁 교제를 즐기는 것이 옳았다고 하는 주장(2:14)에는 충격이 암시되어 있는데, 이 충격을 증가시키는 것이 바울의 첫 번째 조치다. 바울은 자신이 주장하는 방향으로 베드로를 포함시키기 위해 자신과 베드로를 동일시하면서, 다음과 같은 유대인의 표준적 자기 구별 형태를 환기시킨다. "우리는 본래 유대인이요 이방 죄인이 아니로되"(οὐκ ἐξ ἐθνῶν ἁμαρτωλοί, 2:15).[53] 이 말은 위기를 고조시키는 역할을 한다. 만약 유대인 신자들이 그리스도 안에서의 식탁 교제를 목적으로 이방인답게 살아야 한다면, 이는 그들이 유대인의 "의"로부터 이방인의 "죄"로 넘어가는 것을 의미하며, 그 결과 "우리도 죄인으로 드러나게 되었다"(εὑρέθημεν καὶ αὐτοὶ ἁμαρτωλοί, 2:17). 따라서 안디옥 사건은 유대인 신자들의 정체성 및 충성에 관한 결정적인 질문을 전면에 부각시킨다. 그들은 유대인으로서의 자기구별(율법에 기초한 "죄"의 정의를 따르는 것)을 유지하고, 따라서 이방인 신자들과의 친교 식사에서 떠나

---

53 "죄인"이라는 말을 비유대인을 가리키는 표준용어로 사용하는 것에 대해서는 예를 들어 에스라4서 3.28-36과 위의 5장에서 분석한 솔로몬의 지혜서의 가정과 어휘를 보라. 다른 본문들은 Dunn, *Jesus, Paul, and the Law*, 150-51에 수집되어 있다.

물러가야 하는가? 또는 비록 그것이 "죄인" 명패를 붙이는 결과를 초래할지라도, 그들은 "복음"에 대한 충성에 따라 비유대인들과 함께 식사를 해야 하는가? 이런 상황 속에서 율법에 충성하면 그들의 "의"는 보존될 것이다. 반대로 그리스도에게 충성하면 "죄인" 명패가 붙게 될 것이다. 다음과 같이 명확한 두 개의 선택지가 존재한다. 곧 그들은 "복음의 진리"에 대한 충성을 포기할 것인가, 아니면 율법이 결정한 정의와 상관없이 그리스도-사건 자체가 "의"를 정의하게 할 것인가.[54]

2:16에서 바울은 자신과 베드로가 "알고 있는"(εἰδότες) 것을 요약한다. 곧 새로운 인식론적 관점에 따라 그들은 사람은 "ἔργα νόμου"("율법의 행위")가 아니라 "πίστις Χριστοῦ"(아래의 번역을 보라)에 따라 "의로운"자로 간주된다는 사실을 인정한다.[55] 이 지식은 예루살렘과 안디옥에서 그

---

54   "의"의 이런 재구성이 "유대인"(이우다이오이['Ιουδαῖοι], 2:15)이라는 꼬리표를 지우지는 못할 것이다. 그 대신, 그 단어에는 다른 함축적 의미가 주어질 것이다. 여기서 "본래"(태생부터, 퓌세이[φύσει])라는 단어로 그 특성이 묘사되는 "유대인"이라는 꼬리표는 계속해서 유지되고 있다. 그러나 그리스도와 함께 죽음으로써 그리고 "내 안에 그리스도"가 사는 새 생명으로 영향을 받은 자아의 재구성(2:19-20)은 유대인의 민족성이 더 이상 자기정체성의 확인을 위한 일차 요소 또는 그 규범들의 궁극적 결정 요소가 아니라는 것을 의미한다. 유대인으로서의 존재는 지워지지 않지만, 그리스도에게 속함으로써 나오는 우월한 지위 곧 세례에 의해 그 효력이 발생한 변화를 통해 그것의 규범적 중요성은 상대화된다(3:26-28). 세크레스트는 바울을 "전(前) 유대인"으로 잘못 부르지만, 바울의 민족적 정체성이 근본적으로 그리스도 안에서 재개념화되었다는 그의 주장은 옳다. L. L. Sechrest, *A Former Jew: Paul and the Dialectics of Race* (London: T&T Clark, 2009). 따라서 2:16a에서 데(δέ)가 어떻게 번역되든지 간에(이 단어는 P⁴⁶과 A 사본에서는 빠져 있고, ℵ, B, C, D* 등의 사본에는 들어 있다), 2:16의 내용은 2:15에서 환기되고 있는 유대인의 정체성에 대한 전형적인 해석을 수정한다.

55   이 문장의 구조에 대해서는 특별히 R. B. Matlock, "The Rhetoric of πίστις in Paul: Galatians 2. 16, 3.22, Romans 3.22, and Philippians 3.9," *JSNT* 30 (2007), 173-203, 특히 197-99를 보라. 매트록은 처음에 나오는 일반적 대립("사람이 의롭게 되는 것은 율법의 행위로 말미암음이 아니요 오직 예수 그리스도를 믿음으로 말미암는 줄 알므로")이 이제 개인적이고 구체적인 것으로 변한다("우리도 그리스도 예수를 믿나니…")고 주장한다. 이어서 이 순서가 역전되어 개인적 고백이 대립 형식으로 설명되고("이는 우리가 율법의 행위로써가 아니고 그리스도를 믿음으로써 의롭다 함을 얻으려 함

들이 겪은 경험을 반영한다. 다시 말해 이 지식은 다음의 내용을 인정하는 것이다. 곧 그리스도 안에서 하나님의 행동이 유대 전통의 기준과는 다른 관점에서 무엇이 가치 있는 것인지 정의했다.[56] 그들이 알고 있는 것은 사람(ἄνθρωπος, 유대인과 이방인을 포함한 모든 인간)은 율법의 행위에 기초해서가 아니라 그리스도 안에서 일어난(그리고 그리스도로부터 일어난) 일에 대한 믿음을 기초로 "의롭다"고 간주된다는 것이다.[57] 유대인 신자들("우리")은 자기들의 믿음을 그리스도 안에 두면서 "의"에 대한 대안적 해석을 보여주었다. 말하자면 그들은 자기들이 율법의 행위가 아닌 그리스도를 믿는 믿음으로 말미암아, 즉 그리스도-사건에 의해 창조된 자기들의 새로

이라"), 그다음 이 문장은 시작 부분의 내용과 일치되는 일반적 진술로 마무리된다("율법의 행위로써는 의롭다 함을 얻을 육체가 없느니라").

56   그러므로 이 지식은 최소한 부분적으로는 실천으로부터 나온다. Matlock, "Rhetoric," 199 n. 26. 여기에 갈라디아 교회의 다른 선교사들이 선포한 진술 형식이 반영되어 있다고 주장할 이유는 없다(이는 de Boer, "Paul's Use"와는 상반된 견해이다). 오직 바울만이 문제들을 이런 대립적 관점 속에 둔 것으로 알려져 있다. Martyn, *Galatians*, 264 n. 158과 D. Campbell, *The Deliverance of God* (Grand Rapids: Eerdmans, 2009), 842-847의 설명을 참조하라.

57   "사람이 의롭게 되는 것은 율법의 행위로 말미암음이 아니요, 오직(ἐὰν μή) 예수 그리스도를 믿음으로 말미암는 줄 알므로"(2:16)라는 바울의 말은 상당한 논란을 일으켰다. 바울은 처음에는 "율법의 행위"와 "그리스도를 믿는 믿음"을 대립시키지 않고, 이 둘을 칭의의 결합된 근거로 인정하고 있는가? 만약 그렇다면, 처음의 이와 같은 인정은 수사학적 조치인가, 아니면 유대교와 기독교가 공유하는 진술 형식의 반영인가? Dunn, *Jesus, Paul, and the Law*, 195-98; de Boer, "Paul's Use"; A. A. Das, "Another Look at ἐὰν μή in Galatians 2:16," *JBL* 119 (2000), 529-39에서 관련된 논쟁을 보라. 바울이 문장 중간에서 자신의 관점을 급진적으로 변경했다는 가정을 요구하지 않는 여러 가능한 해석들이 존재한다. "에안 메"(ἐὰν μή)는 "그러나"라는 의미로도 사용될 수 있다. 또는 이 말이 예외를 표현하는 것이라면, 시작절("사람이 의롭게 되는 것은…아니요[not], 오직[except] 예수 그리스도를 믿음으로 말미암는 줄")이 너무 빨리 다른 견해를 언급하는 중간 어구("율법의 행위로 말미암음이")를 갖고 있는 것으로 분석될 수 있다. H. Räisänen, "Galatians 2.16 and Paul's Break with Judaism," *NTS* 31 (1985), 543-53; Longenecker, *Galatians*, 83-84를 보라. 율법의 행위와 그리스도를 믿는 믿음 사이의 양극적 대립은 결국―최소한이라고 해도―매우 확연하다.

운 실존을 기초로(2:19-20) "의인"으로 여겨지고 있음을 알고 있다. 진실로 율법의 행위를 통해서는 아무도 "의인"으로 간주되지 못할 것이다(이는 3:10-12와 3:22에 그 근거가 명확하게 설명되어 있는 일반적 사실이다).

2:16에 대한 이런 해석에는 적어도 다음과 같은 세 가지 해석적 판단이 내재되어 있다. (a) ἔργα νόμου의 지시 대상, (b) δικαιοῦσθαι의 의미, (c) πίστις Χριστοῦ의 의미. 이제 이 세 가지를 차례로 살펴보자.

(a) ἔργα νόμου. 문맥은 여기서 ἔργα νόμου가 **유대 율법(토라)의 실천**을 가리키고 있음을 암시한다. 이 말은 베드로가 "유대인답게 살고 있는지"(2:14), 곧 바울과 그의 동시대인들이 율법의 규제 문제로 이해한 유대교의 생활 관습을 지키고 있는지, 그 여부에 관한 앞선 논평을 설명한다.[58] "율법의 행위"는 바울이 사용한 약칭(shorthand)으로, 그리스어를 사용하는 유대교와 정확히 일치하지는 않는다. 하지만 이 말은 율법을 "행하거나" "실천하라"는 성서의 많은 명령을 반영한다(예. 70인역 출 18:20. 명사 ἔργα와 함께 등장함).[59] 갈라디아서에서, "율법의 행위"와 "율법", 이 둘 사이에는 실질적인 차이가 전혀 없다. 곧 "율법의 행위로 의롭다 함을 얻을"(δικαιοῦσθαι ἐξ ἔργων νόμου, 2:16), "의롭게 되는 것이 율법으로 말미암으면"(διὰ νόμου δικαιοσύνη, 2:21), 그리고 "율법 안에서 의롭다 함을 얻으려 하는"(ἐν νόμῳ δικαιοῦσθαι, 5:4)과 같은 표현들은 거의 같은 내용을 의미하는 것 같다.[60] "행위"(ἔργα)라는 말은 율법이 실제적인 준수를 요구

---

58 비록 부사 이우다이코스(ἰουδαϊκῶς, "유대인답게", 2:14)는 드물게 사용되기는 해도(참조. Josephus, *B. J.* 6.17), 요세푸스와 필론이 이 단어를 사용해서 "유대 율법"(이우다이코이 노모이[ἰουδαϊκοὶ νόμοι] / 이우다이카 노미마[ἰουδαϊκὰ νόμιμα], Josephus, *Ant.* 14.258, 18.55, Philo, *Legat.* 159, 170, 256)을 가리키는 경우는 흔하다. 고대에는 "유대인답게 사는 것"이 "유대 율법을 지키는 것"을 의미하는 것으로 쉽게 이해되었다.

59 이 증거에 관련된 논의에 대해서는 de Boer, *Galatians*, 273-78을 보라. Philo, *Praem.* 126은 행위로 율법을 이루는 훌륭한 사람들에 관하여 말한다(투스 노무스 에르고이스 에피텔룬톤[τοὺς νόμους ἔργοις ἐπιτελούντων]).

60 마찬가지로 엑스 에르곤 노무(ἐξ ἔργων νόμου, 3:2, 5, 10)도 더 간단한 공식인 에크 노

한다는 사실을 반영하지만, 중요한 것은 실천이라는 사실 자체가 아니라 (따라서 "행위" 자체가 아니라) 실천이 율법으로부터 나오고 또 율법을 향해 나아간다는 것이다. 비록 이방인 선교가 일부 이런 실천(예. 할례와 음식법)을 배제하고는 있어도, ἔργα νόμου("율법의 행위")의 지시 대상을 "주로" 또는 "실제로" 유대인과 이방인 사이에 경계를 만들어낸 규칙으로 한정시킬 하등의 이유가 없다(던의 주장과는 반대지만 말이다).[61] 오히려 바울은 안디옥 사건을 사용하여 율법의 행위 전반에 대하여 말하고 있다. 따라서 문제는 율법이 "의"의 근거가 되어 "의"를 정의하는 것이 타당하냐는 것이다. 이 맥락에 따라 이해할 때 문제는 하나님의 은혜를 이끌어내는 잘못된 수단으로서의 "행위"의 주관적 가치(루터)도 **아니고**, 신적 주도권이 아닌 인간적 주도권에 의존하는 "인간적 계획"(마틴)도 아니다. 문제는 마치 율법이 복음의 권위 있는 문화적 틀이라도 되는 양, 율법을 실천하는 것에 있다. 한정사 νόμου(일반적으로 갈라디아서에서 유대교의 율법을 가리키는 말)[62]

....

무(ἐκ νόμου, 3:18, 21)와 동일한 뜻으로 보인다.

61   "새 관점"에 관한 자신의 1983년 논문을 따르면서 던은 이 어구의 일차적 지시대상이 유대인과 비유대인 사이의 "경계-표지"를 구성하는 어떤 실천들이라는 자신의 신념을 다양하게 표현했다. 어떤 차원에서는 이 어구가 전체 율법의 준수를 의미한다는 것을 인정하지만, 던에 의하면 바울이 특별히 목표로 삼는 것은 유대인과 비유대인을 분리시키는 율법의 실천(또는 기능)이었다. 곧 바울이 "실제로" 이런 율법-실천들을 "주로" 또는 "특별히" 염두에 두고 있었다는 것이다. Dunn, *Jesus, Paul, and the Law*, 194-95, 223, *Galatians*, 135-37; *The Theology of Paul the Apostle* (Grand Rapids: Eerdmans, 1998), 354-59; *New Perspective*, 213-15. 이와 관련된 던의 가장 최근의 진술은 *New Perspective*, 23-28이다. 이 문제와 관련된 던의 설명을 비판하는 다음의 연구들을 보라. F. Watson, *Paul and the Hermeneutics of Faith* (London: T&T Clark, 2004), 334-35n. 41; 그리고 R. B. Matlock, "Sins of the Flesh and Suspicious Minds: Dunn's New Theology of Paul," *JSNT* 72 (1998), 78-80.

62   이는 3:17에서 전혀 모호하지 않게 명백히 확인된다. 비록 2:14과 2:16 사이의 연관성으로부터는 아직 그렇지 않지만 말이다. 여기서 로마의 정치적 선행주의에 대한 언급을 발견한다면(Kahl, *Galatians Reimagined*, 196, 199), 이 발견은 철학적·상황적 지지를 받지 못한다. 갈라디아서 5:23과 6:2은 이 서신에서 νόμος가 "모세의 율법" 곧 "토라"가 아닌 다른 어떤 것을 의미할 수 있음을 보여주는 유일한 본문이다.

는 갈라디아서의 ἔργα[행위]에 문제적 의미를 부여한다(참조. 3:2, 5, 10). 왜냐하면 율법은 이제 하나님이 인정하시는 "의"(가치)의 명확한 척도가 아니기 때문이다.[63] 비록 갈라디아서에서 바울 신학이 폭넓은 함축성을 갖고 있기는 해도(3:28, 6:14-15), 이 폭넓음은 "행위" 또는 "행함"이 잘못된 구원론을 가리킨다는 사실에서 비롯된 것이 아니다. "율법의 행위로 말미암음이 아니다"라는 말은 "율법의 실천으로 말미암음이 아니다"라는 뜻을 매우 구체적으로 의미한다.[64]

(b) δικαιοῦσθαι/δικαιοσύνη. 그리스도를 믿는 유대인들이 공유하고 있는 지식은 사람이 율법의 실천을 토대로 "의롭게 되는"(δικαιοῦσθαι) 것이 아니라는 점이다. 앞에서 확인한 것처럼, "죄"에 해당되는 말들(ἁμαρτωλοί, ἁμαρτία, 2:15, 17)은 δικαι-어근에서 파생된 이 동사 주변에 몰려 있고, 바울의 담화에서 "죄"와 "의"는 보통 반대의 뜻을 지니고 있다(참조. 롬 5:12-6:21). 갈라디아서 다른 곳에서 동사 δικαιοῦσθαι는 명사 δικαιοσύνη(3:6-8, 5:4-5) 및 형용사 δίκαιος(3:11)와 함께 사용되고, 따라서 이 세 단어는 함께 해석되어야 한다. 2:16에서의 문제는 사람들이 어

---

63 ἐργ-어근에서 나온 명사와 동사는 성령 안에서 긍정적으로 평가된다(5:6; 6:4, 9-10).

64 4QMMT (=4Q398, frag. 14-17, col. II)에서 동등한 히브리어 어구가 발견된 후에, 그 어구가 바울과 유사한 관계에 있는지, 있다면 어떻게 그럴 수 있는지에 대해 다양한 평가가 이루어졌다(예. Dunn, *New Perspective*, 333-39). 바흐만의 지적처럼 4QMMT (C 27)의 그 어구는 "율법 규정"으로 더 잘 번역될 수 있다. M. Bachmann, *Anti-Judaism in Galatians? Exegetical Studies on a Polemical Letter and on Paul's Theology*, trans. R. L. Brawley (Grand Rapids: Eerdmans, 2008), 19-31. 그러나 이 번역이 갈라디아서 2:16, 곧 그 그리스어 어구가 율법 규정의 실천을 암시하고 있는 구절과 어떻게 어울릴 수 있을지는 분명하지 않다. 어쨌든 이런 드문 히브리어 표현이 바울의 그리스어 표현의 의미를 결정할 힘을 갖고 있는지는 의심스럽다. 그럼에도 불구하고 바흐만(1-18)의 주장, 곧 바울의 강조점이 "행함" 자체에 있는 것이 아니라 규범적 삶의 구조로 작용하는 율법에 있다고 말한 것은 옳다. 이 문제에 대한 더 상세한 분석은 J. de Roo, *Works of Law in Qumran and in Paul* (Sheffield: Sheffield Phoenix Press, 2007) 그리고 M. Bachmann, "Was für Praktiken? Zur jüngsten Diskussion um die ἔργα νόμου," *NTS* 55 (2009), 35-54에서 볼 수 있다.

떤 기초에 따라 δικαι-어근에서 파생된 표지와 함께 적절히 분류되고 있는가다. 동사 δικαιοῦται(2:16에서 처음 등장함)는 수동태 동사일 것이다.[65] 이 수동태 동사는 비인칭 동사이지만("δίκαιος로 여겨지다"), 아마도 **하나님의 평가**를 의미할 것이다. 3:11(참조. 롬 2:13)에서 δικαιοῦται παρὰ τῷ θεῷ'("하나님 앞에서 의롭게 되다")는 하나님의 평가를 염두에 두고 있음을 암시한다(참조. 3:8). 그러므로 2:16에서 논의되는 문제는 사람이 어떤 근거로 하나님께 "의인"(δίκαιος)으로 간주되느냐는 것이다.

동사 δικαιοῦσθαι는 헬레니즘 시대의 그리스어 용법과 70인역에서 매우 일관된 의미를 갖고 있다. 곧 ("옳고", "적절하고", "순결하다는" 의미에서) "'의롭다고' 생각되다 또는 판정되다"라는 뜻을 갖고 있다.[66] "의롭다"는 말은 사회적으로 주어지기 때문에(즉 다른 사람들의 의견에 의존하기 때문

---

65 이 동사는 2:17에서와 같이 2:16의 다른 두 곳에서도 분명히 수동태를 취한다. 이 동사는 중간태 동사로도 사용될 수 있고(예. 집회서 7:5), 갈 5:4에서도 그렇게 사용된 것으로 볼 수 있다. 그렇다면 갈 5:4의 어구는 "율법에 따라 자기 자신을 '의롭다'고 여기는 너희는…"을 의미할 것이다. 이 어구가 "능동적" 수동태를 구성한다고 보는 것("'의롭다'는 여김을 받으려고 애쓰는 너희는…")에는 개연성이 적다(이 주장은 de Boer, *Galatians*, 270 n. 204와는 상반된다).

66 이 주제에 관한 최근 연구로서 예를 들어 Esler, *Galatians*, 159-69; Westerholm, *Perspectives Old and New*, 261-84를 보라. 70인역에서 사용된 옛 용법에 관한 연구에 대해서는 J. A. Ziesler, *The Meaning of Righteousness in Paul: A Linguistic and Theological Enquiry* (Cambridge: Cambridge University Press, 1972), 47-85; N. Watson, "Some Observations on the Use of ΔΙΚΑΙΟΩ in the Septuagint," *JBL* 79 (1960), 255-66을 보라. 대체로 모든 사람이 동의하듯이 이 동사의 일반적 의미는 어떤 사람 곧 일반적으로 이미 의로운 지위에 있지만 그 지위가 도전을 받거나 의심되었던 사람을 "의롭다"고 인정하거나 선언하는 것이다. 따라서 우리가 여기서 "교정하다", "어떤 것을 바로잡다"(마틴), "의롭게 만들다"(de Boer, *Galatians*, 291)와 같은 확연히 다른 의미를 찾아내려면, 그에 대한 아주 강력한 증거가 필요할 것이다. 앞으로 살펴보겠지만 이 동사의 일반적 의미를 버리지 않더라도 우리는 갈라디아서에 나타나는 바울의 주장을 바르게 파악할 수 있다. 곧 믿는 자의 경우에 하나님은 그리스도 안에서 재구성(reconstituted)된 사람을 "의롭다"고 인정하신다. 이 재구성은 동사 디카이우스타이(δικαιοῦσθαι)로 설명되지 않고 다른 말들로 설명된다(2:19-20). 이 동사는 그리스도에게 참여함으로써 이미 변화된 사람의 가치를 하나님이 인정하신다는 것을 가리킨다.

에), 이 동사는 법적 또는 비법적 맥락에서 어떤 사람이 적절히 "의롭다"
고 또는 "평판이 좋다"고 여겨지고 있음—일반적으로 "정당성이 입증된
것" 또는 법적 소송이라는 특수한 배경 속에서 "무죄 방면된 것"(죄과가 없
는 것)—을 인정하기 위해 사용된다.[67] 우리가 살펴보고 있는 본문의 문맥
을 보면, 2:16c에서 미래형 δικαιωθήσεται("의롭다 함을 얻을 것이다")는 "최
후의 심판"을 환기시킬 수 있으나(참조. 5:5, "의의 소망") 2:16의 현재 시제
(참조. 3:8, 11, 5:4)는 다음과 같은 내용을 암시한다. 곧 중요한 것은 역사의
끝에 누가 "의롭다"고 간주될 것인가뿐만 아니라 누군가가 이미 지금 (하
나님에 의해) 의롭다고 **간주되고** 있다는 것이다.[68]

　　2:16에서 바울은 유대인 신자들이 통상적으로 인정하는 사실 곧 사

67　70인역에서 이 동사는 일반적으로 "의롭다" 또는 "올바르다"고 간주되거나 선언되거나
　　입증되는 것을 의미한다(예. LXX 시 18:9; 72:13; 미 6:11; 사 45:26; 겔 16:51-52; 집
　　회서 1:21; 9:12; 34:5). 이 의미는 종종 의심이나 비판에 직면하는 가운데 발생하기에,
　　이 동사는 "정당성이 입증되다"라는 추가적 의미도 갖는다. 비인격적 3인칭에서 이 동
　　사는 단순히 어떤 것이 옳거나 적절하다고 생각되는 것을 의미할 수 있다(토빗서 6:11;
　　12:4. 악시우타이[ἀξιοῦται]와 평행을 이루는 LSJ s. v.를 참조하라). 재판관이 이런 판결
　　을 내리는 법정의 배경 속에서 이 동사는 수동태로서 (시민의 경우에는) 어떤 사람의 호
　　의적인 판단을 받는 것(법정에서 "옳다"고 선언되는 것)을, (죄수의 경우에는) 무죄 방
　　면되는 것(고소에서 벗어나는 것)을 의미한다. 예를 들어 70인역 출 23:7; 신 25:1; 왕상
　　8:32; 미 7:9을 보라. 그러나 여기서 중요한 것은 무죄 방면이 사람의 죄의 용서나 면제
　　가 아니라 그 사람의 옳음이 입증되는 것을 의미한다는 사실이다. 따라서 이 동사는 지
　　슬러의 주장처럼 "선언적 힘"을 갖고 있다. Ziesler, *Meaning of Righteousness*, 48. 죄의 용
　　서나 면제의 의미와 관계되는 경우에, 이는 다른 용어들로 묘사된다.

68　불트만은 루터를 따르면서 이 말을 미래에 있을 하나님의 최후의 심판(고전 4:3-5; 롬
　　2:13)과 관련시키고, 다음과 같은 확정된 의미를 제시했다. 곧 "의롭게 되는 것"은 종말
　　론적 법정에서 하나님께 "의롭다"는 선언을 받는 것을 의미한다(그러나 이것은 그리스
　　도 안에 있는 자에게는 이미 예견된 판결이다; Bultmann, *Theology of the New Testament*,
　　전 2권 [London: SCM Press, 1952], 제1권, 270-85). 그러나 그 증언은 똑같은 방법
　　에 의해 정반대로 해석될 수도 있다. 곧 (하나님에 의해) "의롭다"고 여겨진 자는 그리
　　스도를 믿는 자이며, 이 사실은 최후의 심판에서 충분히 증명되고 최종적으로 확증될 것
　　이다. 이 점에 있어서 샌더스는 불트만을 비판한다. E. P. Sanders, *Paul and Palestinian
　　Judaism* (London: SCM Press, 1977), 493-95.

람이 율법 준수가 아닌 πίστις Χριστοῦ(이에 대해서는 아래를 보라)를 기초로 하나님께 "의롭다"고 간주된다는 사실에 호소한다.[69] II부에서 우리가 확인한 것처럼, 보통 유대교 문헌들에서 "의롭다"는 말은 하나님의 구원의 자비를 받기에 합당한 후보자에게 사용된다. 솔로몬의 지혜서 10장에서 "지혜"를 통해 구원의 혜택을 받을 자격이 있는 자는 "의인"(δίκαιοι)이다 (10:4, 5, 6, 등). "의로운" 것은 "구원받는" 것을 의미하지 않고, 구원이라는 신적 선물을 받기에 합당하다는 것을 의미한다(위 5.2를 보라). 마찬가지로 에스라4서도 "의인"(iusti)은 최후 심판 시 의로운 자로 증명되고, 다가올 영광스러운 시대에 들어갈 때 하나님이 "긍휼을 베풀어주실" 자가 될 것이다(예. 7.88-99, 14.28-35). 따라서 "의롭다"는 말은 구원을 받기에 합당한 자에게 붙이는 표준 용어다. 하나님은 선물을 받기에 합당한 자에게 당연히 선물을 주실 것이므로 그렇게 이해할 수 있다. 바울은 의심할 여지 없이 이런 자격을 가진 자가 율법을 지키는 자라는 유대인의 일반적인 가정을 의식하고 있다. 하지만 여기서 그는 누구든 율법 준수를 토대로 (하나님께) "의로운 자"로 간주된다는 것을 특별히 부정한다. 베드로와 바울은 하나님께서 그리스도를 믿는 믿음이 삶의 특징인 자—믿음으로 자기들의 새로운 실존 양식이 그리스도의 죽음과 부활에서 나왔음을 보여주는 자—를 "의롭다"고 여기신다고 알고 있다(2:19-21).[70] 만약 "의"가 이런 관점

---

69   바울은 특이하게 동사 디카이우스타이(δικαιοῦσθαι)를 전치사 엑(ἐκ) 및 디아(διά)와 결합시킨다. 2:16에서 이 두 전치사는 호환 가능한 것으로 보인다. 전자는 하박국의 말에 영향을 받은 것일 수 있으나(갈 3:11을 보라), 엔(ἐν)과 결합된 유사한 표현(3:11; 5:4. 참조. 고전 4:4)은 이 전치사들이 구별된 내포 의미를 갖고 있지 않음을 암시한다(이 견해는 C. H. Cosgrove, "Justification in Paul: A Linguistic and Theological Reflection," *JBL* 106 [1987]: 653-70과는 상반된 의견이다). 모든 경우에 그 언급은 사람의 지위를 "의롭다"고 판단하시는 하나님의 판결의 결정적인 기초다. 여기서 질문은 하나님이 어떤 사람을 "옳다"고 선언하실 때, 찾으시는 것이 무엇인가라는 것이다. 하나님이 찾으시는 것은 율법의 실천인가, 아니면 그리스도 안에서 일어난 것을 믿는 믿음인가?

70   라이트는 "칭의"가 "구원"에 관한 모든 특성을 요약한다고 보는 신학적 전통의 경향을 바르게 거부한다. 그러나 라이트는 "의"의 언어를 전혀 다른 용어로 바꾸는데(이 동사는

에 따라 정의된다면, 가장 중요한 일은 "복음의 진리"에 충성을 다하는 것이다. 신자들은 율법의 선을 넘어설 수 있는데(안디옥의 베드로처럼 "이방인답게" 살 수 있는데), 이는 사실 율법이 하나님의 인정을 받는 "의"의 규범이 아니기 때문이다.

"의롭다 함을 얻는 것[의롭다고 인정받는 것]"은 구원받는 것 자체가 아니라 **구원을 받기에 합당한 자로 여겨지는 것**이므로, 그리스도 밖에 있는 유대인들이 하나님으로부터 구원을 받는 것이 아니라 자기들의 수고를 통해 구원을 얻어냄으로써 율법의 행위로 **구원을 얻을** 수 있다고 생각했다는 암시는 전혀 없다.[71] 앞에서 확인한 것처럼, 제2성전 시대 유대교에서는 구원은 하나님의 선물이라는 것이 모든 곳에서 인정된다. 그러나 또한 하나님께서 합당하고 가치 있는 수혜자에게 이 최고의 선물을 주신다고 주장하는 것도 (보편적이지는 않지만) 흔하게 나타난다(위 10.2를 보라). 여기서 바울이 부정하고 있는 것은 사람이 율법의 행위를 통해 하나님의 선물을 받기에 합당한 수혜자가 된다는 사실이다. 왜냐하면 아무

"하나님 에 의해 하나님의 가족의 참된 구성원으로 여겨지는 것"을 의미한다), 이로 인해 율법이 "의" 와 "죄"의 규범적 표준임을 부인하는 바울의 날카로운 요점이 무너지고 있다. N. T. Wright, *Justification: God's Plan and Paul's Vision* (London: SPCK, 2009), 96-101. 만약 하나님이 "의"를 그리스도-사건의 결과로 인정하신다면, 믿음으로 살아가고 그리스도-사건을 기초로 삼아 살아가는 믿는 자들은 다른 사람들이 율법의 판단을 기준으로 사용하여 "죄"에 대해 비난하는 것을 단호히 물리칠 수 있게 된다.

71 이 잘못된 해석은 두 가지 잘못된 해석학적 판단이 그 원인이다. (1) 디카이우스타이 (δικαιοῦσθαι)는 "의롭게 되는 것"을 의미한다(이것은 유대인이든 비유대인이든 그리스어 용법을 통해 정당화하는 것이 불가능한 원인적 의미이며, Martyn, *Galatians*, 265과는 상반된 의견이다). (2) "의로운 것"은 본질적으로 구원을 받는 것을 의미한다. 종합해 본다면—이 해석에 따르면—바울은 사람이 율법 준수를 통해 스스로 구원받을 수 있다는 사실을 부정한다. 심지어 "의롭게 되는 것"을 "구원받는 것"과 동의어로 보는 경향이 있는 불트만도 바울에 있어 의는 "정확히 말해 구원 혹은 '생명'을 받는 조건"이라고 주장한다. Bultmann, *Theology*, 제1권, 270. 필론의 주장처럼 원인과 조건은 구별된다. 구원은 하나님으로부터 오는 선물이지만(원인), (불트만의 견해에 따르면) 구원은 오직 합당한 자에게만 적절히 주어진다(조건). 위 6.3을 보라.

도 율법의 행위를 기초로 해서는 "의롭다"고 간주되지 못하기(또는 못할 것이기) 때문이다.[72] 유대인 신자들이 은혜로 받은 "부르심"과 그리스도 안에서 경험한 것을 통해 깨닫게 된 것은 1) **구원의 선물이 가치와 상관없이 그리스도 안에서 이미 주어졌다는 것과, 2) 하나님은 믿음으로 증명된 새로운 삶이 그리스도-사건에서 비롯된 자를 "의롭게" 여기신다는 것**이다 (2:19-20).[73] 따라서 "그리스도를 믿는 믿음으로 의롭게 여겨지는" 것은 그리스도-선물의 결과이지, 그리스도-선물을 받는 조건이 아니다.[74] 그러나 이와 같이 재정의된 "의"와 함께, 이전의 상징적 자산의 주된 거래 수단이었던 가치의 핵심 정의는 "복음의 진리"에 의해 다시 조정되었다.

(c) πίστις Χριστοῦ. 나는 이 말을 "그리스도를 믿는 믿음"으로 해석하는데, 그렇다면 2:16의 긍정적 진술은 다음과 같은 의미로 이해될 수

---

72 2:16c의 단정적 진술("율법의 행위로써는 의롭다 함을 얻을 육체가 없느니라")은 바울이 율법의 행위를 무시하는 또 다른 이유를 추가로 암시한다. 율법의 행위는 하나님의 눈에 "의"로 인정받지 못할 운명이며, 실제로도 결코 인정받을 수 없었다. 그렇다고 해도 율법의 행위가 실패한 이유에 대해서는 (로마서처럼) 상세히 언급되어 있지 않고, 율법의 실패에 대한 비슷한 암시만이 3:10-12과 3:21-22에서 발견된다. 따라서 바울의 추론은 다음과 같은 이중 논리에 의존 하고 있다. 즉 율법의 관점에 입각한 "의"는 그리스도-사건으로 배제될 뿐만 아니라, 그 자체로도 불가능하다는 것이다. 3:21-22가 암시하는 것처럼 하나님 앞에서 "의롭다"고 간주되는 이 "생명"은 율법에 의해서는 주어질 수 없다(왜냐하면 율법이 작용하는 범주는 죄의 권능 아래 있기 때문이다). 오직 그 생명은 그리스도 안에서 주어지며(2:20), 그리스도를 믿는 믿음을 특징으로 하는 그 생명의 존재가 바로 하나님께서 "의"로 여기시는 것이다.

73 그러므로 우리는 바울이 "구원받은 자의 집단 속으로 들어가는 것"으로 의미를 바꿈으로써 동사 디카이우스타이(δικαιοῦσθαι)에 새로운 의미를 부여한다는 견해(Sanders, *Paul and Palestinian Judaism*, 470-72, 544-46)를 거부해야 한다. 웨스터홈은 바울이 이 말을 사용하는 것이 특이하지만, 이는 그 의미가 바뀌어서가 아니라 사람들이 특수하고 비상응적인 선물을 기초로 "의롭다"고 간주되기 때문이라고 바르게 지적한다. Westerholm, *Perspectives Old and New*, 273-84. 이 동사는 "의롭다고 여기다"에서 "의롭게 되다"로 의미가 바뀌지 않는다. 이 동사는 이미 변화된 사람들에게 적용된다.

74 지금 그리스도 안에서 "의롭다"고 여겨지는 자는 그에 따라 미래의 유업(3:29; 4:7) 즉 "하나님 나라"(5:21) 또는 "영생"(6:8)의 상속자가 되기에 합당하다. 그러나 그들의 가치는 그 가치와 상관없이 주어진 그리스도라는 선물의 효력에 참여할 때 나온다.

있다. "우리는 사람이 그리스도를 믿는 믿음을 증거로 하나님께 의롭게 여겨진다는 것을 알고 있다." 이어지는 구절들이 분명히 밝히고 있듯이, "그리스도를 믿는 믿음으로 의롭게 여겨지는 것"(2:16)은 "그리스도 안에서 의롭게 여겨지는 것"(2:17)이다. 믿음은 인간의 삶이 그리스도-사건의 구원하고 변화를 일으키는 힘 속에 통합되어 있다는 증거이고, 그리스도-사건을 통해 우리는 자아에 대하여 죽고(2:19), "내 안에 그리스도께서 사시는 것"(2:20)으로 더 적절히 묘사되는 새로운 삶을 살기 시작한다. "율법의 행위"와 "그리스도를 믿는 믿음"은 어떤 의미에서 유사하다. 즉 이 둘은 인간의 삶 속에서 함께 증명되고, "의롭다" 함을 얻는 것의 근거가 될수 있다. 그러나 "그리스도를 믿는 믿음"은 단순히 다른 방향이나 다른 삶의 방식을 의미하지 않는다. "그리스도를 믿는 믿음"은 **인간적으로 불가능한 것을 일으킨** 사건 곧 죽음에서 생명을 낳은 사건으로부터 시작된 새로운 삶의 방식을 의미한다(2:19-20). 하나님이 이것을 "의롭다"고 여기시는 이유는 믿음의 우월한 성향 때문이 아니라 그리스도를 믿는 믿음이 그리스도-사건에서 비롯된 삶, 곧 "이 악한 세대"(1:14)의 힘으로부터 해방된 새 피조물(6:15)의 표현이기 때문이다. 우리는 여기서 신자와 그리스도의 연합을 통해 초래된 "그리스도의 의"의 "이동"을 상상해서는 안 된다.[75] 다음과 같이 말하는 것으로 충분하다. 그리스도를 믿는 믿음으로 그리스도-사건이 자신의 존재의 근거가 됨을 보여주는 자를 하나님이 "의로운 자"로 인정하신다.

하나님의 이러한 인정하심이 "그리스도를 믿는 믿음"에 근거하여 주어지는데, 그 이유는 이 믿음이 그 자체로 일종의 "가치"를 확립하고 있어서가 아니라 이 믿음이 가치와 상관없이 하나님과 관련하여 삶의 새로

---

75   "칭의"와 "참여"의 개념을 결합시키는 루터의 해석에 대해서는 S. Chester, "It Is No Longer I Who Live: Justification by Faith and Participation in Christ in Martin Luther's Exegesis of Galatians," *NTS* 55 (2009), 315-37을 보라.

운 근원 및 방식을 창조한 사건으로 향하고 있기 때문이다(2:19). 이 두 대
립 어구 가운데 첫 번째 어구인 "율법의 행위"(ἔργα νόμου)라는 말에서 그
강조점이 첫 번째 부분인 "율법"(율법의 실천. 참조. 2:21과 5:4의 약속)에 있는
것처럼, 두 번째 어구인 "그리스도를 믿는 믿음"(πίστις Χριστοῦ)이라는 말
에서도 강조점이 "믿음"에 있지 않고 이 믿음의 기초가 되는 **그리스도**에
게 있다(2:17에 약술된 내용을 참조하라). 바울에게 있어서 믿음의 본질은 오
직 사람이 **"그리스도 안에서** 의롭게 여겨지기를 바라는 것"이다(2:17).[76]
여기서 "믿음" 용어가 소중한 이유는 믿음이 아브라함에 관하여 "사전에
선포된"(3:6)것과 하박국서에서 예언된 것(3:11)을 반영하고 있기 때문
이다. 이 두 성서 본문은 "의"를 "믿음"과 연계시킨다. "믿음"은 또한 초
기 그리스도인들에게 이미 1) "복음"과 2) 복음이 사람의 삶에 미치는 효
력, 이 둘을 가리키는 약어가 되었다(참조. 1:23, 3:23). 그러나 바울은 특수
한 인지 방식이나 주관적 경험과 같은 "믿음"에는 관심이 없고, 오직 **그리
스도를 믿는 믿음**에만 관심을 보인다. 그리스도를 믿는 믿음은 그리스도
의 죽음과 생애를 통해 재구성되고 재조정된 삶, 바로 그러한 삶을 살아가
는 자의 특징이다.[77]

πίστις Χριστοῦ라는 말을 "목적격 소유격 용법"("그리스도를 믿는 믿
음")으로, 또는 더 낫게 "특성의 소유격 용법"("그리스도-믿음")으로 해석할
만한 여러 이유가 존재한다. 이때 이 말은 신자들이 행사하는 믿음을 가리
키는데, 이 믿음은 그들이 그리스도를 의존하고 있음을, 그리고 그들이 그

---

76   에크 피스테오스(ἐκ πίστεως)와 엔 크리스토(ἐν Χριστῷ) 사이의 긴밀한 관계에 대해서
      는 F. Neugebauer, *In Christus: Eine Untersuchung zum paulinischen Glaubensverständnis*
      (Göttingen: Vandenhoeck & Ruprecht, 1961), 156-72를 참조하라.

77   이 해석에 따르면 "그리스도를 믿는 믿음"의 내용이 2:19-20의 신앙고백적 진술에 나
      타난다. 이 진술이 다음의 내용을 명확히 한다. 믿음은 주관적 성취가 아니라, 하나님이
      그리스도 안에서 주신 것으로 인해 "나"는 죽고 그리스도의 생명에 의존하는 새 생명이
      창조되었음을 스스로 인정하는 것이다.

리스도로 말미암아 재구성되었음을 가리킨다.[78] 이 말은 2:16 가운데 부분에서 바울이 직접 관련 동사를 그리스도가 아닌 신자에게 적용시킴으로써 다음과 같이 그 의미가 명확해 진다. "우리도 그리스도 예수를 믿나니"(εἰς Χριστὸν Ἰησοῦν ἐπιστεύσαμεν). 마찬가지로 그다음 장(3장)에서도 아브라함의 믿음에 관한 기초 본문을 따라 "ἐκ πίστεως"라는 말이 세 번에 걸쳐 등장한다("아브라함이 하나님을 믿으매", ἐπίστευσεν τῷ θεῷ, 3:6-9).[79] 바울의 초기 그리스 독자는, 비록 (다른 말로 표현된) 그리스도의 신실하심 또는 순종하심이 많은 중요 신학적 주제에 적합함에도 불구하고, πίστις Χριστοῦ라는 말을 이와 같이 "그리스도를 믿는 믿음"으로 해석했다.[80] 물론 바울은 사람들이 하나(율법을 실천하는 것)를 행하는 것이 아니라 다른

----

78 "목적격"이라는 말이 그리스도-사건을 믿는 자의 외부에 놓인 단순한 객관적 사실(믿는 자의 새로운 존재의 근거와 원천이 아니라)로 한정시킨다면, 이 명칭은 오해될 수 있다. 다른 말 ("형용사적" 소유격 용법 또는 "특성의 소유격 용법") 또는 다른 번역("그리스도-믿음")은 이런 함축성을 피할 수 있을지 모른다. 그러나 이 두 가지 명사 사이의 관계는 문법적 요소들에 대한 논쟁을 통해서가 아니라, 오직 포괄적인 맥락의 근거(여기서는 갈 2:11-21)에 따라 결정될 수 있다. M. Wolter, *Paulus: Ein Grundriss seiner Theologie* (Neukirchen: Neukirchen-Vluyn, 2011), 76-78을 보라. 여기서 볼터는 이 소유격이 아직 등장하지 않은 형용사 "그리스도적"(Christian)이라는 말의 기능을 행사한다고 주장하고, 다음과 같이 말한다. "믿음을 오로지 예수 그리스도를 향한 것으로 표현할 때, 믿음의 배타적 규정성이 나타난다"(77).

79 이 동등성을 상술하고 있는 Matlock, "Rhetoric"을 보라. 캠벨의 반박(Campbell, *Deliverance*, 840-841, 1145-1146)은 매트록의 구조 분석이 지닌 힘을 무력화시키지 못하고 피스튜에인 히나(πιστεύειν ἵνα, 2:16)를 "…을 믿다"라고 보는 개연성 없는 번역에 의존하고 있다.

80 M. Silva, "Faith versus Works of Law in Galatians," in D. A. Carson, P. T. O'Brien, M. A. Seifrid, eds., *Justification and Variegated Nomism*, 제2권: *The Paradoxes of Paul* (Tübingen: Mohr Siebeck, 2004), 226-34 그리고 R. Harrisville, "ΠΙΣΤΙΣ ΧΡΙΣΤΟΥ: Witness of the Fathers," *NovT* 36 (1994), 233-41을 보라. 반대 사례는 그것이 제시된 이후로 설득력이 없는 것으로, 아니 기껏해야 불확실한 것으로 판명되었다. 엡 2:8-10과 약 2:14-26은 초기의 바울 해석자들이 πίστις에 대한 바울의 언급을 믿는 자들의 믿음으로 해석했음을 증명한다. R. B. Matlock, "Even the Demons Believe: Paul and πίστις Χρίστου" *CBQ* 64 (2002), 300-18, 특히 306-7.

하나(믿는 것)를 행하는 것으로 "구원을 받게 된다"고 말하는 것이 아니다. 신적(하나님의) 주도권에 따라 구원이 그리스도-사건 속에서 일어났고(1:4, 2:20), 그리스도-사건은 사람이 은혜로 하나님의 "부르심"을 받게 될 때 그의 삶에 영향을 미치게 된다. 바울이 2:16에서 거론하고 있는 것은 완전한 구원론 체계가 아니라 하나님이 어떤 사람을 "의롭다"고(또는 가치 있다고) 여기실 수 있는지, 그 증거가 되는 기초다. "그리스도-믿음"(또는 "그리스도를 믿는 믿음")은 우선적, 변혁적 사건에 대한 표지다. 다시 말해 이는 그리스도께서 자기 자신을 선물로 주심으로써 시작된 삶의 방식을 의미한다(2:20).[81]

다른 해석 곧 "주격" 소유격 용법 또는 "저자의" 소유격 용법("그리스도의 신실하심")은 마틴의 갈라디아서 해석에서 중요한 역할을 담당한다(위 11.4.3을 보라). 마틴은 헤이스와 다른 학자들이 전개한 언어학적 논증을 기초로, 여기서 바울이 "의"를 그리스도의 사역과 관련시킨 유대-기독교의 공식(예. 롬 3:25, 4:25, 고전 6:11)을 각색하고 있다고 주장한다. 마틴은 또한 "그리스도의 신실하심"이 그리스도의 죽음을 암시한다는 사실을 2:21에서 발견한다(이 둘은 "율법"을 통해 얻는 "의"와 대립 관계 속에 놓여 있다). 마틴은 다음과 같이 결론짓는다. "πίστις Χριστοῦ라는 말은 일종의 표현으로, 바울은 이 표현을 통해 그리스도의 대속적 신실함에 대해 말한다. 왜냐하면 십자가에 달린 그리스도께서 하나님을 신실하게 바라보시는 가운데 인간을 위해 신실하게 죽으셨기 때문이다."[82] 그러나 최근 몇 년간 이루어진 이 수수께끼에 대한 확장된 논의에서, 관련 언어적·문법적 주장들은

---

81   참조. F. Watson, "By Faith (of Christ): An Exegetical Dilemma and Its Scriptural Solution," in M. Bird, P. M. Sprinkle, eds., *The Faith of Jesus Christ: Exegetical, Biblical, and Theological Studies* (Milton Keynes: Paternoster Press, 2009), 159. "믿음은 그리스도를 향해 나아가고 그리스도 안에 근거를 두며 그 안에서 구원하는 신적 행동이 있을 경우에 한해서만 포괄적 개인의 의를 구성한다."

82   Martyn, *Galatians*, 271. 참조. 249-53, 263-75.

이도저도 아닌 것으로 판명되었다. 만약 목적격 소유격 용법이 "쓸데없는 반복"을 만들어낸다 하더라도(예. 갈 2:16, 3:22에서), 이는 실제적 반박이 될 수 없다. 어쨌든 2:16은 반복적이거나 잉여적인 표현으로 가득하다.[83] 갈라디아서의 관련 소유격 어구들은 모두 명확히 사람이 "믿는 것"에 관해 말하는 동사들을 동반한다(2:16, 3:6, 22). 하지만 갈라디아서 어디에서도 πιστεύειν이나 형용사 πιστός가 그리스도에게 사용된 경우가 없다.[84]

이 어구에 대한 마틴의 해석은(이는 헤이스와 캠벨의 해석과 유사) 1) 일부 개신교 학자들의 "믿음" 해석에 대한 그의 반응과, 2) 그가 갈라디아서의 지배적 요소로 보고 있는 신적 주도권과 인간적 주도권, 이 두 주도권 사이의 양극성에 영향을 받은 것으로 보인다(위 11.4.3을 보라).[85] 마틴

---

83   양쪽의 논증에 관한 고전적 진술에 대해서는 R. B. Hays, *The Faith of Jesus Christ: The Narrative Substructure of Galatians 3:1-4:11*, 2판 (Grand Rapids: Eerdmans, 2002), 249-97을 보라. 이와 같이 애매한 소유격 용법은 다른 곳에 나타난 "유사 용법"(예. 롬 3:3; 4:16)이나 소유격 표현들에 관한 일반적 설명에 따라서가 아니라 직접적인 맥락에 따라 해석되어야 한다.

84   이 형용사는 3:9에서 아브라함에게 사용된다. 바울 서신의 다른 곳으로는 고후 4:13이 이 동사를 그리스도에게 적용시킬 수 있는 유일한 구절이지만, 이 구절에도 논란의 여지가 있다. 그리스도의 순종(휘파코에[ὑπακοή])은 롬 5:19(참조. 빌 2:8)에서 중요한 주제다. 하지만 이것이 바울에게는 하나님께 대한(또는 하나님의 부르심에 대한) 그리스도의 신실하심으로 해석되지는 않는다. 사실 그리스도와 하나님의 관계(예. "하나님을 신실하게 의지하심")는 갈라디아서 그 어디에서도 관심 주제가 아니다. 바울이 이처럼 환유어를 통해 우회적으로 그리스도의 죽음에 관해 말해야 하는 이유는 분명하지 않다. 피스티스(πίστις)라는 말을 믿음/신실함/순종으로 느슨하게 번역함으로써 의미의 혼란을 일으키고, 그 결과 실제로 그리스도-사건의 모든 국면을 망라하는 "초개념"을 만들어내는 것에 대해 비판하는 R. B. Matlock, "Detheologizing the ΠΙΣΤΙΣ ΧΡΙΣΤΟΥ Debate: Cautionary Remarks from a Lexical Semantic Perspective," *NovT* 42 (2000), 1-23을 보라.

85   매트록이 지적하는 것처럼, 만약 인간의 행위와의 대조를 의도했다면, 왜 바울은 "그리스도의 사역"(ἔργον Χριστοῦ)에 대해 보다 더 분명히 말하지 않았을까?("Detheologizing," 11-13) 마틴의 다른 논증들은 그리 결정적인 것으로 보이지 않는다. 위에서 인용한 유대교-기독교 공식 문구들 가운데 그 어느 것도 피스티스(πίστις)라는 말을 포함하고 있지 않다. 2:21에 관해서는 아래를 보라.

은 그리스도 안에서 하나님이 행하신 역사에 의해 인간의 행위가 "가능해진다"라는 불트만의 "결정"언어에 반대하여, "바울에게는 믿음이 인간적 가능성의 범주 안에 있지 않다"고 주장한다. 그리스도 안에서 이루어진 하나님의 사전 행위가 사람의 믿음을 이끌어내고 일으키는 원인이 된다는 것이다.[86] 헤이스도 이와 유사한 관심을 갖고 목적격 소유격 용법에 입각한 해석은 인간의 "종교적 기질", "인식적 성향 또는 고백의 정통성"에 강조점을 두는 것이라고 주장한다. 확실히 πίστις Χριστοῦ를 "그리스도를 믿는 믿음"으로 번역하는 것은 "우리 자신의 종교적 주관성에 몰입하는 불경스러운 행위에 지나지 않는다"고 헤이스는 주장한다.[87] 그러나 바울은 여기서 믿음을 종교적 기질로 보는 것에는 관심이 없고, 오직 그리스도의 죽음과 부활이라는 창조적 사건을 믿는 믿음(또는 더 낫게 말하면, **신뢰**)으로 보는 것에만 관심이 있다. 중요한 것은 믿음의 주관성이 아니라 믿음의 근거와 기초다. 다시 말해 믿음이 그리스도 안에서 하나님이 주신 무조건적인 선물이라는 점이 중요하다. "인간학적인" 대안과 "기독론적인" 대안, 이 두 대안 사이의 양자택일을 묘사하는 것(왓슨이 언급한 것처럼)은 "정직하지 못하다." "그리스도에 대한 언급은 두 경우 모두에 절대적으로 중요하다."[88]

---

86 Martyn, *Galatians*, 275-77. 마틴은 "자율 의지" 개념을 강력히 반대하고 있는데, 이는 그의 신학적 관심사에서 발견되는 특징이다. 바울 역시 인간의 믿음에 관해 말하고 있다는 마틴의 인정은 하나님의 행위("그리스도의 신실하심")가 인간의 믿음보다 앞서는 동시에 또한 인간의 믿음의 원인임을 증명하려는 관심사로 인해 가려져 있다(276). 마틴의 신학에 등장하는 은혜의 "극대화들"에 대해서는 위 3.5.4를 보라. 불트만의 언어에 대해서는 Bultmann, *Theology*, 274-75, 284, 314-30과 위 3.5.2에 나오는 분석을 보라.

87 Hays, *Faith of Jesus Christ*, 171, 184-85, 283, 293. 이러한 염려를 드러내는 헤이스와 다른 학자들의 진술을 모아놓은 Matlock, "Even the Demons Believe," 309-11을 보라.

88 Watson, "By Faith (of Christ)," 159은 Hays, *Faith of Jesus Christ*, 277과 반대된다. 헤이스는 "예수 그리스도의 믿음(신실하심)의 구원 효력"과 "그리스도를 향해 나아가는 인간의 믿음 행위의 구원 효력"을 대조시킨다. 아무도 (심지어는 불트만도) 인간의 믿음에 "구원 효력"이 있다고 주장하지 못할 것이다. 목적격 소유격 용법이 믿음을 "인간중심

앞에서(위 11.4.3을 보라) 살펴본 것처럼, 마틴은 자신이 갈라디아서의 핵심 요소로 간주하는 요컨대 신-인 양극성을 표현하기 위해 "율법의 행위"와 "그리스도의 신실하심"을 철저히 대립시킨다. "율법 준수는 단순히 인간의 행위지만 그리스도의 믿음은 하나님의 행위다."[89] 사람이 "그리스도를 믿는 믿음"을 "구원"의 기초로 삼게 되면, 바울의 구원론은 그 순서가 거꾸로 뒤바뀔 것이다. "하나님의 구원 행위는…인간의 율법 준수에 대한 하나님의 반응이 아니듯이 인간의 믿음에 대한 하나님의 반응도 아니다. 하나님의 구원은 어쨌든 어떤 것에 대한 하나님의 반응이 결코 아니다. 그것은 **최초의** 행동이다. 그것은 하나님이 그리스도의 신실하신 죽음 안에서 펼치신 하나님의 주도권이다.…그리스도의 믿음은 우리의 믿음보다 앞서왔을 뿐만 아니라 우리의 믿음의 원인이 된다."[90] 우리가 여기서 관찰할 수 있는 것은 (이미 언급했듯이 "구원받는 것"을 의미하는 것이 아니라 "의

....

적" 요소로 남겨놓는다는 캠벨의 주장("Romans 1,17—A Crux Interpretum for the Pistis Christou Debate," *JBL* 113 [1994]: 265-285, 특히 273)과 목적격 소유격 용법이 "그리스도를 칭의와 분리시키고, 그래서 지금은 칭의가 오로지 인간적 믿음에 의존하는 것이 되고 말았다"고 보는 켁의 주장(L. E. Keck, "'Jesus' in Romans," *JBL* 108 [1989]: 443-460, 특히 454)은 똑같이 그들이 반대하는 것을 잘못 제시하고 있다. 루터의 원래 해석을 생각나게 하는 J. A. Linebaugh, "The Christo-Centrism of Faith in Christ: Martin Luther's Reading of Galatians 2,16, 19-20," *NTS* 59 (2013): 535-544를 보라.

89   Martyn, *Galatians*, 251.

90   Martyn, *Galatians*, 271, 276. 이와 마찬가지로 헤이스도 주격 소유격 용법을 갈라디아서의 신학적 해석에 중요한 요소로 간주한다. "이처럼 인간의 의지나 행동을 지배하는 그리스도(또는 하나님)의 의지와 행동을 단호하게 강조하는 것이 갈라디아서 전체의 신학적 기조다." "우리는 우리가 행하는 어떤 것으로 의롭다 함을 얻는 것이 아니라, 예수 그리스도로 말미암아 의롭다 함을 얻는다"(*Faith of Jesus Christ*, 155, 211. 참조. 275, xlvii). 헤이스가 마틴과 다른 점은 그가 그리스도의 신실하심을 인간적 믿음의 "전형"으로 해석하여, 믿는 자들이 그리스도의 믿음(신실하심)에 참여토록 유도한다는 것이다. 참조. M. D. Hooker, *From Adam to Christ* (Cambridge: Cambridge University Press, 1990), 165-86. 헤이스의 해석은 "믿음으로 의롭다 함을 얻은 자"의 묘사 속에서 그리스도에 대한 언급을 찾아냄으로써 지지를 받는다. 그러나 헤이스의 이러한 주장은 Watson, "By Faith (of Christ)"에 의해 결정적으로 그 근거를 잃게 된다.

롭다고 간주되는 것"을 의미하는) δικαιοῦσθαι에 대한 그의 의심스러운 해석 외에도, 그가 "그리스도의 신실하심"이라는 추가적 지지와 함께 은혜의 **우선성** 및 **유효성**(이는 그의 대표적인 관심사다. 위 3.5.4를 보라)을 확대하고자 한다는 것이다.[91] 그러나 이는 불필요하다(또한 주석적으로 증명되는 것도 아 니다). 바울은 그리스도 안에서 이루어진 구원 사건과 구원 사건이 유대인 과 이방인의 "부르심"에 미치는 영향이 인간 행위자의 가치("주도권"을 포 함하여)와는 조금도 일치하지 않는 신적 주도권에 속한 일임을 매우 분명 히 한다. 앞에서 확인한 것처럼, 그리스도를 믿는 믿음은 어떠한 경우에도 신적 주도권을 양보하지 않는다. 신적 주도권은 이 변혁적 사건으로 통합 된 자의 표식이다.

우리의 해석은 인류학자들의 상징적 "자산" 은유(그리고 바울의 계산 언어, λογίζεσθαι, 갈 3:6, 고후 5:19)를 사용하여 다음과 같이 요약할 수 있다. "율법의 행위"를 가치(즉 "의")의 기준으로 삼는 것은, 하나님 앞에서 아무 런 의미가 없는 상징적 자산을 타당한 것으로 가정하는 것과 같다. 이방인 들을 "유대인답게" 살도록 만드는 것은 그런 상징적 자산에 투자하도록 만드는 것이다. 하지만 이는 하나님이 소중히 여기시는 일이 아님을 그리 스도 안에 있는 "우리는 알고 있다." "율법의 행위"를 가치의 척도로 삼는 것은 이미 폐기된 통화를 은행에 예치하는 것과 같다. 영국에서 더 이상 실링이나 펜스를 사용하지 않을 때 이런 돈을 모으는 것과 같다. 율법의 행위가 죽은 통화가 된 것은 그리스도-선물이 율법의 행위를 아무 쓸모없 는 것으로 만들어버렸기 때문이다. 사실 성서가 증명하는 것처럼, 율법의 행위는 어떤 이들이 유효하다고 본 통화가 결코 아니었다(참조. 갈 3:10-12, 21). 그러면 유효한 새 통화는 무엇인가? "그리스도를 믿는 믿음"만이 새 통화다. 어떤 다른 인간적 능력이나 어떤 내재적 가치의 징표는 결코 새

---

91   이 해석에서 작용하고 있는 "과도한 개신교주의"("hyper-Protestantism")에 대한 유사한 비평을 Matlock, "Even the Demons Believe," 309-13에서 보라.

통화가 아니다. 새 통화는 가치의 유일한 대상이 오직 그리스도뿐임을 인정한다. 믿음은 또 하나의 인간적 성취도 아니고 단련된 인간적 영성도 아니다. 오히려 믿음은 파산선고이며, 하나님의 경제에서 유일한 자산이 십자가에 못 박혀 죽고 부활하신 그리스도의 선물임을 근본적으로, 충격적으로 인식하는 것이다. 그리스도를 향하고 그리스도를 중심으로 삼는 믿음은 복음의 영향 아래, 인간 안에는 가치 있는 요소가 하나도 없음을 인정한다. 믿음은 유일하게 가치가 있는 자산, 곧 그리스도에게 모든 것을 투자한다.

12.5.4. 갈라디아서 2:17-21

이제 우리는 2:17부터 2:21에 이르는 논증의 흐름에 다시 합류할 수 있다. 바울은 유대인 신자들이 "의"가 율법의 행위로 정의되지 않음을 알게 되었다고 주장한다. 하나님이 "의롭다"고 인정하는 것은 그리스도를 믿는 믿음을 특징으로 하는 삶, 다시 말해 그리스도-사건으로 시작되고 그리스도-사건을 향해 나아가는 삶이다. 따라서 "의"(그리고 의의 반대말인 "죄")는 그리스도-사건으로 재조정되었다. 유대인 신자들이 안디옥에서 최소한 야고보가 보낸 사람들이 도착하기 전에 이것을 깨닫고 실천하게 된 것은 매우 중요하다. 왜냐하면 그것이 이방인 신자들로 하여금 "유대인 같은 삶"이 아니라 그리스도를 믿는 믿음으로 자신들의 삶을 규제하게 되는 환경을 조성하기 때문이다. 이 함축성은 2:17의 반박으로 보아 명확하다. 만약 그리스도 안에서 "의롭게" 여겨지기를 바라는 우리(즉 "우리 유대인", 2:15)가 ("이방인을 따라 살아감으로써", 2:14) "죄인"으로 드러나면, 이는 그리스도가 죄를 짓게 만드는 자라는 뜻인가?[92] 여기서 해석의 배경이

92　이어지는 메 게노이토(μὴ γένοιτο, "결코 그럴 수 없느니라")는 아라(ἄρα, "그러므로")가 질문을 도입하고 있음을 암시한다. J. M. G. Barclay, *Obeying the Truth: A Study of Paul's Ethics in Galatians* (Edinburgh: T&T Clark, 1988), 79 n. 11. 만약 그들이 그리스도에 대한 충성 때문에 확실히 "죄"를 저지른다면(예. 안디옥에서 이방인들과 친교 식

중요하다. 안디옥 논쟁 이후로, 이 문장은 모든 인간이 죄인이라는 일반적 사실(3:22)을 반영하지 않고, (안디옥에서와 같이) 복음에 대한 충성으로 "이 방인답게" 사는 것이 결국 신자들을 (율법에 의해 정의된 대로) "죄인"으로 낙인찍어 버린다는 특수한 경우를 반영한다.[93] 바울은 그리스도를 죄의 행위자로 만드는 부조리한 이미지를 만들어내는데, 이는 그가 베드로 앞에 내놓은 양자택일 곧 율법의 권위를 복원시킴으로써 그리스도를 포기하든지, 아니면 율법의 "죄"에 대한 정의를 거부하든지 둘 중 하나를 선택하라고 강요하기 위함이었다. 여기서 후자의 선택은 2:18-20에서 "내"가 본보기로 취한 길로 묘사된다. 그리스도께서 죄를 묵인하실 수 있다고 상상하는 것은 부조리하므로, 바울은 다른 대안에 대한 근거, 곧 궁극적 권위로 작용하는 율법의 전복에 대한 근거를 제시한다.

안디옥 논쟁이 이 논증의 배경이 되고 있는 것은 율법에 대한 근본적인 태도를 정할 때 사회적 경험이 중요하다는 사실을 암시한다. 유대인 신자들은 "복음의 진리에 대한 충성" 때문에 이방인과 함께 식사를 할 때 율법의 눈으로는 자기들이 "죄인들"과 같이 보이는 것을 알았고, 그 경험으로 인해 그들은 바울이 그리스도-사건 자체에 내재해 있는 것으로 보는 권위와 충돌하는 상황에 봉착했다. 바울은 베드로보다 이 충돌을 인정할 준비가 더 잘 되어 있었는데, 이는 바울이 이방인 신자들에게 더 많이 노

사를 할 때), 그리스도는 디아코노스 하마르티아스(διάκονος ἁμαρτίας, "죄를 짓게 하는 자")로서 죄를 조장하는 분이 될 것이다.

93 "확인되다" 또는 (부정적 의미로) "발견되다"를 의미하는 휴리스코(εὑρίσκω)의 수동태 용법에 대해서는 고전 4:2; 빌 3:9; 고전 15:15을 보라. 안디옥 사건과의 관련성을 축소시키거나 부정하는 다른 해석들(예. J. Lambrecht, *Pauline Studies: Collected Essays* [Leuven: Peeters, 1994], 205-36)이 반복됨에도 불구하고, 나는 2:17-18과 관련하여 이 해석을 유지한다(참조. Barclay, *Obeying the Truth*, 78-80). 람브레흐트는 바울이 2:14b-17에서 안디옥 사건을 "잊고 있다가" 2:18에서 갑자기 그 사건으로 돌아가고 있다고 본다. Eckstein, *Verheissung*, 30-41은 여기서 유대인 그리스도인들이 모든 사람이 죄인이므로 그리스도 안에서 자기들도 역시 죄인이라는 사실을 발견하고 있다는 전통적 해석을 따른다.

출되어 있었다는 것과, 그리하여 바울이 교정된 습관을 갖고 있었다는 것을 보여주는 일종의 증상이다. 비록 유대인이었지만 바울은 이방인 공동체들을 오랜 기간 경험했는데, 이방인 공동체들의 사회적 친밀감과 식탁 교제는 유대교의 관습을 무시하고, 율법의 권위를 정지시키는 경향이 있었다. 바울의 이러한 경험으로 인해 그의 문화적 충성에 분열이 발생했는데, 이 분열은 그리스도-사건의 분리하는 효과와 일치하고 또 그리스도-사건의 분리하는 효과에서 비롯된다.[94] 바울이 여기서 이 문제를 표현하고 있듯이, 그는 그리스도-사건에 참여하여 자신의 이전 자아를 처형했으므로 그가 이전에 율법에 바쳤던 철저한 충성은 이제 완전히 파괴되었다. 그리고 바울에게는 오로지 그리스도 안에 그 근거를 두고 또 그리스도를 지향하는 새로운 정체성이 나타났다.

바울은 자기 자신을 본보기로 사용하여, 만약 자기가 자신이 허문 것(즉 율법의 권위)을 다시 세워야 한다면, 율법의 관점에서 볼 때 이방인과 같은 행동을 반복함으로써 자기 자신을 "범법자"로 만들게 될 것이라고 주장한다(2:18).[95] 그러나 율법의 권위는 **허물어졌다.** 말하자면 바울의 상태는 다음과 같았다. "율법으로 말미암아 율법에 대하여 죽었나니, 이는 하나님에 대하여 살려 함이라"(2:19). 여기서 선언되고 있는 것은 율법 자체의 중단이 아니라 (신자로서) 바울의 삶에 영향을 미쳤던 궁극적 권위, 곧 율법의 종말이다. 신자들은 더 이상 "율법 아래" 있지 않다(3:25, 5:18). 율법은 이제 그것의 결정적 또는 규범적 역할을 멈추었다. 이 멈춤이 율법을

---

94 경험과 신학 사이의 이 변증법적 관계는 Holmberg, "Jewish versus Christian Identity"에서 언급된다. 사회적 경험의 "피드백" 효과에 대해서는 B. Holmberg, "Understanding the First Hundred Years of Christian Identity," in B. Holmberg, ed., *Exploring Early Christian Identity* (Tübingen: Mohr Siebeck, 2008), 1-32를 참조하라.

95 바울이 파라바테스(παραβάτης, "범법자")가 되는 이유는 율법 아래서 죄를 짓지 않고 사는 것이 불가능하기 때문이 아니라, 율법의 권위를 복원시키게 될 경우 자신이 이전에 율법의 규례대로 살지 못했던 것("이방인처럼 산 것")이 정죄받을 것이기 때문이다. 이 해석을 지지하는 문헌과 더 깊은 논증에 대해서는 Barclay, *Obeying the Truth*, 80을 보라.

통해"(διὰ νόμου, 2:19) 일어난 것은 정말 아이러니하다. 바울은 여기서 자기 자신의 경험(율법에 대한 충성으로 하나님의 "교회"를 박해했던, 1:13)을 암시하고 있거나, 자신이 행한 선교의 딜레마 곧 율법의 요구와 과거 율법에 대한 자신의 충성을 무너뜨린 그리스도에 대한 충성, 이 둘 사이의 충돌을 암시하고 있는 것으로 보인다.[96] 어쨌든 우리가 알고 있는 제2성전 시대 유대교에 관한 모든 지식과 비교해볼 때, 2:19의 바울의 진술은 정말 놀랍기 그지없다. 바울은 **하나님에 대하여 [신실하게] 살기(살아 있기?) 위해** (ἵνα θεῷ ζήσω) 율법과 단절했다고 말한다. 이 말의 의미는 율법의 힘이 획기적으로 박탈되었음을 가리킨다. 다른 모든 유대인과 같이 바울도 "하나님에 대하여 살기" 원하고, 율법은 이제 하나님에 대하여 사는 것을 규제하지 못한다.

"죽음"과 "생명" 언어(2:19)는 이미 이 박탈의 원인을 암시하고, 그 원인은 다음과 같이 즉각 명확해진다. "내가 그리스도와 함께 십자가에 못 박혔나니." "오직 내 안에 그리스도께서 사시는 것이라"(2:19-20). 바울이 율법의 권위를 무너뜨린 것은 그렇게 하자고 굳건히 결심했기 때문이 아니라, 그가 그의 실존을 완전히 재구성한 그리스도-사건의 영향 아래 있었기 때문이다. 그리스도의 십자가 죽음―단순한 죽음이 아니라 저주받은 치욕적인 처형(3:13, 5:11)―은 근본적인 분리를 표시한다. "내 안에 그리스도께서 산다"라는 언급은 근본적으로 새로운 실존을 출범시키는 부활을 상징한다(1:1). 신자들에게 그리스도-사건은 멀리서 관망하며 성찰하는 과거의 사건이 아니다. 그리스도-사건은 과거와 현재 사이의 거리를 무너뜨림으로써 신자들의 실존 속에 직접 각인되어 있다("내가 그리스도와 함께 십자가에 못 박혔나니").[97] "하나님에 대하여 사는 것"은 자아를 재조정

---

96   율법이 율법 자체를 종결시키는 역할을 한 것에 대해서는 다른 해석들도 가능하다. 곧
      율법은 그리스도를 저주하는 일에 관여하거나(3:13), 죄를 드러내고 부추기는 일을
      한다(롬 7:7-25).

97   Barclay, "Paul's Story," 142-46을 보라.

하는 것에 그치지 않고, 다른 존재의 생명 곧 "내 안에 계시는 그리스도"의 생명을 기초로 그리고 그 생명에 따라 형성되는 것이다. 그러므로 그리스도-사건은 비전과 가치의 변화를 가져올 뿐만 아니라 "자아"의 변화도 함께 가져온다. 그 새로움 때문에 모든 가치가 새로 평가되고, 모든 규범이 다시 평가된다.

"내 안에 그리스도께서 사시는 것"이므로, "이제 내가 육체 가운데 사는 것은 나를 사랑하사 나를 위하여 자기 자신을 버리신 하나님의 아들을 믿는 믿음 안에서 사는 것이다"(2:20). 바울은 매우 정교하게 신자의 행위를 대체되고("이제는 내가 사는 것이 아니요…") 재편되는("이제 내가…사는 것은") 것으로 묘사한다.[98] 그리스도 안에서 새로운 자아가 창조되었으므로 신자의 행위에 관해 나중에 언급될 수 있는 모든 것은 이 생성적 기초를 가리키게 된다. 그러나 바울은 이후에 신자의 행위의 원인에 관한 그리스도인들의 논쟁에 아무런 혼란을 느끼지 않기 때문에, 지체 없이 독자에게 책임 있는 행위자로 행할 것을 역설할 수 있다(예. 갈 6:7-10). 이 맥락에서 중요한 것은 믿음 안에 놓여 있는 이 새로운 삶의 방향이다. 만약 율법이 이제는 "하나님에 대하여 사는" 법과 관련하여 최종 권위를 갖고 있지 않다면, "나를 사랑하사 나를 위하여 자기 자신을 버리신 하나님의 아들"(2:20)에 관한 내러티브를 통해 새로운 기준이 형성된다. 이 비상응적인 선물은 일반적인 가치의 정의를 무너뜨리고 대신 새로운 규범, 동기, 실천을 제정하는데, 그 중심 가치는 사랑이다(참조. 5:6, 13, 6:2).

따라서 바울의 강론은 선물 주제 곧 하나님의 아들의 자기-주심(2:20)과 하나님의 "은혜"(χάρις, 2:21)에서 그 정점에 달한다. 여기서 1) 그

---

98   행위에 대한 표현들을 변경시키고 반전시키는 바울의 능력에 대해서는 J. M. G. Barclay, "'By the Grace of God I Am What I Am': Grace and Agency in Philo and Paul," in J. M. G. Barclay, S. J. Gathercole 공동 편집, *Divine and Human Agency in Paul and His Cultural Environment* (London: T&T Clark, 2006), 140-157을 보라. 이 동일한 복합성에 대한 이후의 숙고는 갈 4:19; 5:25을 보라.

리스도-사건과 2) 비상응적인 선물이라는 그리스도-사건의 특징, 이 둘 사이에는 완전한 상동성(homology)이 나타난다. 내러티브 용어로 복음은 근본적 분리 곧 기적적인 새 생명을 일으키는 죽음을 묘사한다. 그리스도 내러티브에 참여함으로써, 신자들이 이러한 분리 이야기를 자신들에 대한 진리로 인지하고 있다는 표시가 바로 믿음이다. 그러나 그리스도의 죽음은 또한 수혜자의 가치와 상관없이 주어지는 선물이다. 이 선물은 비상응적이기 때문에 이전에 존재하던 규범들을 무시하고 전복시킨다. 이 선물은 이전에 형성된 어떤 가치 체계와도 맞지 않는다. 따라서 그 내용과 성격에 있어 그리스도-사건은 적합성 및 연결성에 관한 모든 인간적 패러다임을 완전히 파괴해버린다. 그리스도-사건은 "사람[의 뜻]을 따라 된 것이 아닌"(οὐ κατὰ ἄνθρωπον, 1:11), 다시 말해 인간의 역사나 문화에서 나온 가치 체계에 의존하지 않는 생명의 기초다.

2:21은 2:14에서 시작된 논증을 결말 짓는다. 바울은 하나님의 선물을 거절하지 않을 것이고(οὐκ ἀθετῶ τὴν χάριν τοῦ θεοῦ), 이 은혜는 그리스도께서 죽음으로 자신을 주신 선물 가운데 발현되었다.[99] 왜냐하면 "만일 의롭게 되는 것이 율법으로 말미암으면"(즉 "의"가 율법의 기준에 따라 정의된다면) "그리스도께서 헛되이 죽으신" 것이 되기 때문이다. 신자들이 율법의 가치 정의에 따라 "유대인답게" 살아야 할 의무가 있는 것처럼 계속 산다면, 그리스도-사건의 변화를 일으키는 능력은 헛된 것이 되고 말 것이다. 그리스도의 죽음은 율법의 죽음을 수반한다(2:19). 말하자면 율법의 권위 아래 계속 살게 되면 십자가의 능력이 무력화될 것이다(2:21. 참조. 5:11). 바울이 여기서 환기시키는 것은 그리스도의 죽음이 다른 한 구원 체계(행위로 얻는 구원)를 배제한다는 것이 아니라 율법을 "의"의 규범적 정의로 의존하는 것─안디옥과 갈라디아에서 벌어진 일─에 반대한다는

---

99 다음과 같은 비난, 곧 바울이 율법 속에 구현되어 있는 하나님의 은혜를 거부하고 있다는 비난을 반박하기 위해 이 문장을 취하는 것은 지나치게 사변적이다. Martyn,

것이다. 그리스도-사건은 신자의 실존에 혁명을 일으키고 신자의 규범을 재조정했다. 만약 신자들이 "의"를 율법이 정의한 대로 생각하거나 그 정의에 따라 행동한다면, 그들은 더 이상 복음에 충실한 자들이 아니다. 그리스도의 죽음으로 주어진 선물은 근본적으로 모든 가치 체계를 재형성한다. 그리고 율법을 궁극적 규범으로 재확립하는 것은 하나님의 선물을 거절하는 일이 될 것이다. 그리스도-사건은 공동체 생활의 규범을 깨는 관행에 반영되거나 완전히 거부될 위험에 처해 있다. 복음은 생각과 실천 가운데 발생하는 비상응적인 선물의 실현에 따라 성공하거나 실패한다.

Galatians, 259. 그러나 여기에 암시되어 있는 내용은 갈라디아 교회 성도들이 율법에 종속되어 있어서, 그들이 그리스도 안에서 주어지는 하나님의 선물을 거부하게 된다는 것이다(1:6; 5:4).

제13장

그리스도-선물, 율법, 그리고 약속
(갈라디아서 3:1-5:12과 6:11-18)

갈라디아서 1-2장은 바울이 하나님의 "선물"을 특별히 그리스도 안에서 주어진 것으로 보고 있음을 분명히 했다. 그리스도-선물에 대한 여러 표현들—신자들의 부르심, 새 "생명"의 창조, 그리고 우리가 살펴볼 성령의 선물—은 그리스도의 죽음(자기 자신을 내어 주신 선물)에 대한 결정적인 예시를 나타낸다(1:4, 2:20). 그리스도-선물은 기존의 가치 기준과 상관없이 유대인과 비유대인 모두에게 주어졌기 때문에, 이 선물의 수혜자는 문화 자산에 대한 전통적 평가로부터 "자유롭다." 바울의 관점에 따르면, 그리스도-선물은 그리스도와 "함께 십자가에 못 박혀 죽는 것"을 초래하고(2:19), 과거의 실존 방식에 마침표를 찍는다. 새 생명의 근원인 그리스도-선물은 신자들의 정체성 및 충성을 재조정한다. 안디옥 사건은 "복음의 진리"에 대한 충성이 율법의 기준과 충돌할 수 있음을 보여주었다. 바울의 견해로는, 문화적 제약을 극복할 수 있는 복음의 능력은 이러한 진단 사건들 속에서 확증되거나 부정된다. 다시 말해 율법을 궁극적 권위로 삼게 되면 조건 없이 주어지는 선물, 곧 그리스도-사건의 본질이 부정될 것이다. 따라서 그리스도-선물은 새 공동체의 형성을 통해 입증되는데, 이 새 공동체의 사회적 삶의 패턴은 기존의 지배적 가치 체계에 이의를 제기한다.

갈라디아서 중간 장들은 율법 및 약속에 대한 복잡한 토론과 성서의 복잡한 짜임새를 갖고 있는데, 얼핏 보면 이 실천 의제와 무관해 보인다. 그러나 바울은 이 부분의 처음(3:1-5)과 중간(4:8-20), 그리고 끝(5:2-12)에서 자신이 갈라디아 교회의 절박한 문제들을 가장 먼저 염두에 두고 있음을 분명히 한다. 다른 선교사들은 갈라디아 교회 교인들에게 그리스도를 믿는 믿음을 율법의 실천에 맞추라고 설득력 있게 요구한다. 이러한 요구에 대해 바울은 그리스도-사건이 하나님의 약속의 성취라고 주장하지만, 율법을 삶의 권위 있는 틀로 확증해주지는 **않는다고** 주장한다. 이번 장에서 우리는 바울이 그리스도-선물을 "율법"이 아니라 "약속"과 결합시키는 방법을 다루고, **신적 목적의 차원에서는** 연속성과 일관성을 특징으로 하지만 **인류 역사의 차원에서는** 불연속성과 비상응성을 특징으로 하는 내러티브를 만들어냄으로써 신적 선물과 이 선물 수혜자 간의 비상응적인 관계를 숙고해볼 것이다. 그러나 먼저 이 논의를 구성하고 있으며 갈라디아의 현실에 기초하고 있는 여러 구절을 살펴볼 것이다. 이 본문들은 그리스도-선물이 갈라디아 교회 교인들에게 영향을 미친 가치 체계와 일치하지 않음을 증명하고, 결과적으로 사회와 관련된 이 선물의 창조적 힘을 명확히 한다.[1]

13.1. 그리스도-선물과 기존 가치 체계의 거부

13.1.1. 갈라디아서 3:1-5

바울은 갈라디아 교회 교인들을 직접 비판한 다음(3:1), 다음과 같이 문제의 핵심으로 직행한다. "내가 너희에게서 다만 이것을 알려 하노니"(3:2).[2]

---

1 이어지는 논의는 갈 3:1에서 새로운 단락이 시작되어 초점과 수사법의 별다른 변화 없이 5:12까지 계속된다는 구조 분석을 전제한다. 최근의 논의에 대해서는 M. C. de Boer, *Galatians: A Commentary,* New Testament Library (Louisville ; Westminster John Knox Press, 2011), 11-15를 보라(여기서 저자는 3:1-4:7과 4:8-5:12을 두 개의 주요 부분으로 구분한다). 주목할 만한 것은 갈라디아 교회 성도들의 경험과 그들의 현재의 사회적 선택에 관한 단락들(3:1-5, 26-28; 4:8-20; 5:2-12)로 인해 "이론적" 논증의 전개가 계속 중단되고 있다는 사실이다.

2 C. H. Cosgrove, *The Cross and the Spirit: A Study in the Argument and Theology of Galatians* (Macon: Merce University Press, 1988)는 그 당시에 갈라디아 교회에서 일어난 문제를 드러내는 작업에서 이 부분이 갖는 중요성을 제대로 강조한다. 그러나 코스그로브는 바울이 갈라디아서 1-2장에서 이미 조성시켜놓은 위기의 규모를 무시한다.

바울이 복음을 전할 때 "제시된" 사건은 예수의 십자가 죽음(3:1), 곧 하나님의 "은혜"(χάρις, 2:21)와 그리스도의 자기-선물이었다(2:20). 바울에 관한 한, 그리스도 안에 있는 갈라디아 교회 교인들의 삶의 모든 차원은 이 선물-사건에서 나오고 이 사건을 중심으로 돌고 있다. 그러나 이러한 비길 데 없는 혜택을 잃어버릴 현재의 위기로 인해, 바울은 어떤 시샘하는 "악한 눈"이 그들에게 드리웠는지 궁금해 한다.[3] 그리스도-선물에서 생겨난 새 생명(2:20)은 성령의 형태로 그들 가운데 활발하게 그리고 강력하게 작용하고 있었다(3:2, 5). 성령의 선물 역시 "받게 된"(λαμβάνειν, 3:2, 14) 것이다. 즉 믿는 자들에게 주어지는 약속의 선물인 것이다(ἵνα…δοθῇ τοῖς πιστεύουσιν, 3:22). 성령의 선물은 그리스도-선물 다음에 이차로 주어지거나 그리스도-선물과 무관하게 주어진 것이 아니라, 그리스도 안에서 주어진 하나님의 선물이 실존적 차원에서 존재함을 의미한다("마음 가운데" 있는 하나님의 아들의 영, 4:6). 바울은 이 선물(십자가에 못 박히신 그리스도, 3:1)의 기쁜 소식을 "본" 그들이 이 선물을 성령의 형태로 경험했을 때 어떤 상태에 있었는지 알고 싶어 한다. 하나님이 이 선물을 나누어주신(그리고 나누어주시는) 것은 율법의 행위로(ἐξ ἔργων νόμου, 3:2, 5) 표현된 가치 기준에 따른 것인가, 아니면 듣고 믿음으로(ἐξ ἀκοῆς πίστεως) 받은 메시지에 따른 것인가?[4] 만약 율법의 행위가 성령의 선물을 받기 위한 필수 조건으로 요구

---

3   바울은 이렇게 묻는다. "누가 너희를 꾀더냐?"(누가 너희를 악한 눈으로 보더냐?) 여기서 동사 βασκαίνω는 시기(다른 사람들에게 해를 가하는 시샘 어린 시선)와 관련되어 있고, 따라서 갈라디아 교회 성도들에게는 다른 사람들의 시기를 받는 혜택이 주어졌음이 전제된다(참조. 4:17). (추가적인, 그러나 보다 덜 확실한 제안들로 이루어진) 논의에 대해서는 다음의 연구들을 보라. J. H. Neyrey, "Bewitched in Galatia: Paul and Cultural Anthropology," *CBQ* 50 (1988), 72-100; B. W. Longenecker, *The Triumph of Abraham's God: The Transformation of Identity in Galatians* (Edinburgh: T&T Clark, 1998), 150-55; S. Eastman, "The Evil Eye and the Curse of the Law: Galatians 3.1 Revisited," *JSNT* 83 (2001), 69-87.

4   ἐξ ἀκοῆς πίστεως("듣고 믿음으로")라는 표현은 다양하게 번역될 수 있고, 이 명사들과 소유격 사이의 관계도 다양하게 해석될 수 있다. 여러 가지 선택들을 요약해

되지 않았고 또 요구되지 않는다면, 성령의 선물은 율법에 따라 정의된 가치 체계("의") 안에 포함될 수 없다(2:21, 3:6). 바울은 갈라디아 교회 교인들이 자신들에게 그리스도-선물을 받을 만한 가치가 전혀 없다는 것을 기억해주길 바란다. 그들은 믿음으로 바울이 전한 복음을 받아 들였을 뿐인데, 여기서 말하는 믿음이란 그리스도의 조건 없는 사랑 안에서 자신들의 가치의 유일한 근원을 인정하는 파산선고를 의미한다(2:20).[5]

그러므로 바울은 이렇게 경험에 호소함으로써 2:15-21에서 이미 주장했고 앞으로 증명될(3:6 이하) 것과 차이가 없는 논리를 확립한다. 그리스도-선물은 율법-사건이 아니었다. 그리스도-선물은 율법에 의해 확립된 가치 기준 내에서 제정, 분배, 경험된 것이 아니었다. 그리스도의 영

놓은 다음의 연구들을 보라. H. Schlier, *Der Brief an die Galater*, KEK (Göttingen: Vandenhoeck & Ruprecht, 1971), 121-22; R. B. Hays, *The Faith of Jesus Christ: The Narrative Substructure of Galatians 3:14:11*, 2판(Grand Rapids: Eerdmans, 2002), 124-32; de Boer, *Galatians*, 174-75. 바울 서신의 다른 곳(살전 2:13; 롬 10:16-17)에 나타나는 이 어구의 용법을 감안한다면, 첫 번째 명사는 아마도 (듣는 행위가 아니라) "메시지"를 의미할 것이다. πίστις(믿어진 "믿음"이 아니라 믿는 행위로서의 "믿음"을 가리키는 것으로 보이는 πίστις, 참조. 1:23)와 관련해서 말하자면, 이 말은 "믿음으로 받아들인 메시지" 혹은 "믿음을 일으킨 메시지"를 가리킬 것이다.

5   마틴에 의한 ἐξ ἀκοῆς πίστεως의 의역("믿음을 일으키는 능력을 갖고 있는 선포")과 3:2에 대한 논의(*Galatians: A New Translation with Introduction and Commentary*, Anchor Bible 33A [New York: Doubleday, 1997], 286-89)는 2:16에 대한 그의 해석에서 우리가 지적했던 인간 행위의 역할과 관련된 동일한 염려를 입증한다(위 12.5.3을 보라). 마틴은 여기서도 인간의 행위(율법의 행위)와 신적 행위(믿음을 일으키는 하나님의 메시지), 이 둘 사이에서 똑같은 대립을 찾아낸다. 드 보어는 이 양극적 대립을 더욱 심화시키고 πίστις가 인간의 믿음이 아닌 그리스도의 신실한 죽음을 가리키는 것으로 본다(*Galatians*, 175-77). 그러나 바울이 이런 내용을 명확히 표현하지 않는다는 사실은 그가 이 문제에 관심을 갖고 있지 않음을 암시하고, 그 직후에 아브라함의 믿음을 언급하는 것(3:6)은 드 보어의 해석을 의심하게 만든다. 물론 믿는 자들의 믿음은 그리스도-사건을 가리키고, 그리스도-사건으로부터 나온다. 하지만 바울이 인간적 믿음을 무시하거나 인간적 믿음의 원인을 밝힐 필요가 없는 이유는 그리스도를 믿는 믿음이란 인간적 성취도 아니고 하나님으로부터 그리스도라는 선물을 얻는 조건도 아니며 오직 그리스도라는 선물이 이미 "십자가에 못 박히신 그리스도" 안에서 주어졌다는 것(3:1)에 대한 인정만을 의미하기 때문이다.

이 율법을 준수하지 않는 이방인들에게 처음으로 그리고 계속해서 선물로 주어진 것은 그리스도-선물이 "유대인답게 사는 것"(2:14)의 틀 안에 있지 않다는 현상학적 증거다. 사도행전에서처럼(다음을 보라. 행 10:44-48, 11:17-18, 15:8-11), 율법을 지키는 유대인들은 성령의 선물이 치욕적으로 이방인들에게 주어지는 것을 목격하고 그리스도-사건을 자기들의 전통 기준에 가두어둘 수 없음을 인정하게 될 때 충격을 받는다. 바울에게는 이것이 그리스도-사건이 비상응적인 선물이라는 자신의 신념을 확증하고 또 그 신념의 근거가 된다.[6] 바울이 갈라디아 교회 신자들로 인해 충격을 받은 이유는 그들이 주관적으로 잘못된 자기이해를 갖고 그리스도의 온전한 사역이 들어갈 자리에 자아를 둠으로써 그들 자신의 선행을 신뢰하기(루터) 때문이 아니라, 그들이 율법에 구현되어 있는 사회적 가치 기준을 채택함으로써 그리스도-선물을 기존의 가치 체계 안에 가두어놓았기 때문이다. 성령은 복음을 믿음으로 받아들이는 곳에서 주어진다. 즉 수혜자가 자신의 가치와 상관없이 일어난 한 사건에 따라 재구성되고 또 그 사건을 향해 나아가는 곳에서 성령은 주어진다. 성령의 선물이 율법의 행위와 결부될 때 주어지는 것으로 다시 포장해버리면 성령의 선물이 "유대교"의 선물로 바뀌게 될 것이다(1:13, 14). 바울에 따르면 십자가는 이처럼 율법에 갇힐 때 무력화될 수밖에 없다(5:10, 6:12). 성령도 이처럼 율법에 갇히면 상실될 수밖에 없다(3:4). 율법의 영향을 받는 성령은 절대로 성령

---

6   갈 3:1-5은 바울이 펼치는 논증의 많은 부분이 경험(바울 자신과 갈라디아 교회 성도들의 경험, 참조. 1:12-17; 4:12-20)에 의존하고 있다는 던의 주장(위 11.4.2를 보라)을 신뢰하게 만든다. 그러나 "이전의 일을 상대화시키는 것"은 단순히 성령을 경험하는 데서 나오는 "실존적인 힘"이 아니다. Dunn, *The Theology of Paul's Letter to the Galatians* (Cambridge: Cambridge University Press, 1993), 95. 바울은 이 경험을 그리스도-사건의 성격과 관련시켜 해석했다(그리고 그 반대도 마찬가지다). 그리스도-사건의 무조건적인 은혜는 믿는 자들의 삶 속에서 행하시는 하나님의 제약 없는 행동에 대한 체험과 상호 관련되어 있다.

이 아니며 육체에 불과하다(3:3).[7]

13.1.2. 갈라디아서 5:2-6

율법과 약속을 양 극단에 놓인 대립 관계로 논하고 있는 이 단락은 그 수
신 대상을 확실하게 그리고 노골적으로 지시하고 있다(5:2). "보라, 나 바
울이 너희에게 말하노니…." 여기서 율법의 행위의 핵심 특징으로 갈라디
아 교회 남자 교인들에게 강요된 할례가 제시되고 있는데(참조. 6:12-13),
앞에서처럼 여기서도 바울은 양자택일을 제시한다. 할례를 받는다고 해서
그리스도를 믿는 믿음이 보강되는 것은 아니다. 갈라디아 교회 교인들이
할례를 받게 될 경우 그들은 그리스도의 모든 혜택을 상실하게 될 것이다
(5:2). 바울은 할례가 그들에게 율법 전체에 대한 의무를 지우는 표지가 될
것이라고 주장한다(5:3). 그것은 율법을 의의 기준으로 받아들임을 나타
내고("율법 안에서 의롭다 함을 얻으려 하는 너희는", οἵτινες ἐν νόμῳ δικαιοῦσθε),
그리스도-사건을 율법의 제한을 받는 선물로 만들어버릴 것이다(5:4). 바
울의 관점에서 보면, 이는 단순히 그리스도-선물을 제약하거나 제한하
는 것으로 그치지 않는다. 이 제약과 제한으로 인해 그리스도-선물이 완
전히 무효화되어버린다. 아니, 오히려 그리스도-선물이 제공하는 혜택을
폐지시킨다. "율법 안에서 의롭다 함을 얻으려 하는 너희는 그리스도에게
서 끊어지고(κατηργήθητε ἀπὸ Χριστοῦ) 은혜에서 떨어진 자로다(τῆς χάριτος
ἐξεπέσατε)"(5:4). 우리는 여기서 다시 "그리스도"와 "선물"이 서로 동일
시되고 있는 것(Χριστός와 χάρις/χάριτος 사이의 일치로 촉진되는)에 주목하게

---

7   유력한 단어 σάρξ가 수식어가 없는 형태로, 그리고 πνεῦμα와 대립 관계 속에서 등장
    한다는 점이 중요하다. 이 단어는 이미 인간적 실존과 관련되어 있으나(1:16), 새롭게 주
    어지는 성령과의 대립 관계 속에서 의미가 추가된다(참조. 4:6). 이에 대한 설명을 아래
    의 14.1.1에서 보라. "육체로 마치겠느냐"는 바울의 언급은 아이러니한데, 이는 이 언급
    에 다음과 같은 주장이 반영되어 있기 때문이다. 율법의 행위를 "향해 앞으로" 나아가는
    것은 갈라디아 교회 성도들을 "뒤로 후퇴시켜서" 믿기 이전의 과거로 돌아가게 만드는
    처참한 움직임이라는 것이다(참조. 4:8-11).

된다. 그러므로 이 "선물"은 독립된 범주가 아니라 그리스도와의 관계에 의해 정의되는 것이다. 이 선물 곧 그리스도-선물을 율법의 지배적 권위의 규제 아래 두는 것은 이 선물을 확대시키거나 보호하는 것이 아니라 오히려 완전히 상실시키는 것이다.

왜 그런 걸까? 배제의 논리가 5:5에서 먼저 확인되고, 이어서 5:6에서 설명된다(각각 γάρ와 함께 시작됨). 바울의 주장에 의하면, 우리는 "성령으로 믿음을 따라 의의 소망을" 기다린다(5:5). 이는 갈라디아서 3-4장에 대한 압축된 요약으로, 이 요약은 의가 율법의 행위가 아니라 성령께서 그리스도를 믿는 자에게 주시는 상속자의 지위와 연계되어 있음을 강조한다(3:8, 14, 22). 그러나 그리스도-선물은 왜 이방인 신자들에게 할례를 받으라고 요청하는 것과 양립할 수 없는 걸까? 바울은 할례를 하나의 의식으로서 또는 유대인이라는 민족성의 육체적 표징으로서 반대하는 것이 결코 아니다. 바울은 자신이 받은 할례를 파기하거나 다른 유대인들에게 그렇게 할 것을 기대하지 않는다(참조. 고전 7:17-19). 그러나 이방인 신자들에게 할례를 요구하는 것은 그리스도-사건을 유대교 전통에 따라 규정된 가치 기준 안에 가두는 것이 되고, 이로 인해 그리스도-선물은 외부의 다른 어떤 것에 의해 제한을 받게 되며, 이 경우 외부의 다른 어떤 것은 바로 유대인의 민족성과 율법, 이 둘의 가치가 된다. 바울은 **무할례** 곧 아무 표징을 갖고 있지 않은 남자의 상태가 어떤 의미에서 우월하다고 생각하고 있는 것이 결코 아니다. 유대인들은 남자의 할례를 유대인의 구별 표지로 간주했으나 그리스와 로마 환경 속에 살았던 비유대인들은 할례를 남성 신체의 야만적 손상으로 간주하기 쉬웠다.[8] 그러나 그리스도-선물은 이런(또는 다른 어떤) 육체적 구별과 상관없이 주어졌으므로, 즉 할례 받은

---

8 헬레니즘 시대의 할례에 대한 비판과 이에 대한 유대인의 반응에 대해서는 Josephus, *C. Ap.* 2.137; Philo, *Spec. Leg.* 1.1-3을 보라. 유대인의 관습인 할례는 종종 로마에서 조롱거리가 되었다(예. Petronius, *Sat.* 102.14, *Martial* 7.82; 11.94).

유대인과 할례 받지 않은 비유대인 모두에게 주어졌으므로, 남자 몸의 할례나 무할례와는 관련이 없고, 만약 할례나 무할례를 그리스도-선물을 받거나 그 선물의 효력을 지속시키기 위한 필수 조건이라고 본다면 이는 완전히 잘못된 해석이 된다. 바울은 다음과 같이 주장한다. "그리스도 예수 안에서는 할례나 무할례나 효력이 없으되(τι ἰσχύει)"(5:6). 여기서 그리스어 τι ἰσχύει는 금융계에서 유래된 말로, "어떤 가치가 있음"을 뜻한다.[9] 그리스도-선물은 그리스도 안에서 할례나 무할례와 상관없이 주어졌기 때문에 할례와 무할례 모두 가치에 있어서 서로 차이가 없다(어느 쪽도 다른 쪽보다 더 큰 가치를 갖고 있지 않다). 바울은 이 두 상태 외에 다른 어떤 제삼의 상태를 옹호하는 것이 아니고, 남자의 몸의 이 특수한 두 상태 가운데 어느 쪽에도 그리스도-선물을 받게 만드는 힘이 없음을 주장하는 것이다. 둘 중 어느 하나를 주장하는 것(갈라디아 교회의 배경에서는 할례를 우월한 조건으로 주장하는 것)은 복음을 왜곡시킬 것이다. 왜냐하면 이 복음은 **조건 없는** 선물이라는 그것의 상태에 따라 유효하거나 무효가 되기 때문이다.

만약 여기서 문제가 되는 것이 자기에게 신뢰를 둔 행위를 통해 구원을 얻는 것(루터)이라면, 바울이 할례와 무할례를 **동시에** 무시하는 이유를 알아내기란 어렵다. 할례는 하나님의 은혜를 이끌어내는 데 목표를 둔 행위로 생각될 수 있었으나, 할례 받지 않은 상태에 있는 것이 어떻게 이런

---

9   여기서 ἰσχύει가 직접 목적어를 지배할 때의 의미는 법적인 의미(어떤 것을 유효하게 함, 히 9:17의 자동사를 참조하라) 또는 경제적 의미(어떤 가치가 있음, 예를 들어 Josephus, *Ant.* 14.106. BDAG 4; *LSJ* ἰσχω 3.2; Moulton-Milligan 도처)를 갖는다. 마틴은 여기서 힘의 의미를 부정확하게 찾아내는데("할례도 무할례도 무엇을 완성시키는 어떤 힘을 갖고 있지 않다", *Galatians*, 472-73), 그가 찾아낸 부정확한 힘의 의미는 여기서처럼 동사가 직접 목적어 τι를 갖고 있을 때는 적용될 수 없다. 참조. H. D. Betz, *Galatians*, Hermeneia (Philadelphia: Fortress Press, 1979), 263. "가치"에 내포된 의미는 F. Mussner, *Der Galaterbrief*, HTK (Freiburg/Basel/Vienna: Herder, 1974), 352에서 정확하게 확인될 수 있다. 이것은 이미 Marius Victorinus가 제시한 것이다. S. A. Cooper, *Marius Victorinus' Commentary on Galatians: Introduction, Translation, and Notes* (Oxford: Oxford University Press, 2005), 330을 보라.

또는 다른 의미에서(할례의 상태와?) 하나의 "행위"인지는 분명하지 않다.[10] 그러나 바울은 할례와 무할례를 똑같이 무시한다. 마찬가지로 만약 문제가 되는 것이 "민족적 제국주의"나 언약이 유대인에게만 "제한되는 것"(던)이었다면, 왜 여기서 무할례도 평가절하 되고 있는 걸까?[11] 여기서 바울이 겨냥하는 것은 민족중심주의도 아니고 선행으로 하나님의 은혜를 얻어낼 수 있다고 보는 거짓 견해도 아닌 것으로 보인다. 바울은 그리스도와 상관없이 작용하는 상징적 자산은 그것이 무엇이든지 거부한다. 이 경우에 그리스도-선물은 할례나 무할례와 아무 관심이 없는데, 이는 둘 다 그리스도-선물을 주는 것과 관련이 없기 때문이다. 따라서 여기서 중요한 것은 "사랑으로써 역사하는 믿음"(5:6)이다. 왜냐하면 그리스도-선물이 조건 없는 사랑의 행위를 믿는 믿음을 불러일으키기 때문이다(2:20). 그리고 그리스도-선물의 창조적 힘은 사랑으로 규제되는 행위 패턴을 통해 계속된다(5:14, 6:2).

13.1.3. 갈라디아서 6:11-16

갈라디아서의 마지막 단락은 그리스도-사건을 기존의 가치 체계를 무

---

10 루터는 할례 행위가 할례에 대한 신뢰(*qui confidit circumcisione, WA* 40.2 11.31)를 나타낸다는 이유에서 바울이 할례를 비판했다고 여긴다. 계속해서 루터는 바울이 "유대인과 행위의 의(*operarii*)를 배제한다"고 해석한다. 왜냐하면 루터는 "그리스도 안에서 할례, 곧 행위, 예배, 삶의 종류가 아무 소용이 없으며, 행위에 대한 신뢰(*fiducia operum*)가 전무한 상태에서 오직 믿음만 있다"고 말하기 때문이다(*LW* 27:30; *WA* 40.2 37.18-21). 하지만 루터는 바울이 무할례도 똑같이 무시하는 것에 대해서는 아무런 설명도 하지 않는다.

11 던은 할례가 "특별히 유대인의 정체성"을 상징하는 것으로 본다. 이방인들이 할례를 취하려면 "이방인으로서의 특수한 정체성을 유대교 개종자의 지위로 완전히 동화 내지 흡수시키는 것"이 요구되고, 이는 "유대인의 이념적·민족적·제국주의의 수단"을 나타낸다. Dunn, *The Epistle to the Galatians*, Black's new testament Commentaries (London: A&C Black, 1993), 265, 267. 여기서 던 역시 무할례가 상징적 가치를 상실하는 이유에 대해서 아무런 설명도 제공하지 않는다.

너뜨리는 것으로 다시 제시함으로써 이 서신이 주는 도전을 요약한다. 바울은 개인적 사실(6:11)을 강조한 다음, 갈라디아 교회 교인들에게 그들의 유일한 동기가 (바울의 관점에서 볼 때) "육체의 모양을 내려하는"(εὐπροσωπῆσαι ἐν σαρκί, 6:12) 것 또는 "너희의 육체로 자랑하려는"(ἵνα ἐν τῇ ὑμετέρᾳ σαρκὶ καυχήσωνται, 6:13) 것에 있다고 경고한다. 바울의 이런 말은 우월함의 표지를 공개적인 자랑거리로 삼는 명예 체계를 부각시킨다.[12] "자랑하는 것"이 그 자체로 문제가 되는 것은 아니다(바울도 "자랑하는" 것이 있다, 6:14. 참조. 6:4). 중요한 것은 자랑의 근거나 원천이다. 바울에 따르면 갈라디아 교회의 다른 선교사들은 "복음"의 가치 체계 속 그 "어디에도 없는" 가치의 상징인 할례를 자랑한다. "할례"와 "육체"는 쉽게 결합되기 때문에(할례는 "너희 살[육체]에 있어 언약"으로 불린다, 창 17:13), 바울은 σάρξ라는 말에 서신 앞부분에서 부여한 부정적 의미를 여기서도 부여한다(3:3, 4:23, 5:13-6:10). 그러나 바울은 육체 자체에 대해서는 부정적 관점을 보이지 않는다. 그리고 그의 개념 지도는 내적인 것이나 불가시적인 것에 대한 선입관에 큰 영향을 받지 않는다. 할례와 무할례를 다 부차적 지위를 가진 현상으로 분류하는 것(6:15)은 다른 모든 것을 판단하는 다음과 같은 오직 하나의 준거점이 있기 때문이다. "그러나 내게는 우리 주 예수 그리스도의 십자가 외에 결코 자랑할 것이 없으니 그리스도로 말미암아 세상이 나를 대하여 십자가에 못 박히고 내가 또한 세상을 대하여 그러하니라"(6:14).

이 특수한 진술은 2:19-20의 죽음 선언을 반영하고 확대시킨다.

---

12   "모양을 내는 것"(εὐπροσωπῆσαι; 참조. 하나님은 외모 πρόσωπον로 취하지 않으신다, 2:6)에 대한 언급은 명예를 자랑하는 공적 영역을 가리킨다. 여기서 특별히 법적 의미를 찾아낼 이유는 없다. 이것은 다음의 연구들과는 상반된 의견이다. B. W. Winter, "The Imperial Cult and Early Christians in Pisidian Antioch (Acts XIII 13-50 and Gal VI 11-18)," in T. Drew-Bear et al. eds., *Actes du Ier Congrès International sur Antioche de Pisidie* (Lyon: Kocaeli, 2002), 67-75 그리고 이를 따르고 있는 J. Hardin, *Galatians and the Imperial Cult* (Tübingen: Mohr Siebeck, 2008), 86-91.

2:19-20에서 바울은 율법의 궁극적 권위와의 단절을 선언했다("내가 율법에 대하여 죽었나니", 2:19). 여기서는 이 단절이 훨씬 더 넓은 함의를 갖고 있다. 그리스도의 십자가는, 아무리 그것이 "세상"의 "자연" 질서 속에 새겨져 있다 해도, 모든 규범 체계를 무너뜨린다(참조. 4:3).[13] 그리스도의 십자가는 **형식**(무조건적 선물), **내용**(죽음으로서), **양식**(십자가 죽음의 수치)에 있어, 신자들이 기존의 명예로운 것, 우수한 것, 올바른 것의 관념에 충성하는 것을 깨뜨린다. 필론은 "세상"(ὁ κόσμος)을 적절하게 질서 정연한 하나님의 선물로 받아들였는데, 이 세상의 안정된 가치는 합당한 수혜자에게 주어지는 선물로 강화되었다. 반면에 바울은 십자가를 모든 규범을 판단하고 모든 가치를 상대화하는 근본 기준으로 제시한다. 이 유일하고 특수한 사건이 보편적 의미를 갖는 이유는 이 사건이 어떤 초시간적·보편적 우주의 원리를 드러내고 있어서가 아니라 사전 계산된 구별 체계에 의존하지 않고 일부 인간에게만 특권을 주는 것이 아니기 때문이다. 십자가 사건은 본래 근본적으로 무조건적인 사건이다.[14]

실재에 대한 이러한 비전으로 가능해진 엄청난 창의성은 다음과 같이 그 즉시 명백해진다. "할례나 무할례가 아무것도 아니로되 오직 새로 지으심을 받는 것(καινὴ κτίσις)만이 중요하니라"(6:15). 5:6에서처럼 여기서도 바울은 사회를 교묘하게 계급 제도에 따라 구분하는 분리 체계가 부적합하다고 선언한다. 그러므로 여기서 이전의 "대립들"(안티노미)은 세상

---

13 κόσμος라는 말에 담긴 함의들 중에는 질서, 계획, "자연적" 가치구조와 같은 관념들이 포함된다. E. Adams, *Constructing the World: A Study in Paul's Cosmological Language* (Edinburgh T &T Clark, 2000)를 보라.

14 이 요점은 A. Badiou, *Saint Paul: La Fondation de l'universalisme* (Paris: Presses Universitaires de France, 1997, 영역 *Saint Paul: The Foundation of Universalism*, trans. R. Brassier [Stanford: Stanford University Press, 2003])에 잘 소개되어 있다. 하지만 바디우는 그리스도-사건을 부활 사건으로만 잘못 이해하고 있는데(위 3.7.2를 보라), 바디우는 그리스도-사건에 대한 바울의 설명에서 "진리에 관한 담론을 기존의 역사적 집합체 속에 위치시키려는 모든 시도가 무너지고 있음"을 발견한다(6).

을 완전히 재정렬한 새로운 실재로 인해 무시된다.[15] "새로 지으심을 받는 것[새 창조]"이라는 말에 함축되어 있는 뜻은 개인의 회심을 완전히 넘어서고, 미래에 기다리고 있는 우주적 재창조를 암시한다(참조. 1:4).[16] 그러나 맥락상 주된 초점은 옛날 가치 체계를 무시함으로써 이전의 경계들을 무너뜨리는 새로운 **사회적** 공동체에 맞추어져 있다. 이 "새 창조"는 전통적 지배 규범들에 무관심하고, 사회적 실천의 새로운 패턴을 만들어낸다. 이는 "이 규례(κανών)를 행하는 자"(6:16) 가운데서 확증된다. 이 문맥에서 할례는 소중히 여겨지지도 않고 무시되지도 않는다. 할례 받은 자는 할례의 표로 말미암아 더 우월한 자가 되거나 더 저급한 자가 되지 않는다. 이처럼 잠재적으로 유망한 정체성 표지를 무시함으로써(즉 소중히 여기지 않음으로써), 그리하여 **어느 쪽으로든** 가치를 평가하는 것을 거부함으로써, 새로 형성된 공동체는 통상적이고 규범적인 평가와 "대각을 이루는" 평가를 일으킨다. 그들의 새로운 정체성과 충성은 어느 쪽에도 궁극적 의미를 주지 않고 양쪽을 다 포용할 수 있다. 이 시점에서 **무관심을** 표시하는 것은 안디옥 식사 사건 논쟁만큼 전략적으로 중요하다. 이는 "새 창조"에 따라 지음 받거나 "새 창조"에 힘입은 자에게 최종 권위를 지니고 있는 규범이 율법이 아니라 "복음의 진리"(2:14) 곧 그리스도-사건 자체(6:14)임을 암시한다.

---

15 Martyn, "Apocalyptic Antinomies in Paul's Letter to the Galatians," *NTS* 31 (1985), 410-24을 보라. 마틴에게 "안티노미"는 우주의 토대가 되는 한 쌍의 대립들을 가리킨다.

16 "새 창조"가 주로 개인의 재형성을 가리킨다(참조. 고후 5:7)는 허버드의 전제는 이 개념의 범주를 지나치게 제한해버린다. M. V. Hubbard, *New Creation in Paul's Letters and Thought* (Cambridge: Cambridge University Press, 2002). 다음과 같은 가장 최근의 토론을 보라. T. R. Jackson, *New Creation in Paul's Letters: A Study of the Historical and Social Setting of a Pauline Concept* (Tübingen: Mohrsiebeck, 2010).

13.1.4. 갈라디아서 3:26-28

우리는 방금 설명한 이 핵심 단락들을 통해 율법과 약속에 관한 논증 한 복판에서 갈라디아 교회 교인들("너희")에게 주어진 중대한 선고에 관한 관점을 제시받는다(3:26-28). 여기서 바울은 세례 공식을 인용하며 세례를 통해 그리스도와 하나가 된 자의 재형성을 칭송한다. "누구든지 그리스도와 합하기 위하여 세례를 받은 자는 그리스도로 옷 입었느니라"(3:27). 바울은 "나"를 본보기로 제시하는 앞서의 진술(2:19-20)을 확대시키면서, 다양한 표현을 사용하여 침례 시 그리스도-사건에 의해 생성되고, 그리스도-사건에 의존하는 새로운 주체성의 창조를 나타낸다. 말하자면 신자는 "그리스도와 합하여 세례를 받고", "그리스도로 옷 입고", "그리스도 안에서" 하나이고, 따라서 "그리스도의 것이다"(3:27-29). 이 새로운 "지위"는 이전의 패권적 사회 분류 체계를 다음과 같이 무너뜨린다. "너희는 유대인이나 헬라인이나 종이나 자유인이나 남자나 여자나 다 그리스도 예수 안에서 하나이니라"(3:28). 여기서 처음 짝인 유대인과 헬라인, 그리고 마지막 짝인 남자와 여자는 갈라디아 교회에 찾아온 위기와 직결되어 있고, 유대인의 특권과 (할례 받은 자로서의) 남자의 구별이 모두 문제가 되고 있다.[17] 그러나 이 범위의 폭은 6:14의 "세상"에 관한 진술과 비슷하다. 곧 외관상 "자연스러운" 분류학적 구별조차도 그리스도와의 일체를 최우선시 하는 공동체에서는 그 의미를 잃게 된다.

바울의 세례 선언은 모든 역사의 기원에서 신화적 "단일성"의 흔적을 지니고 있을 수 있다(3:28).[18] 그러나 바울이 여기서 환기시키고 있는

---

17 "유대인이나 헬라인은 하나이니라"는 말은 안디옥에서 유대인의 정체성을 더 높이 평가하는 것과 반대되는데, 이 평가로 인해 유대인은 편견을 갖고 식사자리에서 비유대인 집단으로부터 물러나 떠났다(2:11-15). 칼은 갈라디아서 안에 할례와 관련된 논쟁과 더불어 전통적인 남성 역할에 대한 논쟁도 있다고 바르게 지적한다. Kahl, "No Longer Male: Masculinity Struggles Behind Galatians 3,28?" *JSNT* 79 (2000), 37-49.

18 W. Meeks, "The Image of the Androgyne: Some Uses of a Symbol in Earliest Christianity," *HR* 13 (1974), 165-208을 보라. "남자와 여자"라는 쌍에 대한 부정은

것은 이 통일성이 성, 인종, 신분의 "피상적" 차이에 기반을 둔 본래의 자연적 동일성이 아니라 그것들에 대한 일반적인 가치 평가의 지속적 차이들을 파괴하는 사건과 하나가 되는 연대성이다. 바울이 인용하는 모든 짝들에는 계층적 전제가 강하게 부여된다. 유대인에게 있어서, 유대인답게 되는 것은 "그리스인답게" 되는 것과 "다를" 뿐만 아니라, 확실히 "그리스인답게" 되는 것보다 우월함을 의미한다. "그리스인들"은 이와 반대로 생각한다.[19] "종"의 지위는 모든 사람의 눈에 "자유인"의 지위보다 아래에 있다. 반면에 "남자"는 여러 가지 면에서 "여자"보다 우월한 지위에 있다.[20] 이 범주들 간 차이는 근절되지 않는다. 민족적 정체성이나 성적 정체성은 간단히 제거될 수 없고, 율법의 관점에서는 누구나 "자유인" 아니면 "종"(또는 자유를 얻은 종)으로 간주될 수 있었다.[21] 바울과 베드로는 유대인으로 남아 있었고(2:15. 참조. 디도, "헬라인", 2:3), 바울은 여전히 자기 자신을 남자와 자유인으로 증명할 수 있었다. 그러나 변경된 것은 이런 표지들이 전달하는 **평가적 내용** 곧 우월함 및 열등함에 대한 암호화된 구별이다. 그리스도와의 공통된 연대 가운데, 세례를 받은 신자들은 이런 유력

이것이 창 1:26의 내용과 대립된다는 점에서 흥미롭다. 그것은 바울이 두 가지 성(性)에 대하여 독신을 더 나은 상태로 선호하는 것(고전 7장)과 관련될 수 있다. 남성과 여성은 그리스도 안에서 독립적으로 소중히 여겨지고 성취되기에, 성별이 결혼(또는 성)을 통해 필수적으로 "완성되거나" "표현되는" 것은 아니다.

19 유대인의 우월의식은 갈 2:15에 명확히 드러나 있는데, 필론의 철학 안에 이에 대한 합리적인 근거가 제시되어 있다(위 6.4를 보라). 고대 민족들의 우월성에 관한 주장은 B. Isaac, *The Invention of Racism in Classical Antiquity* (Princeton: Princeton University Press, 2004)을 보라.

20 이러한 위계적 전제는 부분적으로 바울 서신의 다른 곳에서도 여전히 작용한다(예. 고전 11:2-16). 고대에 존재했던 여성의 저급함에 대한 다양한 측면의 언급들은 A. Carson, "Putting her in Her Place: Women, Dirt and Desire," in D. Halperin, et. al., *Before Sexuality* (Princeton: Princeton University Press, 1990), 135-64을 보라.

21 셋째 범주인 "자유인"(고전 7:22)은 수사적 이유에서 여기서는 생략된다. 그렇다 해도 바울의 주장에는 실질적 차이가 전혀 없을 것이다.

한 가치 분류 체계와 상관없이 서로를 바라볼 수 있고 또 그렇게 바라볼 것이 요구된다. 유대인 신자들은 비유대인들과 친교 식사를 나눌 때 그들과 다른 비유대인들의 "열등한" 민족성을 근거로 식사자리에서 물러나서는 안 된다(2:11-14). 종들이 "단순한 종"으로 멸시되지 말아야 하는 이유는 그리스도 안에서 그들의 가치가 "형제"로 세워졌기 때문이다(몬 1:16). 이제 가치 있게 여겨지는 것은 오직 그리스도 안에서의 지위와 그리스도와의 일치된 연합이다. 바울은 자유인이지만 **더 중요하게는** 그리스도의 종이다(1:10. 참조. 고전 7:17-24). 바울의 육체는 남성이고 할례를 받았다. 그러나 **더 중요한 것은** 그의 몸에 십자가에 헌신된 자임을 의미하는 흔적이 있다는 것이다(6:17. 참조. 5:11).[22] "그리스도의 소유"에서 파생되지 않은 모든 형태의 상징적 자산은 이제 그 궁극적 효력을 잃게 된다. "그리스도와 합하여지는" 세례를 통해 계급적 구별 체계에서 벗어난 공동체에 완전히 새로운 기초가 제공되는데, 그 이유는 "평등"에 대한 어떤 일반화된 헌신 때문이 아니라 다른 모든 가치 평가를 무너뜨리는 그리스도의 무조건적인 선물 때문이다.[23]

---

22 στίγματα τοῦ Ἰησοῦ("예수의 흔적", 갈 6:17)에 대해서는 Martyn, *Galatians*, 568-69를 보라.

23 보야린은 바울의 "보편주의"가 존재론적 평등성을 가장한 채 세례 공식을 사용하여 "강제적 동화" 정책을 표현하고 있다고 강력하게 비판한다. Boyarin, *A Radical Jew: Paul and the Politics of Identity* (Berkeley: University of California Press, 1994). 그러나 만약 연합이 무조건적인 사건(그리스도-사건)에 대한 일반적인 충성으로부터 비롯된다면, 원칙상 특수성에 대한 평가절하는 있을 수 없다. 다만 모든 차이가 기존의 가치 함의들로부터 제거된다는 주장만 있을 뿐이다. 만약 어떤 차이든 이후에 어떤 가치를 다시 할당받는다면, 이는 그 차이의 가치가 그리스도에게 의미가 있을 때에만 가능하다(참조. 롬 14-15장; 아래 16.4에서 논의됨). 한센은 보야린의 견해에 반대하며 "바울이 그리스도에의 참여에 토대를 둔 것들과 관계가 없는 모든 문화적 지표를 기각시키고 그것들의 보존을 거부하면서, 그것들을 배제와 심판의 기초로 사용하는 것에 반대한다"라고 바르게 주장한다. Hansen, *"All of You Are One": The Social Vision of Gal 3.28, 1 Cor 12.13, and Col 3.11* (London: T&T Clark, 2010), 105.

13.1.5. 갈라디아서 4:12-20

바울은 이 신랄한 단락에서 갈라디아 교회 교인들에게 그들이 처음 복음을 받았던 상태를 다시 환기시키는데(4:13. 참조. 3:1-5), 여기서는 특히 가치의 표준적 평가로부터 해방된 그들의 놀라운 자유를 강조한다. 바울의 전도는 어느 정도 "육체의 약함" 가운데 이루어졌는데(4:13), 이로 인해 바울은 멸시와 거부를 당했다. 바울은 지나치게 압축된 표현을 통해 자신의 육체로 인해 갈라디아 교회 교인들이 받게 된 "시험"(πειρασμός)에 관해 말한다(4:14). 바울의 상태는 진단적 성격을 띠고 있어서 복음이 갈라디아 교회 교인들 사이에 어느 정도 확립되었는지를 보여주는 척도가 되었다.[24] 그런데 놀랍게도 갈라디아 교회 교인들은 육체가 연약한 바울을 업신여기지 않았고(οὐκ ἐξουθενήσατε, 4:14), "버리지도"(ἐξεπτύσατε) 않았다. 여기서 "버리다"는 말은 육체적 불구를 멸시하는(또는 두려워하는) 것을 가리키는 표현이다.[25] 일반적인 예상과 달리 갈라디아 교회 교인들은 바울에게 해를 가하지 않고(4:12) 오히려 바울을 크게 환영하며 우정을 보여주었다. 그에게 자신들의 눈이라도 기꺼이 빼어줄 마음이 있을 정도로 말이다(4:15). 갈라디아 교회 교인들이 이처럼 굴욕을 겪던 전도자를 "그리스도 예수와 같이" 받아들인 것은 복음이 그들의 가치 평가에 혁명적 변화를 가져왔음을 의미했다.

우정은 상호관계를 수반하고, 바울은 다음과 같이 이 상호관계에

---

24 나는 여기서 "더 어려운 본문 우선의 법칙"(*lectio difficilior*, τὸν πειρασμὸν ὑμῶν, 4:14)에 따라 다른 어떤 본문보다도 ℵ*, A, B, D* 사본을 선택한다. 그 의미에 대해서는 De Boer, *Galatians*, 279-81을 보라.

25 BDAG *s. v.*를 보라. 침 뱉음은 모욕, 혐오감, 또는 악령을 쫓아내는 것의 표현일 수 있다. 바울의 상태가 박해를 초래한 원인이었다고 보는 것은 가능하다. A. J. Goddard, S. A. Cummins, "Ill of Ill-Treated? Conflict and Persecution as the Context of Paul's Original Ministry in Galatia (Galatians 4.12-20)," *JSNT* 52 (1993), 93-126. 따라서 그들이 바울을 환영했다는 것은 그들이 사회적 관례를 따르지 않았다는 사실을 보다 더 강력히 암시한다. 하지만 이 추론은 확실치 않다.

호소한다. "내가 너희와 같이 되었은즉 너희도 나와 같이 되기를 구하노라"(γίνεσθε ὡς ἐγώ, ὅτι κἀγὼ ὡς ὑμεῖς, 4:12). 이 호소가 의미하는 바가 무엇인지는 완전히 명확하지 않으나, 이는 갈라디아서 전반부의 진술을 가리키고 있는 것으로 보인다. 바울은 이방인을 위한 선교사로서, 복음의 진리로 율법에 대한 자신의 이전 헌신을 무너뜨렸다. 말하자면 바울이 "이방인답게 살면서" 이방인과 같이 된 것(2:14)은 그가 이제는 오직 믿음 안에서 새로운 삶의 근원이신 그리스도께 충성하고 있기 때문이다(2:19-20).[26] 바울은 확실히 갈라디아 교회 교인들이 친구로서 자신에게 보답해주길 바라고, 그래서 그들이 스스로의 자아를 인정하는 데 있어 자기와 같이 되고, 그들의 가치가 그리스도-사건에 따라 다시 형성되기를 원했다. 그러므로 자기 자신을 본받으라는 바울의 호소(4:12)는 갈라디아 교회 교인들이 자기가 아닌 그리스도로 말미암아 형성되기를 바라는 다음과 같은 갈망으로 바뀐다. "나의 자녀들아, 너희 속에 그리스도의 형상을 이루기까지"(μέχρις οὗ μορφωθῇ Χριστὸς ἐν ὑμῖν, 4:19). 여기서 2:19-20의 반향이 특히 강하게 울려 퍼진다("이제는 내가 사는 것이 아니요 오직 내 안에 그리스도께서 사시는 것이라[ζῇ δὲ ἐν ἐμοὶ Χριστός]", 2:20). 바울이 갈라디아 교회 교인들의 상태를 진단한 결과, 그들은 그리스도께서 그들의 삶의 원천과 척도가 되시도록 "다시 태어날" 필요가 있었다.[27] 갈라디아 교회 교인들이 복음으로 재형성되자 이전에 그들이 소중히 여겼던 법이나 관련 가치 체계에 혁명이 일어났다. 율법에 복종하라는 요구를 거부할 때, 문화적 제약으로부

---

26 이와 비슷하게 2:19-20에서 대명사 ἐγώ("내가")가 두드러지게 나타나고 있는 것에 주목하라. 일반적인 원칙에 대해서는 고전 9:19-21을 참조하라. 이 해석에 대해서는 예를 들어 R. N. Longenecker, *Galatians*, Word Biblical Commentaries (Dallas: Word, 1990), 189; Dunn, *Galatians*, 232를 보라.

27 바울과 갈라디아 교회의 성도들 모두에게 발생하는 그리스도의 형상으로의 변화에 대해서는 S. Eastman, *Recovering Paul's Mother Tongue: Language and Theology in Galatians* (Grand Rapids: Eerdmans, 2007), 25-61; B. R. Gaventa, *Our Mother Saint Paul* (Louisville: Westminster John Knox Press, 2007), 29-39를 보라.

터 벗어나는 동일한 자유가 적용되어야 한다(4:21, 5:1). 그리스도께서 "형성시키는" 자는 다른 모든 규범에 우선하는 최고의 규범(6:16), 곧 그리스도-사건의 권위에 규제를 받는 헌신의 구조에 따라 살기 마련이다. 5:13-6:10이 보여줄 것처럼, 바울은 그리스도를 중심으로 형성된 새 공동체가 성령 안에서 율법의 지배로부터 해방된 것만큼 명예 추구에 있어서도 해방될 필요가 있음을 의식하고 있다(5:1, 13, 18). 두 측면 모두에서, 이 자유는 그리스도-선물의 능력에 기반하여 우주를 산산조각 내는 사건을 중심으로 존재를 개조한다(6:14).

　　마지막 세 본문(6:11-16, 3:26-28, 4:12-20)은 바울이 갈라디아 교회의 위기를 그리는 화포(畵布)의 폭을 암시한다. 여기서 관건은 단순히 이런저런 유대교 관습을 채택하는 것에 있지 않고, 다른 모든 가치의 속성을 무너뜨리는 논리로 삶을 재형성, 재조정하는 그리스도-선물의 능력에 있다. 믿음으로 그리스도-사건과 하나가 되면 "새 피조물"이 되어 "세상"의 분류학적 구조를 무너뜨리게 된다. 바울은 갈라디아 교회에서 일어나는 문제들을 매우 특수하면서도(남자의 할례와 율법-준수에 대한 특수한 요청) 동시에 매우 일반화된 문제로 본다. 왜냐하면 그 문제들은 복음으로 인해 생겨난 보편적 혼란의 한 사례이기 때문이다. 바울에 따르면 그리스도-사건은 우주의 이야기를 바꿔놓고(6:14), 인간관계 속에 창의적으로 적용될 때, 모든 분류 체계의 기본 구조에 도전한다(3:28). 바울은 어떤 문화적·역사적 전제 조건도 인정하지 않고, 그로 인해 모든 문화-역사적 정황에 손을 뻗쳐 도전장을 던지는 무조건적 사건을 선포한다. 기존의 구별 체계는 그것이 율법에서 파생되었건 아니면 명예 문화에서 파생되었건 간에, 어떤 진리-사건에 의해 확립된 더 높은 권위에 복종하는데, 이 진리-사건은 그 자체를 넘어서는 어떤 기준에도 의존하지 않는다(1:11). 이런 이유로 바울이 말하는 세상은 둘로 나누어지고, 다만 이렇게 영역이 둘로 나누어지는 것은 추상적인 영원한 진리에 따라 또는 민족적이거나 사회적인 차이에 따라 형성된 문화적 전통에 의해서가 아니라, 유일하고, 반복될 수 없으며, 무조건적인 한 사건에 의해서다. 이 새로운 세계 지도—하나님에게 속한 것과 단순히 인간에게 속한 것(1:10-12), 성령에게 속한 것과 육체에 속한 것(3:3), "새 피조물"에 속한 것과 "세상"에 속한 것(6:14-15)으로 구별되는—는 하나의 기준점 곧 그리스도 안에서 주어진 하나님의 선물을 가리키면서 다른 모든 지도를 재편성한다. 우리는 이제 바울이 갈라디아서 3-4장에서 율법과 아브라함에게 주어진 약속을 어떻게 배치하는지 그리고 이스라엘의 내러티브와 성서의 증언을 어떻게 그리스도에 대한 언급에 따라 재편성하는지 살펴보아야 한다.

13.2. 그리스도-사건과 율법 이야기

그리스도-사건은 갑자기 발생하지 않았다. 바울에 따르면 그리스도-사건은 무조건적인 선물이었기 때문에, 수혜자의 사전 준비나 가치와 일치하는 것이 아니라, 하나님의 사전 약속 및 계획과 일치했다. 그러나 바울에게는 하나님의 사전 행위와 목적들 가운데 어떤 특징이 그리스도-선물과 일치하는지 확인하는 것이 중요하다. 왜냐하면 이 행위와 목적들이 그리스도-선물의 특성과 성격을 명확히 해줄 것이기 때문이다. 갈라디아 교회에서 바울을 반대한 자들은 그리스도-선물을 어떤 내러티브 노선 위에 두었을 것이다. 그런데 이 내러티브 노선은 율법을 하나님의 뜻(이는 메시아 예수를 통해 확증되고 신자들의 율법 준수를 통해 성취된다)에 대한 최고의 표현으로 간주했다.[28] 이는 바울 시대 여느 유대교 표현에서 예상할 수 있는 내용이다. 제2성전 시대 유대교의 포괄적 체계 속에서 율법을 덕이나 의

---

28 위 11.2를 보라. 성서에 기초한 논증을 포함한 다른 가능한 논증들에 대해서는 J. M. G. Barclay, *Obeying the Truth: A Study of Paul's Ethics in Galatians* (Edinburgh: T & T Clark, 1988), 65-68을 보라.

에 대한 정의로 간주하는 경향은 쉽게 확인된다. 본토와 디아스포라 지역에서 유대인들이 유대인답게 사는 것에는, 이것이 아무리 다양하게 정의되고 다채롭게 해석된다 해도, 율법에 대한 의무가 포함되어 있었다. 우리가 앞에서(II부) 살펴본 유대 문헌들 가운데 에스라4서는 시내산에서 율법을 선물로 받은 순간을 언약 역사에서 가장 결정적인 사건으로 간주하고(에스라4서 3.12-19), 따라서 "율법"과 "언약"이 실제로는 상호 교체적 의미를 갖고 있는 것으로 본다(참조. 7.23-24). 그러니 역사 속에서 다른 모든 것은 폐지될 수 있어도 율법만큼은 폐지될 수 없다. "지금 자기들 앞에 두어진(놓인?) 하나님의 율법을 무시하며 살고 있는 자 가운데 많은 이가 멸망당할 것이다"(7.20). 따라서 "생명의 율법"에 충성을 다하는 소수의 의인만이 다가올 시대를 상속받을 것이다"(14.30). 필론은 에스라4서와 다른 지적 체계 안에서, 하지만 동일한 목적을 갖고서 율법이 기록되지 않은 본성의 법을 표현한다고 간주했고(*Abr.* 1-6, 276), 그래서 아브라함과 맺어진 언약을 율법이 미리 구현된 것으로 보았다. 유대인과 유대교로 개종한 자들은 율법을 준수함으로써 우주의 진리 및 우주의 도덕 질서를 지키는 자가 된다. 하나님이 베풀어주실 미래의 복은 "자신들의 행동(ἔργα)을 통해 율법을 이룬 선한 자를 위한 것이고, [성서는] 이 복이 선물 주기를 좋아하시는 하나님께서 자기 자신과 닮았다는 이유로 그들의 미덕을 존중하시고 그들에게 상을 베풀어주시는 은혜(χάρις)로 완결될 것이라고 말한다"(*Praem.* 126). [바울을 반대한] 갈라디아의 선교사들은 성서와 유대 전통의 다양한 경향들에 의존하여 율법을 하나님이 이스라엘 및 세상과 맺으신 약속의 핵심 요소로 자랑할 수 있었다. 그들이 율법이 형성해놓은 이 틀 안에 그리스도-사건을 두는 것은 매우 자연스러운 일이었다. 따라서 하나님이 주신 그리스도(와 성령) 선물을 우주의 청사진이자 가장 명확히 하나님의 뜻을 표현하는 율법에 따라 이해해야 한다는 것이 분명해 보였다.

유대 전통 내에서 자란 사람에게 다음과 같은 행위는 완전히 **부자연**

스러운 일이었다. 율법을 중심에서 제외시키는 것, 역사 속에서 율법의 역할을 막간(interlude)으로 제한하는 것, 또 율법을 "언약" 및 "약속"의 범주와 구별하는 것 말이다. 그런데 바울은 바로 이 부자연스러운 일을 갈라디아서 3-4장에서 하고 있다. 말하자면 갈라디아서 3-4장은 해석의 중심을 그리스도-사건 자체에 두고 하나님의 목적을 설명하는 내러티브 기사다. 이 부분(13.2)에서 우리는 바울이 율법을 약속(약속들)에 종속시키는 방법을 추적하고, 또 하나님의 보상을 가져올 어떤 가치도 제공할 수 없는 율법의 무능을 바울이 어떻게 선언하는지 추적할 것이다. 그리고 다음 부분(13.3)에서는 바울이 어떻게 그리스도-사건을 "약속들"과 연계시키고, 그 과정에서 약속의 의미를 다시 정의하고 있는지 살펴볼 것이다.

13.2.1. 율법과 약속의 구별

갈라디아서 3-4장에 등장하는 중요 내러티브 기사의 둘레(arc)는 아브라함에게 주어진 약속(들)에서 그리스도-사건(그리고 성령)까지 이어지는데, 이 둘레는 일종의 선으로 이 선 안에서 율법은 부차적이고 한시적인 역할을 한다. 바울은 먼저 이 원호를 3:6-14에서 추적하는데, 아브라함에게 주어진 약속을 믿음 및 이방인의 복과 관련시킨다(3:6-9). 그리고 이 약속/복은 그리스도 예수 안에서 그리고 성령을 받는 것으로 성취되었다(3:14).[29] 이 원호를 따라가면 복이 "자기들의 행동으로 율법을 이룸"(필론. 위를 보라) 자와 연결되지 **않는다**. 오히려 반대로 "율법의 행위에 따라 자신의 태도를 정하는 자"는 **저주**와 연결되고(3:10), 율법은 "믿음에 따라 태도를 결정하는" 삶과 완전히 **구별된다**(3:11-12. 아래를 보라). 따라서 율법은 아브라함의 복을 성취하는 데 필수 요소도 아니고 아브라함의 복을 얻

---

29   3:14은 3-4장에 나오는 주장의 첫 번째 결론을 구성하고(de Boer, *Galatians*, 167을 보라), 갈라디아 교회의 성도들이 경험한 성령을 아브라함에게 주어졌던 성서의 약속들과 동일시한다. 이 구절은 3:6-9에 나오는 많은 핵심 용어들을 함께 결합시킨다.

는 수단도 아니다.

이처럼 놀랍게 율법에 대한 과소평가가 3:15-25에서 내러티브의 원리로 제공된다. 여기서 바울은 διαθήκη의 표준 의미를 "유언"으로 제시하며, 원래 아브라함에게 주어진 διαθήκη는 430년 후에 주어진 모세의 율법에 의해 폐지되거나 보충되는 일은 결코 있을 수 없다고 주장한다(3:15-17). 이 시차는 범주적 구별을 나타내기 위해 사용된다. 말하자면 유업은 "약속"이나 "율법"을 통해 오는 것이지(3:18), 율법에 의해 명확해지거나, 구체화되거나, 또는 제한되거나 하는 그런 약속을 통해 오는 것이 아니다. 여기서 바울이 (실제의 혹은 꾸며진)[30] 유언 비유를 소개한 다음 아브라함 "언약"을 "약속"(ἐπαγγελία)으로 재분류하고 있는 것은 주목할 만하다. 이 명사와 이 명사의 동족 동사는 3:14-22에서 8회 남짓 발견된다. "언약"이라는 말이 당시 유대교에서 족장들에게 주어진 약속과 시내산 율법을 **함께** 가리키는 의미로 매우 느슨하게 사용되었기 때문에 바울은 이 둘 사이를 구별하는 목적을 명확히 하고자 했던 것이다.[31] 바울에 따르면 "약

---

30   고대의 대부분의 법률 체계에서는 유언하는 자가 얼마든지 자신의 유언을 바꿀 수 있었다. 이에 관한 최근의 논의를 Longenecker, *Galatians*, 128-30에서 보라. 만약 바울이 유언자가 임종의 때에 효력을 발휘하는 유언의 최종적인 "비준"을 생각하고 있다면(이것은 아우구스티누스의 견해인데, E. Plumer, *Augustine's Commentary on Galatians: Introduction, Text, Translation, and Notes* [Oxford: Oxford University Press, 2003], 162를 보라), 하나님의 διαθήκη와의 유비는 다소 약하다. 만약 바울이 유언하는 자 외에 다른 어느 누구도 유언을 변경하거나 추가할 수 없다는 의미로 말했다면(de Boer, *Galatians*, 219-21의 견해다), 바울은 율법이 신적 기원을 갖고 있지 않다고 전제하는 셈이 된다. 그러나 이는 3:19-20에 분명히 표현되어 있는 내용을 넘어선다(아래를 보라).

31   3:17 이후에 바울은 διαθήκη라는 말을 사라와 하갈로 상징되는 두 "언약"과 관련하여 사용할 때까지(4:24, 여기서 하갈은 시내산과 연관되어 있고, 따라서 율법과도 연관되어 있다) 사용하지 않는다. 이것은 (우리가 그 개념에 대해 무엇이라고 말할 수 있든지 간에) "언약"이라는 용어가 갈라디아서에 기록되어 있는 바울의 담론에서 중요하지도 않고 확고한 위치도 갖고 있지 않음을 암시한다. 만약 언약 개념이 바울 신학에서 중심적 위치를 차지한다면(예. N. T. Wright, *The Climax of the Covenant: Christ and Law in Pauline Theology* [Edinburgh: T &T Clark, 1991]), 이는 다른 근거를 토대로 정당화되어야 하고, 율법과 제2성전 시대 유대교의 다른 "언약"신학들과의 신중한 차별화가 요구

속"은 그의 내러티브의 새로운 중심인 그리스도-사건을 가리킨다. "언약"
은 단지 애매하게 그리스도-사건을 가리키고(참조. 4:24), "율법"은 그리스
도-사건을 전혀 가리키지 못한다.

바울이 볼 때, 율법이 한쪽에서 한시적이라면(율법은 족장 언약 이후
에 왔다) 다른 쪽에서도 율법은 한시적인 것이다. 말하자면 율법은 "약속"
이 성취될 때까지만, 즉 그리스도께서 오실 때까지만 작용한다(3:24). 이
와 관련하여 바울은 παιδαγωγός 곧 어린아이가 성인이 **될 때까지** 그 아
이를 보호하고 교육시키는 것을 직무로 하는 아이 돌봄에 관한 종의 은
유를 사용한다.[32] παιδαγωγός의 "제한하는" 역할(전치사 ὑπό["아래에"]와
동사 φρουρέω["매인 바 되다"]와 συγκλείω["갇히다"]에 표현된, 3:23)이 율법에
대하여 어떤 "긍정적" 역할(보호하는, 심지어는 교육하는)을 수반하는지, 또
는 "부정적" 역할(속박하는)을 수반하는지, 이에 관한 격렬한 논쟁이 발생
했다.[33] 어느 쪽으로 결정하든지, 바울이 사용하는 은유의 중심 요점은 "믿
음이 온 후로는 우리가 초등교사(παιδαγωγός) 아래에 있지 않다"는 것이다
(3:25). 바울은 그리스도-사건의 관점에 따라 율법을 **한시적인** 것으로 그
리고 **지나간** 것으로 본다. 따라서 바울은 제2성전 시대 저술가들 중 유일
하게 율법에 한시적 παιδαγωγός 은유를 적용시켰다. 오직 바울만이 하나
님께 대하여 살고자 "율법에 대하여 죽는다"는 개념을 상세히 설명한다
(2:19). 미성년 아이의 후견인과 청지기가 그런 것처럼(4:1-2), 율법의 역할
도 아버지가 정한 때가 되면(ἡ προθεσμία τοῦ πατρός, 4:2) 끝나게 된다. 율법

된다.

32 그 역할에 대해서는 *PW* 18.2375-85; N. H. Young, "*Paidagogos:* The Social Setting of a
    Pauline Metaphor," *NovT* 29 (1987), 150-76을 보라.

33 이 논쟁의 다른 측면들에 대해서는 예를 들어 D. J. Lull, "'The Law Was Our
    Pedagogue': A Study in Galatians 3.19-25," *JBL* 105 (1986), 481-96; D. Sanger,
    "'Das Gesetz ist unser παιδαγωγός geworden bis zu Christus' (Gal 3,24)," in D. Sänger,
    M. Konradt, eds., *Das Gesetz im frühen Judentum und im Neuen Testament* (Göttingen:
    Vandenhoeck&Ruprecht, 2006), 236-60을 보라.

은 약속의 역사에서 막간과 같다. 다시 말해 율법은 하나님이 주관하시는 세상 질서의 주된 규정도, 중심 요소도 아니다.

바울은 부차적이고 한시적 역할을 지닌 율법에 "범법"을 드러내는 (아니 어쩌면 제한하는) 기능이 있다고 본다(3:19).[34] 그러나 바울은 또한 율법을 하나님으로부터 약간 거리를 두게 한다(3:19-20). 시내산에서 일어난 천사들의 출현에 관한 전통적 주제를 과감히 배치한 바울은 율법이 천사들을 통하여(δι' ἀγγέλων, 3:19) "정해진"(διαταγείς) 것이었다고 말한다.[35] 여기서 바울은 아브라함에게 약속된 유업을 표현함에 있어 그가 직전에 사용했던 선물 언어(κεχάρισται, 3:18)를 사용하지 않고 있는데, 이는 주목할 만한 현상이다. 아브라함에게 주어진 약속과 달리 율법은 그리스도-선물과 직결되어 있지 않다. 따라서 바울에 따르면 율법은 "선물" 영역에서 벗어나 있다. 여기서 천사의 중재와 "중보자(모세)의 손"은 하나님과 율법 사이에 (양극적 대립은 아니지만) 어느 정도 거리를 둔다.[36] 이 전략은 필론이

----

34 τῶν παραβάσεων χάριν(3:19)이라는 표현은 애매한데, 그 의미를 이해하려면 반드시 주변 문맥과 다른 서신들의 해석에 의존해야 한다. 바울이 율법에 대체로 부정적 역할을 부여하고 있다고 주장하는 사람은 여기서 율법의 기능을 범죄를 드러내는 것, 아니 심지어 범죄를 낳는 것으로 본다(참조. 롬 3:20; 5:14, 20; 7:7; 예를 들어 Schlier, *Galater*, 152-54; de Boer, *Galatians*, 230-31). παιδαγωγός의 훈련 또는 보호 역할을 강조하는 사람은 여기서 범죄를 제한하고 처벌하는 율법의 역할, 또는 심지어 속죄하는 역할을 상정한다(예. Dunn, *Galatians*, 188-90).

35 시내산에 나타난 천사에 대해서는 70인역 신 33:2; 행 7:38, 53; 히 2:2; Josephus, *Ant.* 15.136, *LAB* 11.5를 보라. 분사 διαταγείς("베푸신, 정하신")는 ἐπιδιατάσσεται("더하다", 3:15)를 반영하여 율법이 언약/약속의 궤도 밖에 있다는 의미를 강화한다. 그러나 전치사 ὑπό가 아니라 διά를 사용하는 것은 천사들이 율법의 창시자가 아니라 율법의 행위자임을 암시한다. 이는 다음의 견해들과는 상반된다. H. Hübner, *Law in Paul's Thought*, trans. J. Greig (Edinburgh: T&T Clark, 1994), 26-27; K. Kuula, *The Law, the Covenant, and God's Plan*, vol. 1: *Paul's Polemical Treatment of the Law in Galatians* (Göttingen: Vandenhoeck&Ruprecht, 1999), 96-133; de Boer, *Galatians*, 229("하나님과 상관없이 독자적으로 행하는 천사들"). 바울의 논증은 하나님과 율법 사이의 완전한 분리가 아니라 일정한 거리를 요구한다.

36 칼(Kahl, *Galatians Reimagined*, 227["가이사나 제국의 다른 어떤 통치자의 허가"])에게

하나님과 하자 있는 인간 피조물 간에 (완전한 분리는 아니지만) 거리를 두기 위하여 사용한 전략과 비슷하다. 순수한 복의 수여자이신 하나님의 명성을 지키는 데 관심을 갖고 있는 필론은 하나님과 도덕적으로 미숙한 피조물인 인간 사이에 거리를 두기 위하여, 하나님의 중재 능력들을 암시하는 복수형과 함께, 창세기 1:26("우리가 만들고")에서의 복수 대명사 사용이 편리한 것임을 발견했다(*Opif.* 72-75). 바울도 이와 유사한 장치를 통해 아브라함에서 그리스도까지 이르는 궤적을 따라 하나님의 목적을 재구성할 때, 시내산에서 천사들이 나타난 것을 사용하여 하나님과 율법의 관계는 직접적이지 않고, 또 하나님의 약속과의 관계보다 가깝지 않다는 사실을 암시한다. 율법의 선포 배후에 하나님의 역할이 있었음을 노골적으로 부인하는 암시도 없고, 또 율법이 예수 그리스도의 하나님께 합당하지 않음(마르키온이 쉽게 이끌어낸 추론)을 보여주는 암시도 없다. 그러나 율법은 약속 이야기의 필수 요소는 아니고 또 약속의 성취에 어떤 효력을 발휘하는 것도 아니므로, "한 하나님"과 간접적 관계 속에 있는 것으로 묘사되고, 이 하나님이 가지고 계신 역사(歷史)에 대한 유일한 목적은 그리스도를 예견하는 약속의 선물로 성취되었다(3:16, 18).[37] 율법의 이런 강등은 이 선물의 유일성에서 비롯되지 않으므로, 이 선물은 (마르키온의 주장처럼) 원칙상

는 반대되는 내용이지만, 이 중보자는 분명히 모세다(참조. Philo, *Somn.* 1.143). 이와 관련하여 보통 사용되는 "…의 손으로"라는 말에 대해서는 예를 들어 레 26:46을 보라(de Boer, *Galatians*, 227n. 327).

[37] 바울이 모세의 역할을 중보자로 간주하는 것은 율법이 "한 분" 즉 하나님으로부터 직접 온 것이 아니라 복수의 존재들(천사들)을 통해 온 것을 제시하기 위함이다(3:20). 이는 하나님이 율법을 "추가"하셨다는 것과 어느 정도 거리를 두고 계심을 함축하며, 하나님이 율법과 아무 관련이 없다거나 천사들이 "하나님의 약속을 함부로 고친 것"을 의미하지는 않는다(de Boer, *Galatians*, 228-31; 참조. Martyn, *Galatians*, 355-58, 364-70). 라이트는 3:20a를 "한 가족의 중보자"로 해석하는데, 이는 신빙성이 없다(*Climax*, 157-74). 라이트의 해석은 3:20a를 3:16과 밀접히 연결시키지만, 3:16에서 "그 자손"은 "한 가족"이 아니라 그리스도를 의미한다. 또 라이트의 해석은 일신론과 이 본문에서 명확하게 보증되지 않는 "하나의 연합된 가족", 이 둘 사이의 연계성을 강제로 구축한다.

처벌 및 율법과 분리되어 있다. 또 율법의 이런 강등은 비순환적 수여로서 (루터의 주장처럼) 율법의 요구에서 벗어난 이 선물의 극대화에서 나오는 것도 아니다. 오히려 율법의 이런 강등은 그리스도-선물에 관한 바울의 기독론적 정의를 반영한다. 말하자면 그리스도-선물에 대한 예견은 시내산 율법이 아니라 아브라함 약속으로 거슬러 올라갈 수 있다.

13.2.2. 가치 창출이 불가한 율법의 무능력

바울은 약속의 역사에서 율법의 한시적·부차적 지위를 강조하는 자신의 논증을 따라 복이나 생명을 창출할 힘이 없는, 따라서 약속의 진보나 성취의 조건들을 제공할 힘이 없는 율법의 무능력과 관련하여 일련의 진술을 발표한다. 이 진술은 충분한 설명을 제공하지 않는다. 이 진술은 갈라디아서의 기본 내용 배후에 놓여 있는 잠재된 가정들 또는 아직 전개되지 않은 개념들을 암시한다. 여기서 바울은 율법이 가치의 긍정적 조건들을 창출할 수 없었던 **사실**에 대해 말하는 것을 그 **이유**에 대한 설명보다 더 중요하게 보는 것 같다. 이런 간격은 수많은 해석적 해결책을 불러일으켰고, 그중 몇몇은 로마서에서 더 풍성한 담론을 이끌어낸다. 그러나 우리의 목적상 여기서는 바울이 얼마나 율법의 비상응성을 강조하는지, 이를 지적하는 것으로 충분하다. 바울의 언급은 약속과 관련하여 율법의 부차적 성격을 강조할 뿐만 아니라 그리스도-선물이 비상응적인 선물이라는 특징을 확립하기도 한다. 이때 그리스도-선물은 율법을 통해 확립된 가치를 완성시키거나 그 가치에 어떤 상을 주거나 하는 그런 것이 아니다.

이러한 비상응성의 첫 번째 징후는 바울이 율법을 복과 연관 짓지 않고(복은 약속과 연관됨, 3:8-9, 14), **저주**와 연관 짓고 있다는 것이다. 바울은 신명기 27:26을 인용하여 언약의 저주를 "누구든지 율법 책에 기록된 대로 모든 일을 항상 행하지 아니하는 자"에게 돌린다(3:10). 우리는 이 본문이 율법에 대한 순종을 자극하는 데 유용한 역할을 할 것으로 예상할 수 있으나(아마 바울의 경쟁자들은 그렇게 사용했을 것이다), 바울은 율법 안에 거하는 자에게 저주가 실제로 작용하고 있음을 당연시한다. 따라서 "우리"는 그리스도로 말미암아 "율법의 저주"에서 속량을 필요로 한다(3:13). (신명기의 ποιεῖν["행하라"]을 반향하고 있는) 3:11-12에는 더 많은 성서 본문들이 섞여 있는데, 이로 인해 어떤 이들은 율법을 "행하려고" 시도하는 일 자체에 저주가 달려 있다고 제안했다.[38] 그러나 3:10에 언급된 인용문의 표면적 주장(율법을 항상 **준행하지** 않는 자에 대한 저주)을 따르고, 바울의 논리를 다음과 같은 비관론, 곧 율법에 신실하기 위해 율법의 지배를 받고 있는 자들의 능력을 신뢰할 수 없다는 가정에서 찾는 것이 더 나아 보인다. 우리는 제2성전 시대의 다른 문헌들 속에서 이런 비관주의의 증거를 충분히 확인했다. 위(僞)필론은 이스라엘이 거듭해서 죄를 범할 것이라고 비관적으로 예견했다. 에스라4서는 이스라엘을 처음부터 부패시킨 것이 "악한 마음"(cor malignum)에 있었다고 진단했다. 쿰란 공동체의 호다요트는 인간의 상태는 크게 더럽혀졌다고 지적했다. 바울의 논리(롬 1-3장에 더 상세히 나옴)는 이 가운데 하나 혹은 그 이상의 증언과 중첩될 수 있다. 하지만 바울은 율법의 행위로 말미암아(ὅσοι ἐξ ἔργων νόμου) 자기들의 삶의 태도를 취하는 자들의 전형적인 상태는 복이 아니라 저주라는 것을 당연히 여기고 있는 것으로 보인다.[39] 3:11-12의 압축된 주장은 하박국 2:4을 레위기

38 Schlier, *Galater*, 132-35. 여기서 슐리어는 "율법의 행위"를 주제넘게 자기 자신의 의로움을 신뢰하는 것으로 간주하고 있는 루터의 해석(루터의 갈라디아서 강론 도처를 보라)을 효과적으로 사용한다. 던은 "유대인과 이방인의 구별, 그리고 그들 사이에 경계 표지를 형성시킨 특수한 율법을 지나치게 강조하는 자"에게 저주가 있다고 주장한다. Dunn, *Galatians*, 172; 참조. Dunn, *Jesus, Paul, and the Law: Studies in Mark and Galatians* (London: SPCK, 1990), 215-41. 그러나 이러한 던의 주장은 "율법의 행위"에 대한 그의 특수한 해석에 의존하고 있다. 이 어구에 대한 이와 같은 두 가지 해석의 약점에 대해서는 위 12.5.3을 보라.

39 바울의 논리는 복이 개인들에게 율법의 완벽한 준수를 요구한다고 가정하지 않고, 단순히 이스라엘의 역사가 율법에 대한 순종에 있어 집단적으로 완고한 무능력을 보여주었다고 가정한다. 이런 의미로 이해했던 일부 유대 문헌들은 이스라엘이 신 27-30장에 언급되는 언약의 저주 아래 놓여 있다고 간주하고, 일부 본문(전부가 아님!)은 이 저주를

18:5과 대조시키며, 율법의 무능력을 부각시킨다. 율법의 조건 안에서 하나님 앞에 "의로운" 자로 발견될 자는 아무도 없기에 (하박국서에서) 의가 믿음을 기초로 약속된다. 그리고 율법은 믿음이 아니라 율법의 명령을 행하는 것과 관련되어 있다.[40] 따라서 율법은 약속을 성취시킬 수 있는 조건

"유배"로 명시한다. 이처럼 저주를 "유배"로 해석하는 것은 Wright, *Climax*, 137-56 그리고 J. M. Scott, "'For as Many as Are of Works of the Law Are Under a Curse' (Galatians 3:1)," in C. A. Evans, J. A. Sanders, eds., *Paul and the Scriptures of Israel* (Sheffield: Sheffield Academic Press, 1993), 187-221의 유용한 분석에서 입증되고 있는 것보다 더 많이 퍼져 있는 것으로 추정된다. 이 해석은 새로운 통찰력과 함께 R. Morales, *The Spirit and the Restoration of Israel: New Exodus and New Creation Motifs in Galatians* (Tübingen: Mohr Siebeck, 2010), 78-114에서 수정된다.

40 점점 증가하는 많은 해석자들과 마찬가지로 나도 3:11을 다음과 같이 번역한다. "하나님 앞에서는 그 누구도 율법의 조건 안에서(직전 구절인 3:10에서 제시되는 것처럼; 참조. 2:16 c) 의롭게 될 수 없기에(ὅτι), 분명히 '의인은 믿음으로 살 것'이다 (δῆλον ὅτι)." 참조. F. Thielman, *From Plight to Solution: A Jewish Framework for Understanding Paul's View of the Law in Romans and Galatians* (Leiden: Brill, 1989), 127-28; B. Witherington III, *Grace in Galatia: A Commentary on St. Paul's Letter to the Galatians* (Edinburgh: T&T Clark, 1998), 234; A. H. Wakefield, *Where to Live: The Hermeneutical Significance of Paul's Citations from Scripture in Galatians 3:1-14* (Atlanta: Society of Biblical Literature, 2003), 162-67, 207-14; de Boer, *Galatians*, 202-3. 일반적인 해석(그리고 통상적인 본문의 마침표 사용법)에 따르면, 처음 ὅτι("왜냐하면")와 이 ὅτι를 지배하는 것으로 취해지는 δῆλον("분명하니") 사이에 부자연스런 긴 간격이 있고, 하박국서 본문은 어쨌든 율법으로는 의를 얻을 수 없다는 사실을 증명하기 위해 여기서 인용되고 있다(비록 그것이 이미 3:10에서 암시되어 있지만 말이다). 레위기 본문의 인용은 그것이 신 27:26(ποιεῖν, αὐτά, 그리고 ἐν이 들어 있는 구절)과 일치하기에, 율법의 길이 의와 믿음의 길과 분명히 구분될 수 있다는 결론을 견고히 해준다. 그러나 율법의 길이 의와 믿음의 길을 향하도록 도움을 주지는 않는다. 여기서 조건적인 율법("행함"을 요구하는 율법)과 약속(하나님의 무조건적인 구원 행위를 믿는 "믿음"만을 요구하는 약속) 사이의 일반적인 대조를 찾아낼 이유는 전혀 없다. 동일한 주장이 다음의 연구들에서도 발견된다. F. Watson, *Paul and the Hermeneutics of Faith* (London: T&T Clark), 162-63, 276-77; P. M. Sprinkle, *Law and Life: The Interpretation of Leviticus 18:5 in Early Judaism and in Paul* (Tübingen: Mohr Siebeck, 2008), 133-64. 바울은 그리스도라는 선물로부터 발생하고 또 그 선물로 가능하게 된(2:20) 행동이 믿음에 포함되며(5:6), 이 행동 속에 영생이 걸려 있음(5:21; 6:8)을 분명히 한다. 바울에 따르면 율법이 문제가 되는 것은 사전 조건을 제시하거나 하나님의 행동보다 앞서 와야 할 인간적 행동

(믿음)을 낳을 수 없고, 약속은 그리스도의 오심으로 "믿음이 이르렀을 때" 성취될 것이다(3:14, 25). 율법이 일으킬 수 있는 것은 저주가 전부다. 따라서 그리스도께서 오신다고 해서 하나의 복이 또 다른 복으로 완성되는 것은 아니다. 하지만 그리스도께서 "저주를 받으시는" 반직관적 작용을 통해(3:13) **저주로부터 복**이 기적적으로 창출될 것이다. 비록 이 방법의 논리가 상세히 설명되지는 않아도, 분명한 것은 역사는 그리스도-사건, 특히 그리스도의 죽음에 따라 변화되고, 이는 이전의 의에 대한 상이 아니라 완전히 비상응적인 선물을 구성한다는 것이다.[41]

이런 사상 구조의 또 다른 표지가 이후 갈라디아서 3-4장에서 발견된다. 바울은 율법을 약속의 궤적에서 제거하고, 하나님과 율법 사이의 관계를 애매하고 간접적인 관계로 제시한(4:15-20) 다음, 율법이 실제로 하나님의 약속과 반대되는 것인지 묻는다(3:21). 확실히 말하면 바울은 율법과 약속의 이런 직접적인 대립을 인정하지 않을 것이다. 그러나 어쨌든 율법과 약속은 같은 목표를 이루기 위한 두 가지 가능한 수단이 아니므로 어느 쪽도 필수적이지 않다. 여기서 하나는 단순히 불가능하다. 곧 율법은 약속의 효력에 비견할 만한 것을 전혀 행할 수 없다(3:21-22). 만약 율법이 어떤 것을 "살게 하는"(ζωοποιῆσαι) 능력을 받았다면—그렇게 되면 바울의 관점에서 볼 때 율법은 확실히 선물이 될 것이고—의는 율법의 조건 안에서 달성 가능했을 것이고 정의될 수 있었을 것이다(3:21). 하지만 여기서 바울은 이것이 불가능하다고 추정하고, 이에 대한 설명으로(γάρ) "성서가 모든 것을 죄 아래에 가두었다"(3:22)고 말할 뿐이다. 우리는 여기서

을 요구하기 때문이 아니라, 율법이 그리스도 안에서 성취된 약속과 분리된 위치에 있고 약속이 지시하는 의나 믿음을 일으킬 수 있는 능력이 율법 안에는 없기 때문이다.

41   그리스도의 저주받은 죽음을 통해 율법의 저주로부터 벗어나는 구속의 논리에 대해 M. D. Hooker, *From Adam to Christ* (Cambridge: Cambridge University Press, 1990)를 보라. 하지만 그리스도의 대표하는(representative) 역할들과 대체하는(substitutionary) 역할들을 대조시킬 필요는 없다.

3:10에서 방금 지적되고, 이전에 1:4("이 악한 세대")과 2:16의 마지막 절("율법의 행위로써는 의롭다 함을 얻을 육체가 없느니라")에서 증명된 것과 유사한 잠재된 가정을 접하게 되는 것 같다. 이 가정의 내용은 죄(단수형)가 지배적인 힘으로서 모든 것을 장악하는 패권을 누리며, 율법을 해방과 생명의 창조(ζωοποιέω)를 요구하는 조건으로 만든다는 것이다. 이는 그리스도가 오시기 전 인간의 상태가 죄와 사망에 예속된 상태였음을 함축한다. 그러니 "살려주는" 것만큼 기적적인 무언가가 요구된다. 즉 죽은 자 가운데서 살아나는 것이 요구된다. 담화의 표면에 논리적 관련성이 드러나 있지는 않다(비슷한 빙산의 일각을 고전 15:56에서도 확인할 수 있다). 하지만 로마서에서 그 관련성이 상세히 설명되고 있는 듯하다(3:10-17; 5:12-21; 7:7-25). 분명한 것(그리고 갈라디아 교회 교인들에게 필요한 모든 것)은 율법이 필요한 해결책을 제공할 수 없다는 것이다. 다시 말해 율법은 사람들을 죄의 지배로부터 해방시킬 수도 없고, 또는 죽은 자에게 생명을 줄 수도 없다. 율법은 자체로 악도 아니고 하나님의 약속을 반대하는 것도 아니지만 "모든 것"과 똑같이 부정적인 상태에 갇혀 있다. 하나님의 선물이 "새 창조"로 나타난 이유(6:15)는 바로 죄와 사망의 이런 재앙적인 측면 때문이다.

정당화되거나 설명되지 않는 율법의 무능력에 관한 또 하나의 측면을 통해 우리는 무엇보다 가장 충격적인 결론에 도달한다. 앞에서 확인한 것처럼, 바울은 παιδαγωγός("초등교사") 은유에서 이 말을 전치사 ὑπό("아래", 3:25)와 연계시키는데, 이것은 율법이 직, 간접적으로 이 강력한 전치사와 연계되어 있는 일단의 진술 가운데 하나다(참조. 3:23, 4:2, 3, 5, 21, 5:18). 만약 여기서 바울이 유대교 주제를 사용하여 율법의 권위를 상술하는 것이라면,[42] 그는 부정적 방향으로 시선을 돌려 이 권위에 굴복하는 것

---

42   참조. Josephus, *C. Ap.* 2.174; ὑπὸ πατρὶ τουτῷ καὶ δεσπότῃ(같은 전치사를 다른 용법으로 함께 사용함). 추가로 J. Marcus, "'Under the Law': The Background of a Pauline Expression," *CBQ* 44 (2001), 606-21을 보라.

이 "종노릇"의 한 형태임을 제시한다. 미성년자이기에 상속자가 후견인 과 청지기(율법에 대한 또 하나의 은유) 아래 있을 때 그의 상태는 종의 상태 와 다름이 없다(4:1). 이런 말은 "때가 되어"(4:4) 상속자가 자신의 유업을 차지할 때 그가 유업을 차지하는 방식이 어떤 자연적 성숙 과정에 의해서 가 아니라 극적인 실존의 변화를 통해서라는 뜻이다. 다시 말해 율법 아래 종노릇하는 것에서 "해방된 것"(4:5)과 아들의 명분을 얻게 된 것(ἵνα τὴν υἱοθεσίαν ἀπολάβωμεν) 때문이다.[43] 어떤 사람이 이미 상속자로 지정되었는 데(4:1), 단순히 나이 제한에 걸려 있다고 말하는 **아들의 명분**을 취득한다고 말하 는 것은 아주 이상하게 들릴 것이다. 우리는 아래에서(13.3.3) 이 본문의 "우리"가 상속자로서 특별한 지위를 누리고 있음을 지적할 것이다. 하지 만 그렇더라도 여기서 바울의 강조점은 지위의 변화 곧 종의 지위(4:1, 3, 7)에서 종의 지위와 완전히 다른 아들의 지위(4:5-7)로 변화된 것에 있다. 그러나 율법은 이 변화를 가져올 수 없을 뿐만 아니라 이전의 노예 상태 와도 관련되어 있다. 오직 그리스도-사건(그 아들을 보내심, 4:4)만이 이 부 정적 상태를 바꾸고 긍정적 결과를 창출할 수 있다. 모든 면에서 바울은 그리스도-사건을 율법 내러티브의 완결로 보지 않고, 심지어 율법의 전개 안에서 일어나는 놀라운 전환으로도 보지 않는 것처럼 보인다. 그리스도-사건은 이전의 인간 상태를 파기한다. 그리고 율법의 권위 아래 있던 자들

---

43 λαμβάνειν("받게 하다")를 선물과 연계시키는 것에 대해서는 3:14, 22을 참조하라; ἐξαγοράζειν("속량하다", 4:5)는 종을 사는 것과 관련된다. υἱοθεσία라는 말은 여기서 단 순히 "아들"이 아니라 "양자", 즉 지위의 변화를 의미한다(종에서 아들로 신분이 바뀐다, 4:7). B. Byrne, "Sons of God"—"Seed of Abraham": A Study of the Idea of the Sonship of God of All Christians in Paul (Rome: Biblical Institute, 1979) 그리고 J. M. Scott, Adop- tion as Sons of God: An Exegetical Investigation into the Background of ΥΙΟΘΕΣΙΑ in the Pauline Corpus (Tübingen: Mohr Siebeck, 1992)를 보라. 새로운 지위는 조상에게 달려 있는 것이 아니라, 그 아들을 보내심(4:4)과 그의 성령을 받는 것(4:6)에 달려 있다. 4:1- 3의 "우리"에 대해 말하자면 그들은 오직 이 사건을 통해서만 그들에게 의도된 정체성 을 얻을 수 있다. 롬 9-11장에서 전개되는 이러한 사고의 흐름에 대해서는 본서 17장을 보라.

의 상태를 포함하여 이전의 인간적 상태에서 볼 때 그리스도-사건은 설명이 불가능하다.

율법의 "속박"의 가장 두드러진 국면이 4:3에 나타난다. 거기서 바울은 "우리"가 "이 세상의 초등학문"(τὰ στοιχεῖα τοῦ κόσμου) 아래서 (역시 ὑπό) 종노릇했다고 천명한다. 4:9의 "약하고 천박한 στοιχεῖα[초등학문]"에서 반향되고 있는 이 말의 정확한 의미는 학자들 간에 논란이 많다. 동시에 이 "초등학문"(στοιχεῖα)이 갈라디아 교회 교인들의 이전 이교도적 예배와 그들의 유대교 달력 채택(4:9-10), 이 둘 모두와 분명 관련이 있다고 보는 것은 많은 학자들에게 불가능하거나 터무니없는 것으로 여겨진다.[44] 그러나 바울이 이 연계성을 두 방향에서 보고 있다는 것을 부인하기는 어렵다. 만약 갈라디아 교회 교인들이 "약하고 천박한 초등학문(στοιχεῖα)으로 **돌아가** 그들에게 **다시** 종노릇하려 했다"(4:9)는 이유로 비난받는다면, 그들이 이전에 "하나님이 아닌 자들"에게 "종노릇"한 것(4:8)은 "초등학문"의 속박 범주에 분명히 속하게 된다. 마찬가지로 율법의 후견 아래에서 상속자였던 "우리"가 "이 세상의 초등학문(τὰ στοιχεῖα τοῦ κόσμου) 아래에서 종노

<hr />

44 4:10의 일반 용어("날", "달", "절기", "해"; 골 2:16과 대조) 때문에 많은 학자들은 바울이 특별히 유대교 관습에 대해 말하고 있는 것은 아니라고 본다. 이런 견해들은 "영지주의" 혹은 "종교혼합주의"의 관습으로부터 황제 숭배의 실천에 이르기까지 다양한 분포를 보인다. 전자의 견해에 대해서는 Barclay, *Obeying the Truth*, 39n. 6 그리고 61n. 72에 인용된 문헌을 보라. 후자의 견해에 대해서는 T. Witulski, *Die Adressaten des Galaterbriefes: Untersuchungen zur Gemeinde von Antiochia ad Pisidiam* (Göttingen: Vandenhoeck&Ruprecht, 2000), 152-68을 보라. 일반적인 이교도 달력에 대해서는 T. W. Martin, "Pagan and Judeo-Christian Time-Keeping Schemes in Gal 4.10 and Col 2.16," *NTS* 42 (1996), 105-19를 보라. 그러나 바울에게는 특별히 유대교의 관습(참조. 4:21)을 이런 일반적인 용어들을 통해 언급해야 할 충분한 이유가 있었다. 바울은 유대교의 달력과 이교도의 달력 모두에 적용되는 용어를 사용함으로써, 갈라디아 교회 성도들의 종교적 과거와의 유사성을 시사하는데, 이는 정확하게 이 맥락에서 바울이 부각시키는 논점이다(4:8-10). Barclay, *Obeying the Truth*, 63-64; Martyn, *Galatians*, 416-17. M. C. de Boer, "The Meaning of the Phrase τὰ στοιχεῖα τοῦ κόσμου in Galatians," *NTS* 53 (2007), 204-24, 특히 216-17을 보라.

릇하는"(4:3) 것으로 묘사될 수 있다면, 그리고 갈라디아 교회 교인들이 이 "초등학문"으로 **돌아간 것**이 이교 숭배를 복원시킨 것에서가 아니라 유대교의 절기 관습을 채택한 것에서 일어났다면(4:10), 율법 아래의 삶은 또한 "초등학문"(στοιχεῖα)에의 종노릇으로 특징지을 수 있는 것으로 보인다. 여기서 바울의 수사학의 힘과 경계를 주목하는 것이 중요하다. 바울은 이교 숭배와 율법의 행위가 사실상 동일하다고 주장하지 않는다. 또한 "초등학문"(στοιχεῖα)을 이교 신전의 "하나님이 아닌 것들"이나 율법 자체와 **동일시하는** 것도 아니다. 바울은 단순히 다음과 같이 말하고 있을 뿐이다 (이 "단순히"라는 말이 다분히 충격적이기는 하지만 말이다). 즉 바울 자신의 관점에서 볼 때, 이방인의 종교 관습과 율법 아래에서의 삶이 세상의 στοιχεῖα(초등학문)에 복종하는 것과 **동일** 범주로 분류될 수 있다고 말이다.

수십 년간의 논쟁 끝에 최근의 연구는 "이 세상의 초등학문"(τὰ στοιχεῖα τοῦ κόσμου)이 ("초보적인 가르침"이나 "기본적인 영들"을 가리키는 것이 아니라) 세상의 물리적 요소를 가장 잘 나타낸다고 확정했다.[45] 바울의 이 주목할 만한 진술은 여기에 설명되어 있지 않지만(골 2:8-20에서 설명된다), 이 진술에 대한 가장 유효한 설명은 바울이 실제로는 매우 다른 율법의 행위와 이방인의 종교적 관습을 함께 묶어 이 둘을 세상의 기본적·물리적 요소들과 결합시킴으로써 세상의 자연 질서에 의존하는 것으로 제시하고 있다는 것이다. 바울은 이교도의 종교성이 물리적 우주를 초월하여 보이지 않는 창조주께 침투해 들어갈 수 없다는 유대교의 비판을 재배치하면서,[46] 우주의 물리학과 일치하는 유대교의 달력을 우주적 요소의 영역에

---

45 de Boer, "Meaning"의 탁월한 분석을 보라. 거기서 드 보어는 블린츨러, 슈바이처, 루삼의 연구에 따라 "이 문구가 우선적으로 물리적 우주의 네 가지 요소, 곧 땅, 물, 공기, 불을 가리키는 전문 술어"라고 올바른 결론을 내렸다(207). 예를 들어 Philo, *Aet.* 107을 보라. 이에 대한 학자들의 견해에 관한 충분한 개관을 제공하는 Witulski, *Adressaten des Galaterbriefes*, 83-152를 보라.

46 "솔로몬의 지혜서 13장은 특별히 네 가지 요소가 그 자체로 "신"이라는 그들의 가정에 초점을 맞춤으로써, 우주를 넘어 만물의 조물주와 주님께 나아갈 수 없는 자들을 비판

간혀 있는 또 다른 증상으로 특징짓는다.[47] 설명의 부족으로 판단해볼 때, 바울에게 중요한 것은 (이러한 측면의) 율법의 행위가 왜 이 부정적 범주 아래 들어가 있는지 그 이유가 아니라, 율법의 행위가 이 부정적인 범주 안에 들어가 있다는 **것이다**. 바울이 구사하는 수사적 효과는 그들이 율법을 채택함으로써 **전진**하는 것이 아니라 과거 자기들이 시작했던 곳으로 **후퇴하고** 있다는 것이다(4:8-10. 참조. 3:3). 그러므로 율법은 "하나님에 대하여 사는 것"의 긍정적 관점을 발전시키거나 돕는 것이 결코 아니다(2:19). 율법의 권위 아래 있게 되면, 아무 유익을 주지 못할 관계망 속에 한 번 더 간히게 될 것이다. 이 "초등학문"(στοιχεῖα)은 인간의 상태를 완화시키는 데 아무런 힘을 주지 못한다. 초등학문은 약하다(ἀσθενῆ). 초등학문은 유익이나 선물을 가져오지 못한다. 초등학문은 궁핍 그 자체이다(πτωχά, 4:9).

절기 준수에 대한 언급(4:10)이 분명히 하는 것처럼, 갈라디아서 3-4장 전체에 걸친 바울의 율법 설명은 실천적 목적을 갖고 있다. 바울은 약속-성취 내러티브에서 율법을 무시할 때, 그리고 약속의 성취를 일으킬 힘이 없는 율법의 무능력을 다양한 방법으로 진술할 때, 이론적 목적 그 이상의 것을 염두에 두고 있다. 갈라디아 교회 교인들은 바울을 반대하는 다른 선교사들로부터 그리스도를 믿는 믿음을 율법의 권위 아래 둠으로써 유대인의 삶의 방식을 그들의 명확한 가치 체계(의)로 취하도록 강요받고 있다. 그들의 일상적인 실천은 이미 유대인의 삶의 방식에 따라 형성되고 있다. 바울에 따르면 이는 단순히 그리스도가 오시기 전으로 시계를

한다(13:1-4. de Boer, "Meaning," 218-20을 보라). 엥베르크-페데르센의 지적처럼, 이것은 특별히 스토아 철학에 대한 비판으로 보인다. T. Engberg-Pedersen, *Cosmology and Self in the Apostle Paul: The Material Spirit* (Oxford: Oxford University Press, 2010), 90-92. 하지만 이는 신적 요소를 우주의 자연적 요소와 혼합시키는 모든 이교적인 종교성에 대한 비판으로 확대될 수 있었다.

47 마리우스 빅토리누스와 같은 고대 주석가들이 그렇게 이해했다. 빅토리누스는 물리적 요소들을 별, 달력, 우주의 필연적 힘과 연계시켰다. Cooper, *Victorinus' Commentary*, 302-3, 311-14를 보라.

돌려놓는 것으로 그치지 않고, 그들을 약속되고 성취된 신적 선물의 범주(3:15-29) 밖에 두게 될 것이다. 또 그들이 그리스도에 대한 충성을 이루도록 하는 것이 아니라 오히려 무력화시키는 것이 되고(5:4), 인간의 위기를 전혀 해결할 수 없는 제도에 그들을 굴복시킬 것이다(4:9). 바울은 거의 모든 동포 유대인들과 달리, 오직 그리스도의 선물만이 그 출구를 제공할 수 있는 율법의 막다른 골목을 발견한다. 그리고 그 출구는 하나님께서 합당한 의인(이런 의인은 하나도 없다)에게 복을 주실 때 열리는 것이 아니라, 하나님이 죽음에서 생명을 창조하시고 저주로부터 복을 주실 때에만 열리게 된다.

13.3. 약속의 성취인 그리스도-사건

13.3.1. 하나님의 약속과 인간의 역사: 내러티브 궤적과 급진적 중단

그리스도-선물은 율법 내러티브 안에 위치할 수 없지만, 아브라함에게 처음 주어진 약속에 설명되어 있는 하나님의 계획과는 관련**되어 있다**. 아브라함 내러티브는 갈라디아 교회의 다른 선교사들이 교인들을 설득할 때 특별히 사용한 요소로 보이지만 바울은 단순히 그 경쟁자들과 맞서기 위해 이런 성서의 증언에 호소하고 있는 것이 아니다.[48] 갈라디아서의 주

---

48 그 메시지 속에서 아브라함이 차지하는 위치에 대해서는 다음의 자료들을 보라. C. K. Barrett, "The Allegory of Abraham, Sarah, and Hagar in the Argument of Galatians," in J. Friedrich, W. Pöhlmann, P. Stuhlmacher, eds., *Rechtfertigung: Festschrift für Ernst Käsemann* (Tübingen: Mohr Siebeck, 1976), 1-16; Barclay, *Obeying the Truth*, 52-54(여기서 초기 문헌들이 언급된다); Martyn, *Galatians*, 302-6. 마틴은 다음과 같이 주장한다. "그 선생들이 아브라함에 관한 설교로 이런 특별한 성공을 거두지 않았더라면, 아마도 우리는 족장 아브라함에 대한 바울의 해석과 관련하여 아무것도 알지 못했을 것이다. 왜냐하면 롬 4장은 갈 3장을 손질한 것이기 때문이다." Martyn, "Events in Galatia: Modified Covenantal Nomism versus God's Invasion of the Cosmos in the Singular Gospel: A Response to J. D. G. Dunn and B. R. Gaventa," in J. M. Bassler, ed., *Pauline*

된 강조점은 그리스도-사건 자체에 있지만 이 사건은 시간의 제약을 받지 않으시거나(1:5) 성서에서 그 권위가 당연시되는(3:8, 22, 4:30) "아버지"(1:1-3, 4:1-4)에 대한 언급 없이는 파악할 수 없다. 앞에서 확인한 것처럼, 바울에 따르면 아브라함 이야기는 우선 **약속**에 관한 이야기다. 아브라함을 향한 성서의 말씀은 이방인들의 칭의를 **내다보고**(3:8), 이방인들은 성령을 받을 때 이 **약속**을 받는다(3:14). 아브라함 "언약"은 아브라함과 그의 자손에게 주어진 **약속**들로 구성된다(3:16). 그 이후에 주어진 율법은 **약속**을 폐기할 수 없다(3:17). 이후로 '에팡겔리아'("약속", 단수형과 복수형)라는 말과 그 동족 동사가 3-4장 나머지 부분 도처에서 울려 퍼진다(3:14, 16, 17 이후에서, 3:18, 19, 21, 22, 29; 4:23, 28을 보라). 하지만 하나님의 목적(3:22, 24; 4:5에서 '히나'-절을 보라)은 하나님이 정하신 "때"(ἡ προθεσμία τοῦ πατρός, "그 아버지가 정한 때", 4:2)에 그 절정에 이른다고 한다. 이런 언어 패턴은 이중 효과를 갖고 있다. 하나님의 때는 그리스도-사건에 스포트라이트를 비추는데, 여기서 그리스도-사건은 하나님의 약속이 지시했던 바로 그 순간, 곧 때가 찼을 때"(τὸ πλήρωμα τοῦ χρόνου, 4:4)를 의미한다. 그리고 하나님의 때는 이 순간을 목적이 있는 궤도 안에 놓는다. 곧 하나님의 때는 아무렇게나 또는 생소한 하나님의 개입으로 일어나지 않고(마르키온), 처음에 아브라함에게 주어지고 성서에 증언된 약속에 따라 일어난다.[49]

Theology, vol.1: *Thessalonians, Philippians, Galatians, Philemon* (Minneapolis: Fortress Press, 1991), 166n. 15. 그러나 아브라함 이야기에 대한 바울의 관심은 단순히 다른 선교사들에 대한 반발을 넘어선 것으로 보인다. 균형 잡힌 평가에 대해서는 Watson, *Paul and the Hermeneutics of Faith*, 167-219를 보라.

49 테르툴리아누스의 반응으로 미루어볼 때, 마르키온은 갈 3장(갈 3:6-9, 14a, 15-20, 29)에서 그리고 광범위하게 수정된 4:21-31—이 구절은 의심할 바 없이 바울이 갈라디아서를 쓴 이후에 삽입되거나 개악되었다고 주장된다—에서 아브라함에 대한 언급을 완전히 생략했던 것으로 보인다. E. Evans, ed./ trans., *Tertullian: Adversus Marcionem*, 2 vols (Oxford: Clarendon Press, 1972), vol 2, 644-45를 보라.

그러나 중요한 것은 이 궤적이 인간 역사의 연속성이나 발전을 제시하고 있는 것이 아니라 **하나님의** 약속의 역사를 제시하고 있다는 점에 주목하는 것이다. 약속을 주시는 일과 그 약속이 그리스도 안에서 이루어지는 일을 설명해줄 유일한 사건은 율법의 "배치"다(3:17-19). 그러나 앞에서 확인한 것처럼, 율법은 약속의 역사의 일부분도 아니고, 복이나 구속에 아무런 기여를 하지 못한다. 인간적 차원에서 보면, 그리스도-사건은 **불연속성**과 반전의 사건이다. 그리스도-사건은 인간의 상태에 대한 하나님의 반대 활동으로, 신자들을 무지에서 지식으로(4:1-7), 저주에서 복으로(3:13-14), 종노릇에서 아들의 명분으로(4:1-7) 옮겨놓는다. "때가 차매" 이르게 되는 것은 과거 인간 역사의 발전이 아니라 이전 인간 상태의 **반전**이다. 개인적 차원(1:12-17, 2:19-20)이나 세계적 차원(3:15-4:11)에서 그리스도-사건은 연속성이 아니라 중단, 변화, 휴지, 이적을 나타낸다. 그리스도-사건은 "많은 단계를 가진" 계획의 막바지에 오는 "충격"이 아니라[50] 현실의 모든 가능한 상태에 관한 하나님의 반대-진술로, 악한 현 세대의 한복판에서 벌어지는 새 창조다(1:4, 6:14-15).

따라서 그리스도-사건은 인간 역사의 내러티브적 진행이 아니라 하나님의 약속에 의해 투사된 내러티브의 노선을 완성시킨다. 바울은 아브라함의 "자손"에 대한 약속을 편향적으로 이해하는데, 이로 인해 그는 아브라함의 자손을 이스라엘 역사의 여러 세대들이 아닌 한 자손 곧 그리스도(3:16)로 간주하고 오직 그리스도 이후에만 그리고 그리스도 안에서

---

50   N. T. Wright, *Paul: Fresh Perspectives* (London: SPCK, 2005), 53-54를 보라. 라이트는 자신의 견해를 다음과 같이 요약한다. "바울의 언약 신학을 원활하고 꾸준한 역사적 성취 과정으로 만든다고 해서, 우리가 바울의 언약 신학을 설명할 수 있는 것은 아니다. 그렇다고 해서 예수 이전에 발생한 모든 것이 가치가 없다고(심지어 준비로서의 가치도 없다고) 보는 일종의 '묵시적' 견해를 주장할 수도 없다"(54). 그러나 갈라디아서를 볼 때, 어떤 일이 인간 차원에서 그리스도-사건을 "준비하는" 가치 있는 일로서 발생했는지 분명하지 않다. 아브라함에게 하나님의 약속은 준비가 아니라 사전 선언이다.

만 이 자손이란 말에 복수성(3:29)을 부여한다.[51] 그 사이 이스라엘의 역사에는 발전도, 미래에 대비한 준비도 없다. 미래의 약속과 관련해서 보면, 그리스도 이전의 이스라엘의 역사도 아직 성취되지 않은 기대를 품은 획일적인 시대로 제시된다. 다른 제2성전 시대 문헌들은(위[僞]필론의 『성서고대사』나 솔로몬의 지혜서와 같은) 이스라엘의 역사 속에서 하나님이 족장들에게 주신 약속이 은혜롭게 성취되었음을 찾아냈으나 바울은 그 역사를 기다림의 시기로 해석한다. 다시 말해 출애굽도 없고, 땅에 들어가는 일도 없고, 성전도 없고, 왕국의 분열도 없고, 포로기도 없고, 귀환도 없다. 우리가 가진 것이라곤 상속자가 아버지께서 정하신 때를 기다리는 휴지 기간이 전부다(4:1-2). 만약 이 상속자가 이스라엘이라면(아래 13.3.3을 보라), 이스라엘에게는 어떠한 행위도, 성숙 과정도 부여되지 않는다. 과거의 인간 역사와 그리스도 안에서의 현재, 이 둘 사이의 관계는 부분적인 것과 완전한 것의 관계도 아니고 시작과 끝의 관계도 아니다. 그것은 잠재적인 것과 현실적인 것, 예견된 것과 실현된 것, 좌절된 것과 시행된 것 사이의 관계다. "때가 차매"는 발전하는 인간 역사 속에 추가로 덧붙여진 장이 아니다. 여기서 말하는 때는 하나님이 약속하시고 예견하셨던 것, 그러나 당시 인간의 무대에는 부재했던 것이 그리스도 안에서 나타나게 된 순간을 의미한다.

우리가 하나님의 목적과 인간 역사의 발전, 이 둘 사이의 구분을 유지한다면, 그리스도-선물이 하나님의 약속과는 완전히 **일치하고,** (이스라엘 자손을 포함하여) 인간 역사의 사전 상태와는 완전히 **불일치함을** 알 수 있다. 이에 따라 바울 신학에서 "내러티브"가 차지하는 위치에 관한 오래

---

51   바울이 창 17:8의 단수형 σπέρμα("씨", "자손")을 주장하는 것(갈 3:16)은 삼하 7:12의 영향을 받은 것일 수 있다(메시아 해석에 대해 4Q174 1.10-11을 보라). 그러나 이런 독특한 기독론적 해석은 "그 약속과 그리스도 사이에…아브라함의 후손도 없었고, 하나님이 아브라함에게 주신 약속의 상속자도 없었음"을 의미하게 되는 결과를 초래한다. de Boer, *Galatians*, 223.

된 논쟁과, "연속성"이나 "불연속성"에 놓인 상대적 비중도 명확하게 밝혀질 수 있다.[52] 갈라디아 교회 교인들은 확실히 복음을 내러티브의 틀 속에 넣는다. 복음은 초시간적인 하나님의 은혜를 선포하는 것이 아니라, 그리스도 안에서 하나님이 은혜의 역사 속에 개입하신 것을 선포한다. 인간적 차원에서 보면, 복음은 발전이 아니라 불연속성을 서술한다. 복음이 계시하는 것은 엄밀히 "이전"과 "이후", 이 둘 사이에 발생한 상태의 반전이다. 그리스도-사건의 **침투적** 성격에 대한 마틴의 강조(이는 그리스도-사건의 "묵시적" 성격에 대한 그의 해석이다)는 이러한 인간 상태와의 불일치성을 올바르게 부각시킨다.[53] 마틴은 **"구원사"**(Heilsgeschichte)를 싫어하는데, 이는 진보라는 인간적 무용담에 대한 그의 불신을 나타내고, 갈라디아서에는 인간 차원에서의 "다양한 단계를 지닌 계획"이 부재해 있음을 반영한다.[54] 바울이 "고대 이스라엘의 지배적 내러티브들에 따라…구성된 지도 혹은 격자에 비추어 자기 자신을 보았다"는 라이트의 개념은 우리가 갈라디아서에서 발견한 것과 거의 일치하지 않는다. 반면에 던이 "이스라엘 이야기와 그리스도 이야기, 이 둘 사이의 연속성"을 강조하는 것은 갈라디아서에는 분명히 없는 인간 차원의 진행 노선을 암시한다.[55] 동시에 그리스도-사건의 "일회적" 성격에 대한 마틴의 강조는 바울이 그리스도-

---

52 바울 서신의 내러티브에 관한 최근의 논쟁에 대해서는 예를 들어 B. W. Longenecker, *Narrative Dynamics in Paul: A Critical Assessment* (Louisville: Westminster John Knox Press, 2002)를 보라. 초기에 중대한 기여를 했던 U. Luz, *Das Geschichtsverständnis des Paulus* (Munich: Kaiser Verlag, 1968)를 보라.

53 위 3.5.4와 11.4.3을 보라.

54 Martyn, "Events in Galatia"를 보라. 거기서 마틴은 그리스도-사건의 침투적 성격과 "그리스도 이전의 선형성"을 대조시키는데, 후자는 그가 구원사(*Heilsgeschichte*)라는 말의 의미 있는 사용에 있어 본질로 간주하는 개념이다. "Events in Galatia," 173. 다른 곳에서 마틴이 말하는 것처럼 "족장들의 전통과 그들의 통찰력 있는 기준**으로부터**…하나님의 아들의 복음**으로** 직행하는 열차는 결코 없다." Martyn, "Paul and His Jewish-Christian Interpreters," *USQR* 42 (1987-88), 6; 강조는 원저자의 것임.

55 Wright, *Paul*, 162; Dunn, *Theology of Paul's Letter*, 121.

사건을 인간 역사의 과정에 비추어 생각하는 것과 일치하고(그리고 이 강조는 갈라디아서에서만 적합하다), 그리스도-사건이 그리스도에 대한 아브라함의 약속으로부터 파생된 내러티브에서 차지하고 있는 위치와는 일치하지 않는다.[56]

만약 인간 역사가 인과(원인과 결과)의 패턴에 따라 추적된다면, 신적 약속의 연속성은 인간 이야기의 연속성에도 불구하고 또는 그 연속성에 반하여 작동하기 쉽다. 이런 의미에서 "구원사"는 "역사"에 대한 일반적 설명으로는 파악될 수 없다.[57] 이 역설이 4:21-5:1에 나오는 아브라함의 두 아들 "비유"의 중심 요소다. 한 아들(이스마엘)은 인간 역사의 통상적 조건에 따라, 곧 "육체를 따라"(κατὰ σάρκα, 4:23, 29) 태어났다. 이스마엘은 표준 역사지도에 위치할 수 있는 "현재 예루살렘"과 상관관계가 있다(4:25). 다른 아들(이삭)은 현실의 모든 조건에 반하여 출생한다. 다시 말해 그는 잉태하지 못하는 어머니에게서 태어난다(4:27). 이삭은 "약속으로 말미암아"(δι' ἐπαγγελίας, 4:23) 그리고 "성령을 따라"(κατὰ πνεῦμα, 4:29) 태어났고, 역사적 현상으로부터가 아니라 "위에 있는 예루살렘"으로부터 태어난(4:26) "약속의 자녀"(4:28)의 표상이다. 따라서 처음부터 약속 이야기는 그리스도 안에서 실현된 복음을 "예견하고" "미리 선포한다(3:8)." 인간

---

56 마틴은 갈라디아서에서 아브라함이 하나님의 약속을 받은 자로 언급되고 있음을 인정하지만, 아브라함은 "선형적"(linear) 인물이 아니라 "시점적"(punctilar) 인물이라고 주장하며, "소위 역사로 적절히 불리는 무언가를 통해 추적 가능한 어떤 선(線, line)의 출발점이 되는" 인물은 결코 아니라고 말한다("Events in Galatia," 173). 그러나 아브라함 시대와 그리스도 시대, 이 두 시대 사이에 주어진 언약의 약속을 "일종의 가현설적 상태로" 존재한다고 보는 것(172-73)은 언약이 약속의 미래에 대한 이정표로서 갖는 본질적 실재(그리스도)를 박탈해버리는 것으로 보인다. 하지만 나의 갈라디아서 해석은 "[창세기 16-21장에 대한] 바울의 급진적 해석이 신학적 연속성을 담보하기 위한 인류학적 불연속성을 담고 있다"(176)는 마틴의 견해와 비슷하다.

57 "구원-역사"의 가치와 문제점에 대해 E. Käsemann, *Perspectives on Paul*, trans. M. Kohl (London: SCM Press, 1971), 60-78을 보라. 케제만은 "구원-역사"와 "역사신학"의 차이, 그리고 바울 안에 나타나는 구원-역사의 본래 역설적인 성격을 바르게 강조한다.

적으로 불가능한 것을 창조해 내는 신적 약속의 능력에서 기독론적 특징을 찾아낼 수 있고, 이때 보통 이해되는 것처럼 역사 "위에" 또는 역사 너머에 있는 진리로 말미암아 현실이 중단된다. 이 점에서 바울의 "약속" 언어는 **하나님**께서 인간의 예상과 달리 **오직** 하나님만이 하실 수 있는 일을 행하실 것이라는 예견을 수반한다.[58] 그리스도-선물의 비상응성은 하나님이 인간적 관점에서는 상상할 수 없는 것을 성취하기 위해 사용하시는 명백한 도구다(참조. 고전 2:9-12).

13.3.2. 성서의 기독론적 재해석

바울의 내러티브—하나님의 연속성과 인간의 불연속성에 관한 내러티브—는 그리스도-사건 자체로 말미암아 형성되었다. 심지어 아브라함 이야기도 기독론에 따라 재형성된다. 말하자면 바울은 그리스도로 간주되는 그 자손(σπέρμα)의 유일성을 강조하고(3:16), 이방인들에게 약속된 복(3:8-9)을 성령과 동일시하는데(3:14), 이것은 아브라함 내러티브에는 완전히 빠져 있는 특징이다. 성서의 이야기가 이렇게 재형성된다. 다시 말해 그리스도 안에서 이루어진 성취에 따라 관련 본문이 선정되고, 연결되고, 채워지며 해석된다. 성서는 그리스도 안에서 펼쳐지는 것을 "미리 알고"(προοράω, 3:8) 있다. 그리고 주목할 만한 동사인 "먼저 전하다"(προευαγγελίζομαι, 3:8)라는 말이 아브라함 선언을 그리스도에 관한 복음의 예견으로 간주하는 데 사용된다. 이는 해석학적 관점에서 아브라함 이야기가 그리스도-이야기를 이해하는 해석적 틀이 아니고, 오히려 그역이 참임을 가리킨다. 다시 말해 그리스도에 관한 복음이 틀이 되어, 이

---

58 이와 관련된 약속-주제의 중요성에 대해서는 T. Söding, "Verheißung und Erfüllung im Lichte paulinischer Theologie," *NTS* 47 (2001), 146-70을 보라. 새로운 신자를 창조하는 약속의 능력에 대해서는 M. Wolter, "Das Israelproblem nach Gal 4, 21-31 und Röm 9-11," *ZTK* 107 (2010), 14-15를 보라. 여기서 Philo, *QG* 3.18과의 유사성이 발견된다.

틀 안에서 "이전에 선포된 내용들"이 규명되고 해석되는 것이다. 여기서 바울이 신중하게 선택하고 있는 동사들은 아브라함에게 주어진 선언이 지니고 있는 **역사적** 우선성과 그리스도-사건의 **해석학적** 우선성을 동시에 나타낸다.[59]

그러므로 그리스도 이야기를 단순히 "이스라엘 이야기에 첨부되는" 것으로 주장하는 것은 실수일 것이다. 만일 이 주장이 그리스도 이야기가 미리 형성된 내러티브에 덧붙여지는 것으로 이해된다면 말이다.[60] 오히려 그와 반대로 아브라함 내러티브와 이스라엘 내러티브가 그리스도를 중심으로 재형성된다. **관련 인물들이** 제2성전 시대 유대교에서 성행했던 다양한 내러티브 가운데 몇몇 내러티브에서 공유되어 있다 해도, **플롯**은 새로운 것이다. 바울이 "같은" 이야기를 말하고 있다고 보는 것이 과연 옳은 것인지 의심스럽다.

바울이 어느 정도까지 기독론적 관점에 따라 성서의 내용을 재형성할 수 있는지는 그가 아브라함의 두 아들 이야기(4:21-5:1)를 다시 묘사할 때 가장 명확히 드러난다. 비록 창세기 이야기들에 대한 자신의 해석에 "비유"라는 이름을 붙이기는 해도(ἅτινά ἐστιν ἀλληγορούμενα, "이것은 비유니", 4:24), 바울은 필론과 달리 비유를 본문을 비역사화하기 위하여 즉 본문의 인물들을 역사적 특수성에서 보편적 진리로 옮기는 데 사용하지 않

---

59   참조. R. B. Hays, *Echoes of Scripture in the Letters of Paul* (new Haven: Yale University Press, 1989), 105-11(갈 3:6-14에 관한 부분). 여기서 헤이즈는 이방인 신자들로 이루어진 공동체의 성령 체험에 내재되어 있는 해석학적 기능을 강조한다. "해석학적으로 말하자면 성취가 약속보다 앞선다. 곧 바울은 오직 기독교 공동체 안에서만 약속된 복의 성취를 보고 있기에, 그 복의 잠재적 의미를 회고적 해석을 통해 발견하려 한다"(109). 왓슨은 성서가 "본질상 총체적이고 완전한 그리스도-사건의 2차적 확증"이 아니라는 사실을 강조하며, 오히려 성서가 그리스도-사건의 구성요소라고 바르게 주장한다. Watson, *Paul and the Hermeneutics of Faith*, 16-17. 그러나 갈라디아서를 근거로 판단할 때, 그리스도와 성서 사이의 변증법적 관계에서 가장 큰 비중은 그리스도-사건의 능력, 곧 성서의 의미를 발견하기 위한 그리스도-사건의 능력에 주어진다.

60   Dunn, *Theology of Paul's Letter*, 41.

는다.[61] 비록 바울이 창세기 이야기에 등장하는 거의 모든 인물을 다른 실재와 관련시키기는 해도, 이 등가 관계로 인해 그들이 처한 과거의 역사적 위치가 제거되지는 않는다. "그러나 **그때에** 육체를 따라 난 자가 성령을 따라 난 자를 박해한 것 같이 **이제도** 그러하도다"(4:29). 본문에 나오는 인물들은 바울 시대에 그것들과 상응하는 것들과 관련이 있는데, 이는 본문의 인물들을 시간 밖으로 이동시키는 것이 아니라, 시간을 가로질러 τότε("그때")에서 νῦν("이제")으로 이동시킴으로써 이루어진다. 다시 말해 바울은 본문을 취해 "다른 사실을 말함으로써", 본문의 인물들을 초시간적 진리를 지시하는 자로 해체시키지 않고, 다른 관점에 따라 현재 발견되는 의미를 그들의 역사적 특수성에 반영한다.[62]

이 관점은, 비록 그리스도께서 최후의 끝이 임할 때까지 나타나지 않는다 해도, 당연히 기독론적 관점이다(5:1). 바울이 사라-하갈 이야기를 해석하는 양 축─자유/종, 기적적인 탄생/자연적 탄생─은 창세기 이야기에서 이미 제시된 주제를 반영하지만, 이 본문의 구조 속에는 다른 성

---

61 필론의 비유 해석학 및 그 한계에 대해서는 D. Dawson, *Allegorical Readers and Cultural Revision in Ancient Alexandria* (Berkeley: University of California Press, 1992); J. M. G. Barclay, *Jews in the Mediterranean Diaspora from Alexander to Trajan* (323 BCE-117 CE) (Edinburgh: T&T Clark, 1996), 165-70을 보라.

62 마틴은 갈 4장에서 이삭의 탄생을 "이방인 교회의 탄생 모형"으로 간주한다. Martyn, "Events in Galatia," 176. 그러나 여기서 그 모형은 "비유적" 해석으로 남아 있는데, 그 것이 역사적 구체성을 보존하기 때문이다. 바울은 여기서 과거에 대한 해석이 아니라, 그것의 이전 실재를 발견할 것을 주장하는 것으로 보인다. 역사적인 것과 구체적인 것을 비유적인 것으로 해체시키는 "비유적" 해석에 대한 거부에 대해서는 D. Dawson, *Christian Figural Reading and the Fashioning of Identity* (Berkeley: University of California Press, 2002)를 보라. 도슨은 오리게네스를 언급하는 가운데, "육화된 말씀의 도래인 복음이 이전 것들을 복음으로 만드는" 방식에 관해 설명한다. 도슨은 다음과 같이 덧붙인다. "말씀의 도래로서 복음은 이전 것들을 복음으로 만들 때 새로운 내용을 제공하는 것이 아니라, 이전 것들 속에 이미 존재하는 '복음적 요소'를 밝히 드러낸다. 이전 것들과 사건들이 이미 갖고 있던 특징들은 더욱 명확해진다. 비록 그 명확성이 나중에 등장한 사건에 의존하는 방식으로 이루어지더라도 말이다"(134).

서 본문들(사 54:1)과 다른 유대 전통들(위에 있는 예루살렘, 4:26, 이스마엘의 이삭 "박해", 4:29)이 융합되어 있다.[63] 그러나 핵심 범주들은 갈라디아서 앞부분에 묘사되어 있는 그리스도 중심의 내러티브에 기초하여 새로운 의미로 채워진다. 현재 예루살렘의 예속 상태를 의미하는 하갈의 종노릇은 율법(4:21) 또는 시내산(4:24-25)의 권위 아래에 있던 자들의 종노릇이고, 이는 오직 그리스도 안에 있는 하나님의 선물이 창출하는 "자유" 특별히 문화를 상대화시키는 "자유"의 관점에서 볼 때에만 "종노릇"으로 분류될 수 있다(2:4, 5:1).[64] 마찬가지로 이스마엘의 자연적 출생도 이삭의 "성령을

---

63   G. Sellin, "Hagar und Sara: Religionsgeschichtliche Hintergründe der Schriftallegorese Gal 4,21-31," in U. Mell et al., eds., *Das Urchristentum in seiner literarischen Geschichte* (Berlin: de Gruyter, 1999), 59-84를 보라.

64   나는 "현재의 예루살렘"(4:25)이 예루살렘 교회만을 가리킨다는 주장에 동의하지 않는다(바울은 예루살렘 교회가 갈라디아 지역에서 행해지는 다른 선교사역을 후원하고 있다고 알고 있다). 다음의 연구들을 보라. Mussner, *Galaterbrief*, 325; Martyn, *Galatians*, 439, 457-466; 동일 저자, *Theological Issues in the Letters of Paul* (Edinburgh: T & T Clark, 1997), 191-208; M. C. de Boer, "Paul's Quotation of Isa 54.1 in Gal 4,27," *NTS* 50 (2004), 370-89; 동일 저자, *Galatians*, 300-1. 바울이 예루살렘 교회를 위해 연보에 힘쓰고 있는 것(2:10)은 그가 예루살렘 교회를 그런 부정적 시각에서 규정하고 있지 않음을 암시하지만, 바울이 시내산과 예루살렘 교회를 동등하게 보고 있는 것 (4:24-25)은 "현재의 예루살렘"이 율법에 "종노릇"하고 있는 모든 자를 포함하고 있음을 암시한다(참조. 4:1-5). 그렇다고 해서 이 비유가 유대인들의 "상속권 박탈"에 대해 말하고 있는 것은 아니다(이는 기독교적 해석의 오랜 전통을 잇는 베츠와는 상반된 주장이다; Betz, *Galatians*, 250-51). 여기서 구분선은 "유대인"과 "(이방인) 그리스도인" 사이가 아니라, (어느 민족에 속하든 간에) 율법 아래에 있는 자와 "자유" 안에 있는 자 (바울과 같은 유대인을 포함하는 자; 4:31에서 "우리"를 보라) 사이에 그어진다. "자유인"의 탄생은 민족과 관련이 없다(4:28-29). M. Bachmann, *Anti-Judaism in Galatians? Exegetical Studies on a Polemical Letter and on Paul's Theology*, trans. R. L. Brawley (Grand Rapids: Eerdmans, 2008), 85-100이 그렇게 주장한다. R. L. Brawley, "Contextuality, Intertextuality, and the Hendiadic Relationship of Promise and Law in Galatians," *ZNW* 93 (2002), 99-119도 이 주장을 따른다. "위에 있는 예루살렘"은 "위에 있는" 교회가 아니라(이는 de Boer, *Galatians*, 301-2와 상반되는 주장이다), 인간적 피조물 너머에 있는 신적 현상을 가리킨다. 다른 본문들이 제시하는 것처럼, 바울은 하나님이 바울 자신에게 긍휼을 베풀어주시듯이(갈 1:15; 6:16-아래를 보라), 자신의 동료 유대인들에게도 긍휼을 베풀어주실 것이라고 기대한다. 율법의 행위를 옹호하는 자들이 갈라디아 교

따라"(κατὰ πνεῦμα, 4:29)난 출생과 대조적으로 "육체를 따라"(κατὰ σάρκα, 4:23, 29) 난 출생으로 분류되고, 이 양극적 대립은 오직 그리스도의 영의 선물로 말미암아 가시화되었다(3:2-5, 14; 4:6).[65] "약속"을 육체적 "정체성"과 상관없이 "자녀"를 낳을 수 있는 생성력으로 구성하는 것은 본문을 "새 창조"(6:15)의 예시로 이해하는 것이 된다. 따라서 세례를 받아 성령으로 형성된 신자 공동체는 전통적으로 물려받은 가치 기준을 무시할 수 있다(2:15-17; 3:26-28; 5:13-6:10).[66] 익숙한 아브라함 이야기가 이제는 그리스도에 비추어 다른 의미를 갖게 된다.

보야린의 주장에 반하여 다음과 같이 주장하는 것이 중요하다. 즉 성서 본문에서 이처럼 새로운 의미를 발견하는 것은 (그리스도-선물이라는) 역사적으로 특수한 사건에서 도출되는 것이지, 그리스도를 단순히 이미 존재하는 "영적" 실재의 계시로 보는 "존재-신학"(onto-theology)에서 도출되는 것이 아니라고 말이다.[67] 그리스도-사건이 드러내는 것은 "항상 역사

회로부터 퇴출되어야 한다 해도(4:30), 그들이 하나님의 궁휼로부터 퇴출되는 것은 아니다. 왜냐하면 하나님의 아들은 율법에 종노릇하는 자들을 해방시키기 위해 보내심을 받았기 때문이다(4:4-5).

65   필론은 기적적인 출생에 관한 성서 이야기에도 똑같이 매료되었다. 그는 이 이야기로부터 오로지 하나님만이 선의 원인이 되신다는 사실을 제시했다(위 6.2를 보라). 바울은 이 주제를 성령의 종말론적 선물과 연계시키고(갈 3:14), 롬 4장에서 이 주제로 되돌아간다. 거기서 이삭의 탄생은 다른 방식으로 그리스도-사건과 다시 연관된다.

66   4:27의 사 54장 인용은 제2이사야서의 예루살렘/시온에 대한 약속과 공명을 이룬다. Hays, Echoes, 118-20; de Boer, "Paul's Quotation." 거기서 불임 상태에서의 탄생(사라의 경우와 유사하다)이 강조되고 있는 것은 약속으로 말미암은 탄생(4:23, 28)이 일반적인 탄생의 조건 혹은 민족성이나 성적인 범주(2:15; 3:28)를 넘어서는 기적의 탄생으로 간주되기 때문이다. 참조. Söding, "Verheißung und Erfüllung," 159. 에스라4서 10장처럼(위의 9.4를 보라), 하늘의 예루살렘은 독자들을 인간적 투사의 지평 너머로 인도한다. 이미 "위에 있는" 미래로부터 세상을 바라보는 자는 경험적 관점의 한계를 벗어나 실재를 재형성할 수 있고, 따라서 인간적으로 불가능해 보이는 것을 과감하게 상상할 수 있다(심지어 실천할 수도 있다).

67   갈 4:21-31에 대한 보야린의 설명(Boyarin, A Radical Jew, 32-36)은 다음과 같은 논지, 곧 바울이 비유적/영적/보편적인 것과 문자적/물리적/특수적인 것을 이원론적으로 구

안에 그리고 역사 위에 존재했던…보편적으로 참된 의미가 아니었다."[68] 오히려 바울의 비유적 해석은 그리스도-사건이 **역사 속에서** 갖고 있는 반향을 찾아내고, 이는 그 역사(단순히 그 본문들이 아님)가 실제로 어떠했는지를 계시한다. 그리스도가 성서와 역사의 해석학적 열쇠다. 왜냐하면 모든 실재는 그리스도의 죽음과 부활이라는 유일하고 특수한 사건에 따라 그 입장이 정해지기 때문이다. 바울은 역사 속에서 그 앞뒤로, 또 본문 속에서 그 앞뒤로 울려 퍼지는 소리를 듣고 있는데, 이 소리는 한 사건에 관한 기쁜 소식이다. 잘 알려져 있는 표현을 거꾸로 말해보자면, 바울은 **이스라엘의 성서에서 복음의 반향**을 발견한다.[69]

13.3.3. 이스라엘의 독특한 입지

이러한 사고 구조로 말미암아 갈라디아서만으로는 해결할 수 없는 다수의 역설이 만들어진다. "때가 차매"(4:4)에서 그 정점에 달하는 연대기의 일직선적 의미는 하나님의 약속이 약속된 성령의 선물(3:14; 4:6)과 믿음의 도래(3:25)로 성취되는 한 사건을 부각시킨다. 그러나 바울은 이 유일하고 특수한 사건의 보편적 중요성을 설명하는 가운데, 이삭을 "성령을 따라" 태어난 자로 묘사한다(4:29). 그런데 약속된 성령이 주어지기까지는 오랜 세월이 걸렸다! 바울은 아브라함이 복음을 "먼저 전해 받아" 이미 ("믿음"이 오기 전에, 3:23) "믿음"을 행사한 것으로 설명한다. 나아가 아브라함의 믿음은 모든 것이 아직 "죄 아래에" 갇혀 있었을 때(3:22) "의로 정해졌다"(3:6). 어떤 의미에서 아브라함은 그리스도 안에서 아직 일어나지 않은 일의 한 모형으로 서 있다. 다른 의미에서 아브라함은 신자로서 자신만

분하는 헬레니즘 사상으로부터 이 설명을 이끌어내고 있다는 논지의 모범적 사례다.

68   Boyarin, *A Radical Jew*, 35.

69   이것은 헤이즈의 훌륭한 논문 제목 *Echoes of Scripture in the Letters of Paul*을 거꾸로 말한 것이다.

의 지위를 갖고 있는데, 신자들은 자기들의 믿음의 조상을 아브라함에게서 찾을 수 있다(3:7, 29). 어떤 면에서 아브라함은 오직 일어날 일에 대한 약속 곧 그리스도와 함께 **시작되는** 구원 이야기의 서언을 구성한다. 다른 면에서 아브라함은 그리스도에 비추어 볼 때 하나님이 만드신 특정 내러티브의 출발점으로 등장한다.

아브라함과 이삭의 지위가 갖고 있는 이 애매함은 (역설적으로) **특수하면서** 동시에 **전혀 독특하지 않은** 그리스도 이야기 가운데 이스라엘 백성의 역할이 있음을 보여주는 다수의 암시와 맞물려 있다. 주석가들은 갈라디아서의 핵심 부분에 나타나는 바울의 "우리"와 "너희" 사이를 구분하는 데 오랫동안 **고민해왔다**(3:13-14, 23-29; 4:1-7).[70] 그리스도는 "우리"를 율법의 저주에서 속량하심으로써 아브라함의 복을 "이방인"에게까지 미치게 하고, 또 "우리"가 성령의 약속을 받도록 하셨다(3:13-14). 여기서 앞부분의 "우리"는 특별히 유대인 신자들을 가리키는가(신명기의 저주가 이들 외에 또 누구를 위해 두드러지게 나타나는가?), 아니면 총칭적으로 "신앙을 고백하는" 모든 신자를 가리키는가(뒷부분의 "우리"가 가리킬 수 있는 것과 같이)? 바울이 앞서 자기 자신을 다른 유대인들과 함께 "우리"로 간주하고 있다는 사실(2:15-17)은 일인칭과 이인칭 대명사를 붙여 유대인과 이방인을 구별하는 것이 중요하다는 것을 의미한다. 율법의 인도 아래 있던 "우리"(3:23-25)는 또한 인류 전체보다는 유대인을 가리키는 것으로 더 쉽

---

70 가장 이른 시기의 주석가들도 이미 이 현상을 지적하는데(아우구스티누스에 대해서는 Plumer, *Augustine's Commentary*, 177을 보라), 중세 시대에는 "우리"를 특별히 유대인/유대 그리스도인들로 간주하는 것이 일반적이었다. 예를 들어 갈 4:3의 "우리"에 대해서는 T. Aquinas, *Commentary on Saint Paul's Epistle to the Galatians*, trans. F. R. Larcher (Albany: Magi Books, 1966), 108-11; "Bruno the Corinthian and Nicholas of Lyra," in I. C. Levy, *The Letter to the Galatians* (Grand Rapids: Eerdmans, 2011), 160-62, 246을 보라. 이 문제에 관한 현대적 논쟁에 특별히 자극제가 된 연구들은 다음과 같다. D. W. Robinson, "Distinction between Jewish and Gentile Believers in Galatians," *ABR* 13 (1965), 29-48; T. L. Donaldson, "The 'Curse of the Law' and the Inclusion of the Gentiles: Galatians 3.13-14," *NTS* 32 (1986), 94-112.

게 간주될 수 있다. 바울이 이스라엘을 자신의 유업을 기다리는 "상속자"
로(4:1-2), 곧 율법 아래에 있고 (특히) "초등학문" 아래에 있던 "우리"(4:3-
4)로 말하고 있다고 보는 것은 일리가 있다.[71] 중요한 의미에서, 이 "우리"
는 나머지 인류와 다른 상태 속에 있는 자가 아니다. 왜냐하면 "모든 것"
이 죄 아래에 있었기 때문이다(3:22). 그리고 이 "상속자"는 나머지 인류와
마찬가지로 "초등학문"에 예속된 종의 상태에 있다(4:3, 8-9). 가치와 관
련하여, 이스라엘의 구원도 인류 전체의 구원만큼 비상응적인 은혜의 산
물이다. 바울과 그가 개종시킨 이방인 개종자들은 "은혜로 부르심을 받
았다"(1:6, 15). 그러나 이스라엘이 그 이야기에서 특별한 입지, 곧 "우리/
우리를"이라는 언급을 통해 암시되는 어떤 역할을 갖고 있지만, 이 역할

---

71   광범위한 이차자료들과 함께 이 본문을 논하고 있는 Donaldson, "Inclusion of the
      Gentiles"를 보라. 바울이 여기서 이스라엘의 구속을 모든 민족의 구원을 위한 필수적 전
      조로 암시한다는 도널드슨의 논지는 최근 많은 학자들에게 채택되고 확장되었다(하지
      만 3:14와 4:5의 "우리"가 지시하는 대상에 관해서는 약간의 견해 차이가 존재한다). 예
      를 들어 다음의 연구들을 보라. M. Bachmann, *Sünder oder Übertreter: Studien zur Argu-
      mentation in Gal 2,15ff* (Tübingen: Mohr Siebeck, 1992), 136-38; 동일 저자, *Anti-Ju-
      daism*, 187-88n. 52; Longenecker, *Triumph*, 90-95; Morales, *Restoration of Israel*, 78-
      130. 그리고 다음의 주석들을 보라. Longenecker, *Galatians*; F. J. Matera, *Galatians*, Sacra
      Pagina 9 (Collegeville: Liturgical Press, 1992); Witherington, *Grace in Galatia*; R. B.
      Hays, "Galatians," in *New Interpreter's Bible*, vol. 11 (Abingdon: Nashville, 2000), 181-
      348; 참조. Hays, *Faith of Jesus Christ*, 73-117. 이와 반대되는 견해, 곧 모든 인간이 "초
      등학문"(στοιχεῖα)과 율법의 저주 아래에 있기에 "우리"라는 진술이 보편적 진술이라고
      보는 견해에 대해서는 Martyn, *Galatians*, 334-336 그리고 de Boer, *Galatians*, 209-36,
      256-61을 보라. 하지만 이 견해는 3:23-25의 "우리"에 적용하기가 아주 어려운데, 이
      유는 바울이―모든 인간이 죄 아래(3:22) 그리고 (다른 형태로) "초등학문"(4:3, 8-10)
      아래 있기는 해도―이방인 수신자들을 (이미) 율법 아래에 있지 않은 것으로 간주하
      기 때문이다(참조. 4:21). 물론 넓은 의미에서 보면 그리스도의 죽음은 "모든 사람을 위
      한 것"이다(고후 5:14; 동일한 내용이 갈 3:1; 6:14에 함축되어 있다). 여기서 유일한 질
      문은 이것이 갈 3:13과 4:4-5의 직접적인 주제인가의 여부이다. 이 구절들의 "우리"가
      보편적 개념을 갖고 있다고 찬성하는 견해에 대해서는 D. Sänger, *Die Verkündigung des
      Gekreuzigten und Israel* (Tübingen: Mohr Siebeck, 1994), 273-79, 특히 273n. 466을
      보라.

이 무엇인지는 감질날 정도로 설명되어 있지 않다고 보는 것이 가능한가?

그 특별함은 틀림없이 새 창조의 "규례"를 따라 걷는 모든 자에게 평강이 선언될 때, "또 **하나님의** 이스라엘에게 **긍휼**"(καὶ ἔλεος καὶ ἐπὶ τὸν Ἰσραὴλ τοῦ θεοῦ, 6:16)이 선포될 때, 갈라디아서의 마지막 복으로 등장한다. 하지만 이 그리스어 어구에 대한 이런 해석은 단지 여러 견해 가운데 하나이고, 대다수 주석가들은 "하나님의 이스라엘"을 그리스도 안에 있는 현재의 신자들을 가리키는 의미로 취한다.[72] 그러나 이스라엘을 위한 전통적인 기도의 반향, "하나님의 이스라엘"이라는 특수한 지칭, "할례자" 선교에 대한 바울의 인정(2:7-9), 그리고 (중요하게) 긍휼을 위한 기도—바울에게서 드물게 등장하지만 로마서 9-11장에서 이스라엘과 강력히 연계되어 있는 주제—를 통해 일부 독자는 여기서 "하나님의 이스라엘"이라는 지칭이 이스라엘 민족을 가리킨다고 보았다.[73] 만약 이스라엘이, 비록 표

---

72 이 그리스어 어구는 복의 두 가지 요소("평강"과 "긍휼") 사이의 관계에 대해, 그리고 그 대상들 ("이 규례를 행하는 자"와 "하나님의 이스라엘") 사이의 관계에 대해 애매함을 드러낸다. 마지막 καί는 보충적 용법("…과 긍휼 즉 하나님의 이스라엘에게")이거나, 부가적 용법("…과 긍휼도 하나님의 이스라엘에게")일 수 있다. 각 견해에 관한 신중한 설명은 de Boer, *Galatians*, 404-8을 보라. 대부분의 독자는 달이 슈렝크와 논쟁할 때 전자의 편을 들었다. N. A. Dahl, "Der Name Israel: Zur Auslegung von Gal 6,16," *Jud* 6 (1950), 161-70. 달은 "하나님의 이스라엘" 이 이미 그리스도를 믿는 성도들(유대인과 이방인이 다 포함된 성도들)을 가리킨다고 보고, 그들을 "평강"과 "긍휼"의 축도를 받을 대상으로 간주했다. 이 견해를 강하게 지지하는 논증으로는 Martyn, *Galatians*, 574-77을 보라. 어떤 이들은 2차 집단, 예를 들어 이미 믿고 있는 유대인 그리스도인들(G. Schrenk, "Was bedeutet 'Israel Gottes'?" *Jud* 5 [1949], 81-94; 동일 저자, "Der Segenswunsch nach der Kampfepistel," *Jud* 6 [1950], 170-90)이나 현재 바울을 반대하고 "하나님의 이스라엘"을 자처하는 자들(de Boer, *Galatians*, 407-8)을 염두에 둔 것이라고 주장한다.

73 이 견해에 대한 아주 강력한 최근의 논증으로는 Bachmann, *Anti-Judaism*, 101-23; S. Eastman, "Israel and the Mercy of God: A Re-reading of Galatians 6.16 and Romans 9-11," *NTS* 56 (2010), 367-95가 있다. 이보다 앞선 P. Richardson, *Israel in the Apostolic Church* (Cambridge: Cambridge University Press, 1969), 74-84(미래의 남은 유대인들을 위한 기도) 그리고 주석 가운데서는 Mussner, *Galaterbrief*, 417; Dunn, *Galatians*, 343-46을 참조하라. 이 해석에 따르면 이 진술은 기도인데, 기도를 통해 이스라엘

시는 없어도, 갈라디아서에 실제로 나타나 있다면, 대다수가 그리스도를 믿지 않으나 여전히 하나님의 목적에서 특별한 실재인 이스라엘에 긍휼을 베풀어달라고 바울이 기도하는 것은 이해가 가능하다. 따라서 바울이 율법에 의존하고 있는 유대인들에 대해 말할 때 드러나는 이중 어조—상속자지만 종의 상태에 있는 자로서, 그리고 긍휼을 구하는 기도의 대상이지만 하갈의 자손으로서—로 인해 갈라디아서를 대담하게 "대체주의"로 부를 가능성은 배제된다. 이 해석에 따라 (믿지 않는) 이스라엘이 갈라디아서의 지평 너머에 있다고 주장하는 것 역시 잘못일 것이다.[74] 갈라디아서에는 이스라엘이 어떤 의미에서 그리고 어떤 이유에서 특별한 위치를 갖고 있는 것으로 간주될 수 있는지, 이에 대한 설명이 없다. 하지만 이스라엘의 위치가 특별하다는 암시는 로마서 9-11장이 갈라디아서의 이 국면을 반대하는 것이 아니라 전개하고 있는 것을 통해 충분히 드러난다.[75] IV부에서 확인할 수 있는 것처럼, 다른 측면들에서와 마찬가지로 이러한 측면에서도 로마서는 그리스도-사건을 시간, 이스라엘, 그리고 하나님의 긍

이 비록 하나님께 속해 있지만 지금은 위태로운 상황에 처해 있음을 전제하며 자신들에게 긍휼이 베풀어지기를 호소한다. 이스트맨이 묘사하는 것처럼 "바울은 동료 유대인들이 여전히 따르는 율법의 길이 폐지되었다고 선언하는 갈라디아서의 마지막 부분에서 이스라엘도 오직 은혜를 통해 구원을 받을 수 있도록 이스라엘을 위해 하나님께 긍휼을 간구한다"("Israel and the Mercy of God," 389).

74   6:16 그리고 "우리/너희" 대명사에 관한 마틴의 해석은 다음과 같은 그의 주장, 곧 갈라디아서가 철저히 두 가지 기독교 선교 사이의 다툼에 초점을 맞추고 있으므로 "어떤 유대인에 대한 언급도 갈라디아서에 존재하지 않는다"(*Galatians*, 40)는 주장과 일치한다. 유대인-그리스도인의 대화와 관련된 갈라디아서의 입지에 대해서는, 다음의 연구에 나오는 마틴의 민감한 논의를 보라. *Theological Issues*, 191-208.

75   이는 실례지만 월터의 주장과는 상반된 주장이다. Wolter, "Israelproblem." 월터는 갈 4:21-31을 "그리스도인"의 정체성과 "유대인의" 정체성을 구별하는 것으로 이해하고, 암묵적으로는 "비그리스도인인" 유대인에게서 상속자의 지위를 박탈하는 것으로 이해한다. 나는 여기서 바울이 율법을 준수하는 유대인의 "종노릇"을 암시하고 있다고 이해하는데, 나의 이런 이해는 월터의 해석과 일치한다. 그러나 갈 4:21-31은 그러한 유대인들을 겨냥하고 있지 않으며(바울은 "그리스도인"이라는 반대편-범주를 전혀 갖고 있지 않다), 유대인의 미래에 대한 소망도 배제하고 있지 않다.

흘의 전체 범주와 관련시키고 있는데, 이는 다음과 같은 방식, 곧 갈라디아서의 기독론적 틀 안에서 충분히 전개되고 있지 않지만, **신학적** 지평에 비추어볼 때 명확하게 드러날 수 있는 방식으로 이루어진다.

13.4. 결론

갈라디아서는 그것이 제시하는 비전의 가장자리에 모호함을 지니고 있는데, 이러한 모호함에도 불구하고 이 서신은 그리스도-사건의 관점에서 하나님과 인류의 관계를 재구성하려는 일관된 시도를 나타낸다. 그리스도-사건이 하나님의 계획 및 약속과 일치하고 있음이 드러났다. 그러나 그리스도-사건이 인간 역사의 상태 및 잠재력과 불일치한다는 것도 드러났다. 신적 계획의 관점에서 볼 때, 그리스도-사건은 고대에 주어진 약속의 성취를 의미하고, 이스라엘 역사를 포함한 인간사의 관점에서 볼 때, 그리스도-사건은 반전, 단절, 불가능성을 의미한다. 바울의 주 관심사는 율법이 하나님의 약속 이야기를 통합시키는 요소가 아니라는 것과, 율법은 그리스도 안에서 이루어지는 하나님의 약속의 성취를 결정하지 못하고 이룰 수도 없다는 것을 증명하는 데 있다. 이는 그리스도를 믿는 믿음(그리스도의 오심으로 "온" 믿음, 3:23)이 율법의 행위에 관한 조항에 들어 있는 것도 아니고 그 조항에 제약을 받는 것도 아님을 의미한다. 무조건적인 선물로서 그리스도-사건은 기존의 평가 체계와도 맞지 않고, 심지어 율법의 구조와도 맞지 않는다. 그리스도-사건은 전통적 분류를 "대각선으로" 가로질러 기존의 상징적 자산의 척도에 의존하지 않고, 오직 그리스도 안에서 주어진 자체의 척도에 의존한다. 바울은 갈라디아서 전체에 걸쳐 유대인과 비유대인이 함께 나누는 친교 식사의 자유에 있어, 성령의 창조적 역사에 있어, 그리고 세례에 기반을 둔 공동체의 정신에 있어 그리스도-사건이 실제로 공동체 차원에서 어떤 의미를 갖고 있는지 이를 제시한다. 이때 그리스도-사건은 명예와 가치에 대한 통상적 기준을 무시한다. 갈라디아서 마지막 부분에 이르면, 바울은 그리스도-사건이 공동체의 행동 방식에 어떤 의미를 갖고 있는지 이를 묘사한다. 따라서 우리는 이제 관련 본문 (5:13-6:10)을 통해 갈라디아서 해석을 마칠 것이다.

제14장

선물의 결과인 새 공동체
(갈라디아서 5:13-6:10)

그리스도-선물은 가치와 상관없이 주어진 비상응적인 은혜이므로, 그것이 주어지는 정황 가운데 작용하고 있는 가치의 기준을 반영하거나 지지하지 않는다. "새 창조"의 공동체는 "세상에 대하여 십자가에 못 박히는 것"(6:14)을 통해 문화적 자산의 지배 체계에 제약을 받지 않고 자체의 가치 체계를 따르는 자유를 갖고 있다. 이 공동체는 "할례나 무할례는 아무것도 아니라"고 선언함으로써 자체의 "규례"(κανών, 5:6; 6:15-16)를 따른다. 앞서 확인했듯이, 그리스도-선물은 신자들에게 "성령"의 형태로 경험된다(3:2-5). 갈라디아 교회 교인들은 그리스도-선물을 받음으로써 "하나님의 자녀"로서의 자기들의 지위를 증명했다(4:5-6). 신자들은 기적을 일으키는 성령의 능력과 "아빠"-기도 안에서 그들이 은혜로 부르심 받은 것을 증명한다(3:5; 4:6). 이 새로운 선물은 이제 신자들의 삶의 방향을 지배한다. 신자들은 그리스도-사건을 통해 세례를 받았는데, 이는 그들의 사전 가치 평가와 상관이 없었다(3:26-28). 그리스도-사건으로 말미암아 탄생한 새 생명은 율법과 율법의 규범적 실천 관습("율법의 행위")에 의존하지 않고, "복음의 진리"(2:14)에, 특히 공동체의 질과 한계를 규정하는 공동 식사에 의존한다(2:11-17). 5:5-6에서 바울이 이 문제를 요약하고 있듯이, 신자들은 성령 안에서 그리고 율법이 아닌(5:4) (그리스도를 믿는) 믿음을 기초로 하나님이 자신들의 가치를 인정하실 것을 예견한다("우리가 성령으로 믿음을 따라 의의 소망을 기다리노니", 5:5). 왜냐하면 그리스도 예수 안에서는 할례나 무할례나 효력이 없고, 오직 "사랑으로써 역사하는 믿음"(πίστις δι' ἀγάπης ἐνεργουμένη, 5:6)만 있기 때문이다. 이 말이 명백히 밝히는 것처럼, 그리스도-사건은 이전에 적용되었던 구별 기준을 무시하고 새로운 창조 에너지 곧 "사랑"으로 불리는 사회적 헌신의 특성을 분출시켰다.

이 요약 부분(5:5-6)에 나오는 주요 주제가 5:13-6:10에서 모두 전개된다. 여기서 "믿음의 가정들"(6:10)은 "성령을 따라 행하고"(5:16, 25), 더 이상 율법을 의지하지 말며(5:18) 무엇보다 최선을 다해 사랑하는 일에 힘쓰라고 권면을 받는다(5:13, 22). 갈라디아서 본론과의 이런 (그리고 다른) 관련성에도 불구하고,[1] 해석자들은 오랫동안 이 "권면" 부분을 갈라디아서의 편지 배경과 결합시키려고 애썼다.[2] 다음과 같은 과거의 유력한 가설들, 즉 이 구절들이 직접적인 관련성 없이 일반적 교훈을 구성한다는 가설(디벨리우스), 또는 "방종주의"를 반대하는 "두 번째 국면"의 첫 부분을 구성한다는 가설(뤼트게르트와 로페스)은 지금은 바람직하게도 무시되고 있다. 그리고 최근 몇십 년 동안, 5:13-6:10(또는 최소한 5:13-26)을 갈라디아서의 핵심 주장 및 갈라디아 교회의 위기와 연계시키려는 다양한 노력이 있었다.[3] 어떤 이들은 이 본문을 주로 방어적인 성향으로 이해했는데, 그들의 이해에 따르면 바울은 해당 본문에서 자신의 개종자들에게 율법이 없어도 그들이 성령에 의한 적절한 도덕적 방향을 지니고 있음을 확신시키고 있다.[4] 다른 이는 "신학"과 "윤리"를 구분하는 것에 이의를 제기하면서

---

1   다른 이들은 육체-성령의 양극성(3:3; 4:29; 5:16-25; 6:7-8) 그리고 자유라는 주제를 포함시킨다.

2   "권면"(Paraenesis, 교훈)은 그 자체로는 정의하기 어려운 장르다. J. Starr, T. Engberg-Pedersen, eds., *Early Christian Paraenesis in Context* (Berlin: de Gruyter, 2005)를 보라. 우리가 다룬 본문 안에서 선언(5:18), 묘사(5:22-23), 경고(5:21; 6:7-8), 금지(5:26), 교훈(6:1-6) 등을 결합해 본다면, 권면의 기능을 분류하는 일은 더욱 어려워진다. 구조적 관점에서 갈라디아서는 4:12, 21; 5:1, 2, 13에서 다양하게 직접적 교훈으로 전환된다. 이와 관련된 이전 시기의 토론에 대해서는 O. Merk, "Der Beginn der Paränese im Galaterbrief," *ZNW* 60 (1969), 83-104; J. M. G. Barclay, *Obeying the Truth: A Study of Paul's Ethics in Galatians* (Edinburgh: T&T Clark, 1988), 24-26을 보라. 최근의 가장 좋은 분석인 T. Engberg-Pedersen, *Paul and the Stoics* (Edinburgh: T&T Clark, 2000), 132-36을 보라.

3   1980년대 후반까지 펼쳐진 견해들에 대한 조사는 Barclay, *Obeying the Truth*, 9-23을 보라.

4   H. D. Betz, *Galatians*, Hermeneia (Philadelphia: Fortress Press, 1979), 8-9, 273-74,

여기서 갈라디아서 전체 주제인 신자의 정체성에 필수적인 규범들을 찾아낸다.[5] 이 본문은 "갈라디아서 전체의 정점" 또는 "절정"으로 불렸는데,[6] 그 이유는 이 본문이 바울이 갈라디아서 수신자들에게 "자신의 반대자들이 요구하는 삶의 양식 대신, **참되고 적극적인 대안**으로 제시하고자 하는 삶의 양식"을 묘사하고 있기 때문이다.[7] 사실 대부분의 사람들이 지금은, 비록 서로 다른 다양한 이유에서지만, 여기에 묘사된 공동체의 삶이 바울의 "복음"에 필수적이라고 주장한다.[8]

따라서 이러한 갈라디아서 해석은 특별히 이 경향을 크게 보충하는 역할을 했다. 안디옥 사건이 분명히 보여준 것처럼, 율법 논쟁은 공동체의 상호 활동을 지배하는 규범과 관련되어 있다(2:11-21). 성령은 이미 그리스도 안에서 갖게 되는 삶의 핵심 특성으로 간주되었다(3:2-5). 성령의 인

295-96; Barclay, *Obeying the Truth*, 68-72, 216-20을 보라.

5   다음의 연구들을 보라. P. F. Esler, "Group Boundaries and Intergroup Conflict in Galatians: A New Reading of Gal. 5:13-6:10," in M. G. Brett, ed., *Ethnicity and the Bible* (Leiden: Brill, 1996), 215-40; 동일 저자, *Galatians* (London: Routledge, 1998); B. O. Ukwuegbu, "Paraenesis, Identity-Defining Norms, or Both? Galatians 5:13-6:10 in the Light of Social Identity Theory," *CBQ* 70 (2008), 538-59.

6   칼은 이와 동일한 주장을 펼친다. B. Kahl, *Galatians Reimagined: Reading with the Eyes of the Vanquished* (Minneapolis: Fortress Press, 2010), 269. 참조. F. J. Matera, "The Culmination of Paul's Argument to the Galatians: Gal. 5.1-6.17," *JSNT* 32 (1988): 79-91.

7   Engberg-Pedersen, *Paul and the Stoics*, 136 (강조는 원저자의 것임). 이 경우에 대한 보다 더 심층적인 설명을 M. Konradt, "Die Christonomie der Freiheit: Zu Paulus' Entfaltung seines ethischen Ansatzes in Gal 5.13-6.10," *EC* 1 (2010), 60-81에서 보라.

8   윌슨의 설명처럼 "지금 갈라디아서 연구자들이 궁금해하는 것은 5:13-6:10이 갈라디아서 앞부분과 관련되어 있는지의 여부가 아니라 그것이 갈라디아서 앞부분과 어떻게 관련되어 있느냐는 것이다." T. Wilson, *The Curse of the Law and the Crisis in Galatia* (Tübingen: Mohr Siebeck, 2007), 4. S. Schewe, *Die Galater zurückgewinnen: Paulinische Strategien in Galater 5 und 6* (Göttingen: Vandenhoeck & Ruprecht, 2005), 16-59에는 5:13ff.가 갈라디아서의 필수요소임을 확인해주는 세 가지 방법(교의적 방법, 수사적 방법, 역사적 방법)이 분석되어 있다. 여기서 슈에베의 본문-내적 해석은 다른 대안을 제시한다.

도를 받는 공동체의 삶의 역학 관계가 5:13-6:10의 주제다. 바울에 따르면 사회적 실천은 그리스도-선물의 필수적인 표현이고, 이제는 새로운 가치 척도에 따라 규제되는 비경쟁적 공동체가 그리스도-사건을 무조건적 선물로 인식하고 **정의하는 데** 도움을 준다는 것이 분명해질 것이다. "복음의 진리"(2:14)는 다음과 같은 공동체, 곧 그 행위가 복음의 진리에 내재되어 있는 참신함을 구현하지 못하는 공동체에서 "발생하지" 않을 경우 아무런 효과가 없다. 갈라디아서 5:13-6:10은 복음의 사회적 표현을 묘사하고 자극하기 위하여 주어진 것으로 보인다.[9]

14.1. 사랑으로 다스리는 성령의 자유

5:13에서 바울은 갈라디아서 이전 부분(2:4; 4:21-5:1)에 묘사된 "자유"를 다음과 같이 새롭게 그리고 정밀하게 제시한다. "너희가 자유를 위하여 부르심을 입었으나 그러나 그 자유로 육체(σάρξ)의 기회를 삼지 말고 오직 사랑으로 서로 종노릇하라."[10] 여기서 "자유"의 대표적 속성이 제시된다. 곧 자유는 "육체"를 반대하고(육체에 위협을 받고), 사랑을 특징으로 하는 새로운 충성(역설적으로, "종"의 한 형태)을 수반한다. 이 요소들은 각각 이어지는 부분(5:13-25)에서 구체적으로 설명된다.

---

9   이 본문에 대한 나의 초기 연구(*Obeying the Truth*)와 비교 시, 나는 이 책에서 공동체의 삶을 그리스도라는 선물 및 복음의 명료성과 더 적절히 관련시키고 있는 한편, 바울의 상호 도움의 윤리를 지중해 연안 세계의 경쟁 정신에 대안이 되는 그리스도-통치 정책으로 강조한다. 나는 이것으로 Schewe, *Galatier*, 50-58과 Wilson, *Curse of the Law*, 11-16에서 제기되고 있는 정당한 비판을 어느 정도 만족시키게 되길 바란다.

10   μόνον μὴ τὴν ἐλευθερίαν εἰς ἀφορμὴν τῇ σαρκί("그러나 그 자유로 육체의 기회를 삼지 말고")라는 어구에 제공되는 동사에 대해서는 M. C. de Boer, *Galatians: A Commentary*, New Testament Library (Louisville: Westminster John Knox Press, 2011), 335를 보라.

14.1.1. 육체와 성령

5:13에서 "육체"가 언급되고, 이어서 5:19-21에서 "육체의 일"의 목록이 주어지고 있으므로 이전 주석가들은 이를 근거로 다음과 같이 주장했다. 여기서 바울이 갈라디아서 앞부분에서 직면했던 위험과는 확실히 다른 "방종"의 위험에 대해 경고하면서 새로운 주제를 시작하고 있다고 말이다.[11] 그러나 더 면밀히 살펴보면, 그렇지 않다는 것을 알게 된다. 성령-육체의 대립 관계는 율법에 관해 말하는 바울의 진술의 구조적 틀로 이미 등장했다(3:3, 4:29). 따라서 5:13에서 카메라가 다른 대상으로 **넘어가 촬영하고 있는** 것이 아니다. 율법-논쟁을 다루고 있는 포괄적인 문맥을 드러내기 위하여 카메라는 **후방으로 끌어당겨진다.** "이 악한 세대"(1:4)와 같이 "육체"도 성령으로 변화되지 못한 모든 인간 행위의 환경을 가리키는데, 여기에는 죄의 권능으로 인해 "생명을 낳을" 수 없는 율법 아래에서의 삶(3:21-22)도 포함된다. 한 측면에서, 율법의 통치와 "육체"의 연계는 할례가 "너희의 육체"에 표시되어 있다는 사실에 의해 뒷받침된다(6:12-13. 참조. 창 17:9-14). 다른 측면에서, "육체에 따른" 출생을 통해 시내산 언약과 민족적 전통 간에 연계성이 이루어질 수 있다(4:23, 29). 이런 언어적 연계성은 확실히 바울의 논증이 지닌 수사적 힘을 강화시킨다. 그러나 이 연계성은 또한 다른 어떤 사실 곧 실재에 대한 특수한 해석을 의미하기도 한다. 그리스도-선물은 실재에 대한 일반적 분류를 피하고 무너뜨리기 때문에 새로운 분류 체계를 만들어냈다. 새로운 양극적 대립 구조 안에서,

---

11 예를 들어 E. de Witt Burton, *A Critical and Exegetical Commentary on the Epistle to the Galatians* (Edinburgh: T&T Clark, 1921), 290-91을 보라. 학자들이 바울이 앞부분에서 목표로 삼는 내용을 "율법주의"나 "준법주의"로 특징 지었을 때, 이는 깔끔한 대립 관계를 쉽게 형성했다. 하지만 이제 바울은 율법주의의 정반대 편에 있는 "방종주의"나 "율법 폐기주의"를 목표로 삼는다. 예를 들어 R. Jewett, "The Agitators and the Galatian Congregation," *NTS* 17 (1970-71), 198. 그러나 갈라디아서에서 "율법"이 문맥상 모세의 율법을 가리키는 것이 명백하다면, 이런 현대적 양극성은 그 가치를 상실하게 된다.

그리스도 안에서의 하나님의 행동은 기존의 가치 체계와 대립하는 위치에 있는데, 통상적인 해석에 따를 때 이는 완전히 특이한 것처럼 보일 것이다.

우리는 앞장(13장)에서 바울에게 우주의 지도를 다시 그려낼 수 있는 능력이 있음을 보여주는 놀라운 사례에 주목했다. 비록 우상숭배와 율법에 대한 충성이 대부분의 경우에 있어서 완전히 다른 것인 것처럼, 아니 사실은 서로 배타적인 듯이 보이기는 해도, 그리스도-사건의 관점에서 보면 우상숭배와 율법에 대한 충성은 "세상 요소들"에게 예속되어 있는 공통된 "종노릇"의 여러 형태 가운데 하나다(4:3, 8-10. 위 13.2.2를 보라). 그 경우에 바울은 공통된 한 가지 요점(달력의 예배 패턴, 4:10)을 이 둘의 분명한 차이가 아니라 더 깊은 공통성을 보여주는 증거로 삼았다. 비슷한 방식으로 바울은 할례에 의해 "육체에" 새겨진 유대인의 정체성 표시가 다음과 같은 사실, 곧 율법의 통치가 그가 "육체"라 부르는 폭넓은 영역에 위치해 있다는 사실을 나타낸다고 간주한다. 바울은 이 중요한 유대인 구별 표시를 무시하면서, 율법-전통과 이 율법-전통이 처해 있는 이방인 환경, 이 둘 사이의 중대한 차이를 상대화시켰다. 그리스도 안에서 이루어지는 "새 창조"는 이런 표징에 또는 이런 표징이 없는 것에 가치를 부여하는 "세상"을 무너뜨리거나 대체한다(6:14-15). 무조건적인 선물, 그러므로 이전 규범들과 맞지 않는 그리스도-선물의 관점에서 보면, 모든 것이 그리스도 안에 계시는 하나님께 의존하거나 인간 전통에 의존하거나(1:10-11), "새 창조"에 의존하거나 지나간 세상에 의존하거나(6:14-15), 성령에 의존하거나 육체에 의존하거나(3:3) 둘 중 하나다. 율법 자체는 바울이 "육체의 행위"로 이름 붙이는 것(5:19-21)과 관련하여 아무 책임이 없다.[12] 그러

---

12   B. W. Longenecker, *The Triumph of Abraham's God: The Transformation of Identity in Galatians* (Edinburgh: T&T Clark, 1998), 74-78은 바울을 반대하는 다른 선교사들의 배타적 "열심"(4:17)과 할례를 통해 명예를 얻고자 하는 그들의 욕구, 이 둘 사이의 관련성을 찾아냄으로써, 율법에 책임이 있다고 주장한다. 그러나 그 관련성은 빈약하고, 바울

나 이어지는 문장들을 보면, 성령 안에서의 삶은 여전히 육체의 소욕을 만족시키는 것(5:16-17)과 "율법의 지배 아래" 사는 것(5:18), 이 둘과 대립 관계에 있다. 바울이 다시 그려 놓은 현실의 지도에 따르면, 이 둘은 그리스도-사건을 통해 창조되거나 선택되거나 변화된 것과 상관없다는 점에서 "육체"로 분류될 수 있다.[13]

갈라디아서에서 "육체"의 이전 용법과 이후 용법을 비교해보면(1:16; 3:3; 4:23, 29; 6:8, 12-13), 5:13-25에서 "육체"의 대표적인 특징은 "욕심"을 이루고 성령을 적극적으로 "반대하는" 것이다(5:16-17, 24). 따라서 많은 사람들이 행위자로 의인화된 "육체"를 예수 그리스도의 "묵시"("계시." 참조. 1:16)로 말미암아 시작된 우주적 "싸움"의 일부분이 되는 "묵시적" 능력으로 간주했다.[14] 바울이 사용하는 용어의 어떤 측면은 이런 "군사적" 해석을 지지할 것이다(5:13, 17). 그러나 전체 그림은 정확하지도 않고 일관적이지도 않다(참조. 5:19, 24).[15] 바울의 강론에서 의인화되고 있는 "육체"의 역할은 인격적인 "성령"과 대립하는 것으로 보인다(4:6). 육체의 행

은 그 점을 문제 삼지 않고 있다.

13 6:14의 "세상"과 같이 "육체"도 그 반대편―하나는 "새 창조"이고 다른 하나는 "성령"―에 의해 정의된 범주다. 아무리 포괄적이라 해도, 홀로 설 수 있는 정의는 없다. 초기의 토론에 대해서는 Barclay, *Obeying the Truth*, 178-215를 보라. 이 내용은 하나의 용어를 사용하여 다양한 현상을 전략적으로 연계시키는 수사법에 주목한다(보다 더 상세한 설명은 Schewe, *Galater*, 86-95를 보라). 바울의 수사법 안에는 하나의 사건을 언급함으로써 실재를 그려내는 개념적 지도 제작법이 포함되어 있다. 따라서 "육체"는 아주 쉽게 부정적 관점에 따라("비-성령"으로) 정의 된다. 육체는 성령과 결부되어 있지 않은 것, 또는 성령에 의해 생성되지 않은 것의 상징이다.

14 특히 다음의 연구들을 보라. J. L. Martyn, *Galatians: A New Translation with Introduction and Commentary*, Anchor Bible 33A (New York: Doubleday, 1997), 482-84; de Boer, *Galatians*, 335-39. 드 보어는 6:8과 같은 진술이 이러한 고정된 형태에 맞춰지기 어렵다는 것을 인정한다(338).

15 군사적 은유의 우수성에 대한 의구심에 관해서는 R. Morales, *The Spirit and the Restoration of Israel: New Exodus and New Creation Motifs in Galatians* (Tübingen: Mohr Siebeck, 2010), 141-43을 보라.

위는 개인의 의식이나 의지를 초월하여 인간의 행동을 구성해내는 규범과 가치의 힘을 반영한다.[16] 그러나 성령이 이의를 제기할 수 있는 것은 다름 아닌 바로 이 규범이다. 이 본문의 지배적 특징은 성령이 베풀어주시는 해방과 능력으로 다른 실존 양식을 창출하는 것이다. 바울은 갈라디아 교회 교인들에게 이렇게 권면한다. "너희는 성령을 따라 행하라. 그리하면 육체의 욕심을 이루지 아니하리라"(5:16).[17] "육체"와 "성령"의 대립으로 너희는 힘없이 찢겨지거나 도덕적으로 불확실한 상태가 되는 것이 아니라 성령의 인도를 받게 된다("너희가 원하는 것을 하지 못하게 하려 함이니라", 5:17).[18] 그리스도 예수에게 속해 있는 자는 육체와 함께 육체의 정욕과 탐심을 "십자가에 못 박았다"(5:24). 타락은 언제든 가능하고, 누구든 매우 심각한 타락에 빠질 수 있지만(6:7-8), 여기서 바울의 주된 관심사는 성령이 많은 머리를 가진 히드라와 같은 "육체"를 폭로시키고(5:19-21), 우월한 힘으로 육체를 죽임으로써(5:16, 24) 새로운 실존 양식을 창출한다는

---

16   참조. Engberg-Pedersen, *Paul and the Stoics*, 152-53. "육체"는 규범적 역할이 주어질 때, 활동적인 힘으로 묘사된다.

17   5:16b의 강력한 보증(종종 금지로 잘못 번역된다)은 현대의 거의 모든 주석가들이 인정하는 것이다.

18   5:17의 해석은 계속 논란이 되고 있다. 그 이유는 마지막 절의 "너희가 원하는 것"의 의미가 불분명하기 때문이다. 수용의 역사에 대해서는 J. K. Riches, *Galatians through the Centuries* (Oxford: Blackwell, 2008), 264-83을 보라. 그러나 문맥상 이 구절을 성령의 소욕이 이루어지지 못한다는 예고로 해석하는 것은 불가능하다. 이 구절은 믿는 자들이 육체의 소욕(참조. 5:24)을 극복할 수 있다는 보증으로 이해되어야 한다. 또는 (내가 다른 곳에서 주장한 것처럼) 믿는 자들이 자신들이 원하는 것을 행할 "자유"를 무작위로 사용하지 않고, 그 투쟁의 한편에 가담하도록 요청받는 것으로 이해되어야 한다. Barclay, *Obeying the Truth*, 110-16. 롬 7:7-25의 영향을 받아 "너희가 원하는 것"이 믿는 자가 갈망하는 성령에 의한 선을 의미한다고 반복적으로 해석하고 있는 다음의 연구를 보라. J. Lambrecht, "The Right Things You Want to Do: A Note on Galatians 5, 17d," *Biblica* 79 (1998), 515-24. 람브레흐트가 인정하듯이, 이 해석은 5:17을, 그 이전과 이후의 구절들에 의해 무효화되어버리는 가설적 시나리오로 남겨놓는다. 가장 최근의 토론에 대해서는 J. -N. Aletti, "Paul's Exhortations in Gal 5, 16-25: From the Apostle's Techniques to His Theology," *Biblica* 94 (2013): 395-414, 특히 401-9를 보라.

사실을 부각시키는 데 있다. 이 새 공동체는 "육체"의 실패와 역기능을 반복하는 운명을 갖고 있지 않다. 성령의 창조 능력은 새로운 대안을 형성시켰다.

14.1.2. 종노릇을 위한 자유

5:13에서 바울은 갈라디아 교회 교인들에게 그들의 부르심(은혜로 받게 된, 1:6, 5:7)과 자유를 상기시킨다. 부르심과 자유, 이 두 주제가 서로 관련되는 이유는 그들의 이전 가치와 상관없이 주어진 하나님의 비상응적인 "부르심"이 이전에 그들의 문화적 규범을 결정했던 상징적 자산 체계로부터 그들을 해방시켰기 때문이다. 갈라디아 교회 교인들에게는 이런 가치 체계를 무시할 수 있는 자유가 있기 때문에 완전히 새로운 실존 양식이 가능하게 된다. 물론 이 새로운 실존 양식은 가치에 대한 다른 관점과 함께 자체의 규범을 갖고 있다. 말하자면 이 새로운 실존 양식에서 중요한 것은 그리스도에 대한 충성과 성령에 대한 복종이다. 자유를 종노릇으로 보는 바울의 역설적인 해석("너희가 자유를 위하여 부르심을 입었으나…오직 사랑으로 서로 종노릇 하라", 5:13)은 갈라디아서 1:10-11의 진술을 상기시킨다. 곧 바울이 인간적 가치 기준("사람들에게 좋게 하는 것")으로부터 자유하게 된 것은 그가 그리스도의 종이기 때문이다(1:10). 바울에게 "자유"는 자율을 의미하지 않고, 이전에 당연한 것으로 여겨졌던(그리고 지금은 "생소한") 규범들의 힘을 깨뜨리는 충성의 산물을 의미한다. 바울이 율법의 통치에 대하여 죽은 것은 그의 생명이 그리스도-사건에서 연원하고, 또 그리스도-사건의 지배를 받기 때문이다. "이제는 내가 사는 것이 아니요 오직 내 안에 그리스도께서 사시는 것이라"(2:19-20). 다른 모든 가치 기준은 그리스도께 속한 상위의 가치로 말미암아 무시되었다.[19]

---

19   갈라디아서의 "자유"를 일종의 "그리스도-법"(Christonomy)으로 보는 것에 대해서는 Konradt, "Christonomie," 66-70을 보라. 볼터는 그리스의 정치 담화에 이와 일치하는

5:13-6:10에서 바울은 그리스도에 대한 이 충성이 공동체의 삶 속에서 어떻게 일어나고 있는지 명확히 밝힌다. 5:24-25의 간명한 두 문장은 그리스도에 대한 충성이 "통상적인 상태"와의 단절을 수반하고 있음을 다음과 같이 요약한다. "그리스도 예수의 사람들은 육체와 함께 그 정욕과 탐심을 십자가에 못 박았느니라. 만일 우리가 성령으로 살면 또한 성령으로 행할지니."[20] 옛 실존 양식에 대하여는 죽고 새 실존 양식에 따라 사는 것은 자유와 질서를 함께 증명한다. 과거와의 단호한 단절이 이루어지는데, 여기에는 새로운 방향이 수반된다. 십자가의 죽음 언어("십자가에 못 박았느니라", 5:24)는 이 단절의 효력이 그리스도-사건으로부터 나온 것을 의미한다. 신자들이 과거의 실존 양식에서 빠져나온 때는 그들이 "그리스도와 함께 십자가에 못 박히고"(2:19), 그리스도와 합하기 위하여 세례를 받았을(3:27) 때였다(참조. 6:14). 그러나 이 능동태(과거의 실존 양식에서 빠져나온 것)는 이것이 수동적 현상이 아니라는 것을 암시한다. 신자들은 자신들의 행동 방식을 통해 그들에게 일어난 변화를 예증하고 실현한다. 만약 신자들이 여전히 "육체의 욕심"을 이루고 있다면, 그들이 "그리스도와 함께 십자가에 못 박혔다"고 말하는 것이 어떤 의미인지 생각하기 어렵다.

요소가 있다고 지적한다. 그리스의 정치 담화에서 "자유"는 외부에서 부과되는 낯선 법이 아니라 자기 자신의 법 아래서 살 수 있는 권리를 의미한다. 마찬가지로 바울도 율법의 권위가 주는 부담을 그리스도-사건("그리스도의 법", 6:2)에 따라 세워진 규례의 체계를 방해하는 "종노릇"으로 간주한다. M. Wolter, *Paulus: Ein Grundriss seiner Theologie* (Neukirchen: Neukirchen-Vluyn, 2011), 372-76를 보라.

20   나는 εἰ ζῶμεν πνεύματι("만일 우리가 성령으로 살면", 5:25a)라는 말에 따라 성령을 생명을 부여하는 능력으로 정의한다(2:19-20; 3:21의 "생명"에 대한 비중이 큰 언급을 참조하라). 따라서 5:24-25는 2:19-20과 6:14-15에서와 같이 "죽음-생명"의 역학 관계를 입증한다(1:1-4에서 그리스도에 관한 언급을 참조하라). 여기서 "사는 것"을 단순히 "윤리적" 의미로만 해석하면, 이 구절의 후반부의 내용은 불필요한 것이 되고 만다. στοιχεῖν("행하다", 5:25b; 참조. 6:16)은 질서와 정렬의 개념을 내포하는데(de Boer, *Galatians*, 372), 이는 성령이 해방자의 역할뿐만 아니라 규범으로서의 역할도 행하고 있음을 알려준다.

만약 신자들이 "육체를 십자가에 못 박지" 않았다면, 어떤 의미에서 그들이 그리스도에게 속해 있단 말인가? 개인의 **실천**과 공동체의 **실천, 이 둘 모두에서** 그리스도-사건의 실재가 인정되거나 부인된다. 성령께서 신자들의 새로운 실존 양식("내 안에 그리스도께서 사시는 것"을 통해, 2:20, 4:6)을 구성하므로, 그들의 실천을 형성하시는 분도 성령이시다(5:25). 이 문제에 다른 선택의 여지는 거의 없다. 유일한 다른 선택은 자신의 정체성을 부인하는 것이 될 것이다(6:7-8). 자신의 삶을 성령께 의존하는 사람이 성령의 규범을 무시하며 사는 것은 논리적 모순이다. 이는 "성령이 내게 전부지만 나는 성령이 요구하는 것엔 관심이 없다"라고 말하는 것과 같다. 실천과 행함은 단순히 이 새 "생명"의 결과가 아니라 그것의 표현이다. "생명"의 직설법은 실천과 분리될 수 있는 **지위**에 관한 진술이 아니고, 그 실재가 반드시 실천으로 증명되는 **실존**에 관한 진술이다.[21] 이 "생명"은 (성령에게서 연원하기에) 인간에 의해 생성되는 것이 아니라 인간에 의해 표현되는 것이다. 그리고 인간에 의한 표현이 없다면 이 생명은 실재한다고 말할 수 없다.

14.1.3. 사랑과 그리스도의 법

이 생명을 표현하는 핵심 요소는 사랑이다(5:13-14, 22). 이는 공동체의 기초를 구성하는 다른 사람들에게 헌신하는 것을 의미한다. 우리는 아래에서 바울이 특히 이 사랑을 서로 종노릇 하는 것으로 규정하고 있음을 확인할 것이다("오직 사랑으로 서로 종노릇 하라", 5:13. 아래 14.2를 보라). 그러나 지금은 실제로 사회적 방향을 결정짓는 바울의 "덕들"(5:22-23)에 주목하고자 한다. "그리스도 안에" 사는 실존의 최고 목표는 개인의 완전함을 위

---

21 바울의 윤리에 담겨 있는 "직설법과 명령법"에 대한(그리고 그 너머에 대한) 최근의 설명은 F. Horn, R. Zimmermann, eds., *Jenseits von Indikativ und Imperativ* (Tübingen: Mohr Siebeck, 2009)를 보라.

한 자기 지식이나 자기 숙달이 아니라 사랑과 희락과 화평과 오래 참음과 자비와 양선과 충성과 온유와 절제에 따라 일어나는 친사회적 행위 방식이다(5:22-23). 이러한 속성들 중 얼마나 많은 속성들이 뒤따르는 공동체의 격언에서 구체적 형태를 지니게 되는지 놀랍다(5:26-6:10). 공동체의 한 지체가 길을 잃을 때 "신령한"(상징적 자산의 새로운 정의를 주목하라) 자는 **"온유한** 심령으로" 그를 바로잡아주어야 한다(6:1). 모두가 서로 짐을 져야 하고(6:2), 이것은 **사랑**으로 서로 종노릇하는 일(5:13)의 한 표현이다. 개인들은 각자 자기의 일을 과시하지 않도록 조심해야 하는데(6:3-4), 이는 공동체의 발전을 위해 **근신** 곧 자기 절제를 실천하는 것이다. 가르침을 받는 자들은 "모든 좋은 것"을 나누어야 하는데(6:6), 이는 "모든 이에게 착한 일을 하는 것"(6:10)으로 일반화될 수 있는 **선**의 적용을 **의미한다**. 그렇게 할 때 신자들은 포기하지 말고 인내를 갖고 기다릴 줄 알아야 한다(6:9-10). 성령의 생명에서 비롯된 "열매"는 공동체 관계의 정교한 협상에서, 그리고 시간이 지나면서 양성된 행위의 속성들에서 규명된다. 최선을 다하는 사랑은 그 본질상 사회적이다. 만약 믿음이 사랑으로써 역사한다면(5:6), 믿음은 결코 그리스도와의 개인적인 관계로 환원될 수 없다.

사랑을 "율법"과 관련 지으면서 바울은 두 어구(5:14; 6:2)를 사용하고 있는데, 아주 많은 학자들이 이 두 어구에 관심을 기울였다. 율법을 약속의 역사에서 제외시킨 후, 바울은 "온 율법은 네 이웃 사랑하기를 네 자신 같이 하라 하신 한 말씀에서 이루어졌다"(5:14)고 말하는데, 이는 많은 학자들에게 당혹감을 불러일으켰다. 그러나 앞서 바울은 자신이 "율법에 대하여 죽었다"(2:19)고 말했는데, 이는 율법의 모든 내용이 원칙적으로 무시됨을 뜻하지 않고, 다만 율법의 절대적 권위가 "복음의 진리"에 대한 더 높은 충성으로 인해 무너졌음을 뜻한다(2:14). 그러므로 여기서 바울은 성령의 인도를 받는 자들이 율법의 권세 아래 있지 않음을 주장한다(5:18). 하지만 이 말은 성령으로 생성된 사랑이 율법의 목적을 이룬다고 말하는 것과 결코 모순되지 않는다.[22] 5:14에서 바울의 진술은 명백히 율법에 순종하라는 명령도 아니고, 율법의 "세 번째 용도"(칼뱅)를 복원시키는 내용도 아니다. 바울은 여기서 율법의 행위를 **지시하고 있는** 것이 아니라, 사랑하라는 기독교적 명령이 수행될 때(사랑은 실제로 율법의 목적을 이루는 것이다. 5:13) 어떤 일이 일어나는지 이를 **묘사하기** 위해 드물게 사용되는 "성취" 언어를 사용하고 있다.[23] 바울은 여기서 수사학적 이득(율법의 권세에 복종하지 않고 율법의 도움을 주장함. 참조. 4:21; 5:3) 외에, 율법 안에도 복음이 반영되어 있다는 확신을 암시하고 있는데, 이 암시는 로마서에서 더 명확하게 드러난다(참조. 롬 3:21, 31; 8:4; 10:5-13). 돌이켜볼 때 그리고 폭넓게 정의된 "이웃" 사랑(6:10)에 비추어볼 때, "전체 율법"은 그리스도-사건으로 촉발된 사랑 안에서 성취된다(참조. 2:20).

이 재정의는 서로 짐을 질 때 "그리스도의 법"(ὁ νόμος τοῦ Χριστοῦ, 6:2)이 성취된다는 진술을 통해 증명된다. 많은 사람들이 5:13-14의 내용을 그리스도 안에서 재형성된 율법에 대한 언급으로 보는 경향이 있다. 그러나 그 말은 바울의 언어유희를 보여주는데, 이는 바울이 고린도전서 9:20-21에서 자신이 "율법 아래에"(ὑπὸ νόμον) 있는 자도 아니고, 또 하나님께는 율법 없는(ἄνομος θεοῦ) 자도 아니며, "그리스도의 율법 아래에"(ἔννομος Χριστοῦ) 있는 자라고 주장한 것과 비슷하다.[24] 어느 쪽이든 분

22　나는 5:18(그리고 갈라디아서의 다른 곳)에 나오는 ὑπὸ νόμον("율법 아래")이 특별히 "율법의 저주 아래"를 의미한다는 윌슨의 주장에 동의하지 않는다. Wilson, "'Under Law' in Galatians: A Pauline Theological Abbreviation," *JTS* 56 (2005), 362-92; *Curse of the Law*. "아래"라는 표현은 문맥상 권위 및 "종노릇"과 관련되는 것으로 보인다.

23　보다 더 충분한 설명을 Barclay, *Obeying the Truth*, 135-42에서 보라. 드 보어는 바울이 레 19:18(갈 5:14에서 인용된)을 명령이 아니라 약속(미래시제가 그렇게 해석하도록 만들 수 있다)으로 이해했다고 강하게 주장했다. 율법에 예고된 것("네 이웃 사랑하기를 네 자신 같이 하라")이 성령을 따라 사는 자를 통해 성취된다. de Boer, *Galatians*, 343-50. 이는 3:15ff.에서 중요하게 다루었던 "율법"과 "약속" 사이의 구분을 모호하게 만들지만, 충분히 일리 있는 해석이다.

24　가능한 모든 해석학적 대안들과 관련된 논쟁에 등장하고 있는 분석에 대해서는 Barclay,

명한 것은 그리스도를 언급함으로써 의무에 대한 재정의를 내리고 있다는 것이다. 그리스도-사건은 "믿는 가정"의 규범과 가치를 재형성했다. 만약 우리가 νόμος("율법")라는 말을 사용한다면, 이 말은 규범적·모범적 사건을 통해 반드시 검증되고 재정의 되어야 한다. 왜냐하면 이러한 검증과 재정의를 통해 사랑이 그리스도께서 세우신 공동체의 본질로 정착되었기 때문이다(2:20, 4:19).[25]

14.2. 경쟁에서 상호 도움으로

14.2.1. 경쟁적인 명예 추구

서로 사랑하라는 바울의 권면은 덤덤하게 일반 원칙을 제시하는 것이 아니라 특별히 고대 지중해 연안 사회의 특징이었던 공동체 안의 경쟁 관습을 겨냥하고 있다. 사랑으로 서로 종노릇 하라는 규범을 세운(5:13) 다음, 바울은 즉각 그 규범의 역기능적 대안에 대해 다음과 같이 끔찍한 경고를 한다. "만일 서로 물고 먹으면 피차 멸망할까 조심하라"(5:15). 여기서 사랑의 정반대 개념은 고립이나 무관심이 아니다. 어쨌든 개인들은 이런 저런 상호관계에 따라 반응할 것으로 추정되기 때문이다. 곧 유일한 문

Obeying the Truth, 126-35를 보라. 추가로 R. B. Hays, "Christology and Ethics in Galatians: The Law of Christ," *CBQ* 49 (1987): 268-90도 보라. 헤이즈는 예수의 삶의 양식을 공동체의 모범으로 보는 언급을 찾아낸다(2:20). 윙어는 여기서 염두에 두고 있는 것은 율법적 교훈이 결코 아니고, 오직 "그리스도께서 자신이 부르신 자에 대해 그리스도 자신의 주님 되심을 행사하는 방식"이라고 주장한다. M. Winger, "The Law of Christ," *NTS* 46 (2000), 537-46, 특히 544. 해석학적 대안들에 대한 최근의 논의를 Wilson, *Curse of the Law*, 100-4에서 보라. 이 어구는 잘 사용되지 않기에, 그 해석이 특히 어렵다.

25 따라서 사랑은 "마음속 깊은 곳에서 우러난 영성으로 예수 그리스도의 실존에 온전하게 참여하는 것이다." T. Söding, *Das Liebesgebot bei Paulus: Die Mahnung zur Agape im Rahmen der Paulinischen Ethik* (Münster: Aschendorff, 1995), 206.

제는 그 반응이 상호 도움의 형태를 취하느냐, 아니면 상호 파괴의 형태를 취하느냐 하는 것이다. 이어서 언급되는 "육체의 일"(5:19-21)을 보면, 이방 세계에 살고 있는 유대인들의 일반적 특성들(성적 음행, 더러운 것, 우상숭배, 주술, 5:19-20)이 사회적으로 파괴적인 행동에 관한 광범위한 목록으로 채워져 있는 것은 주목할 만하다. "원수 맺는 것과 분쟁과 시기와 분냄과 당 짓는 것과 분열함과 이단과 투기와 술 취함과 방탕함과 또 그와 같은 것들이라"(5:20-21).[26] 비록 이 가운데 어떤 죄악은 바울이 다른 곳에서 종종 언급하는 것(예. 롬 1:29-31, 고후 12:20-21)을 포함하여 고대 세계의 "악덕" 목록에 나타나고 있지만, 주석가들은 다음과 같이 제대로 지적하고 있다. 마치 바울의 특별 관심사가 사회생활에 대한 피해인 것처럼 여기에 악덕들이 심하게 집중되어 있다고 말이다.[27] 이 목록과 맞물려 있는 것이 헛된 영광을 구하여 서로 노엽게 하거나 서로 투기하지 말라(μὴ γινώμεθα κενόδοξοι, ἀλλήλους προκαλούμενοι, ἀλλήλοις φθονοῦντες, 5:26)는 권면이다. 이 권면은 "성령으로 행하라"(5:25)는 호소 바로 뒤에 나오면서 그 호소의 내용을 채우고 있다.

이처럼 반복된 경고가 바울이 세운 교회들 안에 불화가 실재하거나 불화의 위험이 있었음을 암시하고 있다는 것에 많은 주석가들이 동조할 것이다. 비록 특정 시나리오를 재구성하여 이 교회들의 탁월성을 설명하는 일이 지나친 추측에 의존하는 것일 수 있지만 말이다.[28] 바울은 자기선

---

26 내가 마지막 두 가지 죄악(μέθαι, "술 취함"과 κῶμοι, "방탕함")을 포함시킨 이유는 종종 로마 사회에서 술 취함이 사회관계를 손상시키는 원인으로 지적되었기 때문이다. 앞서 나온 죄악인 φαρμακεία("주술") 역시 다툼을 일으키는 원인이었는데, 당시에 "주술"이 해를 끼치기 위한 의도로서 널리 시행되었기 때문이다.

27 주석가들을 광범위하게 언급하고 있는 Barclay, *Obeying the Truth*, 153-54를 보라. 참조. F. J. Matera, *Galatians*, Sacra Pagina 9 (Collegeville: Liturgical Press, 1992), 210.

28 다음의 연구들을 보라. Barclay, *Obeying the Truth*, 152-54, 156, 166-69; Morales, *Restoration of Israel*, 152-53; de Boer, *Galatians*, 360, 368. 이런 사회적 역기능은 바울을 반대하는 다른 선교사들이 일으킨 교란과 관련이 있다고 종종 주장된다(5:10, 12).

전, 경쟁, 공개시합이 일상생활에서 계속 긴장을 일으키는 원인이 되었던 대면(對面) 사회 속에서 살았다. 갈라디아서 5:13-6:10의 목적 가운데 하나는 이런 경쟁 문화의 파괴적 특성을 인식하고 이 특성을 효과적으로 퇴치할 수 있는 공동체 생활의 비전을 제시하는 것이다. 만약 서로를 세워주는 공동체를 확립하는 것에 그토록 중대한 초점이 맞추어져 있다면, 이처럼 중요한 복음의 구현을 계속 위협하는 "육체"의 일을 어떻게든 물리쳐줄 강력한 조치가 취해져야 한다.

최근에 학자들이 강조한 것처럼, 바울이 속해 있던 문화적 배경 속에서 거의 모든 사회관계는 명예를 얻기 위한 경쟁으로 규제되고 위협받았다.[29] 질(quality)을 "객관적으로" 평가할 척도(교육자격과 같은)가 없던 시대에 사람의 가치는 그의 공적인 명성 곧 그가 강력히 추구하거나 결사적으로 방어한 "명예"에 의해 크게 좌우되었다. 많은 고대 주석가들은 명예를 추구하거나 방어하는 것이 당시에는 행동의 주된 원동력이었다고 주장했다. "본성상 우리는 명예를 갈망하고 열망한다. 말하자면 일단 명예의 빛 그 일부를 흘끗 보기라도 하면, 우리는 명예를 얻기 위하여 무엇이든 참고 견딜 준비가 되어 있다"(키케로, *Tusc*, 2.24.58). 명예의 다양한 기준—부, 가문, 나이, 교육, 법적 지위, 체격, 성품, 덕행—을 통해 명예를 얻기 위

4:16-18은 어느 정도 이런 관련성을 암시할 수 있으나, 이와 관련하여 바울은 상세한 설명을 제공하지 않는다. 이에 대한 회의적인 견해는 F. Vouga, *An die Galater*, HNT 10 (Tübingen: Mohr Siebeck, 1998), 144-45를 보라.

29   에슬러는 이 요점을 바르게 강조했다. 예를 들어 Esler, "Group Boundaries"; *Galatians*. 이어서 말리나와 지중해 연안 사회의 인류학에 의존한 다른 학자들도 강조했다. 예를 들어 B. J. Malina, *The New Testament World: Insights from Cultural Anthropology*, rev. ed., (Louiscille: Westminster/John Knox Press, 1993); J. G. Peristiany, ed., *Honour and Shame: The Values of Mediterranean Society* (London: Wedenfeld and Nicolson, 1966). 로마 세계의 특유한 명예-역학에 대한 최근의 주요 연구로는 J. E. Lendon, *Empire of Honour: The Art of Government in the Roman World* (Oxford: Oxford University Press, 1997); C. A. Barton, *Roman Honor: The Fire in the Bones* (Berkeley: University of California Press, 2001)가 있다.

한 추구가 사회적 차원을 넘어 보편적으로 이루어졌다. 반면에 이처럼 매우 다양한 가치 표지들은 한 차원의 힘이 다른 차원의 약함을 비판하는 것에 의해 도전받을 수 있음을 보여주었다.[30] 그리고 사실 도전이야말로 이 문화의 참된 본질이었다. 명예는 비교를 통해, 달리 말해 어떤 계급 질서에 따라 자기 자신을 더 높은 곳에 두는 것(또는 다른 사람들에 의해 그곳에 두어지는 것)으로부터 왔는데, 이 계급 질서 안에서는 한 사람의 우월함이 상대적으로 다른 사람의 열등함을 의미한다. 이로 인해 명예가 경쟁의 주제가 되었다. 확실히 호된 시련이나 시험은 명예가 증명되는 현장이었다. 이런 환경 속에서 명예에 대한 모든 주장은 실제적이거나 잠재적인 자극을 주었고, 모든 도전에는 적극적인 반격이 요구되었다.[31] 명예는 소중하지만 불안정한 상품으로, 비판의 눈으로 끊임없이 주시하는 여론의 법정에서 적극적 선전과 꾸준한 증명을 필요로 했다.[32] 영광은 "비추어져야" 하는 것이므로 지속적인 주목의 대상이었다. 각 개인이 자신의 가치를 드러내거나 손상시킬지도 모른다는 것은 공동체적 관심의 대상이었다.[33]

강력한 유대 관계로 결속되어 있는 공동체 안에서 이와 같은 명예 경

---

30 우리가 다루는 자료들에는 사회의 상위계층 사이의 경쟁이 매우 명확히 드러나지만, 경쟁이 그리스-로마 세계의 모든 사회적 계층의 특징이었음을 보여주는 충분한 증거가 존재한다. Barton, *Roman Honor*, 11-13, 75를 보라.

31 참조. Cicero, *Sull.* 46. "그대는 나로 하여금 나의 존엄에 대해 생각하도록 강요할 것이다. 지금 까지 내가 파멸시키거나 무너뜨리지 않은 자 가운데 내게 아주 사소한 의혹이라도 가져다준 이는 없었다."

32 Barton, *Roman Honor*, 62. "고대 로마에서 명예 곧 사람의 존재적 충만함은 안전하게 또는 계속해서 얻어지는 것이 아니었다."

33 드러내는 능력의 중요성에 대해서는 Dio Chrysostom 31.22를 보라. "만약 다른 사람들이 아무도 알아주지 않는다면, 많은 사람들 가운데서 오직 자신에게만 홀로 고상한 행위로 생각되는 것을 행할 자는 하나도 없을 것이다." 명예의 필수요소인 가시적 광휘와 가청성에 관해서는 Barton, *Roman Honor*, 58-64를 참조하라. 명예의 공적 승인에 대해서는 Lendon, *Empire of Honour*, 54를 주목하라. "명예는 공적 사건이다. 명예는 단순히 의견의 결과가 아니라, 공적으로 표현된 의견의 결과이다."

쟁은 영웅주의를 조장하거나 심할 경우 자기희생을 초래하기도 했다.[34] 그러나 이처럼 치열한 경쟁 정신은 교만, 적의, 보복을 조장할 수도 있었다. 상호 존중이 조금이라도 깨지면, 명예 경쟁은 사회적으로 파괴적인 힘이 되고, 그리스와 로마 저술가들은 종종 야망이 오만으로, 비교가 모욕으로, 경쟁이 공격으로 바뀔 위험성을 지적한다.[35] 명예욕은 아주 격렬한 감정―교만, 시기, 분개―을 일으키고, 매우 파괴적인 모욕과 보복 행위를 초래할 수 있다. 바턴이 설명하는 것처럼, 명예욕에는 "끊임없이 우쭐해 하는" 성향도 있다. "모든 말다툼이 소동이고 모든 입씨름이 전쟁이다."[36] 뻔뻔하게 명예를 선전하는 것과 사납게 명예를 공격하는 것은 경쟁으로부터 자신의 명예를 보호 받고 있는 현대인들에게는 놀라운 일이 될 수 있다. 그러므로 바울의 서로 물고 뜯는 것에 대한 경고(5:15)는 공허한 말도 아니고 이상한 말도 아니다. 명예욕은 언제든 공동체의 발전을 쉽게 파괴할 수 있었다.

14.2.2. 바울의 역(逆)전략

"육체"의 이런 파괴적 힘을 극복하기 위한 바울의 전략은 두 갈래로 펼쳐진다. 한편으로, 그리스도-선물에 따라 재형성된 자는 동시대인들이 경쟁을 통해 각축을 벌이며 명예에 두었던 가치를 무시했다. 민족성, 신분 그

---

34 로마 공화정 시대의 그런 현상, 곧 삶 자체보다 더 중요하다고 여겨진 명예의 추구로서 공적 선을 위한 자기희생을 장려했던 현상에 대한 분석은 Barton, *Roman Honor*, 29-88을 보라.

35 살루스트는 "사람들이 수단을 가리지 않고 다른 사람들을 패배시킬 때, 그리고 패배한 자가 쓰라린 복수의 칼을 갈 때", 도시 전체가 내적으로 파괴된다고 지적한다. Sallust, *Bell Jug.* 42.4. "경쟁의 규칙이 경쟁의 범주나 깊이에 전혀 제한을 받지 않는 규칙, 또는 경쟁자들이 매우 불공평한 조건 아래 겨루게 되는 자의적이거나 알려지지 않은 규칙일 때", "나쁜 경쟁"이 야만적 결과로 판명되는 것에 관한 바턴의 분석을 참조하라. Barton, *Roman Honor*, 89-90.

36 Barton, *Roman Honor*, 66.

리고 성(性)은 더 이상 우월한 가치 기준이 아니므로(갈 3:28), 그리고 하나님이 "외모"에는 관심이 없으시고(갈 2:6) 자신의 은혜를 가치와 상관없이 베풀어주시므로, 그들에게는 경쟁의 일반적인 근거들이 이미 그 중요성을 상실했다. 신자들의 공동체는 합당하지 못한 자에게 주어진 선물로 구성된 새로운 의견 공동체를 만들어낸다. 이 공동체 안에서도 당연히 다른 가치 체계, 새로운 형태의 "상징적 자산"이 발생한다. 여기서 어떤 이는 말씀을 가르치는 선생으로서 명예를 얻고(6:6), 다른 이는 그들이 성령에 복종한다는 점에 있어서 "신령한 자"(οἱ πνευματικοί, 6:1)로서의 책임이 주어진다. 그러나 이 다른 가치 체계의 특징은―그리고 이것이 바울의 사회적 전략의 두 번째 특징인데―이것이 특별히 경쟁을 반대하는 체계라는 것이다. 말하자면 이 체계에서는 명예를 얻기 위한 경쟁 정신에 **반대**하는 것이 가장 큰 명예다. 앞에서 확인한 것처럼, 사랑을 비롯하여 "성령의 열매"로 제시된 거의 모든 속성들(5:22-23)은 공동체의 성장을 돕는 방향으로 작용한다. "신령한 자들"이 신령한 자들로 불리는 이유는 그들이 공동체의 회복에 민감한 마음을 갖고 행하기 때문이다(6:1-2). 바울에 따르면 신자들 사이에서 중요한 것은 오만 및 경쟁에 반대하는 것이다.

이 공동체의 정신을 지배하는 규정은 일종의 호혜성의 공식으로, 이 호혜성의 공식은 그것이 역설적인 것만큼 창의적이다. "사랑으로 서로 종노릇 하는"(διὰ τῆς ἀγάπης δουλεύετε ἀλλήλοις, 5:13) 갈라디아 교회 교인들은 자신들의 자유를 "육체"의 기회로 삼지 않을 것이다. 이 말이 주목할 만한 표현인 이유는 이 표현이 본래부터 갖고 있던 계급 관계(노예 제도)를 "평등"이라는 이름으로 폐지하는 것이 아니라, 계급 관계를 상호적 계급 관계로 조정하고 있기 때문이다. 단순하지만 강력한 단어인 ἀλλήλοις("서로")는 권력과 우월함에 기반을 둔 일방적 관계를 서로 복종하는 관계로 바꿔놓는다. 이때 **각** 사람은 상대방의 이익을 높이는 데 힘을 쓴다. 동일한 관계 구조가 6:2의 이와 일치하는 구절에 설명되어 있다. "너희가 짐을 서로 지라(ἀλλήλων τὰ βάρη βαστάζετε). 그리하여 그리스도의 법을 성취하라." 짐을 지는 것은 종의 일인데, 이 일이 여기서 다시 모든 사람과의 관계 속에서 모든 사람을 위해 행해지는 임무가 된다. 남의 이익을 앞세우게 되면 계급 질서가 반전되어 약자를 억누르는 것이 특권이 될 수 없고, 이로써 섬김과 명예가 계속 교환된다. 계급 질서를 제거하는 것이 아니라 계속해서 반전시키는 이 상호성은 "몸"으로서의 교회와 관련해서뿐만 아니라(고전 12:12-31; 롬 12:3-8) 결혼(고전 7:3-4)에 있어서도, 그리고 명예를 받는 것이 아니라 주는 데 으뜸이 되고자 하는 계속된 경쟁에 있어서도(롬 12:10) 바울의 사회 윤리의 특징이다.[37] 이런 방침은 경쟁을 무력화시킨다. 여기서 중요한 것은 우월함의 획득이 아닌 우월함의 양보다. 우월함을 양보할 때 그 보답으로 명예를 얻게 된다. 칼은 바울이 로마 문화에 존재하는 전투 정신에 강하게 저항한다는 증거로 갈라디아서 5-6장을 이 정도까지 지적하고 있는데, 이는 옳다. 하지만 바울의 방침은 계급 제도의 제거가 아닌 계급 제도의 계속된 반전이다.[38]

따라서 명예에 대한 바울의 재정의는 사회의 응집력과 상호 구조를 촉진시키는 이 특성들의 가치를 높여준다. 갈라디아서 6:1-6에 정교하게 구성된 격언들이 함께 묶여 있는 것은 이 사회적 방침의 실천에 대한 적절한 하나의 본보기가 된다.[39] 바울은 도발과 시기를 조장하는 교활한 경

---

37 "불평등한 규칙의 반전을 통해 평등주의를 보편화시키는" 이와 같은 획기적 "상호 비대칭"의 방침에 대해서는 A. Badiou, *Saint Paul: The Foundation of Universalism*, trans. R. Brassier (Stanford: Stanford University Press, 2003), 98-106(특히 104)을 보라. J. M. G. Barclay, "Manna and the Circulation of Grace: A Study of 2 Corinthians 8:1-15," in J. R. Wagner, C. Kavin Rowe, A. K. Grieb, eds., *The Word Leaps the Gap: Essays on Scripture and Theology in Honor of Richard B. Hays* (Grand Rapids: Eerdmans, 2008), 409-26에서 고후 8-9장에 예견된 은사의 상호성에 대한 언급을 참조하라.

38 Kahl, *Galatians Reimagined*, 261-71에서 칼이 로마 제국주의의 전형적 특징으로 생각하는 "경쟁의 격전지"의 기초가 다시 세워지고 있는 것을 보라.

39 이런 격언들에 대한 앞선 시대의 분석을 Barclay, *Obeying the Truth*, 155-70에서 보라. 과거의 많은 주석가들과 같이 Betz, *Galatians*, 191도 이 구절들이 격언들(*sententiae*)을 느슨하게 모아 놓은 것으로 간주했다.

향에 대해 강력히 경고한 다음(5:26), 공동체가 경쟁적으로 명예를 추구할 때 분열될 가능성이 있는 경우로 시선을 돌린다. 어떤 사람이 공동체 규범을 어기고 공개적 모욕을 당하기 쉬울 때, 다른 이는 자연적으로 경쟁의 우위를 점할 기회를 갖게 된다. 바울은 분명히 이런 위험성을 인정하고, 성령의 역사에 호소함으로써 이에 반대한다(6:1). 어떤 사람이 이런 침해에 휘말렸을(또는 이런 침해를 알았을) 때, 공동체는 반드시 이 침해를 회복시키는 조치를 취해야 한다. 그러나 조치의 목적은 심판이 아니라 회복에 있고(καταρτίζετε τὸν τοιοῦτον, "그러한 자를 바로잡고"), 이 조치는 "**온유한 심령**"을 가진(ἐν πνεύματι πραΰτητος, 6:1) "신령한" 자에 의해 단행되어야 한다. 달리 말해 범죄자에게 돌이킬 수 없는 치욕을 가져다주는 비난 없이 단행되어야 한다. 아울러 회복시키는 자는 교만의 시험을 받지 않도록 곧 다른 사람들과 비교해 자기 자신을 명예롭게 여기는 경향에 빠지지 않도록 조심해야 한다. 바울은 "너 자신을 살펴보아(관련된 각 개인에게 전하는 말) 너도 시험을 받을까 두려워하라"(6:1)고 말한다. 따라서 "온유함"은 겸손과 결부되어 있는데, 이 겸손은 자신의 연약함을 인식하고 탁월함을 주장하게 만드는 충동을 억제한다.

6:3-5에서 바울은 공동체의 부패를 막는 중대한 방부제로서, 그리고 "명예에 대한 갈망"을 해소시키는 필수 해독제로서 이 조심성을 더 강력히 요청한다.[40] 바울의 첫 번째 조치는 허탄한 자만에 빠지는 경향에 반대하는 것으로, 이것은 이미 "헛된 영광"(κενόδοξοι, 5:26)을 구하지 말라는 권면에서 강조되고 있다. "만일 누가 아무것도 되지 못하고 된 줄로 생각

---

40   다음의 연구들은 개인이 공동체의 조화를 위해 힘쓰는 것에 바울이 큰 관심을 기울이고 있음을 입증하며 이 구절들의 통일성을 탁월하게 분석해내고 있다. D. W. Kuck, "'Each Will Bear His Own Burden': Paul's Creative Use of an Apocalyptic Motif," *NTS* 40 (1994): 289-97. 윌리엄스의 지적처럼, "사람이 자기 자신의 능력을 비현실적으로 평가하면", 6:2에 제시된 "상호관계의 이상"과는 거리가 멀어질 것이다. S. K. Wiliams, *Galatians* (Nashville: Abingdon Press, 1997), 155.

하면 스스로 속임이라"(6:3). 이 권면은 보편적인 무가치성을 천명하는 말이 아니다. 만약 신자들이 "하나님의 아들이 나를 사랑하사 나를 위하여 자기 자신을 버리셨다"(2:20)고 말할 수 있다면, 과연 누가 (이보다?) 더 큰 가치를 가질 수 있었겠는가? 그러나 바울은 다음과 같은 오만함, 즉 자신에 대한 스스로의 평가에 기뻐하거나, 다른 사람이 부여하는 그러나 실제로 아무것도 아닌 명성에 즐거워하는 오만함에 대해 경고한다. 이 경고는 바울이 아이러니하게도 "유력한 이들"(οἱ δοκοῦντες)로 지칭한(2:6, 9) 예루살렘 교회의 기둥들을 평가할 때에도 크게 울려 퍼진다. 자기 자신을 온건히 측정하는 사회적 가치―"염치"(라틴어, *pudor*)의 덕―는 고대에 널리 인정되었다. 그러나 이 사회적 가치는 항상 이와 동등하게 자신의 덕을 부풀려 선전해야 할 필요성으로 인해 무력화되고 말았다.[41] 이런 과시 경향은 6:4에서 직접 반박 당한다. "각각 자기의 일을 시험하라. 그리하면 그의 자랑이 오직 자기 자신에게만 있고 남에게는 향하지 않을 것이니(καὶ τότε εἰς ἑαυτὸν μόνον τὸ καύχημα ἕξει καὶ οὐκ εἰς τὸν ἕτερον, 6:4)."[42] 자기 검토 곧 자기 자신을 평가의 주체와 객체로 갈라놓는 것이 중요한 이유는 자기 검토가 과장과 속임수를 사용하는 태도를 억제하고, 공개적으로 자기를 선전하는 게임에 참여하지 **않도록** 만들기 때문이다. 신자들은 십자가를 자랑하고, "세상"에서 유효한 모든 형태의 자산을 거부한다(6:14-15). 그러나 신자들은 그리스도-사건을 통해 확립된 가치 기준 안에서 자신들의 "행위"를 자랑할 만한 근거를 갖고 있다. 곧 올바른 기초에 따라 그리고

---

41   Barton, *Roman Honor*, 210-15를 보라.

42   나는 여전히 이것이 가장 좋은 번역이라고 생각한다. 이 번역은 Barclay, *Obeying the Truth*, 160; Martyn, *Galatians*, 550의 지지를 받는다. 이 번역에 반대하는 주장도 있다. de Boer, *Galatians*, 382-83, 여기서의 번역은 다음과 같다. "그리하면 그는 오직 자기 자신에게만 자랑할 것이 있고 남에게는 자랑할 것이 없을 것이다." 참조. J. Lambrecht, "Paul's Coherent Admonition in Galatians 6,1-6: Mutual Help and Individual Attentiveness," *Bib* 78 (1997), 33-56, 특히 48-49. 람브레흐트는 고후 8:24와 롬 4:2, 이 두 구절 사이의 뛰어난 유사성을 무시한다.

올바른 경계 안에서 신자가 명예를 받는 것은 적절하다(4:18).[43] 그러나 아주 특별히 스스로 높아져서 자신의 행위를 공개적으로 자랑하는 것은 위험하다. 바울은 단순히 "교만한" 사람에게 그가 자랑할 것이 자기 자신에게 있다고 말함으로써 효과적으로 당대의 경쟁-문화가 일으키는 심각한 충동을 억제시킨다.

"자랑"을 선전할 필요가 **없는** 이유는 자랑의 본질적 "청중"이 인간이 아니라 하나님이시기 때문이다(참조. 롬 2:29; 고전 4:1-5). "각각 자기의 짐을 지라"(6:5)는 독촉은 종말론적 심판에 대한 제스처로서, 이 종말론적 심판에서 가치의 결정적 심판자는 하나님이 되실 것이다.[44] "각각 자기의 짐을 지게 될 것"이라는 사실은 공동체보다 개인을 우선시한다는 뜻이 아니다. 바울은 모든 사람에게 짐을 서로 지라고 권면했다(6:2). 6:5에서 그렇게 말하는 목적은 공동체의 유대 관계를 위협하는 경쟁적인 자랑으로부터 공동체를 보호하기 위해서다. 각 사람은 최종적으로 하나님 앞에서 회계해야 하므로 공동체로부터 서로의 가치를 판단할 필요나 유혹을 제

---

43   H. Hübner, *Law in Paul's Thought*, trans. J. Greig (Edinburgh: T&T Clark, 1994), 101-8. "바울은 그리스도인이 자신의 삶의 활동을 기초로 해서 '영광'을 받을 참된 권리가 있음을 인정한다"(108). 이와 반대되는 주장도 있다. G. Klein, "Werkruhm und Christusruhm im Galaterbrief und die Frage nach einer Entwicklung des Paulus," in W. Schrage, ed., *Studien zum Text und zur Ethik des Neuen Testaments* (Berlin: de Gruyter, 1986), 196-211. Lamprecht, "Paul's Coherent Admonition"은 그런 반대주장을 훌륭하게 비판한다. 참조. Schewe, *Galater*, 160-65. 하르니쉬는 갈라디아서를 통한 바울의 목적을 인간의 노력을 통한 자족적 성취로 보기에, 6:3-4의 "자랑"에 관한 긍정적인 말을 반어법적 자기모순의 표현으로 본다. W. Harnisch "Einübung des neuen Seins: Paulinische Paränese am Beispiel des Galaterbriefs," *ZTK* 84 (1987), 294-95.

44   문맥을 따를 경우(참조. 5:10, 21; 6:7-8), 미래 시제는 종말론적 의미로서 가장 잘 이해된다. 참조. Vouga, *Galater*, 148; de Boer, *Galatians*, 383-84. 이는 Lambrecht, "Paul's Coherent Admonition," 50과는 상반되는 주장이다. 미래 시제의 의미는 에스라4서 7.105와 밀접한 유사성을 보인다. 바울 서신의 추가적인 평행 요소와 함께 종말론적 해석에 대한 설득력 있는 논증을 Kuck, "Each Will Bear"에서 보라. 컥의 지적처럼 "미래의 심판에 관한 상징적 언어는 개인적 지위에 대한 욕구와 교회의 연합을 위해 그 욕구를 억제시킬 필요성, 이 둘 사이에 존재하는 긴장 해소에 유용하다"(296).

거해야 한다. 판단은 정확히 하나님의 권한이므로 공동체는 서로 시샘하는 비교를 제거하고, 사랑으로 서로를 세워주는 자유를 가져야 한다.

"모든 좋은 것을 함께 하는" 상호관계가 "말씀을 가르치는" 자를 지원하라는 가르침을 통해 또 하나의 예증으로 주어진다. 다시 말해 돕는 일은 특수한 지역적 상황에 따라 시행할 필요가 전혀 없는 것이다.[45] 이러한 초기 단계에서, 공동체 구성원 간의 몇 가지 차이점 중 하나는 가르칠 수 있는 자와 가르침을 받을 수 있는 자 사이의 차이였다(참조. 살전 5:12-14). 바울은 이 상호관계를 "함께 나눔"(κοινωνείτω, 6:6. 참조. 2:9)의 한 형태로 제시한다. 왜냐하면 지체들 간의 교환 관계는 (자기 주도적인 선물과 답례로서) 자기 발생적인 관계가 아니라 함께 복음을 의존한 사실로부터 나오기 때문이다. 이러한 정황 가운데 교환되는 좋은 것들은 하나님으로부터 나오는 "공유된" 혜택들이다(참조. 고후 8-9장).[46] 그러나 바울에게는 교환 패턴이 **존재하는** 것, 다양한 일들이 선물과 답례의 상호성으로 이해되는 것이 무척 중요하다. 이 단락 전체는 "그리스도의 법"을 대변하면서 동시에 상호 도움 관계의 특징이 되는 "짐을 서로 지는"(6:2) 것의 항목 아래 들어가 있다. 공동체가 세워지고 성장하는 이유는 지체들이 오래 지속적으로 상호 향상 관계에 참여하기 때문이다. 그리고 "새 창조"에 따라 사는 것(6:15-16)의 의미를 보여주는 것은 공격적인 경쟁에 대한 일반적 경향을 무시해버리는 공동체의 능력이다.

---

45   Martyn, *Galatians*, 551-52과는 상반되는 견해다. 마틴은 바울이 임명한 선생들을 갈라디아 교회 내 위협의 원인으로 본다.

46   6:6의 κοινωνία에 대해서는 J. Hainz, *Koinonia: "Kirche" als Gemeinschaft bei Paulus* (Regensburg: Pustet, 1982), 62-89를 보라.

14.3. 그리스도-선물의 실현으로서의 사회적 실천

그리스도 안에 있는 하나님의 선물은 시대의 지배적 가치 체계를 반영하지도 않고 지지하지도 않는 공동체를 생성할 때 무조건적인 선물로 설명된다. 이 비상응적인 선물은 다른 단계를 거치는 공동체를 형성시킨다는 점에서 비상응적인 **것으로** 정의된다. 그리고 이러한 차이는 오직 실천을 통해서만 실행되고 입증될 수 있다. 이 공동체는 전략적으로 기존의 가치 평가─민족적·사회적·성별적 또는 그 외에 다른 평가─에 무관심하므로 공동체 자체의 자유를 선언하고 실천한다. 또 이 공동체는 "육체를 십자가에 못 박음"으로써 곧 성령의 가치와 대립 관계에 있는 기질 및 습관과 단절함으로써, 의미와 "생명"의 다른 원천에서 나온 다른 충성을 보여준다. 그리고 공동체 안에서 벌어지는 경쟁 정신을 거부함으로써 "그리스도의 법"에 의존하는 공동체로서의 특별한 정체성을 확증한다.

사회학과 신학은 공통적으로 그리스도-사건의 실현으로서 사회적 실천의 **필요성**을 강조한다. 그리스도-사건이 갖고 있는 다른 형태의 "자산"─상징적이거나 사회적이거나 문화적인 다른 훌륭한 자산과 상관없이 주어진 선물─을 표현하고 구현하려면 추상적 관념이 아닌 특수한 "부"의 형태를 인정하는 공동체가 있어야 한다. 신학적 관점에서 볼 때, 그리스도 안에서 이루어지는 새 창조는 하나님이 그리스도 안에서 자기를 주신 진리를 사랑의 관계로 표현하고 명예를 얻기 위한 통상적 경쟁을 강력히 거부하는 그런 공동체의 형성 및 번성을 강조한다. 안디옥 논쟁에서처럼 갈라디아서 마지막 부분에서도 바울은 복음의 진리가, 만약 그들의 문화적 환경의 중심 특성에 도전하는 경향이 있는 창의적인 사회관계 속에서 실천되지 않는다면, 완전히 상실된다는 것을 분명히 한다. 따라서 "신학"과 "사회적 실천" 간의 관계는 서로를 구성하는 관계다. 말하자면 그리스도-사건은 공동체의 실천에 의미와 형태를 부여하지만, 그리스도-사건의 본질은 사회적 실천을 통해 실현되거나 실현되지 않는다. 바울이 세운 갈라디아 교회 공동체가 유대교의 할례를 교회 가입 조건으로 채택하거나 명예를 얻기 위한 "육체의" 법에 의존하는 공격적 경쟁으로 돌아간다면, 그리스도 안에서 주어진 무조건적 선물에 관한 진리를 부정하는 일이 벌어질 것이다. 그리고 이는 갈라디아 교회의 현실로서 복음의 진리를 완전히 폐지해버리는 것이다. 바울의 복음이 지니고 있는 진리는 인정되고 실천되어야 한다. 아니, 사실은 실천을 통해 인정받아야 한다. 공동체는 "그리스도의 법"에 전적으로 충성하는 집단으로 재조정될 때에만 "예수를 주"로 시인하는 세례의 고백(롬 10:9)이 인정된다고 말할 수 있다. 바울에 따르면 사회적 실천은 믿음에 추가되는 것이 아니다. 다시 말해 다른 방식으로 실현 가능한 상태에 자연스레 이어지는 후속 사건이 아니라는 것이다. 사회적 실천은 그리스도를 믿는 믿음의 **표현**으로, 다른 방식으로는 "살아 있다"고 주장할 수 없는 그런 "생명"을 사는 것이다.[47]

그리스도-사건과 사회적 실천 간의 이 변증법적 관계는 신학을 윤리로 환원시키지 않고 "신학"과 "윤리"의 절대적 구분을 약화시킨다. 바울의 "복음"은 하나의 사건 곧 하나님의 선물인 예수의 죽음 및 부활 사건을 선포하는 것으로 구성되어 있다. 그러나 그리스도-사건의 의미와 무조건적 선물로서 그리스도-사건이 지니고 있는 특성은 오직 사회적 구현 곧 사회적 경험과 실천에서만 발견된다. 앞에서 확인한 것처럼, 만약 믿음으로 얻는 칭의가 오직 그리스도-사건을 근거로 하나님께서 그 가치를 인정하시는 것을 의미한다면, 안디옥에서 친교 식사를 할 때 민족의 구별이 계속되었던 것은 공동체가 불량한 상태에 있었음을 드러낼 뿐만 아니라 솔

---

47   참조. Konradt, "Christonomie," 72. "Das neue Leben gehört insofern *samt seinen sozialen Bezügen* selbst zu dem dem Glaubenden zugeeigneten Heil. Chrisliches Handeln erhält von daher Zeugnischarakter: Es verweist auf die geschenkte Teilhabe an der Christuswirklichkeit in der Kraft des Geistes"(강조는 원저자의 것임; 그러한 한도에서 새로운 생명은 그것의 사회적 관계들 전체와 함께 믿는 자가 수용한 구원에 속한다. 기독교적 행동은 그로부터 증언의 성격을 획득한다: 그 행동은 성령의 능력 안에서 그리스도의 현실성에 참여하는 것, 곧 선사된 참여를 지시한다).

직히 믿음으로 얻는 칭의를 부인했던 것이기도 하다. 이런 의미에서 오직 믿음으로(*sola fide*) 얻는 칭의는 "행위 이전과 행위 밖에"에 있는 것이 될 수 없다(루터). 왜냐하면 그리스도의 이름으로 다른 가치 기준을 무시하는 공동체의 실천 안에서만 "*sola fide*"가 필수적 표현이 되기 때문이다. 물론 루터의 올바른 주장처럼, 이런 사회적 실천이 과거나 현재에 그리스도-선물을 창출하거나 이끌어내는 것은 아니다. 그러나 사회적 실천은 그리스도-선물에 필수적이므로, 사회적 실천이 없다면 그리스도의 선물은 단순히 실존적 실재를 갖지 못하게 된다.

이런 이유로 바울은 갈라디아 교회 교인들이 "은혜에서 떨어지지" 않을까(5:4) 크게 걱정한다. 갈라디아서는 경고로 가득 차 있다. 만약 율법의 권세 아래에 있다면, 갈라디아 교회 교인들은 그리스도에게서 끊어질 것이다(5:3-4). 만약 서로 물고 뜯으면, 그들은 피차 멸망할 것이다(5:15). 만약 율법의 행위를 따르면, 그들은 하나님 나라를 유업으로 받지 못할 것이다(5:21). 만약 육체를 위하여 심으면, 그들은 썩어질 것을 거둘 것이다(6:8). 이런 경고는 신앙 공동체를 겨냥하고 있으므로, 신앙 공동체가 그리스도-선물의 모든 혜택을 상실하는 것은 분명히 가능한 일이다. 그리스도-선물에 따라 살지 못하는 공동체는 구원의 능력을 맛보지 못할 것이다. 따라서 바울은 기존 가치와 상관없이 주어진 그리스도-선물이 그럼에도 불구하고 수혜자에게 그리스도-선물 자체의 규례에 "합당하게" 살 것을 요청하고 있음을 분명히 한다(참조. 살전 2:12). 그리스도-선물과 이 선물의 수혜자가 과거에 지니고 있던 가치, 이 둘 사이의 **비상응성**은 그리스도-선물의 성격과 이 선물의 수혜자가 지니고 있는 정신, 이 둘 사이의 깊고 지속적인 **적합성**을 가져오도록 고안되었다. "성령을 위하여 심는" 자는 "영생을 거둘" 것이다(6:8). 이미 지금도 그리스도-선물과 이 선물의 수혜자를 통해 증명된 삶의 특성, 이 둘 사이에는 "적합성"이 존재한다(비록 이 적합성이 마지막 때에야 온전해지지만 말이다. 참조. 살전 3:13).

여기서 분명히 하는 것이 중요하다. 신자들이 "성령을 위하여 심는" 생명은 그리스도-사건으로 말미암아 성령을 통해 발생된다(2:19-20; 5:25). 신자들의 "유업"으로 약속된 "영생"(참조. 3:29; 4:7)은 스스로 만들어낸 순종의 삶을 조건으로 하는 **새로운 선물이 아니고**, 신자들에게 상속자로서의 지위를 갖게 만드는 **선물의 완성**이다(4:1-6). 성령이 신자들의 삶의 원천이자 힘이고, 신자들 안에 있는 그리스도의 생명(2:20; 4:19)이기 때문에 신자들의 "자연적" 실존과 "약속의 자녀"라는 그들의 실존, 이 두 실존 간의 영속적인 비상응성이 남게 된다(4:23, 28). 로마서 5-8장에서 더 분명해지겠지만, 바울은 신자들의 참된 실존을 그들 외부에 존재하는 근원, 곧 부활하신 그리스도의 생명에서 이끌어낸 반직관적 기적으로 간주한다. 그러나 신자들이 지니고 있는 참된 실존의 구조적이고 영속적인 비상응성 안에서 바울은 그리스도-선물이 신자들의 실천 가운데 충분히 표현되기를 기대한다. 그리고 단호하게 하나님이 그것에 대하여 심판자가 되실 것이라고 경고한다(6:5, 7). 이 맥락 안에서 보면, 신자들에 대한 최후 심판은 무제약적인 그리스도-선물의 기쁜 소식과 전혀 모순되지 않는다.[48]

신자의 삶이 "내 안에 그리스도께서 사시는 것"으로 가장 잘 설명된다는 사실(2:20, 4:19)은 바울의 사상 속에 나타나 있는 행위 관념을 복잡하게 만든다. 그리스도께서 "성령"으로 우리 안에 거하시는 것은 신자의 행위가 자율적인 것은 고사하고 자기 발생적이거나 독립적인 것이 결코 아님을 의미한다. 바울이 "성령을 따라 행하라"(5:16, 25b)고 가르치는 것은 성령이 삶의 규례일 뿐만 아니라 "성령의 열매"를 맺게 하는 삶의 원

---

48   앞에서 언급한 것처럼 이 책에서 "무제약적"(unconditioned)이라는 용어는 "무조건적"(unconditional)이라는 말이 "후속적 기대와 요구가 없는" 것을 의미할 때, 이와 구별되어야 한다. 이 주제를 다룬 초기의 시도들에 대해서는 J. M. G. Barclay, "Believers and the 'Last Judgement' in Paul: Rethinking Grace and Recompense," in H. -J. Eckstein, C. Landmesser, H. Lichtenberger, eds., *Eschatologie—Eschatology* (Tübingen: Mohr Siebeck, 2011), 195-208을 보라. 그리스도-선물이 믿는 자들의 삶 속에서 비상응적인 선물로 남아 있다는 말의 의미는 아래에서(16장) 명확히 파악될 것이다.

천과 힘이라는 사실(5:25a)을 암시한다. 동시에 바울은 주저 없이 신자들을 행위자로 간주한다. 우리가 앞서 보았듯이, 신자들은 5:24에서 "십자가에 못 박다"는 동사의 주어이고, 이는 신자들이 선을 행하라고 권면 받을 때와 동일하다(6:9-10). 그러므로 "행위"라는 말은 결코 부적절한 말이 아니다. 확실히 각 사람은 **자기의** 일(τὸ ἔργον ἑαυτοῦ, 6:4)을 살펴야 하고, 이 특성은 (제한적으로) 자랑의 대상이 될 수 있다(6:4). 신자의 행위를 성령의 열매**이자** 신자의 열매로 간주하는 것은 분명히 가능하다. 한편으로 성령은 열매의 근원이다(5:22). 다른 한편으로 우리는 "성령을 위하여 심거나" 심지 못하거나 할 수 있다(동사의 주어를 주목하라, 6:7-8). 2:20을 보면 행위 주체에 교체가 발생하는데("이제는 내가 사는 것이 아니요 오직 내 안에 그리스도께서 사시는 것이라. 이제 내가 육체 가운데 사는 것은…"), 이를 통해 우리는 바울에게 행위가 단순한 문제가 아님을 직시해야 한다. 단독 행위설이나 독자적인 두 행위자의 협력 행위설로는 바울의 다양한 표현을 정당화시키지 못할 것이다. 바울은 자기의 말을 해석하는 일부 사람들에 대해 (납득 가능한) 염려를 갖고 있음에도 불구하고, 신자의 행위를 언급할 때마다 그 행위의 근거를 우선적인 은혜에 두고 시작하는 것과 관련해서는 그다지 염려하는 것처럼 보이지 않는다. "그리스도 안에서 사는 것"이 그리스도-사건에 원천을 두고 구성된다는 것에는 추호의 의심도 없다. 하지만 그로 말미암아 신자가 행위자로서의 지위를 내려놓는 것이 아니라 오히려 행위자로 세워진다. 우리는 바울의 말을 통해 행위에 대하여 "제로섬" 계산(하나님이 더 행하시면 인간은 덜 행한다)을 해서는 안 된다. 대신 바울이 말하는 행위에 나타나는 일종의 "활동주의"(energism) 패턴에 대해 말하는 것이 더 낫다. 바울의 권면은 복음의 표현과 실현으로서 하나님의 행위와 신자의 행위를 동시에 지시한다.[49]

---

49 마틴과 엥베르크-페데르센 사이의 논쟁에서 언급되는 상세한 설명에 대해서는 다음의 연구들을 보라. J. M. G. Barclay, "'By the Grace of God I Am What I Am': Grace and

이 이원성은 "복음의 진리"와 신자의 실천, 이 둘 사이의 변증법적 관계를 반영한다. 복음은 무엇보다도 그리스도-안에서-하나님의 행위다. 그러나 만약 복음이 신자의 사회적 실천을 통해 적용되지 않으면, 실존적으로 실재가 되지 못할 것이다. 바울은 필론과 같은 동시대인이나, 또는 행위에 관한 바울의 표현을 다듬어주기를 원했던 그의 해석자들과는 달리 철학 훈련을 받은 자가 아니었다. 물론 이것이 바울의 주 관심사였다는 징후도 거의 없다. 가장 중요한 질문은 신자의 행위가 하나님의 우선적 행위와 어떻게 관련될 수 있는지 또는 어떻게 하나님의 우선적 행위로부터 나왔는지에 있지 않았고, 하나님의 교회들의 삶이 하나님의 비상응적인 선물에 바탕을 두고 그 선물을 반영하는지 또는 그 선물 밖에 있는 가치 체계에 의존하는지에 있었다. 그리스도-선물이 갈라디아 교회들의 삶을 형성시키는 데 있어 유일한 최고의 권위를 갖고 있지 않았다면, 그리스도-선물은 그 교회들에게 아무런 효력을 발휘할 수 없었을 것이다. 그리스도-사건은 유대와 비유대의 가치 전통과 결정적으로 거리를 둔 혁신 공동체에서 그 표현을 발견했을 정도로, 그리스도-사건은 갈라디아 교회들 속에서 무제약적인 선물로 자리를 잡았다.

Agency in Philo and Paul," in J. M. G. Barclay, S. J. Gathercole, eds., *Divine and Human Agency in Paul and His Cultural Environment* (London: T &T Clark, 2006), 140-157; 동일 저자, "Grace and the Transformation of Agency in Christ," in F. E. Udoh, ed., *Redefining First-Century Jewish and Christian Identities* (Notre Dame: University of Notre Dame Press, 2008), 372-89. 나의 입장은 칼 바르트의 입장에 가장 가깝다. J. Webster, *Barth's Ethics of Reconciliation* (Cambridge: Cambridge University Press, 1995)을 보라.

14.4. III부의 결론

나는 갈라디아서를 통해 선물로서의 그리스도-사건의 내용 및 결과를 추적함으로써, 과거에 탐구되지 못했거나 충분히 전개되지 못했던 새로운 방식으로 갈라디아서를 통합시키고 주제들을 결합시키는 해석을 제공했다. 이제 이 해석의 핵심적인 특징을 위의 11.4에서 개관한 네 가지 전형적 해석과 대화하면서 요약할 수 있다.

(1) 안디옥 논쟁과 바울의 "권면"에 대한 나의 해석이 증명했듯이, 갈라디아서 신학은 이방인과 유대인을 갈라놓은 경계를 무너뜨릴 뿐만 아니라 지중해 연안 세계의 경쟁-문화와 크게 대립하는 공동체 정신을 실천하는 **혁신적 공동체의 형성**을 지향한다. 바울의 신학과 이방인 선교 사이의 긴밀한 상관관계는 "새 관점"이 제시한 갈라디아서 해석의 가장 강력한 특징 가운데 하나였고(던), 우리는 칼이 바울의 사회적 관점을 기존의 문화 규범들을 대체하는 근본적 대안으로 강조하는 것을 지지하고 전개할 만한 충분한 이유를 확인했다. 그러나 나는 던이나 칼이 탐구하지 못한 형태로 이 근본적 대안의 기반을 바울의 은혜 해석에 두는 데 힘썼다. 내가 주장한 바와 같이, 바울의 이 관점을 형성시키는 것은 단순히 아브라함에게 주어진 약속의 표현이나 민족적 "배타성"(던)이나 "제국의" 폭력(칼)에 대한 원칙적인 저항이 아니라 그리스도-선물이 지닌 급진적 함의로, 이 그리스도-선물은 가치(민족적·사회적, 또는 다른 가치)와 상관없이 주어지기 때문에 기존의 가치 및 구별 체계들에 도전한다. 나는 이 기독론적 확신을 갈라디아서의 핵심에 둠으로써, 그리고 신학과 사회적 실천 사이의 변증법적 관계를 추적함으로써 그리스도의 죽음에 대한 바울의 반복된 호소를 정당화하고자 노력해오고 있다. 그의 지평을 개인의 양심이나 사적인 믿음으로 환원시키지 않으면서 말이다.

(2) 나는 처음부터 끝까지 그리스도-사건에 적용되고 성령 안에서

경험되는 은혜의 **비상응성**(단순히 우선성은 아님)을 강조했는데, 그것은 은혜의 비상응성이 실재를 재형성시키는 바울의 지도에 크게 기여하기 때문이다. 그리스도-선물은 바울이 "유대교에 있을 때" 보여준 삶의 가치를 인정하거나 그 가치에 대하여 상을 주거나 하는 것이 아니라 이방인에게도 가치(또는 무가치함)와 상관없이 똑같이 주어진 것이었으므로, 그리스도-선물을 받은 자는 우주를 새롭게 해석하는 관점을 갖게 된다. 이 점에서 나의 갈라디아서 해석은 루터나 마틴의 해석과 깊은 공명을 이루고 있다. 다시 말해 나의 해석은 루터나 마틴이 기독론에 초점을 맞추고 있는 것과 그들이 "세상"과의 근본적인 단절 관념(6:14)에 사로잡혀 있는 것을 그대로 받아들인다. 나는 "신적 차원의" 연속성과 "인간적 차원의" 불연속성 사이를 구별함으로써, 마틴이 그리스도-사건의 "시점적"(punctiliar) 성격을 강조하는 데서 나오는 뉘앙스를 포착하려고 애썼다. 또 나는 마틴과 똑같은 신념, 곧 갈라디아서가 이스라엘 역사를 거쳐 그리스도로 나아가는 선형적(linear) 연계성을 추적하려고 애쓰고 있지 않다는 신념을 갖고 있다(로마서를 다루는 Ⅳ부를 보라). 나는 마틴이 "묵시"의 범주를 전개할 때 강조하고 싶어 하는 많은 부분과 루터가 오직 은혜로(*sola gratia*)라는 슬로건으로 천명했던 많은 부분을 그들과 다른 맥락에서 은혜의 비상응성이라는 주제를 통해 탐구하는 데 심혈을 기울였다. 각각의 경우에 중요한 것은 그리스도 안에서 행해진 하나님의 행동은, 내러티브가 이스라엘에 관심을 두든지 아니면 다른 어떤 것에 관심을 두든지를 막론하고, 가치에 대한 인간적 내러티브의 인정이나 강화를 부인하는 것이다. 루터는 이 역학 관계를 주로 개인(더 이상 자기 자신을 하나님의 은혜를 일으키는 대상으로 보지 않는) 차원에서 탐구하고, 마틴은 (침투적인 그리스도의 "묵시"를 통해) 우주 차원에서 탐구했으나, 나의 목표는 그리스도-선물이 본래 지니고 있는 사회적 파급 효과를 이끌어내는 것이었는데, 이 그리스도-선물은 기존의 문화적 가치 체계 그 핵심에 있는 규범적 형식을 무시하고 따라서 이 규범적 형식을 파괴한다.

(3) 나의 해석은 갈라디아서의 **배경적 특수성** 곧 이방인 선교가 진행되는 가운데 벌어진 할례 및 율법 논쟁에 중점을 두고, 또 동시에 바울이 이 문제들을 묘사하는 **화폭의 넓이**에도 비중을 두고자 애썼다. 나는 "새 관점"(던)과 같이, 갈라디아서에 대하여 초기 예수-운동과 제2성전 시대 유대교의 역사적 현실, 이 둘과 조화를 이루는 해석을 제공했다. 따라서 나의 해석은 바울이 "율법의 행위"를 일반적 의미의 "행위"나 "법"이 아니라 율법(토라)에 의지하는 유대교의 관습으로 의미하고 있음을 강조했다. 이 점에서 나의 해석은 루터의 해석과 완전히 다르다. 만약 바울이 행위를 하나님의 은혜를 얻기 위한 수단으로 바라보는 삶의 해석학을 공격하지 않는다면, 그는 선행에 의존하는 경건한 자들의 잘못된 구원론에 맞서지 않을 것이다. 따라서 갈라디아서의 특징은 (유대인이나 다른 사람에 의한) 행위의 의가 아니며, 바울의 목적은 행위의 의를 추구하는 교만한(또는 걱정하는) 양심을 구출하는 것이 아니다. 여기서 나의 해석에 따르면, 바울의 표적은 행위자의 주관적 동기로 발생하는 그러한 행위가 아니라 행위와 다른 형태의 문화적 또는 상징적 자산을 가치 있는 것이나 선한 것으로 간주하는 (사회적으로 구성된) "객관적" 가치 체계다. 바울이 반대하는 것은 그리스도-사건을 율법의 가치 체계 안에 가두는 것이다. 왜냐하면 자신의 삶을 그리스도 안에서 재구성한 자에게 가치에 대한 최고의 정의는 율법이 아니라 복음의 진리이기 때문이다. 그리스도-사건은 다른 모든 가치 체계를 무너뜨렸기 때문에 비상응적인 선물로서의 성격을 상실하지 않고는 율법의 분류 체계 안에 들어갈 수 없다. 그리고 그리스도-사건은 사람의 관점에 따라(1:10-11) 명예를 추구한다거나 "세상"에서 통용되는 자산에 관한 정의를 따른다거나 하지 않는다(6:14).

(4) 만약 갈라디아서의 율법 문제가 "요구로서의 율법"이나 "구원의 수단으로서의 율법" 문제가 아니라면, 우리는 어떻게 **공동체의 실천이 복음의 표현에 필수적인지**를 새로운 방식으로 평가할 수 있게 된다. 루터는 믿음으로 얻는 칭의를 "사랑에 앞서 주어진 것으로, 그리고 사랑 없이 주

어진 것으로" 신중히 주장함으로써 일종의 이분법을 만들어놓았는데, 이 이분법은 그것의 문맥에서는 이해가 가능하지만, 바울 신학에서 "믿음"과 "윤리"의 통합을 더 어렵게 만들어놓았고, 믿음을 단지 내적이고 개인적인 현상으로 만들어놓기 쉽다. 나는 위에서 "그리스도를 믿는 믿음"이 어떻게 그리스도의 죽음과 부활로 새로운 삶을 시작하는 자의 특징이 되는지 증명했고, 그 결과 "믿음으로 사는 것"이 새로운 방식의 충성 및 행위로 반드시 표현됨을 증명했다. 이 생명의 원천인 성령은 또한 이 생명의 감독자이자 규범이다. 새 창조는 재조정된 사회적·개인적 행위 방식으로 (그리고 이러한 방식과 연계되어) 증명된다. 마틴은 신자의 행위에 관한 모든 진술을 하나님의 원인 행위와 함께 말하는 것에 관심을 두는데(따라서 그는 주격 소유격 용법에 따라 "그리스도의 신실하심"을 주장한다), 나는 이에 대해 의문을 제기했다. 마틴은 갈라디아서에 나오는 양극적 대립을 하나님의 주도권과 인간의 주도권, 이 두 주도권 사이의 근본적인 대립 관계로 환원시킴으로써 신자의 행위에 관한 바울의 진술을 문제가 있는 것으로 만들어 버리고, 신적 작인에 관한 숨겨진 언급으로 바울의 진술을 버겁게 만든다. 물론 바울에 따르면 신자의 모든 행위는 그리스도-사건에 기반하고 있다. 그러나 갈라디아서에서 바울의 주된 관심사는 인간의 행위 자체가 아니라, 그리스도 안에서 이루어진 하나님의 행위에 참여할 때 일어나는 가치의 변화에 있었다. 따라서 비록 그 행위가 자기 발생적이거나 자율적인 것은 아니라 해도, 바울에게는 신자들의 책임 있는 행위가 중요하다.

(5) 마지막으로 우리는 바울이 복음의 진리에 충실한 것이 어떻게 필연적으로 **율법의 궁극적 권위**를 의심하게 만드는지 명확히 밝히는 한편, **유대교의 폄하**와 무관한 해석을 제공했다. 대부분의 최근 해석자들(예. 마틴과 칼)의 입장과 같이, 나도 유대인과 유대교를 악마로 만들어버린 갈라디아서 해석들을 거부할 것이다. 나는 또한 이제 바울의 표적을 "좁은" 특수주의의 한 형태로 규정하는(던) "새 관점"의 사상과 거리를 둘 것이다. 그러나 갈라디아서의 지평은 (마틴과는 대조적으로) 신자 공동체 밖에 있는

유대인에게도 미친다. 나는 유대인(바울이 "우리"로 지칭하는 자)에 대하여 바울이 갖고 있는 관심의 흔적에 주목했는데, 이에 따르면 "상속자"로서의 유대인의 특별한 지위는 "하나님의 이스라엘"(6:16)에 관한 수수께끼 같은 언급 그 이상으로는 설명되지 않는다. 이 흔적은 로마서에서 상세히 전개되는 주제를 지시하는 데 충분하다. 물론 갈라디아서에서도, 바울은 믿지 않는 유대인이 복음을 접하게 되기를 바라고(바울은 "할례자"에 대한 선교를 지지한다), (틀림없이) 유대인에게 긍휼이 주어지기를 바라며 기도한다(6:16). 그러나 안디옥에서 베드로에 대한 바울의 반응과 2:15-21에 나오는 그의 다음 주장은 복음의 요청이 율법의 권위를 능가하고 있음을 보여준다. 바울이 본보기로 "율법에 대한 죽음"은 율법의 궁극적 권위를 박탈하고, 그 결과 복음을 적용시키는 결정적인 순간(안디옥에서 있었던 공동 식사와 같은)에 율법의 지배는 그리스도로 인하여 정지된다. 여기서 바울이 자기 자신과 다른 유대인들에게서 일어날 것으로 예상하는 이런 전략적이고 상황적인 불협화음은 그가 구원으로 인도한 이방인 개종자들에게서도 예상되는 것이다. 그리스도-사건은 다른 근거에 따라 확립된 모든 가치 체계를 무시하므로, 신자들의 문화적 애착을 해소시켜주는 그리스도-사건의 능력은 원칙적으로 무한하다.

당시의 다른 유대인들과 마찬가지로 바울 역시 신적 자비에 관해 말하고 있는 신학자다. 갈라디아서가 증명한 것처럼, 그리스도-선물에 관한 바울의 해석은 그 초점이 **기독론**에 있고, 그러므로 신적 자비에 관한 일반적 진리가 아니라 실재를 변화시킨 **사건**—그리스도의 죽음과 부활—에 그 중점이 있다. 이 신적 선물은 여기서 창조나 율법과 통합되는 것이 아니라 보편적 중요성이 부여되는 특수한 하나의 사건과 통합된다. 바울은 갈라디아서에서 은혜의 **초충만성**을 특별히 강조하지도 않고, 또 하나님의 심판이나 저주의 가능성을 배제하고 하나님의 자비를 **특이한** 것으로 취함으로써 이 은혜 주제를 극대화하지도 않는다. 나는 갈라디아서의 강조점이 은혜의 **비상응성**에 있다고 주장했는데, 여기서 비상응성이란 민족적·인식적·도덕적 또는 다른 조건들과 관련하여 은혜와 수혜자의 가치가 충격적일 정도로 일치하지 않음을 의미한다. 나는 또 여기서 갈라디아서가 지닌 창조성의 핵심 뿌리도 확인했다. 달리 말해 새로운 현실 분류법, 새로운 역사 구성, 새로운 사회생활 패턴을 재정의하는 은혜의 능력을 발견했다. 바울에게는 이 새 창조가 그리스도-선물이라는 형태로 하나님에 의해 이미 시작되었다는 사실이 중요하다. 이제 그리스도-사건은 달성되어야 할 목표나 하나님으로부터 얻어내야 할 호의가 아니다. 그런 의미에서 은혜의 **우선성**은 신자들의 "부르심" 그 배후에 전제되어 있다. 하지만 이것이 "예정" 언어로 전개되지는 않는다. 바울은 은혜의 **유효성** 곧 신자들의 반응을 야기하는 은혜의 역할을 일부 그의 해석자들이 예상하는 정도까지 극대화하지 않는다. 갈라디아서에 묘사된 것처럼, 그리스도 안에서 하나님이 베풀어주시는 은혜는 (기존 가치를 고려하지 않는다는 측면에서) "무제약적"이지만, 그렇다고 비순환적이거나 "무조건적"인 것은 아니다. 만약 "무조건적"이라는 말이 답례에 대한 기대가 없음을 의미한다면 말이다. 이와 반대로 복음의 진리에서 나오고 복음의 진리와 결합된 실천이 바울이 말하는 "믿음"에 필수적이다. 따라서, 바울 해석사를 통해 전개된 은혜의 모든 속성을 갈라디아서에서 충분히 확인할 수 있는 것은 아니다. 하지만 바울을 그의 정황과 배치해본다면, 우리에게 익숙한 것이 바울의 동시대인들에게는 충격은 아니더라도 특이한 것이었고, 그 효과에 있어서 급진적이었다는 것을 발견하게 된다. 그리스도-선물은 그 선물 수혜자의 가치와 일치하지도 않았고, 이전에 확립된 어떤 가치 체계에 부합하지도 않았다. 갈라디아서가 보여주듯이, 이 사실을 인정하게 되면 괄목할 정도의 신학적·사회적 혁신이 보장되었다.

PAUL

IV부

AND

로마서: 이스라엘, 이방인,
그리고 하나님의 창조적 선물

THE

GIFT

제15장

창조적 선물과
그 선물의 합당한 결과
(로마서 1:1-5:11)

15.1. 로마서에 나타난 선물과 긍휼

갈라디아서에서 로마서로 방향을 돌리면, 한편으론 우리 자신이 익숙한 땅위에 서 있는 것을 발견하게 되지만 또 다른 한편으론 새롭고 다르게 펼쳐지는 은혜의 풍경 속으로 들어가게 된다. 이것은 바울이 사용하는 어휘 측면에서 특히 그렇다. 다른 서신들과 마찬가지로 로마서에서도, 바울은 전체적으로 신적 "은혜"(χάρις)를 그리스도와 긴밀히 연계하여 선포한다(1:6; 16:20). 하지만 로마서 처음 두 장은, 바울이 자신의 사도 직분과 관련하여 자기 자신에게 주어진 은혜를 언급하고(1:5. 참조. 12:3, 15:15), 또 하나님의 선하심(χρηστότης, τὸ χρηστόν)과 인내하심(μακροθυμία, 2:4)에 대한 언급을 제외하면, 신적 은혜에 대한 언급이 드물게 나온다.[1] 그러나 그리스도-사건 속에 하나님의 의가 작용하고 있음을 처음으로 묘사하는 곳 (3:21-26)에서, 바울은 하나님의 행동이 지닌 선물-성격을 특별히 강조한다(δικαιούμενοι δωρεὰν τῇ αὐτοῦ χάριτι, "하나님의 은혜로 값없이 의롭다 하심을 얻은 자 되었느니라", 3:24). 이어서 바울은 아브라함 이야기를 분석할 때 이 주제를 반복하고(4:4, 16), 이 주제를 신자들의 지위를 요약하는 데 사용한다. 곧 그리스도로 말미암아 "우리가 믿음으로 서 있는 이 은혜(χάρις)에 들어감을 얻었다"(5:2). 여기서(5:1-11) 그리고 이와 일치하는 내용을 담은 8:18-39에서, 바울은 이 선물/은혜를 "사랑" 어휘로 해설한다. "하나님의

---

1   전자의 용어들은—바울의 저술이 의심받지 않는 서신 가운데서—오직 여기와 11:22(3회)에서만 사용되며(참조. 엡 2:7; 딛 3:4), 솔로몬의 지혜서 15:1의 하나님께 대한 진술을 반영한다(χρηστός καὶ ἀληθής, μακρόθυμος...). χρηστός와 Χριστός 사이의 유사한 음운이 적어도 11:22에서는 이 어휘를 선택하는 데 중요한 역할을 했을 것이다.

사랑"(ἀγάπη τοῦ θεοῦ)이 "우리에게 주신 성령으로 말미암아 우리 마음에 부어졌는데"(5:5. 참조. 5:8), 이는 하나님이 자기 아들을 내주신(παραδίδωμι) 사건이 우리가 미래에 받을 모든 선물에 대한 소망의 근거("어찌 그 아들과 함께 모든 것을 우리에게 주시지[χαρίσεται] 아니하겠느냐?" 8:32)로서, "하나님/그리스도의 사랑"으로 해석되는 것(8:35, 37, 39)과 같다. 갈라디아서 2:20("나를 사랑하사 나를 위하여 자기 자신을 버리신 하나님의 아들")에서처럼, 그리스도-사건은 신적 혜택의 비인격적 또는 무작위적 배분으로 이해되는 것이 아니라, 절대로 철회되지 않을 하나님의 의지적, 인격적 헌신에서 나오는 사랑의 표현(ἀγαπητοί[사랑을 입은 자]에게, 1:7; 11:28. 참조. 9:25)으로 이해되어야 한다.[2]

로마서의 두 번째 단락(5:12-8:39)을 시작하는 아담과 그리스도 간의 대조(5:12-21)는 선물 언어로 흘러넘친다. 바울은 세 구절(5:15-17)에서 거의 비슷한 선물 용어를 무려 8회나 사용하고 있는데(χάρις[3회], χάρισμα[2회], δωρεά[2회], δώρημα[1회]), 이는 신적 선물/은혜의 "초충만성"에 대한 설명(5:15, 17, 20)과 맞물려 있는 수사적 충만함이다.[3] 이 주제는 그다음 장(6장)에서도 계속되고, 거기서 신자의 실존은 "은혜 아래에"(ὑπὸ χάριν, 6:14, 15) 있는 것으로 규정된다. 5:2에서처럼 구원은 선물 형태를 취한다. "하나님의 은사(χάρισμα)는 그리스도 예수 우리 주 안에 있는 영생이니라"(6:23).

선물-언어는 로마서 9-11장에서도 계속된다. 하지만 여기서 하나님의 긍휼에 대한 언급으로 그 내용이 보충된다(ἔλεος, ἐλεέω. 참조. 갈 6:16),

---

2   로마서에서 강조되는 하나님의 χάρις에 담긴 인격적·정서적 차원에 대해서는 T. Engberg-Pedersen, "Gift-Giving and Friedship: Seneca and Paul in Romans 1-8 on the Logic of God's Xapic and Its Human Response," *HTR* 101 (2008), 15-44를 보라. 동일 저자, "Gift-Giving and God's Charis: Bourdieu, Seneca, and Paul in Romans 1-8," in U. Schnelle, ed., *The Letter to the Romans* (Leuven: Peeters, 2009), 95-110을 참조하라.

3   롬 9:23; 10:12; 11:12, 33에 등장하는 "풍성함"(wealth)이라는 표현을 참조하라. 각 경우에 환기되는 사실은 이 풍성함의 크기가 아니라 신적 관대함에 따른 그것의 분배다.

엘리야 시대의 남은 자는, 현재의 이스라엘의 남은 자와 같이, "은혜(χάρις)로 택하심을 따라" 생존했다(11:5-6). 사실 이스라엘의 미래는 취소할 수 없는 하나님의 은사(χαρίσματα)와 부르심에 달려 있다(11:29). 그러나 "자비" 언어는 거기에서 얽혀 있는데, 이 자비 언어는 (롬 9:15에서) 출애굽기 33:19의 인용을 시작으로 9-11장(9:16, 18, 23; 11:30-32)을 거쳐 15:8-9의 결론 진술에서 울려 퍼진다.[4] "선물"과 "자비"의 의미론적 영역은 동일하지 않지만 우리는 당시 유대 문헌 다른 곳에서 이 두 단어가 섞여서 사용되었음을 발견했다(예. 솔로몬의 지혜서 3:9; 4:15, 에스라4서 7.132-140). 그리고 로마서 9-11장에서 이 두 단어가 혼용되고 있는 것은 그것들이 상호 해석적임을 암시한다. 우리는 하나님을 은사 수여자로 소개하면서 (11:35. 욥 41:11을 인용함) 끝맺고 있는 로마서 11장에서 하나님의 자비를 기리는 내용을 발견할 때 놀랄 것이 없다.[5]

갈라디아서처럼 로마서에서도 선물 언어가 수사학적 대조 안에 위치할 수 있다. 로마서에서는 선물 언어가 일하는 자(4:4), 율법(6:14-15), 죄의 "삯"(ὀψώνια, 6:23) 그리고 "행위"(11:6)에 주어지는 대가와 대립 관계에 놓인다. 이 대립들의 의미는 오직 문맥에 따라서만 결정될 수 있다. 하지만 이 대립들은 바울이나 바울의 해석자들에게 이런저런 "극대화"를 자극할 우려가 있다(2장을 보라). 로마서 5:12-21에서 은혜의 한 극대화가 즉각 명확해진다. 거기서 바울은 필론에게서도 흔히 나타나는 넘침(περισσεία) 언어를 사용하여 은혜의 초충만성을 즐거워한다(위 6.1을 보라). 우리는 이것이 갈라디아서에서는 분명하지 않음을 알 수 있다. 왜냐하면

---

4   참조. 12:1. 여기서 하나님의 οἰκτιρμοί("자비하심")는 롬 9:15에 인용된 출 33:19의 οἰκτιρέω("불쌍히[긍휼히] 여기다")를 반영한다.

5   롬 12:8에 등장하는 선물(ὁ μεταδιδούς)이라는 표현 그리고 긍휼(ὁ ἐλεῶν)이라는 표현의 근접성, 곧 인간의 관대함과 관련된 근접성을 참조하라. 이런 의미의 영역과 그것의 문화적 공명에 대해서는 이 책의 부록, 선물에 관한 사전을 보라. C. Breytenbach, *Grace, Reconciliation, Concord: The Death of Christ in Graeco-Roman Metaphors* (Leiden: Brill, 2010), 207-38에서 이 용어들에 대한 설명을 참조하라.

갈라디아서에서는 은혜의 초충만성 측면이 명확히 극대화되어 있지 않기 때문이다. 로마서는 갈라디아서를 재진술 하지 않으며, 로마서가 우리가 갈라디아서에서 추적해낸 극대화들을 제한하고 확대하고 다시 초점을 맞춘다고 해도 놀라지 말아야 한다. 비록 로마서가 자비와 선물 언어를 풍성히 담고 있다 해도, 바울이 여기서 이 주제를 어떻게 극대화하는지 혹은 극대화하지 않는지는 매우 조심스럽게 탐구해 보아야 결정할 수 있다.

처음부터 초점의 변화를 지적할 수 있다. III부에서 확인한 것처럼, 갈라디아서의 선물 언어는 그리스도 사건에 초점을 맞추고 있다. 말하자면 "하나님의 은혜(χάρις)"(갈 2:21. 참조. 1:15)는 대체로 약속(갈 3:16-18)이자 사건(갈 2:20. 참조. 1:6, 5:4)인 그리스도-선물로 확인된다. 반면에 로마서에서는 그 강조점이 반대로 놓여 있다. 곧 그리스도-선물은 **하나님의 선물**을 대표한다.[6] 두 경우 모두 그리스도-사건과 하나님 사이에 쐐기를 박을 수 없지만, 보다 완전한 신학적 틀의 발전은 중요한 함의를 갖는다. 갈라디아서에서는 그리스도-사건이 하나님의 행동이었고(갈 1:1; 4:4-6), 하나님의 뜻에 따라 일어났다(갈 1:4). 하지만 거기서 바울이 전면에 드러내고자 몹시 원했던 것은 "그리스도의 복음"이었다(갈 1:7). 반면에 로마서에서 바울은 그리스도-사건은 어쨌든 "**하나님**의 복음"(롬 1:1; 15:16)으로, 하나님의 역사가 없으면 "**그리스도**의 복음"도 없다는 것(1:9; 15:19)을 증명하는 데 관심이 있는 듯하다. 복음은 "구원을 주시는 **하나님**의 능력"이다(1:16). 복음에는 "**하나님**의 의"가 나타나 있다(1:17; 3:21, 26). 그리스도는 "**하나님**의 진실하심을 위하여" 할례자의 종이 되셨다(15:8). 따라서

---

6   가벤타는 "갈라디아서의 그리스도 중심주의와 로마서의 하나님 중심주의 사이의 극적인 차이"에 대해 말한다. Gaventa, "The Singularity of the Gospel: A Reading of Galatians," in J. M. Bassler, ed., *Pauline Theology*, vol. 1 (Minneapolis: Fortress Press, 1991), 147-59, 특히 150. 참조. J. P. Sampley, "Romans and Galatians: Comparison and Contrast," in J. T. Butler et al. eds., *Understanding the Word: Essays in Honor of Bernhard W. Anderson* (Sheffield: JSOT Press, 1985), 315-39.

복음은 **하나님**의 신실하심을 확립한다(3:3). 반복적인 패턴으로 바울은 구원에 있어서든(3:22, 24; 5:1, 17, 21; 7:25) 심판에 있어서든(2:16) 하나님이 그리스도"로 말미암아"(διά) 행하시는 것에 대해 말한다. 칭의는 하나님의 은혜로 "그리스도 예수 안에 있는 속량**으로 말미암아**" 일어난다(3:24). 다른 곳에서 바울은 "한 사람 예수 그리스도의 은혜 **안에서**" 주어진 하나님의 선물에 관해 말하고(5:15), 또 "그리스도 예수 우리 주 **안에 있는**" "하나님의 은사"(또는 "하나님의 사랑")에 관해 말한다(6:23; 8:39). 이 모든 경우에 하나님과 그리스도-사건 사이에 가장 긴밀한 동일시가 있으나 행동의 근원은 일관되게 하나님이시다.[7] 로마서 9-11장에서 하나님의 선물과 긍휼이 이스라엘의 기원("뿌리")까지 거슬러 올라가 추적된다는 사실로 인해, 우리는 그리스도-사건이 이 신학적 내러티브 및 그 성서적 표현들과 어떻게 관련되어 있는지 고찰해보아야 할 것이다(본서 17장을 보라).

15.2. 갈라디아서에서 로마서로

우리는 위에서(III부) 바울이 갈라디아서에서 그리스도-선물이 지닌 비상응성의 강조, 즉 선물 수혜자의 가치에 대한 무시를 강조하는 것에 율법을 더 이상 "하나님에 대하여 사는 것"(갈 2:19)의 명확한 표현으로 간주하지 않는 가치의 재조정이 수반된다고 주장했다. 신자들이 율법에 굴복하는

---

7   갈라디아서에서 그리스도는 두 차례에 걸쳐 자기 자신을 내어주신 분으로 묘사된다. 로마서에서는 바로 그렇게 내어주시는 분이 하나님이시다(롬 8:32; 참조. 5:8). 비슷한 수사학적인 변화가 다른 곳에서도 일어난다. 고후 8:9("우리 주 예수 그리스도의 은혜")과 9:15("말할 수 없는 그의 은사로 말미암아 하나님께 감사하노라")를 비교해보라. 로마서의 하나님에 관한 표현에 대해서는 H. Moxnes, *Theology in Conflict: Studies in Paul's Understanding of God in Romans* (Leiden: Brill, 1980) 그리고 J. Flebbe, *Solus Deus: Untersuchungen zur Rede von Gott im Brief des Paulus an die Römer* (Berlin: de Gruyter, 2008)를 보라.

것은 그리스도의 오심으로 이미 폐해진 시대로 되돌아가는 것일 뿐만 아니라 "복음의 진리"와 양립할 수 없는 "의"의 규범을 다시 제정해놓는 것이다(갈 2:11-18). 그리스도-선물은 율법에 규정된 가치와 상관없이 율법을 지키는 유대인과 율법에 무지한 이방인 모두에게 주어졌기 때문에, 그리스도-선물을 받은 자는 율법의 권세에서 "해방되었고", 따라서 율법과 결정적으로 멀리 떨어져 있게 된다(갈 5:1, 13, 18). 앞에서(위 14.1.3) 지적한 것처럼, 바울은 성령으로 말미암아 발생된 사랑을 율법의 성취로 간주한다(갈 5:14). 왜냐하면 "율법에 대하여 죽은 것"(갈 2:19)은 율법의 모든 요소를 무시하는 것이 아니라 율법의 권위적 지배의 종말을 수반하기 때문이다. 그럼에도 불구하고 바울은 갈라디아서에서 복음이 율법의 규범적 지위를 파괴하는 방법을 강조하는데, 이 강조로 인해 복음과 율법 사이의 공명 지점을 확인하는 방법이 불분명해진다.

마찬가지로 갈라디아서도 유대인의 역할이 특별한지, 특별하다면 어떻게 특별한지 명확히 밝히지 않으면서 유대인의 지위를 상대화한다. 만약 그리스도-선물이 민족적 가치와 상관없이 주어졌다면, 이 선물은 "유대인이나 그리스인이 하나가 된" 사회적 실존 영역을 구축한다(갈 3:28). 갈라디아서는 **모두**가 아들의 명분(양자)을 필요로 하는 보편적 종노릇을 묘사하고(갈 4:1-11), 아브라함 이야기에서 바울은 이방인 신자들에 관한 예언과 그리스도-자손(갈 3:6-9, 16) 곧 육체가 아니라 성령을 따라 나고, 그래서 유대인 민족성이 아무런 가치를 갖지 못하는 자녀에 관한 예언(갈 4:21-31)을 찾아낸다. 한편 우리는 이스라엘의 지위가 어떤 의미에서 특별할 수 있다는 암시를 지적했는데, 바울이 전략적으로 "우리"라는 말을 사용하고(갈 3:13; 4:1-4), "하나님의 이스라엘"에게 긍휼을 베풀어달라고 마지막으로 기도하는 것(갈 6:16)이 바로 그러한 암시다(위 13.3.3을 보라). 갈라디아서에 이러한 암시에 대한 아무 설명이 없다는 사실은 갈라디아서에 양극적 수사학이 존재한다는 한 증표다. 인류에 대한 하나님의 계획은 인간 차원에서는 이에 비견할 만한 발전이나 능력이 결코 없다. 유대인을 포함하여 어떤 사람에게도 하나님의 계획에 합당하게 대응되는 요소가 없다. 하나님의 은혜는 기존의 구별 체계를 거역함으로써, 그리스도에게 속함에 있어 민족성이 어떤 이익이나 불이익으로 작용하지 않는 공동체를 세운다(갈 2:6-9; 5:6; 6:15).

로마서는 이 두 주제―율법과 유대인/이스라엘의 지위―와 관련하여 갈라디아서를 뛰어넘어 갈라디아서에서 전개된 국면들을 확대, 증가, 수정함으로써, 아니 사실은 분명히 반전시킴으로써 획기적인 전개를 보여준다[8] 율법과 관련하여, 바울은 여전히 신자들이 "율법에 대하여 죽임을 당하고"(롬 7:4 6), 율법의 행위로 말미암아 의롭다 함을 얻지 못하며(3:20), 더 이상 율법 아래에 있지 않다(6:14)고 주장한다. 로마서 14-15장의 음식과 날에 대한 설명은 율법의 행위가 그리스도를 믿는 믿음과 양립 가능하지만 그렇다고 전자가 후자의 유일한 혹은 본질적 표현은 아님을 암시한다(14:5-6, 14). 그러나 로마서는 율법이 왜 "하나님의 열매를 맺을 수 없는지" 그 **이유**를 설명한다(롬 7:5). 말하자면 갈라디아서 3:19, 21에서 은밀히 지적된 내용이 로마서에서는 죄, 지식과 관련된 죄의 역할 그리고 죄의 증가와 관련된 율법의 무력함에 대한 설명으로 채워져 있다(롬 3:20; 4:15; 5:20; 7:7-25). 더 놀랍게도 여기서 바울은 로마서를 통해 율법 자체는 죄로 간주될 수 없다는 사실을 강조하고(7:7), 율법을 거룩하고 의롭고 선하고 심지어는 신령한 것으로 칭송한다(7:12, 14). 같은 맥락에서 성령

---

8   최근 영어권 학자들이 바울의 종합 신학을 창출하려는 경향은 세분화하려는 이전 학자들의 경향에 대한 반발일 것이다. 예를 들어 J. D. G. Dunn, *The Theology of Paul the Apostle* (Grand Rapids: Eerdmans, 1998); N. T. Wright, *Paul: Fresh Perspectives* (London: SPCK, 2005), 동일 저자, *Paul and the Faithfulness of God* (London: SPCK, 2013)를 보라. 그러나 그런 종합의 경향은 갈라디아서와 로마서의 중대한 차이를 간과하게 되는 위험을 내포한다. 독일 학자들은 일반적으로 바울 신학의 다양성과 발전 과정을 인정하려는 경향이 강하다. 예를 들어 U. Schnelle, *Paulus: Leben und Denken* (Berlin: de Gruyter, 2003)을 보라. 심지어 바울 신학을 주제별로 설명할 때도 볼터는 우리가 다루고 있는 주제들에 대해 갈라디아서와 로마서, 이 두 서신 사이의 차이를 지적한다. M. Wolter, *Paulus. Ein Grundriss seiner Theologie* (Neukirchen-Vluyn: Neukirchener, 2011).

의 결과를 율법의 성취로 설명하는 것(롬 8:4; 13:8-10. 참조. 갈 5:14) 외에도, 바울은 율법을 "행하는 것"이나 "지키는 것"을 매우 중시하고(2:13-14, 25-27), 믿음에 대한 자신의 강조가 율법을 파기하는 것이 아니라 도리어 율법을 "굳게 세우는" 것이라고 주장한다(3:31. 참조. 10:4). 이 다양한 진술들은 "그럴 수 없느니라"(μὴ γένοιτο, 3:31; 7:7, 13. 참조. 갈 3:21)라는 강조어구를 그 답변으로 내놓는 수사적 질문들의 문맥에서 제시되고, 이는 마치 바울이 자신의 신학에 대한 오해를 절실하게 차단하고 싶어 하는 것처럼 보인다. 로마서에서 바울은 그리스도-사건을 율법의 규범적인 틀 안에 둠으로써 갈라디아서의 주장을 철회시킨 것이 아니라 율법과 성령의 인도를 받는 행위, 이 둘 사이의 긍정적 관련성을 찾아냄으로써 그리스도-선물의 결과가 자의적으로 새로 주어진 어떤 것이 아니라 어떤 면에서 율법의 의도나 의미에 대응하고 있음을 증명하는 데 관심이 있다는 것을 암시한다.

마찬가지로 로마서의 "유대인"과 "이스라엘"에 관한 진술도 갈라디아서에 등장하는 진술과 다른 성격을 갖고 있다. 죄의 권능 아래에서 유대인과 이방인이 평등하다는 것은 로마서 전체에 걸쳐 분명히 제시되고 있으며(3:9, 19-20, 23; 5:12-21), 유대인과 이방인은 모두 그리스도 안에서 민족적 가치와 상관없이 은혜로 부르심을 받았다(9:24; 10:11-13). 할례와 무할례도 비슷하게 계속 상대화된다(3:29-30; 4:9-12). 그럼에도 불구하고 이 평등의 계기 한복판에서 주목할 만한 수정이 발생한다. 곧 복음은 모든 믿는 자에게 구원을 주시는 하나님의 능력이지만 "먼저는 유대인에게요 그리고 [그다음에] 헬라인[그리스인]에게" 주어진다(1:16. 참조. 2:9-10).[9] 유

---

9   여기서 바울의 어색한 그리스어 어구(Ἰουδαίῳ τε πρῶτον καὶ Ἕλληνι, "먼저는 유대인에게요, 그리고 헬라인에게로다")는 독특하게 πρῶτον("먼저")라는 말을 결합 어구인 τε καί의 중간에 집어넣고 있는데, 그 결과 바울은 내가 이스라엘을 유일한 민족이 아닌 특수한 민족으로 묘사함으로써 다시 조성시키고자 하는 긴장을 극적으로 상승시킨다. 톰 라이트의 번역인 "먼저는 유대 인에게요 또한 똑같이 헬라인에게로다"를 참조하라. N.

대인의 혜택에 대한 주장과 같이("범사에 많으니", 3:1-2), 유대인에게 주어진 이 우선권도 로마서 9-11장에서 설명된다. 거기서 바울은 자신이 동포 유대인에 대하여 근심하고 있음을 부각시키려 애쓰고, 그들의 구원을 위하여 간절히 기도한다(9:1-3; 10:1). 바울은 하나님의 말씀은 폐해지지 않았고(9:6), 우리가 율법과 관련하여 주목했던(3:4; 11:1, 13) "그럴 수 없느니라"(μὴ γένοιτο)라는 부정 강조어구를 사용하여 하나님께서 자기 백성을 결단코 버리시지 않았다고 역설한다. 또한 "이방인의 사도"로서 자신의 사역도 "내 골육"의 구원을 위한 한 방편이고, 자신은 그 구원을 확신을 갖고 기대한다고 주장한다(11:13-14, 26-27). 이처럼 모든 면에서 로마서는 유대인과 이방인을 하나님의 자비의 공동 수혜자로 내세우면서도 이스라엘의 특별함을 성서적으로 옹호한다(10:10-12; 11:28-32). 그러면 바울은 이스라엘 속에서 이스라엘의 특별한 지위를 정당화하는 어떤 숨겨진 선재적 가치 요소를 찾아낸 것인가? 아니면 이스라엘의 특별함 자체는 비상응적인(그러므로 보편적인) 은혜의 산물인가?[10]

따라서 율법 및 이스라엘과 관련하여, 로마서는 갈라디아서의 신학을 발전시켜, 전체의 영향을 변화시키는 변증법적 역점을 추가한다.[11] 나는 이 변화가 바울이 강조하는 은혜의 핵심적인 극대화 곧 수혜자의 가치와 상관없이 주어지는 은혜의 비상응성을 약화시키는 것이 아니라 오히려 강화시키고 있음을 반영한다고 주장할 것이다. 바울은 이 비상응적인 은혜를 더 넓은 틀 안에 놓음으로써 이스라엘에게 주어진 약속에서 그리고 결과적으로 아브라함 가족의 정체성과 역사 속에서 이 은혜가 차지하고 있는 중심적 위치를 증명한다. 그리스도-선물에 의해 만들

T. Wright, "Romans and the Theology of Paul," in D. M. Hay, E. E. Johnson, eds., *Pauline Theology*, vol. 3, Romans (Minneapolis: Fortress Press, 1995), 35.

10   참조. J. L. Martyn, *Galatians* (New York Doubleday, 1997), 32-34.

11   이 현상에 대한 폭넓은 논의를 T. Tobin, *Paul's Rhetoric in Its Context: The Argument of Romans* (Peabody: Hendrickson, 2004), 58-78, 98-103에서 보라.

어진 공동체는 성서적 약속의 성취로, 이 성서적 약속의 효과는 항상 역설적 형태를 취하고, 이제는 유대인과 이방인이 똑같이 하나님의 무제약적(unconditioned) 자비로부터 단절되어 있음을 통해 드러난다. 이 이야기의 종말론적 지평은 하나님의 합당한 심판이다. 하지만 최후 심판 시 율법의 내적 목적에 부합하는 자들은 사망으로부터 생명을 얻게 되었다는 이유로 순종하는 자들이다. 갈라디아서가 신자들의 충성이 가치와 상관없이 주어진 선물을 통해 어떻게 재조정되는지를 보여주었다면, 이 주제를 부분적으로 반복하는(롬 12-15장) 로마서는 신자들의 참된 실존을 하나님의 창조적인 긍휼과 예수의 부활로 말미암아 그들을 위해 그리고 그들을 넘어 창조된 생명에서 찾는다. 믿음은 이 기이한 실존의 표현으로, 하나님의 기적의 능력에 의해 창조된 자아와 공동체의 특징이다.[12] 따라서 하나님의 비상응적인 은혜는 **무로부터**(*ex nihilo*) 창조하시는 하나님의 특징이다. 하나님의 비상응적인 은혜는 이스라엘의 실존의 뿌리이자 그리스도 안에 있는 유대인과 이방인의 정체성 및 충성의 근거가 되는 실재다.

15.3. 로마서의 기록 이유

"로마서의 기록 이유"를 놓고 오랫동안 논쟁이 벌어지고 있는데, 이는 아무리 어떤 견해가 그 문제의 확실한 "해결"을 주장한다 해도, 관련 논란이 줄어들 징조가 없음을 보여준다.[13] 로마서가 바울 저작이 의심받지 않

12   "기이한(eccentric) 실존"의 개념에 대해서는 D. Kelsey, *Eccentric Existence: A Theological Anthropology* (Louisville: Westminster John Knox, 2009)를 보라.

13   이 논쟁의 현대적 형태의 대안들은 K. P. Donfried, *The Romans Debate: Revised and Expanded Edition* (Edinburgh: T&T Clark, 1991)에 수록되어 있다. 다음의 연구들이 제시하는 각 견해들의 요약과 절충을 참조하라. A. J. M. Wedderburn, *The Reasons for Romans* (Edinburgh: T&T Clark, 1988); L. A. Jervis, *The Purpose of Romans* (Sheffield: JSNT Press, 1991); M. Theobald, *Studien zum Römerbrief* (Tübingen: Mohr Siebeck,

는 다른 바울 서신들과 마찬가지로 그 기록 이유가 구체적이라는 현대 학자들의 가정에 따라 사람들은 로마서가 바울 신학 전체에 대한 요약이라는 이전의 평가를 의심했다. 동시에 16장의 문안 인사를 로마서에 원래 담겨 있던 내용으로 인정하면서, 그리고 대다수가 로마서 14-15장이 로마 지역 신자들에게 일어난 생생한 문제들을 다루고 있다고 이해하면서, 로마서의 수신자는 로마 지역 신자들에게 집중되었다.[14] 그럼에도 불구하고 바울이 로마서의 기록 이유에 관해 제공하는 잡다하고 불충분한 정보 때문에(1:18-15; 15:14-33) 그의 의도를 파악하는 일은 상당히 불확실했다. 그리고 로마서 다수의 본문이 로마 지역, 로마 지역 신자들 또는 로마서 12-15장 배후에 놓여 있는 특수한 문제들을 **구체적으로** 언급하는 경우가 별로 없다.[15] 외적 증거에 의지하게 될 경우 사변적 요소가 발생하

....

2001), 2-14. 이 문제의 해결을 위해 최근에 시도된 네 가지 해결책(이 시도들은 서로 양립할 수 없다)은 다음의 연구들을 통해 확인할 수 있다. M. D. Nanos, *The Mystery of Romans: The Jewish Context of Paul's Letter* (Minneapolis: Fortress Press, 1996); R. Jewett, *Romans* (Minneapolis: Fortress Press, 2007), 46-91; A. A. Das, *Solving the Romans Debate* (Minneapolis: Fortress Press, 2007); D. A. Campbell, *The Deliverance of God: An Apocalyptic Rereading of Justification in Paul* (Grand Rapids: Eerdmans, 2009), 469-518.

14 롬 16장의 복원에 대해서는 H. Gamble, *The Textual History of the Letter to the Romans* (Grand Rapids: Eerdmans, 1977)를 보라. 롬 14-15장이 로마에 있던 다양한 유형의 신자들에 의해 논란이 되었던 율법-문제(음식과 안식일)를 다루고 있다고 보는 견해에 관해서는 (최근의 많은 연구들 가운데) J. M. G. Barclay, "'Do We Undermine the Law?' A Study of Romans 14.1-15.6," in J. D. G. Dunn, ed., *Paul and the Mosaic Law* (Tübingen: Mohr Siebeck, 1996), 287-308; (개정판) J. M. G. Barclay, *Pauline Churches and Diaspora Jews* (Tübingen: Mohr Siebeck, 2011), 37-59를 보라.

15 "로마"(또는 가이사, 황제 숭배, 또는 "제국" 일반)를 로마서의 숨겨진 표적으로 해석하는 현재의 경향에 대해서는 나의 논문인 "Why the Roman Empire Was Insignificant for Paul," in *Pauline Churches*, 363-87을 보라. 거기서 라이트를 향한 많은 질문들은 엘리어트에게도 적용된다. N. Elliott, *The Arrogance of Nations: Reading Romans In the Shadow of Empire* (Minneapolis: Fortress Press, 2008). 라이트의 답변(*Paul and the Faithfulness of God*, 1271-319, 라이트는 여기서 자신의 초기 주장 일부를 수정한다)은 나의 회의적인 생각을 감소시키지 못한다. 요세푸스는—부분적으로 로마 지역의 독자에게 쓴

는데, 그러면 판단에 대한 신뢰성이 크게 줄어든다. 최근에 로마 지역 교회들의 역사적 배경을 재구성하는 많은 견해들은 클라우디우스 황제가 (기원후 49년에?) 그리스도의 선동을 받은(*impulsore Chresto*) 유대인들을 로마에서 추방했다는 수에토니우스의 애매한 지적을 지나치게 중시하는 경향이 있다(*Claud.* 25.4). 수에토니우스의 지적이 로마의 회당들 속에서 그리스도를 믿는 유대인과 믿지 않는 유대인 사이에 충돌이 일어났음을 반영하고, 기독교를 믿은 유대인 신자들이 대부분 추방당했으며, 그들이 (기원후 54년 이후에) 주로 이방인들로 이루어진 로마 교회에 돌아오게 되면서 로마서 14-15장에 언급된 긴장들이 야기되었다는 주장은 신뢰할 수 없는 일련의 불확실한 추론을 가져온다.[16] 바울이 이처럼 일반적인 내용으로 이루어진 방대한 분량의 로마서를 기록한 특별한 이유를 찾기 위해, 그러면서도 이 로마서가 바울의 신학 전체를 망라하지 않고 특수한 주제들만을 다루고 있는 특별한 이유를 찾기 위해 우리는 **로마서 자체**를 들여다보아야 할 것 같다.

사실 바울은 우리에게 이러한 요구를 만족시킬 수 있는 충분한 정보를 제공한다. 바울은 자신이 직접 세우거나 방문하지 않았던 교회들에게 편지를 쓸 때, 해당 교회들에게 그 사실을 명확히 밝힌다. 하지만 이는 예

글에서―암시적 언어를 사용할 충분한 이유를 가졌지만, 라이트는 바울이 기독교 신자들을 수신자로 하는 편지 속에서 로마를 비판할 때 소위 암호화된 말을 사용했다는 주장에 대해 보다 더 설득력 있는 설명을 제공해야 한다.

16   나는 J. M. G. Barclay, *Jews in the Mediterranean Diaspora from Alexander to Trajan (323 BCE-117 CE)* (Edinburgh: T&T Clark, 1996), 303-6에서 이 추방에 대해 설명했다. 로마서의 기록 이유를 재구성하는 작업에 이런 자료들을 사용하는 것에 관한 나의 회의적인 태도에 대해서는 *JSNT* 31 (2008), 89-111에 실린 주이트에 대한 나의 비평을 보라. Jewett, *Romans* in *JSNT* 31 (2008), 89-111. 비슷한 방법론적 경고에 대해서는 T. Engberg-Pedersen, *Paul and the Stoics* (Edinburgh: T&T Clark, 2000), 180-86을 보라. 로마서의 기록 이유에 관한 이와 같은 재구성의 가장 좋은 사례는 F. Watson, *Paul, Judaism, and the Gentiles: Beyond the New Perspective*, 2nd ed., (Grand Rapids: Eerdmans, 2007), 163-91이다.

측할 수 있는 미래(그가 예루살렘을 방문한 후에. 1:8-15; 15:22-33)에 그가 행할 자신의 사역에 대한 아주 중요한 배경이 될 것이다. 바울은 서로에게 유익하기 때문에 로마를 방문하기를 바라고, 또 자신이 스페인 서부로 전도하러 갈 때 로마 지역 신자들이 도와주기를 바란다(1:11-12; 15:24, 28). 그러나 이런 결과는 로마 지역 신자들이 바울을 독특한 부르심을 받은 자로 곧 이방인에게 복음을 전하는 사도로 부름 받은 자로, 그래서 **자기들**에게 보냄 받은 사도로 인정하지 않으면 불가능하다. 바울은 로마서 서두의 인사말(1:1, 5. 참조. 1:13-14)에서, 자신의 논쟁의 중요한 부분(11:13)에서 그리고 로마서의 종결 부분(15:16-21)에서 자신이 "이방인의 사도"임을 로마 지역 신자들에게 강력히 제시하고 있는데, 이는 주목할 만한 현상이다. 바울은 로마에서는 신자 공동체[교회]를 세운 적이 없기 때문에 그들에게 나아가는 것이 굉장히 조심스럽고(1:11-12; 15:14-15), 그곳을 한 번도 방문한 적이 없기에 단순히 간접적으로 알고 있는 것을 상세히 거론할 수 없었다. 그러나 이보다 더 기본적인 필수 조건이 있다. 곧 로마 지역의 신자들이 바울을 **자기들의** 사도로 먼저 이해하고 받아들여야 한다는 것이다.[17] 바울이 로마서에서 아주 중요하게 보여주는 긴급함은 자신이 스스로 만들어내는 긴급함이다. 곧 바울은 "이방인의 사도"로서 로마에 급히 가야 한다.[18]

....

17   번의 지적처럼 "바울은 '개인적 시민'으로서, 말하자면 단순히 한 사람의 동료 신자로서 로마를 그냥 스쳐 지나갈 수 없다. 바울은 '이방인의 사도'로서 로마로 가야 한다. 그렇지 않다면 가지 말아야 한다." B. Byrne, "'Rather Boldly'(Rom 15,15): Paul's Prophetic Bid to Win the Allegiance of the Christians in Rome," *Biblica* 74 (1993): 83-96, 특히 89.

18   바울이 로마서의 틀 안에서 직접 말하고 있음에도 불구하고 이것을 로마서가 기록된 일차적인 이유로 인정하지 못하는 이유는 바울이 자기 자신 및 자신의 복음 이해가 이방인 신자들(심지어 자신이 개종시키지 않았고 만나본 적도 없는 이방인 신자들)에게 대단히 중요한 문제가 된다고 생각했을 가능성을 불신하기 때문이다. 바울은 실재를 바라보는 하나의 방법이 아니라, 이방인 신자들이 자기들의 정체성을 이해해야 하는 바로 그 방법을 분명히 밝힌다(혹은 그렇게 믿는다). 왜냐하면 바울은 하나님이 정하신 그들의 사도로서 바로 그들에게 편지를 쓰고 있기 때문이다(1:1-7). 그들은 사도로서의 증거를 요구

이렇게 편지를 써야 하는 **구체적** 이유는 바울이 로마서에서 자신의 신학의 전부가 아니라 일부 주제들을 왜 제시하고 있는지 설명해 준다. 다른 곳에서 다른 문제들을 다루면서 제시한 신학적 주제들(예. 육체 부활, 주의 만찬)은 로마서에 적합하지 않다. 로마서와 관련이 있는 것은 이스라엘의 부르심과 함께 (그리고 그 부르심을 기초로) 이방인을 부르시는 것으로, 이는 동시에 바울의 사역의 목적이며, 이러한 부르심과 바울의 사역을 통해 하나님이 받으시기에 "합당한 제물"로서 이방인의 순종이 야기된다(1:5; 15:16-18). 바울은 "이방인의 사도"로서, 따라서 **그들의** 사도(바울이 그들에게 편지를 쓸 수 있는 **유일한** 기초)로서 편지를 쓰기 때문에, 복음의 세계적 전파의 원리, 기초, 목표를 편지에 기록한다. 이방 지역 교회들이 예루살렘 교회의 "가난한 자들"을 위해 헌금을 했는데, 이 헌금을 들고 바울이 예루살렘을 긴급하게 방문하는 것은 바울의 이런 관점을 더 뚜렷이 부각시킬 것이다. 그리고 바울은 음식이나 안식일과 관련된 율법 규정으로 인해 로마에서 벌어진 갈등을 어느 정도 알고 있었기 때문에 이런 주제들의 미묘함과 적합성을 더 깊이 의식할 수 있었을 것이다. 그러나 로마서의 주제 그리고 로마서의 길이 및 일반성은 바울이 여기서 자신의 전체 사역에 관한 다음과 같은 질문들에 답변이 요구된다는 사실에 의해 좌우된다. 바울의 사역은 어디서(인간의 죄에 대한 하나님의 반응으로 일어난 그리스도-사건으로부터) 연원하는가, 그리고 어떤 기초에 따라(민족적 또는 도덕적 가치와 상관없이 하나님의 은혜로 말미암아) 작용하는가, 그리고 하나님의 자비와 심판의 정황 속에서 (성서와 이스라엘 역사에서 확인되는 것처럼) 하나님의 목적을 어떻게 달성하는가?[19] 바울은 다른 서신들에서처럼 로마서에서도 권면을 상

한 적은 없었다(이는 G. Klein, "Paul's Purpose in Writing the Epistle to the Romans," in Donfried, ed., *Romans Debate*, 29-43과는 상반된 견해다). 그러나 그들은 자신들의 정체성을 유일하게 설명해줄 수 있는 사람으로부터 가르침을 받을 필요를 느끼고 있었다.

19 롬 16:17-20이 로마서가 실제로 기록된 목적(반대자들이 임박한 방문을 반대하므로, Campbell, *Deliverance of God*, 495-518)을 보여준다는 캠벨의 주장은 개연성을 갖지

세히 전하는 데는 미온적이다(15:14). 그러나 그는 자기 자신과 이방인 신자인 그들과 관련하여 가장 근본적인 것을 다음과 같이 제시했다(15:15-16). 즉 그들은 세상에 자비를 베풀어주시는 하나님의 약속된 계획의 일부인데, 이는 유대인과 이방인을 위해 그리스도 안에서 성취된 목적을 의미한다(15:7-13).

따라서 바울이 자신의 복음을 제시하는 것은 그 범주가 매우 포괄적이면서 **동시에** 로마 지역의 신자들과 전적으로 관련되어 있다. 다시 말해 바울은 그들의 사도로서, 그들에게 그들의 정체성을 상기시키고, 그들에게 기대되는 "순종"을 상기시키는 것을 자신의 의무로 간주한다(15:15-18). 최근에 학자들이 증명한 것처럼, 바울은 비록 (롬 2-3장에서) 유대인 대화 상대자를 통렬히 비판하는 대화를 나누면서 특별히 유대인과 관련된 주제들도 다루고 있지만, 결국엔 로마 지역의 **이방인** 신자들("내포 독자", 1:5-6, 13, 11:13)에게 편지를 쓰고 있는 것이다.[20] 우리가 위에서 지적한 것처럼, 바울은 율법과 이스라엘에 관해 특별히 민감한데, 이는 동포 유대인의 명예에 관한 근심(3:8과 9:1-2에 암시된)을 반영할 수 있다. 바울은

못한다. 다시 말해 바울이 이 지점에 이르기까지 이 서신의 집필 이유를 제시하지 않으면서 앞의 주장들과 일치하지 않는 말로써 경고하고 있다고 보는 것에는 개연성이 희박하다. 갈라디아서와 로마서의 유사점은 비슷한 상황에서 나오는 것이 아니다. 유사점은 다른 두 가지 상황이 부분적으로 중복된 반응을 요구하는 데서 온다. 갈라디아서에서 바울은 이방인들에게 율법의 행위를 요구하지 않는다는 측면에서 자신의 선교를 그들에게 정당화해야 했다. 반면에 로마서에서 바울은 로마 지역의 이방인 신자들에게 이스라엘과 세상을 위한 하나님의 목적을 그리는 큰 지도 위에 (자신이 제시하는 내용에 따라) 그들 스스로 위치할 것을 요구했다.

20 이방인을 암묵적인 독자로 보는 것에 대해서는 S. K. Stowers, *A Rereading of Romans: Justice, Jews, and Gentiles* (New Haven: Yale University Press, 1994)를 보라. 참조. Das, *Solving*, 53-114. 스토워스의 지적처럼, 대화 상대자인 유대인들을 통렬히 비판하는 대화에서 그 배후에 편지의 유대인 수신자나 유대인 반대자들이 있다는 내용이 암시되어 있지는 않다. 그러나 이 통렬한 비판이 이 서신의 실제 수신자와 완전히 관련이 없을 가능성은 거의 없을 것이다(바울은 이 수신자에 유대인들이 포함된다는 것을 잘 알고 있다, 16:3-16).

할례와 율법의 권위에 관해 논쟁적인 태도를 취하는데, 이 역시 예수-운동을 유대교의 뿌리로부터 단절시키므로 이방인 신자들이 바울을 칭송하는(그리고 유대인 신자들이 바울을 미워하거나 싫어하는) 것을 더 쉽게 이해하게 만드는 한 요소가 되었다.[21] 그러나 바울에게는 변증적 이유보다는 신학적이유로 그것을 설명하는 것이 중요했는데, 이는 "이방인의 사도"로서 그가 자신의 사역을 성서의 약속들에서 나온 것으로 보고, 또 더 깊은 차원에서는 자신의 사역이 "율법 및 선지자"와 양립가능하다고 이해했기 때문이다(1:2; 3:21; 15:7-13).

로마 지역의 이방인 신자들이 자신들이 유대인의 자리를 차지했다고 자랑했는지는 분명하지 않다(11:17-24에서 "너"는 단수형이며 비판적 형태로 다루어진다). 그러나 "대체"에 대한 인상은 유대인보다 이방인이 복음을 더 잘 받아들이는 곳에서 그리고 바울이 자신을 "이방인의 사도"라고 끈덕지게 주장하는 모습 속에서 발생할 수 있었다. 그런데 바울이 이런 생각을 성서의 근거를 들어 거부하는 것과 이방인 개종자와 유대인 신자들을 하나로 연합시키는 데 심혈을 기울인다는 것은 그가 예루살렘 교회를 위하여 위험을 무릅쓰고 연보를 하는 것(15:30-32)과 또 율법을 지키는 신자들의 입장을 수용하려고 애쓰는 모습(14:1-15:6)에서 증명된다. 바울의 궁극적 비전은 이방인 신자들이 유대인 신자들과 함께 예배를 드리며 보편적으로 임하는 하나님의 긍휼을 찬송하는 데 있다(15:7-13). 바울은 갈라디아서에서는 그리스도-선물을 명확히 제시할 때 재앙적인 결과를 초

---

21 로마서의 "변증" 요소에 대해서는 다음의 자료들을 보라. P. Stuhlmacher, "The Purpose of Romans," in Donfried, ed., *The Romans Debate*, 231-42; Wedderburn, *Reasons for Romans*, 104-39; R. N. Longenecker, *Introducing Romans: Critical Issues in Paul's Most Famous Letter* (Grand Rapids: Eerdmans, 2011), 123-26, 153-54. 유감스럽게도 바울의 명성과 관련해서 우리가 갖고 있는 증거는 극히 부분적이다(참조. 행 21:21). 롬 3:8과 9:1-2의 방어적 내용들이 로마서에 대한 설명에서 지배적 역할을 한다고 보는 것은 잘못이다.

래할지도 모르는 이런 포괄적인 그림을 그리지 않았다.[22] 로마 지역 신자들은 자신들과 바울을 위하여 전체 그림을 바울이 본 것처럼 볼 필요가 있었다. 이방인과 유대인의 구원(롬 1-4장), 신자들의 특징인 "믿음의 순종"(5-8장), 이스라엘의 근본적 부르심(9-11장), 그리스도가 형성시킨 습관을 따르는 공동체 형성(12-15장) 등을 다루면서 바울의 관점을 포괄적으로 신중하게 다시 진술하는 것은 이러한 경우와 이러한 목적에 정확히 부합한다.[23]

15.4. 복음의 틀(1:1-7; 15:7-13)

일반적으로 로마서의 주제를 진술하는 것으로 간주되는 본문(1:16-17)은 이미 중요한 면에서 로마서 본론의 결론 단락(15:7-13)과 정교하게 맞물려 있는 서두를 구성하고 있다. 바울은 자신을 사도로 구별시키는 "하나님의 복음"이 성서의 약속(그리고 특히 선지자들)에 뿌리가 있다는 사실을 즉각 분명히 한다(1:2). 우리는 이어지는 내용이 오랜 역사를 갖고 있고 성서에 깊이 뿌리를 두고 있다는 사실을 깨닫는다. 복음은 "육신으로

---

22   예루살렘 교회를 위한 연보에 갈라디아 교회가 빠진 것(롬 15:26; 참조. 고전 16:1)은 바울이 갈라디아 교회에 대하여 권위를 상실했다는 것을 가리키는가? 그리고 이 상실이 갈라디아서에 나타나는 그의 일방적인 주장의 원인이었는가? 이 질문 가운데 어느 것도 확실하게 답변할 수는 없으나, 이런 시나리오는 확실히 가능하다.

23   이 분석을 따르면 로마서의 모든 단락과 로마 교회들이 지녔던 특수한 문제점, 이 둘 사이에서 은밀한 관련성을 애써 찾아내려는 노력은 불필요하다. 우리는 바울의 자만심에 놀랄 수도 있지만, 그는 로마 지역의 성도들이 하나님의 계획 안에 있는 그들의 지위와 목적, 그리고 그들의 혜택 및 책임과 관련하여 자신의 비전이 제공하는 유익을 가장 필요로 한다고 분명히 판단했다. 그들은 이전에 바울에게서 이 유익을 얻지 못했기 때문에 지금 이 유익을 필요로 하는데, 지금 미리 그것을 갖게 되는 것이 더 낫다는 것이다. 따라서 로마서는 로마 교회들을 대상으로 아주 특수하게 기록되었지만, 여기서 로마 교회들의 문제점은 단지 부분적으로만 다루어진다.

는 다윗의 혈통에서 나신" 하나님의 아들과 관련되어 있다(1:3). 9:5(참조. 15:12)에 기반을 둔 예수의 메시아 정체성은, 15:8-9에서 반복되는 것처럼, 그리스도-사건에 특별히 유대적 정황을 제공한다. 곧 거기서 그리스도는 "하나님의 진실하심(ἀλήθεια)을 위하여 할례의 추종자가 되셨으니, 이는 조상들에게 주신 약속들을 견고하게 하시기"(15:8) 위함이라고 묘사된다. 로마서 9-11장의 내용을 충분히 요약하고 있는 이 간명한 진술은 두 가지 진리를 함축하고 있다. 하나는 바울이 그리스도-사건을 이스라엘 이야기가 시작될 때 주어진 약속의 관점에 따라 보는 것이고, 또 하나는 이스라엘 이야기를 약속의 "실현" 곧 전체의 의미를 명확히 밝히는 한 사건의 관점에서 보는 것이다.[24] 여기서 나타나는 변증법은 갈라디아서에 나타나는 그리스도와 약속 간의 변증법(위 13.3을 보라)과 비교할 수 있다. 그러나 다윗, 족장들(복수형), 할례에 대한 언급은 갈라디아서와 달리 이 약속이 이스라엘의 특별한 유산이라는 점을 명확히 한다.

그럼에도 불구하고 이 핵심 구절들 또한 그러한 약속의 실현에 "믿음의 순종"을 통해 부름 받게 된 이방인도 포함됨을 암시한다(1:5). 비록 구문은 난해해도, 그리스도께서 "할례의 추종자"가 되신 목적에는 "하나님의 긍휼하심으로 말미암아 하나님께 영광을 돌리는" 이방인들도 포함되어 있는 것처럼 보인다(15:9).[25] 연속되는 인용문(15:9-12)은 이새의 뿌리의 통치 아래 이방인과 유대인이 연합하여 예배와 소망에 참여하는 것

---

24   약속을 "확증한다"(βεβαιόω)는 것은 그 약속의 신빙성을 입증하는 것을 의미하고, 결과적으로는 약속의 실현이나 성취를 의미한다. BDAG s.v. 그리고 E. Käsemann, *An die Römer* (Tübingen: Mohr Siebeck, 1980), 385("Bestätigung und Erfüllung")를 보라.

25   주석가들은 15:9의 첫 절을 앞의 내용과 연관시키는 방식에서 다양한 견해를 보인다. 그러나 τὰ δὲ ἔθνη κτλ은 할례에 대한 그리스도의 "섬김"이 의도하는 2차 목적으로 취하는 것이 가장 좋아 보인다. 예를 들어 Jewett, *Romans*, 892-93이 그렇다. J. R. Wagner, "The Christ, Servant of Jew and Gentile: A Fresh Approach to Romans 15:8-9," *JBL* 116 (1997), 473-85에서 제시 되는 다른 해석("그리스도는…하나님의 긍휼을 대신하여 이방인들에 대해서도 종이다")은 억지처럼 보인다. Engberg-Pedersen, *Paul and the Stoics*, 356-57 n. 29를 보라.

을 묘사한다. 전체 본문이 이전 장들(3-4, 9-11장)에 나오는 실마리를 철저히 하나로 묶고, 1:16의 어색한 표현이 가리키는 것, 곧 바울이 유대인과 이방인을 동등하게 그러나 특별히 유대인의 토대 위에 놓을 것임을 암시한다. 그런데 이 유대인의 토대는 그리스도에 비추어 그리고 하나님의 긍휼의 관점을 통해 해석된다. 어떤 해석이든 로마서 해석은 이 요약 진술에 통합되어 있는 모든 특징을 올바로 평가해야 한다.

하나님의 약속의 기독론적 성취는 1:3-4에서 특별히 부활 사건과 관련된다. 거기서 예수님은 "성결의 영으로는 죽은 자들 가운데서 부활하사 능력으로 하나님의 아들로 선포되셨다." 비록 전통적이지만, 이 공식이 충분히 적합한 이유는 로마서의 중심 사상을 구성하는 능력, 성령, 부활과 같은 관련 주제들이 신적 창조 행위를 지시하기 때문이다.[26] 복음의 해방 능력(1:16)은 죽음에서 생명을 이끌어내고(4:17, 21), 긍휼의 뿌리에 접붙여주거나 다시 접붙여주는(11:23) 신적 능력이다(참조. 1:20). "유대인"의 정체성의 필수 요소인 마음의 할례를 책임지는 성령(2:29)은 마음속에 "새 생명[영의 새로운 것]"(7:6)을 전달하는 선물로서(5:5), 하나님의 자녀가 지닌 정체성의 근거가 되고, 하나님의 자녀의 순종을 형성시킨다(8:1-39; 15:13, 19). 그리고 예수의 부활은 성령의 능력이 부어지는 결정적인 순간에, 신자들의 믿음을 억눌러온 죽음에서 생명을 일으키고(4:24-25), 거기서 신자들의 정체성이 형성된다(6:1-12; 8:9-11).[27] 능력, 성령, 부활, 이 세 가지는 그리스도-선물이 인간의 영역에서 변혁적 효력을 낳는 방식이다. 갈라디아서와 달리 로마서의 서두는, 바울과 직접 관련된 경우(1:5)를 제외하고, 신적 선물 주제를 전면에 내세우고 있지 않다(참조. 갈 1:3-4). 그러

---

26   1:3-4에서 전통적 자료가 인용되고 있다는 것은 널리 인정된다. J. D. G. Dunn, *Romans 1-8* (Waco: Word, 1988), 11-16을 보라.

27   로마서에 나타난 부활의 중요성 그리고 1:1-7에 나타나는 부활의 프로그램적인 역할에 대해서는 J. R. D. Kirk, *Unlocking Romans: Resurrection and the Justification of God* (Grand Rapids: Eerdmans, 2008)을 보라.

나 로마서의 서두는 부활과 성령의 능력을 강조함으로써, 무엇이 로마서의 선물과 자비의 특징을 구성하는지 규명한다. 그것은 바로 하나님의 비상응적인 능력으로서 은혜가 지닌 **무로부터의** 창조 능력이다.

15.5. 인간의 죄와 하나님의 창조 능력(1:16-3:20)

바울의 복음은 구원에 대한 **하나님의 능력**을 선포한다. 다시 말해 구원에 있어 "유대인"과 "이방인" 사이의 구분을 무시하고는 있지만 유대인의 우선성을 존중하는 하나님의 능력("먼저는 유대인에게요", 1:16)을 선포한다. 이 능력은 믿음을 일으키는(1:17) 하나님의 의(δικαιοσύνη θεοῦ)의 계시와 연계되어 있다. 이 두 표현(하나님의 능력과 하나님의 의)의 의미와 둘 사이의 관계가 3:21-4:25에서 다루어진다. 거기서 하박국서 인용문("의인은 믿음으로 말미암아 살리라")이 그리스도-사건과 아브라함 이야기를 통해 해석될 것이다.[28] 그러나 이후로 구원이나 "생명"에 관해 무엇이 언급되든지 그것은 분명히 하나님의 능력의 행위에 귀속될 것이다. 다르게 생각할 강력한

---

28 1:17의 모든 용어는 문맥상의 설명이 부족하고 "믿음으로 믿음에 이르게 하나니"라는 진술은 매우 비밀스러운 의미이기에, 그 용어들에 대한 해석은 그 용어들을 반영하면서 전개되는 이후의 문맥(3:21ff.)에 따라 이루어지는 것이 가장 좋아 보인다. (다른 누구보다도) 헤이즈와 캠벨이 강조하는 1:17의 기독론적 해석("믿음으로 말미암아 살게 될 의인으로서의 예수")은 3:22-26에 나오는 πίστις Ἰησοῦ Χριστοῦ를 "주격 소유격 용법"으로 해석하는 것과 연관되어 있는데, 이 해석은 의심할 만한 이유를 가지고 있다(위의 12.5.3에서 갈 2:15-16 부분과 아래의 롬 3:21-26 부분을 보라). R. B. Hays, *The Conversion of the Imagination* (Grand Rapids: Eerdmans, 2005), 119-42; D. Campbell, "Romans 1:17 — A Crux Interpretum for the Πίστις Χριστοῦ Debate," *JBL* 113 (1994), 265-85를 보라. 또한 F. Watson, *Paul and the Hermeneutics of Faith* (London: T&T Clark, 2004), 43-53과 동일 저자, "By Faith (of Christ): An Exegetical Dilemma and Its Scriptural Solution," in M. Bird, P. M. Sprinkle, eds., *The Faith of Jesus Christ: Exegetical, Biblical, and Theological Studies* (Milton Keynes: Paternoster, 2009), 147-63에서 그 해석에 대한 반응도 보라.

근거가 있지 않은 한, 우리는 이어지는 본문(1:38-3:31)에서 인간의 의, 순종 또는 "영생"에 관한 묘사가, 그것이 아무리 다양하게 표현되더라도(2:7, 10, 14-15, 26-29), 하나님께 근거한 창조 능력의 작용을 가정한다고 추정해야 한다.

하나님의 의와 함께 "불의로 진리를 막는 사람들의 모든 경건하지 않음과 불의에 대하여 나타나는 하나님의 진노"가 계시된다(1:18).[29] 여기서 "불의"(ἀδικία)의 이중 사용은 하나님의 "의"(δικαιοσύνη)와 가장 첨예하게 대비된다. 말하자면 하나님의 의가 이긴다면, 그것은 인간의 상태 **때문이** 아니라 인간의 상태**에도 불구하고** 이기는 것을 의미한다. 앞으로 살펴볼 것처럼, 이런 불균형이 3:1-8의 주제다. 인간의 불신앙, 불의, 허위 한 가운데서 하나님의 신실하심, 의, 진실하심이 드러난다(3:3-7). 3:9-20과 3:21-26 사이의 대조도 똑같은 요점을 부각시킨다. 모두(유대인과 이방인)가 "죄 아래에" 있고(3:9), 절망적인 인간의 상태에 대한 성서의 증언(3:10-18)이 온 세상이 하나님의 심판 아래에 있음을 증명했을 때(3:19) 하나님의 구원의 의가 그리스도 안에서 계시된다(3:21-26). 따라서 그리스도 안에서 하나님의 행위는 의인의 정당성을 입증하거나 의인에게 상을 베푸는 행위가 아니라 죄인들을 정당화시키는 행위다(3:23-24; 4:4-8; 5:6-8, 12-21). 이 비상응성이 그리스도 안에 나타난 "은혜"(χάρις)에 바울의 특징적 색채를 부여한다(3:24).

---

29 1:18에서 불변화사 γάρ는 이 계시를 앞에 나오는 복음의 선포와 관련시킨다. 이 계시에 대해서는 C. E. B. Cranfield, *A Critical and Exegetical Commentary on the Epistle to the Romans*, 2 vols. (Edinburgh: T & T Clark, 1975), vol. 1, 106-8을 보라. 1:18-32이 바울의 관점이 아니라 반대자의 관점을 대변한다는 캠벨의 전제(*The Deliverance of God*, 469-600)는 본문의 흐름과 반대된다. 1:17-18과 1:18-3:20 사이의 관련성에 대한 새로운 설명을 M. A. Seifrid, "Unrighteous by Faith: Apostolic Proclamation in Romans 1:18-3:20," in D. A. Carson, P. T. O'Brien, M. A. Seifrid, eds., *Justification and Variegated Nomism*, vol. 2, *The Paradoxes of Paul* (Grand Rapids: Baker Academic, 2004), 105-45에서 보라.

인간의 불의를 근본적으로 분석한 내용이 1:18-32에 등장한다. 이 본문에서 제기된 죄과는 3:9에서 지적되고, 3:10-18에서 그 성서적 보강 증거가 주어진다.[30] 해석자들은 유대인이 이방인 세계를 고발하는 것을 고려하여 그리고 솔로몬의 지혜서의 주제 및 내용과의 유사점을 감안하여, 종종 1:18-32이 단지 비유대인의 죄의 목록이고, 바울의 보편적 결론(3:9, 19-20, 23)은 **이후에** 곧 2:1과 3:18 사이 어디선가 유대인을 고발할 때 나온다고 가정했다.[31] 그러나 바울은 2:1-3에서 1:18-32의 고발에서 벗어날 자는 아무도 없다고 생각하고 있음을 분명히 한다. 마치 자기는 면제된 것처럼 이런 죄를 비판하는 어떤 사람(ἄνθρωπος)일지라도 하나님의 **참된** 심판 아래 있고(2:2) 똑같은 죄인이다(2:1, 3).[32] 1:18-32를 면밀히 읽어 보면, 이스라엘의 우상숭배에 대한 성서적 비난(롬 1:23에 70인역 시 105:20)이 여기서도 울려 퍼지고 있음을 알 수 있고, 위(僞)필론과 에스라4서를 통해 알고 있는 것처럼 이스라엘이 유대인과 이방인을 본질적으로 구분하는 것도 이스라엘의 완고함과 부패함에 관한 일반적 죄과의 한 요소로 동반될 수 있다.[33] 바울이 인간의 상태를 비관적으로 묘사하는 내용에 유대인

---

30   이러한 성서적 연쇄(catena)의 역할에 대해서는 Watson, *Hermeneutics of Faith*, 57-66을 보라.

31   롬 1-2장과 솔로몬의 지혜서 13-15장 사이의 유사성은 최소한 1892년 이래로 지적되고 논의되어왔다. 관련된 연구사에 대해서는 J. R. Dodson, *The "Powers" of Personification: Rhetorical Purpose in the Book of Wisdom and the Letter to the Romans* (Berlin: de Gruyter, 2008), 4-13을 보라. 유사점과 차이점에 대한 분석은 Watson, *Hermeneutics of Faith*, 405-11에 제시되어 있다. 1:18-32을 이방 세계를 겨냥하는 것으로, 2:1-3:20을 유대인을 겨냥하는 것으로 주장하는 다음의 연구를 보라. Käsemann, *Römer*, 32, 48.

32   이 구절들에 따르면 앞부분이 인간 전체를 대상으로 삼고 있다고 생각하게 된다. J. A. Linebaugh, "Announcing the Human: Rethinking the Relationship between Wisdom of Solomon 13-15 and Romans 1.18-2.11," *NTS* 37 (2011), 214-37을 보라.

33   롬 11:1-6에서 바울은 7천 명을 제외한 이스라엘 전체가 범한 우상숭배의 핵심 사례를 암시한다. 위(僞)필론이 제시하는 것처럼 이스라엘 역사를 반복된 "불경건함"의 특성을 지닌 역사로 해석하는 것은 쉬운 일이었다.

을 포함시키고 있는 것도 제2성전 시대 저술가들과 유사하다.

사실 하나님의 공의에 관한 바울의 설명은 우리가 위에서(II부) 살펴 본 다섯 본문 중 두 본문과 긴밀하게 엇갈린다. 솔로몬의 지혜서가 로마서 2장과 관련되어 있는 이유는 바울이 2:1-5에서 솔로몬의 지혜서 본문에 명시된 일종의 예외주의를 반대하기 때문이다. 솔로몬의 지혜서는 출애굽 사건을 "의인"의 보호와 "악인"의 파멸을 드러내기 위한 용도로 사용하고, 이를 통해 하나님이 긍휼을 저버리지 않으시고 적절히 조절하여 우주를 공정하게 통치하고 계심을 증명했다(위 5장을 보라). 솔로몬의 지혜서는 이 대조에 관한 당대의 증명을 역사적으로 비교하는 것을 멈추고 이방인의 우상숭배를 통렬히 비난하는 내용을 상세히 포함시키며(솔로몬의 지혜서 13-15장), "우리"가 더 나은 지식을 갖고 있다는 사실을 부각시켰다(15:1-4). 여기서 솔로몬의 지혜서 저자는 출애굽기 34:6-7을 반영하여 하나님의 인자하심, 오래 참으심, 신실하심에 대한 믿음을 표현하고, 하나님의 능력을 아는 "우리"는 다른 사람들이 저지르는 끔찍한 우상숭배에 빠지지 않는다고 확신했다. 많은 학자들의 증명처럼, 바울은 로마서 2:1-5에서 이러한 사고방식(어쩌면 엄밀히 말해 솔로몬의 지혜서의 이 본문)을 공격한다.[34] 바울은 이런 예외주의를 결코 인정하지 않고, 출애굽기 34장에서 이끌어 낸 것이더라도 하나님의 "인자하심"에 쉽게 호소하지 않을 것이다. "인자하신" 하나님은 여전히 회개를 촉구하신다(참조. 솔로몬의 지혜서 11:21-26). 하지만 바울은 인간의 마음은 분별력이 없고(1:21) 완악하고 회개에 철저히 무력한 상태(2:5)에 있다고 진단했다. 솔로몬의 지혜서의 "우리"는 명시적으로 유대인으로 간주되지 않기 때문에(단지 "의인"으로 간주된다) 2:1-5에서의 바울의 공격은 "유대인"을 겨냥하는 것이 아니고, 자기 자신을

---

34 하나님의 인자하심과 오래 참으심을 공통으로 언급하는 것(솔로몬의 지혜서 15:1; 롬 2:4)과 회개를 언급하는 것(솔로몬의 지혜서 11:23; 롬 2:4, 바울에게서 회개라는 말은 매우 드물게 나타난다)에 대해서는 Watson, *Hermeneutics of Faith*, 409-11; D. Moo, *The Epistle to the Romans* (Grand Rapids: Eerdmans, 1996), 133을 보라.

신뢰하는 비판자 전체를 겨냥한다. 그러나 바울이 이 유대인과의 논쟁에 면밀히 가담하고 있는 것은 그가 여기서 유대인의 예외주의를 최소한 부분적으로는 염두에 두고 있음을 증명한다.[35] 확실히 바울은 1:16의 주제를 두 번 반복하는 것으로 이 단락을 끝마치고, 그렇게 함으로써 유대인과 그리스인의 공통적 지위, 그리고 구원과 심판에 있어 유대인의 우선적 위치를 강조한다(2:9, 10). 그리고 이에 따라 유대인과 비유대인 사이의 구분이 하나님의 "의로우신 심판"(δικαιοκρισία)에서(2:5) 유대인에게 유리하게 작용할 것이라는 가정을 무너뜨린다.

바울은 이 미래의 심판을 심각하게 다루고 있는데, 이는 에스라4서를 상기시킨다. 에스라4서에서 에스라와 우리엘의 논쟁은 현 시대의 부패성과 다가올 시대의 교문(橋門)인 최후 심판의 중요성을 나타냈다. 앞에서 (9장) 확인한 것처럼, 우리엘은 최후의 심판에서 공의가 엄격히 적용될 것이라고 예견한다. 다시 말해 우리엘은 에스라가 출애굽기 34:6-7에 의존하여 자비를 간청하는 것에 반대하면서 최후의 심판에서는 하나님이 공의 외에 다른 것은 아무것도 행하실 수 없다고 주장한다(에스라4서 7.102-140). 바울도 하나님의 "인자하심"에 호소하여 악을 묵인하는 태도에 대한 정당화를 거부한다. 그리고 에스라보다 우리엘의 관점에 더 가깝게 보이는 내용으로, 종말론적 심판의 공평성을 철저히 설명한다.[36] 보응하시는 하나님(롬 2:6)은 참고 선을 행하는 행위를 인정하고 그 행위에 영생의

---

35   스토워스는 2:1ff.에서 바울의 비난의 대상인 인물의 정체성이 유대인이 아니라는 논증을 되살려냈다. Stowers, *Rereading*, 101-4. 그 인물이 문학적 인물인 "자만하는 사람"이라는 것이다. 스토워스의 주장 이래로 그 인물의 정체성은 뜨거운 논란의 대상이 되었다. 솔로몬의 지혜서 15장을 반영하고 대화 상대자가 하나님의 인자하심에 호소한다는 것(2:4)에 근거하여 대다수의 독자는 그 인물이 유대인의 면모를 갖고 있다고 확신했다. 그러나 나는 여기서 솔로몬의 지혜서 15장을 반영하는 본문이 왜 표적이 되는 인물을 명시적으로 "유대인"이라 언급하지 않는지 그 이유를 설명하고자 한다.

36   신적 공평성이라는 주제(2:11)에 대해서는 J. M. Bassler, *Divine Impartiality: Paul and a Theological Axiom* (Atlanta: Scholars Press, 1982)을 보라.

상을 베풀어주신다. 그리고 악한 행위자에게는 이와 정반대의 결과가 임한다(2:7-10). 우리가 보기에는 상과 벌에 대한 우리엘의 시나리오가 정확한 듯하지만(에스라4서 7.75-101), 인간의 부패함에 관한 두 저자(에스라4서의 저저와 바울)의 비관주의는 다음과 같은 절박한 질문을 불러일으킨다. 누가 긍정적인 범주에 들어갈 만한 바람직한 자인가? 에스라4서는 다가올 세상을 정당하게 상속받을 의로운 유대인의 작은 집단이—사금처럼 드물지만—있다고 본다(에스라4서 8.1-3). 그러나 로마서 2:7-10에 언급된 자들 가운데 누가 "선을 행하는" 자로 정당하게 묘사될 수 있겠는가?

우리는 로마서 해석에 있어서 유명한 난제를 여기서 만난다. 여기서 일부 해석자들은 로마서 2장 대부분의 내용을 바울의 글로 볼 수 없다는 절망적인 결론을 이끌어낸다.[37] 대다수 다른 해석자들에게 이 문제점은 심각하다. 곧 우리가 로마서 1:18-3:20을 그리스도 밖에서 또는 그리스도 이전의 인간의 곤경을 보여주는 한 단원으로 이해한다면, 이 문맥에서 특히 율법을 지키는 이방인의 경우에 "참고 선을 행하는" 것으로 묘사된 **어떤 사람**을 찾아내는 것은 이상한 일로 보인다(2:14, 26-27). 만약 이 본문(1:18-3:20)이 그리스도가 오시기 이전의 상태를 묘사하는 것이라면, 이들은 다만 그리스도 이전 시대의 "의로운 이방인"을 가리킬 수 있다. 이때 이들의 실존은 유대인의 우월함에 대한 주장을 단호히 부정하지만 죄의 보편적 깊이와 넓이에 관한 바울의 전제와는 명백한 대립을 이룬다.[38] 만약 이 본문이 하나님의 의가 아니라 하나님의 "진노" 상황을 묘사하는 것이라면, 그들은 다만 가설적 존재로서 나머지 논증을 통해 실재하지 않는

---

37   캠벨은 2:1-16의 대부분의 내용을 (바울이 간헐적으로 덧붙이는 내용과 함께) 바울의 반대자가 말하는 것으로 본다. *Deliverance of God*, 588-89에서 캠벨의 수정된 번역을 보라. 샌더스는 롬 2장을 바울 신학과는 거의 관련이 없는 회당 설교로 간주했다. E. P. Sanders, *Paul, the Law, and the Jewish People* (Minneapolis: Fortress, 1983), 123-35.

38   예를 들어 G. N. Davies, *Faith and obedience in Romans: A Study in Romans 1-4* (Sheffield Academic, 1990), 53-71을 보라.

자로 판명된다.[39] 바울은 이 심판 장면을 상세히, 그것도 (더 나쁘게) **행한 대로** 이루어지는 보응을 암시하는 말로 묘사하는데(2:6-10), 이는 루터의 관점에 따라 은혜를 신적 보수(*quid pro quo*) 관념과 완전히 반대되는 것으로 극대화시키는 자에게는 더욱 난해하다(위 3.3을 보라).[40] 만약 그리스도께서 심판자가 아니라 오직 구주로만 간주된다면, 로마서 2:16에서 복음과 관련하여 그리스도께서 행하시는 일은 무엇일까? 만약 우리가 은혜의 단일성(하나님은 은혜를 베풀어주시는 분 외에 다른 분이 아니다)을 극대화한다면, 죄에 대한 하나님의 공정한 처벌 관념은 원칙적으로 바울의 사상이 아닌 것으로 간주되어야 한다.[41]

여기서 우리가 2장에서 지적한 것을 상기해보는 것이 적절하다. 곧 은혜의 어떤 한 국면을 극대화하는 것이 나머지 모든 국면의 은혜의 극대화를 의미하는 것은 아니다. 만약 갈라디아서와 같이 로마서도 은혜의 비상응성 중심으로 작성되었다는 믿을 만한 증거가 있다면, 로마서가 은혜의 **단일성**(이 속성은 죄에 대한 정당한 정죄를 배제할 것이다)을 극대화하거나 은혜의 **비순환성**(이 속성은 은혜에 대한 필수 반응으로서 신자의 행위가 지닌 의

---

39 R. H. Bell, *No One Seeks for God: An Exegetical and Theological Study of Romans 1.18-3.20* (Tübingen: Mohr Siebeck, 1998), 253을 보라. "3:9-20의 해석에 따라 우리는 롬 2장의 경건한 유대인과 경건한 이방인은…실재하지 않는다"라고 결론을 내려야 한다(강조는 원저자의 것임).

40 벨은 그의 저서 *No One Seeks*를 이러한 루터적 은혜의 극대화를 명확하게 표현하며 끝맺는다. 만약 칭의가 "오직 믿음으로"(*sola fide*) 그리고 "오직 은혜로"(*sola gratia*) 얻는 것이라면, 믿는 자에게 심판은 있을 수 없다. "만약 행위가 칭의에 요청된다면, 믿음은 충분한 것이 못 되고, 따라서 하나님의 은혜 역시 불충분한 것이 될 것이다"(273). 아우구스티누스주의자나 칼뱅주의자에 의한 은혜의 극대화는 믿는 자의 행위를 은혜의 역사와 통합시킬 때 그 어려움이 덜하다.

41 하나님의 진노 그리고 하나님의 구원이라는 언어가 "근본적으로 다른 하나님 개념"—전자는 "응징하시는 공의의" 하나님이고 후자는 "예수 그리스도의 하나님"—을 대변한다는 캠벨의 주장은 그가 은혜를 "특이한 것"으로 극대화한 결과이다. 여기서 캠벨의 관점은 마르키온을 강하게 상기시킨다(위의 3.1과 3.7.1을 보라).

---

778 ◆ IV부 로마서: 이스라엘, 이방인, 그리고 하나님의 창조적 선물

의를 배제할 것이다)을 극대화한다고 가정할 이유가 전혀 없다.[42] 만약 바울이 이방인의 의(2:14-15, 26-27)와 유대인의 마음의 할례(2:28-29)에 주목하면서 2:7과 2:10의 "선을 행하는 것"에 이러한 관심을 두고 있다면, 그가 이러한 것들을 순전히 가설이라고 여길 것 같지는 않다. 사실 2:28-29은 성령으로 마음에 할례를 받은 "유대인"을 묘사하는데, 이것이 특별히 "그리스도인"에게서 일어나는 현상을 암시하고 있다는 인식이 점점 커지고 있다.[43] 여기서 필요한 것은 1:18-3:20이 인류 전체의 죄성이라는 **단일 주제**를 다루고 있다는 가정을 깨뜨리는 것이다. 일단 이 가정이 무너지면, 바울이 **또한** "영생"이 마음으로 하나님께 순종하는 자에게 즉 그들의 실존이 근본적으로 하나님에 의해 재구성된 유대인과 이방인에게 주어질 때 여기서 복음의 종말론적 지평을 묘사하고 있음을 찾아내는 길이 열린다(2:15, 29. 참조. 6:15-23). 만약 우리가 이 영생이 바울에게는 비상응적인 선물(6:23)**이자** 선을 **행하는** 삶의 합당한 완성(2:6-7)임을 증명할 수 있다면, 바울 해석자들에게 로마서 처음 장들을 가장 큰 걸림돌로 만들어 버리는 난제를 해결할 수 있을 것이다.[44]

여기서 첫 번째 단계는 1:18-3:20에서 인류에 대한 단순 비난 그 이

---

42   이 용어들의 정의에 대해서는 위 2.2를 보라.

43   고후 3:6과의 유사성은 말할 것도 없이 롬 7:6과의 언어적 연관성으로 미루어보아도 이 결론은 거의 피할 수 없는 결론이다. 심지어 2:14-15에서 이방인의 "기독교적" 정체성을 의심하는 사람도 이제는 2:28-29의 유대인이 오직 믿는 자들에게만 적용될 수 있는 언어로 묘사되고 있다고 결론 짓는 경향을 보인다. 예를 들어 Käsemann, *Römer*, 70-72; Engberg-Pedersen, *Paul and the Stoics*, 359n. 41을 보라.

44   우리는 롬 2장의 종말론적 시나리오가 은혜의 비상응성을 가장 강렬하게 강조하는 것과 양립할 수 없다고 간주하기 전에, 그리스도라는 비상응적인 선물을 그 중심 내용으로 삼고 있는 갈라디아서가 그럼에도 불구하고 안내하며 "선을 행함으로써" "성령으로 심는" 자가 영생을 "거둘" 것이라고 언급하는 사실(6:8-10. 참조. 롬 2:7)에 주목할 필요가 있다. 이 문제에 대한 예비적 고찰은 J. M. G. Barclay, "Believers and the 'Last Judgment' in Paul: Rethinking Grace and Recompense," in H.-J. Eckstein, C. Landmesser, H. Lichtenberger, eds., *Eschatologie—Eschatology* (Tübingen: Mohr Siebeck, 2011), 195-208을 보라.

상의 무언가가 벌어지고 있다는 것에 주목하는 일이다. 하나님의 신실하심에 관한 단락(3:1-8. 대체로 "이탈" 본문으로 간주되는)과는 완전히 다르게, 여기서는 이 통상적인 가정을 지키기 위해 "율법의 정당한 요청"을 행하는 이방인과 유대인에 관한 사실이 많이 등장한다.[45] 확실히 3:21-26은 1:17에서 처음 언급된 하나님의 의에 관한 계시를 묘사한다. 하지만 이는 끼어 있는 내용이 단지 하나의 확장된 주제에만 집중된다는 것을 의미하지 않는다. 오히려 반대로 여기에는 여러 가지 주제가 융합되어 있다. 바울은 인간의 죄를 고발한(1:18-32) 다음, 최후의 심판에서 고정되고 계시되는 하나님의 공평하신 정의를 상기시킴으로써 이 심판에서 제외될 자가 있다는 주장을 물리친다(2:1-11). 바울은 궁극적인 **미래의** 지평을 상상하고 묘사함으로써, 오른쪽으로 분류될 몇몇 자들(이 몇몇 자들에는 유대인도 있고 이방인도 있다)이 있을 것으로 예상한다. 이 미래의 심판은 바울의 정신 구조의 필수 요소이고(참조. 3:6), 바울의 복음은 최소한 **어떤 자는** 진노를 피할 것이라고 규정한다(참조. 8:31-34; 14:10-12; 고전 4:1-5). 바울은 (에스라4서와 같이) 현재의 죄로부터 미래의 심판을 추론해내면서 종말론적 해결책을 예견하지만, 로마서 2-3장에서 바울이 말하는 모든 사실은 그가 이미 제시했고(1:3-4, 16-17) 또 곧이어 상세히 묘사할 복음을 전제로 한다. 바울의 이방인 선교는 놀랍게도 심판 때에 **이방인**이 오른편에 앉게 되리라는 점을 보증하기 위하여 마련된 것이다(참조. 15:15-18). 그 결과는 2:14-15과 2:26-27에서 간략히 묘사되어 있는데, 이방인의 마음에 새겨져 있는 율법으로 인해 이러한 결과가 주어진다(2:15). 하나님의 판단 대상은 민족성이 아니라 순종이기 때문에 유대인에게 정당하게 요구되는 것은 조상, 할례 또는 심지어 율법 속에 포함된 지식이 아니라 성령의 역

---

45   이 사실은 다음의 연구에서 바르게 지적된다. N. T. Wright, "The Law in Romans 2," in Dunn, *Paul and Mosaic Law*, 131-50; 개정판, N. T. Wright, *Pauline Perspectives: Essays on Paul*, 1978-2013 (London: SPCK, 2013), 134-51.

사로 말미암은 마음의 변화다(2:17-29). 이방인과 유대인 모두에게 인간의 필연적 순종을 낳는 것은 하나님의 행위이고, 하나님의 행위에 따라 하나님의 이스라엘은 인간적 죄에도 불구하고 그분의 의를 보여줄 것이다(3:1-8). 에스라4서와 같이, 바울도 최후의 심판을 사용하여 하나님 앞에서 중요한 것이 무엇인지, 곧 모든 면에서 궁극적인 것이 무엇인지 증명한다(9장을 보라). 그러나 에스라4서와 달리, 바울이 발견하는 것은 소수의 의로운 유대인 집단이 아니라, 똑같이 죄로 말미암아 부패했음에도 불구하고 하나님의 능력으로 그들의 가장 깊은 존재("마음"의 "은밀한 것")가 **변화된** 불특정 다수의 유대인과 **이방인**이 존재하고 있다는 것이다. 이 능력은 인간의 죄악성에 비상응적인 영향을 미치지만, 그 영향으로 일어난 변화는 결국 하나님의 공의의 심판에 **적합한** 것이 된다.

이 해석을 위한 논증은 여기서는 본질적 내용만 제시될 수 있다. 로마서 2:12-16은 최후의 심판이 유대인과 이방인의 민족적 차이를 고려하지 않을 것이라는 놀라운 주장(2:6-11)을 설명한다. 바울은 율법의 단순 소유가 중요하지 않다고 주장한다. 너희가 율법을 갖고 있거나 갖고 있지 않거나 죄는 죄로 간주된다(2:12-13). 하나님 **앞에서** 의로 여겨지는 것(참조. 2:29, 4:2)은 율법을 듣는 것이 아니라 율법을 행하는 것이다(2:13). 그렇다면 확실히 말해 유대인만 율법을 행할 수 있는가? 바울은 그렇지 않다고 말한다. 왜냐하면 바울은 본래(φύσει) 율법을 갖고 있지 않으나 율법의 요구를 행하고 있는 이방인들을 알고 있기 때문이다. 그런 이방인은 "자기가 자기에게 율법"이 된다고 말할 수도 있다(2:14). φύσει(2:14)라는 말을 이후 절과 함께 취하는 것("본성으로 율법의 일을 행할 때에는")보다 이전 절과 함께 취하는 것("본성으로 율법이 없는 이방인")으로 볼 충분한 이유가 있다. 왜냐하면 이것이 자연스러운 단어 순서이고, 그 의미가 바울이 다른 곳에서 유대인의 본래적 (φύσει) 차이나(갈 2:15) 이방인이 본래[부터](ἐκ φύσεως)지니고 있는 차이(롬 2:27)에 주목하는 진술들과 일치하기 때문이다.[46] 더욱이 2:15은 이방인이 **어떻게** 율법이 기대하는 바를 행하고 있는지를 가리킨다. 말하자면 본성으로가 아니라 "그 마음에 새겨진" "율법의 행위"(γραπτὸν ἐν ταῖς καρδίαις αὐτῶν) 때문이다. 바울이 앞에서 인간의 허망한 생각(1:21, 28), 미련하게 어두워진 마음(1:21), 사람의 마음의 더러운 정욕(1:24)에 관해 말한 것을 고려해보면, 이처럼 이방인의 마음에 율법이 새겨진 것은 자연스러운 현상이 아니고, 바울의 죄의 분석에서 어쨌든 벗어나 있는 예외적 현상이다. 사실은 여기에 예레미야 31:33(70인역 38:33)—바울에게 깊은 영향을 미친 본문—의 반향이 명확히 울려 퍼지고 있다.[47] 우둔한 마음에 도덕의식을 새기는 일은 오직 하나님의 변화의 역사로만 가능하고, 하나님이 예수 그리스도의 행위로 말미암아 모든 사람을 심판하실 날에 궁극적으로 중요해질 것은 바로 사람들의 은밀한 것(τὰ κρυπτὰ τῶν ἀνθρώπων)이다(2:16).[48]

············

46   이 결정적 요점에 대한 설득력 있는 논증을 S. J. Gathercole, "A Law unto Themselves: The Gentiles in Romans 2:14-15 Revisited," *JSNT* 85 (2002), 27-49에서 보라. 여기서 바르트, 폴 뮈키거, 크랜필드와 다른 학자들이 먼저 전개했던 요점들이 강화되고 있다. 2000년에 엥베르크-페데르센은 이 이방인들의 정체성에 관한 오랜 질문—믿는 자인가 아니면 비신자인가?—이 후자의 선택(비신자인 이방인)으로 해결되었다고 선언했다. Engberg-Pederson, *Paul and the Stoics*, 358 n. 39; 참조. 202-205와 359 n. 42. 그는 다른 누구보다도 Bassler, *Divine Impartiality*, 141-45에 의존하고 있다. 나는 최소한 영국 학자들이 전자의 선택(믿는 자)으로 돌아섰음을 알고 있다. 위의 개더콜 외에 Wright, "Law in Romans 2," 143-148과 더 상세한 논증을 담은 Watson, *Paul Judaism, and the Gentiles*, 205-16을 보라. 물론 바울 역시 자기 자신에게 율법이 되는 현자에 관한 철학적 비유를 환기시킬 수 있었겠지만, 여기서는 이 내용을 믿는 자들에게 적용시키고 있다(아마도 갈 5:23에서도 마찬가지일 것이다).

47   Cranfield, *Romans*, vol. 1, 158-159가 그렇다. 렘 31장의 다른 인유들에 대해서는 고전 11:25과 특별히 고후 3:2-6을 보라. 이 새로운 언약의 약속은 유대인과 마찬가지로 이방인에게도 적용된다는 것이 바울의 주목할 만한 경험이자 주장이다.

48   갈등을 일으키는 λογισμοί (2:15)는 "주장들"보다 "생각들"로 번역되는 것이 더 낫다(참조. 1:21). 이는 Watson, *Paul, Judaism, and the Gentiles*, 208-9과는 상반되는 견해이다. 예를 들어 U. Wilckens, *Der Brief an die Römer*, 3 vols. (Zürich/Neukirchen-Vluyn: Benziger/Neukirchener Verlag, 1978-1982), vol. 1, 136을 보라. 엥베르크-페데르센은 생각들이 갈등을 일으키는 것과 서로 고발하는 것을 하나님께 대한 불완전한

바울은 이방인 교회들을 세운 수년간의 경험을 기초로 이처럼 마음으로 순종하는 이방인들에 대해 자랑하듯 언급할 수 있다. 바울은 하나님의 뜻을 분별하고 그 뜻에 순종하는 능력인 도덕의식을 기적적으로 부여받은 "이방 죄인"을 알고 있었고(참조. 갈 3:2-5; 5:22-23), 이 사실은 "그리스도의 날에" 그들의 미래의 운명에 소망을 준다(빌 1:9-11). 바울이 여기서 묘사하는 것은 "이방인들의 순종"이고(15:18), 이 순종은 바울의 선교의 산물이자 신적 활동 곧 "그리스도께서 나를 통하여 역사하신 것"(15:17) 또는 "거룩하게 하시는 성령의 사역"(15:16)에 귀속되는 결과다.[49] 다시 말해 바울의 신학은 그의 실천에 반영된다(그리고 그의 실천은 그의 신학을 반영한다). 바울과 같이 이방인의 변화된 삶을 수시로 접할 때 이 변화를 성령의 기적적인 역사로 해석하지 않는다면, 일개 유대인이 이방인의 율법 준수에 대해 이처럼 강력히 천명하는 것과, 그 결과 유대인의

태도의 표지로 간주한다. Engberg-Pederson, *Paul and the Stoics*, 202-5. 그러나 바울은 이방인이 어떤 식으로든 도덕적 양심을 갖고 있다는 사실을 염두에 둔다. 이방인들의 내면에서 일어나는 내적 고발은 그들의 과거나 현재의 죄를 반대하는 것으로부터 나오는 태도일 것이다(현재의 죄로 볼 수 있는 것에 대해서는 갈 6:1을 참조하라). 바울이 허망한 생각과 어두워진 마음을 예상하고 있는 것(1:21)을 감안할 때, 그가 주목하는 것은 옳고 그름에 대한 이러한 내적 의식이다. 이 변화는 오직 내면에 새겨진 율법, 즉 하나님이 효력을 일으키신 가르침에 귀속될 수 있다. 내면성의 강조에 대해서는 2:29; 14:22, 그리고 여러 가지 면에서 밀접한 유사성을 보이는 고전 4:1-5를 참조하라. 바울은 민족성보다 사멸적인 육체 속에 이미 존재하는 부활의-생명을 "더 깊이" 보고 있기에, 마음의 "은밀한 것" 속에서 하나님께만 드러나는 것에 우선권을 둔다(참조. 고전 14:24-25).

49 2:15에서 이방인의 마음속에 율법을 새겨 넣은 존재로 하나님의 이름이 언급되어 있지는 않아도, 하나님이 아닌 다른 어떤 존재가 이방인의 마음에 율법을 새겨 넣어 그들의 기본 상태를 변화시켰다고 상상하기는 어렵다(참조. 고후 3:2-3). 2:29도 성령에 대한 언급과 함께 같은 현상을 묘사한다. 바울이 여기서 믿음에 대한 언급을 생략하고 있다는 점에는 이의가 없다. 이 맥락에서 중요한 것은 믿는 자의 행위인데, 이것 역시 6:12-13과 15:16-19에서 믿음에 대한 언급 없이 설명되고 있다(참조. 갈 6:6-7). 우리가 갈라디아서에 관하여 주장한 것처럼(위 11-14장을 보라), 만약 특수한 생활 방식이 하나님의 구원 활동을 지시하는 믿음에 필수적이라면, 바울은 이방인 신자들의 행위를 그 행위가 드러내는 믿음에 대한 언급 없이도 설명할 수 있다.

특권을 상대화시키는 것을 결코 상상할 수 없을 것이다.[50]

또한 바울이 유대인에게 전하는 말(2:17-29)은 하나님께서 마음속에 은밀하게 행하시는 일 곧 유대인의 정체성을 재구성할 정도로 매우 깊은 변화를 일으키는 일을 묘사하는 것에서 그 절정에 달한다(2:29).[51] 바울은 유대인을 배제하고 이방인을 우대하는 것을 결코 바라지 않는다. 그리고 여기서 바울이 이방인과 유대인을 망라하는 모든 신자에게 "유대인"이라는 호칭을 적용시킨다고 생각할 하등의 이유가 없다.[52] 대신 바울은 하나님의 눈에 유대인의 정체성이 어떻게 받아들여지고 인정되고 있는지 묻고 있다. 2:17-24에 나오는 비판은 조심스럽게 다음과 같이 판단된다. 유대인이 율법을 소유하는 것에는 아무런 문제가 없다. 자기발생적인 또는 자기신뢰적인 업적을 자랑하는 것에 대한 비판도 없다. 오히려 반대로 바울은 유대인에게 이방인을 가르치는 자격을 준 율법의 우월한 가치를 인정한다(2:17-20). 이 문맥에서 언급된 "자랑"은 자기를 자랑하는 것이 아니라 "율법을 자랑하는 것"을 통해(2:23) "하나님을 자랑하는 것"이다(2:17). 갈라디아서(6:12-14)에서 확인한 것처럼, 어떤 것을 "자랑하는"것은 그것에 가치를 부여하는 것이고, 그것의 가치를 인정하는 것이며, 그것

---

50   이 장에 대한 왓슨의 탁월한 해석은 그것을 로마 지역교회들의 이방인과 유대인 신자들에게 직접 적용한다. Watson, *Paul, Judaism, and the Gentiles*, 192-216. 그러나 이방인들은 단지 삼인칭의 용어로 서술된다. 그래서 바울이 이방인의 사도로서 자신의 특별한 역할을 확립할 때, 그가 이방인 선교의 일반적 결과를 추적하고 있다고 보는 쪽이 개연성이 높아 보인다(참조. 15:14-20).

51   이 통렬한 비판의 첫 부분인 "유대인이라 불리는 네가"라는 말은 이 비판이 단순히 유대인을 자처하는 이방인에게 주어지는 것이 아님을 암시한다. 이것은 다음의 연구와는 상반된 견해이다. R. M. Thorsteinsson, *Paul's Interlocutor in Romans 2* (Stockholm: Almqvist & Wicksell, 2003). 오히려 그 비판은 2:28-29에서 답변이 주어지는 질문, 곧 유대인의 정체성의 구성요소에 대한 질문에 주목하도록 만든다.

52   이는 "2:29의 이방인"에 관하여 말하는 라이트("Law in Romans 2," 134)와는 상반된 견해다. 2:26-27에는 이방인이 율법을 지키는 것에 대한 설명이 나오는데, 이는 하나님 앞에서 중요한 것이 무엇인지를 정확히 제시해준다. 그것은 또한 "유대인"을 구성하는 요소가 무엇인지에 대한 질문을 제기하지만, 그 범주를 채우지는 못한다.

을 우월한 "상징적 자산"으로 다루는 것이다(피에르 부르디외). 만약 유대인이 율법을 자랑한다면, 그들이 율법에 가장 중요한 가치를 부여한다는 것이다. 바울이 보기에 문제는 유대인이 자랑하는 것이 영광이 아니라 모욕(하나님을 욕되게 하는 것, 2:23-24)을 가져오는 것으로 판명된다는 데 있다. 그런데 이는 율법에 결함이 있기 때문이 아니라 유대인이 스스로 율법을 지킬 수 없기 때문이다. 2:21-22의 비난성 질문들은 모든 유대인이 여기 언급된 죄악을 저질렀다는 것을 함축하지 않는다. 이 질문들은 단순히 유대인의 율법 준수가 늘 빈약했다는 비판이다.[53] 율법을 자랑의 대상으로 삼는 것은 비극적으로 범할 수 있는 가장 악한 죄를 짓는 것—하나님의 이름을 욕되게 하는 것—으로 끝난다(2:23-24).[54]

따라서 유대인의 차이를 나타내는 독특한 표지—남자의 할례—가 크게 상대화된다. 달리 말해 할례 받음이 율법 준수로 귀결되지 않으면, 이방인의 무할례와 다를 것이 없다(2:25). 이어지는 주장(2:26-29)은 유대인의 우월한 가치에 대한 정당한 가정을 근본적으로 무너뜨리는데, 이는 바울의 이방인 선교와 성령에 대한 경험을 그 정황으로 놓고 볼 때 가장 잘 이해된다. 바울은 2:14-15를 반영하여, 율법의 정당한 요구를 준수하는

---

53 로마에서 일어난 유명한 사건(유대인 교사들이 개종자에게 사기를 친 사건, Josephus, *Ant.* 18.81-84)을 반영하고 있다고 보는 것이 가능하지만, 다른 한편으로 그런 주장은 거의 불필요하다. 바울은 유대 역사에 대한 비판적 관점을 위(僞)필론 및 에스라4서와 공유했다. 그러나 바울은 그들과는 다른 해결책을 제공한다.

54 불트만은 성취의 근거로 자신을 자랑스러워하는 것을 "자랑"으로 이해했는데, 그의 이러한 이해는 이 본문에 강제로 부과된 것으로 올바르게 비판받고 있다(S. J. Gathercole, *Where Is Boasting? Early Jewish Soteriology and Paul's Response in Romans 1-5* [Grand Rapids: Eerdmans, 2002]를 보라). 바울의 하나님 자랑과(5:2; 15:17-18) 이 유대인의 하나님 및 율법 자랑(2:17, 23), 이 둘 사이의 차이는 바울이 하나님의 변혁적이고 창조적인 사역을 제외하고 모든 형태의 상징적 자산(모든 종류의 구별에 대한 자랑)을 거부한 것에 있다. 말하자면 바울의 하나님 자랑은 사람이 아니라 하나님으로부터 나오는 칭찬을 기대한다(2:29). 역설적이게도 그런 이유로 하나님에 대한 자랑은 유대인의 율법에 대한 자랑보다 율법을 이룰 준비가 더 잘 되어 있다(참조. 9:30-10:4).

"무할례자"에 관해 말한다(2:26). 이때 무할례자는 할례를 받은 것으로 간주될 수 있고, 할례를 받았으나 율법을 어기는 유대인보다 나은 자로 간주된다(2:27). 이것은 "의로운 [비신자] 이방인들"을 가정하는 가설적 범주가 아니다(그들이 실재하지 않는다면 바울의 논증에는 전혀 힘이 없을 것이다). 말하자면 바울은 서로 사랑하고, 그래서 율법을 지키는 것을 직접 목격한 실제 이방인 신자에 관해 말하고 있다(갈 5:14; 롬 8:3-4; 13:8-10). 이처럼 순종하는 이방인 신자는 이제 유대인의 정체성의 의미를 파악하는 데 사용될 수 있다. 만약 하나님이 육체의 할례와 상관없이 중요한 것을 보여주셨다면, 이는 "유대인"이 아무것도 아닌 존재라는 것을 의미하지 않고, 하나님 앞에서 유대인의 가치가 다른 조건에 따라 계산될 수 있음을 암시한다. 따라서 바울은 과감하게 성서의 "마음의 할례" 주제를 완성시킨다. 이 마음의 내적 할례는 여기서 단순히 유대인의 외적 이미지를 보충하는 것이 아니다. 오히려 유대인의 **유일한** 본질적 정의로 간주된다.[55] 만약 하나님이 가치 있게 여기시는 것이 성령으로 말미암아 일어난 마음의 변화(2:29)라면, 유대인의 정체성은 [조상으로부터] 물려받지 않고 [하나님께] 받는다. 유대인의 정체성은 출생이나 관습이 아니라 하나님에 의해 창조된다.

　　필론과 비교해보면, 바울의 진술이 근본적으로 함축하고 있는 내용이 무엇인지 파악할 수 있다.[56] 필론은 이론과 실천 모두에 있어 할례가 완전히 영성화(spiritualization)되는 경우를 상상할 수 있으나 조상의 관습 고

55　　2:25-29의 점진적 논리에 대해서는 T. W. Berkley, *From a Broken Covenant to Circumcision of the Heart: Pauline Intertextual Exegesis in Romans 2:17-29* (Atlanta: SBL, 2000), 141-54를 보라. 버클리는 신 30:6(하나님이 마음에 베풀어주시는 할례)과 신 29:29("감추어진 일은 우리 하나님 여호와께 속하였거니와 나타난 일은 영원히 우리와 우리 자손에게 속하였나니")의 영향력을 강조한다.

56　　보다 더 자세한 내용은 J. M. G. Barclay, "Paul and Philo on Circumcision: Romans 2:25-29 in Social and Cultural Context," *NTS* 44 (1998): 536-56; (재인쇄) Barclay, *Pauline Churches*, 61-79를 보라.

수를 공동체 명예의 기초로 보는 유대 공동체의 전통들을 해체시키는 활동에 두려움을 느끼고 머뭇거린다(*Migr.* 89-93). 바울은 "마음의 할례" 주제를 사용하여 육체의 할례를 상대화시키는 것은 사람에게서가 아니라 오직 하나님에게서 "칭찬"(즉 명예)을 받을 것이라는 점을 강조한다(2:29). 바울은 이방인 선교를 할 때 할례 의식을 무시하는데, 이는 유대 공동체에 전혀 인기가 없는 일로 판명되었다. 그러나 바울의 관심은 "사람들[의 마음]의 은밀한 것"을 심판하시는 날에(2:16) 하나님이 궁극적으로 인정하시는 것에 있다. 따라서 "은밀한" 마음의 할례가 "공개적으로" 드러나는 것보다 훨씬 더 중요하다(2:28-29). 그래서 바울은 모든 것을 내적 실재에 건다. 이는 육체보다 영혼을 더 중시하는(또 가시적인 것과 비합리적인 것보다 불가시적이고 합리적인 것을 더 중시하는) 헬레니즘 사상 때문이 아니라, 궁극의 중요성을 지니는 유일한 것이 성령의 능력으로 행해지는 하나님의 일이기 때문이다(1:4; 7:6; 8:1-17; 15:13). 그런데 이 성령의 능력은 **이 순간에는** 사람의 내적 존재 속에 작용하고 **오직 나중에** 육체의 변화 속에 작용한다(8:11, 23). 여기서 "유대인"은 순전한 영적 실재로 비유되지 않는다. 그러나 유대인의 정체성은 성령의 창조 사역으로부터 나온 하나의 실로 묶여 재형성된다.[57] 이 현상―이스라엘의 정체성과 참된 실존이 하나님의 창조 사역으로부터 주어지는 것―은 나중에 그 이야기의 맨 처음까지 거슬러 올라간다. 아브라함(4:16-22)과 이후 족장들과 모세에게(9:6-18), 이스라엘에 관한 본질적 진리는 이스라엘이 오로지 하나님의 약속에 따라 하나님의 불균형적인 은혜의 행동을 통해 시작되었다는 것이다.

---

57 Barclay, "Paul and Philo"에서 언급된 것처럼 나는 여기서 D. Boyarin, *A Radical Jew: Paul and the Politics of Identity* (Berkeley: University of California, 1994)에 동의하지 않는다. πνεῦμα를 영원한 초월적 진리가 아니라 하나님의 재창조 사역을 가리키는 것으로 보는 것과 관련해서는 1:4; 7:6; 8:9-11; 15:16을 참조하라. 바울이 하나님의 재창조의 사역에 관해 생각하는 구체적인 방법들에 대해서는 T. Engberg-Pedersen, *Cosmology and Self in the Apostle Paul: The Material Spirit* (Oxford: Oxford University Press, 2010)을 보라.

로마서 3:1-8은 유대인이 하나님의 이러한 무제약적인 행위에 의존하고 있다는 특징과 이것이 인류 전체의 소망임을 암시한다. 바울은 나중에 채워 넣으려고 (롬 9-11장) 우선은 급한 필치로, 자신이 육체의 할례를 상대화시킨다고 해서 유대인이 어떤 특권을 갖고 있다는 사실을 부인하는 것은 아니라고 주장한다. 그러나 유대인의 특권은 그들 자신에게 달려 있는 것이 아니라 그들이 자신들에게 주어진 약속(참조. 1:2, 9:6-13)이 담긴 성서(τὰ λόγια, 3:2)를 맡고 있다는 데 달려 있다. 어떤 이가 믿지 않았다고 해서(참조. 11:17-24) 하나님의 신실하심이 폐해지는 것은 결단코 아니다(3:3). 사실은(바울이 좋아하는 논리에 따르면. 참조. 5:12-21) 인간 편의 실패가 크면 클수록 이와 반대되는 하나님의 속성이 드러나는 것도 그만큼 더 커진다. 말하자면 인간의 불신앙(또는 신실하지 못함)은 하나님의 신실하심을 불러일으킨다(3:3). 또 인간의 거짓됨은 하나님의 참되심을 불러일으키고(3:4, 7), 인간의 불의는 하나님의 의(3:5)를 불러일으킨다. 여기서 카메라는 이스라엘에서 모든 인간으로(3:4), 그리고 세상으로(3:6) 옮겨진다. 그 이유는 바울에게는 이스라엘에게 주어진 약속이 더 크고 보편적인 준거 틀에 부차적이기 때문이 아니라, 이스라엘에 대한 하나님의 무제약적인 긍휼이 온 세상에 대한 하나님의 자비로운 의의 뿌리가 되기 때문이다. 로마서 9-11장에서 확인하게 될 것처럼, 비유대인이 하나님의 신실하심을 접하는 때는 그들이 오직 하나님의 비상응적인 자비라는 이 뿌리에 접붙여질 때로 국한된다.[58]

---

58 케제만은 이러한 결정적인 지점에서 바울 신학을 해석한다(*Römer*, 75-79). 그에 의하면 바울은 유대인에게 주어진 언약을 모든 피조물에게 주어진 언약에 종속시킴으로써, 바울 자신의 신학적 초점을 이스라엘로부터 세상 전체로 옮겨버렸다. 이것이 롬 9-11장에 대한 케제만의 해석의 토대가 되고, 이에 따라 케제만은 이스라엘이 단순히 "종교적인 사람"의 전형이 된다고 주장한다(위의 3.5.3을 보라). 그러나 바울이 "세상과 하나님의 행동을 예시하는 이스라엘의 특별한 사례"라는 케제만의 주장은 옳지 않다(*Römer*, 77). 오히려 바울은 세상 전체에 대한 소망의 근거를 이스라엘의 성서(2:2)와 족장들에게 주어진 약속 안에 위치시킨다.

여기서 바울은 인간적 가치와 신적 구원 행동 사이의 비상응성을 강조한다. 따라서 하나님의 참되심은 "나의 거짓말로 더 풍성하여 그의 영광이 되었다"(3:7).[59] 이는 초충만하고 비상응적인 선물 관념이지만, 바울은 이 관념 속에 내재한 문제점을 잘 알고 있다. 이 문제점은 우리가 처음부터 언급했던 것이다(위 2.2를 보라). 만약 수여자가 가치와 상관없이 준다면, 그는 자신의 가치를 포기한 것인가? 선물은 비상응적이면서 여전히 그것의 선함을 보존할 수 있는가, 아니면 선물이 무분별하고 부도덕하고 부정한 것이 되는가? 바울은 다음과 같은 질문에 정확히 직면한다. 우리의 불의가 하나님의 의를 세우는 역할을 한다면, 그럼에도 불구하고 하나님은 여전히 자신의 진노를 공정하게 적용하실 수 있는가(3:5)? "나의 거짓말로 하나님의 참되심이 더 풍성하여 그의 영광이 되었다면 어찌 내가 죄인처럼 심판을 받으리요?"(3:7). 이 질문들은 바울이 수사적 요점들의 효력을 높이기 위하여 만들어낸 인위적인 질문이 아니다.[60] 이 질문들은 비상응적인 선물이 갖고 있는 문제의 핵심을 관통하고 있다. 곧 관대한 수여자는 공로와 상관없이 베풀어주는 자신의 행위로 인해 피상적인 칭송을 받을 수 있는데, 그때 그는 수혜자의 가치를 주의하지 않은 것으로 인해 자신의 가치가 의심받게 된 것을 알게 된다.[61] 솔로몬의 지혜서와 에스라4서를 다룰 때 살펴본 것처럼, 바로 이런 이유로 일부 유대인은 은혜

---

59 왓슨은 이 구절들에 대한 전혀 다른 해석을 제공한다. 말하자면 하나님의 의를 하나님의 구원이 아니라 하나님의 심판을 가리키는 것으로 보고, 하나님의 신실하심을 인간에 대한 성서적 고발로 본다. Watson, *Paul, Judaism, and the Gentiles*, 222-7. 그러나 이 해석은 3:7의 질문과 3:8의 비난을 훨씬 더 이해하기 어렵게 만든다.

60 하나님의 비상응적인 행동에 담긴 도덕적 문제를 인식하지 못했을 때, 주석가들은 종종 3:7의 질문을 명확히 파악하는 데 애를 먹는다. 예를 들어 Cranfield, *Romans*, vol. 1, 185; Wilckens, *Römer*, vol. 1, 166-7을 보라.

61 제몬 데이비스가 공로와 상관없이 선물을 베풀 수 있는 프랑스 왕의 권리와, 이와 관련하여 제기된 반론들에 대하여 논하고 있는 내용을 참조하라. N. Zemon, *The Gift in Sixteenth-Century France* (Oxford: Oxford University Press, 2000), 159-66.

의 비상응성을 극대화하는 데 미온적인 태도를 보여주었다. 바울은 분명히 은혜의 비상응성을 **극대화한다.** 하지만 이 때문에 바울은 명백한 반론에 직면해야 한다. 하나님의 비상응적인 선물은 우주의 도덕 질서를 무너뜨리는가? 이와 같이 베풀어주시는 하나님은 과연 죄인(3:7)과 세상(3:6)을 심판할 도덕적 권세를 가지실 수 있는가?

바울은 하나님의 비상응적인 은혜를 강조하는데, 이는 분명히 널리 알려져 있었고, 쉽게 도덕을 손상시키는 것으로 간주되었다. 어떤 이는 어이없게도 "그러면 [하나님의 구원의] 선을 이루기 위하여 [우리가] 악을 행하자"(3:8. 참조. 6:1)라고 주장할 정도로 바울을 오해했다. 바울은 재빨리 이런 오해를 반박하는데, 이는 하나님께서 의로우시고 세상을 심판하실 것이 자명하기 때문이다(3:6). 그러나 이 질문들은 바울 신학의 중심 문제점을 정확히 지적한 것이다. 바울은 은혜의 비상응성─하나님이 **경건치 않은 자**에게 선물을 주시는 것─을 극대화하면서, 이와 동시에 하나님이 불경건함에 신경을 쓰시고, 온갖 필연적 심판을 통해 불경건함을 결연히 정죄하신다는 주장을 견지할 수 있는가? 하나님의 궁극적인 δικαιοκρισία("의로우신 심판", 2:5)를 인정하는 로마서 2장은 바울이 우주의 정의를 보존하는 데 관심이 있음을 암시한다. 이를테면 최후의 심판 때가 되면 하나님은 죄를 묵인하지 않으시고 죄의 결과를 무시하지도 않으실 것이다. 에스라4서와 같이 바울도 선악의 구별이 **있을** 것이라고 주장한다. 다시 말해 바울은 하나님의 칭찬과 그 칭찬이 인정하는 "선행" 사이에 합치가 있을 것이라고 주장한다(2:6-11). 그러나 다음의 내용은 바울의 요지다. 곧 이러한 **합치의 기초, 다시 말해 영생으로 인도하는 끈기 있는 선행의 기초와 틀은 신적 능력의 행위로, 악한 인류**(이 악한 인류의 변혁적 효과는 심판 시 명확해 질 것이다)**에게 주어진 비상응적인 선물이다.** 이 비상응성(하나님이 신실하지 못한 자에게 신실하신 것)이야말로 죄의 보편적 영향에 의해 부패했다고 보는 세상 속에서 바울이 소망을 갖게 되는 근거다. 또한 하나님이 민족적 배경, 도덕적 소양 또는 율법의 준수와 상관없이 은혜를 베풀어주신다는 것은 바울이 경험을 통해 갖고 있는 확신이기도 하다. 그러나 **이 비상응적인 선물의 목적은 적합성을 만드는 것이다.** 다시 말해 율법 없는 이방인을 율법을 행하는 자로 바꾸고(2:12-15), 율법을 지키지 않는 유대인을 성령의 할례를 통해 하나님을 위한 열매 맺는 종으로 변화시키는 것이다(2:29, 7:5-6). 인간의 불의에도 불구하고 하나님이 극적인 의의 행위를 보여주시는 이유는 도덕적 혼돈을 일으키기 위함이 아니라 피조물을 의롭게 하고 성결하게 하려는 목적 때문이다. 로마서가 계속될수록, 이 사람들이 도덕적으로 개선된 옛 자아가 아니라 아브라함과 이스라엘 전체 이야기의 기본이 되는 "부르심"의 행위를 통해, 그리스도의 부활 생명에 따라 **무로부터**(ex nihilo) 창조된 새 피조물이라는 사실이 더 분명해질 것이다. 그러나 이 새 창조가 이전의 가치와 상관없이 주어진 **비상응적인 선물**이라는 것은 이미 명확한데, 이 선물은 어떤 존재, 곧 그 실천이 하나님의 의로운 심판에 **상응하는** 어떤 존재의 토대가 된다.

15.6. 그리스도-선물(3:21-26; 5:1-11)

갈라디아서에서처럼 로마서에서도 복음은 하나님의 일반적인 성품이 아니라 예수 그리스도 안에서 일어난 신적 "은혜"(χάρις) **사건**을 선포한다. 선물 언어가 바울이 그리스도-사건을 묘사하는 부분(3:21-26)에 갑자기 몰려 있는 것은 결코 우연이 아니다. "모든 사람이 죄를 범하였으매 하나님의 영광에 이르지 못하더니 그리스도 예수 안에 있는 속량으로 말미암아 하나님의 은혜로(τῇ αὐτοῦ χάριτι) 값없이(δωρεάν) 의롭다 하심을 (δικαιούμενοι) 얻은 자 되었느니라"(3:23-24). 선물 용어의 이중성(이는 추가 확장을 통해 5:15-17에 반향되어 있다)은 이 문장의 두 부분 사이에 존재하는 뚜렷한 비상응성과 일치한다. "모든 사람이 죄를 범하였으매…의롭다 하심을 얻은 자 되었느니라." 3:1-8에서 이미 암시적으로 제시되었던 것이 여기서 명시적으로 제시된다. 그리스도 안에서 이루어진 하나님의 행동은 경건한 자에게 주어지는 계산된 상도 아니고 소수의 신실한 자를 위한 자비로운 보호도 아니다. 그것은 수혜자의 가치와 대응을 이루는 요소가 조금도 없는 완전히 비상응적인 선물이다. 앞에서 확인한 것처럼, 갈라디아서에서도 이 비상응성이 그리스도-사건의 특징이었다. 그러나 갈라디아서에서는 인간 전체의 부정적 상태가 단지 지나가듯이 간략히 언급되는 것으로 그치지만(갈 1:4; 3:10, 22), 여기서 1:18-2:5과 3:10-18의 진술은 그리스도-선물의 비상응성을 "경험적" 기초와 성서적 기초로 제공한다. 바울은 인간이 겪는 곤경의 예외 없는 보편성을 과감히 천명하는데—에스라4서의 "포도 한 송이에서 하나의 포도를, 큰 숲에서 한 나무를"(9.21)이라는 진술과 달리—이는 그가 하나님의 구원 행동을 완전히 비상응적인 선물로 생각하는 것과 맞물려 있다.[62] 호다요트와 같이 바울도 인간의 상태 속에서 구원의 이적을 설명해줄 수 있는 근거를 아무것도 발견하지

....

62   이런 의미에서 바울 신학이 그 "해결책"(solution)을 통해 인간이 처한 "곤경"의 깊이를 발견 했다는 것은 부인할 수 없는 사실인 것으로 보인다. 비록 바울이 이스라엘의 불만족스러운 상태를 포함하여 인간의 죄악성의 보편적 의미를 당대의 일부 유대인들과 공유하고는 있지만, 그가 극단적으로 예외를 인정하지 않으려 했던 사실은 유대인과 이방인 모두가 아무런 공로 없이 주어지는 선물을 통해 그리스도 안에서 구원받았다고 보는 그의 신념을 반영한다. E. P. 샌더스가 제기한 이 주제와 관련하여 F. Thielman, *From Plight to Solution: A Jewish Framework for Understanding Paul's View of the Law in Galatians and Romans* (Leiden: Brill, 1989); S. Westerholm, "Paul's Anthropological 'Pessimism' in Its Jewish Context," in J. M. G. Barclay, S. J. Gathercole, eds., *Divine and Human Agency in Paul and His Cultural Environment* (London: T&T Clark, 2006), 71-98을 보라. 롬 1-3장에서 바울의 추론이 곤경으로부터 해결책으로 흐르는 듯이 보이는 표면적인 인상에도 불구하고, 이러한 용어를 통한 바울의 곤경 분석은 복음에서 나온 것이라는 여러 가지 암시가 존재한다. 곧 1:18ff.의 하나님의 진노는 복음이 먼저 계시된 다음에 제시되고(1:18의 γάρ 이전 부분을 지시한다), 최후의 심판의 성격도 바로 그 동일한 복음을 통해 알려지며(2:16), 유대인들의 "불신앙"(3:3)은 복음 선포에 대한 그들의 반응을 통해 충분히 인지된다(참조. 10:19-11:10). 캠벨의 주장, 곧 롬 1-4장에 대한 자신의 해석만이(내가 보기에 이 해석은 개연성이 없다) 인간적 곤경에 대한 바울의 후험적(*a posteriori*) 발견을 바르게 제시한다는 주장은 과장이다. Campbell, *Deliverance of God*, 도처.

못한다(위 7장을 보라). 그렇더라도 호다요트의 저자는 피조물에 관한 예정된 청사진에서 설명을 찾아내지만, 바울은 세상의 상태를 바꿔놓은 역사 속의 한 사건을 설명으로 제시한다.

가치와 상관없이 주어진 선물―신적 선물도 마찬가지―은 어느 정도 설명을 필요로 한다. 이런 선물은 부당하거나(적절한 가치를 무시하므로) 하찮은(너무 가치가 없어 도덕적 저울에 달아볼 수 없으므로) 것처럼 보일 수 있다. 우리는 강력한 통치자가 공로와 상관없이 선물을 나누어주지만 거기서 공정함에 대해서는 그에게 아무런 칭찬이 주어질 수 없는 경우를 상상할 수 있다. 또 우리는 가치가 작은 선물들―황제가 분배하는 하사품이나 신들이 선물로 주는 햇빛과 비―이 각기 다른 가치를 가진 사람들에게 일반적으로 분배되지만, 이것들이 정서적 또는 도덕적 가치를 거의 제공하지 못한다는 것을 인지할 수 있다. 이런 선물들은 수혜자에게 소중하거나 특별하다는 느낌을 주지 못했다. 그러나 바울에 따르면 그리스도-선물은 가치와 상관없이 주어졌으나 그러면서도 **또한** 정당한 것―"하나님의 의"의 표현이므로―이자 매우 소중한 것―하나님의 "사랑"의 표현이므로―이었다. 그리스도-사건의 정당성은 3:21-26에서 주장되고, 값비싼 중요성은 5:1-11에서 주장된다.

3:21-26의 그리스도-사건에 대한 옹골찬 묘사는 "하나님의 의"에 대한 언급으로 반복해서 강조되고(3:21, 25, 26), 여기서 세 번째 진술(26절)은 하나님 자신이 "예수 믿는"(ἐκ πίστεως Ἰησοῦ, 3:26) 자를 "의롭다고 여기실" 때 "의로우시다"는 진술로 확대된다.[63] "하나님의 의"(δικαιοσύνη θεοῦ)에 대한 학자들의 해석에 깊은 불일치가 존재하는데, 이를 여기서 상세히 다룰 수는 없다.[64] 하지만 우리의 목적상 이 맥락에서 이 말이 갖고

---

63   대부분의 주석가들과 같이 나도 δίκαιον과 δικαιοῦντα를 결합시키는 καί를 설명적 용법으로 본다. Jewett, *Romans,* 292를 보라.

64   δικαιοσύνη θεοῦ의 의미에 관한 현대의 논쟁은 이와 관련된 주석이 바울 신학의 형태에 관한 포괄적 판단과 얽혀 있음을 예시한다. 학자들은 이 말을 의견일치가 불가능할

있는 세 가지 국면을 지적하는 것은 반드시 필요하다. 첫째, 바울은 하나님의 의가 그리스도-사건 안에서 "이제"(3:21) 곧 "이때에"(3:26) 나타난 것을 강조한다. 하나님의 의에 대한 과거의 의미가 무엇이든 간에, 그리고 아무리 하나님의 의가 "율법과 선지자들"에게 증거를 받은 것일지라도(3:21), 이 말의 의미는 오직 복음에서만 나타난다.[65] 둘째, 바울은 그리스도의 죽음을 하나님의 의의 실현으로, 곧 이전의 죄를 묵인하는 것이 아니라 결정적으로 처리하는 화목제물(ἱλαστήριον) 사건으로 제시한다(3:25-26. 참조. 4:25, 8:3).[66] 여기서 중요한 것은 이것이 죄에 대한 정당한 계산 곧 공의를 무시하지 않고 적용시키는 계산이라는 주장이다. 셋째, 바울은 "하나님의 의"를 이 단락에서 두 번에 걸쳐 사용하면서(3:24, 26) 이후로 반복해서 등장하는(3:28, 30; 4:5 등) 동사 δικαιοῦν("의롭다고 여기다")과 긴밀하게 연계시킨다. 만약 이 "의롭다고 여기는" 것이 죄인들을 의롭다고 말하는 단순한 주장이 아니라면, 그것은 수행 진술(사람들이 의롭다고 선언될 때 그들을 "의로운 자"로 만드는 것)을 가리키거나 아니면 이제 그리스도-사건에

<hr />

정도로 다양한 개념적 구조(예. 선물, 능력, 약속, 언약, 또는 묵시) 안에 위치시킨다. 불트만과 케제만의 논쟁 이후, 케르텔게, 슈툴마허, 그리고 다른 학자들의 작품에서 전개된 최근의 연구들(M. T. Brauch의 요약을 E. P. Sanders, *Paul and Palestinian Judaism* [London: SCM, 1977], 523-42에서 보라)은 이 말이 성경에서 하나님의 언약적 신실하심 또는 하나님의 구원의 승리와 연계되어 있음을 강조했다. 예를 들어 S. K. Williams, "The 'Righteousness of God' in Romans," *JBL* 99 (1980), 241-90; N. T. Wright, *Justification* (London: SPCK, 2009)을 보라. 바울이 다양한 맥락에서 사용하는 이 다의적 어구에 단일 의미를 부여하는 것은 적절하지 않으며, 그것을 어떤 하나의 개념적 구조 속에 배치할 수 있을지는 불분명하다.

65 바울은 이후 다음과 같이 주장한다. 즉 유대인(바울만큼 율법과 선지자에 익숙한)은 하나님의 의가 그리스도 안에서 실행된 것을 보기 전까지 하나님의 의를 알 수 없다고 말이다(10:3-4). 이는 바울의 관점에서, 하나님의 의라는 말이 구약성서나 제2성전 시대 문헌들의 맥락에서 결정될 수 없음을 나타낸다.

66 3:25-26의 모든 핵심 단어들의 의미는 큰 논란을 불러일으켰다. D. A. Campbell, *The Rhetoric of Righteousness in Romans 3:21-26* (Sheffield: Sheffield Academic Press, 1992)을 보라.

서 비롯된 삶에 합당한 새 실재에 관한 선언을 가리키거나 둘 중 하나다.[67] 여기서 후자의 경우 하나님은 정당하게 이 죄인들을 "의로운 자"로 여기시는데, 이는 그들이 죄의 삭제를 통해(5:1, 10-11) 하나님과 화목하게 되고, 이제는 그리스도의 죽음과 부활로 말미암아 창조된 새 실재에 따라 살기 때문이다(참조. 4:25).

이 새로운 실재는 예수 그리스도에 대한 언급으로 특별히 정의되는 "믿음"(πίστις Ἰησοῦ Χριστοῦ)을 그 특징으로 한다. 이 단락에서 πίστις가 갑자기 반복해서 등장하는데, 이는 주목할 만한 현상이다(3:22, 25, 26에서는 명사형으로, 3:22에서는 동사형으로 나타남). 그 후로는 이 말이 처음부터 아브라함 이야기(4:1-25)의 중심인 것으로 나타난다. 갈라디아서의 동일한 현상(위 12.5.3을 보라)과 마찬가지로, 여기서도 πίστις Ἰησοῦ Χριστοῦ라는 애매한 표현을 "주격" 소유격 용법("예수 그리스도의 신실하심")으로 취하는 해석이 다양한 주장의 지지를 받는다. 말하자면 다양한 언어적·문학적 주장의 배후에는 종종 신자들의 믿음이 관심의 초점이 되거나 어떤 인간 중심적 구원의 조건이 될 수 있다는 신학적 염려가 숨어 있다.[68] 그러나 로마서 그 어디에서도 바울은 예수를 "신실하신 분"으로 언급하고 있지 않으

---

67   δικαιόω의 의미("어떤 사람을 교정하는 것"이 아니라 "'의롭다' 혹은 '옳다'고 선언하는 것")에 대해서는 위의 12.5.3을 보라.

68   이 논쟁에 대해서는 위의 12.5.3을 보라. 로마서의 이 본문과 관련하여 "주격 소유격 용법"을 가장 강하게 주장하는 사람은 캠벨과 존슨이다. Campbell, *Rhetoric of Righteousness*; L. T. Johnson, "Rom. 3:21-26 and the Faith of Jesus," *CBQ* 44 (1982): 77-90을 보라. 라이트는 대다수 학자들과 다르게 이 문제를 해석하며, 예수를 하나님께 신실함을 보여주어야 할 이스라엘의 의무를 성취해주는 신실한 유대인으로 간주한다("Romans," 470). 그러나 유대교 자료들에는 "하나님의 구원 계획이 반드시 그 계획을 이룰 신실한 이스라엘 사람을 필요로 했다"라는 언급이 전혀 없고, 이런 계획은 바울 신학 내 그 어디서도 명확하지 않다. 종종 유사한 본문으로 인용되는 본문들(롬 5:12-21과 빌 2:5-11)은 "순종"이라는 용어를 사용하는데, 만일 그것이 바울이 의미하려는 것이었다면 여기서도 쉽게 사용될 수 있었을 것이다. 이스라엘의 ἀπιστία ("믿지 아니함, 불신앙", 롬 3:3)는 예수의 πίστις ("믿음")와 결코 대립관계에 놓여 있지 않다.

므로, 또 (갈라디아서에서처럼) 약어를 사용하는 그 즉시 그 약어의 의미를 명확히 하므로(3:22, "모든 믿는 자에게")[69] 그리고 이어지는 4장에서 아브라함(그리스도가 아니라)을 믿음(신실함이 아니라)의 조상과 본보기로 제시하므로, 3:21-26의 πίστις는 신자들의 믿음으로 더 잘 이해되는데, 이는 신자들이 그리스도-사건에 참여하거나 그리스도-사건에 그 유래를 두고 있음을 가리킨다.[70] 하나님의 의는 새로운 종류의 존재를 가져왔는데, 이 새로운 존재의 믿음은 그들의 삶이 인간 실존의 일반적인 형성을 통해서가 아니라 그리스도로부터 구성된다는 것을 보여주는 표지다. 이 의존 양식이 유대인과 이방인 모두에게서, 곧 공통된 죄의 상태에도 불구하고 믿는 **모든 자** 속에서 입증된다는 사실(3:22-23)은 이 양식을 좌우하는 선물이 차별 없이 그리고 가치와 상관없이 주어졌음을 보여주는 표지다.

로마서 5:1-11(우리는 아래에서 롬 4장으로 돌아갈 것이다)은 "우리가 그 안에 서 있는 이 "은혜"(χάρις)를 칭송하고, 이때 우리의 확신이나 자랑의 근거는 그리스도 안에서 새 실재를 창조하고 자신이 창조한 이 실재의 미래를 보증하시는 하나님 안에 전적으로 놓여 있다(5:2, 11). 고난에도 불구하고 소망이 안전한 이유는 성령의 선물로 변화된 마음(2:15, 19)이 하나님의 사랑으로 가득 차 있기 때문이다(5:5). 바울은 여기서 인간 편에 합당한 것이 전혀 없음을 강조하기 위해 특별히 애쓴다. 우리가 아직 연약할 (ἀσθενεῖς) 때에 그리스도께서 경건치 않은 자(ἀσεβεῖς)를 위하여 죽으셨다 (5:6). "우리가 아직 죄인(ἁμαρτωλοί) 되었을 때에" 그리스도께서 우리를

---

69   R. B. Matlock, "The Rhetoric of πίστις in Paul: Galatians 2:16; 3:22; Romans 3:22; and Philippians 3:9," *JSNT* 30 (2007), 173-203을 보라.

70   이 방향으로 타당한 논증을 전개하는 Watson, *Paul, Judaism, and the Gentiles*, 231-45를 보라. 왓슨의 지적처럼 이 소유격 용법은 "거의 형용사의 기능을 행사하며 πίστις의 범주를 정하지만, '믿음'과 '예수 [그리스도]'의 관계를 상대적으로 확정하지 않은 상태로 남겨놓는다"(244). 왓슨은 나중에 "그리스도 안에서 이루어진 하나님의 구원 행동에 적합한 믿음"—곧 그 행동으로 유래해서 그 행동에 참여하며, 그 행동을 향해 나아가는 믿음—에 관해 말한다(255).

위하여 죽으심으로(5:8) 하나님께서 우리에 대한 자기의 사랑을 확증하셨다(συνίστησιν, 참조. 3:5). 우리가 원수(ἐχθροί) 되었을 때에 하나님과 화목하게 되었다(5:10). 이렇게 다양한 관점에 따라 우리에게 아무 가치가 없음을 묘사하는 각종 용어들은 선물을 받는 조건에 어떤 긍정적 요소도 없음을 어떻게든 강력하게 부각시키려는 의도를 갖고 있는 것처럼 보인다. 이 선물은 합당한 자에게 주어지는 언약이 아니다(필론. 위 6.3을 보라). 하나님의 사랑을 받은 수혜자 속에서는 어떤 가치 있는 특성도 결코 찾아낼 수 없고, 이는 그들의 숨겨진 잠재성 속에서도 마찬가지다.

바울 자신도 이 비상응적인 선물의 희귀성에 대해 다음과 같이 언급한다. "의인을 위하여 죽는 자가 쉽지 않고 선인을 위하여 용감히 죽는 자가 혹 있거니와"(5:7).[71] 여기서 바울의 진술은 좋은 선물이 합당한 자에게 주어지고, 값비싼 선물일수록 그만큼 차별적으로 주어진다는 고대 세계의 일반적 가정을 반영한다. 사람에게 주어지는 생명의 선물―상상할 수 있는 가장 값비싼 선물―은 받을 자격이 없는 자에게 결코 주어지지 않을 것이다. 세네카가 설명하는 것처럼, 만약 어떤 사람이 가치가 있다면(*dignus*) 나는 내 목숨을 바치더라도 그를 옹호할 것이다. 그러나 그가 가치가 없다면(*indignus*) 나는 그를 도울 수 있겠지만 목숨을 내놓는 희생은 치르지 않을 것이다(*Ben.* 1.10.5).[72] 그러나 그리스도는 이처럼 상상할 수 없는 조건

---

71 설사 있다고 해도, 무엇이 두 가지 범주 사이를 구별할 수 있을지는 분명하지 않다. 비록 다른 누구보다도 증여자가 때때로 "선하다"고 불릴 수 있지만, 이는 일반적으로 나타나는 현상이다. 우리가 후자의 범주를 증여자로 볼 합당한 이유는 전혀 없다(이 주장은 Cranfield, *Romans*, vol. 1, 264-5과는 상반된 견해이다). 바울은 이 요점을 강조하기 위해 긍정적 시나리오를 이중으로 제시한다. 이 선물은 가치 있는 사람에게만 주어질 수 있는데, 그때 이 선물은 오직 정의롭게 주어져야 한다는 것이다. 무가치한 자를 위해 죽는다는 것은 상상의 범주를 벗어나는 일이다.

72 참조. Philo, *Spec.* 3.154-55. 여기서 필론은 아버지가 처벌받아야 할 자녀를 위해 잘못된 혹은 과도한 애정으로 죽어서는 안 된다고 주장한다. 왜냐하면 "우정에 합당한 행동을 보여주는 자에게 우정을 보여주는 것은 옳지만, 악을 행하는 자는 결코 참된 친구가 아니기" 때문이다(155). 따라서 가치 없는 자를 위해 죽는 것은 도덕적으로 비난받을 일

속에서 죽으셨다. 이는 일종의 선물로서 바울은 이 선물이 단순한 생명의 내던짐이 아니라 가장 깊은 인격적 헌신을 간직한 사랑의 표현이라고 열심히 주장하는 것처럼 보인다. 그런데 이 사랑은 그리스도의 사랑이 아니라 하나님의 사랑으로 판단되는데(5:5, 8. 이는 갈 2:20과는 대조를 이룬다), 그 이유는 그리스도의 죽음은 하나님께서 자기 외아들을 내어주신 것이기 때문이다(8:32). 그러나 어떻게 말하든 차이는 크지 않다(참조. 8:39, 그리스도 예수 안에 있는 하나님의 사랑). 그리스도-선물은 누구나 갖도록 던져진 하찮은 증표도 아니고 매우 높은 가치를 지닌 자를 면밀히 겨냥하고 주어진 값비싼 선물도 아니다. 그리스도-선물은 받기에 합당한 자로 간주할 것이 아무것도 없었던 자에게 가장 깊은 애정과 가장 높은 헌신으로 주어진 가장 값비싼 선물이다. 바울이 5:5-11(참조. 9:6-18)에서 제시하고 있는 것은 바로 이처럼 희한하고 엉터리 같은 현상이다. 바울은 이 특수한 선물을 기초로 다음과 같이 확신할 수 있다. 만약 원수가 이런 식으로 화목하게 되었다면, 화목하게 된 자는 얼마나 더 구원받게 되겠는가(5:10)!

바울은 그리스도의 죽음을 이처럼 선물로 제시할 때 고대의 선물 개념의 다양한 요소들을 독특하게 그리고 수사적으로 강력하게 결합시킨다. 다른 고대 사상가들과 마찬가지로 바울도 신적 자비가 **모든 사람**에게 미친다고 말할 수 있다. 앞에서 확인한 것처럼, 신적 선물의 보편성이 은혜가 지닌 비상응성이라는 극대화를 불러일으킬 수 있는 이유는 자연의 선물들(비와 해, 빛과 열)이 선인과 악인을 막론하고 누구에게나 주어지기 때문이다.[73] 그러나 차별 없이 주어지는 선물은 도덕적으로 의심스러운 것으로 간주될 수 있었고, 보편적인 하나님의 선물들은 주의 깊게 살펴보면, 그것들을 중요성이 적은 선물로 또는 단지 선을 위하여 주어진 선물로 규

이다. 나는 이 본문에 관심을 갖게 해준 오리 맥파랜드(Orrey McFarland)에게 감사한다.

73 Seneca, *Ben.* 1.1.9-10을 보라. 고대의 담화 속에 나타난 이 속성에 대해서는 위의 2.2를 보라.

정할 수 있다.[74] 그러나 바울에 따르면 선물의 특별한 수혜자가 되기에 합당할 정도로 선한 자는 하나도 없다. 나아가 바울은 하나님의 선물을 자연의 혜택이 아니라 그리스도의 죽음과 동일시하므로, 이 선물은 결코 무차별적인 것이나 하찮은 것으로 치부될 수 없었다. 이 선물은 하나님의 **사랑**을 표현하는데, 하나님의 사랑은 무가치한 자를 향한 일종의 인격적이고 개별적인 헌신 운동이다. 확실히 이 선물은 **그리스도의 죽음**으로 주어지므로, 바울은 선물을 합당한 자에게 적절히 배분하는 고대의 감성을 불러일으키고 이를 무너뜨릴 수 있다.[75] 사람들은 무가치한 자에게 가장 값비싼 선물을 주지 않는다. 그런데 경건치 않은 자를 위한 그리스도의 죽음은 적합한 선물에 대한 통상적인 기대를 무너뜨린다. 따라서 **그리스도-선물은 전혀 합당하지 않는 자를 위한 사랑의 행위로서, 그리스도의 죽음 안에 있는 모든 자에게 하나님이 주신 선물인데, 바울은 이 그리스도-선물을 궁극의 비상응적인 선물로 간주한다.** 물론 바울은 신적 선물이 수혜자의 가치와 일치하지 않는 불균형성을 가질 수 있다고 상상한 최초의 인물은 아니었다. 그러나 바울은 그리스도-선물을 기존의 관점을 파괴하는 선물로 묘사하기 위해 특별히 애쓴다.

---

74   Seneca, *Ben.* 4.28; Philo, *Sacr.* 121-25를 보라.

75   이 담론을 위해서는 그리스도-선물이 인간적 입장에서는 그리스도의 죽음으로 간주되는 것이 중요해 보인다. 비록 그 선물이 그와 동시에 하나님의 선물이긴 하지만 말이다 (8:32, 여기서 이 선물은 의인화된 묘사를 통해 하나님께서 "독생자"를 내어주신 것으로 제시된다). 인간이 무가치한 자를 위해 자신의 생명을 내놓는 것은 하나님이 선하거나 악한 자에게 선물을 베풀어주시는 것보다 훨씬 더 충격적으로 규범을 위반하는 일이다.

15.7. 아브라함 가족의 특성

로마서 4장의 구조를 구성하는 창세기 15:6을 상세히 주석해보면, 아브라함 가족의 **범주**와 아브라함 가족의 **전형적인 특성**이 부각된다. 바울은 갈라디아서에서도 아브라함 관련 본문을 사용하여 자신의 이방인 선교를 지지하고(갈 3:6-29), 아브라함 자손의 기적 같은 창조를 강조했다(갈 4:21-5:1. 본서 13장을 보라). 로마서 4장은 갈라디아서에서는 결코 명시적이지 않았던 이러한 주제들을 연합시키고 전개하는 한편 아브라함의 상속자 가운데 유대인 신자들이 존재하고 있음을 제시한다. 바울은 여기서 아브라함에게 주어진 약속의 **범주**를 유대인과 이방인으로 구성된 가족으로 제시할 뿐만 아니라 이 약속을 이루는 **수단**의 특징도 제시하는데, 이는 하나님의 비상응적인 행동으로 가득 차 있는 아브라함 내러티브를 통해 입증된다.

　　로마서 4장에 대한 다양한 해석은 로마서 전체에 관해 다양한 해석이 존재하고 있음을 보여준다.[76] 케제만은 불트만의 개인주의적 해석에 반대하여, 아브라함과 그의 자손에 관한 바울의 기사를 (인간적 견지에서 불연속적인) 취하여 "구원-역사"를 정당화했다.[77] 그러나 케제만의 강조는 이

76　초기의 독일 학계에서 롬 4장에 대한 클라인의 급진적·불트만적 해석(아브라함을 기독교 신앙의 독자적이고 개인적인 선구자로 그리는 해석)은 아브라함을 구원사의 조상으로 보는 해석으로부터 공격을 받았다. G. Klein, "Römer 4 und die Idee der Heilsgeschichte," *EvTheol* 23 (1963), 424-47; U. Wilckens, "Die Rechtfertigung Abrahams nach Römer 4," in *Rechtfertigung als Freiheit: Paulusstudien* (Neukirchen: Neukirchener Verlag, 1974), 33-49를 보라. 참조. U. Luz, *Das Geschichtsverständnis des Paulus* (Munich: Kaiser Verlag, 1968), 168-86. 개요를 포함한 최근의 토론에 대해서는 B. Schliesser, *Abraham's Faith in Romans 4* (Tübingen: Mohr Siebeck, 2007)를 보라.

77　E. Käsemann, *Perspectives on Paul* (Philadelphia: Fortress Press, 1971), 60-78과 79-101에서 "Justification and Salvation History in the Epistle to the Romans" 그리고 "The Faith of Abraham in Romans 4"를 보라. 그의 *Römer*, 110-11을 참조하라.

성서 이야기를 이신칭의 교리의 "증거"로 보는 것에 놓여있다.[78] 케제만에 따르면 로마서 4장의 핵심 부분은 "경건치 않은 자의 칭의"에 관한 진술에서 그 절정에 달하는 4:1-8이다(4:5. 『로마서』 100-107). 로마서 4장 전체에 걸쳐 바울은 아브라함을 행위 구원론을 정당화하는 데 사용한 유대인 반대자들을 반박한다(99-100).[79] 믿음의 "본보기"로서(99), 아브라함 이야기는 (율법의) 행위로 하나님 앞에서 안전을 구하는 "경건한 사람의 자랑"을 기각시킨다(97, 106-107). 할례 주제가 제기되고 있는데(4:9-12), 이는 단지 가능한 "반론"에 대응하기 위함이다(108). 할례는 "구원을 종교적인 사람의 특권으로 만들어버리는" 일반적인 경향을 대변한다(98). 확실히 로마서 4장은 바울이 하나님의 율법을 "업적 원리"(Leistungsprinzip, 99)로 만들어버리는 모든 그릇된 경향을 거부하고 있음을 암시한다. 아브라함은 여기서 업적 원리와 반대되는 "원리"(오직 믿음으로 경건치 않은 자가 얻는 칭의)의 본보기로 인용되고 있으며, 이 원리가 바울 복음의 핵심을 구성한다.[80]

로마서 4장에 대한 주된 대안적 해석은 "바울에 관한 새 관점"을 통해 형성된 것으로, 이 해석은 아브라함을 신학적 개념에 대한 성서적 증거로 해석하지 않고 역사적 가족의 선조로 해석한다.[81] 톰 라이트에 따르면

78　케제만이 4:1-25에 붙인 제목 "Der Schriftbeweis aus der Geschichte Abrahams"(아브라함 이야기의 성서적 증거)를 보라. *Römer*, 99. 여기서 케제만이 증명하려는 것은 3:21-26의 전제 곧 "믿음의 의"(die Glaubensgerechtigkeit)다(110). 본문에서 괄호 안의 숫자는 Käsemann, *Römer* 의 쪽수를 가리킨다.

79　케제만에게 중요한 사실은 "ἐργάζεσθαι가 '행하다'나 '일을 하다'를 의미하지 않는다"(104)는 것이다. 루터의 관점에서 믿음의 반대는 그런 "행위에 대한 관심"이다. 위의 3.3을 보라.

80　루터 전통 안에서 바울을 개념신학자(conceptual theologian)로 이해하고 "유대인"이라는 말을 "종교적인/경건한 사람"의 암호로 간주하는 경향에 대해서는 위의 3.5를 보라.

81　예를 들어 N. T. Wright, "The Letter to the Romans," in *The New Interpreter's Bible*, vol. 10 (Nashville: Abingdon Press, 2002), 395-770, 특히 487-507을 보라. 롬 4장은 "'이신칭의'에 관한 장이 아니라, 아브라함에게 속한 가족의 범위와 본질에 관한 장"이다

로마서 4장의 주된 주제는 이방인과 유대인으로 함께 이루어진 "아브라함의 언약 가족"이다(라이트, 487). "믿음, 은혜 그리고 약속은…로마서 4장에서 매우 중요하다. 하지만 그것들이 주된 주제는 아니다"(497). 4:9-17에의 핵심인 아브라함의 중요성은 그가 다민족으로 이루어진 하나의 가족의 "조상" 역할을 한다는 것에 있고, 이 가족은 지금 그리스도 안에서 성취된 과거 약속의 주체다.[82] 여기서 바울은 추상적으로 구상된 두 구원론을 대조시키는 것이 아니라, 아브라함 가족에 관한 경쟁적 두 해석을 대조시킨다. 하나는 그 구성원이 민족성("육체적 혈통")에 기반한다는 해석이고, 다른 하나는 그 구성원이 유대인이건 이방인이건 똑같이 민족성에 기반하지 않는다는 해석이다.[83]

아래에 제시된 해석은 아무에게도 "반론에 대한 답변"이나 "형이상학적 설명"의 지위를 부여하지 않고 로마서 4장의 모든 부분에 동일한 비중을 부여하려 한다.[84] 우리의 과제는 아브라함에 관한 바울의 이중 묘사

....
(489). 바울은 "아브라함을 우선적으로…본보기로서 사용하지 않는다"(495). 괄호 안의 숫자는 라이트가 저술한 이 주석의 쪽수를 가리킨다.

82 "주요 부분의 종합적 주제는…하나님의 언약적 신실하심과 '유대인-더하기-이방인 가족'의 창조에 대한 계시다"(497).

83 롬 4장에 대한 이러한 해석과 관련된 초기의 중요한 진술을 다음의 연구들에서 보라. R. B. Hays, "Have We Found Abraham to Be Our Fore father according to the Flesh?' A Reconsideration of Rom 4:1," *NovT* 27 (1985), 76-98; 재인쇄, *The Conversion of the Imagination: Paul as Interpreter of Israel's Scripture* (Grand Rapids: Eerdmans, 2005), 61-84. 이 관점에 따른 롬 4:1에 대한 독특한 해석을 아래에서 보라.

84 "반론에 대한 답변"은 4:9-12에 대한 케제만의 논문을 가리킨다. "형이상학적 설명"에 대해서는 4:2-8에 대한 Wright의 다음과 같은 견해를 보라. 롬 4:2-8은 "바울의 요점에 관한 내적 본질이라기보다는 상세한 형이상학적 설명으로 볼 때 훨씬 더 잘 이해된다"("The Letter to the Romans," 490). 라이트는 자신의 저서 *Pauline Perspectives: Essays on Paul, 1978-2013* (London: SPCK, 2013), 554-92에서 "바울과 그 족장"의 부분에서 4:1-8에 관한 더욱 깊고 강력한 해석을 제공한다. 하지만 여기서도 4:4는 "본문 전체에서 아무런 비중을 갖지 않는" "각색"으로 규정된다(563; 참조. 586). 라이트는 4장의 주된 주제인 "믿는 유대인과 믿는 이방인의 통일성과 동등성"이 4:17의 끝에서 완결된다고 지적한다. 4장 나머지 부분(4:18-25)은 1:18 이후로 모든 부분과 관련되지만,

곧 하나님을 믿는 **신자**로의 묘사와 다민족 가족의 **조상**으로의 묘사, 이 둘을 하나로 통합시키는 것이다.[85] 여기서 하나님이 이방인과 유대인을 함께 아브라함의 가족으로 부르시는 것은 하나의 예증이나 논쟁적 첨언이 아닌 바울의 논쟁의 핵심으로 주장될 것이다. 이것이 이방인의 사도인 바울의 사역을 규정하는 복음의 결정적 특징이다. 바울의 신학은 이방인 선교로부터 그리고 이방인 선교를 위하여 전개되기 때문에, 아브라함에게 주어진 약속의 범주가 로마서 4장과 로마서 전체의 한복판에 놓여 있다(참조. 15:7-13, 16-21). 그러나 아브라함이 하나님과 맺고 있는 관계의 **방식**(믿음)과 아브라함의 자손이 생겨난 **수단**(무로부터의 창조) 또한 중요한 관심의 대상이다(4:2-8, 16-22). 이 관심사들을 하나로 통합시켜주는 것은 아브라함 가족이 독특한 특성에 따라 구별된다는 사실이다. 믿음으로 연합된 유대인과 이방인이 아브라함 가족에 다 포함되는데, 이는 아브라함 가족이 처음부터 능력이나 가치와 같은 인간적 기준과 상관없이 하나님이 베풀어주시는 은혜와 부르심을 통해 창조되었다는 사실의 반영이다. 하나님의 행동과 인간의 지위, 이 둘 사이의 비상응성이 바울의 논증을 하나로 묶어주는 통합적 주제다. 곧 그것이 하나님께서 이방인과 또 동시에 유대인을 하나의 아브라함 가족으로 부르시는 **신학적 근거**다.[86]

다른 많은 유대인들의 경우와 마찬가지로, 바울에게는 아브라함 이

특별히 4:1-17과는 덜 관련된다("The Letter to the Romans," 499).

85 이와 비슷한 통합적 해석에 대해서는 Schliesser, *Abraham's Faith*, 221-390을 보라.

86 창세기의 내러티브와 관련된 롬 4장에 대한 왓슨의 해석(*Hermeneutics of Faith*, 167-219)은 하나님의 무조건적 약속, 그리고 인간의 순종 또는 인간의 주도권을 수반하는 내러티브의 조건성이라는 이 두 가지 사이에 존재하는 양극적 대립에 따라 구성된다. 하지만 이러한 왓슨의 이해는 롬 4:17-22과 썩 잘 어울리지는 않는다. 왜냐하면 롬 4:17-22에서 하나님의 행위는 인간의 주도권이 아니라 인간의 능력과 대조를 이루기 때문이다. 그러나 왓슨은 바울이 아브라함 내러티브의 방식에 관심이 있다는 것을 바르게 파악하고 있다. 나는 그 방식을 하나님의 행동과 인간의 능력 및 가치 사이의 "비상응성"으로 표현함으로써, 롬 4장 전체의 핵심적인 역학 관계를 포착하려 한다.

야기가 이스라엘 내러티브의 기원과 형태를 규정한다. II부에서 다루었던 문헌의 저자들 가운데 특히 필론은 이스라엘의 택하심과 세상을 향한 하나님의 목적을 묘사할 때 아브라함의 중요성을 강조한다. 위에서(6.4) 확인한 것처럼, 필론에 따르면 아브라함은 하나님에 관한 진리를 향해 나아가는 최초의 여정과, 덕으로의 모범적 이동을 나타냈다. 학습능력이 있는 영혼으로서 아브라함은 하나님이 우주의 불가시적 원인임을 배웠고, 그 결과 육체적 악덕을 버리고 지성의 덕으로 이동했다(*Migr.* 1-6, 176-195). 이러한 이중 이동 곧 지성적 이동과 도덕적 이동을 통해 아브라함은 이스라엘의 조상과 개종자들의 표본이 되었다. 아브라함은 건국의 조상이자 본보기인데, 그 이유는 그가 명확한 특징으로 그 이야기를 시작하고 이 명확한 특징 속에서 그 이야기가 계속 이어지기 때문이다(*Abr.* 78). 그러나 바울은 아브라함을 이와 전혀 다르게 형성시킨다. 하지만 여기서도 아브라함의 두 기능, 곧 창시자로서의 기능과 본보기로서의 기능, 이 둘 가운데 하나를 선택할 필요는 없다. 말하자면 아브라함은 유대인과 이방인 모두의 조상이 되는데, 이는 정확히 그와 그의 자손이 약속의 수혜자로 구성되는 방식으로 이루어진다.

3:27-31을 아브라함을 다루는 4장의 주제적 도입으로 취하면서, 우리는 칭의의 범주와 수단이 어떻게 서로 연계되어 있는지 알게 된다.[87] (율

---

87 3:27-28과 4:1-8 사이에는 밀접한 언어적 연관성이 있다. καύχησις("자랑할 데", 3:27)는 καύχημα("자랑할 것", 4:2)와 맞물려 있고, χωρὶς ἔργων("행위에 있지 않고", 3:28)는 4:6에 반영되어 있다. 마찬가지로 "할례"와 "무할례"(3:29-30)는 4:9-12에서 다루어진다. 따라서 우리는 롬 4장의 처음 두 단락이 3:27-30의 주장을 해설하는 동시에 3:27-30의 주장에 토대가 된다고 이해할 수도 있다. 참조. Campbell, *Deliverance of God*, 725-27(여기서 캠벨은 3:31과 4:13-16 사이의 연관성도 주장한다). 장의 구분을 뛰어넘는 이 연관성은 율법을 "굳게 세운다"는 바울의 주장(3:31)이 복음을 아브라함의 내러티브의 성취로 보는 바울 자신의 이해를 나타내고 있음을 암시한다(이 맥락에서 νόμος가 갖고 있는 의미에 대해서는 갈 4:21을 참조하라). 관련 논의는 C. Rhyne, *Faith Establishes the Law* (Chico: Scholars Press, 1981); Wilckens, *Römer*, vol. 1, 249-50을 보라.

법의) 행위로 규정되는 것을 포함하여 모든 인간적 자산이 무시되므로("자랑할 데가 어디냐, 있을 수가 없느니라", 3:27), 사람이 믿음으로 의롭다 함을 얻는 것이 분명해진다(3:27-28). 따라서 민족적 차이는 칭의와 아무 상관이 없고, 유일하신 하나님은 이방인과 유대인을 똑같이 믿음으로 의롭게 하신다(3:29-30). 갈라디아서에서처럼 여기서도 칭의에 관한 설명은 실천적 목적을 부각시키는 역할을 하고, 따라서 "유대인답게 행하는" 삶의 구조를 필요로 하지 않는 이방인들에 대한 선교의 근거가 된다. 그러므로 믿음으로 얻는 칭의는 목표(이방인과 유대인을 다 포함함)이자 수단(일반적인 가치 기준을 무시함)이다. 정교하게 구성된 아브라함 이야기는 이 수단(믿음으로, 4:1-8)과 이 목표(유대인과 이방인이 똑같이, 4:9-12)를 다 요약하고 있다. 바울은 이 수단에 관한 설명으로 시작하는데(4:1-8), 이 사실은 아브라함이 신학적 개념의 예증이 됨을 암시하지 않고 신학적 개념의 사회적 목표가 하나님의 특수한 방법을 통해서만 이루어질 수 있음을 암시한다. 바울에 따르면 믿음 안에 있는 유대인과 이방인 사이에 차별이 없는 것은 정치적 "평등" 원리에 따라 이해되는 것도 아니고, 또 단순히 아브라함 관련 본문들(이는 나중에 4:17-18에 인용됨)에 약속된 "많은 민족"의 언급에 따라 이해되는 것도 아니다. 믿음 안에 있는 유대인과 이방인 사이에 차별이 없음을 설명할 수 있는 이유는 아브라함 이야기가 그 시작과 똑같은 방식, 곧 인간의 내재적 가치와 상관없이 신적 결정을 믿음으로 의지하는 방식으로 성취되기 때문이다.

이와 반대로 주장하는 흥미로운 견해가 있음에도 불구하고, 로마서 4:1을 보통 번역되는 대로 다음과 같이 이해하는 것이 가장 좋다. "그런즉 육신을 따라 우리 조상인 아브라함이 무엇을 얻었다[발견했다] 하리요[말하겠는가?]"[88] 논쟁 목적상 바울은 아브라함이 유대인의 혈통적 조

---

88 이 해석에 이의를 제기하는 Hays, "Have We Found?"를 보라. 헤이즈는 흔한 수사적 질문("무엇을 얻었다 [말]하리요?")의 확대를 특이한 것으로 보고, 이 해석이 아브라

상이라는 일반적 인지로부터 시작한다.[89] 로마서 4장이 계속되면서 바울
은 아브라함의 성품을 다시 정의하고, 이 조상 개념에 대해서도 다시 정
의할 것이다(4:11, 16-18).[90] 아브라함이 "얻은[발견한]"[91] 것은 성서 자체

<hr />

함을 "육신을 따라 우리 조상인 자"로 묘사하는 내용이 이어지는 부분에서 그의 계보
를 새롭게 정의하는 내용으로 수정될 것이라고 바르게 지적한다. 그러나 헤이즈의 해석
("우리가 무엇을 얻었다 [말]하리요? 우리가 아브라함을 육신으로 우리의 조상으로 알
고 있었는가?")에는 치명적인 결함이 있다. "조상"이라는 말의 문법적 성분이 술어라
면, 이 말 앞에 그리스어 원문에 있는 정관사가 붙지 못할 것이다(이와 다른 반론에 대
해서는 Engberg-Pedersen, *Stoics*, 363 n. 3을 보라. "그 조상"이 아브라함을 가리키는 말
로서 잘 알려져 있었다는 증거는 전혀 없다). 라이트는 헤이즈의 주장을 수정하는데("우
리"를 유대인이 아니라 믿는 자들로 취하는 것), 여기에는 전혀 신빙성이 없다. 그렇게
되면 자신들이 "육신을 따라" 아브라함에게서(아브라함의 "육신적 가족"의 일원으로부
터, "Romans," 490) 나왔는지 자문해보는 이방인 신자들(그리고 개종자들)을 상상하
게 된다. 그러나 우리가 아는 한, 바울 당시의 어느 누구도 이방인들, 심지어 유대교로 개
종한 자들도 자신들을 아브라함의 혈통적 후손으로 주장할 수 있다고 생각하지 않았다
("Romans," 487, 490을 보라). 할례를 받는 것은 아브라함을 그들의 "혈통적 조상"으
로 만든다는 것을 의미하지 않을 것이다(494). 참조. Wright, "Paul and the Patriarch,"
579-84.

89   스토워스가 제시하는 것처럼 3:27-4:2의 문답 형식은 고대의 학교-수사학의 "혹평" 논
     쟁과 비슷했다. Stowers, *The Diatribe and Paul's Letter to the Romans* (Chico: Scholars
     Press, 1981), 155-74. 그러나 이것이 2:17-24의 유대인 대화 상대자와 계속 연관되어
     있는지는 분명하지 않다. 다시 말해 3:27-4:2은 "너"가 아니라 여러 번 "우리"라고 진술
     하는데, 이는 스토워스의 견해에 따르면 두 "당사자"—스토워스(165)가 인정하는 것처
     럼 혹평 논쟁에서 "이례적인 형식적 인물"—가 말하고 있는 것이다(3:28, 31, 4:1). 이것
     은 대화가 내면화되어 바울 자신의 생각 속에 남아 있지만, 스토워스(캠벨, *Deliverance of
     God*, 715-725은 문답을 다르게 제시한다)의 주장처럼 유대인 대화 상대자의 태도를 굴
     복시키기에 충분한 대화가 외적으로 표현되지는 않았음을 표시한다.

90   상대되지만 거부되지는 않는 이와 유사한 κατὰ σάρκα의 사용에 대해서는 롬 1:3; 9:3,
     5을 보라. 롬 4장의 나머지 부분은 9:8에서 요약되는 내용, 곧 하나님 앞에서 인정받는
     아브라함의 자손을 하나님이 창조하신다는 사실을 주장할 것이다. 말하자면 육신의 조
     상은 이 무조건적인 행위에서 제외되지는 않으나, 그렇다고 해서 이 조상을 통해 하나님
     이 무로부터 창조하시는 자손들의 경계가 제한될 수는 없다(4:17). 필론도 족장 조상에
     대한 유대인의 주장을 인정하고 상대화하지만, 전혀 다른 근거에서 상대화한다. 필론은
     이 고귀한 태생이 궁극적으로 미덕의 문제라고 주장한다(*Virt.* 206-27).

91   이 동사 εὑρίσκω는 아브라함이 아주 중대한 진리의 발견자 또는 고안자 εὑρέτης였다

가 말하는 것(창 15:6)으로, 이는 또한 바울이 그리스도 사건 속에서 찾아낸 것이다. 다시 말해 하나님 앞에서 중요한 것은, 율법의 행위든 다른 어떤 종류의 행위든 이를 막론하고, 행위와 아무 상관이 없다는 것이다.[92] 여기서나 로마서의 다른 부분 어디에서건, 바울이 다음과 같은 유대인의(또는 다른 어떤 사람의) 가정, 곧 사람이 선행으로 구원을 "얻을" 수 있다는 가정을 겨냥하고 있다고 생각할 하등의 이유가 없다. 바울은 여기서 율법을 지키는 자들이 그들의 구원의 근거로서 **하나님이 아닌** 그들 자신을 바라본다는 의미에서 그들의 업적 자랑을 비난하거나 가정하는 것도 아니다.[93] 만약 우리가 "행위" 언어에서 이런 관념적 짐을 덜어낸다면, 바울의 요점은 훨씬 더 간명해진다. 곧 아브라함이 하나님의 호의를 받기에 합당한 것

는 일반적인 디아스포라 전통을 암시할 수 있다. 예를 들어 J. M. G. Barclay, *Jews in the Mediterranean Diaspora from Alexander to Trajan* (323 BCE–117 CE) (Edinburgh: T & T Clark, 1996), 127–32 (Artapanus); 그리고 Watson, *Hermeneutics of Faith*, 257–67 (Josephus, Euplemus, 그리고 다른 이들)을 보라.

92 "행위"가 자기 의("행위의 의")의 구원론을 가리킨다고 보는 루터교적 해석에 과민하게 반응하면서 "새 관점"은 이 본문에 대해 힘써 이렇게 주장한다. (3:27; 4:6; 9:32; 11:6에서와 마찬가지로 4:2에서도) "행위"(ἔργα)는 그것이 한정사 없이 언급되는 곳에서도 율법-실천("율법의 행위")의 의미로, 특히 유대인과 이방인을 구별하는 행위의 의미로 제한된다는 것이다(예. Dunn, *Romans 1–8*, 192, 200; Wright, "Paul and the Patriarch," 584–5를 보라). 그러나 바울이 아브라함(생존 연대가 율법이 주어진 시대보다 앞선다, 5:13–14)의 경우와 관련하여 "율법의 행위"에 관해 말할 수 없었던 이유가 충분히 있다. 바울의 요점은 하나님 앞에서 가치의 원천을 구성하는 것으로 볼 수 있는 상징적 자산이—어떤 한 가지만이 아니라 그것이 어떤 형태이든지 관계없이 전부—하나님의 계산에서 완전히 제외된다는 것이다(참조. 9:6–13).

93 4:4–5을 바울 당시의 유대교의 "거울-이미지"로 해석하는 것은 흔히 일어나는 실수인데, 왜냐 하면 이 해석에 따르면 은혜가 아니라 보수에 따른 구원을 옹호하게 되기 때문이다. Gathercole, *Where Is Boasting?* 244–46을 보라. 그러나 바울은 이 관점을 누구에게도 귀속시키지 않으며, 4:4–5은 논쟁적 목적이 아니라 주석적 목적으로서 작용한다. 앞에서 살펴본 것처럼(예. 솔로몬의 지혜서와 필론, 위의 5–6장을 보라) "적절한 보상"이라는 언어가 유대교 본문들에서 나타날 때, 이것은 하나님의 선물을 부정(denial)하는 것이 아니라 오히려 하나님의 선물의 공정한 분배에 대한 찬미를 의미한다.

을 전혀 행하지 못했다는 것이다.[94] 창세기 15:1에서 아브라함은 그의 "상급"(70인역: μισθός)이 지극히 클 것이라는 말을 듣는데, 이로 인해 신적 보상이 아브라함의 진보가 지닌 가치와 일치해야 한다고 가정하는 것은 자연스러웠다.[95] 하나님으로부터 받는 이런 상급은 물론 대가가 아니라 선물로 이해될 것이다. 하지만 하나님은 합당한 이유가 없이는 보상을 베풀어주시지 아니할 것이다. 따라서 하나님이 유대인과 이방인에게 차별 없이 의롭다 함을 베풀어주시는 수단을 설명할 때 바울의 첫 번째 과제는 본문 속의 **부재**를 주장하는 것이다. 달리 말해 아브라함의 행위에는 하나님의 "칭의"를 적합한 보상으로 만들어줄 만한 그 어떤 것도 존재하지 않았다.

바울은 4:4-8에서 이 부정적 요점―아브라함에게 의가 없다는 것―을 고대의 익숙한 주제를 특별히 적용하여 강조한다. 여기서 바울의 전략은 이중적이다. 첫째, 바울은 창세기 15:1에서 나온 "상급"(μισθός)이라는 말을 상의 의미보다 "보수"의 의미로 간주하고, 하나님의 선물을 의무적 보상이 아닌 자발적 은사, 곧 "보수"와 반대 개념을 갖고 있는 것으로 간주한다. 위의 1.2에서 지적한 것처럼, 그리스-로마 세계에서는 선물의 범주가 보수의 범주와 겹치면서도 부분적으로는 대립을 이룬다. 보수는 계약적이고 계산적이며 일반적으로 비인격적인 개념이다. 반면에 선

---

94   우리가 추정하는 아브라함의 "자랑"(4:2)은 하나님의 보상을 대체하는 것이 아니라, 하나님의 보상의 근거가 될 것이다. 희년서가 검증된 그리고 보상받은 아브라함의 순종을 강조하는 것에 대해 Watson, *Hermeneutics of Faith*, 222-36을 보라. 바울이 "(율법의) 행위"를 자랑의 근거로 삼는 것을 거부하는 이유는 율법의 행위가 은혜를 대신하는 구원의 기초를 구성할 수 있기 때문이 아니라, 하나님의 은혜가 그 은혜의 수혜자의 가치에 부합하는 것으로 간주될 수 있기 때문이다. 그리스도-선물은 합당하지 않은 자에게 주어지는 것이기에, 바울은 "은혜"를 불균형적인 선물로 다시 정의하고, 그 결과 4:4-5의 대립관계를 창출한다(아래를 보라). 그러나 여기에 다른 유대인 혹은 전체 유대인이 "행함"을 은혜가 필요 없는 구원의 충분한 길로 생각했다는 암시는 전혀 없다.

95   예컨대 필론은 신적 상급과 그 상급을 받은 사람의 성품이나 행위 사이의 일치를 강조하는 논문에서 아브라함이 그의 덕에 대한 보상(ἄθλον)으로 "믿음"을 얻었다고 판단한다 (*Praem.* 27).

물은 법에 종속되어 있는 것이 아니라 감정에 둘러싸여 있고 양이나 그 시기를 예측할 수 없다. 로마서 4:4은 보수와 선물 사이에 존재했던 이러한 고대의 일반적인 대립 개념을 가정하고, μισθός라는 말을 "보수"의 의미로 사용한다.[96] 일하는 자에게 삯[보수]은 선물이 아니라 의무의 문제다 (τῷ ἐργαζομένῳ ὁ μισθὸς οὐ λογίζεται κατὰ χάριν ἀλλὰ κατὰ ὀφείλημα).[97] 그러나 고대에는 보수와 선물이 대응 관계에 있는 것으로 규정되었다. 다시 말해 보수는 일에 대한 보상이고, (일반적으로) 선물은 수혜자의 가치에 합당하게 주어지는 것으로 규정되었다(위 1.1과 1.2를 보라). 그러나 바울은 여기서 두 번째 단계로 나아가 "은혜"(χάρις)를 **아무 자격이 없어도 받게 되는** 선물로 규정한다. 바울은 하층 계급에 속한 사람들의 특징인 일의 보상 곧 보수와, 수혜자의 가치의 특징인 고상한 우정 행위 곧 선물, 이 둘을 대조시킬 수 있었다.[98] 이 관점에 따르면, 아브라함을 (품위 없게) "보수를 받은" 자가 아니라 (고상하게) "상을 받은" 자, 즉 자신의 덕이 하나님의 선물을 통해 적합하게 인정받은 자로 제시하는 것이 가능했을 것이다. 그러나 바울은 그렇게 하지 않고 그의 전형적인 방식에 따라 선물 개념을 "극대화한다." χάρις라는 말은 비상응적인 **선물**로 극대화되고, 따라서 일에 대

---

96 의미론적인 영역에서 "상"과 "보수"를 모두 포함하는 μισθός의 다의적 의미에 대해서는 위의 1.2.1과 그곳의 각주 80에 언급된 문헌들을 보라. 바울은 이 단어를 두 가지 의미로 사용한다 (상: 고전 9:17-18; 보수: 롬 4:4; 고전 3:8; 두 가지 모두의 의미: 고전 3:14?). 행위에 대한 보상이 계약의 의무로 이해될 때, 이 단어는 "보수"를 가리킨다.

97 1장에서 언급했던 것처럼 선물은 의무나 빚을 불러일으키는 것으로 가정되고, 이런 의미에서 답례-선물은 빚/의무의 문제로 해석될 수 있다(예. 롬 15:26-27). 그러나 선물의 자발적 특성에 대한 강조는 선물을 빚의 청산과 구분 짓는 것을 선호한다. 따라서 투키디데스는 다른 수혜자에게 의무를 지우는 선물과 선물이라기보다는 의무처럼 느껴지는 답례-선물을 대조한다(οὐκ ἐς χάριν, ἀλλ' ἐς ὀφείλημα τὴν ἀρετὴν ἀποδώσων, 2.40.4). 바울이 말하는 것처럼 보수의 범주에서는 계약의 의무가 "은혜"(χάρις)의 문제가 아니라 "빚"(ὀφείλημα)의 문제다. "지불 의무가 있는" 보수에 대해서는 Xenophen, *Hell*. 6.2.16을 보라.

98 선물과 보수의 상이한 사회적 가치와 논쟁에 대하여, 그리고 선물이 모욕적인 "보수"의 한 형태로서 논쟁적으로 표현될 가능성에 대해서는 위의 1.2.1을 보라.

한 보수의 반대말이 여기서는 합당한 자에게 주는 선물이 아니라 대응 관계가 전혀 없는 것을 표현하는 다음과 같은 놀라운 말이다. "일을 아니할지라도 경건치 않은 자를 의롭다 하시는 이를 믿는 자에게는 그의 믿음을 의로 여기시나니"(4:5). 여기서 우리는 다음과 같은 바울의 가정을 다시 접하게 된다. 즉 선물과 관련하여 하나님에 관해 말하는 것은 가치와 완전히 대립되는 신적 행동에 관해 말하는 것으로, 이는 상응성의 모든 조건들과 완전한 대립을 이룬다는 것이다. "경건치 않은 자를 의롭게 하시는" 것은 "공정한 보상"과는 완전히 대립된다.[99] 이 χάρις의 속성과 성서 규범들 간의 이처럼 철저한 대립 관계를 가장 잘 설명하는 것이 있다면, 그것은 바울이 하나님의 선물을 "적절한 때가 되자 경건하지 않은 자를 위하여 죽으신"(5:6) 그리스도-사건의 관점에 따라 보고 있다는 사실이다. 바울이 아브라함 이야기의 근간으로 보는, 따라서 아브라함의 다민족 후손에 대한 정당화의 근간으로 보는 가치의 부재가 내러티브 관점에서는 신자들이 그리스도 선물에서 경험한 놀라운 비상응성의 시작이고, 개념적 관점에서는 그 비상응성의 반영을 의미한다.[100]

따라서 아브라함의 믿음은 아브라함과 하나님이 그에게 부여하신 의, 이 둘 사이의 상응성이 아니라 **비상응성**이 특징이다. 아브라함 가족이 **믿음으로** 의롭다 함을 얻는 이유를 알려주는 일련의 단계 중 그 첫 번

<hr/>

99 "공의의 심판자는 죄인을 의로운 자로 선언하지 않는다"는 성서적(또한 보편적) 정의와 관련된 출 23:7; 잠 17:15; 사 5:23을 보라.

100 앞에서 언급했던 것처럼 에스라4서 8.31-36에서 에스라의 탄원은 신적 "긍휼"과 "그들의 행위에 따른 의인의 상급"(8:33)을 대조시킨다. 위의 9.3을 보라. 바울은 하나님이 행위의 가치와 상관없이 행하실 수 있다고 상상했던 유일한 유대인이 아니었다. 따라서 바울은 이 관념을 사용하여 하나님의 "선물"을 정의하고, 여기서 그리스도 사건의 영향 아래 하나님의 행동의 명확한 표지를 확인한다. 바울의 대조가 당시의 주류 신학, 곧 "믿음과 행위를 긴밀하게 결합시켜 구원과 관련하여 일종의 신인협력설을 낳는 유대교의 주류신학을 무시했다"고 주장하는 것(D. Moo, *The Epistle to the Romans* [Grand Rapids: Eerdmans, 1996], 263)은 아우구스티누스의 용어를 사용하여 유대교에 관한 오래된 주장을 반복하는 일에 지나지 않는다.

째(참조. 4:16-18, 19-22) 단계에서, 바울은 πίστις나 πιστεύειν에 관해 말하는 것은 상징적 자산의 모든 척도에 의해 파산 상태에 들어가는 것임을 증명함으로써, 자신이 인용한 창세기 15:6을 명확히 한다. 다윗에 대한 인용(시 32:1-2)은 이 요점을 확실히 부각시킨다(4:6-8). 여기서 복은 인정받을 만한 가치를 가진 자가 아니라 하나님이 "일한 것이 없이" 의로 여기시는 자에게 선언된다(4:6).[101] 따라서 아브라함과 다윗 모두 이스라엘 내러티브의 근본 특징(참조. 3:3-7)을 증언한다. 그 특징은 하나님께서 인간적 가치가 없을 때 행하신다는 것이다. 이어지는 구절들이 분명히 하는 것처럼, 유대인과 이방인으로 이루어진 신자 가족의 형성이 이스라엘 이야기의 목표이자 절정이지만 이 현상은 그 창조의 수단을 드러내지 않고서는 설명될 수 없다.

하나님의 반직관적인 복은 아브라함 이야기에서 연대순으로 배치되어 있는데, 이는 하나님의 복이 가치를 무시하고 있음을 암시한다(4:9-12). 여기서는 바울의 이방인 선교에서 가장 중요한 가치의 증거, 곧 할례가 관심의 초점이 된다. 하지만 바울은 이것이 유대인 신자들에게도 적용됨을 확실히 한다. 갈라디아서는 아브라함에게 약속이 있은 후 오랜 세월이 지난 뒤에 율법이 주어졌다는 사실을 지적함으로써 율법을 상대화시켰지만(갈 3:15-18), 로마서에서 바울은 이와 유사한 논증을 통해 할례를 상대화시킨다. 아브라함에게 할례는 창세기 15:6의 복이 주어진 **후에** 행해졌고, 따라서 이 복은 그 표징(할례)과 상관없이 작용했다(4:9-10). 확실

---

101 "행위들"이라는 범주의 폭은 하나님의 칭의의 실행이 의의 모습이 전혀 없는 가운데 발생한다는 것을 암시한다. 따라서 "의를 인정받는 것"(4:6)은 "죄를 인정받지 않는 것"(4:8)과 동일한 뜻이다. 나중에 바울은 상상할 수 있는 모든 인간적 자산을 배제하기 위해 범주를 더욱 크게 확대시킬 것이다(9:6-12, 16). 완전히 비상응적인 신적 선물("행위가 없는" 선물)을 통해 하나님의 심판을 합당하게 하는 인간적 행위의 기초 및 토대가 구성된다는 말(2:6-10)이 모순처럼 보이는 때는, 오로지 제약이 없는 그런 선물이 (보답을 구하지 않는다는 의미에서) 무조건적인 것으로 간주될 때뿐이다. 우리는 이어지는 16장에서 이 주제를 다시 다룰 것이다.

히 아브라함은 할례를 받았다. 그러나 지금은 그 할례가 더 기본적인 "믿음으로 된 의"의 "표지" 또는 "보증[인친 것]"으로 이해된다(4:10-11).[102]

갈라디아서는 이 사실이 이방인에게 갖는 중요성을 강조했으나(3:6-9, 29), 로마서에서 바울은 아브라함이 유대인의 조상이 되는 사실도 똑같이 강조한다("할례자").[103] 2:25-29에서처럼 할례 받지 않은 신자들의 등장은 유대인의 대체와 상관이 없고, 유대인으로서(2:28-29) 또는 아브라함의 자손으로서(4:12) 하나님 앞에서 진정 중요한 자가 누구인가를 명확히 해준다. 두 경우 모두 바울은 이방인 선교의 경험 때문에 유대인 정체성의 가장 기본적인 범주를 포함하여 자신의 범주들을 다시 생각하게 되었다. 두 경우 모두 유대인의 차이는 바울이 이방인과 유대인 간의 근본적인 유사점을 지적할 때에도 그대로 인정되고, 여기서 유대인과 이방인은 아브라함이 가진 믿음을 똑같이 갖고 있는 것이 특징이다. 바울은 심지어 유대인 정체성의 가장 기본적인 요소들도 그리스도 안에서 하나님이 취하신 행동에 비추어 새롭게 정의하고 있는 것처럼 보인다. 3:29-30을 볼 때, "하나님은 한 분이시니라"는 유대인의 기본 고백은 한 하나님이 유대인과 이방인을 똑같은 방법으로 의롭게 하시는 분으로 확인될 때 새롭고 더 풍성한 의미를 갖는다.[104] 따라서 바울은 아브라함 이야기로 더 깊이

---

102 창 17:11이 할례를 "언약의 표징"으로 언급하고 있는 것에 주목한 라이트는 바울이 말하는 "의"의 일차적 의미를 "언약의 지체"가 되는 것으로 간주한다("Romans," 494). 그러나 우리는 똑같은 방법으로 정반대의 결과를 주장할 수도 있다. 곧 바울에게 "언약"의 일차적인 의미가 하나님의 약속(갈 3:15-22; 롬 15:8)과 그 약속의 인류학적 상관물인 "믿음에서 난 의"였다고 말이다.

103 4:12의 두 문장이 같은 집단(할례를 받고 또한 아브라함의 믿음의 자취를 따르는 믿는 자들)을 가리킨다고 해석하는 다음의 연구를 보라. L. L. Sechrest, *A Former Jew: Paul and the Dialectics of Race* (London: Continuum, 2009), 120-23. 여기서 세크레스트는 다수의 유사한 구문들을 제시한다.

104 롬 3:29에 대한 고전적 해석과, 이 구절과 유사성을 보이는 하나님의 "유일성"에 대한 유대교적 표현에 대해서는 N. A. Dahl, *Studies in Paul* (Minneapolis: Augsburg, 1977), 178-91을 보라.

들어가면서 유대인과 비유대인 간의 차이를 상대화시키는 방식으로 유대 전통의 근본적인 내러티브를 다시 생각한다. 이 해석에 대한 원리는 논리나 주석만으로는 얻을 수 없다. 곧 처음부터 아브라함의 복은 차별적인 가치의 모든 증거와 상관없이 주어졌다는 것이 그리스도-사건 속에 내재되어 있다.

만약 4:1-8이 아브라함 가족의 독특한 특성을 그럴 가치가 없음에도 불구하고 믿음을 가졌다는 사실로 설명하고 있다면, 그리고 4:9-12가 의도적으로 이방인과 유대인 신자들을 함께 묶고 있다면, 이어지는 부분인 4:13-18은 이 주제들을 하나로 결합시켜 아브라함과 그의 자손에게 주어진 약속을 불가능한 다민족 가족의 창조로 해석한다.[105] 바울은 여기서 부정적인 논증과 긍정적인 논증을 동시에 제공한다. 곧 이 약속은 율법을 통해서는 이루어질 수 없고(4:13-15) 오직 은혜에 따라 믿음을 통해 이루어진다(4:16-18). 아브라함과 그의 자손이 세상을 상속받게 되리라는 약속(4:13)은 "율법으로"(ἐκ νόμου)는 불가능할 것이다. 그 이유는 "율법으로" 이와 상반되는 "업적 원리"가 예시되기 때문도 아니고(바울은 그 자손 가운데 **포함되는** 어떤 자를 묘사할 때 같은 말을 사용한다. 4:16), 또 약속이 많은 사람

....

105 따라서 나의 분석이 의도하는 바는 헤이즈가 경쟁적인 대안들로 취하는 것을 하나로 통합시키는 것이다. "로마서 4장에서 중요한 문제는 아브라함이 어떻게 의롭다 함을 얻었는지가 아니라, 아브라함이 누구의 조상이고 어떻게 아브라함의 자손이 아브라함과 관련되는가에 관한 것이다"(*Conversion*, 83). 사실 롬 4장은 아브라함이 의롭게 된 방식으로 인해 그가 유대인과 이방인의 조상이 됨을 보여주는데, 그 방식은 바로 아브라함이 오로지 하나님의 무조건적인 은혜와 능력을 의지했던 것이다. 4:13-22의 내적 구조는 난해하다. 하지만 나는 4:13-15을 "율법으로는 안 되는 것"에 대한 설명으로, 4:16-18을 "많은 민족의 조상"과 관련하여 "믿음으로부터 가능하게 되는 것"에 대한 상세한 설명으로, 그리고 4:19-22을 4:17에 나오는 하나님을 믿는 아브라함의 믿음을 증명하는 내러티브의 제시로 보는 것이 가장 좋다고 생각한다. 4:17의 처음과 중간과 끝을 구분하게 되면, 바울이 구사하는 문장의 문법적 흐름으로부터 벗어나게 될 것이다(이 주장은 예를 들어 Cranfield, *Romans*, vol. 1, 224-25; 그리고 Byrne, *Romans*, 153과는 상반된 견해다). 더글러스 무는 4:13-22이 약속의 주제를 일관되게 제시하고 있다고 지적한다. D. Moo, *Romans*, 272.

에게 주어졌으나 율법이 아브라함의 자손을 한 민족으로 제한하기 때문도 아니다.[106] 오히려 바울이 4:15에서 설명하는 것처럼, 율법을 통해 약속을 이루게 될 경우 세상의 종말론적 유업이 아닌 세상의 막다른 길로 이르게 될 것이다. 율법은 오직 범법을 통해 진노를 이룬다(4:15. 참조. 3:10-20). 율법은 약속에 담겨진 영광스러운 미래를 제공할 수 없다. 따라서 율법을 통해 펼쳐진 약속의 궤도는 약속을 끔찍한 파국으로 이끌 것이다(κατήργηται ἡ ἐπαγγελία, "약속은 파기되었느니라", 4:14). 또한 특별히 아브라함이 가졌던(참조. 4:1-8) 믿음도 "헛것"이 되고 말 것이다(4:14). 왜냐하면 율법이 긍정적 가치 기준을 소개하는 반면, 아브라함의 믿음은 긍정적 가치 기준을 전혀 갖지 못한 자의 특징이 되기 때문이다.

그러나 사실 약속은 "은혜(χάρις)에 따라"(4:4-5를 반영함) "그 약속을 그 모든 후손에게 굳게 하려고"(4:16) 믿음을 통해 흐른다. 왜 그런 걸까? 그 이유는 이제 바울이, 마치 "믿음"과 "은혜"가 굳게-된-약속(4:16)의 풍성함이나 보편성에 열쇠를 제공하는 것처럼, "모든"(4:16)과 "많은"(4:17-18. 창 17:5를 인용함) 같은 말을 도입하고 있기 때문이다. 지금까지 우리가 확인한 모든 내용을 미루어볼 때, 그 이유의 규명은 어렵지 않다. 하나님은 비상응적인 은혜에 따라, 다시 말해 가치와 상관없이 행하시는 분이므로, 하나님의 백성이 되기 위한 그 어떤 제한도 없고, 어떤 민족을 제외시켜버리는 민족적인 경계도 없다. 따라서 아브라함의 자손이 세상을 상속받으리라는 것(4:13)은 진실로 다민족적 현상이다. 왜냐하면 아무도 자신의 혈통에 따라 구성원 자격을 얻거나 박탈당하는 일이 발생하지 않기 때문이다. 동시에 이 가족의 특징은 믿음이 될 것이다. 왜냐하면 믿음은 자신의 가치와 상관없이 영점(零點)에서 역사하시는 하나님을 향한 아브라

---

106   첫 번째 이유는 케제만의 해석을, 두 번째는 라이트의 해석을 대변한다. 필론과 다른 학
       자들은 많은 민족이 율법을 지킴으로써 구원을 얻는다고 상상했는데(*Mos.* 2.44), 이는
       확실히 가능했다. 왜냐하면 율법 자체는 유대인에게만 배타적으로 접근 가능한 것이 결
       코 아니었기 때문이다.

함 방식의 반응이기 때문이다. 이 중요한 특성은 4:17에서 다음과 같은 전통 어법으로 설명된다. "그가 믿은 바 하나님은 죽은 자를 살리시며 없는 것을 있는 것으로 부르시는 이시니라."[107]

바울은 여기서 아브라함의 믿음에 관한 창세기 15:6의 문맥을 깊이 의식하고 있다. 아브라함은 **자녀를 낳는 것이 불가능한 때에** 하나님이 자손에 관해 주신 약속을 신뢰했다(4:18-21. 창 15:5 인용). 아브라함에게 주어진 약속이 확고했던 이유는 오로지 그 약속이 불가능한 일을 행하시는 하나님에 의해 주어졌기 때문이다. 인간적 무가치함, 무(無), 심지어 죽음도 이렇게 비상응적인 형태로 작용하는 이 약속에 장애물이 아니다. 모든 합리적인 예상에 반하는 아브라함의 소망(4:18)은 행위가 없을 때에 그가 믿음을 갖고 있었음을 반영한다(4:4-5). 여기서 바울은 신적 은혜의 비상응성과 신적 능력의 비상응성 사이에 놓여 있는 깊은 상동성(homology)을 추적한다. 하나님은 여기서 기술된 방식으로 역사하시는데, 이는 할례나 율법에 대한 복종을 요구하지 않는 바울의 이방인 선교 행위를 정당화한다. 그러나 이는 또한 세상의 미래(롬 8:18-39)와 이스라엘의 구원(11:11-32)에 대한 바울의 소망의 근거이기도 하다. 바울은 아브라함 이야기에서 택하심의 출발점으로 하나님의 **무로부터의 창조**를 찾아냄으로써 이스라엘, 신자들 그리고 세상을 공통의 궤적 위에 둘 수 있는데, 그 이유는 하나님의 자비가 없이는 그 어느 것도 불가능하기 때문이다(11:28-36).[108]

---

107 이러한 전통적, 유대교적 문구에 대해서는 Dunn, *Romans 1-8*, 217-18을 보라. 롬 4:17과 이어지는 구절들은 갈 4:26-27에서 "잉태하지 못한 여자"와 "위에 있는 예루살렘"으로부터 태어난 자녀를 찬미하는 것과 개념상 밀접한 유사성을 보인다.

108 스토워스의 롬 11장 해석은 아브라함의 πίστις(스토워스는 이 단어를 "신실함" 혹은 "신뢰하는 충성"으로 번역한다)를 인간적 신실함에 대한 반응으로 주어지는 하나님의 은혜의 조건으로 만들어버린다. Stowers, *A Rereading of Romans*, 241-44. 이렇게 되면 본문으로의 핵심적 내용의 첨가가 요구되고("아브라함의 신실한 행위는 먼저 단순히 약속을 신뢰하는 것이며, 그다음에 사라와 동침하는 것이다", 230), 하나님의 행동과 인간의 능력, 이 둘 사이의 상응성이 아니라 비상응성을 강조하는 4:4-8과 4:17-22을 잘못 해석하게 된다.

로마서 4:19-22은 "죽은 자에게 생명을 주시는 하나님"을 믿은 아브라함의 믿음이 지닌 특징을 해설한다. 아브라함의 나이와 사라의 태는 "죽은 것"과 같기 때문에(4:19) 아브라함의 믿음은 무능력에 대한 선언 또는 하나님의 전능성에 대한 전적 의존에까지 이른다(4:20-22). 바울은 아브라함과 사라에 관한 이러한 묘사를 통해 아브라함의 믿음과 "예수 우리 주"의 부활을 믿는 신자들의 믿음, 이 두 믿음 사이에서 유사성을 이끌어 낸다(4:23-24. 참조. 10:9). 곧 둘 다 "죽은 자로부터의 부활"을 믿는 믿음을 함축하고 있다. 그러나 이 표면적인 유사점은 중대한 차이를 수반한다. 전자의 경우, 아브라함은 하나님이 **자신과 사라의 죽은 것으로부터 어떤 것을 창조하실** 것이라고 믿었다. 반면에 후자의 경우, 신자들은 하나님이 **죽은 자 가운데서 예수를 다시 살아나게 하신** 것을 믿는다. 하나님이 자기 자신을 위하여 행하실 것을 믿는 믿음이 여기서 하나님이 다른 자를 위하여 행하신 것을 믿는 믿음과 유사하다. 바울은 이 제한적 유사성에 만족하는가, 아니면 그리스도에 관한 신자들의 믿음도 아브라함의 믿음처럼 **자신들과 관련하여** "죽음 없는 생명"에 관심이 있는가? 이후의 장들은 이 유사성이 확실히 이러한 관심까지 확장됨을 증명할 것이다. 다시 말해 예수의 부활을 믿는 것은 다른 어떤 사람에 관한 과거의 사건을 믿는 것일 뿐만 아니라 자기 자신에 관한 "생명"의 현재 및 미래의 기초를 믿는 것이기도 하다(6:1-11; 8:11).[109] 사실 4:25은 그리스도에 관한 믿음이 자기 참여적이며, **단순히** 그리스도에 관한 믿음에 불과한 것이 아님을 이미 암시하고 있다. "예수 우리 주" 이야기는 "우리가 범죄한 것 때문에" 우리를 그분의 죽음과 관련시키고, 또 "우리를 의롭다 하시기 위하여" 우리를 그

---

109 Byrne, *Romans*, 155를 보라. 그러나 여기서 번은 "하나님이 미래에 행하실 권능에 대한 믿음과 하나님의 신실하심" 사이에 놓인 유사점을 발견하는데, 하나님의 신실하심은 하나님이 그리스도를 위하여 행하신 것을 믿는 자들의 사멸적 육체를 위해서도 행하실 것이라는 기대를 의미한다. 그러나 믿는 자들이 현재 지니고 있는 "생명"은 이미 기적적인 결과로서 그리스도의 부활로부터 나온 것이다(6:1-11).

분의 부활과 관련시킨다(4:25). 신자들의 운명은 그리스도의 죽음 및 부활과 얽혀 있다.[110] 아브라함을 위하여 기록된 것은 또한 "우리를 위하여" 기록된 것이다(4:23-24). 그 이유는 신자들이 불가능한 것을 행하시고 죽은 자를 다시 살리시는 하나님께서 예수의 부활 안에서 그리고 예수의 부활로 말미암아 그들의 "새 생명"을 창조하셨음을 믿는 동일한 믿음으로 살아가기 때문이다(6:1-6).

15.8. 결론

바울은 로마서 첫 부분에서 갈라디아서에서처럼 하나님의 선물 또는 은혜를 수혜자의 가치와 일치하지 않는 비상응적인 것으로 묘사하고, 의식적으로 은혜의 이러한 극대화를 전개한다. 하나님의 의는 죄인들을 의롭게 하는 일로 그리스도 안에서 계시된다(3:21-26). 그리스도는 선한 자를 위하여 죽으신 것이 아니라 경건치 않은 자를 위하여 죽으셨다(5:6-8). 바울은 하나님의 행위와 인간 수혜자의 가치나 조건, 이 둘 사이의 상응성이 아니라 비상응성을 제시한다. 말하자면 하나님의 신실하심이 인간의 신실하지 못한 상태 속에서 드러나고(3:1-8), 생명이 인간의 죽음으로부터 창조된다(4:16-22). 이런 비대응 관계에 따라 바울은 고대의 보수와 선물, 이 둘 사이의 대조를 전개시킨다(4:4-5). 즉 χάρις라는 말은 여기서 **비상응적인** 선물이라는 극대화된 의미를 부여받는다. 3:5-8이 분명히 하듯, 이 신학은 위험을 수반한다. 왜냐하면 이 신학이 우주의 도덕적 질서를 손상시키는 것으로 비쳐질 수 있기 때문이다. 그러나 이 신학은 또한 특별히 혁

---

110 이것은 캠벨의 주장(*Deliverance of God*, 750-54)처럼 아브라함이 그리스도의 신실하심의 모형으로 이해된다는 것을 결코 암시하지 않는다. 롬 4:23-24은 아브라함과 믿는 자들 사이에 유사점이 있음을 분명히 드러내고 있으며, "그리스도의 신실하심에 참여함으로써"라는 말의 삽입은 본문과는 아무 관련이 없는 사실을 몰래 집어넣은 것이다.

신과 변화에 합당한 이념이기도 하다. 만약 하나님께서 정상적인 것과 적합한 것의 범주 밖에서 역사하신다면, 또 하나님이 "없는 것을 있는 것으로 부르시는" 분이라면(4:17), 경계는 무너지고 사회적 실험이 과감하게 이루어질 수 있다. 갈라디아서에서처럼 로마서에서도 비상응적인 은혜에 관한 바울의 신학은 그의 이방인 선교를 돕는 역할을 한다. 이 신학은 "유대인"과 "그리스인" 사이의 전통적 구별이 더 이상 결정적인 의미를 갖지 못하는 사회적 실천을 적합한 것으로 만든다. 이방인에 대한 이런 새로운 평가는 처음에 추상적이거나 일반화된 교리의 형태로 전개된 신학의 "예증" 또는 "적용"이 아니다. 바울의 선교 신학은 근본적으로 이방인이 아브라함의 가족 내에서 차지하고 있는 위치에 **관한** 신학이고, 이때 아브라함 가족은 신학적 원리의 단순 "사례들"이 아니다. 그러나 이 선교는 사회를 포괄적 동등성을 가진 실재로 만드는 것 그 이상의 깊이를 가진 특별한 원리를 갖고 있다. 바울의 이방인 선교는 그리스도-사건에 대한 바울의 이해를 반영하는데, 바울은 그리스도-사건을 하나님께서 아브라함에게 주신 약속이 비상응적인 은혜의 형태로 성취된 것으로 이해한다.

그런데 이를 근거로 우리가 바울이 제2성전 시대 유대교를 원칙적으로 반대하고 있다고 생각할 이유는 전혀 없다. 바울은 비록 유대인이 실천은 하지 않으면서 율법을 자랑하는 것에 대해 비판하고(2:17-29) 아브라함 이야기에 대한 다른 해석들(4:1-2)을 명확히 의식하고 있지만, 그는 여기서 유대 전통이나 동포 유대인을 "은혜"와 대립되는 "행위" 구원론을 고집하는 자로 제시하지 않는다. 우리는 많은 유대인들(그리고 유대인이 아닌 다른 자들)이 바울에 의한 비상응적인 신적 선물의 극대화를 왜 신학적으로 위험하다고 보았는지 충분히 상상할 수 있다. 바울 역시 이러한 위험을 잘 알고 있다(3:8; 6:1). 그러나 이 점에 있어서 바울 신학에는 본질상 "비유대적인" 요소가 아무것도 없다. 우리가 II부에서 살펴본 것처럼, 바울은 신적 자비와 선물의 역사와 관련하여 당대 유대인 간에 벌어진 **논쟁**에 직접 참여했던 당사자다. 이 논쟁에서 바울에 관한 특별한 사실은 바울이 하나님의 비상응적인 은혜의 가능성을 믿었다는 것이 아니라 (a) 바울이 이 현상을 매우 특수한 한 사건(그리스도 안에서 베풀어진 하나님의 사랑)과 동일시하고, (b) 그가 자신의 이방인 선교(새로운 관점에 따라 유대인-이방인 연합을 확립한)를 위하여 은혜의 비상응적인 극대화를 전개했으며, (c) 이로 말미암아 바울이 아브라함 이후로 무로부터 창조하고 가치와 상관없이 선물이나 자비에 따라 행하시는 하나님의 능력에 관한 내러티브 궤도를 추적함으로써 유대인의 정체성 자체를 다시 생각했다는 것이다.

로마서는 갈라디아서보다 성서 이야기와 "유대인"의 핵심 정체성의 필수 요소로서 신적 행위와 인간적 가치 사이의 부조화를 훨씬 더 강력히 제시한다. 아브라함 이야기는 처음부터 인간적 가치와 신적 선물 사이 곧 인간적 힘과 신적 능력 사이의 비-대응성에 관한 이야기라는 점과 이 이야기가 이방인의 참여 및 유대인의 재구성에 따라 현재에도 계속되고 있다는 점이 로마서에서 훨씬 더 분명하게 제시된다. 로마서 3:1-8은 이 비-대응성이 이스라엘의 경험의 필수 요소라는 암시—로마서 9-11장에서 전개되는 암시—를 제공한다. 그리고 4:1-22은 아브라함의 자손이 **이방인과 유대인** 신자들로 함께 구성되는 것에 주의를 기울인다. 아브라함의 가족에 관한 내러티브가 이처럼 비상응적인 은혜의 형태에 따라 들려질 때 유대인과 이방인을 막론하고 모든 사람의 정체성이 믿음 안에서 죽은 자에게 생명을 주시고 지금 예수를 새 생명의 원천으로 다시 살리신 하나님으로부터 연원한다는 사실이 드러난다. 여기서 예수-사건은 아브라함 이야기의 패턴과 유사하고, 그 패턴을 드러내고, 심지어는 그 패턴을 형성시키는 것처럼 보인다. 이것이 어떻게 그럴 수 있는지가 우리가 로마서 9-11장을 연구할 때 돌아가 살펴볼 문제다(아래 17장을 보라).[111]

---

111   H. Boers, *Theology out of the Ghetto* (Leiden: Brill, 1971), 74-104에 있는 로마서 4장에 대한 설명을 참조하라. 우리는 보어스의 평가, 곧 바울이 아브라함의 믿음과 그리스도를 믿는 믿음 사이의 구조적 유사성을 탐구하며 바울 자신의 기독론적 사고체계를 넘어섰다(또는 그냥 지나 쳤다)는 평가에 동의하지 않을 것이다. 이에 대한 충분한 이유가

마지막으로 우리는 바울이 심판을 묘사하는 내용(롬 2장)에 주목하면서 그리스도-선물의 종말론적 지평 속에 "선을 행하는" 삶의 합당한 결과가 들어 있음을 지적했다. 우리는 이 시나리오가 결코 가설적이거나 비바울적인 것이 아니라고 주장했는데, 그 이유는 그리스도 안에서 주어진 비상응적이고 무조건적인 선물이 그 선물 수혜자의 변화를 조금도 예상하지 않는 그런 의미에서의 무제약적인 선물은 아니기 때문이다. 하나님의 은혜는 순종을 낳도록 계획되어 있다. 말하자면 마음에 새김으로써 율법의 목적을 이루는 삶을 살도록 되어 있다. 하나님의 의는 인간의 불의 속에서 드러나는데, 그 이유는 하나님이 도덕적으로 무관심하시기 때문이 아니라(이는 세상을 심판하시는 하나님의 능력에 손상을 가할 것이다, 3:6) 하나님이 인간의 상태를 **변화시키려** 하시기 때문이다. 이방인의 사도로서 바울은 끊임없이 은혜의 비상응성을 경건하지 아니하고 불순종하는 자에게 주어진 선물로 의식하고 있다. 그러나 바울의 목표는 그들이 계속 불순종 속에 머물러 있게 하는 것이 아니라 "믿어 순종하게" 하는 데 있다(1:5). **믿음**으로 된 이 순종은 하나님의 비상응적인 선물을 통해 만들어진 생명의 산물이다. 이 생명은 **순종이기에** 새로운 충성에 어울리는 행동 패턴을 따른다. 따라서 신자의 삶은 하나님의 거룩하심에 순응하고 **동시에** 비상응적인 선물로 계속 남게 되는데, 이는 우리가 로마서 5-8장을 연구할 때 다룰 역설이다.

있다. 그러나 바울 당시까지 이어져 온 아브라함 이야기와 이스라엘 이야기를 어떻게 바울이 연대기적으로는 그리스도보다 앞서 있는 것으로 간주하면서, 동시에 역사적으로는 기독론적 의미에 따라 형성된 것으로 간주하는지는 17장의 마지막 부분에서 우리가 살펴볼 질문이다.

제16장

죽어가는 몸속에 있는 새 생명: 은혜와 기독교적 습관의 형성
(로마서 5:12-8:39; 12:1-15:13)

로마서 첫 부분에서 우리는 처음에는 난해했던 두 가지 현상을 살펴보았다. 한편으로 바울은 다양한 방식으로 그리스도 안에서 주어진 신적 선물의 비상응성을 강조했는데, 이 선물은 의인에게 상을 주거나 합당한 자를 택하는 방식으로 작용하지 않는다. 말하자면 그리스도는 전혀 경건치 않은 자를 위하여 죽으셨고(5:6-8), 이로 인해 경건치 않은 자가 의롭다 함을 얻게 된다(3:22-23; 4:4-5). 바울은 이 창조적 비상응성을 아브라함의 가족이 시작될 때까지 추적하는 가운데(4:13-22), χάρις를 단순히 보수가 아닌 선물을 의미하는 것으로 정의하는 데 그치지 않고 수혜자의 도덕적 또는 사회적 가치와 상관없이 주어지는 비상응적인 선물을 의미하는 것으로 다시 정의했다(4:1-11). 다른 한편으로 바울은 종말론적 지평에 따라 행위대로 "진노"나 "영생"을 공정하게 배분하는 것을 염두에 두고 있다(2:1-16). 바울은 이 지평에 따라 이방인들이 자신들의 마음에 새겨져 있는 율법의 본질을 이루는 것을 묘사하고(2:14-15, 26-27), 그 과정에서 유대인을 성령을 통해 마음에 할례를 받았으나 율법을 가르칠 수도 없고 실천할 수도 없는 자로 다시 정의한다(2:17-29). 바울은 자신의 종말론적 시나리오에 따라 **비상응성**보다 **상응성**을 묘사한다. 곧 의인이 상을 받고 악인이 정죄 받는 최후의 심판을 예견한다.

갈라디아서를 주의 깊게 읽어 보면, 우리는 이 명백한 역설에 대비할 수 있다. 갈라디아서를 보면 바울과 갈라디아 교회 교인들이 그들의 가치와 상관없이 신적 은혜를 받는다(갈 1:6, 15-16). 앞에서 확인한 것처럼, 갈라디아서 전체 신학은 신적 선물의 비상응성을 전제로 한다. 그러나 바울은 육체의 일을 행하는 자는 하나님 나라를 유업으로 받지 못하고(갈 5:21), 오직 성령을 위하여 심는 자만 영생을 거두게 됨을 분명히 한다(갈 6:7-8). **비상응적인** 선물로 시작되어야 신자의 삶과 구원의 최종 결과 사이에 **상응성**이 확립된다. 이는 은혜가 신자의 삶이 **시작하는** 시점에서만 **비상응적인** 선물로 작용함을 의미하는가? 그 이후로 은혜는 사라지거나 다른 무엇으로 변하게 되는 걸까?

로마서 5-8장에서 바울은 은혜가 죄와 사망의 지배를 받는 세상 속에 비상응적으로 베풀어지는 것(5:12-21)과 그 은혜가 영생을 열매로 맺는 마음의 순종과 거룩함을 구성하는 데 강력한 효력을 갖는다는 것(6:15-23), 이 둘을 제시한다. 바울은 여기서 이 이중 현상을 상세히 묘사하고, 우리는 이 현상의 핵심에 놓여 있는 세례 사건(6:1-14)을 통해 신자들이 "하나님을 위하여 열매를 맺고"(7:4) 성령을 통해 하나님을 기쁘시게 하는 삶을 살 때에도(8:1-13) 그리스도 안에서 주어진 생명의 비상응적인 은혜가 신자들의 상태와 어떻게 불일치하는지 볼 수 있게 된다. 이 현상을 탐구하면서 우리는 신자들의 순종이 발생하는 자리로서 몸이 갖고 있는 중요성과 생명의 선물을 표현해내는 실천의 중요성을 확인할 수 있다. 몸을 "드리는 것"에 대한 내용으로 6장(6:12-14, 19)과 12장 시작 부분(12:1-2)이 연계되어 있으므로, 우리는 신자들의 새로운 성품을 제시하는 장들(6:1-8:13)로부터 이것이 공동체 생활의 실천 속에서 무엇을 의미하는지 상세히 설명하는 장들(12:1-15:6)로 이어지는 바울 사상의 실마리도 따라갈 수 있다. 우리는 갈라디아서에서처럼 여기서도 공동체의 삶이 근본적으로 하나님의 은혜(또는 "긍휼", 12:1)에 대한 경험에 따라 형성됨을 발견하게 될 것이다. 이 새로운 사회적 실천의 내용을 추적해보면, 그리스도 안에서 이루어진 하나님의 "받아주심"에 따라 재형성된 가치가, 확실히 내적으로는 문화적 유산과 관습에 중대한 차이들이 있음에도 불구하고, 어떻게 상호관계가 확대된 공동체 생활을 증진시키고 있는지를 확인할 수 있게 된다.

16.1. 은혜의 통치 아래 있음(로마서 5-6장)

바울은 그리스도-사건을 아담의 죄와 비교하고 대조시킴으로써(5:12-21), 수혜자의 가치와 일치하지 않는 또는 단순히 수혜자의 무가치함과 비교할 수 없는 선물의 특별한 비상응성을 강조할 수 있다. 그리스도-사건은 수혜자의 상태를 긍정적으로 반전시킨다.[1] 바울은 아담-그리스도 비교 관계를 확립한 다음(5:12-14), 그리스도-사건의 특징을 다양한 선물 용어로 제시한다. 처음에 "이 은사"(τὸ χάρισμα, 5:15)로 묘사되는 것이 "하나님의 은혜와 또한 한 사람 예수 그리스도의 은혜로 말미암은 선물"(ἡ χάρις τοῦ θεοῦ καὶ ἡ δωρεὰ ἐν χάριτι τῇ τοῦ ἑνὸς ἀνθρώπου Ἰησοῦ Χριστοῦ, 5:15)로 설명된다. 직후에 똑같은 사건이 "이 선물"(τὸ δώρημα)로, 그리고 (다시) "이 은사"(τὸ χάρισμα, 5:16)로 묘사되고, 그 결과는 사람이 풍성한 "은혜"(χάρις)와 "선물"(δωρεά)을 받는 것이 된다(οἱ τὴν περισσείαν τῆς χάριτος καὶ τῆς δωρεᾶς τῆς δικαιοσύνης λαμβάνοντες, "은혜와 의의 선물을 넘치게 받는 자들", 5:17). 죄가

---

1   5:12-21의 단락은 분명히 5:1-11에서 나온 주제들을 확대해서 설명하지만 또한 그리스도-사건을 우주적 계획 위에 위치시키는데, 이 계획의 함의는 이어지는 장들에서 밝혀진다. N. 달은 5:1-11과 8:18-39 사이의 긴밀한 언어적 연관성을 지적하지만, 이것은 다음과 같은 하나 이상의 구조 분석을 요청한다. 5:1-11은 새로운 부분의 시작으로 볼 수도 있는데, 이 부분의 주제들은 8장의 수미상관 구조를 반영한다. 또는 5:1-11은 이전 장들의 첫 번째 결론을 구성하며, 이 결론이 8:18-39의 두 번째 결론에 반영되어 있다고도 볼 수 있다. N. Dahl, *Studies on Paul* (Minneapolis: Fortress Press, 1977), 88-91, 그리고 이어서 그의 초기 논문인 "Two Notes on Romans 5," *ST* 5 (1951), 37-48도 보라. 어떤 해석에 따르든 관계없이 5:12-21은 이전 내용과 이후 내용 사이를 연결하는 교량을 만들기 때문에, 그것이 어디에 속하는지에 대한 논쟁은 쓸데없는 에너지 낭비이다. T. Engberg-Pedersen, "Galatians in Romans 5-8 and Paul's Construction of the Identity of Christian Believers," in T. Fornberg, D. Hellholm, eds., *Texts and Contexts: Essays in Honor of Lars Hartman* (Oslo: Scandinavian University Press, 1955), 477-505(특히 479-82)를 보라. N. 달의 지적처럼 "주된 구분선이 4장과 5장 사이에 있는지, 5장과 6장 사이에 있는지, 아니면 5:11과 5:12 사이에 있는지의 문제는, 만약 우리가 어떤 체계적 구조를 찾는다면 첨예한 문제가 되겠지만, 그 순간 우리는 바울의 생생한 논증을 따라가지 못하게 될 것이다"(*Studies*, 91).

더한 곳에 은혜(χάρις)가 더욱 넘쳤고(5:20), 따라서 요약하면 죄의 지배가 은혜(χάρις)의 지배로 말미암아 무력하게 된다(5:21). 여기서 우리는 선물 용어가 특별히 집중되어 있음을 발견하는데, 이 선물 용어의 변화는 실질적 변화가 아닌 수사적 변화로 보인다(순수한 언어적 대립 관계를 창출하는 μα-어미). 5:15-21 안에는 χαρ-어근과 δωρ-어근에서 나온 단어들이 10회나 나타나고, 15-17절 안에서만 8회가 나타난다. 나아가 거의 모든 경우(17절은 예외)에 이 "선물"이 동사들의 주어가 되고, 그렇지 않을 경우 문장의 주된 주제를 구성한다. 하나님의 선물은 바울 서신 다른 곳에서와 달리 이 단락의 초점이 된다.

바울이 여기서 말하는 은혜는 하나님의 일반적 특성이 아니라 특수한 한 사건과 연계되어 있다. 5:15, 20의 부정과거 시제(χάρις가 "넘쳤느니라" 또는 "더욱 넘쳤나니")는 바울이 특수한 역사적 계기에 초점을 맞추고 있음을 암시하고, 예수 사건이 바로 그 계기가 됨은 5:15의 이중 표현("하나님의 은혜와 또한 한 사람 예수 그리스도의 은혜로 말미암은 선물")을 볼 때 분명하다(5:17, 21에서 "예수 그리스도로 말미암아"를 참조하라). "충만" 언어가 여기서 동사 περισσεύω("넘치다", 5:15), 명사 περισσεία("넘침", 5:17) 그리고 인상적이면서 희귀한 동사 ὑπερπερισσεύω("더욱 넘치다", 5:20. 참조. 고후 7:4)에서 매우 두드러진다. 우리는 흘러넘치는 피조물의 복에 대한 필론의 묘사에서 충만 언어를 떠올린다.[2] 하지만 로마서 5장의 수사적 배경은 이 은혜의 극대화에 다른 기능을 부여한다. 필론은 자신의 모든 피조물에 좋은 것을 부어주시는 신적 수여자의 과대한 관용을 찬미하지만(참조. 고후 9:8-10), 로마서 5장에서 바울의 초점은 부정적 상태에 대하여 이 상태와 반대되는 것을 그 이상 부어주심으로써 이 부정적 상태를 극복하는 것에 맞추어져 있다. "죄가 더한 곳에 은혜가 더욱 넘쳤나니"(5:20). 다시 말하면 여기서 충만의 극대화가 다른 극대화를 돕는 역할을 하는데, 이는 우리가 바

---

2   위 6.2를 보라.

울의 특징으로 이미 지적한 것이다. 말하자면 그리스도로 말미암은 하나님의 은혜는 사치스러운 것으로 표시되는데, 그 이유는 하나님의 은혜가 인간의 상태와 일치하지 않는 **비상응적인** 것이기 때문이다.

신적 은혜와 아담으로 인한 죄와 사망의 상태, 이 둘 사이의 비상응성이 5:15-17의 비교를 지배하는 대립 요소를 통해 크게 강조된다. 5:15과 5:16의 첫 문장은 다양한 반대 주장들이 있음에도 불구하고 (질문이 아니라) 진술로 가장 잘 받아들여질 수 있는데, 여기서 죄와 선물 간의 대조를 가져오기 위해 다음과 같은 어색한 표현이 등장하고 있다. "그러나 죄와 같지 **아니하고**, 이것은 은사니"(5:15).[3] 바울은 여기서 아담 사건과 그리스도 사건 간에 이끌어낼 수 있는 비교를 전제하고 있는 듯하다 (5:14. 참조. 고전 15:21-22). 그러나 바울은 유사점(5:18-21)을 이끌어내기 전에 둘 사이의 비상응성을 강조한다. 만약 죄가 "많은 사람"에게 죽음을 가져왔다면, 그리스도 안에서 하나님이 베풀어주신 은혜는 많은 사람에게 "더욱" 흘러넘쳤다. 여기서 두 번째 경우는 첫 번째 경우와 동등한 힘이 아니라 훨씬 더 큰 힘을 갖고 있다. 왜냐하면 그것은 단순히 "한 사람"의 행위가 아니라 "한 사람" 안에서 하나님이 행하신 행동이기 때문이다 (5:15. 참조. 5:17의 같은 어구).[4] 그러나 그 차이는 단순히 더 적거나 더 큰 것

---

3   이 문장들을 질문으로 보고("죄와 같지 아니한데, 은사도 그러한가?"), 강조점을 아담과 그리스도 사이의 **유사성**으로 바꾸는 해석에 대해서는 C. Caragounis, "Romans 5:15-16 in the Context of 5:12-21: Contrast or Comparison ?" *NTS* 31 (1985), 142-48을 보라. 이 해석은 (다른 누구보다도) R. Jewett, *Romans* (Minneapolis: Fortress Press, 2007), 379-82의 지지를 받는다. 비록 이 해석이 주석적, 문법적 문제점을 어느 정도 해결하고 있다 해도, 독자가 이 질문에 대한 긍정의 답변을 분명한 답변으로 인정할 수 있을지는 분명하지 않다. 그리고 5:16a에 함축된 유사성이 오직 차이를 강조하는 진술 (5:16b)로 직접 이어지고 이 진술을 통해 설명되어야 한다는 주장은 이상하다.

4   "더욱"이라는 말은 유사성을 가정한다(고전 15:21-22와 비슷하다). 그러나 두 번째 경우가 첫 번째 경우를 크게 능가하고 있음을 암시하는데, 전자는 하나님의 구속의 능력을 상징한다. E. Käsemann, *An die Römer* (Tübingen: Mohr Siebeck, 1980), 145-47을 보라.

에만 있는 것이 아니다. 그 차이는 또한 놀랍게도 **반전**의 문제다. 한 사람의 죄로 말미암아 임하게 된 심판으로 정죄에 이르렀다면, 많은 사람의 범죄로 말미암아 나온 은사는 의롭다 하심…에 이르렀다(5:16). 이 선물은 균형점에서 시작하지 않는다. 그렇다고 문제를 현재 상태로 되돌리는 것도 아니다. 이 선물은 마땅히 받아야 할 것과 반대되는 것을 가능케 하기 위해 증폭된 죄의 정황 가운데 발생한다. 정죄와 사망의 냉혹한 결과와 함께, 죄의 가차없는 효력이 여기서 단순히 중단되는 정도가 아니라 죄에서 생명으로 이끄는 반전의 계기를 확립함으로써 상황이 뒤집혀버린다(5:17). 다시 말해 이 재창조의 역동성이 "은혜"(χάρις)의 특징(참조. 4:17)이고, 그 결과 정반대 세력인 사망에서 생명이 창조되는 역사가 일어난다(5:21).[5]

6:1의 질문이 제기될 수 있는 이유는 이 반직관적인 은혜의 비상응성 때문이다. 만약 은혜가 **죄**[범죄]의 정황 가운데 넘쳐 난다면, 우리는 죄를 범함으로써 이 은혜의 비상응성을 극대화해야 하는가? 이 질문이 신적 선물이 (합리적으로) 가치 있는 자에게 합당하게 베풀어지는 상으로 간주되는 정황 가운데 제기된다고 상상하는 것은 불가능하다. 여기서의 바울 신학이 우주 질서를 위협하는 것처럼 보이는 이유는 오직 바울이 "은혜"(χάρις)와 수혜자의 상태, 이 둘 사이의 불일치성을 극대화하기 때문이다(참조. 3:7-8). 만약 (바울의 정의에 따라) 은혜가 상이 아니고 이런 상태에서 죄에 대한 처벌이 예정되어 있지 않다면, 6:1의 질문("그런즉 우리가 무슨 말을 하리요, 은혜를 더하게 하려고 죄에 거하겠느냐")은 결코 "우스운" 질문이 아니다(주이트). 수혜자의 가치와 상관없이 주어지는 선물은 확실히 도덕 질서를 손상시킬 우려가 있다. 은혜의 이 비상응성을 강조하고, 죄가 더한

---

5   참조. N. T. Wright, "The Letter to the Romans," in *The New Interpreter's Bible*, vol. 10 (Nashville: Abingdon Press, 2002), 395-770, 특히 528. "은혜의 선물은 새 창조와 조금도 다르지 않다. 새 창조는 무로부터의 창조일 뿐만 아니라, 반(反)창조 곧 사망 자체로부터의 창조이기도 하다."

곳에 은혜가 더욱 넘친다고 선포하는 것(5:20)은 도덕적 혼돈을 해결하는 비책처럼 보인다.

5:12-21에 이미 그리스도-선물이 도덕적으로 공허한 것 곧 인간의 죄를 눈감아주는 무조건적 선물이 **아니라는** 암시가 나타나 있다. 그리스도-선물은 변혁 능력을 갖고 있다. 이 은혜의 수혜자들은 의의 선물을 받고(5:17) 의롭게 된다고 한다(5:19). 죄가 왕 노릇한 것 같이 은혜도 "의로 말미암아 왕 노릇하여" 영생에 이르게 한다(5:21). 여기서 "통치"[왕 노릇] 언어(βασιλεύω)에 의하면 은혜는 그것의 권세로 죄의 권세를 대체하는 반동적 힘이다. 범죄 허가증 부여와 하등의 관계가 없는 그리스도-선물은 다른 능력 체제를 확립한다.[6] 앞으로 살펴볼 것처럼, 바울은 그리스도의 부활의 생명에서 그리스도-선물의 능력을 발견한다(6:1-14). 하지만 바울은 또한 선물이 권력의 수단이라는 고대의 가설을 이끌어내고, 선물이라는 특성을 통해 의무와 충성을 만들어 낸다(위의 1장을 보라). 5:21에서 "은혜"(χάρις)의 "왕 노릇"이 이미 이런 방향을 암시하지만 이 현상은 6장에서 명확하게 드러난다. 6장을 보면, 예수의 부활을 통해 기적적으로 재형성된 자는 새로운 충성 구조를 가진 "새 생명" 가운데서 행하게 된다(6:4). 그들은 자기들의 죽을 몸을 죄가 지배하지 못하게 함으로써 몸의 사욕에 순종하지 않는다(6:12). 5:21에서 울려 퍼지는 내용을 통해 우리는 그 이유를 알게 된다. 그것은 바로 지금 그들의 삶 속에 다른 능력 구조 곧 "은혜"의 능력이 작용하고 있기 때문이다. 이러한 함의는 6:14에 의해 확증되며, 여기서 바울은 같은 현상에 대해 다른 언어를 사용하여 다음과 같이 말한다. "죄가 너희를 주장하지 못하리니(ὑμῶν οὐ κυριεύσει) 이는 너희가 법 아래에 있지 아니하고 은혜 아래에(ὑπὸ χάριν) 있음이라." 여기서 다시

---

6   본문에서 언급되는 능력이라는 표현에 대해서는 M. C. de Boer, *The Defeat of Death: Apocalyptic Eschatology in 1 Corinthians 15 and Romans 5* (Sheffield: Sheffield Academic Press, 1988), 157-69를 보라.

한번 은혜가 능력으로 묘사된다. 그런데 이번에는 더 명확하게 "지배 능력"으로 묘사된다. 따라서 이후 절들(6:15-23)은 "종"과 "순종" 언어로 가득 차 있다. 모든 사람이 한 능력 아니면 다른 능력, 곧 죄 아니면 의에 종속되어 있다. 바울은 신자들이 죄에서 해방되어 의에게 종노릇하게 된 것에 대해 하나님께 노골적으로 감사를 드린다(6:18, 22). 바울의 우주에는 중립 지대가 없다. 절대 자유의 지대도 없다. 이 두 지대 사이에 사람이 존재하지 않는 공간은 없다. 예수 그리스도 안에서 주어지는 하나님의 선물은 권세로부터의 해방을 가져온 것이 아니라 은혜의 지배 아래 새로운 충성, 새로운 책임, 새로운 "종노릇"을 가져왔다.

비록 "은혜 아래에"(ὑπὸ χάριν)라는 말이 바울이 만들어낸 말일지 몰라도(바울의 전형적 표현인 "율법 아래에"[ὑπὸ νόμον]에 맞추기 위하여), 선물이 의무 관계를 창출한다는 관념은 고대 자료들에서 아주 흔하게 발견된다. 역사가 마네토는 에티오피아 왕이 이집트 왕 아메노피스에게 감사의 답례를 한 것을 지적했는데(χάριτι ἦν αὐτῷ ὑποχείριος, 요세푸스, *C. Ap.* 1.246), 이 말은 선물 또는 호의가 의무를 낳고 답례를 기대한다는 일반적인 가정을 표현한 것이다. 앞에서(1장) 확인한 것처럼, 답례를 가정하는 것은 고대 이교 세계에서나 유대 세계에서 보편적이었다. 선물의 지속적 순환 관계 속에서, 선물을 받은 자는 어떤 형태로든 답례할 의무를 지닌다. 만약 답례 선물을 보내지 않는다면, 최소한 경의나 감사를 표하는 것이 예다. 이런 예의 때문에 선물을 받게 될 잠재적 수혜자는, 특히 선물이 너무 커서 답례가 어렵다거나 은혜를 입고 싶지 않은 사람에게서 선물이 왔다면, 선물을 받는 것을 망설일 수 있다(세네카, *Ben.* 2.18-21을 보라). 어쨌든 "아무 조건이 붙어 있지 않는" 선물 관념을 고대에서는 사실상 상상할 수 없었다. 이런 관념은 현대의 산물이다(위 1.3.3을 보라). 바울의 독자들 가운데 그 어느 누구도 자신들이 하나님의 선물을 받았기 때문에 하나님께 대한 의무

를 지고 있다는 사실에 놀라지 않았을 것이다.[7]

바울이 선물-의무 주제를 종의 비유 아래 전개하는 것(6:16-23)은 약간 놀라운데, 이는 아마 바울이 아담의 상태를 죄의 종으로 묘사하기 때문인 것으로 보인다(6:6. 참조. 갈 3:22; 4:1-7). 6:19에서 바울이 "너희 육신이 연약하므로 내가 사람의 예대로 말하노니"(ἀνθρώπινον λέγω διὰ τὴν ἀσθένειαν τῆς σαρκὸς ὑμῶν)라고 우회적으로 설명할 때, 일부 주석가들은 이것을 종의 은유에 대한, 아니 사실은 여기에 함축된 의무 관념에 대한 일종의 해명으로 간주한다. 이 해석에 따르면, 바울은 진정으로 신자들에게 외적 압력이나 요구 없이 "마음으로" 하나님을 위하여 기꺼이 행할 것을 기대한다(6:17). 그러나 바울은 과장된 방식으로 요점을 제시하기 위해 유감스럽게도 "사람의 예대로" 말한다(참조. 8:15).[8] 그러나 1장에서 지적한 것처럼, 선물의 범주에는 의무와 자발적 참여가 혼합되어 있는 경향이 있다. 선물과 답례 선물은 확실히 강제가 아닌 자발로 이루어져야 한다.

---

7   바울은 자신이 회심시킨 이방인 개종자들을 그들이 (예루살렘 교회와) 공유하는 영적 자산으로 인해 예루살렘 교회에 대한 의무 아래 있는 자들(ὀφειλέται εἰσίν)로 자연스럽게 이해한다(롬 15:27). 바울 자신의 복음 전파의 의무에 대해서는 1:14를 참조하라. 바울이 교회를 세우는 동안 보수를 받지 않은 것은 자신이 복음 증거자로 나타나는 것(복음을 받은 자들을 하나님께 대한 의무가 아니라 바울 자신에 대한 의무 아래 두는 것)이 싫어서였을 것이다. D. E. Briones, *Paul's Financial Policy: A Socio-Theological Approach* (London: T&T Clark, 2013)를 보라.

8   예를 들어 T. Engberg-Pedersen, *Paul and the Stoics* (Edinburgh: T&T Clark, 2000), 235-37을 보라. 그들이 스스로 (스토아 학파 사상가들과 같이) 하나님의 뜻을 이루려는 의지를 가져야 하는 이유는 그들이 반드시 그렇게 해야 하기 때문이 아니다. Jewett, *Romans*, 419-20은, 비록 바울이 이 해명 이후에도 유감스럽게 계속 이런 맥락에서 말하고는 있지만, 주이트는 종노릇의 주제를 바울의 독자들에 대한 모독으로 간주한다. C. E. B. Cranfield, *The Epistle to the Romans*, 2 vols. (Edinburgh: T&T Clark, 1975, 1979), vol. 1, 325-26과 대조하라. 크랜필드는 이 말을 은혜 아래 살아가는 삶의 특징인 "완전한 의무, 완전한 헌신"의 의미에 대한 것이 아니라, 오직 종노릇의 비유에 대한 해명으로 간주한다. U. Wilckens, *Der Brief an die Römer*, 3 vols. (Zürich: Benziger; Neukirchen-Vluyn: Neukirchener, 1978-1982), vol 2, 37-38을 참조하라. 종노릇의 비유는 완전한 비유는 아니지만, 그렇다고 해서 완전히 부적절한 비유도 아니다.

하지만 또한 동시에 강력한 의무감에 따라 이루어질 수도 있다. 종의 비유는 이 본문에서 곧 6:19 이전과 이후에서 이런 의미로 반복되고, 로마서 다른 곳에서는 아무 해명 없이 바울(1:1) 및 로마 지역 신자들(12:11; 14:4)과 하나님 사이의 관계에 대하여 사용된다. 그러므로 바울이 종의 은유를 근본적으로 부적절한 것으로 생각했다고 결론내리기는 어려울 것이다(그러나 종의 자격에 대해서는 8:15를 보라). 바울은 이런 극단적 용어를 통해 또는 "의의 종"이라는 아주 특이한 표현을 통해 선물 수혜에 의무가 따른다는 자신의 주장을 변호하는 것일 수 있다(6:18. 참조. 6:22: "하나님께 종이 되어"). 또는 바울은 자신을 변명하고 있는 것이 아니라, 그가 왜 이 비유를 제시하는지 그 이유를 설명하고 있는 것일 수 있다. 그 이유는 바로 그들이 교만함으로 인해 자신들을 노예 상태 그 이상으로 생각하는 유혹에 빠지지 않게 하기 위함이다(참조. 12:3).[9] 어쨌든 6:11-23에는 복종과 의무 관념이 면면히 흐르고 있고, 바울은 아무 어려움 없이 "새 생명"을 은혜의 지배 아래 사는 생명으로 묘사한다.

에른스트 케제만은 "은혜"를 그리스도의 주되심과 아주 긴밀하게 연계시킴으로써 이 은혜의 지배(Gnadenherrschaft)[10]를 누구보다 가장 강하게 주장한 바울 학자다. 케제만의 견해에 따르면, (그가 불트만에게서 찾아낸 것처럼) "선물"의 일방성만 강조하게 될 경우, 바울 신학을 지배하고 있는 능력의 의미와 경쟁적인 능력 구조들을 제대로 파악하지 못하게 된다. 말하자면 은혜는 선물만이 아니라 수여자의 능력도 전달한다.

---

9   Käsemann, *An die Römer*, 174-75는 δουλεία ("종노릇")가 이 단락의 "표제어"라고 주장한다.

10 이 말에 대해서는 *An die Römer*, 175을 보라. 그 주제에 대해서는 특별히 케제만의 논문 "Gottesgerechtigkeit bei Paulus," *ZThK* 58 (1961), 367-78; 이는 다음과 같이 영어로 번역되었는데 여기에는 추가 각주가 달려 있다. "The Righteousness of God in Paul," *New Testament Questions of Today* (London: SCM Press, 1969), 168-82를 보라. 케제만의 은혜 신학에 대한 요약을 위의 3.5.3에서 보라.

여기서[구원에서] 주어지는 선물은 어쨌든 수여자와 분리될 수 없다. 이 선물은, 하나님이 친히 선물의 무대 속에 들어가고 선물과 함께 그 무대 속에 남아 있는 만큼, 능력의 속성에 참여한다. 따라서 개인적 청구(Anspruch), 의무(Verpflichtung) 그리고 섬김(Dienst)이 선물과 끊을 수 없을 만큼 결합되어 있다. 하나님이 그 무대에 들어가시면, 우리는 하나님이 주시는 일에 있어서도 자신의 주되심을 유지하고 계심을 경험한다. 확실히 하나님의 선물은 하나님께서 우리를 자신의 주되심에 종속시키시고 우리를 책임 있는 존재로 만드시는 참된 수단이다.[11]

우리가 선물의 인류학에서 찾아낸 것(위 1.1을 보라)은 이런 선물의 형성을 명확히 하고 확증한다. 앞에서 확인한 것처럼, 선물은 수여자의 능력을 전달하고, 심지어는 수여자의 임재도 전달한다. 어떤 선물은 주어졌음에도 불구하고 수여자에게 계속 속해 있다는 의미에서 "양도불가하다." 따라서 의무는 수여자의 권위(바울의 경우에는 그리스도의 주되심)로부터만 생겨나는 것이 아니고, 선물 수여 그 자체의 구조로부터도 생겨난다. 선물은 선물로서 능력을 전달한다. 고대의 선물 역학 관계를 주목해 볼 때, "값싼 은혜"(답례를 조금도 기대하지 않는 선물)가 고대 사상의 한 요소가 아니었다는 것이 드러날 것이다.

따라서 바울은 단지 우리에게만 역설로 보이는 두 가지 특징을 하나로 결합시킨다. 한편으로 바울은 선물의 비상응성을 극대화한다. 곧 받기에 합당하지 않은 자에게 선물이 주어지는 것으로 본다. 다른 한편으로 바울은 선물 수혜자의 충성을 재조정함으로써 선물의 의무로서의 성격을 강하게 가정한다. 여기서 선물의 한 속성이 다른 모든 속성을 수반하지 않는다는 사실을 상기하는 것이 중요하다. 다시 말해 바울은 선물의 비상응성(가치 없는 자에게 주어지는 것)은 극대화하지만 선물의 비순환성(답례를 기

---

11   "Gottesgerechtigkeit," 371; "The Righteousness of God," 174.

대하지 않는 것)은 극대화하지 않는다. 그리스도 안에서 주어진 하나님의 선물은 **무제약적인 것**(어떤 사전 조건에 기반을 두고 있지 않는 것)이지만 **무조건적인 것**(후속적 요구가 없는 것)은 아니다. 바울은 하나님의 "은사"(χάρισμα)를 죄의 "삯"(όψώνια)과 대조시킬 수 있다(6:23). "임금"(또는 군인의 배급)과 달리, 그리스도-선물은 수혜자의 가치와 대응을 이루지 않는다. 동시에 바울은 (영생이라는) 선물이 의와 거룩함에 따라 사는 생명의 "목적"(τέλος)이라고 주장할 수 있다(6:22). 바울은 이 거룩함을 최후 심판 시 하나님께 돌려드리는 일종의 선물로 생각하지 않고, 하나님으로부터 두 번째 선물을 추가로 이끌어낸다. 또한 바울은 이 비상응적인 선물을 신자의 삶의 출발점으로 생각하지 않는데, 이 신자의 삶은 선물 이외의 것으로 특징지어지는 하나님과의 새로운 관계로 대체된다. 이 비상응적인 선물은 강력한 의무가 있고, 그 열매로 하나님에 대한 순종을 수반함에도 실제로 **비상응적인 것**이다. 왜 그런 걸까? 그 이유는 이 순종을 이끄는 참된 생명이 기적적이고 비상응적인 실재 곧 그리스도인의 삶을 출발시키고 지속시키는 그리스도의 부활 생명이기 때문이다. 이 관념을 이해하기 위해 우리는 세례에 대한 바울의 설명과 세례에서 창조되는 "새 생명"을 살펴보아야 한다(6:1-10).

16.2. 생명의 새로움: 그리스도 안에서의 "기이한" 실존

바울의 독특한 인간학은 신자의 삶을 예수의 죽음과 부활에 위치시킨다. 예수의 죽음으로 하나님과 화목하게 된 신자는 "그의 살아나심 안에서/살아나심으로 말미암아"(έν τῇ ζωῇ αὐτοῦ,' 5:10) 구원받았음을 확신한다. 죄가 사망을 낳는 곳에서 은혜는 그리스도를 통해 "생명 안에서" 신자들에게 왕 노릇하는 새로운 현실을 초래한다(5:17. 참조. 5:18: δικαίωσις ζωῆς). 이 연합은 세례로 일어나고, 세례는 죽음과 생명을 동시에 구성한다. 곧 "옛 사람"의 죽음(6:6)과 "새 생명"(6:4)을 구성한다. 두 경우 모두, 바울은 단순히 그리스도를 본받는 것이 아니라 그리스도에게 참여하는 한 형식을 상상하고, 따라서 신자들의 새 삶은 일반적인 실존이 아니라 불가능한 것의 산물 즉 그리스도의 부활의 결과가 된다. 바울은 "부활"(ἀνάστασις)이라는 말을 몸의 재구성(참조. 8:23)과 연계시키기 때문에, 그리고 이 새 생명은 여전히 죽을 몸(6:12) 안에 자리 잡고 있기 때문에, 가장 완전한 의미의 "부활"에 이르는 것은 미래 시제로 되어 있다(6:5. 엡 2:5-6과 대조됨). 그러나 이것은 신자들의 새로운 실존 양식에 관한 모든 것—신자들의 새로운 충성, 기질, 정서, 행동—이 그리스도 자신의 기적적인 생명에 귀속된다는 의미를 감소시키지 않는다. 신자들은 스스로를 "죄에 대하여는 죽은 자요 하나님께 대하여는 살아 있는 자로" 여겨야 하는데, 이는 그리스도와 같이(6:10) 그리고 그리스도 안에서(6:11) 이루어져야 한다. 신자들이 "죽은 자 가운데서 다시 살아난 자 같이"(6:13) 나타나는 이유는 그들이 그들 외부에 있는 실재에 의존하고 있기 때문이고, 이 실재가 그들에게 참된 이유는 무엇보다 먼저 그것이 그리스도에게 참된 것이기 때문이다. 만약 "예수를 죽은 자 가운데서 살리신 이의 영"이 이미 신자들 안에 거하신다면(8:22), 그분은 그들의 죽을 몸을 살리실 뿐만 아니라 이미 그들의 새롭고 인간적으로는 불가능한 실존 양식을 구성하고 계신 것이다(8:10-11).

이 새 생명이 먼저 인간학적 현상은 아니라는 점이 바울 신학에 중요하다. 말하자면 이 새 생명을 인간이 경험하는 경우는 그들이 그 원천을 인간 외부에 두고 있는 생명 곧 부활하신 그리스도의 생명 안에 참여하고, 또 그 생명으로부터 나오는 때로 한정된다. 바울은 로마서 6-8장에서 예수의 부활에 거듭 관심을 집중하는데(6:4, 5, 8, 9; 7:4; 8:11), 그 이유는 이 "새 생명"(6:4. 참조. 7:6)이 자아의 어떤 개혁이나 새롭게 발견된 어떤 자기극복 기법이 아니기 때문이다. 이 새 생명은 "이상한" 현상으로, 예수

의 부활로 시작된 "죽은 자 가운데서 살아나는 생명"에 의존한다.[12] 신자
들은 "하나님에 대하여 살아 있는 존재로서"(6:11) 걸어 다니는 기적인데,
이것이 더 분명히 기적적인 이유는 신자들의 경우에 새로 창조된 이 생명
이 죽음 저편이 아니라 죽음 이편에서 시작되기 때문이다. 바울이 로마서
6-8장에서 여러 번에 걸쳐 죽을 몸을 강조하는 데는 다음과 같은 이유가
있다. "너희는 죄가 너희 죽을 몸을(ἐν τῷ θνητῷ ὑμῶν σώματι) 지배하지 못
하게 하여"(6:12), 성령께서 최종적으로 "너희 죽을 몸"(τὰ θνητὰ σώματα,
8:11)을 살리실 것이다. 현재의 몸은 "죄로 말미암아 죽은 것"(νεκρὸν διὰ
ἁμαρτίαν, 8:10)이다. 사실 죽을 몸은 "사망의 몸"(τὸ σῶμα τοῦ θανάτου, 7:24)
이다. 그리스도는 사망을 끝내셨지만(6:9) 신자들은 사망을 끝내지 못
한다. 다시 말해 신자들은 죄에 대하여 죽지만(6:11) 사망에 대해서는 죽
지 못한다. 이 때문에 신자들의 삶은 지속적으로 비상응적인 상태에 놓이
게 된다. 어떤 면에서 신자들은 죄에 매여 있다("죄로 말미암아" 즉 그들이 아
담에게서 물려받은 유산의 잔재로서, 8:10). 그러나 다른 면에서 신자들은 "죽은
자 가운데서 살리심을 받은 영원한 생명" 안에서 살아 있는데, 이 영원한
생명의 근원 및 특징은 그리스도의 생명이다.

　위에서(3.3) 확인한 것처럼, 루터는 여러 가지 방식으로 신자의 삶 속
에 나타나는 영속적이고 구조적으로 기본적인 은혜의 불균형성을 표현하
는 데 심혈을 기울였고, 그중에 가장 유명한 말이 의인이자 죄인(simul justus
et peccator)이라는 말이다.[13] 로마서 6-8장에 이 관념을 지지하는 가장 강
력한 주석적 기초가 나타나 있다. 하지만 이는 지금 로마서 7-8장을 그
리스도인의 삶의 두 국면에 관한 변증법적 묘사로 보는 아주 잘못된 해석

12　"기이한 실존"이라는 개념에 대해서는 다음의 연구를 보라. D. H. Kelsey, *Eccentric Existence: A Theological Anthropology*, 2 vols. (Louisville: Westminster John Knox Press, 2009). 롬 8장에 비추어볼 때 우리는 이것을 "성령의" 실존 형태라고도 묘사할 수 있다.

13　예를 들어 1535년의 갈라디아서 강론, *WA* 40.1 366.26, *LW* 26.232와 로마서를 논의하는 *LW* 25.63에 나온다.

에 의존하고 있다.[14] 이와 반대로 7:7-25을 신자의 지속적 삶의 국면이 아니라 신자가 되기 전 "육신에 있을 때의" 삶을 묘사하는 것으로 본다면, 루터의 "의인이자 죄인"이라는 말은 설득력이 없어 보인다. 그러나 로마서 6-8장은 신자의 삶 속에서 단지 다른 형태로 나타나는 은혜의 지속적인 역설을 표현한다. 신자는 여기서 죽을 자이자 영원히 살 자(simul mortuus et vivens)로 묘사된다. 한편으로 신자는 가멸성에 매여 있는 몸 안에서 죽을 운명으로 정해져 있으나 또한 불가능한 새 생명의 자리이기도 한데, 이 불가능한 새 생명의 근원은 예수의 부활에 놓여 있고, 이 불가능한 새 생명의 목적은 신자 자신의 미래의 부활이다(8:11). "그리스도께서 너희 안에 계시면"("외부에서 들어와" 새로 중심이 된 자아), "몸은 죄로 말미암아 죽은 것이나 영은 의로 말미암아 살아 있는 것이니라"(τὸ μὲν σῶμα νεκρὸν διὰ ἁμαρτίαν, τὸ δὲ πνεῦμα ζωὴ διὰ δικαιοσύνην, 8:10).[15] 따라서 신자는 죽어 있는

---

14 롬 7:7-25이 어떤 면에서 믿는 자의 지속적 경험을 제시하고 있다고 보는 아우구스티누스의 후기 견해(이것은 종교개혁자들이 수용하고 공유했다)는 크랜필드와 던의 로마서 주석에서 전개된다. 이는 그리스도인의 경험으로부터 어느 정도의 중요성을 이끌어 낸다. 하지만 7:5-6의 대립 관계(이 본문의 용어는 7:7-25와 8:1ff. 사이의 대조와 대응을 이룬다)와 죄 아래에 팔린 속박에 관한 언어(7:14)는 (믿는 자의 관점에서) 7:7-25를 "육신에 있었을 때"(7:5)의 삶에 관한 묘사로 보게 만든다. 큄멜 이후로 학자들 사이에 거의 일치된 합의를 보이고 있는 이 견해는 S. J. Chester, *Conversion at Corinth* (Edinburgh: T&T Clark, 2003), 183-95에서 유용하게 설명되고 전개된다.

15 나는 첫 번째 문장을 양보절로 본다(몸이 죽는 것은 그리스도 안에 있음에도 불구하고 일어나는 일이지, 그리스도 안에 있기 때문이 아니다). 예를 들어 D. Moo, *The Epistle to the Romans* (Grand Rapids: Eerdmans, 1996), 491-92를 보라. 또한 나는 여기서 πνεῦμα를 믿는 자들 자신의 현재의 죄가 아니라(Cranfield, *Romans*, vol 1, 389와는 상반된 주장이다), 죄로 오염되고 그로 말미암아 죽을 운명에 처해진 우주 속에서 아담의 죄와 믿는 자들의 과거의 죄를 가리키는 것으로 본다(5:11-21; 7:5, 7-11). 이것은 믿는 자들의 죄악을 의미할 수 없는데, 그 이유가 그들이 지금은 "죄에 대하여 죽고"(6:11) "죄로부터 해방되어"(6:18) 하나님께 종노릇한다는 사실을 통해 암시된다. 다른 이들은 세례를 통해 믿는 자들이 죄에 대해 죽었음(6:11, 이 표현은 분명하게 다르다)을 언급하거나, 십자가에 죄를 못 박은 것(8:3)에 관해 언급한다(8:3). Wilckens, *Brief*, vol. 2, 132을 보라. 본문의 두 번째 문장에서 주석가들은 지금 πνεῦμα가 하나님의 영을 가리킨다는 것에서 의견의 일치를 보인다(참조. 8:11; 고전 15:45). 하지만 δικαιοσύνη ("칭

자이자 동시에 살아 있는 자이며, 이 생명은 오직 그리스도로부터 성령을 통해 역사하고, 이는 이 "새 생명"이 신자들 자신에 의해서가 아니라 하나님에 의해 확립, 유지, 지배되는 것이라고 말하는 또 하나의 방식이다.[16] 이 역설은 신자들의 거룩함이 아무리 크게 자랄 수 있더라도(그리고 자라야 한다 하더라도), 하나님의 은혜는 (아담 이후로) 인간의 자연적 상태와는 영원히 일치하지 않음을 보여주는 표지다.[17]

죽을 몸에 이처럼 영원히 비상응적인 새 생명이 있는 것은 새 사람의 순종과 하나님의 목적 또는 뜻 사이의 **상응성** 또는 일치성으로 표현된다. 인간의 일반적 상태와 그리스도 안에서의 새로운 실존, 이 둘 사이의 대조

의", "의")의 의미와 이것의 "생명"과의 관계는 큰 논란거리가 되고 있다. 개신교의 많은 이들은 의가 영생의 조건으로 간주되는 것을 우려하기에, 이 말을 "칭의로 말미암은 생명"(또는 "전가된 의") 혹은 (다른 의미의 διά와 함께) "의를 위한 생명"으로 해석한다. 전자에 대해서는 Cranfield, *Romans*, vol. 1, 390; Moo, *Romans*, 492를 보라. 후자에 대해서는 Käsemann, *An die Römer*, 216; Wilckens, *Brief*, vol. 2, 133을 보라. 그러나 의 자체가 기적적인 새 생명의 산물이라면, 의를 또한 성령 안에서 그 생명을 지속시키고 완성하는 수단으로 보는 것에도 어려움은 없다(참조. 5:21; 6:22-23; 갈 6:8). B. Byrne, *Romans* (Collegeville: Liturgical Press, 1996), 245를 참조하라.

16   de Boer, *Defeat of Death*, 175-76을 보라. "옛 시대의 실재와 새 시대의 실재, 이 두 실재 사이의 변증법적 상호작용의 중요성은 칭의/의/생명이 지금은 **오로지 그리고 항상 교정하고 살려주시는 하나님 자신의 능력의 선물**, 즉 하나님의 은혜의 선물로서 존재한다는 것에 놓여 있다(5:21)"(강조는 원저자의 것임).

17   리오네를 따라 번은 구원의 무상성(無償性)을 강조하지만 또한 "그리스도인의 도덕적 삶이 전적으로 내주하시는 성령의 산물"이라고 주장함으로써, 롬 6-8장에 있는 도덕적 의의 중요성도 부각시킨다. B. Byrne, "Living Out the Righteousness of God: The Contribution of Rom 6:1-6:13 to an Understanding of Paul's Ethical Presuppositions," *CBQ* 43 (1981), 557-81, 특히 577n. 59. 하지만 내 주장은 이와 약간 다르다. 바울의 은혜 신학은 인간적 순종의 필요성에 대한 강조와 일치하는데, 이것은 은혜의 효력(믿는 자들의 행동 속에서 적극적인 행위자로 활동하시는 하나님의 속성)을 통한 것이라기보다는 은혜의 비상응성(인간의 통상적 상태와 전혀 부합하지 않는 방식으로 하나님이 창조하신 생명의 산물로서의 인간적인 의의 속성)을 통해 그렇게 된다. 후자의 해석에서 우리는 (신적 행위에 자리를 내주기 위해) 인간적 행위를 무시해서는 안 된다. 왜냐하면 행동하는 새로운 행위자 자신이 외부의 실재로부터 새롭게 창조되고 유래하기 때문이다.

가 로마서 7-8장에서 "육체 안의" 삶과 "성령 안의" 삶, 이 둘 사이의 대조를 통해 극적으로 표현된다. 여기서 "육체 안의" 삶은 아무리 선한 의도를 갖고 있다 해도 율법을 지킬 수 없고(7:7-25), "성령 안의" 삶은 "율법의 정당한 요구를 이룰" 수 있다(8:1-4). 로마서 2장을 통해 우리가 알고 있는 것처럼, 하나님 앞에서 중요한 것은 율법을 아는 것이 아니라 율법을 행하는 것이다. 로마서 2장(2:14-15, 28-29)에서처럼, 율법 준수 능력은 부활하신 그리스도로부터 나온 자아, 더 낫게 말하자면 새 자아에 달려 있다. 이 새 자아가 하나님을 기쁘시게 하면 할수록 인간의 기존 상태와의 불일치도 그만큼 더 크게 가시적으로 나타난다(8:1-11). 말하자면 아담의 실존과 완전히 대립되는 비상응적인 은혜는 인간의 삶을 하나님의 영과 조화를 이루는 삶으로 만들었다. 바울이 묘사에서 권면으로 방향을 돌릴 때(6:11-13; 8:12-13), 그가 신자들에게 기대하는 것은 그들에 의한 새로운 실존의 창출이 아니고 그들이 그리스도에 의해 그리고 그리스도 안에서 이미 창조된 것을 표현해내는 것이다. 묘사 부분과 관련된 모든 것이 신자들에게 해당되는 이유는 그것이 이미 그리스도에게 해당되기 때문이다. 그리스도에게 해당되는 일차 실재는 창조되거나 폐지될 수 없다. 그리스도로부터 파생된 이차 실재는 주변 환경과 대립하는 방식으로 존재한다. 곧 생명이 죽음 가운데 있다. 그리고 이 생명은 활동하는 것만큼 존속한다. "죽은 자 가운데서 다시 살아난 자 같이" 되는 것(6:13)과 "몸의 행실을 죽이는" 것(8:13)은 주어진 새 생명을 실천하거나 적용하라고 요구하는 두 기둥 곧 긍정적 기둥과 부정적 기둥이다. 이 새 생명이 신자들**에 의해서** 행동으로 증명되지 않을 경우, 이 새 생명은 신자들 **안에서** 활동한다고 말할 수 없다.

16.3. 몸과 기독교적 습관의 형성

우리는 이처럼 가멸성과 생명이 역설적으로 공존하는 자리로서 몸이 갖고 있는 중요성에 주목해야 한다. 바울은 "죄의 몸"(σῶμα τῆς ἁμαρτίας)이 세례로 죽은(καταργεῖσθαι) 상태가 된다고 주장한(6:6) 다음, 로마 지역 신자들에게 그들 자신을 "죄에 대하여는 죽은 자요 그리스도 예수 안에서 하나님께 대하여는 살아 있는 자"로 여기라고 권면하고(6:11), 이 "여김"(λογίζεσθαι)이 무엇인지를 이어지는 명령 부분(6:12-13)에서 해설한다. 6:12-13은 네 구절로 이루어져 있는데, 두 구절은 부정적 내용(A)이고 나머지 두 구절은 긍정적 내용(B)이다.

> A[1] 그러므로 너희는 죄가 **너희 죽을 몸을** 지배하지 못하게 하여 몸의 사욕에 순종하지 말고
> A[2] 또한 **너희 지체를** 불의의 무기로 죄에게 내주지 말고
> B[1] 오직 너희 자신을 죽은 자 가운데서 다시 살아난 자 같이 하나님께 드리며
> B[2] **너희 지체를** 의의 무기로 하나님께 드리라

이 네 구절 가운데 세 군데에서 지배되고 있거나 드려지고 있는 것이 **몸**이나 **지체**(τὸ σῶμα나 τὰ μέλη, 두 번째 단어는 첫 번째 단어의 특수화 용법이다)라는 점은 놀라운 일이다. 첫 번째 긍정적 명령(B1)은 "너희 자신"(ἑαυτούς)과 관련되어 있는데, 이는 마치 "자아"가 몸보다 앞서거나 몸과 분리될 수 있는 어떤 것인 양, 유심론이나 이원론 방식으로 이해되어서는 안 된다. 그와 반대로 "너희 자신"이 몸에 관한 진술에 내재되어 있다는 사실은 몸이 "지배되거나" "드려지는" 것처럼, 자아도 "지배되거나" "드려질" 수 있음을 암시한다. 바울은 6:19에서 다시 "지체"를 부정의 종이나 의의 종으로 강조하고, 7장에서 3회(7:5, 23, 25)나 죄의 권능(이 죄의

권능은 율법을 채택하기도 한다)을 "지체" 가운데 역사하는 것으로 간주하는데, 이는 이러한 사실에 부합한다. 따라서 이 "지체"(μέλη)라는 말로 그 육체성이 명백히 확인된 몸은 "자아"가 확인되고 정의되는 자리다.[18]

σῶμα를 인간학적 용어로 제시하는 불트만의 유명한 설명은 바울 서신에서 "몸"이 어떻게 사람과 동의어가 될 수 있는지를 잘 지적했다("사람은 σῶμα를 갖고 있는 것이 아니다. 사람이 σῶμα다). 그런데 불트만은 이를 다음과 같이 잘못 받아들였다. 곧 그는 로마서 6:12-13을 포함하여 대부분의 경우에 σῶμα가 인간적 행동이나 반성의 객체로서 "자아"를 의미하므로, 우리가 σῶμα라는 이 말에서 물질성 또는 육체성을 함축하는 의미를 다 비워낼 수 있다고 오해했다.[19] 케제만은 불트만의 이러한 주장이 바울이 σῶμα라는 말을 사용하는 대부분의 경우와 맞지 않다고 제대로 반박하고, 물질성 또는 육체성(Leiblichkeit)은 바울 인간학의 본질적 요소라고 주장했다. 불트만의 실존주의적 지팡이로는 이 요소를 쫓아낼 수 없었다. 케제만은 직접 몸을 인간의 "피조성"의 한 표지로, 그리고 우리가 개인보다 훨씬 더 포괄적인 실재에 참여하고 그 실재와 갖는 연대성을 보여주는 하나의 신호로 강조했다. 특히 케제만은 "능력들"에 속해 있는 상태를 강조했는데, 그 이유는 몸이 항상 신적이든 반(反)신적이든 주권 영역(Herrschftsbereich)에 의존하는 세상의 한 부분이기 때문이다.[20] 따라서 케제

---

18 μέλη를 "팔다리"로 번역하는 전통 입장은 너무 제한적이다. 바울은 이 범주 아래 발과 손뿐만 아니라 귀, 눈, 성적 기관까지 들어가 있는 것으로 상상한다(고전 12:12-26). 만약 "자연적 능력"과 같이 애매한 어떤 것을 가리키는 의미로 취해진다면, 이 단어는 육체성과 분리되는 위험에 처하게 된다. 예를 들어 Cranfield, *Romans*, vol. 1, 317-18. 육체성을 적절히 강조하는 것에 대해서는 R. Jewett, *Romans*, 410-11을 보라. 그의 초기 작품 *Paul's Anthropological Terms: A Study of Their Use in Conflict Situations* (Leiden: Brill, 1971)도 마찬가지다.

19 R. Bultmann, *Theology of the New Testament*, 2 vols. (London: SCM Press, 1952), vol. 1, 192-203 (194에서 인용).

20 특별히 E. Käsemann, "On Paul's Anthropology," in *Perspectives on Paul*, trans. M. Kohl (London: SCM Press, 1971), 1-31을 보라. 케제만의 일반적인 바울 해석에 대해서는

만은 우리가 다루고 있는 로마서 본문의 몸 언어가 바울 신학에 중대하다고 주장했다. "우리가 우리의 몸으로 갖고 있는 세상의 부분"("das Stück Welt, das wir in unserm Leibe sind")은 하나님이 주관하시는 것으로, 하나님은 몸을 죄의 종으로부터 의에 대한 순종으로 바꿔놓으신다. 나아가 케제만은 이렇게 덧붙인다. "몸의 순종은 육체 부활의 실재성을 예견하는 것으로 필수적이다. 그렇지 않으면 능력을 얻기 위한 종말론적인 투쟁에 우리가 가담하고 있다는 것이 분명해지지 않을 것이다."[21]

우리는 이것을 다음과 같이 더 날카롭게 다듬어 제시할 수 있다. 바울에게 몸은 "나"를 표현하고 적용시키는 자리다. 바울은 "부활한 몸" 개념에 집중하는데(8:11. 참조. 고전 15:42-44), 이는 자아가 어떤 다른 방식으로는 작용하거나 전해질 수 없음을 암시한다. 만약 그렇다면, 몸은 예수의 부활 생명(새 자아)이 인간의 삶 속에서 가시화되고 활동하는 자리가 된다. 바울이 로마서 12:2에서 말하는 마음을 새롭게 하는 것은, (바울이 12:1에서 **먼저** 언급한) 산 제물로 "너희 몸을 드리는 것"으로 표현되지 않는 한, 어떤 의미 있는 형태로 효력을 일으킬 수 없다. 아니, 사실은 어떤 형태로도 실현될 수 없다. 이는 몸이 우리가 방금 지적한 근본적인 비상응성이 자리 잡고 있는 곳임을 뜻이다. 말하자면 신자는 몸으로 보면 분명히 사망의 길에 서 있으면서 동시에 의와 거룩함으로 섬기는 자로서, 그리스도의 부활의 실재성을 가시적으로 그리고 예증으로 보여줄 것이 요구된다. 신자**가 죽을 자이면서 동시에 살아 있는 자**(*simul mortuus et vivens*)인 이유는 다름 아닌 그의 육체성 때문이다(참조. 고후 4:10-11). 바울이 여기서 군사 용어("무기", 6:13, 19. 참조. 13:14)를 사용하는 데는 다 이유가 있다. 왜냐하면 몸은 결정적으로 저항하는 자리이기 때문이다. 몸은 이전에는 죄에 적합

위의 3.5.3도 보라. 이 점에서 불트만을 상세히 비판하고 있는 R. Gundry, *Sōma in Biblical Theology, with Emphasis on Pauline Anthropology* (Cambridge: Cambridge University Press, 1976)를 참조하라.

21 Käsemann, *An die Römer*, 169-70; *Romans*, 177-78.

했으나 이제는 그리스도에게 다시 적합해진다. 죄는 이전에 몸속에서 아주 강력하게 왕 노릇했고, 아직도 그 지배권으로 신자의 육체적 자아를 사망으로 끌어가고 있다. 그러나 바로 그 자리가 이제는 "새 생명"이 적극적으로 활동하여, 반직관적인 행위 방식으로 육체 속에 있는 그들의 자아를 몸의 "살리심"(8:11)이나 구속(8:23)으로 이끄는 기적적인 그리스도-생명을 보여주는 곳이 된다. 과거에 사망과 생명의 치열한 싸움을 통해 죄의 요새가 되었던 **몸에서** 이제는 기적적인 반대 세력이 이미 역사하고 있음을 보여주는 기독교적 순종이 이루어지고 있다. "몸의 행실을 죽임"으로써(8:13), 즉 범죄의 자리에서 죽이는 자를 죽임으로써(7:24과 함께 8:13을 보라) 의에 대한 순종은 신자가 승리를 향해 나아가는 궤적 위에 있음을 증명하는데, 이 승리의 대단원은 몸의 부활과 우주의 구속이 될 것이다 (8:18-39).

바울은 로마서 6-8장에서 로마서 12-15장을 예견하는 듯한 방식 (롬 6:12-21과 12:1-2 사이에 말의 연계성이 존재한다)으로 우리가 "윤리"라 부르는 것을 침해하지만, 로마서 12-15장에 구체적인 윤리적 가르침이나 본보기가 나오는 것은 아니다.[22] 로마서 6-8장은 명령 또는 권면을 담고 있다(6:11-13, 8:12-13). 하지만 규범이나 실천이 아니라 윤리를 조직하는 방향, 충성, 기질 등을 다루는 데 관심이 있다. 바울은 몸에 관해 말할 때에도 어떤 구체적인 실천보다 "더 깊이" 들어가는 듯한 충성 및 결집 체계에 관해 말하고 있다. 바울이 "생각"(τὸ φρόνημα)―육체의 생각이나 성령의 생각(8:6-8)―이라 부르는 것이 관건이다. 생각은 몸 밖이나 몸 뒤가 아닌, 몸의 "기관들"의 육체적 활동에 따라 표현되지만 몸을 지배한다. 그러면 바울은 여기서 무엇을 말하는가? 우리는 이것을 우리에게 의미 있는 말로

---

22 6:1-8:13의 "윤리적" 성격의 공통된 강조(8:13을 하위 단원의 끝으로 보는 일치된 견해와 함께)에 대해서는 Byrne, "Living Out the Righteousness of God" 그리고 Engverg-Pedersen, "Galatians in Romans 5-8"을 보라.

해석할 수 있는가?

이런 종류의 "구조를 구조화하는" 법을 가장 잘 분석한 학자 가운데 하나가 인류학 이론가인 피에르 부르디외다. 부르디외는 습관을 심도 있게 다루고, 지금도 여전히 유용한 개념을 전개했다.[23] 부르디외는 인간의 행동 속에서 "구조"와 "자유 행위", "객관적" 힘과 "주관적" 힘의 단조로운 이원론을 극복하기 위해 힘쓰는 가운데, 명확한 규범과 특수한 규례보다 더 깊은 차원에서 문화가 습관에 의해 움직인다고 주장하고, 습관을 다음과 같이 규정했다.

> 습관은 곧 과거의 경험들을 통합함으로써 모든 순간에 지각, 판단, 행동의 모체로 기능하고, 무한히 다양한 업무의 성취를 가능하게 하는 영구적이고 전이 가능한 기질의 체계다.[24]

이 기질들은 우리에게 가능한 것, 합리적인 것, 적절한 것, 상상할 수 있는 것(이러한 것들은 행위 규칙에 대한 명확한 설명 없이도 우리의 행동을 제한한다)의 당연한 제약뿐만 아니라, 우리가 실재를 규제할 때 그 기준이 되는 무언의 그리고 종종 무의식적인 분류 체계와도 관련되어 있다. 끝없이 순환하는 가운데 이 기질들과 개념 구조들은 실천을 일으킨다. 하지만 또한 그러기에 그것들은 물리적 또는 경제적 조건들 속에 큰 변화가 있지 않는 한(부르디외는 그렇게 생각했다), 바뀌기가 매우 어려운 깊은 차원에서 실천

---

23 P. Bourdieu, *Outline of a Theory of Practice*, trans. R. Nice (Cambridge: Cambridge University Press, 1977), 72-95; 동일 저자, *The Logic of Practice*, trans. R. Nice (Stanford: Stanford University Press, 1980), 52-79을 보라. 논쟁과 비판에 대해서는 예를 들어 R. Jenkins, *Pierre Bourdieu* (London: Routledge, 1993), 74-84; A. King, "Thinking with Bourdieu against Bourdieu: A 'Practical' Critique of the Habitus," *Sociological Theory* 18 (2000), 417-33을 보라.

24 Bourdieu, *Outline*, 82-83(강조는 원저자의 것임).

을 지배한다.[25] 그것들은 우리가 필수적이고 자명한 것으로 취하는 것, 곧 "말하지 않아도 오기 때문에 말하지 않아도 가는 것"을 대변한다. 습관은 실재, 책임, 아름다움, 가치, 거룩한 것과 더러운 것의 의미를 규정한다.

부르디외에 따르면 습관은 **구현되는** 것, 곧 온갖 육체적 습성과 기대 속에 새겨지는 것이라는 점이 중요하다.

> 암묵적인 교훈, 곧 비가시적인 설득을 통해 성취되는 변화가 불러오는 가치 야말로 형언할 수 없고, 불가해하며, 모방할 수 없는, 따라서 가장 고귀한 것 처럼 보인다. 이런 암묵적인 교훈은 "반듯하게 서라", "왼손으로 나이프를 집지 말라"와 같이 사소한 훈계를 통해 우주론, 윤리, 형이상학, 정치철학 전 부를 주입시킬 수 있다.[26]

이 점에서 "'몸으로 배우는' 것은 사람이 소유하는 어떤 것이 아 니라…사람이 존재하는 어떤 것이다." 이 말은 불트만이 바울 안에 나타 난 σῶμα에 관해 언급했던 유명한 진술("사람은 σῶμα를 갖고 있는 것이 아니다. 사람이 σῶμα다")을 적절히 보완한다. 그러나 이것은 육체적 몸에 관한 바울 의 개념에 훨씬 더 가깝게 맞추어져 있다. 부르디외는 생각과 행동의 "구 조를 구조화하는" 바로 이러한 차원에서 몸을 이전의 순수한 정신적 활동 의 매개체가 아니라, 실재를 지각, 규제, 실천하는 방법의 구성 요소로 간 주한다.[27]

---

25   궁극적 원인을 물질적·물리적·경제적 조건에 돌리는 것은 부르디외의 연구가 마르크스 주의의 결정론의 영향을 받았음을 암시한다. 비판자들은 부르디외가 습관이 어떻게 바 뀔 수 있는지를 설명하는 데 어려움을 겪는다고 종종 지적한다. 이런 이유에서 우리는 습관이 어떻게 몸의 매개를 통해 기능을 행사하는지 깨닫기 위해 부르디외의 사상을 효 과적으로 활용해야 하지만, 다른 한편으로 롬 6장에 언급되는 습관의 변화를 설명하기 위해서는 부르디외의 주장을 넘어설 필요가 있다.

26   Bourdieu, *Outline*, 94.

27   이 요점은 T. Engberg-Pedersen, *Cosmology and the Self in the Apostle Paul* (Oxford:

바울이 "죄의 몸"(롬 6:6)에 관해 말할 때 이 말을 "죄인"과 같은 애매한 어떤 것을 가리키는 것으로 "영적으로 해석하거나" 어떤 육체적 행위(예. 13:13의 μέθαι["술취함"]와 κοίται["음란"])로 그 의미를 제한하는 것은 현명하지 않다. 바울은 몸의 기질, 정서, 말하는 방식, 습관적 몸짓이 근본적으로 하나님의 뜻에 맞지 않는 명예, 자기확대 그리고 방탕의 체계들에 매여 있을 정도로 몸이 죄의 지배를 받고 있음을 제시하는 것으로 보인다. 그래서 자체로 선하고 거룩한 율법(7:12)도 "사망을 위하여 열매를 맺는" 것으로 끝난다(7:5). 죄가 그 "속에 거하는" 몸을 받았을 때—죄의 **습관**이 깊이 주입되어 있을 때—몸은 몸 자체가 약속하는 것을 이룰 수 없다. 지체 속에 역사하는 "법"(7:23)은, 설사 우리의 생각이 율법의 지침들을 인정할 수 있다 한들, 이 지침들로 결코 변화될 수 없을 만큼 깊이 뿌리박힌 일단의 경향과 방향이다. 여기서 요구되는 것은 "사망의 몸에서 건져냄을 받는" 것이다(7:24). 곧 육체적 행동, 신체적 습관, 육신적 욕구 속에 작용하는 인식 체계와 실천 체계에 대한 새로운 "생각"(φρόνημα')이 요구된다.

우리는 이 "건져냄"을 예증하는 데 물리적인 세례 의식보다 더 효과적인 증거를 거의 생각할 수 없다. 바울은 세례를 **몸에** 그리고 **몸과 함께 일어난** 죽음에서 생명으로의 이동으로 해석한다. 이후로 신자들은 "자신의 지체를 의의 무기로 하나님께 드림으로써"(6:13. 참조. 12:1) 이 새 생명에 자기를 바친다("죽은 자 가운데서 다시 살아난 자 같이", 6:13). 다시 말하면 신자들은 새로 육체 속에 들어온 습관을 실제로 확증하는데 힘쓴다. 이 행동은 단독적인 사건이 될 수 없다. 말하자면 몸은 개인적이지만 또한 사

Oxford University Press, 2010), 특히 141-142과 185에 잘 설명되어 있다. "관념들은 원리상 **언제나** 실천의 한 부분으로 간주되어야 한다. 보다 상세히 설명되어 있지 않은 다른 모든 인지 유형들과 함께 관념들(ideas)은 실천을 통해 표현되는 육체적 습관 속으로 들어간다"(강조는 원저자의 것임). 이것은 그가 앞선 롬 6장에서 제기했던 주장으로부터 변화했음을 나타내는데, 롬 6장에서 그는 인지적 "내"가 논리적으로 몸과 분리되어 있고 몸보다 앞서 존재한다고 주장했다(*Paul and the Stoics*, 228-38).

회관계 안에서 그리고 사회관계에 의해 형성된다. 옛 습관과 단절하고(μὴ συσχηματίζεσθε τῷ αἰῶνι τούτῳ, "너희는 이 세대를 본받지 말고", 12:2), 새로 변화된 "마음"(νοῦς)을 표현하려면(12:2) 옛 분류 체계(현 시대의 구조적 "대립들")에 대한 도전과, 새로운 지각 및 목표를 구현하는 집단적 실천이 요구될 것이다. 그런 이유에서 로마서 6장에 묘사된 몸의 변화가 로마서 12-15장에서 어느 정도 예증되고 있는데, 이는 복음으로 구축되고 복음을 향해 나아가는 공동체의 형성과 관련되어 있다.

16.4. 무제약적 환영으로 구성된 공동체(로마서 12:1-15:13)

바울이 몸 안에 새로 구현된 습관에 대하여 자신의 호소를 재개할 때, 그의 호소의 기초가 하나님의 "자비하심"(문자적으로 "자비하심들")에 놓여 있는 것은 놀랍지 않다(12:1). 여기서 복수형은 히브리어 "라하밈"(רחמים)을 반영한다(참조. 고후 1:3; 빌 2:1). 하지만 내용은 "은사/은혜" 언어(11:5-6, 29)와 "긍휼" 언어(9:15-18; 11:28-32. 아래 17장을 보라)가 혼합되어 나오는 이전 장들에 의해 보충된다. 선물과 같이 하나님의 자비하심[긍휼]도 수혜자의 이전 지위, 업적 또는 가치와 아무 관계없이 주어진다(9:6-18; 11:32). 따라서 바울은 이전에 신자들의 문화적 또는 상징적 자산을 구성했던 것이 그 어떤 민족적·사회적 또는 개인적 특성이었든지 간에, 또 신자들의 특징적인 또는 우월한 가치의 근거를 구성했던 것이 무엇이든지 간에 이를 무시하고, 삶의 방식을 재조정할 것을 요구한다. 이 신적 긍휼 행위를 기초로 신자들은 자기들의 몸을 하나님께만 배타적으로 바쳐야 한다(12:1. 참조. 6:12-23). 이는 일종의 "합리적 예배"(λογικὴ λατρεία) 방식으로, 이것의 "이성적" 기준은 그리스도 안에서 이루어진 하나님의 행위에 따라 새롭게 정의된다."[28] 바울이 "마음을 새롭게 함으로써" 신자들에게 주어지기를 바라는 "변화"(12:2)는 그들의 주변 환경의 공통된 행위 방식과 사사건건 충돌하지는 않을 것이다. 다시 말해 "선한" 일과 "악한" 일을 인식함에 있어서 어느 정도의 중첩이 있을 것이고(12:17: 13:3), 통치 당국의 이익과 **불가피하게** 충돌하는 일도 없을 것이다(13:1-7).[29] 그러나 새롭게 주를 향해 나아가는 길(12:11)에는 신자들의 전제, 우선권, 기질을 "이 세대"와 다르게 형성시키는 새로운 마음이 포함될 것이다(12:2). 바울이 "마음"과 "몸의 실천"을 긴밀하게 상관시키고 있음을 감안해볼 때, 우리는 이 장들에서 이처럼 변화된 인식을 삶 속에 구현하는 공동체의 일상적 행위에 대한 내용이 나오리라는 것을 예상해야 한다.

갈라디아서에서처럼(위 14.2를 보라) 여기서도 경쟁적 명예의 추구에 반대하는 공동체 정신에 매우 높은 가치가 매겨진다. 바울은 특별히 "어둠의 일"과 "육체의 정욕"을 반대할 때 육체적 욕망(방탕과 술 취함과 음란)에 과도하게 빠지는 것에 대해 생각하고 있을 뿐만 아니라 공동체의 존속을 위협하는 다툼과 시기(ἔρις καὶ ζῆλος)에 대해서도 생각하고 있다(13:13). 마음을 새롭게 하려면 자신의 명예를 세우거나 높이고자 하는 욕구가 단순히 약화되는 것이 상쇄되는 방식으로 자기 자신과 타인을 인식하는 능력이 요구된다. 유일하게 합당한 "자랑" 곧 가치의 유일한 근거가 그리스도 안에서 행하시는 하나님의 역사에 있다면(5:11. 참조. 3:27), "그리스도 안에서" 자기 자신을 재개념화한 자는 자기에게 귀속되거나 자신이 획득

---

28 이 말을 "영적 예배"로 번역하는 것은 영을 물질보다 더 높이게 되는 위험을 가지며, 그런 번역은 "몸"을 제시하는 진술들을 볼 때 분명히 배제된다. Dunn, *Romans*, 711-12을 보라. 비록 "영적"이라는 형용사가 "이성"을 우선시하는 스토아 사상을 상기시키기는 해도, 이어지는 구절을 볼 때 기독교적 습성(*habitus*)에 대한 논리적 통제라는 것이 현대 사회에 만연한 논리와 자의식적 측면에서 전혀 맞지 않다는 것은 분명하다.

29 롬 12-13장과 당시 로마의 스토아 사상 사이의 일치된 견해에 대해서는 R. M. Thorsteinsson, *Roman Christianity and Roman Stoicism: A Comparative Study of Ancient Morality* (Oxford: Oxford University Press, 2010)를 보라.

한 우월함을 절대로 자랑하지 않을 것이다.[30] 따라서 노골적으로 **모든** 독자를 겨냥하면서 바울이 제공하는 첫 번째 "윤리적" 교훈(12:3)은 자기 자신에 관한 생각을 부풀리지 말고(μὴ ὑπερφρονεῖν παρ᾽ ὃ δεῖ φρονεῖν, "마땅히 생각할 그 이상의 생각을 품지 말고"), 자기 자신에 관해 적당히 또는 겸손하게 생각하라는 것이다(ἀλλὰ φρονεῖν εἰς τὸ σωφρονεῖν, "오직 지혜롭게 생각하라", 12:3). 이 말은 그리스의 σωφροσύνη(중용 또는 겸양)의 덕을 상기시키지만 그 기초는 특별히 바울의 사상이다.[31] 11:18-20, 25의 진술(μὴ ὑψηλὰ φρόνει ...ἵνα μὴ ἦτε ἐν ἑαυτοῖς φρόνιμοι, "높은 마음을 품지 말고...너희가 스스로 지혜 있다 하면서")이 분명히 하는 것처럼, 모든 신자는 자기 자신이 하나님의 긍휼이라는 단일한 은사에 의존하고 있음을 알아야 한다. 말하자면 신자들은 마치 자기들을 하나님의 부르심에 합당한 자로 만드는 **자기들 자신에 관한 어떤 것**이 자기에게 본래 있었던 것처럼 자랑해서는 안 된다. 따라서 신자들은 "하나님의 긍휼"에 다시 근거를 두고 신적으로 배분된 은사들에 따라 자기들이 신자 공동체 안에서 각기 다른 역할을 맡고 있음을 올바로 인식해야 한다(12:3-8). 바울의 가르치는 권세가 은혜(χάρις)의 산물인 것처럼(12:3. 참조. 1:5; 15:15), 신자들도 각자 자기들에게 주어진 "은혜"(χάρις)대로 "은사들"(χάρισμα)을 갖고 있다(12:6). 각자 공동체의 책임에 맡겨진 역할을 배분받는다(μέτρον πίστεως, "믿음의 분량", 12:3).[32] 이 공

---

30   명예/자랑이란 주제를 중심으로 롬 12-15장을 그 이전의 장들과 연관시킴으로써 이 주제를 선구적으로 탐구한 H. Moxnes, "Honor and Righteousness in Romans," *JSNT* 32 (1999), 61-77을 보라.

31   막스네스의 지적처럼, 바울은 그리스인의 *hybris*("교만")에 대한 비평에 의존하고 있으며, 그의 권면은 "개인적 성품의 특성이 아니라 불평등한 지위에 있는 개인들 사이의 전체적인 관계체계를 대상으로 하고 있다." H. Moxnes, "The Quest for Honor and the Unity of the Community in Romans 12 and in the Orations of Dio Chrysostom," in T. Engberg-Pedersen, ed., *Paul in His Hellenistic Context* (Edinburgh: T&T Clark, 1994), 203-20, 특히 222 참조. H. North, *Sophrosune: Self-knowledge and Self-restraint in Greek Literature* (Leiden: Brill, 1972).

32   굿리치가 이 난해한 말의 의미를 명확하게 밝혔다. 굿리치는 πίστις라는 말이 바울 당시

동체 안에서 명예를 추구해서는 안 된다. 중요한 모든 명예는 이미 하나님이 주셨고 또는 주실 것이다(참조. 2:29; 고전 4:1-5). 경쟁이나 보복을 통해 자기들의 명예를 차지해야 하는 필요에서 해방된(12:14, 17-21) 신자들은 명예를 다른 사람들에게 돌려야 한다. 신자들은 서로 사랑하면서 **나중이 되는 것으로 처음이 되고자 애써야 하고**, 이는 명예를 주장하는 것이 아니라 명예를 서로에게 주는 일에 앞장서라는 명령이다(τῇ τιμῇ ἀλλήλους προηγούμενοι, 12:10).[33]

갈라디아서 5-6장("서로 종노릇하라", 갈 5:13)에서처럼 여기서도 바울은 동요하는 불안정한 관계 속에서 신자가 상대방의 유익을 위해 섬기는 상호 비대칭의 역설적 패턴을 명확히 설명한다. 고린도전서 12:12-31에서 사용된 몸 주제를 발전시키면서 바울은 모든 사람이 개인적으로 **서로의 지체**로 생각되는 상호 의존적 공동체를 상상한다(12:5). 이 공동체에서는 모든 사람이 서로 간에 반드시 필요한 존재이다. 실제적 측면에서 볼 때, 이런 습관은 서로 섬기는 행동을 고취시킨다(또 이런 습관은 자체로 이런 행동에 의해 형성된다). 성도들은 서로의 필요를 나눔으로써(12:13) 경제적으로나 도덕적으로나 영적으로 서로 도움을 주고받는다(12:7-8). 성도들은 "형제 사랑"에 따라 "우는 자들과 함께 울고 즐거워하는 자들과 함께 즐거워하고"(12:15), 성도들의 새로운 정서적 애착과 민감한 태도는 그들의

에 "맡김", "위탁의 책임"의 의미로 사용된 것을 예시하고, 이 말을 "각 사람에게 하나님이 정하신 분량대로, 즉 맡기신 대로"라고 번역하는 것이 직접적인 맥락과 어떻게 부합하는지, 그리고 다른 바울 서신의 유사 내용들에 어떻게 부합하는지를 입증했다. J. K. Goodrich, "'Standard of Faith' or 'Measure of a Trusteeship'? A Study in Romans 12:3," *CBQ* 74 (2012): 753-72를 보라.

33 주이트의 지적처럼(Jewett, *Romans*, 761-62) 여기서 분사("먼저 하며")는 "앞에서 인도하다"는 뜻으로 번역하는 것이 가장 낫다. 이 말은 명예를 받는 것이 아니라 명예를 주는 것에서 지도자가 된다는 역설적 관념을 함축하고 있다(참조. 빌 2:3-4). 따라서 상호성의 윤리는 믿는 자들이 명예를 다른 사람들에게 줄 때 그 명예를 잃는 것이 아니라, 다른 모든 이에게 명예를 주는 것이 모두의 책임인 관계성 속에서 믿는 자들이 함께 묶여 있음을 의미한다.

사회적 연대성을 더욱 굳게 만드는 역할을 한다. 성도들은 대접(12:13), 친교 식사(14:1-2) "거룩한 입맞춤"(16:16)에 따라 이제는 중요하지 않은 민족성과 신분의 차이를 뛰어넘어 새로운 사회적 사랑을 실천한다. 사회적으로 높은 지위에 있는 자는 "낮은 지위에 있는 자"와 교제할 때 고압적인 태도를 버릴 것이 요구된다(12:16). 성도들이 사회적 분리를 뛰어넘어 깊은 공통성을 찾아낸다면, 이는 그들이 "이 세대"의 분류 체계와 "구조"를 무시하는 새로운 습관을 형성하게 되었음을 증명한다(12:2). 그리스도로 말미암아 섬김과 예배로 하나님께 초점이 맞추어진 이 새로운 공동체 생활을 함양함으로써(12:11; 15:6-13), 육체적 실천은 세례 이후 방식에 맞게 재조정되고 새롭게 규제된다. "주 예수 그리스도로 옷 입는"(13:14) 것은 죽을 몸의 모든 지체가 새로운 충성에 참여함을 반영하고, 그들의 사회적 태도는 기존의 모든 규범에 문제를 제기하는 그리스도-선물의 능력을 반영한다.

14:1-15:6에 나오는 식사 지침은 가치의 이런 재조정에 따라 형성된 공동체에 관해 가장 충분하고 가장 명확한 묘사를 담고 있다. 바울이 여기서 (가설적인 문제가 아니라) 로마 지역 교회들에서 실제로 일어난 문제에 대해 말하고 있다고 생각할 충분한 이유가 있다. 왜냐하면 바울은 고린도전서에서 말한 원리를 로마 지역 신자들의 공동 식사—그들의 공동체 생활을 입증하는 핵심 요소—가 "카슈루트"(kashrut, 식사 규례) 준수에 대한 분란으로 어수선하던 상황 속에 다시 적용하고 있기 때문이다.[34] 이 분

---

34 나는 한 편의 논문에서 이번 장들의 사회적 배경을 논의했다. 그 논문은 문화적 주제들과 관련해서 지금은 널리 합의가 이루어진 견해를 강화하며 전개했다. J. M. G. Barclay, "'Do We Undermine the Law?' A Study of Romans 14:1-15:6," in J. D. G. Dunn, ed., *Paul and the Mosaic Law* (Tübingen: Mohr Siebeck, 1996), 287-308; (수정판) J. M. G. Barclay, *Pauline Churches and Diaspora Jews* (Tübingen: Mohr Siebeck, 2011), 37-59. "믿음이 연약한 자"가 믿지 않는 유대인을 가리킨다는 나노스의 주장은 많은 학자들로부터 논박을 당했는데, 그 학자들 중에는 M. Reasoner, *The Strong and the Weak: Romans 14:1-15:13 in Context* (Cambridge: Cambridge University Press, 1999), 131-36도 포

란은 분명히 유대인 신자와 이방인 신자의 민족적 노선 때문에 일어난 일이 아니었다(여기서 바울은 자기 자신을 "강한 자" 편에 집어넣는다). 그러나 "정결한" 음식에 관한 바울의 용어(κοινός[속된], καθαρός[깨끗한], 14:14, 20)와 "날"에 관한 설명(14:5-6)으로 볼 때 이 분란을 유대교의 음식법과 안식일 준수에 대하여 입장 차이가 컸던 당시의 사회적 배경 속에서 파악하는 것이 가장 적합하다. 바울이 이 문제를 "율법"이나 민족적 결속력 및 인화 관계와 얽혀 있는 것으로 말하지 **않는** 데에는 그만한 수사적 이유가 있었다.[35] 그러나 바울이 강론에서 사용한 용어들은 그가 가장 중요하다고 생각하는 관점을 반영하기 위해 선택되고, 복음과 상관없는 규범이나 정체성들은 무시된다. 바울은 로마 교인들을 유대인이나 이방인이 아닌, 그리스도에게 받아들여지고 공동의 주인을 모시고 있는 종들로서 언급하고 있는데, 그 이유는 오직 이 기초에 따라서만 그들의 다양한 행위가 정당화될 수 있고, 또 그들 간에 벌어진 분란도 해결될 수 있기 때문이다(14:1-12; 15:7).[36]

증거를 조심스럽게 확인해보면, 바울이 "믿음이 연약한 자"로 부

함된다. 이러한 칭호들이 로마 지역의 믿는 자들 사이의 각기 다른 사회적 지위를 가리킨다는 리즈너의 주장은 가능하기는 하지만 로마서 본문으로부터 충분한 지지를 받지 못한다.

35 바울은 본인이 직접 세우지 않았거나 방문한 적이 없었던 교회들에서 일어난 문제를 공개적으로 지적할 수는 없었을 것이라는 이전의 관찰을 다시 주장하면서, 샘플리는 바울이 의도적으로 우회적인 수사법을 사용했다고 주장한다. J. P. Sampley, "The Weak and the Strong: Paul's Careful and Crafty Rhetorical Strategy in Romans 14:1-15:13," in L. M. White, O. L. Yarbrough, eds., *The Social World of the First Christians: Essays in Honor of Wayne A. Meeks* (Minneapolis: Augsburg Fortress, 1995), 40-52을 보라. 샘플리와는 상반된 견해지만, 이것이 누구든지 자신이 적합하다고 생각하는 칭호를 어디에든 적용시킬 수 있었다는 것을 의미하지는 않는다. 바울이 누구를 "약한 자"와 "강한 자"로 생각했는지를 아주 명확히 밝히기 위해, 다양한 입장들이 충분히 자세하게 정의되어 있다.

36 이어지는 몇 구절까지 포함하여 이 본문을 보다 더 충분히 분석하고 있는 J. M. G. Barclay, "Faith and Self-Detachment from Cultural Norms: A Study of Romans 14-15," *ZNW* 104 (2013), 192-208을 보라.

르는 자는 어떻게든 부정함에 빠지지 않으려고 그리스도인의 공동 식사에서 철저히 고기를 먹지 않는 경향이 있었으나(그들은 단지 채소만 먹었다, 14:2) "강한 자"는 (바울과 같이) 부정한 것이 없기에 어떤 것이든 먹을 수 있다고 믿었다(14:14, 20; 15:1). 따라서 "연약한 자"는 "강한 자"가 느슨하다고 비판하고, "강한 자"는 "연약한 자"가 망설인다고 멸시한다(14:3). 여기서 바울은 음식의 상태에 대하여 곧바로 판단하기보다는, 하나님이 그들을 "받아주신 것"에 따라 신자들을 서로에게 다시 제시함으로써 시작한다. 동료 신자를 판단하거나 업신여기는 것은 그 사람에 대한 하나님의 평가와는 완전히 반대되는 가치에 따라 그를 평가하는 것이다. 바울은 접대를 설명할 때에 적합한 "받다"(προσλαμβάνεσθαι) 언어를 사용하여, 하나님이 어떤 인간적 가치 평가로도 무너뜨릴 수 없는 가치를 그들에게 부여하심으로써 그들을 받아주신 것을 강조한다(14:3; 15:7). 여기서 관건은 하나님이 창조하신 것("하나님의 사업", 14:20) 곧 자신의 가치가 그리스도께서 자신을 위하여 죽으셨다는 사실에 근거하고 있는 사람에게 있다(14:15). 그들은 그리스도께서 그들을 받아주신 것과 **똑같이** 그리고 또 오직 그리스도께서 받아주신 것을 기초로 하나님 앞에 서 있기 **때문에**, 공동 식사에서도 받아들여져야 한다(15:7). 만약 여기에 사람의 판단을 적용하는 것과 관련하여 앞서 주어진 경고(2:1-5)가 반향되어 있다면, "우리가 [믿음으로] 서 있는 이 은혜"의 반향도 존재한다(5:2. 참조. 14:4).[37] 그 점에서 서로를 인정하게 되면 옛 규범과 전통적 판단 기준이 신자들의 공동체 안에 들어와 적용될 수 있다는 가정은 이미 해체되어버린다.

새로운 지위와 함께 새로운 충성이 임한다. 곧 그리스도에게 받아들여진 각 신자는 또한 그리스도에게 의존하며 사는데, 이는 집의 하인이 다

---

37 W. A. Meeks, *In Search of the Early Christians* (New Haven: Yale University Press, 2002), 153-66에 수록된 "Judgment and the Brother: Romans 14:1-15:13"을 보라. "의와 평강과 희락"이라는 핵심 가치는 롬 5:1-5의 주제를 취한 것이다.

른 어떤 사람보다 자신의 주인에게 의존하며 사는 것과 같다(14:4-12). 바울이 이 요점을 제시하기 위하여 할애하는 지면은 그가 얼마나 간절히 모든 도덕적 결정을 그리스도를 향한 방향으로 끌고 가기를 바라고 있는지를 보여준다. 결정이 어떠하든 간에, 즉 먹는 것이든 먹지 않는 것이든 또는 특별한 날을 지키는 것이든 지키지 않는 것이든 이를 막론하고, 그 결정은 "주를 위하여" 그리고 "하나님께 감사하며" 행해지는 경우에만 정당화될 수 있다(14:6-9). 율법을 따르느냐 따르지 않느냐 하는 것은 최종 기준이 아니다. 비록 신자들의 "믿음의 순종" **역시** 중요한 면에서 율법을 이루는 것이기는 해도(8:4; 13:8-10), 그들의 충성은 궁극적으로 율법이 아니라 그리스도에 대한 충성이다. 바울이 인정하는 것처럼, "믿음이 연약한 자"가 '카슈루트'(식사규례)를 지키고 안식일을 준수한다면, 이는 여기서 "율법을 지키는 것"으로 설명되지 않고 "그리스도를 섬기는 것"으로 묘사된다. 그리스도에 대한 충성을 표현하는 수단이 다양하게 있을 수 있으나 그 충성은 모두 믿음에서 나와야 한다(14:22-23). 이 "믿음"은 로마서 앞부분에서 말한 내용과 다르지 않다. 그리스도의 죽음과 부활에 새로이 그 근거와 중심을 두는 신자들은 그리스도 안에서 자기들의 정체성과 가치를 찾아내고 그리스도에게 명예와 섬김을 바침으로써 "믿음으로 살아야" 한다.[38]

로마 지역 교회들에 있던 믿음이 "연약한 자"와 "강한 자" 부류에 관한 최근의 분석은 그들이 갖고 있던 관습과 문화적 전통에 연구의 초점을 맞추었고 바울이 이 명칭을 어떻게 이해했는지에 대해서는 거의 관심을 두지 않았다. 바울이 "연약한 자"나 "강한 자"라는 말을 어디서 빌려

---

38 ἐκ πίστεως("믿음으로부터", 14:23에서 2회 사용됨)라는 표현은 이전의 장들(1:17; 3:30; 4:16; 5:1)에서 이 어구가 상당히 자주 사용된 것을 상기시킨다. 이것은 크랜필드 및 피츠마이어와는 다른 의견이지만, πίστις(믿음)는 여기서 다른 의미("확신" 또는 "신뢰")로 사용되고 있지 않다. 참조. Cranfield, *Romans*, vol. 2, 697-98; J. A. Fitzmyer, *Romans* (New York: Doubleday, 1992), 688-89, 698-700.

왔든 아니면 스스로 만들어냈든 간에, 로마서 14:22-23에서 믿음에 대한 바울의 설명은 이 두 부류의 신자(연약한 자와 강한 자)의 각기 다른 자기 이해에 대해 깊이 반성할 필요가 있음을 암시한다.[39] 그러면 바울은 "연약한 자"와 "강한 자" 사이의 믿음의 차이를 어떻게 보았는가? "믿음이 연약한 자"가 그리스도의 받아주심 안에서(15:7) 받아들여져야 한다는 것은 (14:1) 그들의 믿음이 참된 것으로 인정되어야 함을 증명한다. 믿음이 연약한 자는 부정한 음식을 먹지 않는데, 바울은 이를 당연히 그들이 그리스도를 주로 존귀하게 하려는 마음에서 나온 것이라고 가정한다(14:6). 이러한 방향은 매우 중요하며, 여기서 바울이 가장 싫어하는 것은 그들이 그런 신념에서 벗어나 행하는 것이다(14:5). 왜냐하면 자신이 그리스도를 중히 여기고 있다는 확신이 없이 행하는 것은 믿음의 범주를 벗어나 행하는 것이고, "믿음을 따라 하지 아니하는 것은 다 죄이기" 때문이다(14:23).[40] 그들의 믿음을 "약하게" 만드는 것은 일단의 문화적 전통이 그리스도를 믿는 그들의 믿음에 필수 요소로 덧붙여져 있기 때문이다. 그러나 이런 전통은 구원의 다른 근거나 추가 근거가 결코 아니다. 다만 그리스도-사건에 대한 그들의 믿음의 반응과 매우 긴밀하게 융합되어 있기에, 그들에게는 이런 전통을 버리는 것이 그리스도-사건을 믿는 믿음을 버리는 것과 같

---

39 이 용어들이 그 당시의 로마 지역에서 이미 사용되고 있었다는 주장에 대해서는 J. Marcus, "The Circumcision and Uncircumcision in Rome," *NTS* 35 (1989): 67-81; Reasoner, *Strong and Weak*, 55-58을 보라. 종종 지적되어온 것처럼 여기에는 바울이 4:19-22에서 논의하는 아브라함의 믿음에 대한 내용이 반영되어 있다. 바울이 직접 이 용어들을 창작했다는 주장에 대해서는 V. Gäckle, *Die Starken und die Schwachen in Korinth und in Rom* (Tübingen: Mohr Siebeck, 2005): 437-449, 515-18; 그리고 Barclay, "Faith and Self-Detachment"를 보라.

40 14:22-23은 이 맥락에서 믿음의 "연약함"이 의심이나 확신의 부족에 관한 문제가 아님을 분명히 밝힌다. 바울은 연약한 자들이 오직 믿음에 의해서만 온전히 행하게 되기를 기대하며, 그들 "스스로 판단하기에" 믿음에 반하는 행위를 하라는 압력이 주어질 때 그 압력을 거부할 것을 기대한다.

을 뿐이다.[41] 믿음이 연약한 자에게도 그리스도-사건은 가장 크고 결정적인 중요성을 갖고 있다. 하지만 그들에게는 음식법이나 안식일 전통이 믿음의 절대 요소인 그리스도-사건에 반응할 때 지켜야 할 필수 요소로 남아 있다. 바울은 이것을 타당한 믿음의 한 형태로 인정한다(바울은 이런 식으로 생각하는 유대인 신자들을 많이 만나보았다). 이에 바울은 "강한 자"가 이 연약한 자에게 그들의 믿음에 반하여 행동하도록 압력을 행사하고, 그리하여 결국은 그들이 그리스도에 대한 헌신을 완전히 포기하는 결과를 초래하지 않을까 크게 염려한다. 바울은 "멸망"을 언급할 때(14:15, 20) 보여주는 것처럼, 여기서 "연약한 자"를 "범죄"로 이끄는 것을 염려하는 것이 아니라, 아예 그리스도에 대한 충성을 포기하도록 이끄는 것을 염려한다. 바울이 "연약한 자"에게 바라는 유일한 요청은 **다른** 신자들이 그리스도를 위하여 행할 때(14:6), 그들과 다르게 행할 수 있음(예. "부정한" 음식을 먹음)을 인정하는 것이다. 그들이 그렇게 한다고 해서 "비판받아서는" 안 된다(14:3-4, 13). 그것이 중요한 용납인 것은 그것이 원리상 "주를 중히 여기는 것"과 "음식법을 지키는 것" 사이의 필수적 연관성을 무너뜨리기 때문이다.[42] 그러나 바울은 **그들 자신의 행동을 그들 스스로 지각할 때,** 이런

---

41   바레트와는 상반된 주장이지만, 그들의 연약함은 사람들이 채식이나 안식일 준수가 아닌 오직 그리스도를 믿는 믿음으로 의롭다 함을 얻게 된다는 사실을 인지하지 못함에 있는 것이 아니다. 참조. C. K. Barrett, *A Commentary on the Epistle to the Romans* (London: A&C Black, 1971), 256-57. 바울은 그들을 "믿음을 따라" 사는 자로 인정하는데(14:23), 이는 그리스도-사건이 그들의 정체성의 근거라는 점을 암시한다. 그들은 그리스도와 함께 어떤 행위들을 믿는 것이 아니고, 관습의 실천을 통해 그리스도를 믿는다. 그런데 그들은 이 관습의 실천과 그리스도를 섬기고 믿는 것을 분리시킬 수 없다. 바울은 다른 곳에서 믿음의 힘이나 성장에 수준 차이(degrees)가 있음을 확인한다(롬 4:20; 살전 3:10; 고후 10:15).

42   베드로는 안디옥에서 이 양보를 받아들이지 않았다. 바울이 보기에 안디옥에서 베드로가 이방인들과 식탁 교제를 나누는 도중 물러간 것은 이방인들이 유대인의 음식법을 지키지 않을 경우에 예수에 대한 그들의 믿음의 진정성을 받아들일 수 없었음을 의미했다(베드로는 "그들에게 억지로 유대인처럼 살도록 강요한 것"이다. 참조. 갈 2:14). 따라서 베드로는 그리스도를 믿는 믿음을 율법의 규범 안에 둠으로써 "복음의 진리를 따라 바

문화적 전통이 그리스도를 섬기고 하나님께 감사하는 그들의 의식과 불가분적 관계에 있음을 인정한다.

"강한 자" 역시 항상 믿음을 따라 행할 것이 기대된다. 만약 강한 자가 "무엇이든" 먹고 똑같이 "모든 날을 지킨다면", 이는 하나님을 기리는 것을 제외하고 다른 이유로는 허용될 수 없다(14:5-7). 바울은 또 강한 자들이 이런 문제들에 있어 그들과 다르게 생각하고 행하는 신자들("연약한 자")을 비판하지 않을 것을 기대한다(14:1, 3, 13). 그 외에도 바울은 여기서 "강한 자"들이 공동 식사 시 부정한 음식 먹기를 주저하는 "연약한 자"의 양심에 맞추어줄 것을 요구한다. 강한 자의 우선권은 사랑으로 행하는 것에 있으므로, 그들의 행동이 해를 입히는 일로 끝나서는 절대로 안 된다(14:15). 강한 자는 평강을 도모하고 서로를 세워주어야 한다. 또한 그들은 논쟁을 피하고, 어떻게든 다른 사람을 멸망하게 만드는 행동에서 벗어나야 한다(14:19-20). 따라서 강한 자는 "연약한 자"를 넘어지게 만드는 어떤 음식을 먹거나 술에 취하는 것을 삼가야 한다. 비록 그것이 그들 스스로 불필요하다고 생각하는 음식법 준수를 의미한다고 해도 말이다(14:21).

바울이 "강한 자"에게 이런 행동을 요구할 수 있는 이유는 그가 강한 자는 그리스도를 위하여 음식법을 지키는 방식과 지키지 않는 방식, 이 두 방식을 모두 취할 수 있다고 생각하기 때문이다. 강한 자의 믿음이 "강한" 이유는 이런 관습이 그들의 믿음에 필수 요소가 **아니기** 때문이다. 달리 말해 긍정적으로 필수적인 것도 아니고 부정적으로 양립할 수 없는 것도 아니기 때문이다. 강한 자가 지닌 믿음의 힘은 그리스도를 믿는 자신의 믿음을 복음에서 연원하지 않는 **모든** 규범 및 가치로부터 분리시킬 수 있을 정도로 크다. 이 분리에 따라 다른 규범들은 상대화되고, **덜 중요할 뿐만**

르게 행하지" 못했다(갈 2:14). 바울은 "연약한 자들"이 자기들의 확신을 자기 자신들에게 적용시킬 수 있는 권리를 보호해주며, "강한 자들"이 연약한 자들의 관습을 수용하고 나아가 채택할 것을 기대한다. 반면에 바울이 연약한 자들에게 기대하는 큰 양보에 관해서는 Barclay, "Do We Undermine?" 54-59를 보라.

아니라 중요하지 않게 된다. 강한 자에게는 정결한 음식을 먹거나 정결하지 않은 음식을 먹거나 하는 것이 믿음의 필수 요소가 아니다. 다시 말해 강한 자에게 이 두 행동 방식은 각각 **단지** 그리스도를 섬기는 데 도구적 가치만을 갖고 있으므로, 그들은 특수한 상황과 사회적 조건들에 따라 둘 중 어느 방식이든 취할 수 있다.

여기서 바울의 사고 구조는 스토아 사상의 '아디아포라' 관념과 유사하다.[43] 스토아 사상가들과 마찬가지로 바울도 하나의 선(바울: 그리스도를 섬기는 것, 스토아 사상: 덕)이 다른 모든 "선"을 다른 범주로 나누는 다른 가치(ἀξία) 체계를 구축했다. 말하자면 이런 선들은 이제 근본적으로 중요하지 않다. 비록 이것들이 유일하게 참된 선을 위한 그 도구적 유용성에 따라 우발적으로 더 선호되거나 선호되지 않더라도 말이다. 바울에 따르면 그리스도의 선물(또는 "받아주심")은 기존의 규범 및 가치들과 비견되거나 그것들을 강화시키는 것이 아니므로, 다른 모든 가치 체계에 의문을 제기했다. 신자들에게 유일한 주도적 가치는 복음으로부터 나오는 것 곧 "주 예수 안에서" 참된 것(14:14)과 "하나님 나라"에 일치하는 것(14:17)이다. 사랑, 평강 그리고 자기를 부인하고 남을 섬기는 것은 복음의 필수 요소**이기** 때문에, 바울은 "강한 자"는 "믿음이 약한 자의 약점을 담당함으로써" 그리스도를 본받으라고 주장한다(15:1-3). "사랑으로 행하는 것"은 언제나 실천해야 하는 타협 불가의 "선"이다(14:15. 참조. 13:8-10). 만약 이것이 "강한 자"에게 "연약한 자"를 위하여 정결한 음식을 먹는 관습을

---

43 이러한 유사점들에 관한 일반적 탐구에 대해서는 J. J. Jaquette, *Discerning What Counts: The Function of the* Adiaphora Topos *in Paul's Letters* (Atlanta: Scholars Press, 1995)를 보라. 롬 14-15장에 대한 상세한 적용은 T, Engberg-Pedersen. "'Everything Is Clean' and 'Everything That Is Not of Faith Is Sin': The Logic of Pauline Casuistry in Romans 14.1-15.13," in P. Middleton, A. Paddison, K. Wenell, eds., *Paul, Grace, and Freedom: Essays in Honor of John K. Riches* (London: T&T Clark, 2009), 22-38에서 보라. 바울은 이 사상(topos)을 모든 가치를 재평가하는 선물-사건(그리스도라는 선물 사건)에 의해 형성된 다른 상징적 구조(matrix) 안에 둔다.

지키라고 요구하는 것이라면, 그것은 아무 문제가 아니다. 곧 "강한 자"가 믿음에서 벗어난 행동을 하게 될까 두려워하지 않으면서, 사랑의 계명이 요구하는 대로 행할 수 있는 이유는 그 관습이 **중요한 것이 아니기** 때문이다(14:22-23). 강한 자가 유일하게 **중요한** 것 곧 그리스도께서 형제를 위하여 죽으신 것(14:14-15)을 염두에 두고 어떻게든 먹는 습관을 조절할 수 있는 것은 음식이 **중요해서가 아니다**(14:17). 따라서 "강한 자"는 믿음으로 비복음적 가치들을 제거할 수 있을 만큼 문화적 유연함에 있어서 연약한 자보다 유능하다. 강한 자는 하나님께서 무조건적인 선물을 그들의 이전 가치 체계와 상관없이 그리스도 안에서 주셨음을 내면에 깊이 새겨 두었다. 이후로 **유일하게** 중대한 믿음의 가치 기준은 예수 그리스도의 복음이다. 복음은 다른 음식 습관들을 요구하거나 배제하지 않으므로 강한 자는 그리스도를 섬길 때 사랑으로 요구되는 것은 무엇이든 행할 수 있다(참조. 고전 9:19-23).[44]

16.5. 결론

바울은 로마에서 벌어진 음식 논쟁을 주의 깊게 다루고 있는데, 이는 그리스도-사건으로부터 나오는 "새 생명"이 그리스도에 대한 충성으로 재구성되고 재조정되는 실천 가운데 표현되는 것이 얼마나 중요한지를 암시

---

[44] 호렐의 주장처럼 "갈라디아서에서 매우 강력히 천명되는 바울의 확신, 곧 연대성과 정체성의 기초가 그리스도라는 확신은 아마도 로마서에서는 바울의 '관용'의 근거로서 작용할 것이다. 로마서에서 음식과 관련된 다양한 관습들은 더 이상 정체성과 소속의 규정에 있어 아무런 역할을 하지 못하며, 그것과 본질상 무관하다. 따라서 이러한 관습들은 그리스도와 같은 관대함을 갖고 처리될 수 있다." D. G. Horrell, "Solidarity and Difference: Pauline Morality in Romans 14:1-15:13," *Studies in Christian Ethics* 15.2 (2002), 60-78, 특히 73. 참조. 동일 저자, *Solidarity and Difference: A Contemporary Reading of Paul's Ethics* (London: T&T Clark, 2005), 182-89, 193-95.

한다. 어떤 의미에서 먹고 마시는 것은 중요하지 않은데, 이는 먹고 마시는 것이 믿음의 필수 요소가 아니기 때문이다(14:17). 그러나 다른 의미에서는 신자들이 이런 일상의 관습을 어떻게 다루느냐가 크게 중요해지는데, 이는 신자들이 그 관습을 통해 그들의 가치가 그리스도 안에서 재형성되었는지 여부와, 만일 재형성되었다면 어떻게 그렇게 되었는지를 보여주기 때문이다. "하나님 나라"는, 비록 그것이 육체적 실천과 분리된 어떤 것을 의미한다 해도, 순전히 "영적"인 사건만은 아니다. 신자들은 삶의 다른 모든 영역에서처럼 음식 습관에 있어서도 자기들의 몸을 그리스도를 섬기는 데 사용해야 한다(12:2). 신자들의 새로운 습관―새로운 지각, 목표, 기질, 가치―은 실천될 때에만 비로소 그 효력이 발휘된다. 육체적 실천이 없으면 "새 생명"이 무엇을 의미하는지가 분명하게 드러나지 않을 것이다.

그러므로 로마서 12-15장에서 공동 식사와 관련하여 그 실천이 상세히 다루어지고 있는 것은 우연이 아니다. 안디옥(갈 2:11-14)에서처럼 여기서도 바울은 초기 기독교 공동체의 형성에 있어서 식사가 갖고 있는 중요성을 날카롭게 의식하고 있다. 그리스도 안에서 새로 형성된 삶의 습관은 공동의 실천을 통해 드러나거나 드러나지 않거나 할 것이다. 로마서 12-15장에는 바울의 신학적 초점이 크게 개인화되는 순간들이 있다. **각** 신자는 몸안에 책임과 은사(χάρισμα)를 갖고 있고(12:3-8), **각** 신자는 자신의 믿음을 실천하는 행위를 통해 그리스도에게 반응할 수 있다(14:12, 22). 그러나 이 개인화는 항상 공동체 전체의 맥락에서 그리고 공동체 전체를 위한다. 갈라디아서 6:1-5에서처럼 여기서도 바울은 다른 사람들의 인정이나 동조를 얻고 싶은 파괴적인 잠재적 욕심을 정확히 제어하도록 하나님과의 개인적 관계를 강조한다(14:22). 바울은 공동체의 삶을 보호하고 장려하기 위하여 개인적 인식의 차이를 인정하고 허용한다. 신자들이 기존의 지배적인 사회적 규범들과 거리를 두고 있음이 증명되는 순간은 유대인과 비유대인(15:7-13), 높은 자와 낮은 자(12:16), "연약한 자"와 "강한 자"로 이루어진 공동체를 구성할 때다. 신자들은 그리스도에게 "받아들여진" 다른 사람들의 가치를 인정하고 그 가치를 실천에 옮길 때(15:7) 이 받아주심이 어떻게 기존의 통상적인 차별 체계를 무너뜨리게 되는지, 그리고 그 결과 어떻게 그리스도-선물의 무조건성을 실행하게 되는지를 증명한다. 각자가 남을 존중하고(12:10), 서로의 덕을 세워주는 데(14:19) 헌신하는 공동체는 기존의 것과 다른 가치 체계로 표출되고, 오직 이 사회적 형태를 통해서만 그 의미가 증명되는 정황을 창조한다.

"은혜 아래에 있는"(6:14) 삶이 자체의 충성 구조와 의무 구조를 갖고 있다는 것은 로마서 6장과 14장에서 바울이 신자들을 "종"으로 묘사하는 방식에 있어서 분명하다. 신자들이 서로에 대해 갖고 있는 의무(15:1)는 "주인"에 대한 공통적 책임에서 나온다(14:6-12). 그러나 신자들이 그리스도에게 속해 있는 것은 그리스도께서 그들을 "받아주신" 결과다(14:3, 15:7). 로마서 12-15장에 제시된 모든 것은 "하나님의 긍휼"에서 나온다(12:1). 따라서 그리스도인의 "순종"은 그리스도 안에서 주어진 이전의 비상응적인 하나님의 선물에 대한 반응이다. 그리스도인의 순종은 죽음의 운명을 가진 "자연적" 인간의 생명과 명확히 대립되는 새 생명이 보여주는 징후다. 그 비상응성은 이 생명이 인간의 **죽을** 육체 속에 들어 있다는 사실로 분명하다. 세례를 통해 과거와의 단절이 극적으로 일어나고 의식화되기 때문이다. 기독교의 생명은 비상응적인 선물로 주어진 불가능한 새 생명으로, 이 새 생명 안에 있는 모든 것이 뒤로는 그리스도-선물 안에 그 근원과 기초를 두고 있고, 앞으로는 영생이라는 종말론적 성취를 두고 있다. 그리스도인의 행동, 순종, 의미에 관한 모든 것이 이 생성적 기초에서 비롯되는데, 그 이유는 신자들이 지금 누리며 살고 있는 참된 생명이 그리스도의 부활 생명으로 말미암아 창조되고 유지되기 때문이다. 믿음에 따라 사는 것은 "주 예수 그리스도로 옷 입는" 것이고(13:14), 신자들 속에 능력으로 임하실 때 그리스도는 그들에게 동기를 부여하시고 능력을 주시며 그들의 행동 방식을 형성시키신다(15:1-3).

따라서 지금 신자들에게 부과된 의무는 은혜(또는 구원)를 "얻는" 것이 아니고, 또 은혜의 또 다른 몫을 취득하는 것도 아니다. 성화의 진보로 얻어내는 일련의 "은혜들"이 있는 것이 아니라 그리스도-사건으로부터 영원히 주어지는 단일한 영생의 은사(χάρισμα, 6:23)가 있는 것이다(참조. 8:32). 바울은 그리스도인의 삶이 시작될 때 주어진 은혜의 **도덕적** 비상응성은 신자들이 의의 종이 되어 거룩함에 이르기 때문에(6:19) 세월이 흐르면 줄어들 것이라고 확실히 기대한다. 그런 의미에서 도덕적으로 비상응적인 선물로 시작된 것이 도덕적으로 적합한 선물로 완결될 것이다. 신자들이 하나님의 심판대 앞에 나와 직접 회계할 때(14:10-12) 바울은 신자들이 어둠이 아니라 빛 속에서 살아온 삶을 증명할 수 있을 것으로 예상한다(13:12. 참조. 2:6:16). 그러나 이것으로 은혜의 본질적 비상응성이 감소되는 것은 아니다. 왜냐하면 이 거룩함을 나타내는 생명은 바로 신자들 자신의 생명(죽도록 되어 있는)이 아니라 그리스도의 부활 생명이기 때문이다. 신자는 부활에 이르는 순간까지 **죽어 있지만 동시에 살아 있는 자**(*simul mortuus et vivens*)로 존재한다. 신자들에게 주어진 것은 그들의 이전 능력에 추가된 새로운 역량의 집합도 아니고, 그들의 이전 자아의 향상도 아니다. 신자들에게 주어지는 것은 죽음과 그 죽음에서 나오는 새 자아의 등장이고, 이 새 자아는 그리스도의 부활 생명에 의존하는 것으로, 본질상 "기이하다."

따라서 신자의 생명이 그리스도로부터 **연원하기** 때문에, 바울은 신자의 행위를 그리스도/성령의 행위와 대립하는 것으로 볼 이유가 없다. 또 **실제** 행위자는 성령이라고 주장할 필요도 없다. 바울은 얼마든지 그리스도(또는 성령)께서 신자들 안에 계시는 것에 관해 말할 수 있고, 또 그리스도인의 행동은 전체적으로 성령(πνεύματι, 8:13-14. 참조. 12:11) 안에서 일어난다고도 말할 수 있다. 그러나 바울은 신자들을 행위자로 말할 때마다 이것을 굳이 설명할 필요가 없다. 바울은 진실로 자유로운 행위자에게 다른 행위자의 사역을 수동적으로 묵인하는 것 이상의 존재가 되라고 진정으로 권면한다. 다시 말하면 바울은 은혜의 유효성을 일종의 단동설로 극대화하지 않는다. 그 이유는 바울은 세례 사건을 통해 신자가 행하고 결정하는 참된 생명이 그리스도에게 원천을 두고 그리스도에 의해 확립되고 유지되는 생명("죽은 자 가운데서 사는 생명")이 분명하다고 보기 때문이다.[45] 이 구조 안에서 그리고 이 기초에 따라 신자들이 책임 있는 행위자로서 자신들의 몸을 특정한 방향으로 제시해야 한다고 언급하고 있는 많은 진술이 존재한다. 따라서 기독교적 순종은 절대 필수적이지만 다만 항상 반응의 형태로 이루어진다. 기독교적 순종은 우선적으로 주어진 선물(곧 그리스도-선물)에 대한 반응으로 믿음 및 감사와 함께 이루어진다. 그리스도-선물은 완전히 과분한 것이지만 강력한 의무를 발생시킨다. 그리스도-선물은 새롭게 살아난 행위자를 낳는데, 그는 자기에게 주어진 삶을 살도록 요구받는다. 기독교적 순종은 도구적 순종이 아니라(곧 하나님으로부터 그리스도의 선물을 얻는 것도 아니고 다른 어떤 추가적인 선물을 얻어내는 것도 아니며), 선물 자체의 필수 요소다. 왜냐하면 하나님께서 죄로부터의 자유와 의에 대한 종노릇을 실제적으로 표현해내는 새롭고 유능한 행위자를 원하시기 때문이다. 하나님의 은혜는 믿는 행위자를 배제하거나 부인하거나 쫓아내지 아니한다. 믿는 행위자는 수동적이거나 순전히 받아들이기만 하는 존재가 아니다. 오히려 하나님의 은혜는 그리스도-생명에 대한 능동적이고 의지적인 복종을 일으키고, 그 복종의 근원이 된다. 그리스도-생명 안에서 신자들은 참 인간이신 그리스도와 같이 순종하는 행위자가 된다(5:19).[46] 이 순종이 없다면 은혜는 아무 효력이 없고 결코 성취되지 않는다.

---

45 바울이 주장하는 은혜와 행위가 신적 생명과 인간적 행동 사이의 비경쟁적 관계에 놓인다는 것을 보다 더 상세히 설명하고 있는 J. M. G. Barclay, "Introduction" and "'By the Grace of God I Am What I Am': Grace and Agency in Philo and Paul," in J. M. G. Barclay, S. J. Gathercole, eds., *Divine and Human Agency in Paul and His Cultural Environment* (London: T&T Clark, 2006), 1–8, 140–57을 보라.

46 바르트의 사상에 나타난 이 주제를 신중히 분석하고 있는 J. Webster, *Barth's Ethics of Reconciliation* (Cambridge: Cambridge University Press, 1995)을 보라.

제17장

이스라엘, 그리스도, 그리고
하나님의 창조적 긍휼(로마서 9-11장)

로마서 9-11장에 관한 최근의 해석을 보면, 최소한 두 가지 문제와 관련하여 학자들 간에 합의가 있다. 로마서 9-11장이 로마서의 필수 요소라는 것(로마서의 주요 주장에 덧붙여진 부록이 아니라)과 로마서 9-11장의 주제가 하나님이 이스라엘을 다루시는 문제라는 것(추상적인 선택이나 예정의 문제가 아니라)이 그것이다.[1] 이 합의에도 논란이 되는 많은 문제가 남아 있지만, 바울이 로마서에서 제시하고 있는 복음에 이스라엘이 하나님의 백성(롬 11:2)으로서 그리고 세상에 대한 하나님의 약속의 소유자로서(15:8-12) 선택받았다는 사실은 분명히 포함되어 있다. 로마서 9-11장에서 바울은 이스라엘 사람으로서 말하고 있는데(11:1), 이를 통해 "나의 형제 곧 골육의 친척"(9:3. 참조. 11:14)인 다른 이스라엘 사람들과 자기 자신을 긴밀히 동일시하고 있다. 11:13에 이르면 바울은 "이방인인 너희"에게 말한다. 이때까지 바울은 동포 유대인 집단이 공유하는 전통과 공통적인 유업에 관해(그들에게 직접 말하는 것은 아니지만) 말하고 있었다("우리 조상 이삭", 9:10). 위에서(10.4) 지적한 것처럼, 로마서 9-11장에서 바울의 강론은 II부에서 다룬 제2성전 시대의 다른 문헌들과 특별히 크게 교차하고, 당대의 모든 유대 문헌에서도 또 다른 관련성들을 찾아낼 수 있었다. 다른 유대인 저술가들과 같이 바울도 이스라엘에 관한 생각에 따라 신학을 전개하는데, 이는 이스라엘의 성서(구약성서)가 유대교 신학의 핵심 자료이기

---

[1] 롬 9-11장을 다루는 문헌은 헤아릴 수 없을 만큼 많다. 독일어와 영어권 학자들의 최근 동향을 분석해놓은 하커와 리즈너의 논문을 참조하라. K. Haacker, "Das Thema von Römer 9-11 als Problem der Auslegungsgeschichte"; M. Reasoner, "Romans 9-11 Moves from Margin to Center, from Rejecktion to Salvation: Four Grids for Recent English-Language Exegesis," in F. Wilk, J. R. Wagner, eds., *Between Gospel and Election: Explorations in the Interpretation of Romans 9-11* (Tübingen: Mohr Siebeck, 2010), 55-72, 73-89.

때문이고, 또 바울이 이스라엘 이야기를 하나님이 인간을 다루시는 모든 역사의 중심으로 보기 때문이다. 여기서 바울은 매우 유대적이면서 동시에 신학적으로 창의적이고, 그 창의성으로 그리스도-사건의 역설에 맞추어 이스라엘의 정체성을 다시 생각한다. 이번 장에서 우리는 바울이 성서 전체에 걸쳐 하나님이 이스라엘을 부르시는 데 기본적인 은혜의 불균형성 패턴을 어떻게 추적하는지 검토할 것이다. 이 기초에 따라 바울은 현재 경험되는 희한한 반전(이스라엘의 불신앙과 이방인의 신앙)을 이해할 뿐만 아니라 이스라엘의 미래에 대한 희망도 암시한다. 로마서 9-11장의 신학적 일관성(종종 절망적으로 일관성이 없는 것처럼 간주되기도 하지만)은 하나님의 자비(또는 은혜)가 가치와 상관없이 주어지고, 그리하여 세상에 대한 하나님의 목적의 창조적 뿌리를 구성한다는 사실로 확인된다. 이 관점 안에서 그리스도-사건이 하나님의 "풍성한" 무조건적인 선물에 대한 명확한 표현으로 자리를 잡는다. 따라서 그리스도-사건은 이스라엘에 주어진 약속들을 확증하는 한편 하나님의 비상응적인 부르심에 전적으로 의존하는 백성으로서 이스라엘의 정체성을 명확히 한다. 달리 말해 이스라엘은 바로 이러한 이유로 특별하지만, 이제는 그리스도 안에서 하나님의 창조적 긍휼이 세상의 모든 민족에게 조건 없이 전파되었기 때문에 이와 똑같은 이유로 더 이상 특별한 백성이 아니다.

17.1. 이스라엘의 위기

로마서 9-11장은, 첫 부분의 구절들이 명확히 하는 것처럼, 근심과 충격의 산물이다. 이스라엘의 구원에 대한 바울의 깊은 근심(9:1-2)과 간절한 기도(10:1)는 그가 급박한 위기 속에 있다고 인식하고 있는 동포 이스라엘 사람들과 자기 자신을 강력히 동일시하기에 발생하는 것이다(9:3-4; 11:1). 이 위기의 원인은 이미 3:3에서 명확히 주어진다. "어떤 자들"(사실은 대부분의 사람들)이 "믿지" 못했기(ἀπιστέω, ἀπιστία. 참조. 9:32-33: 11:20, 23) 때문이다. 그들을 위하여 "저주를 받아 그리스도에게서 끊어질지라도" 이루어지기를 바라는 바울의 간절한 소원(9:3)은 이 위기의 심각성을 액면 그대로 보여준다. 이 불신앙은 이스라엘의 참된 실존을 유지시키는 "뿌리"와의 관계를 끊어놓음으로써(11:17, 20) 이스라엘의 구원을 위태롭게 만든다(10:1, 9-13). 바울은 그들을 위해서라면 **자신의** 구원(자신의 그리스도와의 관련성)을 포기해도 좋다고 생각한다.[2] 주석가들의 지적처럼, 바울의 소원은 모세가 이스라엘을 위하여 하나님의 책에서 자기 이름을 "지워 달라"고 부르짖은 간청(출 32:32)을 반영하고,[3] 또 바울은 이후에 출애굽기 33:19을 인용하는 데("내가 긍휼히 여길 자를 긍휼히 여기고 불쌍히 여길 자를 불쌍히 여기리라", 롬 9:15), 이는 그가 이스라엘이 그리스도를 믿지 않는 치명

---

2   롬 9-11장이 구원에 이르는 두 갈래 길(이스라엘은 율법을 통해, 그리고 이방인은 그리스도를 통해 구원을 받는다는 것)을 제시한다고 보는 해석은 여러 측면에서 개연성이 없다. 하지만 다음과 같은 바울의 신념을 이스라엘이 진지하게 받아들이지 못한다는 점에는 문제가 있다. 즉 바울에 의하면 구원은 그리스도의 복음에 응답하는 것에 달려 있다(9:30-10:4). 이와 같은 존더벡-가설(특히 스텐달, 가스톤, 가게르와 연관된)에 대한 비판을 다음의 자료들에서 보라. H. Räisänen, "Paul, God, and Israel: Romans 9-11 in Recent Research," in J. Neusner et al., eds., *The Social World of Formative Christianity and Judaism* (Philadelphia: Fortress Press, 1988), 178-208; E. E. Johnson, *The Function of Apocalyptic and Wisdom Traditions in Romans 9-11* (Atlanta: Scholars Press, 1989), 176-205; R. Hvalvik, "A 'Sonderweg' for Israel: A Critical Examination of a Current Interpretation of Romans 11:25-27," *JSNT* 38 (1990), 87-107. 왓슨의 지적처럼 "이런 해석은 롬 11장의 후반부에서 기독론이 명백하게 드러나지 않는 이유를 밝힐 수 있는 반면, 롬 10:1-13과 유대인의 구원을 위해 간구하는 바울의 기도(1절)를 연관지어 일관성 있게 설명하지는 못한다. 다시 말해 이 해석을 통해서는 바울이 어떻게 지금까지 이런 기도를 드릴 수 있었는지 제대로 파악할 수 없다." F. Watson, *Paul, Judaism and the Gentiles: Beyond the New Perspective* (Grand Rapids: Eerdmans, 2007), 329n. 45.

3   다음의 자료들을 보라. C. E. B. Cranfield, *The Epistle to the Romans* (Edinburgh: T&T Clark, 1979), vol. 2, 454-56; U. Wilckens, *Der Brief an die Römer*, 3 vols. (Zürich: Benziger Verlag; Neukirchen-Vluyn: Neukirchener Verlag, 1980), vol 2, 187; R. Jewett, *Romans* (Minneapolis: Fortress Press, 2007), 560-61. 그와 다른 주장으로 E. Käsemann, *An die Römer* (Tübingen: J. C. B. Mohr [Paul Siebeck], 1973), 248을 보라.

적인 불신앙과 금송아지를 만든 사건으로 이스라엘이 거의 멸망의 위기에 처한 것, 이 둘 사이에 유사성이 있다고 보고 있음을 암시한다.[4] 이 현재의 위기가 특히 충격을 주는데, 이는 이스라엘의 불신앙이 역설적으로 걸림돌이 된(9:32-33) 메시아와 관련되어 있기 때문이다(9:5). 여기서 문제는 이스라엘 역사의 참된 목표를 놓치게 되는 것이다(10:4). 에스라4서가 "시온의 황폐화" 이후에 이스라엘에 닥칠 위기를 통탄하고(3:2), 어떻게든 희망적인 전망을 위하여 근심, 절망, 기도를 통해 사투를 벌이고 있듯이(위 9장을 보라), 바울도 자신의 혼란스러운 경험에 비추어 이스라엘의 전통들을 붙잡고 깊이 씨름한다. 둘 다 이스라엘의 정체성을 깊이 재형성시키고 있다. 에스라4서는 의로운 남은 자를 칭송하고, 바울은 이방인 출신 신자들과 같이 이스라엘도 하나님의 비상응적인 자비의 대상이 될 것을 확신한다.

에스라4서와 같이 이스라엘의 이러한 위기에 대한 바울의 직접적인 반응도 하나님의 약속과 이스라엘의 특권을 하나씩 열거하는 것으로 나타난다. "에스라"가 언약들을 의지하고 민족들 가운데 이스라엘이 차지하고 있는 특별한 지위에 호소하고 있는 것(에스라4서 5.23-30; 6.55-59)처럼, 바울도 자신의 골육이 "이스라엘 사람이라. 그들에게는 양자됨과 영광과 언약들과 율법을 세우신 것과 [성전] 예배와 약속들이 있고 조상들도 그들의 것이요, 육신으로 하면 그리스도가 그들에게서 나셨다"(9:4-5)라는 사실을 강력히 천명한다. 바울이 보기에 이것들은 에스라4서에서와 같이 양도 불가한 이스라엘의 특권이다. 여기서 유일한 질문은 이스라엘에게 주어진 약속이 어떻게 실현될 것이냐는 것이다. 바울은 하나님의 약속이 실패하는 일은 불가능하다고 생각한다. "그러나 하나님의 말씀이 폐하여진

---

4   바울이 이 출애굽기 본문을 사용하는 것에 대한 설명을 J. M. G. Barclay, "'I Will Have Mercy on Whom I Have Mercy': The Golden Calf and Divine Mercy in Romans 9-11 and Second Temple Judaism," *Early Christianity* 1 (2010), 82-106에서 보라.

것 같지 않도다"(롬 9:6. 참조. 에스라4서 5.33). 바울은 하나님이 자기 백성을 버리셨는지 묻고 즉각 이렇게 대답한다. "그럴 수 없느니라"(롬 11:1-2).

이 신념이 바울 신학의 근간이다. 하나님은 이스라엘에 신실하신데, 이는 "우리를 우리 주 그리스도 예수 안에 있는 하나님의 사랑에서 끊을 수 있는 것은 아무것도 없다"(8:31-39)라는 바울의 독립적 확신을 **지지할** 뿐만 아니라 그 확신의 **근거가 된다**. 이방인 신자들은 이스라엘을 다루시는 하나님의 역사 속에서 신적 신뢰성에 관한 유사 이야기가 아니라 하나님의 은혜에 관한 그들 자신의 경험의 **뿌리**를 찾아내야 한다(11:17-24).[5] 바울의 복음은 성서에 기록된 약속들의 성취이고(1:2), 이는 로마서 9-11장에서 가장 집중적으로 제시된다. 로마서 9-11장은 이스라엘과 이방인 모두에게 이 약속들이 성취되는 수단을 제시하고, 이 약속들은 두 경우 모두 그리스도 안에서 성취된다(참조. 15:7-13). 바울은 로마서 전체에 걸쳐 그리스도-사건이 이스라엘과의 관계에서만 적절히 이해될 수 있음을 분명히 했다. 이때 유대인의 우선성이 거듭 확언되고(1:16; 2:9-10; 3:1-8), 현재 믿음의 역동성은 아브라함의 창건 이야기까지 거슬러 올라간다(4:1-25).[6] 만약 갈라디아서에 대한 우리의 이해가 정확하다면, 갈라디아서에도 유대인 "우리"가 구속의 전개에서 특별한 의미가 있다는 암시가

---

5   이 점에 있어서, 바울이 롬 8장의 확고한 진술을 지원하기 위해 여기서 이스라엘에 대한 하나님의 신실하심을 옹호하고 있다고 주장한다면(Cranfield, *Romans*, vol. 2, 446-47), 이는 잘못이다. 볼터는 다음과 같이 올바로 주장한다. 여기서 바울의 관심사가 이스라엘과 하나님의 관계 곧 이스라엘 자체의 유익을 위한 하나님과의 관계이며, 단순히 하나님이 기독교 신자들을 위한 하나님 자신의 약속에 신실하심을 확증하려는 것이 아니라는 것이다. M. Wolter, "Das Israelproblem nach Gal 4,21-31 und Röm 9-11," *ZTK* 107 (2010), 1-30, 특히 20-21. 롬 9-11장은 다른 곳에서 언급된 그리스도에 관한 진술들을 단순히 보충하는 것이 아니라, 그리스도 안에서 주어진 하나님의 비상응적인 은혜가 자의적인 것으로 보이지 않도록 방지하는 설명의 틀을 제공한다.

6   롬 9-11장과 나머지 부분 사이의 긴밀한 언어적·주제적 연계성에 대해서는 C. Stenschke, "Römer 9-11 als Tell des Römerbriefes," in Wilk, Wagner, eds., *Between Gospel and Election*, 197-225를 보라.

존재하는데(갈 4:1-6), 이 구속의 전개는 "하나님의 이스라엘"에 관한 자비가 없으면 미완성으로 남게 된다(갈 6:16. 위 13.3.3을 보라). 로마서 9-11장에서는 갈라디아서에서 암시적으로 나타나 있는 사실이 명시적으로 진술되고, 바울 신학의 구조적 특징이 여기서 처음으로 충분히 증명된다. 이스라엘에 대한 바울의 설명에는 민족적 편견이 조금도 없고, 또 이 설명은 독자적으로 이끌어낸 칭의 "교리"를 예증하지도 않는다.[7] 만약 바울이 이스라엘에게 일어나고 있는 일을 그리스도-사건을 통해 이해할 수 없다면, 그는 역사, 성서 또는 그리스도도 전혀 이해할 수 없을 것이다.

이 모든 것이 로마서에서 바울에게 중요한데, 이는 그의 로마서 기록 목적에 부합한다(위 15.3을 보라). 로마 방문 길을 준비하면서 바울은 자신의 메시지를 제시하고 "이방인의 사도"로서의 자신의 역할을 폭넓게 언급할 필요를 느끼게 된다. 다시 말해 로마 지역 신자들은 하나님의 전체 계획 속에서 바울의 사역이 지니고 있는 목적 및 그 위치를 알 필요가 있다. 바울은 자기 자신을 이스라엘인(11:1)과 이방인의 사도(11:13)로 함께 제시하고 있는데, 이는 바울의 복음이 "먼저는 유대인에게요 그리고 헬라인[그리스인]에게" 구원을 주시는 하나님의 능력이라는 사실(1:16)과 짝을 이룬다. 사실 바울은 그리스도-사건을 가장 포괄적인 역사적 지평 위에 두고 있는 이 부분에서만, **자기 자신**에 관하여 아주 상세히 말한다(9:1-3; 10:1-2; 11:1; 13-14). 이는 변증법적 관심사의 반영으로 9:1-2의 바울의 맹세가 이스라엘에 관한 근심이 결코 아니라는 생각을 반박하는 것일

---

7 롬 9-11장을 바울의 애국주의의 산물로 보는 오랜 심리학적 토론을 위해서는 Haacker, "Thema," 70-71에서 인용된 폰 하르낙(1911)의 문장을 보라. 케제만은 이스라엘이 "종교인"의 과오를 대변한다고 주장하며 롬 9-11장을 칭의 교리의 한 가지 사례로 취급하는 20세기 루터주의의 경향을 보여준다. Käsemann, *Römer*, 250, 256, 272 등을 보라. 참조. E. Käsemann, "Paul and Israel," in *New Testament Questions of Today* (London: SCM, 1969), 183-187("이스라엘 안에서 그리고 이스라엘과 함께 바울은 우리 모두 안에 숨겨진 유대인을 공격한다", 186). 추가로 위의 3.5.3을 보라.

수 있으나[8] 긍정적인 이유도 존재한다. 말하자면 바울은 자신의 사역을 이 방인과 유대인 모두에 대한 하나님의 목적에 필수적인 것으로 이해한다 (11:11-15). 동포 유대인들을 시기하게 하려는 갈망(11:14)이 비현실적인 것처럼 보일 수 있으나 바울은 이스라엘에게 주신 하나님의 약속이라는 맥락에서 자신의 삶을 이해했음이 분명하다. 지금은 이방인 교회로 대체 되었다는 이유로(11:17-24) 이스라엘을 과거의 유물로 간주하려는 유혹이 로마 지역 이방인 신자들 사이에 충분히 나타날 수 있다(참조. 14:1-15:13). 그런데 이방인 선교가 벌어진 곳에서는 유대인이 스스로 이방인과 거리 를 두는 일이 벌어졌기(그리고 자체로 그런 일을 자극했기) 때문에 그런 현상 은 흔했을 것이다.[9] 바울은 이런 경향과 맞서 싸우고, 눈에 보이는 증거와 달리 미래에 이스라엘의 구원이 있을 것이라고 주장하는데(11:25-32), 이 는 그가 단순히 이방인의 "반(反)유대주의"를 싫어하고 있음을 반영하는 것이 아니다. 그것은 바울이 이스라엘의 구원이 없으면 세상 역사는 전혀 이해하지 못할 것이라는 신념을 갖고 있음을 증명한다.

이번 장의 과제는 바울이 성서, 이스라엘, 현재의 위기, 이방인 선교 그리고 **상호 연계된 이 모든 현상 속에서 하나님의 비상응적인 은혜의 역 설적 역사를 찾아냄으로써** 미래에 대한 하나님의 목적을 파악하는 것에 있다. 로마서 9-11장을 확인해보면, 바울은 처음부터 이스라엘이 합당한 기준이나 가치와 상관없이 행해진 하나님의 택하심의 목적에 따라 출범 했음을 암시한다(9:6-29). 하나님의 "부르심"은 아브라함의 혈통적 자손 과 완전히 겹치거나 그 자손으로 제한되지 않았고, "긍휼히 여길 자를 긍

---

8   왓슨의 제안처럼 바울이 이스라엘의 현재 위기에 대하여 책임이 있다고 비난받았을 수 도 있다. 왜냐하면 바울이 행한 이방인 선교의 성공은 일반적으로 유대인들의 호의를 상 실했기 때문이다. Watson, *Paul, Judaism, and the Gentiles*, 306-7.

9   로마서 직후에 기록된 마가복음(12:1-11)은 구원의 유산이 이스라엘로부터 이방인 신 자들에게 넘어갔다고 말하는 것처럼 보인다. 엡 2:11-22은 이처럼 이미 널리 퍼져 있는 인상에 반대하기 위해 기록된 것으로 볼 수 있다.

흉히 여기는" 하나님의 특권만이 이스라엘의 존속을 보장하므로 이스라엘의 존속은 근본적으로 하나님이 택하시는 뜻에 의존한다. 그다음 단계(9:30-10:21)에서 바울은 그리스도-사건 이후의 현재 상태가 어떻게 이와 유사한 은혜의 비상응성 패턴에 따라 규정되고 있는지를 보여준다. 이방인과 유대인 사이에 역할이 반전됨으로써, 인간적 가치와 신적 보상, 이 둘 사이에 기대되는 대응 기준이 적용되지 않는다. 사실 그리스도는 믿음으로 하나님의 의와 능력을 극단적으로 의존하는 일에 대해서를 제외하고는 걸림돌로 작용한다. 마지막으로 바울은 자신의 관점을 미래에 투사할 때(11:1-32) 이방인 선교의 성공에서 하나님의 제한 없는 "풍성함"의 증거를 찾아내고, 따라서 하나님이 이스라엘에게 보여주시는 자비가 나머지 백성의 완고함과 남은 자의 택함에만 국한되지 않는다는 근거를 발견한다. 오히려 이스라엘을 처음부터 보존시킨 비상응적인 은혜가 이스라엘 전체를 재구성하는 효력을 발휘하게 될 것이다. 왜냐하면 **불순종하는 자**에게 베풀어주시는 하나님의 긍휼에는 모든 자를 포괄하는 능력이 있기 때문이다.

나는 이제 로마서 9-11장 각 부분을 통해 무조건적인 하나님의 은혜의 역설적 역사를 추적함으로써, 학자들이 근본적으로 일관성이 없다고 보는 경향이 있는 이 본문의 일관성을 증명하는 데 힘쓸 것이다. H. 레이제넨, J. 람브레흐트, T. 도널드슨과 같은 다양한 해석자들은 로마서 9-11장이 서로 양립할 수 없는 일련의 전제들을 다루고 있다고 분석하고, 여기서 바울이 논리적·순차적 일관성 없이 그 전제들을 하나씩 설명하고 있다고 주장한다.[10] 여기서 하나님의 결정과 인간의 자유의지 사이에

---

10   Räisänen, "Paul, God, and Israel"을 보라. 참조. 동일 저자, "Römer 9-11: Analyse eines geistigen Ringes," *ANRW* 2.25.4, 2891-2939; J. Lambrecht, "Israel's Future according to Romans 9-11: An Exegetical and Hermeneutical Approach," in *Pauline Studies* (Leuven: Peeters, 1994), 34-54; T. Donaldson, "'Riches for the Gentiles' (Rom 11:12): Israel's Rejection and Paul's Gentile Mission," *JBL* 12 (1993), 81-98. 롬 9-11장의 일

그리고 하나님의 공평하심과 이스라엘에 대한 하나님의 신실하심 사이에 "긴장"이 나타난다. 그러나 로마서 9-11장이 대체로 일관성을 결여하고 있는 것은 로마서 11장에서(11:1에서나 11:11에서) 전혀 예기치 못한 전환이 일어나고 있기 때문이다. 도널드슨은 다음과 같이 이 문제를 요약한다. "9:1-11:10에서 논증의 취지는 현재의 상황이 하나님이 이스라엘에게 주신 약속과 완전히 일치된다는 것이지만 11:11 이후의 논증은 하나님의 신실하심이 증명되려면 현재의 상황이 극복되어야 한다는 가정에 따라 전개된다."[11] 이후의 분석은 11:11-32에서 바울이 이스라엘에 대하여 품고 있는 소망이 "이스라엘"에 대한 하나님의 약속의 범주가 남아 있는 신자에게 제한된다는 이전의 고정 관념으로부터 마음이 갑자기 바뀐 결과가 아니라, 9:1-11:10에서 확인된 것과 동일한 패턴의 추론을 전개한 결과임을 증명하려는 의도를 갖고 있다. 11:11 이전이나 이후 모두에서 바울은 부적합하게 주어지는 하나님의 긍휼을 다룬다. 곧 이스라엘의 실존이 의존하고 있는 뿌리가 지금은 신앙과 불신앙의 역설적 상태에 계시되고 있고, 이스라엘의 실존의 목적은 이방인에게까지 확대된 하나님의 "부요함"의 계기가 불순종하는 자들까지도 온 이스라엘의 구원 속에 포함시킬 때 이루어질 것이다.

하나님의 은혜의 비상응성은 로마서 9-11장에서 다양한 수사적 형태로 표현된다. 하나님의 부르심과 인간의 상태, 이 둘 사이의 불일치는

관성을 주장하는 자는 일관성의 유지를 위해 수시로 개연성 없는 주석에 의존하는 경향이 있다. 예를 들어 라이트는 "온 이스라엘"(11:26)이 모든 유대인 그리고 이방인 신자들을 의미한다고 간주함으로써, 롬 9-11장의 일관성을 옹호한다. N. T. Wright, *The Climax of the Covenant* (Edinburgh: T&T Clark, 1991), 231-57; 동일 저자, "The Letter to the Romans," in *The New Interpreter's Bible*, vol. 10 (Nashville: Abingdon Press, 2002), 620-99를 보라. 이 견해는 널리 인정받지 못했다. 왜냐하면 그것은 11:12, 15에 언급된 "충만함"과 "받아들임"에, 또는 일부 이스라엘 사람이 우둔하게 된 것과 11:25-26("이스라엘"은 그것을 가리키는 두 개의 서로 다른 지시어를 가질 수 없다)에 나타난 전체의 구원 사이의 대조에, 중요성을 거의 부여하지 못하기 때문이다.

11   Donaldson, "Riches for the Gentiles," 89.

때때로 하나님의 자비로운 행동과 수혜자의 가치, 이 둘 사이에 존재 가능한 일치를 배제하는 "A가 아니고 B"라는 배제 수사 용법을 통해 표현된다.[12] 이 용법은 9:6-18(예. 9:8, 12, 16)의 지배적 특징이다. 하지만 이 용법은 이후에 10:6-8("하지 말라.…그러면 무엇을 말하느냐")과 11:5-6에서도 나타난다. 두 번째 관련 수사 용법은 "누구든지"를 강조하는 진술(10:11-13)이나 "A뿐만 아니라 B도"를 주장함으로써 통상적인 차이를 무시하는 진술(9:24)에서처럼, 차이를 부정하는 수사 용법이다. 세 번째 관련 수사 용법을 보면, 로마서 9-11장은 반전 수사 용법으로 가득 차 있다. 어린 것, 적은 것, 자격이 없는 것 그리고 "원래의 것이 아닌 것"이 하나님의 비상응적인 행동의 대상이 되고(예. 9:12, 24-26, 30; 11:17-24), 반면에 큰 것, 많은 것 그리고 "원래의 것"이 배제되고 자격을 박탈당하거나 잘라져 나간다(예. 9:27, 31-33; 10:21; 11:17-24). 이 반전 수사법은 대칭이 산뜻한 반전을 일으키는 곳에서 특히 강력하다. 비경주자는 목표를 이루지만 경주자는 이루지 못한다(9:30-32). 돌감람나무 가지는 접붙여지지만 본래의 참감람나무 가지는 잘라진다(11:17-24).[13] 이 모든 장치는 하나님의 긍휼(또는 은혜)과 수혜자의 신분(또는 가치), 이 둘 사이의 비상응성을 제시하는 데 사용된다. 로마서 9-11장의 기여는 이 불균형성이 이스라엘의 정체성에 항상 기본적이라는 것, 이 비상응성이 현재 놀라운 영향력을 갖고 있는 복음에 작용하고 있다는 것 그리고 이 비상응성이 최종적으로 이스라엘의 미래와 세상의 미래를 결정하리라는 것을 증명하는 데 있다.

---

12   바울의 이런 형태의 논증에 대해서는 F. Siegert, *Argumentation bei Paulus, gezeigt an Röm 9-11* (Tübingen: Mohr Siebeck, 1985), 182-85를 보라.

13   로마서 9-11장에 퍼져 있는 반전의 주제를 잘 제시하고 있는 S. Grindheim, *The Crux of Election: Paul's Critique of the Jewish Confidence in the Election of Israel* (Tübingen: Mohr Siebeck, 2005), 136-68을 보라.

17.2. 은혜의 비상응성에 입각한 이스라엘의 창조(로마서 9:6-29)

일반적으로 인정되는 것처럼, 로마서 9:6-29은 로마서 9-11장의 논증의 첫 단계를 구성하는데, 이 논증의 표제 진술은 논증의 시작부터 등장한다. "그러나 하나님의 말씀이 폐하여진 것 같지 않도다"(9:6a).[14] 그러나 이어지는 부분의 해석은 이 표제 진술과 택하심에 관한 이후의 논의로 연결되는 이 구절의 후반부 "이스라엘에게서 난 그들이 다 이스라엘이 아니요"(9:6b), 이 둘 사이의 논리적 관련성을 확인하는 것에 달려 있다. 최근에 9:6-29은 하나님의 "말씀"이 "이스라엘 사람들"의 택하심의 운명과 관련되어 있고 또 지금까지도 관련되어 있음을 증명하는 것으로 이해되었다. 따라서 현재 소수의 유대인들만 믿고 있다고 해서 하나님의 말씀에 대한 하나님의 신실하심이 폐하여지는 것은 아니다. 이 해석에 따르면, 9:6b는 "이스라엘" 안의 "이스라엘"에게만 관심을 두는 하나님의 말씀의 제한적 범주를 암시함으로써 9:6a를 지원한다. 이어지는 성서의 사례들은 믿는 유대인과 믿지 않는 유대인, 이 둘 사이에 현재 존재하고 있는 분열과의 유형적 대응 관계를 제공한다. 하나님은 이삭과 이스마엘, 야곱과 에서, 모세와 바로를 구별하신 것처럼, 어떤 사람들(믿는 유대인)은 부르시고 다른 사람들(믿지 않는 유대인)은 버리신다.[15] 이 해석에 따르면 바울은 하나

---

14 그리스어 οὐχ οἷον("같지 않도다")은 이어지는 부정("폐하여지지 않은 것")을 특별히 강조하는 역할을 한다. 바울은 이 주제를 수사학적 질문의 형태로 제시하지 않는다(참조. 11:1). 여기서 바울의 첫 번째 과제는 질문(실제 질문이든 상상의 질문이든 관계없이)에 답변하는 것이 아니고, 이어지는 설명에 대해 확고부동한 기초를 세우는 것이다. 롬 9-11장의 내적 구조에 대해서는 F. Wilk, "Rahmen und Aufbau von Römer 9-11," in Wilk, Wagner, eds., *Between Gospel and Election*, 227-53을 보라. 윌크의 결론은 여기서 내가 따르는 분류, 곧 바울의 논증을 세 부분으로 분할하는 전형적인 분류(9:6-29; 9:30-10:21; 11:1-32)를 약간 수정한다.

15 예를 들어 다음의 자료들을 보라. N. Dahl, "The Future of Israel," in *Studies in Paul* (Minneapolis: Fortress Press, 1977), 137-58, 특히 144-45; H. Hübner, *Gottes Ich und Israel: Zum Schriftgebrauch des Paulus in Römer 9-11* (Göttingen:

님의 말씀이 폐하여지지 않았다고 확언할 수 있는데, 그 이유는 하나님의 약속이 남은 자에게만 적용되기 때문이다. 현재 "이스라엘"에 그리스도를 믿는 신자들이 적은데, 이는 하나님의 "말씀"의 부정에 대한 증거가 아니라 오히려 성취에 대한 증거다.[16] 일부 유대인들만 믿지만, 하나님에게는 그것으로 충분하고 바울에게도 (논증의 이 지점에서) 그것으로 충분하다.

그러나 대중적 인기에도 불구하고 이 해석에는 문제가 많다. 먼저 이 해석으로는, 로마서 9-11장 나머지 부분에서 계속되는 바울의 논증 곧 (추측건대 택함받지 못한) 그의 친족의 구원에 대한 기도(10:1-2)와 11:11-32의 온 이스라엘의 구원에 대한 그의 소망을 도저히 이해할 수 없게 된다. 만약 현재 이스라엘에 그리스도를 믿는 신자가 그토록 적은 것이 액면 그대로 하나님의 말씀이 의도한 것이라면, 왜 바울은 미래에 더 나은 것을 기대해야 하는 걸까?[17] 바울이 이 첫 논증에서 사용하는 용어들이 완

Vandenhoeck & Ruprecht, 1984), 45; D. Moo, "The Theology of Romans 9-11," in D. M. Hay, E. E. Johnson, eds., *Pauline Theology*, vol. 3: *Romans* (Minneapolis: Fortress Press, 1995), 240-58, 특히 252-53. 이 해석이 널리 통용되고 있음은 레이제넨과 헤이즈 등의 다양한 학자가 이 해석을 수용하는 것에서 확인된다. 이 두 학자는 바울이 이스마엘, 에서, 바로 그리고 믿지 않는 다수의 이스라엘을 동등하게 본다고 생각한다. H. Räisänen, "Paul, God, and Israel," 181-84; R. B. Hays, *Echoes of Scripture in the Letters of Paul* (New Haven: Yale University Press, 1989), 67을 보라.

16 레이제넨은 바울의 논리를 이렇게 제시한다. "이스라엘의 다수는 선택된 자에 속한 적이 단 한 번도 없기에, 하나님의 약속은 경험적 이스라엘의 불신앙에 의해 영향을 받지 않는다." H. Räisänen, "Paul, God, and Israel," 182. 따라서 레이제넨은 바울이 나중에 "온 이스라엘"의 구원을 기대하는 것을 자기모순으로 간주한다. 헤이즈도 비슷한 입장을 취한다. 하지만 헤이즈는 바울의 논리를 모순적인 것보다는 변증법적 논리로 보는 것을 선호한다. "만약 로마서 9-11장에서 바울이 이스라엘이 편애를 받는 지위에 관한 성서적 증언을 해체시키고 있다면, 로마서 11장은 이 파괴적 해석을 변증법적으로 해체시키고 있다." R. B. Hays, *Echoes of Scripture*, 67.

17 특별히 논리에 주목하면서 레이제넨은 (자신의 로마서 해석에 따라) 바울이 9:29ff.를 계속 전개할 필요가 없었다고 주장한다. H. Räisänen, "Paul, God, and Israel," 184-85. 11:11-32에서 온 이스라엘을 위한 희망을 제시할 때, 바울은 새로운 무언가를 소개한다. "하나님은 자기 백성을 버리지 아니하셨다.…대신 바울은 9:6에서 자신이 시작했던 논증의 입장을 거부해버린 것이다"(189). 바울의 담론의 처음과 끝 사이에서 비슷한

전히 다른 표의(reference)로 요약되는 이해를 바탕으로 다시 나타나는데, 이는 놀라운 현상이다. 로마서 9:6-29에서 하나님이 택하신 자(9:12)는 (이 해석에 따르면) 현재의 유대인 신자들을 가리키고, 하나님은 그들을 "부르시고"(9:7, 24), "사랑하고"(9:13), 그들에게 자비를 베풀어주신다(9:15). 그러나 11:11-32에서는 이와 같은 말이 "온 이스라엘"에 적용된다. 온 이스라엘의 부르심은 취소될 수 없고(11:29), 그들은 족장들로 말미암아 사랑을 받으며(11:28), 하나님의 자비의 대상이고 또 그 대상이 될 것이다 (11:31-32). 전자의 경우에는 하나님이 이스라엘 안에서 택함 받은 소수를 부르시고, 그것으로 하나님의 신실하심이 충분히 증명된다. 그런데 후자의 경우에는 이것이 전혀 충분하지 않고, 바울은 일부 이스라엘 사람이 완악하게 된 것을 **넘어서서** 온 이스라엘의 구원을 바라본다(11:25-26). 9:6에서는 (이 해석에 따르면) "이스라엘"이 제한적 의미로 정의되지만 로마서 9-11장 나머지 부분(9:3, 27, 31; 10:21; 11:1, 2, 7, 25, 26)에서는 "이스라엘"이라는 말이 이스라엘 전체를 가리키는 데 사용되고, "이스라엘 사람"이라는 말이 제한적 의미를 갖지 않는다.[18] 로마서 9장에 나오는 성서 인물들과 현재 이스라엘 안에 존재하는 분열 사이에 유형론적 대응 관계를 찾는 것 역시 문제가 있다. 곧 로마서는 믿지 않는 유대인이 이스마엘, 에서 또는 바로와 동등한 존재로 간주되고 있음을 그 어디에서도 암시하고 있지 않다. 바울이 9:6-18에서 말하고 있는 구별은 **이스라엘의 창조 당시에** 일어난다. 그것은 이스라엘 계급 내의 구별을 나타내지 않는다. 더욱이 9:6-29에 등장하는 성서 인용은 현재와 관련되어 있는데, 이 경우

불일치를 발견하는 왓슨은 다음과 같이 주장한다. "바울 자신도 자신의 논증이 어디로 갈지 정확하게 모르고 있다." Watson, *Paul, Judaism, and the Gentiles*, 322; 롬 11장에 나타나는 변화에 관해서는 334-35를 참조하라.

18 9:6의 "이스라엘"을 유대인 신자들로 보는 해석에 대해서는 예를 들어 Hübner, *Gottes Ich*, 17, 27-28; J. A. Fitzmyer, *Romans* (New York: Doubleday, 1993), 560을 보라. 그러나 9:6-29에서 믿음에 대한 언급이 빠져 있는 점은 주목할 만하다.

해당 인용 본문은 유대인(또는 유대인만)이 아니라 이방인을 가리킨다.

이 해석적 경로를 따르면 아주 많은 문제가 나타나기 때문에, 우리는 여기서 우리가 올바른 방향에서 시작했는지 물어보아야 한다. 9:6b와 이어지는 구절들은 **이스라엘 안에서** 이루어지는 하나님의 택하심을 정당화하려는 의도가 아니라 **이스라엘이 하나의 민족으로 창조되고 택함 받게 된 근거**를 명확히 하려는 의도를 갖고 있다고 해석하는 것이 더 나아 보인다.[19] 하나님의 말씀이 폐하여지지 않았다고 보는 바울의 확신은 하나님이 처음부터 선택, 선별 그리고 무조건적 자비라는 독특한 과정을 통해 이스라엘을 창조하셨다는 사실을 통해 지지를 받는다. "이스라엘에게서 난 그들이 다 이스라엘이 아니요"(9:6b)라는 말은 이스라엘이 기본적으로 민족적 혈통이 아니라 하나님의 택하심에 의해 형성된 것을 암시한다. 인간적 자격과 상관없이 형성된 이스라엘은 결코 버림받지 않을 것인데, 그 이유는 하나님이 자신의 약속을 통해 그리고 자신의 목적에 따라 이스라엘을 창조하셨기 때문이다. 이 구절들에서 바울의 목적은 현재의 상황(이스라엘 안에 그리스도를 믿는 자와 믿지 않는 자의 구분이 있는 것)을 정당화하는 것에 있는 것이 아니고, 이스라엘의 형성과 역사 속에서 하나님이 행하신 창조적 은혜 활동의 패턴을 찾아내고, 그리하여 그리스도-사건과 이방인 선교 이후의 이스라엘에 관한 확신을 위해 성서적 근거를 확립하는 데 있다. 만일 바울이 오직 하나님으로부터만 연원할 수 있는 무제약적 자비를 통해 이스라엘이 형성되었음을 보여줄 수 있다면, 그는 하나님에 의한 현재의 완고함을 넘어서서 하나님에 의해 확립된 미래의 자비를 바라볼 수 있을 것이다. 위에서 언급한 것처럼, 이러한 이해를 바탕으로, 11:28-32의 핵심 어휘의 반복은 이스라엘의 곤경에 대한 최종 해결책으로서 이스라엘

---

19   H. -M. Lübking, *Paulus und Israel in Römerbrief* (Frankfurt: Peter Lang, 1986), 61-66을 보라. 여기서 뤼브킹은 9:6-13의 강조의 비중이 하나님의 선택의 특성(11-12절)에 놓여 있다고 바르게 주장한다(11-12절). 참조. M. Rese, "Israel und Kirche in Römer 9," *NTS* 34 (1988), 208-17, 특히 212.

의 원래 형성과 정면으로 대립하는 것이 아니라 오히려 그 형성을 확증해 준다.

로마서 9:6-29에 대한 최근의 구조 분석은 이 본문의 신중한 배열을 강조했다.[20] 첫째, 9:6-18은 세 가지 선택 사례(약속의 자녀로 선택된 이삭, 에서가 아닌 야곱의 선택, 모세에게는 자비를 베풀고 바로는 완악하게 한 선택)를 담고 있는데, 각각 "A가 아니고 B" 형태의 후렴이 반복된다(9:6, 7, 12, 16). 여기서 세 번째 사례(모세에게는 자비를 베풀고 바로는 완악하게 한 선택)는 토기장이 비유로 확대되어 선택의 책임이 오직 하나님께 있음을 분명히 한다(9:19-23). 그리고 이어서 하나님은 무조건적 선택의 목적에 따라 심판과 소망이라는 양면적 상징으로서 "백성이 아닌" 이방인들로부터 백성을 창조하고(9:24-26), 이스라엘 안에서 남은 자를 선택할 수 있다는 사실(9:27-29)을 암시하는 성서 본문으로 돌아간다. 우리가 이 본문에서 아브라함으로부터 포로기까지의 역사적 순서의 흐름을 확인하든지 아니면 "율법과 선지자들"로부터 나온 일단의 증언(참조. 3:21)을 확인하든지, 이 본문의 정교한 구성으로 인해 우리는 인용된(그리고 개작된) 본문들과 이 본문들이 표현하는 신적 활동의 패턴에 주목할 필요가 있다.[21]

9:6-18에서 중대한 문제는 하나님이 **누구**를 택하셨느냐(그리고 누구를 버리셨느냐)도 아니고, 또 단순히 하나님이 선택을 행하셨다는 **사실**도 아니다. 여기서 강조점은 하나님이 이스라엘을 **어떻게** 선택하셨는가

---

20 예를 들어 J. -N. Aletti, "L'argumentation paulinienne en Rm 9," *Biblica* 68 (1987), 41-56; Watson, *Paul, Judaism, and the Gentiles*, 308-22를 보라.

21 라이트는 여기서 다음과 같이 주장한다. 바울이 아브라함부터 포로기까지의 이스라엘의 이야기를 전하고 있는데, 이스라엘이 오로지 남은 자로 구성될 때까지 이야기가 점차 좁혀진다는 것이다("Romans," 634). 이 주장은 이스라엘이 결국 한 인물 곧 메시아로 대변된다는 라이트의 전제를 지지하지만(645), 9:24-26에서의 이방인 신자들의 등장은 이 궤도와 잘 맞지 않는다. 왓슨은 9:6-29의 본문이 앞부분은 내러티브, 뒷부분은 예언의 배열을 따른다고 주장한다. Watson, *Paul, Judaism, and the Gentiles*, 317-19. 아브라함부터 바울 당시까지의 역사적 순서를 추적하는 Aletti, "L'argumentation," 44를 참조하라.

에 있으며, 반복해서 등장하는 대립 관계("A가 아니고 B")에는 하나님의 택하심에 영향을 미칠 수 있는 기준을 다양하게 계산하지 못하게 하려는 의도가 담겨 있다.[22] 바울은 "이스라엘에게서 난 그들이 다 이스라엘이 아니요"(9:6b)라는 말을 9:7에서 해설한다. 아브라함의 모든 자녀가 그의 "씨 [자손]"로 자격을 갖고 있는 것이 아니고 "오직 이삭으로부터 난 자라야 네 씨라 불릴 것이다"(9:7. 창 21:12).[23] 여기서 "불림"은 "이름을 부르는 것"이나 "호출하는 것"을 의미하지 않는다. 앞에서(4:17) 확인한 것처럼, 바울은 약속된 대로 이루어지는 하나님의 창조적인 말씀에 비중을 두고 있다(참조. 9:12, 24, 25, 26; 11:29).[24] 바울은 정반대의 대조(οὐ …ἀλλά, "아니라…오직")를 지닌 본문으로부터 교훈을 이끌어낸다. "곧 육신의 자녀가 하나님의 자녀가 아니요 오직 약속의 자녀가 씨로 여기심을 받느

---

22 던은 다음의 연구에서 이처럼 바르게 주장한다. J. D. G. Dunn, *Romans 9-16* (Waco: Word, 1988), 543. "문제는 하나님의 선택의 목적이 어떻게 효력을 발휘하느냐에 있다." 파이퍼도 이 점을 강조한다. 파이퍼가 하나님의 "주권적 자유"를 강조하는 것은 칼뱅주의 전통의 특징이다(위 3.4.4를 보라). J. Piper, *The Justification of God: An Exegetical and Theological Study of Romans 9:1-23*, 2nd ed. (Grand Rapids: Baker Academic, 1993)을 보라.

23 9:7이 시작될 때 나오는 그리스어 단어 οὐδέ("또한 아니라")는 9:6b와 9:7 사이의 긴밀한 결합을 암시한다. 9:7의 탄생에 대한 설명은 9:6의 ἐξ Ἰσραήλ이 "이스라엘 안으로부터 난"을 의미하지 않고 "이스라엘로부터 난"을 의미한다는 것을 분명히 밝힌다. 민족적 맥락에서 전치사 ἐκ는 다른 곳 곧 9:5, 10; 11:1에서 혈통을 가리킨다(참조. 빌 3:5). 다만 동사의 지배를 받을 때는 부분의 의미를 갖는다(예. 롬 9:24; 계 7:4-8). 따라서 9:6b는 (현재) 이스라엘 안에 있는 모든 자가 (참) 이스라엘이라는 사실의 부정으로 간주되어서는 안 되고, 이스라엘이 민족적 혈통으로 구성되었다는 것의 부정으로 취해져야 한다. 처음부터 하나님은 족장들 속에서 "육신의 자녀"를 택하셨다(9:8). 바울이 제시하는 사례는 하나님이 족장의 폭넓은 자녀들로부터 이스라엘 혈통을 선택하심을 암시한다 ("이스라엘에게서 난 그들이 다 이스라엘이 아니요"). 하나님은 에서가 아니라 야곱을 선택하시는데, 이는 "이스라엘 사람들" 속에서의 선택이 아니라, 이스라엘 계보를 구성할 자에 대한 결정이었다.

24 B. R. Gaventa, "On the Calling-into-Being of Israel: Romans 9:6-29," in Wilk, Wagner, eds., *Between Gospel and Election*, 255-69를 보라. 위 12.2와 12.3에서 갈 1:6, 15에 대한 설명을 참조하라.

니라"(9:8. 참조. 창 4:21-31). 이것은 선택의 기제(機制)를 이해하는 한 가지 수단을 배제한다. 곧 선택은 자연적 자손에 의해(혈통, 계보, 민족성 또는 생물학적 관련성에 의해) 이루어지지 않는다. 성서를 이해할 수 있는 독자는 알겠지만 이스마엘 역시 아브라함의 아들이었으나 그 자격으로 택하심을 얻지는 못했다. 여기서 "육신의 자녀"라는 표현과 대비되는 "약속의 자녀"라는 난해한 표현이 등장하는데, 바울이 "약속의 말씀은 이것이니"(9:9, '로고스'는 9:6을 연상시킨다)라는 문구로 사라에게 주신 약속을 소개할 때(창 18:10, 14) "약속의 자녀"라는 표현의 중요성이 부각된다. 이삭을 아브라함의 "씨"(또는 "하나님의 자녀", 9:8)로 만드는 것은 하나님이 이삭을 그렇게 하겠다고 약속하신 것이 전부다. 이것은 오직 하나님의 결정이고 ("내가 이르리니…이 있으리라"), 이 결정은 이삭이나 그의 부모 안에 내재되어 있는 능력과 대응을 이루는 것이 아니다. 이것은 곧 오도록 되어 있는 실재를 투사하고(9:7, 9에서 미래 시제를 주목하라), 이미 확립된 것이 아니라 하나님이 창조하신 미래에 일어날 것으로 간주된다. 따라서 이삭의 지위는 하나님에 의해 부여된 것(λογίζεται, 9:8), 곧 내재적 기준이나 앞서 존재하는 기준과의 대응을 회피하는 형태 및 시간의 틀을 나타낸다.

바울이 제시하는 두 번째 사례 곧 에서가 아닌 야곱의 선택은(9:10-13) 첫 번째 사례에서 언급한 하나님의 선택을 왜곡시킬 수 있는 요소를 제거함으로써 더 철저한 분석을 제공한다. 이 경우에는 같은 부모에게서 태어난, 아니 사실은 동시에 태어난 두 아들 사이에 선택이 있고, 따라서 그들의 출생 상태와 관련된 **모든** 차이점이 배제되어 버린다(9:10). 그러나 여기서 바울은 이삭의 경우에 그가 지적할 수 있었던 것을 지적한다. 곧 선택의 결정이 그들이 태어나기 전에, 따라서 자녀가 선택의 자격을 얻거나 박탈당하는 어떤 일―좋거나 나쁜―을 행할 수 있기 전에 이미 하나님에 의해 이루어졌다(9:11). 이 사례에서 표현된 대조(또 하나의 οὐ …ἀλλά)는 "행위로 말미암지 않고"(οὐκ ἐξ ἔργων) "오직 부르시는 이로 말미암아"(ἀλλ' ἐκ τοῦ καλοῦντος, 9:12)에서 드러나는데, 여기서도 하나님의 창조적인 주도권에 중점을 두고 있다.[25] 이 주도권은 9:11에 다음과 같이 어색하게 들어가 있는 목적절로도 강조되고 있다. ἵνα ἡ κατ' ἐκλογὴν πρόθεσις τοῦ θεοῦ μένη("택하심을 따라 되는 하나님의 뜻이 서게 하려 하사"). 여기서 모든 중점은 하나님의 선택과 예정에 놓여 있는데(προ-접두사는 신적 우선성을 암시한다), 이에 대응하는 관련 인물들의 조건은 전혀 존재하지 않는다. 마치 아직도 하나 이상의 요소를 제외시켜야 하는 것처럼, 바울은 "큰 자가 어린 자를 섬기리라"(창 25:23)는 하나님의 선언을 인용한다. 문맥상 이 말은 나이를 가리키지만 다양한 지위의 차이도 포함되어 있고, 이러한 차이가 하나님의 선택과 관련이 없다고 선언된다. 자신의 요점을 충분히 강조한 다음 바울은 말라기의 신랄한 진술을 인용하며 이 단계의 논증을 마친다. "내가 야곱은 사랑하고 에서는 미워하였다"(9:13, 말 1:2-3). 말하자면 왜 저것이 아니라 이것인지를 가리키는 다른 설명, 다른 원리가 존재하지 않는다.[26]

따라서 바울은 신적 선택의 여러 가지 유력한 기준들을 배제했다. 말하자면 출생(혈통의 자연적 권리), 지위(상대적인 "위대함"), 실천("행위") 등 인간에게 귀속되거나 인간이 성취하는 온갖 형태의 상징적 자산을 제외시켰다. 이 강조의 급진성은 우리가 위에서(6.3을 보라) 상세히 분석한 것 곧 필론이 같거나 비슷한 사례들을 다루고 있는 것과 대조시켜보면 가장 잘 파악된다. 필론은 하나님이 이유 없이 또는 심지어 태어나기 전에 상을 베풀어주시는 것으로 보이는 사례들에 혼란을 느끼고, 비록 하나님이 사람

---

25 여기서 "행위"를 "율법의 행위"로 제한하는 것은 신빙성이 없어 보인다(Dunn, *Romans 9-16*, 543과는 상반되는 견해다). "무슨 선이나 악을 행하는 것"이라는 앞선 언급(9:11)과 선택의 사례들(율법이 오기 전에 일어난 선택, 롬 5:13-14)은 바울이 미덕이나 악덕, 혹은 다른 어떤 인간적 행동의 의미를 하나님의 선택을 위한 자격이나 조건으로 간주하지 않음을 시사한다.

26 주이트의 지적처럼 "이 인용구절은 특별히 하나님의 말씀의 선별성에 맞추어진 초점을 극도로 날카롭게 만드는 수사학적 기능을 담당한다." R. Jewett, *Romans* (Minneapolis: Fortress Press, 2007), 508.

의 각 성품을 미리 알고 계시지만, 그가 이름에 부여하는 속성에서 증명되고 있듯이, 하나님의 선택에는 항상 그만한 **이유**가 있다는 점을 애써 주장한다(*Leg.* 3.65-100).[27] 필론은 이 문제로 특별히 고민한다. 말하자면 필론의 목표는 하나님의 선물과 은혜를 **희석시키는 데** 있지 않고 그것들을 **설명하고,** 하나님의 선택이 자의적인 것으로 또는 부당한 것으로 보이지 않게 만드는 근거를 제공하는 데 있다. 필론에 따르면, 비록 그 특성 자체는 하나님이 창조하신 것이라 해도, 하나님의 선택을 받는 대상들에는 하나님이 그들을 선택하는 데 합당한 어떤 특성이 있음이 틀림없다.[28] 이와 달리 주장하게 되면, 하나님의 공의에 문제가 생길 것이다. 이것이 바로 9:14에서 바울이 제기하는 질문이다("하나님께 불의가 있느냐"). 3:1-8에서처럼 여기서도 바울은 의도적으로 위험한 길을 가고 있다. 그럼에도 불구하고 바울이 이 길을 계속 고수하는 것은 이스라엘에 대한 그의 이해가 다음과 같은 터무니없는 주장, 곧 이스라엘의 선택이 하나님의 뜻 외에 다른 어떤 것으로 정당화되지 않는다는 주장에 달려 있다는 표지가 된다.

바울은 이어지는 본문(9:15-18)에서, 하나님의 선택의 세 번째 사례를 전개하고, 금송아지 사건을 뒤따르는 하나님의 도식적인 약속을 인용한다. "내가 긍휼히 여길 자를 긍휼히 여기고 불쌍히 여길 자를 불쌍히 여기리라"(9:15. 출 33:19). 이 인용문은 동시에 소망을 담고 있다. 곧 만약 하나님이 자비하시다면, 시내산에서 이스라엘에게 그렇게 하셨던 것처럼, 마땅히 받아야 할 심판을 벗어나는 길이 있을 것이다. 그런데 이것은 정말

27　이 점과 관련하여 바울과 필론을 상세히 비교한 내용을 J. M. G. Barclay, "Grace within and beyond Reason: Philo and Paul in Dialogue," in P. Middleton, A. Paddison, K. Wenell, eds., *Paul, Grace, and Freedom: Essays in Honour of John K. Riches* (London: T&T Clark, 2009), 9-21에서 보라.

28　이와 비슷한 관심사가 에서 대신 야곱 곧 형 대신 동생을 선택한 것을 설명하는 다른 유대 문헌들에서도 명확하게 나타난다. 예컨대 희년서(*Jubilees*) 19.13-16; 위(僞)필론, *LAB* 33.5 ("하나님은 야곱을 사랑하셨으나, 에서는 그의 행위 때문에 미워하셨다")를 보라.

당혹스러운 소망이다.[29] 이 본문은 하나님이 **자비를 누구에게** 베풀어주시는지 이를 적시하지 않는다(그리하여 이 자비에 알맞은 자가 누구인지 확인할 가능성이 제거된다). 그리고 9:7-9에서 말하는 것과 같이 여기서도 신적 일인칭 단수형과 미래 시제로 언급되고, 그렇게 함으로써 독자에게 알려지지 않은, 그리고 원리상 알려질 수 없는 하나님의 뜻을 전달한다. 이렇게 당혹감을 주는 것이 의도적이라는 것은 또 다른 οὐ …ἀλλά 대조로 암시되는데, 이 대조는 9:15에서 교훈을 이끌어낸다. οὐ τοῦ θέλοντος οὐδὲ τοῦ τρέχοντος, ἀλλὰ τοῦ ἐλεῶντος θεοῦ("원하는 자로 말미암음도 아니요 달음박질하는 자로 말미암음도 아니요 오직 긍휼히 여기시는 하나님으로 말미암음이니라", 9:16). 여기서는 인간적 가치의 또 다른 두 가지 가능한 요소가 제외된다. 말하자면 사람의 뜻(동기나 경향)과 사람의 성공("달음박질." 참조. 고전 9:24, 27; 빌 2:16)이 제외되고 있다. 하나님의 자비에 작용하는 유일한 요소는 하나님의 자비 밖에 없다. 반면에—그리고 여기서 바울은 그의 충격 전략이 아직 끝나지 않았음을 암시한다—여기서 바로에게 주어지는 하나님의 말씀이 있는데, 그것은 하나님께서 자신의 능력을 보여주심으로써 하나님의 이름이 온 세상에서 전파되게 하려고 바로를 세우셨다는 것이다(9:17. 출 9:16을 개작함). 그 목적이 어떻게 성취되는지(그리고 그 능력이 어디서 그리고 어떻게 구원할 것인지, 참조. 롬 1:16)는 명시되지 않는다. 우리에게 특히 충격적인 것은 바로의 억압의 역사, 바로의 성격이나 기질에 관해서는 전혀 언급이 없고, 전적으로 하나님의 "나"와 하나님의 목적에만 그 강조점이 실려 있다는 것이다. 이런 침묵은 다음과 같이 참으로 문제 있는 결론으로 이어진다. "그런즉 하나님께서 하고자 하시는(θέλει) 자를 긍휼히 여기시고 하고자 하시는(θέλει) 자를 완악하게 하시느니라"(9:18).

바울은 인간적 가치와 신적 선택, 이 둘 사이의 모든 대응 요소를 제

---

29 바울이 바로 이 출애굽기 본문을 사용한 것과 다른 제2성전 시대 유대인들이 동일 본문을 사용한 것을 비교하여 설명하는 Barclay, "I Will Have Mercy'"를 보라.

거해버림으로써 모든 강조점을 하나님의 뜻에 두었다. 그리고 이것은 필론에게는 충격이었겠지만 쿰란 공동체의 호다요트 저자에게는 충격이 아니었을 것이다. 앞에서(7장) 확인한 것처럼, 인간의 물질적이거나 도덕적인 무가치성을 하나님의 영광 및 의와 병렬 배치시키는 것은 쿰란 공동체의 찬송들이 지닌 특징 가운데 하나다. 바울은 여기서 인간의 무가치성에 치중하지 않으면서도(참조. 롬 3:10-18; 5:12-21; 7:7-25), 호다요트와 동일하게 인간을 "육신"(9:8)과 "진흙"(9:20-21)으로 비유하고, 구원을 오로지 하나님의 긍휼에 귀속시킨다. 바울이 로마서 9-11장에서 내리고 있는 찬송과도 같은 결론(11:33-36)은 호다요트의 내용에 잘 부합했을 것이다. 쿰란 공동체의 찬송들과 같이 바울도 구원의 능력을 오로지 하나님께 귀속시키므로 인간의 이중 운명을 오직 하나님의 행동에서 찾는 일종의 결정론을 제시한다. 호다요트에 묘사되어 있는 이중 예정은 하나님께서 의인과 악인을 창조하셨고, 의인에게는 "은혜의 때"를, 악인에게는 "살육의 때"를 준비해놓으셨음을 보여준다. 두 경우 모두 이것은 "모든 사람이 당신의[하나님의] 영광과 당신의[하나님의] 크신 힘을 알 수 있도록" 하는 데 그 목적이 있었다(1QH^a VII.25-33). 바울도 9:22-23에서 이와 아주 비슷하게 말하고 있다.

바울은 이 이원성을 해설하기(9:21-23) 전에, 잠시 할 말을 중단하고 반대자가 불가항력적인 하나님의 뜻에도 불구하고 인간의 책임에 관해 질문을 제기하는 장면을 상상한다(9:19). 그러나 쿰란 공동체의 찬송 저자들과 같이 바울도 신적 행위에 대한 자신의 강력한 진술을 수정할 마음이 추호도 없다. 오히려 바울은 하나님을 향한 반문에 들어 있는 실제 관념을 조롱하고(9:20), 피조물과 창조자 간의 간격(진흙과 토기장이)을 부각시킨다.[30] 호다요트 저자들과 같이 바울도, 비록 그 강조점을 반문하는 인간

---

30   성서 본문과 다른 유대 본문들이 지시하는 것처럼 토기장이-진흙의 비유는 다양한 용도로 사용 될 수 있었다(예. 사 29:16; 렘 18:1-6; 집회서 33:13; 솔로몬의 지혜서 15:7).

의 죄책에 두지 않고 창조주의 뜻에 이의를 제기하는 비상응성에 두고는 있지만, 하나님 앞에서 입을 놀릴 수 있는 가능성에 문제를 삼는 수사학적 질문을 제기한다. 바울의 입장에서, 토기장이는 자신의 진흙을 자신이 원하는 대로 사용할 권한(ἐξουσία)을 갖고 있다(9:21).

바울이 이 본문에서 이원성을 이끌어내고 있는 것은 확실하지만 놀랍게도 그 내용은 완전하지 않다. 토기장이는 하나의 그릇을 "긍휼을 위하여" 만들고, 또 다른 그릇은 "진노를 위하여" 만들 수 있다(9:21). 한편에는 "멸하기로 준비된 진노의 그릇"(σκεύη ὀργῆς κατηρτισμένα εἰς ἀπώλειαν)이 있고, 다른 한편에는 "[하나님이] 영광 받기로 예비하신 바 긍휼의 그릇"(σκεύη ἐλέους, ἃ προητοίμασεν εἰς δόξαν, 9:22-23)이 있다. 이 이원성은 쿰란 공동체에서와 같이 매우 뚜렷하게 그리고 미리 정해져 있는 것으로 나타나고, 이 이중 운명은 전능하신 창조자의 뜻에 따라 미리 고정되어 있다. 그러나 묘하게도 이 운명의 성취는 아직 해결되지 않은 것처럼 보인다. "진노의 그릇"과 관련하여, 하나님이 "그의 진노를 보이시고 그의 능력을 알게 하려는" 뜻을 갖고 계신다고 제안된다(9:22. 바로에 관해 언급하는 9:17을 반영함). 진노의 그릇의 멸망을 묘사하거나 심지어는 예견하지 않고, 바울은 오히려 하나님이 "오래 참으심으로 관용하신다"(9:22)고 말하는 것으로 만족한다. 그런데 오래 참으심이라는 주제는 우리가 진노보다는 긍휼과 더 긴밀하게 관련시키는 주제다(참조. 2:4). 그리고 잘 알려진 것처럼, 문장 전체의 구문이 불완전하고 하나님이 이 두 종류의 "그릇"과 관련하여 정확히 무엇을 하실지 이를 분명히 해줄 귀결절이 없다.[31] 이 문장은 하나님이 유대인 중에서뿐 아니라 이방인 중에서도 부르신 대상, 곧

바울이 이러한 본문들 가운데 특별히 어느 본문을 염두에 두고 있었는지는 분명하지 않다.

31   이 불완전함을 해결하려는 다양한 시도에 대해서는 Wilckens, *Brief an die Römer*, vol. 2, 202-5; J. R. Wagner, *Heralds of the Good News: Isaiah and Paul in Concert in the Letter to the Romans* (Leiden Brill, 2002), 71-78을 보라.

"긍휼의 그릇"의 정체성을 명확히 드러내지 않는다(9:24). 바울의 눈은 어떤 사람들의 멸망과 다른 사람들의 구원이라는 이중 결정에 집중되어 있는 것이 아니라 하나님이 유대인과 함께 이방인도 부르신다는 복음의 동시대적·보편적 전파를 통해 "그[하나님의] 영광의 풍성함"(ὁ πλοῦτος τῆς δόξης αὐτοῦ, 9:23)을 보여주시는 것에 집중되어 있다.

엄밀히 이 요점은 호다요트와 비슷하게 보이지만, 사실은 깊은 구조적 차이를 드러낸다. 우리는 쿰란 공동체의 예정론이 피조물의 참된 구조 속에 뿌리를 둔 우주적 계획의 표현임을 상기할 수 있다. 인간의 이중 운명은 우주의 설계에 내재되어 있는 특징이었고, 쿰란 공동체에 대한 하나님의 긍휼은 영원히 확립된 하나님의 "선택적 선호"(רצון)의 결과를 표상했다(위 7.4를 보라). 로마서 9-11장에서 바울도 하나님의 선택(ἐκλογή, 9:11; 11:5, 28), "서 있는" 하나님의 목적(πρόθεσις, 9:11) 그리고 하나님이 "긍휼의 그릇"을 예비하신 것(προετοιμάζω, 9:23. 참조. 8:29-30, προορίζω)에 관해 말하고 있다. 그러나 이것은 여기서 자연의 구조와 연계되어 있는 것도 아니고, 그렇다고 우주의 구분들과 통합되어 있는 것도 아니다. 오히려 하나님의 목적이 우주의 "텔로스"로 형성되고, 이방인의 갑작스러운 부르심은 바울이 직접 겪은 경험의 중요성을 암시한다. 바울에 따르면 하나님의 계획 구조는 어떤 원초적인 우주의 계획에서 발견되는 것이 아니고, 전세계에 전파되는 복음을 통해 드러나는 하나님의 "부요함"과 "영광"에서 발견되는데, 이에 대한 암시는 나중에 확증될 것이다(참조. 10:14-21). 하나님의 계획은 청사진이 아니라 약속이다. 하나님이 부르시는 자는 미리 결정된 과거의 산물이 아니라 목적과 약속의 산물이다. 바울은 약속이 현재 그리스도-사건과 이방인 선교를 통해 성취되고 있다고 보기 때문에 바울의 선택 신학은 **목적론적이고**, 목적의식에 따라 형성된다.[32] 더욱이 바울

---

32   바로에 관한 성서 진술(9:17) 안의 목적절로부터 영감을 받은 바울의 전이(shift), 곧 "대칭성으로부터 목적론으로의 전이"에 대해서는 Watson, *Paul, Judaism, and the Gentiles*,

에게는 현재의 "부요함"이 하나님의 뜻에 따라 정해진 방향을 가리키는 지시봉 역할을 한다.

9:24-26에서 이방인을 부르시는 것은 9:6-29의 주제가 이스라엘 안에서 이스라엘 사람을 선택하는 것도 아니고, 또는 이스라엘을 소수의 남은 자로 한정하는 것도 아님을 충분히 증명한다. "내 백성이 아닌" 자를 백성으로 창조하는("부르시는") 것에 관한 호세아서 본문의 각색은 위에서 지적한 것처럼 하나님의 비상응적인 부르심의 특징인 반전 패턴의 첫 번째 사례다. 이 부르심이 무로부터 유를 만드는 것, 즉 백성이 아닌 자를 "백성"으로 만드는 것은 이 부르심이 **어떤** 상황이든 선으로 바꿀 수 있는 창조적 능력을 갖고 있음을 보여주는 표지다(참조. 4:17). 부르심 받은 자가 사랑받았거나 사랑받을 수 없었던 자라는 것(9:25)은 하나님의 부르심이 대상의 가치와 상관없이 주어짐을 암시한다. 바울은 먼저 호세아서 본문을 새로운 지시적 의미에 따라 해석함으로써 이 반전을 **이방인**과 관련시켜 언급하는데, 이는 우연이 아니다.[33] 여러 번에 걸쳐 지적한 것처럼, 비상응적인 은혜에 관한 바울의 신학에 명료성과 힘을 주는 것은 그의 이방인 선교다. 바울의 신학이 자신의 선교를 적합하게 한다면, 그의 선교가 그의 신학을 다듬고 정의해주는 역할을 하는 것 역시 사실이고, 여기서 하나님의 부르심이 창조적이면서 무조건적이라는 사실이 확증된다. 바울은 호세아서 본문(2:23)을 각색하여("자비"라는 말을 "부르심"과 "사랑"으로 바꿈) 앞에 나온 9:12-13과 언어적 연계성을 만들어내고 다른 한편으로는 "사랑"/"미움"의 고정된 이원성 너머에 있는 것을 지시한다. 만약 하나님이 여기서 **사랑받지** 못하는 자를 부르신다면, 현재의 위기 너머에 소망이 존재한다. 앞으로 살펴볼 것처럼, 바울은 현재 "남은 자"(the remnant)와 "그

315-17을 보라. 이 목적론은 롬 11장에 등장하는 바울의 담론의 마지막 움직임을 형성한다.

33   바울의 호세아서 인용에 나타난 개작에 대해서는 Wagner, *Heralds of the Good News*, 78-89를 보라.

남은 자들"(the rest)의 구분 그 너머를 바라보고(11:1-10), 심지어 제외된 자도 다시 흡수될 수 있는 미래를 상상할(11:11-32) 이유를 갖고 있는데, 그 이유는 그가 이방인 선교에서 경험하는 자비의 "풍성함" 때문이다.

이 부분을 결론짓는 남은 자에 관한 이사야서 두 인용문(9:27-29)은 선택과 소망에 관해 말하고 있다. 비록 첫 번째 인용문(사 10:22-23과 호 1:10이 결합된)에 논란이 많기는 해도, 이 인용문의 핵심 주제는 "이스라엘 자손들" 가운데 남은 자의 수가 적다는 점에 있는 것처럼 보인다(롬 9:27-28). 그러나 두 번째 인용문(사 1:9에서 나온)은 그 반대 방향으로 기우는 듯 하고, 남은 자는 하나님이 자기 백성에게 보여주시는 신실하심의 표지라고 말한다(9:29).[34] 이 애매함은 성서 전통 내 남은 자 주제의 특징으로 이 시작 부분에서 바울의 목적에 부합하고 있다.[35] 바울이 9:6-29에서 다루고 있는 것은 현재를 모형론에 따라 정교하게 예시하는 것이 아니라 이스라엘의 선택의 특징을 다양하게 드러내주는 다면적 패턴이다. 이스라엘은 출생, 업적, 기질 또는 다른 어떤 가치 기준과 상관없이 오직 신적 선택을 통해서만 창조된 사람들이다. 그들의 실존은 오로지 하나님의 목적에 달려 있고, 이때 하나님은 그들을 제외시키거나 포함시키고, 버리거나 보존하고, 미워하거나 사랑할 수 있고—아울러 사랑하지 않은 자를 사랑

---

34 Wagner, *Heralds of the Good News*, 92-116의 상세한 설명을 보라. 와그너는 바울이 (9:24의 맥락에서) 이사야서의 두 가지 인용문을 취해 정죄가 아니라 소망을 약속한다고 주장한다. "바울의 이사야서 인용은 이스라엘이 하나님의 진노 아래 고난을 당하고 있다는 사실을 확정하려는 것이 아니라, '유대인들 가운데서…우리'를 부르심으로써 하나님이 이스라엘의 남은 자를 신실하게 보존하고 자기 백성의 징계를 끝내신다고 주장하려는 것이다"(107). 참조. E. Seitz, "λογὸν συντελῶν eine Gerichtsankündigung? (Zu Röm 9,27/28)," *BN* 105 (2001), 61-76. 이와 반대되는 결론에 대해서는 (많은 주석가들의 지지를 받고 있는) Grindheim, *The Crux of Election*, 150-56을 보라.

35 "남은 자 주제"를 심판과 소망의 표지로 함께 보는 것에 대해서는 R. Clements, "'A Remnant Chosen by Grace' (Romans 11:5): The Old Testament Background and Origin of the Remnant Concept," in D. A. Hagner, M. J. Harris, eds., *Pauline Studies* (Grand Rapids: Eerdmans, 1980), 106-21을 보라.

할 수 있으며—자신의 약속의 말씀에 따라 그들을 "하나님의 자녀"로 창조하실 수 있다(9:8, 26). 모든 것은 이스라엘의 과거, 현재, 미래를 하나님의 손에 맡기도록 계획되어 있고, 따라서 바울이 자신의 현재를 분석하고(9:30-10:21) 미래를 바라볼 때(11:1-32) 핵심 질문은 "이스라엘이 무엇을 할까?"가 아니라 "하나님이 무엇을 하실 수 있느냐?"에 있다. 이 모든 주제는 이어지는 부분들의 기초를 이루며, 로마서 9-11장 나머지 부분에 나오는 어떤 내용도 불가해한 하나님의 약속에 관한 이 첫 번째 논증으로부터 **제거되지** 않을 것이다. 하나님의 "부르심"과 "택하심"은 바울이 지닌 확신의 기반이지만(11:29), "완악하게 함"(10:19, 11:7-10, 25), "남은 자"(11:1-6), 행위에 기반을 두지 않은 선택(11:5-6) 그리고 하나님이 이방인과 유대인을 함께 받아주심(10:12, 11:12, 33) 등의 주제는 이어지는 논증들에서 골고루 울려 퍼질 것이다. 바울이 자신이 살던 당대에 이스라엘에게 일어나고 있다고 보는 것은 이스라엘의 형성의 특징이 무엇인지를 보여주는 역할을 한다. 바울이 미래에 일어날 일로 예견하는 것은 아브라함의 가족이 시작될 때 주어진 약속의 성취인데, 이 약속은 일종의 택함으로, 바울은 이 택함의 운동량이 그리스도-사건 이후 그것의 긍정적 목적에 도달하는 것을 본다.

17.3. 그리스도 안에서 행해진 하나님의 비상응적인 행위 (로마서 9:30-10:21)

로마서 9-11장의 중앙 부분(9:30-10:21)은 이해하기가 무척 어렵다. 바울이 이방인의 신앙과 유대인의 불신앙 간의 당대의 역설을 매우 충분히 언급하지만, 그가 그리스도를 이 역설의 원인으로 암시하는 것은 아주 짧고 성서의 인용문 속에 깊이 싸여 있어서 사상의 흐름을 놓쳐버리기 쉽다. 바울이 예정에 관한 자신의 진술과 균형을 맞추기 위해 이스라엘의 책임을 강조한다고 보는 전통적 해석은 기독교 교리에 너무 의존하는 것 같다.[36] 그러나 바울이 여기서 "하나님의 계획이 완성되기 전 이례적인 기간에 이스라엘이 어떻게 일시적으로 바른 길에서 벗어났는지를 묘사하기 위해 해오던 설명을 잠시 멈춘다"고 주장하는 것은 충분하지 못하다.[37] 이 부분(9:33-10:12)의 중심 주제인 그리스도-사건은 결코 "이례적인 막간"이 아니다. 오히려 반대로 바울은 여기서 그리스도, 곧 결정적이고 명확히 무조건적인 하나님의 행위(하나님의 "의" 또는 "부요함", 10:3, 12. 참조. 3:21-31; 5:12-21)를 이스라엘에 대한 하나님의 목적의 절정으로 제시한다. 여기에는 당혹스러운 반전들이 가득하다. 이방인은 힘든 시험 없이 성공하지만 열심 있는 이스라엘은 실패한다(9:30-10:4). 하나님은 자기를 찾지 않은 자에게 찾아지고, "미련한 백성"을 통해 이스라엘을 노엽게 하신다(10:19-21). 이에 대한 유일한 설명은 그리스도다. 그리스도는 자신의 부요함을 모든 사람에게 주시고 어떤 가치 조건도 요구하지 않으시므로 찾으려고 하지도 않았던 이방인에게 발견되신다. 그리고 이 비상응적인 선물은 율법에 따라 세워진 가치 체계를 무너뜨리므로, 율법을 지킨 이스라엘에게 그리스도-선물은 걸림돌이 되기 쉽다. 복음은 그리스도의 오심과 부활을 선포하고, 그리스도의 분명한 의의는 믿음으로 인정된다(10:6-10). 아무도 이 구원 사건을 일으킬 수 없었기(아무도 그렇게 하도록 요구받지 않았기) 때문에 이 사건의 부요함이 이방인과 유대인을 막론하고 자신의 확신을 그리스도 안에 두는 **모든 자**에게 그들의 상태와 상관없이 배분된다(10:11-12).

---

36   "통상적 견해"를 따르는 바레트는 이 부분을 9:6-29와 관련시키며 다음과 같이 말한다. "이스라엘의 불신앙은 두 가지 관점 곧 신적 선택의 관점과 인간적 선택의 관점에서 바라볼 수 있다. 바울은 이스라엘의 불신앙을 처음에는 신적 선택의 관점에서 보고, 이어서 인간적 선택의 관점에서 본다." C. K. Barrett, "Romans 9:30-10:21: Fall and Responsibility of Israel," in *Essays on Paul* (London: SPCK, 1982), 132-53. 특히 136.

37   이는 헤이즈와는 상반된 견해다. Hays, *Echoes of Scripture*, 75. 더글러스 무도 헤이즈와 비슷하게 이 단락을 "9-11장의 바울의 주된 논증과 관련된 부록 정도"로 생각한다. D. Moo, *The Epistle to the Romans* (Grand Rapids: Eerdmans, 1996), 618.

이 부분의 시작을 지배하고 있는 것은 경주 은유다(9:30-32. 참조. 9:16, 빌 3:12-16). 이 은유는 10:4까지 계속된다. 거기서 "율법의 마침 [τέλος]"은 율법의 "목표"나 "성취"로 가장 잘 번역된다.[38] 그러나 이 경주에서 유일한 경주자(이스라엘)는 "걸림돌"로 방해를 받았고(9:33), 경주는 역설적 순간을 맞이했다. 다시 말해 "의를 추구하지" 않은(9:30) 비경주자(이방인)는 결승점에 이르렀으나 경주자(이스라엘)는 "의의 법"을 추구했음에도 율법에 이르지 못했다(9:31).[39] 오히려 경주자는 하나님이 "시온에 두신" 돌에 걸려 넘어졌다(9:33). 다시 말하면 이스라엘은 이사야서에 언급된 다양한 특징들을 갖고 있고, 10:11에 반영되어 있으며, 그리스도를 "거리끼는 것"으로 지시하는(참조. 갈 5:11; 고전 1:23) 돌에 걸려 넘어졌다.[40] 그리스도-사건의 이 이중 효력―이방인에게는 받아들여졌으나 유대인에게

---

38   이 용어에 대한 충분한 설명을 R. Badenas, *Christ the End of the Law: Romans 10:4 in Pauline Perspective* (Sheffield: Sheffield Academic Press, 1985)에서 보라. τέλος를 경주 비유의 연속으로 보는 것에 대해서는 F. Flückiger, "Christus, des Gesetzes τέλος," *TZ* 11 (1955), 153-57, 특히 154을 보라. 이 용어의 의미는 다양할 수 있어서("end"가 끝과 목표라는 두 가지를 의미할 수 있는 것처럼) 치열한 논란이 계속되고 있다. 많은 해석자들이 여전히 "끝"을 이 용어의 의미로 주장한다. 예를 들어 Dunn, *Romans 9-16*, 589-91; E. Lohse, *Der Brief an die Römer* (Göttingen: Vandenhoeck & Ruprecht, 2003), 291-93을 보라. "목표"(Ziel)의 의미를 지지하는 최근 토론에 대해서는 F. Avemarie, "Israels rätselhafter Ungehorsam: Römer 10 als Anatomie eines von Gott provozierten Unglaubens," in Wilk, Wagner, eds., *Between Gospel and Election*, 299-320, 특히 306-15을 보라. 이 본문을 상세히 다룬 자신의 논문에서 메이어는 10:4을 다음과 같이 의역한다. "율법의 의도와 목적에 있어 모든 믿는 자를 의로 인도하는 것은 (다름 아닌) 그리스도다." P. W. Meyer, "Romans 10:4 and the 'End' of the Law," in *The Word in This World* (Louisville: Westminster John Knox Press, 2004), 78-94, 특히 89.

39   "의의 법"이라는 표현에 담긴 소유격의 의미가 분명하지 않지만, 바울이 그들의 목표를 "의"가 아닌 "의의 법"으로 보는 것은 특이하다. 바울은 그들이 어떤 의를 이루었음을 부정할 수는 없으나 그것이 율법의 진정한 의도는 아니었던 것이다. 참조. 3:31; 8:4-5; 10:4, 6-8.

40   여기서 이사야서 본문과의 결합에 대해서는 Wagner, *Heralds of the Good News*, 126-55를 보라. 비록 이 "돌"은 율법, 복음, 하나님, 혹은 그리스도로 다양하게 해석되었지만, 10:11의 힌트로 미루어볼 때 그리스도가 가장 적절한 해석이다.

는 거리끼는 것이 된—은 바울의 선교 경험을 반영한다. 그러나 이 문맥에서 중요한 것은 그들과 바울의 관계가 아니라 그들과 하나님의 관계다.

이스라엘이 걸려 넘어진 것은 여기서 세 가지 형태로 묘사된다. 첫째, 이스라엘이 열심을 갖고 있는 것은 칭찬할 만하지만 그들의 지식이나 인식에 문제가 있다(οὐ κατ᾽ ἐπίγνωσιν, "올바른 지식을 따른 것이 아니니라", 10:2). 이스라엘은 하나님의 의를 모른다(ἀγνοοῦντες, 10:3). 둘째, 이스라엘은 "자기 의를 세우고자 힘씀으로써"(τὴν ἰδίαν ζητοῦντες στῆσαι) 하나님의 의에 "복종하지" 못했다(10:3).[41] 셋째, 이스라엘이 "의의 법"을 추구한 것은 믿음에 기초해서가 아니라 "행위에서 나오는 것처럼"(ὡς ἐξ ἔργων, 9:32) 이루어졌다. 우리가 약간 난해한 이 언급을 어떻게 해석하느냐는 바울 신학의 포괄적 해석에 따라 좌우된다. 전통적 해석은 바울의 목표가 선을 행함으로써 구원을 얻고자 하는 종교적 태도에 있다고 본다. 루터 전통(위에서 분석함. 3.3과 3.5를 보라)에 속한 케제만은 유대인이 율법을 "성취에 대한 소환"으로 잘못 이해했다고 설명한다. 바울은 이처럼 "하나님의 뜻을 경건한 성취(Leistungsfrömmigkeit)로 왜곡시키는 것"에 따라 "유대인의 전형적인 거리끼는 것"을 생각하고 있다.[42] 이 해석에 따르면, "행위"가 일반적으로 공로를 쌓는 선행을 가리키고, 이스라엘의 근본적인 죄(인간 전체의 죄도 마찬가지)는 사람 자신의 업적에 기반하여 하나님께 권리를 내세우려고 획책하는 것이다. 그러나 이 주제넘은 자기주장은 하나님을 거역하는 것

---

41 στῆσαι를 "정당함을 입증하다", "확증하다"의 의미로 보는 것과 관련해서는 롬 14:4을 참조하라. 바울이 이 동사를 다른 곳에서 동일한 의미로 사용하는 것에 대해서는 롬 3:31; 고후 13:1를 보라. 바울은 그들 자신의 의의 **성취**나 **창조**가 아니라 이미 존재하고 있는 것의 타당성에 관하여 말하고 있고, 이미 존재하는 그것이 가치 기준을 형성하기에 적합하다는 것을 확증한다. 참조. BDAG s. v.; Jewett, *Romans*, 617.

42 Käsemann, *Romans*, 277, 281-82. 이와 유사한 (개혁파의) 관점에 따라 크랜필드는 "자기 의를 세우려는 완고한 결정, 즉 자신의 노력을 통해 얻는 의로운 지위"에 관해 말한다. Cranfield, *Romans*, vol 2, 515. 다른 곳에서 크랜필드는 "행위"를 "그들 자신의 공로가 되는 업적"으로 말 한다(547).

이다.[43] 이와 대조적으로, "새 관점"의 해석은 여기서 말하는 "행위"를 "율법의 행위"로 간주하는데, 이 율법의 행위는 특별히 유대인과 이방인을 구별 짓는 "경계표지"를 가리킨다(위 3.6.2를 보라). 이스라엘의 "자기 의"는 그들이 만들어낸 업적이 아니라 이스라엘을 다른 민족과 구별시키는 표지로, 이방인에게는 없는 이스라엘의 "민족적 특권"을 가리킨다. 이 해석에 따르면, 바울이 비판하는 것은 행위의 의가 아니라 율법을 "민족적 특권의 헌장"으로 간주하는 "민족적 의"다.[44]

어떤 해석을 따르든 간에, 이 본문은 로마서 3-4장을 다양하게 반영하는 내용을 담고 있고, 여기서 제공한 해석은 우리가 로마서 3-4장을 다룰 때 전개할 것이다(위 15.6과 15.7을 보라). 우리는 먼저 바울의 출발점(9:30) 곧 이방인이 놀랍게 의를 얻은 것에 주목해야 한다. 바울의 이방인 선교로 증명되듯이, 하나님은 이방인들을 "오른편에 있는 자"로 여기신다(그들이 "의를 얻었다"고 보셨다). 그들의 정체성이 믿음 안에서 그리스도에게 의존하는 한 말이다("믿음에서 난 의"). 비록 그들은 유대인 혈통과 유대인의 의라는 신임장(율법의 행위)을 갖고 있지 못했어도, 하나님은 이런 부족함과 상관없이 그들을 의인으로 간주하셨다. 그들의 믿음은 그들의 유일한 가치 기준 즉 그들의 유일한 "자랑"의 근거가 하나님이 그리스도 안에서 행하신 것에 있음을 증명한다. 그리스도가 가장 중요하다는 사실을 인정하는 것이 "그리스도를 믿는" 것이다(9:33). 다른 모든 상징적 자산을 무

43   이 해석은 결코 개신교 해석자들에게만 한정되는 것이 아니다. 왜냐하면 이 해석의 뿌리들이 아우구스티누스의 신학 속에 깊이 놓여 있기 때문이다(위 3.2를 보라). 따라서 번은 10:3에 관해 다음과 같이 말한다. "하나님이 구원을 제공하시는 것과 인간이 하나님과 분리되어 자신이 가지고 있는 수단으로 어떤 것을 이루고자 시도하는 것 사이에는 본질적 차이가 있다." B. Byrne, *Romans* (Collegeville: Liturgical Press, 1996), 311-12.

44   Wright, *The Climax of the Covenant*, 241-42에서 인용함; 참조. Wright, "Romans," 654-55 ("유대인과 오직 유대인만을 위한 언약의 구성원 자격"); Dunn, *Romans 9-16*, 595("자신들만의 배타적인 것으로서, 다른 민족들은 갖지 못하고 오직 자신들만 소유하고 있는 의에 대한 이스라엘의 주장"); Jewett, *Romans*, 618("유대인 무리뿐만 아니라 지중해 연안 세계의 다양한 다른 무리들이 주장했던 민족적 혹은 분파적 의미의 의").

시하는 것이 "하나님의 의에 복종하는" 것이다(10:3). 그리고 여기서 바울은 그리스도-사건이 유대인들에게 걸림돌이 된다고 주장한다. 말하자면 그리스도-사건은 유대인으로 하여금 하나님께서 그들의 이전 자산과 상관없이 주시는 분이심을 인정할 것을 요구한다. 바울은 자신의 이전 가치와 상관없이 하나님께 "부르심 받았기" 때문에 자신의 삶 속에서 이 진리를 인정한다(갈 1:12-16; 빌 3:3-11). 로마서에서 바울은 하나님의 은사와 능력에 대한 신뢰를 아브라함 이야기의 결정적 특징으로 간주했다(롬 4:1-23). 확실히 처음부터 이스라엘은 하나님의 무조건적인 은혜로 말미암아 형성되고 보존 받았다(롬 9:6-29). 이방인 선교에서 일어나고 있는 일은 이스라엘의 실존과 정체성에 근본적으로 중요한 진리를 그대로 드러낸다.

바울이 이런 관점에 따라 말하고 행할 때, 이방인들은 그를 잘 받아들였다. 그러나 이 "복음"을 대다수 유대인들은 받아들이지 않았다. 그들은 당연히 율법에 규정된 의가 하나님의 선물을 받을 수 있는 타당한 가치 기준을 구성한다고 주장했다. 9:30-10:4의 의미를 파악하기 위하여 우리는 바울과 믿지 않는 유대인이 다음과 같은 말로 대화를 나누는 장면을 상상해볼 수 있다.

> 바울: "하나님은 그리스도 안에서 어떤 사전 가치 기준과 상관없이 완전히 무조건적인 은혜로 행하셨지요. 이방인들이 단순히 그리스도를 믿는다는 이유로 하나님께 복을 받는다는 사실은 하나님의 의가 우리가 이전에 가치로 간주했던 것과 상관없이 역사한다는 가장 명확한 증거랍니다"[갈라디아서, 로마서 1-5장. 이 모든 사실은 9:30에 함축되어 있다].
>
> 믿지 않는 유대인: "아니지요. 그것은 수치스러운 일입니다. 확실히 하나님은 이방인들은 율법을 지키지 못하지만 우리는 지키는 것을 알고 계시니까요. 이런 행동('행위')이 하나님의 관대하심을 이끌어낼 수 있는 마땅한 기준이 되어야 하겠지요. 말하자면 하나님은 수혜자들의 가치

와 상관없이 은사를 베풀어주시지는 않을 것입니다"[9:32].

바울: "그렇지 않습니다. 하나님의 은혜는 우리의 행동을 근거로 주어지지 않아요. 우리가 행한(또는 행하지 못한) 것은 비상승적인 것으로 증명되었답니다. 당신은 하나님을 위하여 지극히 열심이지만 그리스도 안에서 행하여진 하나님의 의를 인정하지 못하는군요. 하나님이 그리스도 안에서 주신 것은 율법의 행위와 관계없이 주어졌고, 그러므로 모든 사람에게 주어졌습니다. 우리의 유일한 가치—유대인과 이방인을 막론하고—는 그리스도 안에서 발견되지요. 이것이 율법이 염두에 두고 있는 것의 성취입니다. '그를 믿는 자는 부끄러움을 당하지 아니하리라'"[롬 9:31-33, 10:2-4].

믿지 않는 유대인: "하지만 우리는 이렇게 주장합니다. 하나님의 의는 확실히 오직 의인만이 하나님의 은사를 받기에 합당하다는 것을 인정할 것이다!"

바울: "아니 그렇지 않습니다. 그렇게 주장하는 것은 하나님의 의를 무시하고 당신 자신의 의를 고집하는 것이 될 것입니다"[롬 10:3].

이 상상의 대화에서 바울은 특별히 이스라엘을 비판할 뿐만 아니라 이 비판의 결과를 포괄적으로 적용시키고 있다. 여기서 바울의 평가는 유대인의 종교성에 대한 일반적인 비판에 해당하지 않지만, 그의 이 평가는 역사상 특이하지만 중대한 한 시점에서 비롯된다. 말하자면 바울은 그리스도-사건에 대한 유대인의 반발에 관해 말하고 있는 것이다. 경주자(이스라엘)는 걸림돌에 걸려 넘어졌고(9:32-33), 그리스도-사건이 바로 이 걸림돌이다. 유대인은 "하나님의 의에 복종하지" 못하는데(1:3), 이는 "경건한 업적"에 대한 일반적인 자기신뢰를 가리키는 것이 아니라 하나님의 의가 그리스도 안에서 이루어졌음(10:4)을 특별히 인정하지 못하는 것을 가리킨다. **이 맥락에서** 선택은 "자기 의를 정당화하는 것"과 "하나님의 의에 복종하는 것" 이 둘 사이에서 이루어진다. 자기 의를 정당화한다 해서 그 의가 하나님의 의로 **대체되지는** 않을 것이다. 만일 대체된다면, 하나님의 의가 그들이 율법에 기초를 두고 스스로 정의한 의를 적합한 것으로 인정해야 한다고 주장하는 격이 될 것이다. 여기서 비판받는 유대인들은 하나님의 의가 무차별로 주어지는 것이 아니라는 합리적인 가정을 고수한다. 그러나 바울은 하나님의 의가 가치와 상관없이 그리스도 안에서 나타났다고 주장하는데(3:21-26), 이 맥락에서 볼 때 사람 자신의 의(신적 선물을 받기에 합당한 자격으로서)를 정당화하는 것은 하나님의 의에 복종하지 않는 것이 된다. 하나님이 이방인 신자들에게 베풀어주신 복과 변화를 보면, 분명히 하나님의 의는 율법의 행위와 상관없이 주어진다. 율법을 지키는 행위 자체가 잘못은 아니다. 다만 그것은 그리스도 안에서 주어지는 하나님의 의와는 상관이 없다.

다시 말해 바울의 이방인 선교는 그의 신학을 촉진시키고 명확히 하는 역할을 한다. "새 관점"은 율법과 의에 대한 바울의 신학을 이처럼 사회적·역사적 배경 속에서 발견하는데, 이는 옳다. 그러나 바울이 유대인의 "자기 의"를 비판하는 것은 그 의가 "유대인, 오직 유대인에게만" 한정되기 때문이 아니다(라이트). 10:3에 따르면 "자기 의"의 반대는 "비유대적인 의"가 아니라 "하나님의 의"다(참조. 빌 3:9).[45] 하나님은 그리스도 안에서 무조건적인 은혜로 행하셨기 때문에, 바울의 이방인 선교가 아주 명확히 하고 있듯이, "자기 의"의 가치는 무시되어야 한다. 만약 바울이 민족적 차이를 무시한다면, 이는 하나님의 의가 기존의 어떤 가치 기준도 인정하지 **않기** 때문이다.

따라서 바울 신학의 목적은 구원을 얻기 위해 시도하는 인간의 자기 의가 아니라 하나님이 구원의 은혜를 베풀어주실 때 우리가 합당하거

---

45 여기서 바울의 표현은 신 9:4-6에 나오는 대조 곧 "네 공의"와 하나님의 신실하심(참조. 신 8:17-18) 사이의 대조를 반영하는 것으로 볼 수 있는데, 그 이유는 특히 신 9:4이 롬 10:6("네 마음에⋯하지 말라")의 신 30장 인용에 영향을 주었기 때문이다.

나 가치 있다고 생각하는 자에게 자신의 선물을 나누어주신다는 자연스러운 가정이다. 이전 단락(롬 9:6-29)에서 바울은 이것이 이스라엘이 창조되고 부르심 받은 방법이 **아니라는** 것을 명확히 하는 데 최선을 다했다. 여기서 바울은 율법의 실천("행위")을 배제하는 이전 본문("행위에 속한 것이 아님" 그리고 "달음박질하는 자에게 속한 것이 아님", 9:12, 16)으로부터 이끌어낸 주제에 의존한다. 왜냐하면 유대 전통의 우월함은 율법의 실천을 통해 가장 명백하게 드러나기 때문이다.[46] 앞에서 확인한 것처럼, 하나님께서 자신의 긍휼이나 자비를 의인에게 베풀어주실 것이라는 가정은 우리가 살펴본 제2성전 시대 본문들(II부) 여러 곳에서(전부는 아니지만) 다루어지고 있는 핵심 요소였다. 에스라4서는 하나님의 긍휼의 범주 및 성격을 붙들고 씨름하지만 결국은 오직 의인만이 하나님의 자비의 심판을 받을 수 있다고 결론짓는다. 우리엘이 (하나님 편에서) 다음과 같이 말하는 것과 같다. "나는 죄를 범한 자의 형성이나 그들의 죽음, 그들의 심판 또는 그들의 멸망에 관해서는 관심을 두지 않고, 의인의 창조, 그들의 순례, 그들의 구원 그리고 그들이 받을 상에 대하여 즐거워할 것이다"(8.38-39). 에

---

46   웨스터홈이 9:12과의 관련성을 지적했다. 웨스터홈은 은혜의 자유로운 역사가 인간적 행위와 "독립적으로", 그리고 인간적 행위와 "관계없이" 이루어진다는 바울의 주장을 올바르게 강조한다. S. Westerholm, "Paul and the Law in Romans 9-11," in J. D. G. Dunn, ed., *Paul and the Mosaic Law* (Tübingen: Mohr Siebeck, 1996), 215-37을 보라. 웨스터홈은 "은혜"와 "행위" 사이의 이러한 대조를 하나님의 주권과 인간의 주도권 사이의 보다 더 큰 대립관계의 표현에 적용한다("하나님은 효력을 미치는 유일한 행위자시다", 235). 나의 해석에 따르면 "행위"는 인간의 주도권의 표상이 아니라, 인간적 가치를 하나님의 기준이 아닌 다른 기준이 정의하는 대로 드러내는 것을 표상한다. 따라서 여기서 핵심 질문은 "우리가 하나님을 신뢰하는가, 아니면 우리 자신의 노력을 신뢰하는가?"가 아니라 "하나님의 구원 행동이 우리가 합당한 자로 규정하는 자에게 주어지는가, 아니면 가치와 상관없이 주어지는가?"이다. 따라서 비판의 대상은 이스라엘의 노력("하나님과의 관계 속에서 좋은 지위를 얻고자 애쓰는 이스라엘의 노력", 233)이 아니라 율법 준수가 하나님의 자비를 받는 합당한 자로 만들어준다는 이스라엘의 가정이다. 바울이 표적으로 삼고 있는 것은 행함을 통한 가치의 획득이 아니라, 그 가치를 규정하는 기준이다.

스라4서 마지막 장면이 분명히 하는 것처럼, "죽은 후에 긍휼을 얻을" 자는 율법을 지킴으로써 자신을 의인으로 증명한 자다(14.27-35). 왜냐하면 우주에 대한 하나님의 공정하신 통치가 하나님의 율법의 정당화 및 확증을 요구하기 때문이다. 필론도 이와 비슷하게 우주의 도덕적 구조를 주장하고, 하나님의 은사가 가치 있는 자 곧 정욕과 악덕을 버리고 덕을 추구하며 하나님을 따르는 자에게 주어진다는 것을 제시하는 데 심혈을 기울인다(*Abr.* 200-204). 이것은 "경건한 성취"로 구원을 얻는다는 관념이 아니라 단순히 하나님의 구원의 자비가 수혜자의 가치와 일치해야 한다는 가정일 뿐이다. 성서적 보상에 대한 필론의 요약처럼, "이것들이 자신의 행위로 율법을 이루는(τοὺς νόμους ἔργοις ἐπιτελούντων) 선한 자에게 주어지는 복이다. 이 복은 선물을 좋아하시는 하나님의 은혜(χάριτι τοῦ φιλοδώρου θεοῦ)로 성취되는데, 하나님께서 고상한 것을 높이시고 상을 베풀어주시는 이유는 그것이 자신을 닮았기 때문이다"(*Praem.* 126).

바울은 신적 선물에 관한 이런 합리적인 해석에 반대하는데, 이는 그가 하나님께서 그리스도 안에서 "의인"과 "악인" 사이에 어떤 차별을 두지 않고 행하셨다고 생각하기 때문이다. "행위"는 하나님의 택하심의 목적과 관련이 없다(참조. 9:12). 이방인 세계에 그리스도를 전파할 때 나타난 특별한 효과를 보면서 바울은 그리스도를 믿는 "믿음에서 난 의"(또는 "믿음으로 말미암는 의")는 "율법에서 난 의"(또는 "율법으로 말미암는 의")와 같은 것이 아니라고 확신했다. "율법에서 난 의"는 간단히 말해 율법을 지키는 것이 "생명"의 전제 조건이라는 가정이다(10:5. 갈 3:12). "믿음에서 난 의"(실제로 율법의 "마침"인, 10:4)는 하나님이 예수를 죽은 자 가운데서 일으키셨을 때 생명이 이미 주어졌다고 선언하는 것에서 나온다(10:6-8).[47] 바

---

47 많은 주석가들(예. Wilckens, *Brief an die Römer*, vol 2, 224)과 같이 나도 10:5-6이 "율법으로 말미암는"(ἐκ τοῦ νόμου) 의와 "믿음으로 말미암는"(ἐκ πίστεως) 의 사이의 대조를 표현한다고 본다(참조. 4:14-16; 갈 3:11-12). 물론 헤이즈(Hays, *Echoes of Scripture*, 75-77)는 이와 반대되는 견해를 설득력 있게 전개한다. 모세 오경과 "믿음

울은 율법 실천의 수월함에 관해 진술하는 신명기 30:12-14를 크게 각색하여 그리스도-사건이 인간의 상태에 의존한다고 상상하는 것을 금지한다.[48] 이 신명기 진술("~할 것이 아니다")이 여기서 또 다른 "A가 아니고 B" 대립 관계를 더 날카롭게 하려고 금지 관념("네 마음에 ~하지 말라")으로 바뀐다(10:6, 8. 참조. 9:7-8, 12, 16). 그런데 여기서 거부되어야 하는 것은 그리스도-선물을 받으려면 그리스도 앞에 나아갈 수 있게 하거나("그리스도를 모셔 내리려는 것이요") 또는 그리스도의 부활을 일으키거나("그리스도를 죽은 자 가운데서 모셔 올리려는 것이라") 하는 어떤 선결 조건을 필요로 한다는 관념이다.[49] 사실 그리스도-선물은 이미 주어졌고(롬 8:32), 하나님의 구원 능력은 예수의 부활에서("우리를 의롭다 하시기 위하여", 4:25) 이미 행사되었다.

바울의 복음 전파는 믿음을 이끌어내는데(10:8, 16-17), 이는 그것이 하나님께서 그리스도 안에서 결정적이고 무조건적인 주도권을 취하셨다는 인정을 불러일으키기 때문이다. "예수를 주"로 시인하고 하나님께서 그리스도를 죽은 자 가운데서 살리신 것을 믿을 때(10:9) 신자들은 이 구원 사건에 그들의 모든 것을 걸고, 자신들이 이제는 그리스도의 부활 생

의 말" 사이에 대립되는 내용이 존재한다는 강한 주장의 사례는 F. Watson, *Paul and the Hermeneutics of Faith* (London: T &T Clark, 2004), 315-41을 보라.

48 바울이 자신의 자료를 개작한 것에 대해서는 Wagner, *Heralds of the Good News*, 159-66을 보라. 비록 이 상상적인 상승과 하강이 때때로 "탐색"의 상징으로 간주되지만, 그 목적은 그리스도를 찾는 것이 아니라 그리스도의 구원의 사역을 돕는 것(그리스도를 모셔 내리거나 모셔 올리는 것)에 있다. 바울이 본문을 인용하여 이런 관념을 철회시키는 이유는 그리스도의 경우에 있어서 그 어떤 인간적 도움도 필요하지 않고, 그 어떤 인간적 상태도 적용될 수 없기 때문이다.

49 "그리스도를 모셔 내리는 것"은 부활하신 주님이 높은 곳에서 다시 내려오는 것(Dunn, *Romans 9-16*, 605가 그렇게 주장한다)을 가리키거나 메시아의 도래를 앞당기는 것(Jewett, *Romans*, 626-27이 그렇게 주장한다)을 가리키는 것이 아니라, 하나님이 그 아들을 "보내심"을 암시할 것이다(예. Cranfield, *Romans*, vol 2, 524-25가 그렇게 주장한다).

명에 전적으로 의존하고 있음을 인정하게 된다(참조. 6:1-13). "주의 이름을 부를"(10:13. 즉 이런 자기 참여적인 신앙고백을 할 때) 신자들은 그리스도 안에 있는 하나님의 구원의 "부요함"을 인정하고 경험하게 된다(10:12).[50] 이 부요함은 어떤 인간적 조건에도 의존하지 않고 어떤 인간적 자격과도 비교가 되지 않으므로, 유대인과 이방인에게 똑같이 차별 없이 주어진다(10:12-13). 하나님이 자기를 찾지 아니한 자들에게 찾은 바 되고(10:20), 이스라엘이 하나님의 구원 역사를 부인하는(10:21) 역설적인 현 상황 속에서, 바울은 모세와 이사야가 예언한 반전(신 32:21; 사 65:12)을 찾아낸다. 그런데 이 반전은 그리스도 안에서 유력하고 결정적인 형태를 취한다. 왜냐하면 복음에는 가치의 유일한 원천이 무조건적인 그리스도-선물이라는 인정이 포함되어 있기 때문이다. 이것은 율법에 따라 확립된 가치 체계를 거스르고, 하나님 앞에 내놓을 수 있는 유일한 의이자 유일한 명예가 된다(참조. 롬 4:2). 그리고 "**누구든지** 그를 믿는 자는 부끄러움을 당하지 아니할 것이다"(10:11).[51]

따라서 그리스도-선물은 9:6-29에서 두드러지게 나타난 은혜의 비상응성 패턴을 확증하고 심화시킨다. 이스라엘의 이야기가 시작되면서부터 하나님은 적합성이나 적절성에 대한 기대를 접으셨다. 하나님의 부요함은 그들의 민족성, 그들의 의 또는 그들의 이전 노력과 상관없이 믿는 모든 자에게 주어진다. 현재의 이상한 반전(9:30-33) 곧 어떤 이방인은 그리스도를 믿고 대다수 유대인은 그리스도를 믿지 않는 현상은 그리스도-선물의 비상응성을 확증한다. 이런 전복, 걸림돌, 반전에서 하나님은 항상

---

50   바울은 "여호와의 이름을 부르는 것"(욜 2:32)을 그리스도를 믿는 믿음의 고백으로 해석한다. C. K. Rowe, "Romans 10:13: What Is the Name of the Lord?" *HBT* 22 (2000), 135-73을 보라.

51   10:11에 인용된 이사야서의 구절에 주목할 만한 단어 "누구든지"(πᾶς)를 덧붙인 것(이는 10:13에 인용된 요엘서의 영향을 받은 것이다)에 대해서는 J. W. Aageson, "Scripture and Structure in the Development of the Argument in Romans 9-11," *CBQ* 48 (1986), 265-89, 특히 276을 보라.

역설적인 이스라엘 이야기를 그리스도 안에서 정점으로 이끌고 가신다. 그러나 그로 인해 그리스도-사건은 이스라엘을 은혜로 선택된 소수의 남은 자들로 확고히 환원시키는가, 아니면 오히려 희망의 신호가 되는 것인가? 로마서 10:21은 불순종하는 백성에 대한 묘사로 끝나는데, 거기 보면 하나님은 여전히 그들에게 손을 벌리고 계신다. 아래 부분에서는 더 다루어야 할 내용이 등장한다.

17.4. 긍휼의 계기와 이스라엘의 구원(로마서 11:1-36)

로마서 11장은 하나님이 이스라엘에 헌신하시는 분임을 확실히 하고, 9:6-29를 다양하게 반영하는 가운데 하나님이 "택하심"을 따라 (11:5, 28. 참조. 9:11), "남은 자"를 통해(11:5. 참조. 9:27, 29) 하나님의 "부르심"의 능력으로(11:29. 참조. 9:7, 12, 25-26) 그리고 "자비"를 행사하여(11:30-32. 참조. 9:15-18) 이스라엘을 택하셨음을 부각시킨다. 바울은 여기서 하나님이 자신의 "기업" 곧 자기 "백성"을 버리지 않으신다(11:1-2)고 강력히 천명하는데, 이는 9:6의 확신("그러나 하나님의 말씀이 폐하여진 것 같지 않도다")을 반복하는 것이다. 그러나 로마서 11장에는 주목해야 할 움직임이 있다. 로마서 11장 첫 단락(11:1-10)은 남은 자의 택하심을 통해 드러나는 하나님의 신실하심(11:1-6)과 "그 남은 자들"의 완악함(11:7-10)을 제시하는 것으로 만족하는 듯 보인다. 그러나 11:11 이후부터 바울은 이러한 분리 그 너머를 바라보고, 현재 제외된 자들에게 긍휼이 베풀어질 것이라는 희망을 제공한다. "그들이 넘어지기까지 실족하였느냐?"라는 새로운 수사학적 질문에 "그럴 수 없느니라!"라는 확신 있는 답변이 주어진다(11:11). 그리고 끝부분에 이르면, "온 이스라엘이 구원을 받으리라"라는 말을 듣는다(11:25-26). 우리는 로마서 9장을 통해 긍휼이 예상을 뛰어넘고 현상을 반전시킨다는 것을 알았다. 그러나 로마서 11장에서 우리는 이스라엘 전체에 대한 확신이 점차 증가하여, 그 확신이 이전에 제시된 그 어떤 것보다 더 높이 상승하고 있음을 목격한다. 비록 이 움직임이 종종 논리적이지 못한 전환으로 간주되지만, 나는 바울이 이스라엘에 대한 하나님의 약속이 완전히 성취될 것을 믿을 만한 **근거**를 갖고 있다고 주장할 것이다. 달리 말해, 그 증거는 이상하게도 **이방** 세계를 향해 흘러넘치는 "부요함"에 놓여 있다.

바울이 이스라엘의 미래에 대하여 희망을 갖는 첫 번째 근거는 바로 자기 자신이다(11:1). 9:30-10:21에서는 단지 부정적 관점에서 이스라엘에 관해 말했으나 여기서는 최소한 하나님의 의에 **복종하는** 한 "이스라엘 사람"이 있고, 또 (엘리야와 유사하게) 다른 사람들 속에서 자기 자신을 발견하는 한 이스라엘 사람이 있다(11:2-4).[52] 현재의 결정적 시기에(11:5: "지금도." 참조. 3:26; 5:6) 이들은 "은혜로 택하심을 따라 남은 자"(λεῖμμα κατ᾽ ἐκλογὴν χάριτος, 11:5)를 구성한다. 바울은 바알 숭배에 가담하지 않은 7천 명의 이스라엘 사람에 관한 비유를 조심스럽게 다룰 필요가 있었다. 왜냐하면 하나님의 남은 자 선택이 그들의 충성심에 따라 이루어진 것임을 의미할 수 있었기 때문이다. 그렇게 되면 이삭과 야곱의 경우(9:8-13)와 달리, 하나님의 택하심과 택함 받은 자의 가치 사이에 어떤 **대응적 요소**를 찾아낼 만한 근거가 있게 된다. 그러면 그때나 지금이나 남은 자의 택함은

---

52 여기서 바울의 요점은 "확실한 유대인의 관점"으로부터 말하라고 요청하는 것 그 이상으로 확장된다(Dunn, *Romans 9-16*, 635과는 상반된 주장이다). 바울은 자신이 "이스라엘 사람"에 속해 있음을 스스로 의식하고 있는데, 이 이스라엘 사람의 특권은 9:3-5에서 제시된다(참조. 고후 11:22). 따라서 바울은 하나님께서 자신의 약속에 신실하신 분임을 입증하는 하나의 본보기가 된다. "이스라엘 사람"으로서 바울은 이스라엘 전체의 대표이지, 단순히 현재 이스라엘 안의 남은 자들의 대표가 아니다(11:1-6). "이방인의 사도"(11:13)로서 바울은 이방 세계에 하나님의 자비가 풍성하게 베풀어진 것을 전하는 증인이자 그 부요한 자비를 베푸는 대리인이다. 바울의 이러한 이중 역할에 대해서는 K. -W. Niebuhr, *Heidenapostel aus Israel: Die jüdische Identität des Paulus nach ihrer Darstellung in seinen Briefen* (Tübingen: Mohr Siebeck, 1992), 158-78(특히 169-71의 11:1에 관한 부분)을 보라.

그들이 하나님께 충성한 것에 대한 반응인가? 바울이 이런 해석을 얼마나 긴박하게 **부인하고 있는지** 볼수록 놀랍다. 열왕기상 19장으로부터의 인용문은 절묘하게 각색되는데("내가 **나를 위하여** 바알에게 무릎을 꿇지 아니한 사람 칠천 명을 남겨 두었다"), 이는 중요한 선택이 하나님의 선택임을 강조하기 위함이다.[53] 그러나 가장 큰 중점이 "은혜"($\chi\acute{\alpha}\rho\iota\varsigma$)에 주어지는데(11:5-6에서 4회나 사용됨), 이 은혜는 "택하심"(11:5)을 제한할 뿐만 아니라, 11:6에서 계획적으로 정의된다. "만일 은혜로($\chi\acute{\alpha}\rho\iota\tau\iota$) 된 것이면 행위로 말미암지 않음이니 그렇지 않으면 은혜가 은혜 되지 못하느니라($\dot{\epsilon}\pi\epsilon\grave{\iota}$ ἡ $\chi\acute{\alpha}\rho\iota\varsigma$ $o\dot{\upsilon}\kappa\acute{\epsilon}\tau\iota$ $\gamma\acute{\iota}\nu\epsilon\tau\alpha\iota$ $\chi\acute{\alpha}\rho\iota\varsigma$)."[54] 이것은 로마서 9-11장에서 $\chi\acute{\alpha}\rho\iota\varsigma$가 사용된 유일한 사례이고(참조. 11:29의 $\chi\alpha\rho\acute{\iota}\sigma\mu\alpha\tau\alpha$), **비상응적인** 호의나 선물이 바울이 극대화하는 은혜의 특징임을 보여준다.

바울은 앞부분(4:1-8)에서 아브라함의 믿음을 다룰 때 "은혜"($\chi\acute{\alpha}\rho\iota\varsigma$)의 의미를 확대시키고, 그 의미를 선물과 보수 사이의 일반적인 대조를 넘어 극대화함으로써, 은혜라는 말로 **비상응적인** 선물 곧 가치를 전혀 고려하지 않은 선물을 가리켰다(위 15.7을 보라). 마찬가지로 이스라엘의 부르심을 해석할 때에도 족장들의 택하심에 가치가 전혀 개입되지 않았음을 강조하는 데 심혈을 기울였다(9:6-18. 위 17.2를 보라). 두 경우 모두 비상응성이 분명했는데, 이는 하나님의 은혜나 부르심이 "행위"가 없었던 곳에서 효력을 발휘했기 때문이다(4:4-5; 9:12). 그러나 엘리야 시대의 남은 자의 경우에는 이스라엘 사람들이 바알의 제단에 무릎 꿇기를 거절한 태도 속에 분명히 "행위"가 나타나 있었다. 여기서 바울은 행위 **없이** 은혜의 역사를 보여줄 수 없다. 그럼에도 불구하고 바울은 은혜의 비상응성을 강조하고, "행위"와의 **무관계성**을 주장함으로써 은혜의 비상응성을 확실

---

53 Cranfield, *Romans*, vol. 2, 547을 보라.

54 거의 모든 주석가와 같이 나도 여기서 두 번에 걸친 $o\dot{\upsilon}\kappa\acute{\epsilon}\tau\iota$의 사용을 시간적 의미가 아니라 논리적 의미로 취한다(참조. 롬 7:17; 14:15). Wilckens, *Brief an die Römer*, vol 2, 238은 드문 예외다.

히 한다. 인간의 행위가 무엇이든 간에, 그것이 하나님의 택하심의 이유는 **아니었다**. 하나님의 목적은 신적 행동("은혜")과 인간적 행동("행위")이 마치 원리상 서로 배타적 행위의 속성인 것처럼, 이 둘을 노골적인 대립 가운데 서로 적대시하는 것이 아니다. 또한 하나님의 은혜는 여기서 행위의 원인도 아니다. 그렇게 되면 마치 행위가 바울의 주관심사인 것처럼 강조될 수 있기 때문이다. 중요한 것은 하나님의 택하심은 행위의 가치와 **상관없이 주어진다는** 것이다. 다시 말해 하나님의 백성을 형성한 하나님의 은혜는 인간의 가치와 **일치하지** 않고, 심지어 그들의 행위에서 어떤 가치가 확인될 수 있다 해도, 인간의 가치와는 조금도 일치하지 않는다.

바울이 엘리야 시대와 자기 시대의 이스라엘 사람들에 관해 말하고 있다는 사실에도 불구하고, 여기서 언급된 "행위"는 문화적으로 특수한 행위("율법의 행위")가 아니다.[55] 이처럼 "은혜"의 성격을 일반적으로 정의하면, **모든 실천**이 하나님의 호의를 얻기 위한 기준으로서는 똑같이 무익하다. 하나님의 은혜(χάρις)가 이런 식으로만 은혜(χάρις)가 될 수 있음을 바울은 그리스도의 영향 아래 확신한다.[56] 그러나 그리스도-사건이 바울의 하나님 이해를 규정하므로 이 규칙은 문화나 시간으로 제한될 수

---

55 던은 "행위"가 "율법의 행위"를 가리키는 약칭 용어라고 주장하면서 "율법의 행위"를 다름의 표지로 해석한다. 이로 인해 던은 바울의 목표를 선택의 "제한"으로 보아야 한다는 요구를 받게 된다(*Romans 9-16*, 639). 그러나 이 맥락에서의 문제는 유대인으로의 제한이 아니고(이스라엘의 남은 자는 이방인을 결코 포함할 수 없다), 오직 하나님이 그 남은 자를 선택하신 근거가 무엇이냐는 것이다. 비록 우상숭배를 거부하는 것이 율법 준수의 한 부분이지만, 바울은 여기서 포괄적으로 일반화시킬 수 있는 "은혜"(χάρις)의 정의를 제시한다.

56 Jewett, *Romans*, 660도 그렇게 주장한다. 하지만 주이트는 여기서 관사(ή χάρις)가 "한정된 은혜"를 가리키고 있음이 틀림없다는 잘못된 주장을 하고 있다. 주이트가 해리슨의 견해를 따라 올바르게 지적하고 있듯이 고대 세계에서 "은혜는 자격이 있고 명예를 받을 만한 자에게 주어졌고, 따라서 행위와 대립되는 부분이 전혀 없었다." 바울이 비상응적인 선물/호의의 속성으로 은혜를 극대화하는 것은 그리스도-사건과 그에 대한 바울 자신의 경험에 기인한다. 수용사에서 중요한 것은 바울이 그리스도-사건 이후에 확립한 "은혜"의 본질에 대한 일반화다.

없다.[57] 비록 이 구절이 은혜(χάρις)의 간단한 정의처럼 보일 수 있지만, 사실은 전혀 그렇지 않다. 하나님의 선물을 포함하여 선물이 수혜자의 가치와 일치한다는 것이 (오늘날과 같이) 고대에도 통상적인 가정이었다. 바울은 이 은혜의 비상응성을 특별히 강조하고 여기서 그 속성을 전개하는데, 이는 그렇게 하지 않을 경우 자신의 주장을 약화시킬 수 있는 사례를 명확히 하고자 함이다. 그렇게 함으로써 바울은 자신의 해석자들에게 (가치 없는 자에게 주어지는 비상응적인 선물로) 정의되는 "은혜"의 극대화를 남겨놓았고, 그 결과 이 극대화는 나중에 기독교 신학(그리고 논증)에 쉽게 받아들여졌고 추가 극대화들로 쉽게 보충되었다(3장을 보라).

따라서 가치-너머에 있는-은혜에 대한 바울의 강조는 택함 받은 남은 자의 실존을 설명해주었지만(11:1-6), 이스라엘 전체의 미래를 아직 명확히 설명하지는 못했다. 남은 자는 미래에 대한 소망의 상징으로 제시될 수 있으나(참조. 9:29) 지금까지의 설명은 오직 "택함 받은 자"와 관련되어 있다. "그 남은 자들"은 또 다른 문제이고, 그들은 하나님에 의해 우둔하게[완악하게] 된다(11:7-10). 확실히 바울이 정의하는 은혜는 일반화된 소망의 근거를 제공할 수 있었다. 남은 자가 존재한다면, 이는 오직 수혜자의 가치와 상관없이 주어지는 은혜 때문이다. 그러므로 원리상 하나님의 긍휼의 확산을 막을 것은 아무것도 없고, 하나님의 긍휼의 범주를 제한시킬 수 있는 그 어떤 인간적 조건도 존재하지 않는다.[58] 하나님은 [우둔하게

---

57 이 점에서 이후의 바울 전통(예. 2:8-10; 딛 3:4-6)은 "행위"가 은혜의 역사와 아무 관련이 없다는 식의 일반적 진술로 바울을 잘못 해석하는 우를 범하지 않았다. **클레멘스 1서**는 "우리는 우리 자신의 지혜나 지식이나 경건 또는 우리가 거룩한 마음으로 행한 행위로 의롭다 함을 얻지 못한다"(32:4)라고 아주 정확하게 주장한다. 여기서 발생하는 변화는 바울의 특수한 규칙("율법의 행위")이 "행위"로 일반화되는 것이 아니고, 이스라엘 공동체의 형성에 적용되었던 가치 기준에 대한 바울의 비판이 가치의 **성취**에 대한 비판으로 바뀌는 것이다. 그런데 이러한 가치 성취의 비판을 위한 기준은 확립된 기독교 전통 속에서 그 자체로는 아무 문제가 없다. 추가로 이 책의 18장을 보라.

58 여기까지만 보아도 바울의 "남은 자 신학"은 에스라4서의 신학보다 더 희망적인 것으로 나타난다. 위의 9장에서 지적한 것처럼 에스라는 결국 이스라엘에 대한 하나님의 신실

된] 이스라엘의 그 남은 자들에 대해서도 자비를 **베풀어주실 수 있었다**
(참조. 9:18). 그러나 바울은 무엇 때문에 그런 자비가 베풀어질 것이라고
확신하게 된 것일까?

11:11의 수사적 문답("그들이 넘어지기까지 실족하였느냐? 그럴 수 없느
니라!")은 현재 남은 자에 속해 있지 않은 이스라엘 사람들에게 처음으
로 분명한 소망을 준다. 바울은 지금 성서에 호소하는 것이 아니라(11:11-
24에는 인용 본문이 없다) 자신의 이방인 선교에 호소하고 있으며, 이방인 선
교와 이스라엘의 관계가 이 구절들의 주제가 된다.[59] "이방인의 사도"로서
의 바울의 역할이 중요한 특징으로 나타나고는 있지만, 여기서 더 두드러
지게 부각되는 것은 바울의 이방인 선교가 이스라엘의 구원을 반대하는
것이 아니라 오히려 돕고 있다는 변증이다. 우리는 여기서 한 가지 논리와
맞닥뜨리게 되는데, 이 논리는 이방인 선교의 성공 속에서 다음과 같은 암
시, 곧 하나님의 자비의 힘이 결국 이스라엘에게도 임할 것이라는 암시를
발견한다.

이방인의 구원의 계기나 원리가 이스라엘의 **넘어짐**(παράπτωμα)이라
는 것이 주목할 만하다(11:11). 바울은 이 관련성을 명백히 밝히지 않지
만[60] 죄가 그런 긍정적 결과를 가질 수 있다는 개념은 오직 로마서 5:12-

하심이 의로운 남은 자들 곧 "포도넝쿨에서 한 송이의 포도"(9.21)를 구성하는 신실한
소수의 보존을 통해 충분히 성취될 것이라는 사실을 받아들인다(에스라4서 7.26-29;
9.7-8). 하나님의 공의와 조화를 이루면서 남은 자는 율법에 신실한 자들로서 구성되고,
이들은 고단한 현 시대의 "경쟁" 속에서 "생명의 법"을 충실하게 준수해오고 있다(에
스라4서 7.17-20, 127-131; 14.28-36). 그러나 바울이 말하는 남은 자는 이런 부류의
남은 자들이 아니다. 그 이유는 바울이 죄와의 싸움에서 승리한 자를 단 한 명도 찾지 못
했기 때문이다(롬 3:10-20, 23; 5:12-21; 7:7-25).

59   롬 9-11장(9:24-26, 30; 10:11-18, 19-20; 11:25)에 나타난 이방인의 역할에 대
해서는 D. Zeller, *Juden und Heiden in der Mission des Paulus: Studien zum Römerbrief*
(Stuttgart: Verlag Katholisches Bibelwerk, 1976), 202-68을 보라.

60   이 진술이 이방인 선교의 경험을 반영한다고 보는 것은 가능하다. 바울의 경험에 비추
어볼 때 이방인 선교는 회당의 적대감으로 인해 더욱 촉진되었다(참조. 행 13:45-48;

21의 역설적 논리를 통해서만 그 설명이 가능하다. "**죄**가 더한 곳에 은혜가 더욱 넘쳤나니"(5:20). 죄와 걸림돌 한복판에 기독론 사건의 모든 표지를 전하는 물결이 흘러넘치고, 그 결과 민족적 경계를 뛰어넘는 적극적인 구원의 은혜의 활동이 존재하게 된다.[61] 이 은혜의 통치 속에서는 이스라엘의 넘어짐으로 말미암아 "세상의 풍성함"(11:12), 또는 "이방인의 풍성함"(11:12)이 주어진다. "풍성함"(πλοῦτος)이라는 말은 또 하나의 선물-단어로, 앞에서 하나님과 관련되어 사용되었고(9:23. 참조. 11:33), 관련 동족 동사는 기독론적 내포 의미를 **모든 사람**에게 확대시켜 적용시켰다(10:12). 만약 넘어짐이 풍성함을 가져오고, 버리는 것이 "세상의 화목"이 된다면(11:15), 여기에는 분명히 특수한 능력의 비상응적인 반역동성이 작용하고 있는 것이다.[62] 만약 바울이 이방인 가운데 행하는 자신의 사역을 자랑스럽게 여긴다면(11:13), 여기서 바울이 가리키는 것은 바울 자신의 업적이 아니라 **그리스도께서** 바울을 통해 민족들의 순종을 이끌어내시는 것이다(15:15-19). 능력이 이방인의 구원을 위해 크게 베풀어지는데, 이는 매우

28:24-28). 하지만 살전 2:14-16은 이와 다른 해석을 제시한다. Watson, *Paul, Judaism, and the Gentiles*, 69-86을 보라. 이와 관련된 다양한 해석의 개관은 R. H. Bell, *The Irrevocable Call of God* (Tübingen: Mohr Siebeck, 2005), 244-49을 보라.

61 롬 5:12-21에서 울려 퍼지는 반향에 대해서는 Wright, "Romans," 681을 보라. παράπτωμα에 대해서는 5:15, 16, 17, 18, 20을 보라. 바울은 바로에 관한 본문을 사용하여(9:17-23) 완고한 것도 "온 땅에서" 긍정적 효과를 가질 수 있다는 기대의 기초를 놓았다. 그러나 바울은 죄와 사망으로부터 생명과 의로 명확하게 이동하는 개념을 그리스도-사건 속에 위치시킨다(5:15-18).

62 11:15의 "버리는 것"과 "받아들이는 것", 이 두 표현이 하나님이 이스라엘에게 행하시는 행동을 가리킨다는 신중한 주장(참조. 11:28-29; 이 주장은 피츠마이어, 주이트, 그리고 다른 학자들의 주장과는 반대된다)에 대해서는 J. R. D. Kirk, *Unlocking Romans: Resurrection and the Justification of God* (Grand Rapids: Eerdmans, 2008), 182-84을 보라. 철학적 근거에 따르면 ἀποβολή (11:15)는 "배척"(*Verwerfung*)이 아니라 "상실"(*Verlust*)을 의미한다고 볼 수 있다. 하지만 이 맥락에서는 소유격을 주격 소유격보다 목적격 소유격으로 보는 것이 더 낫다(하나님이 이스라엘을 "잃어버리신다"). 독일 학자들 사이의 논쟁에 대해서는 K. Haacker, "Die Geschichtstheologie von Röm 9-11 im Lichte philonischer Schriftauslegung," *NTS* 43 (1997), 209-22, 특히 218-19을 보라.

주목할 만한 현상이다(참조. 1:16). 이 능력이 가장 악한 상태, 곧 이스라엘의 불신앙 안에서 또는 이스라엘의 불신앙을 통해 작용하는데, 이는 이 능력이 난공불락의 힘을 갖고 있다는 표지다.

바울은 현재 벌어지고 있는 이상한 반전(이방인의 "풍성함"과 이스라엘의 "실패" 또는 "축소", 11:12)이 이방인에 의한 이스라엘의 대체를 나타내는 것이 아니라, 이스라엘의 "충만함"(11:12)과 "받아들임"(11:15)에 대한 전조를 나타낸다고 확신하는데, 그의 이러한 확신에 대한 단서가 여기에 놓여 있다. 바울은 앞에서 다룬 주제(10:19)를 섬세하게 다시 사용하여 이방인의 풍성함이 이스라엘의 시기심을 자극할 것이라는 희망을 품고 있다(11:12, 14). 그렇게 되면 이스라엘은 이방인이 얻고 있는 것이 본래 이스라엘에 속해 있었던 것임을 인정하게 될 것이다.[63] 바울은 로마서 전체에 걸쳐 이방인의 구원을 파격적인 일로 가정한다. 다시 말해 그 출처와 기원이 이스라엘이었던 약속이 이방인에게 기적적으로 확대된 것으로 본다(11:17-24). 따라서 바울의 상상은 다른 곳(참조. 5:9-10; 8:11, 30)에서도 전개된 적이 있던 "더 커짐과 더 적음" 논리로 말미암아 활활 타오른다. 만약 하나님의 은혜가 이방인 세계에 부어진다면, 이스라엘에게는 얼마나 더 풍성하게 다시 부어지겠는가(참조. 11:24)? 그리고 이스라엘의 넘어짐이 "풍성함"의 기회라면, 풍성함이 그 넘어짐을 이기게 될 때 얼마나 더 풍성해지겠는가(11:12, 15)?[64]

다른 곳(1:11-18)에서처럼 여기서도 이방인 선교의 획기적인 성공이

63 　이 주제에 대해서는 R. H. Bell, *Provoked to Jealousy: The Origin and Purpose of the Jealousy Motif in Romans 9-11* (Tübingen: Mohr Siebeck, 1994)을 보라. 종종 지적되는 것처럼 롬 9:3-5에 나오는 이스라엘의 특권 목록은 일찍이 기독교 신자들(유대인 그리스도인들과 이방인 그리스도인들을 모두 포함하는 신자들)에게 속한 것으로 언급되었던 많은 내용들을 포함한다.

64 　각각의 경우에 보다 더 중요한 결과는 덜 중요한 결과에 뒤이어 발생하지만, 첫째 과제의 성취는 그 자체로 더 중요한(더 강한 혹은 별로 기대하지 않은) 성취 이후에 발생할 것이다. 그래서 미래는 그만큼 더 예견하기 쉽다(참조. 5:9-10).

바울에게는 종말론적 홍수에 대한 증거가 된다. 말하자면 확실히 그 기원과 핵심까지 거슬러 올라갈 정도로 강력한 자비의 파급력을 증명한다. 세상을 받아들이는 화목(11:15)은 그리스도의 죽음이라는 비상응적인 선물을 통해 이방인의 불경건함으로 인한 모든 장애를 이겨내고 있다(5:6-10). 이스라엘의 넘어짐도 다시 접붙여지는 더 쉬운(더 "자연적인") 과정을 통해 비슷하게 극복될 수 있다(11:24, 26). 바울은 이스라엘의 최종 "용납"에서 하나님의 목적, 곧 마지막 원수인 사망을 이기고 "죽은 자 가운데서 살아나는 것"(11:15. 참조. 고전 15:26)의 완성을 예상한다.[65] 이처럼 "사망으로부터의 생명"은 예수의 부활 이후로 이미 작용하고 있고(4:23-25; 5:9-10; 6:1-10), 생명을 주는 성령의 능력을 통해 신자들에게 존재한다(8:2, 9-11). 이방인 세계에 이 생명이 존재하게 되자 바울은 취소할 수 없는 난공불락의 요소가 세상을 휩쓸고 있다고 확신한다. "첫 열매"("처음 익은 곡식 가루", ἀπαρχή)는 가시적으로 나타나고, 이어서 나머지 열매도 계속될 것이다(11:16).[66] 9:6-29에서 바울이 이스라엘에 관해 말한 모든 것은 **이스라엘**이 하나님의 약속의 대상이라는 사실을 확증했다. 바울은 성취가 지금 분명 진행 중에 있다고 확신하는데, 그의 이런 확신은 가장 힘든 (이방인) 지형에서 하나님의 자비가 거두고 있는 승리에 기초한다.[67] 이스라엘의 넘어

---

65 여기서 "죽은 자 가운데서 살아나는 것"이 종말론적 "추수"를 의미한다는 것(참조. 고전 15:20-26)은 거의 모든 주석가가 인정하는 바다(Moo, *Romans*, 694-96). 이 말을 은유나 비유의 언어로 해석하는 것("일종의 부활과 같이", Wright, "Romans," 683)은 예수의 부활을 최종 부활의 전조로 보는 구절과의 공명을 제한한다(6:5; 8:10-11; 18:23을 보라). "세상의 화목"(11:15)과의 유사성은 바울의 비전이 우주적 범위를 갖고 있음을 암시한다.

66 "첫 열매"의 지시적 의미(이 비유에 대해서는 민 15:20-21을 보라)가 무엇인지는 완전히 명확하지 않다. 왜냐하면 "첫 열매"가 예수, 유대인 신자들, 혹은 족장들을 의미한다는 주장이 있기 때문이다(예. Cranfield, *Romans*, vol 2, 564; Dunn, *Romans 9-16*, 659을 보라). 문맥상 하나님의 백성이 됨으로써 "거룩하게" 된 이방인 개종자들(1:7; 9:24-26)을 염두에 둔 것일 수도 있는데, 이는 인류 전체의 화목(화해)을 암시한다(참조. 11:32).

67 바울이 여기서 제기하는 논리에 대해서는 Zeller, *Juden und Heiden*, 243-44를 보라.

짐이 이 승리의 원인이라는 것은 다만 놀라움을 더할 뿐이다. 사실 이스라엘은 이제 비상응적인 은혜의 비슷한 작용을 위해 "정확히 제위치에" 서 있다(11:31-32).[68] 바울에 따르면 이방인 선교에서 증명된 풍성함은 그 능력과 부요함이 그리스도의 죽음과 부활에서 나오고, 아무것도 그리스도 안에 있는 하나님의 사랑에서 끊을 수 없다는 사실(8:39. 참조. 11:28; 15:7-9)을 확증한다.

바울은 11:16 중간 지점에서 "첫 열매"(그리고 첫 열매가 대표하는 떡) 은유에서 "뿌리"(그리고 뿌리가 지원하는 가지) 은유로 전환한다. 이어서 바울은 돌감람나무와 참감람나무 은유를 통해 이 주제에 대한 새로운 접근을 개시한다 (11:17-24). 이스라엘을 식물이나 나무(통상적으로는 포도나무)로 묘사하는 사례가 히브리 성서(구약성서)와 제2성전 시대 유대교에서는 아주 흔하다.[69] 하지만 바울은 **뿌리**를 양육의 원천("뿌리의 진액", 11:17)으로 그리고 가지를 돕는 것("네가 뿌리를 보전하는 것이 아니요 뿌리가 너를 보전하는 것이니라", 11:18)으로 특별히 강조한다. 그러므로 이 뿌리의 정체성을 명확히 하는 것이 중요하다. 뿌리가 이스라엘 전체를 나타낸다는 주장에는 별로 개연성이 없다.[70] 그것은 11:17-24로 보아 분명하다. 거기 보면 이스라엘 사람들은 **이 뿌리에 속해 있는** 가지로, 뿌리에서 꺾여 나가고 다시 접붙여질 수 있다(11:17, 24). 그렇다고 이스라엘 사람들이 **그루터기**

---

68   그린트하임은 *Crux of Election*, 161에서 그렇게 말한다.

69   II부에서 다루었던 문헌들 가운데 예컨대 에스라4서 5.21; 9.21; 위(僞)필론, *LAB* 12.6-10; 18.10-11; 23.12; 28.4; 30.4; 39.7; 1QH^a VI.15을 보라. 이스라엘을 감람나무로 비유하는 사례는 렘 11:16; 호 14:6에서 볼 수 있다.

70   이는 무스너의 견해와 상반된다. F. Mussner, *Traktat über die Juden* (Munich: Kösel Verlag, 1979), 68-74. "뿌리"를 족장들을 가리키는 것으로 보는 많은 이들이 이후에 뿌리를 주저 없이 이스라엘 백성 전체로 간주한다. 따라서 케제만은 "이방인 기독교가 그 뿌리를 구약성서의 하나님의 백성에게 두고 있다"고 주장하고, "하나님의 백성이 이스라엘의 뿌리로부터 자라난 것"에 관해 말한다("aus der Wurzel Israels," *An die Römer*, 299-300). 참조. Wilckens, *Brief an die Römer*, vol 2, 246-47.

자체는 아니다.[71] 여기서 "뿌리"는 족장들, 그중에 특히 아브라함을 가리킨다고 흔히 주장된다. 곧 11:28의 "조상들"에 대한 언급, 9:6-13의 초기족장 세대에 대한 초점, 그리고 유대교의 선례는 이 견해에 비중을 두고있다.[72] 그러나 바울은 족장들에 관해 설명하는 모든 곳에서 족장들이 이스라엘의 기원이라는 **사실**을 밝히는 데 관심이 있는 것이 아니라 이것이 **어떻게** 그렇게 되었는가를 밝히는 데 관심이 있다(창 3:6-18; 4:21-31; 롬 4:1-23; 9:6-13). 만약 이스라엘이 "조상들로 말미암아 사랑을 입은" 자라면(11:28), 이는 "하나님의 은사와 부르심에 후회하심이 없기" 때문이다 (γάρ, 11:29). 로마서 4:1-8과 9:6-13이 분명히 하는 것처럼, 족장들에 관해 중요한 것은 그들이 자신들의 본질적 가치와 상관없이 주어진 은혜와 부르심에 의해 중요한 존재가 되었다는 것이다. 다시 말하면 감람나무를 보존시키는 "뿌리의 진액"은 **족장들 자신**이 아니라 그들을 족장으로 만든, 따라서 이스라엘 전체를 창조하신 **하나님의 부르심 또는 택하심**이라는 것이다. 따라서 뿌리는 이스라엘의 실존을 좌우하는 하나님의 무조건적인 은혜를 가리킨다.[73]

---

71   이 뿌리를 유대인 신자들로 간주하는 것은 전혀 개연성을 갖지 못한다. 이는 바레트의 견해와는 상반되지만, 바울이 유대인 신자들을 어떻게 "풍성함"과 의지의 근원으로 간주할 수 있었는지는 확인이 어렵다. C. K. Barrett, *A Commentary on the Epistle to the Romans* (London: A&C Black, 1971), 216을 보라.

72   일반적으로 족장들과 동일시하는 것에 대해서는 예를 들어 Dunn, *Romans 9-16*, 659-60; Dahl, "The Future of Israel," 151을 보라. 특별히 아브라함과 동일시하는 것(에녹1서 93.5, 8과 평행을 이룬다. 참조. 희년서 16.26)에 대해서는 W. Krauss, *Das Volk Gottes: Zur Grundlegung der Ekklesiologie bei Paulus* (Tübingen: Mohr Siebeck, 1996), 315, 317 그리고 다른 많은 언급들을 보라.

73   크랜필드는 "족장들이 거룩한 뿌리가 되는 이유가 그들의 어떤 본래적 가치나 공로 때문이 아니라 하나님의 은혜의 선택 때문이다"라고 올바르게 주장한다(*Romans*, vol 2, 565). 참조. Moo, *Romans*, 700. 나중에 같은 용어가 그리스도에게 사용됨에도 불구하고 (15:12), 이 문맥에서 뿌리가 그리스도를 가리킨다고 볼 충분한 이유는 없다. 발터는 신적 선택과 약속을 이스라엘과 모든 믿는 자의 지속적 뿌리로서 바르게 강조하지만, 특별히 유대인과 이방인 모두의 근간이 되는 것이 바로 이스라엘의 선택이라는 사실을 과소

감람나무 비유의 많은 특징을 감안하면, 이 해석을 더 잘 이해할 수 있다. 만약 뿌리가 단순히 족장들(또는 특히 아브라함)이고, 가지가 혈통적 자손과 관련되었다면(9:6-8에도 불구하고!), 어떤 근거에 따라 그들이 꺾여 나가고(어떻게 **조상**이 폐지된단 말인가?) 또는 어떻게 그들이 다시 접붙여질 수 있는지(어떻게 **조상**이 회복된단 말인가?) 알기가 어렵다.[74] 그러나 바울은 결정적 요소가 조상이 아니라 그들이 "하나님의 인자하심에 머물러 있는지"(11:22)의 여부임을 분명히 한다. 뿌리와의 연관성은 하나님의 창조적 긍휼에 참여하는 것을 상징하고, 그렇게 되면 확실히 "가지"가 이 뿌리에서 꺾여 나가고 나중에 다시 접붙여질 수 있는 경우를 상상해볼 수 있다. 따라서 이 감람나무 심상은 9:6-8에서 명확히 반박된 "육신"에 입각한 정의로 돌아감으로써, 바울이 9:6-29에서 조심스레 제시하고 있는 "이스라엘"의 정체성에 대한 정의와 대립하지 않는다. 그러나 이와 반대로 로마서 9장은 "뿌리"의 성격을 묘사하고 정의했다. 여기서 뿌리의 중요성과 "진액"(πιότης, 영양 가치)이 분명해진다. 이스라엘은 가치와 상관없이 하나님의 부르심에 의해 출범했으므로, 외부에서 온 이 생명의 원천에 의존하여 지금까지 존속했다. 따라서 그리고 같은 이유로 이스라엘의 부르심은 이방인의 부르심으로 대체될 수 없다(9:24-26). 이방인은 "돌감람나무" 가지로서 **이 은혜에 접붙여진다**(11:17-18, 22). 그 뿌리가 이스라엘에게 "자연적인" 이유는, 그것이 처음부터 이스라엘을 형성시킨 수단이기 때문이다. 그러나 "부자연적인" 접붙임도 가능한데, 그 이유는 이 나무를 보존하는 양분이 민족적 차이나 어떤 다른 가치 기준으로 제한되지 않는 은혜

평가한다(참조. 15:8-13). N. Walter, "Zur Interpretation von Römer 9-11," *ZTK* 81 (1984): 172-95, 특히 178-86을 보라. 참조. Niebuhr, *Heidenapostel*, 152 n. 71.

74 여기서 발생하는 논리적 문제에 대해서는 Krauss, *Volk Gottes*, 315-16을 보라. 대다수 학자들과 같이 크라우스도 바울의 비유가 바울 자신을 자기모순 속에 빠뜨린다고 생각한다. 실제로 롬 9-11장에서 대부분의 학자들은 비일관성을 탐지해내는데, 이 비일관성이 가장 명확히 그 전면에 부각되는 지점은 정확히 바로 이곳이다. 예를 들어 J. Lambrecht, "Israel's Future," 48-49을 보라.

이기 때문이다.[75]

위(僞)필론을 설명할 때 확인한 것처럼, 이스라엘을 식물이나 나무로 묘사하는 사례는 아주 많고 다양한 사실을 환기시킬 수 있다. 거기서 "포도나무"로서의 이스라엘의 생명은 우주를 통합시키는 유기적 구조이고(『성서고대사』 12.4-10), 단순히 이 엄청난 실재가 무용지물이 되고 어떤 것이 하나님의 계획을 "헛된" 것으로 만들 수 있다는 것은 상상할 수 없다(위 8.2를 보라). 위(僞)필론은 "뿌리"에는 특별한 관심을 보여주지 않는데(『성서고대사』 12.8, 44.8, 49.6을 보라), 그 이유는 그의 초점이 하나님의 약속이 이스라엘에게 주어진 이유보다 그 약속이 성취되었고 성취되어야 하는 사실에 맞추어져 있기 때문이다. 바울은 뿌리와 선택 원리를 강조하는데, 이는 그가 이스라엘이 어떻게 존재하게 되었는지를 설명하는 데 강조점을 두고 있다는 것을 나타내고, 이런 설명을 통해 그가 이스라엘의 현재의 위기, 미래의 소망 그리고 하나님의 "기업"의 줄기에 믿는 이방인들이 접붙여지는 놀라운 현상을 이해하고 싶어 한다는 것을 나타낸다. 만약 그 생명(그 "뿌리")의 원천이 "죽은 자를 살리시며 없는 것을 있게 하는"(4:17) 창조적 부르심이라면, 우리는 이방인의 접붙임과 하나님의 능력으로(11:23) 이스라엘이 다시 형성되고 다시 온전하게 되리라는 희망을 쉽게

---

75 나는 여기서 C. Johnson Hodge, *If Sons, Then Heirs: A Study of Kinship and Ethnicity in the Letters of Paul* (Oxford: Oxford University Press, 2007)의 논제에 동의하지 않는다. 존슨 하지는 이방인들이 이스라엘과의 "결합"에 따라, 즉 "이스라엘이 하나님의 구별된 백성인 유대인(*Ioudaioi*)과 이방인 사이의 계급관계"를 낳는 일종의 "집합체"로서 구원을 받는다고 주장한다 (143). 그러나 하나님은 이방인을 나무(이스라엘)에 접붙이시는 것이 아니라 뿌리에 접붙이시며, 뿌리의 풍성함은 원 가지와 원 가지가 아닌 가지 곧 유대인과 이방인 모두에게 양분을 공급 한다. 따라서 바울에 의하면 유업은 은혜로 창조되며, 자손은 약속에 따라 하나님의 자녀로 태어난다(9:8). 먼저 때가 되어 신적 자비에 "자연적" 결합이 이루어지는 이유는 처음부터 이런 식으로 이스라엘이 형성되었기 때문이다. 이방인은 이스라엘이라는 민족의 신과의 관계 속에 들어가는 것이 아니라("the God of Israel," 130-31) 이스라엘을 창조하고 증인으로 삼으신 하나님과의 관계 속으로 들어가는 것이다.

설명할 수 있게 된다.

감람나무 비유(11:17-24)에서 바울의 초점이 처음에는 일부 원가지가 잘려나갈 때에만 원가지 대신 접붙여지는 돌감람나무 가지(이방인 신자들)에게 두어져 있다(11:17-21). 당시의 수목 재배 방식에 의거하지 않는 바울의 비유는 로마에서나 다른 곳에서나 이방인의 교만한 태도를 반대하려는 의도를 갖고 있다(11:17 이하에서 "너" 단수형이 사용된 것은 수사적 가면이다). 바울은 이방인들에게 그들의 기원이 외부에 있음을 상기시킨다. 곧 이방인은 "원가지"에 속해 있는 자보다 기원이 저급한 "돌감람나무의 가지"에 속한 자다(참조. 11:24). 그러나 강조점의 비중은 그들이 "뿌리의 진액"에 의존한다는 사실에 놓여 있다. 다시 말해 유대인과 이방인은 하나님의 인자하심에 **공통적으로** 의존하고 있다(συνκοινωνός). 꺾여 나간 가지에 관해 자랑하는 것은 깊은 차원에서 보면 하나님 앞에서 자신의 위치를 잊고 있는 것과 같다. 따라서 11:20에서 교만(높은 마음)에 대해 경고하는 것은 동시에 하나님을 "두려워하라"는 교훈이다. 이방인을 믿지 않는 유대인보다 우월하게 만드는 요소는 아무것도 없는데, 그 이유는 그들의 가치가 뿌리와의 연관성을 확립하는 요소가 되지 못하기 때문이다. 로마서 전체에 스며들어 있는 인간적 "자랑"에 대한 비판(참조. 2:17-20, 27; 4:2; 11:25; 12:3, 16)이 여기서는 이방인의 오만함에 적용된다. 늘 그런 것처럼 이에 대한 대책은 그들이 하나님의 은혜에 전적으로 의존하는 존재임을 상기시키는 것이다. "네가 뿌리를 보전하는 것이 아니요 뿌리가 너를 보전하는 것이니라"(11:18).

이처럼 전적으로 은혜에 의존하는 것이 이스라엘의 본래적이고 일차적인 특성이다. 만약 이스라엘의 참된 실존이 하나님의 은혜(뿌리)에서 연원한다면, 하나님의 인자하심에 "머물러 있지" 못할 때(11:22) 그들은 생명의 근원과의 연결을 상실하게 된다. 이 인자하심을 부인하게 되면, 대신 하나님의 "준엄하심"(ἀποτομία, "꺾음")을 겪게 된다(11:21-22). 여기서 바울은 "신앙"(πίστις)과 "불신앙"(ἀπιστία, 11:20, 23. 참조. 3:3) 언어를 다시 언급하는데, 이는 9:30-10:13에서의 사고의 흐름과 정확히 일치한다. "믿음으로 서는"(11:20) 것은 전적으로 하나님의 은사로 사는 것(참조. 4:4-6; 14:4, 22-23), 그리스도 안에서 하나님이 행하신 행동에 의지하여(10:5-10) "주의 이름을 부르는" 것(10:13), 그래서 "뿌리의 진액"을 받는 것을 가리킨다.[76] 반면에 불신앙은 이 생명의 원천과 단절을 일으킨다. 이 문맥에서 말하는 "믿음"을 9:30-10:17에 묘사된 믿음 곧 그리스도를 시인하고 그리스도의 부활 생명에 참여함으로써 사는 믿음으로 간주할 온갖 이유가 존재한다. 바울은 어떤 자의적인 내용을 추가시켜 이스라엘의 정체성을 정의하지 않는다. 그리스도를 의지한다는 것은 하나님의 "인자하심"을 드러내는 결정적 표현으로서 처음부터 이스라엘 백성을 형성시키고 보존시킨 바로 그 은혜에 따라 사는 것을 의미한다.

그리스도를 믿는 것은 "뿌리"로부터의 삶을 의미한다. 만약 이스라엘의 정체성이 항상 파생적이고, "비정상적이며", 하나님의 부르심에 의해 창조되고 지속된다면, 그 본질은 그리스도 안에서 이루어진 하나님의 부르심에 믿음으로 반응한다고 해서 지워지거나 바뀌거나 하는 것이 아니다. 감람나무 비유를 볼 때, 이스라엘이 이방인으로 대체되었다거나 "교회"로 알려진 비유대 집단에 흡수되었다고 주장하는 것은 불가능하다. 그와 반대로 "접붙여진" 대상은 이방인이고, 그렇게 접붙여지면 그들은 "하나님의 은사와 부르심"(11:29)에 전적으로 의존하는 실존 양식을 가진 사람들이 된다. 바울의 해석에 따르면, 이스라엘은 그리스도를 믿음으로써 다시―완성된 형태로―은혜의 양분에 의존하고, 그리하여 **본연의 모습을 닮아간다.** 믿음은 특이한 실존 양식으로, 하나님의 은사에 의존하는 삶이다. 이것이 아브라함 이후로 주어진 이스라엘의 정체성의 본질이므로,

---

76 믿음이 그 자체로 구원의 근거가 아니라 구원하는 은혜의 외적 원천에 의존하는 한 방식임이 롬 4장을 통해 이미 분명해지지 않았다면, 롬 9-11장에서는 분명해졌을 것이다. O. Hofius, "Das Evangelium und Israel: Erwägungen zu Römer 9-11," in *Paulus-studien* (Tübingen: Mohr Siebeck, 1989), 175-202, 특히 182을 보라.

바울이 기대하는 것은 부활하신 그리스도를 믿는 믿음으로 말미암아 이스라엘에게 예정되어 있던 모든 것이 지워지는 것이 아니라 도리어 실현되는 것이다.

우리는 이제 다음과 같은 바울의 역설, 곧 이스라엘이 중요한 측면에서는 여전히 **특별하지만**, 한편으론 **더 이상 독특하지 않다는** 역설의 근원을 규명할 수 있다. 복음은 믿는 모든 자 가운데 "먼저는 유대인에게요 그리고 헬라인[그리스인]에게"에게 구원을 주시는 하나님의 능력과 관련되어 있다(1:16; 2:9-10). 하나님의 은혜가 이스라엘 이야기 속에 그 역사적 기원을 두고 있기 때문에, "먼저 유대인에게" 복음이 주어짐은 이스라엘의 성서(구약성서)에서 증명되고, 이스라엘은 하나님의 창조적 약속의 전달자와 본보기가 되었다(3:1-3; 9:6-29). 이 모든 면에서 유대인이 믿고 있는 것은 가지가 "원" 나무에 붙어 있다는 점이다(11:24. 참조. 9:4-5). 그러나 동시에 하나님의 은혜는 가치나 민족성이나 다른 어떤 것으로 제한되지 않고, 이스라엘을 형성시킨 무조건적인 은혜의 힘은 지금 합당하지 못한 이방인에게도 미치므로 "유대인과 헬라인[그리스인]에게 다" 미치게 된다(9:24-26; 10:1-13). 사실 **이스라엘은 지금까지 특별했던 것과 같은 이유로 이제 더 이상 독특하지 않다.** 이방인도 생명을 주는 뿌리에 똑같이 의존하고 있으므로 처음에 이스라엘을 "이스라엘"로 만들어준 것을 그대로 경험하게 된다(9:6-13). 바울은 여기서 기존의 "민족중심주의"를 뒤집는 것도 아니고 특권과 공평성, 민족적 특수주의와 비민족적 보편주의 간의 해소할 수 없는 "긴장"을 만들고 있는 것도 아니다.[77] 이스라엘의 특권

---

[77] 이는 롱네커와는 상반된 견해이다. 롱네커는 바울의 관점이 현재의 민족성을 못 보고 있으나 결국은 그가 위치한 구원-역사 안의 자리에 따라 "유대 민족중심주의 경계 안에서" 결정된다고 주장한다. B. W. Longenecker, "Different Answers to Different Issues: Israel, the Gentiles, and Salvation History in Romans 9-11," *JSNT* 36 (1989): 95-123. 그러나 롬 9:6-29에서 분명히 밝혀졌듯이 이스라엘의 (민족적) 정체성은 하나님의 은혜의 부르심의 산물이다. 존슨은 "이스라엘에 대한 하나님의 공평하심과 신실하심" 사이에서 "역동적 긴장"을 찾아낸다. Johnson, *Function of Apocalyptic*, 120; 참조. 174-75.

은 비상응적인 은혜에 의존하는 것이므로, 지금은 이 특권이 복음의 차별 없는 전파를 밑받침하고 있다. 이방인은 **이스라엘**의 선택 속에 끌려 들어왔지만 그 선택은 원리상 그리고 지금은 실제로 민족적 제한이 없다.

이스라엘 자체가 은혜의 산물이라는 것은 "가지"의 상태로 생생히 예증된다. "불신앙"(ἀπιστία)으로 인해 더 이상 하나님의 무조건적 부르심의 뿌리에서 나오지 않은 자들은 그들에게 생명을 주는 뿌리에서 꺾여 나간다(11:17, 20). 그러나 하나님께서 그들을 다시 접붙이시는 일은 전적으로 가능하다(11:23). 곧 은혜의 전형적 특징인 반전 패턴을 재생산해내는 능력의 역사가 있을 수 있다. 그 패턴은 이스라엘이 믿음을 통해 뿌리로부터 자라나는 것과 똑같고, 하나님이 가치와 상관없이 자비를 행사하시는 것과 똑같다.[78] 사실 하나님이 이스라엘을 원 상태로 회복시키시는 것은 현재 이방인 가지를 접붙이시는 것보다 상상하기가 더 쉽다. "원 가지인 이 사람들이야 얼마나 더 자기 감람나무에 접붙이심을 받으랴"(11:24). 여기서 미래 수동태(즉 하나님에 의해 **"접붙여질 것이다"**)는 강한 확신을 의미한다. 이방인의 믿음의 이적은 확실히 이스라엘을 회복시키실 하나님의 과도한 능력을 가리키는 지시봉이다(참조. 11:11-15).

이 확신은 11:25-27에 언급된 "신비"를 뒷받침한다. 바울의 이방인 선교는 명확한 목적을 갖고 있는 힘의 표지다. "이방인의 충만한 수가 들어오기까지 이스라엘의 더러는 우둔하게 된 것이라. 그리하여 온 이스라

"신적 공평성"과 "유대 민족의 특별한 선택의 개념", 이 둘 사이에서 추정되는 모순을 붙들고 열심히 씨름하는 코스그로브의 다음과 같은 주장을 참조하라. C. Cosgrove, *Elusive Israel: The Puzzle of Election in Romans* (Louisville: Westminster John Knox Press, 1997), 37; 참조. 76-90. "각 사람은 하나님이 가장 사랑하는 자녀인 이스라엘과 같은 존재로 판명된다"는 코스그로브의 결론(96)은 권리("이스라엘이 되는 권리") 개념으로부터 도출되는데, 이것은 롬 9:6-29의 개념적인 틀과 완전히 모순된다.

78 이는 케제만과는 상반되는 주장이지만 감람나무 비유는 바울이 보는 이스라엘의 전형적인 모습이 불신앙(케제만의 말로 하면 "종교인"의 한 본보기로서 "경건한 유대인"의 자기 의, "Paul and Israel," 184)이 아니라 신앙이라는 점을 분명히 한다.

엘이 구원을 받으리라"(11:25-26). 현재 이스라엘 안에는 택함 받은 자와 우둔하게 된 그 남은 자들 사이에 분리가 존재하는데(11:7), 이는 온 이스라엘의 구원을 통해 해소될 것이다. 그리고 하나님의 자비의 세계적 전파는 이 특이한 목표를 지시한다.[79] 거의 확실히 그리스도로 간주되는(참조. 살전 1:10) 장차 오실 구속자(11:26-27)는[80] "불경건함"을 소멸시키시고 야곱의 죄를 사하실 것이다. 이는 아브라함의 "칭의"에 관한 바울의 앞선 묘사를 반영하는 은혜 행위다(4:5-8). 따라서 아브라함의 후손으로서 이스라엘의 정체성은 그리스도 안에서 그 근거가 다시 주어지고 회복될 것이며, 이로 인해 이스라엘의 하나님과의 언약 관계가 확증될 것이다(11:27. 참조. 9:4; 15:8).

따라서 하나님의 택하심, 하나님의 은사(χαρίσματα), 하나님의 부르심은 철회되지 않고(11:28-29) 원래 형태로, 곧 가치와 상관없이 주어지는

---

79 대다수 학자들과 마찬가지로 나도 "온 이스라엘"을 이스라엘 전체 백성(이는 더러 우둔하게 된 자와 구별된다, 11:25)을 가리키는 의미로 취한다. 각종 견해들에 대한 설명은 C. Zoccali, "And So All Israel Will Be Saved: Competing Interpretations of Romans 11.26 in Pauline Scholarship," *JSNT* 30 (2008): 289-318을 보라. 비록 문법적으로는 καὶ οὕτως (11:26)를 "그리고 따라서"로 번역하는 것이 가능하지만(P. W. van der Horst, "'Only Then Will Israel Be Saved': A Short Note on the Meaning of καὶ οὕτως in Romans 11. 26," *JBL* 119 [2000]: 521-25을 보라), 그 형태적 의미("그리고 이런 식으로")를 보존하는 것이 가장 좋을 것이다. 이는 또 이방인 이야기가 본질상 이스라엘 이야기와 융합되어 있음을 암시한다(참조. 11:11-15). 바울이 이 "비밀"을 더 정확히 설명하고 있지 않으므로, 이 비밀에 대한 설명의 부재를 이러한 구원의 수단이나, 이 비밀이 가리키고 있는 "온"(all)이라는 말의 정확한 함의에 대한 추측으로 채우는 것은 현명해 보이지 않는다(이는 호피우스와는 다른 주장이다; Hofius, "Evangelium," 189-98). Wolter, "Israelproblem," 26을 보라. 이스라엘의 구원에 대한 소망과 이것이 가리키는 정확한 의미의 모호성은 당대의 Pseudo-Philo, *LAB*과 유사하다. 위의 8장을 보라.

80 토론을 위해서는 Cranfield, *Romans*, vol 2, 577-78을 보라. 에스라4서 11-13장의 오실 메시아에 대한 기대를 참조하라. 여기서 구속자가 "시온에서"(시온을 위해서가 아니라) 나온다는 언급은 시편(70인역 시 13:7; 52:7)의 영향을 입증할 수도 있다. 그러나 이 언급은 또한 그리스도를 통한 구원이 이스라엘의 정체성과 무관하지 않고 필수적이라는 바울의 주장의 반영일 수도 있다(참조. 1:3; 9:5; 15:8).

자비로 성취될 것이다. 이스라엘이 형성될 때 증명되고(9:6-29), 지금은 이 방인과 유대인의 역설적 관계를 통해 가시화된(9:30-10:21) 이 자비의 비상응성은 하나님의 최종 목표를 실현할 것이다. 불순종하는 이방인이 하나님의 긍휼을 받은 것(이스라엘이 불순종하는 동안에)처럼, 지금 불순종하는 이스라엘도(하나님이 이방인에게 자비를 베풀어주시는 동안에) 하나님의 자비를 받게 될 것이다(11:30-31). 바울에 따르면 현재 이방인과 유대인의 관계 가운데 나타나는 반전은 불순종이 궁극적 걸림돌이 아님을 보여주는, 자비가 지닌 능력의 한 표지다. 바울은 부활에서 나오는 생명 부여의 능력이 이방 세계를 화합시키고 변화시키고 있음을 목격하는데, 이로 인해 그는 "내가 긍휼히 여길 자를 긍휼히 여기겠다"(9:15)고 약속하신 하나님이 "모든 사람에게 긍휼을 베풀어주고자 모든 사람을 순종하지 아니하는 가운데 가두어두셨다"(11:32)고 확신한다.

은혜의 이런 역설적 패턴 때문에 바울은 마지막 탄성을 터뜨리는데(11:33-36), 거기서 하나님의 풍성함, 지혜, 지식의 깊이를 찬미한다(11:33). 로마서 9-11장에서 발견된 이 희한한 반전은 하나님이 우리가 측량할 수 없는 판단과 헤아릴 수 없는 방법을 갖고 계심을 암시한다(11:33-34). 하나님의 자비의 "풍성함"은 하나님이 두 번째 수여자나 답례의 수여자가 아니라는 (욥기에서 인용한) 다음과 같은 주장으로 강조된다. "누가 주께 먼저 드려서 갚으심을 받겠느냐"(11:35). 로마서 9-11장의 다른 곳에서처럼, 바울은 하나님께서 베풀어주시는 은혜의 **우선성**을 가정하지만(9:11, 23; 11:2에서 προ-접두사를 보라. 참조. 8:28-29), 이 우선성이 참으로 중요한 이유는 이것이 하나님의 은혜의 **비상응성**을 강조하기 때문이다. 하나님은 사전에 바쳐진 선물에 맞추어 답례로 베풀어주시는 분이 아니다. 어떻게 보든 간에 여기에 대응 관계는 존재하지 않는다. 하나님의 자비가 그토록 당황스러우면서 동시에 미래에 대한 그러한 약속을 품게

되는 이유는 바로 이 대응 관계가 없기 때문이다(참조. 15:13).[81]

17.5. 결론

로마서 9-11장에 대한 이런 해석은 바울의 일련의 사고를 일관성 있게 만든다. 이 해석은 바울로 하여금 "이스라엘"에 관한 양립할 수 없는 정의들 사이에서 방향을 바꾸도록 요구하지 않고, 또 어쨌든 민족적 편견이나 이스라엘에 대한 비밀스러운 "계시"에 기초를 둔 비합리적 소망에 의존하지도 않는다.[82] 확실히 로마서 9-11장에서 면면히 펼쳐지는 **전개**가 있는데, 이 전개는 근심에서 찬송으로, 이중 예정에 대한 전망에서 모든 사람에게 임하는 단일한 긍휼에 대한 소망으로 진행된다. 그러나 이 전개를 하나로 묶어주는 일관된 주제는 비상응적인 신적 선택이다. 곧 하나님의 자비와 그 자비의 수혜자, 이 둘 사이에 대응 관계가 없는 것이다. 이스라엘은 이 긍휼에 따라 택함 받았기 때문에(9:6-29) 이스라엘의 정체성과 미래는 민족적 기원이나 가치 있는 어떤 실천에 달려 있지 않고 하나님의 자비로운 뜻에 달려 있다. 그리스도-사건은 이처럼 생명을 주는 은혜의 극적이고 결정적인 역사로 일어났기 때문에, 아무 가치를 갖고 있지 않은 이방인은 하나님을 찾아냈으나 자기들의 율법의 행위의 가치를 주장하

---

81   시거트(Siegert, *Argumentation*, 127)는 롬 9장에 나타난 하나님을 "항상 측량하기 어려운" 분으로 언급한다. 롬 9-11장의 역설들에 대한 성찰은 W. Meeks, "On Trusting an Unpredictable God: A Hermeneutical Meditation on Romans 9-11," in *In Search of the Early Christians* (New Haven: Yale University Press, 2002), 210-29을 보라.

82   볼터는 롬 9-11장(특히 11:25-27)의 결말이 근본적으로 9:6ff.의 시작 부분과 일치하지 않은 상태로 남아 있다는 통상적인 견해를 감탄할 만큼 명확하게 다시 설명해내면서 해결되지 못한 난제를 해소시킨다. M. Wolter, "Israelproblem," 25-29. 참조. 동일 저자, *Paulus: Ein Grundriss seiner Theologie* (Neukirchen-Vluyn: Neukirchener Verlag, 2011), 424-36.

는 유대인은 자기들이 인정할 수 없는 사건에 걸려 넘어지는 경향이 있다 (9:30-10:4). 그러나 바울에 따르면 이방인 선교의 성공은 하나님의 "풍성함"이 지닌 파급 효과를 보여주는데, 이 효과는 이스라엘이 그리스도를 믿는 믿음을 통해 하나님의 무제약적인 자비의 "뿌리"로 회복될 때 멈추게 될 것이다(11:1-36). 처음부터(9:6-8) 끝까지(11:30-32) 이스라엘은 가치와 상관없이 주어진 부르심에 따라 형성되고, 이방인도 차별 없는 은혜로 말미암아 이처럼 획기적인 이스라엘의 특권 안으로 들어간다.

로마서 9-11장의 핵심 주제, 곧 근본적으로 비상응적인 하나님의 은혜는 이 강론 첫 부분과 끝 부분을 연계시킬 뿐만 아니라 많은 개별적 주제들을 하나의 공통 패턴으로 묶어준다. 바울은 성서에서 그리고 이스라엘의 부르심과 역사 속에서 하나님의 은혜가 어떻게 작용하는지 추적함으로써 그리스도-사건을 이스라엘의 정체성과 일치시키는 한편, 선물/은혜(χάρις)와 자비(ἔλεος) 언어를 개념적으로 일치시킨다. 바울은 하나님의 역사 방법을 이런 관점에 따라 이해하고 있는데, 이로 인해 다음과 같은 현재의 많은 국면들이 이해 가능하다. 남아 있는 유대인 신자들(은혜로 택함 받음), 유대인의 불신앙(율법의 행위의 가치를 무력화시킨 "돌"에 걸려 넘어짐), 이 걸림돌 안에 놓여 있는 하나님의 목적(그리스도 안에서 하나님의 부요함에 의존하는 삶의 방식, 곧 믿음을 일으키는 것) 그리고 이방인 신자들의 역설(하나님의 차별 없는 긍휼을 통해 구하지도 않은 목표를 이룸). 이 모든 기이한 요소는 하나님의 은혜와 인간의 가치, 이 둘 사이의 비상응성에서 나오는데, 이 비상응성은 이방인의(또는 다른 어떤 자의) "자랑"에 대한 바울의 해독제가 된다. 왜냐하면 아무도 하나님의 무제약적인 부르심을 통하지 않고서는 그 어떤 것도 얻지 못하기 때문이다. 동시에 바울은 은혜의 비상응성에 따라 이스라엘의 "불순종" 너머를 바라보는 확신을 갖는다. 왜냐하면 하나님은 세상을 품으시는 자신의 긍휼로 "불경건함"을 극복하려는 그들의 필사적인 노력과 상관없이 그들을 부르셨기 때문이다. 바울은 이 핵심 주제를 어디서 이끌어냈는가? 성서에 대한 이해로부터, 그리스도-사건의 효력으로부터, 또는 이방인 선교의 경험으로부터 이끌어냈는가? 바울의 동시대인들은 이 세 가지를 각기 다르게 해석할 수 있었고, 또 실제로 다르게 해석했다. 이 세 가지는 각기 강력하지만 복잡한 변증법 속에서 바울이 자신의 하나님, 자신의 성서, 자신의 사람들, 그리스도에 대한 자신의 충성 그리고 이방인 선교에 대한 자신의 경험을 올바로 파악할 수 있는 본문 및 내러티브의 틀을 만들어내는 역할을 했다.

만약 비상응성이 다시 한번 로마서 9-11장에서 은혜의 주된 극대화라면, 여기에 다른 극대화들도 모여 있는가? 앞에서 확인한 것처럼, "부요함"의 주제는 로마서 5:12-21에서 주제로 다루어진 초충만성이라는 은혜의 극대화를 환기시킨다. 그리고 여기에는 하나님의 부르심이나 선물이 지닌 우선성을 강조하는 진술들이 존재하는데, 우선성에 대한 이러한 강조는 하나님의 부르심이나 선물이 인간의 가치와 전혀 일치하지 않는다는 것을 지지하는 방식으로 이루어진다(9:11; 11:2, 35). 만일 바울이 여기서 하나님의 자비의 목적이 지니고 있는 최종 **단일성**을 다루고 있다면(11:32), 이는 하나님이 오로지 자비로운 분이어야 한다는 원리적 주장과는 거리가 멀다. 우리가 확인한 것처럼, 이스라엘과 관련하여(11:7-10) 그리고 이방인 신자들과 관련하여(11:20-22), 하나님의 은혜에 대한 언급과 함께 하나님의 완고케 하심, 진노, 준엄하심에 대한 다양한 언급이 존재한다. 바울은 가지가 하나님의 인자하심에 붙어 있지 않다면 꺾여 나갈 수 있다고 경고하는데(11:17-24), 이는 아우구스티누스의 "성도의 견인" 교리를 의심하게 만든다. 은혜의 **유효성**에 관한 일반적 이해가 존재하는데, 이는 다음과 같은 사실, 곧 그리스도-사건 및 이 사건의 선포가 믿음을 일으키는 반면, 많은 이들이 이 극대화를 전개할 때("단동설" 등에 의지함으로써. 위 3장을 보라), 은혜의 유효성의 구조나 수단에 대한 반성은 일으키지 못하고 있다는 사실에서 확인된다. 마지막으로 로마서 9-11장 이전과 이후의 장들(예. 롬 6:1-23; 12:1-3)이 분명히 하는 것처럼, 바울이 은혜의 비상응성을 근본적으로 강조한다고 해서 그것이 은혜의 **비순환성**을 함축하고 있는 것은 결코 아니다. 곧 "하나님의 자비하심으로"(12:1) 권하는 이후의 호소는 은혜가 어떤 "조건"을 갖고 있음을 암시하는 것으로 간주될 수 있다. 그러나 이 다른 속성들이 나타나 있지 않거나 중요성이 덜하다고 해서 로마서 9-11장에서 중심 역할을 하고 있는 한 가지 극대화의 급진성이 감소되는 것은 결코 아니다. 앞에서 지적한 것처럼, 은혜의 다양한 극대화들은 "하나의 묶음으로 제공되는 것"이 아니다(위의 2장을 보라). 로마서 전체에서와 같이 로마서 9-11장에서도 중요한 것은 하나님의 은혜나 긍휼은 가치와 상관없이 주어진다는 것이다. 하나님의 은혜가 세상의 구원에 대한 소망인 이유는 **이것**이 이스라엘의 정체성 및 역사의 핵심이기 때문이다.

이것은 마지막 질문을 제기한다. 이스라엘의 부르심 속에 작용된 은혜와 그리스도-사건에 나타난 은혜, 이 두 은혜 사이의 관계는 무엇인가? 여기서 로마서와 갈라디아서 사이에 명확한 차이가 드러난다. 앞에서 지적한 것처럼, 갈라디아서의 **기독론적** 초점은 아브라함과 그리스도, 이 둘 사이에 존재하는 이스라엘 세대들에 대한 언급 없이 그리스도-사건이 지닌 참신함을 강조했다. 갈라디아서에서 그리스도는 이전의 인간 이야기에 덧붙여지는 것이 아니라, 복음을 "미리 선포했던" 성서적 증언의 해석학적 중심을 의미한다(갈 3:8. 위 13.3을 보라). 이로 인해 갈라디아서는 그 자체로는 설명 불가한 몇 가지 이상 요소들을 형성했다. 성령을 따라(갈 4:29) 난 이삭의 탄생(역사 속에서, "그때에")과 "믿음이 오기" 전에 아브라함의 믿음이 있었던 것(갈 3:25)이 바로 그런 요소이다. 바울은 로마서의 **신학적** 초점에 따라 그리스도-사건을 역사 노선 위에 두고 과거 및 미래를 제시할 수 있다. 아브라함 가족의 기원(롬 4장)과 이스라엘을 형성시키고 보존시킨 수단(롬 9:6-29; 11:1-5)은 여기서 단순히 현재에 대한 모형으로서가 아니라 자체로 중요하다.[83] 비록 그리스도-사건이 여전히 "새로

---

83   루츠는 바울이 여기서도 역사 자체에 대한 관심을 갖고 있지 않다고 바르게 주장한다.

움"과 관련되기는 하지만(롬 6:4; 7:6), 바울은 로마서 9-11장에서 하나님의 긍휼의 역사라 부를 만한 것을 제공하는데, 이 역사의 기원은 족장들이 "취소할 수 없는 부르심"을 받았을 때까지로 거슬러 올라가며, 이 역사의 힘은 많은 세대에 걸쳐 추적될 수 있다. 이스라엘의 특별한 지위와 관련하여 갈라디아서에 암시적으로 제시되어 있는 것이 로마서에서는 명시적으로 진술되어 있다. 이스라엘 이야기는, 비록 제한, 반전, 역설로 가득 차 있지만, 선택, 부르심, 은혜에 관한 지속적인 내러티브를 갖고 있다.

그러면 로마서에서 그리스도-사건은 단순히 하나님이 세상과 반복적으로 상호작용하고 계심을 보여주는 하나의 본보기인가, 아니면 그리스도 이전에 그리고 그리스도와 관계없이 하나님에 대한 일반적 믿음을 끌어내는 은혜의 또 다른 본보기인가?[84] 그러므로 그리스도-사건은 포괄적인 역사적 틀 **안에서** 해석되고, 독자적 의미를 갖고 있는 이야기에서 그 의미를 이끌어내는가? 그리고 로마서에서 그리스도 이야기는 "이스라엘 이야기에 덧붙여지는가?"[85]

로마서에서도 바울의 묘사가 이보다 더 복잡하다고 결론지을 여러 가지 이유가 존재한다. 최소한 바울에게는 그리스도-사건이 여러 가지 의미에서 비상응적인 은혜를 **명확히** 보여준 사건이다. 메시아 사건으로서 그리스도-사건은 자체의 범주를 갖고 있는 종말론적 **목적**을 갖고 있다.

U. Luz, *Das Geschichtsverständnis des Paulus* (Munich: Kaiser Verlag, 1968)를 보라. 그러나 롬 9-11장에 대한 루츠의 설명은 이스라엘 역사를 하나님의 의나 신실하심의 예시로 환원시킬 위험을 노출시킨다. 바울에게 중요한 것은 하나님이 이스라엘에 대하여 의롭고 신실하시다는 사실이다.

84   이는 보어스가 롬 4장을 기초로 하여 제시하는 해석이다. 스텐달과 다른 학자들은 롬 11장에 언급된 "신앙"과 "불신앙"이 명확한 기독론적 준거를 갖고 있지 않다는 사실에 기초하여 같은 해석을 제시했다. H. Boers, *Theology out of the Ghetto: A New Testament Exegetical Study concerning Religious Exclusiveness* (Leiden: Brill, 1971); K. Stendahl, *Final Account: Paul's Letter to the Romans* (Minneapolis: Fortress, 1995)를 보라.

85   이는 갈라디아서에 관한 던의 주장과 동일하다. J. D. G. Dunn, *The Theology of Paul's Letter to the Galatians* (Cambridge: Cambridge University Press, 1993), 41.

곧 "이때"(ὁ νῦν καιρός, 3:26; 11:5. 참조. 고전 10:11)는 단순히 어느 한 시기가 아니라 다른 모든 시기에 의미를 부여하는 결정적 순간이다.[86] 바울에 따르면 이때는 이스라엘에게 주어진 약속들이 "견고하게 되는"(15:8)—안전하게 되고 성취되는— 때로, 마침(τέλος) 곧 완결의 순간(10:4)이다.[87] 따라서 그리스도-사건은 이스라엘의 정체성을 좌우하는 약속의 실현으로서, 하나님의 긍휼의 "역사" 속에서 독특한 지위를 갖고 있다. 그리스도-사건은 또한 죄와 사망에서 의와 생명으로의 역사적 전환점이 된 **결정적** 사건으로(3:21-26; 5:12-21), 하나님의 은혜가 과거에 어떻게 이야기되었든지 간에, 그것은 그 효과에 있어서 그리스도의 은혜 사건과 비교될 수 없다. 이스라엘이 그 뿌리에 대해 가지는 연계성은 이제 신앙 또는 불신앙에 달려 있고(11:17-25), 9:30-10:13에 비추어볼 때, 이 신앙 또는 불신앙을 그리스도를 믿는 신앙이나 불신앙으로 이해해야 하는 충분한 이유가 존재한다. 따라서 그리스도는 이스라엘에게는 궁극적 계기가 되고, 무조건적인 은혜의 궁극적 원천이 되는 것으로 판명된다. 또한 그리스도는 이방인과 유대인 모두를 포용하는 은혜의 **포괄적** 표현을 제정한다. 이 모든 면에서 **명확한**(최종적·완결적·결정적, 그리고 포괄적) 그리스도-사건은 단순히 은혜 이야기의 가장 최근 에피소드에 그치는 것이 아니다.

우리는 여기서 더 나아갈 수 있고 또 더 나아가야 한다. 만약 바울이 여기서 하나님의 선별적 부르심에 입각한 이스라엘의 창조와 보존을 언급하지 않고서 그리스도-사건을 이해할 수 없다면, 반대로 그리스도를 언급하지 않고서는 이스라엘을 이해할 수 없다. 그리스도와 이스라엘은 서로를 해석해주는 역할을 한다. 그리스도-사건은 "느닷없이" 일어난 일도

---

86   바울의 그러한 주제를 심사숙고하는 G. Agamben, *The Time That Remains: A Commentary on the Letter to the Romans*, trans. P. Dailey (Stanford University Press, 2005), 59-87을 보라.

87   βεβαιόω(15:8)의 의미에 대해서는 BDAG, s.v.를 보라("약속들을 신뢰할 수 있는 것으로 증명하다, 약속들을 이루다").

아니고, 그 자체로 해석되는 일도 아니다. 말하자면 그리스도-사건은 이스라엘에게 주어진 약속의 마침(성취)을 구성하고, 이스라엘의 정체성 및 실존은 하나님의 긍휼에 달려 있다. 메시아는 이스라엘 출신이고(9:5) 구원자는 시온에서 나올 것이다(11:26). 이 맥락에서 이방인의 구원을 포함하여 그리스도-사건에 나타난 이처럼 이상한 은혜의 역사는 이스라엘에 대한 하나님의 목적의 절정, 따라서 역사의 절정으로 간주될 수 있다. 그러나 동시에 이스라엘 이야기―실제로는 이스라엘의 정체성―는 로마서 9-11장에서 그리스도-사건에 비추어 해석된다. 이 소급적 해석은 갈라디아서에서보다 더 난해하지만 그 중요성은 결코 적지 않다. 바울은 그리스도에 특화된 언어를 이스라엘의 초기 역사에 투사하지 않고(갈 4:21-5:1에서처럼), 이스라엘 이야기의 표현 속에서 그리스도-사건의 형성 및 성격과 공명을 이루는 성서의 특징들을 찾아낸다. 하나님의 선별적 선택(롬 9:6-18)의 명백한 임의성을 강조해야 한다는 것은 필수적인 것도, 분명한 것도 아니다. 바울은 이 본문들에 대하여 당대의 많은 유대인에게 충격을 줄 만한 해석을 과감히 제공한다. 그러나 그것은 그리스도 안에서 주어지는 비상응적인 은혜의 충격과 맞물려 있다. 로마서 9-11장에서 바울은 구약 본문들을 선택, 배치, 각색, 삽입하며 율법과 예언자들이 어떻게 그리스도 안에서 하나님의 의를 "증언하는지" 제시한다(3:21). 이때 이 구약 본문들은 그리스도와 관련되어 이해되거나(9:32-33; 10:6-8, 11-13) 이방인 선교와 관련되어 이해되는데(9:24-26; 10:19-20), 이는 그 본문들의 의미가 가장 충분히 드러나는 때는 다름아닌 바울 자신이 활동하던 때라는 바울의 신념을 반영한다(4:23-24; 15:3-4). 이에 따라 엘리야 이야기도 기독론적 형상으로서의 무제약적 은혜를 지니고 있는 이야기로 이해된다(11:1-6). 따라서 그리스도가 이스라엘의 맥락에서 이해된다면, 이스라엘 역시 이미 기독론적 관점에 따라 정의된다.[88]

....
88   이것은 어떤 의미에서 "이스라엘"을 그들의 가치와 인식에 비추어 정의하는 다른 제2성

이 문제를 변증법적으로 말해보자. 은혜의 비상응성은 그리스도-사건의 특징이 되는데, 이는 그것이 이스라엘을 다루실 때 하나님이 보여주시는 특징이 되기 때문이다. 반대로 하나님이 이스라엘을 다루실 때 보여주신 비상응적인 은혜의 패턴은 기독론에 따라 결정된다. 로마서 9-11장에서 볼 수 있는 은혜로 형성된 사건들의 연관성 및 배열은 해석학적 산물로, 이는 바울의 해석 작업의 결과다.[89] 그러나 바울의 눈에는 이스라엘의 정체성과 이스라엘 역사의 형성이 그리스도-사건에 의해 창조되는 것이 아니라 발견되는 것으로 보인다.[90] 따라서 그리스도-사건은 단순히 이스라엘 역사의 한 단계이거나 최종 단계도 아니다. 그리스도-사건은 이스라엘 역사 전체에 의미를 부여하는 결정적 계기다.[91]

이런 식으로 로마서는 갈라디아서의 난제를 몇 가지 해결해주지만, 로마서 자체의 새로운 문제들, 특히 그리스도-사건과 시간의 관계에 관한 문제를 불러일으킨다. 이후의 바울 전통은 바울 서신의 단서들(예. 고전 8:6; 10:4, 9. Χριστόν 해석)을 취함으로써 이 문제를 다루고, 이때 그리스

전 시대 유대인들의 노력과 차이가 없다. 이 현상은 특별히 필론, 에스라4서, 사해 사본에서 명확하게 나타난다.

89 역사-서술(history-telling)을 "[역사가가] 자신의 시대를 특정한 이전 시기와 함께 형성시켜놓은 배열로 이해"하는 가능성에 대해서는 W. Benjamin, "Theses on the Philosophy of History," in *Illuminations*, ed. H. Arendt, trans. H. Zorn (London: Pimlico, 1999)을 보라. 이 논문에서 발터 벤야민은 계속해서 "현재를 메시아 시대의 조각[파편]으로 가득 차 있는 '이때'로 보는 개념"의 확립에 대해 주장하는데, 이는 아감벤(*The Time That Remains*)에게 영향을 미친 벤야민적 사상의 한 가지 특징이며, 이에 따라 아감벤은 벤야민에게서 바울이라는 친밀한 동반자를 발견한다.

90 도슨은 후기 기독교 방식의 "비유적 이해"(Figural Reading)를 해석할 때, "현재 사건이 그 사건을 미리 예시하는 사건의 실재를 가능하게 만드는 진기한 소급 능력"에 관하여 말한다. D. Dawson, *Christian Figural Reading and the Fashioning of Identity* (Brekeley: University of California Press, 2002), 136.

91 Luz, *Geschichtsverständnis*, 82을 보라. "Im Licht der eschatologischen Gnade Gottes wird für Paulus die Einheit des Heilshandelns Gottes durch die Geschichte Hindurch sichtbar."

도를 만물보다 먼저 계신 분으로 보며(골 1:15-20), 그분 안에서 신자들이 "창세 전에" 택함 받았다고 설명한다(엡 1:3-10). 그러나 로마서에서 바울의 초점은 다른 곳에 있는데, 그것은 그리스도를 시간이나 세상 역사가 아닌 이스라엘 이야기와 관련시키는 것이다. 여기서 바울의 성과는 이스라엘의 부르심에 대한 성서의 증언을 그리스도에 관한 복음 및 이방인 선교의 특이한 성공과 통합시켜 놓은 것이다. 하나의 설명 틀 곧 비상응적인 은혜가 이 모든 것들을 통합시킨다.

결론

본서는 "은혜" 개념을 새롭게 다루고, 제2성전 시대 유대교의 신적 자비 신학을 새롭게 분석했으며, 바울의 은혜 신학의 관점을 통해 갈라디아서와 로마서의 본문들을 새롭게 이해했다. 이제 중요한 내용을 다섯 가지 항목으로 아래와 같이 요약할 수 있다.

18.1. 선물로서의 은혜

바울과 그의 동시대인들은 "은혜"(라고 우리가 부르는 것)에 관해 말할 때 통상적인 선물, 호의, 수여 어휘를 사용했기 때문에 우리는 이 주제에 관한 그들의 강론을 인류학자들이 "선물"이라고 명명하는 사회적 범주 안에 두었다. 이 개념적 틀은 어떤 본보기도 제공하지 않았지만 현대 서구 사람의 눈에는 보이지 않거나 잘못 판단되는 경향이 있기 때문에 우리는 고대의 선물 수여의 특징들을 조심스럽게 파악할 필요가 있었다. 또한 분석할 때 "은혜"라는 말에 주어진 특수한 함축적 의미들과도 어느 정도 거리를 두었다.

우리가 "선물"에 관한 그리스-로마(유대를 포함하여) 시대의 관습과 이념들을 연구할 때 여러 가지 중요한 주제들이 등장했다. 여기서 우리는 현대의 "이타주의" 관념이 아니라 선물의 혜택에 일반적으로 사회적 유대를 창출하거나 보존함으로써 상호성을 촉진하려는 의도가 들어 있었음을 확인했다. 이런 상호성에 대한 기대는 (비법률적) 의무와 함께, 심지어는 수여자와 수혜자 사이에 힘의 격차가 크게 있었을 때에도, 선물-답례의 순환적 패턴을 형성시켰다. 따라서 본서 전체에 걸쳐 우리는 아무 대가 없이 주어지는 것으로 추정되는 현대(서구의) "순수" 선물 관념에 의구심을 품었다. 우리는 선물이 **무조건적**(unconditional, 수혜자가 어떤 "답례"를 제공할 것이라는 기대가 없는)이 아니면서 동시에 **무제약적**(unconditioned, 수혜자의 이전 상태와 관계가 없는)일 수 있다는 사실을 이해할 수 있었다. 바울은 이 현상에 대하여 견본을 제공하는데, 그 이유는 그가 은혜의 비상응성과 "은혜 아래" 있는(그리고 은혜로 완전히 다시 형성된) 자는 "믿음의 순종"으로 재조정될 것이라는 기대를 동시에 강조하고 있기 때문이다. 현대 세계에서 역설적 현상처럼 보이는 것—"자유로운"[값없는] 선물이 의무를 동반할 수 있다는 것—이 고대의 관점에서 보면 충분히 이해할 수 있는 것이 된다.

그러나 "선물" 연구는 또 다른 중요한 문제를 부각시켰다. 우리는 선물의 혜택이 답례를 기대했기 때문에, 선물이 통상적으로 어떤 근거에 따라 받기에 합당하거나 가치 있다고 생각되는 사람들에게 차별 있게 주어졌음을 지적했다. 수혜자의 적합성이나 합당성은 수여자의 가치 체계에 따라 다양하게 판단될 수 있다. 그러나 보통 선물—특히 진귀하거나 중대한 선물—은 차별적으로 분배되고, 그렇게 분배되어야 **좋은** 선물이었다. 이런 조건 아래에서 "선물"은 "보상"과 연결될 수 있었다. 곧 비록 선물이 계산할 수 있는 보수나 법적으로 조치를 취할 수 있는 대부와 구별될 수 있었지만, 선물과 보상, "은혜" 언어와 가치 언어 사이에 내재적인 갈등은 없었다. 어떤 선물은 "아무 공로 없이 주어지는 것"으로 확실히 해석될 수 있었다(우리는 바울과 다른 일부 유대 문헌에서 이런 사례를 찾아냈다). 그러나 이 것은 통상적인 경우도 아니었고, 우리가 일반적으로 "은혜"로 번역하는 말의 함축 의미에 따르면 확실히 필수적인 것도 아니었다. 사실 하나님으로부터 아무 공로 없이 받는 선물은 신학적으로 문제가 있었고 우주의 공의와 합리성에 위협이 될 수 있었다. 비록 기독교 신학자들(그리고 현대의 사전들)이 "은혜"가 가치 없는 자에게 주어지는 혜택임을 자명하게 여긴다고 해도, 고대의 관점에서 이는 충격적이었고, 은혜 개념을 신학적으로 위험하게 해석하는 것이었다.

18.2. 은혜의 뚜렷한 극대화들

본서의 분석 작업에서 중요한 사실은 "극대화" 개념(한 개념을 끝까지 끌고 가는 것)과 은혜의 다양한 극대화들 사이의 구별이었다. 우리는 은혜는 단순하거나 단일한 한 국면을 가진 개념이 아니라는 것을 확인했다. 말하자면 선물 수여의 다양한 국면은 각각 분리된 형태로 극대화될 수 있다. 2장에서 우리는 은혜의 여섯 가지 극대화들을 확인했고, 이 각각의 극대화에 **초충만성, 단일성, 우선성, 비상응성, 유효성, 비순환성**이라는 명칭을 붙였다. 이 극대화들은 각각 최대한의 형태로 선물을 형성한다. 하지만 이 가운데 어느 것도 선물 개념의 필수적 특징은 아닌데, 중요한 것은 어느 것도 다른 극대화를 요청하거나 심지어는 함축하지 않는다는 것이다. 그 극대화들은 구별이 가능하고 "하나의 묶음"으로 존재하지 않는다.

이 이론적 분석은 우리가 다룬 유대교와 기독교의 문헌들이 어떻게 매우 다른 함의를 지닌 동일 어휘를 사용하여 이 공통 개념을 논하고 있는지, 그 방식을 이해함에 있어서 유용한 것으로 증명되었다. 이 분석은 은혜에 관한 논쟁을 이해하는 새로운 방법을 제시했다. 곧 어떤 사람에게는 은혜의 참된 정의였던 것이 다른 사람에게는 불필요하거나 심지어는 거부당한 가정이었다. 바울 서신 수용사에 나타난 은혜의 형성을 분석할 때(3장) 우리는 핵심 해석자들의 다양한 역사적·신학적 배경에 따라 은혜의 다양한 극대화들을 추적했다. 이 추적을 통해 다양하게 은혜를 강조한 해석자들, 예를 들어 마르키온과 아우구스티누스, 루터와 칼뱅, 마틴과 던 간의 차이를 명확히 했다. 또한 이 추적을 통해 한 극대화를 다른 극대화에 덧붙이는 경향과 우리가 만들어낸 은혜의 속성들을 바울에 의한 것으로 보는 유혹도 밝혀냈다.

따라서 우리는 바울 서신을 포함하여 제2성전 시대 유대 문헌들의 다양한 어휘 표현들에서 "은혜"가 어떤 뜻이었는지 새롭게 물어볼 수 있었다. 여기서 직접 얻은 소득은 제2성전 시대 유대교에 관한 샌더스의 작품에서 나온 혼란을 명확히 처리할 힘을 얻은 것이다. 샌더스의 "언약적 율법주의" 견해는 은혜의 **우선성**을 강조하는 한편, 그 속성에 수혜자의 가치와 상관없이 주어지는 은혜의 **비상응성**도 함축시켰다(위 3.6.1을 보라). 따라서 샌더스는 바울의 은혜 신학이 획일화된 유대교의 관점과 구분될 수 없다고 보았다. 하지만 이 전제는 은혜의 다른 속성을 강조하는 해석자들 사이에서 계속 논란이 되고 있다(3.6.2와 3.7.2를 보라). 우리는 은혜의 속성들을 분해해본 결과 은혜의 **우선성**은 **비상응성**을 함축하고 있지 않다고 주장했다. 말하자면 택하심에 있어 은혜의 우선성을 강조하는 통상적인 유대교의 관점은 하나님이 가치와 상관없이 은혜를 나누어주시는 비상응성을 은혜의 우선성과 일치시키지 않았다. 따라서 신학적으로 매우 강력한 힘을 갖고 있는 것으로 증명된 샌더스의 "언약적 율법주의"의 이 측면은 혼란스러운 개념으로 확인되었다. 우리는 이 문제를 명확히 함으로써, 의도치 않게 샌더스가 유대교 안에 얼마나 의심스러운 획일성을 만들어놓았는지, 그리고 왜 해석자들이 그토록 다양하게 샌더스의 결론에 만족하거나 불만족했는지 이해할 수 있었다.

은혜의 다양한 속성들을 분석하여 구별하게 되자 실제로 제2성전 시대 유대교의 은혜 신학을 해석하는 새로운 길이 열렸다. II부에서 분석한 본문들은 각각 신적 은혜(하나님의 선하심, 자비 또는 자선)를 매우 다양한 방법을 통해 핵심 주제로 다루었다. 우리는 구조, 지평 그리고 역사적 상황의 차이를 따라가면서 은혜의 다양한 극대화들을 확인했다. 특히 하나님의 자선과 그 자선의 수혜자들이 지닌 가치, 이 둘 사이의 상응성을 강조하는 본문들(예. 솔로몬의 지혜서와 필론)과 하나님의 은혜를 가치와 상관없이 주어지는 것으로 제시하는 본문들(예. 쿰란 공동체의 호다요트와 『성서고대사』 10.2의 요약 부분을 보라) 간의 차이를 부각시켰다.

이처럼 은혜의 극대화들을 분해한 결과 바울에게 "은혜"는 무엇을 의미했는지, 그리고 바울은 은혜를 어떻게 그리고 어떤 방식으로 극대화했는지 새롭게 물어볼 수 있게 되었다. 바울에게서 전통적인 극대화들을 찾아내거나 가능한 한 많은 극대화들을 찾아내려는 경향에 반대하여, 우리는 최소한의 가정들을 갖고 접근함으로써 바울이 다른 모든 측면에서가 아니라 특정한 측면에서 은혜를 극대화했을 수도 있다는 가능성에 문을 열어 두었다. 이것이 우리의 바울 이해에 있어서 그리고 이 해석이 해석사와의 관계에 있어서 무엇을 의미하는지는 아래에서 명확히 밝혀질 것이다.

18.3. 유대인 은혜 신학자들 중 한 명인 바울

우리가 다룬 은혜 주제는 바울을 그의 동포 유대인 가운데 두거나 또는 그들과 대립적인 위치에 두고자 할 때 오랫동안 중요한 역할을 했다. 바울의 대립 관계들에 대한 하나의 신학적 해석은 오직 바울만이 "은혜"의 의미를 바로 파악했다는 신념에 따라, 유대교를 "행위의 의"를 추구하는 종교로 만들어놓았다. 종교개혁의 "행위" 해석에 의해 조성된 이러한 이해에 따르면(위 3.3, 3.4, 3.5를 보라), 다른 당대 유대인들의 은혜 관념은, 은혜를 보상 또는 업적 구원론과 혼합시킴으로써 스스로 모순에 빠진 것으로 판단되었다. 반면에 샌더스의 "언약적 율법주의"는 제2성전 시대 유대교를 일률적으로 "은혜의 종교"로 규정하면서, 바울이 이 점에 있어서 그의 모든 동포 유대인들의 견해와 차이가 없다고 보았다(위 3.6.1을 보라). 그러나 우리가 선정한 문헌들을 분석한 결과 다른 결론이 도출되었다. 그 결론은 은혜가 제2성전 시대 유대교 신학의 모든 곳에서 나타나지만 모든 곳에서 동일한 의미를 지니고 있는 것은 아니라는 것이다. 은혜의 상응성에 관한 결정적인 질문에 대하여 우리는 만장일치가 아니라 **다양성**을 답변으로 확인했다. 우리가 선정한 일부 문헌은 하나님의 긍휼을 하나님의 공의와 관련시키는데, 그 결과 하나님의 자비가 일반적으로, 아니 적어도 최종적으로는 받기에 합당한 자에게 상으로 주어진다는 사실을 제시한다

(예. 솔로몬의 지혜서, 에스라4서의 우리엘). 다른 문헌들은 은혜의 비상응성을 극대화하고, 하나님의 선하심과 인간의 무가치함(1QH^a) 또는 이스라엘의 죄악성(『성서고대사』) 간의 비상응성을 추적한다. 에스라4서에 나오는 대화들은 은혜의 비상응성 여부가 제2성전 시대 유대교에서 논란거리였음을 암시한다. 유대교가 은혜의 비상응성을 보편적 주제로 다루고 있다고 간주한다면 이는 잘못이겠지만, 이 개념이 오직 바울에게서만 나타난다고 간주하는 것 역시 똑같이 잘못이다. 바울의 관점은 다양한 견해가 합창을 이루고 있는 유대인의 음성 가운데 하나로, 어떤 면에서는 구별되지만 그럼에도 질적으로나 양적으로 다른 유대인들의 음성과 **더 차이가 나는** 것은 아니다. 바울은 하나님의 은혜를 설명할 때 동료 유대인 **가운데** 서 있고, 이때 그는 그들과 **상관없이** 독자적인 또는 대립적인 입장을 취하고 있지 않다. 동시에 바울은 **논쟁**의 한복판에 서 있으며, 우리가 다른 유대인 저자들 가운데 어느 누구도 단일하고 단순한 또는 논란의 여지가 없는 은혜 개념의 대변자로 간주될 수 없다.

바울 서신(특히 롬 9-11장)은 바울과 유대인들이 은혜와 관련하여 공통된 주제를 다루었음을 암시하지만 또한 바울 사상의 독특한 측면도 보여준다. 앞에서 확인한 것처럼, 바울은 은혜의 **비상응성**을 제시하고, 이때 이 극대화를 **그리스도-사건**(이 사건은 사랑 없는 자에게 행사되는 하나님의 사랑과 연결된다)과 관련시키고, 또 **이방인 선교**(이방인 선교에서 하나님의 선물들은 민족적 가치 차이와 율법에 기초를 둔 가치 정의["의"]를 무시한다)와 관련시킨다. 사실 이방인 선교를 위하여 그리고 이방인 선교에 따라 기독론적으로 정의되고 상술된 이 은혜의 신학으로 말미암아 바울은 **이스라엘의 정체성**에 대한 이해를 다시 형성하게 되었다. 바울은 이스라엘의 기원이 아브라함과 족장들임을 독특하게 재 진술했는데(롬 4장과 9장), 이는 그가 이스라엘의 실존과 운명의 필수 요소로 보았던 비상응적인 선물에 의해 정형화된다. 바울 신학은 유대교를 **반대하는** 방향으로 나아가지 않는다. 유대인과 이방인으로 함께 구성된 신자 집단을 이스라엘의 **대체자**로 간주하지도 않는다. 바울의 해석에 따르면, 이스라엘은 오로지 하나님의 무조건적인 긍휼이라는 뿌리에 의존할 때에만 가장 진정한 의미의 이스라엘이 된다. 그리고 이것은 이스라엘이 그리스도 안에서 유대인과 이방인에게 부어지는 "부요함"에 의존할 때 충분히 그리고 결정적으로 사실이 된다.

바울이 은혜의 비상응성을 급진적으로 대두시키는 방법과 은혜를 그리스도-사건과 연계하며 이방인 선교에 적용시키는 독특한 방법은 동료 유대인들과는 비견할 수 없는 독보적 방식으로 율법의 권위를 상대화시킨다. "내가 하나님에 대하여 살고자 율법에 대하여 죽었다"는 바울의 주장(갈 2:19)은, 그가 "하나님을 위하여 사는 것"에 대한 유대인의 관념을 받아들일 때에도, 유대인의 상징적 자산을 충격적으로 평가절하하고 있음을 암시한다(참조. 빌 3:2-11). 바울은 반유대적 또는 탈유대적 태도를 조금도 갖고 있지 않다. 다만 그리스도 안에서 주어진 하나님의 은혜에 관한 자신의 개념에 따라 유대인으로서의 자신의 정체성을 바꾸고 자신이 과거에 율법에 충성했던 것에 의문을 품는다. 우리의 바울 해석은 오랫동안 관심을 끌고 논란이 되었던 이러한 현상에 새로운 시각을 제공했다.

18.4. 은혜의 사회적 정황에서 본 바울의 은혜 신학

비상응적인 그리스도-선물에 관한 바울의 개념은 원래 기독교 공동체를 세우는 개척 단계에서 이방인 선교를 위하여, 그리고 이방인 선교에 따라 전개된 그의 **선교 신학**의 한 부분이었다. 하나님의 비상응적인 은혜는 기존의 가치 기준을 해체시키기 때문에, 개종자들로 하여금 기존 규범과의 연대성을 끊게 하고 그리스도를 믿는 공통적 믿음으로 연합시킴으로써 혁신적 개종자 집단의 기초를 구성한다. 여기서 출발점은 **그리스도-사건을 선물로** 구성하는 것이다. 바울은 "우리의 죄를 위한" 그리스도의 죽음

(예. 고전 15:3-4)을 선물 언어로 해석한다(자기 아들을 주신 하나님의 선물 또는 자기 자신을 주신 그리스도의 선물). 따라서 바울에게는 예수의 생애, 죽음, 부활이 신적 자비의 초점이다. 따라서 성서의 증언과 이스라엘의 역사 및 정체성이 이 초점에 따라 해석된다. 은혜는 하나님의 일반적인 자비 속에서 발견되는 것이 아니라 한 **사건** 속에서 발견되고, 그 핵심 표현은 창조에 있는 것도 아니고 어떤 다른 신적 은사에 있는 것이 아니라 그리스도-선물 속에 있고, 바울은 그리스도-사건이 **그 선물**을 구성한다고 본다.

그리스도-선물은 비상응적인 선물로 경험되고 해석된다. 바울의 이방인 선교는 형성력을 지닌 사건이다. 이에 따라 신적 자비를 받기에 전혀 합당하지 않은 비유대인이 그리스도의 복음을 받아들이고 성령을 선물로 받음으로써 "은혜 안에서 [하나님의] 부르심을 받는" 자로 발견된다. 이때 바울이 직접 겪은 경험은 이처럼 가치를 무시하는 것과 맞물려 있는데, 그 이유는 바울 역시 그가 갖고 있던 유대인으로서의 특권들과 상관없이 그리고 그가 교회를 박해한 것에도 불구하고 "은혜로 부르심을 받았기" 때문이다. 따라서 바울은 민족성, 신분, 지식, 덕 또는 성(性)의 당연한 기준들을 무시하는 그리스도-사건 속에서 하나님이 주도권을 쥐고 계심을 확인한다. 바울 신학은 변증법적 방식으로 기존 규범에서 벗어난 공동체의 형성을 정당화하는 한편, 바울의 선교 실천은 그리스도-선물의 비상응성을 명확히 하고 또 그 속성을 급진적으로 대두시킨다.

바울은 **단일한** 그리스도-사건을 기존의 **모든** 가치 분류에 의문을 제기하는 것으로 이해한다. 바울은 신자들을 "세상에 대하여 죽은 자"로 간주하고 "새 창조"의 표현으로 간주하는데(갈 6:14-15), 이때 그는 유대인과 헬라인, 종과 자유인, 남자와 여자 사이의 구별을 무시할 수 있는(갈 3:28) 다른 공동체의 탄생에 대하여 상세히 설명한다. 이런 사회적 정체성들은 계속 존재하지만, 그리스도께 의존하고 통상적인 가치 분류 체계와 "엇갈려" 작용하는 공동체 안에서 그것들은 가치 표지로서 아무 의미가 없는 것으로 선언된다(갈 1:10-11). 조상, 교육, 사회적 힘은 이제 이전의 가치 전제들을 무시하는 공통의 "부르심"에 예속된다(고전 1:26-31). 새 공동체는 각자 그리스도 안에서 받아들여진 무조건적 관점에 따라 서로를 받아들임으로써 문화 속에서 그들이 갖고 있었던 차이들을 상대화하도록 권면받는다(롬 14-15장).

바울은 "칭의"를 설명하고 "율법의 행위"와 "그리스도를 믿는 믿음"을 대립시키는데, 이는 이방인 선교 안에서 그리고 이방인 선교를 위하여 이루어진다. 바울은 자신이 물려받은 "조상의 전통들"에 있어서 근본적이었던 유대인과 이방인 간의 민족적 차이가 비상응적인 그리스도의 선물로 인해 해소되었다고 선언한다. 바울은 자신의 선교 경험, 다른 유대인 신자들과의 논쟁 그리고 이방인의 사도로 부르심 받은 사실 등에 따라 갈라디아서와 로마서에서 이 주제들을 중심 요소로 삼는다. 여기서 "율법의 행위"는 유대인의 관습을 의미한다. 문제의 "율법"은 토라를 가리킨다. 바울은 하나님이 율법의 행위가 아니라 그리스도를 믿는 믿음에 따라 가치("의")를 계산하신다고 선언함으로써 율법의 규범적 권위를 무너뜨리는데, 그 결과 율법은 이제 더 이상 신자들의 공동생활을 형성시키지("속박하지") 못한다. 유대인 신자들의 율법 준수는 결코 금지당하지 않는다. 하지만 그들에게도 율법의 권위가 이제는 "복음의 진리"에 종속된다. 유대인 신자들은 율법이 자신들의 공통된 문화적 틀이 아니므로 이방인 신자들에게 율법을 강요해서는 안 된다는 사실을 인정하라고 요구받는다. 비록 율법의 요소들이 성령의 인도를 받은 행위를 통해 "성취된다" 하더라도, 율법은 신자들의 궁극적 규범이 아니다. 율법을 궁극적 규범으로 인정하게 될 경우, 이는 그리스도 안에서 주어진 하나님의 은혜를 부인하게 되는 것이다. 신자들은 그리스도를 믿는 믿음으로 연합되어 있고, 이 믿음은 그들이 자신들의 "새 생명"의 원천인 그리스도-사건을 지향하고 있음을 보여주는 표지다. 바울은 율법의 행위를 믿음의 본질적 표현으로 생각하는 자를 반대하는데, 이는 "율법"이나 "행위"가 문제가 있는 구원론의 원리라서가 아니라, 율법도 다른 모든 기존 규범과 같이 이 무조건적인 그리스도의 선물로 말미암아 이제는 가치 기준으로서의 자격을 상실해버렸기 때문이다.

바울은 그리스도-선물을 포괄적인 신학적 배경 속에 두는데, 그 이유는 그의 신학이 지니고 있는 두 가지 흥미로운 특징 때문이다. 하나는 바울의 부르심의 신학(바울의 언약 신학 또는 "구원사"의 한 형태)이고, 또 하나는 죄의 신학(그의 인간론)이다. 그리스도-선물은 아브라함에게 주어진 약속의 성취로 해석되지만 동시에 율법-언약과 분명히 구별된다. 이 특수한 단절에 따라 바울은 성서 전체를 재해석하고, 그리스도-선물이 복음을 반영하고 있다는 점에서 이를 자신의 신학의 근거로 삼는다. 갈라디아서를 보면 이스라엘 역사에 긍정적 의미가 부여되지 않는다. 갈라디아서는 저주와 속박을 강조하는데, 이는 도리어 은혜의 **비상응성**을 부각시키는 역할을 한다. 로마서는 이스라엘 이야기의 요소들을 상술하지만, 이 상술은 이스라엘 이야기의 요소들이 특히 바울의 분리 표지를 담고 있는 곳에서만 이루어진다. 곧 처음부터 현재까지(그리고 투사된 미래까지) 바울은 죽은 자 가운데서 살아나는 생명의 패턴, 경건치 않은 자가 의롭다 함을 얻는 것 그리고 가치와 상관없이 하나님의 긍휼이 주어지는 것을 추적한다. 바울에게는 이 내러티브의 범주가 중요한데, 그 이유는 신자들의 새 공동체가 처음부터 이스라엘을 창조하고 보존시킨 뿌리에 접붙여졌을 때에만 존재하기 때문이다. 바울은 성서 기사를 인용하여 구원의 추상적 원리를 예증하지는 않는다. 그러나 바울이 말하는 이야기는 기독론적 결론을 가진 제2성전 시대의 흔한 내러티브가 아니다. 그것은 은혜의 비상응성에 따라 형성된, 새롭게 발견된 줄거리를 갖고 있다.

그리스도-선물의 또 하나의 배경은 죄에 대한 바울의 신학이다. 바울이 "이 악한 세대"(갈 1:4)에 대해 갖고 있는 비관적인 태도가 그리스도-선물이 가치와 상관없이 "경건치 않은 자"와 "약한 자"에게 주어진다는 확신에 따라 급진적으로 부각된다. 예외는 없다. 곧 **모든 사람**(유대인과 이방인)이 죄의 지배 아래에 있고, 거기서 우주도 죄에 종노릇한다. 심지어는 율법도 이 죄의 속박 능력으로 말미암아 좌절되는데(롬 7장), 이것이 율법의 조건 안에서는 칭의가 있을 수 없는 또 하나의 이유다. 이 끔찍한 인간론은 그리스도 안에서 누리는 자유와 화목에 관한 바울의 복음을 돋보이게 한다. 바울은 이전과 이후, 밖과 안을 대조시키는데, 이는 그가 회심으로 이끈 개종자들에 대한 경험을 반영한다. 개종자들이 죽음에서 생명으로, 육체에서 성령으로, 죄에서 의로 나아가는 역사의 드라마는 세례 안에 소중히 담겨 있고, 이때 그리스도로부터 나온 "새 생명"은 새로운 사회관계 속에서 그리고 재구성된 각 개인의 자아 속에서 경험된다(갈 2:19-20).

따라서 그리스도-선물은 부르심과 죄에 대한 바울의 신학에 구원론적 기초를 제공한다. 달리 말해 그리스도-선물은 이스라엘 이야기를 묘사하고 인간의 곤경을 제시하는 것의 기초를 구성한다. 이처럼 신학적 기초들을 통합시키는 것이 바울의 특별한 업적이다. 또한 이 기초들은 그리스도-사건을 정황화하고, 전체 역사와 우주 전체를 망라하는 지도 위에서 그 중요성이 확인된다. 그러나 그 기초들의 초점은 그리스도-선물에 있으므로 각 기초는 은혜의 비상응성의 표지를 지니고 있다.

바울의 선교 목표는 고유의 삶의 방식이 통상적인 가치 기준과 단절된 한 사건을 증언하는 공동체 형성에 있다. 바울은 세례가 새로운 삶의 방향을 창출할 것으로 기대하는데, 이 삶의 방향에는 인간의 가멸적 상태 한복판에서 부활-생명의 실재를 표현해내는 육체의 습관이 포함되어 있다. 그리스도-선물은 무조건 실천으로 실현되어야 하고, 그렇지 않으면 비상응적인 선물로서의 의미를 갖지 못하게 된다. 그리스도-선물은 하나님에 대한 새로운 형태의 순종을 낳고, 이 순종은 하나님에 대한 "답례"로서 그리스도-선물로부터 나오지만 추가로 하나님의 선물을 이끌어내고자 하는 도구적 의도는 전혀 갖고 있지 않다. 따라서 하나님의 은혜가 지닌 변혁 능력은 신자들과 하나님 사이에 적합성을 창출하는데, 이 적합성은 종말에 증명될 것이다. "행위를 따라" 이루어지는 심판은 양립할 수 없는 새로운 구원 원리를 함축하지 않는다. 이 심판은 비상응적인 선물의 의

도된 효과가 변화된 자들의 실천 속에 새로운 가치 기준을 정립하는 것에 있음을 암시한다.

바울에 따르면 은혜의 **비상응성**은 은혜의 **단일성**을 함축하지도 않고(왜냐하면 그리스도 안에서 행하신 하나님의 은혜 행위가 죄에 대한 하나님의 심판에 기초하기 때문이다), 또는 은혜의 **비순환성**을 함축하는 것도 아니다(왜냐하면 그리스도-선물은 순종에 대한 기대를 수반하기 때문이다). 은혜는 비상응적이므로 은혜의 **우선성**은 어디서나 전제된다. 하지만 바울은 호다요트나 아우구스티누스와 칼뱅의 신학과 달리, 좀처럼 예정론을 결론으로 이끌어 내지 않는다. 은혜의 **초충만성**도 전제되고 때때로 명확히 제시된다. 하지만 은혜의 **유효성**은 아우구스티누스 전통이 제시하는 것만큼 주목을 받지 못한다. 바울의 어떤 본문은 신자들의 의지와 행위 속에 은혜의 **유효성**이 작용하고 있음을 제시하지만(고전 15:9-10; 빌 2:12-13), 이 극대화는 갈라디아서와 로마서에서는 특별히 소개되어 있지 않다. 신자에 관한 모든 내용은 성령 안에 있는 새 생명의 근원인 그리스도의 부활 생명에 기초한다. "성령으로 살지 않으면" 아무도 "성령으로 행할" 수 없다(갈 5:25). 그러나 은혜의 유효성(신자들의 행위 안에서 하나님이 현재의 원인적 행위자라는 의미에서)은 갈라디아서나 로마서에서 중심 관심사가 아니고, 핵심적인 극대화인 **그리스도-선물의 비상응성**을 필수적으로 수반하지도 않는다.

18.5. 은혜의 새로운 정황과 새로운 의미

바울의 은혜 신학은 영향력을 갖고 있는데, 그 이유는 오직 바울의 은혜 신학만이 원래의 정황을 뛰어넘어 여러 역사적·사회적 조건에서 생산적인 것으로 입증되었기 때문이다. 그 과정에서 당연히 바울의 은혜 신학의 의미도 바뀌었다. 앞에서 확인한 것처럼, 원래 바울의 은혜 신학은 기독교 운동이 출범할 당시 그의 선교에 필수적이었다. 곧 바울의 은혜 신학은 개종자들이 그들의 과거와 현재 사이에, 그리고 공동체 안에 있는 자와 밖에 있는 자 사이에 선을 그어 기존의 가치 기준을 버리도록 분리시키는 역할을 했다. 그런데 처음에 이 일이 있고 난 후로, 탈선교적 배경 속에서 그리고 경계가 이미 확립된 기독교 공동체 안에서, 바울의 은혜 신학은 다른 역할과 다른 초점을 갖게 되었다. 심지어 은혜의 비상응성이 다시 강조된 곳에서도 기독교 전통을 새로 세우는 역할이 아니라 그 전통을 다듬는 역할을 하게 되었고, 구분선이 기독교 공동체 **둘레에** 그어지는 것이 아니라 기독교 공동체 **안에**, 심지어 신자들의 주관성 안에 그어졌다.

이런 초점의 변화는 바울의 "행위" 및 "율법" 언어에서 보다 현대적인 관련성을 더 깊이 추구한 후대 신학자들에게는 바울 신학의 원래 배경 곧 유대인과 비유대인 사이의 구별을 해체시키고 율법을 상대화시킨 이방인 선교가 단순히 역사적 관심의 문제에 불과한 것이 되었다는 사실과 관련되어 있다. 그러나 더 근본적인 변화가 일어났다. 말하자면 이전에 새 공동체를 기존 문화에 대한 충성에서 분리시키는 역할을 했던 은혜 언어가 이제는 과거와의 단절 의식이 거의 또는 전혀 없었던 신자들에게(왜냐하면 그들의 주된 사회화는 그리스도인으로서 이루어졌으므로) 그리고 외적 경계가 존재하지 않거나(견고한 기독교 문화 속에서) 또는 이미 분명히 나타났던 공동체들에 적용되었다. 그들의 가치 기준(명예로운 또는 의로운 것으로 간주되는 것)은 이미 강하게 "기독교화" 되었다. 이런 배경 속에서 바울의 은혜 신학은 기독교 전통의 내적 개혁을 위한 도구가 되었다. 이때 바울의 은혜 신학은 신자들이 기독교로 개종하기 전에 가지고 있던 가치 기준이 아니라, 기독교의 가치를 성취한다는 그들의 교만이나 의도를 무너뜨림으로써 신자들과 충돌하는 결정적인 칼날이 되었다. 은혜는 여전히 공동체에 가입하는 수단으로 남아 있었으나 기존 규범("사람의 뜻을 따라 된 것", 갈 1:11)을 결정적으로 해체시킴으로써 기독교 규범의 준수와 관련하여 신자의 자신감이나 독립성을 공격하게 되었다. 일단 기독교의 여과기를 거친 "율법"이 하나님의 법으로서 충분한 권위를 인정받고 있던 배경하에서, 바울이 과거에 율법의 규범적 역할에 도전했던 것처럼 신자가 율법의 권위에 도전하는 일은 상상할 수 없었다. 바울은 "은혜"와 믿음을 율법의 의와 대립시켰다. 하지만 바울이 율법의 규범적 기준을 의심했다고는 생각할 수 없었고, 율법을 지키거나 율법의 의도를 해석하는 데 있어 신자의 부족한 태도를 비판할 의도를 갖고 있었다고 보는 것이 더 개연성이 있었다. 여기서 일어나는 변화는 특수한 것에서 보편적인 것으로의 변화도 아니고(바울은 둘 다를 망라하고, 그리스도-사건의 특수성으로부터 그 사건의 보편적 함축성으로 나아간다), 또는 구체적인 것에서 추상적인 것으로의 변화도 아니며(바울과 같이 바울 해석자들도 자기들의 신학의 구체적 목표를 갖고 있다), 또는 공동체적인 것에서 개인적인 것으로의 변화도 아니다(바울의 은혜 신학은 공동체적 요소와 개인적 요소를 다 갖고 있다). 오히려 변하는 것은 사회적 정황이다. 사회적 정황의 정체성을 형성하고 사회적 정황의 경계를 명확히 밝혀주는 새로운 사회 운동에 대해 비판을 가하는 신학이 이제는 이미 확립된 전통에 대한 자기비판적 신학이 되었다. 다시 말해 사회적 정황이 고려된 선교 신학이 공동체 안으로 들어왔다.

이러한 배경적 변화의 첫 번째 표지는 제2바울 서신에서 찾아볼 수 있다. 거기 보면 "행위"가 다시 도덕적 업적으로 초점이 맞추어지고(엡 2:8-10; 딤후 1:9; 딛 3:5), "자랑"은 유대인의 율법(또는 그리스인의 지혜)에 대한 문화적 자부심을 가리키는 것이 아니라 업적에 대한 긍지를 가리킨다(엡 2:9). 은혜는 가치의 신적 원천을 입증하는 표지다("이것은 너희에게서 난 것이 아니요 하나님의 선물이라", 엡 2:8). 앞에서(위 3.2를 보라) 확인한 것처럼, 아우구스티누스는 "자랑"을 신자들이 공로를 하나님이 아니라 자신들에게 돌리는 교만으로 해석했다. 아우구스티누스는 바울의 은혜 신학이 인간적 **가치 기준**을 뒤엎는 것이 아니라 **가치 획득**에 대하여 자신을 칭송하는 인간적 경향을 뒤엎는 것으로 보았다. 따라서 바울 신학의 비판의 칼날은 기독교의 덕의 취득에 관한 해석을 겨냥하고 있다. 아우구스티누스는 은혜의 우선성 및 유효성과 함께 극대화시킨 은혜의 비상응성을 취하는

데, 이는 하나님의 치유하시는 도움이 온갖 도덕적·영적 업적에 대한 필수적·효과적 원천이라는 공리적 원리를 제시하기 위함이다. "육체 속에 있는" 생명과 "성령 안에 있는" 새 생명 간의 구별(롬 7-8장)—회심한 자의 과거의 생명과 현재의 생명 간의 대조—은 신자의 내적 이원성을 나타내기 위하여 취해진다. 은혜란 곧 신자가 하나님의 행위에 의존하는 것을 의미한다.

　루터의 업적(위 3.3을 보라)은 바울의 선교적 은혜 신학을 교회를 향한, 특히 각 신자의 마음을 향한 절박하고 영속적인 **내적 선교**로 바꿔 표현한 것에 있었다. 루터는 바울 안에 있는 은혜의 비상응성과 예수 그리스도라는 **사건**에 존재하는 은혜의 기원을 모두 되찾았다. 여기서 도전이 되는 것은 기독교 전통에 따라 오랫동안 사회화된 신자 공동체 속에서 은혜의 비상응성을 중요한 것으로 만드는 것이었다. 바울 신학의 파괴력은 다른 표적, 곧 신자들이 버리려고 애쓰고 있는 옛 규범 체계가 아니라 신자들 자신의 선행을 하나님의 은혜를 얻는 필수 수단으로 보는 잘못된 이해를 겨냥한다. 바울의 은혜 신학은 하나님의 선물을 받는 법을 거듭해서 배워야 하고 자기들의 행위를 구원 얻는 공로로 여기는 잘못된 견해를 버릴 필요가 있는 신자들의 **영속적 변화**를 가져오기 위해 다시 선포된다. 복음은 자아에 대한 선교와 하루도 빠짐없이 세례로 돌아가는 것으로 구성된다. 왜냐하면 옛 본성이 지속적으로 오만한 자급자족의 경향을 보여서, 그리스도께서 이미 모든 것을 주셨다는 기억을 통해 이 옛 본성이 무력화되어야 하기 때문이다. 따라서 여기서 은혜는 의인이자 죄인(*simul justus et peccator*)인 그리스도인의 삶 속에 선을 긋는다. 신자는 계속해서 믿음 안에 있는 자가 될 때에만 신자가 된다. "율법의 행위"를 반대하는 바울의 논박은 가치의 외적 정의(율법의 실천)를 겨냥하는 것이 아니라 자신의 선행을 구원에 유효한 것으로 보는 주관적 평가를 겨냥하는 것이다. 이런 초점의 변화로 "유대인"을 인간적 자기 의의 본보기로 보는 유감스러운 경향이 생겼다. 하지만 이 변화로 인해 16세기 교회의 상황 속에 바울의 은혜 신학이 훌륭하게 다시 적용되는 일이 벌어졌다.

우리가 확인한 것처럼, 20세기에는 은혜를 교회에 대한 비난으로 또는 모든 개인의 자기이해에 관한 심판으로 해석하는 것과 관련하여 여러 가지 주목할 만한 전개를 보여주었다(위 3.5를 보라). 온갖 차이에도 불구하고 이러한 전개들을 통해 "율법의 행위"에 대한 바울의 논쟁에 있어서 그 표적이 "행위"가 된다는 전통이 지속되었다. 이 전통 속에서 바울 신학은 율법의 요구를 이루는 데 아무 힘이 없는 인간의 무능력을 폭로하는 데 사용되거나(아우구스티누스, 칼뱅) "인간적 시도"나 다름없는 하나님을 향한 "종교적" 운동을 폭로하는 데 사용되거나(바르트, 마틴) 또는 사람이 구원을 위하여 자기 자신을 의지할 수 있다는 거짓되고 교묘한 우상숭배적인 가정을 폭로하는 데 사용되었다(루터, 불트만, 케제만). 이 모든 경우에 있어 바울이 비판하는 대상은 행위의 내용이 아니라 "행함"이다. 곧 가치를 재는 기준이 아니라 소위 가치의 업적이 바울이 비판하는 대상이다.

이런 각도에서 보면, "새 관점"은 바울의 수용 역사 주류에서 벗어나 있다. "새 관점"은 바울 서신을 첫 그리스도인 세대가 모세 율법에 대해 갖고 있던 갈등과 연계하여 이해하고, 신자들의 선행에 문제가 있는 것이 아니라, 신자 공동체를 유대교의 (일부) 율법 준수 규칙과 구별하는 것에 문제가 있다고 이해한다(위 3.6을 보라). 우리는 "새 관점"의 견해에 동조하여 바울의 칭의 신학의 배경을 이방인 선교와 민족적(또한 사회적) 경계를 넘어선 공동체를 구성하는 것에서 찾았다. 나아가 이 사회적 결과들은 단순히 바울 신학의 배경이 아니다. 곧 구원론 원리들에 대한 단순한 예증이 아니라 그 목표인 것이다. 왜냐하면 하나님이 그리스도 안에서 유대인과 이방인을 부르시는 것은 이스라엘을 긍휼로 부르시는 것의 성취가 되고, 따라서 이 부르심이 역사 속에서 하나님이 이루시는 목적의 중심에 있기 때문이다. 그러나 나는 이러한 바울의 선교 신학적 뿌리를 확인하면서 "새 관점"과는 결별한다. 아브라함의 약속, 성령의 경험 그리고 하나님의 하나 되심에 대한 바울의 호소를 형성하는 것은 바로 그의 그리스도-선물 신학이다. 이는 확실히 신학적으로 바울의 은혜와 유대교의 행위의 의, 이 둘 사이의 치명적인 대조로 돌아가는 것을 의미하지 않는다. 반면에 우리는 다양한 유대 문헌들을 통해 신적 자비의 중요성을 증명했다. 은혜는 제2성전 시대 유대교 어디에나 존재했다. 그러나 바울이 그리스도-사건에서 추적하고 있고 이방인 선교에서 경험하고 있는 비상응적인 은혜는 폭발적 힘을 지니고 있는데, 이 폭발적 힘은 이전의 가치 기준을 허물고 새로운 사회적 실존 방식을 출범시키는 혁신 공동체를 위한 공간을 마련한다. 은혜가 모든 사람에게 주어지는 이유는 은혜가 아무에게도 속해 있지 않기 때문이다. 결코 정치적으로나 철학적으로 좁은 것보다 넓은 것 또는 특수한 것보다 보편적인 것을 더 좋아하기 때문이 아니다. 바울의 교회 교리는 그의 은혜 구원론에 뿌리를 두고 있고, 이 은혜 구원론은 또한 인간의 곤경을 우주적·개인적 차원에서 이해하는 그의 견해도 형성시키며, 원래의 정황을 훨씬 뛰어넘는 신학적 중요성과 사회적 함의를 동시에 지니고 있다.

따라서 본서에 제시된 바울 해석은 새로운 공동체의 형성을 동반한 원래의 선교 상황에 은혜의 비상응성이 미친 역학 관계로 되돌아가는 아우구스티누스-루터 전통을 재상황화한 것으로, **또는** 최고의 역사적·주석적 안목을 바울의 은혜 신학 틀 속에 두는 "새 관점"의 견해를 재형성한 것으로 해석될 수 있다. 나는 이러한 분열의 두 진영에 속해 있는 해석자들과 중요한 방식으로 의견을 달리하는데, 여기서 제공한 해석은 이 두 해석 전통을 조화시키는 것이 아니라 재형성하는 것이다. 따라서 우리의 해석은 이 두 전통이 지닌 각각의 힘을 바울의 역사적 상태와 바울 사상의 신학적 구조를 모두 책임지는 틀 안에 둠으로써 현재의 이분법을 넘어서는 길을 열어놓는다.

우리의 바울 해석은 오늘날에도 공명을 불러일으킬 수 있다. 기독론적인 은혜 사건은 매우 특수하고 또 **어떤** 기준이든 복음에서 나오지 않은 기준에는 충격을 주기 때문에 바울 신학은 첫 세기란 배경 속에 갇혀 있지 않다. 우리는 특수한 역사적 논쟁에서 일반적 진리를 뽑아냄으로써 "영원한 원칙"을 찾아낼 필요가 없다. 말하자면 바울은 은혜 신학이 일반적 적합성을 갖고 있어서 실재에 관한 지도를 다시 형성시켜 놓은 것을 직접 확인했다. 우리가 살펴본 것처럼, 은혜 신학은 처음 선교가 발생한 원래의 정황에 적합했고, 기존 기독교 전통의 개혁에 사용될 때에는 반드시 그 초점을 다시 맞춘다. 그러나 오늘날 기독교 전통은 결코 안정적이거나 확고하지 않다. 사실 우리는 바울의 선교 배경과 오늘날 많은 교회의 사회적 배경 사이에 존재하는 **유사점**을 보고 놀랄 것이다. 최초의 선교 당시뿐만 아니라 심지어(사실은 특히) 다원주의적이거나 세속적인 오늘날 배경 속에서도 교회들은 그들 자체의 사회적·정치적·문화적 정체성을 재발견할 필요성이 있음을 알고 있다. 나이, 민족성, 사회적 신분, 교육, 성, 건강 또는 부(富)에 관한 당연한 가치 기준은 이런 상황 속에서 중대한 재평가의 대상이 되고, 교회들은 사회적으로, 이념적으로 그들을 구별시키는 복음이 무엇인지 새롭게 확인한다. 이 새로운 선교 배경으로 인해, 바울의 은혜 신학은 재상황화된 형태들에 적합한 것이 될 뿐만 아니라(이 재상황화된 형태들 속에서 바울의 은혜 신학은 "놀라운 은혜"의 개인화된 신학으로 잘 알려져 있다), 혁신적이고 반문화적인 신앙 공동체의 창건을 동반한 **원래의** 역학 관계에도 적합한 것이 된다. 바울은 그리스도-사건에서 시작함으로써 그리고 그리스도 안에서 주어진 무조건적 은혜를 급진적인 예리함으로 명확히 함으로써 이전에 형성된 가정들을 해체시키고 경계를 지워버리는 공동체를 창출하는 데 필요한 자산을 제공한다. 이 자산은 교회들이 "교회"의 의미가 근본적으로 불확실하게 된 문화 속에서 자기들의 정체성을 재조정할 때 절대 필수적인 것으로 증명된다.

우리는 여기서 하나님의 은혜의 선물 곧 신학적 의미에서 본 **그 선물**에 초점을 맞추었다. 앞에서 지적한 것처럼, 선물에 관한 이런 이해는 반드시 공동체의 변화된 삶으로 구현될 필요가 있다. 하지만 우리는 인간관계에 관한 바울의 관점 속에서 선물의 중요성이 어떻게 드러나는지 폭넓게 살펴볼 만한 지면이 없었다. 선물의 상호 교환을 통한 공동체의 건설, 통상적인 사회관계를 넘어서는 선물-관계의 포괄적인 범주, **그리스도 안에서** 선물의 주고받음을 동반하는 능력과 의무의 재조정—이것들은 모두 여기서 개괄적으로만 살펴본 바울의 주제로 남아 있다. 여기서 다루지 않은 다른 바울 서신들(예. 고린도전후서, 빌립보서, 빌레몬서)은 나중에 살펴볼 필요가 있다. 이런 문제들 외에도, 먼저 기원후 1세기의 경제적 상황 속에 적용된 바울의 사상과 실천은 현대의 사회적·정치적 윤리에도 중대한 함의를 갖고 있을 것이다. 그러나 이는 다른 책에서 다루어질 사안이다.

선물과 관련된 용어:
그리스어, 히브리어, 라틴어, 영어

"선물"이란 선의의 표현으로서 혜택이나 호의를 베풀고, 이에 따라 관계의 지속을 위하여 자발적이고 필수적인 어떤 상호 답례를 수반하는 특징이 있는 자발적이고 인격적인 관계의 한 영역을 의미한다. 선물의 범주에는 어떤 보답의 감사나 답례-선물에 대한 기대와 함께 다양한 섬김과 혜택으로 베풀어진 다양한 형태의 친절, 호의, 자선 또는 동정이 포함되는데, 이는 선물 인류학과 일치한다. 고대의 언어는 아주 다양한 말로 이 관계의 범주를 명확히 진술하는데, 이 다양한 용어들은 종종 의미가 중첩되지만 또한 미묘하게 다른 함축된 의미를 내포할 수 있다. 어휘 의미론에서 종종 그렇듯이, 우리는 이 용어들에서 가변성과 모호한 경계를 발견한다. 그리고 우리는 지나치게 정밀한 정의를 취하고자 하는 유혹을 피해야 한다. 그러나 완곡어법이 필수적인 사회 분야에서는 그 뉘앙스가 매우 중요했을 것이다. 하나의 거래가 각기 다르게 묘사될 수 있었다. 영어에서처럼 금전적 선물이 기부금, 보수, 상 또는 뇌물로 간주될 수 있었다.

헬레니즘 세계의 수여에 관한 담화와 바울 신학에서 χάρις("은혜")라는 말이 두드러지게 등장하고 있지만, 이것이 χάρις가 그리스어권 고대 세계에서 선물을 의미하는 용어로 사용되었음을 암시해준다고 생각해서는 안 된다. 더욱이 우리는 "χάρις 개념"에 대해 (어떤 이들이 말하는 것처럼) 말하기 위해 용어와 개념을 혼동해서는 안 된다. 바울의 은혜 신학에 대한 연구가 종종 이 하나의 어휘를 연구하는 것으로 제한되기도 하지만 바울은 신적·인간적 선물(호의, 자비 그리고 혜택)을 아주 다양한 용어로 말한다.[1]

---

1 롬 9-11장에서 바울은 신적 선물에 관하여 Χάριτες("은혜", 11:5-6) 및 χαρίσματα("은사", 11:29)와 함께 하나님의 ἐκλογή("택하심", 9:11; 11:5, 7, 28) 및 χαρίσματα("인자하심", 11:22)를 말하고, ἐκλογή("사랑하다", 9:13, 25; 참조. 11:28), χρηστότης("부유하다", 10:12; 참조. 9:23; 11:12, 33), ἐλεέω("긍휼히 여기다", 9:15, 16, 18; 11:30-32; 참조.

사실 이 사회관계 분야에서 사용되는 어휘는 광범위하다. 여기서 우리는 본서에서 다룬 본문들에서 사용된 말들에 우리의 관심을 제한할 것이다. 먼저 그리스어 어휘들을 조사하고, 이어서 히브리어 본문에 나오는 "선물" 언어를 제시하되, 아울러 히브리어 원문을 번역한(또는 히브리어 원문의 번역에 의존하는) 본문에서 그리스어 용어가 갖고 있는 특수한 함축 의미를 제시할 것이다. 그런 다음에 라틴어 용어를 다루고, 이후에는 일부 영어 용어에서 발견되는 특수한 문제점을 지적할 것이다.[2]

1. 그리스어에서의 "선물"

(a) 비록 χάρις가 신적·인간적 선물을 가리키는 여러 가지 용어 가운데 하나에 불과하고 어떤 본문에서는 지엽적인 중요성을 갖고 있기는 해도, 이 χάρις 용어로 설명을 시작하는 것이 편리하다. 이 말의 다양한 의미는 선물의 순환적 이동에 다양한 순간이 있음을 반영한다. 그리스인들은 이 사실을 잘 알고 있었고(한 종류의 χάρις가 다른 종류의 χάρις를 발생시킴. 소포클레스, *Ajax* 552. 참조. *Oed. Col.* 779), 이는 세 Χάριτες(삼미신)의 원무(圓舞)로 묘사

9:23), οἰκτείρω("불쌍히 여기다", 9:15)와 같은 동사로 하나님의 은혜 행동을 묘사한다. 고후 8-9장에서 바울은 신적 선물과 인간적 선물에 관해 χάρις(8:1, 4, 6, 7, 9, 19; 9:8) 외에도, ἁπλότης("연보", 8:2; 9:11, 13), ἁδρότης("거액의 연보, 풍성함", 8:20), κοινωνία("참여함, 교제", 8:4; 9:13), διακονία("섬김", 8:4; 9:1, 12, 13; 참조. 8:19, 20)와 같은 말을 사용하고, δίδωμι("주다")와 관련된 동사와 명사도 폭넓게 사용한다(8:1, 5, 10, 16; 9:7, 9, 15). 예를 들어 J. Wobbe, *Die Charis-Gedanke bei Paulus: Ein Beitrag zur neutestamentlichen Theologie* (Münster: Aschendorff, 1932)와 J. R. Harrison, *Paul's Language of Grace in Its Graeco-Roman Context* (Tübingen: Mohr Siebeck, 2003)에서는 χάρις가 일차적이고 거의 유일한 관심의 초점이다.

2   선물과 교환 언어에 대한 포괄적 설명에 대해서는 E. Benveniste, *Problems in General Linguistics*, trans. M. E. Meek (Coral Gables: University of Miami Press, 1971), 271-80을 보라. 여기서 개관되는 핵심 용어들에 대한 그 이전의 설명은 예를 들어 J. Moffatt, *Grace in the New Testament* (London: Hodder and Stoughton, 1931), 21-43, 99-127 그리고 T. F. Torrance, *The Doctrine of Grace in the Apostolic Fathers* (Edinburgh: Oliver and Boyd, 1948), 1-20에서 볼 수 있다.

되었다(참조. 세네카, *Ben.* 1.3.2-5).[3] 여기에 다음과 같은 세 가지의 상호 관련된 의미가 있다.[4]

(i) 선물의 대상에 관한 의미―**매력적이거나 호감어린 특성**. 이것이 고대 그리스어와 그리스어 시(詩)에서 가장 흔하게 사용되는 의미다. 여기서 χάρις는 "매력"이나 "즐거움"을 의미할 수 있다(동족 형용사인 εὔχαρις, εὐχάριστος, χαρίεις는 "매력적인", 또는 "즐거운"을 의미한다). 이 특성은 호의를 불러일으키거나 호의의 대상이 된다.[5] 히브리어 성서를 그리스어로 번역한 사람들은, 특히 εὑρίσκειν χάριν ἐναντίον("~의 눈에서 호의를 발견하다", 창 6:8; 18:3 등)이라는 관용어에서, χάρις를 이런 의미로 사용했다(예. 70인역 시 44:2; 잠 10:32). 이 모든 경우는 히브리어 חן을 번역한 것이다(아래를 보라). 신약성서에서도 이런 의미로의 사용이 종종 발견된다(예. 눅 1:30; 2:52; 행 7:46; 벧전 2:19-20). 하지만 바울 저작권의 진정성을 의심받지 않는 바울 서신에서는 이런 의미로의 사용이 발견되지 않는다(참조. 골 4:6).

(ii) 선물의 수여자 또는 선물에 관한 의미―**관대한 태도 또는 베풀어진 호의나 혜택**. 태도와 선물은 구별될 수 있으나 서로 융합될 수도 있다. 왜냐하면 관대함은 종종 특수한 혜택으로 표현되기 때문이다. 이는 그리스 문헌에 나타나 있는 통상적 의미로(예. 투키디데스, 2.40.4), 그리스와 로마의 수여자를 공경하는 비문에서 널리 발견된다. 이 비문들을 보면,

---

3   참조. K. Deichgräber, *Charis und Chariten: Grazie und Grazien* (Munich: Heimeran, 1971). 참조. O. Loew, *ΧΑΡΙΣ* (Diss. Marburg, 1908; *non vidi*).

4   참조. *LSJ* s.v.(의미상의 동일한 차이를 다른 표현을 사용하여 나타냄), E. A. Nida, J. P. Louw, *Lexical Semantics of the Greek New Testament* (Atlanta: Scholars Press, 1992), 62-68(신약성서 그리스어에서 여섯 가지 부류의 의미를 찾아내지만 그 의미들을 선물-관계의 사회적 영역 위에 배치하지 않음).

5   *LSJ* s.v.와 C. Spicq, *Theological Lexicon of the New Testament*, 3 vols. (Peabody, Mass.: Hendrickson, 1994), vol. 3, 500-501에서 일단의 사례를 보라. 핀다로스가 이 중요한 말을 사용하고 있는 것에 대해서는 L. Kurke, *The Traffic in Praise: Pindar and the Poetics of Social Economy* (Ithaca: Cornell University Press, 1991)를 보라.

태도와 행동 사이의 애매한 경계로 말미암아 혜택이 수여자의 관대함의 표현으로 간주되기도 한다.[6] 이런 의미(단수형 χάρις와 복수형 χάριτες에 대한)는 히브리어 성서(구약성서)의 그리스어 후기 역본들 속에 나타나고(예. 슥 12:10; 에 6:3. 참조. 집회서 7:33; 19:25; 20:13), 필론에게서는 보편적으로 나타나며(6장을 보라), 신약성서에서도(예. 행 4:33; 11:23), 특히 바울 서신에서(바울은 단수형 χάρις만 사용함) 흔히 나타난다. 헬레니즘 시대의 후기 그리스어 문헌을 보면, χαριτόω(예. 엡 1:6)와 χαρίζομαι(예. 빌 1:29)와 같은 동사형으로 표현될 수 있는데, 여기서 χαρίζομαι는 "용서하다"와 같은 특수한 의미도 갖고 있다(예. 고후 12:13). 바울은 ἐν χάριτι(갈 1:6, "은혜 안에서") 그리고 διὰ χάριτος(갈 1:15, "은혜로 말미암아") 또는 단순히 χάριτι(롬 3:24. 참조. 엡 2:8-9, "은혜")로 행하시는 하나님에 대해 말할 수 있는데, 여기에는 하나님이 자신의 수혜자에게 행하신 행동의 **특성**이 반영되어 있다. 그러나 바울은 또한 그리스도 안에서 하나님이 세상에 베풀어주신 자비 **행위**에 대해서(롬 5:15-21; 갈 2:21; 고후 6:1) 또는 그리스도 자신의 그런 행위(고후 8:9, 갈 5:4)에 대해서 χάρις(그리고 χάρισμα)라는 말을 사용한다. 그리고 이 의미들은 다른 의미인 선물 자체와 중첩된다(고후 4:15; 8:1; 9:8). **선물 자체**를 가리키는 의미로서 χάρις는 인간의 선물에 대해서도 사용된다(고전 16:3; 고후 8:6, 7, 19).

여기서나 다른 그리스어 용법에서나 χάρις라는 단어 자체는 과분하거나 비상응적인 선물을 가리키는 특수한 의미로 사용되지 않는다는 사실에 주목하는 것이 중요하다. χάρις가 비상응적인 선물로 "극대화되거나"(본서 2장을 보라) 합당한 수혜자에게 주어지는 것은 그 말 자체로 결정되는 것이 아니라 문학적 혹은 사회적 정황에 의해 드러나는 것처럼 수여자와 수혜자 사이의 관계의 본질에 따라 결정된다.

(iii) 호의에 대한 답례의 의미─**보은** 또는 **감사**. 다시 말해 χάρις의

---

6   최근의 가장 좋은 연구서인 Harrison, *Language of Grace*, 26-63을 보라.

이 의미(단수형과 복수형 다)가 헬레니즘 시대 그리스어에서 흔하게 나타나고, 파피루스 사본과 비문들에서는 동의어인 εὐχαριστία와 함께 보편적으로 등장한다.[7] 이 두 단어 모두 헬레니즘/로마 시대의 유대 문헌들에서 나타나고(집회서 12:1; 마카베오3서 1:9; 필론 도처), 바울 서신을 포함한 신약성서에서도 나타난다(예. 히 12:28; 계 4:9). 바울은 χάρις와 εὐχαριστία를 "감사"의 의미로 사용하고(예. 고전 10:30; 고후 9:11-12, 15), 하나님의 χάρις(호의/선물의 의미로)를 인간의 εὐχαριστία("감사")와 연계시키는데, 이는 이 용어들이 불러일으키는 상호 순환 관계를 암시한다(예. 고전 1:4; 고후 1:11; 4:15; 9:11-12).

(b) 자비나 주어진 혜택을 표현하는 다른 용어들이 많이 존재한다. 바울 서신에서 신적 자비를 가리키는 용어들은 χρηστότης("인자하심", 예, 롬 2:4; 11:22), ἔλεος("호의" 또는 "동정", 예, 롬 15:29 [아래의 2단락을 보라]), εὐλογία("복", 롬 15:29), φιλανθρωπία("사람 사랑하심", 예, 딛 3:4) 등이 있다. 필론은 하나님에게 φιλόδωρος라는 꼬리표를 즐겨 붙인다(예. *Leg.* 1.34, "베풀어주는 것을 사랑하는"). 같은 용어들이 인간적 자비에 사용될 수 있고, 여기에 μεγαλοψυχία("아량")와 ἁπλότης("관대함", 예, 고후 8:2)와 같은 단어를 추가할 수 있다. 바울은 ἀγάπη와 ἀγαπάω("사랑, 사랑하다." 인간적이고 신적인 사랑을 모두 포함)를 χάρις와 δίδωμι(예. 롬 5:2-5; 갈 2:20-21; 고후 8:19-24)와 가까운 의미로 사용함으로써, 선물-관계의 인격적·정서적 측면을 부각시킨다.

자비로운 행동을 가리키는 동사에는 방금 지적한 명사들의 동족 동사가 많이 포함된다. 물론 δίδωμι(그리고 그 다양한 복합어)는 이런 의미로 매우 흔하게 사용된다(이때 이 단어는 단순히 "전하다"는 뜻이 아니다). 필론과 같

---

7   Spicq, *Lexicon*, vol 3, 503-4과 그 안에 있는 대표적 사례들을 보라. 파피루스 사본에 대해서는 Harrison, *Language of Grace*, 64-96을 보라.

이 바울도 이 동사를 χάρις와 결합시켜 사용함으로써(예. 롬 12:3; 고후 8:1), 이 용어들의 의미가 중첩되고 있음을 암시한다. εὐεργετέω("선한 일을 행하다")와 그 동족 단어들도 문헌과 비문에서 흔하게 나타나는데(하지만 신약성서에서는 드물게 나타난다), 바울은 그가 속한 유대 전통에 의해 미묘한 차이가 나는 하나님의 자비로운 택하심을 가리키기 위하여 εὐδοκέω("기뻐하다", 갈 1:15), ἐκλέγομαι("택하다", 고전 1:27-28), ἐλεέω("긍휼히 여기다", 롬 9:15. 아래에서 부분 2를 보라)와 같은 동사를 사용한다.

혜택 그 자체에 대해서는 동사 δίδωμι와 관련된 일군의 명사(δόσις, δόμα, δώρημα, δωρεά, δῶρον)가 있다. 경우에 따라 이 단어들은 χαρ-어근에서 나온 명사들과 완전히 같지는 않지만 대부분 중첩된다(예. 롬 5:15-17). 다른 많은 용어들(예. εὐλογία, κοινωνία, 고후 9:5, 13)이 선물의 정신과 선물이 창출하는 관계에 관한 요소들을 추가로 내포하고 있다. 선물은 의무 부여의 힘을 비롯하여 사회적 힘을 갖고 있기 때문에(본서 1장을 보라), "뇌물"로 작용할 수 있다. "선물의 수령"(δωροδοκία)은 정치적 또는 사법적 배경 속에서 벌어지는 이 현상에 대한 가장 가까운 그리스어다(위 1.2.1을 보라). 답례로 기능하는 선물은 μισθός를 비롯하여 다양한 명칭을 가질 수 있다. μισθός의 의미는 오랜 세월이 흐르면서 "상"에서 "보수"로 바뀌는데, 이는 형식적이고 계약적인 보상의 형태로 구조적 변화가 일어났음을 반영한다.[8] 신약성서에서 μισθός는 상과 보수, 어느 쪽이든 의미를 가질 수 있다. 또는 둘 사이의 접점에서 의미가 정해질 수 있다(예. 고전 3:8, 14; 9:17-18). δωρεάν이라는 부사는 "선물로"나 "값없이"(즉 "보수에 대한 답례 없이." 예, 고후 11:7. 참조. 살후 3:8)를 의미할 수 있다. 또한 "아무 이유 없이"(원인 요소가 없이, 요 15:25=70인역 시 68:5) 또는 "아무 효력 없이"(즉 "반

---

8   E. Benveniste, *Le vocabulaire des institutions indo-européens: 1. Économie, Parenté, Société* (Paris: Minuit, 1969), 163-170; 그리고 S. von Reden, *Exchange in Ancient Greece* (London: Routledge, 1995), 89-92의 설명을 보라.

응을 일으키지 못하고", 갈 2:21. 참조. 70인역 욥 1:9?)를 의미할 수도 있다. 각각 선물의 가능한 속성을 암시한다(위 2장을 보라).

선물에 대한 답례를 가리키는 말은 종종(항상은 아니고) 앞에 접두사를 붙이는 것이 특징이다. 예를 들어 ἀποδίδωμι("값을 치르다")나 ἀνταποδίδωμι("되갚아주다")가 그것이다. 답례로 돌아오는 것은 (답례-선물로부터 충성, 순종 또는 공경에 이르기까지) 매우 다양할 수 있기 때문에 관련 어휘도 매우 다양하다. 하나님과 관련하여, 감사와 함께 마땅히 드려야 할 것은 일반적으로 공경, 제사 또는 예배다(예. 롬 1:21; 12:1).

2. 히브리어(그리고 히브리어의 영향을 받은 그리스어)에서의 "선물"

우리가 제시한 선물에 관한 폭넓은 정의(위를 보라)에 (표준 용어인 נתן 곧 "주다"를 넘어) 다수의 성서 히브리어 용어도 포함된다. "어떤 사람의 눈에 חן을 주다/갖다"라는 말(예. 창 33:8)에서처럼, 명사 חן은 "매력" 또는 "호감"을 의미한다(위에서 지적한 χάρις의 첫 번째 의미와 거의 같다). 아주 간헐적으로 그리고 후기 본문에서 이 말은 호의 또는 선물을 의미한다. 그러나 동족 형용사 חנון과 동사 חנן은 어떤 사람에 대한 호의 또는 관대함의 의미를 전달한다(예. 창 33:5).[9] 출애굽기 34:6-7에서 하나님의 성품을 계시할 때, 형용사 חנון은 거의 동의어나 마찬가지인 형용사 רחום과 명사 חסד를 동반한다. 이 세 용어는 명사 רחמים과 함께 성서에서 하나님의 본성과 행위를 묘사하는 데 일정하게 한 부류로 분류된다(예. 민 14:18; 느 9:17-18; 시 103:8-13). 명사 חסד는 복합적 의미를 갖고 있는데, 세월이 흐르면서 그 의미가 다소 변하게 된다. 이 단어는 일반적으로 인격적이고 자발적이고 비법률적인 관계를 나타내는데, 이러한 관계에서 우월한 당사자의 자비는 답례에 대한 기대를 일으킨다(또는 답례 자체는 이전 관계로부터 나온다). 이 단

---

9   이 어근에 관해서는 K. W. Neubauer, *Der Stamm Chnn im Sprachgebrauch des Alten Testaments* (Berlin Ernst Reute Gesellschaft, 1964)를 보라.

어는 수혜(보호나 구조와 같은 수혜. 나중에는 여기에 용서도 포함됨)에 보답하는 본질적인 섬김의 행위를 통해 충성이나 신실함을 불러일으킨다.[10] 인간들 간의 관계와 하나님과 인간 사이의 관계에 다 사용되는 이 단어는 하나님께서 자기 백성에게 베풀어주시는 자비하신 행위를 가리킬 때 사용되는 핵심 용어 가운데 하나가 되었으나 영어로는 그 의미가 쉽게 번역되지 않는다. 이 단어와 짝을 이루는 단어 רחמים은 동정이나 연민의 뜻을 함축하고, 좀 더 정서적인 어조를 지니고 있다. 이 두 단어가 함께 배열되는 사례는 쿰란 공동체 찬송들에서 아주 흔하게 나타나고(위 7장을 보라), 여기서 또 다른 단어 רצון은 하나님의 우호적인 결정 또는 선택을 의미한다.

히브리어 성서를 그리스어로 번역한 역본을 보면, 그리스어 단어들은 때때로 생소한 함의를 갖고 있고, 이 재조정은 이후로 그리스어로 글을 쓰는 유대인 저자들에게 영향을 미친다. χάρις는 חן의 자연스런 번역이지만(호감이나 매력을 준다는 의미로), 형용사 חנון은 통상적으로 ἐλεήμων("자비로운", 때로는 οἰκτίρμων)으로 번역되고, 동사 חנן은 ἐλεέω(때로는 οἰκτείρω)로 번역된다. 명사 חסד는 ἔλεος로 번역된다(잠언에서는 때때로 ἐλεημοσύνη로 번역됨). רחמים("자궁"을 의미할 때)은 οἰκτιρμός(또는 οἰκτιρμοί)로 번역되고, 형용사 רחום은 οἰκτίρμων으로, 동사 רחם은 ἐλεέω, οἰκτείρω 또는 간헐적으로 ἀγαπάω로 번역된다.

이런 패턴은 동사 ἐλεέω와 οἰκτείρω 사이에 그리고 그 단어들의 각각의 명사와 형용사들 사이에 의미가 크게 중복되어 있음을 암시한다(참조. 롬 9:15; 11:32; 12:1). 번역 과정에서 ἔλεος와 동족 동사 ἐλεέω가 새로운 함축 의미를 갖게 되었다. 표준 그리스어에서 이 단어들은 불행한 일에 대한 동정(아리스토텔레스의 관점에 따르면, 고통당하는 자의 불행이 받을 만하지 않을

----

10   논란이 많은 이 용어에 대한 설명을 K. Doob Sakenfeld, *The Meaning of Hesed in the Hebrew Bible* (Missoula: Scholars Press, 1978); 그리고 G. R. Clark, *The Word "Hesed" in the Hebrew Bible* (Sheffield: JSOT Press, 1993)에서 보라.

때에만 주어지는 합당한 감정. *Rhet.* 1385b13-14)의 의미에서 "연민"이라는 뜻을 전달했다. 사법적 배경에서 보면, 동정은 관대한 조치, 곧 피고들은 얻어내려 하는 반면 철학자들은 정의의 부패라고 비판했던 "정의의 완화"를 함축했다.[11] 그러나 위에서 언급한 히브리어 단어들을 번역할 때 그리고 유대인들(그리고 그리스도인들)이 쓴 그리스어 본문에서, 그 함의는 달라질 수 있다. 따라서 ἔλεος와 ἐλεέω는 관대한 조치나 동정을 암시하지 않고 도움이나 구원을 가리킬 수 있다. 시편은 자주 이 용어들을 사용하여 하나님의 인자하심이나 도와주심을 찬미하는데(ἔλεος는 χρηστότης["인자"] σωτηρία["구원"], εὐλογία["복"], βοήθεια["도움"] 등과 유사하다), 이때 구원의 의미가 חסד에서 나온다(예. 70인역 시 5:8; 12:6; 24:7; 29:11. 참조. 집회서 2:7, 9; 4:7; 18:5-6; 솔로몬의 시편 4.25; 5.14-15). 이 ἔλεος의 수혜자가 약하고 가난하거나 환난 속에 있을 때, 여기에는 연민의 의미도 함축되어 있다(예. 70인역 시 6:3; 9:14. 참조. 집회서 34:24; 솔로몬의 시편 5.2, 12; 10.6). 그리고 명사 ἐλεημοσύνη는 가난한 자에 대한 동정을 베푸는 행위로 "자선"이라는 특별한 의미를 얻었다(예. 집회서 3:30; 7:10; 17:22). 사법적 정황 또는 수혜자가 범죄에 연루된 정황에서, ἔλεος와 ἐλεέω는 관대한 조치를 가리킨다(예. 70인역 시 24:6-7; 50:3; 102:8-12; 집회서 2:11; 18:11-14; 솔로몬의 시편 8.27). 그러나 이런 배경 밖에서는, ἔλεος를 비상응적인 선물로 가정할 수 없다. 솔로몬의 시편은 하나님의 ἔλεος를 의인에게 그리고 하나님을 사랑하고 하나님을 부르는 자에게 선언하는데(솔로몬의 시편 2.35-36; 4.25; 6.6), 이는 유대인이 ἔλεος와 חסד를 사용하는 용법에 중요한 근거가 되는 출애굽기 20:6 본문을 반영한 것이다.

따라서 신약성서에서 ἔλεος와 ἐλεέω는 "연민"(동정 또는 관대한 조치의 의미에서)을 가리킬 수 있으나 종종 단순히 "인자"를 가리키기도 한다. 다

---

11   D. Konstan, *Pity Transformed* (London: Duckworth, 2001)를 보라. 참조. Spicq, *Theological Lexicon*, vol 1, 471-79.

른 신약 본문들(예. 눅 1:72; 벧전 2:10)에서처럼, 바울이 사용하는 ἐλεέω 용법도 그리스어 성서 역본(롬 9:15)에서 나온다. 하지만 χάρις에는 이런 영향을 받은 표시가 전혀 나타나지 않는다. 바울은 종종 ἔλεος/ἐλεέω라는 말을 동정의 의미는 조금도 내포시키지 않은 채 하나님의 구원이나 자비 행위를 가리키는 데 사용한다(롬 9:15-18, 23; 15:9; 고전 7:25. 참조. 약 3:17; 벧전 1:3). 때때로 이 용어는 동정(고난당하는 자나 곤궁한 자에 대한. 빌 2:27; 롬 12:8. 참조. 고후 1:3에서 οἰκτιρμοί)이나 관대한 조치(죄인에 대한. 롬 11:30-32. 참조. 딤전 1:13; 약 2:13)를 함축한다. 이 뉘앙스 가운데 어느 것이 적합한지는 어휘 자체가 아니라 오직 문맥에 따라 결정될 수 있다.[12]

3. 라틴어에서의 "선물"

라틴어에서 선물을 가리키는 어휘는 아주 많다. 베푸는 자는 그들의 *liberalitas*(관대함) *magnanimitas*(아량) 또는 *humanitas*(인성)에 대하여 칭송을 받는다.[13] 선물 자체는 *donum, donatio, munus,* 또는 *beneficium*이라는 명칭으로 불릴 수 있다(참조. 세네카, *De Beneficiis*). 이는 때때로 *officium*이라는 말과 상호 교체적으로 사용된다(참조. 키케로, *De Officiis*). 하지만 *officium*이 법적인 의무의 영역을 침해하는 반면, *beneficium*은 항상 자발적이고(비록 도덕적으로 의무가 있기는 해도) "의무의 요구를 넘어서는" 것으로 간주될

---

12   이는 브레이튼바흐와 상반된 주장이다. 브레이튼바흐에 의하면 바울은 χάρις라는 증여자의 표현을 일종의 은유로 사용하고, ἔλεος의 유대적 관념을 이 은유로 포장해놓는다. 왜냐하면 ἔλεος가 죄에 대한 자비로운 처리를 암시하기 때문이다. C. Breytenbach, *Grace, Reconciliation, Concord: The Death of Christ in Graeco-Roman Metaphors* (Leiden: Brill, 2010), 207-38, 특히 226. 그러나 그리스어로 말하는 유대 담화에서 ἔλεος는 다양한 의미를 가질 수 있고, 많은 문맥에서 합당치 못한 수혜자보다는 합당한 수혜자에게 적용된다.

13   *magnanimitas*(관대함)에 대해 R. A. Gauthier, *Magnanimité, l'idéal de grandeur dans la philosophie païenne et dans la théologie chrétienne* (Paris: Vrin, 1951)를 보라.

수 있다(참조. 세네카, *Ben.* 3.18-28).[14] 주는 것(*do, dono, praesto, tribuo, confero*)은
수혜자를 빚 아래에 둔다. 곧 *obligor*와 *debeo*는 선물에 대한 답례에 규칙적
으로 사용되는데, 이는 다양한 형태로 되돌려지며(*redo, refero*), 특히 감사로
되돌려진다(*gratias ago, gratiam habeo*).

　　*gratia*의 용법은 χάρις의 삼중 패턴과 일치한다(위를 보라).[15] *gratia*는
다음의 세 가지 의미를 가질 수 있다. (a) 호의나 존중을 받는 상태, 따라
서 매력, 호감(또는 정치적 신용)을 의미함. *gratus*와 *gratiosus*도 기뻐하고 소
중히 여기고 좋게 본다는 의미로 이 범주에 들어간다. (b) 호의, 자비, 혜
택 또는 선물. *gratuitus*와 부사 *gratis*는 답례나 보상을 구성하지 않는다는
의미에서 "호의로" 또는 "자유롭게"를 의미한다. (c) 감사. 곧 *gratias ago*
나 *gratiam habeo*라는 말로 감사를 가리킨다(참조. *gratus*, "감사하는"). 초기
기독교 담화에서 χάρις를 번역하는 말인 *gratia*가 그리스도 안에서 주어
진 신적 선물에 대한 주된 라틴어 용어가 되었다. 아우구스티누스는 이 말
을 *beneficium*이라는 말과 같은 뜻으로 생각했다. 그러나 그는 *gratuitus* 및
gratis, 이 두 단어 사이의 언어유희를 즐겼는데, 이는 신적 선물의 비상응
성을 명확히 드러내었다(위 3.2를 보라). 이런 태도에는 위험이 존재했다.
*gratia*는 보통 편애를 의미하는 "호의"를 가리켰다. 재판관들은 [뇌물 수
회나 정실주의에 의존하여] "대가 아니면 은혜"(*pretio aut gratia*)에 따라 행
하는 것이 금지되었다. '그라티아'에 따른 하나님의 택하심을 인정하게 되
면 하나님은 자의적이거나 불공평하신 분으로 보일 수 있었다.

　　아우구스티누스에 따르면 신적 *gratia*는 *misericordia*(동정)나
clementia(관대한 조치나 연민)로 해석될 수 있었다. 철학자들은 이 용어들을
명확하게 구분할 것이다(세네카, *Clem.* 2.4.4, 5.4). 그러나 이 용어들은 일반적

14　　M. Griffin, "De Beneficiis and Roman Society," *JRS* 93 (2003): 92-113, 특히 98을
　　　보라.

15　　C. Moussy, *Gratia et sa famille* (Paris: Presses Universitaires de France, 1966).

으로 의미가 겹친다. 유대 문헌의 라틴어 번역에서(예. 『성서고대사』, 에스라 4서) *misericordia*와 *misericors*는 아마 ἔλεος나 חסד에 대한 번역어였을 것이고, 이 두 단어들로 인해 라틴어 용어들에 새로운 의미가 유입되었을 것이다.

4. 영어에서의 "선물"

나는 "gift"(선물)라는 말을 광범위한 인류학적 의미로 사용하는데(위를 보라), 그 이유는 "gift"가 충분히 만족스러운 말이거나 심지어는 여기서 언급된 말들 가운데 그 어느 것보다 가장 좋은 번역어이기 때문이 아니다. "gift"는 단지 χάρις의 여러 가능한 의미 가운데 하나를 내포한다. "favor"(호의)나 "benefit"(혜택)이 때때로 더 정확하게 χάρις의 의미를 밝혀준다. "grace"(*gratia*에서 나온)가 더 유용한 말일 수도 있다. "grace"(은혜)는 동족 단어들과 함께 선물의 순환 속에 존재하는 모든 계기, 곧 수여자의 은혜로운 모습, 전달된 은혜 그리고 답례로 돌아온 감사를 망라한다. 유감스럽게도 이 단어는 기독교적 가정에 따라 그 의미가 지나치게 제한되고, 비기독교 문헌들 속에 기독교적 뉘앙스를 집어넣을지도 모른다. 그러나 이 단어를 기독교 본문에만 사용할 경우 오해의 소지가 발생할 것이다. 왜냐하면 이 단어로 번역된 원래의 말들은 기독교에만 특별히 존재하는 말들이 결코 아니기 때문이다. "grace"는 종종 "아무 공로 없이 받는" 또는 "아무 자격 없이 받는" 선물을 가리키는 뜻으로 취해진다. 그러나 우리는 이러한 함의가 단지 선물 개념의 한 가지 가능한 극대화에 불과하고, χάρις나 *gratia* 자체에 내재되어 있는 것은 아니라고 주장했다. 따라서 나는 "gift"(선물)와 "grace"(은혜)를 번갈아 사용한다. 하지만 종종 오해의 소지가 발생할지도 모르는 곳에서는 "은혜"라는 말을 사용하지 않는다.

　마찬가지로 앞에서 확인한 것처럼 "mercy"(자비)가 언제나 ἔλεος의 가장 좋은 번역은 아니다(위의 2단락을 보라). 그 어떤 영어 단어도 유대 담론에 등장하는 חסד와 이에 상응하는 그리스어 동의어의 모든 의미의 범위를 포괄하지 못한다.

참고문헌

Aageson, J. W. "Scripture and Structure in the Development of the Argument in Romans 9–11." *Catholic Biblical Quarterly* 48 (1986): 265-89.

Adams, E. *Constructing the World: A Study in Paul's Cosmological Language.* Edinburgh: T&T Clark, 2000.

Agamben, G. *The Time That Remains: A Commentary on the Letter to the Romans.* Translated by P. Dailey. Stanford: Stanford University Press, 2005.

Aland, B. "Marcion/Marcioniten." *Theologische Realenzyklopädie* 22 (1992): 89-101.

Aletti, J.- N. "L'argumentation paulinienne en Rm 9." *Biblica* 68 (1987): 41-56.

_____. "Paul's Exhortations in Gal 5,16-25: From the Apostle's Techniques to His Theology." *Biblica* 94 (2013): 395-414.

Alexander, P. S. "The Redaction-history of the Serekh ha-Yaḥad: A Proposal." *Revue de Qumran* 65-68 (1996): 437-53.

_____. "Torah and Salvation in Tannaitic Literature." Pages 261-302 in *Justification and Variegated Nomism.* Volume 1: *The Complexities of Second Temple Judaism.* Edited by D. A. Carson, P. T. O'Brien, and M. A. Seifrid. Tübingen: Mohr Siebeck, 2001.

_____. "Predestination and Free Will in the Theology of the Dead Sea Scrolls." Pages 27-49 in *Divine and Human Agency in Paul and His Cultural Environment.* Edited by J. M. G. Barclay and S. J. Gathercole. London: T&T Clark, 2006.

_____. "Review of E. P. Sanders, *Jesus and Judaism.*" *Journal of Jewish Studies* 37 (1986): 103-6.

Algazi, G., V. Groebner, and B. Jussen, eds. *Negotiating the Gift: Pre-Modern Figurations of Exchange.* Göttingen: Vandenhoeck & Ruprecht, 2003.

Amir, Y. "The Term Ἰουδαϊσμός: A Study in Jewish-Hellenistic Self-Definition." *Immanuel*

14 (1984): 34-41.

Anderson, C. A. *Philo of Alexandria's Views of the Physical World*. Tübingen: Mohr Siebeck, 2011.

Anderson, G. A. *Charity: The Place of the Poor in the Biblical Tradition*. New Haven: Yale University Press, 2013.

Appadurai, A., ed. *The Social Life of Things: Commodities in Cultural Perspective*. Cambridge: Cambridge University Press, 1986.

Aquinas, T. *Commentary on Saint Paul's Epistle to the Galatians*. Translated by F. R. Larcher; Albany: Magi Books, 1966.

Atkins, M., and R. Osborne, eds. *Poverty in the Roman World*. Cambridge: Cambridge University Press, 2006.

Avemarie, F. *Tora und Leben: Untersuchungen zur Heilsbedeutung der Tora in der frühen rabbinischen Literatur*. Tübingen: Mohr Siebeck, 1996.

_____. "Erwählung und Vergeltung: Zur optionalen Struktur rabbinischer Soteriologie." *New Testament Studies* 45 (1999): 108-26.

_____. "Israels rätselhafter Ungehorsam: Römer 10 als Anatomie eines von Gott provozierten Unglaubens." Pages 299-320 in *Between Gospel and Election: Explorations in the Interpretation of Romans* 9–11. Edited by F. Wilk and J. R. Wagner. Tübingen: Mohr Siebeck, 2010.

Babcock, W. S. "Augustine's Interpretation of Romans (a.d. 394–396)." *Augustinian Studies* 10 (1979): 55-74.

_____. "Comment: Augustine, Paul, and the Question of Moral Evil." Pages 251-61 in *Paul and the Legacies of Paul*. Edited by W. S. Babcock. Dallas: Southern Methodist University Press, 1990.

Bachmann, M. *Sünder oder Übertreter: Studien zur Argumentation in Gal 2,15ff*. Tübingen: Mohr Siebeck, 1992.

_____. *Anti-Judaism in Galatians? Exegetical Studies on a Polemical Letter and on Paul's Theology*. Translated by R. L. Brawley. Grand Rapids: Eerdmans, 2008.

_____. "Was für Praktiken? Zur jüngsten Diskussion um die ἔργα νόμου." *New Testament Studies* 55 (2009): 35-54.

Bachmann, M., and J. Woyke, eds. *Lutherische und Neue Paulusperspektive: Beiträge zu einem Schlüsselproblem der gegenwärtigen exegetischen Diskussion.* Tübingen: Mohr Siebeck, 2005.

Badenas, R. *Christ the End of the Law: Romans 10.4 in Pauline Perspective.* Sheffield: Sheffield Academic Press, 1985.

Badian, E. *Foreign Clientelae (264–70 bc).* Oxford: Oxford University Press, 1958.

Badiou, A. *L'être et événement.* Paris; Seuill, 1990. Translated by O. Feltham as *Being and Event.* New York: Continuum, 2005.

_____. *Saint Paul: La Fondation de l'universalisme.* Paris: Presses Universitaires de France, 1997. Translated by R. Brassier as Saint Paul: *The Foundation of Universalism.* Stanford: Stanford University Press, 2003.

_____. *Ethics: An Essay on the Understanding of Evil.* Translated by P. Hallward. London: Verso, 2001.

_____. *Logiques des Mondes.* Paris: Seuill, 2006.

Barclay, J. M. G. "Mirror-Reading a Polemical Letter: Galatians as a Test Case." *Journal for the Study of the New Testament* 31 (1987): 73-93.

_____. *Obeying the Truth: A Study of Paul's Ethics in Galatians.* Edinburgh: T&T Clark, 1988.

_____. *Jews in the Mediterranean Diaspora from Alexander to Trajan* (323 bce–117 ce). Edinburgh: T&T Clark, 1996.

_____. " 'Do We Undermine the Law?' A Study of Romans 14.1–15.6." Pages 287-308 in *Paul and the Mosaic Law.* Edited by J. D. G. Dunn. Tübingen: Mohr Siebeck, 1996.

_____. "Who Was Considered an Apostate in the Jewish Diaspora?" Pages 80-98 in *Tolerance and Intolerance in Early Judaism and Christianity.* Edited by G. N. Stanton and G. Stroumsa. Cambridge: Cambridge University Press, 1996.

_____. "Paul and Philo on Circumcision: Romans 2.25-29 in Social and Cultural Context." *New Testament Studies* 44 (1998): 536-56.

_____. "Paul's Story: Theology as Testimony." Pages 133-56 in *Narrative Dynamics in Paul*. Edited by B. W. Longenecker. Louisville: Westminster John Knox Press, 2002.

_____. " 'By the Grace of God I Am What I Am': Grace and Agency in Paul and Philo." Pages 140-57 in *Divine and Human Agency in Paul and His Cultural Environment*. Edited by J. M. G. Barclay and S. J. Gathercole. London: T&T Clark, 2006.

_____. *Flavius Josephus: Translation and Commentary*. Volume 10: *Against Apion*. Leiden: Brill, 2007.

_____. "Manna and the Circulation of Grace: A Study of 2 Corinthians 8:1-15." Pages 409-26 in *The Word Leaps the Gap: Essays on Scripture and Theology in Honor of Richard B. Hays*. Edited by J. R. Wagner, C. Kavin Rowe, and A. K. Grieb. Grand Rapids: Eerdmans, 2008.

_____. "Grace and the Transformation of Agency in Christ." Pages 372-89 in *Redefining First-Century Jewish and Christian Identities*. Edited by F. E. Udoh. Notre Dame: University of Notre Dame Press, 2008.

_____. Review of R. Jewett, *Romans, Journal for the Study of the New Testament* 31 (2008): 89-111.

_____. "Grace within and beyond Reason: Philo and Paul in Dialogue." Pages 9-21 in *Paul, Grace, and Freedom*. Edited by P. Middleton, A. Paddison, and K. Wenell. London: T&T Clark, 2009.

_____. " 'I Will Have Mercy on Whom I Have Mercy': The Golden Calf and Divine Mercy in Romans 9–11 and Second Temple Judaism." *Early Christianity* 1 (2010): 82-106.

_____. "Believers and the 'Last Judgment' in Paul: Rethinking Grace and Recompense." Pages 195-208 in *Eschatologie--Eschatology*. Edited by H.- J. Eckstein, C. Landmesser, and H. Lichtenberger. Tübingen: Mohr Siebeck, 2011.

_____. *Pauline Churches and Diaspora Jews*. Tübingen: Mohr Siebeck, 2011.

_____. "Faith and Self-Detachment from Cultural Norms: A Study of Romans 14–15." *Zeitschrift für die neutestamentliche Wissenschaft und die Kunde der älteren Kirche* 104 (2013): 192-208.

_____. "Humanity under Faith." Pages 79-99 in *Beyond Bultmann: Reckoning a New Testament Theology.* Edited by B. W. Longenecker and M. C. Parsons. Waco: Baylor University Press, 2014.

Barclay, J. M. G., and S. J. Gathercole, eds. *Divine and Human Agency in Paul and His Cultural Environment.* London: Continuum, 2006.

Barrett, C. K. "Paul and the 'Pillar' Apostles." Pages 1-19 in *Studia Paulina.* Edited by J. N. Sevenster and W. C. van Unnik. Haarlem: De Ervem F. Bohn, 1953.

_____. *A Commentary on the Epistle to the Romans.* London: A&C Black, 1971.

_____. "The Allegory of Abraham, Sarah and Hagar in the Argument of Galatians." Pages 1-16 in *Rechtfertigung: Festschrift für Ernst Käsemann.* Edited by J. Friedrich, W. Pöhlmann, and P. Stuhlmacher. Tübingen: Mohr Siebeck, 1976.

_____. "Romans 9.30–10.21: Fall and Responsibility of Israel." Pages 132-53 in *Essays on Paul.* London: SPCK, 1982.

Barth, K. *Der Römerbrief.* Reprinted, Zürich: Theologischer Verlag, 1954. Translated by E. C. Hoskyns as *The Epistle to the Romans.* 6th edition. London: Oxford University Press, 1933.

_____. *Die Auferstehung der* Toten. Munich: Chr. Kaiser Verlag, 1924. Translated by H. J. Stenning as *The Resurrection of the Dead.* New York: Hodder and Revell, 1933.

Barth, M. "Jews and Gentiles: The Social Character of Justification." *Journal of Ecumenical Studies* 5 (1968): 241-61.

Barton, C. *Roman Honor: The Fire in the Bones.* Berkeley: University of California Press, 2001.

Baslez, M. F. "The Author of Wisdom and the Cultural Environment of Alexandria." Pages 33-52 in *The Book of Wisdom in Modern Research: Studies on Tradition, Redaction, and Theology.* Edited by A. Passaro and G. Bellia. Berlin: de Gruyter, 2005.

Bassler, J. M. *Divine Impartiality: Paul and a Theological Axiom*. Atlanta: Scholars Press, 1982.

Batten, A. "God in the Letter of James: Patron or Benefactor?" *New Testament Studies* 50 (2004): 257-72.

Bauckham, R. J. *The Fate of the Dead: Studies on the Jewish and Christian Apocalypses*. Leiden: Brill, 1998.

_____. "Apocalypses." Pages 135-87 in *Justification and Variegated Nomism*. Volume 1: *The Complexities of Second Temple Judaism*. Edited by D. A. Carson, P. T. O'Brien, and M. A. Seifrid. Tübingen: Mohr Siebeck, 2001.

Baur, F. C. *The Church History of the First Three Centuries*. Edinburgh: Williams and Norgate, 1875.

Bayer, O. *Promissio: Geschichte der reformatorischen Wende in Luthers Theologie*. 2nd edition. Darmstadt: Wissenschaftliche Buchgesellschaft, 1989.

_____. *Martin Luther's Theology. A Contemporary Interpretation*. Translated by T. H. Trapp. Grand Rapids: Eerdmans, 2003.

_____. "The Ethics of Gift." *Lutheran Quarterly* 24 (2010): 447-68.

Beard, M., J. North, and S. Price. *Religions of Rome*. 2 volumes. Cambridge: Cambridge University Press, 1998.

Becker, J. *Das Heil Gottes: Heils- und Sundenbegriffe in den Qumrantexte und im Neuen Testament*. Göttingen: Vandenhoeck & Ruprecht, 1964.

Beeke, J. R. "Calvin on Piety." Pages 125-52 in *The Cambridge Companion to John Calvin*. Edited by D. K. McKim. Cambridge: Cambridge University Press.

Begg, C. "The Golden Calf Episode according to Pseudo-Philo." Pages 577-94 in *Studies in the Book of Exodus: Redaction—Reception--Interpretation*. Edited by M. Vervenne. Leuven: Leuven University Press, 1996.

Beintker, M. "Krisis und Gnade: Zur theologischen Deutung der Dialektik beim frühen Barth." *Evangelische Theologie* 46 (1986): 442-56.

Bell, R. H. *Provoked to Jealousy: The Origin and Purpose of the Jealousy Motif in Romans 9–11*. Tübingen: Mohr Siebeck, 1994.

_____. *No One Seeks for God: An Exegetical and Theological Study of Romans 1.18–3.20*. Tübingen: Mohr Siebeck, 1998.

_____. *The Irrevocable Call of God*. Tübingen: Mohr Siebeck, 2005.

Ben-Amos, I. K. *The Culture of Giving: Informal Support and Gift-Exchange in Early Modern England*. Cambridge: Cambridge University Press, 2008.

Benjamin, W. "Theses on the Philosophy of History." In *Illuminations*. Edited by H. Arendt; translated by H. Zorn. London: Pimlico, 1999.

Benveniste, E. *Le vocabulaire des institutions indo-européennes*. Volume 1: Économie, Parenté, Société. Paris: Minuit, 1969.

_____. *Problems in General Linguistics*. Translated by M. E. Meek. Coral Gables: University of Miami Press, 1971.

Berkley, T. W. *From a Broken Covenant to Circumcision of the Heart: Pauline Intertextual Exegesis in Romans 2:17-29*. Atlanta: Society of Biblical Literature, 2000.

Berthelot, K. *Philanthr pia Judaica: Le débat autour de la "misanthropie" des lois juives dans l'Antiquité*. Leiden: Brill, 2003.

Betz, H. D. *Galatians*. Hermeneia; Philadelphia: Fortress Press, 1979.

Betz, O. "Rechtfertigung in Qumran." Pages 17-36 in *Rechtfertigung: Festschrift für E. Käsemann*. Edited by J. Friedrich, W. Pöhlmann, and P. Stuhlmacher. Tübingen: Mohr Siebeck, 1976.

Billings, J. T. *Calvin, Participation, and the Gift: The Activity of Believers in Union with Christ*. Oxford: Oxford University Press, 2007.

Birnbaum, E. *The Place of Judaism in Philo's Thought*. Atlanta: Scholars Press, 1996.

Blaschke, A. *Beschneidung: Zeugnisse der Bibel und verwandter Texte*. Tübingen: Francke Verlag, 1998.

Boccaccini, G. Middle Judaism: Jewish Thought 300 b.c.e. to 200 c.e. Minneapolis: Fortress Press, 1991.

Boers, H. *Theology out of the Ghetto*. Leiden: Brill, 1971.

Böhm, M. *Rezeption und Funktion der Vätererzählungen bei Philo von Alexandria*. Berlin: de Guyter, 2005.

Bolkestein, H. *Wohltätigkeit und Armenpflege im vorchristlichen Altertum*. Utrecht: A. Oosthoek Verlag, 1939.

Bonner, G. *St. Augustine of Hippo: Life and Controversies*. Norwich: Canterbury Press, 1963.

Bourdieu, P. *Outline of a Theory of Practice*. Translated by R. Nice. Cambridge: Cambridge University Press, 1977.

_____. *The Logic of Practice*. Translated by R. Nice. Stanford: Stanford University Press, 1990.

_____. "Marginalia--Some Additional Notes on the Gift." Translated by R. Nice. Pages 231-41 in *The Logic of the Gift*. Edited by A. D. Schrift. London: Routledge, 1997.

Bouwsma, W. J. *John Calvin: A Sixteenth-Century Portrait*. Oxford: Oxford University Press, 1988.

Boyarin, D. "Penitential Liturgy in 4 Ezra." *Journal for the Study of Judaism* 3 (1972): 30-34.

_____. *A Radical Jew: Paul and the Politics of Identity*. Berkeley: University of California Press, 1994.

Braaten, C. E., and R. W. Jenson, eds. *Union with Christ: The New Finnish Interpretation of Luther*. Grand Rapids: Eerdmans, 1998.

Brandenburger, E. *Adam und Christus: Exegetisch-religionsgeschichtliche Untersuchung zu Röm. 5,12-21*. Neukirchen: Neukirchen-Vluyn, 1962.

_____. *Die Verborgenheit Gottes im Weltgeschehen: Das literarische und theologische Problem des 4. Esrabuches*. Zürich: Theologischer Verlag, 1981.

Braun, H. "Vom Erbarmen Gottes über den Gerechten: zur Theologie der Psalmen Salomos." Pages 8-69 in *Gesammelte Studien zum Neuen Testament und seiner Umwelt*. Tübingen: Mohr Siebeck, 1967.

Braund, D. "Function and Dysfunction: Personal Patronage in Roman Imperialism." Pages 137-52 in *Patronage in Ancient Society*. Edited by A. Wallace-Hadrill. London: Routledge, 1989.

Brawley, R. L. "Contextuality, Intertextuality, and the Hendiadic Relationship of Promise and Law in Galatians." *Zeitschrift für die neutestamentliche Wissenschaft und die Kunde der älteren Kirche* 93 (2002): 99-119.

Breech, E. "These Fragments I Have Shored against My Ruins: The Form and Function of 4 Ezra." *Journal of Biblical Literature* 92 (1973): 267-74.

Bremmer, J.- M. "The Reciprocity of Giving and Thanksgiving in Greek Worship." Pages 127-37 in *Reciprocity in Ancient Greece*. Edited by C. Gill, N. Postlethwaite, and R. Seaford. Oxford: Oxford University Press, 1998.

Breton, S. *A Radical Philosophy of Saint Paul*. Translated by J. N. Ballan; with introduction by W. Blanton. New York: Columbia University Press, 2011.

Breytenbach, C. *Grace, Reconciliation, Concord: The Death of Christ in Graeco-Roman Metaphors*. Leiden: Brill, 2010.

Briones, D. E. *Paul's Financial Policy: A Socio-Theological Approach*. London: T&T Clark, 2013.

Brown, P. *Augustine of Hippo*. New York: Dorset Press, 1967.

_____. *Religion and Society in the Age of Saint Augustine*. London: Faber and Faber, 1972.

Bultmann, R. "Zur Geschichte der Paulus-Forschung." *Theologische Rundschau* n.f. 1 (1929): 26-59.

_____. "Paulus." *Religion in Geschichte und Gegenwart* 4 (1930): 1019-45. Translated as "Paul." Pages 111-45 in *Existence and Faith: Shorter Writings of Rudolf Bultmann*. Edited by S. M. Ogden. London: Hodder and Stoughton, 1961.

_____. "Römer 7 und die Anthropologie des Paulus." Pages 53-62 in Imago Dei. Edited by W. Schneemelcher. Giessen, 1932. Translated as pages 147-57 in *Existence and Faith: Shorter Writings of Rudolf Bultmann*. Edited by S. M. Ogden. London: Hodder and Stoughton, 1961.

_____. *Glaube und Verstehen: Gesammelte Aufsätze*. Volume 1. Tübingen: Mohr Siebeck, 1933. Translated by L. Pettibone Smith as *Faith and Understanding*. Edited by R. W. Funk. London: SCM Press, 1969.

_____. *Theologie des Neuen Testaments*. 2 volumes. Tübingen: Mohr Siebeck, 1948. Translated by K. Grobel as *Theology of the New Testament*. 2 volumes. London: SCM Press, 1952.

_____. "Grace and Freedom." Pages 168-81 in Essays *Philosophical and Theological*. Translated by J. C. Greig. London: SCM Press, 1955.

_____. "Christ the End of the Law." Pages 36-66 in Essays *Philosophical and Theological*. Translated by J. C. Greig. London: SCM Press, 1955.

_____. *Primitive Christianity in Its Contemporary Setting*. London: Thames and Hudson, 1956.

_____. "Karl Barth's Römerbrief in zweiter Auflage." Reprinted as pages 119-42 in *Anfänge der dialektischen Theologie*, volume 1. Edited by J. Moltmann. Munich: C. Kaiser, 1962. Translated as "Karl Barth's *Epistle to the Romans* in Its Second Edition." Pages 100-120 in *The Beginnings of Dialectical Theology*. Edited by J. M. Robinson. Richmond: John Knox Press, 1968.

_____. "The New Testament and Mythology." Pages 1-43 in *The New Testament and Mythology and Other Basic Writings*. Translated and edited by S. Ogden. London: SCM Press, 1985.

Burke, K. *Permanence and Change: An Anatomy of Purpose*. Berkeley: University of California Press, 1954.

_____. *Language as Symbolic Action: Essays on Life, Literature, and Method*. Berkeley: University of California Press, 1966.

Burton, E. de Witt. A *Critical and Exegetical Commentary on the Epistle to the Galatians*. Edinburgh: T&T Clark, 1921.

Byrne, B. *"Sons of God"---"Seed of Abraham." A Study of the Idea of the Sonship of God of All Christians in Paul.* Rome: Pontifical Biblical Institute, 1979.

_____. "Living Out the Righteousness of God: The Contribution of Rom 6.1–6.13 to an Understanding of Paul's Ethical Presuppositions." *Catholic Biblical Quarterly* 43 (1981): 557-81.

_____. " 'Rather Boldly' (Rom 15,15): Paul's Prophetic Bid to Win the Allegiance of the Christians in Rome." *Biblica* 74 (1993): 83-96.

_____. *Romans.* Collegeville: Liturgical Press, 1996.

Caillé, A. *Don, intérêt et désintéressement.* Paris: La Découverte, 1994.

Calabi, F. *God's Acting, Man's Acting: Tradition and Philosophy in Philo of Alexandria.* Leiden: Brill, 2008.

Calvert-Koyzis, N. *Paul, Monotheism, and the People of God: The Significance of Abraham Traditions for Early Judaism and Christianity.* London: T&T Clark, 2004.

Calvin, J. *Institutes of the Christian Religion.* 2 volumes. Translated by F. Lewis Battles; edited by J. T. McNeill. Philadelphia: Westminster Press, 1960.

Campbell, D. A. *The Rhetoric of Righteousness in Romans 3:21-26.* Sheffield: JSOT Press, 1992.

_____. "Rom. 1:17 — A *Crux Interpretum* for the ΠΙΣΤΙΣ ΧΡΙΣΤΟΥ Dispute." *Journal of Biblical Literature* 113 (1994): 265-85.

_____. *The Deliverance of God: An Apocalyptic Reading of Justification in Paul.* Grand Rapids: Eerdmans, 2009.

Caputo, J., ed. *Deconstruction in a Nutshell: A Conversation with Jacques Derrida.* New York: Fordham University Press, 1997.

Caputo, J. D., and M. J. Scanlon. *God, the Gift, and Postmodernism.* Bloomington: Indiana University Press, 1999.

Caputo, J. D., and L. M. Alcoff, eds. *St. Paul among the Philosophers.* Bloomington: Indiana University Press, 2009.

Caragounis, C. "Romans 5.15-16 in the Context of 5.12-21: Contrast or Comparison?" *New Testament Studies* 31 (1985): 142-48.

Carrier, J. G. *Gifts and Commodities: Exchange and Western Capitalism since 1700*. London: Routledge, 1995.

Carson, A. "Putting Her in Her Place: Women, Dirt, and Desire." Pages 135-64 in *Before Sexuality*. Edited by D. Halperin et al. Princeton: Princeton University Press, 1990.

Carson, D. A. *Divine Sovereignty and Human Responsibility*. Atlanta: John Knox Press, 1981.

_____. "Divine Sovereignty and Human Responsibility in Philo: Analysis and Method." *Novum Testamentum* 23 (1981): 148-64.

Carson, D. A., P. T. O'Brien, and M. A. Seifrid, eds. *Justification and Variegated Nomism*. Volume 1: *The Complexities of Second Temple Judaism*. Tübingen: Mohr Siebeck, 2001.

Chadwick, O. *John Cassian*. 2nd edition. Cambridge: Cambridge University Press, 1968.

Chazon, E. "Liturgical Communion with the Angels at Qumran." Pages 95-105 in *Sapiential, Liturgical, and Poetical Texts from Qumran*. Edited by D. K. Falk et al. Leiden: Brill, 2000.

Chazon, E., et al. *Qumran Cave 4. Volume 20: Poetical and Liturgical Works, Part 2*. Oxford: Clarendon Press, 1999.

Cheal, D. J. *The Gift Economy*. London: Routledge, 1988.

Cheon, S. *The Exodus Story in the Wisdom of Solomon*. Sheffield: Sheffield Academic Press, 1997.

Chester, S. *Conversion at Corinth: Perspectives on Conversion in Paul's Theology and the Corinthian Church*. Edinburgh: T&T Clark, 2003.

_____. "It Is No Longer I Who Live: Justification by Faith and Participation in Christ in Martin Luther's Exegesis of Galatians." *New Testament Studies* 55 (2009): 315-37.

Chow, J. K. *Patronage and Power: A Study of Social Networks in Corinth*. Sheffield: JSOT

Press, 1992.

Clark, G. R. *The Word "Hesed" in the Hebrew Bible*. Sheffield: JSOT Press, 1993.

Clements, R. " 'A Remnant Chosen by Grace' (Romans 11:5): The Old Testament Background and Origin of the Remnant Concept." Pages 106-21 in *Pauline Studies*. Edited by D. A. Hagner and M. J. Harris. Grand Rapids: Eerdmans, 1980.

Cohen, S. J. D. *The Beginnings of Jewishness: Boundaries, Varieties, Uncertainties*. Berkeley: University of California Press, 1999.

Cohn, L. "An Apocryphal Work Ascribed to Philo of Alexandria." *Jewish Quarterly Review* 10 (1898): 277-332.

Collins, J. J. "Cosmos and Salvation: Jewish Wisdom and Apocalyptic in the Hellenistic Age." *History of Religions* 17 (1977): 121-42.

_____. *Jewish Wisdom in the Hellenistic Age*. Louisville: Westminster John Knox Press, 1997.

_____. *The Apocalyptic Imagination. An Introduction to Jewish Apocalyptic Literature*. 2nd edition. Grand Rapids: Eerdmans, 1998.

_____. "Amazing Grace: The Transformation of the Thanksgiving Hymn at Qumran." Pages 75-85 in *Psalms in Community: Jewish and Christian Textual, Liturgical, and Artistic Traditions*. Edited by H. Attridge and M. E. Fassler. Atlanta: Society of Biblical Literature, 2003.

_____. "The Reinterpretation of Apocalyptic Traditions in the Wisdom of Solomon." Pages 143-57 in *The Book of Wisdom in Modern Research: Studies on Tradition, Redaction, and Theology*. Edited by A. Passaro and G. Bellia. Berlin: de Gruyter, 2005.

Condra, E. *Salvation for the Righteous Revealed: Jesus amid Covenantal and Messianic Expectations in Second Temple Judaism*. Leiden: Brill, 2002.

Cooper, S. A. *Marius Victorinus' Commentary on Galatians: Introduction, Translation, and Notes*. Oxford: Oxford University Press, 2005.

Cosgrove, C. H. "Justification in Paul: A Linguistic and Theological Reflection." *Journal of*

Biblical Literature 106 (1987): 653-70.

_____. *The Cross and the Spirit: A Study in the Argument and Theology of Galatians.* Macon: Mercer University Press, 1988.

_____. *Elusive Israel: The Puzzle of Election in Romans.* Louisville: Westminster John Knox Press, 1997.

Cox, R. *By the Same Word: Creation and Salvation in Hellenistic Judaism and Early Christianity.* Berlin: de Gruyter, 2007.

Cranfield, C. E. B. *A Critical and Exegetical Commentary on the Epistle to the Romans.* 2 volumes. International Critical Commentary. Edinburgh: T&T Clark, 1975, 1979.

Crook, Z. A. *Reconceptualising Conversion: Patronage, Loyalty, and Conversion in the Religions of the Ancient Mediterranean.* Berlin: de Gruyter, 2004.

_____. "Reflections on Culture and Social-Scientific Models." *Journal of Biblical Literature* 124 (2005): 515-32.

Dahl, N. A. "Der Name Israel: Zur Auslegung von Gal 6.16." *Judaica* 6 (1950): 161-70.

_____. "Two Notes on Romans 5." *Studia Theologica* 5 (1951): 37-48.

_____. *Studies in Paul.* Minneapolis: Augsburg Fortress Press, 1977.

_____. "The Doctrine of Justification: Its Social Function and Effects." Pages 95-120 in *Studies in Paul.* Minneapolis: Augsburg Fortress Press, 1977.

Danker, F. W. *Benefactor: Epigraphic Study of a Graeco-Roman and New Testament Semantic Field.* St. Louis: Clayton, 1982.

Das, A. A. "Another Look at ἐὰν μή in Galatians 2:16." *Journal of Biblical Literature* 119 (2000): 529-39.

_____. *Solving the Romans Debate.* Minneapolis: Fortress Press, 2007.

Davies, G. N. *Faith and Obedience in Romans: A Study in Romans 1–4.* Sheffield: Sheffield Academic, 1990.

Davies, W., and P. Fouracre, eds. *The Languages of Gift in the Early Middle Ages.* Cambridge: Cambridge University Press, 2010.

Davis, N. Z. *The Gift in Sixteenth-Century France.* Oxford: Oxford University Press, 2000.

Dawson, D. *Allegorical Readers and Cultural Revision in Ancient Alexandria.* Berkeley: University of California Press, 1992.

_____. *Christian Figural Reading and the Fashioning of Identity.* Berkeley: University of California Press, 2002.

de Boer, M. C. *The Defeat of Death: Apocalyptic Eschatology in 1 Corinthians 15 and Romans 5.* Sheffield: Sheffield Academic Press, 1988.

_____. "Paul and Jewish Apocalyptic Theology." Pages 169-90 in *Apocalyptic and the New Testament: Essays in Honor of J. Louis Martyn.* Edited by J. Marcus and M. L. Soards. Sheffield: Sheffield Academic Press, 1989.

_____. "Paul's Quotation of Isa 54.1 in Gal 4.27." *New Testament Studies* 50 (2004): 370-89.

_____. "Paul's Use and Interpretation of a Justification Tradition in Galatians 2.15-21." *Journal for the Study of the New Testament* 28 (2005): 189-216.

_____. "The Meaning of the Phrase τὰ στοιχεῖα τοῦ κόσμου in Galatians." *New Testament Studies* 53 (2007): 204-224.

_____. *Galatians: A Commentary.* New Testament Library. Louisville: Westminster John Knox Press, 2011.

de Bruyn, T. *Pelagius' Commentary on St. Paul's Epistle to the Romans.* Oxford: Clarendon Press, 1993.

de Roo, J. *Works of Law in Qumran and in Paul.* Sheffield: Sheffield Phoenix Press, 2007.

Deichgräber, K. *Charis und Chariten: Grazie und Grazien.* Munich: Heimeran, 1971.

Derrida, J. *Given Time.* Volume 1: *Counterfeit Money.* Translated by P. Kamuf. Chicago: University of Chicago Press, 1992.

_____. *The Gift of Death*. Translated by D. Wills. Chicago: University of Chicago Press, 1995.

deSilva, D. A. *Honor, Patronage, Kingship, and Purity: Unlocking New Testament Culture*. Downers Grove: InterVarsity Press, 2000.

di Noia, J. A. "Religion and the Religions." Pages 243-57 in *The Cambridge Companion to Karl Barth*. Edited by J. Webster. Cambridge: Cambridge University Press, 2000.

Dietzfelbinger, C. *Pseudo- Philo: Antiquitates Biblicae (Liber Antiquitatum Biblicarum)*. Jüdische Schriften aus hellenistisch-römischer Zeit II/2. Gütersloh: Gerd Mohn, 1975.

Dillon, J. *The Middle Platonists. A Study of Platonism 80 b.c. to a.d. 220*. London: Duckworth, 1977.

Dodson, J. R. *The "Powers" of Personification: Rhetorical Purpose in the* Book of Wisdom *and the Letter to the Romans*. Berlin: de Gruyter, 2008.

Doering, L. *Ancient Jewish Letters and the Beginnings of Christian Epistolography*. Tübingen: Mohr Siebeck, 2012.

Dombrowski Hopkins, D. "The Qumran Community and 1QHodayot: A Reassessment." *Revue de Qumran* 10 (1981): 323-64.

Donaldson, T. L. "The 'Curse of the Law' and the Inclusion of the Gentiles: Galatians 3.13-14." *New Testament Studies* 32 (1986): 94-112.

_____. " 'Riches for the Gentiles' (Rom 11:12): Israel's Rejection and Paul's Gentile Mission." *Journal of Biblical Literature* 12 (1993): 81-98.

Donfried, K. P. *The Romans Debate: Revised and Expanded Edition*. Edinburgh: T&T Clark, 1991.

Douglas, M. "The Teacher-Hymn Hypothesis Revisited: New Data for an Old Crux." *Dead Sea Discoveries* 6 (1999): 239-66.

Downs, D. J. *The Offering of the Gentiles: Paul's Collection for Jerusalem in Its Chronological, Cultural, and Cultic Contexts*. Tübingen: Mohr Siebeck, 2008.

Duby, G. *The Chivalrous Society*. Translated by C. Posten. Berkeley: University of California Press, 1977.

Dunn, J. D. G. "The New Perspective on Paul." *Bulletin of the John Rylands Library* 65 (1983): 95-122.

_____. *Romans 1–8*. Word Biblical Commentaries. Waco: Word, 1988.

_____. *Romans 9–16*. Word Biblical Commentaries. Waco: Word, 1988.

_____. *Jesus, Paul, and the Law: Studies in Mark and Galatians*. London: SPCK, 1990.

_____. *The Theology of Paul's Letter to the Galatians*. Cambridge: Cambridge University Press, 1993.

_____. *The Epistle to the Galatians*. London: A&C Black, 1993.

_____. *The Theology of Paul the Apostle*. Grand Rapids: Eerdmans, 1998.

_____. *The New Perspective on Paul: Collected Essays*. Tübingen: Mohr Siebeck, 2005.

Eastman, B. *The Significance of Grace in the Letters of Paul*. New York: Peter Lang, 1999.

Eastman, S. "The Evil Eye and the Curse of the Law: Galatians 3.1 Revisited." *Journal for the Study of the New Testament* 83 (2001): 69-87.

_____. *Recovering Paul's Mother Tongue: Language and Theology in Galatians*. Grand Rapids: Eerdmans, 2007.

_____. "Israel and the Mercy of God: A Re-reading of Galatians 6.16 and Romans 9–11." *New Testament Studies* 56 (2010): 367-95.

Ebeling, G. *Luther: An Introduction to His Thought*. Translated by R. A. Wilson. London: Collins, 1970.

Eckstein, H- J. *Verheissung und Gesetz: Eine exegetische Untersuchung zu Galater 2,15–4,7*. Tübingen: Mohr Siebeck, 1996.

Eilberg-Schwartz, H. *The Savage in Judaism: An Anthropology of Israelite Religion and Ancient Judaism*. Bloomington: Indiana University Press, 1990.

Eilers, C. *Roman Patrons of Greek Cities*. Oxford: Oxford University Press, 2002.

Eisenbaum, P. *Paul Was Not a Christian*. New York: HarperCollins Press, 2009.

Elliott, M. A. *The Survivors of Israel: A Reconsideration of the Theology of Pre-Christian Judaism*. Grand Rapids: Eerdmans, 2000.

Elliott, N. *The Arrogance of Nations: Reading Romans in the Shadow of Empire*. Minneapolis: Fortress Press, 2008.

Elliott, S. *Cutting Too Close for Comfort: Paul's Letter to the Galatians in Its Anatolian Cultic Context*. London: T&T Clark, 2003.

Engberg-Pedersen, T. "Galatians in Romans 5–8 and Paul's Construction of the Identity of Christian Believers." Pages 477-505 in *Texts and Contexts: Essays in Honor of Lars Hartman*. Edited by T. Fornberg and D. Hellholm. Oslo: Scandinavian University Press, 1995.

_____. *Paul and the Stoics*. Edinburgh: T&T Clark, 2000.

_____. "Gift-Giving and Friendship: Seneca and Paul in Romans 1–8 on the Logic of God's χάρις and Its Human Response." *Harvard Theological Review* 101 (2008): 15-44.

_____. "Gift-Giving and God's Charis: Bourdieu, Seneca, and Paul in Romans 1–8." Pages 95-111 in *The Letter to the Romans*. Edited by U. Schnelle. Leuven: Peeters, 2009.

_____. " 'Everything Is Clean' and 'Everything That Is Not of Faith Is Sin': The Logic of Pauline Casuistry in Romans 14.1–15.13." Pages 22-38 in *Paul, Grace, and Freedom: Essays in Honour of John K. Riches*. Edited by P. Middleton, A. Paddison, and K. Wenell. London: T&T Clark, 2009.

_____. *Cosmology and Self in the Apostle Paul: The Material Spirit*. Oxford: Oxford University Press, 2010.

Enns, P. *Exodus Retold: Ancient Exegesis of the Departure from Egypt in Wis 10.15-21 and 19.1-19*. Atlanta: Scholars Press, 1997.

Eskola, T. *Theodicy and Predestination in Pauline Soteriology*. Tübingen: Mohr Siebeck,

1998.

Esler, P. F. *Community and Gospel in Luke-Acts*. Cambridge: Cambridge University Press, 1987.

_____. "The Social Function of *4 Ezra*." *Journal for the Study of the New Testament* 53 (1994): 99-123.

_____. "Group Boundaries and Intergroup Conflict in Galatians: A New Reading of Gal. 5:13–6:10." Pages 215-40 in *Ethnicity and the Bible*. Edited by M. G. Brett. Leiden: Brill, 1996.

_____. *Galatians*. London: Routledge, 1998.

Evans, E., ed. and trans. *Tertullian: Adversus Marcionem*. 2 volumes. Oxford: Clarendon Press, 1972.

Falk, D. K. *Daily, Sabbath, and Festival Prayers in the Dead Sea Scrolls*. Leiden: Brill, 1998.

_____. "Prayers and Psalms." Pages 7-56 in *Justification and Variegated Nomism*. Volume 1: *The Complexities of Second Temple Judaism*. Edited by D. A. Carson, P. T. O'Brien, and M. A. Seifrid. Tübingen: Mohr Siebeck, 2001.

Feeney, D. C. *Literature and Religion at Rome: Cultures, Contexts, and Beliefs*. Cambridge: Cambridge University Press, 1998.

Feldman, L. H. "Prolegomenon." Pages ix-clxix in M. R. James, *The Biblical Antiquities of Philo*. New York: Ktav, 1971 (1917).

Festugière, A. J. "ΆΝΘ' ʹΩΝ. La formule 'en échange de quoi' dans la prière grecque hellénistique." *Revue des sciences philosophiques et théologiques* 60 (1976): 369-418.

Finley, M. *The World of Odysseus*. London: Chatto & Windus, 1956.

Firth, R. *Primitive Economics of the New Zealand Maori*. Wellington: A. R. Shearer, 1929.

Fischer, U. *Eschatologie und Jenseitserwartung im hellenistischen Diasporajudentum*. Berlin: de Gruyter, 1978.

Fisk, B. *Do You Not Remember? Scripture, Story, and Exegesis in the Rewritten Bible of*

Pseudo-Philo. Sheffield: Sheffield Academic Press, 2001.

Fitzmyer, J. A. *Romans*. Anchor Bible 33. New York: Doubleday, 1992.

Flebbe, J. *Solus Deus: Untersuchungen zur Rede von Gott im Brief des Paulus an die Römer*. Berlin: de Gruyter, 2008.

Flückiger, F. "Christus, des Gesetzes τέλος." *Theologische Zeitschrift* 11 (1955): 153-57.

Forbis, E. *Municipal Virtues in the Roman Empire*. Stuttgart: B. G. Teubner, 1996.

Fournier, M. *Marcel Mauss*. Paris: Fayard, 1994.

Fredriksen Landes, P. *Augustine on Romans*. Chico: Scholars Press, 1982.

Fredriksen, P. "Beyond the Body/Soul Dichotomy: Augustine's Answer to Mani, Plotinus, and Julian." Pages 227-51 in *Paul and the Legacies of Paul*. Edited by W. S. Babcock. Dallas: Southern Methodist University Press, 1990.

_____. "Judaism, the Circumcision of Gentiles, and Apocalyptic Hope: Another Look at Galatians 1–2." *Journal of Theological Studies* 42 (1991): 532-64.

Frennesson, B. *"In a Common Rejoicing": Liturgical Communion with Angels in Qumran*. Uppsala: Uppsala University Press, 1999.

Frey, J. "Flesh and Spirit in the Palestinian Jewish Sapiential Tradition and in the Qumran Texts: An Inquiry into the Background of Pauline Usage." Pages 367-404 in *The Wisdom Texts from Qumran and the Development of Sapiential Thought*. Edited by C. Hempel et al. Leuven: Leuven University Press, 2002.

Gäckle, V. *Die Starken und die Schwachen in Korinth und in Rom*. Tübingen: Mohr Siebeck, 2005.

Gager, J. *Reinventing Paul*. Oxford: Oxford University Press, 2000.

Gamble, H. *The Textual History of the Letter to the Romans*. Grand Rapids: Eerdmans, 1977.

Ganoczy, A. "Calvin als paulinischer Theologe." Pages 39-69 in *Calvinus Theologus*. Edited by W. H. Neuser. Neukirchen-Vluyn: Neukirchener, 1976.

Garcia, M. A. *Life in Christ: Union with Christ and Twofold Grace in Calvin's Theology.* Milton Keynes: Paternoster Press, 2008.

Garcia Martínez, F., and E. J. C. Tigchelaar. *The Dead Sea Scrolls Study Edition.* 2 volumes. Leiden: Brill, 1997-98.

Gaston, L. *Paul and the Torah.* Vancouver: University of British Columbia, 1987.

Gathercole, S. J. *Where Is Boasting? Early Jewish Soteriology and Paul's Response in Romans 1–5.* Grand Rapids: Eerdmans, 2002.

_____. "A Law unto Themselves: The Gentiles in Romans 2.14-15 Revisited." *Journal for the Study of the New Testament* 85 (2002): 27-49.

Gauthier, R. A. *Magnanimité, l'idéal de grandeur dans la philosophie païenne et dans la théologie chrétienne.* Paris: Vrin, 1951.

Gaventa, B. R. "Galatians 1 and 2: Autobiography as Paradigm." *New Testament Studies* 28 (1986): 309-26.

_____. "The Singularity of the Gospel: A Reading of Galatians." Pages 147-59 in *Pauline Theology,* volume 1. Edited by J. M. Bassler. Minneapolis: Fortress Press, 1991.

_____. *Our Mother Saint Paul.* Louisville: Westminster John Knox Press, 2007.

_____. "On the Calling-Into-Being of Israel: Romans 9:6-29." Pages 255-69 in *Between Gospel and Election: Explorations in the Interpretation of Romans 9–11.* Edited by F. Wilk and J. R. Wagner. Tübingen: Mohr Siebeck, 2010.

Gerrish, B. *Grace and Reason: A Study in the Theology of Luther.* Oxford: Oxford University Press, 1962.

_____. *Grace and Gratitude: The Eucharistic Theology of John Calvin.* Minneapolis: Fortress Press, 1993.

Gilbert, M. "The Literary Structure of the Book of Wisdom: A Study of Various Views." Pages 19-32 in *The Book of Wisdom in Modern Research: Studies on Tradition, Redaction, and Theology.* Edited by A. Passaro and G. Bellia. Berlin: de Gruyter, 2005.

Gill, C., N. Postlethwaite, and R. Seaford, eds. *Reciprocity in Ancient Greece*. Oxford: Oxford University Press, 1998.

Gill, C. "Altruism or Reciprocity in Greek Ethical Philosophy?" Pages 303-28 in *Reciprocity in Ancient Greece*. Edited by C. Gill, N. Postlethwaite, and R. Seaford. Oxford: Oxford University Press, 1998.

Godbout, J. T., with A. Caillé. *The World of the Gift*. Translated by D. Winkler. Montreal: McGill-Queen's University Press, 1998.

Goddard, A. J., and Cummins, S. A. "Ill or Ill-Treated? Conflict and Persecution as the Context of Paul's Original Ministry in Galatia (Galatians 4.12-20)." *Journal for the Study of the New Testament* 52 (1993): 93-126.

Godelier, M. *The Enigma of the Gift*. Translated by N. Scott. Chicago: University of Chicago Press, 1999.

Goering, G. S. "Election and Knowledge in the Wisdom of Solomon." Pages 163-82 in *Studies in the Book of Wisdom*. Edited by G. G. Xeravits and J. Zsengéller. Leiden: Brill, 2010. Goff, M. J. Discerning Wisdom: The Sapiential Literature of the Dead Sea Scrolls. Leiden: Brill, 2007.

Gofman, A. "A Vague but Suggestive Concept: The 'Total Social Fact.' " Pages 63-70 in *Marcel Mauss: A Centenary Tribute*. Edited by W. James and N. J. Allen. New York: Berghahn Books, 1998.

Gold, B. K., ed. *Literary and Artistic Patronage in Ancient Rome*. Austin, TX: University of Texas Press, 1982.

Goldhill, S. D. *Reading Greek Tragedy*. Cambridge: Cambridge University Press, 1986.

Goodenough, E. R. *By Light, Light: The Mystic Gospel of Hellenistic Judaism*. Amsterdam: Philo Press, 1969.

Goodman, M. "Kosher Olive Oil in Antiquity." Pages 227-45 in *A Tribute to Geza Vermes*. Edited by P. R. Davies and R. T. White. Sheffield: JSOT Press, 1990.

Goodrich, J. K. " 'Standard of Faith' or 'Measure of a Trusteeship'? A Study in Romans 12:3." *Catholic Biblical Quarterly* 74 (2012): 753-72.

Gould, J. "On Making Sense of Greek Religion." Pages 1-33 in *Greek Religion and Society.* Edited by P. E. Easterling. Cambridge: Cambridge University Press, 1985.

Grabbe, L. L. *Wisdom of Solomon.* Sheffield: Sheffield Academic Press, 1997.

Gregory, C. A. *Gifts and Commodities.* London: Academic Press, 1982.

Greschat, K., and Meiser, M., eds. *Gerhard May. Markion: Gesammelte Aufsätze.* Mainz: Philipp von Zabern, 2005.

Griffin, M. "Imago Suae Vitae." Pages 1-38 in *Seneca.* Edited by C. D. N. Costa. London: Routledge & Kegan Paul, 1974.

_____. *Seneca: A Philosopher in Politics.* 2nd edition. Oxford: Clarendon Press, 1991.

_____. "*De Beneficiis* and Roman Society." *Journal of Roman Studies* 93 (2003): 92-113.

_____. "Seneca's Pedagogic Strategy: *Letters and De Beneficiis.*" Pages 89-113 in *Greek and Roman Philosophy 100 b.c.–200 a.d.* Edited by R. Sorabji and R. W. Sharples. London: Institute of Classical Studies, University of London, 2007.

Griffin, M., and B. Inwood, trans. *Seneca: On Benefits.* Chicago: University of Chicago Press, 2011. Grindheim, S. The Crux of Election: Paul's Critique of the Jewish Confidence in the Election of Israel. Tübingen: Mohr Siebeck, 2005.

Gruen, E. S. *The Hellenistic World and the Coming of Rome.* 2 volumes. Berkeley: University of California Press, 1984.

_____. *Diaspora.* Berkeley: University of California Press, 2002.

Gundry, R. *Sōma in Biblical Theology, with Emphasis on Pauline Anthropology.* Cambridge: Cambridge University Press, 1976.

_____. "Grace, Works, and Staying Saved in Paul." *Biblica* 66 (1985): 1-38.

_____. *The Old Is Better: New Testament Essays in Support of Traditional Interpretations.* Tübingen: Mohr Siebeck, 2005.

Gunkel, H. "Das vierte Buch Esra." Pages 331-401 in *Die Apokryphen und Pseudepigraphen des Alten Testaments*, volume 2. Edited by E. Kautsch. Tübingen: Mohr Siebeck,

1900.

Haacker, K. "Die Geschichtstheologie von Röm 9–11 im Lichte philonischer Schriftauslegung." *New Testament Studies* 43 (1997): 209-22.

_____. "Das Thema von Römer 9–11 als Problem der Auslegungsgeschichte." Pages 55-72 in *Between Gospel and Election: Explorations in the Interpretation of Romans 9–11.* Edited by F. Wilk and J. R. Wagner. Tübingen: Mohr Siebeck, 2010.

Hahn, J. *Zerstörungen des Jerusalemer Tempels: Geschehen--Wahrnehmungen--Bewältigungen.* With the assistance of C. Ronning. Tübingen: Mohr Siebeck, 2002.

Hainz, J. *Koinonia. "Kirche" als Gemeinschaft bei Paulus.* Regensburg: Pustet, 1982.

Hallward, P. *Badiou: A Subject to Truth.* Minneapolis: University of Minnesota Press, 2003.

Halpern-Amaru, B. *Rewriting the Bible: Land and Covenant in Postbiblical Jewish Literature.* Valley Forge: Trinity Press International, 1994.

Hamel, G. *Poverty and Charity in Roman Palestine: First Three Centuries c.e.* Berkeley: University of California Press, 1990.

Hammann, K. *Rudolf Bultmann: Eine Biographie.* Tübingen: Mohr Siebeck, 2009.

Hampson, D. *Christian Contradictions: The Structures of Lutheran and Catholic Thought.* Cambridge: Cambridge University Press, 2001.

Hansen, B. *"All of You Are One": The Social Vision of Gal 3.28, 1 Cor 12.13 and Col 3.11.* London: T&T Clark, 2010.

Hansen, G. W. *Abraham in Galatians: Epistolary and Rhetorical Contexts.* Sheffield: Sheffield Academic Press, 1989.

Hardin, J. *Galatians and the Imperial Cult.* Tübingen: Mohr Siebeck, 2008.

Harink, D., ed. *Paul, Philosophy, and the Theopolitical Vision.* Eugene: Cascade Books, 2010.

Harkins, A. K. "The Performative Reading of the Hodayot: The Arousal of Emotions and the Exegetical Generation of Texts." *Journal for the Study of the Pseudepigrapha* 21

(2011): 55-71.

_____. "Who Is the Teacher of the Teacher Hymns? Re-examining the Teacher Hymns Hypothesis Fifty Years Later." Pages 449-67 in *A Teacher for All Generations: Essays in Honor of James C. VanderKam*. Edited by E. Mason et al. Leiden: Brill, 2012.

Harnack, A. von. *Marcion: Das Evangelium von Fremden Gott*. 2nd edition. Leipzig: J. C. Hinrichs, 1924.

Harnisch, W. *Verhängnis und Verheissung der Geschichte: Untersuchungen zum Zeit- und Geschichtsverständnis im 4. Buch Esra und in der syr. Baruchapokalypse*. Göttingen: Vandenhoeck & Ruprecht, 1969.

_____. "Der Prophet als Widerpart und Zeuge der Offenbarung: Erwägungen zur Interdependenz von Form und Sache in IV. Buch Esra." Pages 460-93 in *Apocalypticism in the Mediterranean World and the Near East*. Edited by D. Hellholm. Tübingen: Mohr Siebeck, 1983.

_____. "Einübung des neuen Seins. Paulinische Paränese am Beispiel des Galaterbriefs." *Zeitschrift für Theologie und Kirche* 84 (1987): 279-96.

Harrington, D. J. "Pseudo-Philo." Pages 297-378 in *Old Testament Pseudepigrapha*. Edited by J. Charlesworth. 2 volumes. London: Darton, Longman & Todd, 1985.

Harris, J. R. *Fragments from Philo Judaeus*. Cambridge: Cambridge University Press, 1886.

Harris, W. V. "Trade." Pages 710-40 in *The Cambridge Ancient History*. Volume 11: *The High Empire*. Edited by A. Bowman et al. 2nd edition. Cambridge: Cambridge University Press, 2000.

Harrison, C. *Augustine: Christian Truth and Fractured Humanity*. Oxford: Oxford University, 2000.

_____. *Rethinking Augustine's Early Theology: An Argument for Continuity*. Oxford: Oxford University, 2006.

Harrison, J. R. *Paul's Language of Grace in Its Graeco-Roman Context*. Tübingen: Mohr Siebeck, 2003.

Harrisville, R. "ΠΙΣΤΙΣ ΧΡΙΣΤΟΥ: Witness of the Fathers." *Novum Testamentum* 36

(1994): 233-41.

Hart, K. "Marcel Mauss: In Pursuit of the Whole. A Review Essay." *Comparative Studies in Society and History* 49 (2007): 473-85.

Hayman, A. P. "The Problem of Pseudonymity in the Ezra Apocalypse." *Journal for the Study of Judaism* 6 (1975): 47-56.

Hays, R. B. " 'Have We Found Abraham to Be Our Forefather according to the Flesh?' A Reconsideration of Rom 4:1." *Novum Testamentum* 27 (1985): 76-98.

_____. "Christology and Ethics in Galatians: The Law of Christ." *Catholic Biblical Quarterly* 49 (1987): 268-90.

_____. *Echoes of Scripture in the Letters of Paul.* New Haven: Yale University Press, 1989.

_____. "Galatians." Pages 181-348 in *New Interpreter's Bible*, volume 11. Abingdon: Nashville, 2000.

_____. *The Faith of Jesus Christ: The Narrative Substructure of Galatians 3:1–4:11.* 2nd edition. Grand Rapids: Eerdmans, 2002.

_____. *The Conversion of the Imagination.* Grand Rapids: Eerdmans, 2005.

Helm, P. *Calvin at the Centre.* Oxford: Oxford University Press, 2010.

Hempel, C. "The *Treatise on the Two Spirits* and the Literary History of the *Rule of the Community*." Pages 102-20 in Dualism in Qumran. Edited by G. G. Xeravits. London: T&T Clark, 2010.

Herman, G. *Ritualised Friendship and the Greek City.* Cambridge: Cambridge University Press, 1987.

Hill, W. "The Church as Israel and Israel as the Church: An Examination of Karl Barth's Exegesis of Romans 9:1-5 in *The Epistle to the Romans and Church Dogmatics 2/2.*" *Journal of Theological Interpretation* 6 (2012): 139-58.

Hoffmann, L. *Covenant of Blood: Circumcision and Gender in Rabbinic Judaism.* Chicago: University of Chicago Press, 1996.

Hofius, O. "Das Evangelium und Israel: Erwägungen zu Römer 9–11." Pages 175-202 in *Paulusstudien*. Tübingen: Mohr Siebeck, 1989.

Hogan, K. M. "The Meanings of tôrâ in 4 Ezra." *Journal for the Study of Judaism* 38 (2007): pp. 530-52.

_____. *Theologies in Conflict in 4 Ezra: Wisdom Debate and Apocalyptic Solution*. Leiden: Brill, 2008.

Holm, B. K. *Gabe und Geben bei Luther: Das Verhältnis zwischen Reziprozität und reformatorischer Rechtfertigungslehre*. Berlin: de Gruyter, 2006.

Holm-Nielsen, S. *Hodayot: Psalms from Qumran*. Aarhus: Universitetsforlaget, 1960.

Holmberg, B. "Jewish versus Christian Identity in the Early Church?" *Revue Biblique* 105 (1998): 397-425.

_____. "Understanding the First Hundred Years of Christian Identity." Pages 1-32 in *Exploring Early Christian Identity*. Edited by B. Holmberg. Tübingen: Mohr Siebeck, 2008.

Hombert, P.- M. *Gloria Gratiae: Se glorifier en Dieu, principe et fin de la théologie augustinienne de la grâce*. Paris: Études Augustiniennes, 1996.

Hooker, M. D. *From Adam to Christ*. Cambridge: Cambridge University Press, 1990.

Horn, F., and R. Zimmermann, eds. *Jenseits von Indikativ und Imperativ*. Tübingen: Mohr Siebeck, 2009.

Horner, R. *Rethinking God as Gift: Marion, Derrida, and the Limits of Phenomenology*. New York: Fordham University Press, 2001.

Horrell, D. G. "Solidarity and Difference: Pauline Morality in Romans 14:1–15:13." *Studies in Christian Ethics* 15.2 (2002): 60-78.

_____. *Solidarity and Difference: A Contemporary Reading of Paul's Ethics*. London: T&T Clark, 2005.

Howard, G. *Paul: Crisis in Galatia*. Cambridge: Cambridge University Press, 1979.

Hubbard, M. V. *New Creation in Paul's Letters and Thought*. Cambridge: Cambridge University Press, 2002.

Hübner, H. "Anthropologisher Dualismus in den Hodayoth?" *New Testament Studies* 18 (1971-72): 268-84.

_____. *Gottes Ich und Israel: Zum Schriftgebrauch des Paulus in Römer 9–11*. Göttingen: Vandenhoeck & Ruprecht, 1984.

_____. *Law in Paul's Thought*. Translated by J. Greig. Edinburgh: T&T Clark, 1994.

_____. *Die Weisheit Salomons*. Göttingen: Vandenhoeck & Ruprecht, 1999.

Hughes, J. A. *Scriptural Allusions and Exegesis in the Hodayot*. Leiden: Brill, 2006.

Hultgren, S. *From the Damascus Covenant to the Covenant of the Community*. Leiden: Brill, 2007.

Hunsinger, G. *How to Read Karl Barth: The Shape of His Theology*. Oxford: Oxford University Press, 1991.

_____. *Disruptive Grace: Studies in the Theology of Karl Barth*. Grand Rapids: Eerdmans, 2000.

Hvalvik, R. "A 'Sonderweg' for Israel: A Critical Examination of a Current Interpretation of Romans 11.25-27." *Journal for the Study of the New Testament 38* (1990): 87-107.

Hyde, L. *The Gift: Imagination and the Erotic Life of Property*. New York: Vintage Books, 1979.

Inwood, B. "Politics and Paradox in Seneca's *De Beneficiis.*" Pages 241-65 in *Justice and Generosity: Studies in Hellenistic Social and Political Philosophy*. Edited by A. Laks and M. Schofield. Cambridge: Cambridge University Press, 1995.

Isaac, B. *The Invention of Racism in Classical Antiquity*. Princeton: Princeton University Press, 2004.

Jackson, T. R. *New Creation in Paul's Letters: A Study of the Historical and Social Setting of a Pauline Concept*. Tübingen: Mohr Siebeck, 2010

Jacobson, H. *A Commentary on Pseudo-Philo's* Liber Antiquitatum Biblicarum. 2 volumes. Leiden: Brill, 1996.

James, W., and N. J. Allen, eds. *Marcel Mauss: A Centenary Tribute.* New York: Berghahn Books, 1998.

Jaquette, J. J. *Discerning What Counts: The Function of the Adiaphora Topos in Paul's Letters.* Atlanta: Scholars Press, 1995.

Jenkins, R. *Pierre Bourdieu.* London: Routledge, 1993.

Jeremias, G. *Der Lehrer der Gerechtigkeit.* Göttingen: Vandenhoeck & Ruprecht, 1963.

Jervis, L. A. *The Purpose of Romans.* Sheffield: JSNT Press, 1991.

Jewett, R. "The Agitators and the Galatian Congregation." *New Testament Studies* 17 (197071): 198-212.

_____. *Paul's Anthropological Terms: A Study of Their Use in Conflict Situations.* Leiden: Brill, 1971.

_____. *Romans.* Hermeneia. Minneapolis: Fortress Press, 2007.

Johansen, J. P. *The Maori and His Religion in Its Non-Ritualistic Aspects.* Copenhagen: Muksgaard, 1954.

Johnson, E. E. *The Function of Apocalyptic and Wisdom Traditions in Romans 9–11.* Atlanta: Scholars Press, 1989.

Johnson, L. T. "Rom. 3.21-26 and the Faith of Jesus." *Catholic Biblical Quarterly* 44 (1982): 77-90.

Johnson Hodge, C. *If Sons, Then Heirs: A Study of Kinship and Ethnicity in the Letters of Paul.* Oxford: Oxford University Press, 2007.

Joubert, S. *Paul as Benefactor: Reciprocity, Strategy, and Theological Reflection in Paul's Collection.* Tübingen: Mohr Siebeck, 2000.

Kahl. B. "No Longer Male: Masculinity Struggles Behind Galatians 3.28?" *Journal for the Study of the New Testament* 79 (2000): 37-49.

_____. *Galatians Reimagined: Reading with the Eyes of the Vanquished*. Minneapolis: Fortress Press, 2010.

Kant, I. *The Metaphysics of Morals*. Translated by M. Gregor. New York: Cambridge University Press, 1996.

Käsemann, E. "Amt und Gemeinde im Neuen Testament." Pages 109-34 in *Exegetische Versuche und Besinnungen*, volume 1. Göttingen: Vandenhoeck & Ruprecht, 1965. Translated by W. J. Montague as "Ministry and Community in the New Testament." Pages 63-134 in *Essays on New Testament Themes*. London: SCM Press, 1964.

_____. "Die Anfänge christlicher Theologie." Pages 82-104 in *Exegetische Versuche*, volume 2. Translated as "The Beginnings of Christian Theology." Pages 82-107 in *New Testament Questions of Today*. Philadelphia: Fortress Press, 1969.

_____. "Zur Thema der urchristlichen Apokalyptik." Pages 105-131 in *Exegetische Versuche und Besinnungen*, volume 2. Göttingen: Vandenhoeck & Ruprecht, 1965. Translated by W. J. Montague as "On the Subject of Primitive Christian Apocalyptic." Pages 108-137 in *New Testament Questions of Today*. Philadelphia: Fortress Press, 1969.

_____. "Gottesgerechtigkeit bei Paulus." Pages 181-94 in *Exegetische Versuche*, volume 2. Translated as " 'The Righteousness of God' in Paul." Pages 168-82 in *New Testament Questions of Today*. Philadelphia: Fortress Press, 1969.

_____. "Paulus und Israel." Pages 194-197 in *Exegetische Versuche*, volume 2. Translated as "Paul and Israel." Pages 183-187 in *New Testament Questions of Today*. Philadelphia: Fortress Press, 1969.

_____. "Der Glaube Abrahams in Röm 4." Pages 140-77 in *Paulinische Perspektiven*. Tübingen: Mohr Siebeck, 1969. Translated by M. Kohl as "The Faith of Abraham in Romans 4." Pages 79-101 in *Perspectives on Paul*. Philadelphia: Fortress Press, 1971.

_____. "Zur paulinischen Anthropologie." Pages 9-60 in *Paulinische Perspektiven*. Translated as "On Paul's Anthropology." Pages 1-31 in *Perspectives on Paul*. Philadelphia: Fortress Press, 1971.

_____. "Rechtfertigung und Heilsgeschichte im Römerbrief." Pages 108-39 in *Paulinische*

Perspektiven. Translated as "Justification and Salvation History in the Epistle to the Romans." Pages 60-78 in *Perspectives on Paul.* Philadelphia: Fortress Press, 1971.

_____. *An die Römer.* 4th edition. Tübingen: Mohr Siebeck, 1980. Translated by G. W. Bromiley as *Commentary on Romans.* London: SCM Press, 1980.

_____. *Kirchliche Konflikte.* Göttingen: Vandenhoeck & Ruprecht, 1982.

_____. "A Theological Review." Pages xii-xxi in *On Being a Disciple of the Crucified Nazarene: Unpublished Lectures and Sermons.* Edited by R. Landau. Translated by R. A. Harrisville. Grand Rapids: Eerdmans, 2010.

Keck, L. E. " 'Jesus' in Romans." *Journal of Biblical Literature* 108 (1989): 443-60.

Kelsey, D. *Eccentric Existence: A Theological Anthropology.* 2 volumes. Louisville: Westminster John Knox, 2009.

Kennedy, H. A. A. *Philo's Contribution to Religion.* London: Hodder & Stoughton, 1919.

Kilpatrick, G. "Gal 2.14 ὀρθοποδοῦσιν." Pages 269-74 in *Neutestamentliche Studien für R. Bultmann.* Edited by W. Eltester. 2nd edition. Berlin: A. Töpelmann, 1957.

Kim, K. *God Will Judge Each One according to Works: Judgment According to Works and Psalm 62 in Early Judaism and the New Testament.* Berlin: de Gruyter, 2010.

King, A. "Thinking with Bourdieu against Bourdieu: A 'Practical' Critique of the Habitus." *Sociological Theory* 18 (2000): 417-33.

Kirk, J. R. D. *Unlocking Romans: Resurrection and the Justification of God.* Grand Rapids: Eerdmans, 2008.

Kittel, B. *The Hymns of Qumran: Translation and Commentary.* Chico: Scholars Press, 1981.

Klawans, J. *Impurity and Sin in Ancient Judaism.* Oxford: Oxford University Press, 2000.

Klein, C. *Theologie und Anti-Judaismus.* Munich: Chr. Kaiser Verlag, 1975. Translated by E. Quinn as *Anti-Judaism and Christian Theology.* London: SPCK, 1978.

Klein, G. "Römer 4 und die Idee der Heilsgeschichte." *Evangelische Theologie* 23 (1963):

424-47.

_____. "Werkruhm und Christusruhm im Galaterbrief und die Frage nach einer Entwicklung des Paulus." Pages 196-211 in *Studien zum Text und zur Ethik des Neuen Testaments.* Edited by W. Schrage. Berlin: de Gruyter, 1986.

_____. "Paul's Purpose in Writing the Epistle to the Romans." Pages 29-43 in *The Romans Debate.* Revised and expanded edition. Edited by K. P. Donfried. Edinburgh: T&T Clark, 1991.

Klijn, A. F. J. Der lateinische *Text der Apokalypse des Esra.* Berlin: Akademie-Verlag, 1983.

_____. *Die Esra-Apokalypse (IV. Esra).* Berlin: Akademie Verlag, 1992.

Knowles, M. P. "Moses, the Law, and the Unity of 4 Ezra." *Novum Testamentum* 31 (1989): 257-74.

Koch, K. "Esras erste Vision. Weltzeiten und Weg des Höchsten." *Biblische Zeitschrift* 22 (1978): 46-75.

Kolarcik, M. *The Ambiguity of Death in the Book of Wisdom 1–6.* Rome: Pontifical Biblical Institute, 1991.

_____. "Universalism and Justice in the Wisdom of Solomon." Pages 289-301 in *Treasures of Wisdom: Studies in Ben Sira and the Book of Wisdom.* Edited by N. Calduch-Benages and J. Vermeylen. Tübingen: Mohr Siebeck, 2010.

Komter, A. E. *Social Solidarity and the Gift.* Cambridge: Cambridge University Press, 2005.

Konradt, M. "Die Christonomie der Freiheit. Zu Paulus' Entfaltung seines ethischen Ansatzes in Gal 5,13–6,10." *Early Christianity* 1 (2010): 60-81.

Konstan, D. *Friendship in the Classical World.* Cambridge: Cambridge University Press, 1997.

_____. "Reciprocity and Friendship." Pages 279-301 in *Reciprocity in Ancient Greece.* Edited by C. Gill, N. Postlethwaite, and R. Seaford. Oxford: Oxford University Press, 1998.

_____. *Pity Transformed.* London: Duckworth, 2001.

Krauss, W. *Das Volk Gottes. Zur Grundlegung der Ekklesiologie bei Paulus.* Tübingen: Mohr Siebeck, 1996.

Kuck, D. W. " 'Each Will Bear His Own Burden': Paul's Creative Use of an Apocalyptic Motif." *New Testament Studies* 40 (1994): 289-97.

Kuhn, H.- W. *Enderwartung und gegenwärtiges Heil.* Göttingen: Vandenhoeck & Ruprecht, 1966.

Kurke, L. *The Traffic in Praise: Pindar and the Poetics of Social Economy.* Ithaca: Cornell University Press, 1991.

Kuula, K. *The Law, the Covenant and God's Plan.* Volume 1: Paul's Polemical Treatment of the Law in Galatians. Göttingen: Vandenhoeck & Ruprecht, 1999.

Laato, T. *Paulus und das Judentum.* Åbo: Åbo Akademis Förlag, 1991. Translated by T. McElwain as *Paul and Judaism: An Anthropological Approach.* Atlanta: Scholars Press, 1995.

Lagrange, M. J. "Le Livre de Sagesse, sa doctrine des fins dernières." *Revue Biblique* 4 (1907): 85-104.

Lambrecht, J. *Pauline Studies: Collected Essays.* Leuven: Peeters, 1994.

_____. "Paul's Coherent Admonition in Galatians 6,1-6: Mutual Help and Individual Attentiveness." *Biblica* 78 (1997): 33-56.

_____. "The Right Things You Want to Do: A Note on Galatians 5,17d." *Biblica* 79 (1998): 515-24.

Lancel, S. *Saint Augustine.* Translated by A. Neville. London: SCM Press, 2002.

Landmesser, C. "Rudolf Bultmann als Paulusinterpret." *Zeitschrift für Theologie und Kirche* 110 (2013): 1-21.

Lange, A. *Weisheit und Prädestination. Weisheitliche Urordnung und Prädestination in den Textfunden von Qumran.* Leiden: Brill, 1995.

LaPorte, J. *Eucharistia in Philo.* New York: Edwin Mellen Press, 1983.

Larcher, C. *Études sur le Livre de la Sagesse*. Paris: Gabalda, 1969.

_____. *Le Livre de la Sagesse, ou, La Sagesse de Salomon*. 3 volumes. Paris: Gabalda, 1983.

Lategan, B. "Is Paul Defending His Apostleship in Galatians?" *New Testament Studies* 34 (1988): 411-30.

Leithart, P. J. *Gratitude: An Intellectual History*. Waco: Baylor University Press, 2014.

Lendon, J. E. *Empire of Honour: The Art of Government in the Roman World*. Oxford: Oxford University Press, 1997.

Leonhardt, J. *Jewish Worship in Philo of Alexandria*. Tübingen: Mohr Siebeck, 2001.

Levison, J. R. "Torah and Covenant in Pseudo-Philo's *Liber Antiquitatum Biblicarum*." Pages 111-27 in *Bund und Tora: Zur theologischen Begriffsgeschichte in alttestamentlicher, frühjüdischer und urchristlicher Tradition*. Edited by F. Avemarie and H. Lichtenberger. Tübingen: Mohr Siebeck, 1996.

Lévi-Strauss, C. *Introduction to the Work of Marcel Mauss*. Translated by F. Baker. London: Routledge & Kegan Paul, 1987.

Levy, I. C. *The Letter to the Galatians*. The Bible in Medieval Tradition. Grand Rapids: Eerdmans, 2011.

Licht, J. "The Doctrine of the Thanksgiving Scroll." *Israel Exploration Journal* 6 (1956): 1-13, 89-101.

Lichtenberger, H. *Studien zum Menschenbild in Texten der Qumrangemeinde*. Göttingen: Vandenhoeck & Ruprecht, 1980.

Lieu, J. M. " 'Grace to You and Peace': The Apostolic Greeting." *Bulletin of the John Rylands Library* 68 (1985-86): 161-78.

_____. " 'As Much My Apostle as Christ Is Mine': The Dispute over Paul between Tertullian and Marcion." *Early Christianity* 1 (2010): 41-59.

_____. *Marcion and the Making of a Heretic: God and Scripture in the Second Century*. Cambridge: Cambridge University Press, 2014.

Lindberg, C. *Beyond Charity: Reformation Initiatives for the Poor.* Minneapolis: Fortress Press, 1993.

Linebaugh, J. A. "Announcing the Human: Rethinking the Relationship between Wisdom of Solomon 13–15 and Romans 1.18–2.11." *New Testament Studies* 37 (2011): 214-37.

_____. *God, Grace, and Righteousness in Wisdom of Solomon and Paul's Letter to the Romans: Texts in Conversation.* Leiden: Brill, 2013.

_____. "The Christo-Centrism of Faith in Christ: Martin Luther's Reading of Galatians 2.16, 19-20." *New Testament Studies* 59 (2013): 535-44.

Litfin, D. *St. Paul's Theology of Proclamation: 1 Corinthians 1–4 and Greco-Roman Rhetoric.* Cambridge: Cambridge University Press, 1994.

Loew, O. *ΧΑΡΙΣ.* Diss. Marburg, 1908.

Lohfink, N. *Lobgesänge der Armen.* Stuttgart: Katholisches Bibelwerk, 1990.

Löhr, W. "Did Marcion Distinguish between a Just God and a Good God?" Pages 131-46 in *Marcion and seine kirchengeschichtliche Wirkung.* Edited by G. May and K. Greschat. Berlin: de Gruyter, 2002.

Lohse, B. *Martin Luther's Theology: Its Historical and Systematic Development.* Minneapolis: Fortress, 2006.

Lohse, E. *Der Brief an die Römer.* Göttingen: Vandenhoeck & Ruprecht, 2003.

Lonergan, B. *Grace and Freedom. Operative Grace in the Thought of Thomas Aquinas.* London: Darton, Longman and Todd, 1971.

Longenecker, B. W. "Different Answers to Different Issues: Israel, the Gentiles, and Salvation History in Romans 9–11." *Journal for the Study of the New Testament* 36 (1989): 95-123.

_____. *Eschatology and the Covenant: A Comparison of 4 Ezra and Romans 1–11.* Sheffield: JSOT Press, 1991.

_____. *2 Esdras.* Sheffield: Sheffield Academic Press, 1995.

_____. *The Triumph of Abraham's God: The Transformation of Identity in Galatians.* Edinburgh: T&T Clark, 1998.

_____. *Remember the Poor: Paul, Poverty, and the Graeco-Roman World.* Grand Rapids: Eerdmans, 2010.

Longenecker, B. W., ed. *Narrative Dynamics in Paul: A Critical Assessment.* Louisville: Westminster John Knox Press, 2002.

Longenecker, R. N. *Galatians.* Word Biblical Commentaries. Dallas: Word, 1990.

_____. *Introducing Romans: Critical Issues in Paul's Most Famous Letter.* Grand Rapids: Eerdmans, 2011.

Lopez, D. C. *Apostle to the Conquered.* Minneapolis: Fortress Press, 2008.

Lübking, H.- M. *Paulus und Israel in Römerbrief.* Frankfurt: Peter Lang, 1986.

Lull, D. J. " 'The Law Was Our Pedagogue': A Study in Galatians 3.19-25." *Journal of Biblical Literature* 105 (1986): 481-96.

Luz, U. *Das Geschichtsverständnis des Paulus.* Munich: Kaiser Verlag, 1968.

Lyons, B. G. *Pauline Autobiography: Towards a New Understanding.* Atlanta: Scholars Press, 1985.

MacDowell, D. M. "Athenian Laws about Bribery." *Revue Internationale des Droits de l'Antiquité* 30 (1983): 57-78.

MacLachlan, B. *The Age of Grace: Charis in Early Greek Poetry.* Princeton: Princeton University Press, 1993.

Malherbe, A. J. *Ancient Epistolary Theorists.* Atlanta: Scholars Press, 1988.

Malina, B. J. *The New Testament World: Insights from Cultural Anthropology.* Revised edition. Louisville: Westminster/John Knox Press, 1993.

Malinowski, B. *Argonauts of the Western Pacific.* London: Routledge, 1922.

_____. *Crime and Custom in Savage Society.* London: Kegan Paul, 1926.

Malysz, P. "Exchange and Ecstasy: Luther's Eucharistic Theology in Light of Radical Orthodoxy's Critique of Gift and Sacrifice." *Scottish Journal of Theology* 60 (2007): 294-308.

Manfredi, S. "The Trial of the Righteous in Wis 5:1-14 (1-7) and in the Prophetic Traditions." Pages 159-78 in *The Book of Wisdom in Modern Research: Studies on Tradition, Redaction, and Theology*. Edited by A. Passaro and G. Bellia. Berlin: de Gruyter, 2005.

Mannermaa, T. *Christ Present in Faith: Luther's View of Justification*. Translated and edited by K. Stjerna. Minneapolis: Fortress Press, 2005.

_____. *Two Kinds of Love: Martin Luther's Religious World*. Translated by K. Stjerna; Minneapolis: Fortress Press, 2010.

Mansoor, M. *The Thanksgiving Hymns*. Leiden: Brill, 1961.

Marcus, J. "The Circumcision and Uncircumcision in Rome." *New Testament Studies* 35 (1989): 67-81.

_____. " 'Under the Law': The Background of a Pauline Expression." *Catholic Biblical Quarterly* 44 (2001): 606-21.

Marion, J- L. *Étant donné: Essai d'une phénoménologie de la donation*. 2nd edition. Paris: Presses Universitaires de France, 1997. Translated by J. L. Kosky as *Being Given: Towards a Phenomenology of Givenness*. Stanford: Stanford University Press, 1997.

Marshall, L. "Sharing, Talking, and Giving: Relief of Social Tensions among !Kung Bushmen." *Africa* 31 (1961): 231-49.

Martens, J. W. *One God, One Law: Philo of Alexandria on the Mosaic and Greco-Roman Law*. Leiden: Brill, 2003.

Martin, D. B. *Inventing Superstition: From the Hippocratics to the Christians*. Cambridge, MA: Harvard University Press, 2004.

Martin, T. W. "Pagan and Judeo-Christian Time-Keeping Schemes in Gal 4.10 and Col 2.16." *New Testament Studies* 42 (1996): 105-19.

Martyn, J. L. "Apocalyptic Antinomies in Paul's Letter to the Galatians." *New Testament*

Studies 31 (1985): 410-24.

_____. "Paul and His Jewish-Christian Interpreters." *Union Seminary Quarterly Review* 42 (1987-88): 1-15.

_____. "Events in Galatia: Modified Covenantal Nomism versus God's Invasion of the Cosmos in the Singular Gospel: A Response to J. D. G. Dunn and B. R. Gaventa." Pages 160-179 in *Pauline Theology, volume* 1. Edited by J. M. Bassler. Minneapolis: Fortress Press, 1991.

_____. *Theological Issues in the Letters of Paul.* Edinburgh: T&T Clark, 1997.

_____. "Epistemology at the Turn of the Ages." Pages 89-110 in *Theological Issues in the Letters of Paul.* Edinburgh: T&T Clark, 1997.

_____. *Galatians: A New Translation with Introduction and Commentary.* Anchor Bible 33A. New York: Doubleday, 1997.

_____. "The Apocalyptic Gospel in Galatians." *Interpretation* 54 (2000): 246-66.

_____. "De-apocalypticizing Paul: An Essay Focused on *Paul and the Stoics* by Troels Engberg-Pedersen." *Journal for the Study of the New Testament* 86 (2002): 61-102.

_____. "Epilogue: An Essay in Pauline Meta-Ethics." Pages 173-183 in *Divine and Human Agency in Paul and His Cultural Environment.* Edited by J. M. G. Barclay and S. J. Gathercole. London: T&T Clark, 2006.

_____. "The Gospel Invades Philosophy." Pages 13-33 in *Paul, Philosophy, and the Theopolitical Vision.* Edited by D. Harink. Eugene: Cascade, 2010.

_____. "A Personal Word about Ernst Käsemann." Pages xiii-xv in *Apocalyptic and the Future of Theology: With and Beyond J. Louis Martyn.* Edited by B. Davis and D. Harink. Eugene: Cascade, 2012.

Mason, S. *Josephus, Judea, and Christian Origins.* Peabody: Hendrickson, 2009.

Maston, J. *Divine and Human Agency in Second Temple Judaism and Paul.* Tübingen: Mohr Siebeck, 2010.

Matera, F. J. "The Culmination of Paul's Argument to the Galatians: Gal. 5.1–6.17." *Journal*

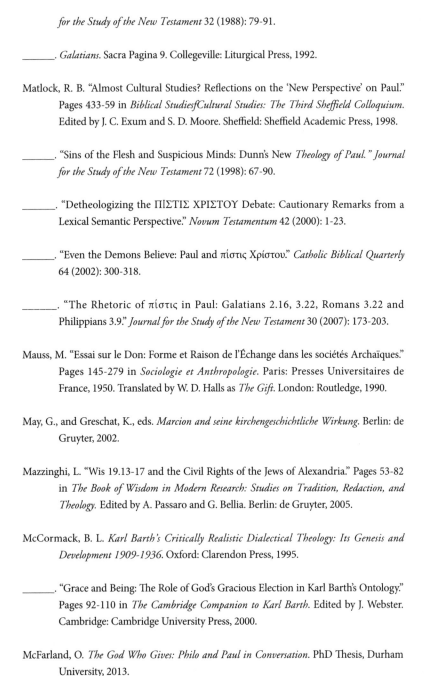

for the Study of the New Testament 32 (1988): 79-91.

_____. *Galatians.* Sacra Pagina 9. Collegeville: Liturgical Press, 1992.

Matlock, R. B. "Almost Cultural Studies? Reflections on the 'New Perspective' on Paul." Pages 433-59 in *Biblical Studies/Cultural Studies: The Third Sheffield Colloquium.* Edited by J. C. Exum and S. D. Moore. Sheffield: Sheffield Academic Press, 1998.

_____. "Sins of the Flesh and Suspicious Minds: Dunn's New *Theology of Paul.*" *Journal for the Study of the New Testament* 72 (1998): 67-90.

_____. "Detheologizing the ΠΙΣΤΙΣ ΧΡΙΣΤΟΥ Debate: Cautionary Remarks from a Lexical Semantic Perspective." *Novum Testamentum* 42 (2000): 1-23.

_____. "Even the Demons Believe: Paul and πίστις Χρίστου." *Catholic Biblical Quarterly* 64 (2002): 300-318.

_____. "The Rhetoric of πίστις in Paul: Galatians 2.16, 3.22, Romans 3.22 and Philippians 3.9." *Journal for the Study of the New Testament* 30 (2007): 173-203.

Mauss, M. "Essai sur le Don: Forme et Raison de l'Échange dans les sociétés Archaïques." Pages 145-279 in *Sociologie et Anthropologie.* Paris: Presses Universitaires de France, 1950. Translated by W. D. Halls as *The Gift.* London: Routledge, 1990.

May, G., and Greschat, K., eds. *Marcion and seine kirchengeschichtliche Wirkung.* Berlin: de Gruyter, 2002.

Mazzinghi, L. "Wis 19.13-17 and the Civil Rights of the Jews of Alexandria." Pages 53-82 in *The Book of Wisdom in Modern Research: Studies on Tradition, Redaction, and Theology.* Edited by A. Passaro and G. Bellia. Berlin: de Gruyter, 2005.

McCormack, B. L. *Karl Barth's Critically Realistic Dialectical Theology: Its Genesis and Development 1909-1936.* Oxford: Clarendon Press, 1995.

_____. "Grace and Being: The Role of God's Gracious Election in Karl Barth's Ontology." Pages 92-110 in *The Cambridge Companion to Karl Barth.* Edited by J. Webster. Cambridge: Cambridge University Press, 2000.

McFarland, O. *The God Who Gives: Philo and Paul in Conversation.* PhD Thesis, Durham University, 2013.

_____. " 'The One Who Calls in Grace': Paul's Rhetorical and Theological Identification with the Galatians." *Horizons in Biblical Theology* 35 (2013): 151-65.

McGlynn, M. *Divine Judgement and Divine Benevolence in the Book of Wisdom.* Tübingen: Mohr Siebeck, 2001.

McGrath, A. E. *Iustitia Dei. A History of the Christian Doctrine of Justification.* 2 volumes. Cambridge: Cambridge University Press, 1986.

McKee, E. A. *John Calvin on the Diaconate and Liturgical Almsgiving.* Geneva: Librairie Droz, 1984.

Meeks, W. "The Image of the Androgyne: Some Uses of a Symbol in Earliest Christianity." *History of Religions* 13 (1974): 165-208.

_____. *In Search of the Early Christians.* New Haven: Yale University Press, 2002.

Meiser, M. *Galater.* Novum Testamentum Patristicum. Göttingen: Vandenhoeck & Ruprecht, 2007.

Melanchthon, P. *Paul's Letter to the Colossians.* Translated by D. C. Parker. Sheffield: Almond Press, 1989.

Mendelson, A. *Secular Education in Philo of Alexandria.* Cincinnati: Hebrew Union College Press, 1982.

Merk, O. "Der Beginn der Paränese im Galaterbrief." *Zeitschrift für die neutestamentliche Wissenschaft und die Kunde der älteren Kirche* 60 (1969): 83-104.

Merrill, E. H. *Qumran and Predestination: A Theological Study of the Thanksgiving Hymns.* Leiden: Brill, 1975.

Metso, S. *The Textual Development of the Qumran Community Rule.* Leiden: Brill, 1997.

_____. *The Serekh Texts.* London: T&T Clark, 2007.

Meyer, N. A. "Adam's Dust and Adam's Glory: Rethinking Anthropogony and Theology in the Hodayot and the Letters of Paul." PhD thesis, McMaster University, 2013.

Meyer, P. W. "Romans 10:4 and the 'End' of the Law." Pages 78-94 in *The Word in This*

World. Louisville: Westminster John Knox Press, 2004.

Michel, J. *Gratuité en droit romain*. Brussels: Université libre de Bruxelles, 1962.

Milbank, J. "Can a Gift Be Given? Prolegomenon to a Future Trinitarian Metaphysic." *Modern Theology* 11 (1995): 119-61.

_____. *Being Reconciled: Ontology and Pardon*. London: Routledge, 2003.

Millar, F. *The Emperor in the Roman World, 31 bc–ad 337*. London: Duckworth, 1977.

Millett, P. *Lending and Borrowing in Ancient Athens*. Cambridge: Cambridge University Press, 1991.

Mitchell, L. *Greeks Bearing Gifts: The Public Use of Private Relationships in the Greek World, 435-323 bc*. Cambridge: Cambridge University Press, 1997.

Mitchell, M. M. "Rhetorical Shorthand in Pauline Argumentation: The Function of 'the Gospel' in the Corinthian Correspondence." Pages 63-88 in *Gospel in Paul: Studies on Corinthians, Galatians and Romans for Richard N. Longenecker*. Edited by L. A. Jervis and P. Richardson. Sheffield: Sheffield Academic Press, 1994.

Moffatt, J. Grace in *the New Testament*. London: Hodder and Stoughton, 1931.

Moll, S. *The Arch-Heretic Marcion*. Tübingen: Mohr Siebeck, 2010.

Moo, D. "The Theology of Romans 9–11." Pages 240-58 in *Pauline Theology*. Volume 3: *Romans*. Edited by D. M. Hay and E. E. Johnson. Minneapolis: Fortress Press, 1995.

_____. *The Epistle to the Romans*. Grand Rapids: Eerdmans, 1996.

Moo, J. A. *Creation, Nature, and Hope in 4 Ezra*. Göttingen: Vandenhoeck & Ruprecht, 2011.

_____. "The Few Who Obtain Mercy: Soteriology in 4 Ezra." Pages 98-113 in *This World and the World to Come: Soteriology in Early Judaism*. Edited by D. M. Gurtner. London: T&T Clark, 2011.

Moore, G. F. *Judaism in the First Centuries of the Christian Era: The Age of the Tannaim*. 3

volumes. Cambridge, MA: Harvard University Press, 1927-30.

Morales, R. *The Spirit and the Restoration of Israel: New Exodus and New Creation Motifs in Galatians*. Tübingen: Mohr Siebeck, 2010.

Morgan, T. *Popular Morality in the Early Roman Empire*. Cambridge: Cambridge University Press, 2007.

Mott, S. C. "The Power of Giving and Receiving: Reciprocity in Hellenistic Benevolence." Pages 60-72 in *Current Issues in Biblical and Patristic Interpretation: Studies in Honor of Merrill C. Tenney*. Edited by G. F. Hawthorne. Grand Rapids: Eerdmans, 1975.

Moussy, C. *Gratia et sa famille*. Paris: Presses Universitaires de France, 1966.

Moxnes, H. *Theology in Conflict: Studies in Paul's Understanding of God in Romans*. Leiden: Brill, 1980.

_____. "The Quest for Honor and the Unity of the Community in Romans 12 and in the Orations of Dio Chrysostom." Pages 203-20 in *Paul in His Hellenistic Context*. Edited by T. Engberg-Pedersen. Edinburgh: T&T Clark, 1994.

_____. "Honor and Righteousness in Romans." *Journal for the Study of the New Testament* 32 (1999): 61-77.

Muller, R. A. *The Unaccommodated Calvin: Studies in the Foundation of a Theological Tradition*. Oxford: Oxford University Press, 2000.

Munck, J. *Paul and the Salvation of Mankind*. Translated by F. Clarke. London: SCM Press, 1959.

Mundle, W. "Das religiöse Problem des IV. Esrabuches." *Zeitschrift für die alttestamentliche Wissenschaft* n.s. 6 (1929): 222-49.

Murphy, F. J. "Divine Plan, Human Plan: A Structuring Theme in Pseudo-Philo." *Jewish Quarterly Review* 77 (1986): 5-14.

_____. "The Eternal Covenant in Pseudo-Philo." *Journal for the Study of the Pseudepigrapha* 3 (1988): 43-57.

_____. *Pseudo-Philo: Rewriting the Bible*. Oxford: Oxford University Press, 1993.

Murray, M. *Playing a Jewish Game: Gentile Christian Judaizing in the First and Second Centuries c.e.* Waterloo, Ont.: Wilfrid Laurier University Press, 2004.

Murray, O. "Aristeas and Ptolemaic Kingship." *Journal of Theological Studies* 18 (1967): 337-71.

Mussner, F. *Der Galaterbrief.* Herders theologischer Kommentar. Freiburg/Basel/Vienna: Herder, 1974.

_____. *Traktat über die Juden.* Munich: Kösel Verlag, 1979.

Myers, J. M. *I and II Esdras.* Anchor Bible 42. Garden City: Doubleday, 1974.

Najman, H. "The Law of Nature and the Authority of Mosaic Law." *Studia Philonica Annual* 11 (1999): 55-73.

_____. "A Written Copy of the Law of Nature: An Unthinkable Paradox?" *Studia Philonica Annual* 15 (2003): 54-63.

_____. "Between Heaven and Earth: Liminal Visions in 4 Ezra." Pages 151-67 in *Other Worlds and Their Relation to This World: Early Jewish and Ancient Christian Traditions*. Edited by T. Nicklas et al. Leiden: Brill, 2010.

Nanos, M. D. *The Mystery of Romans: The Jewish Context of Paul's Letter.* Minneapolis: Fortress Press, 1996.

_____. *The Irony of Galatians: Paul's Letter in First-Century Context.* Minneapolis: Fortress, 2002.

_____. "What Was at Stake in Peter's 'Eating with Gentiles' at Antioch?" Pages 282-318 in *The Galatians Debate*. Edited by M. D. Nanos. Peabody: Hendrickson, 2002.

_____. "Paul and Judaism: Why Not Paul's Judaism?" Pages 117-60 in *Paul Unbound: Other Perspectives on the Apostle*. Edited by M. D. Given. Peabody: Hendrickson, 2010.

Neubauer, K. W. Der Stamm Chnn *im Sprachgebrauch des Alten Testaments*. Berlin: Ernst Reute Gesellschaft, 1964.

Neugebauer, F. *In Christus: Eine Untersuchung zum paulinischen Glaubensverständnis.* Göttingen: Vandenhoeck & Ruprecht, 1961.

Neusner, J. "The Use of Later Rabbinic Evidence for the Study of Paul." Pages 43-64 in *Approaches to Ancient Judaism,* volume 2. Edited by W. S. Green. Chico: Scholars Press, 1980.

Newsom, C. *The Self as Symbolic Space: Constructing Identity and Community at Qumran.* Leiden: Brill, 2004.

Neyrey, J. H. "Bewitched in Galatia: Paul and Cultural Anthropology." *Catholic Biblical Quarterly* 50 (1988): 72-100.

Nickelsburg, G. W. E. "Good and Bad Leaders in Pseudo-Philo's *Liber Antiquitatum Biblicarum.*" Pages 49-65 in *Ideal Figures in Ancient Judaism: Profiles and Paradigms.* Edited by J. J. Collins and G. W. E. Nickelsburg. Chico: Scholars Press, 1980.

Nida, E. A., and J. P. Louw. *Lexical Semantics of the Greek New Testament.* Atlanta: Scholars Press, 1992.

Niebuhr, K.- W. *Heidenapostel aus Israel: Die jüdische Identität des Paulus nach ihrer Darstellung in seinen Briefen.* Tübingen: Mohr Siebeck, 1992.

Niehoff, M. *Philo on Jewish Identity and Culture.* Tübingen: Mohr Siebeck, 2001.

Nikiprowetzky, V. *Le commentaire de l'Écriture chez Philon d'Alexandrie: son charactère et sa portée.* Leiden: Brill, 1977.

Nitzan, B. *Qumran Prayer and Religious Poetry.* Translated by J. Chipman. Leiden: Brill, 1994.

Noack, C. *Gottesbewußtsein: Exegetische Studien zur Soteriologie und Mystik bei Philo von Alexandria.* Tübingen: Mohr Siebeck, 2000.

_____. "Haben oder Empfangen: Antithetische Charakterisierungen von Torheit und Weisheit bei Philo und bei Paulus." Pages 283-307 in *Philo und das Neue Testament Wechselseitige Wahrnehmungen.* Edited by R. Deines and K.- W. Niebuhr. Tübingen: Mohr Siebeck, 2004.

Noonan, J. T. *Bribes*. New York: Macmillan Press, 1984.

Norelli, E. "Marcion: Ein Philosoph oder ein Christ gegen Philosophie?" Pages 113-30 in *Marcion and seine kirchengeschichtliche Wirkung*. Edited by G. May and K. Greschat. Berlin: de Gruyter, 2002.

North, H. *Sophrosune: Self-knowledge and Self-restraint in Greek Literature*. Leiden: Brill, 1972.

Nötscher, F. *Zur theologischen Terminologie der Qumran-Texte*. Bonn: Hanstein Verlag, 1956.

Oberman, H. A. *The Harvest of Medieval Theology: Gabriel Biel and Late Medieval Nominalism*. Cambridge, MA: Harvard University Press, 1963.

_____. *The Dawn of the Reformation: Essays in Late Medieval and Early Reformation Thought*. Edinburgh: T&T Clark, 1986.

_____. *Luther: Man between God and the Devil*. New Haven: Yale University Press, 1986.

O'Brien, P. T. "Was Paul a Covenantal Nomist?" Pages 249-96 in *Justification and Variegated Nomism*. Volume 2: *The Paradoxes of Paul*. Edited by D. A. Carson, P. T. O'Brien, and M. A. Seifrid. Tübingen: Mohr Siebeck, 2004.

Olson, J. E. "Calvin on Social-ethical Issues." Pages 153-72 in *The Cambridge Companion to John Calvin*. Edited by D. K. McKim. Cambridge: Cambridge University Press, 2004.

Osborne, R. "Roman Poverty in Context." Pages 1-20 in *Poverty in the Roman World*. Edited by M. Atkins and R. Osborne. Cambridge: Cambridge University Press, 2006.

Panoff, M. "Marcel Mauss's *The Gift* Revisited." *Man* 5 (1970): 60-70.

Parker, R. "Pleasing Thighs: Reciprocity in Greek Religion." Pages 105-25 in *Reciprocity in Ancient Greece*. Edited by C. Gill, N. Postlethwaite, and R. Seaford. Oxford: Oxford University Press, 1998.

Parker, T. H. L. *Calvin's Preaching*. Edinburgh: T&T Clark, 1992.

Parkin, A. " 'You Do Him No Service': An Exploration of Pagan Almsgiving." Pages 60-82 in *Poverty in the Roman World*. Edited by M. Atkins and R. Osborne. Cambridge: Cambridge University Press, 2006.

Parry, J. "*The Gift*, the Indian Gift, and the 'Indian Gift.'" *Man* 21 (1986): 453-73.

Patout Burns, J. *The Development of Augustine's Doctrine of Operative Grace*. Paris: Études Augustiniennes, 1980.

Pattison, B. L. *Poverty in the Theology of John Calvin*. Eugene: Pickwick Publications, 2006.

Peristiany, J. G., ed., *Honour and Shame: The Values of Mediterranean Society*. London: Weidenfeld and Nicolson, 1996.

Perrot, C., and P.- M. Bogaert. *Pseudo-Philon: Les Antiquités Bibliques*. Sources chrétiennes 229, 230; Paris: Gabalda, 1976.

Peterman, G. W. *Paul's Gift from Philippi: Conventions of Gift-exchange and Christian Giving*. Cambridge: Cambridge University Press, 1997.

Piper, J. *The Justification of God: An Exegetical and Theological Study of Romans 9:1-23*. 2nd edition. Grand Rapids: Baker Academic, 1993.

Pitt-Rivers, J. "Postscript: The Place of Grace in Anthropology." Pages 215-46 in *Honor and Grace in Anthropology*. Edited by J. G. Peristiany and J. Pitt-Rivers. Cambridge: Cambridge University Press, 1992.

Plezia, M. *Aristotelis Privatorum Scriptorum Fragmenta*. Leipzig: Teubner, 1977.

Plumer, E. *Augustine's Commentary on Galatians: Introduction, Text, Translation, and Notes*. Oxford: Oxford University Press, 2003.

Polanyi, K. *The Great Transformation: The Political and Economic Origins of Our Time*. Boston: Beacon Press, 1944.

Popović, M. *Reading the Human Body: Physiognomics and Astrology in the Dead Sea Scrolls and Hellenistic–Early Roman Period Judaism*. Leiden: Brill, 2007.

Price, S. R. F. *Rituals and Power: The Roman Imperial Cult in Asia Minor*. Cambridge: Cambridge University Press, 1984.

Radice, R. "Philo's Theology and Theory of Creation." Pages 124-45 in *The Cambridge Companion to Philo*. Edited by A. Kamesar. Cambridge: Cambridge University Press, 2009.

Räisänen, H. "Galatians 2.16 and Paul's Break with Judaism." *New Testament Studies* 31 (1985): 543-53.

_____. "Römer 9–11: Analyse eines geistigen Ringes." *Aufstieg und Niedergang der römischen Welt* 2.25.4: 2891-939.

_____. "Paul, God, and Israel: Romans 9–11 in Recent Research." Pages 127-208 in *The Social World of Formative Christianity and Judaism*. Edited by J. Neusner et al. Philadelphia: Fortress Press, 1988.

Rajak, T. *The Jewish Dialogue with Greece and Rome: Studies in Cultural and Social Interaction*. Leiden: Brill, 2001.

Raurell, F. "From ΔΙΚΑΙΟΣΥΝΗ to ΑΘΑΝΑΣΙΑ." Pages 331-56 in *Treasures of Wisdom: Studies in Ben Sira and the Book of Wisdom*. Edited by N. Calduch-Benages and J. Vermeylen. Tübingen: Mohr Siebeck, 2010.

Reasoner, M. *The Strong and the Weak. Romans 14.1–15.13 in Context*. Cambridge: Cambridge University Press, 1999.

_____. "Romans 9–11 Moves from Margin to Center, from Rejection to Salvation: Four Grids for Recent English-Language Exegesis." Pages 73-89 in *Between Gospel and Election: Explorations in the Interpretation of Romans 9–11*. Edited by F. Wilk and J. R. Wagner. Tübingen: Mohr Siebeck, 2010.

Reinmuth, E. "'Nicht vergeblich' bei Paulus und Pseudo-Philo, *Liber Antiquitatum Biblicarum.*" *Novum Testamentum* 33 (1991): 97-123.

_____. *Pseudo-Philo und Lukas: Studien zum Liber Antiquitatum Biblicarum und seiner Bedeutung für die Interpretation des lukanischen Doppelwerks*. Tübingen: Mohr Siebeck, 1994.

Rese, M. "Israel und Kirche in Römer 9." *New Testament Studies* 34 (1988): 208-17.

Rey, A. et al., eds. *Dictionnaire historique de la langue française*. 2 volumes. Paris: Dictionnaire Le Robert, 1992.

Reynolds, J. M., and R. Tannenbaum. *Jews and Godfearers at Aphrodisias*. Cambridge: Cambridge Philological Society, 1987.

Rhodes, P. J. *A Commentary on the Aristotelian* Athenaion Politeia. Oxford: Oxford University Press, 1993.

Rhyne, C. *Faith Establishes the Law*. Chico: Scholars Press, 1981.

Rich, J. "Patronage and International Relations in the Roman Republic." Pages 117-35 in *Patronage in Ancient Society*. Edited by A. Wallace-Hadrill. London: Routledge, 1989.

Richardson, P. *Israel in the Apostolic Church*. Cambridge: Cambridge University Press, 1969.

Riches, J. K. *Galatians through the Centuries*. Oxford: Blackwell, 2008.

Robinson, D. W. "Distinction between Jewish and Gentile Believers in Galatians." *Australian Biblical Review* 13 (1965): 29-48.

Rowe, C. K. "Romans 10:13: What Is the Name of the Lord?" *Horizons in Biblical Theology* 22 (2000): 135-73.

Royse, J. R. "The Works of Philo." Pages 32-64 in *The Cambridge Companion to Philo*. Edited by A. Kamesar. Cambridge: Cambridge University Press, 2009.

Ruether, R. Radford. *Faith and Fratricide: The Theological Roots of Anti-Semitism*. New York: Seabury Press, 1974.

Runia, D. *Philo of Alexandria and the Timaeus of Plato*. Leiden: Brill, 1986.

Saak, E. L. *High Way to Heaven: The Augustinian Platform between Reform and Reformation 1292-1524*. Leiden: Brill, 2002.

Sahlins, M. *Stone Age Economics*. 2nd edition. London: Routledge, 2004.

Sakenfeld, K. D. *The Meaning of Hesed in the Hebrew Bible*. Missoula: Scholars Press, 1978.

Saller, R. P. *Personal Patronage under the Early Empire*. Cambridge: Cambridge University Press, 1982.

_____. "Patronage and Friendship in Early Imperial Rome: Drawing the Distinction." Pages 49-62 in _Patronage in Ancient Society._ Edited by A. Wallace-Hadrill. London: Routledge, 1989.

_____. "Status and Patronage." Pages 817-54 in _The Cambridge Ancient History._ Volume 11: _The High Empire._ Edited by A. Bowman et al. 2nd edition. Cambridge: Cambridge University Press, 2000.

Sampley, J. P. "Romans and Galatians: Comparison and Contrast." Pages 315-39 in _Understanding the Word: Essays in Honor of Bernhard W. Anderson._ Edited by J. T. Butler et al. Sheffield: JSOT Press, 1985.

_____. "The Weak and the Strong: Paul's Careful and Crafty Rhetorical Strategy in Romans 14:1–15:13." Pages 40-52 in _The Social World of the First Christians: Essays in Honor of Wayne A. Meeks._ Edited by L. M. White and O. L. Yarbrough. Minneapolis: Augsburg Fortress, 1995.

Sanders, E. P. "Patterns of Religion in Paul and Rabbinic Judaism: A Holistic Method of Comparison." _Harvard Theological Review_ 66 (1973): 455-78.

_____. "The Covenant as a Soteriological Category and the Nature of Salvation in Palestinian and Hellenistic Judaism." Pages 11-44 in _Jews, Greeks, and Christians: Studies in Honor of W. D. Davies._ Edited by R. Hammerton-Kelly and R. Scroggs. Leiden: Brill, 1976.

_____. _Paul and Palestinian Judaism._ London: SCM Press, 1977.

_____. "Jewish Association with Gentiles and Galatians 2.1-14." Pages 170-88 in _The Conversation Continues: Studies in Paul and John in Honor of J. Louis Martyn._ Edited by R. T. Fortna and B. R. Gaventa. Nashville: Abingdon Press, 1990.

_____. Judaism: _Practice and Belief, 63 b.c.e.–66 c.e._ London: SCM Press, 1992.

_____. "Jesus, Paul and Judaism." _Aufstieg und Niedergang der römischen Welt_ 2.25.1: 390-450.

_____. _Paul, the Law, and the Jewish People._ Philadelphia: Fortress Press, 1983.

Sandmel, S. _Philo's Place in Judaism: A Study of Conceptions of Abraham in Jewish Literature._ Cincinnati: Hebrew Union College Press, 1971.

Sandnes, K. O. *Paul — One of the Prophets? A Contribution to the Apostle's Self-Understanding.* Tübingen: Mohr Siebeck, 1991.

Sänger, D. *Die Verkündigung des Gekreuzigten und Israel.* Tübingen: Mohr Siebeck, 1994.

———. " 'Das Gesetz ist unser παιδαγωγός geworden bis zu Christus' (Gal 3,24)." Pages 236-60 in *Das Gesetz im frühen Judentum und im Neuen Testament.* Edited by D. Sänger and M. Konradt. Göttingen: Vandenhoeck & Ruprecht, 2006.

Satlow, M. L., ed. *The Gift in Antiquity.* Chichester: Wiley-Blackwell, 2013.

Schäfer, R. "Melanchthon's Interpretation of Romans 5.15: His Departure from the Augustinian Concept of Grace Compared to Luther's." Pages 79-104 in *Philip Melanchthon (1497-1560) and the Commentary.* Edited by T. J. Wengert and M. P. Graham. Sheffield: Sheffield Academic Press, 1997.

Scheidel, W., and S. von Reden, eds. *The Ancient Economy.* Edinburgh: Edinburgh University Press, 2002.

Scheidel, W., I. Harris, and R. Saller, eds. *The Cambridge Economic History of the Greco-Roman World.* Cambridge: Cambridge University Press, 2007.

Schewe, S. *Die Galater zurückgewinnen: Paulinische Strategien in Galater 5 und 6.* Göttingen: Vandenhoeck & Ruprecht, 2005.

Schlier, H. *Der Brief an die Galater. Kritisch-exegeticher* Kommentar. Göttingen: Vandenhoeck & Ruprecht, 1971.

Schliesser, B. *Abraham's Faith in Romans 4.* Tübingen: Mohr Siebeck, 2007.

Schmid, U. *Marcion und sein Apostolos.* Berlin: de Gruyter, 1995.

Schmitt, A. "Struktur, Herkunft und Bedeutung der Beispielreihe in Weish 10." *Biblische Zeitschrift* 21 (1977): 1-22.

———. *Das Buch der Weisheit.* Würzburg. Echter Verlag, 1986.

Schnelle, U. *Paulus: Leben und Denken.* Berlin: de Gruyter, 2003.

Schnider, F., and W. Stenger. *Studien zum neutestamentlichen Briefformular.* Leiden: Brill,

1987.

Schreiner, J. *Das 4. Buch Esra*. Jüdische Schriften aus hellenistisch-römischer Zeit 5/4. Gütersloh: Mohn, 1981.

Schrenk, G. "Was bedeutet 'Israel Gottes'?" *Judaica* 5 (1949): 81-94.

_____. "Der Segenswunsch nach der Kampfepistel." *Judaica* 6 (1950): 170-90.

Schrift, A. D., ed. *The Logic of the Gift: Toward an Ethic of Generosity*. London: Routledge, 1997.

Schröder, B. *Die "väterlichen Gesetze": Flavius Josephus als Vermittler von Halachah an Griechen und Römer*. Tübingen: Mohr Siebeck, 1996.

Schuller, E. M. "Recent Scholarship on the *Hodayot* 1993-2010." *Currents in Biblical Research* 10 (2011): 119-62.

Schuller, E. M., and L. DiTommaso. "A Bibliography of the Hodayot, 1948-1996." *Dead Sea Discoveries* 4 (1997): 55-101.

Schulz, S. "Zur Rechtfertigung aus Gnaden in Qumran und bei Paulus." *Zeitschrift für Theologie und Kirche* 56 (1959): 155-85.

Schütz, J. H. *Paul and the Anatomy of Apostolic Authority*. Cambridge: Cambridge University Press, 1975.

Schwartz, D. R. " 'Judean' or 'Jew'? How Should We Translate ioudaios in Josephus?" Pages 3-28 in *Jewish Identity in the Greco-Roman World*. Edited by J. Frey, D. R. Schwartz, and S. Gripentrog. Leiden: Brill, 2007.

_____. "Philo, His Family, and His Times." Pages 9-31 in *The Cambridge Companion to Philo*. Edited by A. Kamesar. Cambridge: Cambridge University Press, 2009.

Schwartz, S. "Josephus in Galilee: Rural Patronage and Social Breakdown." Pages 290-308 in *Josephus and the History of the Graeco-Roman Period*. Edited by F. Parente and J. Sievers. Leiden: Brill, 2004.

_____. *Were the Jews a Mediterranean Society?* Princeton: Princeton University Press, 2010.

Schwenk-Bressler, U. *Sapientia Salomonis als ein Beispiel frühjüdischer Textauslegung.* Frankfurt am Main: Peter Lang, 1993.

Scott, J. C. *The Weapons of the Weak: Everyday Forms of Peasant Resistance.* New Haven: Yale University Press, 1985.

_____. *Domination and the Arts of Resistance: Hidden Transcripts.* New Haven: Yale University Press, 1990.

Scott, J. M. *Adoption as Sons of God: An Exegetical Investigation into the Background of ΥΙΟΘΕΣΙΑ in the Pauline Corpus.* Tübingen: Mohr Siebeck, 1992.

_____. " 'For as Many as Are of Works of the Law Are under a Curse' (Galatians 3.10)." Pages 187-221 in *Paul and the Scriptures of Israel.* Edited by C. A. Evans and J. A. Sanders. Sheffield: Sheffield Academic Press, 1993.

Seaford, R. *Reciprocity and Ritual: Homer and Tragedy in the Developing City-State.* Oxford: Oxford University Press, 1994.

Sechrest, L. L. *A Former Jew: Paul and the Dialectics of Race.* London: T&T Clark, 2009.

Seifrid, M. A. *Justification by Faith: The Origin and Development of a Central Pauline Theme.* Leiden: Brill, 1992.

_____. "Unrighteous by Faith: Apostolic Proclamation in Romans 1:18–3:20." Pages 10545 in *Justification and Variegated Nomism. Volume 2: The Paradoxes of Paul.* Edited by D. A. Carson, P. T. O'Brien, and M. A. Seifrid. Tübingen: Mohr Siebeck, 2004.

Seitz, E. "λογὸν συντελῶν eine Gerichtsankündigung? (Zu Röm 9,27/28)." *Biblische Notizen* 105 (2001): 61-76.

Sekki, A. E. *The Meaning of Ruaḥ at Qumran.* Atlanta: Scholars Press, 1989.

Sellin, G. "Hagar und Sara: Religionsgeschichtliche Hintergründe der Schriftallegorese Gal 4, 21-31." Pages 59-84 in *Das Urchristentum in seiner literarischen Geschichte.* Edited by U. Mell et al. Berlin: de Gruyter, 1999.

Siegert, F. *Argumentation bei Paulus, gezeigt an Röm 9–11.* Tübingen: Mohr Siebeck, 1985.

_____. "Philo and the New Testament." Pages 175-209 in *The Cambridge Companion to Philo*. Edited by A. Kamesar. Cambridge: Cambridge University Press, 2009.

Sigaud, L. "The Vicissitudes of *The Gift.*" Social Anthropology 10 (2002): 335-58.

Silber, I. "Modern Philanthropy: Reassessing the Viability of a Maussian Perspective." Pages 134-50 in *Marcel Mauss: A Centenary Tribute*. Edited by W. James and N. J. Allen. New York: Berghahn Books, 1998.

Silva, M. "Faith versus Works of Law in Galatians." Pages 217-48 in *Justification and Variegated Nomism*. Volume 2: *The Paradoxes of Paul*. Edited by D. A. Carson, P. T. O'Brien, and M. A. Seifrid. Tübingen: Mohr Siebeck, 2004.

Simonsen, D. "Ein Midrasch 4. Buch Ezra." Pages 270-78 in *Festschrift zum Israel Lewy's 70. Geburtstag*. Edited by M. Brann and J. Elbogen. Breslau: Marcus, 1911.

Sjöberg, E. *Gott und Sünder im palästinischen Judentum*. Stuttgart: Kohlhammer, 1938.

Skottene, R. *Grace and Gift: An Analysis of a Central Motif in Martin Luther's* Rationis Latomianae Confutatio. Frankfurt am Main: P. Lang, 2007.

Sly, D. *Philo's Perception of Women*. Scholars Press: Atlanta, 1990.

Smith, B. D. *The Tension between God as Righteous Judge and as Merciful in Early Judaism*. Lanham: University Press of America, 2005.

_____. *What Must I Do to Be Saved? Paul Parts Company with His Jewish Heritage*. Sheffield: Phoenix Press, 2007.

Söding, T. *Das Liebesgebot bei Paulus. Die Mahnung zur Agape im Rahmen der paulinischen Ethik*. Münster: Aschendorff, 1995.

_____. "Verheißung und Erfüllung im Lichte paulinischer Theologie." *New Testament Studies* 47 (2001): 146-70.

Spicq, C. *Theological Lexicon of the New Testament*. 3 volumes. Peabody: Hendrickson, 1994.

Sprinkle, P. M. *Law and Life: The Interpretation of Leviticus 18:5 in Early Judaism and in Paul*. Tübingen: Mohr Siebeck, 2008.

_____. *Paul and Judaism Revisited: A Study of Divine and Human Agency in Salvation.* Downers Grove: InterVarsity Press, 2013.

Stanley, C., ed. *The Colonized Apostle: Paul through Postcolonial Eyes.* Minneapolis: Fortress Press, 2011.

Starr, J., and T. Engberg-Pedersen, eds. *Early Christian Paraenesis in Context.* Berlin: de Gruyter, 2005.

Stegemann, H., with E. Schuller (and translation by C. Newsom). *1QHodayot*ᵃ. Discoveries in the Judaean Desert XL. Oxford: Clarendon Press, 2009.

Steinmetz, D. C. *Luther and Staupitz: An Essay in the Intellectual Origins of the Protestant Reformation.* Durham, NC: Duke University Press, 1980.

Stendahl, K. *Paul among Jews and Gentiles.* London: SCM Press, 1977.

_____. *Final Account: Paul's Letter to the Romans.* Minneapolis: Fortress Press, 1995.

Stenschke, C. "Römer 9–11 als Teil des Römerbriefes." Pages 197-225 in *Between Gospel and Election: Explorations in the Interpretation of Romans 9–11.* Edited by F. Wilk and J. R. Wagner. Tübingen: Mohr Siebeck, 2010.

Sterling, G. "Platonizing Moses: Philo and Middle Platonism." *Studia Philonica Annual 5* (1993): 96-111.

_____. "Prepositional Metaphysics in Jewish Wisdom Speculation and Early Christological Hymns." *Studia Philonica Annual* 9 (1997): 219-38.

Stone, M. E. "Coherence and Inconsistency in the Apocalypses: The Case of 'The End' in 4 Ezra." *Journal of Biblical Literature* 102 (1983): 229-43.

_____. *Features of the Eschatology of IV Esra.* Atlanta: Scholars Press, 1989.

_____. *Fourth Ezra.* Hermeneia. Minneapolis: Fortress Press, 1990.

Stowers, S. *The Diatribe and Paul's Letter to the Romans.* Chico: Scholars Press, 1981.

_____. *A Rereading of Romans: Justice, Jews and Gentiles.* New Haven: Yale University Press, 1994.

Strathern, M. *The Gender of the Gift*. Berkeley: University of California Press, 1998.

Stuhlmacher, P. "The Purpose of Romans." Pages 231-42 in *The Romans Debate*. Revised and expanded edition. Edited by K. P. Donfried. Edinburgh: T&T Clark, 1991.

_____. *Revisiting Paul's Doctrine of Justification: A Challenge to the New Perspective*. With an essay by D. A. Hagner. Downers Grove: InterVarsity, 2001.

Sumney, J. L. *Identifying Paul's Opponents: The Question of Method in 2 Corinthians*. Sheffield: JSOT Press, 1990.

_____. *"Servants of Satan," "False Brothers" and Other Opponents of Paul*. Sheffield: Sheffield Academic Press, 1999.

Talbert, C. H. "Paul, Judaism, and the Revisionists." *Catholic Biblical Quarterly* 63 (2001): 1-22.

Talmon, S., et al. *Qumran Cave 4. XVI, Calendrical Texts*. Oxford: Clarendon Press, 2001.

Tanner, K. *Economy of Grace*. Minneapolis: Fortress Press, 2005.

Termini, C. *Le Potenze di Dio: Studio su δύναμις in Filone di Alessandria*. Rome: Institutum Patristicum Augustinianum, 2000.

_____. "Philo's Thought within the Context of Middle Platonism." Pages 95-123 in *The Cambridge Companion to Philo*. Edited by A. Kamesar. Cambridge: Cambridge University Press, 2009.

Testart, A. "Uncertainties of the 'Obligation to Reciprocate': A Critique of Mauss." Pages 97-110 in *Marcel Mauss: A Centenary Tribute*. Edited by W. James and N. J. Allen. New York: Berghahn Books, 1998.

Theobald, M. *Studien zum Römerbrief*. Tübingen: Mohr Siebeck, 2001.

Thielman, F. *From Plight to Solution: A Jewish Framework for Understanding Paul's View of the Law in Romans and Galatians*. Leiden: Brill, 1989.

Thompson, A. L. *Responsibility for Evil in the Theodicy of IV Ezra*. Missoula: Scholars Press, 1977.

Thorsteinsson, R. M. *Paul's Interlocutor in Romans 2*. Stockholm: Almqvist & Wicksell, 2003.

_____. *Roman Christianity and Roman Stoicism: A Comparative Study of Ancient Morality*. Oxford: Oxford University Press, 2010.

Tigchelaar, E. J. C. *To Increase Learning for the Understanding Ones: Reading and Reconstructing the Fragmentary Early Jewish Sapiential Text 4QInstruction*. Leiden: Brill, 2001.

Titmuss, R. M. *The Gift Relationship: From Human Blood to Social Policy*. London: George Allen & Unwin, 1970.

Tobin, T. *Paul's Rhetoric in Its Context: The Argument of Romans*. Peabody: Hendrickson, 2004.

Torrance, T. F. *The Doctrine of Grace in the Apostolic Fathers*. Edinburgh: Oliver and Boyd, 1948.

Trigg, J. D. *Baptism in the Theology of Martin Luther*. Leiden: Brill, 1994.

Ukwuegbu, B. O. "Paraenesis, Identity-Defining Norms, or Both? Galatians 5:13–6:10 in the Light of Social Identity Theory." *Catholic Biblical Quarterly* 70 (2008): 538-59.

van der Horst, P. W. " 'Only Then Will Israel Be Saved': A Short Note on the Meaning of καὶ οὕτως in Romans 11.26." *Journal of Biblical Literature* 119 (2000): 521-25.

van Kooten, G. *Paul's Anthropology in Context: The Image of God, Assimilation to God, and Tripartite Man in Ancient Judaism, Ancient Philosophy, and Early Christianity*. Tübingen: Mohr Siebeck, 2008.

Vanhoye, A. "Mesure ou démesure en Sap. 12.22." *Recherches de science religieuse* 50 (1962): 530-37.

VanLandingham, C. *Judgment and Justification in Early Judaism and the Apostle Paul*. Peabody, MA: Hendrickson, 2006.

Veyne, P. *Bread and Circuses*. Abridged and translated by B. Pearce. London: Penguin, 1990.

Völker, W. *Fortschritt und Vollendung bei Philo von Alexandrien: Eine Studie zur Geschichte der Frömmigkeit.* Leipzig: J. C. Hinrichs, 1938.

Vollenweider, S. *Freiheit als neue Schöpfung: Eine Untersuching zur Eleutheria bei Paulus und in seiner Umwelt.* Göttingen: Vandenhoeck & Ruprecht, 1989.

von Reden, S. *Exchange in Ancient Greece.* London: Routledge, 1995.

Vouga, F. *An die Galater.* Handbuch zum Neuen Testament 10. Tübingen: Mohr Siebeck, 1998.

Wagner, J. R. "The Christ, Servant of Jew and Gentile: A Fresh Approach to Romans 15:8-9." *Journal of Biblical Literature* 116 (1997): 473-85.

_____. *Heralds of the Good News: Isaiah and Paul in Concert in the Letter to the Romans.* Leiden: Brill, 2002.

Wakefield, A. H. *Where to Live: The Hermeneutical Significance of Paul's Citations from Scripture in Galatians 3:1-14.* Atlanta: Society of Biblical Literature, 2003.

Walker, N. "Critical Note: The Renderings of RASON." *Journal of Biblical Literature* 81 (1962): 182-84.

Wallace, R. S. *Calvin, Geneva, and the Reformation.* Edinburgh: Scottish Academic Press, 1988. Wallace-Hadrill, A., ed. Patronage in Ancient Society. London: Routledge, 1989.

_____. "Patronage in Roman Society: From Republic to Empire." Pages 63-87 in *Patronage in Ancient Society.* Edited by A. Wallace-Hadrill. London: Routledge, 1989.

Walter, N. "Zur Interpretation von Römer 9–11." *Zeitschrift für Theologie und Kirche* 81 (1984): 172-95.

Wannenwetsch, B. "Luther's Moral Theology." Pages 120-35 in *The Cambridge Companion to Martin Luther.* Edited by D. K. McKim. Cambridge: Cambridge University Press, 2003.

Watanabe, N. "Calvin's Second Catechism: Its Predecessors and Its Environment." Pages 224-32 in *Sacrae Scripturae Professor: Calvin as Confessor of Holy Scripture.* Edited by W. H. Neuser. Grand Rapids: Eerdmans, 1994.

Watson, F. *Paul and the Hermeneutics of Faith*. Grand Rapids: Eerdmans, 2004.

_____. *Paul, Judaism and the Gentiles: Beyond the New Perspective*. 2nd edition. Grand Rapids: Eerdmans, 2007.

_____. "By Faith (of Christ): An Exegetical Dilemma and Its Scriptural Solution." Pages 147-63 in *The Faith of Jesus Christ: Exegetical, Biblical and Theological Studies*. Edited by M. Bird and P. M. Sprinkle. Milton Keynes: Paternoster Press, 2009.

Watson, N. "Some Observations on the Use of ΔΙΚΑΙΟΩ in the Septuagint." *Journal of Biblical Literature* 79 (1960): 255-66.

Wawrykow, J. P. *God's Grace and Human Action: "Merit" in the Theology of Thomas Aquinas*. Notre Dame: University of Notre Dame, 1995.

Way, D. W. *The Lordship of Christ: Ernst Käsemann's Interpretation of Paul's Theology*. Oxford: Clarendon Press, 1991.

Weber, M. *Economy and Society: An Outline of Interpretative Sociology*. Translated by E. Fischoff et al. Berkeley: University of California Press, 1978.

Webster, J. *Barth's Ethics of Reconciliation*. Cambridge: Cambridge University Press, 1995.

_____. *Barth's Moral Theology*. Edinburgh: T&T Clark, 1998.

Wedderburn, A. J. M. *The Reasons for Romans*. Edinburgh: T&T Clark, 1988.

Weiner, A. *Women of Value, Men of Renown: New Perspectives in Trobriand Exchange*. Austin: University of Texas Press, 1976.

_____. *Inalienable Possessions: The Paradox of Keeping-while-Giving*. Berkeley: University of California Press, 1992.

Welborn, L. L. " 'That There May Be Equality': The Contexts and Consequences of a Pauline Ideal." *New Testament Studies* 57 (2012): 73-90.

Westerholm, S. "Paul and the Law in Romans 9–11." Pages 215-37 in *Paul and the Mosaic Law*. Edited by J. D. G. Dunn. Tübingen: Mohr Siebeck, 1996.

_____. *Perspectives Old and New on Paul: The "Lutheran" Paul and His Critics*. Grand Rapids: Eerdmans, 2004.

_____. "Paul's Anthropological 'Pessimism' in Its Jewish Context." Pages 71-98 in *Divine and Human Agency in Paul and His Cultural Environment*. Edited by J. M. G. Barclay and S. J. Gathercole. London: T&T Clark, 2006.

Wetter, G. P. *Charis: Ein Beitrag zur Geschichte des ältesten Christentums*. Leipzig: Hinrichs Buchhandlung, 1913.

Wetzel, J. *Augustine and the Limits of Virtue*. Cambridge: Cambridge University Press, 1992.

_____. "Snares of Truth: Augustine on Free Will and Predestination." Pages 124-41 in *Augustine and His Critics: Essays in Honour of Gerald Bonner*. Edited by R. Dodaro and G. Lawless. London: Routledge, 2000.

Wilckens, U. "Die Rechtfertigung Abrahams nach Römer 4." Pages 33-49 in *Rechtfertigung als Freiheit: Paulusstudien*. Neukirchen: Neukirchener Verlag, 1974.

_____. *Der Brief an die Römer*. 3 volumes. Evangelisch-katholischer Kommentar 6. Zürich: Benziger; Neukirchen-Vluyn: Neukirchener Verlag, 1978-1982.

Wilk, F. "Rahmen und Aufbau von Römer 9–11." Pages 227-53 in *Between Gospel and Election: Explorations in the Interpretation of Romans 9–11*. Edited by F. Wilk and J. R. Wagner. Tübingen: Mohr Siebeck, 2010.

Williams, S. K. "The 'Righteousness of God' in Romans." *Journal of Biblical Literature* 99 (1980): 241-90.

_____. *Galatians*. Nashville: Abingdon Press, 1997.

Williams, T. "The Curses of Bouzyges: New Evidence." *Mnemosyne* 15 (1962): 396-98.

Wilson, T. " 'Under Law' in Galatians: A Pauline Theological Abbreviation." *Journal of Theological Studies* 56 (2005): 362-92.

_____. *The Curse of the Law and the Crisis in Galatia*. Tübingen: Mohr Siebeck, 2007.

Windisch, H. *Die Frömmigkeit Philos und ihre Bedeutung für das Christentum: Eine*

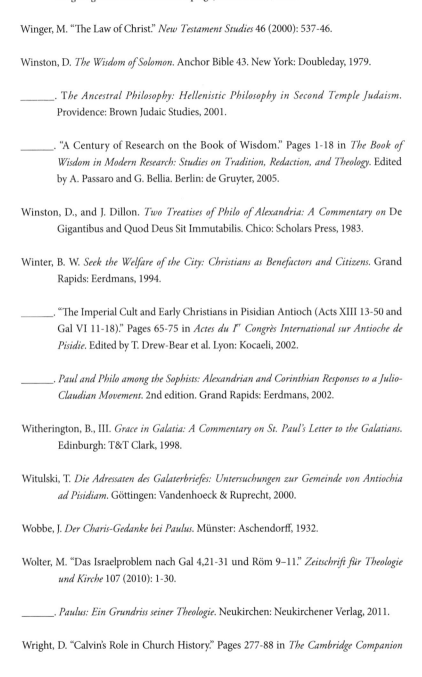

Religionsgeschichtliche Studie. Leipzig: J. C. Hinrichs, 1909.

Winger, M. "The Law of Christ." *New Testament Studies* 46 (2000): 537-46.

Winston, D. *The Wisdom of Solomon.* Anchor Bible 43. New York: Doubleday, 1979.

_____. *The Ancestral Philosophy: Hellenistic Philosophy in Second Temple Judaism.* Providence: Brown Judaic Studies, 2001.

_____. "A Century of Research on the Book of Wisdom." Pages 1-18 in *The Book of Wisdom in Modern Research: Studies on Tradition, Redaction, and Theology.* Edited by A. Passaro and G. Bellia. Berlin: de Gruyter, 2005.

Winston, D., and J. Dillon. *Two Treatises of Philo of Alexandria: A Commentary on* De Gigantibus and Quod Deus Sit Immutabilis. Chico: Scholars Press, 1983.

Winter, B. W. *Seek the Welfare of the City: Christians as Benefactors and Citizens.* Grand Rapids: Eerdmans, 1994.

_____. "The Imperial Cult and Early Christians in Pisidian Antioch (Acts XIII 13-50 and Gal VI 11-18)." Pages 65-75 in *Actes du Iᵉʳ Congrès International sur Antioche de Pisidie.* Edited by T. Drew-Bear et al. Lyon: Kocaeli, 2002.

_____. *Paul and Philo among the Sophists: Alexandrian and Corinthian Responses to a Julio-Claudian Movement.* 2nd edition. Grand Rapids: Eerdmans, 2002.

Witherington, B., III. *Grace in Galatia: A Commentary on St. Paul's Letter to the Galatians.* Edinburgh: T&T Clark, 1998.

Witulski, T. *Die Adressaten des Galaterbriefes: Untersuchungen zur Gemeinde von Antiochia ad Pisidiam.* Göttingen: Vandenhoeck & Ruprecht, 2000.

Wobbe, J. *Der Charis-Gedanke bei Paulus.* Münster: Aschendorff, 1932.

Wolter, M. "Das Israelproblem nach Gal 4,21-31 und Röm 9–11." *Zeitschrift für Theologie und Kirche* 107 (2010): 1-30.

_____. *Paulus: Ein Grundriss seiner Theologie.* Neukirchen: Neukirchener Verlag, 2011.

Wright, D. "Calvin's Role in Church History." Pages 277-88 in *The Cambridge Companion to John Calvin*. Edited by D. K. McKim. Cambridge: Cambridge University Press, 2004.

Wright, N. T. "The Paul of History and the Apostle of Faith." *Tyndale Bulletin* 29 (1978): 61-88.

_____. *The Climax of the Covenant*. Edinburgh: T&T Clark, 1991.

_____. "Romans and the Theology of Paul." Pages 30-67 in *Pauline Theology*. Volume 3: *Romans*. Edited by D. M. Hay and E. E. Johnson. Minneapolis: Fortress Press, 1995.

_____. "The Law in Romans 2." Pages 131-50 in *Paul and the Mosaic Law*. Edited by J. D. G. Dunn. Tübingen: Mohr Siebeck, 1996.

_____. "The Letter to the Galatians: Exegesis and Theology." Pages 205-36 in *Between Two Horizons: Spanning New Testament Studies and Systematic Theology*. Edited by J. B. Green and M. Turner. Grand Rapids: Eerdmans, 2000.

_____. "Romans." In *The New Interpreter's Bible*, volume 10. Nashville: Abingdon, 2002.

_____. *Paul: Fresh Perspectives*. London: SPCK, 2005.

_____. *Justification: God's Plan and Paul's Vision*. London: SPCK, 2009.

_____. *Pauline Perspectives: Essays on Paul, 1978–2013*. London: SPCK, 2013.

_____. *Paul and the Faithfulness of God*. London: SPCK, 2013.

Xeravits, G. G. *Dualism in Qumran*. London: T&T Clark, 2010.

Yinger, K. L. *Paul, Judaism, and Judgment according to Deeds*. Cambridge: Cambridge University Press, 1999.

Young, N. H. "*Paidagogos:* The Social Setting of a Pauline Metaphor." *Novum Testamentum* 29 (1987): 150-76.

Zahl, P. *Die Rechtfertigungslehre Ernst Käsemanns*. Stuttgart: Calver Verlag, 1996.

Zeller, D. *Juden und Heiden in der Mission des Paulus: Studien zum Römerbrief*. Stuttgart:

Verlag Katholisches Bibelwerk, 1976.

_____. *Charis bei Philon und Paulus*. Stuttgart: Verlag Katholisches Bibelwerk, 1990.

Zetterholm, M. *The Formation of Christianity in Antioch: A Social-Scientific Approach to the Separation between Judaism and Christianity*. London: Routledge, 2003.

Ziesler, J. A. *The Meaning of Righteousness in Paul: A Linguistic and Theological Enquiry*. Cambridge: Cambridge University Press, 1972.

Žižek, S. *The Ticklish Subject*. London: Verso, 1999.

Zoccali, C. "And So All Israel Will Be Saved: Competing Interpretations of Romans 11.26 in Pauline Scholarship." *Journal for the Study of the New Testament* 30 (2008): 289-318.

Zurli, E. "La Giustificazione 'solo per grazia' in *₁QS* X,9–XI e *1QHᵃ*." *Revue de Qumran 79* (2002): 445-77.

인명 색인

485, 507, 516, 610

Condra, E. 291

Cooper, S. A. 664, 690

Cosgrove, C. H.(코스그로브) 637, 658, 920

Cox, R. 344

Cranfield, C. E. B.(크랜필드) 773, 782, 789, 797, 813, 831, 837-838, 841, 854, 869, 871, 895, 902, 906, 912, 914, 921

Crook, Z. A. 59, 77

Dahl, N. A. 278, 280-281, 705, 812, 825, 877, 914, 927

Danker, F. W. 72, 309

Das, A. A. 631, 763, 767

Davies, G. N. 625, 777,

Davies, W. 102-103, 266,

Davis, N. Zemon(데이비스, 제몬) 25, 103-104, 108-109, 229, 231, 258, 264, 789

Dawson, D.(도슨) 339, 398, 699, 930

de Boer, M. C.(드 보어) 259. 264, 567, 570, 585, 597, 599-601, 603-604, 617, 627, 631-632, 635, 658, 660, 672, 677-678, 680-682, 684, 688-690, 694, 700-701, 704-705, 714, 717, 720, 723, 725, 732-733, 819, 829, 838, 937,

de Bruyn, T. 171

Deichgraber, K. 959

de Roo, J. 634

Derrida, J.(데리다) 25, 117-119, 122, 125-126, 131, 320,

Dietzfelbinger, C. 469

Dillon, J. 367, 372, 375, 381, 392

di Noia, J. A. 237

Dodson, J. R. 239, 774

Doering, L.(도어링)354,

Dombrowski Hopkins, D.(홉킨스) 450

Donaldson, T. L. 703-704, 874-875

Donfried, K. P. 762, 766, 768

Douglas, Mary 119

Douglas, Michael 416

Downs, D. J. 310

Duby, G. 101

Dunn, J. D. G.(던) 15, 29, 260, 277-278, 281, 284-287, 289, 568, 581-586, 589, 591, 593, 603, 605, 607-612, 619, 621-623, 626, 629, 631, 633-634, 661, 665, 673, 680, 683, 691, 695, 698, 705, 741, 743-744, 759, 763, 771, 780, 807, 815, 837, 848, 851, 882, 884, 894, 896, 900, 902, 905, 907, 912, 914, 927, 937,

Eastman, B.(이스트맨) 26

Eastman, S. 19, 585, 610, 659, 673, 705,

Ebeling, G.(에벨링) 198,

Eckstein, H.-J. 301, 627, 649, 738, 779,

Eilberg-Schwartz, H. 615

Eilers, C. 77

Eisenbaum, P. 610

Elliott, M. A. 512, 518

Elliott, N.(엘리어트) 763

Elliott, S. 572

Engberg-Pedersen, T. 19, 263, 690, 712-713, 718, 754, 764, 770, 779, 787 806, 825, 831, 845, 849, 858,

Enns, P.(엔스) 350

Eskola, T.(에스콜라) 290

Esler, P.(에슬러) 507, 622, 625, 635-636, 713, 726,

Martin, D. B. 133, 303,

Martin, T. W. 688

Martyn, J. L.(마틴) 149, 258, 259, 260,
262, 263, 565, 576, 585-589, 598,
601, 603, 617, 622, 631, 638, 643,
645, 646, 653, 668, 671, 681, 688,
691, 695, 699, 700, 704, 705, 717,
732, 734, 671

Mason, S. 607

Maston, J. 295, 424, 427, 434, 440, 449,
552

Matera, F. J. 704, 713, 725

Matlock, R. B. 275, 287, 583, 584, 630,
631, 633, 642, 644, 645, 647, 796

Mauss, M.(모스) 25, 27, 40-49, 51, 101,
114, 131

May, G. 151

McCormack, B. L. 234, 238, 239

McFarland, O. 374, 385, 406, 409, 550,
609, 798

McGlynn, M. 347, 349, 362,

McGrath, A. E. 185

McKee, E. A. 232

Meeks, W. 669, 853, 923

Meiser, M. 576

Melanchthon, P.(멜란히톤) 110

Mendelson, A. 369

Merk, O. 712

Merrill, E. H. 437, 400

Metso, S. 445

Meyer, N. A. 424, 552

Meyer, P. W. 894

Michel, J. 82

Milbank, J. 25, 119

Millar, F. 81

Millett, P. 61, 66, 71, 75

Mitchell, L. 66, 68,

Mitchell, M. M. 599

Moffatt, J. 26, 958

Moll, S. 151, 153, 155

Moo, D.(무) 775, 810, 813, 837, 838,
878, 893, 912, 914

Moo, J. A. 492, 493, 495, 510, 522

Moore, S. D. 275

Moore, G. F. 265

Morales, R. 684, 704, 717, 725

Morgan, T. 62

Mott, S. C. 65

Moussy, C. 967

Moxnes, H. 757, 849

Muller, R. A. 210

Munck, J. 571

Mundle, W. 522

Murphy, F. J. 458, 460, 465, 470

Murray, M. 574

Murray, O. 358

Mussner, F. 664, 700, 705, 913

Myers, J. M. 481

Najman, H. 402, 514

Nanos, M. D. 570, 571, 610, 611, 621,
622, 625, 763

Neubauer, K. W. 963

Neugebauer, F. 641

Neusner, J. 275, 869

Newsom, C. 415, 420

Neyrey, J. H. 659

Nickelsburg, G. W. E. 458

Nida, E. A. 959

Niebuhr, K.-W. 384, 905, 915

Niehoff, M. 369

Nikiprowetzky, V. 367

Nitzan, B. 417, 449

Noack, C. 367, 384, 400

Noonan, J. T.(누낭) 106, 113, 114

Norelli, E. 153, 157

North, H. 849

North, J. 88

Notscher, F. 441

Oberman, H. A. 179, 185, 187, 191, 193,
195, 205, 208

O'Brien, P. T. 275, 290, 292, 415, 509,
577, 642, 773

Olson, J. E. 228

Osborne, R. 86, 87

Panoff, M. 59

Parker, R. 63, 65

Parker, T. H. L. 227

Parry, J. 49, 107, 113, 134

Patout Burns, J. 160,

Pattison, B. L. 232

Peristiany, J. G. 46, 726

Perrot, C. 457, 458

Peterman, G. W. 62, 310

Piper, J. 882

Pitt-Rivers, J. 46

Plezia, M. 64

Plumer, E. 161, 678, 703

Polanyi, K. 101

Price, S. R. F. 76, 88

Radice, R. 380

Räisänen, H.(레이제넨) 631, 869, 874, 878

Rajak, T. 87

Raurell, F. 339

Reasoner, M.(리즈너) 851, 852, 855, 867

Reinmuth, E.(라인머스) 458, 460, 469

Rese, M. 880

Rey, A. 39

Reynolds, J. M. 87

Rhodes, P. J. 69

Rhyne, C. 804

Rich, J. 80

Richardson, P. 599, 705

Riches, J. K. 20, 550, 576, 718, 858, 885

Robinson, D. W. 703

Rowe, C. K. 730, 903

Royse, J. R. 367

Ruether, R. R. 265

Runia, D. 375

Saak, E. L. 184

Sahlins, M. 49, 50, 51, 52, 54, 66

Sakenfeld, K. D. 964

Saller, R. P. 70, 77, 78, 81

Sampley, J. P. 756, 852

Sanders, E. P.(샌더스) 13, 28, 142, 143,
242, 264, 266, 267, 282, 434, 435,
448, 450, 451, 484, 511, 522, 543,
625, 636, 639, 684, 777, 794

Sandmel, S. 401

Sandnes, K. O. 609

Sanger, D. 679, 704

Satlow, M. L. 60

Schafer, R. 184

Scheidel, W. 70

Schewe, S. 713, 714, 717, 733

Schlier, H. 577, 660, 680, 683

Schliesser, B. 800, 803

Schmid, U. 152, 158

Schmitt, A. 346, 352, 360

Schnelle, U. 93, 754, 759

Schnider, F. 598

주제 색인

구원-역사 252, 260, 696, 800, 903, 919

그리스도께 참여 110, 195, 204, 219, 221-
22, 273, 297, 635, 639, 646, 650, 653,
671, 724, 736, 796, 817, 835, 918

극대화(Perfection) 28, 30, 52, 99-100,
119, 122-28, 138, 140-41, 143-45,
149-50, 247, 266, 269, 271, 275-
77, 287-295, 299-301, 312, 320-
24, 331-34, 362-64, 478, 505, 510,
522-24, 528-31, 535-36, 540-43,
551, 558, 937-40, 946, 968
 갈라디아서에서 568, 593, 645, 682,
745-46,
 로마서에서 755-56, 761, 778-779,
790, 798, 809, 817-19, 826, 863,
906-8, 925,
 루터에게서 179, 186, 198, 204, 209,
 마르키온에게서 152, 155-57,
 마틴에게서 262,
 바르트에게서 239,
 아우구스티누스에게서 159-60, 164-
65, 169, 172, 176-78,
 칼뱅에게서 218, 228, 231,
 케제만에게서 257,
 필론에게서 374, 388, 408-9,
 호다요트에서 432, 448, 451, 453,

궁휼(Mercy) 30, 144, 155, 165-66, 177,
201, 212, 268-73, 289, 331, 413,
431-32, 438, 441-46, 448-51, 459,
461, 464, 471, 530-32, 540-41,
553, 557, 637, 701, 705, 745, 753-
58, 762, 770-71, 788, 824, 847, 861,
874, 900, 904, 908, 915, 922, 926,
939, 944, 955, 962
 궁휼과 공의 24, 194, 216, 230, 380-
81, 436, 475-78, 481, 490, 492,
499-500, 503-4, 510, 520, 524,
528, 536, 775, 887-89,

명예(Honor) 45, 50, 73-76, 80, 98, 105,
114, 138, 224, 390-91, 405, 427,
462, 469, 471, 572, 594, 619, 666,
674, 708, 716, 724, 726-31, 735-
36, 743, 768, 787, 846, 848, 849-50,
854, 903, 907, 947

바울 신학에서 몸 27, 246, 552, 730, 824,
835-39, 840-43, 845-46, 850, 860,
863

바울에 관한 새 관점 260, 264, 276, 277,
279, 282, 284, 288, 292, 294, 577,
581-85, 612, 633, 741, 743-44, 801,
807, 896, 899, 959-51

바울에게서 행위에 따른 심판 180, 273-74,
292, 300-1, 361, 381, 387, 389, 419,

435, 448, 461, 475, 487, 762, 790,
810, 945-46

바울에 대한 "묵시적" 해석
마틴에게서 258-59, 586-87, 693
캠벨에게서 264, 297
케제만에게서 251-53

선물
값없는/순수한 선물 46, 53-54, 58,
101, 108-10, 119-20, 125, 131,
138, 200, 220, 230, 244, 248,
265, 271, 284, 300, 302, 311,
318, 320-21, 378, 380, 545, 936
그리스-로마 세계의 선물 26, 40, 59,
75-76, 87-89, 91, 94, 107, 113,
120-21, 131, 288, 310-11, 318,
808, 935
선물 인류학 48, 55, 113-14, 120,
317, 833, 957
선물과 거래 51-52, 55, 57, 62, 64,
69-71, 76-77, 94, 98, 100-1,
103, 107, 113, 115, 120, 138,
208, 320, 408, 957
선물과 보답 39, 42, 46, 51, 62, 64, 73,
79-80, 90, 93-94, 99, 109, 117,
137-38, 181, 193, 205, 265, 320,
530, 673, 730, 957, 964
선물과 의무 41-44, 46-51, 56, 58,
62-64, 67-68, 72, 79-82, 87,
94-95, 102-106, 113-15, 209,
311, 317-18, 383, 405, 809,
830-32, 863, 935-36, 953, 962
선물과 힘 44-45, 48-51, 54, 59, 69,
94-95, 106, 121, 317, 665, 819,

951, 962
일방적 선물 54, 65, 67, 71, 93, 95,
100, 102, 110, 112, 115, 121,
138, 140, 232, 238, 257, 273,
295, 311-13, 317-20, 323, 536,
729

세례 173, 255, 277, 945, 949
갈라디아서에서 575, 630, 669-71,
701, 707, 711, 720, 736,
로마서에서 824, 834, 837, 840, 846,
851, 861, 863,
루터 신학에서 180, 197-98,

아브라함
갈라디아서에서 567, 571-72, 582-
84, 591, 602, 612, 641-44, 660,
675-82, 691-701, 703
로마서에서 753, 758, 761, 772, 787,
791-820, 855, 871-73, 881-83,
892, 897, 906, 914-15, 918, 921,
926, 944, 950
성서에서 215, 260, 295, 300, 329
솔로몬의 지혜서에서 346-48
에스라4서에서 500, 519
위필론에게서 461-62, 465-470, 474,
535
필론에게서 374, 376, 383, 391-94,
398-402

언약 179, 180, 215, 231, 239, 252, 265,
267-71, 273-274, 278, 281, 283,
285, 289-90, 298, 311, 329-330,
333, 354, 356, 392-93, 404, 409,
426, 430, 434, 436, 439, 451-52,

성구 색인

8:32 636

느헤미야

9:17 502
9:17-18 963

에스더

6:3 960

욥기

1:9 963
4:17-21 424
14:1-4 424
15:14-16 424
41:11 755

시편

5:8 965
6:3 965
9:14 965
12:6 965
13:7 921
18:9 636
24:6-7 965
24:7 965
29:11 965
32:1-2 811
44:2 959
50:3 965
51편 424
52:7 921
68:5 962
72:13 636
80편 467
86:5 331, 502

86:15 502
102:8-12 965
103:8 502
103:8-10 331
103:8-13 963
105편 354
105:20 774
145:8-9 331, 502
145:20 420

잠언

10:32 959
17:15 810

이사야

1:9 891
5장 467
5:23 810
9:6 199
10:22-23 891
28:17 420
29:16 887
29:19 424
40:15 470
45:26 636
49:8 441
54장 701
54:1 378, 700
56:4-5 342
65장 555
65:12 903

예레미야

11:16 913
13:17 467

구약 외경

마카베오2서

2:21 607
8:1 607
14:38 607

마카베오3서

1:9 961
3:4 625
7:10-11 625

마카베오4서

4:26 607

집회서

1:21 636
2:7 965
2:9 965
2:11 965
3:30 965
4:7 965
7:5 635
7:10 965
7:33 960
9:12 636
12:1 961
12:2 90
12:4-5 90
17:22 965
18:5-6 965
18:11-14 965
19:25 960
20:13 960
33:13 887

34:5 636
34:24 965
40:24 87

토빗서

1:3 88
1:8 87
1:14 88
1:16 88
1:16-17 88
2:2-3 88
2:10 87
4:6 90
4:8 89
4:9 90
4:14 90
4:16-17 88
6:11 636
12:4 636
12:9 90
14:10-11 90

솔로몬의 지혜서

1-6장 346
1:1-11 338, 342
1:1-6:25 337
1:6 340
1:12 339
1:13 339
1:14 339, 346
1:16 339, 341-342
2:1 341
2:1-5 341
2:1-20 340
2:1-5:14 339

3:21-31 555, 893

3:21-4:25 772

3:22 795, 796

3:22-23 796, 823

3:22-26 772

3:23-24 773, 791

3:24 566, 753, 757, 773, 794, 960

3:25 643, 793

3:25-26 794

3:26 793, 794, 905, 927

3:27 804, 805, 807, 848

3:27-28 804, 805

3:27-30 804

3:27-31 804

3:27-4:2 806

3:28 187, 804, 806, 942

3:29 522, 812

3:29-30 760, 804, 805, 812

3:30 854

3:31 760, 804, 806, 894, 895

4:1 805, 806

4:1-2 818

4:1-8 804, 805

4:1-22 819

4:1-23 897, 914

4:1-25 795, 801, 871

4:2 732, 781, 804, 807, 808, 903, 917

4:2-8 802, 803

4:4 159, 165, 809

4:4-5 126, 307, 807, 808, 814, 815, 817,
    823, 906

4:4-6 756, 918

4:4-8 773, 808, 815

4:5 236, 248, 616, 794, 801, 810

4:5-8 921

4:6 804, 807, 811

4:6-8 811

4:8 811

4:9-10 811

4:9-12 760, 801, 802, 804, 805, 811,
    813

4:9-17 802

4:10-11 812

4:11 805

4:12 812

4:13 813, 814

4:13-15 813

4:13-16 804

4:13-18 813

4:13-22 813, 823

4:14 814

4:14-16 901

4:15 759, 814

4:16 813, 814, 854

4:16-18 805, 811, 813

4:16-22 787, 817

4:17 237, 248, 771, 802, 806, 813, 815,
    818, 828, 858, 882, 890, 916

4:17-18 805, 814

4:17-22 803, 815

4:18 815

4:18-21 815

4:18-25 802

4:19 816

4:19-22 816, 855

4:20 856

4:20-22 816

4:21 771,

4:23-24 816, 817, 929

4:23-25 912

9:5 882, 921, 929
9:6 548, 761, 871, 878, 879-81, 883,
   904
9:6-8 915, 924
9:6-12 547, 602, 811
9:6-13 557, 609, 788, 807, 880, 914,
   919
9:6-18 550, 551, 787, 798, 847, 876,
   879, 881, 904, 929
9:6-23 165, 214, 228
9:6-29 873, 877, 879, 881, 890, 891,
   893, 897, 900, 903, 904, 912, 919,
   920, 922, 923, 926
9:7 882, 881, 882
9:7-8 902
9:7-9 886
9:8 552, 554, 806, 876, 887, 892, 916,
   958, 960
9:8-13 905
9:9 883
9:10 882, 867, 883
9:10-13 883
9:11 755, 883, 884, 889, 904, 922, 925,
   957, 958
9:11-12 551
9:12 876, 881, 882, 883, 900, 901, 906,
   958
9:12-13 890
9:13 879, 884, 957, 958
9:14 885
9:15 755, 869, 879, 885, 886, 922, 957,
   958, 962, 964, 966
9:15-18 847, 885, 904, 966
9:16 166, 755, 811, 885, 881, 894, 900,
   957

9:17 886, 888, 889
9:17-23 910
9:18 755, 886, 909, 957
9:19 887
9:19-23 881
9:20 553, 887
9:20-21 552, 887
9:21 888
9:21-23 169, 887
9:22 553, 888
9:22-23 887, 888
9:23 755, 922
9:24 882
9:24-26 876
9:25 882, 957
9:25-26 551
9:26 882
9:27 876, 904
9:27-28
9:27-29 548, 881, 891
9:29 904
9:30 876, 555
9:30-32 876, 894
9:30-33 548
9:30-10:4 785
9:30-10:13 918, 928
9:30-10:17 918
9:30-10:21 554
9:31 555
9:31-33 876
9:32 807
9:32-33 868
9:33 894, 896
9:33-10:12 893
10:1 548, 761, 868

10:1-2 872, 878
10:1-13 869, 919
10:2 895
10:2-3 552
10:2-4 898
10:3 243, 283, 555, 893, 895-97, 899
10:3-4 794
10:4 555, 637, 760, 870, 894, 898, 901,
　928
10:5 637, 901
10:5-6 901
10:5-8 295
10:5-10 918
10:5-13 555, 723
10:6 555, 637, 899, 902
10:6-7 555
10:6-8 876, 894, 901, 929
10:6-10 893
10:8 555, 902
10:9 552, 555, 736, 816, 902
10:9-13 552
10:9-18 549
10:10 555
10:11 894, 903
10:11-12 893
10:11-13 760, 876
10:11-18 909
10:12 554, 555, 754, 892, 893, 903, 910,
　957
10:12-13 903
10:13 903, 918
10:14 167
10:14-21 554, 889
10:16-17 660, 902
10:18 554

10:19 892, 911
10:19-20 909, 929
10:19-21 893
10:19-11:10 792
10:20 555, 903
10:21 555, 876, 879, 903, 904
11:1 547, 548, 761, 867, 872, 875, 877,
　879, 882, 905
11:1-2 871, 904
11:1-5 926
11:1-6 774, 892, 904, 905, 908, 929
11:1-10 891, 904
11:1-32 874, 877, 892
11:1-36 924
11:2 867, 879, 922, 925
11:2-4 905
11:5 546, 553, 556, 889, 904, 905, 906,
　928, 957
11:5-6 547, 556, 755, 847, 876, 892,
　906, 957
11:6 126, 159, 549, 755, 807, 906
11:7 879, 892, 957
11:7-10 892, 904, 908, 921, 925
11:8-10 556
11:11 557, 875, 904, 909
11:11-12 556
11:11-15 549, 873, 920, 921
11:11-16 549
11:11-24 909
11:11-32 815, 875, 878, 879, 891
11:12 754, 875, 892, 910, 911, 957
11:13 761, 765, 767, 872, 905, 910
11:13-14 761, 872
11:13-15 549
11:14 547, 557, 867, 873, 911

고대자료 색인

7.23-24 676

7.25 495, 521

7.26-29 548, 517, 909

7.26-44 495

7.29-34 517

7.33 495

7.33-35 509

7.34 495, 500

7.35 495

7.36-38 495

7.38-44 495

7.44 507

7.45-48 494, 496, 504, 507

7.47 494

7.48 496-497

7.49-61 494

7.50 493-494, 496

7.52-61 496

7.54-57 496

7.60 509

7.62-69 494, 496, 501

7.64-66 496

7.66 494

7.67-69

7.68 496

7.70 497, 523

7.70-74 494, 496

7.71 496

7.72 496

7.74 497

7.75 521

7.75-101 492, 498, 777

7.76-77 483, 497, 522

7.76-101 522

7.79-87 498

7.82 501, 522

7.83 510, 519

7.88-99 637

7.89 522

7.92 501, 510

7.102 501

7.102-3 499

7.102-40 776

7.102-8,62 492-493

7.103 499

7.104 500, 521

7.104-5 499

7.105 733

7.106-11 499-500, 510

7.111-15 503

7.112 500

7.112-15 499

7.114 500

7.115 500

7.116-17 501

7.116-26 499, 501

7.118 506

7.122 510

7.126 506

7.127-28 501

7.127-31 501

7.129 506, 520

7.131 501

7.132 503

7.132-40 499, 502, 505, 510, 521

7.133 501

7.137-38 510

7.137-40 523

7.140 510

8.1 503, 515

8.1-3 494, 499, 511, 777

8.2 503, 512

8.3 503, 518

8.4 504

8.4-14 504

8.4-36 499, 501, 504

8.15-19 504, 511

8.20-36 504

8.26-30 504

8.26-36 539

8.31 504

8.31-32 510

8.31-36 810

8.32 504

8.33 505, 519, 522

8.35 504

8.36 504, 510

8.37-41 499

8.38-39 900

8.39 505

8.41 505

8.41-44 505

8.42 521

8.42-45 499, 501, 505

8.43 505

8.46 506

8.46-62 499, 505

8.47 506

8.47-48 483

8.47-49 497, 504

8.47-51 507

8.51 506

8.51-54 506

8.51-55 507

8.52 515

8.55 506

8.56 506

8.58 506

8.59-60 506

8.62 492, 499, 504, 507, 521

8.63-9.13 493

9.1-13 492, 507

9.7 512, 518, 522

9.7-8 512, 548, 549, 909

9.7-9 517

9.9-13 506

9.11 501, 506, 522

9.13 507, 512

9.14-16 507, 513

9.14-22 493

9.15 507

9.17 508

9.17-22 494

9.20 508

9.21 548, 600, 792, 909, 913

9.21-22 509

9.22 508

9.23-25 513

9.24 515

9.26 513

9.26-10.59 483, 485, 512

9.26-13.58 483

9.27 508, 513

9.27-37 512

9.29-37 508, 513

9.34-37 514

9.36 514

9.36-37 513

9.38-10.4 512

9.39 507, 513

18.5	468, 474	28.5	464, 467, 476
18.10	467, 472	28.6-9	460
18.10-11	913	30.1-7	457
18.11	460, 467	30.2	467, 474
19.2	465	30.4	467, 913
19.4	474	30.5	467, 473
19.6	465	30.7	465, 467, 477
19.7	458, 469	31.2	476-477
19.8	467, 476	31.5	467, 474
19.9	476-477	32.1	468, 474
19.11	461, 465, 477	32.1-9	465
19.14	476-477	32.5	468
19.16	468	32.7	473
20.4	466, 474	32.7-8	473
20.8	468	32.9-10	473
21.4	464, 474	32.12	465
21.6	465, 474	32.13	465
21.9-10	464	32.14	466
22.5	466, 469, 476-477	32.14-15	
22.6	476-477	32.15	473
22.7	476	33.1-6	475
23.5	468	33.4-5	499
23.10	473	33.5	885
23.10-13	473	35.2	463, 467, 474
23.11-12	467	35.3	465, 467, 476-477
23.12	466, 475, 913	35.4	476-477
23.13	460, 464, 474	36.4	466
24.3	468, 476	39.4-5	478
25.3	468, 476	39.5	476
25.7	475-477	39.6	476
25.9	469	39.7	467, 473, 913
26.12-15	457	40.4	460
27.13	460	42.8	476
28.2	476	43.10	467
28.4	466-467, 471, 473-474, 913	44.6	474

2. 쿰란 QUMRAN (DSS)

5. 랍비 문헌

6. 초기 기독교 문헌

7. 고전 그리스-로마 저자

Sallust

Bellum Jugurthinum

42.4 728

Seneca

De beneficiis

1-4 95

1.1.2 94, 116

1.1.4 95

1.1.4-8 94

1.1.9 132, 133, 136

1.1.9-10 97, 798

1.1.9-11 126

1.1-3 95

1.2.1 97, 106, 155, 809, 962

1.2.3 94, 98

1.3.2 93

1.3.2-5 959

1.3.5 97

1.4.2 92

1.4.3-5 94

1.5.3 96

1.6.3 139

1.7.1-3 94

1.7.2 96

1.10.4-5 97

1.10.5 797

1.12.1-2 97

1.15.3 97

2.4-5 94

2.10 139

2.10.1-4 97

2.11 137

2.11.5 97

2.11-13 95

2.15.1 98

2.16 131

2.16.2 97

2.17.3-5 93

2.17.7 98

2.18.5 96

2.18.7-19.2 94

2.18-21 830

2.22.1 99

2.26-28 95

2.30.2 139

2.31.1 96

2.31.2 94

2.31.4-5 99

2.31-35 97, 99

2.32.1 93

2.34-35 96

2.35.1 98

2.35.3 95

2.35.3-4 99

2.35.5 99

3.1.1 93

3.1-5 95

3.6.1-2 93

3.14.1-2 97

3.15.4 94

3.18-28 967

3.29.3 137

3.29-38 134

3.34.1 94

3.36-38 94

4.1 94, 98

4.1-15 98

4.4.3 134

4.6.4-5 137

8. 파피루스

Rylands Papyrus
2:77 73

9. 비문

SEG
8:550 66
28:261 69

SIG
3.708 66
3.834 86

바울과 선물

사도 바울의 은혜 개념 연구

Copyright ⓒ 새물결플러스 2019

1쇄 발행	2019년 4월 28일
4쇄 발행	2023년 7월 24일

지은이	존 M. G. 바클레이
옮긴이	송일
펴낸이	김요한
펴낸곳	새물결플러스

편 집	왕희광 정인철 노재현 이형일 나유영 노동래
디자인	황진주 김은경
마케팅	박성민 이원혁
총 무	김명화 이성순
영 상	최정호 곽상원
아카데미	차상희

홈페이지	www.holywaveplus.com
이메일	hwpbooks@hwpbooks.com
출판등록	2008년 8월 21일 제2008-24호
주 소	(우) 04114 서울시 마포구 신촌로28가길 29
전 화	02) 2652-3161
팩 스	02) 2652-3191

ISBN 979-11-6129-107-9 93230

책값은 뒤표지에 있습니다.